Andreas Kühnel, Fabian Deitelhoff

C# mit .NET

Das umfassende Handbuch

Rheinwerk
Computing

Liebe Leserin, lieber Leser,

egal, ob Sie sich in die C#-Programmierung einarbeiten möchten oder ein zuverlässiges Nachschlagewerk suchen – mit diesem bewährten Standardwerk haben Sie eine gute Wahl getroffen. Der erfahrene Entwickler Andreas Kühnel hat in diesem Buch alle Techniken, Tricks und Kniffe zusammengetragen, die Sie für die professionelle Programmierung mit C# brauchen. Fabian Deitelhoff ergänzt diese Expertise durch seine Tätigkeit als freiberuflicher Softwareentwickler im Bereich .NET. Darüber hinaus ist er als Dozent in der digitalen Bildung aktiv.

Das Themenspektrum dieser aktualisierten und überarbeiteten neunten Auflage reicht von den Grundlagen bis hin zu professionellen Anwendungen und der Cloud-Nutzung. Die ersten Kapitel bieten eine Einführung in .NET, die Sprachgrundlagen von C# und die objektorientierte Programmierung. Anschließend werden Delegates und Ereignisse, Debugging und LINQ, und vieles mehr thematisiert. Und weil kaum eine Anwendung ohne Datenbank auskommt, bildet die Cloud-Entwicklung mit Azure einen weiteren Schwerpunkt des Buchs – ebenso wie der zurzeit allgegenwärtige Einsatz von KI in der Softwareentwicklung.

Die einzelnen Kapitel sind so konzipiert, dass Sie sie zur Einarbeitung systematisch der Reihe nach lesen oder – mit dem entsprechenden Vorwissen – auch zum gezielten Nachschlagen verwenden können. Alle Themen werden verständlich erklärt und an anschaulichen Beispielen erläutert, so dass es Ihnen leichtfallen wird, die beschriebenen Konzepte und Techniken in Ihren eigenen Projekten anzuwenden.

Dieses Buch wurde mit großer Sorgfalt geschrieben, geprüft und produziert. Sollte dennoch einmal etwas nicht so funktionieren, wie Sie es erwarten, freue ich mich, wenn Sie sich mit mir in Verbindung setzen. Ihre Kritik und konstruktiven Anregungen sind uns jederzeit herzlich willkommen!

Ihre Almut Poll
Lektorat Rheinwerk Computing

almut.poll@rheinwerk-verlag.de
www.rheinwerk-verlag.de
Rheinwerk Verlag • Rheinwerkallee 4 • 53227 Bonn

Auf einen Blick

Wir hoffen, dass Sie Freude an diesem Buch haben und sich Ihre Erwartungen erfüllen. Falls Sie Anregungen, Wünsche und Kommentare haben, lassen Sie es uns wissen: **service@rheinwerk-verlag.de**.

Informationen zu unserem Verlag und Kontaktmöglichkeiten finden Sie auf unserer Verlagswebsite **www.rheinwerk-verlag.de**. Dort können Sie sich auch umfassend über unser aktuelles Programm informieren und unsere Bücher und E-Books bestellen.

Autoren Andreas Kühnel, Fabian Deitelhoff
Lektorat Almut Poll
Buchmanagement Lisa Helmus
Copy-Editing Petra Biedermann, Reken
Typografie & Layout Vera Brauner
Satz SatzPro, Krefeld
Herstellung Nadine Preyl
Covergestaltung Bastian Illerhaus
Coverbild iStock: 941712338 © Cecilie_Arcurs
Druck Beltz Grafische Betriebe, Bad Langensalza

FSC www.fsc.org MIX Papier | Fördert gute Waldnutzung FSC® C089473

Dieses Buch wurde mit mineralölfreien Farben auf FSC-zertifiziertem Papier aus nachhaltiger Waldwirtschaft gedruckt. Hergestellt in Deutschland.

Bibliografische Information der Deutschen Nationalbibliothek:
Die Deutsche Nationalbibliothek verzeichnet diese Publikation in der Deutschen Nationalbibliografie; detaillierte bibliografische Daten sind im Internet über *http://dnb.dnb.de* abrufbar.

ISBN 978-3-367-10319-5

9., aktualisierte und überarbeitete Auflage 2025

Rheinwerk Verlag GmbH • Rheinwerkallee 4 • 53227 Bonn
service@rheinwerk-verlag.de

Inhalt

11 LINQ – Language Integrated Query 539

12 Arbeiten mit Dateien und Streams 575

Materialien zum Buch

Auf der Webseite zu diesem Buch stehen folgende Materialien für Sie zum Download bereit:

- **Alle Codebeispiele aus dem Buch**

Gehen Sie auf *www.rheinwerk-verlag.de/5953*. Klicken Sie auf den Reiter MATERIALIEN. Sie sehen die herunterladbaren Dateien samt einer Kurzbeschreibung des Dateiinhalts. Klicken Sie auf den Button HERUNTERLADEN, um den Download zu starten. Je nach Größe der Datei (und Ihrer Internetverbindung) kann es einige Zeit dauern, bis der Download abgeschlossen ist.

Über diese Auflage

Die 8., aktualisierte Auflage dieses Buches erschien im Juli 2019. Andreas Kühnel hatte mit dem Buch »C# mit Visual Studio« ein Standardwerk von den Sprachgrundlagen bis hin zu komplexen GUI-Anwendungen geschaffen. Nach seinem Tod hat sich Fabian Deitelhoff, freiberuflicher Softwareentwickler sowie Autor und Dozent, der weiteren Aktualisierung des Werkes gewidmet.

Auf der Grundlage der vorhergehenden acht Auflagen aufbauend hat er unter anderem sein Wissen über künstliche Intelligenz und Cloud-Entwicklung mit Azure mit in den Inhalt einfließen lassen. Im Mittelpunkt der Überarbeitungen standen aber natürlich die Änderungen, die C# und .NET seit 2019 durchlaufen haben. So ergibt sich ein rundes Gesamtbild der Programmiersprache C#, durch das Sie auch weiterhin alte und neue Beispielprojekte ausprobieren und modernes C# erlernen können.

Unser herzlicher Dank gilt Andreas Kühnel und Fabian Deitelhoff, die gemeinsam dieses umfassende Handbuch für alle Interessierten geschaffen haben – für den Einstieg, zum Nachschlagen oder für das professionelle Arbeiten mit C#.

Kapitel 1
Allgemeine Einführung in .NET

Mit diesem Buch möchten wir sowohl Leserinnen und Leser ansprechen, die schon Grundlagenkenntnisse mitbringen und zum Beispiel programmieren können oder Informatik studieren, als auch solche, die mit dem Programmieren gerade anfangen.

Als Dozenten und Trainer sind uns beide Aufgaben ans Herz gewachsen. Wir mögen die Herausforderung, für heterogene Gruppen mit unterschiedlichen Lernstilen und Vorkenntnissen zu arbeiten, und finden es wichtig, eine Atmosphäre zu schaffen, die Motivation und Neugierde fördert.

Genau hier setzt auch dieses Buch an. Wir möchten sowohl erfahrene Leser ansprechen als auch Anfängern den Einstieg erleichtern, indem wir eine Brücke zwischen den unterschiedlichen Wissenswelten schlagen. Vielleicht wissen Sie noch nicht, was sich hinter .NET verbirgt? Vielleicht haben Sie sich für dieses Buch entschieden, ohne die Tragweite Ihres Entschlusses für .NET zu kennen. Wir möchten Ihnen das zunächst einmal erläutern.

Mit .NET 5 hat Microsoft die Entwicklungslinien von .NET Framework und .NET Core unter einer gemeinsamen Plattform zusammengeführt. Es gibt seither nur noch .NET, oft auch .NET 5+ genannt. Das klassische .NET Framework, zuletzt in Version 4.8 erschienen, wird weiter gepflegt, aber nicht mehr aktiv weiterentwickelt. Der Fokus liegt jetzt auf dem plattformübergreifenden .NET, das Windows, Linux, macOS sowie mobile Plattformen (über MAUI) unterstützt.

1.1 Warum .NET?

Lesern mit fundierten Grundlagenkenntnissen eine Thematik näherzubringen, die nicht nur ihr Interesse weckt, sondern ihnen auch neue Erkenntnisse vermittelt, ist eine anspruchsvolle Aufgabe. Gleichzeitig Programmieranfänger behutsam an die abstrakte Denkweise der Programmlogik heranzuführen und ihnen die Freude am Lernen zu bewahren, erfordert Fingerspitzengefühl, Geduld und methodisches Geschick.

Als Dozent und Trainer mit langjähriger Erfahrung in der Erwachsenenbildung haben wir es uns zur Aufgabe gemacht, gerade Anfänger auf ihrem Weg in die Welt des Programmierens zu begleiten. Die Herausforderungen von heterogenen Gruppen mit unterschiedlichen Vorkenntnissen und Lernstilen haben gezeigt, wie wichtig es ist, komplexe Inhalte auf einfache, nachvollziehbare Weise zu vermitteln und gleichzeitig eine Atmosphäre zu schaffen, die Motivation und Neugierde fördert.

Doch werfen wir zunächst einen Blick zurück in die 90er Jahre: Anwendungen wurden vor allem für Desktop-PCs entwickelt, während Netzwerke noch in den Kinderschuhen steckten. Grafische Benutzeroberflächen etablierten sich langsam, und das Internet war ein Nischenphänomen für einen begrenzten Nutzerkreis. Die rasante Hardwareentwicklung sorgte zudem dafür, dass ein High-End-PC von 1990 oft schon nach wenigen Jahren veraltet war.

Mit den 2000er und 2010er Jahren änderte sich das Bild grundlegend: Das Internet wurde zum zentralen Treiber der Softwareentwicklung, und die Verbreitung mobiler Geräte wie Smartphones und Tablets schuf neue Plattformen. Anwendungen verlagerten sich in die Cloud, und mobile Apps prägten den Alltag. Diese Transformation markierte den Übergang von isolierten Desktop-Anwendungen hin zu vernetzten, plattformübergreifenden Lösungen. Mittlerweile bahnt sich die nächste Weiterentwicklung an, die eher wie eine Revolution und nicht wie eine Evolution daherkommt: Durch den Einsatz von künstlicher Intelligenz werden praktisch alle Lebensbereiche beeinflusst. Die IT und Softwareentwicklung sowie die Nutzung von Software bleiben davon nicht unberührt.

Die IT-Welt hat sich seitdem grundlegend verändert – nicht nur in Bezug auf Software und Hardware, sondern auch in der Art und Weise, wie Software entwickelt wird. In den 90er Jahren prägten proprietäre Entwicklungsumgebungen wie Borlands Delphi oder Microsofts Visual Basic die Szene, während Puristen oft auf C oder C++ setzten.

Mit dem Aufkommen des Internets verlagerte sich der Fokus zunehmend auf die Webentwicklung. Neue Technologien wie HTML, CSS und JavaScript ermöglichten plattformunabhängige Anwendungen, die direkt im Browser liefen, und legten den Grundstein für moderne web- und cloud-basierte Lösungen. Und mittendrin sind aktuell Sprachen wie Python, die aufgrund der KI-Entwicklungen und hohen Datenberge nicht mehr aus der Softwarelandschaft wegzudenken sind.

Die Vielfalt betraf jedoch nicht nur die Entwicklung der Software. Immer neue Plattformen, angepasst an den jeweils aktuellen Trend der Zeit, eroberten den Markt und verschwanden nicht selten auch schnell wieder. Die Unternehmensnetzwerke mussten mit der stürmischen Entwicklung Schritt halten, wurden komplexer und komplizierter und öffneten sich zunehmend auch der Welt nach außen.

Kluge Köpfe erkannten auch sehr schnell, dass die Spezifikationen des Internets sich auch dazu eignen, mehrere Unternehmen zu koppeln. Damit wurde die Grundlage dafür geschaffen, dass Sie heute im Reisebüro oder im Internetbrowser eine Reise buchen können, die nicht nur den Flug, sondern gleichzeitig eine gültige Hotelzimmerbuchung, vielleicht sogar samt Mietwagen, umfasst – obwohl hierzu schon drei

Informationsquellen mit unterschiedlicher Software abgezapft werden müssen: ein nicht ganz einfaches Unterfangen, wenn Sie bedenken, dass möglicherweise die Schnittstellen, über die die verschiedenen Komponenten sich zwangsläufig austauschen müssen, nicht einheitlich definiert sind.

Bei dieser rasanten Entwicklung der Möglichkeiten, Daten auszutauschen oder auch nur weiterzuleiten, sollten Sie nicht vergessen, dass auch die Hardware eine ähnliche Entwicklung genommen hat. Ein Smartphone besitzen heutzutage schon die meisten schulpflichtigen Kinder, und der mobile Sektor entwickelt sich immer noch dramatisch schnell. Ein Ende dieser Spirale ist derzeit nicht zu erkennen.

An der Schnittstelle all dieser Vielfältigkeit stehen die Entwickler – was nutzen die beste Hardware und die ausgeklügelten Spezifikationen, wenn die Bits sich nicht den Weg von einem zum anderen Endpunkt bahnen? Für diesen Bitfluss wollen Sie als Entwickler oder Entwicklerin sorgen. Damit fangen aber wegen der oben erwähnten Vielgestaltigkeit der IT-Welt die Probleme an: verschiedene Plattformen, unterschiedliche Programmiersprachen, mehrere Klassenbibliotheken, eine Vielzahl an Spezifikationen usw.

Einen ersten Schritt in Richtung Vereinheitlichung beschritt die Firma Sun mit Java. Der Erfolg, den diese plattformunabhängige Sprache hatte und auch immer noch hat, war auch ein Zeichen für Microsoft, um das Entwicklerterrain zu kämpfen. Nach einer eingehenden Analyse der Anforderungen, die gegen Ende der 90er Jahre an die damalige Software gestellt wurden, sowie einer Trendanalyse der Folgejahre wurde das .NET Framework entwickelt. Dabei konnte Microsoft die »Gunst der späten Stunde« nutzen und die Nachteile und Schwachpunkte, die jedes Produkt, also auch Java, hat, durch neue Ideen ausmerzen.

Nein, .NET ist natürlich auch kein Heilsbringer und wird sicherlich nicht die Menschheit überdauern. Aber nach heutigen Maßstäben ist .NET ein effizientes Framework, in dessen Mittelpunkt die .NET-Klassenbibliothek steht. Diese bietet Ihnen alles, was Sie zum Entwickeln brauchen – egal, ob es sich um eine einfache Anwendung handelt, die nur ein paar Daten anzeigt, oder um eine Unternehmensanwendung großen Stils. Sie können Desktop-Anwendungen genauso erstellen wie eine hochkomplexe Internetanwendung, egal, ob als recht einfache Webanwendung oder direkt in der Cloud. Sie können die Microsoft-Office-Produkte damit programmieren, fremde Datenquellen anzapfen, Programme für Ihr Smartphone schreiben und vieles mehr. Dazu müssen Sie sich nicht immer wieder in neue Programmiersprachen und neue Entwicklungsumgebungen einarbeiten, denn alles ist wie aus einem Guss.

Es wäre falsch zu behaupten, dass die Entwicklung anspruchsvoller Anwendungen mit tollen Features kinderleicht ist – die .NET-Klassenbibliothek ist dafür schlichtweg zu umfangreich. Dennoch ermöglicht sie Ihnen, sich auf das Wesentliche zu konzentrieren: Sie arbeiten unabhängig vom Typ der Anwendung in einer konsistenten

Umgebung, etwa mit Visual Studio, Visual Studio Code oder JetBrains Rider. Dabei können Sie auf bereits erworbene Kenntnisse aufbauen, ohne ständig neue Programmiersprachen lernen zu müssen. Zudem erhalten Sie leistungsstarke Werkzeuge, um einfach mit anderen Anwendungen zu kommunizieren, sofern diese gängige Standards einhalten.

Eine Funktionssammlung oder Klassenbibliothek ist nur so gut, wie sie auch zukünftige Anforderungen bedienen kann. Dass .NET hier architektonisch den richtigen Weg beschritten hat, beweist die derzeit aktuelle Version 9 des .NET Frameworks und die Version 13 der Programmiersprache C#. Diese Versionen bringen zahlreiche Verbesserungen mit sich, darunter Leistungsoptimierungen, erweiterte Funktionalitäten und verbesserte Unterstützung für moderne Entwicklungsparadigmen.

Genau an dieser Stelle müssen wir ehrlich sein: Sie werden niemals alle Tiefen von .NET ergründen. Selbst als Personen, die seit der ersten Beta dabei sind, entdecken wir immer wieder überraschende Fähigkeiten in der .NET-Klassenbibliothek. Verabschieden Sie sich von der Vorstellung, jemals alle Klassen vollständig zu erfassen – die Bibliothek ist dafür einfach zu umfangreich und mächtig. Ein Überblick ist aber oft ausreichend, um einschätzen zu können, was .NET zu leisten vermag und wo es für die eigenen Anwendungsfälle zum Einsatz kommen kann.

1.1.1 Ein paar Worte zu diesem Buch

Mit der Einführung von .NET im Jahr 2002 änderte sich die Philosophie der Anwendungsentwicklung – zumindest im Hause Microsoft. Die Karten wurden neu gemischt, denn das architektonische Konzept ist neu. Da .NET von seinem Ansatz her grundsätzlich plattformunabhängig ist, ähnlich wie Java, zeigte Microsoft gleichzeitig zum ersten Mal ernsthaft die Akzeptanz anderer Plattformen. Ehrlicherweise muss man jedoch auch anmerken, dass die Plattformunabhängigkeit von Microsoft anfangs praktisch nicht weiter unterstützt wurde. Eine kleine Gruppe von Enthusiasten verschrieb sich dem Mono-Projekt und versuchten damit, eine .NET-Basis für Linux zu schaffen, konnten aber mit der rasanten Entwicklung von .NET nicht Schritt halten.

.NET ist 100%ig objektorientiert. Das ist Fakt. Obwohl das objektorientierte Programmieren schon seit vielen Jahren in vielen Sprachen eingeführt wurde, sind nicht alle professionellen Entwickler in der Lage, auf dieser Basis Programme zu entwickeln. Teilweise sträuben sie sich sogar mit Händen und Füßen gegen die Denkweise in Klassen und Objekten, denn ihre Denkweise ist zu sehr in der prozeduralen Programmierung verwurzelt.

Es spielt keine Rolle, ob man einfachste Programme zur Konsolenausgabe entwickelt, lokale Windows-Anwendungen oder Applikationen für das Internet – immer spielen Klassen und Objekte die tragende Rolle. Daher ist es unumgänglich, zunächst die Grundlagen einer .NET-Entwicklungssprache einschließlich des objektorientierten

Ansatzes zu beherrschen, bevor man sich vollumfänglich in das Abenteuer visualisierter Oberflächen stürzt.

In diesem Buch möchten wir Ihnen diese notwendigen Grundlagen fundiert und gründlich vermitteln und danach zeigen, wie Sie mit der *Windows Presentation Foundation (WPF)* Windows-Anwendungen entwickeln und wie Sie mit dem *Entity Framework* auf SQL-Datenbanken zugreifen können. Das Buch ist in Kapitel aufgeteilt, die thematisch und logisch aufeinander aufbauen. Jedes Kapitel enthält wiederum einzelne Abschnitte, die ein untergeordnetes Thema abgrenzen. Die Gliederung könnte man wie folgt beschreiben:

- Einführung in die Entwicklungsumgebung
- die Sprachsyntax von Visual Studio einschließlich des objektorientierten Ansatzes
- die wichtigsten .NET-Klassenbibliotheken
- Datenzugriffe mit dem Entity Framework
- die Entwicklung einer grafischen Benutzerschnittstelle mit der Windows Presentation Foundation (WPF)
- Komponententests mit MSTest

In diesem Kapitel werden wir zuerst die elementaren Grundlagen von .NET erörtern. Zwangsläufig fallen deshalb schon im ersten Kapitel Begriffe, die Ihnen möglicherweise zu diesem Zeitpunkt nicht sehr viel sagen. Wir geben gern zu, auch wir hassen Bücher, die sich zunächst ausgiebig über eine Technologie auslassen, mit Fachbegriffen jonglieren und sich erst nach einigen frustrierenden Seiten dem eigentlichen Thema widmen. Dennoch ist es unumgänglich, zuerst den Kern von .NET mit seinen Vorteilen für Programmierende zu erläutern, bevor wir uns mit der Sprache auseinandersetzen. Allerdings werden wir uns Mühe geben, Sie dabei nicht allzu sehr zu strapazieren, und mich auf das beschränken, was für den Einstieg als erste Information unumgänglich ist. Lassen Sie sich also nicht entmutigen, wenn ein Begriff fällt, den Sie nicht zuordnen können, und lesen Sie ganz locker weiter – in diesem Buch werden wir nichts als bekannt voraussetzen, Sie werden alles noch intensiv lernen.

Bevor wir uns ab Kapitel 2 der Sprache C# widmen, werden wir die überarbeitete Entwicklungsumgebung Visual Studio 2022 vorstellen (die übrigens jetzt auch mit der WPF gestaltet wurde). Wenn Sie mit einer alten Version von Visual Studio gearbeitet haben, werden Sie sicherlich schnell mit der neuen vertraut, obwohl sich in der neuesten Version das Layout deutlich verändert hat. Sollten Sie keine Erfahrungen mitbringen, dürften am Anfang einige Probleme mit dem Handling auftreten. Dazu können wir Ihnen nur einen Rat geben: Lassen Sie sich nicht aus der Fassung bringen, wenn sich »wie von Geisterhand« klammheimlich plötzlich ein Fenster in die Entwicklungsumgebung scrollt oder Sie die Übersicht verlieren – vor den Erfolg haben die Götter den Schweiß gesetzt.

In Kapitel 2 beginnen wir mit den Grundlagen der Sprache C# 13.0. Sie lernen, die grundlegende Syntax der Sprache zu verstehen, mit Variablen und Datentypen zu arbeiten sowie Schleifen, Bedingungen und Arrays zu nutzen, bevor wir uns in Kapitel 3 dem objektorientierten Programmieren widmen. In diesem Kapitel erfahren Sie mehr darüber, wie man Klassen und Objekte definiert und Methoden und Eigenschaften implementiert – und auch aufbauende Techniken wie Delegaten, Events oder Lambda-Ausdrücke werden behandelt.

In Kapitel 6 bis Kapitel 10 erweitern Sie Ihre Kenntnisse dann um moderne Sprachfeatures wie Records, Collections sowie fortgeschrittene Sprachkonstrukte wie LINQ und asynchrone Programmierung.

Ein bedeutender Teil des Buches ist der Zugriff auf Daten. In Kapitel 16 lernen Sie das Entity Framework Core kennen, in Kapitel 17 bis Kapitel 20 entwickeln wir dann auch moderne Benutzeroberflächen mithilfe von WPF und .NET MAUI. Auch Einstiege in fortgeschrittene Themen wie die Cloud-Entwicklung mit Microsoft Azure sowie künstliche Intelligenz und generative Modelle (in Kapitel 24 und Kapitel 25) bieten spannende Einblicke.

Dieses Buch ist mehr als ein reines Sprach-Tutorial. Es zeigt Ihnen praxisnah, wie moderne .NET-Entwicklung heute funktioniert. Dabei werden Themen nicht nur oberflächlich angeschnitten, sondern in vielen Fällen tiefgehend und anhand praktischer Projekte erklärt.

1.1.2 Die Beispielprogramme

Begleitend zu der jeweiligen Thematik werden wir in jedem Kapitel Beispiele entwickeln, die Sie auf *www.rheinwerk-verlag.de/5953* unter MATERIALIEN ZUM BUCH finden. Im Buch sind diese Beispiele am Anfang des Quellcodes häufig wie folgt gekennzeichnet:

```
\\Beispiel: ..\Kapitel 3\GeometricObjectsSolution_1
```

Eine allgemeine Bemerkung noch zu den Beispielen und Codefragmenten: Als Autor eines Programmierbuches steht man vor der Frage, welchen Schwierigkeitsgrad die einzelnen Beispiele haben sollen. Werden komplexe Beispiele gewählt, liefert man häufig eine Schablone, die in der täglichen Praxis mit mehr oder weniger vielen Änderungen oder Ergänzungen übernommen werden kann. Andererseits riskiert man damit aber auch, dass mit der Komplexität der Blick der Leser für das Wesentliche verlorengeht und schlimmstenfalls die Beispiele nicht mit der Intensität studiert werden, die zum Verständnis der Thematik erforderlich wäre.

Wir haben uns für einfachere Beispielprogramme entschieden. Erfahrene Entwickler sollte das weniger stören, weil sie sich normalerweise mehr für die Möglichkeiten der Sprache interessieren, während für Einsteiger kleine, überschaubare Codesequenzen verständlicher und letztendlich auch motivierender sind.

1.2 .NET unter die Lupe genommen

1.2.1 Das Entwicklerdilemma

Mit .NET hat Microsoft im Jahr 2002 eine Entwicklungsplattform veröffentlicht, die inzwischen von vielen Entwicklungsteams akzeptiert und auch eingesetzt wird. Kommerzielle Gründe spielten für Microsoft sicherlich auch eine Rolle, damals einen Neuanfang in der Philosophie seiner Softwareentwicklung einzuleiten.

In den Jahren zuvor hatte sich bereits abgezeichnet, dass sich die Ansprüche an moderne Software grundlegend ändern würden. Das Internet spielte dabei wohl die wesentlichste Rolle, aber auch die Anforderung, dem erhöhten Aufkommen clientseitiger Anfragen an einen Zentralserver durch skalierbare Anwendungen zu begegnen. Der Erfolg von Java, das sich in den Jahren zuvor als eine der bedeutendsten Programmiersprachen etabliert hatte, mag der Beweis dafür sein, denn Java spielt seine Stärken in erster Linie bei der Entwicklung webbasierter und verteilter Anwendungen aus, erfüllte also genau diese Anforderungen.

Die damaligen Probleme waren nicht neu, und Technologien gab es schon länger – auch bei Microsoft. Mit COM/COM+ ließen sich zwar auch vielschichtige und skalierbare Anwendungen entwickeln, aber unzweifelhaft war die Programmierung von COM+ wegen der damit verbundenen Komplexität als nicht einfach zu bezeichnen. Es gibt nicht sehr viele Entwickler, die von sich behaupten können, diese Technologie »im Griff« gehabt zu haben. Damit trat auch ein Folgeproblem auf, denn grundsätzlich gilt: Je komplizierter eine Technologie ist, desto fehleranfälliger wird die Software. Man muss nicht unbedingt ein Microsoft-Gegner sein, um zu sagen, dass selbst der Urheber dieser Technologien diese oft nur unzureichend in den hauseigenen Produkten umsetzt.

Die Aussage, dass die Vorteile der .NET-Systemplattform nur der Entwicklung verteilter Systeme wie dem Internet zugutekommen, beschreibt ihre Möglichkeiten nur völlig unzureichend. Selbstverständlich lassen sich auch einfache Windows- und Konsolenanwendungen auf Basis von .NET entwickeln. Die Vorteile beziehen sich aber nicht nur auf Anwendungen selbst, sondern lösten auch ein Dilemma der Entwickler. Die Entscheidung für eine bestimmte Programmiersprache war in der Vergangenheit fast schon eine Glaubensfrage gewesen – nicht nur, was die Programmiersprache anging, denn die Festlegung auf eine bestimmte Sprache war auch die Entscheidung für eine bestimmte Funktions- bzw. Klassenbibliothek.

Windows-Programme basieren alle auf der Systemschnittstelle einer Funktionssammlung, die als *Win32-API* bezeichnet wird. Da diese Funktionssammlung einige Tausend Funktionen enthält, wurden verwandte Funktionalitäten in Klassen zusammengeführt und konnten über Methodenaufrufe angesprochen werden. Dieses Prinzip vereinfachte die Programmierung deutlich, aber bedauerlicherweise gab es nicht eine einzige, sondern gleich mehrere herstellerspezifische Klassenbibliotheken, die zwar ein ähnliches Leistungsspektrum aufwiesen, aber grundlegend anders definiert waren. *Microsoft Foundation Classes* (*MFC*) für Visual C++ ist die Klassenbibliothek von Microsoft, und Borland-Inprise kochte mit der *Object Windows Library* (*OWL*) ein eigenes Süppchen. Der Wechsel von einer Programmiersprache zu einer anderen bedeutete in der Regel auch, sich in eine andere Bibliothek einzuarbeiten. Beides kostet nicht nur sehr viel Zeit, sondern bedeutet auch finanziellen Aufwand.

Es mag fast erstaunen (oder auch nicht) – es gibt neben Windows tatsächlich andere Betriebssysteme, denen man durchaus auch eine Existenzberechtigung zuschreiben muss. Die Entwickler von Java haben das schon vor Jahren erkannt und mit der *Virtual Machine* (*VM*) eine Komponente bereitgestellt, die auf verschiedene Betriebssystemplattformen portiert werden kann. Dies ist einer der größten Vorteile von Java und hat sicherlich viele Entscheidungsträger in den Unternehmen beeinflusst. Code lässt sich auf Windows-Plattformen entwickeln und auf einer Unix-Maschine installieren – ein reizvoller Gedanke, Investitionen von einem bestimmten System zu lösen und sie nicht daran zu binden.

1.2.2 .NET – ein paar allgemeine Eigenschaften

Es ist kein Zufall, dass wir im vorherigen Abschnitt öfter Java erwähnt haben. Wenn Sie das Konzept von Java kennen oder vielleicht in der Vergangenheit sogar mit Java programmiert haben, werden Sie sehr viele Parallelitäten zu .NET sehen. Microsoft ist in der Vergangenheit sicher nicht entgangen, worauf der Erfolg von Java zurückzuführen ist. In Kenntnis der Fakten hat man die Idee, die hinter Java steckt, übernommen und dabei versucht, die bekannten Schwachstellen des Ansatzes bzw. der Sprache auszumerzen. Es darf sich bei Ihnen jetzt allerdings nicht die Meinung festigen, .NET sei nur eine Kopie von Java – .NET hat die Messlatte spürbar höher gelegt.

Wir wollen uns nun ansehen, welche wesentlichen programmiertechnischen Neuerungen .NET mit sich bringt.

- **Objektorientierung**

  .NET ist 100%ig objektbasiert und bildet eine konsistente Schicht zur Anwendungsentwicklung. Es gibt keine Elemente, die sich nicht auf Objekte zurückführen lassen. Sogar so einfache Datentypen wie der Integer werden als Objekte behandelt. Auch Zugriffe auf das darunterliegende Betriebssystem sind durch Klassen gekapselt.

- **Plattformunabhängigkeit**

  Anwendungen, die auf .NET basieren, laufen in einer Umgebung, die mit der virtuellen Maschine von Java verglichen werden kann, in der erst zur Laufzeit einer Anwendung der Maschinencode erzeugt wird. Die Spezifikation der Laufzeitumgebung (*Common Language Runtime – CLR*) ist keine geheime Verschlusssache von Microsoft, sondern offen festgelegt. In letzter Konsequenz bedeutet das aber auch, dass sich die Common Language Runtime auch auf Plattformen portieren lässt, die nicht Windows heißen, z. B. auf Unix oder Linux. Das hat sich spätestens mit Einführung von .NET Core 1.0 verändert.

- **Sprachunabhängigkeit**

  Es spielt keine Rolle, in welcher Programmiersprache eine Komponente entwickelt wird. Eine in C# geschriebene Klasse kann aus VB.NET, F# oder jeder anderen .NET-konformen Sprache heraus aufgerufen werden, ohne den Umweg über eine spezifizierte Schnittstellentechnologie wie COM/COM+ gehen zu müssen. Darüber hinaus lässt sich beispielsweise eine in Visual Studio implementierte Klasse auch aus einer VB.NET-Klasse ableiten – oder umgekehrt.

- **Speicherverwaltung**

  Die Freigabe von nicht mehr benötigtem Speicher war schon immer ein Problem. Unter .NET brauchen sich Entwickler darum nicht mehr zu kümmern, da der im Hintergrund arbeitende Prozess des *Garbage Collectors* diese Aufgaben übernimmt und nicht mehr benötigte Objekte erkennt und automatisch aus dem Speicher entfernt.

- **Weitergabe**

  Ein .NET-Programm weiterzugeben ist viel einfacher geworden – insbesondere im Vergleich zu einem auf COM basierenden Programm, das Einträge in die Registrierungsdatenbank vornehmen muss. Im einfachsten Fall reicht es vollkommen aus, ein .NET-Programm (d. h. eine EXE- oder DLL-Datei) in das dafür vorgesehene Verzeichnis zu kopieren. Darüber hinaus bietet .NET seit den neueren Versionen verschiedene Möglichkeiten, Anwendungen effizient zu veröffentlichen und zu verteilen:

  - **Single-File Deployment:** Die gesamte Anwendung lässt sich in eine einzige ausführbare Datei verpacken. Diese Datei enthält alle Abhängigkeiten, so dass keine zusätzlichen Dateien oder Ordner verteilt werden müssen. Optional kann die Datei auch so konfiguriert werden, dass sie beim ersten Start entpackt wird oder vollständig »self-extracting« bleibt.
  - **Self-contained Deployment:** Mit dieser Option wird die Laufzeitumgebung direkt mit der Anwendung gebündelt. Dadurch ist es nicht erforderlich, dass .NET auf dem Zielsystem vorinstalliert ist. Die Anwendung läuft unabhängig von der lokal installierten .NET-Version, was die Kompatibilität verbessert und die Abhängigkeit vom Zielsystem reduziert.

- **Framework-dependent Deployment:** Alternativ kann die Anwendung so veröffentlicht werden, dass sie die auf dem Zielsystem installierte .NET-Laufzeit verwendet. Diese Variante führt zu kleineren Anwendungsdateien, setzt jedoch eine kompatible Laufzeitumgebung voraus.

- **ReadyToRun (R2R)**
  Mit der PublishReadyToRun-Option können Teile der Anwendung bereits vorab kompiliert werden, um die Startzeit zu verkürzen. Dies ist besonders für Desktop-Anwendungen oder größere Services interessant.
- **Trimming**
  Mit dem Trimming-Feature können nicht benötigte Teile der .NET-Bibliotheken entfernt werden, um die Größe der Anwendung zu minimieren. Das ist insbesondere bei Microservices oder Containern von Vorteil.
- **Cross-Platform Deployment**
  Dank der plattformübergreifenden Natur von .NET können Anwendungen nicht nur für Windows, sondern auch für Linux und macOS veröffentlicht werden. Die Veröffentlichung kann für eine spezifische Plattform erfolgen oder plattformunabhängig vorbereitet werden.

1.2.3 Das Sprachenkonzept

Die drei Entwicklungssprachen, die in der Vergangenheit hauptsächlich das Bild in der Anwendungsentwicklung prägten, waren C++, Java und Visual Basic 6.0. Seit dem Jahr 2002 und dem Erscheinen des .NET Frameworks 1.0 gesellten sich noch die .NET-Sprachen dazu, allen voran C#.

Betrachten wir jetzt nur die drei zuerst genannten Sprachen. Nehmen wir an, wir würden mit jeder ein einfaches ausführbares Programm schreiben. Wie sehen die Kompilate dieser drei Sprachen aus, und wie werden die drei Kompilate ausgeführt, wenn wir sie auf einen Rechner kopieren, auf dem nur das Betriebssystem installiert ist?

- Nach der Kompilierung des C/C++-Quellcodes erhalten wir eine EXE-Datei, die beispielsweise durch einen einfachen Doppelklick im Explorer des frisch installierten Rechners gestartet werden kann. Das Kompilat wird jedoch auf einer anderen Plattform nicht lauffähig sein, denn dazu wäre zuerst eine Neukompilierung erforderlich.
- Eine mit dem VB6-Compiler erzeugte ausführbare Datei kann auf unserer jungfräulichen Betriebssysteminstallation nicht sofort gestartet werden, obwohl die Dateiendung *.exe* lautet. Wir benötigen zur Ausführung einen Interpreter, d. h. das Laufzeitmodul von Visual Basic, der uns den kompilierten Zwischencode in den ausführbaren nativen CPU-Maschinencode übersetzt. Die Portierung eines VB-Programms auf eine andere Plattform ist nicht möglich.

- Java arbeitet ähnlich wie Visual Basic 6.0. Es wird ein Zwischencode generiert, der sogenannte *Bytecode*. Die kompilierten Dateien haben die Dateiendung *.class*. Zur Laufzeit wird dieser Code zuerst durch einen Interpreter geschickt, der als *virtuelle Maschine* (*VM*) bezeichnet wird. Wurde die VM bei der Installation des Betriebssystems installiert, kann man die Java-Anwendung starten. Das Kompilat ist sogar plattformunabhängig und kann auch auf andere Systeme verteilt werden.

Die Plattformunabhängigkeit des Kompilats ist bisher ein gutes Argument für viele Unternehmen gewesen, nicht nur in heterogenen Umgebungen auf Java zu setzen.

Entwickeln wir eine .NET-basierte Anwendung, ähnelt der Ablauf der Kompilierung bis zum Start der Laufzeitumgebung dem Ablauf unter Java. Zuerst wird ein Zwischencode erzeugt, der CPU-unabhängig ist. Die Dateiendung lautet *.exe*, wenn wir eine eigenstartfähige Anwendung entwickelt haben. Allerdings ist diese Datei nicht ohne weiteres lauffähig, sie benötigt zur Laufzeit einen »Endcompiler«, der den Zwischencode in nativen, plattformspezifischen Code übersetzt. Der Zwischencode einer .NET-Anwendung wird als *MSIL*-Code (*Microsoft Intermediate Language*) oder nur kurz als *IL* bezeichnet, und der Endcompiler wird *JIT*-Compiler (*Just-In-Time*) oder auch nur kurz *JITter* genannt.

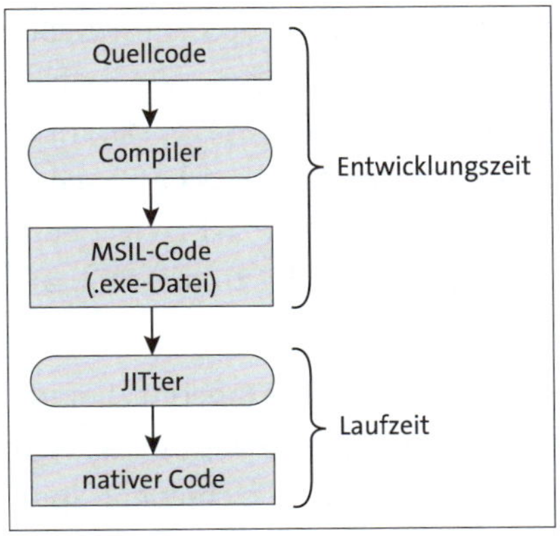

Abbildung 1.1 Der Ablauf der Entwicklung eines .NET-Programms bis zur Laufzeit

1.2.4 Die Common Language Specification (CLS)

Wenn Sie sich in Abbildung 1.1 den Prozessablauf vom Quellcode bis zur Ausführung einer .NET-Anwendung ansehen, müssten Sie sich sofort die Frage stellen, wo der Unterschied im Vergleich zu einer Java-Anwendung zu finden ist – das Diagramm scheint, bis auf die Namensgebung, austauschbar zu sein. Dabei verzichten wir jedoch darauf, andere spezifische Merkmale der beiden Umgebungen zu betrachten, die bei einer genaueren Analyse auch eine Rolle spielen würden.

Vielleicht ist es Ihnen nicht aufgefallen, aber wir haben die Wörter ».NET-Anwendung« und »Java-Anwendung« benutzt – eine kleine Nuance mit weitreichender Konsequenz. Eine Java-Anwendung ist, darauf weist schon der Name hin, mit der Programmiersprache Java entwickelt worden; eine .NET-Anwendung hingegen ist nicht sprachgebunden. Sicher, in diesem Buch werden wir uns mit C# beschäftigen, aber es macht praktisch keinen Unterschied, ob die Anwendung in C#, in Visual Basic .NET oder F# entwickelt worden ist. Ausschlaggebend ist am Ende des Kompiliervorgangs nur ein kompatibler IL-Code, ungeachtet der zugrundeliegenden Sprache.

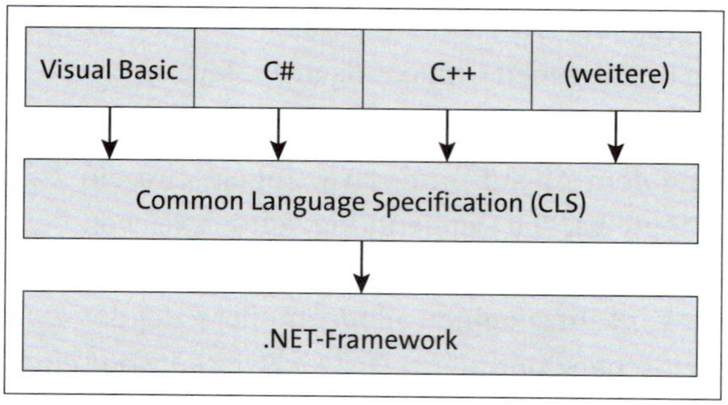

Abbildung 1.2 Die Common Language Specification als Basis der Sprachunabhängigkeit

Um sprachunabhängigen Code erzeugen zu können, muss es Richtlinien geben, an die sich alle .NET-Sprachen halten müssen, um ein Fiasko zu vermeiden. Diese Richtlinien, in denen die fundamentalen Eigenschaften einer .NET-kompatiblen Sprache festgelegt sind, werden durch die *Common Language Specification* (*CLS*) beschrieben. Die Common Language Specification ist ein offener Standard. Das hatte schon frühzeitig zur Folge, dass lange vor der offiziellen Einführung von .NET viele Softwareunternehmen andere Sprachen, beispielsweise Delphi, Eiffel und Cobol, auf .NET portierten.

Wenn alle Sprachen tatsächlich gleichberechtigt sind und dasselbe Ergebnis liefern, stellt sich natürlich die Frage, warum es zukünftig nicht nur eine Sprache gibt. Sogar Microsoft bietet mit C#, F#, C++ und VB .NET in Visual Studio vier verschiedene Sprachen an. Der Grund ist recht einfach: Man möchte den Entwicklern nicht eine vollkommen neue Sprache aufzwingen, sondern ihnen die gewohnte sprachspezifische Syntax lassen.

Wenn Sie nun anmerken sollten, dass es sich bei C# um eine völlig neue Sprache handelt, die mit der Veröffentlichung des .NET Frameworks zur Verfügung gestellt worden ist, haben Sie vollkommen recht. Allerdings assoziiert bereits der Name C# unzweifelhaft, dass die Wurzeln dieser Sprache in C/C++ zu finden sind.

Die Konsequenzen, die sich aus der CLS ergeben, sind weitreichend – nicht für den Endanwender, den es nicht im Geringsten interessiert, in welcher Sprache seine Applikation entwickelt wird, sondern vielmehr für ein heterogenes Entwicklerteam in einem Softwareunternehmen. Die Entscheidung, eine Anwendung auf der Grundlage von .NET zu entwickeln, ist keine Entscheidung für oder gegen eine Sprache – es ist eine konzeptionelle Festlegung. Die Bedeutung der einzelnen Sprachen rückt in den Hintergrund, denn die Komponenten, die in einer .NET-konformen Sprache geschrieben sind, können problemlos miteinander interagieren. Eine Klasse, die in C# geschrieben ist, kann von einer Klasse in Visual Basic .NET beerbt werden. Beide Klassen können Daten miteinander austauschen und Ausnahmen weiterreichen. Es gibt unter .NET keine bevorzugte Programmiersprache.

1.2.5 Das Common Type System (CTS)

Jede Entwicklungsumgebung beschreibt als eines ihrer wichtigsten Merkmale ein Typsystem, in dem einerseits Datentypen bereitgestellt werden und andererseits Vorschriften definiert sind, nach denen Entwickelnde die standardmäßigen Typen um eigene erweitern können. Darüber hinaus muss eine Regelung getroffen werden, wie auf die Typen zugegriffen wird.

Mit dem *Common Type System* (*CTS*) der .NET-Plattform wird die sprachübergreifende Programmentwicklung spezifiziert und sichergestellt, dass Programmcode unabhängig von der zugrundeliegenden Sprache miteinander interagieren kann. Damit legt das Common Type System die Grundlage für die im vorhergehenden Abschnitt erläuterte Sprachunabhängigkeit.

Alle Typen, die unter .NET zur Verfügung gestellt werden, lassen sich in zwei Kategorien aufteilen:

- Wertetypen
- Referenztypen

Wertetypen werden auf dem Stack abgelegt. Zu ihnen gehören die in der Entwicklungsumgebung eingebauten ganzzahligen Datentypen und die Datentypen, die Fließkommazahlen beschreiben. Referenztypen werden hingegen auf dem Heap abgelegt. Zu ihnen gehören unter anderem die aus den Klassen erzeugten Objekte.

Obwohl Wertetypen im ersten Moment nicht den Anschein erwecken, dass sie von der .NET-Laufzeitumgebung als Objekte behandelt werden, ist dies kein Widerspruch zu der Aussage von vorhin, dass .NET nur Objekte kennt. Tatsächlich erfolgt zur Laufzeit eine automatische Umwandlung von einen Werte- in einen Referenztyp durch ein Verfahren, das als *Boxing* bezeichnet wird.

Typen können ihrerseits Mitglieder enthalten: Felder, Eigenschaften, Methoden und Ereignisse. Dem Common Type System nur die Festlegung von Typen zuzuschreiben, würde die vielfältigen Aufgaben nur unzureichend beschreiben. Das CTS gibt zudem die Regeln vor, nach denen die Sichtbarkeit dieser Typmitglieder festgelegt wird. Ein als öffentlich deklariertes Mitglied eines vorgegebenen Typs könnte über die Grenzen der Anwendung hinaus sichtbar sein; andere Sichtbarkeiten beschränken ein Mitglied auf die aktuelle Anwendung oder sogar nur auf den Typ selbst.

Das vom Common Type System festgelegte Regelwerk ist grundsätzlich nichts Neues. Alle anderen Sprachen, auch die, die nicht auf .NET aufsetzen, weisen ein ähnliches Merkmal auf, um ein Typsystem in die Sprache zu integrieren. Aber es gibt einen entscheidenden Unterschied, durch den sich alle Sprachen der .NET-Umgebung vom Rest abheben: Während die Definition des Typsystems bei herkömmlichen Sprachen Bestandteil der Sprache selbst ist, wandert das .NET-Typsystem in die Laufzeitumgebung. Die Folgen sind gravierend: Kommunizieren zwei Komponenten miteinander, die in unterschiedlichen Sprachen entwickelt worden sind, sind keine Typkonvertierungen mehr notwendig, da sie auf demselben Typsystem aufsetzen.

Stellen Sie sich vor, es gäbe keine Regelung durch das CTS und C# würde einen booleschen Typ definieren, der 2 Byte groß ist, während C++ .NET denselben Datentyp definiert, jedoch mit einer Größe von 4 Byte. Der uneingeschränkte Informationsaustausch wäre nicht möglich, sondern würde zu einem Merkmal der Sprache degradiert. Im gleichen Moment würde das ansonsten sehr stabile Framework wie ein Kartenhaus in sich zusammenbrechen – eine fundamentale Stütze wäre ihm entzogen. Dieses Dilemma ist nicht unbekannt und beschert anderen Sprachen große Schwierigkeiten dabei, Funktionen der WinAPI-32 direkt aufzurufen. Ein Beispiel für diese Sprachen ist Visual Basic 6.0.

1.2.6 Das .NET-Framework

Ein Framework ist ein Gerüst, mit dem Anwendungen entwickelt, kompiliert und ausgeführt werden. Es setzt sich aus verschiedenen Richtlinien und Komponenten zusammen. Sie haben in Abschnitt 1.2.4 mit der Common Language Specification (CLS) und dem Common Type System (CTS) bereits einen Teil von .NET kennengelernt. Wir müssen aber dieses Anwendungsgerüst noch um zwei sehr wichtige Komponenten ergänzen:

- die *Common Language Runtime* (CLR)
- die *.NET-Klassenbibliothek*

Sie finden in manchen Veröffentlichungen noch weitere Komponentenangaben, beispielsweise ADO.NET und ASP.NET. Es ist wohl mehr eine Sache der Definition, wo die Grenzen eines Frameworks gesetzt werden, da sich dieser Begriff nicht mit einer klar umrissenen Definition beschreiben lässt. Die .NET-Klassenbibliothek ihrerseits stellt einen Oberbegriff dar, unter dem sich sowohl ADO.NET als auch ASP.NET eingliedern lassen.

1.2.7 Neue Entwicklungsparadigmen und Technologien

Mit der Einführung von .NET 5 und den darauffolgenden Versionen bis .NET 9 hat Microsoft die Plattform nicht nur konsolidiert, sondern auch um wegweisende Technologien und Paradigmen erweitert, die die Softwareentwicklung nachhaltig beeinflussen. Besonders hervorzuheben sind hierbei die neuen Möglichkeiten in der Web- und der plattformübergreifenden Anwendungsentwicklung sowie die Vereinfachung der API-Entwicklung.

Ein Meilenstein in der Webentwicklung mit .NET ist Blazor, eine Technologie, die es ermöglicht, interaktive Webanwendungen mit C# anstelle von JavaScript zu erstellen. Blazor eröffnet damit die Möglichkeit, sowohl serverseitig (Blazor Server) als auch clientseitig direkt im Browser mittels WebAssembly (Blazor WebAssembly) Anwendungen zu entwickeln. Diese Herangehensweise erlaubt es Entwickelnden, ihre gewohnten .NET- und C#-Kenntnisse zu nutzen, um moderne Webanwendungen zu realisieren, ohne sich in JavaScript oder andere Webtechnologien einarbeiten zu müssen.

Im Bereich der plattformübergreifenden Anwendungsentwicklung hat Microsoft mit .NET MAUI (Multi-Platform App UI) seit .NET 6 einen würdigen Nachfolger für Xamarin.Forms geschaffen. .NET MAUI ermöglicht es, Anwendungen mit einer gemeinsamen Codebasis für verschiedene Plattformen wie Windows, macOS, iOS und Android zu entwickeln. Damit können Entwickelnde ihre Benutzeroberflächen und Logik einmal erstellen und auf allen wichtigen Plattformen bereitstellen, was den Entwicklungsaufwand erheblich reduziert und die Wartung vereinfacht.

Auch im Bereich der Web-API-Entwicklung hat sich mit Minimal APIs ab .NET 6 ein neues Paradigma etabliert. Minimal APIs bieten eine besonders schlanke und unkomplizierte Möglichkeit, REST-APIs zu erstellen, da sie auf umfangreiche Boilerplate-Strukturen verzichten und stattdessen mit wenigen Zeilen Code auskommen. Diese Herangehensweise eignet sich vor allem für kleinere Microservices oder APIs, die schnell und effizient bereitgestellt werden sollen.

Mit diesen Technologien trägt .NET der Entwicklung moderner, plattformübergreifender, performanter und wartungsfreundlicher Anwendungen Rechnung und bietet Entwicklerinnen und Entwicklern Werkzeuge, die den Einstieg erleichtern und die Effizienz in der Umsetzung erhöhen.

1.2.8 Die Common Language Runtime (CLR)

Die *Common Language Runtime* (*CLR*) ist die Umgebung, in der die .NET-Anwendungen ausgeführt werden – sie ist die allen gemeinsame Laufzeitschicht. Der Stellenwert dieser Komponente kann nicht hoch genug eingestuft werden, denn mit ihren Fähigkeiten bildet die CLR den Kern von .NET.

Die CLR ist ein Verwalter – auf Englisch *manager*. Tatsächlich wird der Code, der in der Common Language Runtime ausgeführt wird, auch als *verwalteter Code* bezeichnet – oder im Englischen als *managed code*. Umgekehrt kann mit Visual Studio 2022 auch unverwalteter Code geschrieben werden. In *unverwaltetem* (oder *unmanaged*) *Code* sind beispielsweise Treiberprogramme geschrieben, die direkt auf die Hardware zugreifen und deshalb plattformabhängig sind.

Sie müssen sich die Common Language Runtime nicht als eine Datei vorstellen, der eine bestimmte Aufgabe in .NET zukommt, wenn verwalteter Code ausgeführt wird. Vielmehr beschreibt die CLR zahlreiche Dienste, die den Anforderungen von .NET entsprechen. Der verwaltete IL-Code fungiert als Bindeglied zwischen der Hardware und diesen Anforderungen. Zu den Diensten der CLR gehören:

- der *Class Loader*, der Klassen in die Laufzeitumgebung lädt
- der *Type Checker* zur Unterbindung unzulässiger Typkonvertierungen
- der *JITter*, der den MSIL-Code zur Laufzeit in nativen Code übersetzt, der im Prozessor ausgeführt werden kann
- der *Exception Manager*, der die Ausnahmebehandlung unterstützt
- der *Garbage Collector*, der eine automatische Speicherbereinigung anstößt, wenn Objekte nicht mehr benötigt werden
- der *Code Manager*, der die Ausführung des Codes verwaltet
- die *Security Engine*, die sicherstellt, dass der User über die Berechtigung verfügt, den angeforderten Code auszuführen
- die *Debug Machine* zum Debuggen der Anwendung
- der *Thread Service* zur Unterstützung multithreadingfähiger Anwendungen
- der *COM Marshaller* zur Sicherstellung der Kommunikation mit COM-Komponenten (COM = *Component Object Model*)

Die Liste ist zwar lang, vermittelt aber einen Einblick in die verschiedenen unterschiedlichen Aufgabenbereiche der Common Language Runtime.

1.2.9 Die .NET-Klassenbibliothek

.NET ist ausnahmslos objektorientiert ausgerichtet. Für Entwickelnde, die sich bisher erfolgreich dem objektorientierten Konzept widersetzt und beharrlich auf prozeduralen Code gesetzt haben (solche gibt es häufiger, als Sie vielleicht vermuten), fängt die Zeit des Umdenkens an, denn an der Objektorientierung führt unter .NET kein Weg mehr vorbei.

Alles in .NET wird als Objekt betrachtet. Dazu zählen sogar die nativen Datentypen der Common Language Specification wie der Integer. Die Folgen sind weitreichend, denn schon mit einer einfachen Deklaration wie

```
int iVar;
```

erzeugen wir ein Objekt, mit allen sich daraus ergebenden Konsequenzen. Wir werden darauf in einem der folgenden Kapitel noch zu sprechen kommen.

Die .NET-Klassen stehen nicht zusammenhangslos im Raum, wie beispielsweise die Funktionen der WinAPI-32, sondern stehen ausnahmslos in einer engen Beziehung zueinander, der .NET-Klassenhierarchie. Eine Klassenhierarchie können Sie sich wie einen Familienstammbaum vorstellen, im dem sich, ausgehend von einer Person, alle Nachkommen abbilden lassen. Auch die .NET-Klassenhierarchie hat einen Ausgangspunkt, gewissermaßen die Wurzel der Hierarchie: Es ist die Klasse `Object`. Jede andere Klasse in .NET kann auf sie zurückgeführt werden und erbt daher ihre Methoden. Außerdem kann es weitere Nachfolger geben, die sowohl die Charakteristika der Klasse `Object` erben als auch die ihrer direkten Vorgängerklasse. Auf diese Weise bildet sich eine mehr oder weniger ausgeprägte Baumstruktur.

Für Visual-C++-Programmierende ist eine Klassenhierarchie nichts Neues, sie arbeiten bereits seit vielen Jahren mit den *MFC* (*Microsoft Foundation Classes*). Auch Java-Programmierer und -Programmiererinnen haben sich an eine ähnliche Hierarchie gewöhnen müssen.

Eine Klassenhierarchie basiert auf einer Bibliothek, die strukturiert ihre Dienste zum Wohle der Programmierenden bereitstellt und letztendlich die Programmierung vereinfacht. Um allerdings in den Genuss der Klassenbibliothek zu kommen, ist ein erhöhter Lernaufwand erforderlich. Wenn man aber aus dieser Phase heraus ist, kann man sehr schnell und zielorientiert Programme entwickeln, die anfänglichen Investitionen zahlen sich also schnell aus.

Einen kurzen Überblick über den Inhalt der .NET-Klassenbibliothek zu geben ist schwer, wenn nicht sogar vollkommen unmöglich, denn es handelt sich dabei um einige Tausend vordefinierte Typen. Wenn wir uns jetzt vorstellen, dass in jeder Klasse mehr oder weniger viele Methoden definiert sind, also Funktionen im prozeduralen Sinne, kommen wir sehr schnell in Größenordnungen von einigen Zehntausend Methoden, die insgesamt von den Klassen veröffentlicht werden. Alle zu kennen, dürfte nicht nur an die Grenze der Unwahrscheinlichkeit stoßen, sondern diese sogar deutlich überschreiten. Außerdem können wir davon ausgehen, dass im Laufe der Zeit immer weitere Klassen mit immer mehr zusätzlichen und verfeinerten Features in die Klassenhierarchie integriert werden – sowohl durch Microsoft selbst als auch durch Drittanbieter.

1.2.10 Das Konzept der Namespaces

Da jede Anwendung von Funktionalitäten lebt und der Zugriff auf die Klassenbibliothek zum täglichen Brot eines .NET-Entwickelnden gehört, ist ein guter Überblick über die Klassen und insbesondere deren Handling im Programmcode sehr wichtig. Hier kommt uns ein Feature entgegen, das die Arbeit deutlich erleichtert: Es sind die *Namespaces*. Ein Namespace ist eine logische Organisationsstruktur, die völlig unabhängig von der Klassenhierarchie eine Klasse einem bestimmten thematischen Gebiet zuordnet. Damit wird das Auffinden einer Klasse, die bestimmte Leistungsmerkmale aufweist, deutlich einfacher. Das Konzept ist nicht neu. Ob Java wieder Pate gestanden hat, wissen wir nicht. Aber in Java gibt es eine ähnliche Struktur, die als *Package* bezeichnet wird.

Dass das Auffinden einer bestimmten Klasse erleichtert wird, ist nur ein Argument, das für die Namespaces spricht. Einem zweiten kommt eine ebenfalls nicht zu vernachlässigende Bedeutung zu: Jede Klasse ist durch einen Namen gekennzeichnet, der im Programmcode benutzt wird, um daraus möglicherweise ein Objekt zu erzeugen und auf dessen Funktionalitäten zuzugreifen. Der Name muss eindeutig sein, schließlich können Sie auch nicht erwarten, dass ein Brief, der nur an »Hans Fischer« adressiert ist, tatsächlich den richtigen Empfänger erreicht. Namespaces verhindern Kollisionen zwischen identischen Klassenbezeichnern, sind also mit der vollständigen Adressierung eines Briefes vergleichbar. Nur innerhalb eines vorgegebenen Namespace muss ein Klassenname eindeutig sein.

Die Namespaces sind auch wieder in einer hierarchischen Struktur organisiert. Machen Sie aber nicht den Fehler, die Klassenhierarchie mit der Hierarchie der Namespaces zu verwechseln. Eine Klassenhierarchie wird durch die Definition der Klasse im Programmcode festgelegt und hat Auswirkungen auf die Fähigkeiten einer Klasse, bestimmte Operationen auszuführen, während die Zuordnung zu einem Namespace keine Konsequenzen für die Fähigkeiten eines Objekts einer Klasse hat. Dass Klassen, die einem bestimmten Namespace zugeordnet sind, auch innerhalb der Klassenhierarchie eng zusammenstehen, ist eine Tatsache, die aus den Zusammenhängen resultiert, ist aber kein Muss.

Wenn die Aussage zutrifft, dass Namespaces in einer baumartigen Struktur organisiert werden, muss es auch eine Wurzel geben. Diese heißt im .NET-Framework `System`. Dieser Namespace organisiert die fundamentalsten Klassen in einen Verbund. Weiter oben haben wir erwähnt, dass sogar die nativen Datentypen wie der Integer auf Klassendefinitionen basieren – im Namespace `System` ist diese Klasse neben vielen weiteren zu finden. (Anmerkung: Falls Sie die Klasse jetzt aus Neugier suchen sollten – sie heißt nicht Integer, sondern `Int32`.)

Unterhalb von `System` sind die anderen Namespaces angeordnet. Sie sind namentlich so gegliedert, dass man schon erahnen kann, über welche Fähigkeiten die einem Namespace zugeordneten Klassen verfügen. Damit Sie ein Gefühl hierfür bekommen, sind in Tabelle 1.1 auszugsweise ein paar Namespaces angeführt.

Namespace	Beschreibung
`System.Collections`	Klassen, die Auflistungen beschreiben
`System.Data`	Enthält die Klassen für den Zugriff über ADO.NET auf Datenbanken.
`System.Drawing`	Klassen, die grafische Funktionalitäten bereitstellen
`System.IO`	Klassen für Ein- und Ausgabeoperationen
`System.Web`	Enthält Klassen, die im Zusammenhang mit dem Protokoll HTTP stehen.
`System.Windows.Forms`	Enthält Klassen für die Entwicklung Windows-basierter Anwendungen.

Tabelle 1.1 Auszug aus den Namespaces von .NET

Die Tabelle gibt kaum mehr als einen Bruchteil aller .NET-Namespaces wieder. Sie sollten allerdings erkennen, wie hilfreich diese Organisationsstruktur bei der Entwicklung einer Anwendung sein kann. Wenn Sie die Lösung zu einem Problem suchen, kanalisieren die Namespaces Ihre Suche und tragen so zu einer effektiveren Entwicklung bei.

Wir können in diesem Buch nicht alle Namespaces, geschweige denn alle Klassen des .NET-Frameworks behandeln. Ob das jemals ein Buch zu leisten vermag, darf mehr als nur angezweifelt werden – zu umfangreich ist die Klassenbibliothek.

Sie sollten die wichtigsten Klassen und Namespaces kennen. Was zu den wichtigsten Komponenten gezählt werden kann, ist naturgemäß subjektiv. Wir werden uns daher auf diejenigen konzentrieren, die praktisch in jeder Anwendung von Belang sind bzw. bei jeder eigenen Klassendefinition in die Überlegung einbezogen werden müssen. In diesem Sinne werden wir uns auf die fundamentalen Bibliotheken beschränken, einschließlich der Bibliotheken, die zur Entwicklung einer Windows-Anwendung notwendig sind.

1.3 Assemblies

Das Ergebnis der Kompilierung von .NET-Quellcode ist eine Assembly. Bei der Kompilierung wird, abhängig davon, welchen Projekttyp Sie gewählt haben, entweder eine EXE- oder eine DLL-Datei erzeugt. Wenn Sie nun in diesen Dateien ein Äquivalent zu den EXE- oder DLL-Dateien sehen, die Sie mit Visual Basic 6.0 oder C/C++ erzeugt haben, liegen Sie falsch – beide sind nicht miteinander vergleichbar.

Assemblies liegen im IL-Code vor. Zur Erinnerung: IL bzw. MSIL ist ein Format, das erst zur Laufzeit einer Anwendung vom JITter in nativen Code kompiliert wird. Eine Assembly kann nicht nur eine, sondern auch mehrere Dateien enthalten – eine Assembly ist daher eher als die Baugruppe einer Anwendung zu verstehen.

Assemblies liegen, wie auch die herkömmlichen ausführbaren Dateien, im *PE*-Format (*Portable Executable*) vor, einem Standardformat für Programmdateien unter Windows. Das Öffnen einer PE-Datei hat zur Folge, dass die Datei der Laufzeitumgebung übergeben und als Folge dessen ausgeführt wird. Daher wird Ihnen beim Starten auch kein Unterschied zwischen einer Assembly und einer herkömmlichen Datei auffallen.

1.3.1 Die Metadaten

Assemblies weisen eine grundsätzlich neue, andersartige Struktur auf. Assemblies enthalten nämlich nicht nur IL-Code, sondern auch sogenannte *Metadaten*. Die Struktur einer kompilierten .NET-Komponente gliedert sich demnach in

- IL-Code und
- Metadaten.

Metadaten sind Daten, die eine Komponente beschreiben. Das hört sich im ersten Moment kompliziert an, ist aber ein ganz triviales Prinzip. Nehmen wir an, Sie hätten die Klasse *Auto* mit den Methoden *Fahren*, *Bremsen* und *Hupen* entwickelt. Wird diese Klasse kompiliert und der IL-Code erzeugt, lässt sich nicht mehr sagen, was der Binärcode enthält und, vor allem, wie er genutzt werden kann. Wenn eine andere Komponente auf die Idee kommt, den kompilierten Code eines *Auto*-Objekts zu nutzen, steht sie vor verschlossenen Türen.

Den Zusammenhang zwischen Metadaten und IL-Code können Sie sich wie das Verhältnis zwischen einem Inhaltverzeichnis und dem Buchtext vorstellen: Man sucht unter einem Stichwort im Inhaltverzeichnis nach einem bestimmten Begriff, findet eine Seitenzahl und kann zielgerichtet im Buch das gewünschte Thema nachlesen. Viel mehr machen die Metadaten eines .NET-Kompilats auch nicht, wenn auch die Funktionsweise naturgemäß etwas abstrakter ist: Sie liefern Objektinformationen, beispielsweise die Eigenschaften eines Objekts und die Methoden. Das geht sogar so weit, dass wir über die Metadaten in Erfahrung bringen, wie die Methoden aufgerufen werden müssen.

Das grundsätzliche Prinzip der Aufteilung in Code und Metadaten ist nicht neu und wurde auch schon unter COM angewandt – allerdings mit einem kleinen, aber doch sehr wesentlichen Unterschied: COM trennt Code und Metadaten. Die Metadaten einer auch als *Typbibliothek* bezeichneten COM-Komponente werden in die Registry eingetragen und dort ausgewertet. Das ist nicht gut, denn schließlich sollten Sie Ihren Personalausweis immer bei sich tragen und ihn nicht irgendwo hinterlegen. Ebenso sollte auch der Code nicht von seinen Metadaten getrennt werden. COM ist dazu nicht in der Lage; erst innerhalb von .NET wird dieser fundamentalen Forderung nach einer untrennbaren Selbstbeschreibung Rechnung getragen.

Die Metadaten versorgen die .NET-Laufzeitumgebung mit ausreichenden Informationen zum Erstellen von Objekten sowie zum Aufruf von Methoden und Eigenschaften. Sie bilden eine klar definierte Schnittstelle und vereinheitlichen den Objektzugriff, was allen .NET-Entwickelnden zugutekommt: Unabhängig von der Sprache – vorausgesetzt, sie ist .NET-konform – können problemlos Objekte verwendet werden, die von anderen Entwicklern und Entwicklerinnen bereitgestellt werden. Dass die Objekte in einer beliebigen .NET-Sprache entwickelt sein können, brauchen wir fast nicht zu erwähnen.

1.3.2 Das Manifest

Die Folgen der Trennung von Code und Selbstbeschreibung einer COM-Komponente sind uns wahrscheinlich allen bewusst: Durch die Installation einer neuen Anwendung werden alte COM-Komponenten überschrieben, die für andere Anwendungen von existenzieller Bedeutung sind. Die Auswirkungen können fatal sein: Eine Anwendung, die auf die Methoden der überschriebenen Komponente zugreifen will, kann sich im schlimmsten Fall mit einem Laufzeitfehler sang- und klanglos verabschieden.

Mit Assemblierungen gehören diese Fehler definitiv der Vergangenheit an. Verantwortlich dafür sind Metadaten, die nicht die einzelnen Objekte, sondern die Assemblierung als Ganzes beschreiben. Diese Daten werden als *Manifest* bezeichnet. Ein Manifest enthält die folgenden Informationen:

- Name und Versionsnummer der Assembly
- Angaben über andere Assemblierungen, von denen die aktuelle Assembly abhängt
- die von der Assembly veröffentlichten Typen
- Sicherheitsrichtlinien, nach denen der Zugriff auf die Assembly festgelegt wird

Das Manifest befreit eine Assembly von der Notwendigkeit, sich in die Registrierung einzutragen, und die logischen Konsequenzen gehen sogar noch weiter: Während sich COM-Komponenten erst durch eine Setup-Routine oder zusätzliche Tools in die Registrierungsdatenbank eintragen, können Sie mit den primitivsten Copy-Befehlen eine Assemblierung in ein beliebiges Verzeichnis kopieren – Altbewährtes ist manchmal doch nicht so schlecht.

1.4 Die Entwicklungsumgebung

.NET-Anwendungen können theoretisch mit einem einfachen Texteditor wie dem Windows Editor oder Notepad++ entwickelt werden – allerdings wäre das weder effizient noch angenehm. Die Unterstützung moderner Entwicklungsumgebungen ist unverzichtbar, um produktiv zu arbeiten. Microsoft bietet mit Visual Studio, einer leistungsstarken IDE, ein Tool, mit dem sich nahezu jede Art von Anwendung effizient entwickeln lässt. Über die Jahre haben sich zahlreiche alternative Anwendungen und Produkte am Markt etabliert. So ist Visual Studio Code mittlerweile ein sehr beliebter Editor, und auch JetBrains, die Konkurrenz in Sachen IDEs, hat mit Rider eine sehr gute Entwicklungsumgebung geschaffen.

1.4.1 Editionen von Visual Studio 2022

Es gibt mehrere verschiedene Editionen, die spezifisch auf die unterschiedlichen Anforderungen bei der Anwendungsentwicklung zugeschnitten sind:

- **Visual Studio 2022 Enterprise**

  Diese Edition richtet sich an große Entwicklerteams und bietet umfangreiche Funktionen für Anwendungsarchitektur, Codequalität, Testing und DevOps-Integration. Sie enthält Tools für die effiziente Verwaltung des gesamten Softwarelebenszyklus und eignet sich besonders für komplexe und unternehmensweite Projekte.

- **Visual Studio 2022 Professional**

  Die Professional-Edition ist auf kleinere und mittelgroße Entwicklerteams ausgerichtet und bietet alle grundlegenden Werkzeuge für die professionelle Softwareentwicklung. Im Vergleich zur Enterprise-Edition fehlen hier einige erweiterte Funktionen, beispielsweise für die Codeanalyse und Architekturvalidierung, und die fortgeschrittenen Testtools.

- **Visual Studio 2022 Community Edition**

  Die Community-Edition ist weiterhin kostenlos verfügbar und richtet sich an Einzelentwickler, Lernende und kleine Teams, die nichtkommerzielle Projekte umsetzen. Sie bietet nahezu alle Kernfunktionen, ist jedoch in ihren Lizenzbedingungen auf bestimmte Einsatzzwecke und Unternehmensgrößen beschränkt. Dieses Buch basiert auf der Community-Edition, damit Sie alle Funktionen und Features problemlos ausprobieren und nachvollziehen können, ohne eine kostenpflichtige Version von Visual Studio Ihr Eigen nennen zu müssen.

Wenn Sie sich für die genauen Details der drei genannten Versionen interessieren, sollten Sie sie im Internet nachlesen oder die drei Editionen austesten. Während die Community-Version unbegrenzt einsetzbar ist, können Sie die Professional und Enterprise Edition ebenfalls downloaden und 30 Tage lang kostenlos testen.

1.4.2 Die Installation

Die Installation von Visual Studio 2022 verläuft in der Regel problemlos. Nachdem Sie die EXE-Datei aus dem Internet heruntergeladen haben, wird – so noch nicht auf Ihrem Rechner installiert – der Visual Studio Installer auf Ihrem Rechner installiert. Dieses Tool ist sehr sinnvoll, denn es gestattet, jederzeit Änderungen an einer bestehenden Installation vorzunehmen. Auch Aktualisierungen, die in einem kurzen Rhythmus von Microsoft bereitgestellt werden, lassen sich vom Visual Studio Installer aus starten.

In Abbildung 1.3 sehen Sie die Oberfläche des Visual Studio Installers. Sie erkennen, dass Visual Studio 2022 in der Community-Edition installiert ist. Über die Schaltfläche ÄNDERN passen Sie bei Bedarf die aktuelle Installation an: Sollte eine Aktualisierung anstehen, ändert sich die Beschriftung der Schaltfläche in AKTUALISIEREN.

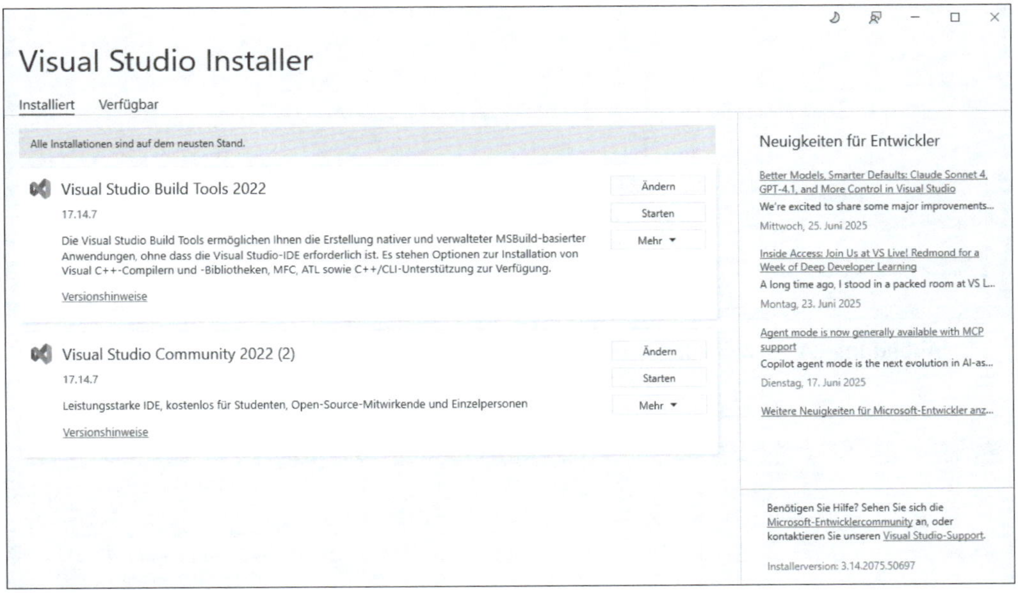

Abbildung 1.3 Die Oberfläche des Visual Studio Installers

Kommen wir zur Installation von Visual Studio selbst. Die Oberfläche, in dem Sie die Auswahl darüber treffen, was Sie installieren möchten, sehen Sie in Abbildung 1.4. Um den Beispielen in diesem Buch zu folgen, sollten Sie im Minimum die Option .NET-DESKTOPENTWICKLUNG auswählen.

Nachdem Sie Ihre Auswahl getroffen haben, klicken Sie bitte noch nicht sofort auf die Schaltfläche rechts unten (in Abbildung 1.4 ist sie mit SCHLIESSEN beschriftet). Achten Sie einmal darauf, dass das Dialogfenster etwas unscheinbare Registerkarten anbietet. In Abbildung 1.4 ist WORKLOADS selektiert. Daneben befinden sich aber noch EINZELNE KOMPONENTEN, SPRACHPAKETE und INSTALLATIONSPFADE. Insbesondere die erstgenannte Registerkarte, EINZELNE KOMPONENTEN, verbirgt noch zahlreiche Zusatzoptionen für die Installation von Visual Studio 2022 (siehe Abbildung 1.5). Wir empfehlen Ihnen, hier in jedem Fall HELP VIEWER auszuwählen. Erst mit dieser Wahl ist es möglich, zumindest Teile der erforderlichen .NET-Dokumentation lokal auf Ihrem Rechner zu installieren und anzusehen. Ansonsten sind Sie auf das Internet angewiesen.

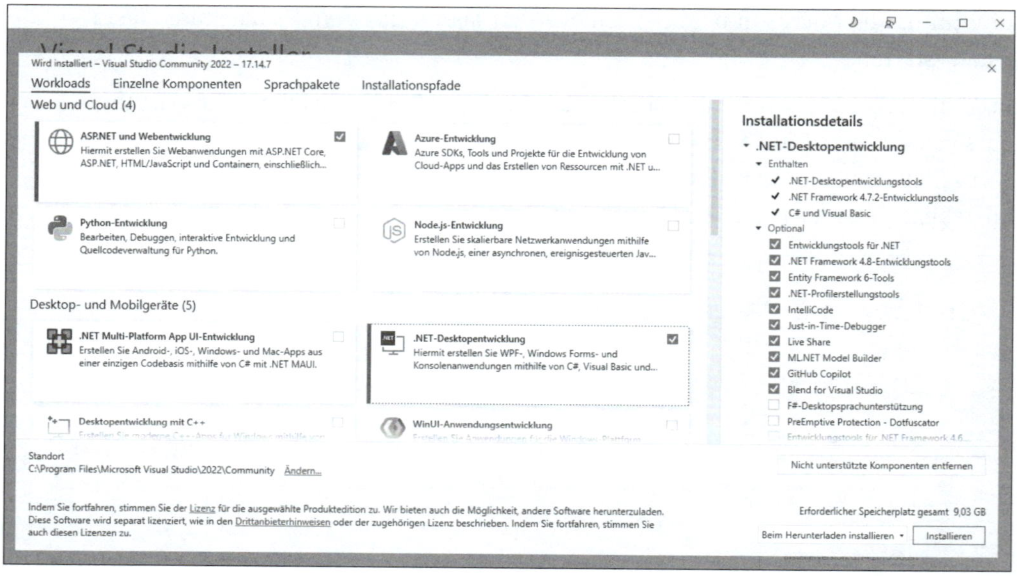

Abbildung 1.4 Auswahldialog der Installationsroutine

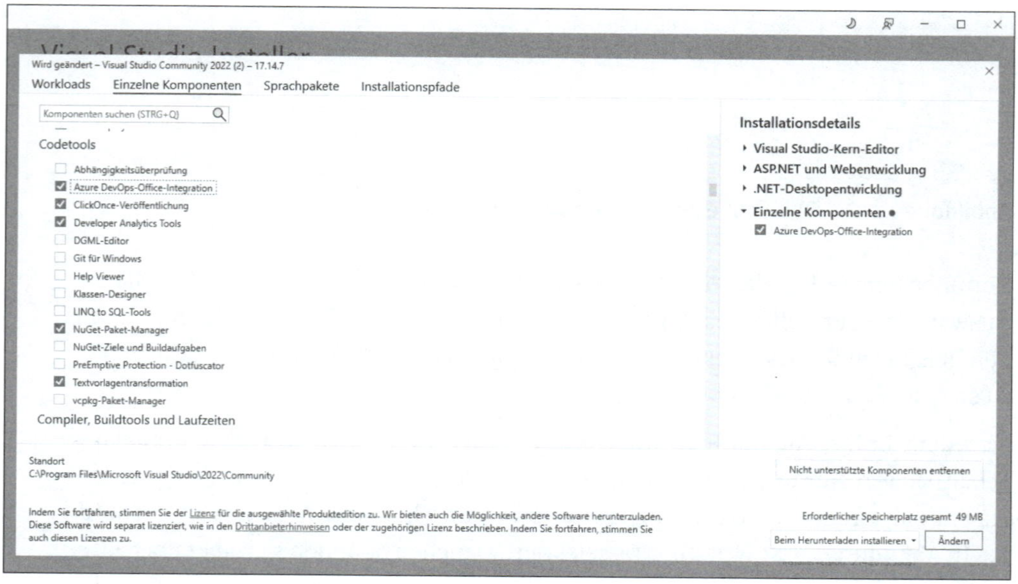

Abbildung 1.5 Weitere spezifische Auswahloptionen

Möchten Sie Visual Studio 2022 mit mehreren Sprachen betreiben, können Sie die gewünschten Sprachen in der Registerkarte SPRACHPAKETE auswählen.

1.4.3 Die Entwicklungsumgebung von Visual Studio 2022

Wie Sie ein neues Projekt in Visual Studio anlegen, unterscheidet sich gravierend von allen älteren Visual Studios. Wir werden Ihnen das in Kapitel 2, »Grundlagen der Sprache C#«, zeigen. An dieser Stelle möchten wir Ihnen nur die wichtigsten Fenster erklären, mit denen Sie es zu tun haben werden:

- der Code-Editor
- der visuelle Editor
- der Projektmappen-Explorer
- das Eigenschaftsfenster
- die Toolbox
- die Fehlerliste

Hier alle Fenster aufzulisten, mit denen Sie während der Entwicklung einer .NET-Anwendung konfrontiert werden, ist nahezu unmöglich. Wir belassen es deshalb bei den genannten, die Sie, mit Ausnahme des Code-Editors, in Abbildung 1.6 wiederfinden. Dabei entspricht die Anordnung ungefähr der, die Sie nach der Installation vorfinden, wenn Sie eine WPF-Anwendung entwickeln wollen.

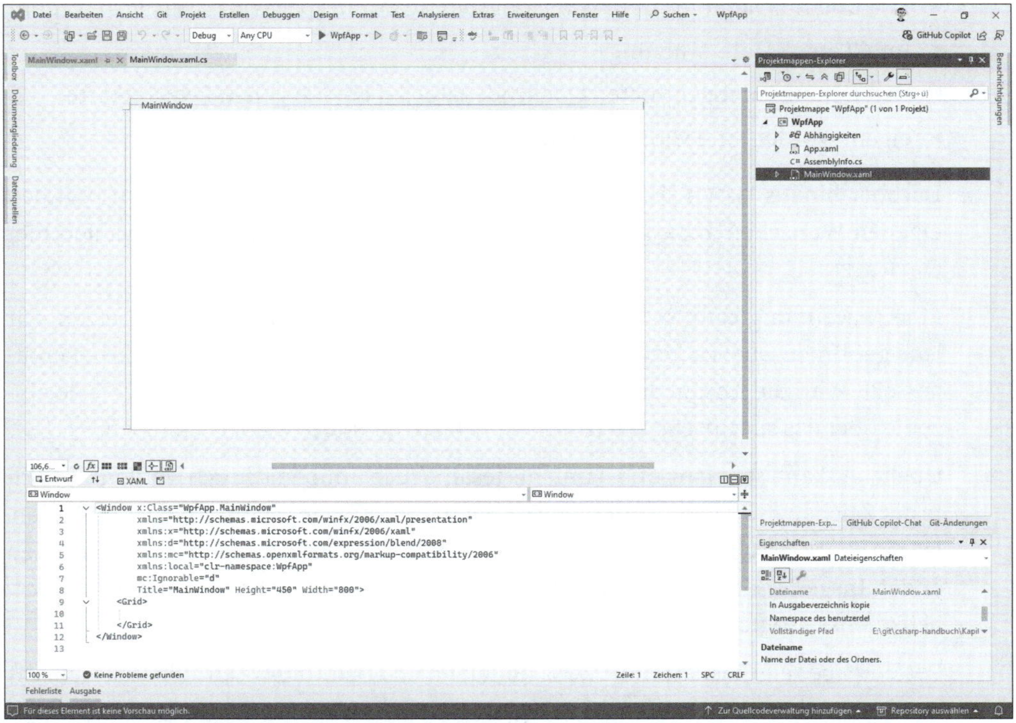

Abbildung 1.6 Die Entwicklungsumgebung eines WPF-Projekts

Nachfolgend möchten wir Ihnen kurz die wichtigsten Fenster von Visual Studio 2022 vorstellen.

Der Code-Editor

Die wichtigste Komponente der Entwicklungsumgebung ist das Fenster, in dem wir unseren Programmcode schreiben. Abhängig von der gewählten Programmiersprache und der Projektvorlage wird automatisch Code generiert – gewissermaßen als Unterstützung zum Einstieg in das Projekt. Sie können in den meisten Fällen diesen Code nach Belieben ändern – solange Sie wissen, welche mögliche Konsequenz das nach sich zieht.

Insgesamt gesehen ist die Handhabung des *Code-Editors* nicht nur sehr einfach, sondern unterstützt Programmierende durch standardmäßig bereitgestellte Features. Dazu zählen:

- Automatischer Codeeinzug (Tabulatoreinzug). Die Breite des Einzugs lässt sich auch manuell anders festlegen.
- automatische Generierung von Code, beispielsweise zur Kennzeichnung des Abschlusses eines Anweisungsblocks
- Ein- und Ausblendung der Anweisungsblöcke (Namespaces, Klassen, Prozeduren)
- IntelliSense-Unterstützung
- Darstellung jeder geöffneten Quellcodedatei auf einer eigenen Registerkarte
- eigene Vorder- und Hintergrundfarbe der verschiedenen Elemente

Darüber hinaus lassen sich viele Einstellungen benutzerdefiniert ändern und den eigenen Wünschen anpassen. Dazu öffnen Sie das Menü EXTRAS und wählen hier OPTIONEN....

Eine Anwendung kann sich aus mehreren Quellcodedateien zusammensetzen. Für jede geöffnete Quellcodedatei wird im Code-Editor eine eigene Registerkarte bereitgestellt. Wird die Anzahl der angezeigten Registerkarten zu groß, lässt sich jede einzelne über das spezifische Kreuz rechts oben auf der Karte wieder schließen.

Quellcode kann sehr lang und damit insgesamt auch unübersichtlich werden. Mit Hilfe der Zeichen »+« und »–« können Sie Codeblöcke aufklappen und wieder schließen. Ist ein Block geschlossen, wird nur die erste Zeile angezeigt, die mit drei Punkten endet. Insgesamt trägt diese Möglichkeit maßgeblich zu einer erhöhten Übersichtlichkeit des Programmcodes bei.

Per Vorgabe zeigt Visual Studio 2022 nur einen Code-Editor im Zentralbereich an. Oft werden Sie aber das Bedürfnis haben, gleichzeitig den Code von zwei Quellcodedateien einzusehen, und werden nicht mehr zwischen den Registerkarten umschalten wollen. Um das zu erreichen, klicken Sie im Editorbereich mit der rechten Maustaste auf eine beliebige Registerkarte und öffnen damit das Kontextmenü. Sie erhalten dann die Auswahl zwischen NEUE HORIZONTALE REGISTERKARTENGRUPPE und NEUE VERTIKALE REGISTERKARTENGRUPPE.

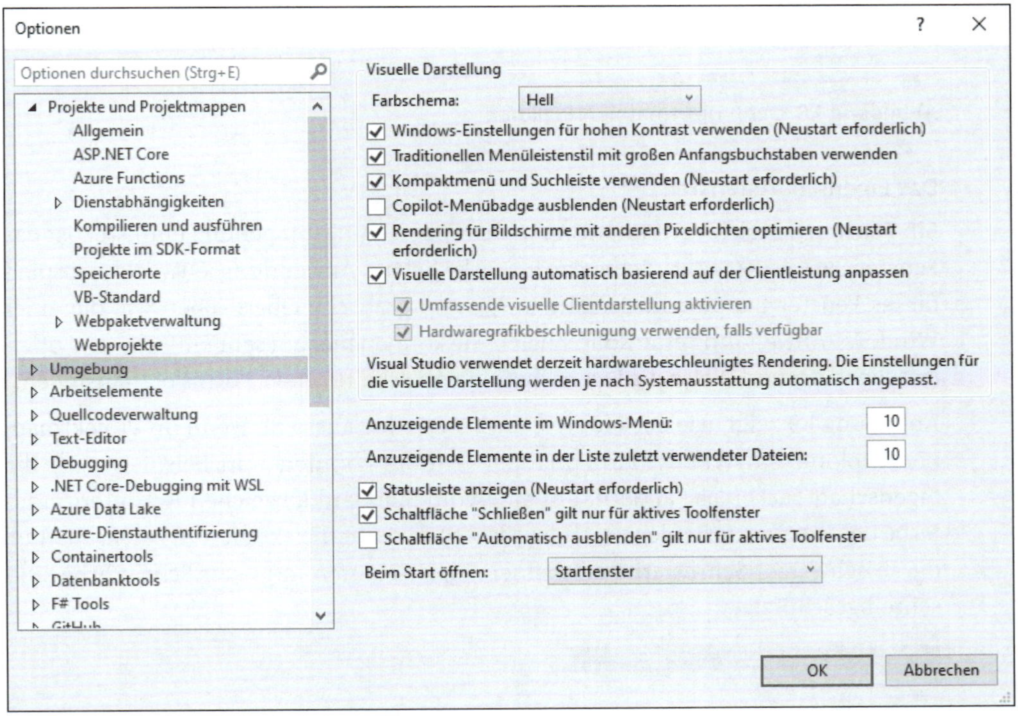

Abbildung 1.7 Der Dialog »Optionen«

Der Projektmappen-Explorer

Jede .NET-Anwendung setzt sich aus mehreren Codekomponenten zusammen, und jede .NET-Anwendung kann ihrerseits ein Element einer Gruppe von Einzelprojekten sein, die als *Projektmappe* bezeichnet wird. Der *Projektmappen-Explorer* zeigt die Struktur aller geladenen Projekte an, indem er einerseits die einzelnen Quellcodedateien, die unter Visual Studio die Dateiendung *.cs* haben, angibt und andererseits alle Abhängigkeiten eines Projekts (Verweise) mitteilt.

Für uns ist der Projektmappen-Explorer neben der Klassenansicht, die wir im folgenden Abschnitt beschreiben werden, diejenige Komponente der Entwicklungsumgebung, die uns bei der Navigation in unserem Anwendungscode maßgeblich unterstützt: Ein Doppelklick auf eine der aufgelisteten Dateien öffnet im Code-Editor eine Registerkarte, die den Quellcode der Datei enthält. Der Projektmappen-Explorer in Abbildung 1.8 enthält zwei Projekte: *ConsoleAppl* und *ConsoleAppl2*.

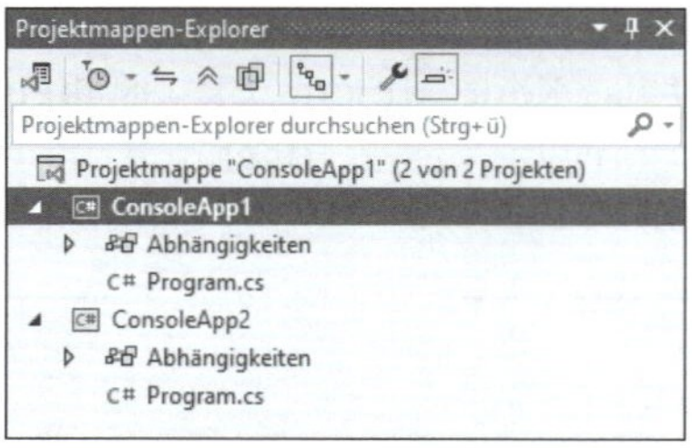

Abbildung 1.8 Der Projektmappen-Explorer

Das Eigenschaftsfenster

Ein Fenster, das sich von Anfang an in der Entwicklungsumgebung einnistet, ist das Fenster EIGENSCHAFTEN. Seine ganze Stärke bei der Anwendungsentwicklung spielt dieses Fenster hauptsächlich dann aus, wenn grafische Oberflächen wie die einer Windows-Anwendung eine Rolle spielen. Sie können hier auf sehr einfache und übersichtliche Art und Weise die Eigenschaften von Schaltflächen, Forms etc. einstellen.

Abbildung 1.9 zeigt, wie der EIGENSCHAFTEN-Dialog aussieht, wenn im Projektmappen-Explorer ein WPF-Window markiert ist. Sie könnten nun beispielsweise die Eigenschaft `Background` ändern, um eine vom Standard abweichende Hintergrundfarbe des Fensters festzulegen. Ändern lassen sich nur die aktivierten Eigenschaften, die in schwarzer Schriftfarbe erscheinen. Eigenschaften in grauer Schriftfarbe sind schreibgeschützt.

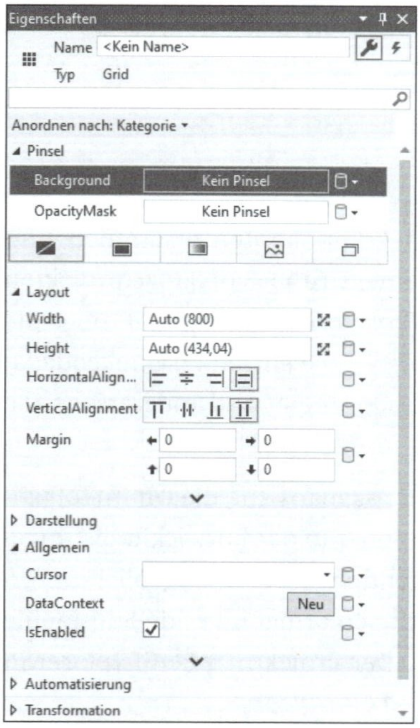

Abbildung 1.9 Das Eigenschaftsfenster

Der Werkzeugkasten (Toolbox)

Die *Toolbox* dient einzig und allein zur Entwicklung grafischer Oberflächen. Sie enthält die Steuerelemente, die mit Visual Studio 2022 ausgeliefert werden, und ist registerkartenähnlich in mehrere Bereiche aufgeteilt. Welche Bereiche angeboten werden, hängt vom Projekttyp ab und variiert daher. Abbildung 1.10 zeigt die Werkzeugsammlung eines WPF-Anwendungsprojekts. Wenn Sie beispielsweise beabsichtigen, das Layout eines Webforms zu gestalten, werden in einer Registerkarte nur die Steuerelemente angeboten, die in einer HTML-Seite platziert werden können.

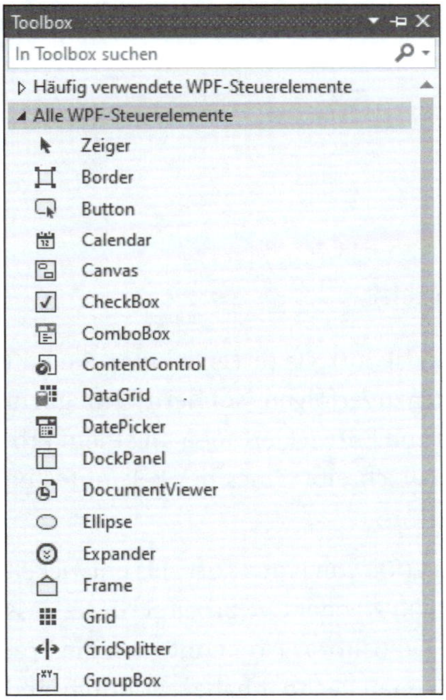

Abbildung 1.10 Die Toolbox

Im zweiten Teil dieses Buches, in dem wir uns der WPF-Programmierung widmen, werden Sie lernen, die meisten der in der Toolbox angebotenen Steuerelemente einzusetzen.

Der Server-Explorer

Die meisten der bisher erwähnten Dialoge der Entwicklungsumgebung dienen der direkten Entwicklungsarbeit. Wir möchten Ihnen aber an dieser Stelle noch einen weiteren Dialog vorstellen, der Sie bei der Anwendungserstellung zumindest indirekt unterstützt: Es ist der *Server-Explorer*. Sie können ihn zur Entwicklungsumgebung von Visual Studio 2022 hinzufügen, indem Sie ihn im Menü ANSICHT auswählen.

Die Leistungsfähigkeit des Server-Explorers ist wirklich beeindruckend, denn er integriert den Zugriff auf Dienste und Datenbanken in die Entwicklungsumgebung – und das nicht nur bezogen auf die lokale Maschine, sondern auch auf Systemressourcen, auf die über das Netzwerk zugegriffen werden kann (entsprechende Berechtigungen natürlich vorausgesetzt). Ihnen bleibt es damit erspart, aus Visual Studio heraus immer wieder andere Programme aufzurufen, um an benötigte Informationen zu gelangen.

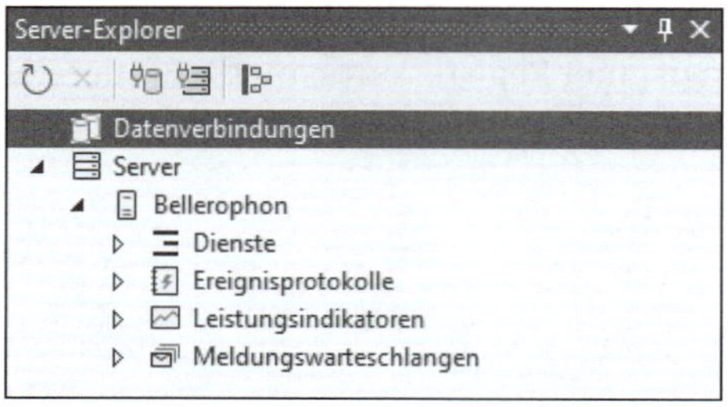

Abbildung 1.11 Der Server-Explorer

1.5 Git – Versionskontrolle leicht gemacht

In der modernen Softwareentwicklung ist Versionskontrolle unverzichtbar. Sie hilft nicht nur dabei, Änderungen an Quellcode nachzuverfolgen, sondern ermöglicht auch die Zusammenarbeit mehrerer Entwickler und Entwicklerinnen an einem Projekt, ohne dass sich deren Arbeit gegenseitig überschreibt. Eines der bekanntesten und am weitesten verbreiteten Systeme dafür ist Git.

Git ist ein verteiltes Versionskontrollsystem, das 2005 von Linus Torvalds entwickelt wurde. Anders als ältere Systeme wie Subversion (SVN) oder CVS arbeitet Git so, dass alle Entwickelnden eine vollständige Kopie des Repositorys (so nennt man die Projektdatenbank mit allen Versionen) auf ihrem eigenen Rechner haben. Dadurch sind sie auch ohne Internetverbindung in der Lage, alle bisherigen Versionen einzusehen oder lokale Änderungen zu verwalten. Die Arbeit mit Git bringt Ihnen gleich mehrere Vorteile:

- **Nachvollziehbarkeit:** Jede Änderung am Code wird mit einem sogenannten *Commit* dokumentiert, der angibt, wer wann welche Änderungen gemacht hat.
- **Sicherheit:** Durch die dezentrale Struktur gehen keine Daten verloren, selbst wenn ein Server einmal ausfallen sollte.
- **Experimentierfreude:** Sie können problemlos eigene Abzweigungen (*Branches*) anlegen, um neue Features zu testen, ohne den Hauptcode zu gefährden.

1.5.1 Die Grundbefehle von Git

Für den Einstieg genügen zunächst einige wenige Befehle. Im Folgenden ein Überblick über die wichtigsten Kommandos – sie lassen sich sowohl in der Git-Bash (einer

Kommandozeile) als auch in grafischen Oberflächen wie GitHub Desktop, Visual Studio oder anderen Entwicklungsumgebungen nutzen.

Wenn Sie ein neues Git-Repository erstellen möchten, wechseln Sie in den gewünschten Projektordner und führen folgenden Befehl aus:

```
git init
```

Dadurch wird der Ordner zu einem Git-Repository, und Git beginnt, Änderungen in diesem Ordner zu überwachen. Wenn Sie neue Dateien erstellt haben, müssen Sie Git mitteilen, dass diese überwacht werden sollen:

```
git add Program.cs
```

Mehrere Dateien lassen sich hintereinander angeben:

```
git add Program.cs Datei.cs
```

Oder um alle neuen und geänderten Dateien auf einmal hinzuzufügen:

```
git add .
```

Sobald Sie mit einer Änderung zufrieden sind, speichern Sie sie mit einer Nachricht (*Commit Message*), die beschreibt, was gemacht wurde:

```
git commit -m "Initial commit: erste Version der Anwendung"
```

Wenn Sie wissen möchten, welche Dateien verändert wurden oder noch nicht in Git erfasst sind, hilft:

```
git status
```

Wenn Sie an einem Projekt mitarbeiten möchten, das bereits ein Git-Repository hat (z. B. auf GitHub), können Sie es klonen:

```
git clone https://github.com/benutzername/projektname.git
```

Dadurch wird eine Kopie des Projekts auf Ihren Rechner heruntergeladen.

Falls andere Teammitglieder Änderungen hochgeladen haben, können Sie diese mit folgendem Befehl abrufen:

```
git pull
```

Nachdem Sie lokal Änderungen committet haben, laden Sie sie mit folgendem Befehl ins zentrale Repository hoch:

```
git push
```

1.5.2 Git in Visual Studio

Visual Studio bietet eine nahtlose Integration von Git, die es ermöglicht, Versionskontrolle direkt innerhalb der Entwicklungsumgebung zu nutzen – ganz ohne separate Kommandozeilentools oder externe Anwendungen. Dadurch wird der Umgang mit Git für Einsteiger besonders einfach, da die grundlegenden Funktionen wie Klonen, Committen, Pushen oder das Anlegen von Branches über eine intuitive grafische Oberfläche bedient werden können.

Sobald ein Projekt in Visual Studio geöffnet ist, können Sie Git über das Menü Git oder über die Team Explorer-Ansicht steuern. Wenn Sie ein bestehendes Repository von Plattformen wie GitHub, GitLab oder Azure DevOps klonen möchten, genügt es, die URL des Repositorys einzugeben – Visual Studio übernimmt das Herunterladen und Einrichten der lokalen Kopie automatisch. Abbildung 1.12 zeigt den Dialog zum Erstellen eines Git-Repositorys aus dem aktuell geöffneten Projekt heraus. Wählen Sie aus, wo sich das lokale Repository befinden soll, ob Sie eine Lizenzvorlage einstellen möchten und ob das Repository auch direkt bei Azure DevOps oder GitHub gehostet werden soll.

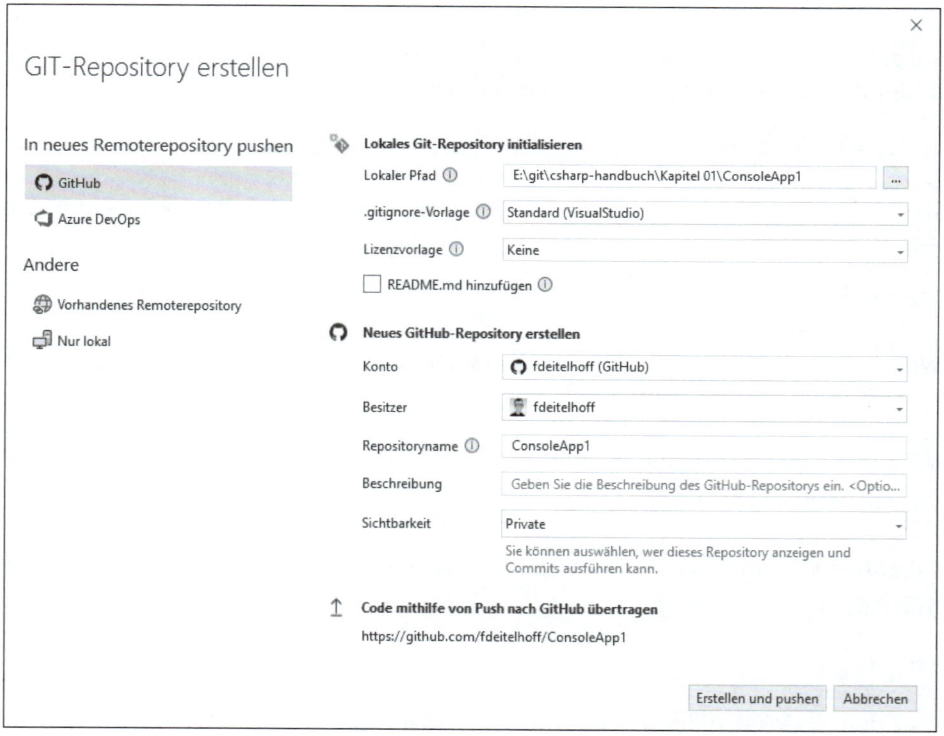

Abbildung 1.12 Ein Git-Repository in Visual Studio erstellen

Nach dem Klonen oder Erstellen eines neuen Repositorys werden alle Änderungen an Dateien direkt im Änderungen-Fenster angezeigt. Hier sehen Sie auf einen Blick, welche Dateien modifiziert, hinzugefügt oder gelöscht wurden. Über einfache Schaltflächen können Sie diese Änderungen auswählen, eine Commit-Nachricht eingeben und die Änderungen lokal speichern (COMMIT) oder gleichzeitig direkt ins entfernte Repository hochladen (COMMIT AND PUSH). Abbildung 1.13 zeigt die Übersicht des Repositorys in Visual Studio. Sie sehen eine Übersicht von BRANCHES/TAGS (links) und die Historie der Commits in der Mitte.

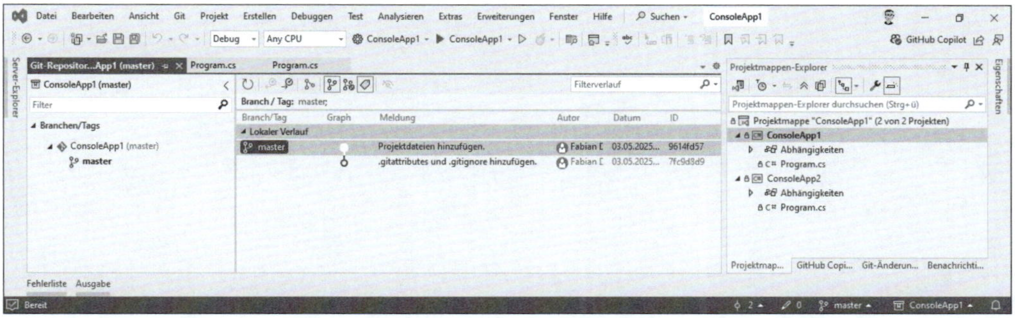

Abbildung 1.13 Die Übersicht des Repositorys mit Branches und dem Commit-Verlauf

Auch die Arbeit mit Branches – also parallelen Entwicklungszweigen – erleichtert Visual Studio erheblich. Über die Git-Oberfläche können neue Branches erstellt, bestehende ausgewählt oder Änderungen zwischen Branches zusammengeführt werden (*Merge*). Konflikte, die dabei entstehen können, werden grafisch hervorgehoben, und Sie können sie dank der Tools in Visual Studio direkt im Editor lösen. Abbildung 1.14 zeigt den Dialog zum Erstellen eines neuen Branches.

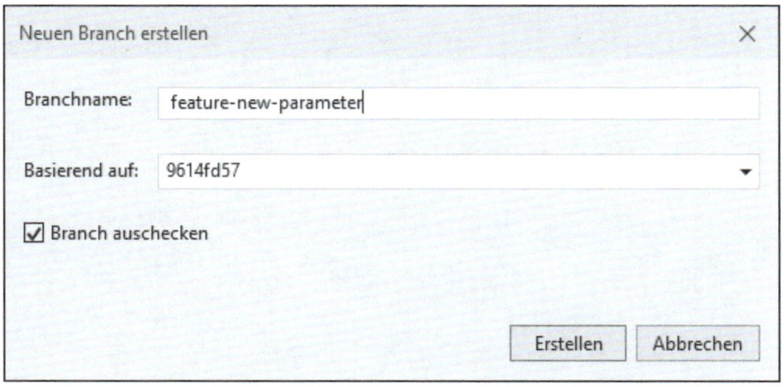

Abbildung 1.14 Dialog zum Erstellen eines neuen Branches in Visual Studio

Ein weiterer Vorteil der Git-Integration in Visual Studio ist die Möglichkeit, Pull Requests direkt aus der Entwicklungsumgebung zu erstellen, wenn Sie mit Plattformen wie GitHub oder Azure DevOps verbunden sind. So können Sie neue Features oder Bugfixes direkt zur Überprüfung einreichen, ohne die IDE verlassen zu müssen.

Besonders für Einsteiger ist es hilfreich, dass Visual Studio viele der komplexeren Git-Operationen hinter einer einfach zu bedienenden Oberfläche versteckt und nur die für den Alltag wichtigen Funktionen sichtbar macht. Wer tiefer einsteigen möchte, kann jederzeit auf die Git-Console innerhalb von Visual Studio zugreifen oder zusätzliche Git-Features über Erweiterungen installieren.

Die Git-Integration macht Visual Studio somit zu einem leistungsstarken Werkzeug für die Versionskontrolle – unabhängig davon, ob Sie allein an einem kleinen Projekt arbeiten oder Teil eines größeren Teams sind.

Kapitel 2
Grundlagen der Sprache C#

Nach der Einführung wenden wir uns nun der Programmierung mit C# zu, die sich grundsätzlich in zwei Bereiche unterteilen lässt:

- die fundamentale Sprachsyntax
- die Objektorientierung

Ein tiefgehendes Verständnis beider Ansätze ist Voraussetzung, um eine auf .NET basierende Anwendung entwickeln zu können. Wenn Sie keine Programmierkenntnisse haben, auf denen aufgebaut werden kann, ist das gleichzeitige Erlernen beider Teilbereiche schwierig und hindernisreich – ganz abgesehen von den Problemen, die der Umgang mit der komplexen Entwicklungsumgebung aufwirft. Wir werden uns daher in diesem Kapitel zunächst der elementaren Syntax von C# ohne Berücksichtigung der Objektorientierung zuwenden – zumindest weitestgehend, denn ohne den einen oder anderen flüchtigen Blick in die .NET-Klassenbibliothek werden wir nicht auskommen.

Um den Einstieg möglichst einfach zu halten – insbesondere für diejenigen Leser und Leserinnen, die sich zum ersten Mal mit der Programmierung beschäftigen –, werden wir unsere Programmbeispiele zunächst nur als Konsolenanwendungen entwickeln. Diese sind einerseits überschaubarer als Anwendungen mit visualisiertem UI, andererseits können Sie sich mit der Entwicklungsumgebung schrittweise vertraut machen, ohne durch die vielen Dialogfenster und den automatisch generierten Code sofort den Überblick zu verlieren.

Das Ziel dieses Kapitels ist es, Ihnen die fundamentale Sprachsyntax von C# näherzubringen. Erst danach soll der objektorientierte Ansatz ab Kapitel 3, »Das Klassendesign«, eingehend erläutert werden. Weitere wichtige C#-Sprachfeatures stellt Kapitel 10, »Weitere C#-Sprachfeatures«, vor.

2.1 Konsolenanwendungen

Konsolenanwendungen sind ideal für den Einstieg in eine neue Programmiersprache, da sie einen einfachen Ansatz bieten und ohne komplexe Frameworks oder zusätzliche Bibliotheken auskommen. Sie ermöglichen es, sich auf die grundlegenden Konzepte der Sprache zu konzentrieren, ohne von grafischen Benutzeroberflächen oder Event-Handling abgelenkt zu werden. Durch die direkte Anzeige von Codeausgaben und Fehlermeldungen in der Konsole lassen sich Programme schnell entwickeln und debuggen.

2.1.1 Ein erstes Konsolenprogramm

Abbildung 2.1 zeigt den Startdialog von Visual Studio 2022 in der Community Edition.

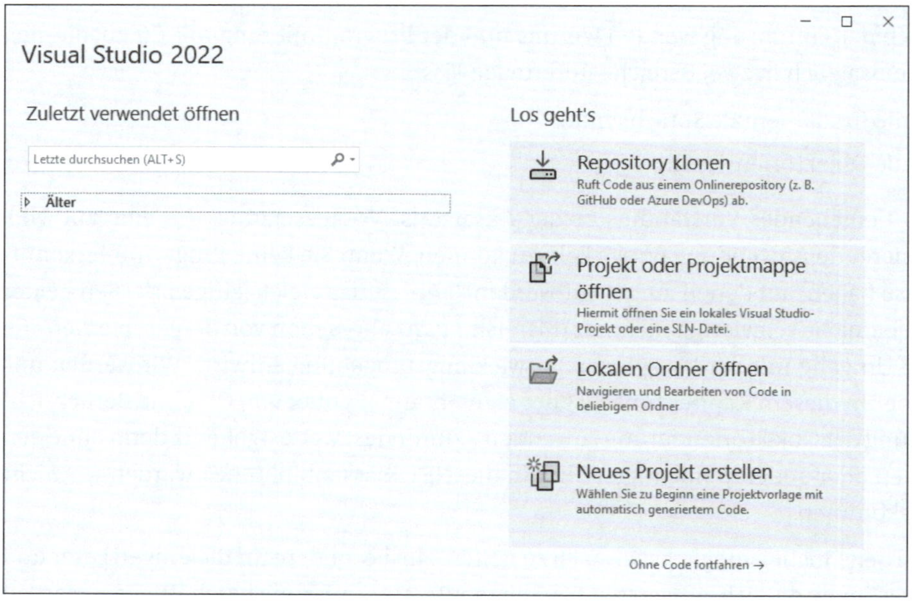

Abbildung 2.1 Der Startdialog nach dem Start von Visual Studio 2022 Community Edition

In der linken Hälfte des Dialogs sind alle Projekte aufgelistet, die Sie mit Visual Studio erstellt haben. Hier haben Sie per Link die Möglichkeit, sehr schnell ein Projekt zu öffnen, an dem Sie weiterarbeiten möchten. Im rechten Teilbereich werden Ihnen andere Optionen angeboten. Mit dem untersten Eintrag erstellen Sie ein komplett neues Projekt. Haben Sie diese Option gewählt, öffnet sich ein weiterer Dialog (siehe Abbildung 2.2).

In diesem Dialog müssen Sie die gewünschte Projektvorlage einstellen. Davon gibt es je nachdem, was Sie installiert haben, sehr viele. Um die angebotenen Projektvorlagen einzugrenzen, können Sie die SPRACHE (hier C#), die PLATTFORM (hier WINDOWS) und den PROJEKTTYP einstellen. Da wir uns in den ersten Kapiteln dieses Buches mit den Grundlagen von C# und der objektorientierten Programmierung beschäftigen werden, sollten Sie unter PROJEKTTYP das Angebot KONSOLE auswählen. Möglicherweise werden Ihnen nun mehrere Auswahlmöglichkeiten angezeigt. Achten Sie bitte darauf, dass Sie sich für KONSOLEN-APP entscheiden und nicht beispielsweise für KONSOLEN-APP (.NET FRAMEWORK).

Der linke Bereich zeigt Ihnen alle Projektvorlagen an, mit denen Sie in der Vergangenheit gearbeitet haben. Oft ist es besser und schneller, hier die Wahl zu treffen.

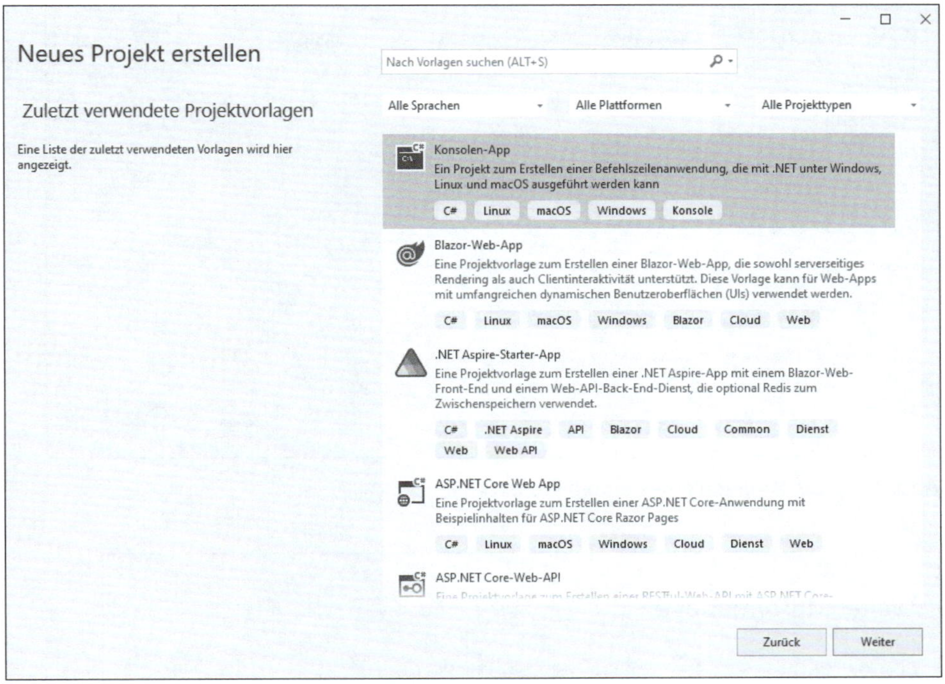

Abbildung 2.2 Auswahl der Projektvorlage

Der dritte Dialog (siehe Abbildung 2.3) dient dazu, dem neu anzulegenden Projekt einen passenden Namen zu geben und den Speicherort des Projekts festzulegen. Darüber hinaus sollten Sie einen passenden Namen für die Projektmappe wählen. In einer Projektmappe können sich mehrere Projekte befinden, unabhängig davon, ob sie miteinander in Beziehung stehen oder nicht. Damit ist eine Projektmappe nur ein Verwaltungsorgan von Visual Studio und befreit Sie davon, für jedes Projekt sofort eine neue Instanz von Visual Studio starten zu müssen.

Durch einen Klick auf WEITER öffnet sich ein weiterer Dialog zum Konfigurieren des Projekts (siehe Abbildung 2.4). Hier wählen Sie .NET 9 als neueste .NET-Version und lassen die restlichen Einstellungen beim Standard.

Nach Betätigen der Taste ERSTELLEN wird im Code-Editor eine Codestruktur angezeigt, die der gewählten Projektvorlage entspricht. Bei einer Konsolenanwendung sieht das so aus:

```
// See https://aka.ms/new-console-template for more information
Console.WriteLine("Hello, World!");
```

Listing 2.1 Der automatisch generierte Code einer Konsolenanwendung

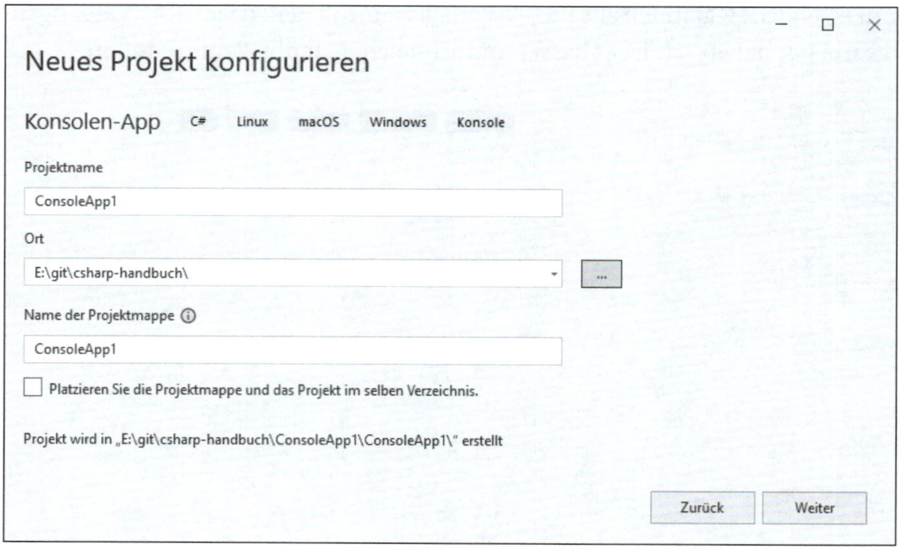

Abbildung 2.3 Anlegen eines neuen Projekts

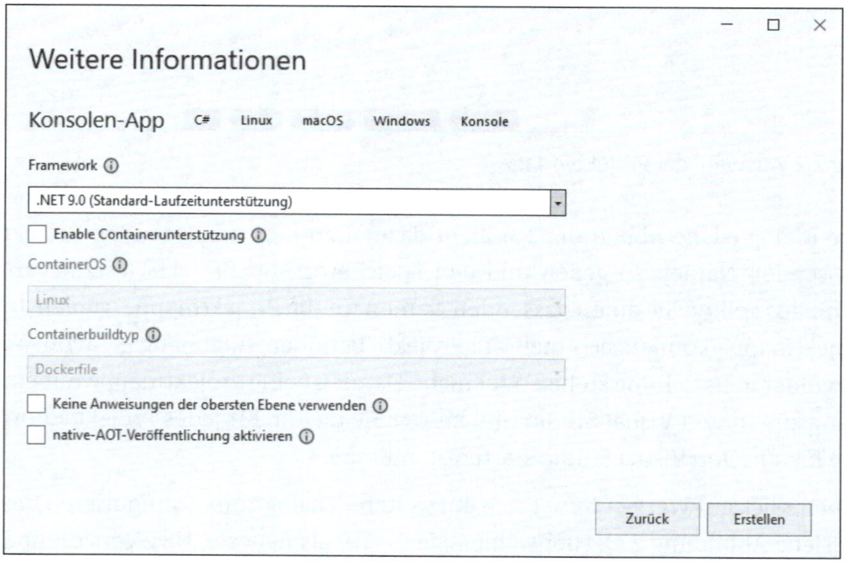

Abbildung 2.4 Konfiguration unserer neuen Konsolenanwendung

Der Code wird mit dem Feature namens *Top-Level-Statements* gestartet, da wir die Einstellung KEINE ANWEISUNGEN DER OBERSTEN EBENE VERWENDEN bei der Konfiguration unseres Projekts nicht angehakt haben. Diese Top-Level-Statements stellen den neuen Standard dar.

Wenn wir das Projekt starten (z. B. über die Schaltfläche STARTEN in der Symbolleiste), öffnet sich kurz das Kommandofenster mit der Ausgabe `Hello World`. Wir möchten nun in unserer ersten kleinen Anwendung diese Ausgabe anpassen und in die Zeichenfolge `C# macht Spaß.` ändern. Dazu ergänzen Sie den Programmcode folgendermaßen:

```
Console.WriteLine("C# macht Spaß.");
Console.ReadLine();
```

Listing 2.2 Eine erste Ausgabe in der Konsole

Wir haben die erste Zeile Programmcode verändert und die zweite eingefügt. Die erste Anweisung dient dazu, eine Ausgabe in die Konsole zu schreiben. Die genaue Syntax werden wir später noch erklären. Würden wir auf die zweite Anweisung verzichten, würde sich das Konsolenfenster zwar öffnen, aber auch sofort wieder schließen, weil das Ende des Codes erreicht wird. Wir könnten kaum die Ausgabe der Zeichenfolge lesen. Mit

```
Console.ReadLine();
```

stellen wir also sicher, dass die Konsole so lange geöffnet bleibt, bis der Anwender sie mit der [↵]-Taste schließt. Nahezu gleichwertig können Sie auch

```
Console.ReadKey();
```

schreiben. Der Unterschied ist der, dass `ReadKey` auf jede Taste reagiert, `ReadLine` aber nur auf [↵].

Nun wollen wir uns vom Erfolg unserer Aktion auch noch überzeugen und das Laufzeitverhalten testen. Dazu gibt es mehrere Möglichkeiten:

- Sie klicken in der Symbolleiste auf die Schaltfläche Starten.
- Sie wählen im Menü Debuggen das Element Debuggen starten.
- Sie drücken die [F5]-Taste auf der Tastatur.

Hinweis

Sie können das Projekt aus der Entwicklungsumgebung auch starten, indem Sie im Menü Debuggen das Untermenü Starten ohne Debuggen wählen. Das hat den Vorteil, dass Sie auf die Anweisung

```
Console.ReadLine();
```

verzichten können. Dafür wird an der Konsole automatisch die Aufforderung `Drücken Sie eine beliebige Taste ...` angezeigt.

Wenn die Ausführung gestartet wird, sollte sich das Konsolenfenster öffnen und wunschgemäß die Zeichenfolge `C# macht Spaß.` anzeigen. Geschlossen wird die Konsole durch Drücken der [↵]-Taste. Die Laufzeit wird dann beendet.

Nehmen wir an, Sie hätten einen kleinen Fehler gemacht und vergessen, hinter der Anweisung

```
Console.ReadLine()
```

ein Semikolon anzugeben. Wie Sie später noch erfahren werden, muss jede C#-Anweisung mit einem Semikolon abgeschlossen werden. Nun würde ein syntaktischer Fehler vorliegen, den unser C#-Compiler nicht akzeptiert. Sie bekommen eine Meldung zu dem aufgetretenen Fehler in einem separaten Fenster angezeigt, in der sogenannten *Fehlerliste* (siehe Abbildung 2.5).

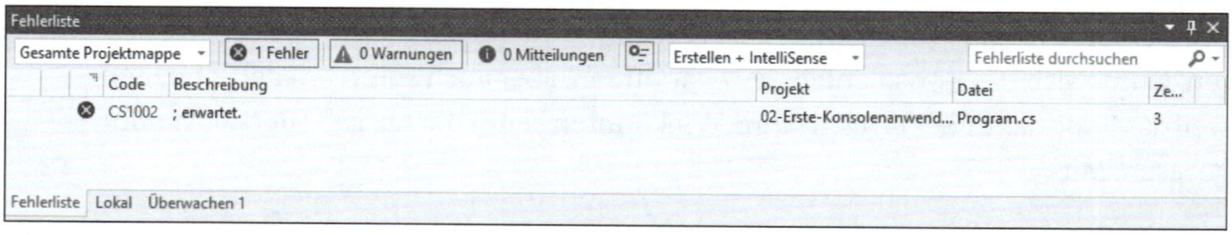

Abbildung 2.5 Die Liste mit den Fehlermeldungen

In unserem Beispiel ist nur ein Fehler aufgetreten. Wären es mehrere, würden sie der Reihe nach untereinander angezeigt. Die Beschreibung des Fehlers ist in den meisten Fällen recht informativ – zumindest, wenn man etwas Erfahrung im Umgang mit .NET hat. Da sich .NET-Anwendungen in der Regel aus mehreren Dateien zusammensetzen, sind zudem die betroffene Datei genannt und die Zeile, in der der Fehler aufgetreten ist.

Anmerkung

Sollten Sie im Codefenster keine Zeilennummern sehen, können Sie die Anzeige über das Menü EXTRAS • OPTIONEN einstellen. Markieren Sie dazu in der Liste den Eintrag TEXT-EDITOR • ALLE SPRACHEN, und setzen Sie das Häkchen vor ZEILENNUMMERN.

Doppelklicken Sie auf einen Listeneintrag im Fenster FEHLERLISTE, springt der Eingabecursor in die Codezeile, die den Fehler verursacht hat. An dieser Stelle sei angemerkt, dass mehrere Fehlereinträge nicht zwangsläufig verschiedene Fehlerursachen haben müssen. Häufig kommt es vor, dass ein einzelner Fehler zu Folgefehlern bei der Kompilierung führt, die alle in der Liste erscheinen. Daher sollten Sie sich in der Fehlerliste immer zuerst dem ersten Eintrag widmen, da seine Beseitigung oft zu einer Reduzierung oder gar kompletten Auflösung der Fehlerliste führt.

2.1.2 Top-Level-Statements als neuer Standard

Top-Level-Statements gibt es seit C# 9.0. Sie ermöglichen es, den Einstiegspunkt einer Anwendung einfacher und übersichtlicher zu gestalten, insbesondere bei kleinen oder einfachen Programmen. Diese Art Statements erlaubt es, Code außerhalb der traditionellen Strukturen wie Namespace, `class` und Main-Methode zu schreiben. Der Compiler behandelt den gesamten Code im Top Level als Teil einer impliziten Main-Methode, die den Einstiegspunkt der Anwendung darstellt.

Erzeugen wir unser erstes Konsolenprogramm nicht mit der Funktion der Top-Level-Statements, also anders als bei den ersten Beispielen, dann ändert sich der Code in diese Zeilen:

```
namespace ConsoleApp1
{
    internal class Program
    {
        static void Main(string[] args)
        {
            Console.WriteLine("C# macht Spaß.");
            Console.ReadLine();
        }
    }
}
```

Listing 2.3 Der Code aus Listing 2.1 und Listing 2.2 ohne das Feature der Top-Level-Statements

Das ist eine starke Vereinfachung und mag am Anfang verwirren. Hinter den Kulissen generiert der Compiler automatisch eine Main-Methode und platziert den Top-Level-Code darin. Das bedeutet, der obige Code wird intern nahezu identisch zu dem Code interpretiert, den wir zuvor nach dem alten Stil implementiert haben.

Top-Level-Statements bieten eine Reihe von Vorteilen, die insbesondere bei kleineren Projekten oder für Anfänger zum Tragen kommen. Sie ermöglichen einen deutlich einfacheren Einstieg, da sie ideal für kleine Skripte, Tutorials oder das schnelle Ausprobieren von Code sind. Dabei entfällt der sonst notwendige Boilerplate-Code wie der umgebende Namespace, die Klassendefinition oder die explizite Main-Methode. Dies sorgt für eine deutlich bessere Lesbarkeit, da der Code übersichtlicher gestaltet werden kann, vor allem bei kurzen Programmen. Zudem führt die reduzierte Anzahl an Codezeilen zu einer kompakteren Darstellung, die den Code zugänglicher und verständlicher macht.

Allerdings gibt es auch Einschränkungen bei der Verwendung von Top-Level-Statements. So kann ein Programm nur einen Satz solcher Statements enthalten, was die Flexibilität der Top-Level-Statements bei größeren Anwendungen einschränkt. Für Projekte mit mehreren Klassen und komplexer Struktur ist daher weiterhin die traditionelle Methode mit einer expliziten Main-Methode zu empfehlen. Darüber hinaus profitieren erweiterte Funktionen wie Dependency Injection oder komplexe Konfigurationen nicht direkt von diesem Feature, was es weniger geeignet für anspruchsvolle Anwendungen macht.

Der weitere Code in diesem Buch nutzt die Top-Level-Statements, um den Code in Beispielen zu vereinfachen und die typische Main-Methode einzusparen. Die Beispiele funktionieren aber, wenn nicht anders angegeben, in beiden Varianten.

2.2 Grundlagen der C#-Syntax

So, auf ins Getümmel! Der Rahmen steht, Sie können Code eingeben; jetzt zeigen wir Ihnen, woraus dieser Code besteht.

2.2.1 Kennzeichnen, dass eine Anweisung abgeschlossen ist

C#-Programme setzen sich aus vielen Anweisungen zusammen, die der Reihe nach ausgeführt werden. Anweisungen legen fest, was das Programm zu tun hat und auf welche Art und Weise es das tut. Sie haben im vorherigen Abschnitt bereits Ihr erstes, wenn auch sehr kleines Programm mit zwei Anweisungen geschrieben:

```
Console.WriteLine("C# macht Spaß.");
Console.ReadLine();
```

Jede Anweisung verlangt nach einer Kennzeichnung, die das Ende der Anweisung angibt. Dazu wird in C# das Semikolon eingesetzt. Wenn Sie das Semikolon vergessen, erhalten Sie einen Kompilierfehler. In Abschnitt 2.1.1 hatten wir das sogar provoziert. Auch wenn das sinnlos ist, so dürfen Sie durchaus mehrere Semikolons hintereinanderschreiben, ohne dass explizit eine Anweisung dazwischen stehen muss.

Weil durch ein Semikolon eine Anweisung eindeutig abgeschlossen wird, dürfen auch mehrere Anweisungen in eine Zeile geschrieben werden. Im Umkehrschluss kann eine Anweisung auch problemlos auf mehrere Zeilen verteilt werden, ohne dass es den Compiler stört.

Bei der Gestaltung des Programmcodes lässt C# Ihnen sehr viele Freiheiten. Leerzeichen, Tabulatoren und Zeilenumbrüche können Sie nach Belieben einstreuen, ohne dass sich das auf die Kompilierung des Quellcodes oder die Ausführung des Programms auswirkt. Daher dürfte der Code unseres ersten Beispiels oben auch wie folgt aussehen:

```
Console.
      WriteLine("C# macht Spaß.")     ;
```

```
  Console.
              ReadLine    (
)
              ;
```

Listing 2.4 »Streuung« des Programmcodes

Dass eine Streuung wie die gezeigte die gute Lesbarkeit des Codes beeinträchtigt, steht außer Frage. Aber der Compiler führt diesen Code dennoch korrekt aus.

Mit Einrückungen tragen Sie zu einer guten Lesbarkeit des Programmcodes bei. Sehen Sie sich dazu Listing 2.2 an. Anweisungen, die innerhalb von geschweiften Klammern stehen, sind üblicherweise nach rechts eingerückt. Wenn Sie sich an den Beispielen in diesem Buch orientieren, werden Sie sehr schnell ein Gefühl dafür bekommen, wie Sie mit Einrückungen leichter lesbaren Code schreiben. Allgemeingültige Regeln gibt es dazu allerdings nicht. Für praktisch jede Programmiersprache existieren allerdings Codierungskonventionen. Mal hat der Hersteller sie festgelegt, mal hat sich die Community darauf geeinigt, und sehr häufig ist es eine Kombination von beidem. Für C# gilt das auch. Microsoft stellt ein Hilfedokument mit den gängigen C#-Codierungskonventionen zur Verfügung.[1] Das Buch hält sich an diese, da sie einen guten und sinnvollen Standard darstellen.

2.2.2 Anweisungs- und Gliederungsblöcke

C#-Programmcode ist blockorientiert, das heißt, dass C#-Anweisungen grundsätzlich immer innerhalb eines Paars geschweifter Klammern geschrieben werden. Jeder Block kann eine beliebige Anzahl von Anweisungen enthalten – oder auch keine. Somit hat ein Anweisungsblock allgemein die folgende Form:

```
{
  Anweisung 1;
  Anweisung 2;
  [...]
}
```

Listing 2.5 Einfacher Anweisungsblock

Anweisungsblöcke lassen sich beliebig ineinander verschachteln. Dabei beschreibt jeder Anweisungsblock eine ihm eigene Ebene, z. B.:

```
{
  Anweisung 1;
```

1 *https://learn.microsoft.com/de-de/dotnet/csharp/fundamentals/coding-style/coding-conventions*

```
    {
       Anweisung 2;
       Anweisung 3;
    }
    Anweisung 4;
}
```

Listing 2.6 Verschachtelte Anweisungsblöcke

Beachten Sie, wie Einzüge hier dazu benutzt werden, optisch die Zugehörigkeit einer oder mehrerer Anweisungen zu einem bestimmten Block deutlich zu machen. Die Anweisungen 2 und 3 sind zu einem Block zusammengefasst, der sich innerhalb eines äußeren Blocks befindet. Zum äußeren Anweisungsblock gehören Anweisung 1 und Anweisung 4 sowie natürlich auch der komplette innere Anweisungsblock.

2.2.3 Kommentare

Sie sollten nicht mit Kommentaren geizen. Kommentare helfen, den Programmcode der Anwendung besser zu verstehen. C# bietet zwei Möglichkeiten, Kommentare, die vom Compiler während des Kompiliervorgangs ignoriert werden, in den Quellcode einzustreuen. Die gängigste Variante ist die Einleitung eines Kommentars mit zwei Schrägstrichen:

```
// dies ist ein Kommentar
```

Ein //-Kommentar gilt für den Rest der gesamten Codezeile, kann jedes beliebige Zeichen enthalten und darf auch nach einer abgeschlossenen Anweisung stehen.

```
Console.WriteLine("..."); // Konsolenausgabe
```

Möchten wir viele zusammenhängende Zeilen zu einem längeren Kommentar zusammenfassen, bietet sich die zweite Alternative an, bei der ein Kommentar mit /* eingeleitet und mit */ abgeschlossen wird. Alle Zeichen, die sich dazwischen befinden, sind Bestandteil des Kommentars.

```
/* Console.WriteLine("...");
Console.ReadLine();*/
```

Tatsächlich kann man diesen Kommentar sogar mitten in einer Anweisung schreiben, ohne dass der C#-Compiler das als Fehler ansieht:

```
Console.WriteLine /* Kommentar */("...");
```

Die Entwicklungsumgebung von Visual Studio bietet eine recht interessante und einfache Alternative, insbesondere größere Blöcke auf einen Schlag auszukommentieren. Sie müssen dazu nur sicherstellen, dass in der Entwicklungsumgebung die Symbolleiste TEXT-EDITOR angezeigt wird. Dazu brauchen Sie nur mit der rechten Maustaste das Kontextmenü einer der aktuellen Symbolleisten zu öffnen. Im Kontextmenü finden Sie alle Symbolleisten der Entwicklungsumgebung aufgelistet. Da die Anzahl als nicht gering bezeichnet werden kann, lassen sich die einzelnen Symbolleisten nach Bedarf ein- oder ausblenden.

Die Symbolleiste TEXT-EDITOR enthält zwei Schaltflächen, die dazu dienen, markierte Codeblöcke auszukommentieren ❶ oder eine Kommentierung wieder aufzuheben ❷ (siehe Abbildung 2.6).

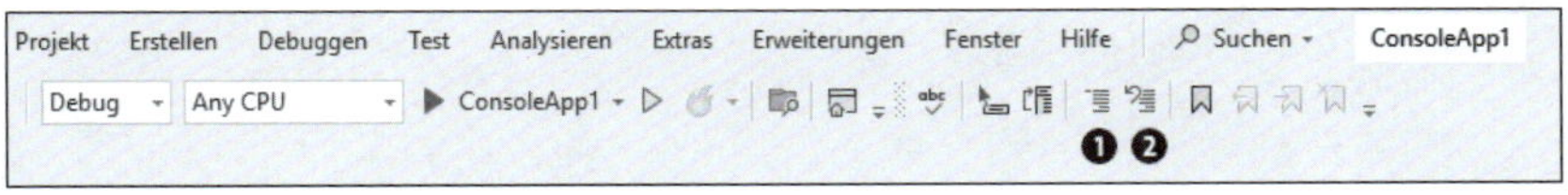

Abbildung 2.6 Kommentare mit Hilfe der Symbolleiste

> **Anmerkung**
> In diesem Buch beziehen sich alle Kommentare entweder auf die darunterliegende Anweisung (wenn die Kommentare allein in einer Zeile stehen) oder auf die links davon stehende Anweisung (wenn die Kommentare sich in derselben Zeile befinden wie der Code).

2.2.4 Die Groß- und Kleinschreibung

C# gehört zu der Gruppe von Programmiersprachen, die zwischen Groß- und Kleinschreibung unterscheiden. Falls Sie die Anweisung zur Konsolenausgabe mit

```
Console.Writeline("...");
```

codieren, werden Sie bei der Kompilierung mit einer Fehlermeldung konfrontiert. Korrekt müsste es lauten:

```
Console.WriteLine("...");
```

Die Folge ist, dass zwei gleichlautende Bezeichner, die sich nur durch Groß- und Kleinschreibung unterscheiden, in C# auch für zwei unterschiedliche Programmelemente stehen.

2.2.5 Die Struktur einer Konsolenanwendung

Sehen Sie sich noch einmal Listing 2.1 an. Dabei handelt es sich um den Code, den uns die Entwicklungsumgebung nach dem Öffnen eines neuen Projekts erzeugt, wenn das Feature der Top-Level-Statements nicht aktiv ist.

Wir erkennen nun mehrere verschachtelte Blockstrukturen. Der äußere Block definiert einen Namespace mit dem Namen `ConsoleApp1`. Namespaces dienen zur Sicherstellung der Eindeutigkeit eines Bezeichners (hier der Klasse `Program`). Wir kommen auf die Details der Namespaces am Ende von Kapitel 3, »Das Klassendesign«, noch einmal zu sprechen. Im Namespace eingebettet ist eine Klassendefinition, die einen eigenen Anweisungsblock beschreibt:

```
namespace ConsoleApp1
{
  class Program
  {
  }
}
```

Listing 2.7 Im Namespace eingebettete Klassendefinition

C# ist eine zu 100 % objektorientierte Sprache.

Eine Klasse beschreibt einen Typ, und in unserem Fall heißt dieser Typ `Program`. Der Bezeichner `Program` ist nur als Vorschlag der Entwicklungsumgebung anzusehen und darf innerhalb des aktuellen Namespace (hier also `ConsoleApp1`) frei vergeben werden, solange die Eindeutigkeit innerhalb des Namespace gewährleistet ist.

Wie Sie sehen, kommen wir schon an dieser Stelle zum ersten Mal mit einer eigenen Klasse in Berührung. Was eine Klasse darstellt und wie man sie einsetzt, beschreiben wir in Kapitel 3, »Das Klassendesign«. Interessanter ist für uns momentan der Anweisungsblock, der innerhalb der Klasse `Program` vordefiniert ist. In ihm wird die Methode `Main` beschrieben:

```
static void Main(string[] args)
{
}
```

Bei `Main` handelt es sich um eine Methode, die für uns von herausragender Bedeutung ist: Wenn wir die Laufzeitumgebung einer eigenstartfähigen Anwendung (EXE-Datei) starten, wird zuerst `Main` ausgeführt. Sie dürfen den Namen von `Main` auch nicht ändern und müssen natürlich auch die Großschreibweise berücksichtigen, denn beim Start der Laufzeitumgebung wird immer nach `Main` gesucht und nicht nach `main` oder nach `start`.

Weiter oben haben wir gesagt, dass Anweisungen immer innerhalb eines Blocks aus geschweiften Klammern codiert werden. Wir können diese Aussage nun präzisieren: Anweisungen werden grundsätzlich immer innerhalb des Anweisungsblocks einer Methode implementiert (siehe Listing 2.2).

Sehen wir uns noch kurz die Definition der `Main`-Methode an. Die beiden dem Bezeichner vorausgehenden Schlüsselwörter `static` und `void` sind zwingend notwendig. Sollten Sie bereits mit C++ oder Java Anwendungen entwickelt haben, werden Sie die Bedeutung dieser beiden Modifizierer kennen: Mit `static` werden Methoden bezeichnet, die beim Aufruf kein konkretes Objekt voraussetzen, und `void` beschreibt eine Methode ohne Rückgabewert. Im Moment soll diese Information genügen, denn eine genauere Kenntnis hätte derzeit keine Auswirkungen auf die ersten Schritte in die Welt der C#-Programme.

Ein Konsolenprogramm wird gestartet, indem Sie den Namen der Anwendungsdatei an der Konsole eingeben. Manchmal ist es notwendig, dem Programm beim Start Anfangswerte mitzuteilen, die vom laufenden Programm zur Ausführung und Weiterverarbeitung benötigt werden. Angenommen, Sie wollen einer Konsolenanwendung mit dem Dateinamen *MyApplication.exe* die drei Zahlen 10, 14 und 17 übergeben, sähe der Aufruf an der Eingabeaufforderung wie folgt aus:

```
MyApplication.exe 10 14 17
```

Diese drei Zahlen werden vom Parameter `args`, der hinter dem Bezeichner `Main` in runden Klammern angegeben ist, in Empfang genommen.

Wie die übergebenen Daten im Programmcode verarbeitet werden können, folgt später. Die Angabe der Parameterliste ist optional. Benötigt ein Programm bei seinem Aufruf keine Daten, kann die Parameterliste leer bleiben. Die Angabe der runden Klammern ist aber unbedingt erforderlich.

2.3 Variablen und Datentypen

Dateninformationen bilden die Grundlage der Datenverarbeitung und hauchen einem Programm Leben ein: Daten können anwendungsspezifisch sein, den Zustand von Objekten beschreiben, Informationen aus Datenbanken repräsentieren oder auch nur eine Netzwerkadresse. Daten bilden also gemeinhin die Basis der Gesamtfunktionalität einer Anwendung.

2.3.1 Variablendeklaration

Praktisch jedes Programm benötigt Daten, um bestimmte Aufgaben zu erfüllen. Daten werden in Variablen vorgehalten. Dabei steht eine Variable für eine Adresse im Hauptspeicher des Rechners. Ausgehend von dieser Adresse wird eine bestimmte Anzahl von Bytes reserviert – entsprechend dem Typ der Variablen. Das, was eine Variable repräsentiert, kann vielfältiger Art sein: eine einfache Ganzzahl, eine Fließkommazahl, ein einzelnes Zeichen, eine Zeichenkette, eine Datums- oder Zeitangabe, aber auch die Referenz auf die Startadresse eines Objekts.

Der Bezeichner einer Variablen dient dazu, die Speicheradresse des Werts im Programmcode mit einem Namen anzusprechen, der sich einfach merken lässt. Er ist also vom Wesen her nichts anderes als ein Synonym oder Platzhalter eines bestimmten Speicherorts.

Variablen müssen deklariert werden. Unter einer *Deklaration* wird die Bekanntgabe des Namens der Variablen sowie des von ihr repräsentierten Datentyps verstanden. Die Deklaration muss vor der ersten Wertzuweisung an die Variable erfolgen. Dabei wird zuerst der Datentyp angegeben, dahinter der Variablenname. Abgeschlossen wird die Deklaration mit einem Semikolon. Beispielsweise könnte eine zulässige Deklaration wie folgt aussehen:

```
int value;
```

Damit wird dem Compiler mitgeteilt, dass der Bezeichner `value` für einen Wert steht, der vom Typ einer Ganzzahl, genauer gesagt vom Typ `int` (Integer) ist. Mit

```
value = 1000;
```

wird dieser Variablen ein gültiger Wert zugewiesen. Man spricht dann auch von der *Initialisierung* der Variablen.

Wenn Sie versuchen, auf eine nicht deklarierte Variable zuzugreifen, wird der C#-Compiler einen Fehler melden. Ebenso falsch ist es, den Inhalt einer nichtinitialisierten Variablen auswerten zu wollen. Deklaration und Initialisierung können auch in einer einzigen Anweisung erfolgen:

```
int value = 0;
```

Auf diese Weise vermeiden Sie eine nichtinitialisierte Variable. Müssen Sie mehrere Variablen vom gleichen Typ deklarieren, können Sie die Bezeichner, getrennt durch ein Komma, hintereinander angeben:

```
int a, b, c;
```

Sie können dann auch eine oder mehrere Variablen sofort initialisieren:

```
int a, b = 9, c = 12;
```

2.3.2 Der Variablenbezeichner

Ein Variablenname unterliegt besonderen Reglementierungen:

- Ein Bezeichner darf sich nur aus alphanumerischen Zeichen und dem Unterstrich zusammensetzen. Leerzeichen und andere Sonderzeichen wie beispielsweise #, § und $ sind nicht zugelassen.

- Ein Bezeichner muss mit einem Buchstaben oder dem Unterstrich anfangen.
- Ein einzelner Unterstrich als Variablenname ist nicht zulässig.
- Der Bezeichner muss eindeutig sein. Er darf nicht gleichlautend mit einem Schlüsselwort, einer Methode, einer Klasse oder einem Objektnamen sein.

Noch ein Hinweis zur Namensvergabe: Wählen Sie grundsätzlich beschreibende Namen, damit Ihr Code später besser lesbar wird. Einfache Bezeichner wie `x` oder `y` usw. sind wenig aussagekräftig. Besser wäre eine Wahl wie `color`, `salary` oder `firstName`. Nur den Zählervariablen von Schleifen werden meistens Kurznamen gegeben.

Hinweis

Die hier exemplarisch angegebenen Variablenbezeichner fangen alle mit einem Kleinbuchstaben an. Folgen Sie der allgemeinen .NET-Namenskonvention, sollten alle Variablen, die innerhalb einer Methode definiert sind, mit einem Kleinbuchstaben beginnen. Man spricht bei diesen Variablen auch von *lokalen Variablen*.

Alle weiteren Fälle jetzt aufzuführen, würde den Rahmen momentan sprengen. Es sei aber angemerkt, dass in diesem Buch die Variablenbezeichner fast durchweg der .NET-Namenskonvention folgen.

2.3.3 Der Zugriff auf eine Variable

Wir wollen uns jetzt noch ansehen, wie wir uns den Inhalt einer Variablen an der Konsole ausgeben lassen können. Wir deklarieren dazu eine Variable vom Typ `long` und weisen ihr einen Wert zu, den wir danach an der Konsole ausgeben lassen.

```
long value = 4711;
Console.WriteLine("value = {0}", value);
Console.ReadLine();
```

Listing 2.8 Variablen innerhalb der Methode »Main«

Die Ausgabe im Befehlsfenster wird wie folgt lauten:

```
value = 4711
```

In diesem Listing wird eine andere Variante der Konsolenausgabe erstmalig benutzt:

```
Console.WriteLine("value = {0}",value);
```

Sie haben bereits gesehen, dass mit `Console.WriteLine` eine einfache Konsolenausgabe codiert wird. `WriteLine` ist eine Methode, die in der Klasse `Console` definiert ist. Jetzt fehlt noch die genaue Erklärung der verwendeten Syntax zur Ausgabe der Daten.

2.3.4 Ein- und Ausgabemethoden der Klasse »Console«

Es bleibt uns nichts anderes übrig, als an dieser Stelle einen kleinen Ausflug in die Welt der Klassen und Objekte zu unternehmen, weil wir immer wieder mit den Methoden verschiedener Klassen arbeiten werden. Es handelt sich dabei meist um Methoden, die an der Eingabekonsole Ein- und Ausgabeoperationen durchführen: `Write` und `WriteLine` sowie `Read` und `ReadLine`.

Die Methoden »WriteLine«, »ReadLine«, »Write« und »Read«

Die Klasse `Console` ermöglicht es, über die beiden Methoden `Write` und `WriteLine` auf die Standardausgabeschnittstelle zuzugreifen. Der Begriff »Ausgabeschnittstelle« mag im ersten Moment ein wenig verwirren, aber tatsächlich wird darunter die Anzeige an der Konsole verstanden. `WriteLine` und `Write` unterscheiden sich dahingehend, dass die erstgenannte Methode dem Ausgabestring automatisch einen Zeilenumbruch anhängt und den Cursor in die folgende Ausgabezeile setzt. Nach dem Aufruf der Methode `Write` verbleibt der Eingabecursor in der aktuellen Ausgabezeile. Beide Methoden sind aber ansonsten identisch.

Grundsätzlich gilt: Wollen wir die Methode eines Objekts oder einer Klasse aufrufen, geben wir den Objekt- bzw. Klassennamen an und von diesem durch einen Punkt getrennt den Namen der Methode. Man spricht hierbei auch von der *Punktnotation*. An den Methodennamen schließt sich ein Klammerpaar an. Allgemein lautet die Syntax also:

```
Objektname.Methodenname();
```

Sie können sich mit dieser Syntax schon vertraut machen, denn sie wird Ihnen ab sofort überall begegnen, da sie in objektorientiertem Programmcode elementar ist.

Das runde Klammerpaar hinter der `Read`- bzw. `ReadLine`-Methode bleibt immer leer. Bei den Methoden `Write` und `WriteLine` werden innerhalb der Klammern die auszugebenden Daten einschließlich ihres Ausgabeformats beschrieben. Allerdings dürfen auch bei den beiden letztgenannten Methoden die Klammern leer bleiben. Im einfachsten Fall wird einer der beiden Ausgabemethoden eine Zeichenfolge in Anführungsstrichen übergeben:

```
Console.WriteLine("C# macht Spaß.");
```

Formatausdrücke in den Methoden »Write« und »WriteLine«

Damit sind die Möglichkeiten der `Write`/`WriteLine`-Methoden noch lange nicht erschöpft. Die flexiblen Formatierungsmöglichkeiten erlauben die Ausgabe von Daten an beliebigen Positionen innerhalb der Ausgabezeichenfolge. Dazu dient ein Platzhalter, der auch als *Formatausdruck* bezeichnet wird. Er ist an den geschweiften Klammern zu erkennen und enthält mindestens eine Zahl. Hinter der auszugebenden Zeichenfolge werden, durch ein Komma getrennt, die Informationen übergeben, was anstelle des Formatausdrucks auszugeben ist. Sehen wir uns dazu ein Beispiel an:

```
string text1 = "C#";
string text2 = "Spass";
Console.Write("{0} macht {1}.", text1, text2);
```

Listing 2.9 Formatausdruck in der Methode »Console.WriteLine«

Hier sind die beiden Variablen `text1` und `text2` vom Typ `string` deklariert, die mit einer in Anführungsstrichen gesetzten Zeichenfolge initialisiert werden.

Die auszugebende Zeichenfolge ist in Anführungsstriche gesetzt. Getrennt durch Kommata werden dahinter die beiden Variablen `text1` und `text2` bekanntgegeben. Der Inhalt der zuerst genannten Variablen `text1` ersetzt den Formatausdruck `{0}` innerhalb der Ausgabezeichenfolge, die zweite Variable `text2` ersetzt den Formatausdruck `{1}`. Entscheidend ist, dass dem ersten Parameter (`text1`) die Zahl 0 zugeordnet wird, dem zweiten (`text2`) die Zahl 1 usw. Die Konsolenausgabe lautet:

```
C# macht Spaß.
```

Innerhalb des Ausgabestrings müssen die anzuzeigenden Listenelemente nicht der Reihenfolge nach durchlaufen werden. Man kann sie beliebig ansprechen oder sogar einfach ungenutzt lassen. Die Anweisung

```
Console.Write("{1} macht {0}.", text1, text2);
```

würde demnach zu der folgenden Ausgabe führen:

```
Spaß macht C#.
```

Der Formatausdruck dient nicht nur der eindeutigen Bestimmung des Elements, er ermöglicht auch eine weiter gehende Einflussnahme auf die Ausgabe. Soll der einzusetzende Wert eine bestimmte Breite einnehmen, gilt die syntaktische Variante:

```
{N, M}
```

Dabei gilt Folgendes:

- `N` ist ein nullbasierter Zähler.
- `M` gibt die Breite der Ausgabe an.

Unbesetzte Plätze werden durch eine entsprechende Anzahl von Leerzeichen aufgefüllt. Sehen wir uns dazu ein Codefragment an:

```
int value = 10;
Console.WriteLine("Ich kaufe {0,3} Eier", value);
Console.WriteLine("Ich kaufe {0,10} Eier", value);
```

Listing 2.10 Erweiterte Formatierungsmöglichkeiten

Die Ausgabe von Listing 2.10 lautet:

```
Ich kaufe  10 Eier
Ich kaufe         10 Eier
```

Die erste Ausgabe hat eine Gesamtbreite von drei Zeichen, die Zahl selbst ist allerdings nur zwei Ziffern breit. Daher wird vor der Zahl ein Leerzeichen gesetzt. Da für die Breite der zweiten Ausgabe zehn Zeichen vorgeschrieben sind, werden links von der Zahl acht Leerstellen eingefügt.

Die Breitenangabe darf auch negativ sein. Die Ausgabe erfolgt dann linksbündig, daran schließen sich die Leerstellen an.

Sie können den Formatausdruck so spezifizieren, dass numerische Ausgabedaten eine bestimmte Formatierung annehmen. Das führt uns zu der vollständigen Syntax des Formatausdrucks:

```
// Syntax des Formatausdrucks
{N [,M][:Format]}
```

`Format` spezifiziert, wie die Daten angezeigt werden. In Tabelle 2.1 werden die möglichen Optionen aufgelistet.

Formatangabe	Beschreibung
C	Zeigt die Zahl im lokalen Währungsformat an.
D	Zeigt die Zahl als dezimalen Integer an.
E	Zeigt die Zahl im wissenschaftlichen Format an (Exponentialschreibweise).
F	Zeigt die Zahl im Festpunktformat an.
G	Eine numerische Zahl wird entweder im Festpunkt- oder im wissenschaftlichen Format angezeigt. Zur Anzeige kommt das »kompakteste« Format.
N	Zeigt eine numerische Zahl einschließlich Kommaseparatoren an.

Tabelle 2.1 Formatangaben der Formatausgabe

Formatangabe	Beschreibung
P	Zeigt die numerische Zahl als Prozentzahl an.
X	Die Anzeige erfolgt in Hexadezimalnotation.

Tabelle 2.1 Formatangaben der Formatausgabe (Forts.)

An alle Formatangaben kann eine Zahl angehängt werden, aus der die Anzahl der signifikanten Stellen hervorgeht. Nachfolgend sollen einige Beispiele den Einsatz der Formatangaben demonstrieren:

```
int value = 4711;
// Ausgabe: value=4,711000E+03
Console.WriteLine("value={0:E}", value);
// Ausgabe: value=4,71E+003
Console.WriteLine("value={0:E2}", value);
float value1 = 0.2512F;
// Ausgabe: value1=     0,2512
Console.WriteLine("value1={0,10:G}", value1);
// Ausgabe: value1=25,1200%
Console.WriteLine("value1={0:P4}", value1);
```

Listing 2.11 Verschieden formatierte Ausgaben

Stringinterpolation

Formatausdrücke haben das Ziel, durch Vermeidung von Stringverkettungen eine Zeichenfolge besser lesbar zu machen. Andererseits können viele Formatausdrücke dazu führen, dass die Zuordnung eines Formatausdrucks zu seinem Wert mühsam wird. Hier hilft ein Feature weiter, das in C# 6.0 eingeführt wurde: die *Stringinterpolation*. Die Stringinterpolation erlaubt die Angabe der Variablen direkt innerhalb der geschweiften Klammern des Formatausdrucks. Dazu ein kleines Beispiel:

```
int a = 67;
int b = 771;
Console.WriteLine($"a = {a}, b = {b}");
```

Listing 2.12 Stringinterpolation

Beachten Sie, dass vor der Zeichenfolge das Zeichen $ gesetzt werden muss.

Mit C# 11 kam die Erweiterung hinzu, dass die Ausdrücke in den Klammern in einer Stringinterpolation auch Zeilenumbrüche enthalten dürfen. Das ist insbesondere für komplexe Szenarien sinnvoll, in denen der Ausdruck besser lesbar ist, wenn der Ausdruck mehrere Zeilen umfassen darf:

```
Console.WriteLine($"a = {a}, b = {b}, a + b = {
a + b
}");
```

Escapezeichen

Ähnlich wie andere Hochsprachen stellt C# eine Reihe von Escapesequenzen zur Verfügung, die dann verwendet werden, wenn Sonderzeichen innerhalb einer Zeichenfolge ausgegeben werden sollen. Beispielsweise erzwingen Sie mit dem Zeichen \n einen Zeilenumbruch:

```
Console.Write("C#\nmacht\nSpaß.");
```

An der Konsole wird dann

```
C#
macht
Spaß.
```

angezeigt.

Escapezeichen	Beschreibung
\'	Fügt ein Hochkomma in die Zeichenfolge ein.
\''	Fügt Anführungsstriche ein.
\\	Fügt einen Backslash in die Zeichenfolge ein.
\a	Löst einen Alarmton aus.
\b	Führt zum Löschen des vorhergehenden Zeichens.
\f	Löst einen Formularvorschub bei Druckern aus.
\n	Löst einen Zeilenvorschub aus (entspricht der Funktionalität der [↵]-Taste).
\r	Führt zu einem Wagenrücklauf.
\t	Führt auf dem Bildschirm zu einem Tabulatorsprung.
\u	Fügt ein Unicode-Zeichen in die Zeichenfolge ein.
\v	Fügt einen vertikalen Tabulator in eine Zeichenfolge ein.
\e	Stellt das ASCII-Escapezeichen (\x1B) direkt dar.

Tabelle 2.2 Die Escapezeichen

In C# 13 ist die neue Escapesequenz \e hinzugekommen, die das ASCII-Escapezeichen (\x1B) direkt darstellt. Diese Sequenz wird häufig in Konsolenanwendungen verwendet, um Steuerzeichen für Terminalbefehle oder ANSI-Sequenzen zu senden, die beispielsweise Farben, Cursorpositionen oder Textformatierungen steuern.

```
// ANSI-Sequenz, die den Text rot und fett darstellt
string redBoldText = "\e[31;1mDieser Text ist rot und fett.\e[0m";
// Ausgabe des Textes
Console.WriteLine(redBoldText);
```

Listing 2.13 Die Escapesequenz »\e« in einer Konsolenausgabe.

Mit der neuen Escapesequenz \e ist die Verwendung von ANSI-Steuercodes klarer und lesbarer, ohne dass der numerische Wert des Escapezeichens zum Einsatz kommen muss.

Mit Escapesequenzen lässt sich die Ausgabe von Sonderzeichen sicherstellen. Es ist aber auch vorstellbar, dass Zeichen, die vom Compiler als Escapesequenz interpretiert werden, selbst Bestandteil der Zeichenfolge sind. Fügen Sie dann noch einen zweiten Backslash ein. Dazu ein kleines Beispiel; angenommen, Sie möchten die Ausgabe

```
Hallo\nWelt
```

erzwingen. Sie müssen dann die folgende Anweisung codieren:

```
Console.WriteLine("Hallo\\nWelt");
```

Um die Interpretation als Escapesequenz für eine gegebene Zeichenfolge vollständig abzuschalten, wird vor der Zeichenfolge das Zeichen @ gesetzt:

```
Console.Write(@"C#\nmacht\nSpaß.");
```

Jetzt lautet die Konsolenausgabe:

```
C#\nmacht\nSpaß.
```

Die Methoden »ReadLine« und »Read«

Die Methode ReadLine liest ein oder mehrere Zeichen aus dem Eingabestrom – in unserem Fall ist das die Tastatur. Die Bereitschaft der Methode, auf Zeichen zu warten, endet mit dem Zeilenumbruch, der jedoch selbst nicht zu den eingelesenen Daten gehört. Die eingelesene Zeichenfolge wird von der Methode als Zeichenfolge vom Typ string zurückgeliefert und kann einer string-Variablen zugewiesen werden.

```
string input = Console.ReadLine();
Console.WriteLine(input);
```

Wir haben bisher die ReadLine-Methode dazu benutzt, die Konsole bis zum Drücken der [↵]-Taste geöffnet zu halten. In diesem Fall war der Eingabestrom immer leer, der Rückgabewert wurde ignoriert und landete im Nirwana.

Werfen wir nun einen Blick auf die Read-Methode. Diese nimmt nur ein Zeichen aus dem Eingabestrom und gibt seinen ASCII-Wert zurück. Der Rückgabewert von Read ist daher keine Zeichenfolge, sondern eine Zahl vom Typ int.

Es gibt aber noch einen weiteren, nicht weniger wichtigen Unterschied zwischen Read und ReadLine: Die ReadLine-Methode liest eine ganze Zeile und benutzt den Zeilenumbruch dazu, das Ende der Eingabe zu erkennen. Danach wird der Zeilenumbruch dem Eingabestrom entnommen und gelöscht. Die Read-Methode arbeitet anders, denn der Zeilenumbruch wird nicht aus dem Eingabestrom geholt, sondern verbleibt dort und wird so lange gepuffert, bis er von einer anderen Anweisung gelöscht wird. Das kann wiederum nur die Methode ReadLine sein. Schauen Sie sich dazu Listing 2.14 an:

```
int input = Console.Read();
Console.WriteLine(input);
Console.ReadLine();
```

Listing 2.14 Ein Zeichen mit »Console.Read« einlesen

Nach dem Start des Programms wartet Read auf die Eingabe des Anwenders und erkennt am Zeilenumbruch das Eingabeende. Der Zeilenumbruch befindet sich weiterhin im Eingabestrom und harrt geduldig der kommenden Anweisungen. Die Anweisung in der letzten Zeile, die ReadLine-Methode, reagiert als Erstes wieder auf den Eingabestrom, erkennt darin den Zeilenumbruch und verarbeitet ihn. Das ist gleichzeitig auch das Signal, mit der nächsten Anweisung fortzufahren. Da aber das Ende der Main-Methode erreicht ist, schließt sich das Konsolenfenster. Erst ein zweiter Aufruf von ReadLine würde den eigentlich angedachten Zweck erfüllen, nämlich das Fenster geöffnet zu halten und die Ausgabe der WriteLine-Methode auf unbestimmte Zeit anzuzeigen.

2.3.5 Die elementaren Datentypen von .NET

Die .NET-Laufzeitumgebung verfolgt das Konzept der Objektorientierung nach strengen Maßstäben. Selbst einfache Datentypen werden als Objekte angesehen, die Methoden bereitstellen, um mit einer Variablen bestimmte Aktionen auszuführen. In Tabelle 2.3 sind alle Datentypen von C# zusammenfassend aufgeführt, die allgemein als *elementare Datentypen* bezeichnet werden.

.NET-Laufzeittyp	C#-Alias	CLS-konform	Wertebereich
`Byte`	`byte`	ja	0 ... 255
`SByte`	`sbyte`	nein	–128 ... 127
`Int16`	`short`	ja	-2^{15} ... $2^{15}-1$
`UInt16`	`ushort`	nein	0 ... 65.535
`Int32`	`int`	ja	-2^{31} ... $2^{31}-1$
`UInt32`	`uint`	nein	0 ... $2^{32}-1$
`Int64`	`long`	ja	2^{63} ... $2^{63}-1$
`UInt64`	`ulong`	nein	0 ... $2^{64}-1$
`IntPtr`	`nint`	ja	32 Bit: 2^{31} ... $2^{31}-1$ 64 Bit: 2^{63} ... $2^{63}-1$
`UIntPtr`	`nuint`	nein	32 Bit: 0 ... $2^{32}-1$ 64 Bit: 0 ... $2^{64}-1$
`Single`	`float`	ja	$1{,}4 \times 10^{-45}$ bis $3{,}4 \times 10^{38}$
`Double`	`double`	ja	$5{,}0 \times 10^{-324}$ bis $1{,}7 \times 10^{308}$
`Decimal`	`decimal`	ja	+/–79E27 ohne Dezimalpunktangabe; +/–7.9E–29, falls 28 Stellen hinter dem Dezimalpunkt angegeben werden. Die kleinste darstellbare Zahl beträgt +/–1.0E–29.
`Char`	`char`	ja	Unicode-Zeichen zwischen 0 und 65.535
`String`	`string`	ja	ca. 2^{31} Unicode-Zeichen
`Boolean`	`bool`	ja	`true` oder `false`
`Object`	`object`	ja	Eine Variable des Typs `Object` kann jeden anderen Datentyp enthalten, ist also universell.

Tabelle 2.3 Die elementaren Datentypen

In der ersten Spalte ist der Typbezeichner in der .NET-Klassenbibliothek angeführt. In der zweiten Spalte steht der C#-Alias, der bei der Deklaration einer Variablen dieses Typs angegeben werden kann.

In der dritten Spalte ist angegeben, ob der Typ den Vorgaben der *Common Language Specification* (*CLS*) entspricht. Das ist, wie Sie sehen können, nicht bei allen Datentypen der Fall. Doch welche Konsequenzen hat das für Sie und Ihr Programm? Wie bereits in Kapitel 1, »Allgemeine Einführung in .NET«, erwähnt, steht C# nur an der Spitze vieler .NET-spezifischer Programmiersprachen. Alle müssen der CLS entsprechen, das ist die Spielregel. Für die in Tabelle 2.3 aufgeführten nicht-CLS-konformen Datentypen bedeutet das, dass eine .NET-Sprache diese Typen nicht unterstützen muss. Infolgedessen sind auch unter Umständen keine Operatoren für diese Datentypen definiert, und es lassen sich keine mathematischen Operationen durchführen.

Wie Tabelle 2.3 auch zu entnehmen ist, basieren alle Typen auf einer entsprechenden Definition im .NET Framework. Das hat zur Folge, dass anstelle der Angabe des C#-Alias zur Typbeschreibung auch der .NET-Laufzeittyp genannt werden kann. Damit sind die beiden folgenden Deklarationen der Variablen `value` absolut gleichwertig:

```
int value;
Int32 value;
```

Ganzzahlige Datentypen

C# stellt acht ganzzahlige Datentypen zur Verfügung, von denen vier vorzeichenbehaftet sind, der Rest nicht. Die CLS-konformen Datentypen, die uns an dieser Stelle interessieren, sind:

- `Byte`
- `Int16`
- `Int32`
- `Int64`

`Int16`, `Int32` und `Int64` haben einen Wertebereich, der nahezu gleichmäßig über die negative und positive Skala verteilt ist. Die vorzeichenlosen Datentypen, zu denen auch `Byte` gehört, decken hingegen nur den positiven Wertebereich, beginnend bei 0, ab. Der vorzeichenlose Typ `Byte`, der im Gegensatz zu `SByte` CLS-konform ist, ist insbesondere dann von Interesse, wenn auf binäre Daten zugegriffen wird.

Ganzzahlen mit nativer Größe (»nint« und »nuint«)

Mit .NET 5 sind neue Datentypen für Ganzahlen hinzugekommen: `nint` und `nuint`, die sogenannte *Integer mit nativer Größe* repräsentieren. Diese Typen sind besonders nützlich, wenn die Größe der Integer von der Plattform abhängt, auf der der Code ausgeführt wird, wie etwa bei 32-Bit- oder 64-Bit-Prozessoren.

`nint` ist ein vorzeichenbehafteter Integer-Typ mit nativer Größe. `nuint` ist ein nicht vorzeichenbehafteter Integer-Typ mit nativer Größe. Auf einer 32-Bit-Plattform sind diese Datentypen 32 Bit groß und auf einer 64-Bit-Plattform entsprechend 64 Bit.

Die Verwendung von `nint` und `nuint` ähnelt der von Standard-Datentypen wie `int` und `uint`, die wir bereits kennengelernt haben. Der Compiler wählt automatisch die richtige Größe basierend auf der Plattform:

```
nint nativeInt = 42;   // vorzeichenbehafteter nativer Integer
nuint nativeUInt = 42; // nicht vorzeichenbehafteter nativer Integer
```

Die konkrete Größe lässt sich zur Laufzeit mit `sizeof` prüfen:

```
sizeof(nint)
sizeof(nuint)
```

Diese Datentypen sind wichtig für die Arbeit mit nativen Schnittstellen (*Interop*), wo Pointer zum Einsatz kommen müssen, die von der Plattformgröße abhängen. Auch Speicheradressen lassen sich mit den Datentypen abbilden.

Dezimalzahlen

Versuchen Sie einmal, die beiden folgenden Codezeilen zu kompilieren:

```
float value = 0.123456789;
Console.WriteLine(value);
```

Normalerweise würde man erwarten, dass der C#-Compiler daran nichts zu beanstanden hat. Dennoch zeigt er erstaunlicherweise einen Kompilierfehler an. Wie ist das zu erklären?

Auch ein Literal wie unsere Zahl 0,123456789 muss zunächst temporär in den Speicher geschrieben werden, bevor es endgültig der Variablen zugewiesen werden kann. Um eine Zahl im Speicher abzulegen, muss die Laufzeitumgebung aber eine Entscheidung treffen: Es ist die Entscheidung darüber, wie viel Speicherplatz dem Literal zugestanden wird. Das kommt aber auch der Festlegung auf einen bestimmten Datentyp gleich.

> **Merkregel**
>
> Literale, die eine Dezimalzahl beschreiben, werden von der .NET-Laufzeitumgebung als `Double`-Typ angesehen. Literale hingegen, die eine Ganzzahl beschreiben, werden von der Laufzeitumgebung als `int` (`Int32`) betrachtet.

Nun kommt es bei der Zuweisung unseres Literals an `value` jedoch zu einem Problem: Das Literal ist vom Typ `double`, und die Variable, die den Inhalt aufnehmen soll, ist vom Typ `float`. Per Definition weist `double` aber einen größeren Wertebereich als `float` auf – mit der Folge, dass unter Umständen vom Literal ein Wert beschrieben sein könnte, der größer ist als der, den ein `float` zu speichern vermag. Der Compiler verweigert deshalb diese Zuweisung.

Es gibt einen sehr einfachen Ausweg aus diesem Dilemma: Hängen Sie dazu an das Literal ein passendes Suffix an, hier `F` (oder gleichwertig `f`), mit dem Sie den Typ `float` für das Literal erzwingen:

```
float value = 0.123456789F;
Console.WriteLine(value);
```

Nun ist der C#-Compiler in der Lage, den Inhalt an der Konsole anzuzeigen – vorausgesetzt, die Zahl entspricht dem Wertebereich eines `float`-Typs.

Suffix	Fließkommatyp
`F` oder `f`	`float`
`D` oder `d`	`double`
`M` oder `m`	`decimal`

Tabelle 2.4 Typsuffix der Fließkommazahlen

Die Genauigkeit von Dezimalzahlen

Die drei Typen `float`, `double` und `decimal`, mit denen unter C# Fließkommazahlen dargestellt werden, beschreiben nicht nur unterschiedliche Wertebereiche, sondern auch – was im Grunde genommen noch viel wichtiger ist – unterschiedliche Genauigkeiten. Auf herkömmlichen Systemen beträgt die Genauigkeit eines `float`-Typs etwa zehn Stellen, die eines `double`-Typs etwa 16 Stellen und die eines `decimal`-Typs ca. 25–26 Stellen. Abhängig ist die Genauigkeit dabei immer von der Anzahl der Ziffern des ganzzahligen Anteils der Dezimalzahl.

Die zeichenbasierten Datentypen »string« und »char«

Variablen vom Typ `char` können ein Zeichen des Unicode-Zeichensatzes aufnehmen. Unicode ist die Erweiterung des ein Byte großen ASCII- bzw. ANSI-Zeichensatzes mit seinen insgesamt 256 verschiedenen Zeichen. Unicode berücksichtigt die Bedürfnisse außereuropäischer Zeichensätze, für die eine Ein-Byte-Codierung nicht ausreichend ist. Jedes Unicode-Zeichen beansprucht zwei Byte, folglich ist der Unicode-Zeichensatz auf 65.536 Zeichen beschränkt. Die ersten 128 Zeichen (0–127) entsprechen denen des ASCII-Zeichensatzes, die folgenden 128 Zeichen enthalten unter anderem Sonderzeichen und Währungssymbole.

Literale, die dem Typ `char` zugewiesen werden, stehen in einfachen Anführungsstrichen, z. B.:

```
char letter = 'A';
```

Um den ASCII-Wert eines einzelnen Zeichens zu erhalten, weisen Sie einfach den Typ char einem Zahlentyp wie beispielsweise einem int zu:

```
char letter = 'A';
int letterASCII = letter;
// Ausgabe: 65
Console.WriteLine(letterASCII);
```

Listing 2.15 Ermitteln des ASCII-Werts eines Characters

Die implizite Umwandlung eines char-Werts in einen Zahlenwert bereitet anscheinend keine Probleme, der umgekehrte Weg – die Umwandlung eines Zahlenwerts in einen char – ist allerdings nicht ohne weiteres möglich.

char beschränkt sich auf ein Zeichen. Um eine Zeichenkette, die sich aus keinem oder bis zu maximal ca. 2^{31} Einzelzeichen zusammensetzt, zu speichern oder zu bearbeiten, deklarieren Sie eine Variable vom Datentyp string. Die Einzelzeichen werden dabei, wie bei char, als Unicode-Zeichen der Größe 16 Bit behandelt. Zeichenketten stehen grundsätzlich in doppelten Anführungsstrichen:

```
string str = "C# ist spitze."
```

Mit C# 11 kam das Feature der *Raw-String-Literale* hinzu. Raw-String-Literale können beliebigen Text enthalten, einschließlich Leerzeichen, Zeilenumbrüche, eingebettete Anführungszeichen und andere Sonderzeichen, ohne dass Escapesequenzen erforderlich sind. Ein Raw-String-Literal beginnt mit mindestens drei doppelten Anführungszeichen ("""). Es endet mit der gleichen Anzahl von doppelten Anführungszeichen. In der Regel verwendet ein Zeichenfolgenliteral drei doppelte Anführungszeichen in einer einzigen Zeile, um die Zeichenfolge zu beginnen, und drei doppelte Anführungszeichen in einer separaten Zeile, um die Zeichenfolge zu beenden. Die Zeilenumbrüche nach dem öffnenden Anführungszeichen und vor dem schließenden Anführungszeichen werden nicht in den endgültigen Inhalt aufgenommen:

```
string langerText = """
    Dies ist eine lange Nachricht.
    Sie besteht aus mehreren Zeilen.
        Einige Zeilen sind eingerückt.
                Andere Zeilen noch mehr.
    Manche Zeilen starten wieder in der ersten Spalte.
    Und manche Zeilen enthalten "Text in Anführungszeichen".
    """;
```

Zudem unterstützt C# ab Version 11 UTF-8-Stringliterale. Ein Suffix bei Zeichenketten realisiert dieses Feature. Diese Typsuffixe haben Sie bereits bei den Dezimalzahlen kennengelernt. Strings in .NET sind in der UTF-16- Codierung gespeichert. UTF-8 ist der Standard für Webprotokolle und andere wichtige Bibliotheken, so dass dieses Feature eine sinnvolle Ergänzung ist:

```
var s2 = "Hallo Welt!"u8;
```

So eine Zeichenkette darf nicht als String deklariert sein, da C# einen UTF-8-String intern anders abspeichert.

Die Datentypen »Boolean«

Variablen vom Typ `bool` (`Boolean`) können nur zwei Zustände beschreiben, nämlich `true` oder `false`, z. B.:

```
bool flag = true;
```

`false` ist der Standardwert.

> **Hinweis**
>
> In vielen Programmiersprachen wird `false` numerisch mit 0 beschrieben und `true` durch alle Werte, die von 0 abweichen. .NET ist hier viel strenger, denn `true` ist nicht –1 und auch nicht 67, sondern ganz schlicht `true`.

Der Datentyp »Object«

Der allgemeinste aller Datentypen ist `Object`. Er beschreibt in seinen vier Byte einen Zeiger auf die Speicheradresse eines Objekts. Eine Variable dieses Typs kann jeden beliebigen anderen Datentyp beschreiben: Ob es sich um eine Zahl, eine Zeichenfolge, eine Datenbankverbindung oder um ein anderes Objekt wie zum Beispiel um die Schaltfläche in einem Window handelt, spielt dabei keine Rolle. Zur Laufzeit wird eine auf `Object` basierende Variable passend aufgelöst und die gewünschte Operation darauf ausgeführt.

Um das zu demonstrieren, ist im folgenden Codefragment eine Variable vom Typ `Object` deklariert, der zuerst ein Zahlenliteral und anschließend eine Zeichenfolge zugewiesen wird:

```
object universal;
universal = 5;
Console.WriteLine(universal);
universal = "Hallo Aachen";
Console.WriteLine(universal);
```

Listing 2.16 Zuweisungen an eine Variable des Typs »Object«

Die Variable `universal` verarbeitet beide Zuweisungen anstandslos – an der Konsole wird zuerst die Zahl 5 und danach die Zeichenfolge angezeigt.

Damit ist bei weitem noch nicht alles zum Typ `Object` gesagt. Es gibt noch zahlreiche andere Gesichtspunkte, die einer Erwähnung oder Diskussion würdig wären. Aber dazu müssen wir erst in die Tiefen der Objektorientierung gehen. Für den Moment ist die oberflächliche Erwähnung des Typs `Object` völlig ausreichend.

Die einfachen Datentypen als Objekte

Eine Variable zu deklarieren, sieht harmlos und unscheinbar aus. Und dennoch, hinter dem Variablennamen verbergen sich Möglichkeiten, die Sie bisher vermutlich noch nicht erahnen. In der .NET-Laufzeitumgebung wird alles durch die objektorientierte Brille betrachtet – sogar die einfachen Datentypen.

Ein simpler `Short` soll ein Objekt sein? Wenn Sie dieser Aussage keinen Glauben schenken wollen, schreiben Sie folgende Codezeile:

```
Int16.
```

Beachten Sie bitte hierbei den Punkt, der auf `Int16` folgt. Sie werden feststellen, dass hinter der Punktangabe eine Liste aufgeklappt wird, die *IntelliSense-Unterstützung* (siehe Abbildung 2.7).

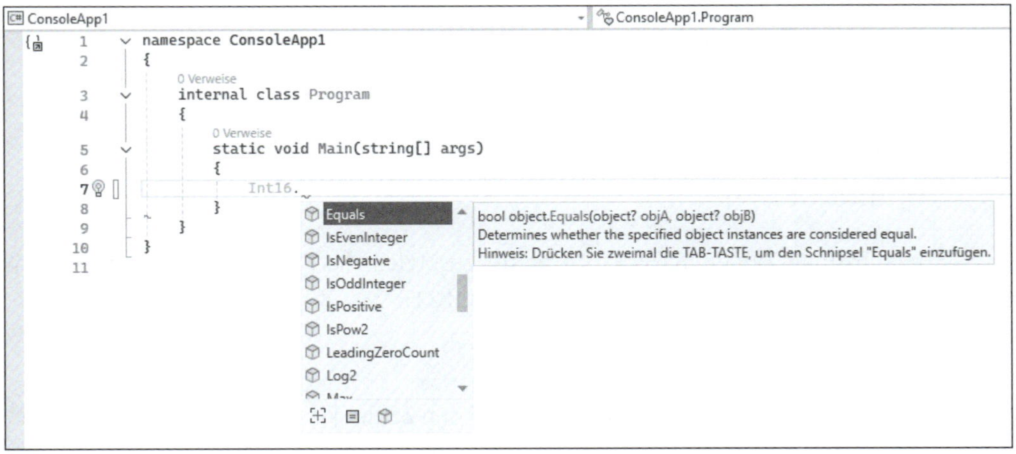

Abbildung 2.7 IntelliSense-Unterstützung in der Entwicklungsumgebung

In dieser Liste sind alle Eigenschaften und Methoden aufgeführt, die den Typ `Int16` auszeichnen. Sie können aus dem Angebot auswählen, indem Sie mit den Pfeiltasten zu der gewünschten Funktionalität navigieren und dann die ⭾-Taste drücken. Der ausgewählte Eintrag aus IntelliSense wird vom Code übernommen, was den Vorteil hat, dass Schreibfehler ausgeschlossen sind.

Wenn Sie beispielsweise wissen wollen, wo die wertmäßige Ober- und Untergrenze des `Int16`-Typs liegen, könnten Sie dies mit Listing 2.17 abfragen:

```
Console.WriteLine("Int16(min) = {0}", Int16.MinValue);
Console.WriteLine("Int16(max) = {0}", Int16.MaxValue);
```

Listing 2.17 Bereichsgrenzen des »Int16«-Datentyps abfragen

An der Konsole erfolgt danach die Anzeige:

```
Int16(min) = -32768
Int16(max) = 32767
```

Wahrscheinlich werden Sie schon festgestellt haben, dass IntelliSense nicht nur im Zusammenhang mit der Punktnotation funktioniert. Sobald Sie in einer Codezeile den ersten Buchstaben eintippen, wird IntelliSense geöffnet und bietet Ihnen alle programmierbaren Optionen an, auf die mit dem eingegebenen Buchstaben zugegriffen werden kann. Die Auswahl erfolgt wie oben beschrieben.

2.3.6 Ausgabe ganzzahliger Datentypen

Ganzzahlige Literale lassen sich in unterschiedlichen Formaten angeben:

- im dezimalen Zahlenformat
- im hexadezimalen Zahlenformat
- im binären oder dualen Zahlenformat

Am gebräuchlichsten ist mit Sicherheit das dezimale Format, z. B.:

```
int value = 650;
```

Hexadezimale Zahlen (Basis = 16) erhalten zusätzlich das Präfix `0x` oder `0X`. Die folgende Variable `value` beschreibt die Dezimalzahl 225:

```
int value = 0xE1;
```

In der binären Schreibweise (Basis = 2) wird den Zahlen das Präfix `0b` oder `0B` vorangestellt. Somit ließe sich die Zahl 15 wie folgt abbilden:

```
int value = 0b1111;
```

Digit Separator

Große Zahlen sind unleserlich. Könnten Sie beispielsweise sofort sagen, welche Zahl durch den Ausdruck

```
long value = 8761438740847;
```

beschrieben wird? Zur Verbesserung der Lesbarkeit wurde mit C# 7.0 der Unterstrich als Trenner (*Digit Separator*) eingeführt. Damit lässt sich die Variable `value` nun durch

```
long value = 8_761_438_740_847;
```

darstellen. Dabei spielt es keine Rolle, wie Sie die Gruppierung vornehmen: Es ist beliebig.

```
long value = 87_61_438_7_40847;
```

Digit Separators sind nicht nur auf das dezimale Zahlenformat beschränkt. Sie dürfen diese Schreibweise auch im Zusammenhang mit hexadezimalen und binären Zahlen benutzen.

2.3.7 Elementare Typkonvertierung

Sehen wir uns die folgenden beiden Anweisungen in Listing 2.18 an:

```
int value1 = 12000;
long value2 = value1;
```

Listing 2.18 Zuweisung einer »int«-Variablen an eine »long«-Variable

Hier ist die Variable `value1` vom Typ `int` deklariert und ihr ein Wert zugewiesen. Im zweiten Schritt erfolgt wiederum eine Variablendeklaration, diesmal vom Typ `long`. Der Inhalt der zuvor deklarierten Variablen `value1` wird `value2` zugewiesen. Der C#-Compiler wird beide Anweisungen anstandslos kompilieren.

Nun ändern wir die Reihenfolge von Listing 2.18 ab und deklarieren zuerst die `long`-Variable, weisen ihr den Wert `12000` zu und versuchen dann, *sie* der `int`-Variablen zuzuweisen:

```
long value1 = 12000;
int value2 = value1;
```

Listing 2.19 Zuweisung einer »long«-Variablen an eine »int«-Variable

Diesmal ist das Ergebnis nicht wie vielleicht erwartet – der C#-Compiler quittiert die Zuweisung mit einer Fehlermeldung, obwohl der Wertebereich eines `int`-Typs die Zuweisung von `12000` eindeutig verkraftet.

Das auftretende Problem beruht darauf, dass der Wertebereich eines `int`- kleiner als der eines `long`-Typs ist. Im Gegensatz dazu ist die Zuweisung eines `int`-Typs an einen `long` eine zulässige *Operation*, weil der `long` einen größeren Wertebereich abdeckt als ein `int`.

Immer dann, wenn bei einer Operation zwei unterschiedliche Datentypen im Spiel sind, muss der Typ, der rechts vom Zuweisungsoperator steht, in den Typ umgewandelt werden, der sich auf der linken Seite befindet. Man spricht hierbei auch von der *Konvertierung*. Prinzipiell werden zwei Arten der Konvertierung unterschieden:

- die implizite Konvertierung
- die explizite Konvertierung

Die implizite Konvertierung

Eine *implizite Konvertierung* nimmt der C#-Compiler selbst vor, siebedarf keines zusätzlichen Programmcodes. Implizit wird immer dann konvertiert, wenn der zuzuweisende Wert grundsätzlich immer kleiner als oder gleich dem Datentyp ist, der den Wert empfängt. Schauen wir uns dazu Abbildung 2.8 an.

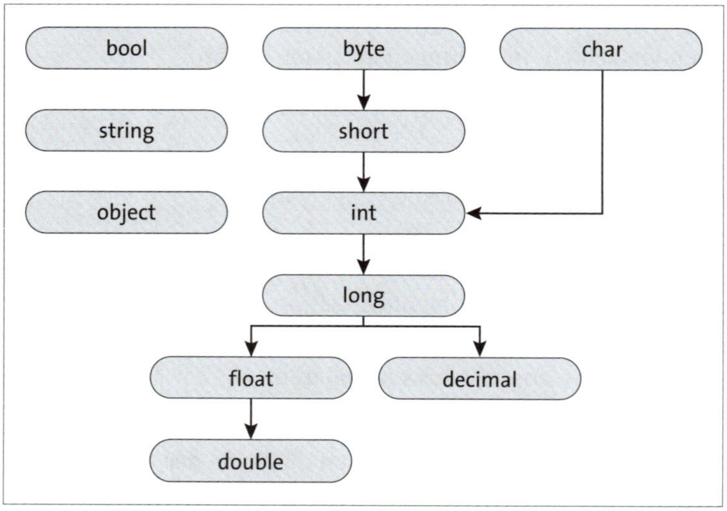

Abbildung 2.8 Die implizite Konvertierung einfacher Datentypen

Die Pfeilrichtung gibt eine implizite Konvertierung vor, entgegengesetzt der Pfeilrichtung wird explizit konvertiert. Demzufolge wird ein `byte` anstandslos implizit in einen `short`, `int`, `long` usw. konvertiert, aber nicht umgekehrt beispielsweise ein `int` in `byte`. Beachten Sie insbesondere, dass es keine impliziten Konvertierungen zwischen den Gleitkommatypen `float`/`double` und `decimal` gibt.

Eine besondere Stellung nehmen `bool`, `string`, `char` und `object` ein. Mit einem `bool` oder einem `string` sind keine impliziten Konvertierungen möglich, ein `char` kann mit Ausnahme von `byte` und `short` jedem anderen Typ zugewiesen werden. Variablen vom Typ `object` wiederum unterliegen Gesichtspunkten, die wir erst ab Kapitel 3, »Das Klassendesign«, erörtern werden.

Die explizite Konvertierung

Unter *expliziter Konvertierung* versteht man die ausdrückliche Anweisung an den Compiler, den Wert eines bestimmten Datentyps in einen anderen umzuwandeln. Explizite Konvertierung folgt einer sehr einfachen Syntax: Vor dem zu konvertierenden Ausdruck wird in runden Klammern der Typ angegeben, in den die Konvertierung erfolgen soll, also:

```
(Zieldatentyp)Ausdruck
```

Man spricht bei den so eingesetzten runden Klammern auch vom *Typkonvertierungsoperator*.

Mit der expliziten Konvertierung wären die folgenden beiden Zuweisungen möglich:

```
float value1 = 3.12F;
decimal value2 = (decimal)value1;
long value3 = 20;
int c = (int)value3;
```

Explizite Konvertierung mit den Methoden der Klasse »Convert«

Der expliziten Konvertierung mit dem Konvertierungsoperator sind Grenzen gesetzt. Beispielsweise bleibt ein boolescher Wert immer ein boolescher Wert. Damit ist die folgende Konvertierung unter C# falsch, obwohl sie in anderen Programmiersprachen durchaus zulässig ist:

```
int value = 1;
// fehlerhafte explizite Konvertierung
bool bolVar = (bool)value;
```

Um auch solche expliziten Konvertierungen zu ermöglichen, bietet die .NET-Klassenbibliothek die Klasse `Convert` an, die eine Reihe von Konvertierungsmethoden bereitstellt, wie in Tabelle 2.5 dargestellt.

Methode	Beschreibung
`ToBoolean`(*Ausdruck*)	Konvertiert den Ausdruck in einen `bool`-Typ.
`ToByte`(*Ausdruck*)	Konvertiert den Ausdruck in einen `byte`-Typ.
`ToChar`(*Ausdruck*)	Konvertiert den Ausdruck in einen `char`-Typ.
`ToDecimal`(*Ausdruck*)	Konvertiert den Ausdruck in einen `decimal`-Typ.
`ToDouble`(*Ausdruck*)	Konvertiert den Ausdruck in einen `double`-Typ.
`ToInt16`(*Ausdruck*)	Konvertiert den Ausdruck in einen `short`-Typ.

Tabelle 2.5 Die Konvertierungsmethoden der Klasse »Convert« (Auszug)

Damit ist das Codefragment

```
long value1 = 4711;
int value2 = (int)value1;
```

gleichwertig mit:

```
long value1 = 4711;
int value2 = Convert.ToInt32(value1);
```

In zwei wesentlichen Punkten unterscheidet sich die Konvertierung mit den Methoden der `Convert`-Klasse von der mit dem Konvertierungsoperator:

- Es können Konvertierungen durchgeführt werden, die mit dem Typkonvertierungsoperator () unzulässig sind. Allerdings sind die Methoden der Klasse `Convert` nur elementare Datentypen sowie auf einige wenige Klassen beschränkt (z. B. `DateTime`).
- Grundsätzlich werden alle Konvertierungen mit den Methoden der `Convert`-Klasse auf einen eventuellen Überlauf hin untersucht.

Wenden wir uns an dieser Stelle zunächst dem erstgenannten Punkt zu. Angenommen, wir wollen an der Eingabeaufforderung die Eingabe in einer Integer-Variablen speichern, muss die Anweisung dazu wie folgt lauten:

```
int value = Convert.ToInt32(Console.ReadLine());
```

Bekanntlich liefert `ReadLine` die Benutzereingabe als Zeichenfolge vom Typ `string` zurück. Wäre die Methode `Convert.ToInt32` gleichwertig mit dem Typkonvertierungsoperator, würde der C#-Compiler auch die folgende Anweisung anstandslos kompilieren:

```
// fehlerhafte Anweisung
int intDigit = (int)Console.ReadLine();
```

Allerdings wird uns der Compiler diese Anweisung mit einer Fehlermeldung quittieren, denn eine explizite Konvertierung des Typs `string` in einen numerischen Typ mit dem Typkonvertierungsoperator ist auch dann unzulässig, wenn die Zeichenfolge eine Zahl beschreibt. Nur die Methoden der Klasse `Convert` sind so geprägt, dass dennoch eine Konvertierung erfolgt. Natürlich muss die Konvertierung aus logischer Sicht sinnvoll sein. Solange aber eine Zeichenfolge eine Zahl beschreibt, darf auch eine Zeichenfolge in einen numerischen Typ überführt werden.

Bereichsüberschreitung infolge expliziter Konvertierung

Eine explizite Konvertierung lässt eine einengende Umwandlung zu, beispielsweise wenn ein `long`-Wert einer `int`-Variablen zugewiesen wird. Damit drängt sich sofort eine Frage auf: Was passiert, wenn der Wert der Übergabe größer ist als der Maximalwert des Typs, in den konvertiert wird? Nehmen wir dazu beispielsweise an, wir hätten eine Variable vom Typ short deklariert und ihr den Wert 436 zugewiesen. Nun soll diese Variable in den Typ byte überführt werden, der den Wertebereich zwischen 0 und 255 beschreibt.

```
short value1 = 436;
byte value2 = (byte)value1;
Console.WriteLine(value2);
```

Dieser Code resultiert in der folgenden Ausgabe:

```
180
```

Um zu verstehen, wie es zu dieser zunächst unverständlichen Ausgabe kommt, müssen wir uns die bitweise Darstellung der Zahlen ansehen. Für den Inhalt der Variablen value1 ist das:

```
436 = 0000 0001 1011 0100
```

Nach der Konvertierung liegt das Ergebnis 180 vor, beschrieben durch:

```
180 = 1011 0100
```

Vergleichen wir jetzt die bitweise Darstellung der beiden Zahlen, kommen wir sehr schnell zu der Erkenntnis, dass bei einer expliziten Konvertierung mit dem Typkonvertierungsoperator beim Überschreiten der Bereichsgrenze des Zieldatentyps die überschüssigen Bits einfach ignoriert werden. Aus dem verbleibenden Rest wird die neue Zahl gebildet.

Dieses Verhalten kann zu sehr schwer zu lokalisierenden, ernsthaften Fehlern in einer Anwendung führen. Wenn Sie Programmcode schreiben und explizit konvertieren müssen, sollten Sie daher die Kontrolle über einen eventuell eintretenden Überlauf haben. Unter C# gibt es dazu drei Alternativen:

- die Operatoren checked und unchecked
- eine entsprechende Einstellung im Projekteigenschaftsfenster
- der Verzicht auf den Typkonvertierungsoperator und stattdessen die Verwendung der Klasse Convert

Die Operatoren »checked« und »unchecked«

Wenden wir uns zunächst den Schlüsselwörtern checked und unchecked zu, und schauen wir uns an einem Beispiel den Einsatz und die Wirkungsweise an:

```
// Beispiel: ..\Kapitel 2\CheckedExample
// Zahleneingabe anfordern
Console.Write("Geben Sie eine Zahl im Bereich von ");
Console.Write($"0...{Int16.MaxValue} ein: ");

// Eingabe einem short-Typ zuweisen
short value1 = Convert.ToInt16(Console.ReadLine());

// Überlaufprüfung einschalten
byte value2 = checked((byte)value1);
Console.WriteLine(value2);
Console.ReadLine();
```

Listing 2.20 Arithmetischen Überlauf mit »checked« prüfen

Nach dem Starten fordert die Anwendung den Benutzer dazu auf, eine Zahl im Bereich von 0 bis zum Maximalwert eines `short`-Typs einzugeben. Entgegengenommen wird die Eingabe durch die Methode `Console.ReadLine`, die ihrerseits die Eingabe als Zeichenfolge, also vom Typ `string`, zurückliefert. Um die gewünschte Zahl einer `short`-Variablen zuweisen zu können, muss explizit konvertiert werden. Beachten Sie, dass wir dazu die Methode `ToInt16` der Klasse `Convert` einsetzen müssen, da eine Konvertierung eines `string`- in einen `short`-Typ mit dem Typkonvertierungsoperator nicht zulässig ist:

```
short value1 = Convert.ToInt16(Console.ReadLine());
```

Gibt der Anwender eine Zahl ein, die den Wertebereich des `short`-Typs überschreitet, wird ein Laufzeitfehler ausgelöst und die Laufzeit der Anwendung beendet. Falls der Wertebereich nicht überschritten wird, wird die dann folgende Anweisung ausgeführt:

```
byte value2 = checked((byte)value1);
```

In dieser Anweisung steckt allerdings eine Gemeinheit, denn nun soll der Inhalt der `short`-Variablen einer `byte`-Variablen zugewiesen werden. Je nachdem, welche Zahl der Anwender eingegeben hat, wird die Zuweisung fehlerfrei erfolgen oder – bedingt durch die Überprüfung mit `checked` – zu einem Fehler führen. Löschen Sie `checked` aus dem Programmcode, wird die Zuweisung einer Zahl, die den Wertebereich eines `byte`-Typs überschreitet, keinen Fehler verursachen.

`checked` ist ein Operator und wird verwendet, um einen eventuell auftretenden arithmetischen Überlauf zu steuern. Tritt zur Laufzeit ein Überlauf ein, weil der Anwender eine Zahl eingegeben hat, die den Wertebereich des Typs überschreitet, in den konvertiert werden soll, wird ein Laufzeitfehler ausgelöst, der unter .NET auch als *Ausnah-*

me bzw. *Exception* bezeichnet wird. Geben wir beispielsweise an der Konsole die Zahl 436 ein, werden wir die in Abbildung 2.9 gezeigte Mitteilung erhalten.

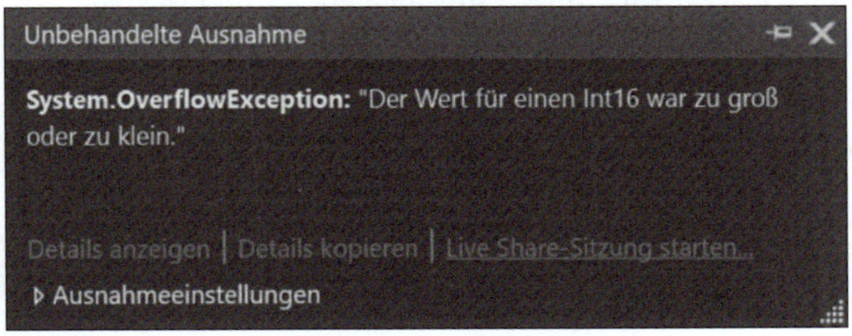

Abbildung 2.9 Fehlermeldung durch Überlauf

Nach dem Schließen der Fehlermeldung wird die Anwendung nicht ordentlich beendet. Nun könnten Sie argumentieren, dass das Beenden der Laufzeitumgebung auch nicht das sein kann, was unbedingt erstrebenswert ist. Dieses Argument ist vollkommen richtig, aber Laufzeitfehler lassen sich mittels Programmcode abfangen, und die Anwendung bleibt danach in einem ordnungsgemäßen Laufzeitzustand. Diesem Thema werden wir uns in Kapitel 7, »Fehlerbehandlung und Debugging«, noch ausgiebig widmen.

Falls Sie nicht nur einen einzelnen Ausdruck, sondern mehrere Ausdrücke innerhalb eines Anweisungsblocks auf einen möglichen Überlauf hin kontrolliert wollen, können Sie hinter `checked` einen Anweisungsblock angeben, innerhalb dessen der unkontrollierte Überlauf durch die Auslösung eines Laufzeitfehlers unterbunden wird. Wie diese Variante von `checked` eingesetzt wird, können Sie dem folgenden Beispiel entnehmen.

```
checked
{
  short shortValue = 436;
  int integerValue = 1236555;
  byte byteValue = (byte)shortVar;
  shortValue = (short)integerValue;
  Console.WriteLine(byteValue);
  Console.ReadLine();
}
```

Listing 2.21 Mehrere Ausdrücke gleichzeitig auf Überlauf hin prüfen

Wir können festhalten, dass wir mit `checked` eine gewisse Kontrolle ausüben können, falls zur Laufzeit bedingt durch die explizite Konvertierung ein Überlauf eintreten kann. Der Operator `unchecked` ist die Umkehrung der Arbeitsweise von `checked`, er schaltet die Überprüfung des Überlaufs aus und ist der Standard.

Während checked sich nur lokal auf den in runden Klammern stehenden Ausdruck bzw. einen eingeschlossenen Anweisungsblock bezieht, kann durch eine Änderung im Projekteigenschaftsfenster die Kontrolle über sämtliche auftretenden Überläufe in einer Anwendung ausgeübt werden. Öffnen Sie dieses Fenster, indem Sie im Projektmappen-Explorer das Projekt markieren, dessen Kontextmenü mit der rechten Maustaste öffnen und dann EIGENSCHAFTEN wählen.

Das Projekteigenschaftsfenster wird als zusätzliche Registerkarte im Code-Editor angezeigt. Am linken Rand werden mehrere Auswahloptionen angeboten. Um unser Problem zu lösen, müssen Sie sich für BUILD entscheiden. Daraufhin öffnet sich eine neue Registerkarte. Darin sehen Sie rechts unten die Schaltfläche ERWEITERT .... Klicken sie darauf, wird ein Dialog geöffnet, der die von uns gesuchte Option anbietet: AUF ARITHMETISCHEN ÜBER-/UNTERLAUF ÜBERPRÜFEN (siehe Abbildung 2.10). Markieren Sie das Kontrollkästchen, um sicherzustellen, dass eine generelle Überprüfung auf eine Über- oder Unterschreitung des Wertebereichs erfolgt. Damit vermeiden Sie möglichen Datenverlust.

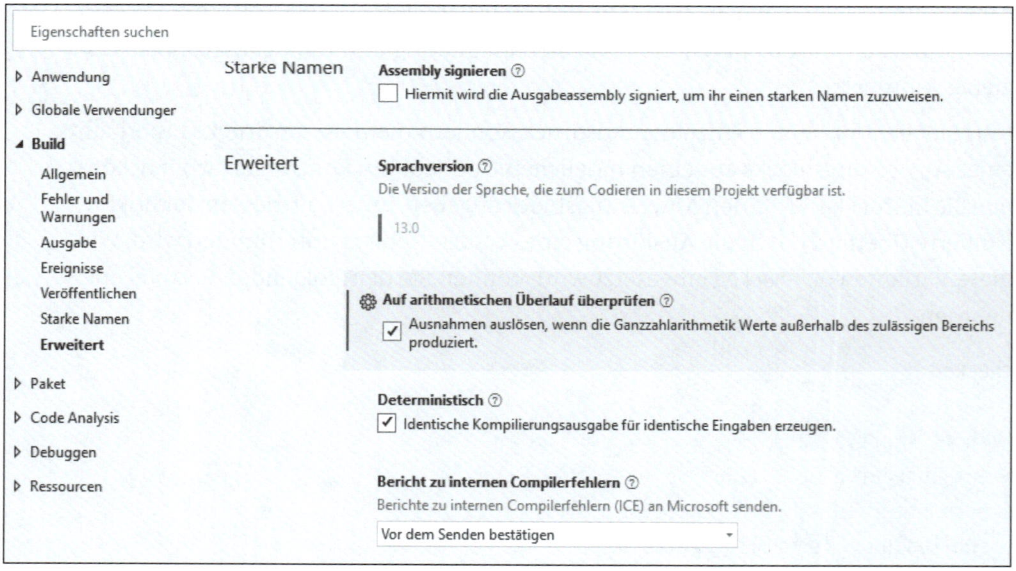

Abbildung 2.10 Einstellen der standardmäßigen Überprüfung des Überlaufs im Projekteigenschaftsfenster

Mit dieser Einstellung können Sie auf alle expliziten Angaben von checked verzichten, denn die Überprüfung des Unter- bzw. Überlaufs ist in der Anwendung dann der Standard. Möchten Sie aus bestimmten Gründen auf die Überprüfung verzichten, kommt der Operator unchecked ins Spiel und hebt für den entsprechenden Ausdruck die Überprüfung wieder auf.

2.4 Operatoren

Im vorhergehenden Abschnitt haben wir uns eingehend mit den Daten auseinandergesetzt. In diesem Abschnitt werden Sie lernen, wie Daten mit C# verarbeitet werden können. Bevor wir uns an die Details begeben, müssen wir uns zunächst mit der Terminologie befassen.

An oberster Stelle steht der Begriff *Ausdruck*. Ein Ausdruck ist die kleinste ausführbare Einheit eines Programms und setzt mindestens einen Operator voraus. Im einfachsten Fall gilt schon die Anweisung

```
value = 22;
```

als Ausdruck. Ein Ausdruck wird immer aus mindestens einem *Operanden* und einem *Operator* gebildet. Der Operator im Beispiel oben ist der Zuweisungsoperator, als Operand gilt sowohl die Konstante 22 als auch die Variable `value`. Operatoren verknüpfen Operanden miteinander und führen Berechnungen durch.

C# unterscheidet, wie viele andere Programmiersprachen auch, zwischen *unären* (*unary*) und *binären* (*binary*) *Operatoren*. Ein unärer Operator ist ein Operator, der mit einem einzigen Operanden arbeitet, das heißt, er wirkt sich nur auf einen Wert oder eine Variable aus. Unäre Operatoren kommen häufig zum Einsatz, um verschiedene Operationen durchzuführen, z. B. das Vorzeichen eines Wertes zu ändern, einen Wert zu erhöhen oder zu verringern oder eine logische Negation durchzuführen. Ein Binäroperator ist ein Operator, der mit zwei Operanden arbeitet, das heißt, er verbindet zwei Werte zu einem Ausdruck. Binäre Operatoren kommen in Programmiersprachen häufig zum Einsatz, um verschiedene Operationen wie arithmetische Operationen (zum Beispiel die Addition), logische Operationen (wie eine Oder-Verknüpfung) und bitweise Operationen durchzuführen.

Nahezu alle Operatoren von C# benötigen zwei Operanden. Das Kernkonstrukt von Ausdrücken sind die Operatoren, die sich entsprechend ihrer Arbeitsweise in verschiedene Gruppen aufteilen lassen:

- arithmetische Operatoren
- Vergleichsoperatoren
- logische Operatoren
- bitweise Operatoren
- Zuweisungsoperatoren
- sonstige Operatoren

2.4.1 Arithmetische Operatoren

C# kennt die üblichen Operatoren der vier Grundrechenarten Addition, Subtraktion, Division und Multiplikation. Darüber hinaus beschreibt diese Gruppe weitere Operatoren, die in ihrem Kontext eine besondere Bedeutung haben. Tabelle 2.6 gibt zunächst einen allgemeinen Überblick.

Operator	Beschreibung
+	Hat zwei Funktionalitäten: ▸ Als Additionsoperator bildet er die Summe zweier Operanden (x + y). ▸ Als Vorzeichenoperator beschreibt er eine positive Zahl (+x), ist also ein einstelliger (unärer) Operator.
-	Hat ebenfalls zwei Funktionalitäten: ▸ Als Subtraktionsoperator eingesetzt, bildet er die Differenz zweier Operanden (x - y). ▸ Als unärer Vorzeichenoperator beschreibt er eine negative Zahl (-x).
*	Multiplikationsoperator; multipliziert zwei Operanden (x * y).
/	Divisionsoperator; dividiert zwei Operanden (x / y), behält den Nachkommateil der Division.
%	Restwertoperator; dividiert zwei Operanden und liefert als Ergebnis den Restwert der Operation (x % y).
++	Erhöht den Inhalt des Operanden um 1. Das Ergebnis der Operation ++x ist der Wert des Operanden nach der Erhöhung. Das Ergebnis der Operation x++ ist der Wert des Operanden vor der Erhöhung.
--	Verringert den Inhalt des Operanden um 1. Das Ergebnis der Operation --x ist der Wert des Operanden nach der Verringerung. Das Ergebnis der Operation x-- ist der Wert des Operanden vor der Verringerung.

Tabelle 2.6 Arithmetische Operatoren

Der Einsatz der Operatoren zur Formulierung mathematischer Ausdrücke ist trivial. Zwei Operanden werden miteinander verknüpft, und das Ergebnis der Operation wird der links vom Zuweisungsoperator stehenden Variablen zugewiesen.

```
int value1 = 30;
int value2 = 55;
int result = value1 + value2;
```

Eine besondere Stellung nimmt der %-Operator ein, dessen Ergebnis einer Division der ganzzahlige Divisionsrest ist. Dazu ein Beispiel:

```
int x = 100;
int y = 17;
Console.WriteLine("Division mit % - Ergebnis = {0}", x % y);
```

Die Zahl 17 ist fünfmal in der Zahl 100 enthalten. Damit lautet die Konsolenausgabe 15.

Dezimalzahlen als Operanden des %-Operators sind ebenfalls zugelassen, die Rückgabe ist dabei selbst eine Dezimalzahl:

```
float x = 100.35F;
float y = 17.45F;
Console.WriteLine("Division mit % - Ergebnis = {0}", x % y);
```

Wenn Sie diesen Code ausführen, wird im Konsolenfenster die Ausgabe `13.09999` erscheinen.

Widmen wir uns jetzt noch einem Beispiel, an dem die Arbeitsweise der Inkrement- bzw. Dekrement-Operationen ersichtlich wird.

Zunächst betrachten wir das Codefragment einer Postfixinkrement-Operation:

```
int x = 5;
int y = x++; // x hat den Inhalt 6 und y den Inhalt 5
```

Zuerst wird der Variablen `x` der Wert `5` zugewiesen. Im zweiten Schritt wird der aktuelle Inhalt von `x` an `y` übergeben und danach `x` um eins erhöht. Nach Beendigung der zweiten Anweisung weist `x` den Inhalt `6` auf und `y` den Inhalt `5`.

Ein abweichendes Ergebnis erhalten wir, wenn wir den ++-Operator als Präfixinkrementoperator einsetzen.

```
int x = 5;
int y = ++x; // x und y haben den Inhalt 6
```

In diesem Fall wird zuerst der Inhalt der Variablen `x` um eins erhöht, und erst danach erfolgt die Zuweisung an die Variable `y`. Die Folge ist, dass sowohl `x` als auch `y` den Wert `6` beschreiben.

Vielleicht wird Ihnen aufgefallen sein, dass Tabelle 2.6 keinen Potenzoperator beschreibt. Das ist keine Unterlassungssünde des Autors, da C# tatsächlich keinen bereitstellt. Stattdessen gibt es in der .NET-Klassenbibliothek eine Klasse namens `Math`, die diverse Methoden für mathematische Operationen bereitstellt, unter anderem die Methode `Pow` zum Potenzieren. Wollen Sie beispielsweise das Ergebnis von 2^5 berechnen, müssen Sie Folgendes codieren:

```
double value = Math.Pow(2, 5);
```

Hinweis

In C# gibt es tatsächlich den ^-Operator. Allerdings wird er als bitweiser Xor-Operator verwendet (siehe Abschnitt 2.4.4).

Besonderheiten einer Division

Bei einer Division zweier ganzer Zahlen gibt es einen Haken, der im ersten Moment nicht offensichtlich ist. Betrachten Sie dazu die beiden folgenden Anweisungen:

```
double value = 3/4;
Console.WriteLine(value);
```

An der Konsole wird nicht, wie zu erwarten wäre, das Ergebnis `0.75` angezeigt, sondern `0`. Die Begründung dieses Phänomens ist recht einfach: Zur Laufzeit muss für die beiden Literale `3` und `4` Speicher reserviert werden. Die Laufzeitumgebung erkennt, dass es sich um ganze Zahlen handelt, und interpretiert den Typ der beiden Literale jeweils als `int`. Das Ergebnis der Division wird vor der endgültigen Zuweisung an `value` zwischengespeichert. Dazu wird Speicherplatz reserviert, der dem Typ des größten der beiden beteiligten Operanden entspricht, mit der Folge, dass der Dezimalteil des Ergebnisses abgeschnitten wird. Bei der anschließenden Zuweisung an `value` ist das Kind bereits in den Brunnen gefallen – das Ergebnis ist falsch.

Zur Lösung dieser Problematik muss sichergestellt werden, dass einer der beiden Operanden als Dezimalzahl erkannt wird. Sie können das erreichen, indem Sie beispielsweise

```
double value = 3.0/4;
```

codieren. Die Zahl 3 wird jetzt nicht mehr als Integer, sondern als `double` verarbeitet. Dieser Typ ist erfreulicherweise in der Lage, auch Nachkommastellen aufzunehmen, und das Ergebnis wird korrekt angezeigt.

Eine andere Möglichkeit wäre es, einen der Operanden explizit in eine Dezimalzahl zu konvertieren:

```
double value = (double)3 / 4;
```

2.4.2 Vergleichsoperatoren

Vergleichsoperatoren vergleichen zwei Ausdrücke miteinander. Der Rückgabewert ist immer ein boolescher Wert, also entweder `true` oder `false`. Vergleiche können auf Gleichheit bzw. Ungleichheit sowie auf »größer« und »kleiner« durchgeführt werden.

Operator	Beschreibung
`a == b`	Prüft, ob Ausdruck `a` Ausdruck `b` entspricht, und gibt in diesem Fall `true` zurück.
`a != b`	Ergebnis der Operation ist `true`, wenn `a` ungleich `b` ist.

Tabelle 2.7 Vergleichsoperatoren

Operator	Beschreibung
`a > b`	Ergebnis der Operation ist `true`, wenn `a` größer als `b` ist.
`a < b`	Ergebnis der Operation ist `true`, wenn `a` kleiner als `b` ist.
`a <= b`	Ergebnis der Operation ist `true`, wenn `a` kleiner als oder gleich `b` ist.
`a >= b`	Ergebnis der Operation ist `true`, wenn `a` größer als oder gleich `b` ist.

Tabelle 2.7 Vergleichsoperatoren (Forts.)

Sehen wir uns einige boolesche Ausdrücke an:

```
bool compare;
compare = value <= 100;
```

Vergleichsoperatoren genießen eine höhere Priorität als der Zuweisungsoperator, daher wird zuerst der Teilausdruck `value <= 100` ausgewertet. Das Ergebnis des Vergleichs, also ob der Vergleich wahr oder falsch ist, wird der Variablen `compare` zugewiesen. Sie können die boolesche Operation auch direkt zur Initialisierung bei der Deklaration verwenden:

```
bool compare = intVar <= 100;
string text1 = "Hallo";
string text2 = "hallo";
bool compare = text1 == text2;
```

2.4.3 Logische Operatoren

Operator	Beschreibung
`!`	Unärer Negationsoperator. Der Ausdruck `!a` ist `true`, wenn `a` einen unwahren Wert beschreibt, und `false`, wenn `a` wahr ist.
`&`	(And-Operator, 1. Variante) Der Ausdruck `a & b` ist dann `true`, wenn sowohl `a` als auch `b` `true` sind. Dabei werden in jedem Fall beide Ausdrücke ausgewertet.
`|`	(Or-Operator, 1. Variante) Der Ausdruck `a | b` ist `true`, wenn entweder `a` oder `b` wahr ist. Dabei werden in jedem Fall beide Ausdrücke ausgewertet.
`^`	(Xor-Operator) Der Ausdruck `a ^ b` ist `true`, wenn die beiden beteiligten Operanden unterschiedliche Wahrheitswerte haben.

Tabelle 2.8 Logische Operatoren

Operator	Beschreibung
&&	(And-Operator, 2. Variante) Der Ausdruck a && b ist true, wenn sowohl a als auch b true sind. Zuerst wird a ausgewertet. Sollte a false sein, ist in jedem Fall der Gesamtausdruck unabhängig von b auch falsch. b wird dann nicht mehr ausgewertet.
||	(Or-Operator, 2. Variante) Der Ausdruck a || b ist true, wenn entweder a oder b true ist. Zuerst wird a ausgewertet. Sollte a bereits true sein, ist in jedem Fall der Gesamtausdruck unabhängig von b auch wahr. b wird dann nicht mehr ausgewertet.

Tabelle 2.8 Logische Operatoren (Forts.)

Das Ergebnis einer Operation, an der logische Operatoren beteiligt sind, lässt sich am besten anhand einer Wahrheitstabelle darstellen.

Bedingung 1	Bedingung 2	And-Operator	Or-Operator	Xor-Operator
false	false	false	false	false
true	false	false	true	true
false	true	false	true	true
true	true	true	true	false

Tabelle 2.9 Wahrheitstabelle

Sehr häufig werden logische Operatoren benutzt, wenn eine Entscheidung darüber getroffen werden muss, welcher Programmcode in Abhängigkeit vom Ergebnis einer Bedingungsprüfung ausgeführt werden soll:

```
if(x != y)
  Console.WriteLine("x ist ungleich y");
```

In diesem einfachen Beispiel, das auch ohne größere Erklärung verständlich sein dürfte, wird die WriteLine-Methode dann ausgeführt, wenn die Bedingung

```
x != y
```

erfüllt ist, also true liefert.

Bedingungen können komplexer werden und neben logischen Operatoren auch mehrere Vergleichsoperatoren enthalten. Betrachten wir beispielsweise das folgende Codefragment:

```
if(x < 5 || y > 20)
  Console.WriteLine("Bedingung ist erfüllt");
```

In diesem Codefragment haben wir es mit drei verschiedenen Operatoren zu tun. Da stellt sich sofort die Frage, in welcher Reihenfolge sie zur Bildung des Gesamtergebnisses herangezogen werden. Von den drei Operatoren hat der ||-Operator die geringste Priorität, < und > sind in dieser Hinsicht gleichwertig (siehe Abschnitt 2.4.8). Folglich wird zuerst das Ergebnis aus

```
x < 5
```

gebildet und danach das aus

```
y > 20
```

Beide Teilergebnisse sind entweder `true` oder `false` und werden am Schluss mit || verglichen, woraus das endgültige Resultat gebildet wird. Manchmal ist es allerdings wegen der besseren Lesbarkeit einer komplexen Bedingung durchaus sinnvoll, auch im Grunde genommen überflüssige Klammerpaare zu setzen:

```
if((x < 5) || (y > 20))
```

Interessant sind insbesondere die ähnlichen Paare & und && bzw. | und ||. Um die Unterschiede in der Verhaltensweise genau zu verstehen, wollen wir ein kleines Beispielprogramm entwickeln, das auch syntaktische Elemente enthält, die bisher noch nicht unser Thema waren.

```
// Beispiel: ..\Kapitel 2\LogischeOperatoren
int x = 8;
int y = 9;

// wenn die Bedingung wahr ist, dann dies durch eine
// Ausgabe an der Konsole bestätigen
if ((x != y) | DoSomething())
  Console.WriteLine("Bedingung ist erfüllt");
Console.ReadLine();

// benutzerdefinierte Methode
static bool DoSomething()
{
  Console.WriteLine("in DoSomething");
  return true;
}
```

Listing 2.22 Testen einer komplexeren Bedingungsprüfung

Neu ist in diesem Beispiel die Definition einer Methode, die hier `DoSomething` heißt. `DoSomething` macht nicht sehr viel: Sie schreibt nur eine Meldung in das Konsolenfenster und gibt immer den booleschen Wert `true` als Ergebnis des Aufrufs zurück. In `Main` werden den beiden Variablen `x` und `y` feste Werte zugewiesen. Daraus folgt, dass die Bedingung

```
x != y
```

immer wahr ist. Verknüpft wird diese Bedingung über den Oder-Operator `|` mit dem Aufruf der benutzerdefinierten Funktion. Da diese Funktion einen booleschen Wert zurückliefert, ist der Code syntaktisch korrekt. Führen wir das Programm aus, wird an der Konsole

```
in DoSomething
Bedingung ist erfüllt
```

angezeigt. Halten wir an dieser Stelle die folgende Tatsache fest: Zwei Ausdrücke sind mit dem Oder-Operator `|` verknüpft. Beide Bedingungen werden vollständig geprüft, bevor das Gesamtergebnis der Operation feststeht. Der Wahrheitstabelle (Tabelle 2.9) können wir aber entnehmen, dass die Gesamtbedingung in jedem Fall `true` ist, wenn einer der beiden Ausdrücke wahr ist. Folglich wäre es auch vollkommen ausreichend, nach dem Prüfen der Bedingung `x != y` die zweite Bedingung keiner eigenen Überprüfung zu unterziehen, da das Endergebnis bereits feststeht. Hier betritt nun der zweite Oder-Operator (`||`) die Bühne. Wenn wir die Bedingung nun mit

```
if((x != y) || DoSomething())
```

formulieren, lautet die Ausgabe an der Konsole nur noch:

```
Bedingung ist erfüllt
```

Der Wahrheitsgehalt der zweiten Bedingung wird erst gar nicht mehr überprüft, da er das Endergebnis nicht mehr beeinflussen kann. Genauso arbeiten auch die beiden Operatoren `&` und `&&`.

In der Praxis kann dieser Unterschied bedeutend hinsichtlich der Performance einer Anwendung sein. Wenn die zweite Bedingung nämlich eine länger andauernde Ausführungszeit für sich beansprucht und das Ergebnis der ersten Operation die Prüfung der zweiten Bedingung unnötig macht, leisten `||` bzw. `&&` durchaus ein kleinen Beitrag zur Verbesserung der Gesamtleistung.

2.4.4 Bitweise Operatoren

Bitweise Operatoren dienen dazu, auf die Bitdarstellung numerischer Operanden zuzugreifen. Dabei kann die Bitdarstellung eines numerischen Operanden sowohl abgefragt als auch manipuliert werden.

<table>
<tr><th>Operator</th><th>Beschreibung</th></tr>
<tr><td>~</td><td>Invertiert jedes Bit des Ausdrucks (Einerkomplement).</td></tr>
<tr><td>|</td><td>Aus x|y resultiert ein Wert, bei dem die korrespondierenden Bits von x und y Or-verknüpft werden.</td></tr>
<tr><td>&</td><td>Aus x&y resultiert ein Wert, bei dem die korrespondierenden Bits von x und y And-verknüpft werden.</td></tr>
<tr><td>^</td><td>Aus x^y resultiert ein Wert, bei dem die korrespondierenden Bits von x und y Xor-verknüpft werden.</td></tr>
<tr><td><<</td><td>Aus x<<y resultiert ein Wert, der durch die Verschiebung der Bits des ersten Operanden x um die durch im zweiten Operanden y angegebene Zahl nach links entsteht.</td></tr>
<tr><td>>></td><td>Aus x>>y resultiert ein Wert, der durch die Verschiebung der Bits des ersten Operanden x um die durch im zweiten Operanden y angegebene Zahl nach rechts entsteht.</td></tr>
</table>

Tabelle 2.10 Bitweise Operatoren

Beachten Sie, dass die Operatoren & und | sowohl als Vergleichsoperatoren (vergleiche auch mit Tabelle 2.7) wie auch als bitweise Operatoren eingesetzt werden können. Als Vergleichsoperatoren werden zwei boolesche Operanden miteinander verglichen, und ein Wahrheitswert wird als Ergebnis der Operation zurückgeliefert. Bitweise Operatoren vergleichen hingegen die einzelnen Bits einer bestimmten Speicheradresse und bilden daraus das Ergebnis. Wir sehen uns jetzt an einigen Beispielen an, wie Sie diese Operatoren einsetzen können.

Beispiel 1: Im Folgenden werden die beiden Literale 13 und 5 mit dem bitweisen &-Operator verknüpft:

```
a = 13 & 5;
Console.WriteLine(a);
```

Die Bitdarstellung dieser beiden Literale sieht wie folgt aus:

```
13 = 0000 0000 0000 1101
 5 = 0000 0000 0000 0101
```

An der Konsole wird als Ergebnis die Zahl 5 angezeigt, was der Bitdarstellung

```
0000 0000 0000 0101
```

entspricht. Wir können unser Ergebnis auch wie folgt interpretieren:

Eine vorgegebene Bitsequenz kann mit dem bitweisen &-Operator daraufhin untersucht werden, ob die vom rechten Operanden beschriebenen Bits in der vorgegebenen Bitfolge gesetzt sind. Das ist genau dann der Fall, wenn das Ergebnis der &-Verknüpfung dasselbe Ergebnis liefert wie im rechtsseitigen Operanden angegeben.

Beispiel 2: Verknüpfen wir nun zwei Literale mit dem bitweisen Oder-Operator |, also beispielsweise:

```
int a = 71 | 49;
Console.WriteLine(a);
```

Die Bitdarstellung dieser beiden Literale sieht wie folgt aus:

```
71 = 0000 0000 0100 0111
49 = 0000 0000 0011 0001
```

Das Ergebnis wird 119 lauten oder in Bitdarstellung:

```
0000 0000 0111 0111
```

Beispiel 3: Dem Xor-Operator ^ kommt ebenfalls eine ganz besondere Bedeutung zu, wie das folgende Beispiel zeigt:

```
int a = 53;
a = a ^ 22;
Console.WriteLine(a);
```

Sehen wir uns zunächst wieder die durch die beiden Literale beschriebenen Bitsequenzen an:

```
53 = 0000 0000 0011 0101
22 = 0000 0000 0001 0110
```

Lassen wir uns das Ergebnis an der Konsole anzeigen, wird 35 ausgegeben. Das entspricht folgender Bitfolge:

```
0000 0000 0010 0011
```

Hier werden also das zweite, dritte und das fünfte Bit des linken Operanden invertiert – so wie es der rechte Operand vorgibt. Analysieren wir das Ergebnis, kommen wir zu der folgenden Merkregel:

In einer vorgegebenen Bitsequenz können ganz bestimmte Bits mit dem bitweisen ^-Operator invertiert werden. Die Ausgangsbitfolge steht links vom Operator, und die Zahl, die die Bits repräsentiert, die invertiert werden sollen, steht rechts vom Operator.

Wenden wir auf das Ergebnis ein zweites Mal den ^-Operator an, also

```
int a = 53;
a = a ^ 22;
a = a ^ 22;
```

wird die Variable a wieder den ursprünglichen Wert 53 enthalten.

Beispiel 4: Zum Abschluss nun noch ein Beispiel mit dem Verschiebeoperator <<. Die Bits der Zahl 37 sollen um zwei Positionen nach links verschoben werden, und die Anzeige soll sowohl im Dezimal- als auch im Hexadezimalformat erfolgen.

```
c = 37 << 2;
Console.WriteLine("dezimal    : {0}",c);
Console.WriteLine("hexadezimal: 0x{0:x}",c);
```

Die Zahl 37 entspricht der Bitdarstellung:

```
0000 0000 0010 0101
```

Nach der Verschiebung um die geforderten zwei Positionen nach links ergibt sich:

```
0000 0000 1001 0100
```

Das entspricht wiederum der Zahl 148 oder in hexadezimaler Schreibweise 0x94, was uns auch die Laufzeitumgebung bestätigt.

Mit

```
c = 37 >> 2;
```

lautet das Ergebnis 9, was zu der folgenden Aussage führt:

Bei der Bitverschiebung eines positiven Operanden mit dem <<- oder >>-Operator werden die frei werdenden Leerstellen mit 0-Bits aufgefüllt.

2.4.5 Zuweisungsoperatoren

Bis auf die Ausnahme des einfachen Gleichheitszeichens dienen alle anderen Zuweisungsoperatoren zur verkürzten Schreibweise einer Anweisung, bei der der linke Operand einer Operation gleichzeitig der Empfänger des Operationsergebnisses ist.

Operator	Beschreibung
=	x = y weist x den Wert von y zu.
+=	x += y weist x den Wert von x + y zu.
-=	x -= y weist x den Wert von x - y zu.
*=	x *= y weist x den Wert von x * y zu.
/=	x /= y weist x den Wert von x / y zu.
%=	x %= y weist x den Wert von x % y zu.
&=	x &= y weist x den Wert von x & y zu.
|=	x |= y weist x den Wert von x | y zu.
^=	x ^= y weist x den Wert von x ^ y zu.
<<=	x <<= y weist x den Wert von x << y zu.
>>=	x >>= y weist x den Wert von x >> y zu.
??=	x ??= y weist x den Wert von y zu, wenn x null ist.

Tabelle 2.11 Zuweisungsoperatoren

2.4.6 Stringverkettung

Den +-Operator haben Sie bereits in Verbindung mit arithmetischen Operationen kennengelernt. Ihm kommt allerdings eine zweite Aufgabe zu, nämlich die Verkettung von Zeichenfolgen. Ist wenigstens einer der beiden an der Operation beteiligten Operanden vom Typ `string`, bewirkt der +-Operator eine Stringverkettung. Bei Bedarf wird der Operand, der nicht vom Typ `string` ist, implizit in einen solchen konvertiert. Das Ergebnis der Stringverkettung ist wieder eine Zeichenfolge. Nachfolgend finden Sie einige Anweisungen, die Beispiele für Stringverkettungen zeigen.

```
string text1 = "Leckere";
string text2 = "Suppe";
// text3 hat den Inhalt "leckere Suppe"
string text3 = text1 + " " + text2;
int value = 4711;
string text = "Hallo";
// text hat den Inhalt "Hallo4711"
text += value;
string text1 = "4";
```

```
string text2 = "3";
// an der Konsole wird "43" ausgegeben
Console.WriteLine(text1 + text2);
```


2.4.7 Sonstige Operatoren

Wir sind noch nicht am Ende der Aufzählung der Operatoren von C# angelangt. Es stehen dem Entwickler und der Entwicklerin noch einige besondere Operatoren zur Verfügung, mit denen Sie in den vorhergehenden Abschnitten teilweise schon gearbeitet haben oder die Sie im weiteren Verlauf dieses Buches noch kennenlernen werden. Der Vollständigkeit halber sind die Operatoren dieser Gruppe in Tabelle 2.12 aufgeführt.

Operator	Beschreibung
`.`	Der Punktoperator wird für den Zugriff auf die Eigenschaften oder Methoden einer Klasse verwendet, z. B. `Console.ReadLine();`.
`[]`	Der `[]`-Operator wird für Arrays, Indexer und Attribute verwendet, z. B. `arr[10]`.
`()`	Der `()`-Operator dient zwei Zwecken: Er gibt die Reihenfolge der Operationen vor und wird auch zur Typkonvertierung eingesetzt.
`?:`	Der `?:`-Operator gibt einen von zwei Werten in Abhängigkeit von einem dritten zurück. Er ist eine einfache Variante der `if`-Bedingungsprüfung.
`new`	Dient zur Instanziierung einer Klasse.
`is`	Prüft den Laufzeittyp eines Objekts mit einem angegebenen Typ.
`typeof`	Ruft das `System.Type`-Objekt für einen Typ ab.
`checked`/ `unchecked`	Steuert die Reaktion der Laufzeitumgebung bei einem arithmetischen Überlauf.

Tabelle 2.12 Sonstige C#-Operatoren

2.4.8 Operator-Vorrangregeln

Enthält ein Ausdruck mehrere Operatoren, entscheiden die Operator-Vorrangregeln über die Reihenfolge der Ausführung der einzelnen Operationen. In Tabelle 2.13 sind die Operatoren so angeordnet, dass die weiter oben stehenden Vorrang vor den weiter unten stehenden haben.

Rang	Operator
1	x.y (Punktoperator), a[x], x++, x--, new, typeof, checked, unchecked
2	+ (unär), - (unär), !, ~, ++x, --x, (<Typ>)x
3	*, /, %
4	+ (additiv), - (subtraktiv)
5	<<, >>
6	<, >, <=, >=, is
7	==, !=
8	&
9	^
10	|
11	&&
12	||
13	?:
14	=, *=, /=, %=, +=, -=, <<=, >>=, &=, ^=, |=

Tabelle 2.13 Operator-Vorrangregeln

2.5 Datenfelder (Arrays)

Arrays, die manchmal auch als Datenfelder bezeichnet werden, ermöglichen es, eine nahezu beliebig große Anzahl von Variablen gleichen Namens und gleichen Datentyps zu definieren. Unterschieden werden die einzelnen Elemente nur anhand einer Indizierung. Arrays kommen insbesondere dann zum Einsatz, wenn in Programmschleifen dieselben Operationen auf alle oder einen Teil der Elemente ausgeführt werden sollen.

2.5.1 Die Deklaration und Initialisierung eines Arrays

Die Deklaration eines Arrays wird am besten an einem Beispiel verdeutlicht:

```
int[] elements;
```

Diese Anweisung deklariert das Array `elements`, das Integer-Werte beschreibt. Um wie viele es sich handelt, ist noch nicht festgelegt. Die Kennzeichnung als Array erfolgt durch die eckigen Klammern, die hinter dem Datentyp angegeben werden. Danach folgt der Bezeichner des Arrays.

Das Array `elements` ist zwar deklariert, aber noch nicht initialisiert. Insbesondere benötigt die Laufzeitumgebung eine Angabe darüber, wie viele Elemente sich im Array befinden. Arrays werden von der .NET-Laufzeitumgebung als Objekt angesehen, deshalb unterscheidet sich die Initialisierung von der einer herkömmlichen Variablen:

```
int[] elements;
elements = new int[3];
```

Das Schlüsselwort `new` kennzeichnet die Erzeugung eines Objekts, dahinter ist der Datentyp genannt. Die Anzahl der Array-Elemente – man spricht auch von der *Größe* des Arrays – geht aus der Zahlenangabe in den eckigen Klammern hervor: In unserem Fall verwaltet das Array `elements` genau drei Integer. Die Angabe in den eckigen Klammern der Initialisierung ist immer eine Zahl vom Typ `int`.

Merke

Die Anzahl der Elemente eines Arrays ergibt sich aus der Angabe in den eckigen Klammern bei der Initialisierung mit `new`.

Eine alternative, gleichwertige Deklarations- und Initialisierungsanweisung ist einzeilig und bietet sich an, wenn bei der Deklaration bekannt ist, wie viele Elemente das Array haben soll:

```
int[] elements = new int[3];
```

Alle Elemente dieses Arrays sind danach mit dem Wert 0 vorinitialisiert. Steht zum Deklarationszeitpunkt bereits fest, welche Daten die Array-Elemente aufnehmen sollen, bietet sich auch die *literale Initialisierung* an, bei der die Daten in geschweiften Klammern bekanntgegeben werden:

```
int[] elements = new int[3]{23, 9, 7};
```

Gleichwertig ist auch diese Initialisierung:

```
int[] elements = new int[]{23, 9, 7};
```

Wer es besonders kurz mag, darf auch die folgende Schreibweise einsetzen, bei der die Größe des Arrays automatisch anhand der Anzahl der zugewiesenen Elemente bestimmt wird:

```
int[] elements = {23, 9, 7};
```

Die literale Initialisierung setzt voraus, dass allen Elementen ein gültiger Wert übergeben wird. Deshalb ist die folgende Initialisierung falsch:

```
// falsche literale Initialisierung
int[] elements = new int[3] { 23 };
```

2.5.2 Der Zugriff auf die Array-Elemente

Bei der Initialisierung eines Arrays werden die einzelnen Elemente durchnummeriert. Dabei hat das erste Element den Index 0, das letzte Element den Index

Anzahl der Elemente - 1

Ein Array, das mit

```
int[] elements = new int[3];
```

deklariert und initialisiert worden ist, enthält somit drei Elemente: `elements[0]`, `elements[1]` und `elements[2]`. Beabsichtigen wir, dem ersten Element des Arrays die Zahl 55 zuzuweisen, müsste die Anweisung wie folgt lauten:

```
elements[0] = 55;
```

Analog erfolgt auch die Auswertung des Elementinhalts durch die Angabe des Index:

```
int value = elements[0];
```

Das folgende Beispiel deklariert zwei Arrays und initialisiert sie mit Werten, die anschließend an der Konsole ausgegeben werden.

```
// Beispiel: ..\Kapitel 2\ArrayExample
long[] lngVar = new long[4];
string[] strArr = new String[2];

// Wertzuweisungem
lngVar[0] = 230;
lngVar[1] = 4711;
lngVar[3] = 77;
strArr[0] = "C# ";
strArr[1] = "macht Spaß!";

// Konsolenausgaben
Console.WriteLine("lngVar[0] = {0}", lngVar[0]);
Console.WriteLine("lngVar[1] = {0}", lngVar[1]);
Console.WriteLine("lngVar[2] = {0}", lngVar[2]);
```

```
Console.WriteLine("lngVar[3] = {0}", lngVar[3]);
Console.Write(strArr[0]);
Console.WriteLine(strArr[1]);
Console.ReadLine();
```

Listing 2.23 Beispielprogramm mit einem Array

Das Array `lngVar` hat eine Größe von insgesamt vier Elementen und ist vom Typ `long`; das Array `strArr` vom Typ `string` enthält zwei Elemente. Bis auf das dritte Element des `long`-Arrays mit dem Index 2 wird allen Elementen ein Wert zugewiesen. Die Ausgabe des Programms zur Laufzeit lautet:

```
lngVar[0] = 230
lngVar[1] = 4711
lngVar[2] = 0
lngVar[3] = 77
C# macht Spaß!
```

2.5.3 Array-Bereiche und der Operator ^

Der Index-vom-Ende-Operator (^) und der Bereichsoperator (*Range*; `..`) sind zwei nützliche Features, die mit C# 8.0 eingeführt wurden. Sie erleichtern die Arbeit mit Arrays und anderen sequenzbasierten Datentypen, indem sie eine prägnantere und lesbarere Syntax für das Indizieren und Erstellen von Teilbereichen bieten.

Der ^-Operator ermöglicht es, Elemente einer Sequenz von hinten zu indizieren. Dies ist besonders hilfreich, wenn Sie auf die letzten Elemente einer Sammlung zugreifen möchten, ohne die Länge der Sammlung explizit berechnen zu müssen. Das folgende Beispiel zeigt die allgemeine Funktionsweise:

```
var array = new int[] { 1, 2, 3, 4, 5 };
Console.WriteLine(array[^1]); // Ausgabe: 5 (letztes Element)
Console.WriteLine(array[^2]); // Ausgabe: 4 (vorletztes Element)
```

Der Bereichsoperator `..` wird verwendet, um einen Teilbereich einer Sequenz zu definieren. Er ermöglicht es, Start- und Endindizes anzugeben, um eine Teilmenge der Elemente zu extrahieren. Der linke Operand gibt den Startindex an (inklusive), der rechte Operand den Endindex an (exklusiv). Ein leerer Operand bedeutet vom Anfang bzw. bis zum Ende:

```
var array = new int[] { 1, 2, 3, 4, 5 };
var subArray1 = array[1..4]; // Elemente von Index 1 bis (4 - 1): {2, 3, 4}
var subArray2 = array[..3]; // Elemente von Anfang bis Index (3 - 1): {1, 2, 3}
var subArray3 = array[2..]; // Elemente ab Index 2 bis zum Ende: {3, 4, 5}
```

Für einen sehr flexiblen Zugriff auf Array-Elemente lassen sich beide Bereichsoperatoren miteinander kombinieren:

```
var array = new int[] { 1, 2, 3, 4, 5 };
var subArray = array[1..^1]; // Elemente von Index 1 bis zum vorletzten
Element: {2, 3, 4}
```

Mit diesen Features ist in vielen Situationen ein flexibler Zugriff auf Array-Elemente oder Bereiche möglich, ohne zuvor manuell Indexpositionen berechnen zu müssen. C# wandelt diese syntaktischen Features intern um. Der ^-Operator wird in ein `System.Index`-Objekt umgewandelt und der Bereichsoperator `..` in ein `System.Range`-Objekt.

2.5.4 Mehrdimensionale Arrays

Die bisher behandelten Arrays können Sie sich als eine einfache Folge von Daten auf einer Geraden vorstellen. Sie werden als *eindimensionale Arrays* bezeichnet. Zur Darstellung komplexer Datenstrukturen, beispielsweise räumlicher, sind eindimensionale Arrays aber nicht besonders gut geeignet. Daher kommen in der Praxis auch häufig zweidimensionale oder noch höher dimensionierte Arrays zum Einsatz.

Ein *zweidimensionales Array* können Sie sich als Matrix oder Tabelle vorstellen. Bekanntermaßen ist jede Zelle einer Tabelle eindeutig durch die Position in einer Reihe und einer Spalte identifizierbar. Um den Inhalt einer Tabellenzelle durch ein bestimmtes Array-Element zu beschreiben, bietet sich ein zweidimensionales Array an: Eine Dimension beschreibt die Reihe, die andere Dimension die Spalte.

Angenommen, eine Tabelle hat vier Reihen und drei Spalten, dann könnte die Deklaration

```
int[,] zelle = new int[4,3];
```

lauten. Etwas schwieriger ist die literale Initialisierung eines *mehrdimensionalen Arrays*. Jede Dimensionsebene wird durch ein Paar geschweifte Klammern dargestellt, bei einem eindimensionalen Array also – wie oben eingangs gezeigt – durch ein Klammerpaar:

```
{Anzahl der Elemente der ersten Dimension}
```

Da ein zweidimensionales Array als ein Feld zu verstehen ist, bei dem jedes Array-Element selbst wieder ein eigenes Feld gleichen Typs definiert, wird jedes Element der Initialisierung eines eindimensionalen Arrays durch ein Paar geschweifter Klammern ersetzt, in dem wiederum Werte des »Unter-Arrays« angegeben werden:

```
{{Anzahl der Elemente der zweiten Dimension}, { }, ...}
```

Die literale Zuweisung an ein zweidimensionales Array könnte demnach wie folgt aussehen:

```
int[,] point = new int[,]{{1,2,3},{4,5,6}};
```

Zulässig ist ebenfalls die kürzere Schreibweise mit:

```
int[,] point = {{1,2,3},{4,5,6}};
```

Diese Systematik setzt sich mit jeder weiteren Dimension fort. Beispielhaft sei das noch an einem dreidimensionalen Array gezeigt:

```
{{{Anzahl der Elemente der dritten Dimension}, { }, ...}, { }, ...}
```

Das folgende Codebeispiel zeigt anhand eines dreidimensionalen Arrays, dass die Initialisierung mit zunehmender Dimensionstiefe schon verhältnismäßig komplex und dazu auch noch schlecht lesbar ist:

```
int[,,] elements = {
                      { {1,2,3,4},{3,4,5,6},{6,7,8,9}},
                      { {3,4,6,1},{6,19,3,4},{4,1,8,7}}
                   };
```

Das Array `elements` entspricht einem Array `elements[2,3,4]`. Es weist in der dritten Dimension vier Elemente auf, in der zweiten drei und in der ersten zwei.

Beim Zugriff auf ein mehrdimensionales Array müssen Sie jede Dimension des entsprechenden Elements angeben. Beispielsweise schreibt die Anweisung

```
Console.WriteLine(elements[1,1,1]);
```

die Zahl 19 in das Konsolenfenster.

2.5.5 Festlegen der Array-Größe zur Laufzeit

Nicht immer sind wir in der glücklichen Lage, schon zur Entwicklungszeit die Größe eines Arrays zu kennen, da diese sich möglicherweise erst zur Laufzeit ergibt. In dieser Situation kann die Festlegung der Größe auch über eine Variable erfolgen, die zur Laufzeit mit einem konkreten Wert initialisiert wird. Das folgende Beispiel demonstriert das. Die Aufgabenstellung soll dabei sein, jedem Array-Element als Wert das Quadrat seines Index zuzuweisen.

```
// Beispiel: ..\Kapitel 2\ArrayInitialisierung
int[] liste;
// Eingabe der Array-Größe
Console.Write("Geben Sie die Anzahl der Elemente ein: ");
```

```
int number = Convert.ToInt32(Console.ReadLine());
// Initialisierung des Arrays
liste = new int[number];
// jedes Element des Arrays in einer Schleife durchlaufen
// und jedem Array-Element einen Wert zuweisen und danach
// an der Konsole ausgeben
for (int i = 0; i < number; i++)
{
  liste[i] = i * i;
  Console.WriteLine("liste[{0}] = {1}", i, liste[i]);
}
Console.ReadLine();
```

Listing 2.24 Das Beispielprogramm »ArrayInitialisierung«

Zuerst wird das Array `liste` deklariert, dessen Größe zunächst noch unbestimmt ist. Im nächsten Schritt wird der Anwender zur Angabe der gewünschten Elementanzahl aufgefordert. Die Eingabe wird von der Methode `ReadLine` entgegengenommen und als Rückgabewert vom Typ `string` geliefert. Da wir das Array mit einem Integer initialisieren müssen, muss die Benutzereingabe vor der Zuweisung an die Variable `number` zuerst in den richtigen Typ konvertiert werden. Wir benutzen dazu wieder die Methode `ToInt32` der Klasse `Convert`. Jetzt wissen wir, wie groß das Array `liste` tatsächlich werden soll, und können es mit

```
liste = new int[number];
```

initialisieren.

Thematisch noch nicht behandelt haben wir bisher Schleifen, die Anweisungen wiederholt ausführen. Das soll uns aber in diesem Beispiel nicht davon abhalten, schon einmal einen kurzen Blick auf die `for`-Schleife zu werfen, die solche Anforderungen erfüllt. Die Anzahl der Schleifendurchläufe muss dabei vor dem Eintreten in die Schleife bekannt sein. Auf die Details der Syntax kommen wir in Abschnitt 2.7.1 noch zu sprechen.

In unserem Beispiel wird die Schleife vom ersten Index (= 0) bis zum letzten Index, der erst zur Laufzeit der Anwendung festgelegt wird, durchlaufen. Innerhalb des Anweisungsblocks wird anforderungsgerecht zuerst das Quadrat des Index ermittelt und das Ergebnis dem entsprechenden Array-Element zugewiesen. Anschließend erfolgt die Ausgabe an der Konsole.

Wenn Sie zur Laufzeit auf Aufforderung hin die Zahl 4 eingeben, wird im Fenster der Eingabekonsole die folgende Ausgabe erscheinen:

```
liste[0] = 0
liste[1] = 1
liste[2] = 4
liste[3] = 9
```

2.5.6 Bestimmung der Array-Obergrenze

Es kommt häufig vor, dass Sie zur Laufzeit die Array-Obergrenze ermitteln müssen, bei einem mehrdimensionalen Array vielleicht sogar die Obergrenze einer bestimmten Dimension. Insbesondere bei Arrays, deren Größe ähnlich wie im vorhergehenden Abschnitt gezeigt erst zur Laufzeit festgelegt wird, kommt dieser Fragestellung Bedeutung zu.

Da ein Array ein Objekt ist, können auf dem Array-Bezeichner Methoden aufgerufen werden. Dazu gehört auch die Methode `GetLength`, die uns für jede beliebige Dimension eines vorgegebenen Arrays die Anzahl der Elemente zurückliefert. Auch wenn wir thematisch jetzt ein wenig vorgreifen, sollten wir uns kurz die Definition dieser Methode ansehen:

```
public int GetLength(int dimension)
```

Der Zugriffsmodifizierer `public` interessiert uns an dieser Stelle noch nicht. In einem anderen Zusammenhang werden wir uns mit ihm noch beschäftigen. Die Methode liefert einen `int` als Resultat zurück, gekennzeichnet durch die entsprechende Angabe vor dem Methodenbezeichner. In den runden Klammern ist ebenfalls ein `int` deklariert. Hier erwartet die Methode von uns die Angabe, von welcher Dimension wir die Elementanzahl, also die Größe, erfahren wollen. Dabei gilt, dass die erste Dimension mit `0` angegeben wird, die zweite mit `1` usw.

Haben wir ein zweidimensionales Array mit

```
int[,] elements = new int[20,45];
```

deklariert, wird uns die Anweisung

```
Console.WriteLine(elements.GetLength(1));
```

die Größe der zweiten Dimension ausgeben, also `45`.

2.5.7 Die Gesamtanzahl der Array-Elemente

Liegt ein mehrdimensionales Array vor, können wir die Gesamtanzahl der Elemente ermitteln, indem wir die Methode `GetLength` auf jeder Dimension aufrufen und anschließend die Rückgabewerte multiplizieren – aber es geht auch anders. Die Klasse

Array bietet mit der Eigenschaft Length die Möglichkeit, auf einfache Art und Weise an die gewünschte Information zu gelangen:

```
int[,] elements = new int[20,45];
Console.WriteLine(elements.Length);
```

Die Ausgabe dieses Codefragments wird 900 sein, denn das Array enthält insgesamt 20 × 45 Elemente.

Bei einem eindimensionalen Array wird uns Length ebenfalls die Anzahl der Elemente liefern. In Schleifen, die Element für Element durchlaufen werden sollen, benötigen wir jedoch meist den letzten Index des Arrays. Dieser ist um genau eins niedriger als der Wert, der von Length zurückgegeben wird, also:

```
letzterArrayIndex = Array-Bezeichner.Length - 1;
```

2.5.8 Verzweigte Arrays

In allen bisherigen Ausführungen hatten unsere Arrays eine rechteckige Struktur. In C# haben Sie aber auch die Möglichkeit, ein Array zu deklarieren, dessen Elemente selbst wieder Arrays sind. Ein solches Array wird als *verzweigtes Array* bezeichnet. Da die Anzahl der Dimensionen eines verzweigten Arrays für jedes Element unterschiedlich groß sein kann, ist ein solches Array äußerst flexibel.

Die Deklaration und Initialisierung eines verzweigten Arrays sind nicht mehr so einfach wie die eines herkömmlichen mehrdimensionalen Arrays. Betrachten wir dazu zunächst ein Beispiel:

```
int[][] myArray = new int[4][];
```

Das Array myArray enthält insgesamt vier Elemente, die ihrerseits wieder Arrays sind. Kennzeichnend für verzweigte Arrays ist die doppelte Angabe der rechteckigen Klammern sowohl links vom Gleichheitszeichen bei der Deklaration als auch rechts bei der Initialisierung. Im ersten Moment mag das verwirrend erscheinen, aber vergleichen wir doch einmal: Würden wir ein eindimensionales Array deklarieren und initialisieren, müsste die Anweisung dazu wie folgt lauten:

```
int[] myArray = new int[4];
```

Durch das Hinzufügen einer zweiten Klammer, sowohl im deklarierenden als auch im initialisierenden Teil, machen wir deutlich, dass jedes Array-Element seinerseits ein Array repräsentiert.

Hätten wir es mit einem einfachen Array zu tun, würde es als initialisiert gelten. Nun ist der Sachverhalt aber anders, denn jedes Element eines verzweigten Arrays muss seinerseits selbst initialisiert sein. Bezogen auf das oben deklarierte Array myArray könnte das beispielsweise wie folgt aussehen:

```
myArray[0] = new int[3];
myArray[1] = new int[4];
myArray[2] = new int[2];
myArray[3] = new int[5];
```

Wenn die einzelnen Elemente aller Arrays bekannt sind, kann alternativ auch literal mit

```
myArray[0] = new int[3]{1,2,3};
myArray[1] = new int[4]{1,2,3,4};
myArray[2] = new int[2]{1,2};
myArray[3] = new int[5]{1,2,3,4,5};
```

oder mit

```
int[][] myArray = {new int[]{1,2,3},
                   new int[]{1,2,3,4},
                   new int[]{1,2},
                   new int[]{1,2,3,4,5}};
```

initialisiert werden.

Beim Zugriff auf das Element eines verzweigten Arrays ist zuerst zu berücksichtigen, in welchem Unter-Array sich das gewünschte Element befindet. Danach wird die Position innerhalb des Unter-Arrays bekanntgegeben. Angenommen, Sie möchten den Inhalt des fünften Elements im Unter-Array mit dem Index 3 auswerten, würde auf dieses Element wie folgt zugegriffen:

```
Console.WriteLine(myArray[3][4]);
```

Verzweigte Arrays sind nicht nur auf eindimensionale Arrays beschränkt, sondern lassen sich auch mit mehrdimensionalen kombinieren. Benötigen Sie zum Beispiel ein verzweigtes, zweidimensionales Array, müssen Sie das sowohl im Deklarations- als auch im Initialisierungsteil berücksichtigen. In jedem Teil dient die jeweils zweite eckige Klammer zur Angabe der Dimensionsgröße:

```
int[][,] myArray = new int[2][,];
```

2.6 Kontrollstrukturen

Es gibt sicherlich kein Programm, das ohne die Steuerung des Programmablaufs zur Laufzeit auskommt. Das Programm muss Entscheidungen treffen, die vom aktuellen

Zustand oder von den Benutzereingaben abhängen. Jede Programmiersprache kennt daher Kontrollstrukturen, die dazu dienen, den Programmablauf der aktuellen Situation angepasst zu steuern. In diesem Abschnitt werden Sie die Möglichkeiten kennenlernen, die Sie unter C# nutzen können.

2.6.1 Die »if«-Anweisung

Die `if`-Anweisung bietet sich an, wenn bestimmte Programmteile nur beim Auftreten einer bestimmten Bedingung ausgeführt werden sollen. Betrachten wir dazu das folgende Beispiel:

```
Console.Write("Geben Sie Ihren Namen ein: ");
string name = Console.ReadLine();
if(name == "")
  Console.WriteLine("Haben Sie keinen Namen?");
else
  Console.WriteLine($"Ihr Name ist \'{name}\'");
Console.ReadLine();
```

Listing 2.25 Einfache »if«-Anweisung

Das Programm fordert den Anwender dazu auf, seinen Namen einzugeben. Die Methode `ReadLine` der Klasse `Console` nimmt diese Benutzereingabe entgegen und weist die Eingabe als Rückgabewert des Aufrufs der Variablen `name` zu. Um sicherzustellen, dass der Anwender überhaupt eine Eingabe vorgenommen hat, die aus mindestens einem Zeichen besteht, wird der Inhalt der Stringvariablen `name` mit

```
if (name == "")
```

überprüft. Wenn `name` einen Leerstring enthält, wird an der Konsole

```
Haben Sie keinen Namen?
```

ausgegeben. Beachten Sie, dass die zu prüfende Bedingung hinter dem Schlüsselwort `if` grundsätzlich immer einen booleschen Wert, also `true` oder `false`, zurückliefert. Hat der Anwender eine Eingabe gemacht, wird die Eingabe mit einem entsprechenden Begleittext an der Konsole ausgegeben.

Das Kernkonstrukt der Überprüfung ist die `if`-Struktur, deren einfachste Variante wie folgt beschrieben wird:

```
if (Bedingung)
{
  // Anweisung1
}
```

```
[else
{
  // Anweisung2
}]
```

Die `if`-Anweisung dient dazu, in Abhängigkeit von der Bedingung entweder `Anweisung1` oder `Anweisung2` auszuführen. Ist die Bedingung wahr, wird `Anweisung1` ausgeführt, ansonsten `Anweisung2` im `else`-Zweig – falls ein solcher angegeben ist, denn der `else`-Zweig ist optional. Bei `Anweisung1` und `Anweisung2` kann es sich natürlich auch um beliebig viele Anweisungen handeln.

Hinweis

Hinter `if` und `else` können Sie auf die geschweiften Klammen verzichten, wenn es sich um genau eine Anweisung handelt. Sind es mehrere Anweisungen, sind die geschweiften Klammern Pflicht.

Beachten Sie, dass es sich bei der Bedingung in jedem Fall um einen booleschen Ausdruck handelt. Diese Anmerkung ist wichtig, denn wenn Sie bereits mit einer anderen Programmiersprache wie beispielsweise C/C++ gearbeitet haben, werden Sie wahrscheinlich zum Testen einer Bedingung einen von 0 verschiedenen Wert benutzt haben. In C# funktioniert das nicht! Nehmen wir an, Sie möchten feststellen, ob eine Zeichenfolge leer ist, dann müssten Sie die Bedingung wie folgt definieren:

```
// Deklaration und Initialisierung der Variablen text
string text = "";
[...]
if(text.Length != 0)
  Console.Write("Inhalt der Variablen = {0}", text);
```

`Length` liefert die Anzahl der Zeichen der Zeichenfolge zurück.

Da es in C# keine Standardkonvertierung von einem `int` in einen `bool` gibt, wäre es falsch, die Bedingung folgendermaßen zu formulieren:

```
// Achtung: In C# nicht zulässig
if (text.Length)...
```

In einer `if`-Bedingung können Sie beliebige Vergleichsoperatoren einsetzen, auch in Kombination mit den logischen Operatoren. Das kann zu komplexen Ausdrücken führen, beispielsweise:

```
if (a <= b && c != 0)...
if ((a > b && c < d)||(e != f && g < h))...
```

Bisher sind wir vereinfachend davon ausgegangen, dass unter einer bestimmten Bedingung immer nur eine Anweisung ausgeführt wird. Meistens sind jedoch mehrere Anweisungen abzuarbeiten. Um mehrere Anweisungen beim Auftreten einer bestimmten Bedingung auszuführen, sind diese Anweisungen lediglich in einen Anweisungsblock zusammenzufassen, beispielsweise:

```
Console.Write("Geben Sie eine Zahl zwischen 0 und 9 ein: ");
int zahl = Convert.ToInt32(Console.ReadLine());
if(zahl > 9 || zahl < 0)
{
  Console.WriteLine("Ihre Zahl ist unzulässig");
  Console.Write("Versuchen Sie es erneut: ");
  zahl = Convert.ToInt32(Console.ReadLine());
}
else
{
  Console.WriteLine("Korrekte Eingabe.");
  Console.WriteLine("Sie beherrschen das Zahlensystem!");
}
Console.WriteLine("Die Eingabe lautet:{0}", zahl);
Console.ReadLine();
```

Listing 2.26 Mehrere Anweisungen zusammengefasst in einem Anweisungsblock

Eingebettete »if«-Statements

`if`-Anweisungen dürfen ineinander verschachtelt werden, d. h., dass innerhalb eines äußeren `if`-Statements eine oder auch mehrere weitere `if`-Anweisungen eingebettet werden können. Damit stehen wir aber zunächst vor einem Problem, wie im folgenden Codefragment gezeigt wird:

```
Console.Write("Geben Sie eine Zahl zwischen 0 und 9 ein: ");
int zahl = Convert.ToInt32(Console.ReadLine());
if(zahl >= 0 && zahl <= 9)
if(zahl <= 5)
Console.Write("Die Zahl ist 0,1,2,3,4 oder 5");
else
Console.Write("Die Zahl ist unzulässig.");
```

Listing 2.27 Eingebettetes »if«-Statement

Um die ganze Problematik anschaulich darzustellen, wurde auf sämtliche Tabulatoreinzüge verzichtet, denn Einzüge dienen nur der besseren Lesbarkeit des Programmcodes und haben keinen Einfluss auf die Interpretation der Ausführungsreihenfolge.

Die Frage, die aufgeworfen wird, lautet, ob else zum inneren oder zum äußeren if-Statement gehört. Wenn wir den Code betrachten, sind wir möglicherweise geneigt zu vermuten, else mit der Meldung

```
Die Zahl ist unzulässig.
```

dem äußeren if zuzuordnen, wenn eine Zahl kleiner als 0 oder größer als 9 eingegeben wird. Tatsächlich werden wir mit dieser Meldung genau dann konfrontiert, wenn eine Zahl zwischen 6 und 9 eingeben wird, denn der Compiler interpretiert den Code wie folgt:

```
if(zahl >= 0 && zahl <= 9)
{
  if(zahl <= 5)
    Console.Write("Die Zahl ist 0,1,2,3,4 oder 5");
  else
    Console.Write("Die Zahl ist unzulässig.");
}
```

Listing 2.28 Listing 2.27 nun mit Tabulatoreinzügen

Das war natürlich nicht unsere Absicht, denn rein logisch soll die else-Klausel der äußeren Bedingungsprüfung zugeordnet werden. Um das zu erreichen, müssen wir in unserem Programmcode das innere if-Statement als Block festlegen:

```
if(zahl >= 0 && zahl <= 9)
{
  if(zahl <= 5)
    Console.Write("Die Zahl ist 0,1,2,3,4 oder 5");
}
else
  Console.Write("Die Zahl ist unzulässig.");
```

Listing 2.29 Richtige Zuordnung des »else«-Zweigs

Unsere Erkenntnis können wir auch in eine allgemeingültige Regel formulieren:

> **Merke**
>
> Eine **else**-Klausel wird immer an das am nächsten stehende if gebunden. Dies kann nur durch das Festlegen von Anweisungsblöcken umgangen werden.

Das eben geschilderte Problem der else-Zuordnung ist unter dem Begriff *dangling else* bekannt, zu Deutsch »baumelndes else«. Es führt zu logischen Fehlern, die nur sehr schwer aufzuspüren sind.

Es kommt in der Praxis sehr häufig vor, dass mehrere Bedingungen der Reihe nach ausgewertet werden müssen. Unter Einbeziehung der Regel über die Zuordnung der else-Klausel könnte eine differenzierte Auswertung einer eingegebenen Zahl beispielsweise wie folgt lauten:

```
Console.Write("Geben Sie eine Zahl zwischen 0 und 9 ein: ");
int zahl = Convert.ToInt32(Console.ReadLine());
if(zahl == 0)
  Console.WriteLine("Die Zahl ist 0");
else
  if(zahl == 1)
    Console.WriteLine("Die Zahl ist 1");
  else
    if(zahl == 2)
      Console.WriteLine("Die Zahl ist 2");
    else
      if(zahl == 3)
        Console.WriteLine("Die Zahl ist 3");
      else
        Console.WriteLine("Zahl > 3");
```

Listing 2.30 Komplexeres »if«-Statement (1)

Um jedes else eindeutig zuordnen zu können, weist dieses Codefragment entsprechende Einzüge auf, die keinen Zweifel aufkommen lassen. Das täuscht dennoch nicht darüber hinweg, dass die Lesbarkeit leidet und der Code mit wachsender Anzahl der zu testenden Bedingungen unübersichtlich wird. Unter C# bietet es sich daher an, im Anschluss an das Schlüsselwort else sofort ein if anzugeben, wie im folgenden identischen Codefragment, das wesentlich überschaubarer wirkt und damit auch besser lesbar ist:

```
if(zahl == 0)
  Console.WriteLine("Die Zahl ist 0");
else if(zahl == 1)
  Console.WriteLine("Die Zahl ist 1");
else if(zahl == 2)
  Console.WriteLine("Die Zahl ist 2");
else if(zahl == 3)
  Console.WriteLine("Die Zahl ist 3");
else
  Console.WriteLine("Zahl > 3");
```

Listing 2.31 Komplexeres »if«-Statement (2)

Bedingte Zuweisung mit dem »?:«-Operator

Manchmal sehen wir uns mit der Aufgabe konfrontiert, eine Bedingung nur auf ihren booleschen Wert hin zu prüfen und in Abhängigkeit vom Testergebnis eine Zuweisung auszuführen. Eine `if`-Anweisung könnte dazu wie nachfolgend gezeigt aussehen:

```
int x, y;
Console.Write("Geben Sie eine Zahl ein: ");
x = Convert.ToInt32(Console.ReadLine());
if(x == 0)
   y = 1;
else
   y = x;
```

Gibt der Anwender die Zahl 0 ein, wird der Variablen `y` der Wert `1` zugewiesen. Weicht die Eingabe von 0 ab, ist der Inhalt der Variablen `x` mit der Variablen `y` identisch.

Es kann auch ein von C# angebotener spezieller Bedingungsoperator eingesetzt werden. Sehen wir uns zunächst dessen Syntax an:

```
<Variable> = <Bedingung> ? <Wert1> : <Wert2>
```

Zuerst wird die Bedingung ausgewertet. Ist ihr Ergebnis `true`, wird `Wert1` der Variablen zugewiesen, andernfalls `Wert2`. Damit können wir das Beispiel von oben vollkommen äquivalent auch anders implementieren:

```
int x, y;
Console.Write("Geben Sie eine Zahl ein: ");
x = Convert.ToInt32(Console.ReadLine());
y = x == 0 ? 1 : x;
```

Im ersten Moment sieht der Code schlecht lesbar aus. Wenn wir allerdings zusätzliche Klammern setzen, wird die entsprechende Codezeile schon deutlicher:

```
y = (x == 0 ? 1 : x);
```

Zuerst wird die Bedingung

```
x == 0
```

geprüft. Ist das Ergebnis `true`, wird `y` die Zahl `1` zugewiesen. Ist das Ergebnis `false`, werden die beiden Variablen gleichgesetzt.

2.6.2 Das »switch«-Statement

Mit der `if`-Anweisung können Bedingungen auf Basis sowohl verschiedener Vergleichsoperatoren als auch verschiedener Operanden formuliert werden. In der Praxis muss jedoch häufig derselbe Operand überprüft werden. Nehmen wir beispielsweise an, eine Konsolenanwendung bietet dem Anwender eine Auswahl diverser Optionen an, die den weiteren Ablauf des Programms steuert:

```
string message = "Treffen Sie eine Wahl:\n\n";
message += "(N) - Neues Spiel\n";
message += "(A) - Altes Spiel fortsetzen\n";
message += "(E) - Beenden\n";
Console.WriteLine(message);
Console.Write("Ihre Wahl lautet: ");
string choice = Console.ReadLine().ToUpper();
if (choice == "N")
{
  Console.Write("Neues Spiel ...");
  // Anweisungen, die ein neues Spiel starten
}
else if (choice == "A")
{
  Console.Write("Altes Spiel laden ...");
  // Anweisungen, die einen alten Spielstand abrufen
}
else if (choice == "E")
{
  Console.Write("Spiel beenden ...");
  // Anweisungen, um das Spiel zu beenden
}
else
{
  Console.Write("Ungültige Eingabe ...");
  // weitere Anweisungen
}
Console.ReadLine();
```

Listing 2.32 Komplexe Bedingungsprüfung

Der Ablauf des Programms wird über die Eingabe »N«, »A« oder »E« festgelegt. Stellvertretend wird in unserem Fall dazu eine Konsolenausgabe angezeigt. Vor der Eingabeüberprüfung sollten wir berücksichtigen, dass der Anwender möglicherweise der geforderten Großschreibweise der Buchstaben keine Beachtung schenkt. Um diesem Umstand Rechnung zu tragen, wird die Eingabe mit

```
string choice = Console.ReadLine().ToUpper();
```

in jedem Fall in einen Großbuchstaben umgewandelt. Verantwortlich dafür ist die Methode `ToUpper` der Klasse `String`, die direkt auf dem Rückgabewert aufgerufen wird.

Alternativ zur if-Struktur könnte die Programmlogik auch mit einer switch-Anweisung realisiert werden. Im obigen Beispiel müsste der if-Programmteil dann durch den folgenden ersetzt werden:

```
// Beispiel: ..\Kapitel 2\SwitchExample
[...]
switch (choice)
{
  case "N":
    Console.Write("Neues Spiel ...");
    // Anweisungen, die ein neues Spiel starten
    break;
  case "A":
    Console.Write("Altes Spiel laden ...");
    // Anweisungen, die einen alten Spielstand laden
    break;
  case "E":
    Console.Write("Spiel beenden ...");
    // Anweisungen, um das Spiel zu beenden
    break;
  default:
    Console.Write("Ungültige Eingabe ...");
    // weitere Anweisungen
    break;
}
[...]
```

Listing 2.33 Das »switch«-Statement

Sehen wir uns nun die allgemeine Syntax der switch-Anweisung an:

```
switch(Ausdruck)
{
  case Konstante1:
    // Anweisungen
    break;
  case Konstante2:
    // Anweisungen
    break;
  ...
  [default:
    // Anweisungen
    break;
  ]
}
```

Mit der switch-Anweisung lässt sich der Programmablauf ähnlich wie mit der if-Anweisung steuern. Dabei wird überprüft, ob der hinter switch aufgeführte Ausdruck, der im Regelfall entweder eine Ganzzahl oder eine Zeichenfolge sein muss, mit einer der hinter case angegebenen Konstanten übereinstimmt. Nacheinander wird dabei zuerst mit Konstante1 verglichen, danach mit Konstante2 usw. Stimmen Ausdruck und Konstante überein, werden alle folgenden Anweisungen bis zur Sprunganweisung break ausgeführt. Wird zwischen dem Ausdruck und einer der Konstanten keine Übereinstimmung festgestellt, werden die Anweisungen hinter der default-Marke ausgeführt – falls überhaupt eine solche angegeben ist, denn default ist optional. Achten Sie auch darauf, hinter jeder Konstanten und hinter default einen Doppelpunkt zu setzen.

Anmerkung

Tatsächlich muss es sich bei dem hinter switch angegebenen Ausdruck seit der Version C# 7.0 nicht mehr nur um eine Ganzzahl oder einen String handeln. Mit der Einführung des *Pattern Matchings* wurde diese Regel gebrochen und erweitert. Allerdings werden wir erst in Kapitel 10, »Weitere C#-Sprachfeatures«, auf das Pattern Matching eingehen, da einige damit im Zusammenhang stehende Sprachgrundlagen an dieser Stelle noch nicht bekannt sind.

Die Sprunganweisung break ist in jedem Fall erforderlich, wenn hinter dem case-Statement eine oder mehrere Anweisungen codiert sind, ansonsten meldet der Compiler einen Syntaxfehler. Die break-Anweisung signalisiert, die Programmausführung mit der Anweisung fortzusetzen, die dem switch-Anweisungsblock folgt.

Auf break können Sie verzichten, wenn mehrere case-Anweisungen direkt hintereinanderstehen. Die Folge ist, dass die Kette so lange durchlaufen wird, bis ein break erscheint. Daher wird im folgenden Codefragment die erste Ausgabeanweisung ausgeführt, wenn value den Wert 1, 2 oder 3 hat.

```
int value = ...;
switch(value)
{
  case 1:
  case 2:
  case 3:
    Console.Write("value = 1, 2 oder 3");
    break;
  case 4:
    Console.Write("value = 4");
    break;
}
```

Neben break gibt es mit goto eine weitere Sprunganweisung, hinter der eine Marke angegeben werden kann, beispielsweise:

```
goto case "E";
```

Die goto-Anweisung bietet sich insbesondere an, wenn für mehrere Konstanten dieselben Anweisungsfolgen ausgeführt werden müssen, z. B.:

```
int value = ...;
switch(value)
{
  case 1:
    Console.WriteLine("Im case 1-Zweig");
    goto case 3;
  case 2:
  case 3:
    Console.Write("value = 1, 2 oder 3");
    break;
  case 4:
    Console.Write("value = 4");
    break;
}
```

Nehmen wir an, value hätte den Wert 1. Das Programm reagiert wie folgt: Zuerst wird der case 1-Zweig ausgeführt und danach die Steuerung des Programms an den case 3-Zweig übergeben. Zwei Konsolenausgaben sind also die Folge:

```
Im case 1-Zweig
value = 1, 2 oder 3
```

Einschränkungen der »switch«-Anweisung

In C# gibt es keine Möglichkeit, einen zusammenhängenden Konstantenbereich hinter dem case-Statement anzugeben, wie es in einigen anderen Sprachen möglich ist. Wollen Sie beispielsweise für einen Ausdruck alle Zahlen im Bereich von 0 bis 10 gleichermaßen behandeln, müssen Sie für jede einzelne eine case-Anweisung implementieren. In solchen Fällen empfiehlt es sich, anstelle der switch-Anweisung das if-Statement zu verwenden.

Die »goto«-Anweisung

Die goto-Anweisung kann nicht nur innerhalb eines switch-Blocks angegeben, sondern auch generell dazu benutzt werden, eine beliebige Marke im Code anzusteuern. Solche Sprünge werden auch als *unbedingte Sprünge* bezeichnet, weil sie an keine besondere Bedingung geknüpft sind. Eine Marke ist ein Bezeichner, der mit einem Doppelpunkt abgeschlossen wird. Im folgenden Beispiel wird die Marke `meineMarke` definiert. Trifft das Programm zur Laufzeit auf das `goto`-Statement, verzweigt es zu den Anweisungen, die sich hinter der benutzerdefinierten Marke befinden.

```
int value = 4711;
Console.WriteLine("Programmstart");
goto meineMarke;
Console.WriteLine("value = {0}",value);
meineMarke:
Console.WriteLine("Programmende");
Console.ReadLine();
```

Listing 2.34 Allgemeine Verwendung von »goto«

In diesem Listing wird es niemals zu der Ausgabe des Variableninhalts von `value` kommen. Das ist natürlich kein Fehler, sondern mehr eine programmiertechnische Unsauberkeit, die der Compiler sogar erkennt und im Fenster FEHLERLISTE als Warnhinweis anzeigt.

Neben der Möglichkeit, eine Sprunganweisung innerhalb einer `switch`-Anweisung zu codieren, bietet sich die `goto`-Anweisung auch dazu an, tief verschachtelte Schleifen zu verlassen (mehr dazu im folgenden Abschnitt). In allen anderen Fällen sollten Sie jedoch prinzipiell auf `goto` verzichten, denn es zeugt im Allgemeinen von einem schlechten Programmierstil.

2.7 Programmschleifen

Schleifen dienen dazu, Anweisungsfolgen wiederholt auszuführen. Dabei wird zwischen zwei Schleifentypen unterschieden:

- bestimmte Schleifen
- unbestimmte Schleifen

Ist beim Schleifeneintritt bekannt, wie oft die Anweisungsfolge durchlaufen werden muss, wird von einer *bestimmten Schleife* gesprochen. Ergibt sich erst während des Schleifendurchlaufs, wann die zyklische Bearbeitung abgebrochen werden kann oder muss, spricht man von *unbestimmten Schleifen*. Die Grenzen zwischen diesen beiden Typen sind dabei nicht eindeutig, sondern können durchaus verwischen. Eine bestimmte Schleife kann wie eine unbestimmte agieren, eine unbestimmte wie eine bestimmte.

2.7.1 Die »for«-Schleife

Man setzt eine for-Schleife meistens dann ein, wenn bekannt ist, wie oft bestimmte Anweisungen ausgeführt werden müssen. Die allgemeine Syntax des for-Schleifenkonstrukts sieht dabei wie folgt aus:

```
for (Ausdruck1; Ausdruck2; Ausdruck3)
{
  // Anweisungen
}
```

Die for-Schleife setzt sich aus zwei Komponenten zusammen: aus dem Schleifenkopf, der die Eigenschaft der Schleife beschreibt, und aus dem sich daran anschließenden Schleifenblock in geschweiften Klammern, der die wiederholt auszuführenden Anweisungen enthält. Handelt es sich dabei nur um eine Anweisung, können Sie auf die geschweiften Klammern verzichten.

Um die Anzahl der Durchläufe einer for-Schleife festzulegen, bedarf es eines Schleifenzählers, dessen Anfangswert durch *Ausdruck1* beschrieben wird. Der Endwert wird in *Ausdruck2* festgelegt, und *Ausdruck3* schließlich bestimmt, um welchen Betrag der Schleifenzähler bei jedem Schleifendurchlauf erhöht werden soll. Dazu ein Beispiel:

```
for(int counter = 0; counter < 10; counter++)
{
  Console.WriteLine($"Zählerstand = {counter}");
}
```

Listing 2.35 Konstruktion einer einfachen »for«-Schleife

Der Schleifenzähler heißt hier counter. Sein Startwert beträgt 0, und er wird bei jedem Schleifendurchlauf um den Wert 1 erhöht. Erreicht counter den Wert 10, wird das Programm mit der Anweisung fortgesetzt, die dem Anweisungsblock der Schleife folgt.

Hinweis

Genauso wie bei einer if-Anweisung gilt auch für eine for-Schleife, dass Sie auf die geschweiften Klammern des Anweisungsblocks verzichten können, wenn die Operation in der Schleife nur durch eine einzige Anweisung beschrieben wird. Daher dürfte die for-Schleife aus Listing 2.35 auch wie folgt codiert werden:

```
for(int counter = 0; counter < 10; counter++)
  Console.WriteLine($"Zählerstand = {counter}");
```

Führen wir den Code aus, werden wir an der Konsole die folgende Ausgabe erhalten:

```
Zählerstand = 0
Zählerstand = 1
Zählerstand = 2
Zählerstand = 3
[...]
Zählerstand = 8
Zählerstand = 9
```

Weil der Schleifenblock nur eine Anweisung enthält, könnte die `for`-Schleife auch wie folgt codiert werden:

```
for(int counter = 0; counter < 10; counter++)
  Console.WriteLine("Zählerstand = {0}",counter);
```

Die Arbeitsweise der »for«-Schleife

Stößt der Programmablauf auf eine `for`-Schleife, wird zuerst `Ausdruck1` – auch *Initialisierungsausdruck* genannt – ausgewertet. Dieser initialisiert den Zähler der Schleife mit einem Startwert. Der Zähler der Schleife ist in unserem Beispiel mit dem Startwert `0` initialisiert.

`Ausdruck2`, der *Bedingungsausdruck*, wertet vor jedem Schleifendurchlauf den aktuellen Stand des Zählers aus. Im Beispiel von oben lautet die Bedingung:

```
counter < 10
```

Der Bedingungsausdruck kann unter Einbeziehung der diversen Operatoren beliebig komplex werden, muss aber immer ein boolesches Ergebnis haben. Der Anweisungsblock wird nur dann ausgeführt, wenn `Ausdruck2` `true` ist, ansonsten setzt das Programm seine Ausführung mit der Anweisung fort, die dem Schleifenblock folgt.

`Ausdruck3` (*Reinitialisierungsausdruck*) übernimmt die Steuerung des Schleifenzählers. Er wird dazu benutzt, den Schleifenzähler entweder zu inkrementieren oder zu dekrementieren. In unserem Fall wird der Zähler jeweils um +1 erhöht. Die Erhöhung erfolgt immer dann, wenn der Anweisungsblock der Schleife durchlaufen ist. Danach bewertet der Bedingungsausdruck den neuen Zählerstand.

Die Zählervariable

Grundsätzlich gibt es zwei Möglichkeiten, die Zählervariable zu deklarieren, die für das Abbruchkriterium herangezogen wird:

- innerhalb des Schleifenkopfs
- vor der Schleife

Welcher Notation Sie den Vorzug geben, hängt davon ab, über welche Sichtbarkeit der Zähler verfügen soll. Betrachten Sie dazu zunächst das folgende Codefragment:

```
for (int index = 0; index <= 10; index++)
{
  Console.WriteLine("Zählerstand = {0}", index);
}
// die folgende Anweisung verursacht einen Kompilierfehler
Console.WriteLine(index);
```

Listing 2.36 Deklaration der Zählervariablen im Schleifenkopf

Eine Zählervariable, die im Schleifenkopf deklariert wird, gilt als lokale Variable der Schleife und ist deshalb auch nur innerhalb des Anweisungsblocks der `for`-Schleife gültig. Der Zugriff auf den Zähler von außerhalb der Schleife führt deshalb auch zu einem Kompilierfehler.

Implementieren Sie mehrere Schleifen, müssen Sie daher auch jedes Mal den Zähler neu deklarieren:

```
for(int index = 0; index <= 10 ;index++) { [...] }
[...]
for(int index = 12; index <= 100 ;index += 3) { [...] }
```

Die bessere Lösung wäre in diesem Fall die Deklaration der Zählervariablen vor dem Auftreten der ersten Schleife:

```
int index;
for(index = 0; index <= 10 ;index++) { [...] }
[...]
for(index = 12; index <= 100 ;index += 3){ [...] }
```

Wenn wir an diesem Punkt angekommen sind, stellt sich die Frage, ob beim Vorliegen einer einzigen `for`-Schleife die gleichzeitige Deklaration und Initialisierung im Schleifenkopf der vorgezogenen Deklaration der Zählervariablen vor dem Schleifenkopf vorzuziehen ist. Eine klare Antwort darauf gibt es nicht. Der besseren Übersichtlichkeit wegen scheint es jedoch vorteilhaft zu sein, die Deklaration im Initialisierungsausdruck vorzunehmen.

»for«-Schleifen mit beliebiger Veränderung des Zählers

In den meisten Fällen erfüllt eine ganzzahlige Schrittweite die Anforderungen vollkommen. Das ist aber nicht immer so. Manchmal werden auch kleinere Schrittweiten benötigt, also im Bereich von Fließkommazahlen. Fließkommazahlen sind naturgemäß systembedingt immer ungenau. Das kann bei Schleifen besonders fatale Folgen haben. Sehen Sie sich dazu Listing 2.37 an:

```
int value = 0;
for(double counter = 0; counter <= 2 ;counter += 0.1)
{
  value++;
  Console.WriteLine($"{value}. Zählerstand = {counter}");
}
Console.ReadLine();
```

Listing 2.37 »for«-Schleife mit Zähler vom Typ einer Dezimalzahl

Normalerweise würden wir auf den ersten Blick keinen Haken vermuten – erst wenn wir das Programm ausführen, werden wir feststellen, dass der letzte Zählerwert fehlt:

```
1. Zählerstand = 0
2. Zählerstand = 0,1
[...]
18. Zählerstand = 1,7
19. Zählerstand = 1,8
20. Zählerstand = 1,9
```

Die systembedingte Ungenauigkeit der Fließkommazahlen bewirkt, dass der Zählerstand im letzten Schritt nicht exakt 2 ist, sondern ein wenig größer. Damit wird der zweite Ausdruck des Schleifenkopfs zu `false` und bewirkt den vorzeitigen Ausstieg aus der Schleife – der letzte erforderliche Schleifendurchlauf wird überhaupt nicht ausgeführt. Diese These lässt sich beweisen, wenn wir die Anweisung zur Ausgabe an der Konsole durch die folgende ersetzen:

```
Console.WriteLine($"{value}. Zählerstand = {counter:E16}");
```

Wir erzwingen nun die Ausgabe in Exponentialschreibweise und geben eine Genauigkeit von 16 Nachkommastellen an – denn der Typ `double` wird an der 16. Nachkommastelle ungenau. Die Ausgabe an der Konsole sieht dann wie in Abbildung 2.11 gezeigt aus.

Diesen Fehler können Sie vermeiden, indem Sie sowohl den Zähler als auch die Schrittweite ganzzahlig machen. In unserem Beispiel wird mit dem Faktor `10` die Schrittweite auf +1 gesetzt. Analog muss die Ausstiegsbedingung angepasst werden. Um den Effekt bei der Ausgabe rückgängig zu machen, dividieren wir das auszugebende Datum am Ende durch denselben Faktor.

```
int value = 0;
for(double counter = 0; counter <= 20 ;counter++)
{
  value++;
  Console.WriteLine($"{value}. Zählerstand = {counter/10}");
```

```
}
Console.ReadLine();
```

Listing 2.38 Anpassung des Codes aus Listing 2.37 an Ganzzahlen

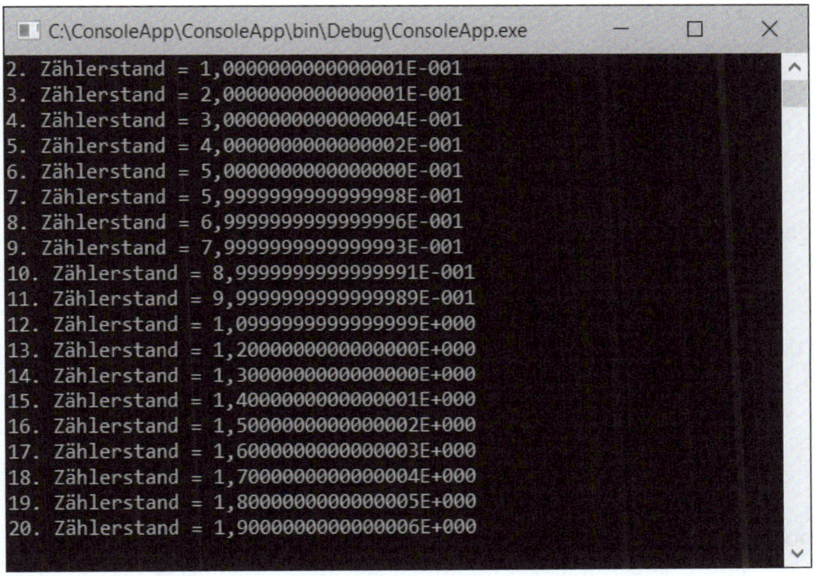

Abbildung 2.11 Fließkommazahl als Zähler – die Ausgabe an der Konsole

Natürlich bewirkt die Division ihrerseits auch wieder eine Ungenauigkeit, aber das liegt in der Natur der Fließkommazahlen, was wir akzeptieren müssen. Andererseits haben wir aber die Gewissheit, dass zumindest die Anzahl der Schleifendurchläufe korrekt ist.

Die Initialisierung von Arrays in einer »for«-Schleife

Sie haben gesehen, dass mit `for`-Schleifen Anweisungssequenzen wiederholt ausgeführt werden. Dieser Schleifentyp eignet sich besonders dazu, Array-Elemente mit bestimmten Werten zu initialisieren. Machen wir uns das an einem einfachen Beispiel deutlich. Das Array `liste` soll mit Zahlen initialisiert werden, die dem Quadrat des Index des Elements entsprechen. Den höchsten vertretenen Index soll der Anwender an der Konsole eingeben. Der Code dazu sieht wie folgt aus:

```
int[] liste;
Console.Write("Geben Sie den höchsten Array-Index ein: ");
liste = new int[Convert.ToInt32(Console.ReadLine()) + 1];
for(int i = 0; i < liste.Length; i++)
{
  liste[i] = i * i;
```

```
  Console.WriteLine(liste[i]);
}
Console.ReadLine();
```

Listing 2.39 Ein Array in einer Schleife initialisieren

Nach der Deklaration des Arrays und der sich anschließenden Aufforderung, die Größe des Arrays festzulegen, wird das Array entsprechend der Eingabe des Anwenders initialisiert. Die Anweisung dazu erscheint im ersten Moment verhältnismäßig komplex, ist aber recht einfach zu interpretieren. Dabei geht man – genauso wie es auch die Laufzeit macht – von der innersten Klammerebene aus, im vorliegenden Fall also von der Entgegennahme der Benutzereingabe:

```
Console.ReadLine()
```

Die Eingabe des Anwenders ist eine Zeichenfolge, also vom Typ `string`. Da die Indexangabe eines Arrays immer ein `int` sein muss, sind wir zu einer Konvertierung gezwungen:

```
Convert.ToInt32(Console.ReadLine())
```

Jetzt gilt es noch zu bedenken, dass per Vorgabe die Eingabe den höchsten Index des Arrays darstellt, wir aber bei einer Array-Initialisierung immer die Anzahl der Elemente angeben. Um unser Array endgültig richtig zu dimensionieren, müssen wir die konvertierte Benutzereingabe noch um 1 erhöhen, also:

```
Convert.ToInt32(Console.ReadLine()) + 1
```

Mit der daraus resultierenden Zahl kann das Array nun endgültig in der vom Anwender gewünschten Kapazität initialisiert werden.

Jetzt folgt die `for`-Schleife. Da wir jedem Array-Element im Schleifenblock das Quadrat seines Index zuweisen wollen, lassen wir den Schleifenzähler über alle vertretenen Indizes laufen – also von 0 bis zum höchsten Index. Letzteren ermitteln wir aus der Eigenschaft `Length` unseres Arrays, die uns die Gesamtanzahl der Elemente liefert. Diese ist immer um 1 höher als der letzte Index im Array. Aus diesem Grund entspricht die Bedingung

```
i < liste.Length
```

immer den Forderungen, denn die Schleife wird jetzt so lange durchlaufen, bis die Zahl erreicht ist, die kleiner ist als die Anzahl der Elemente. Gleichwertig könnten wir auch Folgendes formulieren:

```
i <= liste.Length - 1
```

Der Schleifenkopf ist nun anforderungsgerecht formuliert, die Anweisungen des Schleifenblocks werden genauso oft durchlaufen, wie das Array Elemente aufweist. Da bei jedem Schleifendurchlauf der Schleifenzähler ein Pendant in Form eines Array-Index aufweist, können wir den Zähler dazu benutzen, jedes einzelne Array-Element anzusprechen:

```
liste[i] = i * i;
```

Beim ersten Durchlauf mit `i = 0` wird demnach `liste[0]` die Zahl 0 zugewiesen, beim zweiten Durchlauf mit `i = 1` dem Element `liste[1]` der Wert 1 usw.

Die Argumente der »Main«-Prozedur

Bisher haben wir unsere Programme immer nur durch einen einfachen Aufruf gestartet, entweder direkt aus der Entwicklungsumgebung heraus oder durch die Angabe des Dateinamens an der Eingabekonsole. Verteilen wir eine Anwendung, wird ein Anwender jedoch niemals aus der Entwicklungsumgebung heraus die Applikation starten, sondern entweder durch Doppelklick auf die EXE-Datei im Explorer, durch die Eingabe des Namens der ausführbaren Datei an der Eingabekonsole oder über die Option START • AUSFÜHREN....

Die beiden letztgenannten Punkte eröffnen noch weitere Möglichkeiten: Es können der `Main`-Methode auch Befehlszeilenparameter als zusätzliche Informationen übergeben werden, die im Array `args` der Parameterliste der `Main`-Methode entgegengenommen werden:

```
static void Main(string[] args)
```

Nehmen wir an, wir würden eine Anwendung namens *MyApplication.exe* an der Konsole wie folgt starten:

```
MyApplication Peter Willi Udo
```

Die drei Übergabeparameter `Peter`, `Willi` und `Udo` werden von `Main` im `string`-Array `args` empfangen und können von der Anwendung für weitere Operationen benutzt werden. Da das Programm zur Laufzeit jedoch nicht weiß, ob und wie viele Parameter übergeben worden sind, wird das Array `args` zunächst dahingehend abgefragt, ob überhaupt ein gültiges Element enthalten ist. Wenn die Anzahl der Elemente größer als 0 ist, können Sie mit einer `for`-Schleife in bekannter Weise auf jedes Array-Element zugreifen. Sehen wir uns das an einem konkreten Beispiel an:

```
// Beispiel: ..\Kapitel 2\Befehlszeilenparameter
static void Main(string[] args)
{
  // prüfen, ob beim Programmaufruf eine oder mehere Strings übergeben
  // worden sind
```

```
  if (args.Length > 0)
  {
    // die Zeichenfolgen in der Konsole anzeigen
    for (int i = 0; i < args.Length; i++)
      Console.WriteLine(args[i]);
  }
  else
    Console.WriteLine("Kein Übergabestring");
  Console.ReadLine();
}
```

Listing 2.40 Auswerten der an die Methode »Main« übergebenen Argumente

Das `if`-Statement stellt durch Auswertung der `Length`-Eigenschaft auf `args` fest, ob das Array leer ist oder nicht. Hat der Anwender zumindest einen Parameter übergeben, wird die `for`-Schleife ausgeführt, die dann den Inhalt des Parameters an der Konsole ausgibt.

Grundsätzlich werden alle übergebenen Parameter als Zeichenfolgen empfangen. Das soll uns aber nicht davon abhalten, im Bedarfsfall der Laufzeitumgebung auch Zahlen zu übergeben. Allerdings dürfen wir dann nicht vergessen, mit einer der Methoden der Klasse `Convert` die Zeichenfolge in den erforderlichen Datentyp zu konvertieren.

Verschachtelte Schleifen

`for`-Schleifen können praktisch beliebig verschachtelt werden. Im nächsten Beispiel werden wir zeigen, wie Sie eine verschachtelte Schleife dazu benutzen können, einen Baum beliebiger Größe – hier durch Buchstaben dargestellt – an der Konsole auszugeben.

```
1:      M
2:     MMM
3:    MMMMM
4:   MMMMMMM
5:  MMMMMMMMM
6: MMMMMMMMMMM
```

Jede Ausgabezeile setzt sich aus einer Anzahl von Leerzeichen und Buchstaben zusammen und hängt von der Größe der Darstellung ab. Für die Leerzeichen gilt:

```
Anzahl Leerzeichen = Gesamtanzahl der Zeilen - aktuelle Zeilennummer
```

Die auszugebenden Buchstaben folgen der Beziehung:

```
Anzahl der Buchstaben = aktuelle Zeilennummer * 2 - 1
```

Um die gewünschte Ausgabe zu erhalten, wird in einer äußeren for-Schleife jede Stufe (Zeile) des Baums separat behandelt. Darin eingebettet sind zwei weitere Schleifen implementiert, von denen jede für sich zuerst vollständig ausgeführt wird – wir haben es also mit zwei parallelen inneren Schleifen zu tun. Dabei werden in der ersten inneren Schleife zuerst die Leerzeichen geschrieben und in der zweiten die Buchstaben. Die Struktur der Schleifen sieht demnach wie folgt aus:

```
// äußere Schleife beschreibt bei jedem Durchlauf eine Zeile
for (...)
{
  // Leerzeichen schreiben
  for (...) { [...] }
  // Buchstaben schreiben
  for (...) { [...] }
}
```

Sehen wir uns nun den Programmcode an, der den gestellten Anforderungen genügt. Das Programm verlangt nach dem Start, dass der Anwender die Anzahl der Stufen angibt.

```
// Beispiel: ..\Kapitel 2\Baumstruktur
Console.Write("Geben Sie die Anzahl der Stufen ein: ");
int zeile = Convert.ToInt32(Console.ReadLine());
  // jede Stufe des Baums aufbauen
  for (int i = 1; i <= zeile; i++)
  {
    // Leerzeichen schreiben
    for (int j = 1; j <= zeile - i; j++)
      Console.Write(" ");
    // Buchstaben schreiben
    for (int j = 1; j <= i * 2 - 1; j++)
      Console.Write("M");
    Console.WriteLine();
  }
}
Console.ReadLine();
```

Listing 2.41 Verschachtelte »for«-Schleifen

Vorzeitiges Beenden einer Schleife mit »break«

Es kann sich zur Laufzeit als erforderlich erweisen, nicht auf das Erfüllen der Abbruchbedingung zu warten, sondern den Schleifendurchlauf vorzeitig zu beenden. C# stellt ein Schlüsselwort zur Verfügung, das uns dazu in die Lage versetzt: break.

```
for(int i = 0; i <= 10; i++)
{
  if(i == 3)
    break;
  Console.WriteLine("Zähler = {0}", i);
}
```

Listing 2.42 »for«-Schleife mit »break« vorzeitig abbrechen

Dieses Codefragment wird zu der folgenden Ausgabe an der Konsole führen:

```
Zähler = 0
Zähler = 1
Zähler = 2
```

`break` beendet die Schleife unabhängig von der im Schleifenkopf formulierten Abbruchbedingung und setzt den Programmablauf hinter dem Anweisungsblock der `for`-Schleife fort.

Sie können `break` auch in einer verschachtelten Schleife einsetzen. Das wirkt sich nur auf die `for`-Schleife aus, in deren direktem Anweisungsblock der Abbruch programmiert ist. Die äußeren Schleifen sind davon nicht betroffen.

Abbruch der Anweisungen im Schleifenblock mit »continue«

Sehr ähnlich wie `break` verhält sich auch die Anweisung `continue`. Die Bearbeitung des Codes in der Schleife wird zwar abgebrochen, aber die Steuerung wieder an den Schleifenkopf übergeben. Mit anderen Worten: Alle Anweisungen, die zwischen `continue` und dem Ende des Anweisungsblocks stehen, werden übersprungen. Das wollen wir uns ebenfalls an einem Codefragment ansehen:

```
for(int i = 0; i <= 10; i++)
{
  if(i == 3)
    continue;
  Console.WriteLine("Zähler = {0}", i);
}
```

Listing 2.43 Abbruch eines Schleifendurchlaufs mir »break«

Die Ausgabe an der Konsole sieht wie folgt aus:

```
Zähler = 0
Zähler = 1
Zähler = 2
```

```
Zähler = 4
Zähler = 5
[...]
```

Steht der Zähler auf 3, ist die Abbruchbedingung erfüllt. Es wird `continue` ausgeführt mit der Folge, dass die Laufzeitumgebung die folgende Ausgabeanweisung überspringt und die Schleife mit dem Zählerstand 4 fortgesetzt wird.

Die Ausdrücke der »for«-Schleife

Zum Abschluss der Ausführungen über die Möglichkeiten der `for`-Schleife unter C# kommen wir noch einmal auf die drei Ausdrücke im Schleifenkopf zurück. Was wir bisher noch nicht erwähnt haben, sei an dieser Stelle nachgeholt: Alle drei Ausdrücke sind optional, müssen also nicht angegeben werden. Fehlt aber ein Ausdruck, gilt er stets als »erfüllt«. Im Extremfall lässt sich eine Schleife sogar ganz ohne explizit ausformulierten Schleifenkopf konstruieren. Wir erhalten dann die kürzeste `for`-Schleife überhaupt – allerdings handelt es sich dann um eine Endlosschleife, da das Abbruchkriterium in dem Sinne als erfüllt gilt, dass die Schleife nicht beendet werden soll:

```
// Endlosschleife
for (; ; );
```

2.7.2 Die »foreach«-Schleife

Die `for`-Schleife setzt drei Ausdrücke voraus, die erst in Kombination die gewünschte Iteration ermöglichen. C# kennt noch ein weiteres Konstrukt, das ein Array vom ersten bis zum letzten Element durchläuft: die `foreach`-Schleife. Sehen wir uns dazu ein Beispiel an, das genauso wie das oben gezeigte operiert:

```
int[] elements = {2,4,6,8};
foreach(int item in elements)
{
  Console.WriteLine(item);
}
```

Anstatt jedes Element über seinen Index anzusprechen, wird nun das Array als eine Einheit angesehen, die aus mehreren typgleichen Elementen gebildet wird. Das Array wird vom ersten bis zum letzten Mitglied durchlaufen, wobei die Adressierung nun über eine Laufvariable als temporäres Element erfolgt, das hier als `item` bezeichnet wird. Der Bezeichner ist natürlich frei wählbar. Bei der Iteration wird `item` jedes Mal auf ein anderes Array-Element verweisen. Daher ist die Indexangabe auch überflüssig.

Die allgemeine Syntax der foreach-Schleife lautet:

```
// Syntax: foreach-Schleife
foreach (Datentyp Bezeichner in Array - Bezeichner) { [...] }
```

Beachten Sie, dass die Deklaration der Laufvariablen in den Klammern nicht optional ist. Daher führt das folgende Codefragment zu einem Fehler:

```
int item;
// Fehler im foreach-Statement
foreach (item in intArr) { [...] }
```

Wenn Sie ein Array von Elementen eines einfachen Datentyps durchlaufen, sind die Daten schreibgeschützt, können also nicht verändert werden, z. B.:

```
int[] elements = {1,2,3,4,5};
foreach(int item in elements)
  // Unerlaubte Änderung
   item = 33;
```

Hinweis

Möglicherweise lesen Sie diesen Hinweis erst, wenn Sie sich bereits beim Lesen dieses Buches in einem späteren Kapitel befinden. Daher müssen wir an dieser Stelle der Vollständigkeit halber darauf hinweisen, dass ein Array nur schreibgeschützt ist, wenn es Wertetypen beschreibt. Zu diesen werden fast alle elementaren Datentypen gezählt. Ein Array von Objekten, die auf Referenztypen basieren, verhält sich anders: Die Objektdaten können durchaus in einer foreach-Schleife manipuliert werden. Für alle Leser, die noch nicht weiter in diesem Buch gelesen haben: Über Werte- und Referenztypen erfahren Sie alles Notwendige in Kapitel 3, »Das Klassendesign«.

2.7.3 Die »do«- und die »while«-Schleife

Ist die Anzahl der Iterationen bereits beim Eintritt in die Schleife bekannt, wird zumeist das for-Schleifenkonstrukt verwendet. Ergibt sich jedoch erst zur Laufzeit der Anwendung, wie oft der Schleifenkörper durchlaufen werden muss, bietet sich eher eine do- oder while-Schleife an. Grundsätzlich können alle auftretenden Anforderungen an wiederholt auszuführende Anweisungen mit einem dieser beiden Typen formuliert werden – sie können also die for-Schleife durchaus gleichwertig ersetzen.

Die »while«-Schleife

In eine Schleife wird dann eingetreten, wenn bestimmte Bedingungen erfüllt sind. Bei der for-Schleife wird diese Bedingung durch den Schleifenzähler festgelegt, bei einer while-Schleife wird die Bedingung hinter dem Schlüsselwort while in runden Klammern angegeben. Da sich die Anweisungen der Bedingungsprüfung anschließen, spricht man auch von einer *kopfgesteuerten Schleife*. Sehen wir uns daher zunächst die Syntax dieses Schleifentyps an:

```
while(Bedingung)
{
  [...]
}
```

Bei der Bedingung handelt es sich um einen booleschen Ausdruck, der aus den Vergleichsoperatoren gebildet wird und entweder true oder false liefert. Eine while-Schleife wird ausgeführt, solange die Bedingung wahr, also true ist. Die Schleife wird beendet, wenn die Bedingung false ist. Ist die Bedingung schon bei der ersten Überprüfung falsch, werden im Folgenden die Anweisungen im Schleifenkörper überhaupt nicht ausgeführt.

Da im Gegensatz zur for-Schleife die Bedingung zum Austritt aus der while-Schleife nicht automatisch verändert wird, muss innerhalb des Schleifenkörpers eine Anweisung stehen, die es ermöglicht, die Schleife zu einem vordefinierten Zeitpunkt zu verlassen. Wenn Sie eine solche Anweisung vergessen, liegt der klassische Fall einer Endlosschleife vor.

Hinweis

Wenn Sie beim Testen eines Programms aus der Entwicklungsumgebung heraus in eine Endlosschleife geraten, können Sie mit der Tastenkombination Strg+Pause die Laufzeitumgebung unterbrechen und wieder zur Entwicklungsumgebung zurückkehren.

Im folgenden Beispiel muss der Anwender zur Laufzeit eine Zahl angeben, mit der er die Anzahl der Schleifendurchläufe festlegt. Die zusätzliche Zählervariable counter dient als Hilfsvariable, um die Austrittsbedingung zu formulieren. Sie wird innerhalb der Schleife bei jedem Schleifendurchlauf um 1 erhöht und bewirkt, dass die while-Schleife zum gewünschten Zeitpunkt verlassen wird.

```
// Beispiel: ..\Kapitel 2\WhileExample
Console.Write("Geben Sie eine Zahl zwischen\n");
Console.Write("0 und einschließlich 10 ein: ");
int number = Convert.ToInt32(Console.ReadLine());
int counter = 1;
while (counter <= number)
{
  Console.WriteLine($"{counter}.Schleifendurchlauf");
```

```
  counter++;
}
Console.ReadLine();
```

Listing 2.44 Beispielprogramm zu einer »while«-Schleife

Genauso wie eine for-Schleife kann auch eine while-Schleife entweder mit break oder mit continue unterbrochen werden. Die Auswirkungen sind bekannt:

- Mit break wird die gesamte Schleife als beendet angesehen. Das Programm setzt seine Ausführung mit der Anweisung fort, die dem Anweisungsblock der Schleife folgt.
- Mit continue wird der aktuelle Iterationsvorgang abgebrochen. Anweisungen, die innerhalb des Schleifenblocks auf continue folgen, werden nicht mehr ausgeführt. Die Steuerung wird an die Schleife zurückgegeben.

Daher hätte

```
int value = 0;
while(value < 5)
{
  value++;
  if(value == 3)
    break;
  Console.WriteLine(value);
}
```

die Ausgabe 1, 2, während der Austausch von break gegen continue die Zahlenwerte 1, 2, 4, 5 ausgibt.

Die »do«-Schleife

Die do-Schleife unterscheidet sich dahingehend von der while-Schleife, dass die Schleifenbedingung am Ende der Schleife ausgewertet wird. Die do-Schleife ist eine fußgesteuerte Schleife. Die Folge ist, dass die Anweisungen innerhalb des Anweisungsblocks zumindest einmal durchlaufen werden.

```
do
{
  [...]
}while(<Bedingung>);
```

Der Anweisungsblock wird so lange wiederholt ausgeführt, bis die Bedingung false ist. Danach wird mit der Anweisung fortgefahren, die sich unmittelbar anschließt.

Die Tatsache, dass die Laufzeit einer Anwendung mindestens einmal in den Anweisungsblock der do-Schleife eintaucht, können Sie sich zunutze machen, wenn eine bestimmte Eingabe vom Anwender erforderlich wird. Ist die Eingabe unzulässig, wird eine Schleife so lange durchlaufen, bis sich der Anwender »überzeugen« lässt. Das folgende Beispiel zeigt das.

```
// Beispiel: ..\Kapitel 2\DoExample
// Informationsanzeige
Console.Write("W - Programm fortsetzen\n");
Console.Write("E - Programm beenden\n");
Console.Write("----------------------\n");
// Schleife wird so oft durchlaufen, bis der Anwender eine gültige
// Eingabe macht
do
{
  Console.Write("Ihre Wahl: ");
  string eingabe = Console.ReadLine();
  if (eingabe == "W")
    // das Programm nach dem Schleifenende fortsetzen
    break;
  else if (eingabe == "E")
    // das Programm beenden
    return;
  else
  {
    // Fehleingabe
    Console.Write("Falsche Eingabe - ");
    Console.Write("Neueingabe erforderlich\n");
    Console.Write("----------------------\n");
  }
} while (true);
Console.WriteLine("... es geht weiter.");
Console.ReadLine();
```

Listing 2.45 Beispiel einer »do«-Schleife

Zugelassen sind nur die beiden Eingaben »W« und »E«. Jede andere Eingabe führt zu einer erneuten Iteration. Die do-Schleife ist wegen ihrer Austrittsbedingung

```
while(true)
```

als Endlosschleife konstruiert, aus der es ein kontrolliertes Beenden nur mit der Sprunganweisung break gibt, wenn der Anwender mit der Eingabe »W« eine Fortsetzung des Programms wünscht.

Mit der Anweisung `return` wird das laufende Programm vorzeitig beendet. Diese Anweisung dient per Definition dazu, die aktuell ausgeführte Methode zu verlassen. Handelt es sich dabei aber um die `Main`-Methode einer Konsolenanwendung, kommt das dem Beenden der Anwendung gleich.

Kapitel 3
Das Klassendesign

Die objektorientierte Programmierung mit allen ihren dahinterstehenden Konzepten ist nicht einfach zu lernen. Da sich das Konzept in nahezu allen Entwicklungsumgebungen durchgesetzt hat, muss es dafür Argumente geben. Die beiden wichtigsten seien an dieser Stelle genannt:

- **Wiederverwendbarkeit**

  Klassen modularisieren eine Anwendung in unabhängige Einheiten. Sie verwalten zusammengehörende Daten und gruppieren ähnliche Methoden. Klassen können bausteinähnlich in verschiedenen Programmen – in der .NET-Laufzeitumgebung sogar vollkommen unabhängig von der verwendeten Programmiersprache – gleichwertig eingesetzt werden. Als Konsequenz dessen ändert sich auch der Arbeitsablauf der Programmierung: Programme müssen nicht mehr in allen Einzelheiten neu geschrieben werden, sie werden zu einem großen Teil aus fertigen Komponenten zusammengesetzt – vergleichbar mit der Entwicklung und dem Zusammenbau eines Motors, bei dem genormte Maschinenteile (Schrauben, Bolzen etc.) zum Einsatz kommen.

- **Wartungsaufwand**

  Eine Klasse kann als eigene, separate und unabhängige Einheit getestet werden. Es ist vollkommen ausreichend, die Klassenimplementierung nur einmal ausgiebig zu testen. Verläuft der Test positiv, wird die Klasse mit jeder Anwendung zufriedenstellend zusammenarbeiten. Das Testen im Umfeld mehrerer Anwendungen entfällt, was die Effizienz der Programmierung sicherstellt.

In diesem Kapitel werden Sie lernen, wie Sie eine Klasse definieren und welche Mitglieder (Member) eine Klassendefinition enthalten kann. Das Klassenkonzept werden wir im nächsten Kapitel noch verbessern und verfeinern, wenn wir uns mit den Gesichtspunkten der Vererbung befassen.

3.1 Einführung in die Objektorientierung

Die beiden wichtigsten Begriffe, die im Mittelpunkt der objektorientierten Betrachtungen stehen, sind die der *Klasse* und des *Objekts*. Was ist darunter zu verstehen?

Stellen Sie sich ein Architekturbüro vor, das ein Einfamilienhaus plant und den Bauplan als Ergebnis aller anfänglichen Forderungen zeichnet. Der Bauplan enthält die Abmessungen des Grundrisses der einzelnen Etagen, die Angaben, wo Fenster und Türen eingebaut werden, die Mauerdicken, die Lage der Elektroverkabelung usw. Der fertige Bauplan dient anschließend als Vorlage für die Bauausführung. Vielleicht hat der Architekt sogar die Möglichkeit, den Bauplan mehrfach zu benutzen, um darauf basierend ein zweites oder gar ein drittes Haus zu erstellen. Die Häuser müssen nicht identisch sein, sie können sich in Einzelheiten unterscheiden: Die Außenfassade des ersten Hauses mag geputzt sein, die des zweiten geklinkert; ein Haus wird mit einer Ölheizung ausgestattet, das andere nutzt Fernwärme.

Der Bauplan dient also nur als Vorlage. Er ist also im weitesten Sinn eine Schablone, die zur Realisierung konkreter Häuser dient. Projiziert auf die objektorientierte Welt ist der Bauplan als eine Klasse zu verstehen und ein fertig gebautes Haus als ein Objekt. Liegt ein Bauplan (Klasse) vor, kann er dazu dienen, beliebig viele Häuser (Objekte) zu erstellen, die sich durchaus unterscheiden dürfen.

In der objektorientierten Programmierung spricht man von einem Objekt oder auch von einem *konkreten Objekt*, wenn aus der Klassendefinition heraus etwas »Gegenständliches« erzeugt wird. Ein weiterer, häufig benutzter Begriff ist der der *Klasseninstanz* oder einfach nur *Instanz* bzw. *Referenz*. Sie können diese Begriffe synonym verwenden, sie besagen dasselbe.

Ein Objekt wird durch bestimmte, charakteristische Merkmale beschrieben, die in der Klassendefinition festgelegt werden. Diese werden als *Eigenschaften* bezeichnet. Beispielsweise könnte ein Objekt vom Typ `Person` im Rahmen der anwendungsspezifischen Forderungen durch den Namen der Person, deren Augenfarbe, Schuhgröße und das Geschlecht ausreichend beschrieben sein.

Eine erste Klasse mit einer Eigenschaft und einer Methode

Im einfachsten Fall wird eine Eigenschaft als Variable innerhalb der Klassenstruktur definiert und als *Feld* bezeichnet, wie beispielsweise `Name` in der Klasse `Person`:

```
class Person
{
  public string Name;
}
```

Ein Objekt wäre demnach beispielsweise `peter`:

```
Person peter = new Person();
```

Wie bei jeder Variablendeklaration in C# üblich, wird zuerst der *Datentyp* angegeben. Eine Klassendefinition müssen Sie grundsätzlich immer als die Beschreibung eines Datentyps verstehen. `Person` ist daher ein Datentyp, genauso wie `string` oder `int`. Der

Typangabe folgt der Variablenbezeichner. Mit dem Schlüsselwort new wird das Objekt schließlich erzeugt. Dabei wird ein sogenannter *Konstruktor* aufgerufen.

Eine Klasse abstrahiert Objekte aber nicht nur in der Weise, dass Objekte gleichen Typs ausschließlich durch die in der Klasse definierten Eigenschaften beschrieben werden. Objekte können auch Operationen ausführen, gewissermaßen also ein Verhalten zeigen. Beispielsweise könnte ein Person-Objekt laufen, rufen oder essen. Dabei handelt es sich um Operationen, die im objektorientierten Sprachgebrauch als *Methoden* bezeichnet werden.

Methoden sind innerhalb einer Klasse definiert. Das folgende Listing zeigt die um die Eigenschaft Alter und die Methode Laufen ergänzte Klasse Person:

```
class Person
{
  public string Name;
  public int Alter;
  public void Laufen()
  {
    [...]
  }
}
```

Jetzt wollen wir uns ansehen, wie wir mit der Klasse arbeiten. Dazu ist die Methode Main wie folgt codiert:

```
Person peter = new Person();
// Festlegung des Alters
peter.Alter = 34;
// das Person-Objekt laufen lassen
peter.Laufen();
```

Zuerst besorgen wir uns ein Objekt des Typs Person. Das Objekt heißt peter und hat die spezifischen Eigenschaften Name und Alter. Alle Eigenschaften (Felder) müssen nicht unbedingt auf einen objektspezifischen Wert festgelegt werden, sondern nur die, die im Kontext des Programmcodes notwendig sind. Hier ist es nur die Eigenschaft Alter, der ein Wert zugewiesen wird. Anschließend wird die Methode Laufen aufgerufen. Beachten Sie den Punktoperator, der dazu dient, eine Eigenschaft oder Methode eines bestimmten Objekts aufzurufen. Handelt es sich um eine Eigenschaft, muss ihr mit dem Zuweisungsoperator der gewünschte Wert zugewiesen werden.

Spielen mehrere Person-Objekte im Programm eine Rolle, muss die Klasse Person wiederholt instanziiert werden. Im folgenden Code liegen zwei Objekte vor: peter und bettina. Beide unterscheiden sich im Alter.

```
Person peter = new Person();
peter.Alter = 34;
Person bettina = new Person();
bettina.Alter = 15;
```

Sie können sehr gut erkennen, dass mit einer Klassendefinition zwei unterschiedliche Objekte erzeugt worden sind. Es können aber auch beliebig viele sein, denn es sind in dieser Hinsicht keine Grenzen gesetzt.

3.2 Die Klassendefinition

3.2.1 Klassen in Visual Studio anlegen

Eine *Klasse* dient dazu, einen Datentyp zu definieren. Starten Sie ein neues Projekt des Typs Konsolenanwendung, ist die Struktur einer Klasse bereits vordefiniert: Sie heißt `Program`. Der Quellcode befindet sich in einer Datei mit der Dateiendung *.cs*. Dateiname und Klassenbezeichner sind per Vorgabe identisch, müssen es aber nicht sein. In einer Quellcodedatei (Sourcecodedatei) können Sie durchaus mehrere Klassen definieren, was allerdings nicht empfehlenswert ist, weil darunter die Übersicht leidet. Möchten Sie eine zusätzliche Klasse in einer eigenen Quellcodedatei implementieren, haben Sie zwei Alternativen:

- Sie wählen im Menü PROJEKT der Entwicklungsumgebung das Untermenü KLASSE HINZUFÜGEN....
- Sie öffnen mit der rechten Maustaste das Kontextmenü des Projekts im Projektmappen-Explorer, wählen HINZUFÜGEN und danach aus der sich anschließend öffnenden Liste KLASSE HINZUFÜGEN....

Daraufhin öffnet sich das Dialogfenster NEUES ELEMENT HINZUFÜGEN, in dem die Vorlage KLASSE bereits vorselektiert ist. Sie sollten einen möglichst beschreibenden Klassennamen wählen, der gleichzeitig zum Namen der Quellcodedatei wird. Wenn Sie wollen, können Sie später jederzeit sowohl die Klasse als auch die Quellcodedatei umbenennen.

Zur Bezeichnung von Klassen gibt es Konventionen, an die Sie sich halten sollten:

- Der erste Buchstabe ist großzuschreiben. Setzt sich der Bezeichner einer Klasse aus mehreren einzelnen Begriffen zusammen, wird empfohlen, zur besseren Lesbarkeit jeden Begriff mit einem Großbuchstaben zu beginnen. In der Programmierung wird das auch als *UpperCamelCase* bezeichnet.
- Ein Klassenbezeichner sollte nicht dadurch kenntlich gemacht werden, dass ihm ein »C« oder ein anderes Präfix vorangestellt wird, wie es in anderen objektorientierten Sprachen teilweise üblich ist.

Erscheint Ihnen der Name der Quellcodedatei zu einem späteren Zeitpunkt unpassend, können Sie

- im Projektmappen-Explorer das Kontextmenü der entsprechenden Datei öffnen, UMBENENNEN wählen und den neuen Namen eingeben oder
- im Projektmappen-Explorer die umzubenennende Datei selektieren und im Eigenschaftenfenster unter DATEINAME den neuen Namen eintragen.

Anmerkung

Die Klassen- und Dateibezeichner müssen nicht gleich lauten, obwohl das der Standard in Visual Studio ist. Allerdings erleichtern gleichlautende Bezeichner die spätere Identifizierung der Codekomponente.

3.2.2 Das Projekt »GeometricObjectsSolution«

Wir wollen an dieser Stelle mit einem Projekt beginnen, das uns über viele Kapitel dieses Buches hinweg begleiten wird. Nach und nach werden wir das Projekt ergänzen und erweitern, und am Ende werden nahezu alle objektorientierten Features von .NET in den zu diesem Projekt gehörenden Klassen enthalten sein. Bei den Klassen handelt es sich um die syntaktischen Beschreibungen geometrischer Objekte wie Kreis und Rechteck. Am Ende werden wir feststellen, dass die entwickelten Klassen nicht nur in einer Konsolenanwendung sinnvoll einzusetzen sind, sondern auch anderen Anwendungen als Bibliothek zur Verfügung gestellt werden können. Mit anderen Worten: Wir werden am Ende aus der ursprünglichen Konsolenanwendung eine Klassenbibliothek machen.

In einer laufenden Instanz von Visual Studio können Sie gleichzeitig mehrere Projekte bearbeiten. Diese können miteinander in Beziehung stehen (beispielsweise bei einer Client-Server-Lösung), müssen es aber nicht zwangsläufig. Alle Projekte werden von einer *Projektmappe* verwaltet, die die Anwendungen einer laufenden Visual-Studio-Instanz in einer SLN-Datei regelrecht zusammenschraubt. Die Dateierweiterung *.SLN* steht dabei für »Solution«. Die Projektmappe wird im Dateisystem durch einen Ordner beschrieben, in dem alle zu der Projektmappe gehörenden Projekte als Unterordner enthalten sind.

Wir wollen nun mit dem angekündigten Projekt starten, das als Konsolenanwendung bereitgestellt wird. Das Projekt sollte *GeometricObjectsSolution* heißen. Zudem können Sie bereits beim Anlegen des Projekts sofort eine Projektmappe bereitstellen und ihr einen passenden Namen geben. In diesem Buch wird als Projektmappenbezeichner immer die Kapitelnummer verwendet, hier also *Kapitel 3*.

Anmerkung

Wie angedeutet, wird uns das Projekt *GeometricObjectsSolution* über viele Kapitel dieses Buches begleiten. Um die einzelnen Zwischenstände unterscheiden zu können, bekommt der Projektbezeichner eine Ordnungszahl angehängt. Sie können darauf verzichten, falls Sie im Laufe der folgenden Abschnitte das Projekt immer weiter ergänzen wollen.

Achten Sie auch bitte darauf, die richtige Projektvorlage auszuwählen, nämlich KONSOLEN-APP, und nicht KONSOLEN-APP (.NET FRAMEWORK).

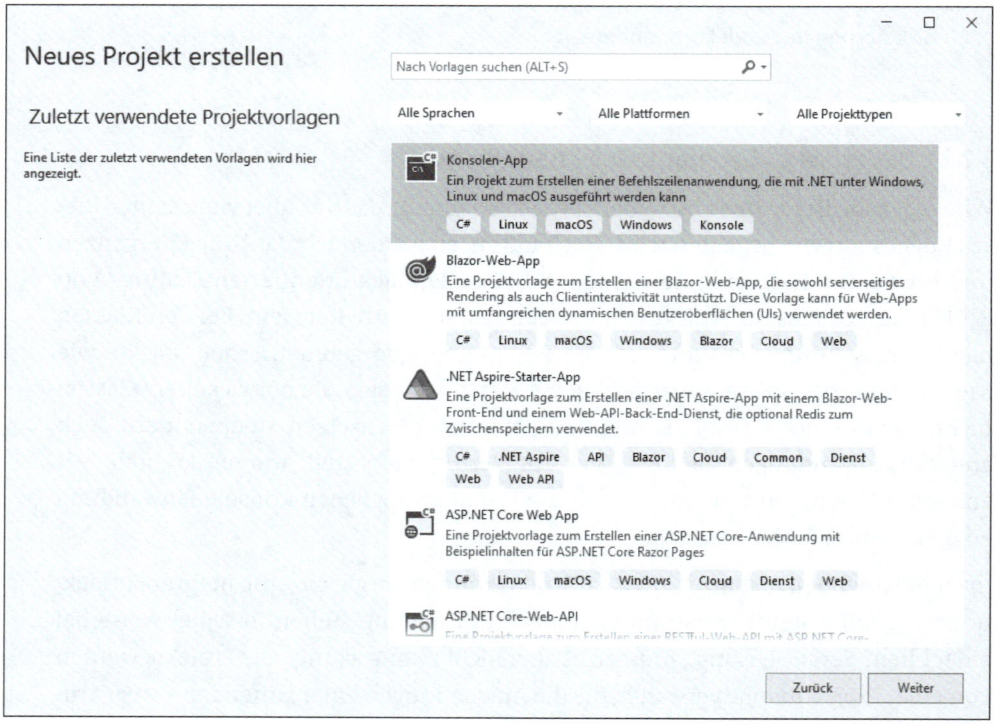

Abbildung 3.1 Anlegen eines Projekts in einer Projektmappe

Nachdem wir das Projekt *GeometricObjectsSolution* angelegt haben, wollen wir uns der ersten Klasse widmen, die `Circle` heißen soll. Markieren Sie dazu das Projekt *GeometricObjectsSolution* im Projektmappen-Explorer, öffnen Sie das Kontextmenü, und wählen Sie HINZUFÜGEN • KLASSE.... Tragen Sie den Namen der Datei im sich daraufhin öffnenden Dialog ein (*Circle.cs*), und bestätigen Sie die Angaben. Das Projekt wird danach um die Klasse `Circle` ergänzt, weil der Dateibezeichner automatisch auch als neuer Bezeichner der Klasse verwendet wird. Dass Datei und Klasse den gleichen Namen haben, ist keine zwingende Notwendigkeit. Die neue Klasse hat die folgende Struktur:

```
namespace GeometricObjects
{
  class Circle
  {
  }
}
```

Weil die Klasse später in Form einer Klassenbibliothek veröffentlicht werden soll, empfiehlt es sich, die Klasse um den Zugriffsmodifizierer `public` zu ergänzen, also

```
public class Circle
```

Auf Zugriffsmodifizierer werden wir noch im Abschnitt 3.4.2 über die Datenkapselung mit Eigenschaftsmethoden zu sprechen kommen.

3.2.3 Die Deklaration von Objektvariablen

Eine Klassendefinition beschreibt den Bauplan eines Objekts und gilt als Typdefinition. Um ein Objekt eines bestimmten Typs zu erzeugen, muss zunächst für jedes Objekt eine Objektvariable deklariert werden, beispielsweise:

```
Circle kreis;
```

Eine Objektvariable verweist auf einen Speicherbereich. Man sagt daher auch, dass eine Objektvariable ein Objekt *referenziert*, und spricht bei einer Objektvariablen wie bereits in der Einführung erwähnt von einer Instanz oder von einer Referenz. Tatsächlich ist unter einer Referenz ein Zeiger auf die Startadresse des Speicherbereichs zu verstehen, der alle Daten eines Objekts enthält, also die der Eigenschaften.

Bei der Deklaration der Objektvariablen `kreis` wird der für das Objekt erforderliche Speicher angefordert, aber ein konkretes Objekt existiert noch nicht, denn die Objektvariable ist noch nicht initialisiert. Zur Initialisierung einer Objektvariablen bieten sich zwei gleichwertige Alternativen an:

- die zweizeilige Variante:

  ```
  Circle kreis;
  kreis = new Circle();
  ```

- die kürzere, einzeilige Schreibweise:

  ```
  Circle kreis = new Circle();
  ```

Beide weisen ein gemeinsames Merkmal auf: den Operator `new`, der für das Erzeugen eines Objekts verantwortlich ist. Erst mit `new` beginnt die Existenz des Objekts. Dahinter verbirgt sich der Aufruf einer bestimmten Methode, die als *Konstruktor* bezeichnet wird. Wir werden uns im Abschnitt 3.6 noch damit beschäftigen. Sie können in einer Anweisung auch mehrere Variablen desselben Typs deklarieren. Dazu schreiben Sie die Objektvariablen hintereinander und trennen sie durch ein Komma voneinander:

```
Circle kreis1, kreis2, kreis3;
```

Der C#-Compiler erlaubt auch die folgende Anweisung:

```
Circle kreis1, kreis2, kreis3 = new Circle();
```

Allerdings ist nur die zuletzt angegebene Objektvariable `kreis3` initialisiert. `kreis1` und `kreis2` gelten nur als deklariert und müssen gegebenenfalls zu einem späteren Zeitpunkt noch mit

```
kreis1 = new Circle();
kreis2 = new Circle();
```

initialisiert werden.

3.2.4 Zugriffsmodifizierer einer Klasse

Entwickeln Sie eine neue Klasse, müssen Sie einem Umstand besondere Beachtung schenken: Entwerfen Sie die Klasse, um sie ausschließlich in der Anwendung zu verwenden, in der die Klasse definiert ist? Oder beabsichtigen Sie, die Klasse auch anderen Anwendungen zur Verfügung zu stellen? Diese Sichtbarkeit wird durch *Zugriffsmodifizierer* beschrieben. Bei Klassen spielen drei eine wesentliche Rolle: `public`, `internal` und `file`.

Modifizierer	Beschreibung
`public`	Die Instanziierbarkeit einer öffentlichen Klasse unterliegt keinerlei Beschränkungen. Die Klasse kann auch aus anderen Anwendungen heraus instanziiert werden.
`internal`	Beabsichtigen Sie, die Sichtbarkeit einer Klasse auf die Anwendung zu beschränken, in der die Klasse definiert ist, müssen Sie die Klasse `internal` deklarieren. Aus einer anderen Anwendung heraus kann dann kein Objekt dieser Klasse erzeugt werden.
`file`	Beabsichtigen Sie, die Sichtbarkeit einer Klasse auf die Datei, in der die Klasse definiert wurde, zu beschränken, müssen Sie die Klasse als `file` deklarieren. Das ist wichtig für generierte Klassen oder wenn Sie eine eigene Klasse sehr lokal nutzen möchten. Diese stark eingeschränkte Sichtbarkeit verhindert Namenskonflikte mit anderen Typen.

Tabelle 3.1 Die Zugriffsmodifizierer einer Klassendefinition

Die Angabe des Zugriffsmodifizierers ist optional. Verzichten Sie darauf, gilt die Klasse als `internal`.

3.2.5 Splitten einer Klassendefinition mit »partial«

Klassendefinitionen in .NET lassen sich über mehrere Quellcodedateien verteilen. Partielle Klassen können beispielsweise dann sinnvoll eingesetzt werden, wenn mehrere Entwickelnde gleichzeitig mit einer Klassendefinition arbeiten wollen.

Das Prinzip der *partiellen Klassen* wird auch von der Entwicklungsumgebung bei einigen Projektvorlagen genutzt, denn durch die Aufteilung des Klassencodes lässt sich der von Visual Studio automatisch generierte Code von dem Code, den der Entwickler oder die Entwicklerin schreibt, sauber trennen.

Partielle Klassendefinitionen sind dadurch gekennzeichnet, dass man den Modifizierer `partial` vor alle Teildefinitionen der Klasse setzt. Die Signatur muss in jeder Teildefinition identisch sein. Nehmen wir beispielsweise an, Sie möchten die Klasse `Circle` auf die beiden Quellcodedateien *Circle1.cs* und *Circle2.cs* aufteilen. Dann müssten die Klassendefinitionen wie folgt lauten:

```
// in der Sourcecodedatei Circle1.cs
partial class Circle { [...] }
// in der Sourcecodedatei Circle2.cs
partial class Circle { [...] }
```

Eine Bedingung müssen Sie jedoch beachten: Beide Quellcodedateien müssen sich in derselben Anwendung befinden.

3.2.6 Arbeiten mit Objektreferenzen

Prüfen auf Initialisierung

Eine Objektvariable gilt als initialisiert, wenn sie auf ein konkretes Objekt zeigt oder den Wert `null` beschreibt. Verwechseln Sie `null` nicht mit der Zahl 0. `null` gibt an, dass eine Variable zwar initialisiert ist, aber kein konkretes Objekt referenziert. Mit

```
Circle kreis;
```

wird zwar eine Objektvariable deklariert, sie ist aber noch nicht initialisiert und hat auch **nicht** den Zustand `null`. Sehen wir uns in Listing 3.1 an, was passiert, wenn wir eine Objektvariable deklarieren und anschließend ohne vorhergehende Initialisierung auf `null` testen.

```
Circle kreis;
if (kreis == null)
{
```

```
  Console.WriteLine("Das Objekt existiert nicht!");
  kreis = new Circle();
}
else
  Console.WriteLine("Das Objekt existiert");
Console.ReadLine();
```

Listing 3.1 Prüfen einer Objektvariablen auf »null« (führt hier zu einem Fehler)

Der C#-Compiler erkennt, dass kreis vor der Prüfung im if-Statement zu keinem Zeitpunkt initialisiert wurde, und bricht die Kompilierung mit einer Fehlermeldung ab.

Eine initialisierte Objektvariable liegt immer dann vor, wenn Sie ihr null zuweisen oder mit new ein neues Objekt erzeugen. Somit wird mit den beiden folgenden Anweisungen die Objektvariable kreis initialisiert:

```
Circle kreis = null;
Circle kreis = new Circle();
```

Eine Objektvariable kann nur benutzt und in irgendeiner Form ausgewertet werden, wenn sie initialisiert ist. Objekteigenschaften oder Objektmethoden lassen sich allerdings nur dann aufrufen, wenn sich hinter einer initialisierten Objektvariablen auch tatsächlich ein Objekt verbirgt und nicht null. Sind Sie sich über den Zustand der initialisierten Variablen im Unklaren, müssen Sie ihn, wie im folgenden Codefragment gezeigt, überprüfen:

```
if(kreis == null)
  // die Variable kreis referenziert kein konkretes Objekt
else
  // kreis ist ein gültiges Objekt
```

Ebenso gut können Sie auch mit

```
if(kreis != null) [...]
```

prüfen, ob kreis ein gültiger Objektverweis ist.

Freigabe eines Objekts

Objekte beanspruchen den Speicher. Sie sollten daher ein Objekt freigeben, wenn Sie es nicht mehr benötigen. Dazu weisen Sie der Objektvariablen null zu, wie im folgenden Codefragment zu sehen ist:

```
Circle kreis = new Circle();
[...]
kreis = null;
```

Nun steht Ihnen das Objekt `kreis` nicht mehr zur Verfügung. Allerdings ist die Annahme falsch, dass das Objekt nun im Speicher gelöscht ist. Tatsächlich existiert es dort weiter, Sie können es nur nicht mehr aus dem Code heraus ansprechen. Zu einem späteren Zeitpunkt wird ein Mechanismus, die *Garbage Collection*, alle nicht mehr referenzierten Objekte im Speicher erfassen, und der von ihnen beanspruchte Speicherplatz wird wieder freigegeben. So wird es auch dem Objekt `kreis` ergehen. Die Garbage Collection werden wir in Kapitel 4, »Vererbung, Polymorphie und Interfaces«, noch ausgiebiger behandeln.

Mehrere Referenzen auf ein Objekt

Es kommt häufig vor, dass mehrere Referenzen auf dasselbe Objekt zeigen. Betrachten Sie dazu das folgende Listing:

```
Circle kreis1 = new Circle();
Circle kreis2 = kreis1;
```

Zuerst wird die Variable `kreis1` vom Typ `Circle` deklariert und initialisiert. Anschließend wird `kreis1` der Variablen `kreis2` zugewiesen. Trotz zwei namentlich unterschiedlicher Referenzen liegt nur ein Objekt vor, das sowohl über `kreis1` als auch über `kreis2` angesprochen werden kann. Wenn Sie einem Feld über eine der beiden Referenzen einen Wert zuweisen, beispielsweise mit

```
kreis1.Radius = 10
```

können Sie auch mit der zweiten Objektreferenz den Inhalt der Eigenschaft auswerten:

```
Console.WriteLine(kreis2.Radius)
```

An der Konsole wird `10` angezeigt, da `kreis2` dasselbe Objekt referenziert wie `kreis1`. Wird ein Objekt mehrfach referenziert, spielt es demnach keine Rolle, über welche Referenz der Eigenschaft ein Wert zugewiesen oder ein Feld ausgelesen wird – die Operation wird auf demselben Objekt ausgeführt.

Geben Sie eine der Referenzen mit `null` frei, können Sie über die zweite Referenz das Objekt immer noch ansprechen, z. B.:

```
Circle kreis1 = new Circle();
Circle kreis2 = kreis1;
kreis2.Radius = 20;
kreis2 = null;
Console.WriteLine(kreis1.Radius);
```

An der Konsole wird immer noch der Inhalt der Eigenschaft `Radius` ausgegeben, also `20`. Erst mit der Freigabe der letzten gültigen Referenz auf das Objekt wird es unwiederbringlich freigegeben.

3.3 Referenz- und Wertetypen

In diesem Kapitel beschäftigen wir uns schwerpunktmäßig mit der Definition von Klassen. .NET kennt jedoch nicht nur Klassen zur Beschreibung von Typen. Insgesamt gibt es vier Typen, die uns zur Verfügung gestellt werden:

- Klassen (`class`)
- Strukturen (`struct`)
- Einträge (*records*)
- Delegaten (`delegate`)
- Enumerationen (`enum`)

Im weiteren Verlauf dieses und der folgenden Kapitel werden Sie natürlich noch alle kennenlernen. Jedoch müssen wir an dieser Stelle bereits erwähnen, dass sich die genannten vier Typdefinitionen zwei Kategorien zuordnen lassen:

- Wertetypen
- Referenztypen

Zu den Wertetypen werden elementare Datentypen wie `int` und `long` sowie alle anderen auf Strukturen oder Enumerationen basierenden Typen gezählt. Zu den Referenztypen gehören beispielsweise der Typ `string`, alle Arrays und – ganz allgemein ausgedrückt – alle Klassen und die Delegaten.

3.3.1 Werte- und Referenztypen nutzen

Referenz- und Wertetypen unterscheiden sich darin, wie der Speicher für die Daten reserviert wird. Eine Variable, die einen Wertetyp repräsentiert, allokiert auf dem *Stack* den erforderlichen Speicher für die Daten. Der Stack ist im RAM angesiedelt, wird aber vom Prozessor durch einen sogenannten *Stack Pointer* direkt unterstützt. Dieser ist in der Lage, auf dem Stack neuen Speicher zu reservieren, kann ihn aber auch freigeben. Dieses Verfahren ist sehr effizient und insbesondere schneller als das Allokieren von Speicher im Heap für Referenztypen. Als *Heap* wird der Speicher im RAM bezeichnet, der allgemeinen Zwecken zur Verfügung steht.

Deklarieren Sie mit

```
int value = 100;
```

eine `int`-Variable, wird der Wert auf dem Stack abgelegt, weil ein Integer als Struktur definiert ist und somit ein Wertetyp ist. Beachten Sie bitte, dass bei einem Wertetyp wie dem Integer der `new`-Operator zur Initialisierung nicht angegeben werden muss. Bei einem Referenztyp ist das eine unabdingbare Forderung, denn erst mit

```
Circle kreis = new Circle();
```

wird auf dem Heap ein Speicherbereich allokiert und initialisiert. Die Referenz `kreis` zeigt auf die Startadresse des allokierten Speicherbereichs.

Ein daraus folgendes wichtiges Unterscheidungsmerkmal zwischen Referenz- und Wertetypen ist, dass Wertetypen niemals den Inhalt `null` haben können.

> **Anmerkung**
>
> An dieser Stelle sei ein kurzer Hinweis erlaubt: Mit einem Feature von .NET, den Generics, kann auch ein Wertetyp den Wert `null` annehmen. Das Thema Generics wird uns im Kapitel 9 noch beschäftigen und sei an dieser Stelle nur der Vollständigkeit halber erwähnt.

Bemerkenswert ist zudem die unterschiedliche Wirkungsweise des Zuweisungsoperators zwischen einem Werte- und einem Referenztyp. Betrachten Sie dazu zunächst die beiden folgenden Anweisungen:

```
long value1 = 64;
long value2 = value1;
```

Nach der Ausführung des Codes existieren zwei Variablen vom Typ `long`, die denselben Inhalt haben. Eine Variable vom Typ `long` wird als Wertetyp erkannt und entsprechend behandelt. Die Änderung des Inhalts der Variablen `value1` wird sich nicht auf den Inhalt der Variablen `value2` auswirken, weil zwischen den beiden keine Beziehung existiert. Der Inhalt von `value1` wird nur nach `value2` *kopiert*. Wie wir oben anhand des Kreis-Beispiels gesehen haben, ist das bei Objekten, die auf Referenztypen basieren, ganz anders.

3.4 Die Eigenschaften eines Objekts

3.4.1 Öffentliche Felder

Eigenschaften werden durch Daten beschrieben. Welche das genau sind, hängt nur von den Anforderungen ab, die an das Objekt gestellt werden. Soll ein `Circle`-Objekt nicht gezeichnet werden, wird die Farbe vermutlich keine Bedeutung haben. Auf diese Eigenschaft kann dann verzichtet werden.

Alle im Programm notwendigen Objekteigenschaften müssen in der Klassendefinition Berücksichtigung finden. Gespeichert werden die Werte in Variablen, die in der Klasse definiert sind. Um ein `Circle`-Objekt durch einen Radius und seine Positionskoordinaten zu charakterisieren, müssten Sie die Klassendefinition wie folgt schreiben:

```
public class Circle
{
  public double XCoordinate;
```

```
  public double YCoordinate;
  public int Radius;
}
```

Eigenschaften sind – einfach gesprochen – zunächst einmal nur Variablen, die innerhalb einer Klasse definiert sind, und werden als *Felder* bezeichnet. Der Zugriffsmodifizierer, hier `public`, beschreibt die Sichtbarkeit. In unserem Beispiel sind die drei Eigenschaften ohne jegliche Einschränkung überall sichtbar und damit auch editierbar. Grundsätzlich kann der Datentyp eines Feldes beliebig sein. Es kann sich um einen elementaren Datentyp wie `int` oder `double` handeln, aber durchaus auch um ein Array oder einen benutzerdefinierten Typ, also zum Beispiel um eine Klasse, die Sie selbst geschrieben haben.

Hinweis

Felder haben immer einen konkreten Initialisierungswert, auch wenn er nicht explizit angegeben wird. Beispielsweise weisen alle Datentypen, die Zahlen beschreiben, den Startwert `0` oder `0.0` auf, Referenztypen den Wert `null`. Ob Sie ein Feld mit

```
public int Radius;
```

oder

```
public int Radius = 0;
```

deklarieren, ist demnach gleich. Manchmal sorgt die explizite Zuweisung eines Startwerts für eine bessere Lesbarkeit des Programmcodes. Dieser Hinweis muss an dieser Stelle gegeben werden, weil sich lokale Variablendefinitionen (siehe Abschnitt 3.5.5) darin deutlich unterscheiden.

Der Zugriff auf eine Eigenschaft ist nicht schwierig: Instanziieren Sie zuerst die Klasse, damit Sie ein Objekt haben, und geben Sie danach die Eigenschaft, durch einen Punkt von der Objektvariablen getrennt, an.

```
Circle kreis = new Circle();
kreis.Radius = 10;
```

Jetzt hat das `Circle`-Objekt einen Radius von 10 Einheiten. Sehr ähnlich wird auch der Wert einer Eigenschaft ausgewertet.

```
int value = kreis.Radius;
```

Die Angabe der Eigenschaft bewirkt die Rückgabe des in ihr gespeicherten Werts. Sie können ihn, wie gezeigt, einer Variablen zuweisen oder direkt verarbeiten, beispielsweise durch Ausgabe an der Konsole:

```
Console.WriteLine($"Der Kreisradius beträgt {kreis.Radius}");
```

3.4.2 Datenkapselung mit Eigenschaftsmethoden (Properties)

Analysieren Sie die Eigenschaft `Radius` etwas genauer, werden Sie auf ein Problem stoßen, dem wir bisher noch keine Aufmerksamkeit geschenkt haben. Was ist beispielsweise, wenn wir mit

```
kreis.Radius = -12;
```

dem Radius einen negativen Wert übergeben? Sie werden mir zustimmen, dass das nicht akzeptabel ist. Sinnvoll sind nur Werte, die größer als oder gleich 0 sind. Was müssen wir also tun, um die Bedingung

```
Radius >=  0
```

zu erfüllen? Theoretisch gibt es mehrere denkbare Lösungsansätze (beispielsweise, einen »passenderen« Datentyp wie `uint` zu wählen oder eine entsprechende Eingabeüberprüfung). Diese Ansätze sind jedoch schlecht. Der einzig gute Weg ist die Überprüfung in einer Methode der entsprechenden Klasse. Zu diesem Zweck bietet .NET uns Eigenschaftsmethoden an.

Eigenschaftsmethoden können Sie sich als Container für zwei Subroutinen mit jeweils einem eigenen Anweisungsblock vorstellen: Die Subroutinen heißen `get` und `set`. Der `get`-Block wird bei der Auswertung einer Eigenschaft ausgeführt, der `set`-Block, wenn der Eigenschaft ein Wert zugewiesen wird.

Sehen wir uns zuerst die Implementierung der Eigenschaft `Radius` an, die unsere Forderung erfüllt:

```
public class Circle
{
  private int _Radius;
  public int Radius
  {
    get
    {
      return _Radius;
    }
    set
    {
      if (value >= 0)
        _Radius = value;
      else
        Console.Write("Unzulässiger negativer Wert.");
    }
```

```
    }
    [...]
}
```

Listing 3.2 Die Eigenschaftsmethode »Radius«

Der Zahlenwert für den Radius wird weiterhin in einem Feld gespeichert. Dieses ist nun allerdings nicht mehr als `public` definiert, sondern als `private`. Private Member sind nur innerhalb der Klasse sichtbar, in der sie definiert sind. In unserem konkreten Beispiel wird damit sichergestellt, dass das Feld außerhalb der Klasse `Circle` nicht sichtbar ist, somit auch nicht verändert werden kann. Ganz allgemein wird dieses Prinzip als *Datenkapselung* bezeichnet.

> **Anmerkung**
>
> Die *Datenkapselung* ist eines der Schlüsselkonzepte der objektorientierten Programmierung, zu der auch noch die in Kapitel 4 zu behandelnde *Vererbung* und die *Polymorphie* gehören.

Der Zugriff auf das Feld `_Radius` erfolgt ausschließlich über den `set`- und `get`-Zweig der Eigenschaftsmethode. Da die öffentliche Eigenschaftsmethode `Radius` lautet, musste das private Feld aus Gründen der Eindeutigkeit umbenannt werden. Üblicherweise beginnen `private`-Felder entweder mit einem Kleinbuchstaben, oder es wird der öffentliche Bezeichner herangezogen, dem ein Unterstrich vorangestellt wird, hier `_Radius`.

Weisen Sie der Eigenschaft `Radius` mit

```
kreis.Radius = 10;
```

einen Wert zu, wird in der Eigenschaftsmethode der `set`-Zweig aufgerufen. Der zugewiesene Wert wird von einem impliziten, also nicht sichtbaren Parameter bereitgestellt, der immer `value` heißt. Der Datentyp von `value` entspricht dem Datentyp der Eigenschaft, in unserem Beispiel ist `value` demnach vom Typ `int`. Innerhalb des `set`-Anweisungsblocks können Sie Anweisungen programmieren, die den zu übergebenden Wert auf seine Zulässigkeit hin überprüfen. Natürlich können Sie auch beliebige andere Operationen in `set` codieren.

Die Auswertung der Eigenschaft mit

```
int value = kreis.Radius;
```

führt zum Aufruf des `get`-Blocks innerhalb der Eigenschaftsmethode. Meistens enthält der `get`-Block, ähnlich wie in unserem Beispiel, nur eine `return`-Anweisung, die den Inhalt des gekapselten Feldes (hier: `_Radius`) an den Aufrufer zurückgibt. Aber selbstverständlich dürfen Sie an dieser Stelle auch beliebige weitere Operationen codieren.

Anmerkung

Üblicherweise wird das, was wir hier als *Eigenschaftsmethode* bezeichne, einfach *Eigenschaft* oder *Property* genannt. Wir halten diese Bezeichnung allerdings für nicht gut gelungen, weil unserer Meinung nach eine komplette Objekteigenschaft nicht nur durch eine Methode beschrieben wird, sondern auch durch das dazugehörige Feld, das den eigentlichen Wert speichert.

In ähnlicher Weise, wie wir die Eigenschaft `Radius` implementiert haben, sollten wir auch die beiden öffentlichen Felder `XCoordinate` und `YCoordinate` durch Eigenschaftsmethoden ersetzen.

```
public class Circle
{
  private double _YCoordinate;
  public double YCoordinate
  {
    get { return _YCoordinate; }
    set { _YCoordinate = value; }
  }
  private double _XCoordinate;
  public double XCoordinate
  {
    get { return _XCoordinate; }
    set { _XCoordinate = value; }
  }
  private int _Radius;
  public int Radius
  {
    get { return _Radius; }
    set
    {
      if (value >= 0)
        _Radius = value;
      else
        Console.WriteLine("Unzulässiger negativer Radius.");
    }
  }
}
```

Listing 3.3 Die Kapselung von »Radius«, »XCoordinate« und »YCoordinate«

Sichtbarkeit der Accessoren »get« und »set«

Wird keine andere Angabe gemacht, entspricht die Sichtbarkeit der beiden Accessoren get und set per Vorgabe der Sichtbarkeit der Property. Ist die Property public definiert, sind get und set ebenfalls public. Jeder Accessor darf auch eine eigene, spezifische Sichtbarkeit aufweisen. Damit lässt sich der Zugriff im Bedarfsfall feiner steuern.

```
public int Value
{
  internal get { return _Value; }
  set { _Value = value; }
}
```

In diesem Codefragment ist die Property Value öffentlich definiert. Der set-Accessor hat keinen abweichenden Zugriffsmodifizierer und ist somit ebenfalls public. Im Gegensatz dazu schränkt der Zugriffsmodifizierer internal das Auswerten der Eigenschaft auf Code ein, der sich innerhalb der Anwendung befindet, in der die Eigenschaft codiert ist.

Beabsichtigen Sie, dem get- oder set-Zweig einen Zugriffsmodifizierer anzugeben, gelten die folgenden Regeln:

- In der Eigenschaftsmethode müssen beide Accessoren definiert sein.
- Nur bei einem der beiden Accessoren darf ein Zugriffsmodifizierer angegeben werden, der vom Zugriffsmodifizierer der Eigenschaftsmethode abweicht.
- Der Zugriffsmodifizierer des Accessors darf nur einschränkender sein als der der Eigenschaftsmethode.

Lese- und schreibgeschützte Eigenschaften

Häufig soll eine Eigenschaft entweder schreib- oder lesegeschützt sein. Die Realisierung ist denkbar einfach: Sie erstellen eine schreibgeschützte Eigenschaft ohne set-Block. Eine so definierte Eigenschaft kann nur ausgewertet werden.

```
private int _Value;
public int Value
{
  get { return _Value; }
}
```

Ein Benutzer der Klasse kann einer schreibgeschützten Eigenschaft von außen mit einer üblichen Zuweisung keinen Wert übergeben, daher muss es einen anderen Weg geben. Dieser führt in der Regel über den Aufruf einer Methode der Klasse.

Soll eine Objekteigenschaft zur Laufzeit einer Anwendung lesegeschützt sein, darf die Implementierung der Eigenschaft nur den set-Block enthalten.

```
private int _Value;
public int Value
{
  set { _Value = value; }
}
```

Der Wert einer lesegeschützten Eigenschaft kann selbstverständlich durch eine andere Methode der Klasse zurückgegeben werden, die das gekapselte Feld auswertet.

Notwendige Eigenschaften durch »required«

Der `required`-Modifier in C# bietet eine Möglichkeit, Felder oder Eigenschaften so zu deklarieren, dass sie beim Erstellen eines Objekts zwingend initialisiert werden müssen. Er ist ab C# 11 verfügbar und wird vor allem verwendet, um sicherzustellen, dass Objekte korrekt initialisiert sind, ohne dabei auf Konstruktoren verzichten zu müssen. Der Modifier erlaubt es, Objekt-Initialisierer für die Zuweisung von Werten zu nutzen:

```
public required string FirstName { get; init; }
public required string LastName { get; init; }
public int? Age { get; set; }
```

Der `required`-Modifier kann in Klassen, Strukturen, Records und Record-Strukturen zum Einsatz kommen. Er darf jedoch nicht in Schnittstellen oder bei expliziten Schnittstellenimplementierungen verwendet werden. Zudem müssen `required`-Mitglieder mindestens so sichtbar sein wie der Typ, in dem sie definiert sind. Beispielsweise darf eine öffentliche Klasse keine `protected`-Felder mit dem Modifier enthalten. Eigenschaften mit `required`-Modifier müssen einen Setter (`set` oder `init`) besitzen, der ebenfalls mindestens so sichtbar ist wie der Typ.

Alle `required`-Member sind beim Erstellen eines Objekts zu initialisieren. Zwar sind `null`-Werte erlaubt, jedoch gibt der Compiler eine Warnung aus, wenn der Typ ein nicht-nullbarer Referenztyp ist. Wird ein `required`-Member gar nicht initialisiert, führt dies zu einem Compilerfehler.

In Bezug auf die Vererbung gilt, dass abgeleitete Klassen einen `required`-Member der Basisklasse nicht ausblenden dürfen. Überschreibt eine abgeleitete Klasse eine `required`-Eigenschaft, muss der `required`-Modifier ebenfalls angegeben werden. Dieser Umstand stellt sicher, dass die Initialisierungspflicht auch in der Vererbungshierarchie beibehalten wird.

Einige Einschränkungen gibt es ebenfalls: Typen mit `required`-Member können nicht als Typargumente in Generika verwendet werden, die die `new()`-Einschränkung haben, da der Compiler die Initialisierungspflicht in generischem Code nicht sicherstellen kann. Außerdem darf der Modifier nicht bei Positionsparametern eines Records zum Einsatz kommen. Es ist jedoch möglich, eine explizite Eigenschaftsdeklaration mit `required` innerhalb eines Records vorzunehmen.

3.4.3 Auto-Properties (automatisch implementierte Properties)

Daten sind grundsätzlich immer zu kapseln. Betrachten Sie diese Aussage nicht als eine Option, sondern als feste Regel. Mit anderen Worten bedeutet das, dass Sie zur Beschreibung einer Objekteigenschaft immer ein als `private` deklariertes Feld anlegen und den Zugriff mit den beiden Accessoren `get` und `set` einer Eigenschaft steuern.

Oft sind Properties notwendig, ohne dass irgendein Programmcode erforderlich wäre, der über die Auswertung mit `return` oder die obligatorische Zuweisung hinausgeht. Sie sehen das in Listing 3.3 sehr gut bei `XCoordinate` und `YCoordinate`.

In solchen Fällen lässt sich der Programmcode reduzieren, indem Sie das Feature der *automatisch implementierten Eigenschaften* benutzen, häufig auch einfach nur als *Auto-Property* bezeichnet. Mit dieser Spracherweiterung ist es möglich, Properties wie folgt zu implementieren:

```
public class Circle
{
  public double XCoordinate {get; set;}
  public double YCoordinate {get; set;}
  [...]
}
```

Das reicht bereits aus. In beiden Fällen wird das jeweilige private Feld implizit bereitgestellt.

Einsatzmöglichkeiten für Auto-Properties

Auch für eine Auto-Property gilt: `get` und `set` weisen den Zugriffsmodifizierer auf, der der Definition der Auto-Property vorangestellt ist.

Relativ häufig werden Sie auf Auto-Properties stoßen, die schreibgeschützt sein sollen. Das ist sehr einfach umzusetzen, Sie müssen den `set`-Accessor nur `private` definieren:

```
public int Value { get; private set; }
```

Auto-Properties können bereits bei der Deklaration mit einem initialen Wert versehen werden. Nehmen wir an, in der Klasse `Circle` soll für `XCoordinate` und `YCoordinate` jeweils der Initialisierungswert `100` betragen, müssten Sie das wie folgt notieren:

```
public double XCoordinate {get; set;} = 100;
public double YCoordinate {get; set;} = 100;
```

Damit wäre der Wert 100 der Standardwert für jedes Circle-Objekt sowohl in X- als auch in Y-Richtung.

In einer Auto-Property dürfen Sie auch auf den set-Accessor verzichten, z. B:

```
public int Value { get;}
```

Hierbei handelt es um eine objektspezifische Konstante, der spätestens im Konstruktor ein Wert zugewiesen werden kann (Konstruktoren werden wir in Abschnitt 3.6 behandeln). Danach ist eine Änderung nicht mehr möglich. Einer solchen Auto-Property kann man auch direkt mit

```
public int Value { get;} = 5;
```

einen Wert mitteilen. Dieser Wert lässt sich noch im Konstruktor verändern, danach nicht mehr.

3.4.4 Properties mit »init«

Das Schlüsselwort init definiert eine Accessor-Methode in einer Eigenschaft oder einem Indexer. Dieser sogenannte *Init-only Setter* weist der Eigenschaft oder dem Indexer-Element nur während der Objektkonstruktion einen Wert zu. Ein init erzwingt Unveränderlichkeit, so dass das Objekt, sobald es initialisiert ist, nicht mehr verändert werden kann, wie die folgende Codezeile zeigt:

```
public int YearOfBirth { get; init; }
```

Ein init-Accessor ermöglicht es dem aufrufenden Code, einen Objektinitialisierer zu verwenden, um den Anfangswert zu setzen. Im Gegensatz dazu muss eine automatisch implementierte Eigenschaft, die nur über einen get-Setter verfügt, durch den Aufruf eines Konstruktors initialisiert sein. Eine Eigenschaft mit einem privaten set-Accessor lässt sich nach der Konstruktion ändern, aber nur in der Klasse.

3.4.5 Unterstützung von Visual Studio

Visual Studio unterstützt Entwickelnde bei der automatischen Generierung von Programmcode noch mit einem anderen Feature: den *Code-Snippets*. Wir werden in Kapitel 17, »Desktop- und Cross-Platform-Entwicklung«, noch genauer auf diese Möglichkeit eingehen. Weil aber das Erstellen einer Eigenschaft mit privatem Feld und den beiden veröffentlichenden Accessoren get und set relativ mühevoll ist, an dieser Stelle noch ein Tipp, wie Sie das entsprechende Code-Snippet nutzen können: Geben Sie im Code-Editor einfach propfull ein, und drücken Sie dann die [Tab]-Taste. Es wird anschließend im Code-Editor das folgende Grundgerüst einer Eigenschaft erzeugt:

```
private int myVar;
public int MyProperty
{
  get { return myVar; }
  set { myVar = value; }
}
```

Sie müssen jetzt nur noch den passenden Datentyp und natürlich den passenden Bezeichner der Eigenschaft eintragen.

3.5 Methoden eines Objekts

In der Objektorientierung werden Klassendefinitionen dazu benutzt, einen logischen Zusammenhang zwischen Daten und Verhaltensweisen zu beschreiben. Wie Daten innerhalb einer Klasse zu behandeln sind, hat der letzte Abschnitt gezeigt. Nun wenden wir uns den Verhaltensweisen zu, die in der Objektorientierung als *Methoden* bezeichnet werden.

Grundsätzlich müssen wir zwei Methodengruppen unterscheiden:

- Methoden mit Rückgabewert
- Methoden ohne Rückgabewert

3.5.1 Methoden mit Rückgabewert

Sehen wir uns zunächst die allgemeine Syntax einer Methode mit Rückgabewert an:

```
[Modifizierer] Typ Bezeichner ([Parameterliste])
{
  [...]
  return Wert;
}
```

Einer Methode können Argumente übergeben werden, die von den Parametern in Empfang genommen werden. Parameter dienen dazu, die Anweisungen in der Methode mit Werten zu »füttern«, um auf diese Weise Einfluss auf das Verhalten auszuüben und den Ablauf zu steuern. Da die Parameterliste optional ist, gibt es auch Methoden, die parameterlos sind.

Die optionalen *Modifizierer* lassen sich in zwei Gruppen aufteilen:

- Modifizierer, die die Sichtbarkeit und damit den Zugriff auf eine Methode beschreiben (*Zugriffsmodifizierer*)
- Modifizierer, die eine weiter gehende Beeinflussung der Verhaltensweise einer Methode bewirken, beispielsweise in der Vererbung

Zugriffsmodifizierer beschreiben die Sichtbarkeit. Wie Sie wissen, kann eine Klasse nur `public` oder `internal` sein. In ähnlicher Weise wird auch die Sichtbarkeit und damit der Zugriff auf Methoden gesteuert, zu denen natürlich auch die Eigenschaftsmethoden (Properties) zu zählen sind. Neben den beiden bereits bekannten Zugriffsmodifizierern `public` und `internal` gibt es für Methoden noch weitere, die Sie Tabelle 3.2 entnehmen können.

Zugriffsmodifizierer	Beschreibung
`public`	Der Zugriff unterliegt keinerlei Einschränkungen.
`private`	Der Zugriff auf ein als `private` definiertes Mitglied ist nur innerhalb der Klasse möglich, die den Member definiert. Alle anderen Klassen sehen `private` Member nicht. Deshalb ist darauf auch kein Zugriff möglich.
`protected`	Der Zugriff auf `protected`-Member ähnelt dem der als `private` definierten Member. Die Sichtbarkeit ist in ähnlicher Weise eingeschränkt mit dem kleinen Unterschied, dass als `protected` definierte Mitglieder in abgeleiteten Klassen sichtbar sind. In Kapitel 4, »Vererbung, Polymorphie und Interfaces«, werden wir uns damit noch eingehend beschäftigen.
`internal`	Der Zugriff auf `internal` Member ist nur dem Programmcode gestattet, der sich in derselben Anwendung befindet.
`protected internal`	Stellt eine Kombination aus den beiden Modifizierern `protected` und `internal` dar.

Tabelle 3.2 Zugriffsmodifizierer der Klassenmitglieder

Die Angabe eines Zugriffsmodifizierers ist optional. Verzichten Sie darauf, gilt eine Methode als `private` deklariert.

Methoden können als Folge ihres Aufrufs ein Ergebnis an den Aufrufer zurückliefern. Dieses ist von einem bestimmten Datentyp und muss hinter der Liste der Modifizierer angegeben werden. Sehen wir uns das Beispiel der Klasse `Circle` an. Ergänzend zu der bisherigen Implementierung werden in der Klasse jetzt zusätzlich die beiden Methoden `GetArea` und `GetPerimeter` bereitgestellt:

```
public class Circle
{
  [...]
  // Methoden
  public double GetArea()
```

```
  {
    double area = Math.Pow(Radius, 2) * Math.PI;
    return area;
  }
  public double GetPerimeter()
  {
    double perimeter = 2 * Radius * Math.PI;
    return perimeter;
  }
}
```

Listing 3.4 Methoden in der Klasse »Circle«

Die Bezeichner sind so gewählt, dass sie zweifelsfrei die Funktionalität der Methode verraten. Konventionsgemäß fangen öffentliche Methodenbezeichner mit einem Großbuchstaben an und setzen sich nach Möglichkeit aus mehreren Begriffen zusammen, die ihrerseits zur besseren Lesbarkeit immer mit einem Großbuchstaben beginnen. Der Rückgabewert, also das Ergebnis beider Methoden, ist vom Typ `double`. Beide Methoden sind `public` und somit uneingeschränkt sichtbar.

Da es in C# keinen Exponentialoperator gibt, wird der fehlende Operator durch die Methode `Pow` der Klasse `Math` ersetzt. Dem ersten Parameter wird dabei die zu potenzierende Zahl übergeben, dem zweiten Parameter der Exponent. Die Zahl Pi wird durch die gleichnamige Konstante der Klasse `Math` beschrieben.

Hinter `return` wird das Resultat angegeben, das dem Aufrufer zurückgeliefert wird. In `GetArea` ist das der Inhalt der lokalen Variablen `area`, in `GetPerimeter` der Inhalt von `perimeter`. Sie können hinter `return` auch direkt eine mathematische Operation angeben, um den Code damit etwas kürzer zu formulieren:

```
public double GetPerimeter()
{
  return 2 * Radius * Math.PI;
}
public double GetArea()
{
  return Math.Pow(Radius, 2) * Math.PI;
}
```

Listing 3.5 Verkürzte Methodenimplementierung

Der Typ des hinter `return` angegebenen Werts muss mit der Typangabe in der Methodensignatur übereinstimmen oder implizit in diesen Typ konvertiert werden können. Andernfalls ist im `return`-Statement eine explizite Konvertierung erforderlich.

Sobald `return` erreicht wird, kehrt die Programmausführung zu dem Code zurück, der die Methode aufgerufen hat. Alle Anweisungen, die möglicherweise einem `return` folgen, werden nicht mehr ausgeführt.

Eine Methode mit Rückgabewert ist der einfachste Weg, dem Methodenaufrufer Daten zu übermitteln. Der Methodenaufruf wird dabei wie eine Variable bewertet, da die Methode einen bestimmten Wert repräsentiert. Deshalb ist es möglich, einen Methodenaufruf in einem Ausdruck als Operand zu benutzen, wie das folgende Listing zeigt:

```
Circle kreis = new Circle();
kreis.Radius = 12;
int height = 30;
double volume = kreis.GetArea() * height;
```

Hier wird die Methode `GetArea` der `Circle`-Klasse dazu benutzt, das Volumen eines Zylinders zu berechnen.

Der Aufruf einer Methode

Von der Richtigkeit der beiden Methoden in der Klasse `Circle` (siehe Listing 3.5) wollen wir uns jetzt überzeugen. Um die Methode `GetArea` der Klasse `Circle` aufzurufen, muss `Circle` zuerst instanziiert werden. Anschließend legen wir den Radius des Objekts fest. `GetArea` wird auf der Referenz des Objekts mittels Punktnotation aufgerufen und liefert einen Rückgabewert, der in der Variablen `area` entgegengenommen und an der Konsole ausgegeben wird.

Obwohl `GetArea` und `GetPerimeter` einen Wert liefern, muss dieser nicht unbedingt in einer Variablen zwischengespeichert werden. Es reicht vollkommen aus, das Ergebnis direkt dem Methodenaufruf zu entnehmen. Das zeigen wir anhand der Methode `GetPerimeter`:

```
Circle kreis = new Circle();
kreis.Radius = 12;

// Kreisfläche abrufen
double area = kreis.GetArea();
Console.WriteLine($"Fläche = {area}");

// Kreisumfang abrufen
Console.WriteLine($"Umfang = {kreis. GetPerimeter()}");
Console.ReadLine();
```

Listing 3.6 Testen der beiden Methoden »GetArea« und »GetPerimeter«

Den Rückgabewert einer Methode müssen Sie nicht zwangsläufig entgegennehmen, Sie können ihn auch ignorieren:

```
Circle kreis = new Circle();
kreis.Radius = 12;
kreis.GetArea();
```

Das Ergebnis des Methodenaufrufs landet im Nirwana, weil es weder zwischengespeichert noch ausgegeben wird. Vielleicht werden Sie nun sagen, dass der Methodenaufruf dann keinen Sinn mehr ergibt. Aber so einfach lässt sich das nicht verallgemeinern. In unserem Beispiel ist der Aufruf von `GetArea` zweifelsfrei sinnlos, aber es gibt viele Methoden, deren Rückgabewert Sie durchaus ignorieren können. Bei solchen Methoden kommt es nur auf die Operationen in der Methode an, während der Rückgabewert nur unter bestimmten Umständen von Interesse ist.

3.5.2 Methoden ohne Rückgabewert

Wie bereits weiter oben erwähnt gibt es auch Methoden, die per Definition keinen Rückgabewert liefern.

```
[Modifizierer] void Bezeichner ([Parameterliste])
{
  [...]
  return Wert;
}
```

Bei diesen Methoden wird anstelle des Rückgabedatentyps das Schlüsselwort `void` angegeben. `Main`, der Einstiegspunkt der Anwendung in die Laufzeit, ist ein typisches Beispiel dafür. Dem Methodennamen folgt in runden Klammern eine optionale Parameterliste, mit der Sie gegebenenfalls die Daten an den Methodenaufruf übergeben, die die Methode zur Ausführung benötigt.

Die `return`-Anweisung ist nicht nur auf Methoden mit Rückgabewert beschränkt. Auch `void`-Methoden können, falls erforderlich, damit vorzeitig verlassen werden. Auch hierbei gilt, dass Anweisungen, die dem Aufruf von `return` folgen, nicht mehr ausgeführt werden.

3.5.3 Methoden mit Parameterliste

Viele Methoden – unabhängig davon, ob sie einen Rückgabewert haben oder nicht – benötigen Dateninformationen, die den Ablauf oder die Steuerung der Operation beeinflussen. Diese Daten werden der Methode beim Aufruf als Argumente übergeben. Die Methode nimmt die Argumente in ihrer Parameterliste in Empfang.

Nehmen wir an, dass wir in der Klasse `Circle` eine Methode definieren möchten, die den Bezugspunkt des `Circle`-Objekts in X- und Y-Richtung relativ verschiebt. Die Methode soll `Move` heißen. In diesem Fall müssen Sie beim Aufruf der Methode die Werte, die die Verschiebung beschreiben, als Argumente übergeben:

```
public void Move(double dx, double dy)
{
  XCoordinate += dx;
  YCoordinate += dy;
}
```

Listing 3.7 Die Methode »Move« in der Klasse »Circle«

Die Definition eines Parameters erinnert an die Deklaration einer Variablen: Zuerst wird der Typ angegeben, danach folgt der Bezeichner. Beschreibt eine Methode mehrere Parameter, werden diese durch ein Komma getrennt.

Nun wollen wir die parametrisierte Methode testen. Dazu schreiben wir den folgenden Code:

```
Circle kreis = new Circle();
kreis.XCoordinate = -100;
kreis.YCoordinate = 90;
kreis.Move(120, -200);
```

Bei Methoden, die mehr als einen Parameter erwarten, müssen Sie immer die Reihenfolge der übergebenen Argumente beachten: Das erste Argument wird dem ersten Parameter zugewiesen, das zweite Argument dem zweiten Parameter usw.

Eine weitere Methode in der Klasse »Circle«

Lassen Sie uns an dieser Stelle der Klasse `Circle` noch eine weitere Methode hinzufügen. Die Methode soll `Bigger` heißen und zwei `Circle`-Objekte miteinander vergleichen. Der Aufruf soll wie folgt aussehen:

```
Circle kreis1 = new Circle();
kreis1.Radius = 12;
Circle kreis2 = new Circle();
kreis2.Radius = 23;

if (kreis1.Bigger(kreis2) == -1)
  Console.WriteLine("kreis1 < kreis2");
Console.ReadLine();
```

Listing 3.8 Aufruf der fiktiven Methode »Bigger«

Der Rückgabewert der Methode sei 1, wenn das Objekt, auf dem die Methode aufgerufen wird, größer ist als das Objekt, das dem Parameter übergeben wird. Sind beide Objekte gleich groß, sei der Rückgabewert 0, ansonsten -1.

Die Methode Bigger zu codieren, ist nicht weiter schwierig. Wir übergeben das Circle-Objekt, mit dem das aktuelle Objekt (in Listing 3.8 also kreis1) verglichen werden soll, an einen Parameter vom Typ Circle und können in der Methode den Radius des übergebenen Objekts zur Auswertung heranziehen. Der erste Entwurf sähe dann wie im folgenden Listing aus:

```
public int Bigger(Circle kreis)
{
  if (Radius > kreis.Radius) return 1;
  if (Radius < kreis.Radius) return -1;
  return 0;
}
```

Allerdings müssen wir berücksichtigen, dass an den Parameter der Methode auch ein Objekt übergeben werden könnte, das mit null initialisiert ist. Auf diese Übergabe hin würde der Aufruf von kreis.Radius zu einer Ausnahme führen. Allerdings können wir auch feststellen, dass dann das Objekt, auf dem Bigger aufgerufen wird, größer ist als null. Diese Überlegung führt uns zu der endgültigen Fassung unserer Methode:

```
public int Bigger(Circle kreis)
{
  if (kreis == null || Radius > kreis.Radius) return 1;
  if (Radius < kreis.Radius) return -1;
  else return 0;
}
```

Listing 3.9 Die Methode »Bigger«

Beachten Sie, dass die Überprüfung auf null in der ersten Anweisung stehen muss!

3.5.4 Methodenüberladung

Im Verlauf der weiteren Entwicklung der Klasse Circle könnte sich herausstellen, dass noch eine weitere Methode erforderlich ist, die nicht nur den Bezugspunkt des Objekts relativ verschieben (gewissermaßen eine Verschiebung im Zweidimensionalen), sondern darüber hinaus den Radius ändern soll, was einer dreidimensionalen Verschiebung entspricht. Sie könnten jetzt eine neue Methode bereitstellen und ihr einen in der Klasse Circle eindeutigen Namen geben, beispielsweise Move3D. Sie können die neue Methode allerdings auch Move nennen, obwohl bereits eine Methode mit diesem Bezeichner in der Klasse existiert (siehe Listing 3.7). Die Technik, mehrere gleichnamige Methoden in einer Klasse zu definieren, wird *Methodenüberladung* genannt. Mit anderen Worten bedeutet dies, dass Sie die beiden Methoden

```
public void Move(double dx, double dy, int dRadius)
{
  XCoordinate += dx;
  YCoordinate += dy;
  Radius += dRadius;
}
```

und

```
public void Move(double dx, double dy)
{
  XCoordinate += dx;
  YCoordinate += dy;
}
```

in der Klasse `Circle` bereitstellen dürfen, ohne dass dadurch ein Kompilierfehler verursacht wird.

Eine Verbesserung des Codes wollen wir auch noch vornehmen. Da die Werte für die Eigenschaften `XCoordinate` und `YCoordinate` in beiden Methoden gleich berechnet werden, bietet es sich an, in der 3-fach parametrisierten Variante die 2-fach parametrisierte `Move`-Methode aufzurufen, also:

```
public void Move(double dx, double dy, int dRadius)
{
  Move(dx, dy);
  Radius += dRadius;
}
```

Die Methodenüberladung wird üblicherweise eingesetzt, wenn die gleiche oder zumindest eine ähnliche Basisfunktionalität unter Übergabe unterschiedlicher Argumente bereitgestellt werden soll.

Von einer gültigen Methodenüberladung wird genau dann gesprochen, wenn

- sich gleichnamige Methoden in der Anzahl der Parameter unterscheiden,
- bei gleicher Parameteranzahl zumindest ein Parameter einen anderen Datentyp beschreibt.

Gemäß den Regeln der Methodenüberladung gelten die folgenden Methodendefinitionen einer fiktiv angenommenen Klasse als regelkonform überladen:

- `public void DoSomething() {}`
- `public void DoSomething(byte x) {}`

- `public void DoSomething(long x) {}`
- `public void DoSomething(long x, long y) {}`

Eine Methode gilt als nicht gültig überladen, wenn

- sich die Parameter nur im Bezeichner unterscheiden,
- die Rückgabewerte der Methoden verschiedene Datentypen haben, bei ansonsten identischer Parameterliste.

Der Compiler trifft anhand der Übergabeargumente beim Methodenaufruf die Entscheidung, welche Überladung aufzurufen ist. Das führt unter Umständen zu Irritationen, wenn in einer Klasse zwei Methoden wie folgt deklariert sind:

```
public void DoSomething(int x){ [...] }
public void DoSomething(long x){ [...] }
```

Wird im aufrufenden Code ein Literal (also eine Zahl) übergeben, also beispielsweise

```
obj.DoSomething(78);
```

wird es standardmäßig als `int` interpretiert. Das bedeutet, dass die Überladung mit dem `long`-Parameter nie ausgeführt wird (es sei denn, das Übergabeargument wird explizit in `long` konvertiert).

Übergäben Sie an die Methode eine Variable vom Typ `byte`, würde der Compiler die Methode mit dem bestmöglichen Parametertyp suchen: In diesem Fall wäre das die Methode mit dem `int`-Parameter.

Zugriff auf Eigenschaften des aktuellen Objekts

Wir sollten noch einen Blick auf die Methodenimplementierung von `Move` werfen:

```
public void Move(double dx, double dy)
{
  XCoordinate += dx;
  YCoordinate += dy;
}
```

Dabei ist zu bemerken, dass die Verschiebung über den Aufruf des `set`-Accessors der entsprechenden Eigenschaftsmethoden führt. Natürlich hätten wir auch mit

```
public void Move(double dx, double dy)
{
  _XCoordinate += dx;
  _YCoordinate += dy;
}
```

den privaten Feldern die neuen Werte direkt mitteilen können. Das wäre allerdings sehr kurzsichtig und könnte zu einem späteren Zeitpunkt zu einer fehlerhaften Klasse führen. Momentan werden zwar alle X- und Y-Koordinatenwerte ohne Einschränkung akzeptiert, aber das muss nicht zwangsläufig immer so bleiben. Vielleicht wird zu einem späteren Zeitpunkt gefordert, dass der Bezugspunkt des Objekts nicht im dritten oder vierten Quadranten des kartesischen Koordinatensystems liegen darf. In diesem Fall müssten die `set`-Accessoren überarbeitet werden, um der neuen Anforderung zu genügen. Trägt die Methode `Move` die neuen Koordinatenwerte jedoch direkt in die privaten Felder ein, wären die neuen Werte falsch, und das `Circle`-Objekt hätte einen unzulässigen Bezugspunkt. Rufen Sie in `Move` jedoch den `set`-Zweig auf, kann Ihnen ein solches Malheur nicht passieren, denn bevor den Feldern die neuen Werte übergeben werden, durchlaufen sie den prüfenden Code des `set`-Zweigs in `XCoordinate` und `YCoordinate`.

Das Gleiche gilt natürlich für das Abrufen eines Eigenschaftswertes. Meistens enthalten die `get`-Accessoren nur eine `return`-Anweisung und liefern den Wert ohne weitere Überprüfung an den Aufrufer. Aber sind Sie sich wirklich sicher, ob in naher oder ferner Zukunft nicht auch noch eine Überprüfung des Benutzers notwendig wird, weil nicht jedem Anwender die Auswertung der entsprechenden Eigenschaft gestattet werden kann?

Beherzigen Sie daher immer den folgenden Tipp.

Tipp

Sie sollten prinzipiell nie direkt in private Felder schreiben oder diese direkt auswerten. Benutzen Sie dazu immer, soweit vorhanden, die `get`- und `set`-Accessoren der Eigenschaftsmethoden. Damit garantieren Sie eine robuste Klassendefinition, die auch nach einer Änderung fehlerfrei arbeitet.

3.5.5 Variablen innerhalb einer Methode (lokale Variablen)

Eine Variable, die im Anweisungsblock einer Methode deklariert ist, gilt als *lokale Variable*. Im nächsten Codefragment ist `value` eine lokale Variable.

```
public void DoSomething()
{
  long value = 34;
  [...]
}
```

Eine lokale Variable ist nur in der Methode sichtbar, in der sie deklariert ist. Programmcode, der sich außerhalb der Methode befindet, kann lokale Variablen weder sehen noch manipulieren oder gar auswerten. Das gilt auch für Aufrufverkettungen, wenn beispielsweise aus einer Methode heraus eine andere aufgerufen wird.

Die Lebensdauer einer lokalen Variablen ist auf die Dauer der Methodenausführung begrenzt. Wird die Methode beendet, geht die lokale Variable samt ihrem Inhalt verloren. Ein wiederholter Methodenaufruf hat zur Folge, dass die lokale Variable neu erzeugt wird.

In C# wird eine lokale Variable nicht automatisch mit einem typspezifischen Standardwert initialisiert. Sie sollten daher alle lokalen Variablen möglichst sofort initialisieren und ihnen unter Berücksichtigung des Datentyps einen gültigen Startwert zuweisen. Der Zugriff auf eine nichtinitialisierte Variable verursacht eine Fehlermeldung. Schauen Sie sich folgendes Listing dazu an:

```
public void DoSomething()
{
  int value;
  // die folgende Anweisung verursacht einen Compilerfehler
  Console.WriteLine(value);
}
```

Der Begriff *lokale Variable* lässt sich noch weiter ausdehnen, da nicht jede Variable, die innerhalb einer Methode deklariert ist, auch eine Sichtbarkeit aufweist, die sich über den gesamten Anweisungsblock der Methode erstreckt. Sehen Sie sich dazu das folgende Listing an:

```
class Demo
{
  public void DoSomething()
  {
    int intVar = 0;
    if(intVar > 0)
    {
      int intX = 1;
      for(int i = 0; i <=100; i++)
      {
        double dblVar = 3.14;
      }
    }
  }
}
```

In der Methode DoSomething sind einige Anweisungsblöcke ineinander verschachtelt. Anweisungsblöcke dienen nicht nur dazu, Anweisungssequenzen zusammenzufassen, sondern beschreiben darüber hinaus die Sichtbarkeit lokaler Variablen. Dabei wird die Sichtbarkeit von dem am nächsten stehenden äußeren geschweiften Klammerpaar begrenzt. Deshalb beschränkt sich die Sichtbarkeit von dblVar auf den Anweisungsblock der for-Schleife und die Sichtbarkeit von intX auf den Anweisungsblock des if-Statements, kann aber auch innerhalb der for-Schleife verwendet werden. Die lokale Variable intVar ist in der gesamten Methode DoSomething bekannt.

3.5.6 Modifizierer eines Parameters

Eine Reihe von Modifizierern gestattet uns, Einfluss auf die Parameter der Methoden auszuüben. Diese Möglichkeiten wollen wir uns nachfolgend ansehen.

Call-by-Value-Parameter

Sehen Sie sich bitte das folgende Beispiel an:

```
// Beispiel: ..\Kapitel 3\Call_By_Value
int value = 3;
DoSomething(value);
Console.WriteLine($"value = {value}");
Console.ReadLine();

static void DoSomething(int param)
{
  param = 550;
}
```

Listing 3.10 Parameterübergabe (Call by Value)

In Main wird die lokale Variable value deklariert und danach der Methode DoSomething als Argument übergeben. Die Methode DoSomething nimmt das Argument im Parameter param entgegen und ändert danach den Inhalt von param in 550. Nachdem der Methodenaufruf beendet ist, wird der Inhalt der lokalen Variablen value in die Konsole geschrieben. Wenn Sie das Programm starten, lautet die Ausgabe an der Konsole:

```
value = 3
```

Der Inhalt der lokalen Variablen value hat sich nach dem Aufruf der Methode DoSomething nicht verändert.

Um zu verstehen, was sich bei diesem Methodenaufruf abspielt, müssen wir einen Blick in den Teilbereich des Speichers werfen, in dem die Daten vorgehalten werden. Zunächst wird für die Variable value Speicher allokiert. Nehmen wir an, es sei die Speicheradresse 1000. In diese Speicherzelle (genau genommen sind es natürlich vier Byte, die ein Integer für sich beansprucht) wird die Zahl 3 geschrieben.

Ein Parameter unterscheidet sich nicht von einer lokalen Variablen. Genau das ist der entscheidende Punkt, denn folgerichtig ist ein Parameter ebenfalls ein Synonym für eine bestimmte Adresse im Speicher. Mit der Übergabe des Arguments `value` beim Methodenaufruf wird von `DoSomething` zunächst Speicher für den Parameter `param` allokiert – wir gehen von der Adresse 2000 aus. Danach wird der Inhalt des Arguments `value` – also der Wert `3` – in die Speicherzelle 2000 kopiert.

Ändert `DoSomething` den Inhalt von `param`, wird die Änderung in die Adresse 2000 geschrieben. Damit weisen die beiden in unserem Beispiel angenommenen Speicheradressen die folgenden Inhalte auf:

Adresse 1000 = 3

Adresse 2000 = 550

Nachdem der Programmablauf zu der aufrufenden Methode zurückgekehrt ist, wird der Inhalt der Variablen `value`, also der Inhalt der Speicheradresse 1000, an der Konsole ausgegeben: Es ist die Zahl 3. Diese Technik der Argumentübergabe wird als *Wertübergabe* (englisch: *call by value*) bezeichnet.

Call-by-Reference-Parameter

Nehmen wir nun zwei kleine Änderungen an Listing 3.10 vor. Zuerst wird der Methodenaufruf in `Main` wie folgt codiert:

```
DoSomething(ref value);
```

Im zweiten Schritt ergänzen wir die Parameterliste von `DoSomething` um den Modifizierer `ref`:

```
public void DoSomething(ref int param) {...}
```

Wenn Sie jetzt das Beispiel erneut starten, wird das zu folgender Ausgabe führen:

```
value = 550
```

Hinweis

Sie finden das Beispiel unter dem Projektbezeichner *Call-By-Reference* in den Beispielen zu diesem Kapitel.

Die Ergänzung sowohl des Methodenaufrufs als auch der Parameterliste um das Schlüsselwort `ref` hat also bedeutende Konsequenzen für die lokale Variable `value` – sie hat nach dem Methodenaufruf genau den Inhalt angenommen, der dem Parameter `param` zugewiesen wurde. Wie ist das zu erklären?

Beim Aufruf von `DoSomething` wird nicht mehr der Inhalt der Variablen `value` übergeben, sondern ihre Speicheradresse, also 1000. Der empfangende Parameter `param` muss selbstverständlich wissen, was ihn erwartet (nämlich eine Speicheradresse), und wird daher ebenfalls mit `ref` definiert. Für `param` muss die Methode natürlich weiterhin Speicher allokieren – gehen wir auch in diesem Fall noch einmal von der Adresse 2000 aus. Alle Aufrufe an `param` werden nun jedoch an die Adresse 1000 umgeleitet. Die Methode `DoSomething` weist dem Parameter `param` die Zahl `550` zu, die in die Adresse 1000 geschrieben wird. Damit gilt:

Adresse param = Adresse value = 550

Nachdem der Programmablauf an die aufrufende Methode zurückgegeben worden ist, wird an der Konsole der Inhalt der Variablen `value` – also der Inhalt, der unter der Adresse 1000 zu finden ist – angezeigt: Es handelt sich um die Zahl 550. Diese Technik der Parameterübergabe wird als *Referenzübergabe* (englisch: *call by reference*) bezeichnet.

Die im Folgenden aufgelisteten Regeln sind im Zusammenhang mit der Referenzübergabe zu berücksichtigen:

- In der Parameterliste der Methode muss der Parameter mit dem Schlüsselwort `ref` gekennzeichnet werden.
- Im Methodenaufruf muss dem zu übergebenden Argument das Schlüsselwort `ref` vorangestellt werden.
- Das zu übergebende Argument muss initialisiert sein, d. h., es muss einen gültigen Wert aufweisen.
- Das Übergabeargument darf keine Konstante sein. Lautet die Signatur einer Methode beispielsweise

  ```
  public void DoSomething(ref int x)
  ```

  ist der folgende Methodenaufruf falsch:

  ```
  @object.DoSomething(ref 16);
  ```

- Das Übergabeargument darf nicht direkt aus einem berechneten Ausdruck in Form eines Methodenaufrufs bezogen werden, z. B.:

  ```
  @object.DoSomething(ref a, ref obj.ProcB());
  ```

Anmerkung

Wir haben in zwei Listenpunkten den Variablenbezeichner `@object` verwendet. Im Grunde genommen handelt es sich bei `object` um ein C#-Schlüsselwort, das nicht als Variablenbezeichner verwendet werden darf. Mit dem Voranstellen des @-Zeichens wird diese Interpretation jedoch aufgehoben.

Parameter mit dem Modifizierer »out«

Zusätzlich zu diesen beiden Übergabetechniken kann ein Methodenparameter mit out spezifiziert werden, der in derselben Weise wie ref verwendet wird: Er muss sowohl als Modifizierer des Übergabearguments wie auch als Modifizierer des empfangenen Parameters in der Methodendefinition angegeben werden. Obwohl der Effekt, der mit out erzielt werden kann, derselbe wie bei ref ist, gibt es zwischen den beiden zwei Unterschiede:

- Die Übergabe einer nichtinitialisierten Variablen mit ref an einen ref-Methodenparameter führt zu einem Kompilierfehler. Mit out ist die Übergabe an einen out-Parameter jedoch erlaubt.
- Innerhalb der Methode muss einem out-Parameter ein Wert zugewiesen werden, während das bei einem ref-Parameter nicht zwingend notwendig ist.

In der folgenden Methodendefinition von DoSomething ist param als out-Parameter definiert:

```
public void DoSomething(out int param)
{
  param = 550;
}
```

Die Methode kann wie folgt aufgerufen werden:

```
int value;
DoSomething(out value);
Console.WriteLine(value);
```

Beachten Sie, dass value nichtinitialisiert ist. Die abschließende Konsolenausgabe lautet 550. Einem out-Parameter können Sie natürlich auch eine initialisierte Variable übergeben:

```
int value = 3;
DoSomething(out value);
```

Allerdings müssen Sie einen wichtigen Punkt bedenken: In der aufgerufenen Methode wird dem out-Parameter in jedem Fall ein neuer Wert zugewiesen. In der aufrufenden Methode hat das ziemlich brutale Konsequenzen: Die Variable, die als Argument übergeben wird, hat nach dem Methodenaufruf garantiert einen anderen Inhalt.

In C# 7.0 wurde eine Ergänzung zur Aufrufsyntax eines out-Parameters eingeführt. Statt zu schreiben

```
int value ;
DoSomething(out value);
```

können Sie nun den Methodenaufruf etwas kürzen:

```
DoSomething(out int value);
```

Immerhin, eine Codezeile weniger.

Hinweis

Dem out-Parameter einer Methode müssen Sie beim Methodenaufruf nicht zwangsläufig einen Wert übergeben. Wollen Sie darauf verzichten, geben Sie out gefolgt von einem Unterstrich an, also beispielsweise:

```
DoSomething(out _);
```

Übergabe von Objekten

Wie Sie wissen, ordnet .NET alle Datentypen zwei Gruppen zu: entweder den Werte- oder den Referenztypen. Zu den Wertetypen gehören beispielsweise bool, byte, int oder double, zu den Referenztypen hingegen alle Typen, die auf einer Klassendefinition basieren.

Bei der Übergabe eines Objekts an einen Parameter wird deutlich, wie wichtig die Unterscheidung zwischen Referenz- und Wertetypen ist. Ein Beispiel soll das zeigen.

```
// Beispiel: ..\Kapitel 3\ObjektUebergabe
Demo1 object1 = new Demo1();
Demo2 object2 = new Demo2();
object2.ChangeValue(object1);
Console.WriteLine($"Value von object1: {object1.Value}");
Console.ReadLine();

class Demo1
{
  public int Value = 500;
}

class Demo2
{
  public void ChangeValue(Demo1 obj)
  {
    obj.Value = 4711;
  }
}
```

Listing 3.11 Übergabe einer Referenz an eine Methode

Hier sind die beiden Klassen Demo1 und Demo2 definiert. Demo2 hat eine Methode, der im Parameter obj ein Objekt vom Typ Demo1 übergeben wird. In der Methode wird das Feld Value des Demo1-Objekts manipuliert. In Main wird je ein Objekt der beiden Klassen erzeugt. Dem Aufruf der Methode ChangeValue des Demo2-Objekts wird das Objekt vom Typ Demo1 übergeben. Nach dem Methodenaufruf wird an der Konsole der Inhalt des Feldes Value des Demo1-Objekts angezeigt – es ist der Wert 4711.

Die Zuweisung eines Objekts an einen Parameter bedeutet, dass die Referenz auf das Objekt als Argument übergeben wird, nicht irgendein Wert. Eine Referenz beschreibt aber die Adresse des Objekts, wodurch Änderungen an den Werten des Objekts im ursprünglichen Objekt gespeichert werden. Die Übergabe eines Referenztyps entspricht demnach immer der Übergabe *by reference*. Wollen Sie diesen Effekt vermeiden, müssen Sie zuerst eine Kopie des Objekts erzeugen und dieses an den Parameter übergeben.

Nun nehmen wir eine Ergänzung in der Methode der Klasse Demo2 vor:

```
class Demo2
{
  public void ChangeValue(Demo1 obj)
  {
    obj = new Demo1();
    obj.Value = 4711;
  }
}
```

Listing 3.12 Änderung der Klasse »Demo2« aus Listing 3.11

obj wird beim Aufruf von ChangeValue der Verweis auf das Originalobjekt übergeben. In der Methode wird der Verweis jedoch »umgebogen«, indem ihm ein neues Demo1-Objekt zugewiesen wird. In diesem Moment liegen zwei Objekte vom Typ Demo1 vor. Der Aufrufer merkt von diesem Vorgang nichts. Er behält weiterhin die Referenz auf das Original, das sich nach Beendigung der Methode auch eindeutig durch das unveränderte Feld (500) zu erkennen gibt.

Eine Änderung des Parameters obj in der Weise, ihm das Schlüsselwort ref voranzustellen, hat allerdings Konsequenzen für den Aufrufer: Das Originalobjekt wird zerstört und durch das neue ersetzt. Das lässt sich sehr einfach nachweisen, weil an der Konsole der Inhalt von Value als 4711 ausgegeben wird.

Zusammenfassend lässt sich feststellen, dass sich eine Wert- oder Referenzübergabe bei Referenztypen nur dann auswirkt, wenn in der aufgerufenen Methode der Parameter durch Zuweisung einer neuen Referenz überschrieben wird. Es gelten dabei dieselben Gesetze wie bei den Wertetypen.

Methodenüberladung und Parametermodifizierer

Weiter oben haben Sie gelernt, was unter der Methodenüberladung verstanden wird. An dieser Stelle ist noch eine kleine Ergänzung notwendig: Eine gültige Methodenüberladung ist nämlich auch dann gegeben, wenn der Parameter in der ersten Methode als Werteparameter definiert ist und in der überladenen Methode als Referenzparameter mit `out` bzw. `ref`. Damit ist die folgende Überladung richtig:

```
public void DoSomething(int x) { }
public void DoSomething(ref int x) { }
```

Eine unzulässige Methodenüberladung liegt dann vor, wenn sich die beiden typgleichen Parameter nur dadurch unterscheiden, dass der erste mit `ref` und der andere mit `out` definiert ist, beispielsweise:

```
// Unzulässige Methodenüberladung
public void DoSomething(out int x) { }
public void DoSomething(ref int x) { }
```

3.5.7 Besondere Aspekte einer Parameterliste

Den Typ des Arguments beachten

Nehmen Sie an, Sie hätten die Methode `DoSomething` in der Klasse `Demo` wie im folgenden Listing definiert:

```
class Demo
{
  public void DoSomething(int x, float y)
  {
    [...]
  }
}
```

Die Idee, diese Methode unter Übergabe von Literalen aufzurufen, liegt nahe:

```
Demo obj = new Demo();
obj.DoSomething(7, 3.12);
```

Der C#-Compiler wird diesen Code jedoch nicht kompilieren, denn die Übergabe des zweiten Arguments ist falsch. Im ersten Moment mag das unverständlich sein, bei einer genaueren Analyse wird es aber klar, da die Übergabe eines Arguments an einen Parameter nichts anderes ist als eine Zuweisungsoperation, also:

```
float y = 3.12
```

Ein Literal vom Typ einer Fließkommazahl wird von der Laufzeitumgebung grundsätzlich als `double` interpretiert. Jetzt kommen die Regeln der impliziten Konvertierung ins Spiel, nach denen ein `double` implizit nicht in einen `float` konvertiert werden kann. Das Literal muss daher zuerst in einen `float` umgewandelt werden:

```
obj.DoSomething(7, (float)3.12);
```

Eine Alternative wäre es, in der aufrufenden Methode eine Variable vom Typ `float` zu deklarieren, ihr den Wert `3.12` zu übergeben und dann die Variable selbst als Argument anzugeben:

```
float value = 3.12F;
obj.DoSomething(7, value);
```

Denken Sie daran, hier das Typsuffix `F` bzw. `f` bei der Zuweisung des Dezimalzahl-Literals an die `float`-Variable anzugeben.

Übergabe eines Arrays an die Parameterliste

Das nächste Beispiel ist ein wenig komplexer. Bisher haben wir jeweils nur einfache Daten als Argument übergeben, nun sollen es mehrere sein. Dazu benutzen wir einen Parameter vom Typ eines Arrays.

```
// Beispiel: ..\Kapitel 3\ArrayUebergabe
int[] array = { 3, 6, 9, 4, 13, 22, 2, 29, 17 };
Console.WriteLine($"Maximalwert = {GetMaxValue(array)}");
Console.ReadLine();

static int GetMaxValue(int[] arr)
{
  int maxValue = arr[0];
  foreach (int element in arr)
    if (element > maxValue)
      maxValue = element;
  return maxValue;
}
```

Listing 3.13 Parameter vom Typ eines Arrays

Die Methode `GetMaxValue` hat die Aufgabe, aus dem im Parameter übergebenen Array den größten Wert zu ermitteln. Dazu wird in der Methode zuerst die `int`-Variable `maxValue` deklariert und ihr der Inhalt des 0-indizierten Array-Elements zugewiesen. In einer `foreach`-Schleife werden danach alle Array-Elemente durchlaufen, und deren Inhalt wird geprüft. Ist dieser größer als der von `maxValue`, ersetzt der Array-Wert den alten Inhalt von `maxValue`. Am Ende wird `maxValue` an den Aufrufer zurückgegeben. Die foreach-Schleife bewirkt, dass das erste Array-Element insgesamt sogar zweimal ausgewertet wird: bei der Zuweisung an maxValue und in der Schleife. Wenn Sie das vermeiden wollen, können Sie auch eine einfache for-Schleife codieren:

```
for(int index = 1; index < arr.Length; index++) {[...]}
```

Der Parameter arr der Methode erwartet die Referenz auf ein Array. Da die Angabe des Array-Namens dieser Forderung entspricht, reicht die Übergabe von array beim Aufruf der Methode aus.

Der Modifizierer »params«

Stellen Sie sich vor, Sie beabsichtigen, eine Methode zu entwickeln, die Zahlen addiert. Eine Addition ist nur dann sinnvoll, wenn aus wenigstens zwei Zahlen eine Summe gebildet wird. Daher definieren Sie die Methode wie folgt:

```
public long Add(int value1, int value2)
{
  return value1 + value2;
}
```

Vielleicht haben Sie danach noch die geniale Idee, nicht nur zwei Zahlen, sondern drei oder vier zu addieren. Um dieser Forderung zu genügen, könnten Sie die Methode Add wie folgt überladen:

```
public long Add(int value1, int value2, int value3) {[...]}
public long Add(int value1, int value2, int value3, int value4) {[...]}
```

Wenn Ihnen dieser Ansatz kritiklos gefällt, sollten Sie sich mit der Frage auseinandersetzen, wie viele überladene Methoden Sie maximal zu schreiben bereit sind, wenn möglicherweise nicht nur 4, sondern 10 oder 25 oder beliebig viele Zahlen addiert werden sollen.

Es muss für diese Problemstellung eine bessere Lösung geben – und es gibt sie auch: Sie definieren einen Parameter mit dem Modifizierer params. Dieser gestattet es, einer Methode eine beliebige Anzahl von Argumenten zu übergeben. Die Übergabewerte werden der Reihe nach in ein Array geschrieben.

Nun kann die Methode Add diesen Feinschliff erhalten. Da eine Addition voraussetzt, dass mindestens zwei Summanden an der Operation beteiligt sind, werden zuerst zwei konkrete Parameter definiert und anschließend ein params-Parameter für alle weiteren Werte.

```
public long Add(int value1, int value2, params int[] liste)
{
  long sum = value1 + value2;
```

```
  foreach(int z in liste)
    sum += z;
  return sum;
}
```

Werden einem params-Parameter Werte zugewiesen, wird das Array anhand der Anzahl der übergebenen Argumente implizit dimensioniert. In unserem Beispiel werden alle Elemente des Arrays in einer Schleife addiert und in der lokalen Variablen sum zwischengespeichert. Nachdem für das letzte Element die Schleife durchlaufen ist, wird mit return das Ergebnis an den Aufrufer übermittelt.

Mit einem params-Parameter sind allerdings ein paar Regeln verbunden, die Sie einhalten müssen:

- In der Parameterliste darf nur ein Parameter mit params festgelegt werden.
- Ein params-Parameter steht immer an letzter Position in einer Parameterliste.
- Eine Kombination mit den Modifikatoren out oder ref ist unzulässig.
- Ein params-Parameter ist grundsätzlich eindimensional.

Wenn Sie eine Methode aufrufen, die einen params-Parameter enthält, haben Sie zwei Möglichkeiten, diesem Parameter Werte zuzuweisen:

- Sie übergeben die Referenz auf ein Array, z. B.:

  ```
  int[] liste = {1, 2, 3};
  Console.WriteLine(obj.Add(15, 19, liste));
  ```

- Sie übergeben diesem Methodenparameter eine Liste von Elementen:

  ```
  obj.Add(1, 2, 3, 4, 5, 6);
  ```

Vielleicht stellen Sie sich an dieser Stelle die Frage, ob nicht die einfache Deklaration als Array dieselbe Leistung erbrächte. Mit anderen Worten: Wo liegt der Unterschied zwischen den beiden Methoden

```
public long Add(params int[] liste) {[...]}
```

und

```
public long Add(int[] liste) {[...]}
```

wenn beide die Übergabe eines Arrays ermöglichen? Die Antwort ist sehr einfach: Einem params-Parameter muss nicht zwangsläufig ein Wert oder Array übergeben werden, bei einem herkömmlichen Array ist das Pflicht.

In C# 13 hat Microsoft das params-Schlüsselwort erweitert, so dass es nicht mehr nur auf Arrays beschränkt ist. Nun können Methoden mit dem params-Modifikator auch andere anerkannte Sammlungstypen akzeptieren. Dies bietet mehr Flexibilität und reduziert häufig Boilerplate-Code. Neben Arrays unterstützt params jetzt auch folgende Typen:

- System.Collections.Generic.IEnumerable<T>
- System.Collections.Generic.IReadOnlyCollection<T>
- System.Collections.Generic.IReadOnlyList<T>
- System.Collections.Generic.ICollection<T>
- System.Collections.Generic.IList<T>
- benutzerdefinierte Typen, die IEnumerable<T> implementieren und eine Add-Methode besitzen

Das folgende Beispiel zeigt die Nutzung von params mit Listen:

```
static void PrintNumbers(params List<int> numbers)
{
    foreach (var list in numbers)
        list.ForEach(Console.WriteLine);
}

// Aufruf
PrintNumbers(new List<int> { 1, 2, 3 }, new List<int> { 4, 5, 6 });
```

Optionale Parameter

Als *optionale Parameter* werden Methodenparameter bezeichnet, die beim Aufruf in der Parameterliste nicht übergeben werden müssen. Optionale Parameter sind daran zu erkennen, dass ihnen in der Methodendefinition ein Standardwert zugewiesen wird. Wird dem optionalen Parameter beim Methodenaufruf kein Wert übergeben, behält der optionale Parameter den Standardwert.

Folgendes Codefragment zeigt die Implementierung der Methode DoSomething, die mit value einen optionalen Parameter beschreibt, dessen Standardwert -1 ist.

```
public void DoSomething(string name, int value = -1)
{
  [...]
}
```

Hinweis

Hat eine Methode sowohl feste als auch optionale Parameter, sind zuerst die festen und danach die optionalen anzugeben.

Wollen Sie wissen, ob dem optionalen Parameter ein Wert übergeben worden ist oder nicht, brauchen Sie nur zu prüfen, ob der Parameterwert vom Standardwert in der Parameterdefinition abweicht, also beispielsweise:

```
public void DoSomething(string name, int value = -1)
{
  if(value != -1)
    // dem optionalen Parameter wurde ein Wert übergeben
}
```

Die Methode `DoSomething` kann auf zweierlei Weise aufgerufen werden. Zunächst einmal können Sie den optionalen Parameter ignorieren, z. B.:

```
obj.DoSomething("Hallo");
```

Wollen Sie den optionalen Parameter nutzen, weisen Sie ihm einen Wert zu:

```
obj.DoSomething("Hallo", 100);
```

Mit optionalen Parametern ließe sich im Grunde genommen die Methodenüberladung durch ein Hintertürchen umgehen. Da optionale Parameter jedoch nicht zum fundamentalen Konzept der Objektorientierung gehören und auch nicht von allen .NET-basierten Programmiersprachen unterstützt werden, sollten Sie der Methodenüberladung den Vorzug geben.

Ein Problemfall ist sicherlich der Standardwert optionaler Parameter. Eine Änderung des Standardwerts in einer neuen Version einer Bibliothek ist nicht zulässig, da das ursprünglich spezifizierte Verhalten der Methode damit zu einem inkonsistenten Verhalten der Anwendung führen kann.

Methodenaufruf mittels benannter Argumente

Ein weiteres Sprachfeature ist der Methodenaufruf mittels benannter Argumente. Die folgende Anweisung zeigt den Aufruf der Methode `Move` der Klasse `Circle` mit benannten Argumenten:

```
kreis.Move(dx: 100, dy: -200);
```

Dazu geben Sie bei der Argumentübergabe den Bezeichner des Parameters an und dahinter, getrennt durch einen Doppelpunkt, das Argument. Die Reihenfolge der Argumente spielt keine Rolle, weil sie eindeutig den entsprechenden Parametern zugeordnet werden können.

Sie können unbenannte und benannte Argumente bei einem Methodenaufruf verwenden. Allerdings sind die benannten immer nach den unbenannten anzugeben.

Eine besondere Rolle kommt den benannten Argumenten im Zusammenhang mit Methoden zu, die mehrere optionale Parameter haben. Angenommen, eine Methode definiert vier optionale Parameter, beispielsweise

```
public void DoSomething(int a = 10, int b = 3, int c = -5, int d = 5) {[...]}
```

Ohne die syntaktische Fähigkeit benannter Argumente bliebe Ihnen nur übrig, allen Parametern ausdrücklich einen Wert zuzuweisen. Mit

```
obj.DoSomething(d: 4711);
```

wird aber die Zuweisung an den vierten optionalen Parameter zu einer sehr überschaubaren und auch gut lesbaren Angelegenheit.

3.5.8 Zugriff auf private Daten

Eine Objektmethode kann nicht auf die privaten Daten eines anderen Objekts zugreifen. Dies war bisher die Aussage, die allerdings nicht uneingeschränkt gültig ist, wie das folgende Beispiel der Klasse `Demo` zeigen soll:

```
class Demo
{
  private int _Value;
  public void DoSomething(Demo obj)
  {
    obj._Value = 122;
  }
  public int Value
  {
    get { return _Value; }
    set { _Value = value; }
  }
}
```

Listing 3.14 Klasse mit einem privaten Feld

In der Klassendefinition ist das Feld `_Value` privat definiert, um den direkten Zugriff von außen zu unterbinden. Das Feld kann also nur durch die Eigenschaft `Value` manipuliert werden.

Mit etwas Besonderem wartet die Methode `DoSomething` auf: Sie empfängt beim Aufruf im Parameter `obj` die Referenz auf ein anderes Objekt vom Typ `Demo`. Es mag überraschend klingen, aber diese Referenz soll dazu benutzt werden, auf die private Variable `_Value` des übergebenen Objekts zuzugreifen und einen Wert direkt zuzuweisen.

Nach allen bisherigen Aussagen dürfte dieser Zugriff eigentlich nicht erlaubt sein. Mit dem folgenden Listing wollen wir das testen.

```
Demo object1 = new Demo();
Demo object2 = new Demo();
object1.Value = 4711;
object2.DoSomething(object1);
Console.WriteLine("Private Variable = {0}", object1.Value);
Console.ReadLine();
```

Listing 3.15 Auf private Daten desselben Typs zugreifen

Zuerst werden zwei konkrete Objekte vom Typ `Demo` erzeugt, und der Eigenschaft `Value` des ersten wird ein Wert zugewiesen. Im nächsten Schritt folgt der Aufruf der `DoSomething`-Methode des Objekts `object2` unter Übergabe der Referenz auf das Objekt `object1`.

Tatsächlich wird an der Konsole der veränderte Inhalt des privaten Feldes angezeigt, also die Zahl 122. Die Kapselung des Feldes wird tatsächlich aufgebrochen, aber auch nur dann, wenn man sich innerhalb eines anderen Objekts derselben Klasse befindet. Diese Regel ist die einzige Ausnahme hinsichtlich der ansonsten strengen Datenkapselung.

3.5.9 Die Trennung von Daten und Code

Ein Objekt besteht im Wesentlichen aus Eigenschaften und Methoden. Eigenschaften sind im Grunde genommen nichts anderes als Elemente, die objektspezifische Daten enthalten. Objekte werden meist durch mehrere Eigenschaften beschrieben. Für jedes Feld wird entsprechend Speicher reserviert, für einen Integer beispielsweise vier Byte. Alle Eigenschaften eines Objekts sind natürlich nicht wild verstreut im Speicher zu finden, sondern in einem zusammenhängenden Block.

Typgleiche Objekte reservieren grundsätzlich gleich große Datenblöcke, deren interne Struktur vollkommen identisch aufgebaut ist. Wenn Sie in Ihrem Code die Objektvariable der Klasse `Circle` deklarieren, wird Speicherbereich reserviert, der groß genug ist, um alle Daten aufzunehmen. Mit

```
Circle kreis1 = new Circle();
```

zeigt die Objektvariable `kreis1` auf die Startadresse dieses Datenblocks im Speicher: Sie referenziert das Objekt. Daher stammt auch die gebräuchliche Bezeichnung *Objektreferenz*.

Das Speicherprinzip ist in Abbildung 3.2 anhand der beiden Objekte `kreis1` und `kreis2` dargestellt. Tatsächlich sind die Vorgänge zur Laufzeit deutlich komplexer, aber zum Verständnis des Begriffs »Datenblock« und zur Erkenntnis, dass sich hinter jeder Objektvariablen eigentlich eine Speicheradresse verbirgt, trägt die Abbildung anschaulich bei.

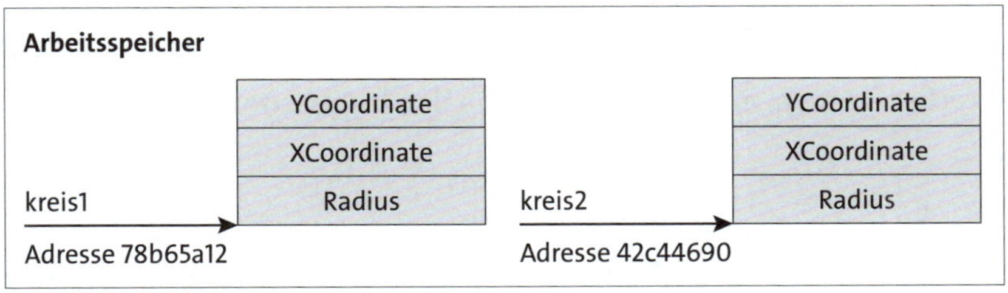

Abbildung 3.2 Prinzipielle Verwaltung von Objekten im Arbeitsspeicher

Jedes Objekt beansprucht einen eigenen Datenblock. Diese Notwendigkeit besteht nicht für die Methoden, also den Code einer Klasse. Dieser befindet sich nur einmal »en bloc« im Speicher. Der Code arbeitet zwar mit den Daten eines Objekts, ist aber trotzdem völlig unabhängig von ihnen. Im objektorientierten Sprachgebrauch wird dies auch als die *Trennung von Code und Daten* bezeichnet. Der Code der Methoden wird nur einmal im Speicher abgelegt, und zwar auch dann, wenn noch kein Objekt dieses Typs existiert.

3.5.10 Namenskonflikte mit »this« lösen

Felder und lokale Variablen können und dürfen gleichnamig sein, wie das folgende Codefragment demonstriert:

```
class Demo
{
  public int Value {get; set;}
  public void DoSomething1()
  {
    int Value = 0;
    [...]
    Value = 4711;
  }
  public void DoSomething2()
  {
    Value = 25;
  }
}
```

Die Klasse Demo definiert das Feld Value, derselbe Bezeichner wurde in der Methode DoSomething1 für eine lokale Variable gewählt. Eine Anweisung in DoSomething1 wie beispielsweise

```
Value = 4711;
```

verändert den Inhalt der lokalen Variablen, denn deren Gültigkeitsbereich liegt der Anweisung näher als die Felddefinition. Soll in DoSomething1 aber das gleichnamige Feld angesprochen werden, muss dem Feldnamen das Schlüsselwort this vorausgehen, z. B.:

```
this.Value = 245;
```

Hinweis

Bei dem this-Schlüsselwort handelt es sich um den Zeiger eines Objekts auf sich selbst. Damit kann das aktuelle Objekt seine eigene Referenz, also gemäß Abbildung 3.2 die Speicheradresse, abfragen oder weiterleiten. Mit this können alle Member einer Klasse adressiert werden, die sich im Kontext eines Objekts befinden.

DoSomething2 manipuliert ebenfalls Value. Da in DoSomething2 die lokale Variable Value der Methode DoSomething1 unbekannt ist, wird der Wert direkt dem Feld zugewiesen. Es wäre aber trotzdem nicht falsch, this zu verwenden.

3.5.11 Methode oder Eigenschaft?

Vielleicht haben Sie sich bei den vorherigen Ausführungen gefragt, warum eine recht komplexe Eigenschaft mit get und set angeboten wird. Schließlich könnten wir auch über einen herkömmlichen Methodenaufruf einem Feld einen Wert zuweisen oder diesen abrufen.

Nehmen wir das Beispiel der Eigenschaft Radius in der Klasse Circle. Um den Paradigmen der Objektorientierung zu entsprechen, wird der Wert, den die Eigenschaft beschreibt, in einem privaten Feld gekapselt und über eine Eigenschaftsmethode der Außenwelt zugänglich gemacht.

```
public class Circle
{
  private int _Radius;
  public int Radius
  {
    get {return _Radius;}
    set {[...]}
```

```
  }
  [...]
}
```

Nun wollen wir einen alternativen Weg beschreiten. Identisch mit dem gezeigten Codefragment ist nur die private Variable `_Radius`. Um ihr einen Wert zuzuweisen, wird eine Methode `SetRadius` definiert. Der Parameter `value` empfängt den neuen Wert und weist ihn `_Radius` zu (die Überprüfung der Gültigkeit schenken wir uns der Einfachheit halber). Die Rückgabe des Eigenschaftswertes erfolgt über die Methode `GetRadius`.

```
public class Circle
{
  private int _Radius;
  public void SetRadius(int value)
  {
    _Radius = value;
  }
  public int GetRadius()
  {
    return _Radius;
  }
}
```

Syntaktisch ist am Code nichts zu beanstanden. Der Aufruf von `SetRadius` bewirkt, dass dem Feld `_Radius` ein Wert zugewiesen wird, während der Aufruf von `GetRadius` den Inhalt zurückliefert. Aber diese Variante ist nicht empfehlenswert, und das hat einen triftigen Grund: Die Syntax, um einer Eigenschaft einen Wert zuzuweisen, würde anders lauten. Normalerweise erwartet der Aufrufer, einer Klasse unter Angabe des Zuweisungsoperators einer Eigenschaft einen Wert zuzuweisen:

```
kreis.Radius = 100;
```

Würde stattdessen eine Methode ohne Rückgabewert implementiert, müsste der Wert als Argument in Klammern übergeben werden:

```
kreis.Radius(100);
```

Damit ist klar: Um der allgemeinen .NET-Konvention zu folgen und einer Eigenschaft mit dem Zuweisungsoperator einen Wert zuzuweisen oder die Eigenschaft auszuwerten, sollten Sie der Definition einer Eigenschaftsmethode den Vorzug geben.

3.5.12 Umbenennen von Methoden und Eigenschaften

Häufig werden Sie Programmcode schreiben und Variablen- oder Methodenbezeichner wählen, die Sie später ändern wollen. An dieser Stelle sei daher auch noch ein Hinweis gegeben, wie Sie mit der Unterstützung von Visual Studio auf sehr einfache Weise Methoden, Variablen oder Eigenschaften umbenennen können: Setzen Sie dazu den Eingabecursor auf den Bezeichner, den Sie ändern wollen. Automatisch werden alle Vorkommen des ausgewählten Bezeichners im aktuellen Codefenster farbig hinterlegt. Öffnen Sie nun das Kontextmenü, und wählen Sie hier UMBENENNEN. Jetzt können Sie dem Bezeichner einen anderen Namen geben, der auch sofort von den anderen Vorkommen übernommen wird. Darüber hinaus öffnet sich nach dem Klicken auf UMBENENNEN im Kontextmenü links oben im Code-Editor ein Hilfsfenster, in dem Sie angeben können, ob Kommentare und Zeichenfolgen in die Umbenennungsaktion einbezogen werden sollen (siehe Abbildung 3.3). Seien Sie aber vorsichtig, wenn Sie eine der beiden genannten Optionen auswählen – möglicherweise trifft die Aktion dann auch eine Stelle, die nicht umbenannt werden sollte.

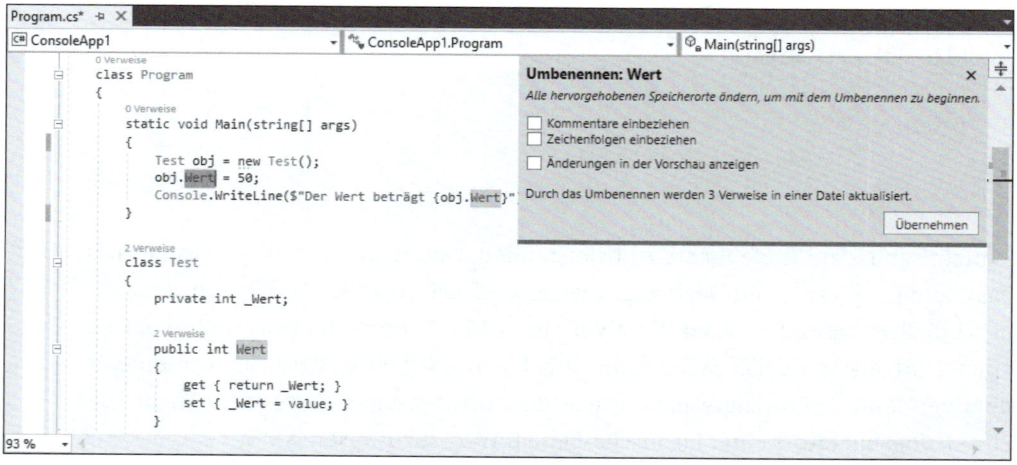

Abbildung 3.3 Umbenennen von Eigenschaften und Methoden in Visual Studio

3.6 Konstruktoren

Konstruktoren sind spezielle Methoden, die nur dann aufgerufen werden, wenn mit dem reservierten Wort `new` eine neue Instanz einer Klasse erzeugt wird. Sie dienen der kontrollierten Initialisierung von Objekten, um beispielsweise Eigenschaften Anfangswerte zuzuweisen, die Verbindung zu einer Datenbank aufzubauen oder eine Datei zu öffnen. Mit Konstruktoren lassen sich unzulässige Objektzustände vermeiden, damit einem Objekt nach Abschluss seiner Instanziierung nicht substanzielle Startwerte fehlen.

Genauso wie Methoden lassen sich Konstruktoren überladen. Allerdings haben Konstruktoren grundsätzlich keinen Rückgabewert, auch nicht `void`. Bei der Definition eines Konstruktors wird zuerst ein Zugriffsmodifizierer angegeben, direkt dahinter der Klassenbezeichner. Damit sieht der parameterlose Konstruktor der Klasse `Circle` wie folgt aus:

```
public Circle() { }
```

Wird ein Objekt mit

```
Circle kreis = new Circle();
```

erzeugt, verbergen sich hinter dem Objekterstellungsprozess zwei Schritte:

- Der erforderliche Speicher für die Daten des Objekts wird reserviert.
- Ein Konstruktor wird aufgerufen, der das Objekt initialisiert.

Ein Blick in die aktuelle Implementierung der Klasse `Circle` wirft die Frage auf, wo der Konstruktor zu finden ist, der für die Initialisierung verantwortlich ist. Die Antwort ist einfach: Die augenblickliche Klassenimplementierung enthält zwar explizit keinen Konstruktor, er existiert aber dennoch, allerdings implizit. Diesen impliziten Konstruktor, der parameterlos ist, bezeichnet man auch als *Standardkonstruktor*.

3.6.1 Konstruktoren bereitstellen

Um nach der Instanziierung dem `Circle`-Objekt individuelle Daten zuzuweisen, muss der Benutzer der Klasse jede Eigenschaft einzeln aufrufen, z. B.:

```
kreis.Radius = 10;
kreis.XCoordinate = 20;
kreis.YCoordinate = 20;
```

Wäre es nicht sinnvoller, einem `Circle`-Objekt schon bei seiner Instanziierung den Radius mitzuteilen, vielleicht sogar gleichzeitig die Bezugspunktkoordinaten? Genau diese Aufgabe können entsprechend parametrisierte Konstruktoren übernehmen.

Das Beispiel der `Circle`-Klasse wollen wir daher nun so ergänzen, dass bei der Instanziierung unter drei Optionen ausgewählt werden kann:

- Ein `Circle`-Objekt kann wie bisher ohne Übergabe von Initialisierungsdaten erzeugt werden.
- Einem `Circle`-Objekt kann bei der Instanziierung ein Radius übergeben werden.
- Bei der Instanziierung kann sowohl der Radius als auch die Lage des Bezugspunktes festgelegt werden.

Mit diesen neuen Forderungen muss der Code der Circle-Klasse wie folgt ergänzt werden:

```
public Circle() {}
public Circle(int radius)
{
  Radius = radius;
}
public Circle(int radius, double x, double y)
{
  XCoordinate = x;
  YCoordinate = y;
  Radius = radius;
}
```

Listing 3.16 Konstruktoren in der Klasse »Circle«

Weiter oben haben Sie im Zusammenhang mit der Bereitstellung der Methode Move erfahren, dass die Zuweisung an ein gekapseltes Feld immer über die Eigenschaftsmethode führen sollte. An dieser Stelle wird dieser Sachverhalt bei der Zuweisung des Radius besonders deutlich: Würden Sie den vom ersten Parameter radius beschriebenen Wert direkt dem Feld _Radius zuweisen, könnte das Circle-Objekt tatsächlich einen negativen Radius aufweisen. Die Überprüfung im set-Accessor der Eigenschaftsmethode garantiert aber gleichzeitig, dass der Radius des Kreises niemals negativ sein kann.

3.6.2 Die Konstruktoraufrufe

Im Allgemeinen werden Konstruktoren dazu benutzt, den Feldern eines Objekts bestimmte Startwerte mitzuteilen. Um ein Circle-Objekt zu erzeugen, stehen mit der obigen Konstruktorüberladung drei Möglichkeiten zur Verfügung:

- Es wird ein Kreis ohne die Übergabe eines Arguments erzeugt. Dabei wird der parameterlose Konstruktor aufgerufen:

  ```
  Circle kreis = new Circle();
  ```

  Der Kreis hat in diesem Fall den Radius 0, die Bezugspunktkoordinaten werden ebenfalls mit 0 initialisiert.

- Ein neuer Kreis wird nur mit dem Radius definiert, z. B.:

  ```
  Circle kreis = new Circle(10);
  ```

  Es wird der Konstruktor aufgerufen, der ein Argument erwartet. Da den Bezugspunktkoordinaten keine Daten zugewiesen werden, sind ihre Werte 0.

- Einem Kreis werden bei der Erzeugung sowohl der Radius als auch die Bezugspunktkoordinaten übergeben:

```
Circle kreis = new Circle(10, 15, 20);
```

Bei der Instanziierung einer Klasse muss der C#-Compiler selbst herausfinden, welcher Konstruktor ausgeführt werden muss. Dazu werden die Typen der übergebenen Argumente mit denen der Konstruktoren verglichen. Liegt eine Doppeldeutigkeit vor oder können die Argumente nicht zugeordnet werden, löst der Compiler einen Fehler aus.

3.6.3 Definition von Konstruktoren

Trotz der Ähnlichkeit zwischen Konstruktoren und Methoden unterliegen Konstruktoren bestimmten, teilweise auch abweichenden Regeln:

- Die Bezeichner der Konstruktoren einer Klasse entsprechen dem Klassenbezeichner.
- Konstruktoren haben grundsätzlich keinen Rückgabewert, auch nicht `void`.
- Die Parameterliste eines Konstruktors ist beliebig.
- Der Konstruktor einer Klasse wird bei der Instanziierung mit dem Schlüsselwort `new` aufgerufen.
- Ein Konstruktor kann nicht auf einem bereits bestehenden Objekt aufgerufen werden.

Enthält eine Klasse keinen parametrisierten Konstruktor, wird bei der Erzeugung eines Objekts der implizite, parameterlose Standardkonstruktor aufgerufen. Nun folgt noch eine weitere, sehr wichtige Regel:

> **Hinweis**
> Der implizite, parameterlose Standardkonstruktor existiert nur dann, wenn er nicht durch einen parametrisierten Konstruktor überladen wird.

Implementieren Sie einen parametrisierten Konstruktor, enthält die Klasse keinen impliziten Standardkonstruktor mehr. Sie können dann mit

```
Circle kreis = new Circle();
```

kein Objekt mehr erzeugen. Wollen Sie das dennoch sicherstellen, müssen Sie den parametrisierten Konstruktor ausdrücklich codieren. Aus diesem Grund haben wir auch in `Circle` einen parameterlosen Konstruktor definiert, obwohl er keinen Code enthält. Wir entsprechen damit unserer selbst auferlegten Forderung, ein `Circle`-Objekt ohne Startwerte erzeugen zu können.

3.6.4 »public«- und »internal«-Konstruktoren

Alle als `public` deklarierten Konstruktoren stehen allen Benutzern der Klasse zur Verfügung. Das ist natürlich im Grunde genommen nur dann sinnvoll, wenn die Klasse in einer Klassenbibliothek implementiert wird. In dem Fall kann eine andere Anwendung die öffentlichen Konstruktoren dazu benutzen, ein Objekt zu erzeugen. Manchmal ist es jedoch wünschenswert, einen bestimmten Konstruktor nur in der aktuellen Anwendung offenzulegen (also der Anwendung, in der die Klasse definiert ist), um damit eine bestimmte Instanziierung aus anderen Anwendungen heraus zu unterbinden. Mit dem Zugriffsmodifizierer `internal` können Sie eine solche Einschränkung realisieren. Denken Sie jedoch daran, dass der implizite Standardkonstruktor grundsätzlich immer öffentlich (`public`) ist.

3.6.5 Primäre Konstruktoren

Ein primärer Konstruktor in C# ist eine Spracheigenschaft, die mit C# 12 eingeführt wurde. Diese Art von Konstruktoren ermöglichen es, den Konstruktor direkt in der Klassendefinition zu deklarieren, was die Syntax verkürzt und den Code sauberer und lesbarer macht. Im Wesentlichen handelt es sich um eine kompaktere Möglichkeit, Parameter an die Felder oder Eigenschaften einer Klasse zu übergeben:

```
public class Person(string name, int age)
{
    public string Name { get; } = name;
    public int Age { get; } = age;
}
```

Die Parameter eines primären Konstruktors haben im gesamten Body des deklarierenden Typs Geltungsbereich. Sie können Eigenschaften oder Felder initialisieren, als Variablen in Methoden oder lokalen Funktionen zum Einsatz kommen oder an einen Basiskonstruktor übergeben werden.

3.6.6 »private«-Konstruktoren

Sie werden immer wieder Klassen entwickeln, die nicht instanziiert werden dürfen. Um die Instanziierung zu verhindern, muss der parameterlose Konstruktor, der standardmäßig `public` ist, mit einem `private`-Zugriffsmodifizierer überschrieben werden, beispielsweise:

```
public class Demo
{
  private Demo()
  {
```

```
    [...]
  }
}
```

Es sei bereits an dieser Stelle angemerkt, dass es mit C# noch eine weitere Möglichkeit gibt, eine Klasse zu definieren, die nicht instanziiert werden kann. Wir kommen später in diesem Kapitel noch darauf zu sprechen.

3.6.7 Konstruktoraufrufe umleiten

Es kann vorkommen, dass der Konstruktor einer Klasse Programmcode enthält, den ein anderer Konstruktor der Klasse bereits enthält. Sehen wir uns dazu die beiden parametrisierten Konstruktoren der Klasse `Circle` im folgenden Listing an:

```
public Circle(int radius)
{
  Radius = radius;
}
public Circle(int radius, double x, double y)
{
  XCoordinate = x;
  YCoordinate = y;
  Radius = radius;
}
```

Es fällt auf, dass in beiden Konstruktoren der Radius des `Circle`-Objekts festgelegt wird. Es liegt nahe, zur Vereinfachung den einfach parametrisierten Konstruktor aus dem dreifach parametrisierten heraus aufzurufen.

Da Konstruktoren eine besondere Spielart der Methoden darstellen und nur über den Operator `new` aufgerufen werden können, stellt C# eine syntaktische Variante bereit, mit der aus einem Konstruktor heraus ein anderer Konstruktor derselben Klasse aufgerufen wird. Hier kommt erneut das Schlüsselwort `this` ins Spiel:

```
public Circle(int radius)
{
  Radius = radius;
}
public Circle(int radius, double x, double y) : this(radius)
{
  XCoordinate = x;
  YCoordinate = y;
}
```

Listing 3.17 Konstruktoraufrufumleitung

Die Signatur des dreifach parametrisierten Konstruktors ist um

```
: this(radius)
```

ergänzt worden. Das hat den Aufruf eines anderen Konstruktors, in unserem Fall den Aufruf des einfach parametrisierten, zur Folge. Gleichzeitig wird der vom Aufrufer übergebene Radius, den der dreifach parametrisierte Konstruktor in seiner Parameterliste entgegennimmt, weitergeleitet an den einfach parametrisierten Konstruktor. Der einfach parametrisierte Konstruktor wird ausgeführt und gibt die Kontrolle danach an den aufrufenden Konstruktor zurück.

Konstruktorverkettung – die bessere Lösung

Betrachten wir unsere drei Konstruktoren in `Circle` jetzt einmal aus der Distanz, und nehmen wir an, es wäre unsere Absicht, den dreifach parametrisierten aufzurufen. Dieser leitet in den zweifach parametrisierten um und dieser möglicherweise sogar an den parameterlosen, wenn dieser eine Anweisung enthält, die von allen Konstruktoren aufgerufen werden muss. Solche Verkettungen über mehrere Konstruktoren hinweg können durchaus noch extremer ausfallen, wenn noch mehr Konstruktoren in der Klasse eine Rolle spielen. Zur besseren Lesbarkeit des Programmcodes trägt das nicht bei.

Sie sollten daher eine andere Reihenfolge bevorzugen: Leiten Sie immer direkt zu dem Konstruktor mit den meisten Parametern um. Dieser enthält dann die gesamte Initialisierungslogik. Soweit möglich, werden die Übergabeargumente des aufgerufenen Konstruktors weitergeleitet, ansonsten bieten sich Standardwerte an.

Mit dieser Überlegung ändern sich die Konstruktoren in `Circle` wie folgt:

```
public Circle() : this(0, 0, 0) {}
public Circle(int radius) : this(radius, 0, 0) {}
public Circle(int radius, double x, double y)
{
  Radius = radius;
  XCoordinate = x;
  YCoordinate = y;
}
```

Listing 3.18 Überarbeitete Konstruktoren in der Klasse »Circle«

3.6.8 Vereinfachte Objektinitialisierung

Um einem `Circle`-Objekt mit dem dreifach parametrisierten Konstruktor Daten zuzuweisen, schreiben Sie den folgenden Code:

```
Circle kreis = new Circle(12, -100, 250);
```

Es geht aber auch anders; Sie können die Startwerte in derselben Anweisungszeile in geschweiften Klammern angeben, wie das folgende Beispiel zeigt:

```
Circle kreis = new Circle() { XCoordinate = -7, YCoordinate = 2, Radius = 2 };
```

Sie können mit dieser Notation sogar auf die runden Klammern verzichten. Diese Art der Objektinitialisierung wird als *vereinfachte Objektinitialisierung* bezeichnet und orientiert sich nicht an den vorhandenen Konstruktoren.

Sie müssen nicht zwangsläufig alle Eigenschaften angeben. Felder, denen kein Wert übergeben wird, werden mit dem typspezifischen Standardwert initialisiert. Auch die Reihenfolge der durch ein Komma angeführten Eigenschaften spielt keine Rolle, z. B.:

```
Circle kreis = new Circle {XCoordinate = -100, YCoordinate = -100, Radius = 12};
```

Die IntelliSense-Hilfe unterstützt Sie bei dieser Initialisierung und zeigt Ihnen die Eigenschaften an, die noch nicht initialisiert sind. Übergeben Sie sowohl im Konstruktoraufruf als auch in den geschweiften Klammern derselben Eigenschaft einen Wert, wird der Wert des Konstruktors verworfen. Das ist im Einzelfall eine wichtige Information, denn ein mit

```
Circle kreis = new Circle(50) { Radius = 678 };
```

erzeugtes Objekt hat beispielsweise den Radius 678.

Es hat den Anschein, dass die vereinfachte Objektinitialisierung die Bereitstellung von überladenen Konstruktoren überflüssig macht. Dem ist nicht so, und Sie sollten eine solche Idee auch schnell wieder verwerfen. Konstruktoren folgen der Philosophie der Objektorientierung und werden von jeder .NET-Sprache unterstützt. Das ist bei der vereinfachten Objektinitialisierung nicht der Fall, die nur im Zusammenhang mit einer anderen Technologie eingeführt worden ist.

3.7 Der Destruktor

Ein Konstruktor wird aufgerufen, wenn das Objekt einer Klasse erzeugt wird. Damit beginnt der Lebenszyklus des Objekts, der spätestens in dem Moment endet, wenn das Pendant des Konstruktors aufgerufen wird: der *Destruktor*. Im Destruktor sind normalerweise Anweisungen enthalten, die die von einem Objekt beanspruchten Fremdressourcen (»unmanaged« Ressourcen) freigeben. Dazu gehören unter anderem Netzwerk- oder Datenbankverbindungen, die in einer objektinternen Referenz vorgehalten werden.

Der Umstand, der zur Aufgabe eines Objekts führt, kann

- das Verlassen des Gültigkeitsbereichs der Objektvariablen oder
- die Zuweisung von `null` an die Objektreferenz

sein. Das bedeutet jedoch nicht, dass beim Eintreten einer dieser beiden Bedingungen der Destruktor sofort ausgeführt wird. Tatsächlich kann das noch eine unbestimmbare Zeit dauern, da für den Aufruf des Destruktors der sogenannte *Garbage Collector* zuständig ist – mit Programmcode ist das nicht möglich.

Der Destruktoraufruf wird also nur von der Laufzeit angestoßen. Mit anderen Worten bedeutet das aber auch, dass das Objekt zwar aus Sicht des Programms nicht mehr existiert, sich jedoch immer noch im Speicher befindet und dessen Ressourcen beansprucht.

Wir werden an dieser Stelle nicht auf die Aspekte und Hintergründe der Objektzerstörung näher eingehen. Dazu bedarf es umfassenderer Kenntnisse der Objektorientierung. Insbesondere sind damit die Interfaces gemeint, die wir im nächsten Kapitel behandeln werden. Erst im Kontext der Interfaces werden alle Zusammenhänge klar.

Da wir uns in diesem Kapitel aber mit den allgemeinen Kriterien des Klassenkonzepts beschäftigen, möchten wir den Destruktor zumindest erwähnen. Für unsere Klasse `Circle` lautet er wie folgt:

```
~Circle()
{
  [...]
}
```

Listing 3.19 Destruktor in der Klasse »Circle«

Eingeleitet wird der Destruktor mit dem Tildezeichen, danach folgt der Klassenbezeichner mit dem obligatorischen runden Klammerpaar, dem sich der Anweisungsblock anschließt. Ein Destruktor enthält weder einen Zugriffsmodifizierer noch eine Parameterliste oder die Angabe eines Rückgabetyps.

3.8 Konstanten in einer Klasse

Um zu kennzeichnen, dass Werte unveränderlich sind, können wir sie als Konstante definieren oder schreibgeschützte Felder anlegen. Mit Konstanten lassen sich schreibgeschützte Werte erstellen, und schreibgeschützte Felder dienen ausschließlich dem lesenden Zugriff auf Daten in Klassen von außen.

3.8.1 Konstanten mit dem Schlüsselwort »const«

Benötigen Sie einen Wert, der während der Laufzeit der Anwendung nicht geändert werden darf, sollten Sie eine Konstante deklarieren. Kennzeichnend für eine Konstante ist das Schlüsselwort `const` zwischen dem Zugriffsmodifizierer und dem Datentyp, beispielsweise:

```
public class Mathematics
{
  public const double PI = 3.14;
  [...]
}
```

Um eine Konstante auszuwerten, muss der Name der Klasse, in der die Konstante definiert ist, angegeben werden, beispielsweise:

```
Mathematics.PI;
```

Der Zugriff über eine Objektreferenz ist nicht möglich.

Der Wert einer Konstanten wird schon bei der Kompilierung ausgewertet. Da Referenztypen erst zur Laufzeit aufgelöst werden können, kommen für diese Konstanten im Grunde genommen nur Wertetypen wie `int`, `long` und `double` in Frage. Eine Ausnahme bildet nur der Typ `string`, der unter .NET zwar als Referenztyp behandelt wird, aber dennoch als `const`-Konstante angegeben werden darf.

3.8.2 Schreibgeschützte Felder mit »readonly«

Durch das Eliminieren des `set`-Accessors in einer Property können Sie diese vor unbefugtem Schreibzugriff schützen. Dieses Verhalten kann auch innerhalb einer Felddefinition erreicht werden. Dazu wird die Deklaration um das reservierte Wort `readonly` ergänzt, z. B.:

```
public readonly double PI = 3.14;
```

Im Gegensatz zu einer `const`-Konstanten können Sie den Wert einer `readonly`-Konstanten sowohl bei der Deklaration als auch innerhalb eines Konstruktors festlegen. Das Festlegen nach dem beendeten Konstruktoraufruf ist nicht möglich.

Eine `readonly`-Konstante ist besonders dann sehr gut geeignet, wenn die Konstante einen Referenztyp beschreiben soll. Im Gegensatz zu einer `const`-Konstanten wird eine `readonly`-Konstante auf einer Objektreferenz aufgerufen.

Im folgenden Codebeispiel werden in der Klasse `Coordinate` die beiden Konstanten `XCoordinate` und `YCoordinate` beim Aufruf des Konstruktors festgelegt.

```
class Coordinate
{
  public readonly int XCoordinate;
  public readonly int YCoordinate;
  public Coordinate(int x, int y)
  {
    XCoordinate = x;
    YCoordinate = y;
  }
}
```

Die Auswertung der beiden Konstanten zeigen die folgenden drei Anweisungen:

```
Coordinate point = new Coordinate(-12, 76);
Console.WriteLine("X: " + point.XCoordinate);
Console.WriteLine("Y: " + point.YCoordinate);
```

3.9 Statische Klassenkomponenten

In der Klasse Circle sind mit Radius, XCoordinate und YCoordinate drei Eigenschaften definiert, die den Zustand eines Objekts dieses Typs beschreiben. Jede Instanz der Klasse reserviert für ihre Daten einen eigenen Speicherbereich, der vollkommen unabhängig von den Daten anderer Objekte ist. Auch alle bisher implementierten Methoden nehmen Bezug auf Objekte, da sie mit deren Daten arbeiten.

Was ist aber, wenn Felder oder Methoden benötigt werden, die für alle Objekte einer Klasse gleichermaßen gültig sein sollen?

3.9.1 Statische Eigenschaften

Stellen Sie sich vor, Sie beabsichtigen, in der Klasse Circle einen Zähler zu implementieren, der die Aufgabe hat, die Gesamtanzahl der Circle-Objekte festzuhalten. Ein solcher Zähler entspricht der Forderung nach einem allgemeinen, objektunabhängigen Merkmal. Um den Objektzähler zu realisieren, brauchen wir ein Feld, das unabhängig von jedem Circle-Objekt ist und nur in einer festen Bindung zur Klasse Circle steht. Der Objektzähler wäre damit als eine gemeinsame Eigenschaft aller Objekte dieses Typs zu verstehen.

Probleme dieser Art, allen typgleichen Objekten klassen-, aber nicht objektgebundene Elemente zur Verfügung zu stellen, werden von C# durch das reservierte Wort static gelöst. Bezogen auf die Forderung nach einem Objektzähler, könnte die Problemlösung wie folgt aussehen:

```
public class Circle
{
  public static int CountCircles;
  [...]
}
```

Als `static` deklarierte Felder sind nicht an ein bestimmtes Objekt gebunden, sondern gehören dem Gültigkeitsbereich einer Klasse an. Sie werden als *Klassenfelder* bezeichnet. Demgegenüber werden an Objekte gebundene Felder *Instanzfelder* genannt. In der Klasse `Circle` sind `_Radius`, `_XCoordinate` und `_YCoordinate` Instanzfelder.

Da Klassenfelder unabhängig von einem konkreten Objekt sind, ist es unzulässig, sie auf einer Objektreferenz aufzurufen. Stattdessen werden sie unter Angabe des Klassenbezeichners angesprochen. Den Objektzähler in `Circle` werten Sie daher mit

```
int anzahl = Circle.CountCircles;
```

aus.

Für statische Felder gelten dieselben Regeln der Datenkapselung im Zusammenhang mit `get` und `set` wie für Instanzfelder, es gibt keinen Unterschied. Es bieten sich für statische Felder selbstverständlich auch Auto-Properties an. Da keine besonderen Maßnahmen für den Objektzähler ergriffen werden müssen, sollten wir eine Auto-Property auch für `CountCircles` verwenden. Dabei müssen wir bedenken, den `set`-Accessor `private` zu setzen, damit von außerhalb der Klasse `Circle` der Zähler nicht manipuliert werden kann.

```
public class Circle
{
  // Klasseneigenschaft
  public static int CountCircles {get; private set;}
  [...]
}
```

Listing 3.20 Objektzähler in der Klasse »Circle«

Nun enthält die `Circle`-Klasse den angestrebten Objektzähler. Allerdings ist die Klassendefinition noch unvollständig, denn es fehlt die Programmlogik, die den Zähler mit jeder neuen Objektinstanz erhöht. Wir wissen, dass immer dann, wenn ein neues Objekt erzeugt wird, ein Konstruktor der Klasse aufgerufen wird. Eine andere Möglichkeit der Objekterzeugung gibt es nicht. Daher müssen wir den Objektzähler im Konstruktor erhöhen, in unserem Fall im dreifach parametrisierten, der bedingt durch die Konstruktoraufrufumleitung immer aufgerufen wird.

```
// Konstruktoren
public Circle() : this(0, 0, 0) { }
public Circle(int radius) : this(radius, 0, 0)) { }
public Circle(int radius, double x, double y)
{
  XCoordinate = x;
  YCoordinate = y;
  Radius = radius;
  Circle.CountCircles++;
}
```

Listing 3.21 Erhöhung des Objektzählers im Konstruktor

Anmerkung

An dieser Stelle ein wichtiger Hinweis: Nehmen wir an, aus irgendwelchen Gründen wird im Konstruktor eine Ausnahme ausgelöst. Das bedeutet, dass der Konstruktoraufruf nicht korrekt zu Ende geführt wird. Das hat zur Konsequenz, dass das Objekt nicht erstellt wird. Aus diesem Grund sollte der Zähler erst als letzte Anweisung im Konstruktor gesetzt werden.

Im Zusammenhang mit dem Objektzähler müssen wir uns natürlich auch Gedanken über die Reduzierung des Objektzählers machen. Dazu fällt uns sofort der Destruktor ein, der sich zu diesem Zweck zunächst gut zu eignen scheint. Der Haken ist allerdings, dass Sie den Destruktor nicht aus dem Code heraus aufrufen können. Das kann der sogenannte *Garbage Collector*. Wann der Garbage Collector seine Aufräumarbeiten durchführt, lässt sich aber nicht vorherbestimmen. Daher scheidet dieser Lösungsansatz im Grunde genommen aus.

Eine zweite Variante wäre es, den Zähler beim expliziten Aufruf einer Objektmethode zu verringern. Die Garantie, dass diese Methode aufgerufen wird, haben Sie aber ebenfalls nicht. Somit ist auch dies keine Lösung der erkannten Problematik.

Um es vorwegzunehmen: Eine 100 %ige Lösung gibt es nicht. Daher können Sie auch keine Gewähr für die Korrektheit der Zählerangabe übernehmen. Die insgesamt beste Lösung ist es, die beiden zuvor genannten Varianten zu kombinieren, auch wenn Sie damit auf ein neues Problem stoßen: Der Destruktor und die angedeutete Objektmethode müssen synchronisiert werden, damit der Zähler nicht mehrfach reduziert wird. Wie Sie diesen Lösungsansatz realisieren, werden Sie in Kapitel 4, »Vererbung, Polymorphie und Interfaces«, erfahren.

3.9.2 Statische Methoden

Nicht nur Felder, auch Methoden können objektunabhängig sein. Solche Methoden sind ebenfalls mit `static` signiert. Der Aufruf dieser sogenannten *Klassenmethoden* erfolgt wie bei den statischen Eigenschaften auf dem Klassenbezeichner.

Klassenmethoden haben wir schon häufig in den Listings dieses Buches benutzt: Es sind die Methoden `WriteLine` und `ReadLine`, die von der Klasse `Console` bereitgestellt werden. Auch `Main` ist `static` definiert. Ein anderer typischer Vertreter ist die Klasse `Math`, in der ausnahmslos alle Member `static` sind. Wozu sollte auch eine Instanz der Klasse `Math` dienlich sein, um den Sinus von 45° zu ermitteln?

Sind in einer Klasse sowohl statische als auch objektbezogene Eigenschaften bzw. Methoden definiert, unterliegt der wechselseitige Zugriff der beiden Elementtypen den folgenden beiden Regeln:

- Aus einer Instanzmethode heraus lassen sich Klasseneigenschaften ändern und Klassenmethoden aufrufen.
- Der umgekehrte Weg, nämlich aus einer Klassenmethode heraus auf Instanzeigenschaften oder Instanzmethoden zuzugreifen, ist nicht möglich. Das ist auch logisch, denn der Zugriff wäre nicht eindeutig, da es immer mehrere Objekte des entsprechenden Typs geben kann.

Klassenmethoden in der Klasse »Circle«

In `Circle` wollen wir nun auch noch ein paar Klassenmethoden bereitstellen. Hier bietet es sich an, zunächst `GetArea` und `GetPerimeter` zusätzlich statisch zu implementieren. Damit wird es dem Benutzer der Klasse ermöglicht, die Kreisfläche oder den Kreisumfang eines beliebigen Kreises zu ermitteln, ohne dafür vorher ein `Circle`-Objekt erstellen zu müssen.

```
public static double GetArea(int radius)
{
  return Math.PI * Math.Pow(radius, 2);
}
public static double GetPerimeter(int radius)
{
  return 2 * Math.PI * radius;
}
```

Listing 3.22 Klassenmethoden in der Klasse »Circle«

Beide Methoden haben allgemeingültigen Charakter, denn die erforderlichen Dateninformationen werden nicht aus einem Objekt bezogen, sondern über einen Parameter den Methoden übergeben. Damit sind `GetArea` und `GetPerimeter` nach den Regeln der Methodenüberladung korrekt überladen, denn die Parameterlisten der gleichnamigen Instanz- und Klassenmethoden unterscheiden sich.

Darüber hinaus soll die Klasse `Circle` um die Methode `Bigger` ergänzt werden, die in der Lage ist, zwei Kreisobjekte miteinander zu vergleichen. Eine ähnliche Methode ist als Instanzmethode in `Circle` bereits enthalten.

In der Methode muss natürlich ebenfalls dem Umstand Rechnung getragen werden, dass eines der beiden Übergabeargumente `null` ist oder sogar beide gleichzeitig.

```
public static int Bigger(Circle kreis1, Circle kreis2)
{
  if (kreis1 == null && kreis2 == null) return 0;
  if (kreis1 == null) return -1;
  if (kreis2 == null) return 1;
  if(kreis1.Radius > kreis2.Radius) return 1;
  if(kreis1.Radius < kreis2.Radius) return -1;
  return 0;
}
```

Listing 3.23 Eine weitere Klassenmethode in »Circle«

3.9.3 Statische Klasseninitialisierer

Bei der Instanziierung einer Klasse wird ein Konstruktor aufgerufen. Auf Klassenbasis gibt es dazu ein Pendant, das als *statischer Konstruktor* bezeichnet wird. Der statische Konstruktor ist eine an die Klasse gebundene Methode, die nur auf die Klassenmember Zugriff hat. Der Aufruf des statischen Konstruktors erfolgt automatisch, bevor der Typ zum ersten Mal benutzt wird. Statische Konstruktoren werden nur einmal aufgerufen. Ein Aufruf per Code ist nicht möglich.

Die Definition des statischen Konstruktors in `Circle` sieht folgendermaßen aus:

```
static Circle() {[...]}
```

Beachten Sie, dass ein statischer Konstruktor keinen Zugriffsmodifizierer akzeptiert. Da der statische Konstruktor automatisch aufgerufen wird und niemals direkt, ist eine Parameterliste nicht sinnvoll – die runden Klammern sind deswegen grundsätzlich leer.

Statische Konstruktoren bieten sich an, um komplexe Initialisierungen vorzunehmen. Dabei könnte es sich beispielsweise um das Auslesen von Dateien oder auch um die Initialisierung statischer Arrays handeln. Die Kombination von beidem kommt häufig bei der Initialisierung von Konfigurationsdaten zum Einsatz: ein statischer Konstruktor, der Daten aus einer Datei einliest und sie in einem statischen Array in der Klasse speichert.

3.9.4 Statische Klassen

Es gibt Klassen, die nur statische Mitglieder enthalten. Meistens handelt es sich dabei um Klassen, die allgemeingültige Operationen bereitstellen. In der .NET-Klassenbibliothek gibt es davon viele, die Klassen `Math` und `Console` gehören dazu. Ein besonderes Merkmal statischer Klassen ist, dass sie nicht instanziiert werden können.

Das folgende Listing zeigt die benutzerdefinierte Klasse `Mathematics`, die die beiden Methoden `Addition` und `Subtract` definiert:

```
public static class Mathematics
{
  public static double Addition(params double[] values)
  {
    [...]
  }
  public static double Subtract(params double[] values)
  {
    [...]
  }
}
```

Der Aufruf statischer Klassen erfolgt unter Angabe des Klassenbezeichners, bezogen auf die Klasse `Mathematics` also mit:

```
Mathematics.Addition(2, 77, 99);
```

Wenn Sie `static` als Modifizierer einer Klasse angeben, müssen Sie die folgenden Punkte beachten:

- Statische Klassen dürfen nur statische Klassenmitglieder haben. Der Modifizierer `static` ist bei allen Membern anzugeben.
- Statische Klassen enthalten keine Konstruktoren und können deshalb auch nicht instanziiert werden. Der parameterlose Konstruktor ist implizit `private`.

3.9.5 Statische Klasse oder Singleton-Pattern?

Eine statische Klasse ist sinnvoll, wenn Sie keine Instanziierung der Klasse zulassen wollen. Man könnte auch sagen, in der Anwendung gibt es nur ein Objekt dieses Typs, obwohl der Begriff »Objekt« im Zusammenhang mit statischen Klassen nicht präzise verwendet wird. Dasselbe Ziel wird auch von einem Design-Pattern verfolgt, das als *Singleton-Pattern* bekannt ist.

Anmerkung

Als *Design-Pattern* bezeichnet man allgemein verwendbare Lösungsansätze für immer wiederkehrende Probleme im Umfeld eines Softwareentwurfs. Design-Patterns beschreiben also im weitestgehenden Sinn Schablonen, die in einem bestimmten Kontext einer Software immer wieder verwendet werden können.

Betrachten wir das Singleton-Pattern an dem konkreten Beispiel der Klasse `Demo`. Ergänzend zum allgemein verwendeten Pattern beschreibt die Klasse zu Demonstrationszwecken mit `Value` eine Eigenschaft.

```
public class Demo
{
  private static Demo _CreateInstance = null;
  public int Value { get; set;}
  private Demo() { }
  public static Demo CreateInstance
  {
    get
    {
      if (_CreateInstance == null)
        _CreateInstance = new Demo();
      return _CreateInstance;
    }
  }
}
```

Listing 3.24 Klassendesign nach dem Singleton-Pattern

Werfen wir einen Blick in die Klassendefinition. Es fällt auf, dass der parameterlose Standardkonstruktor `private` implementiert ist. Da die Klasse keinen weiteren Konstruktor enthält, kann sie nicht instanziiert werden. In der Klasse ist ein statisches Feld vom Typ `Demo` definiert. Sie erinnern sich – statische Member können in einer laufenden Anwendung nur einmal existieren. Mit `CreateInstance` enthält die Klasse `Demo` auch eine statische Methode. Der Clou ist, dass innerhalb der Methode das statische Feld daraufhin geprüft wird, ob es ein konkretes `Demo`-Objekt beschreibt oder `null` ist. Im letztgenannten Fall wird ein `Demo`-Objekt erzeugt und die Referenz im statischen Feld `_CreateInstance` gespeichert. Hat das statische Feld jedoch nicht den Inhalt `null`, handelt es sich um ein `Demo`-Objekt, dessen Referenz an den Aufrufer der Methode `CreateInstance` zurückgeliefert wird.

Es ist kein Widerspruch darin zu sehen, dass die Klasse keinen öffentlichen Konstruktor enthält und plötzlich dennoch ein Objekt erzeugen kann. Der Konstruktor ist natürlich innerhalb der Klasse aufrufbar, somit kann auch ein Objekt erzeugt werden.

Die Logik der Methode `CreateInstance` garantiert jedoch, dass nur einmal ein `Demo`-Objekt erzeugt werden kann.

Prüfen lässt sich die Klasse ganz simpel mit dem folgenden Listing:

```
Demo demo = Demo.CreateInstance;
demo.Value = 128;
Demo demo1 = Demo.CreateInstance;
Console.WriteLine(demo1.Value);
```

Listing 3.25 Testen eines Singleton-Klassendesigns

Trotz des zweimaligen Aufrufs von `CreateInstance` wird an der Konsole der Wert `128` ausgegeben – der Beweis dafür, dass tatsächlich nur ein `Demo`-Objekt existiert.

Dasselbe Ergebnis können wir auch erzielen, indem wir eine statische Klasse bereitstellen:

```
public static class Demo
{
  public static int Value { get; set;}
}
```

Welche Vorteile und Nachteile haben dann das Singleton-Pattern und eine statische Klassendefinition? Im Grunde genommen beschränken sich die Unterschiede auf zwei wesentliche Punkte:

- Bei Verwendung des Singleton-Patterns wird tatsächlich ein Objekt erzeugt, das zu einem späteren Zeitpunkt vom Garbage Collector zerstört werden muss. Eine statische Klasse beschreibt hingegen kein Objekt und fällt damit auch nicht in den Aufgabenbereich des Garbage Collectors. Ein Pluspunkt für die statische Klasse.
- Statische Klassen können nicht abgeleitet werden. Auch wenn uns die damit im Zusammenhang stehende Vererbung thematisch erst im nächsten Kapitel beschäftigen wird, sei dieser Punkt erwähnt.

3.10 Namensräume (Namespaces)

Die .NET-Klassenbibliothek enthält zahlreiche Klassendefinitionen, die Entwickelnden im Bedarfsfall ihre individuellen Dienste über Methoden bereitstellen. Wir können davon ausgehen, dass sich das Angebot im Laufe der Zeit durch neue Technologien noch deutlich erweitern wird. Dabei sind die benutzerdefinierten Klassen noch nicht berücksichtigt.

Gäbe es für dieses große Angebot keine besondere Verwaltungsstruktur, wäre das Chaos perfekt. Erfahrene Entwickelnde wissen, wie schwierig es ist, unter ca. 5.000 bis

6.000 verschiedenen Betriebssystemfunktionen eine bestimmte zu finden. Da hilft auch kein von Microsoft sorgfältig gewählter, beschreibender Funktionsname weiter: Die Suche gleicht dem Stöbern nach der berühmten Stecknadel im Heuhaufen.

Dieser Problematik waren sich die .NET-Architekten bewusst und haben das Konzept der *Namespaces* (Namensräume) eingeführt. Namespaces sind hierarchische, logische Organisationsstrukturen. Sie kategorisieren Typdefinitionen, um das Auffinden einer bestimmten Funktionalität auf ein Minimum an Aufwand zu reduzieren und Mehrdeutigkeiten zu vermeiden.

Namespaces lassen sich sehr gut mit der Ordnerstruktur eines Dateisystems vergleichen. Dabei ähnelt ein Namespace einem Verzeichnis. Jedes Verzeichnis enthält Dateien, die meist logisch miteinander in Beziehung stehen: Beispielsweise beschreiben die Dateien in einem Verzeichnis eine Anwendung, oder es handelt sich um gemeinsam verwaltete Benutzerdokumente. Innerhalb eines Namespace werden ebenfalls logisch zusammenhängende Typen verwaltet. Beim Vergleich mit dem physikalischen Dateisystem entspricht eine Typdefinition einer Datei. Innerhalb eines Ordners muss der Name einer Datei eindeutig sein – innerhalb eines Namespace gilt dasselbe für die Typbezeichner. Im Dateisystem können Verzeichnisse Unterverzeichnisse enthalten, um eine feinere Gliederung zu erzielen. Aus denselben Gründen lassen sich Namespaces verschachteln.

Ein Namespace ist ein Verwaltungskonstrukt, in dem ein oder mehrere Typen logisch gruppiert werden, die funktional in einer engen Beziehung stehen. Beispielsweise sind alle Klassen des .NET Frameworks, die Dateioperationen zur Verfügung stellen, dem Namespace `System.IO` zugeordnet. Der größte Namespace ist der mit der Bezeichnung `System`. Er enthält die wichtigsten .NET-Typen und hat aus organisatorischen Gründen weitere, untergeordnete Namespaces.

Zwischen einem Namespace und einer Bibliotheksdatei (DLL), die Typdefinitionen enthält, besteht keine 1:1-Beziehung. Vielmehr kann sich ein Namespace über mehrere DLLs erstrecken. Umgekehrt können in einer DLL-Datei auch mehrere Namespaces definiert werden.

Grundsätzlich ist jede Typdefinition Mitglied eines Namespace. Folgerichtig wird auch jedweder Programmcode in Namespaces verwaltet. Jedes neue Projekt eröffnet dazu einen neuen Namespace, in dem alle Typen des aktuellen Projekts verwaltet werden.

3.10.1 Zugriff auf Namespaces

Es ist ein Irrtum, zu glauben, man könne ohne weitere Maßnahme auf jeden beliebigen Namespace und eine darin verwaltete Klasse Zugriff erhalten. Vielmehr muss die Klassenbibliothek, die den gewünschten Namespace enthält, referenziert werden.

Damit jedes Projekt von Anfang an eine gewisse Grundfunktionalität hat, werden die (nach Ansicht von Microsoft) wichtigsten Bibliotheken von Anfang an in jedes Projekt eingebunden. Sie finden die Liste der entsprechenden Dateiverweise im Projektmappen-Explorer, indem Sie den Knoten ABHÄNGIGKEITEN öffnen. Die Dateiendung wird in der Verweisliste nicht mit angegeben (siehe Abbildung 3.4).

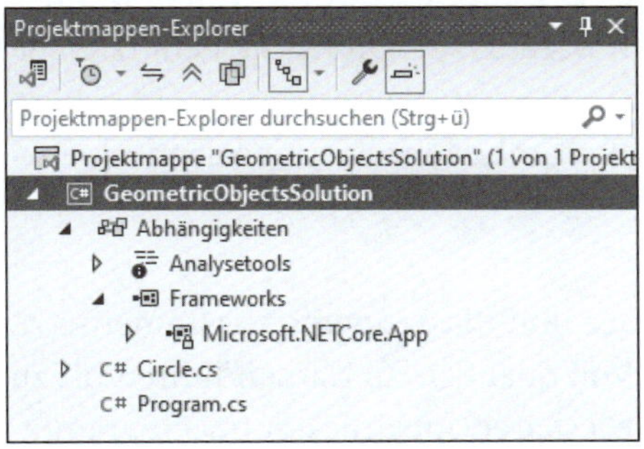

Abbildung 3.4 Der geöffnete Knoten »Verweise«

Damit stehen Entwickelnden bereits nach dem Anlegen eines neuen Projekts sehr viele Klassen zur Verfügung. Sollte es sich im Laufe der Entwicklungszeit herausstellen, dass darüber hinaus weitere Bibliotheken benötigt werden, ist die Verweisliste dementsprechend zu ergänzen. Seit geraumer Zeit hat sich dafür *NuGet* als Paketverwaltung etabliert. NuGet-Pakete bieten fertige Bibliotheken an, die sich über den NuGet-Paketmanager auswählen und installieren lassen (siehe Abbildung 3.5).

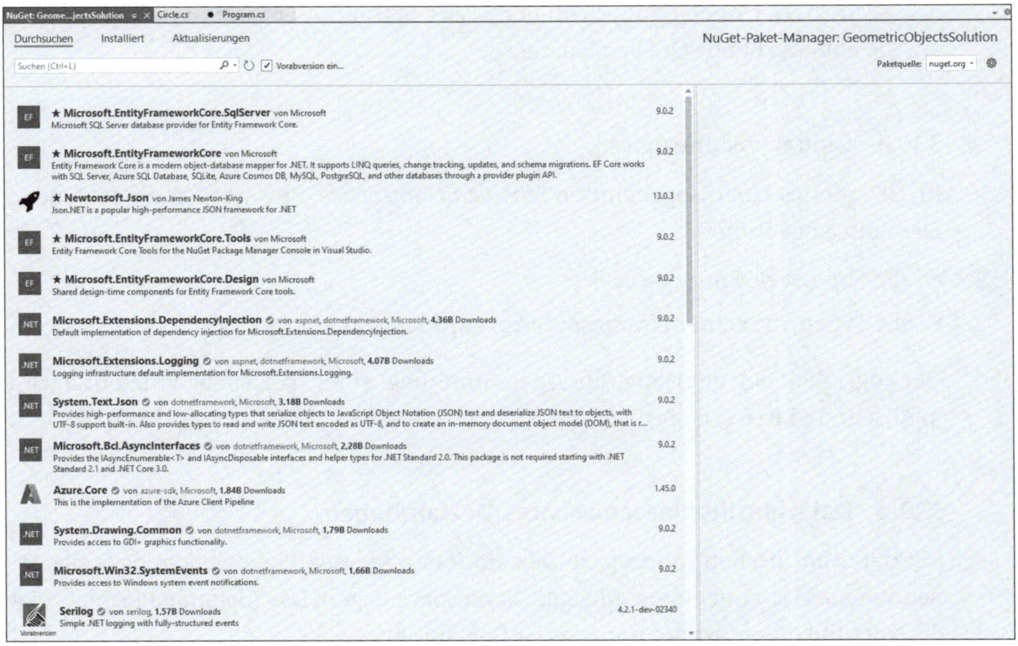

Abbildung 3.5 Der NuGet-Paketmanager. Links sind verfügbare NuGet-Pakete aufgelistet.

Diese Pakete erlauben es, das eigene Projekt um vielfältige Möglichkeiten und Funktionen zu ergänzen, weil sich fertiger Code einbinden lässt.

3.10.2 Die »using«-Direktive

Standardmäßig muss der Angabe einer Klasse der Namespace vorangestellt werden, dem die Klasse zugeordnet ist. Betrachten wir dazu das schon häufig benutzte Beispiel der Methode `WriteLine` der Klasse `Console`, die zum Namespace `System` gehört. Um im Konsolenfenster eine Ausgabe zu erhalten, müssten wir streng genommen

```
System.Console.WriteLine("Hallo Welt");
```

codieren. Eine Angabe, die sich aus Namespace und Klassenname zusammensetzt, wird als *voll qualifizierter Name* bezeichnet. Voll qualifizierte Namen führen oft zu sehr langen, unübersichtlichen und schlecht lesbaren Ausdrücken im Programmcode, insbesondere wenn mehrere Namespaces ineinander verschachtelt sind. C# bietet uns mit der `using`-Direktive Abhilfe. Mit

```
using System;
```

können Sie im Programmcode auf alle Typen des Namespace `System` direkt zugreifen, ohne den voll qualifizierten Namen angeben zu müssen:

```
Console.WriteLine("Hallo Welt");
```

`using`-Direktiven stehen außerhalb der Klassendefinitionen und beziehen sich nur auf die entsprechende Quellcodedatei.

3.10.3 Globaler Namespace

In .NET gibt es einen sogenannten *globalen Namespace*. Ihm werden die folgenden Elemente zugeordnet:

- alle Top-Level-Namespaces
- alle Typen, die keinem Namespace zugeordnet sind

Der Zugriff auf den globalen Namespace unterliegt einer speziellen Syntax und wird in Abschnitt 3.10.6 erläutert.

3.10.4 Dateispezifische Namespaces-Deklarationen

Mit dateispezifischen Namespace-Deklarationen können Sie angeben, dass alle Typen in einer Datei in einem einzigen Namespace liegen. Das folgende Beispiel zeigt die Nutzung dieser Art der Namespace-Deklaration:

```
using System;
namespace MyFileScopedNamespace;
class MyExampleClass { }
interface IMyExampleInterface { }
```


Wenn Sie dateispezifische Namespaces verwenden, wirkt sich die Platzierung der using-Anweisungen auf den Geltungsbereich innerhalb der Datei aus. Namespaces mit Dateispezifikation sind niedriger als die entsprechende traditionelle Namespace-Deklaration, die mit einer schließenden Klammer am Ende der Datei endet. Dieses Verhalten bestimmt, wo die using-Anweisungen wie folgt angewendet werden. Wenn die using-Anweisungen vor der Namespace-Deklaration mit Dateispezifikation platziert sind, werden sie als außerhalb des Namespace liegend behandelt und als voll qualifizierte Namespaces interpretiert. Wenn die using-Anweisungen nach der Namespace-Deklaration mit Dateispezifikation platziert sind, werden sie innerhalb des Namespace selbst interpretiert. Damit lassen sich die Typen in einem Namespace nur innerhalb eines dateispezifischen Namensraums nutzen. Eine Einschränkung ist, dass es keine verschachtelten dateispezifischen Namensräume gibt. Wir können nur einen dateispezifischen Namensraum erstellen oder müssen die zuvor beschriebene, andere Namensraum-Deklaration nutzen.

3.10.5 Vermeiden von Mehrdeutigkeiten

Namespaces dienen der Strukturierung und Gruppierung von Klassen mit ähnlichen Merkmalen, aber auch zur Vermeidung von Mehrdeutigkeiten. Konflikte aufgrund gleicher Typbezeichner werden durch Namespaces vermieden. Allerdings kann die Bekanntgabe mehrerer Namespaces mit using Probleme bereiten, sollten sich in zwei verschiedenen Namespaces jeweils gleichnamige Typen befinden. Dann hilft using auch nicht weiter. Angenommen, in den beiden fiktiven Namespaces MyApplication und YourApplication wäre jeweils die Klasse Person definiert. Der folgende Code würde wegen der Uneindeutigkeit des Klassenbezeichners einen Fehler verursachen:

```
using MyApplication;
using YourApplication;

Person obj = new Person();
[...]
```

Die Problematik lässt sich vermeiden, indem der Namespace der Klasse Person näher spezifiziert wird, beispielsweise mit:

```
MyApplication.Person person = new MyApplication.Person();
```

Es gibt eine weitere Möglichkeit, den Eindeutigkeitskonflikt oder eine überlange Namespace-Angabe zu vermeiden: die Definition eines Alias. Während die einfache Angabe ohne Alias hinter `using` nur eine Namespace-Angabe erlaubt, ersetzt ein Alias den voll qualifizierenden Typbezeichner. Damit könnte die Klasse `Person` in den beiden Namespaces auch wie folgt genutzt werden:

```
using APerson = MyApplication.Person;
using BPerson = YourApplication.Person;
[...]
APerson person = new APerson();
```

Genauso können Sie, falls Sie Spaß daran haben, die Klasse `Console` »umbenennen«, z. B. in `Ausgabe`:

```
using Ausgabe = System.Console;
[...]
Ausgabe.WriteLine("Hallo Welt");
```

3.10.6 Namespaces festlegen

Jedem neuen C#-Projekt wird von der Entwicklungsumgebung automatisch ein Namespace zugeordnet. Standardmäßig sind Namespace- und Projektbezeichner identisch.

Jeden Namespace können Sie selbstverständlich nach eigenem Ermessen benennen. Häufig verwenden Firmen dazu ihren Unternehmensnamen. Zudem lassen sich mehrere Namespaces angeben, wie das folgende Listing zeigt:

```
using System;
using MyApp;
using ConsoleApplication;
namespace ConsoleApplication
{
  class Program
  {
    static void Main(string[] args)
    {
      // erfordert: using MyApp;
      Demo obj = new Demo();
    }
  }
}
namespace MyApp
{
  public class Demo
```

```
  {
    public void Test()
    {
      // erfordert: using ConsoleApplication;
      Program obj = new Program();
    }
  }
}
```

Das Beispiel zeigt die beiden parallelen Namespaces ConsoleApplication und MyApp. Jeder enthält eine Klasse mit einer Methode, in der ein Objekt vom Typ der Klasse aus dem anderen Namespace instanziiert wird. Da der Zugriff namespace-übergreifend ohne die Angabe des voll qualifizierten Bezeichners erfolgt, müssen beide Namespaces durch using bekanntgegeben werden.

Eingebettete Namespaces

Ein Namespace kann mit einem Ordner des Dateisystems verglichen werden. So wie ein Ordner mehrere Unterordner enthalten kann, können auch Namespaces eine hierarchische Struktur bilden. Der oberste Namespace, der entweder dem Projektnamen entspricht oder manuell verändert worden ist, bildet die Wurzel der Hierarchie, ähnlich einer Laufwerksangabe.

Soll dieser Stamm-Namespace eine feinere Strukturierung aufweisen und eingebettete Namespaces verwalten, definieren Sie innerhalb eines Namespace einen untergeordneten Namespace:

```
namespace Outer
{
  class DemoA
  {
    static void Main(string[] args)
    {
      DemoB obj = new DemoB();
    }
  }
  namespace Inner
  {
    class DemoB
    {
      public void TestProc() {/*...*/}
    }
  }
}
```

Ein Typ in einem übergeordneten Namespace hat nicht automatisch Zugriff auf einen Typ in einem untergeordneten Namespace. Damit das Codefragment tatsächlich fehlerfrei kompiliert werden kann, ist es erforderlich, mit

```
using Outer.Inner;
```

den inneren Gültigkeitsbereich des Typs in der übergeordneten Ebene bekanntzugeben.

3.10.7 Der »::«-Operator

Nicht nur für Klassen, sondern auch für einen Namespace können Sie einen Alias festlegen, beispielsweise:

```
using EA = System.IO;
```

Sie können nun wie gewohnt den Punktoperator auf den Alias anwenden, also:

```
EA.StreamReader reader = new EA.StreamReader("...");
```

Es bietet sich auch die Möglichkeit, mit dem `::`-Operator auf einen Namespace-Alias zu verweisen:

```
EA::StreamReader reader = new EA::StreamReader("...");
```

Die Einführung des `::`-Operators hatte den Grund, unschöne Effekte zu vermeiden, die sich im Zusammenhang mit Namespace-Aliassen und dem Punktoperator ergeben können. Sehen Sie sich dazu den folgenden Beispielcode an:

```
using System;
using Document = Tollsoft.Development.Office;

Document.Demo demo = new Document.Demo();

namespace Tollsoft.Development.Office
{
  class Demo { }
}
```

Listing 3.26 Programmbeispiel ohne »::«-Operator

Richten Sie Ihr Augenmerk auf die Anweisung in der Methode `Main`. Die Syntax `Document.Demo` lässt nicht eindeutig erkennen, ob es sich bei `Document` um einen Namespace handelt oder um einen Namespace-Alias (zur Erinnerung: Sowohl eine Klasse als auch ein Namespace kann über einen Alias angesprochen werden). Die Verwendung des `::`-Operators wäre zumindest denjenigen Entwickelnden eine Hilfe, die sich in den Quellcode neu einarbeiten müssen. Bezogen auf die Problematik in Listing 3.26 wäre also die folgende Anweisung besser:

```
Document::Demo demo = new Document::Demo();
```

Noch bedeutender wird der `::`-Operator, wenn in einer anderen Assembly, auf die im Projekt verwiesen wird, ein Namespace oder ein Typ mit dem gleichen Namen wie der Alias angeboten wird. Die Syntax `Document.Demo` würde dann sogar zu einem Fehler führen, während `Document::Demo` eindeutig ist.

Der `::`-Operator gestattet auch den Zugriff auf den globalen Namespace. Das setzt nur die Voranstellung des C#-Schlüsselworts `global` voraus. Auf Typen, die nicht explizit einem Namespace zugeordnet sind, können Sie auf diese Weise zugreifen. In Abbildung 3.6 trifft das auf die Klasse `Demo` zu.

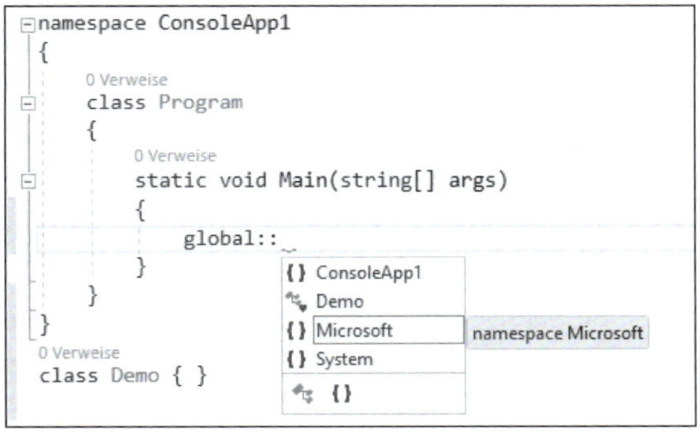

Abbildung 3.6 Der globale Namespace

Halten wir an dieser Stelle für den Einsatz des `::`-Operators fest:

- Der `::`-Operator ist notwendig, um mit Hilfe von `global` auf den globalen Namespace zuzugreifen.
- Den `::`-Operator sollten Sie benutzen, um bei Verwendung eines Namespace-Alias Eindeutigkeitskonflikte zu vermeiden.

3.10.8 Unterstützung von Visual Studio bei den Namespaces

Mit dem Anlegen eines neuen Projekts gibt Visual Studio eine Reihe von Namespaces automatisch mit `using` an. Welche das sind, hängt von der Projektvorlage ab. Darunter sind Namespaces, die durchaus benötigt werden, aber auch solche, von denen das Microsoft-Entwicklerteam denkt, dass Entwickelnde sie vielleicht gebrauchen könnte.

Sie können die in einer Quellcodedatei nicht benötigten Namespaces mit Hilfe der Entwicklungsumgebung sehr einfach loswerden: Öffnen Sie dazu das Kontextmenü des Code-Editors, und wählen Sie hier USING-DIREKTIVEN ENTFERNEN UND SORTIEREN (siehe Abbildung 3.7).

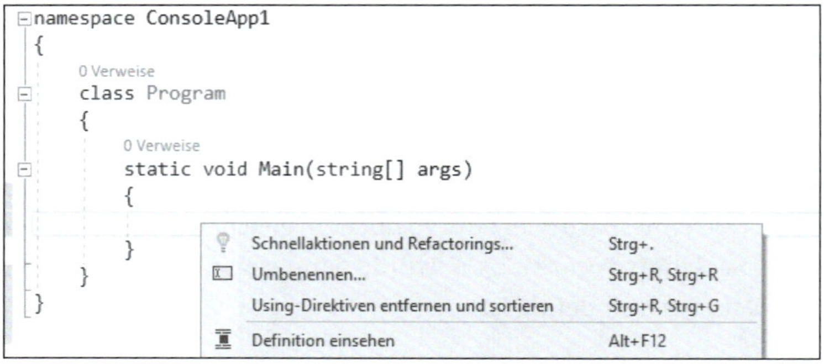

Abbildung 3.7 Verwalten der »using«-Direktiven in Visual Studio

Ein sehr sinnvolles Feature ist auch das automatische Hinzufügen von benötigten `using`-Direktiven. Das setzt allerdings voraus, dass Sie die Klasse und natürlich auch ihre Schreibweise hinsichtlich der Groß- und Kleinschreibung kennen. Geben Sie einfach den Klassenbezeichner im Editor ein, z. B. `StreamReader`. Anschließend setzen Sie den Mauscursor auf die Typangabe, öffnen das Kontextmenü und wählen hier SCHNELLAKTIONEN UND REFACTORINGS. Sie können sich dann entscheiden, ob die entsprechende `using`-Direktive in den Kopf der Quellcodedatei geschrieben werden soll oder der Typ voll qualifizierend im Code angegeben wird (siehe Abbildung 3.8). Da zumindest theoretisch noch weitere Möglichkeiten der Korrektur vorstellbar sind, werden alle denkbaren Varianten angeboten, um zum Beispiel ein entsprechendes Feld in der Klasse zu erzeugen.

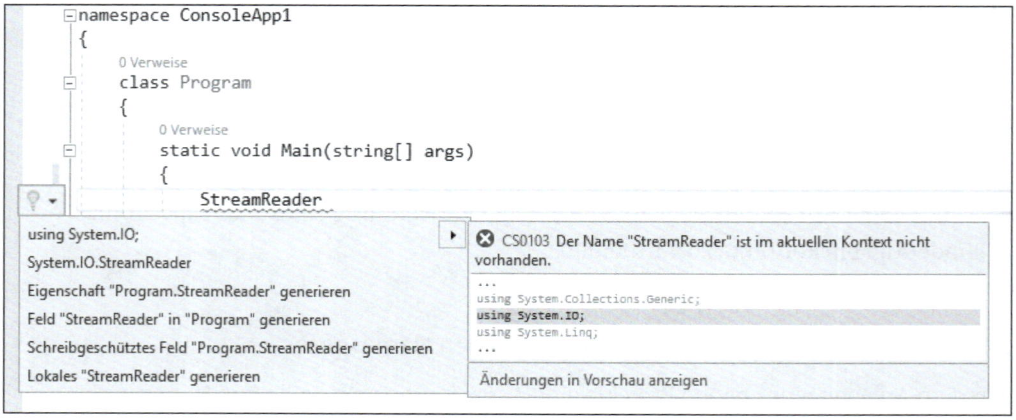

Abbildung 3.8 Unterstützung bei der Angabe der erforderlichen »using«-Direktiven

3.10.9 Die Direktive »using static«

Im Zusammenhang mit dem Schlüsselwort `using` gibt es seit C# 6.0 eine Neuerung, die den Import von Klassen erlaubt: die Kombination `using static`. Hinter `using static` können Sie eine Klasse voll qualifizierend angeben und machen ihre statischen Member direkt verfügbar, ohne dass Sie den Klassenbezeichner als Qualifizierer mit angeben müssen.

Besonders wertvoll kann sich dieses Feature im Zusammenhang mit statischen Klassen erweisen. So könnten Sie beispielsweise alle Mitglieder der Klasse `Console` wie folgt direkt verfügbar machen:

```
using static System.Console;
```

Nun ersparen Sie sich etwas Programmcode, da Sie nicht mehr den Klassenbezeichner als Typqualifizierer voranstellen müssen:

```
WriteLine("Das neue C#-Feature 'using static'");
ReadLine();
```

Eingeführt wurde `using static`, um einfacheren und besser lesbaren Code schreiben zu können. Das mag sicherlich im Zusammenhang mit Klassen wie beispielsweise `Console` oder auch `Math` der Fall sein. Der häufige Gebrauch von `using static` in einer Quellcodedatei führt schnell dazu, dass der gewünschte Effekt der besseren Lesbarkeit ins Gegenteil umschlägt. Dazu kommt die potenzielle Gefahr, dass sich in zwei Klassen gleichnamige statische Member befinden. Wegen der Uneindeutigkeit ist dann doch wieder der Qualifizierer notwendig.

Hinweis

Wir möchten an dieser Stelle darauf hinweisen, dass Sie auch die Member von Enumerationen (`enum`) und Strukturen (`struct`) mit `using static` direkt verfügbar machen können.

3.10.10 Die Direktive »global using«

Das Hinzufügen des globalen Modifikators zu einer `using`-Direktive bedeutet, dass `using` auf alle Dateien in typischerweise einem Projekt angewendet wird:

```
global using System.Math;
```

Eine globale `using`-Direktive kann am Anfang einer beliebigen Quellcodedatei stehen. Alle globalen `using`-Direktiven in einer einzelnen Datei müssen vor allen anderen `using`-Direktiven ohne den globalen Modifikator erscheinen und vor allen Namespace- und Typdeklarationen in der Datei.

Sie können globale `using`-Direktiven zu jeder Quellcodedatei hinzufügen. Normalerweise ist es ratsam, diese globalen `using`-Direktiven an einem einzigen Ort abzulegen, um nicht den Überblick zu verlieren. Die Reihenfolge der globalen Verwendungsdirektiven spielt keine Rolle, weder in einer einzelnen Datei noch zwischen Dateien.

Zudem lässt sich der globale Modifikator mit dem statischen Modifikator kombinieren:

```
global using static System.Math;
```

3.11 Aktueller Stand der Klasse »Circle«

Ehe wir uns im nächsten Kapitel den nächsten Themen widmen, wollen wir noch alle Codefragmente unserer Klasse `Circle` übersichtlich zusammenfassen.

Sie werden im Programmcode eine weitere interessante Feststellung machen: Die verschiedenen Memberbereiche sind mit der Direktiven `#region` - `#endregion` zusammengefasst. Die Direktive hat keine Auswirkung auf das Kompilat selbst, sondern ermöglicht uns nur, im Code-Editor frei wählbare Codeabschnitte ein- oder auszublenden. Damit können Sie sich einen besseren Überblick über den Programmcode verschaffen.

```
// Beispiele: .. \Kapitel 3\GeometricObjectsSolution_1
public class Circle
{
  #region Konstruktoren
  public Circle() : this(0, 0, 0) { }
  public Circle(int radius) : this(radius, 0, 0) { }
  public Circle(int radius, double x, double y)
  {
    Radius = radius;
    XCoordinate = x;
    YCoordinate = y;
    Circle.CountCircles++;
  }
  #endregion

  #region Eigenschaften
  public double XCoordinate { get; set; }
  public double YCoordinate { get; set; }

  private int _Radius;
  public int Radius
  {
    get { return _Radius; }
    set
    {
      if (value >= 0)
```

```
      _Radius = value;
    else
      Console.WriteLine("Unzulässiger negativer Radius.");
  }
}
#endregion

#region Methoden
public double GetArea()
{
  return Math.Pow(Radius, 2) * Math.PI;
}

public double GetPerimeter()
{
  return 2 * Radius * Math.PI;
}

public int Bigger(Circle kreis)
{
  if (kreis == null || Radius > kreis.Radius) return 1;
  if (Radius < kreis.Radius) return -1;
    else return 0;
}

public void Move(double dx, double dy)
{
  XCoordinate += dx;
  YCoordinate += dy;
}

public void Move(double dx, double dy, int dRadius)
{
  XCoordinate += dx;
  YCoordinate += dy;
  Radius += dRadius;
}
#endregion

#region Klasseneigenschaften
public static int CountCircles { get; private set; }
#endregion
```

```
  #region Klassenmethoden
  public static double GetArea(int radius)
  {
    return Math.Pow(radius, 2) * Math.PI;
  }

  public static double GetPerimeter(int radius)
  {
    return 2 * radius * Math.PI;
  }

  public static int Bigger(Circle kreis1, Circle kreis2)
  {
    if (kreis1 == null && kreis2 == null) return 0;
    if (kreis1 == null) return -1;
    if (kreis2 == null) return 1;
    if (kreis1.Radius > kreis2.Radius) return 1;
    if (kreis1.Radius < kreis2.Radius) return -1;
    return 0;
  }
  #endregion
}
```

Listing 3.27 Die Zusammenfassung der Klasse »Circle«

Kapitel 4

Vererbung, Polymorphie und Interfaces

Die objektorientierte Programmierung baut auf drei Säulen auf: *Datenkapselung*, *Vererbung* und *Polymorphie*. Viele Entwickelnde sprechen sogar von vier Säulen, weil sie die Klassendefinition einbeziehen. Über Letzteres lässt sich trefflich diskutieren, da eine Klassendefinition ihrerseits das Fundament der anderen drei Säulen ist. Aber wie dem auch sei, nachdem Sie in Kapitel 3, »Das Klassendesign«, die Klassen und die Datenkapselung kennengelernt haben, bleiben noch zwei Säulen übrig: nämlich die Vererbung und die Polymorphie. Beiden wollen wir uns in diesem Kapitel widmen.

4.1 Die Vererbung

Welche Fähigkeit würden Sie von einem `Circle`-Objekt neben den bereits implementierten Fähigkeiten noch erwarten? Wahrscheinlich eine wesentliche, nämlich die Fähigkeit, sich in einer beliebigen grafikfähigen Komponente zu visualisieren. Bisher fehlt dazu noch eine passende Methode.

Die Klasse `Circle` wollen wir jedoch als abgeschlossen betrachten. Damit simulieren wir zwei Situationen, die in der täglichen Praxis häufig auftreten:

- Die Implementierung einer Klasse, wie beispielsweise `Circle`, ist für viele Anwendungsfälle völlig ausreichend. Eine Ergänzung der Memberliste würde nicht allgemeinen, sondern nur speziellen Zusatzanforderungen genügen.
- Die Klasse liegt im kompilierten Zustand vor. Damit besteht auch keine Möglichkeit, den Quellcode der Klasse um weitere Fähigkeiten zu ergänzen.

Wie können wir die Aufgabe lösen, eine Klasse um zusätzliche Fähigkeiten zu erweitern, damit sie weiter gehenden Anforderungen gewachsen ist?

Die Antwort ist sehr einfach und lautet: Wir müssen eine neue Klasse definieren. Diese soll im weiteren Verlauf `GraphicCircle` heißen. Sie soll einerseits alle Fähigkeiten der Klasse `Circle` haben und darüber hinaus eine Methode namens `Draw`, die das Objekt zeichnet. Mit der Vererbung, einer der eingangs erwähnten Säulen der objektorientierten Programmierung, ist die Lösung sehr einfach zu realisieren.

Eine Klasse, die ihre Member als Erbgut einer abgeleiteten Klasse zur Verfügung stellt, wird als *Basisklasse* bezeichnet. Die erbende Klasse ist die *Subklasse* oder einfach nur die *abgeleitete Klasse*. Dem Grundprinzip der Vererbung folgend, verfügen abgeleitete Klassen immer über mehr Funktionalitäten als ihre Basisklasse.

Zwei Klassen, die miteinander in einer Vererbungsbeziehung stehen, werden, wie in Abbildung 4.1 gezeigt, durch einen Beziehungspfeil von der abgeleiteten Klasse in Richtung der Basisklasse dargestellt.

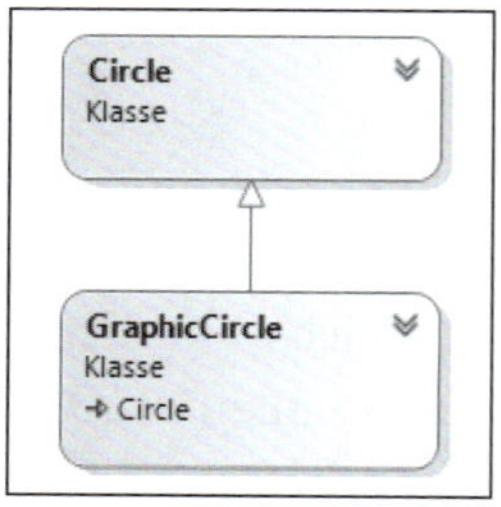

Abbildung 4.1 Die Vererbungsbeziehung zwischen den Klassen »Circle« und »GraphicCircle«

Die Vererbungslinie ist nicht zwangsläufig mit dem Ableiten einer Klasse aus einer Basisklasse beendet. Eine Subklasse kann ihrerseits selbst zur Basisklasse mutieren, wenn sie selbst abgeleitet wird. Es ist auch möglich, von einer Klasse mehrere verschiedene Subklassen abzuleiten, die dann untereinander beziehungslos sind. Am Ende kann dadurch eine nahezu beliebig tiefe und weit verzweigte Vererbungshierarchie entstehen, die einer Baumstruktur ähnelt.

Jeder Baum hat einen Stamm. Genauso sind auch alle Klassen von .NET auf eine allen gemeinsame Klasse zurückzuführen: `Object`. Diese Klasse ist die einzige in der .NET-Klassenbibliothek, die selbst keine Basisklasse hat. Geben Sie bei einer Klassendefinition keine Basisklasse explizit an, ist `Object` immer die direkte Basisklasse. Deshalb finden Sie in der IntelliSense-Hilfe auch immer die Methoden `Equals`, `GetType`, `ToString` und `GetHashCode`, die von `Object` geerbt werden.

Prinzipiell wird in der Objektorientierung zwischen der *Einfach-* und der *Mehrfachvererbung* unterschieden. Bei der einfachen Vererbung hat eine Klasse nur eine direkte Basisklasse, bei der Mehrfachvererbung können es mehrere sein. Eine Klassenhierarchie, die auf Mehrfachvererbung basiert, ist komplex und führt unter Umständen zu unerwarteten Nebeneffekten. Um Konflikten aus dem Weg zu gehen, unterstützt .NET die Mehrfachvererbung nicht. Das hat zwar bewusst Einschränkungen zur Folge, allerdings werden diese durch die Schnittstellen (`interface`) nahezu ausgeglichen. Das Thema der Interfaces wird uns später in diesem Kapitel noch beschäftigen.

4.1.1 Die Ableitung einer Klasse

Wenden wir uns nun wieder unserem Beispiel zu, und ergänzen wir das Projekt *GeometricObjectsSolution* um die Klasse `GraphicCircle`, die die Klasse `Circle` ableiten soll.

Zudem soll `GraphicCircle` um die typspezifische Methode `Draw` erweitert werden. Die Ableitung wird in der neuen Klassendefinition durch einen Doppelpunkt und die sich daran anschließende Bekanntgabe der Basisklasse zum Ausdruck gebracht:

```
public class GraphicCircle : Circle
{
  public void Draw()
  {
    Console.WriteLine("Der Kreis wird gezeichnet");
  }
}
```

Listing 4.1 Die Definition der abgeleiteten Klasse »GraphicCircle«

> **Anmerkung**
>
> Wir wollen an dieser Stelle das Kreisobjekt nicht wirklich zeichnen, sondern stellvertretend nur eine Zeichenfolge an der Konsole ausgeben.

Die Konsequenz der Vererbung können Sie zu diesem Zeitpunkt bereits sehen, wenn Sie ein Objekt des Typs `GraphicCircle` mit

```
GraphicCircle gCircle = new GraphicCircle();
```

erzeugen und danach die Punktnotation auf den Objektverweis anwenden: In der IntelliSense-Hilfe werden neben der neuen Methode `Draw` alle öffentlichen Mitglieder der Klasse `Circle` angezeigt, obwohl sie in der abgeleiteten Klasse nicht definiert sind (siehe Abbildung 4.2). Natürlich fehlen auch nicht die aus `Object` geerbten Methoden, die ebenfalls über die »Zwischenstation« `Circle` zu Mitgliedern der Klasse `GraphicCircle` werden.

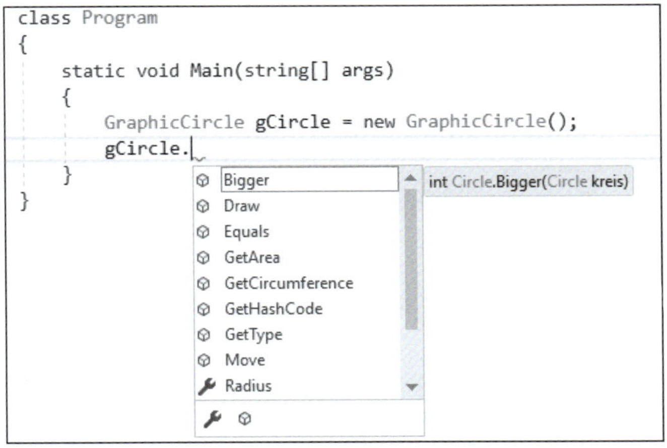

Abbildung 4.2 Die von der Klasse »Circle« geerbten Fähigkeiten

Die Tatsache, dass ein Objekt vom Typ `GraphicCircle` alle Komponenten der Klasse `Circle` offenlegt, lässt unweigerlich den Schluss zu, dass das Objekt einer abgeleiteten Klasse gleichzeitig ein Objekt der Basisklasse sein muss. Zwischen den beiden in der Vererbungshierarchie in Beziehung stehenden Klassen existiert eine Beziehung, die als *»Ist ein(e)«-Beziehung* bezeichnet wird.

Merkregel

Ein Objekt vom Typ einer abgeleiteten Klasse ist gleichzeitig **immer** ein Objekt vom Typ seiner Basisklasse.

Das bedeutet konsequenterweise, dass ein Objekt des Typs `GraphicCircle` gleichzeitig ein Objekt des Typs `Object` ist – so wie auch ein `Circle`-Objekt gleichzeitig vom Typ `Object` ist. Letztendlich ist alles im .NET Framework des Typs `Object`. Daraus können wir eine weitere wichtige Schlussfolgerung ziehen: In Richtung der Basisklassen werden die Objekte immer allgemeiner, in Richtung der abgeleiteten Klassen immer spezialisierter.

Die Aussage, dass es sich bei der Vererbung um die codierte Darstellung einer »Ist ein(e)«-Beziehung handelt, sollten Sie sich sehr gut einprägen. Es hilft dabei, Vererbungshierarchien sinnvoll und realitätsnah umzusetzen. Sie werden dann sicher nicht auf die Idee kommen, aus einem Elefanten eine Mücke abzuleiten, nur weil der Elefant Beine hat – wie auch eine Mücke. Sie würden in dem Sinne zwar aus einer Mücke einen Elefanten machen, aber eine Mücke ist nicht gleichzeitig ein Elefant.

4.1.2 Klassen, die nicht abgeleitet werden können

Klassen, die als »sealed« definiert sind

Klassen, von denen abgeleitet wird, vererben den abgeleiteten Klassen ihre Eigenschaften und Methoden. Es kommt aber immer wieder vor, dass eine weitere Ableitung einer Klasse keinen Sinn macht oder sogar strikt unterbunden werden muss, weil die von der Klasse zur Verfügung gestellten Dienste als endgültig betrachtet werden.

Um sicherzustellen, dass eine Klasse nicht weiter abgeleitet werden kann, wird die Klassendefinition um den Modifizierer `sealed` ergänzt, beispielsweise:

```
public sealed class GraphicCircle {[...]}
```

Statische Klassen und Vererbung

Neben `sealed`-Klassen sind auch statische Klassen nicht vererbungsfähig. Darüber hinaus dürfen statische Klassen nicht aus einer beliebigen Klasse abgeleitet werden. Die einzige Basisklasse ist `Object`.

4.1.3 Konstruktoren in abgeleiteten Klassen

Bei der Erzeugung des Objekts einer abgeleiteten Klasse gelten dieselben Regeln wie beim Erzeugen des Objekts einer Basisklasse:

- Es wird generell ein Konstruktor aufgerufen.
- Der Subklassenkonstruktor darf überladen werden.

Konstruktoren werden grundsätzlich nicht von der Basisklasse an die abgeleitete Klasse weitervererbt. Daher müssen alle erforderlichen bzw. gewünschten Konstruktoren in der abgeleiteten Klasse definiert werden. Das gilt auch für den statischen Initialisierer. Abgesehen vom impliziten, parameterlosen Standardkonstruktor

```
public GraphicCircle(){}
```

ist die Klasse `GraphicCircle` daher noch ohne weiteren Konstruktor. Um dem Anspruch zu genügen, einem `Circle`-Objekt auch hinsichtlich der Instanziierbarkeit gleichwertig zu sein, benötigen wir insgesamt drei Konstruktoren, die in der Lage sind, entweder den Radius oder den Radius samt den beiden Bezugspunktkoordinaten entgegenzunehmen. Außerdem müssen wir berücksichtigen, dass Objekte vom Typ `GraphicCircle` gleichzeitig Objekte vom Typ `Circle` sind. Die logische Konsequenz ist, den Objektzähler mit jedem neuen `GraphicCircle`-Objekt zu erhöhen.

Mit diesen Vorgaben, die identisch mit denen in der Basisklasse sind, sieht der erste und, wie Sie noch sehen werden, etwas blauäugige und sogar naive Entwurf der Erstellungsroutinen in der Klasse `GraphicCircle` zunächst wie in Listing 4.2 gezeigt aus:

```
public class GraphicCircle : Circle
{
  public GraphicCircle() : this(0, 0, 0) { }
  public GraphicCircle(int radius) : this(radius, 0, 0) { }
  public GraphicCircle(int radius, double x, double y)
  {
    Radius = radius;
    XCoordinate = x;
    YCoordinate = y;
    Circle.CountCircles++;
  }
}
```

Listing 4.2 Erste Idee der Konstruktorüberladung in »GraphicCircle«

Der Versuch, diesen Programmcode zu kompilieren, endet jedoch in einem Fiasko, denn der C#-Compiler kann das Feld `CountCircles` nicht erkennen und verweigert deswegen die Kompilierung. Der Grund hierfür ist recht einfach: Der `set`-Accessor der Klasseneigenschaft `CountCircles` ist in der Basisklasse `Circle` `private` deklariert. Private Member sind aber grundsätzlich nur in der Klasse sichtbar, in der sie deklariert sind. Obwohl aus objektorientierter Sicht ein Objekt vom Typ `GraphicCircle` gleichzeitig ein Objekt vom Typ `Circle` ist, kann die strikte Kapselung eines als `private` deklarierten Members durch die Vererbung nicht aufgebrochen werden.

4.1.4 Der Zugriffsmodifizierer »protected«

Einen Ausweg aus diesem Dilemma, ein Klassenmitglied einerseits gegen den unbefugten Zugriff von außen zu schützen, es aber andererseits in einer abgeleiteten Klasse sichtbar zu machen, bietet der Zugriffsmodifizierer `protected`. Member, die als `protected` deklariert sind, verhalten sich ähnlich wie die als `private` deklarierten: Sie verhindern den unzulässigen Zugriff von außerhalb, garantieren jedoch andererseits, dass in einer abgeleiteten Klasse darauf zugegriffen werden kann.

Diese Erkenntnis führt zu einem Umdenken bei der Implementierung einer Klasse: Muss davon ausgegangen werden, dass die Klasse als Basisklasse ihre Dienste zur Verfügung stellt, sind alle privaten Member, die einer abgeleiteten Klasse zur Verfügung stehen sollen, als `protected` zu deklarieren. Daher müssen (oder besser »sollten« – siehe dazu auch die Anmerkung weiter unten) wir in der Klasse `Circle` noch folgende Änderungen vornehmen:

```
protected int _Radius;
public static int CountCircles {get; protected set;}
```

Erst jetzt sind auch diese Member der Klasse `Circle` in der Ableitung `GraphicCircle` sichtbar. Der C#-Compiler wird keinen Fehler mehr melden.

Anmerkung

Selbstverständlich könnte man an dieser Stelle auch argumentieren, dass der Modifikator `private` eines Feldes aus der Überlegung heraus gesetzt wurde, mögliche unzulässige Werte von vornherein zu unterbinden und – zumindest im Fall unseres Radius – den Zugang nur über `get` und `set` der Eigenschaftsmethode zu erlauben. Andererseits kann man dem entgegenhalten, dass man bei der Bereitstellung einer ableitbaren Klasse nicht weiß, welche Absicht hinter der Ableitung steckt. Mit dieser Argumentation ist eine »Aufweichung« des gekapselten Zugriffs durch `protected` durchaus vertretbar. In einer so geführten Diskussion muss dann aber auch ein weiterer Gesichtspunkt angeführt werden: Die Eigenschaftsmethode kann in einer ableitbaren Klasse auch neu implementiert werden. Darauf kommen wir in Abschnitt 4.2 später in diesem Kapitel noch zu sprechen.

Was also ist zu tun? `private` oder `protected`? Eine allgemeingültige Antwort gibt es nicht. Im Einzelfall müssen Sie selbst entscheiden, welchen Zugriffsmodifikator Sie einsetzen. Einfacher gestaltet sich die Diskussion nur hinsichtlich der Methoden.

Wenn Sie den Zugriff aus einer abgeleiteten Klasse heraus auf eine Methode nicht wünschen, müssen Sie sie als `private` definieren, ansonsten als `protected`.

4.1.5 Die Konstruktorverkettung in der Vererbung

Wir wollen nun die Implementierung testen, indem wir ein Objekt des Typs `GraphicCircle` erzeugen und uns den Stand des Objektzählers, der von der `Circle`-Klasse geerbt wird, an der Konsole ausgeben lassen. Der Code dazu lautet:

```
GraphicCircle gc = new GraphicCircle();
Console.WriteLine($"Anzahl der Kreise = {GraphicCircle.CountCircles }");
```

Listing 4.3 Ausgabe der Anzahl der Objekte

Völlig unerwartet werden wir mit folgender Situation konfrontiert: Mit

```
Anzahl der Kreise = 2
```

wird uns suggeriert, wir hätten zwei Kreisobjekte erzeugt, obwohl wir doch tatsächlich nur einmal den `new`-Operator benutzt haben und sich folgerichtig auch nur ein konkretes Objekt im Speicher befinden kann.

Das Ergebnis ist falsch und beruht auf der bisher noch nicht berücksichtigten Aufrufverkettung zwischen den Sub- und Basisklassenkonstruktoren. Konstruktoren werden bekanntlich nicht vererbt und müssen deshalb – falls erforderlich – in jeder abgeleiteten Klasse neu definiert werden. Dennoch kommt den Konstruktoren der Basisklasse eine entscheidende Bedeutung zu. Bei der Initialisierung eines Subklassenobjekts wird nämlich in jedem Fall zuerst ein Basisklassenkonstruktor aufgerufen. Es kommt zu einer Top-down-Verkettung der Konstruktoren, angefangen bei der obersten Basisklasse (`Object`) bis hinunter zu der Klasse, deren Konstruktor aufgerufen wurde (siehe Abbildung 4.3).

Die Verkettung der Konstruktoraufrufe dient dazu, zunächst die geerbten Komponenten der Basisklasse zu initialisieren. Erst danach wird der Konstruktor der direkten Subklasse ausgeführt, der eigene Initialisierungen vornehmen kann und gegebenenfalls auch die Vorinitialisierung der geerbten Komponenten an die spezifischen Bedürfnisse der abgeleiteten Klasse anpasst. Standardmäßig wird dabei immer zuerst der parameterlose Konstruktor der Basisklasse aufgerufen.

Die Konstruktorverkettung hat maßgeblichen Einfluss auf die Modellierung einer Klasse, die parametrisierte Konstruktoren enthält. Eine »konstruktorlose« Klasse hat grundsätzlich immer einen impliziten, parameterlosen Konstruktor. Ergänzt man jedoch eine Klasse um einen parametrisierten Konstruktor, existiert der implizite, parameterlose nicht mehr. Wird nun das Objekt einer abgeleiteten Klasse erzeugt, kommt es zum Aufruf des parameterlosen Konstruktors der Basisklasse. Wird dieser durch parametrisierte Konstruktoren überschrieben und nicht explizit codiert, meldet der Compiler einen Fehler.

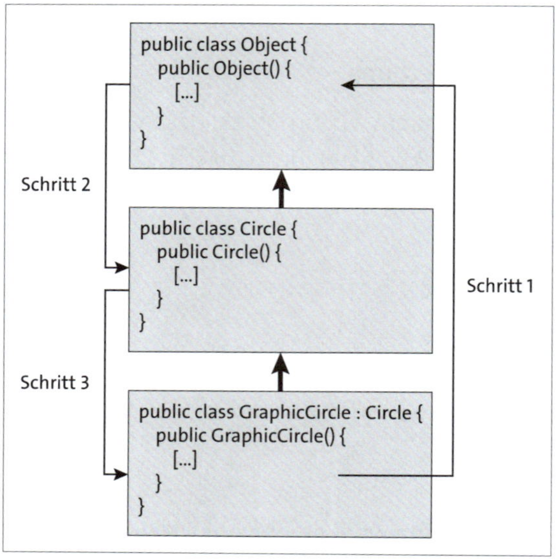

Abbildung 4.3 Die Verkettung der Konstruktoraufrufe in einer Vererbungslinie

Sie sollten sich dessen bewusst sein, wenn Sie eine ableitbare Klasse entwickeln und parametrisierte Konstruktoren hinzufügen. Das Problem ist sehr einfach zu lösen, indem Sie einen parameterlosen Konstruktor in der Basisklasse definieren.

Die Konstruktorverkettung mit »base« steuern

Nun erklärt sich auch das scheinbar unsinnige Ergebnis des Objektzählers im vorhergehenden Abschnitt, der bei der Instanziierung eines Objekts vom Typ `GraphicCircle` behauptete, zwei Kreisobjekte würden vorliegen, obwohl es nachweislich nur ein einziges war. Durch die Konstruktorverkettung wird zuerst der parameterlose Konstruktor der Basisklasse `Circle` aufgerufen, der den Aufruf direkt an den 3-fach parametrisierten weiterleitet, der den Zähler erhöht. Danach kommt es zum Aufruf des parameterlosen Konstruktors in der Klasse `GraphicCircle`, der seinerseits ebenfalls an den 3-fach parametrisierten Konstruktor umleitet – der den Zähler ebenfalls erhöht. Jetzt ist zumindest die Ursache für das falsche Ergebnis aus Listing 4.3 geklärt. Dazu müssen wir jetzt noch eine Lösung finden.

Betrachten wir noch einmal die Implementierung der Konstruktoren in `GraphicCircle`: Alle Konstruktoraufrufe werden derzeit mit `this` an den Konstruktor mit den meisten Parametern weitergeleitet. Bei der Erzeugung eines `GraphicCircle`-Objekts wird zudem standardmäßig der parameterlose Konstruktor der Klasse `Circle` aufgerufen, der den Aufruf seinerseits intern an den dreifach parametrisierten in dieser Klasse weiterleitet. Außerdem entspricht der Code in den Konstruktoren von GraphicCircle exakt dem Code in den gleich parametrisierten Konstruktoren in Circle.

Optimal wäre es, anstelle des klassenintern weiterleitenden this-Aufrufs in GraphicCircle den Aufruf direkt an den gleich parametrisierten Konstruktor der Basisklasse Circle zu delegieren. Dabei müssten die dem Konstruktor übergebenen Argumente an den gleich parametrisierten Konstruktor der Basisklasse weitergeleitet werden.

C# bietet eine solche Möglichkeit mit dem Schlüsselwort base an. Mit base kann der Konstruktoraufruf einer Klasse an einen bestimmten Konstruktor der direkten Basisklasse umgeleitet werden. base wird dabei genauso wie this eingesetzt, das heißt, Sie können base Argumente übergeben, um einen bestimmten Konstruktor in der Basis anzusteuern.

Das objektorientierte Paradigma schreibt vor, dass aus einer abgeleiteten Klasse heraus mittels Aufrufverkettung zuerst immer ein Konstruktor der Basisklasse ausgeführt werden muss. Per Vorgabe ist das standardmäßig der parameterlose. Mit base können wir die implizite, standardmäßige Konstruktorverkettung durch eine explizite ersetzen und die Steuerung selbst übernehmen: Es kommt zu keinem weiteren impliziten Aufruf des parameterlosen Basisklassenkonstruktors mehr. In unserem Beispiel der Klasse Circle bietet es sich sogar an, sofort den dreifach parametrisierten Konstruktor der Basis aufzurufen.

Sehen wir uns nun die überarbeitete Fassung der GraphicCircle-Konstruktoren an:

```
public GraphicCircle : base(0, 0, 0) { }
public GraphicCircle(int radius) : base(radius, 0, 0) { }
public GraphicCircle(int radius, double x, double y) : base(radius, x, y){ }
```

Listing 4.4 Die endgültige Version der Konstruktoren in »GraphicCircle«

Testen wir jetzt noch einmal mit dem Programmcode aus Listing 4.3, wird tatsächlich der korrekte Stand wiedergegeben.

Der Zugriff auf die Member der Basisklasse mit »base«

Mit base können Sie nicht nur die Konstruktorverkettung explizit steuern. Sie können das Schlüsselwort auch dazu benutzen, innerhalb einer abgeleiteten Klasse auf Member der Basisklasse zuzugreifen, solange sie nicht private deklariert sind. Dabei gilt, dass die Methode der Basisklasse, auf die zugegriffen wird, durchaus eine von dieser Klasse selbst geerbte Methode sein kann, also aus Sicht der base-implementierenden Subklasse aus einer indirekten Basisklasse stammt, beispielsweise:

```
class BaseClass
{
  public void DoSomething()
  {
```

```
    Console.WriteLine("In 'BaseClass.DoSomething()'");
  }
}
class SubClass1 : BaseClass
{}
class SubClass2 : SubClass1
{
  public void BaseTest()
  {
    base.DoSomething();
  }
}
```

Listing 4.5 Methodenaufruf in der direkten Basisklasse

Demgegenüber ist ein umgeleiteter Aufruf an eine indirekte Basisklasse mit

```
// unzulässiger Aufruf
base.base.DoSomething();
```

nicht gestattet. Handelt es sich bei der über `base` aufgerufenen Methode um eine parametrisierte, müssen Sie den Parametern die entsprechenden Argumente übergeben.

`base` ist eine implizite Referenz und als solche an eine konkrete Instanz gebunden. Das bedeutet konsequenterweise, dass dieses Schlüsselwort nicht zum Aufruf von statischen Methoden verwendet werden kann.

4.2 Der Problemfall geerbter Methoden

Um das objektorientierte Konzept zu erläutern, haben wir uns bisher meistens des Beispiels der beiden Klassen `Circle` und `GraphicCircle` bedient. Sie haben mit diesen beiden Klassen gelernt, wie die Struktur einer Klasse samt ihren Feldern, Methoden und Konstruktoren aufgebaut ist. Sie wissen nun auch, wie durch die Vererbung eine Klasse automatisch mit Fähigkeiten ausgestattet wird, die sie aus der Basisklasse erbt. Nun werden wir uns einer zweiten Klassenhierarchie zuwenden, um weitere Aspekte der Objektorientierung auf möglichst anschauliche Weise zu erklären.

Ausgangspunkt ist die Klasse `Luftfahrzeug`, die von den beiden Klassen `Flugzeug` und `Hubschrauber` beerbt wird. In der Klasse `Luftfahrzeug` sind die Felder definiert, die alle davon abgeleiteten Klassen gemeinsam aufweisen: `Hersteller` und `Baujahr`. Die Spannweite ist eine Eigenschaft, die nur ein Flugzeug hat, und ist daher in der Klasse `Flugzeug` implementiert. Ein Hubschrauber wiederum hat demgegenüber einen Rotordurchmesser. Da die abgeleiteten Typen starten können, ist die entsprechende Methode in der Basisklasse `Luftfahrzeug` implementiert.

Das folgende Codefragment bildet die Situation ab. Dabei enthält die Methode Starten nur »symbolischen« Code.

```
public class Luftfahrzeug
{
  public string Hersteller {get; set;}
  public int Baujahr {get; set;}
  public void Starten()
  {
    Console.WriteLine("Das Luftfahrzeug startet.");
  }
}
public class Flugzeug : Luftfahrzeug
{
  public double Spannweite {get; set;}
}
public class Hubschrauber : Luftfahrzeug
{
  public double Rotor {get; set;}
}
```

Listing 4.6 Klassen der Hierarchie der Luftfahrzeuge

In Abbildung 4.4 sehen Sie die Zusammenhänge anschaulich dargestellt.

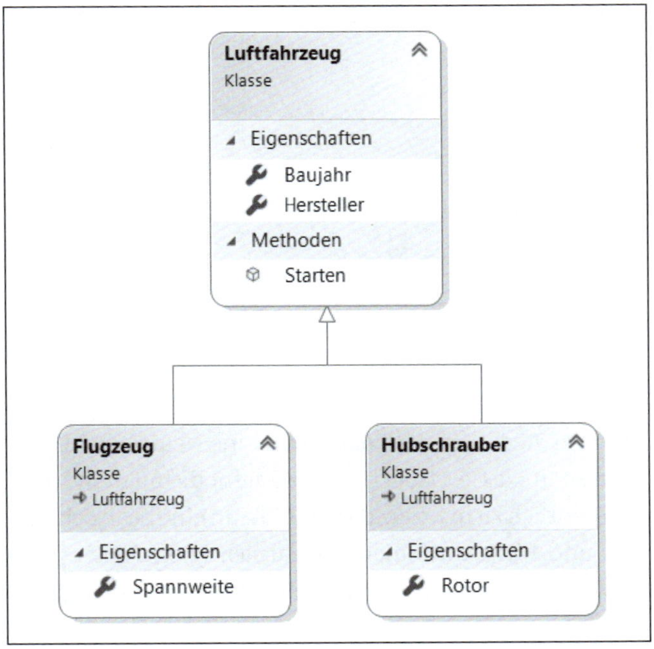

Abbildung 4.4 Die Hierarchie der Luftfahrzeuge

Grundsätzlich scheint die Vererbungshierarchie den Anforderungen zu genügen, aber denken Sie einen Schritt weiter: Ist die Implementierung der Methode `Starten` in der Basisklasse `Luftfahrzeug` anforderungsgerecht? Denn die tägliche Erfahrung lehrt uns, dass ein Flugzeug anders startet als ein Hubschrauber. Ganz allgemein ausgedrückt stehen wir vor der folgenden Frage: Wie kann eine Methode wie `Starten` in der Basisklasse implementiert werden, wenn sich das Verhalten der Methode in der abgeleiteten Klasse unterscheidet? Einfach auf die Bereitstellung der Methode in der Basisklasse zu verzichten, ist definitiv keine Lösung. Denn unsere Absicht ist es, zu garantieren, dass jede abgeleitete Klasse die Methode – in unserem Fall `Starten` – bereitstellt und das Startverhalten auch typspezifisch durchgeführt wird.

Prinzipiell bieten sich drei Lösungsansätze an:

- Wir verdecken die geerbte Methode der Basisklasse in der abgeleiteten Klasse mit dem Modifizierer `new`.
- Wir stellen in der Basisklasse eine abstrakte Methode bereit, die von der abgeleiteten Klasse überschrieben werden muss.
- Wir stellen in der Basisklasse eine virtuelle Methode bereit, die von der abgeleiteten Klasse überschrieben werden kann.

Nachfolgend wollen wir alle drei Alternativen genau untersuchen.

4.2.1 Geerbte Methoden mit »new« verdecken

Nehmen wir an, dass in der Basisklasse die Methode `Starten` wie folgt codiert ist:

```
public class Luftfahrzeug
{
  public void Starten()
  {
    Console.WriteLine("Das Luftfahrzeug startet.");
  }
}
```

Listing 4.7 Annahme: Implementierung der Methode »Starten« in der Basisklasse

In den beiden abgeleiteten Klassen soll die Methode `Starten` nunmehr eine typspezifische Implementierung aufweisen. Realisiert wird das durch eine Neuimplementierung der Methode in der abgeleiteten Klasse. Dabei muss die Methode mit dem Modifizierer `new` signiert werden, um deutlich zu machen, dass es sich um eine beabsichtigte Neuimplementierung handelt und nicht um einen unbeabsichtigten Fehler. Man spricht bei dieser Vorgehensweise auch vom *Ausblenden* oder *Verdecken* einer geerbten Methode.

Exemplarisch sei das an der Klasse `Flugzeug` gezeigt, es gilt aber natürlich analog auch für den Typ `Hubschrauber`:

```
public class Flugzeug : Luftfahrzeug
{
  public new void Starten()
  {
    Console.WriteLine("Das Flugzeug startet.");
  }
}
```

Listing 4.8 Verdecken der geerbten Methode mit dem Modifikator »new«

Vom *Verdecken* oder *Ausblenden* einer geerbten Basisklassenmethode wird gesprochen, wenn in der abgeleiteten Klasse eine Methode implementiert wird,

- die den gleichen Namen und
- die gleiche Parameterliste

besitzt wie eine Methode in der Basisklasse, diese aber durch eine eigene Implementierung vollständig ersetzt. Das ist beispielsweise der Fall, wenn die Implementierung in der Basisklasse für Objekte vom Typ der abgeleiteten Klasse falsch ist oder generell anders sein muss. Entscheidend für das Verdecken einer geerbten Methode ist die Ergänzung der Methodendefinition in der Subklasse um den Modifizierer `new`.

Wird eine Basisklassenmethode in der abgeleiteten Klasse verdeckt, wird beim Aufruf der Methode auf Objekte vom Typ der Subklasse immer die verdeckende Version ausgeführt. Zum Testen schreiben wir den folgenden Code:

```
Flugzeug flg = new Flugzeug();
flg.Starten();
Hubschrauber hubi = new Hubschrauber();
hubi.Starten();
```

Im Befehlsfenster kommt es zu den Ausgaben `Das Flugzeug startet.` und `Der Hubschrauber startet.`.

Hinweis

Sie finden das Beispiel in den Downloadmaterialien (*www.rheinwerk-verlag.de/5953* unter *..\Beispiele\Kapitel 4\Aircrafts_1*.

Statische Member überdecken

In gleicher Weise, wie eine geerbte Instanzmethode in einer ableitenden Klasse verdeckt werden kann, lassen sich mit `new` auch Eigenschaftsmethoden und statische

Komponenten einer Basisklasse verdecken und durch eine typspezifische Implementierung ersetzen. Die in den folgenden Abschnitten noch zu behandelnden Modifizierer `abstract`, `virtual` und `override` sind im Zusammenhang mit statischen Membern nicht erlaubt.

4.2.2 Abstrakte Methoden

Mit dem Modifizierer `new` können die aus der Basisklasse geerbten Methoden in der ableitenden Klasse überdeckt werden. Allerdings ist dieser Lösungsweg mit einem Nachteil behaftet, denn er **garantiert nicht**, dass alle ableitenden Klassen die geerbte Methode `Starten` durch eine typspezifische Implementierung ersetzen. Jede der abgeleiteten Klassen sollte aber hinsichtlich der Behandlung der Basisklassenoperation gleichwertig sein. Wird die Neuimplementierung beispielsweise in der Klasse `Hubschrauber` vergessen, ist dieser Typ mit einem möglicherweise entscheidenden Fehler behaftet, weil er kein typspezifisches Startverhalten zeigt.

Wie können wir aber alle Typen, die die Klasse `Luftfahrzeug` ableiten, dazu zwingen, die Methode `Starten` neu zu implementieren? Gehen wir noch einen Schritt weiter, und stellen wir uns die Frage, ob wir dann überhaupt noch Code in der Methode `Starten` der Klasse `Luftfahrzeug` benötigen. Anscheinend nicht! Dass wir die Methode in der Basisklasse definiert haben, liegt im Grunde genommen nur daran, dass wir die Garantie haben wollen, `Starten` in jeder von `Luftfahrzeug` ableitenden Klassen aufrufen zu können.

Mit dieser Erkenntnis mag die Lösung der aufgezeigten Problematik im ersten Moment verblüffen: Tatsächlich wird `Starten` in der Basisklasse nicht implementiert – sie bleibt einfach ohne Programmcode. Damit wäre aber noch nicht sichergestellt, dass die ableitenden Klassen die geerbte »leere« Methode typspezifisch implementieren. Deshalb wird in solchen Fällen sogar auf den Anweisungsblock verzichtet, der durch die geschweiften Klammern beschrieben wird.

In der objektorientierten Programmierung werden Methoden, die keinen Anweisungsblock haben, als *abstrakte Methoden* bezeichnet. Neben den Methoden, die das Verhalten eines Typs beschreiben, können auch Properties abstrakt definiert werden.

Abstrakte Methoden werden durch die Angabe des `abstract`-Modifizierers in der Methodensignatur gekennzeichnet, am Beispiel unserer Methode `Starten` also durch:

```
public abstract void Starten();
```

Abstrakte Methoden enthalten niemals Code. Die Definition einer abstrakten Methode wird mit einem Semikolon direkt hinter der Parameterliste abgeschlossen, die geschweiften Klammern des Anweisungsblocks entfallen.

Welchen Stellenwert nimmt aber eine Klasse ein, die eine Methode veröffentlicht, die keinerlei Verhalten aufweist? Die Antwort ist verblüffend einfach: Eine solche Klasse kann nicht instanziiert werden. Sie rechtfertigt ihre Existenz einzig und allein dadurch, den abgeleiteten Klassen als Methoden bereitzustellen.

Eine nicht instanziierbare Klasse, die mindestens einen durch `abstract` gekennzeichneten Member enthält, ist ihrerseits selbst abstrakt und wird deshalb als *abstrakte Klasse* bezeichnet. Abstrakte Klassen sind nur dann sinnvoll, wenn sie abgeleitet werden. Syntaktisch wird dieses Verhalten in C# durch die Ergänzung des Modifikators `abstract` in der Klassensignatur beschrieben:

```
public abstract class Luftfahrzeug
{
  public abstract void Starten();
  [...]
}
```

Listing 4.9 Abstrakte Definition der Methode »Starten«

Neben abstrakten Methoden darf eine abstrakte Klasse auch vollständig implementierte, also nichtabstrakte Methoden und Eigenschaften bereitstellen.

Die Signatur einer Methode und infolgedessen auch der dazugehörigen Klasse mit dem Modifizierer `abstract` kommt einer Forderung gleich: Alle nichtabstrakten Ableitungen einer abstrakten Klasse werden gezwungen, die abstrakten Methoden der Basisklasse zu überschreiben. Wird in einer abgeleiteten Klasse das abstrakte Mitglied der Basisklasse nicht überschrieben, muss die abgeleitete Klasse ebenfalls als `abstract` gekennzeichnet werden. Als Konsequenz dieser Aussagen bilden abstrakte Klassen das Gegenkonstrukt zu den Klassen, die mit `sealed` als nicht ableitbar gekennzeichnet sind. Daraus folgt auch, dass Sie die Modifizierer `sealed` und `abstract` nicht nebeneinander verwenden dürfen.

Hinweis

Eine Klasse, die eine als abstrakt definierte Methode enthält, muss ihrerseits selbst abstrakt sein. Der Umkehrschluss ist allerdings nicht richtig, denn eine abstrakte Klasse muss nicht zwangsläufig ein abstraktes Mitglied enthalten. Eine Klasse kann auch dann abstrakt sein, wenn keiner ihrer Member abstrakt ist. Auf diese Weise wird eine Klasse nicht instanziierbar, und das Ableiten dieser Klasse wird erzwungen.

`abstract` kann nur im Zusammenhang mit Instanzmembern benutzt werden. Statische Methoden können nicht abstrakt sein, deshalb ist das gleichzeitige Auftreten von `static` und `abstract` in einer Methodensignatur unzulässig.

Abstrakte Methoden überschreiben

Listing 4.10 beschreibt die Klasse `Hubschrauber`. In der Klassenimplementierung wird die abstrakte Methode `Starten` der Basisklasse überschrieben. Zur Kennzeichnung des Überschreibens einer abstrakten Basisklassenmethode dient der Modifizierer `override`:

```
class Hubschrauber : Luftfahrzeug
{
  public override void Starten()
  {
    Console.WriteLine("Der Hubschrauber startet.");
  }
}
```

Listing 4.10 Überschreiben der geerbten abstrakten Methode

Sollten Sie dieses Beispiel ausprobieren, müssen Sie `Starten` selbstverständlich auch in der Klasse `Flugzeug` mit `override` überschreiben.

Hinweis

Sie finden das komplette Beispiel unter *..\Beispiele\Kapitel 4\Aircrafts_2.*

4.2.3 Virtuelle Methoden

Widmen wir uns nun der dritten anfangs aufgezeigten Variante, den virtuellen Methoden. Ausgangspunkt sei dabei folgender: Wir wollen `Starten` in der Basisklasse vollständig implementieren. Damit wären wir wieder am Ausgangspunkt angelangt, mit einem kleinen Unterschied: Wir ergänzen die Methoden `Starten` mit dem Modifizierer `virtual`. Dann sieht die Klasse `Luftfahrzeug` wie folgt aus:

```
public class Luftfahrzeug
{
  public virtual void Starten()
  {
    Console.WriteLine("Das Luftfahrzeug startet.");
  }
}
```

Listing 4.11 Virtuelle Definition der Methode »Starten«

Nun ist die Methode virtuell in der Basisklasse definiert. Eine ableitende Klasse hat nun die Wahl zwischen drei Alternativen:

- Die ableitende Klasse erbt die Methode, ohne eine eigene, typspezifische Implementierung vorzusehen, also:

```
public class Flugzeug : Luftfahrzeug { }
```

- Die ableitende Klasse verdeckt die geerbte Methode mit new, also:

```
public class Flugzeug : Luftfahrzeug
{
  public new void Starten()
  {
    Console.WriteLine("Das Flugzeug startet.");
  }
}
```

- Die ableitende Klasse überschreibt die geerbte Methode mit override, also:

```
public class Flugzeug : Luftfahrzeug
{
  public override void Starten()
  {
    Console.WriteLine("Das Flugzeug startet.");
  }
}
```


Hinweis

Sie finden das komplette Beispiel unter ..*\Beispiele\Kappitel 4\Aircrafts_3*.

Sie werden sich an dieser Stelle wahrscheinlich fragen, worin sich die beiden letztgenannten Varianten unterscheiden. Diese Überlegung führt uns nach der Datenkapselung und der Vererbung zum dritten elementaren Konzept der Objektorientierung: der *Polymorphie*. Ehe wir uns aber mit der Polymorphie beschäftigen, müssen wir die Typumwandlung in einer Vererbungshierarchie verstehen.

4.3 Typkonvertierung und Typuntersuchung von Objektvariablen

In .NET arbeiten Variablen mit unterschiedlichen Datentypen, die zur Laufzeit konvertiert oder überprüft werden müssen. Besonders bei Objektvariablen ist es oft notwendig, den tatsächlichen Typ zur Laufzeit zu ermitteln oder eine Typumwandlung vorzunehmen, um bestimmte Methoden oder Eigenschaften nutzen zu können. Dies ist vor allem dann relevant, wenn mit Vererbung oder Schnittstellen gearbeitet wird.

4.3.1 Die implizite Typkonvertierung von Objektreferenzen

Die Klasse `Luftfahrzeug` beschreibt Eigenschaften und Operationen, die allen Luftfahrzeugen, unabhängig vom Typ, eigen sind, denn die Klassen `Flugzeug` und `Hubschrauber` beerben als abgeleitete Klassen die Basisklasse.

Betrachten wir einen Ausschnitt der Klassenhierarchie, nämlich die beiden Klassen `Flugzeug` und `Luftfahrzeug`. Wenn wir unsere Erkenntnisse aus der realen Welt auf unseren Code projizieren, kommen wir zu der Aussage, dass ein Flugzeug ein Luftfahrzeug ist. Andererseits ist aber ein Luftfahrzeug nicht zwangsläufig ein Flugzeug, denn es könnte sich auch um einen Hubschrauber handeln. Die Tatsache, dass das Objekt einer abgeleiteten Klasse (hier `Flugzeug`) gleichzeitig ein Objekt der Basisklasse (hier `Luftfahrzeug`) ist, wird als *»Ist ein(e)«-Beziehung* bezeichnet. Diese Aussage ist nicht neu, wir haben sie bereits am Anfang dieses Kapitels gemacht.

Die Vererbung hat Konsequenzen, denn aufgrund dieser Beziehung können wir die Referenz eines Subklassenobjekts einer Basisklassenreferenz zuweisen:

```
Flugzeug flg = new Flugzeug();
Luftfahrzeug lfzg = flg;
```

Stehen zwei Klassen miteinander in einer Vererbungsbeziehung, kann eine Referenz vom Typ der abgeleiteten Klasse der Referenz vom Typ einer der Basisklassen mit

Basisklassenreferenz = Subklassenreferenz

zugewiesen werden. Dabei wird **implizit konvertiert**.

Die beiden Variablen `flg` und `lfzg` referenzieren denselben Speicherbereich – jedoch mit einer kleinen Einschränkung: Die Laufzeitumgebung betrachtet `lfzg` nur als Objekt vom Typ `Luftfahrzeug` und nicht als `Flugzeug`. Damit hat die Objektreferenz `lfzg` auch keinen Zugriff auf die Member, durch die sich ein Objekt vom Typ `Flugzeug` auszeichnet.

Bei einer Zuweisung einer Subklassenreferenz an eine Basisklassenreferenz müssen alle Member der links vom Zuweisungsoperator angegebenen Referenz einen konkreten Bezug zu einem Mitglied der rechts vom Zuweisungsoperator stehenden Referenz haben. Betrachten Sie dazu Abbildung 4.5, die diesen Sachverhalt veranschaulicht. Dass dabei das Feld `Spannweite` einer `Flugzeug`-Referenz keinen Abnehmer in der `Luftfahrzeug`-Referenz findet, spielt keine Rolle.

Die Tatsache, dass ein Objekt vom Typ einer abgeleiteten Klasse gleichzeitig ein Objekt vom Typ seiner Basisklasse ist, können Sie sich bei der Typfestlegung eines Parameters zunutze machen:

```
public void DoSomething(Luftfahrzeug lfzg)
{
  [...]
}
```

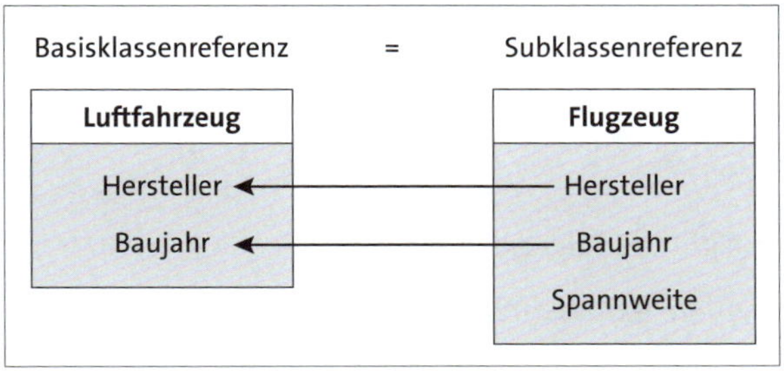

Abbildung 4.5 Zuweisung einer Subklassenreferenz an eine Basisklassenreferenz

Die Methode `DoSomething` erwartet vom Aufrufer die Referenz auf ein `Luftfahrzeug`. Ob es sich dabei um ein Objekt vom Typ `Hubschrauber` oder `Flugzeug` handelt, spielt keine Rolle. Ausschlaggebend ist ausschließlich, dass der Typ der übergebenen Referenz vom Typ `Luftfahrzeug` oder davon abgeleitet ist. `Flugzeug` erfüllt diese Bedingung. Daher können wir die Methode `DoSomething` folgendermaßen aufrufen:

```
Flugzeug flg = new Flugzeug();
Objektvariable.DoSomething(flg);
```

Parameter vom Typ einer Basisklasse werden häufig dann eingesetzt, wenn unabhängig vom genauen Typ innerhalb der Methode auf einen in der Basisklasse definierten Member zugegriffen wird. Beispielsweise könnte man sich vorstellen, dass in `DoSomething` die Methode `Starten` des übergebenen Objekts aufgerufen wird:

```
public void DoSomething(Luftfahrzeug lfzg)
{
  [...]
  lfzg.Starten();
  [...]
}
```

Da sowohl ein `Flugzeug`- als auch ein `Hubschrauber`-Objekt über diese Methode verfügt, ist `DoSomething` eine hinsichtlich der Luftfahrzeuge allgemein gehaltene Methode. Das erspart Ihnen, zwei verschiedene Methoden `DoSomething` zu definieren, denn genau das müssten Sie machen, gäbe es die implizite Konvertierung und Vererbung nicht. Zudem ist sichergestellt, dass die Methode `DoSomething` bei einer späteren Erweiterung der Vererbungshierarchie, beispielsweise durch eine Klasse `Rakete`, auch mit einem Objekt vom Typ `Rakete` einwandfrei funktioniert.

4.3.2 Die explizite Typkonvertierung von Objektreferenzen

Wenn es erforderlich ist, können Sie auch eine Basisklassenreferenz in eine Subklassenreferenz konvertieren. Also:

```
Flugzeug flg = new Flugzeug();
Luftfahrzeug lfzg = flg;
[...]
Flugzeug flugzeug = (Flugzeug)lfzg;
```

Bei der expliziten Typkonvertierung gilt die folgende Regel:

Subklassenreferenz = (Zieldatentyp)Basisklassenreferenz

Den Zieldatentyp geben Sie in runden Klammern vor der umzuwandelnden Referenz an. Eine erfolgreiche Typkonvertierung setzt allerdings voraus, dass vorher eine implizite Konvertierung des Subklassentyps in den Typ der Basisklasse stattgefunden hat. Die explizite Konvertierung ist demnach die Umkehrung einer vorhergegangenen impliziten Konvertierung, die nur dann erfolgt, wenn sich Ausgangs- und Zieldatentyp in einer Vererbungsbeziehung befinden.

Die explizite Konvertierung innerhalb einer Vererbungshierarchie auf horizontaler Ebene in einer Klassenhierarchie, beispielsweise vom Typ `Flugzeug` in den Typ `Hubschrauber`, ist nicht gestattet.

4.3.3 Typuntersuchung mit dem »is«-Operator

Manchmal ist es notwendig, den sich hinter einer Basisklassenreferenz verbergenden Typ festzustellen, beispielsweise wenn ein typspezifischer Member aufgerufen werden soll. Zur Lösung dieser Aufgabe bietet uns C# den `is`-Operator an.

Sehen wir uns dazu ein konkretes Beispiel an, und nehmen wir an, in der Methode `DoSomething` soll abhängig vom übergebenen Typ entweder die Spannweite oder der Rotordurchmesser ausgegeben werden. Wir müssen dann die Methode wie nachfolgend gezeigt ergänzen:

```
public void DoSomething(Luftfahrzeug lfzg)
{
  if (lfzg != null)
  {
    if (lfzg is Flugzeug)
      Console.WriteLine($"Spannweite: {((Flugzeug)lfzg).Spannweite}");
    else if (lfzg is Hubschrauber)
      Console.WriteLine($"Rotor: {((Hubschrauber)lfzg).Rotor}");
    else
      Console.WriteLine("Unbekannter Typ.");
  }
}
```

Listing 4.12 Typuntersuchung mit dem Operator »is«

In der Methode wird der Parameter `lfzg` zwei Überprüfungen unterzogen. Dabei steht links vom `is`-Operator die zu überprüfende Referenz, rechts davon der Typ, auf den hin die Referenz geprüft werden soll. Der Vergleich liefert `true`, wenn der Ausdruck, also die Referenz, in den rechts von `is` stehenden Typ umgewandelt werden kann.

Da der Methodenaufruf auch dann richtig ist, wenn dem Parameter `null` übergeben wird, sollte der Parameter als Erstes mit

```
if (lfzg != null)
```

daraufhin untersucht werden, ob er tatsächlich ein konkretes Objekt beschreibt. Beachten Sie im Codefragment auch die Konsolenausgabe, z. B.:

```
((Flugzeug)lfzg).Spannweite
```

Der Ausdruck `(Flugzeug)lfzg` ist in runde Klammern gesetzt, um eine Typkonvertierung vor dem Aufruf der Eigenschaft zu erzwingen. Grund dafür ist, dass der Punktoperator eine höhere Priorität besitzt als der Konvertierungsoperator. Nach der zusätzlichen Klammerung bezieht der Punktoperator seine Informationen aus dem Zieldatentyp der Umwandlung.

4.3.4 Typkonvertierung mit dem »as«-Operator

Eine Referenz kann mit dem `()`-Konvertierungsoperator in einen anderen Typ konvertiert werden, wenn vorher eine implizite Konvertierung stattgefunden hat. Beispielsweise können wir eine Instanz der Klasse `Luftfahrzeug` in den Typ `Flugzeug` konvertieren:

```
Flugzeug flg = (Flugzeug)lfzg;
```

C# bietet mit dem `as`-Operator eine weitere Konvertierungsvariante an:

```
Flugzeug flg = lfzg as Flugzeug;
```

Das Ergebnis ist dasselbe, wenn sich hinter der Referenz `lfzg` tatsächlich eine `Flugzeug`-Referenz verbirgt. Beide Möglichkeiten, der Konvertierungs- und der `as`-Operator, verhalten sich aber unterschiedlich, wenn die Basisklassenreferenz keine `Flugzeug`-, sondern beispielsweise eine `Hubschrauber`-Referenz beschreibt:

- Die Typkonvertierung mit dem Konvertierungsoperator löst eine Exception (Ausnahme) aus, wenn die Konvertierung scheitert.
- Der `as`-Operator liefert als Ergebnis `null`.

Der `as`-Operator bietet sich daher auch in einem `if`-Statement als Bedingung an:

```
if(lfzg as Flugzeug != null)
  [...]
```

Beachten Sie, dass der as-Operator nur im Zusammenhang mit Referenztypen genutzt werden kann.

Die Methode DoSomething aus Listing 4.12 ließe sich mit dem as-Operator auch wie folgt schreiben:

```
public void DoSomething(Luftfahrzeug lfzg)
{
  if (lfzg != null)
  {
    if(lfzg as Flugzeug != null)
      Console.WriteLine($"Spannweite: {(lfzg as Flugzeug).Spannweite}");
    else if(lfzg as Hubschrauber != null)
      Console.WriteLine($"Spannweite: {(lfzg as Hubschrauber).Rotor}");
    else
      Console.WriteLine("Unbekannter Typ.");
    }
  }
}
```

Listing 4.13 Typuntersuchung mit dem Operator »as«

4.3.5 Pattern Matching (Musterabgleich) mit dem »is«-Operator

Typkonvertierungen mit dem as-Operator wurden viele Jahre wegen ihrer einfachen Handhabung von Entwickelnden bevorzugt eingesetzt. Mit dem in C# 7.0 eingeführten Pattern Matching kann die Typkonvertierung sogar noch einfacher umgesetzt werden. Dazu wird der is-Operator benutzt. Im Gegensatz zur Beschreibung von is in Abschnitt 4.3.3 wird hinter dem Datentyp eine Variable angegeben. Nach erfolgreicher Typprüfung beschreibt diese Variable die Referenz auf den konvertierten Typ, und der Ausdruck liefert true zurück.

```
public void DoSomething(Luftfahrzeug lfzg)
{
  if (lfzg != null)
  {
    if (lfzg is Flugzeug flg)
      Console.WriteLine($"Spannweite: {flg.Spannweite}");
    else if(lfzg is Hubschrauber heli)
      Console.WriteLine($"Spannweite: {heli.Rotor}");
    else
```

```
      Console.WriteLine("Unbekannter Typ.");
  }
}
```

Listing 4.14 Typprüfung und Typkonvertierung mit Pattern Matching

Dieses Pattern wird auch speziell als *Type-Pattern* bezeichnet.

Anmerkung

Die Prüfung einer Variablen auf null wurde in den Beispielen zuvor mit dem ==-Operator durchgeführt. Sie können nun auch den is-Operator benutzen, um ein entsprechendes Resultat zu erzielen, beispielsweise

```
if (obj is null)
  [...]
```

Zudem lässt sich is verwenden, um auf einen konkreten Wert hin zu prüfen, wie das folgende Beispiel zeigt:

```
int value = 10;
if (value is 10)
  Console.WriteLine("value hat den Wert 10.");
```

Dieses spezielle Pattern wird *Const-Pattern* genannt.

4.4 Polymorphie

In Abschnitt 4.2 haben Sie erfahren, dass die Methode Starten in der Klasse Luftfahrzeug unterschiedlich bereitgestellt werden kann. Es ist nun an der Zeit, darauf einzugehen, welche Konsequenzen die drei Varianten haben.

Dazu schreiben wir zunächst Programmcode, mit dem abstrakt, virtuell und »klassisch« implementierte Methoden getestet werden sollen.

```
Luftfahrzeug[] arr = new Luftfahrzeug[4];
arr[0] = new Flugzeug();
arr[1] = new Hubschrauber();
arr[2] = new Hubschrauber();
arr[3] = new Flugzeug();
foreach(Luftfahrzeug temp in arr) {
  temp.Starten();
}
Console.ReadLine();
```

Listing 4.15 Code, der die Methode »Starten« testet

Zuerst wird ein Array vom Typ `Luftfahrzeug` deklariert. Jedes Array-Element ist vom Typ `Luftfahrzeug`. Weil die Klassen `Flugzeug` und `Hubschrauber` von diesem Typ abgeleitet sind, kann jedem Array-Element nach der Regel der impliziten Konvertierung auch die Referenz auf ein Objekt vom Typ der beiden Subklassen zugewiesen werden:

```
arr[0] = new Flugzeug();
arr[1] = new Hubschrauber();
[...]
```

Danach wird innerhalb einer `foreach`-Schleife auf alle Array-Elemente die Methode `Starten` aufgerufen. Die Laufvariable ist vom Typ `Luftfahrzeug`, also vom Typ der Basisklasse. In der Schleife wird auf diese Referenz die `Starten`-Methode aufgerufen.

4.4.1 Die »klassische« Methodenimplementierung

Wir wollen an dieser Stelle zunächst die klassische Methodenimplementierung in der Basisklasse testen. Die beiden ableitenden Klassen sollen die geerbte Methode `Starten` mit dem Modifizierer `new` überdecken:

```
public class Luftfahrzeug
{
  public void Starten()
  {
    Console.WriteLine("Das Luftfahrzeug startet.");
  }
}
public class Flugzeug : Luftfahrzeug
{
  public new void Starten()
  {
    Console.WriteLine("Das Flugzeug startet.");
  }
}
public class Hubschrauber : Luftfahrzeug
{
  public new void Starten()
  {
    Console.WriteLine("Der Hubschrauber startet.");
  }
}
```

Listing 4.16 Testen der überdeckenden Methode

Starten wir die Anwendung, wird die folgende Ausgabe viermal im Konsolenfenster angezeigt:

```
Das Luftfahrzeug startet.
```

Das Ergebnis ist zwar nicht spektakulär, hat aber weitreichende Konsequenzen: Wir müssen uns nämlich die Frage stellen, ob die Ausgabe das ist, was wir erreichen wollten. Vermutlich nicht, denn eigentlich sollte doch jeweils die typspezifische Methode `Starten` in der abgeleiteten Klasse ausgeführt werden.

Das ursächliche Problem ist das statische Binden des Methodenaufrufs an die Basisklasse. Statisches Binden heißt, dass die auszuführende Operation bereits zur Kompilierzeit festgelegt wird. Der Compiler stellt fest, von welchem Typ das Objekt ist, auf dem die Methode aufgerufen wird, und erzeugt den entsprechenden Code. Statisches Binden führt dazu, dass die Methode der Basisklasse aufgerufen wird, obwohl eigentlich die »neue« Methode in der abgeleiteten Klasse erforderlich wäre.

Das Beispiel macht deutlich, welchen Nebeneffekt das Überdecken einer Methode mit dem Modifizierer `new` haben kann: Der Compiler betrachtet das Objekt, als wäre es vom Typ der Basisklasse, und ruft die unter Umständen aus logischer Sicht sogar fehlerhafte Methode in der Basisklasse auf.

4.4.2 Abstrakte Methoden

Nun ändern wir den Programmcode in der Basisklasse `Luftfahrzeug` und stellen die Methode `Starten` als abstrakte Methode zur Verfügung. Die ableitenden Klassen erfüllen die Vertragsbedingung und überschreiben die geerbte Methode mit `override`. Am Programmcode nehmen wir keine Änderungen vor.

```
public abstract class Luftfahrzeug
{
  public abstract void Starten();
}
public class Flugzeug : Luftfahrzeug
{
  public override void Starten()
  {
    Console.WriteLine("Das Flugzeug startet.");
  }
}
public class Hubschrauber : Luftfahrzeug
{
  public override void Starten()
  {
```

```
    Console.WriteLine("Der Hubschrauber startet.");
  }
}
```

Listing 4.17 Testen der überschreibenden Methode

Ein anschließender Start der Anwendung bringt ein anderes Ergebnis als im ersten Versuch:

```
Das Flugzeug startet.
Der Hubschrauber startet.
Der Hubschrauber startet.
Das Flugzeug startet.
```

Tatsächlich werden nun die typspezifischen Methoden aufgerufen.

Anscheinend ist die Laufvariable `temp` der `foreach`-Schleife in der Lage, zu entscheiden, welche Methode anzuwenden ist. Dieses Verhalten unterscheidet sich gravierend von dem, was wir im Zusammenhang mit den mit `new` ausgestatteten, überdeckenden Methoden zuvor gesehen haben. Das Binden des Methodenaufrufs kann nicht statisch sein, es erfolgt dynamisch zur Laufzeit.

Die Fähigkeit, auf einer Basisklassenreferenz die typspezifische Methode aufzurufen, wird als *Polymorphie* bezeichnet und ist neben der Kapselung und der Vererbung die dritte Säule der objektorientierten Programmierung. Polymorphie bezeichnet ein Konzept der Objektorientierung, das besagt, dass Objekte bei gleichen Methodenaufrufen unterschiedlich reagieren können. Dabei können Objekte verschiedener Typen unter einem gemeinsamen Oberbegriff (d. h. einer gemeinsamen Basis) betrachtet werden. Die Polymorphie sorgt dafür, dass der Methodenaufruf automatisch bei der richtigen, also typspezifischen Methode landet.

Polymorphie arbeitet mit dynamischer Bindung. Der Aufrufcode wird nicht zur Kompilierzeit erzeugt, sondern erst zur Laufzeit der Anwendung, wenn die konkreten Typinformationen vorliegen. Im Gegensatz dazu legt die statische Bindung die auszuführende Operation, wie im Abschnitt zuvor gezeigt. bereits zur Kompilierzeit fest.

4.4.3 Virtuelle Methoden

Überschreibt eine Methode eine geerbte abstrakte Methode, zeigt die überschreibende Methode immer polymorphes Verhalten. Wird in einer Basisklasse eine Methode »klassisch« implementiert und in der ableitenden Klasse durch eine Neuimplementierung mit `new` verdeckt, kann die verdeckende Methode niemals polymorph sein.

Vielleicht ahnen Sie an dieser Stelle schon, wozu virtuelle Methoden dienen. Erinnern wir uns: Eine Methode gilt als virtuell, wenn sie in der Basisklasse voll implementiert und mit dem Modifizierer virtual signiert ist, wie Listing 4.18 noch einmal zeigt:

```
public class Luftfahrzeug
{
  public virtual void Starten()
  {
    Console.WriteLine("Das Luftfahrzeug startet.");
  }
}
```

Listing 4.18 Virtuelle Methode in der Basisklasse

Sie müssen eine virtuelle Methode als ein Angebot der Basisklasse an die ableitenden Klassen verstehen. Es ist das Angebot, die geerbte Methode entweder so zu erben, wie sie in der Basisklasse implementiert ist, sie bei Bedarf polymorph zu überschreiben oder eventuell einfach nur (nichtpolymorph) zu überdecken.

Polymorphes Überschreiben einer virtuellen Methode

Möchte die ableitende Klasse die geerbte Methode neu implementieren und soll die Methode polymorphes Verhalten zeigen, müssen Sie die überschreibende Methode mit dem Modifizierer override signieren, z. B.:

```
public class Flugzeug : Luftfahrzeug
{
  public override void Starten()
  {
    Console.WriteLine("Das Flugzeug startet.");
  }
}
```

Listing 4.19 Polymorphes Überschreiben einer geerbten virtuellen Methode

Das Ergebnis des Aufrufs von Starten auf eine Basisklassenreferenz ist identisch mit dem Aufruf einer abstrakten Methode: Es wird die typspezifische Methode ausgeführt. An dieser Stelle lässt sich sofort schlussfolgern, dass der Modifizierer override grundsätzlich immer Polymorphie signalisiert.

Nichtpolymorphes Überdecken einer virtuellen Methode

Soll eine ableitende Klasse eine geerbte virtuelle Methode nichtpolymorph überschreiben, kommt der Modifizierer new ins Spiel:

```
public class Flugzeug : Luftfahrzeug
{
  public new void Starten()
  {
    Console.WriteLine("Das Flugzeug startet.");
  }
}
```

Listing 4.20 Nichtpolymorphes Überschreiben einer geerbten virtuellen Methode

Die mit `new` neu implementierte virtuelle Methode zeigt kein polymorphes Verhalten, wenn wir die Testanwendung starten. Auch hier können wir unter Berücksichtigung des Verdeckens klassisch implementierter Methoden sagen, dass im Zusammenhang mit dem Modifizierer `new` niemals polymorphes Verhalten eintritt.

Weiter gehende Betrachtungen

Es ist möglich, innerhalb einer Vererbungskette ein gemischtes Verhalten von Ausblendung und Überschreibung vorzusehen, wie das folgende Codefragment zeigt:

```
public class Luftfahrzeug
{
  public virtual void Starten() { }
}
public class Flugzeug : Luftfahrzeug
{
  public override void Starten () { [...] }
}
public class Segelflugzeug : Flugzeug
{
  public new void Starten() { [...] }
}
```

Listing 4.21 Überschreiben und Ausblenden in einer Vererbungskette

`Luftfahrzeug` bietet die virtuelle Methode `Starten` an, und die abgeleitete Klasse `Flugzeug` überschreibt diese mit `override` polymorph. `Segelflugzeug` seinerseits ist die Ableitung von `Flugzeug` und überdeckt die Methode `Starten` nur noch mit `new`. Wenn Sie nun nach der Zuweisung

```
Luftfahrzeug lfzg = new Segelflugzeug();
```

auf der Referenz `lfzg` die Methode `Starten` aufrufen, wird die Methode `Starten` in `Flugzeug` ausgeführt, da diese die aus `Luftfahrzeug` geerbte Methode polymorph überschreibt. In der Klasse Segelflugzeug zeigt Starten wegen des Modifikators new kein polymorphes Verhalten mehr.

Das Überschreiben einer mit new überdeckenden Methode mit override ist hingegen nicht möglich, wie das folgende Codefragment zeigt:

```
public class Flugzeug : Luftfahrzeug
{
  public new void Starten() { [...] }
}
public class Segelflugzeug : Flugzeug
{
  public override void Starten () { [...] }
}
```

Listing 4.22 Fehlerhaftes Überschreiben und Ausblenden in einer Vererbungskette

Ein einmal verlorengegangenes polymorphes Verhalten kann nicht mehr reaktiviert werden.

Zusammenfassende Anmerkungen

Um polymorphes Verhalten einer Methode zu ermöglichen, muss sie in der Basisklasse als virtual definiert sein. Virtuelle Methoden haben immer einen Anweisungsblock und stellen ein Angebot an die ableitenden Klassen dar: entweder die Methode einfach nur zu erben oder sie anders zu implementieren. Zur Umsetzung des zuletzt angeführten Falls gibt es wiederum zwei Möglichkeiten:

- Wird in der abgeleiteten Klasse die geerbte Methode mit dem Schlüsselwort override implementiert, wird die ursprüngliche Methode überschrieben – die abgeleitete Klasse akzeptiert das Angebot der Basisklasse. Ein Aufruf an eine Referenz der Basisklasse wird polymorph an den sich tatsächlich dahinter verbergenden Typ weitergeleitet.
- In der abgeleiteten Klasse wird eine virtuelle Methode mit dem Modifizierer new ausgeblendet. Dann verdeckt die Subklassenmethode die geerbte Implementierung der Basisklasse und zeigt kein polymorphes Verhalten.

Eine statische Methode kann nicht virtuell sein. Ebenso ist eine Kombination des Schlüsselworts virtual mit abstract oder override nicht zulässig. Hinter der Definition einer virtuellen Methode verbirgt sich die Absicht, einer ableitenden Klasse polymorphes Verhalten anzubieten. Daher macht es auch keinen Sinn, ein privates Klassenmitglied als virtual zu deklarieren – es kommt sogar zu einem Kompilierfehler. new und override schließen sich gegenseitig aus.

Anmerkung

Entwickeln Sie eine ableitbare Klasse, sollten Sie grundsätzlich immer an die ableitenden Klassen denken. Polymorphie gehört zu den fundamentalen Prinzipien des objektorientierten Ansatzes. Methoden, die in abgeleiteten Klassen neu implementiert werden müssen, werden fast immer polymorph überschrieben. Vergessen Sie daher die Angabe des Modifizierers `virtual` in keiner Methode – es sei denn, Sie haben handfeste Gründe, polymorphe Aufrufe bereits im Ansatz zu unterbinden.

Andererseits sollten Sie sich beim Einsatz von `virtual` auch darüber bewusst sein, dass die Laufzeitumgebung beim polymorphen Aufruf einer Methode dynamisch nach der typspezifischen Methode suchen muss, was natürlich zu Lasten der Performance geht. Sie sollten folglich nicht prinzipiell `virtual` mit dem Gießkannenprinzip auf alle Methoden verteilen, sondern sich auch über den erwähnten Nachteil im Klaren sein.

Die Methode »ToString()« der Klasse »Object« überschreiben

Die Klasse `Object` ist die Basis aller .NET-Typen und vererbt jeder Klasse eine Reihe elementarer Methoden. Dazu gehört `ToString`. Diese Methode ist als virtuelle Methode definiert und ermöglicht daher polymorphes Überschreiben. `ToString` liefert per Vorgabe den kompletten Typbezeichner des aktuellen Objekts als Zeichenfolge an den Aufrufer zurück, wird aber von vielen Klassen des .NET Frameworks überschrieben. Aufgerufen auf einem `int` liefert `ToString` beispielsweise den von der `int`-Variablen beschriebenen Wert als Zeichenfolge.

Wir wollen das Angebot der Methode `ToString` wahrnehmen und sie in der Klasse `Circle` ebenfalls polymorph überschreiben. Der Aufruf der Methode soll dem Aufrufer typspezifische Angaben liefern.

```
public class Circle
{
  [...]
  public override string ToString()
  {
    return "Circle, R=" + Radius + ",Fläche=" + GetArea();
  }
}
```

Listing 4.23 Überschreiben der geerbten Methode »Object.ToString()«

4.5 Weitere Gesichtspunkte der Vererbung

Zu den fortgeschrittenen Aspekten der Vererbung in .NET gehören das Versiegeln von Methoden mit dem sealed-Schlüsselwort, um eine weitere Überschreibung zu verhindern, sowie das Überladen von Methoden, das eine flexiblere Nutzung durch verschiedene Parameter ermöglicht. Zudem erläutern wir in diesem Abschnitt die Rolle statischer Member, die nicht vererbt oder instanziiert werden können. Ein weiterer wichtiger Punkt ist das Ausblenden geerbter Methoden, um eigene Implementierungen zu priorisieren. Diese Themen helfen, die Vererbung gezielt einzusetzen und potenzielle Fallstricke zu vermeiden.

4.5.1 Versiegelte Methoden

Standardmäßig können alle Klassen abgeleitet werden. Ist dieses Verhalten für eine bestimmte Klasse nicht gewünscht, können Sie sie mit sealed versiegeln. Sie ist dann nicht ableitbar.

In ähnlicher Weise können Sie auch dem weiteren Überschreiben einer Methode einen Riegel vorschieben, indem Sie die Definition der Methode um den Modifizierer sealed ergänzen. sealed können Sie nur zusammen mit override einsetzen, es kommt also nur in einer ableitenden Klasse zum Zug. Sehen Sie das in Listing 4.24 an:

```
class Flugzeug : Luftfahrzeug
{
  public sealed override void Starten()
  {
    Console.WriteLine("Das Flugzeug startet");
  }
}
```

Listing 4.24 Definition einer versiegelten Methode

Die von Luftfahrzeug geerbte Starten-Methode wird polymorph überschrieben, untersagt aber allen weiteren Ableitungen das polymorphe Überschreiben. In einer fiktiven Klasse Segelflugzeug würde demnach die Implementierung der Starten-Methode wie in Listing 4.25 gezeigt zu einem Fehler führen:

```
public class Segelflugzeug : Luftfahrzeug
{
  // Falsche Methodensignatur
  public override void Starten()
  { }
}
```

Listing 4.25 Unzulässiges Überschreiben der Methode »Starten«

Eine von `Flugzeug` abgeleitete Klasse erbt zwar die versiegelte Methode `Starten`, kann sie aber selbst nicht mit `override` überschreiben. Es ist jedoch möglich, in einer weiter abgeleiteten Klasse eine geerbte, versiegelte Methode mit `new` zu überdecken, um eine typspezifische Anpassung vornehmen zu können.

```
public class Segelflugzeug : Luftfahrzeug
{
  // Korrekte Methodensignatur
  public new void Starten()
  { }
}
```

Listing 4.26 Korrekte Methodensignatur einer geerbten »sealed override«-Methode

Weil eine geerbte `sealed override`-Methode nur mit `new` überdeckt werden kann, kann man eine Methode, die weder `abstract` noch `virtual` definiert ist, auch als `sealed`-Methode interpretieren. `sealed` ist demnach der Standard, falls kein Modifizierer eine andere Charakteristik vorschreibt.

4.5.2 Überladen einer Basisklassenmethode

Oft ist es notwendig, die von einer Basisklasse geerbten Methoden in der Subklasse zu überladen, um ein Objekt vom Typ der Subklasse an speziellere Anforderungen anzupassen. Von einer *Methodenüberladung* wird bekanntlich gesprochen, wenn sich zwei gleichnamige Methoden einer Klasse nur in ihrer Parameterliste unterscheiden. Derselbe Begriff hat sich geprägt, wenn eine geerbte Methode in der Subklasse nach den Regeln der Methodenüberladung ergänzt werden muss.

Betrachten wir dazu noch einmal die `Starten`-Methode in `Luftfahrzeug`. Die Klasse `Flugzeug` leitet von der Klasse `Luftfahrzeug` ab und überlädt die geerbte Methode:

```
public class Flugzeug : Luftfahrzeug
{
  public void Starten(double distance)
  {
    [...]
  }
}
```

Wird ein Objekt vom Typ `Flugzeug` erzeugt, kann auf die Referenz mit beiden Methoden operiert werden, z. B.:

```
flg.Starten();
flg.Starten(300);
```

4.5.3 Statische Member und Vererbung

Statische Member werden an die ableitenden Klassen vererbt. Eine statische Methode kann man auf die Klasse anwenden, in der die Methode definiert ist, oder auf die Angabe der abgeleiteten Klasse. Bezogen auf das Projekt *GeometricObjects* können Sie demnach die statische Methode Bigger entweder mit


```
Circle.Bigger(kreis1, kreis2);
```

oder mit

```
GraphicCircle.Bigger(kreis1, kreis2);
```

aufrufen. Dabei sind kreis1 und kreis2 Objekte vom Typ Circle.

Unzulässig ist die Definition einer statischen Methode mit virtual, override oder abstract. Wollen Sie dennoch eine geerbte statische Methode in der ableitenden Klasse neu implementieren, können Sie die geerbte Methode mit einer Neuimplementierung verdecken, die den Modifizierer new aufweist.

4.5.4 Geerbte Methoden ausblenden?

Zugriffsmodifizierer beschreiben die Sichtbarkeit. Ein als public deklariertes Mitglied ist über die Grenzen der aktuellen Anwendung hinaus bekannt, während der Modifizierer internal die Sichtbarkeit auf die aktuelle Assemblierung beschränkt. private-Klassenmitglieder hingegen sind nur in der definierenden Klasse sichtbar.

Ein verdeckender Member muss nicht zwangsläufig denselben Zugriffsmodifizierer haben wie das überdeckte Mitglied in der Basisklasse. Machen wir uns das kurz an der Klasse Flugzeug klar, und verdecken wir die geerbte öffentliche Methode Starten der Klasse Luftfahrzeug durch eine private-Implementierung in Flugzeug.

```
public class Flugzeug : Luftfahrzeug
{
  private new void Starten()
  {
    Console.WriteLine("Das Flugzeug startet.");
  }
}
```

Die verdeckende Methode Starten ist nun nur innerhalb von Flugzeug sichtbar. Einen interessanten Effekt stellen wir fest, wenn wir jetzt den folgenden Code schreiben:

```
Flugzeug flg = new Flugzeug();
flg.Starten();
```

Im Konsolenfenster wird `Das Luftfahrzeug startet.` ausgegeben.

Aus allem, was bisher gesagt worden ist, müssen wir die Schlussfolgerung ziehen, dass das vollständige Ausblenden eines geerbten Mitglieds nicht möglich ist, auch nicht durch »Privatisierung«. Das führt uns zu folgender Erkenntnis:

Hinweis

Grundsätzlich werden alle Member von der Basisklasse geerbt. Davon gibt es keine Ausnahme. Auch das Ausblenden durch Privatisierung in der erbenden Klasse ist nicht möglich.

Wollen Sie unter keinen Umständen eine Methode aus der Basisklasse erben, bleibt Ihnen nur ein Weg: Sie müssen das Konzept Ihrer Vererbungshierarchie neu überdenken.

4.6 Das Projekt »GeometricObjectsSolution« ergänzen

Wir wollen uns nun wieder dem Beispielprojekt *GeometricObjectsSolution* zuwenden. Wir werden den Entwurf im ersten Schritt um zwei weitere Klassen, nämlich `Rectangle` und `GraphicRectangle`, ergänzen und uns dabei die in diesem Kapitel gewonnenen Kenntnisse zunutze machen. Die Klasse `Rectangle` soll ein Rechteck beschreiben, und die Klasse `GraphicRectangle` soll eine Operation bereitstellen, die ein `Rectangle`-Objekt in einer grafikfähigen Komponente darstellt – analog zur Klasse `GraphicCircle`.

Ebenso wie ein `Circle`-Objekt soll auch ein `Rectangle`-Objekt seine Lage beschreiben. Um bei der üblichen Konvention grafischer Benutzeroberflächen zu bleiben, soll es sich dabei um den oberen linken Punkt des Rechtecks handeln. Die Größe eines Rechtecks wird durch seine Breite und Länge definiert. Außerdem sind Methoden vorzusehen, die Umfang und Fläche berechnen und zwei `Rectangle`-Objekte miteinander vergleichen.

Anmerkung

Sie finden den Code der beiden neuen Klassen in den Downloadmaterialen unter *..\Beispiele\Kapitel 4\GeometricObjectsSolution_2*.

4.6.1 Die Klasse »GeometricObject«

Es ist zu erkennen, dass sich die Klassen `Rectangle` und `Circle` in vielen Punkten ähneln. Dies spricht dafür, den beiden Klassen eine Basisklasse vorzuschalten, die die gemeinsamen Merkmale eines Kreises und eines Rechtecks beschreibt: Wir werden diese Klasse im Folgenden `GeometricObject` nennen.

Ein weiteres Argument für diese Lösung ist die sich daraus ergebende Gleichnamigkeit der gemeinsamen Merkmale: Es werden dann die Methoden, die ihren Fähigkeiten nach Gleiches leisten, unabhängig vom Typ des zugrundeliegenden Objekts in gleicher Weise aufgerufen. Einerseits lässt sich dadurch die abstrahierte Artverwandtschaft der beiden geometrischen Objekte Kreis und Rechteck verdeutlichen, andererseits wird die Benutzung der Klassen wesentlich vereinfacht, weil nicht zwei unterschiedlich benannte Methoden dasselbe Leistungsmerkmal beschreiben. Nach diesen ersten Überlegungen wollen wir nun die Klasse `GeometricObject` implementieren.

Vergleichen wir jetzt Schritt für Schritt die einzelnen Klassenmitglieder von `Circle` und `Rectangle`, um daraus ein einheitliches Konzept für den Entwurf des Oberbegriffs `GeometricObject` zu formulieren.

Instanzfelder und Eigenschaftsmethoden

Die Lage eines `Circle`- und `Rectangle`-Objekts wird durch `XCoordinate` und `YCoordinate` beschrieben. Es bietet sich an, diese beiden Eigenschaften in die gemeinsame Basisklasse auszulagern. Da wir auch berücksichtigen sollten, dass eine zukünftige Ableitung möglicherweise die Eigenschaftsmethoden überschreibt (z. B. um den Bezugspunkt im 4. Quadranten des kartesischen Koordinatensystems zu vermeiden), sollten wir die Eigenschaften `virtual` signieren.

```
public virtual double XCoordinate { get; set; }
public virtual double YCoordinate { get; set; }
```

Die Instanzmethoden

Widmen wir uns zunächst den Methoden `GetArea` und `GetPerimeter`. Wir wollen die Methoden zur Flächen- und Umfangsberechnung in jeder ableitenden Klasse garantieren, aber die Implementierung unterscheidet sich abhängig vom geometrischen Typ grundlegend. `GetArea` und `GetPerimeter` können zwar in `GeometricObject` deklariert werden, müssen aber abstrakt sein. Infolgedessen müssen wir auch `GeometricObject` mit dem Modifizierer `abstract` kennzeichnen.

```
public abstract double GetArea();
public abstract double GetPerimeter();
```

Ein Vergleich hinsichtlich der Instanzmethoden beider Klassen führt zu der Erkenntnis, dass beide die gleichnamige überladene Methode `Bigger` veröffentlichen, die zwei Objekte miteinander vergleicht und einen Integer als Rückgabewert liefert.

Aus logischer Sicht leistet diese Methode sowohl in Circle als auch in Rectangle dasselbe und unterscheidet sich nur im Parametertyp: Die Bigger-Methode in der Circle-Klasse nimmt die Referenz auf ein Circle-Objekt entgegen, diejenige in der Klasse Rectangle die Referenz auf ein Rectangle-Objekt. Wir können uns den Umstand zunutze machen, dass sowohl die Circle- als auch die Rectangle-Klasse nunmehr aus derselben Basisklasse abgeleitet werden, und müssen dazu nur den Typ des Parameters und der Rückgabe entsprechend in GeometricObject ändern. Als Nebeneffekt beschert uns diese Verallgemeinerung, dass wir nun in der Lage sind, die Flächen von zwei verschiedenen Typen zu vergleichen, denn nun kann die Bigger-Methode auf einer Circle-Referenz aufgerufen und als Argument die Referenz auf ein Rectangle-Objekt übergeben werden.

```
public virtual int Bigger(GeometricObject obj)
{
  if (obj== null || GetArea() > obj.GetArea()) return 1;
  if (GetArea() < obj.GetArea()) return -1;
  return 0;
}
```

In der Methode wird zum Vergleich die Methode GetArea herangezogen. Da wir sie als abstrakte Methode in der Basisklasse deklariert haben, erfolgt der Aufruf polymorph. Zudem sollten wir Bigger als virtuelle Methode bereitstellen. Damit ermöglichen wir den ableitenden Klassen, eine unter Umständen andere Implementierung unter Gewährleistung der Polymorphie zu implementieren.

Die zweifach parametrisierte Methode Move kann ebenfalls in GeometricObject implementiert werden, während die Überladung (in Circle mit drei und in Rectangle mit vier Parametern) kein Kandidat ist. Auch diese Methode wird mit dem Modifizierer virtual signiert.

```
public virtual void Move(double dx, double dy)
{
  XCoordinate += dx;
  YCoordinate += dy;
}
```

Die Klassenmethoden

Die Argumentation, die uns dazu brachte, die Instanzmethode Bigger in der Basisklasse GeometricObject zu codieren, gilt auch bei der gleichnamigen Klassenmethode. Wir müssen jeweils nur den Typ des Parameters ändern.

```
public static int Bigger(GeometricObject geo1, GeometricObject geo2)
{
  if (geo1== null && geo2== null) return 0;
```

```
  if (geo1== null) return -1;
  if (geo1== null) return 1;
  if (geo1.GetArea() > geo2.GetArea()) return 1;
  if (geo1.GetArea() < geo2.GetArea()) return -1;
  return 0;
}
```

Der Objektzähler

Aus den allgemeinen Betrachtungen der objektorientierten Programmierung fällt der Objektzähler grundsätzlich zunächst einmal heraus. Hier bestimmen die Anforderungen an die Anwendung, ob ein gemeinsamer Objektzähler für alle geometrischen Objekte den Forderungen genügt oder ob `Circle`- und `Rectangle`-Objekte separat gezählt werden sollen. Darüber hinaus könnte man sich auch vorstellen, beide denkbaren Zählervarianten bereitzustellen. So lösen wir es auch in unserem Beispiel.

Um einen gemeinsamen Objektzähler in `GeometricObject` zu realisieren, muss der Klasse ein Konstruktor hinzugefügt werden, der für die Aktualisierung des Zählers sorgt. Hier kommt uns zugute, dass bei der Instanziierung einer abgeleiteten Klasse die Konstruktorverkettung dafür sorgt, dass der Konstruktor der Basisklasse aufgerufen wird.

```
public abstract class GeometricObject
{
// statische Eigenschaft
public static int CountGeometricObjects {get; private set;}
// Konstruktor
  public GeometricObject()
  {
    CountGeometricObjects++;
  }
}
```

Änderungen in den Klassen »Circle« und »Rectangle«

Zum Schluss sollten wir noch einen Blick in die Klassen `Circle` und `Rectangle` werfen. Nach den entsprechenden Änderungen aufgrund der Ableitung von `GeometricObject` sollten wir in `Circle` die Eigenschaftsmethode `Radius` und die Überladung von `Move` noch als `virtual` kennzeichnen. Analog verfahren wir in `Rectangle` mit `Width`, `Length` und der Überladung von `Move`.

Unter dem Gesichtspunkt, die `Draw`-Methode in `GraphicCircle` und `GraphicRectangle` polymorph anzubieten, erhalten beide Implementierungen ebenfalls den `virtual`-Modifizierer.

Anmerkung

Sie finden die vollständige Zusammenfassung des Programmcodes zu diesem Beispiel unter ..*Beispiele\Kapitel 4\GeometricObjectsSolution_3*.

4.7 Eingebettete Klassen

Nicht sonderlich häufig anzutreffen sind Klassen (oder ganz allgemein gesprochen »Typen«), die innerhalb anderer Klassen definiert sind. Diese Technik, die als *eingebettete Klassen* oder auch als *verschachtelte Klassen* bezeichnet wird, kann im Einzelfall dazu benutzt werden, entweder eine enge Beziehung zwischen zwei Typen zu beschreiben oder die innere Klasse vor dem Zugriff von außen zu schützen, weil sie nur innerhalb des Codes der äußeren Klasse sinnvoll ist.

Sehen wir uns an einem Beispiel die Codierung einer inneren Klasse an:

```
public class Outer
{
  public class Inner
  {
    [...]
  }
}
```

Listing 4.27 Struktur eingebetteter Klassen

Die innere Klasse `Inner` ist als `public` deklariert und ermöglicht es daher, von außerhalb der Klasse `Outer` ein Objekt zu erzeugen. Dabei erfolgt der Zugriff über die Angabe der äußeren Klasse, z. B.:

```
Outer.Inner @object = new Outer.Inner();
```

Wird die eingebettete Klasse jedoch als `private` definiert, ist ihre Existenz nur im Kontext der umgebenden äußeren Klasse sinnvoll. Von außen kann dann kein Objekt der inneren Klasse mehr erzeugt werden.

Da eingebettete Klassen nicht sehr häufig im .NET Framework auftreten, wollen wir hier auch nicht weiter in diese Programmiertechnik einsteigen.

4.8 Interfaces (Schnittstellen)

Das Konzept der Schnittstellen ist am einfachsten zu verstehen, wenn Sie sich deutlich machen, worin genau der Unterschied zwischen einer Klasse und einem Objekt besteht: Klassen sind Schablonen, in denen Methoden und Eigenschaften definiert sind. Die Methoden manipulieren die Eigenschaften und stellen damit das Verhalten eines Objekts sicher. Ein Objekt wird jedoch nicht durch sein Verhalten, sondern durch seine Daten beschrieben, die über Eigenschaften manipuliert werden.

Treiben wir die Abstraktion noch weiter. Wenn Objekte durch Daten beschrieben werden und in einer Klasse Eigenschaften und Methoden definiert sind, dann muss es auch ein Extrem geben, das nur Verhaltensweisen festlegt und keine Daten enthält. Genau diese Position nehmen die Schnittstellen ein.

Die Aufgaben der Schnittstellen gehen über die einfache Fähigkeit, Verhaltensweisen bereitzustellen, hinaus. Bekanntlich unterstützt .NET die Mehrfachvererbung nicht. Damit sind die .NET-Architekten möglichen Schwierigkeiten aus dem Weg gegangen, die mit der Mehrfachvererbung (z. B. in C++) verbunden sind. Andererseits hielten die .NET-Architekten es aber für erstrebenswert, neben der Basisklasse weitere »Oberbegriffe« zuzulassen, um gemeinsame Merkmale mehrerer ansonsten unabhängiger Klassen beschreiben zu können. Mit der Schnittstelle existiert ein Konstrukt, das genau diese Möglichkeiten bietet.

Sie müssen sich Schnittstellen wie eine Vertragsvereinbarung vorstellen. Sobald eine Klasse eine Schnittstelle implementiert, hat der auf ein Objekt dieser Klasse zugreifende Code die Garantie, dass die Klasse die Member der Schnittstelle aufweist. Mit anderen Worten: Eine Schnittstelle legt einen Vertragsrahmen fest, den die implementierende Klasse erfüllen muss.

4.8.1 Die Schnittstellendefinition

Schnittstellen können Folgendes vorschreiben:

- Methoden
- Eigenschaften (Properties)
- Ereignisse
- Indexer

(Hinweis: Indexer und Ereignisse waren bisher noch kein Thema und werden erst in Kapitel 5, »Delegaten, Ereignisse und Lambda-Ausdrücke«, bzw. Kapitel 10, »Weitere C#-Sprachfeatures«, behandelt.) Es ist kein Widerspruch, wenn wir eingangs erwähnt haben, dass Schnittstellen keine Daten enthalten, und andererseits Eigenschaften (Properties) erlaubt sind. Mit den Eigenschaften sind die Eigenschaftsmethoden gemeint, die ein `get` und `set` beinhalten, nicht die privaten Felder.

Schnittstellen enthalten selbst keine Codeimplementierung, sondern nur abstrakte Definitionen. Schauen wir uns dazu eine einfache Schnittstelle an:

```
public interface ICopy
{
  string Caption {get; set;};
  void Copy();
}
```

Listing 4.28 Definition eines Interface

Hinweis

Konventionsgemäß wird dem Bezeichner einer Schnittstelle ein »I« vorangestellt. Man kann von Konventionen halten, was man will, aber diese sollten Sie unbedingt einhalten.

Die Definition einer Schnittstelle wie in Listing 4.28 ähnelt der Definition einer Klasse, bei der das Schlüsselwort `class` gegen das Schlüsselwort `interface` ausgetauscht wird. Fehlt die Angabe eines Zugriffsmodifizierers, gilt eine Schnittstelle standardmäßig als `internal`, ansonsten kann eine Schnittstelle noch `public` sein. Hinter der Definition werden in geschweiften Klammern alle Mitglieder der Schnittstelle aufgeführt. Beachten Sie, dass das von den abstrakten Klassen her bekannte Schlüsselwort `abstract` innerhalb einer Schnittstellendefinition nicht erlaubt ist.

Die Schnittstelle `ICopy` beschreibt die Eigenschaft `Caption` sowie die Methode `Copy`. Weil eine Schnittstelle grundsätzlich nur abstrakte Definitionen bereitstellt, hat kein Mitglied einen Anweisungsblock. Es ist auch kein Zugriffsmodifizierer angegeben. Der C#-Compiler reagiert sogar mit einer Fehlermeldung, wenn Sie einem Schnittstellenmitglied einen Zugriffsmodifizierer voranstellen. Alle von einer Schnittstelle vorgeschriebenen Member gelten grundsätzlich als `public`.

4.8.2 Die Schnittstellenimplementierung

Bei der Vererbung wird von *Ableitung* gesprochen, analog hat sich bei den Schnittstellen der Begriff *Implementierung* geprägt. Eine Schnittstelle ist wie ein Vertrag, den eine Klasse unterschreibt, sobald sie eine bestimmte Schnittstelle implementiert. Das hat Konsequenzen: Eine Klasse, die eine Schnittstelle implementiert, muss ausnahmslos jedes Mitglied der Schnittstelle übernehmen. Das erinnert uns an das Ableiten einer abstrakten Klasse: Die ableitende Klasse muss die abstrakten Member implementieren – zumindest, solange die implementierende Klasse ihrerseits nicht selbst abstrakt sein soll.

Eine zu implementierende Schnittstelle wird, getrennt durch einen Doppelpunkt, hinter dem Klassenbezeichner angegeben. In der Klasse werden alle Member, die aus der Schnittstelle stammen (in unserem Beispiel die Methode Copy sowie die Eigenschaft Caption), mit den entsprechenden Anweisungen codiert.

```
class Document : ICopy
{
  public void Copy()
  {
    Console.WriteLine("Das Dokument wird kopiert.");
  }
  private string _Caption;
  public string Caption
  {
    get{ [...] }
    set{ [...] }
  }
  [...]
}
```

Listing 4.29 Implementierung einer Schnittstelle

Hinweis

Erst die schnittstellenimplementierenden Klasse definiert, welches Feld oder welche Felder eine aus der Schnittstelle stammende Property benötigt (siehe Listing 4.29).

Grundsätzlich können Sie jeden beliebigen Code in die Schnittstellenmethoden schreiben. Das ist aber nicht Sinn und Zweck. Stattdessen sollten Sie sich streng daran halten, was die Dokumentation beschreibt. Das bedeutet im Umkehrschluss aber auch, dass eine Schnittstelle ohne Dokumentation wertlos ist. Nur die Dokumentation gibt Auskunft darüber, was eine aus einem Interface stammende Methode leisten soll und wie ihre Rückgabewerte zu interpretieren sind.

Eine Klasse ist nicht nur auf die Implementierung einer Schnittstelle beschränkt, es dürfen – im Gegensatz zur Vererbung – auch mehrere sein, die durch ein Komma voneinander getrennt werden.

```
class Document : ICopy, IDisposable
{
  [...]
}
```

Eine Klasse, die eine oder mehrere Schnittstellen implementiert, darf durchaus auch eine konkrete Basisklasse haben. Dabei wird die Basisklasse vor der Liste der Schnittstellen angegeben. Im folgenden Codefragment bildet Frame die Basis von Document.

```
class Document : Frame, ICopy, IDisposable
{
  [...]
}
```

Schnittstellen dürfen nach der Veröffentlichung, d. h. nach der Verteilung, unter keinen Umständen verändert werden, da sowohl das Interface als auch die implementierende Klasse in einem Vertragsverhältnis zueinander stehen. Die Bedingungen des Vertrags müssen von beiden Vertragspartnern eingehalten werden. Das steht ganz im Widerspruch zu den Verträgen, die Profifußballer heutzutage bei ihren Vereinen unterschreiben ...

Hinweis

Sollten Sie nach dem Veröffentlichen einer Schnittstelle Änderungen oder Ergänzungen vornehmen wollen, müssen Sie eine neue Schnittstelle bereitstellen.

Mit der Veröffentlichung einer Schnittstelle erklärt sich eine Klasse bereit, die Schnittstelle exakt so zu implementieren, wie sie entworfen wurde. Die von der Klasse übernommenen Mitglieder der Schnittstelle müssen daher in jeder Hinsicht identisch mit ihrer Definition sein:

- Der Name muss dem Namen in der Schnittstelle entsprechen.
- Der Rückgabewert und die Parameterliste dürfen nicht von denen in der Schnittstellendefinition abweichen.

Ein aus einer Schnittstelle stammender Member darf nur `public` sein. Zulässig sind außerdem die Modifizierer `abstract` und `virtual`, während `static` und `const` nicht erlaubt sind.

Aus Schnittstellen stammende Methoden zeigen in der implementierenden Klasse immer polymorphes Verhalten. Das setzt sich jedoch nicht automatisch bei den Klassen durch, die eine schnittstellenimplementierende Klasse ableiten. Eine ableitende Klasse kann daher im Weiteren die Schnittstellenmethode mit `new` verdecken. Soll die Schnittstellenmethode den ableitenden Klassen jedoch polymorph angeboten werden, muss sie mit `virtual` signiert werden.

Die Unterstützung von Visual Studio

Insbesondere wenn eine Klasse eine Schnittstelle mit vielen Membern implementiert, lohnt es sich, die Schnittstellenmember mit Hilfe von Visual Studio automatisch hinzuzufügen. Gehen Sie dazu mit dem Mauszeiger auf den Schnittstellenbezeichner, und klicken Sie im Kontextmenü auf SCHNELLE AKTIONEN. Wie in Abbildung 4.6 gezeigt, werden Ihnen danach die Optionen SCHNITTSTELLE IMPLEMENTIEREN und

SCHNITTSTELLE EXPLIZIT IMPLEMENTIEREN angeboten. In der Regel werden Sie sich für den erstgenannten Punkt entscheiden. Die explizite Schnittstellenimplementierung werden wir in Abschnitt 4.8.3 noch behandeln.

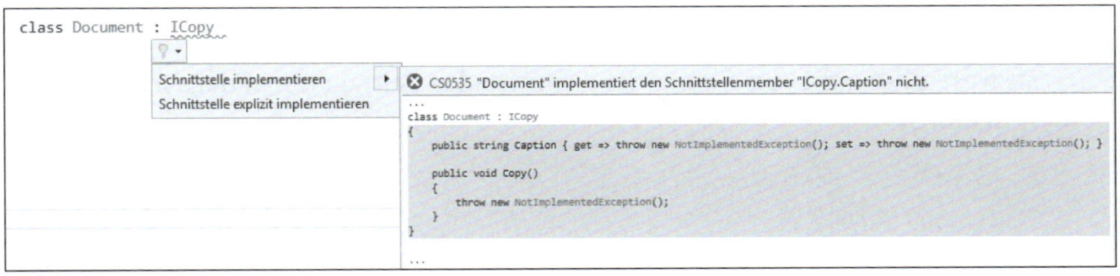

Abbildung 4.6 Die Unterstützung von Visual Studio bei der Schnittstellenimplementierung

Wählen Sie SCHNITTSTELLE IMPLEMENTIEREN, erzeugt Visual Studio den nachfolgend gezeigten Code automatisch.

```
class Document : ICopy
{
  public string Caption
  {
    get => throw new NotImplementedException();
    set => throw new NotImplementedException();
  }
  public void Copy()
  {
    throw new NotImplementedException();
  }
}
```

Listing 4.30 Von Visual Studio automatisch generierter Code für das Interface »ICopy«

> **Hinweis**
>
> Ihnen wird sicherlich der Code, der für `get` und `set` generiert wird, fremd vorkommen. Bei dem `=>`-Zeichen handelt es sich um den Lambda-Operator. Bisher haben wir den Lambda-Operator noch nicht betrachtet, werden es aber im nächsten Kapitel an passender Stelle nachholen.

Zugriff auf die Schnittstellenmethoden

Der Aufruf einer aus einer Schnittstelle stammenden Methode unterscheidet sich nicht vom Aufruf einer Methode, die in der Klasse implementiert ist:

```
Document doc = new Document();
doc.Copy();
```

Sie instanziieren zuerst die Klasse und rufen auf das Objekt die Methode auf.

Es gibt aber noch eine andere Variante, die wir Ihnen nicht vorenthalten dürfen, weil sie wesentlich zum Verständnis der Schnittstellen beiträgt (mehr dazu im folgenden Abschnitt):

```
Document doc = new Document();
ICopy copy = doc;
copy.Copy();
```

Listing 4.31 Zugriff auf die Methode »Copy« über eine Interface-Variable

Auch hierbei ist zunächst ein Objekt vom Typ `Document` notwendig. Dessen Referenz weisen wir aber anschließend einer Variablen vom Typ der Schnittstelle `ICopy` zu. Auf dieser rufen wir dann die Methode `Copy` auf.

Mehrdeutigkeiten mit expliziter Implementierung vermeiden

Implementiert eine Klasse mehrere Schnittstellen, kann es passieren, dass in zwei oder mehr Schnittstellen ein gleichnamiges Mitglied definiert ist. Diese Mehrdeutigkeit wird durch die *explizite Implementierung* einer Schnittstelle aus der Welt geschafft. Eine explizite Implementierung ist der vollständig kennzeichnende Name eines Schnittstellenmitglieds. Er besteht aus dem Namen der Schnittstelle und dem Bezeichner des implementierten Mitglieds, getrennt durch einen Punkt.

Nehmen wir an, in den beiden Schnittstellen `ICopy` und `IAddress` wäre jeweils eine Methode `Copy` definiert:

```
public interface ICopy
{
  void Copy();
}
public interface IAddress
{
  void Copy();
}
```

Listing 4.32 Mehrdeutigkeit bei Schnittstellen

In einer Klasse `Document`, die beide Schnittstellen aus Listing 4.32 implementiert, könnten die Methoden, wie im folgenden Codefragment gezeigt, explizit implementiert werden, um sie eindeutig den Schnittstellen zuzuordnen:

```
class Document : ICopy, IAddress
{
  void ICopy.Copy()
  {
    Console.WriteLine("Copy-Methode in ICopy");
  }
  void IAddress.Copy()
  {
    Console.WriteLine("Copy-Methode in IAdresse");
  }
  [...]
}
```

Listing 4.33 Explizite Schnittstellenimplementierung

Es müssen nicht zwangsläufig beide Copy-Methoden explizit implementiert werden. Um eine eindeutige Schnittstellenzuordnung zu gewährleisten, würde eine explizite Implementierung vollkommen ausreichen.

Explizit implementierte Schnittstellen haben keinen Zugriffsmodifizierer, denn im Zusammenhang mit der expliziten Schnittstellenimplementierung ist eine wichtige Regel zu beachten:

> *Bei der expliziten Implementierung eines Schnittstellenmembers darf weder ein Zugriffsmodifizierer noch einer der Modifikatoren* abstract, virtual, override *oder* static *angegeben werden.*

Auf die explizite Implementierung eines Schnittstellenmembers kann nur über eine Schnittstellenreferenz zugegriffen werden, wie das folgende Codefragment zeigt:

```
Document doc = new Document();
ICopy copy = doc;
copy.Copy();
IAddress adresse = doc;
adresse.Copy();
```

Jetzt ist gewährleistet, dass die jeweils korrekte Methode aufgerufen wird.

Schnittstellen, die selbst Schnittstellen implementieren

Mehrere Schnittstellen lassen sich zu einer neuen Schnittstelle zusammenfassen. Das folgende Codefragment zeigt, wie die Schnittstelle ICopy die Schnittstelle ICompare implementiert:

```
public interface ICompare
{
  int Compare(Object obj);
}
public interface ICopy : ICompare
{
  void Copy();
}
```

Eine Klasse, die sich die Dienste der Schnittstelle ICopy sichern möchte, muss beide Methoden bereitstellen: die der Schnittstelle ICompare und die spezifische der Schnittstelle ICopy:

```
class Document : ICopy
{
  public void Copy()
  {
    [...]
  }
  public int Compare(object obj)
  {
    [...]
  }
}
```

4.8.3 Standardimplementierungen

Die in Abschnitt 4.8.1 genannten Memberdeklarationen enthalten keine Implementierung. Das ist ein Feature, das Microsoft in einer C#-Version nachgereicht hat. Ist so eine Implementierung in einer Schnittstelle vorhanden, trägt diese Art der Implementierung den Namen *Standardimplementierung*. Das ist nützlich für alle Klassen, die diese Schnittstelle implementieren und nicht durch Überschreiben eine eigene Implementierung der Member bieten. Daher der Name *Standard*, da er von den Schnittstellen vorgegeben bzw. mitgebracht wird. Das folgende Listing zeigt dazu ein Beispiel für eine Methode mit und eine Methode ohne Implementierung:

```
public interface ILogger
{
    // Methode ohne Implementierung
    void Log(string message);

    // Standardimplementierung
    void LogError(string message)
```

```
    {
        Console.WriteLine($"Error: {message}");
    }

    // weitere Standardimplementierung
    void LogInfo(string message)
    {
        Console.WriteLine($"Info: {message}");
    }
}

public class ConsoleLogger : ILogger
{
    public void Log(string message)
    {
        Console.WriteLine($"Log: {message}");
    }

    // die Methoden LogError und LogInfo können überschrieben werden
}
```

Listing 4.34 Beispiel-Interface für eine Methode mit Standardimplementierung

Die folgenden Codezeilen zeigen die Verwendung der Klasse `ConsoleLogger`. Das Beispiel macht deutlich, dass die Klasse nur eine Methode selbst implementiert. Die anderen beiden Methodenimplementierungen kommen aus dem Interface.

```
ILogger logger = new ConsoleLogger();
logger.Log("A simple log message.");      // Ausgabe: Log: A simple log message.
logger.LogError("An error occurred.");  // Ausgabe: Error: An error occurred.
logger.LogInfo("Some information.");     // Ausgabe: Info: Some information.
```

Standardimplementierungen in C# bieten mehrere Vorteile: Sie ermöglichen Abwärtskompatibilität, da neue Methoden zu bestehenden Interfaces hinzugefügt werden können, ohne dass alle Klassen, die das Interface implementieren, angepasst werden müssen. Außerdem fördern sie die Codewiederverwendung, indem gemeinsames Verhalten zentral im Interface definiert wird. Darüber hinaus bieten sie Flexibilität, da Implementierungen Standardmethoden entweder überschreiben oder deren Logik übernehmen können.

Allerdings gibt es auch Einschränkungen: Standardimplementierungen können nicht auf Instanzfelder zugreifen, da Interfaces keine Felder enthalten. Zudem wird empfohlen, diese Funktionalität sparsam einzusetzen, da sie die Trennung von Vertrag und Implementierung – ein zentrales Prinzip von Interfaces – potenziell untergräbt.

4.8.4 Statische, abstrakte und virtuelle Mitglieder in Interfaces

C# 11 hat das Konzept der Standardimplementierungen erweitert, um statische, abstrakte und virtuelle Mitglieder in Interfaces zu unterstützen. Dies bringt Interfaces näher an die Funktionalitäten heran, die bisher nur abstrakten Klassen vorbehalten waren. Statische Member in Interfaces erlauben es, gemeinsame Funktionalitäten für alle Implementierungen des Interface bereitzustellen. Das ist z. B. für konstante Werte nützlich. Listing 4.35 zeigt dazu ein Beispiel:

```
public interface ICalculator
{
    static abstract int Add(int a, int b); // abstrakte statische Methode
}

public class BasicCalculator : ICalculator
{
    public static int Add(int a, int b)
    {
        return a + b;
    }
}

int result = BasicCalculator.Add(3, 5);
Console.WriteLine(result); // Ausgabe: 8
```

Listing 4.35 Beispiel für eine statische, abstrakte Methode in einem Interface

Das Interface `ICalculator` definiert eine abstrakte, statische Methode `Add`. Die Klasse `BasicCalculator` implementiert diese Methode.

Virtuelle Member in Interfaces ermöglichen es, eine Standardimplementierung bereitzustellen, die von der implementierenden Klasse überschrieben werden kann. Listing 4.36 zeigt ein Beispiel anhand eines Loggers. Die Standardimplementierung protokolliert eine Protokollnachricht auf der Konsole. Diese Ausgabe lässt sich in Klassen, die diese Schnittstelle implementieren, überschreiben:

```
public interface ILogger
{
    virtual void Log(string message) // virtuelle Methode mit
Standardimplementierung
    {
        Console.WriteLine($"Default Logger: {message}");
    }
}
```

```
public class FileLogger : ILogger
{
    public void Log(string message)
    {
        Console.WriteLine($"File Logger: {message}");
    }
}

ILogger defaultLogger = new ILogger(); // Standardimplementierung nutzen
defaultLogger.Log("Hello, World!");

ILogger fileLogger = new FileLogger(); // überschriebene Implementierung
                                       // nutzen
fileLogger.Log("Hello, World!");
```

Listing 4.36 Eine virtuelle Methode mit überschreibbarer Implementierung.

`ILogger` bietet eine Standardimplementierung für die Methode `Log`, die von `FileLogger` überschrieben wird.

Die Neuerungen bringen zahlreiche Vorteile mit sich. Ein wesentlicher Vorteil ist die Flexibilität, da Schnittstellen nun mit statischen und virtuellen Mitgliedern flexibler gestaltet werden können. Dies ermöglicht es, Schnittstellen vielseitiger einzusetzen und sie besser an spezifische Anforderungen anzupassen. Ein weiterer Vorteil ist die Wiederverwendbarkeit, da gemeinsame Logik direkt im Interface definiert werden kann, was die Implementierung von Klassen erleichtert und redundanten Code reduziert. Darüber hinaus fördern die Neuerungen die Erweiterbarkeit, indem neue Member mit Standardimplementierungen ergänzt werden können, ohne dass bestehende Implementierungen davon betroffen sind. Dadurch ist die Weiterentwicklung von Schnittstellen erheblich erleichtert.

Ein weiterer Anwendungsfall ist die Bereitstellung von generischer Mathematik, wie es Kapitel 9, »Generics – generische Datentypen«, zeigt.

4.8.5 Die Interpretation der Schnittstellen

Schnittstellen zu codieren ist sehr einfach. Da werden Sie mir zustimmen. Aber wahrscheinlich werden Sie sich nun fragen, welchen Sinn bzw. welche Aufgabe eine Schnittstelle hat. Schließlich ließen sich die Schnittstellenmember doch auch direkt in einer Klasse codieren, ohne vorher den Umweg der Implementierung eines `interface`-Typs gehen zu müssen.

Natürlich steckt hinter einem `interface` nicht die Absicht, den Programmcode unnötig komplex zu gestalten. Tatsächlich lässt sich die Existenz durch zwei Punkte rechtfertigen:

- Mit einer Schnittstelle wird die fehlende Mehrfachvererbung ersetzt, ohne gleichzeitig deren gravierende Nachteile in Kauf nehmen zu müssen.
- Mit einer Schnittstelle kann ein Typ vorgegeben werden, dessen exakte Typangabe nicht bekannt ist.

Der letzte Punkt ist dabei nur eine logische Konsequenz des zuerst aufgeführten. Beide Aussagen möchten wir Ihnen im Folgenden beweisen.

Schnittstellen als Ersatz der Mehrfachvererbung

Weiter vorn haben wir in Listing 4.31 die folgenden beiden Anweisungen im Programmcode geschrieben:

```
Document doc = new Document();
ICopy copy = doc;
```

Kommt Ihnen das nicht bekannt vor? Sehr ähnlich sahen zwei Anweisungen aus, die wir in Abschnitt 4.3.1 geschrieben hatten:

```
Flugzeug flg = new Flugzeug();
Luftfahrzeug lfzg = flg;
```

Die beiden Anweisungen bildeten die Grundlage für die Aussage, dass Sie eine Subklassenreferenz immer einer Basisklassenreferenz zuweisen können. Wie das vorletzte Codefragment zeigt, können Sie einer Interface-Variablen die Referenz eines Objekts übergeben, das die entsprechende Schnittstelle implementiert. Das führt zu der folgenden Aussage:

> *Im Programmcode kann eine Schnittstelle genauso behandelt werden, als würde es sich um eine Basisklasse handeln.*

Die daraus resultierende Konsequenz und Interpretation möchten wir am Beispiel des Projekts *GeometricObjectsSolution* verdeutlichen. Erinnern Sie sich bitte an die Aussage, dass alle abgeleiteten Klassen gleichzeitig vom Typ der Basisklasse sind. Das bedeutet mit anderen Worten: Bei Objekten vom Typ `Circle`, `Rectangle`, `GraphicCircle` und `GraphicRectangle` handelt es sich um geometrische Objekte. `GeometricObject` beschreibt demnach eine Familie geometrischer Objekte, weil die ableitenden Klassen alle Member der Basisklasse `GeometricObject` aufweisen.

Betrachten wir nun die beiden Klassen `GraphicCircle` und `GraphicRectangle`. Beide weisen mit der Methode `Draw` ein gemeinsames Merkmal auf. Wir können die Methode `Draw` auch über eine Schnittstelle bereitstellen, die von `GraphicCircle` und `GraphicRectangle` implementiert wird.

```
public interface IDraw
{
  void Draw();
}
public class GraphicCircle : Circle, IDraw
{
  [...]
  public virtual void Draw()
  {
    Console.WriteLine("Der Kreis wird gezeichnet");
  }
}
public class GraphicRectangle : Rectangle, IDraw
{
  [...]
  public virtual void Draw()
  {
    Console.WriteLine("Das Rechteck wird gezeichnet");
  }
}
```

Listing 4.37 Ergänzung des Beispielprogramms »GeometricObjectsSolution« um »IDraw«

Ein erster Blick auf den überarbeiteten Programmcode scheint uns eher Nachteile als Vorteile zu bescheren, denn er ist komplexer geworden. Nun betrachten Sie bitte Abbildung 4.7.

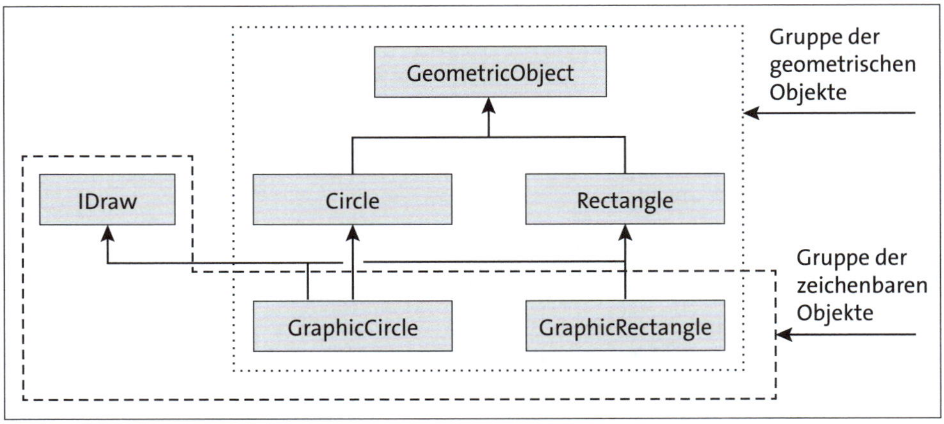

Abbildung 4.7 Die Interpretation einer Schnittstelle als Basisklasse und ihre Folgen

Entgegen der ansonsten üblichen normgerechten Darstellung einer Schnittstelle mit einem Strich, der an einem Ende einen kleinen Kreis hat, wird hier die Schnittstelle

IDraw wie eine Basisklasse dargestellt. GeometricObject selbst beschreibt alle geometrischen Objekte und bildet damit eine Familie. In gleicher Weise beschreibt IDraw alle Objekte, die gezeichnet werden können. Dazu gehören GraphicCircle und GraphicRectangle. Die beiden letztgenannten sind damit sogar Mitglieder von zwei ganz unterschiedlichen Familien.

Nutzen können wir daraus erst ziehen, wenn wir eine weitere Klasse codieren – nennen wir sie Auto –, die ebenfalls die Schnittstelle IDraw implementiert.

```
public class Auto : IDraw
{
  [...]
  public virtual void Draw()
  {
    Console.WriteLine("Das Auto wird gezeichnet");
  }
}
```

Was hat nun die Klasse Auto beispielsweise mit GraphicCircle zu tun? Eigentlich nichts. Dennoch haben beide ein gemeinsames Merkmal: Objekte dieser beiden Klassen lassen sich zeichnen, weil beide dieselbe »Basis« haben und die Methode Draw implementieren.

Sie könnten nun Objekte vom Typ Auto, GraphicCircle und GraphicRectangle in ein Array vom Typ IDraw stecken und in einer Schleife die allen gemeinsame Methode Draw aufrufen, z. B.:

```
IDraw[] arr = new IDraw[5];
arr[0] = new GraphicCircle();
arr[1] = new GraphicRectangle();
arr[2] = new Auto();
arr[3] = new GraphicCircle();
arr[4] = new Auto();
foreach (IDraw item in arr)
  item.Draw();
```

Listing 4.38 Gemeinsame Behandlung mehrerer schnittstellengleicher Typen

Die Laufvariable in der Schleife ist vom Typ IDraw. Auf die Referenz der Laufvariablen wird im Anweisungsblock der Schleife die Methode Draw aufgerufen. Da GraphicCircle, GraphicRectangle und Auto die Schnittstelle IDraw implementieren und das damit verbundene Vertragsverhältnis erfüllen, wird der Code fehlerfrei ausgeführt. Natürlich erfolgt der Methodenaufruf polymorph.

Nichts anderes haben wir bereits gemacht, als wir Flugzeug- und Hubschrauber-Objekte einem Array vom Typ der Basisklasse Luftfahrzeug hinzugefügt haben, um anschließend die allen gemeinsame Methode Starten aufzurufen. Hier noch einmal zum Vergleich der angesprochene Code:

```
Luftfahrzeug[] arr = new Luftfahrzeug[5];
arr[0] = new Flugzeug();
arr[1] = new Zeppelin();
arr[2] = new Hubschrauber();
[...]
foreach (Luftfahrzeug item in arr)
  item.Starten();
```

Anhand dieser beiden Beispiele bestätigt sich die Aussage, dass Schnittstellen eine Alternative zu der von .NET nicht unterstützten Mehrfachvererbung darstellen und Interfaces im Programmcode genauso behandelt werden können, als wären sie Basisklassen.

Schnittstellen als Ersatz exakter Typangaben

Nun wollen wir mehrere verschiedene geometrische Objekte miteinander vergleichen und dabei eine Liste erstellen, bei deren Ausgabe die Objekte der Größe nach sortiert werden. Als Kriterium der Größe soll uns die Fläche der Objekte dienen, so dass wir auch Rechtecke mit Kreisen vergleichen können. Wir müssen nicht unbedingt eine eigene Methode mit einem Sortieralgorithmus schreiben, wir können dabei auf Methoden zurückgreifen, die in der .NET-Klassenbibliothek zu finden sind.

Jetzt stellt sich sofort die Frage: Wie soll das denn geschehen, denn die Architekten der .NET-Klassenbibliothek wussten doch nicht, dass wir mehrere Objekte vom Typ GeometricObject einem Vergleich unterziehen wollen? Wir hätten unsere Klassen Circle, GraphicCircle, Rectangle und GraphicRectangle auch anders benennen können.

Auch bei der Lösung dieses Problems spielen Schnittstellen die alles entscheidende Rolle. Wir möchten Ihnen das an einem Beispiel zeigen, in dem die zu sortierenden Objekte in einem Array zusammengefasst werden:

```
GeometricObject[] arr = new GeometricObject[5];
arr[0] = new Circle(34);
arr[1] = new Rectangle(10, 230);
[...]
```

Listing 4.39 Zusammenfassen mehrerer Objekte in einem Array

Mit Hilfe der Klasse Array, die uns die statische Methode Sort zur Verfügung stellt, können wir unsere geometrischen Objekte sortieren. Die Methode ist vielfach überladen. Für uns ist die folgende Überladung von Interesse:

```
public static void Sort(Array array, IComparer comparer)
```

Dem ersten Parameter übergeben wir das zu sortierende Array, in unserem Fall also `arr`. Der zweite Parameter ist vom Typ der Schnittstelle `IComparer`. Natürlich können Sie dem Methodenaufruf keine Instanz vom Typ `IComparer` übergeben, da Schnittstellen nicht instanziierbar sind. So ist die Typangabe des zweiten Parameters auch nicht zu verstehen. Stattdessen verlangt der zweite Parameter lediglich, dass das ihm übergebene Argument ein Objekt ist, das die Schnittstelle `IComparer` implementiert – egal, ob das Objekt vom Typ `DemoClass`, `Circle`, `Auto` oder `HalliGalli` ist.

Denken Sie noch einmal an die Aussagen in diesem Kapitel: Das Objekt einer abgeleiteten Klasse ist gleichzeitig ein Objekt der Basisklasse. Außerdem kann eine Schnittstelle wie eine Basisklasse betrachtet werden. Dadurch, dass ein Parameter vom Typ einer Schnittstelle definiert ist, wird uns lediglich vorgeschrieben, dass die Member der Schnittstelle – in diesem Fall `IComparer` – von der Klasse implementiert sind. Im Fall von `IComparer` handelt es sich um die Methode `Compare`, die zwei Objekte des angegebenen Arrays miteinander vergleicht. Welche weiteren Member sich noch in der Klasse tummeln, die `ICompare` implementiert, interessiert in diesem Zusammenhang nicht.

Sehen wir uns nun die Definition der Schnittstellenmethode von `IComparer` an:

```
int Compare(Object x, Object y)
```

Die Methode `Sort` der Klasse `Array` kann natürlich nicht wissen, nach welchen Kriterien zwei zu vergleichende Objekte als größer oder kleiner eingestuft werden sollen. Dies ist die Aufgabe der Methode `Compare`. Anhand des Rückgabewerts (siehe Tabelle 4.1) werden die Objekte im Array nach einem internen Algorithmus in `Sort` umgeschichtet, und zwar so lange, bis alle Array-Elemente in der richtigen Reihenfolge stehen.

Wert	Bedingung
< 0	x ist kleiner als y.
0	x und y sind gleich groß.
> 0	x ist größer als y.

Tabelle 4.1 Die Rückgabewerte der Methode »Compare« des Interface »IComparer«

4.8.6 Sortieren im Beispiel »GeometricObjectsSolution«

Wir wollen das zuvor beschriebene Sortieren der Elemente eines Arrays nun konkret am Beispiel unserer geometrischen Objekte ausprobieren. Dazu fügen wir, wie in Listing 4.37, die Schnittstellendefinition für `IDraw` dem Projekt hinzu und ergänzen die beiden Klassen `GraphicCircle` und `GraphicRectangle` um `IDraw`.

Wir benötigen dann noch die Vergleichsklasse, die IComparer implementiert. Sie soll GeometricObjectComparer heißen. Die Schnittstelle IComparer ist dem Namespace System.Collections zugeordnet, der mit using bekanntgegeben werden muss.

```
public class GeometricObjectComparer : IComparer
{
  public int Compare(object x, object y)
  {
    GeometricObject geo1 = x as GeometricObject;
    GeometricObject geo2 = y as GeometricObject;
    if (geo1 != null && geo2 != null)
      return geo1.Bigger(geo2);
    else
      throw new InvalidCastException();
  }
}
```

Listing 4.40 Die Klasse »GeometricObjectComparer«

Wie von der Schnittstelle vorgeschrieben, erzwingt das Interface IComparer das Bereitstellen der Methode Compare. Dieser werden zwei Objekte übergeben, die es nach vorheriger Typüberprüfung zu vergleichen gilt. Handelt es sich bei einem der beiden Argumente nicht um ein GeometricObject-Objekt, wird im else-Zweig eine Ausnahme ausgelöst. Darauf möchten wir aber an dieser Stelle nicht im Detail eingehen.

Wenn Sie die Rückgabewerte in Tabelle 4.1 mit den Rückgabewerten der beiden Bigger-Methoden in der Klasse GeometricObject vergleichen, werden Sie feststellen, dass der Rückgabewert derselben Logik entspricht. In Listing 4.40 wird das genutzt und die Instanzmethode Bigger aufgerufen (es könnte auch die gleichnamige Klassenmethode sein). Der Rückgabewert der Bigger-Methode ist gleichzeitig der Rückgabewert der Methode Compare.

Zum Testen reicht der folgende Programmcode völlig aus:

```
GeometricObject[] arr = new GeometricObject[5];
arr[0] = new Circle(34);
arr[1] = new Rectangle(10, 230);
arr[2] = new GraphicCircle(37);
arr[3] = new Circle(20);
arr[4] = new GraphicRectangle(12,70);
Array.Sort(arr, new ComparerClass());

foreach (GeometricObject item in arr)
```

```
  Console.WriteLine(item.ToString());

Console.ReadLine();
```

Listing 4.41 Code zum Testen der Vergleichsklasse »GeometricObjectComparer«

Kommen wir noch einmal zurück zu der Behauptung, dass mit einer Schnittstelle ein Typ vorgegeben werden kann, dessen exakte Typangabe nicht bekannt ist. Genau das macht die Methode `Sort`. Sie kennt zwar nicht den genauen Typ, der ihr übergeben wird, aber sie kann sich darauf verlassen, dass das Objekt garantiert die Methode `Compare` implementiert, weil ein Objekt vom Typ der Schnittstelle `IComparer` im zweiten Parameter vorgeschrieben ist. Da `IComparer` zum .NET Framework gehört, ist diese Schnittstelle beiden Parteien, der Anwendung und der `Sort`-Methode, bekannt – beide können darüber kommunizieren, sich gegenseitig austauschen.

4.8.7 Weitere Anpassungen am Projekt »GeometricObjectsSolution«

Die Schnittstelle `IDraw`, von der die beiden Klassen `GraphicCircle` und `GraphicRectangle` durch Implementierung profitieren, haben wir bereits im letzten Abschnitt dem Projekt hinzugefügt. Aber es gibt noch eine weitere, sinnvolle Schnittstelle in diesem Zusammenhang. Den Hinweis dazu liefert die einfach parameterlose Methode `Sort` der Klasse `Array`. Diese Methode erwartet nur das zu sortierende Array. Allerdings muss die zu sortierende Klasse das Interface `IComparable` implementieren, das die Methode `CompareTo` vorschreibt. Diese wird wie folgt beschrieben:

```
int CompareTo(Object obj);
```

Wir müssen also, um die einfachste Variante der `Sort`-Methode nutzen zu können, die Klasse `GeometricObject` wie im folgenden Codefragment gezeigt erweitern:

```
public abstract class GeometricObject : IComparable
{
  [...]
}
```

Hinweis

Die beiden Schnittstellen `IComparer` und `IComparable` sind sehr ähnlich und leisten letztendlich dasselbe. `IComparer` dient dazu, die vorgeschriebene `Compare`-Methode in einer separaten Klasse zu implementieren, ähnlich wie es `GeometricObjectComparer` macht. `IComparable` wird von den Klassen implementiert, deren Objekte direkt sortiert werden sollen. Beispielsweise wird `IComparable` von allen elementaren Datentypen wie `String`, `Boolean` oder `Int32` genutzt. Deshalb können Sie ohne besondere Maßnahmen eine Liste von Integer-Werten sofort sortieren.

Abgesehen vom Datentyp des Parameters und vom Bezeichner sind die Instanzmethode Bigger und die Schnittstellenmethode CompareTo gleich, da sie das gleiche Resultat an den Aufrufer zurückgeben. Es liegt also nahe, die folgende derzeitige Implementierung

```
public virtual int Bigger(GeometricObject obj)
{
  if (obj == null || GetArea() > obj.GetArea()) return 1;
  if (GetArea() < obj.GetArea()) return -1;
  return 0;
}
```

Listing 4.42 Aktuelle Implementierung der Methode »Bigger«

umzuschreiben. Dazu müssen wir den Typ des Parameters ändern und natürlich auch den Methodenbezeichner. Innerhalb der Methode ist eine Konvertierung des Übergabeparameters vom Typ Object in GeometricObject notwendig. Dazu bietet sich der as-Operator an, der null zurückliefert, falls die Konvertierung nicht möglich ist.

Das einzige Problem, das wir lösen müssen, ist der Fall des Scheiterns der Konvertierung. Theoretisch könnten wir einen festgeschriebenen Fehlerwert an den Aufrufer zurückliefern, aber dieser würde unter Umständen zu einer Fehlinterpretation seitens des Aufrufers führen. Um einen zweckmäßigen, lauffähigen Code zu haben, ist es optimal, in diesem Fall eine Ausnahme auszulösen.

```
public virtual int CompareTo(Object obj)
{
  GeometricObject geoObject = obj as GeometricObject;
  if (geoObject != null)
  {
    if (GetArea() < geoObject.GetArea()) return -1;
    if (GetArea() == geoObject.GetArea()) return 0;
    return 1;
  }
  // Auslösen einer Ausnahme
  throw new ArgumentException("Es wird der Typ 'GeometricObject' erwartet.");
}
```

Listing 4.43 Ändern der ursprünglichen Methode »Bigger« in der Klasse »GeometricObject«

Da es jetzt keine Instanzmethode Bigger mehr gibt, würde das Kompilieren der Anwendung zum jetzigen Zeitpunkt zu einem Fehler führen, weil die Vergleichsklasse GeometricObjectComparer Bigger aufruft. Wir müssen hier nur den Methodenaufruf von Bigger durch CompareTo ersetzen.

Anmerkung

Sie finden die vollständige Zusammenfassung des Codes unter ..*\Beispiele\Kapitel 4\GeometricObjectsSolution_4*.

4.9 Das Zerstören von Objekten – der Garbage Collector

4.9.1 Die Arbeitsweise des Garbage Collectors

Ein Konstruktor wird aufgerufen, wenn das Objekt einer Klasse erzeugt wird. Damit beginnt der Lebenszyklus des Objekts. Objekte benötigen Speicherressourcen für ihre Daten. Solange ein Objekt noch referenziert wird, müssen die Daten im Speicher bleiben. Verliert ein Objekt seine letzte Referenz oder wird der Objektreferenz `null` zugewiesen, beispielsweise mit

```
Circle kreis = new Circle();
[...]
kreis = null;
```

können die vom Objekt beanspruchten Speicherressourcen freigegeben werden. Das geschieht jedoch nicht sofort. Vielmehr beanspruchen die Objekte weiterhin Speicher, obwohl sie vom laufenden Programm nicht mehr genutzt werden können. Unter .NET ist es, im Gegensatz zu anderen Programmierumgebungen, nicht möglich, mittels Programmcode den Speicher eines Objekts freizugeben. Stattdessen sorgt eine spezielle Komponente der Common Language Runtime (CLR) für die notwendige Speicherbereinigung: der *Garbage Collector* (GC).

Der Garbage Collector arbeitet nichtdeterministisch, das heißt, es kann nicht vorhergesagt werden, wann er aktiv wird. Damit stellt sich sofort die Frage, nach welchen Kriterien der GC seine Arbeit aufnimmt und eine Speicherbereinigung durchführt.

Als selbständige Ausführungseinheit (*Thread*) genießt der GC keine hohe Priorität und kann erst dann den Prozessor in Anspruch nehmen, wenn die Anwendung beschäftigungslos ist. Theoretisch könnte das bedeuten, dass eine vielbeschäftigte Anwendung dem GC keine Chance lässt, jemals aktiv zu werden. Dem ist tatsächlich so, es gibt aber eine wichtige Einschränkung: Noch bevor den Speicherressourcen der Anwendung die »Luft ausgeht«, ist die zweite Bedingung erfüllt, um die Speicherbereinigung mit dem GC anzustoßen. Der Garbage Collector wird also spätestens dann nach allen nicht mehr referenzierten Objekten suchen und ihren Speicherplatz freigeben, wenn die Speicherressourcen knapp werden. Die dritte Situation ist gegeben, wenn die Anwendung geschlossen wird. Auch in diesem Moment wird der Garbage Collector aktiv. Das hängt damit zusammen, dass dies die letzte Chance darstellt, von einem Objekt beanspruchte Fremdressourcen freizugeben.

Hinweis

Der Garbage Collector ist nur im Zusammenhang mit Referenztypen von Bedeutung. Daten, die auf Wertetypen basieren, hören automatisch auf zu existieren, wenn ihr Gültigkeitsbereich verlassen wird.

Die Arbeit des Garbage Collectors ist sehr zeitintensiv, da sich im Hintergrund sehr viele interne Aktivitäten abspielen, auch eine Defragmentierung des Speichers. Dabei werden Objekte in andere Bereiche des Heaps kopiert und die entsprechenden Verweise auf diese Objekte aktualisiert. Das kostet in jedem Fall Performance.

Damit der Garbage Collector nicht unnötig viel Zeit beansprucht, ist der Speicherbereinigungsprozess ein ausgesprochen ausgeklügeltes System. Unter anderem werden die Objekte auf drei separate Speicherbereiche aufgeteilt, die als *Generationen* bezeichnet werden. Das Konzept der Speicherbereinigung unter Berücksichtigung der Generationen ist dabei wie folgt:

- Generation 0 bleibt den neuen Objekten vorbehalten. Ist dieser Speicherbereich voll, wird der Garbage Collector aktiv und gibt die Speicherressourcen der nicht mehr benötigten Objekte der Generation 0 frei. Alle anderen Objekte dieser Generation werden in den Bereich der Generation 1 kopiert.
- Sollte der erste Vorgang nicht genügend Speicherressourcen freigesetzt haben, erfasst der Garbage Collector auch den Bereich der Objekte, die bereits Generation 1 zugeordnet sind. Objekte, die dort nicht mehr referenziert werden, werden gelöscht, alle anderen in den Bereich der Generation 2 verschoben.
- Reicht auch danach der Speicher immer noch nicht aus, wird der Garbage Collector auch alle nicht mehr benötigten Objekte der Generation 2 löschen.

Die Idee, die hinter dem Prinzip der Generationen steckt, beruht darauf, dass die meisten Objekte nur für eine kurze Zeitspanne benötigt werden. Je »älter« aber ein Objekt ist, umso größer ist die Wahrscheinlichkeit, dass es auch weiterhin benötigt wird. Das ist der Grund, warum der Garbage Collector sich zuerst um die Objekte der Generation 0 (also verhältnismäßig »junge« Objekte) kümmert und nur dann die der Generation 1 und eventuell auch die der Generation 2 erfasst, wenn die freigegebenen Ressourcen anschließend immer noch nicht ausreichend sind.

.NET 9 bringt erhebliche Verbesserungen beim Garbage Collector mit, wobei der Schwerpunkt auf der Reduzierung der Pausenzeiten während der Sammlung in Szenarien mit hohem Speicherbedarf liegt.

Der aktualisierte Garbage Collector führt mehrere wichtige Verbesserungen ein; der GC trifft jetzt intelligentere Entscheidungen darüber, was zu welchem Zeitpunkt gesammelt werden soll, wodurch unnötige Sammlungen reduziert werden. Die Speicherkompaktierung ist optimiert, um die Fragmentierung zu minimieren und gleichzeitig weniger Ressourcen zu benötigen. Die Kosten für das Verschieben von Objekten zwischen Generationen sind ebenfalls erheblich reduziert.

Diese GC-Verbesserungen sind besonders vorteilhaft für Microservices, die große Datenmengen verarbeiten. Die reduzierten Pausenzeiten bedeuten konsistentere Antwortzeiten für API-Endpunkte, die große Datenmengen verarbeiten. Auch Echtzeitanwendungen wie Spiele, E-Commerce-Plattformen oder andere Anwendungen, bei denen eine gleichbleibende Leistung entscheidend ist, profitieren. Bei Anwendungen, die mit großen Datensätzen arbeiten, kommt es bei speicherintensiven Vorgängen zu weniger Unterbrechungen.

4.9.2 Expliziter Aufruf des Garbage Collectors

Sie können mittels Code nicht die Speicherressourcen eines einzelnen Objekts freigeben, aber immerhin können Sie veranlassen, dass der Garbage Collector aktiv wird. Dazu rufen Sie die statische Methode `Collect` der Klasse `GC` auf:

Dieser Aufruf veranlasst den Garbage Collector, alle drei Generationen zu bereinigen. Sie können den Aufruf optimieren, indem Sie der Methode mitteilen, welche die letzte noch zu bereinigende Generation sein soll. Mit

```
GC.Collect(1);
```

erreichen Sie, dass die verwaisten Objekte der Generationen 0 und 1 zerstört werden.

Die Klasse `GC` eignet sich auch, um in Erfahrung zu bringen, welcher Generation ein bestimmtes Objekt zugeordnet ist. Rufen Sie dazu die statische Methode `GetGeneration` unter Übergabe des abzufragenden Objekts auf:

```
int generation = GC.GetGeneration(kreis);
```

4.9.3 Der Destruktor

Der Garbage Collector sorgt dafür, dass der Speicherplatz nicht mehr referenzierter Objekte freigegeben wird. Es gibt aber auch Objekte, die ihrerseits Referenzen auf externe Fremdressourcen halten. Dabei kann es sich zum Beispiel um Datenbankverbindungen oder geöffnete Dateien handeln. Solche Fremdressourcen werden vom Garbage Collector nicht verwaltet und konsequenterweise auch nicht freigegeben. Dafür sind die Objekte selbst verantwortlich.

Ein zweistufiges Modell unterstützt bei der Freigabe der Fremdressourcen:

- der Destruktor
- die Schnittstelle `IDisposable`

Widmen wir uns zuerst dem Destruktor, der im Fall der Klasse `Circle` wie folgt lautet:

```
~Circle() { }
```

Eingeleitet wird der Destruktor mit dem Tildezeichen, danach folgt der Klassenbezeichner mit dem obligatorischen runden Klammerpaar und zum Schluss der Anweisungsblock. Ein Destruktor hat weder einen Zugriffsmodifizierer noch eine Parameterliste oder die Angabe eines Rückgabetyps. Der C#-Compiler wandelt den Destruktor in eine Überschreibung der von `Object` geerbten Methode `Finalize` um und markiert das Objekt gleichzeitig als »finalisierungsbedürftig«.

Bei der Instanziierung eines Objekts werden die Konstruktoren beginnend bei `Object` über den Konstruktor der davon direkt abgeleiteten Klasse bis hin zu der Klasse, von der das Objekt erstellt werden soll, durchlaufen (siehe Abbildung 4.3). Bei den Destruktoren kehrt sich dieser Sachverhalt genau um: Es wird zuerst der Destruktor der am meisten abgeleiteten Klasse aufgerufen und abgearbeitet, danach der der direkten Basisklasse und so weiter – bis hin zum Destruktor von `Object` (siehe Abbildung 4.8).

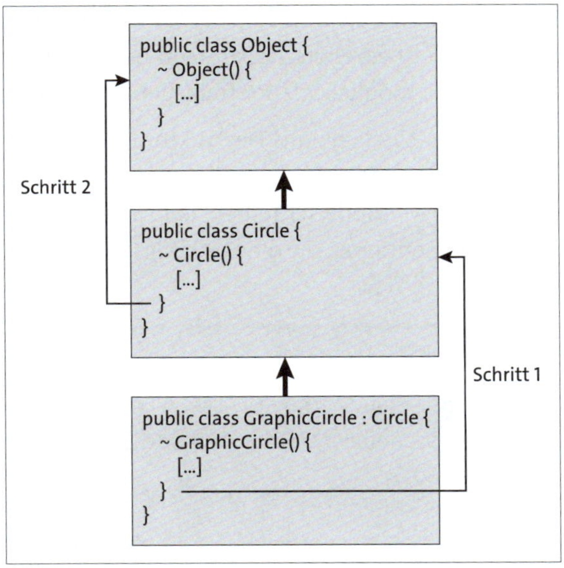

Abbildung 4.8 Verkettung der Destruktoraufrufe

Aus dem Programmcode heraus lässt sich der Destruktor nicht aufrufen. Das kann nur der Garbage Collector bei seinen Aufräumarbeiten. Trifft der Garbage Collector auf ein verwaistes und zur Finalisierung anstehendes Objekt, erzeugt er einen neuen Objektverweis und stellt danach das Objekt in eine Finalisierungswarteschlange. Ein separater Thread arbeitet diese Warteschlange ab, ruft die Methode `Finalize` auf und markiert das Objekt. Erst beim nächsten Speicherbereinigungsprozess wird das Objekt komplett entfernt und dessen Speicherplatz freigegeben.

Der gesamte Vorgang ist sehr aufwendig und muss mit einer Leistungseinbuße bezahlt werden. Sie sollten daher nur dann einen Destruktor bereitstellen, wenn er tatsächlich benötigt wird.

4.9.4 Die »IDisposable«-Schnittstelle

Mit einem Destruktor sind zwei gravierende Nachteile verbunden:

- Wenn ein Destruktor implementiert ist, kann nicht exakt vorherbestimmt werden, wann er vom Speicherbereinigungsprozess ausgeführt wird.
- Ein Destruktor kann nicht explizit aus dem Code heraus aufgerufen werden.

Wie Sie bereits wissen, werden die Aufräumarbeiten angestoßen, wenn durch die Beschäftigungslosigkeit einer laufenden Anwendung der niedrig priorisierte Thread des Garbage Collectors seine Arbeit aufnimmt oder sich die Speicherressourcen verknappen. Tatsächlich sind sogar Situationen denkbar, die niemals zum Destruktoraufruf führen – denken Sie nur an den Absturz des Rechners. Folglich kann auch nicht garantiert werden, dass der GC überhaupt jemals seine ihm zugedachte Aufgabe verrichtet. Wenn ein Objekt aber kostspielige oder begrenzte Ressourcen beansprucht, muss sichergestellt sein, dass sie so schnell wie möglich wieder freigegeben werden.

Um dem Problem zu begegnen, können Sie zusätzlich zum Destruktor eine öffentliche Methode implementieren, die der Benutzer der Klasse explizit aufrufen kann. Grundsätzlich können Sie dazu jede beliebige Methode schreiben, jedoch empfiehlt es sich, die Schnittstelle `IDisposable` zu implementieren, die die Methode `Dispose` vorschreibt.

> **Hinweis**
> Es ist unüblich, anstelle der Methode `Dispose` eine Methode `Close` zu definieren. Trotzdem weisen viele Klassen in der .NET-Klassenbibliothek die Methode `Close` auf, in der aber in der Regel `Dispose` aufgerufen wird.

Destruktor und `Dispose` müssen aufeinander abgestimmt sein. Deshalb sollten Sie bei der Codierung von Destruktor und `Dispose` auf die folgenden Punkte achten:

- Alle Fremdressourcen sollten von `Dispose` oder spätestens im Destruktor freigegeben werden.
- Wird `Dispose` auf ein Objekt aufgerufen, ist der Aufruf des Destruktors während der endgültigen Finalisierung unnötig und sollte vermieden werden, um unnötige Performanceeinbußen zu vermeiden und mögliche Fehlerquellen im Keim zu ersticken. Dazu wird in `Dispose` die statische Methode `SuppressFinalize` der Klasse `GC` unter Angabe des betreffenden Objekts aufgerufen. Die Folge ist, dass das Objekt

nicht mehr in die Finalisierungswarteschlange gestellt und der Destruktor nicht ausgeführt wird.

- Für den Fall, dass die Methode `Dispose` nicht explizit aufgerufen wird, sollte der Aufruf aus dem Destruktor heraus erfolgen.
- Im Destruktor werden in der Regel nur externe, nicht verwaltete Ressourcen freigegeben. Das bedeutet auch, dass Felder, die auf Referenztypen basieren, nur in `Dispose` freigegeben werden dürfen (z. B. durch Setzen auf `null` oder den Aufruf der `Dispose`-Methode dieser Objekte). Der Grund dafür ist, dass beim Aufruf von `Dispose` noch alle Objekte über einen Verweis erreichbar sind, bei der Ausführung des Destruktors jedoch nicht mehr.
- Möglicherweise sollte die Methode `Dispose` der Basisklasse aufgerufen werden.
- Sie sollten sicherstellen, dass `Dispose` bei einem mehrfachen Aufruf ohne Fehler reagiert.

Ein Codemuster, das den Anforderungen der genannten Punkte genügt, wird üblicherweise wie folgt implementiert:

```
public class Demo : IDisposable
{
  bool disposed = false;
  public void Dispose()
  {
    // wird nur beim ersten Aufruf ausgeführt
    if (!disposed)
    {
      Dispose(true);
      GC.SuppressFinalize(this);
      disposed = true;
    }
  }
  protected virtual void Dispose(bool disposing)
  {
    if (disposing)
    {
    // Freigabe verwalteter Objekte
    }
    // Freigabe von Fremdressourcen
  }
  // Destruktor
  ~Demo()
  {
```

```
    Dispose(false);
  }
}
```

Listing 4.44 Die Implementierung von »IDisposable« und Destruktor

Neben der parameterlosen Methode `Dispose`, die aus der Schnittstelle `IDisposable` stammt, und dem Destruktor enthält die Klasse eine zweite, überladene `Dispose`-Methode. Darin sind die Freigabe der Fremdressourcen und die Freigabe etwaig vorhandener verwalteter Objekte codiert.

Wie bereits oben beschrieben, dürfen verwaltete Ressourcen während der Destruktorausführung nicht mehr freigegeben werden. Daher wird die überladene `Dispose`-Methode vom Destruktor unter Übergabe von `false`, aus der parameterlosen `Dispose`-Methode unter Übergabe von `true` aufgerufen. Der Wert des booleschen Parameters wird ausgewertet und dazu benutzt, festzustellen, um welchen Aufrufer es sich handelt. Nach der Sondierung werden Fremdressourcen und verwaltete Ressourcen entsprechend bereinigt.

Hinweis

Wenn Sie die `IDisposable`-Schnittstelle mit Hilfe von Visual Studio über das Kontextmenü SCHNELLE AKTIONEN implementieren lassen, wird Ihnen die Option SCHNITTSTELLE MIT DISPOSE-MUSTER IMPLEMENTIEREN angeboten. Dabei wird die Struktur des Dispose-Patterns erzeugt, so wie Sie es in Listing 4.44 sehen.

4.9.5 Die »using«-Anweisung zum Zerstören von Objekten

C# stellt eine alternative Möglichkeit bereit, ein Objekt schnellstmöglich zu zerstören. Es handelt sich hierbei um das Schlüsselwort `using`, das in diesem Fall nicht als Direktive, sondern als Anweisung eingesetzt wird.

```
using (Demo obj = new Demo())
{
  obj.DoSomething();
}
```

Im Ausdruck hinter `using` wird ein Objekt instanziiert, dessen `Dispose`-Methode automatisch nach dem Verlassen des Anweisungsblocks aufgerufen wird. Die Klasse, die im Ausdruck instanziiert wird, muss nur eine Bedingung erfüllen: Sie muss die Schnittstelle `IDisposable` implementieren.

Der Einsatzbereich von `using` im Zusammenspiel mit der Schnittstelle `IDisposable` hat sich mit C# 8.0 sogar noch erweitert. Soll die Methode `Dispose` für mehrere Objekte nach dem Schließen des Anweisungsblocks aufgerufen werden, können Sie alle Objekte vor dem Anweisungsblock instanziieren, so wie es das folgende Listing zeigt.

```
void DoSomething()
{
  using (Demo p1 = new Demo())
  using (Demo p2 = new Demo())
  using (Demo p3 = new Demo())
  {
    [...]
  }
}
```

Beachten Sie bitte, dass in diesem Einsatzfall weder Kommata noch ein Semikolon gesetzt wird.

Möchten Sie den Aufruf von `Dispose` erst am Ende einer Methode bewirken, notieren Sie die Anweisungen getrennt durch ein Semikolon. Außerdem dürfen die runden Klammern um die einzelnen Instanziierungsausdrücke nicht angegeben werden.

```
void DoSomething()
{
  using Demo p1 = new Demo();
  using Demo p2 = new Demo();
  using Demo p3 = new Demo();
  [...]
}
```

4.10 Die Ergänzungen in den Klassen »Circle« und »Rectangle«

Zum Abschluss der Betrachtungen zur Objektzerstörung sollen noch die Klassen `Circle` und `Rectangle` überarbeitet werden. Bisher ist es nämlich noch immer so, dass die Objektzähler zwar erhöht, aber bei der Zerstörung eines Objekts nicht reduziert werden.

Wir implementieren daher in den genannten Klassen die `IDisposable`-Schnittstelle und den jeweiligen Destruktor. Nachfolgend zeigen wir das exemplarisch anhand der Klasse `Circle`.

```
public class Circle : GeometricObject, IDisposable
{
  private bool disposed;
  public void Dispose()
  {
```

```
      if (!disposed)
      {
        CountCircles--;
        CountGeometricObjects--;
        GC.SuppressFinalize(this);
        disposed = true;
      }
    }
    ~Circle()
    {
      Dispose();
    }
    [...]
}
```

Listing 4.45 Destruktor und »Dispose« in der Klasse »Circle«

Bei der Bereitstellung der `Dispose`-Methode in `Circle` und `Rectangle` müssen Sie darauf achten, auch den allgemeinen Zähler in `GeometricObject` zu reduzieren. Dazu ist in `Dispose` diese Anweisung notwendig:

```
GeometricObject.CountGeometricObjects--;
```

Obwohl nun Destruktor und `Dispose` dafür sorgen, den Objektzähler bei Freigabe eines Objekts zu reduzieren, müssen Sie sich bewusst sein, dass Sie zu keinem Zeitpunkt garantieren können, dass der Zähler den richtigen Stand hat. Sie bleiben darauf angewiesen, dass die `Dispose`-Methode explizit aufgerufen oder der Garbage Collector aktiv wird.

Hinweis

Das komplette Beispiel des Projekts *GeometricObjects* mit allen Änderungen, die sich im Laufe dieses Kapitels ergeben haben, finden Sie unter ..*\Beispiele\Kapitel 4\GeometricObjectsSolution_5*.

Kapitel 5
Delegaten, Ereignisse und Lambda-Ausdrücke

5

Ereignisse dienen der Interaktion zwischen einer Benutzeroberfläche (*GUI – Graphical User Interface*, beispielsweise ein Fenster oder eine Webseite) und dem Anwender. Erst Ereignisse ermöglichen einem Benutzer, die Benutzeroberfläche zu bedienen, Daten zu übergeben oder – ganz allgemein gesprochen – Aktionen auszuführen. Ereignisse spielen aber nicht nur im Zusammenhang mit grafischen Oberflächen eine wichtige Rolle. Auch Objekte, die nicht innerhalb einer GUI verwendet werden, können Ereignisse auslösen.

Ereignisse sind immer vom Typ eines *Delegaten*. Delegaten wiederum spielen nicht nur im Zusammenhang mit Ereignissen eine wichtige Rolle, sondern treten bei .NET an vielen anderen Stellen auf. Beispielsweise werden Delegaten bei der Multithreading-Programmierung eingesetzt. Mit Delegaten und Ereignissen wollen wir uns in diesem Kapitel schwerpunktmäßig beschäftigen. Hinzu kommen *Lambda-Ausdrücke*, mit denen die C#-Syntax etwas kompakter geschrieben werden kann.

5.1 Delegaten

Delegate ist das englische Wort für »Delegierter«, also für jemanden, der einen Auftrag weiterleiten soll. Tatsächlich leitet ein Delegat weiter, und zwar einen Methodenaufruf an eine bestimmte Methode. Die Technik, die sich dahinter verbirgt, wird in der Sprache C auch als *Funktionszeiger* bezeichnet. Wie Sie wissen, basiert ausnahmslos alles in .NET auf Objekten. Da verwundert es nicht, dass auch die Funktionszeiger in ein Objekt verpackt und als *Delegat* bezeichnet ihren Weg in die Laufzeitumgebung finden.

Delegaten in .NET sind ein mächtiges Konzept, das auf den ersten Blick abstrakt wirken kann. Ein typischer Anwendungsfall ist die Ereignisbehandlung in grafischen Benutzeroberflächen (GUIs).

Stellen wir uns eine einfache Anwendung mit einem Button vor. Wenn ein Benutzer auf den Button klickt, ist eine bestimmte Aktion auszuführen, zum Beispiel das Speichern eines Dokuments. Anstatt direkt in der Button-Klasse festzulegen, was passieren soll, kann man einen Delegaten verwenden, um flexibel zu bestimmen, welche Methode beim Klick ausgeführt wird.

Definition

Ein Delegat ist ein Typ, der den Zeiger auf eine Methode beschreibt.

5.1.1 Einführung in das Prinzip der Delegaten

Bevor wir uns mit den Details von Delegaten beschäftigen, möchten wir zunächst an einem einfachen Beispiel die grundsätzliche Arbeitsweise verdeutlichen.

Die Operation, die der Code in Listing 5.1 ausführt, ist recht einfach: Der Anwender gibt zwei Zahlen an der Konsole ein und hat anschließend die Wahl, ob beide Zahlen addiert oder subtrahiert werden sollen. Das Resultat der Operation wird an der Konsole ausgegeben.

```
// Beispiel: ..\Kapitel 5\SimpleDelegate
public delegate double CalculateHandler(double value1, double value2);

// Variable vom Typ des Delegaten
CalculateHandler calculate;
do
{
  // Eingabe der Operanden
  Console.Clear();
  Console.Write("Geben Sie den ersten Operanden ein: ");
  double input1 = Convert.ToDouble(Console.ReadLine());
  Console.Write("Geben Sie den zweiten Operanden ein: ");
  double input2 = Convert.ToDouble(Console.ReadLine());
  // Wahl der Operation
  Console.Write("Operation: Addition - (A) oder Subtraktion - (S)? ");
  string wahl = Console.ReadLine().ToUpper();
  if (wahl == "A")
    calculate = new CalculateHandler(Mathematics.Add);
  else if (wahl == "S")
    calculate = new CalculateHandler(Mathematics.Subtract);
  else
  {
    Console.Write("Ungültige Eingabe");
    Console.ReadLine();
    return;
  }
```

```
    // Aufruf der Operation 'Add' oder 'Subtract' über den Delegaten
    double result = calculate(input1, input2);
    Console.WriteLine("--------------------------------");
    Console.WriteLine($"Ergebnis = {result}\n\n");
    Console.WriteLine("Zum Beenden F12 drücken.");
  } while (Console.ReadKey(true).Key != ConsoleKey.F12);

class Mathematics
{
  public static double Add(double x, double y)
  {
    return x + y;
  }
  public static double Subtract(double x, double y)
  {
    return x - y;
  }
}
```

Listing 5.1 Das Beispielprogramm »SimpleDelegate«

In der Klasse `Mathematics` sind zwei statische Methoden definiert, die aus `Main` heraus aufgerufen werden und die beiden Operationen `Add` und `Subtract` beschreiben. Die Wahl, ob die beiden Zahlen addiert oder subtrahiert werden sollen, trifft der Anwender durch die Eingabe von [A] oder [S] an der Konsole. Um die Eingabe in Kleinschreibweise ebenfalls zu berücksichtigen, wird die Eingabe mit der Methode `ToUpper` der Klasse `String` in Großschreibweise umgewandelt.

Nachdem der Anwender seine Wahl getroffen hat, wird geprüft, wie diese ausgefallen ist, um entsprechend im Programmcode zu reagieren. Vermutlich hätten Sie eine solche Aufgabenstellung bisher wie folgt gelöst:

```
double result;
if(wahl == "A")
  result = Mathematics.Add(input1, input2);
else if(wahl == "S")
  result = Mathematics.Subtract(input1, input2);
[...]
```

Es gibt keinen Zweifel daran, dass diese Implementierung natürlich auch zum richtigen Ergebnis führt. Das Resultat der Operation wird in den Anweisungsblöcken hinter `if` bzw. `else if` abgerufen.

Nun betrachten wir die entscheidenden Anweisungen der Lösung aus dem Beispiel *SimpleDelegate* aus Listing 5.1:

```
if(wahl == "A")
  calculate = new CalculateHandler(Mathematics.Add);
else if(wahl == "S")
  calculate = new CalculateHandler(Mathematics.Subtract);
[...]
```

Das Ergebnis der Addition bzw. Subtraktion wird nun nicht mehr in den beiden Anweisungsblöcken der `if`-Struktur abgerufen, sondern außerhalb derselben mit der Anweisung

```
double result = calculate(input1, input2);
```

Da die Wahl des Anwenders außerhalb der `if`-Struktur nicht bekannt sein kann, stehen wir vor der Frage, wie es möglich ist, die gewünschte Methode aufzurufen. Die Antwort darauf ist nicht schwierig: Wir müssen in einer Variablen die Laufzeitadresse auf die entsprechende Methode vorhalten, also einen Verweis konstruieren. Diesen können wir später an einer beliebigen Stelle im Code auswerten.

Bisher kennen Sie Verweise nur im Zusammenhang mit Objekten. Mit Objektverweisen werden zusammenhängende Datenblöcke im Hauptspeicher adressiert, in denen die Zustandsdaten eines ganz bestimmten Objekts beschrieben werden. Ein Verweis auf Programmcode ist im Grunde genommen nicht anders, zeigt aber auf Bytesequenzen, die anders interpretiert werden müssen – nämlich als ausführbarer Programmcode. Damit ist auch klar, dass ein Verweis auf Code anders definiert werden muss als ein Verweis auf Datenblöcke, den wir bisher immer verwendet haben. Aus diesem Grund existieren in .NET die Delegaten.

Wie oben erwähnt, kapselt ein Delegat den Zeiger auf eine Methode, beschreibt also eine Speicheradresse. Sehen wir uns jetzt an, wie diese Anforderung gelöst wird. Im Code des Beispiels *SimpleDelegate* aus Listing 5.1 wird mit

```
public delegate double CalculateHandler(double value1, double value2);
```

ein Delegat definiert. Diese Definition erinnert ein wenig an die Signatur einer Methode namens `CalculateHandler`, die zwei Parameter vom Typ `double` empfängt und als Rückgabewert einen `double` liefert – nur ergänzt um das Schlüsselwort `delegate`.

Ein Delegatobjekt kapselt den Zeiger auf eine Methode – oder mit anderen Worten: Er steht für einen beliebigen Methodenaufruf. Ganz beliebig ist der Methodenaufruf allerdings nicht, denn jede Methode hat eine exakt definierte Parameterliste mit Parametern eines bestimmten Typs. Ein Delegat beschreibt den Zeiger auf eine Methode, wobei die Typen der Parameterliste der Methode, auf die der Delegat zeigt, mit der Parameterliste der `delegate`-Definition übereinstimmen müssen.

In unserem Beispiel werden in der Parameterliste des Delegaten `CalculateHandler` zwei Parameter vom Typ `double` aufgeführt. Damit ist ein Delegatobjekt in der Lage, jede x-beliebige Methode eines x-beliebigen Objekts aufzurufen – vorausgesetzt, die Methode definiert eine Parameterliste, die genau zwei `double`-Argumente erwartet. Die adressierte Methode darf auch statisch sein oder sich in einer anderen Klasse befinden – das alles spielt keine Rolle. Die einzige Bedingung ist, dass die durch den Delegaten beschriebene Methode mit Programmcode adressiert werden kann, also erreichbar ist.

Neben der Parameterliste spielt der Rückgabewert eine entscheidende Rolle. Im Beispiel des Delegaten `CalculateHandler` muss die Methode in jedem Fall einen Rückgabewert vom Typ `double` haben.

Sie können die Definition eines Delegaten mit der Definition einer Klasse vergleichen, denn beide beschreiben einen Typ. Um ein konkretes Objekt zu erhalten, muss zuerst eine Variable vom Typ der Klasse deklariert sein – das ist bei einem Delegaten nicht anders. In Listing 5.1 dient dazu folgende Anweisung:

```
CalculateHandler calculate;
```

Damit ist die Variable `calculate` vom Typ `CalculateHandler` deklariert, aber noch nicht initialisiert. Mit anderen Worten: `calculate` ist ein Delegat und kann auf eine Methode zeigen, die zwei `double`-Argumente erwartet und einen `double` als Resultat des Aufrufs zurückliefert. In diesem Moment weiß der Delegat allerdings noch nicht, um welche Methode es sich dabei genau handelt.

Die Initialisierung erfolgt – analog zur Instanziierung einer Klasse – mit dem Operator `new` unter Angabe des Delegattyps. Delegaten haben nur einen einfach parametrisierten Konstruktor, der den Bezeichner der Methode erwartet, die später aufgerufen werden soll. In unserem Beispiel handelt es sich um

```
calculate = new CalculateHandler(Mathematics.Add);
```

beziehungsweise um

```
calculate = new CalculateHandler(Mathematics.Subtract);
```

Jetzt ist dem Delegat bekannt, welche Methode ausgeführt werden soll: entweder `Add` oder `Subtract`. Allerdings wird die Methode, auf die der Delegat in Form eines Zeigers verweist, noch nicht sofort ausgeführt, denn dazu bedarf es eines Anstoßes durch den Aufruf des Delegaten:

```
double result = calculate(input1, input2);
```

Der Aufruf erinnert an den Aufruf einer Methode, dabei wird allerdings der Methodenname durch die Variable vom Typ des Delegaten ersetzt. In den Klammern werden die erforderlichen Argumente an die Methode übergeben.

Damit die Anwendung nicht schon nach der ersten Berechnung beendet wird, ist die gesamte Programmlogik der Methode Main in einer do ... while-Schleife codiert. Im Schleifenfuß erfolgt eine Überprüfung, ob der Anwender die Anwendung beenden möchte. Dazu muss er die Taste F12 drücken.

```
do
{
  [...]
} while (Console.ReadKey(true).Key != ConsoleKey.F12);
```

Die statische Methode ReadKey ruft dabei die gedrückte Zeichen- oder Funktionstaste ab. Das Übergabeargument true sagt aus, dass das entsprechende Zeichen nicht in die Konsole geschrieben werden soll. Der Rückgabewert der Methode ReadKey ist vom Typ ConsoleKeyInfo. Darauf rufen wir mit der Eigenschaft Key die gedrückte Taste ab, die über die Konstantenauflistung ConsoleKey beschrieben wird.

5.1.2 Verwendung von Delegaten

Nachdem wir uns im letzten Abschnitt mit dem Einsatz der Delegaten beschäftigt haben, steht nunmehr die Frage im Raum, wann Delegaten verwendet werden. Grundsätzlich lässt sich sagen, dass Delegaten genau dann verwendet werden, wenn zur Entwicklungszeit noch nicht bekannt ist, wie die Methode heißt, die ausgeführt werden soll. Um es noch einmal zu erwähnen: Von der aufzurufenden Methode sind nur die Parameterliste und der Typ der Rückgabe vorgeschrieben.

Ein typisches Verwendungsgebiet werden Sie in Kapitel 14, »Die Task Parallel Library (TPL) und das Task-based Async Pattern (TAP)«, noch kennenlernen: Es sind Threads. Aber insbesondere, wenn Sie sich mit der Entwicklung grafischer Benutzerschnittstellen beschäftigen sollten (WinForms-Anwendungen, WPF-Anwendungen, ASP.NET usw.), kommen Sie an Delegaten nicht vorbei – obwohl Delegaten hier unter dem Begriff *Ereignis* verwendet werden. Darüber erfahren Sie alles Wesentliche in Abschnitt 5.2.

5.1.3 Vereinfachter Delegatenaufruf

Es gibt noch eine weitere Notation, um einen Delegaten zu instanziieren und ihm gleichzeitig die auszuführende Methode anzugeben. Diese ist einfacher in der Handhabung und spart uns etwas Tipparbeit. Sie können nämlich statt der Anweisung

```
CalculateHandler calculate = new CalculateHandler(Mathematics.Add);
```

auch wie folgt codieren:

```
CalculateHandler calculate = Mathematics.Add;
```

5.1.4 Multicast-Delegaten

.NET bietet die Möglichkeit, mehrere Delegaten zu einem einzigen zusammenzufassen. Dadurch entsteht ein Delegatenverbund, der als *Multicast-Delegaten* bezeichnet wird. Der Vorteil ist, dass durch den Aufruf eines Delegaten mehrere Delegaten der Reihe nach ausgeführt werden können.

Es gibt zwei Möglichkeiten, aus einem Delegaten einen Multicast-Delegaten zu machen:

- die Methode `Combine` der Klasse `Delegate`
- der `+=`-Operator

Die Methode `Combine` wird selten verwendet. Vielmehr treffen Sie in der Regel auf den genannten Operator. Dennoch werden wir uns auch kurz die Methode ansehen.

Die Methode »Combine()«

Mit der statischen Methode `Combine` der Klasse `Delegate` lassen sich mehrere Delegaten miteinander verknüpfen. Die Methode ist wie folgt überladen:

```
public static Delegate Combine(Delegate[]);
public static Delegate Combine(Delegate del1, Delegate del2);
```

Sie können als Argument entweder ein Array vom Typ `Delegate` übergeben, oder Sie haben die Alternative, zwei Delegaten anzugeben. Der Rückgabewert ist in beiden Fällen vom Typ `Delegate`. An einem Beispiel sehen wir uns das nun auch an.

```
// Beispiel: ..\Kapitel 5\MulticastDelegateExample1
public delegate void MyDelegate();

MyDelegate del = (MyDelegate)Delegate.Combine(new MyDelegate(DoSomething),
                  new MyDelegate(DoSomethingMore));
// Multicast-Delegaten ausführen
del();
Console.ReadLine();

public static void DoSomething()
{
  Console.WriteLine("In der Methode 'DoSomething'");
}
public static void DoSomethingMore()
{
  Console.WriteLine("In der Methode 'DoSomethingMore'");
}
```

Listing 5.2 Das Beispielprogramm »MulticastDelegateExample1«

In der Klasse Program sind mit DoSomething und DoSomethingMore zwei statische, parameterlose Methoden definiert. In Main wird mit del ein MyDelegate-Objekt erzeugt. Dazu wird die Methode Combine aufgerufen, und dabei werden zwei konkrete Delegaten übergeben, die auf die beiden Methoden DoSomething und DoSomethingMore verweisen. Da Combine eine Delegate-Referenz zurückliefert, muss diese noch in den tatsächlichen Typ umgewandelt werden. Anschließend wird del ausgeführt. In der Konsolenausgabe erkennen Sie, dass beide Methoden ausgeführt werden. Beachten Sie dabei auch, dass dem resultierenden MyDelegate-Objekt del nicht anzusehen ist, dass es intern zwei – oder noch mehr – andere Delegaten beschreibt.

Angemerkt sei hier noch abschließend, dass sich mit Remove ein Delegat aus der Liste auch wieder entfernen lässt.

Der »+=«-Operator

Die Combine-Methode einzusetzen, ist nicht besonders schwierig. Aber uns steht noch eine andere Variante zur Verfügung, die kürzer und damit wohl auch besser lesbar ist. Es handelt sich um den Operator +=. Um das zu demonstrieren, soll die Main-Methode des Beispielprogramms *MulticastDelegateExample1* aus Listing 5.2 entsprechend umgeschrieben werden.

```
// Beispiel: ..\Kapitel 5\MulticastDelegateExample2
MyDelegate del = new MyDelegate(DoSomething);
del += new MyDelegate(DoSomethingMore);
del();
Console.ReadLine();
```

Listing 5.3 Das Beispielprogramm »MulticastDelegateExample2«

Analog zur Methode Remove lassen sich Delegaten mit dem -=-Operator auch aus der Aufrufliste der Delegaten entfernen. Achten Sie bitte unbedingt darauf, dass Sie beim Hinzufügen eines weiteren Delegaten zu einem bestehenden auch wirklich den +=-Operator verwenden. Mit dem einfachen Zuweisungsoperator würden Sie nämlich nur die bestehende Aufrufliste durch einen anderen Delegaten komplett ersetzen.

Wenn Sie möchten, können Sie die Zuweisungen im Beispielprogramm *MulticastDelegateExample2* aus Listing 5.3 auch noch kürzer schreiben:

```
MyDelegate del = DoSomething;
del += DoSomethingMore;
```

5.1.5 Kovarianz und Kontravarianz mit Delegaten

Delegaten sind typsichere Methodenzeiger. Jede Methode, die der Signatur des Delegaten entspricht, kann dem Delegaten zugewiesen werden. Sobald der Delegat auf eine Methode zeigt, verhält er sich so wie die Methode.

Bereits mit .NET 3.5 wurde die sogenannte *Varianzunterstützung* in allen Delegaten eingeführt. Das bedeutet, dass nicht nur Methoden, die über eine exakt übereinstimmende Signatur hinsichtlich der Parametertypen und des Rückgabedatentyps verfügen, einem Delegaten übergeben werden können, sondern auch davon abgeleitete Typen. Dabei wird zwischen der Kovarianz (Flexibilität hinsichtlich des Rückgabedatentyps) und der Kontravarianz (Flexibilität hinsichtlich der Parameterdatentypen) unterschieden. Das klingt kompliziert, daher wollen wir uns auch sofort entsprechende Beispiele ansehen.

Delegaten und Kovarianz

Von *Kovarianz* wird gesprochen, wenn der Datentyp der Rückgabe einer Methode einen höheren Ableitungsgrad hat als der, den der Delegat definiert. Beispielsweise hat in unserem Beispielprogramm *GeometricObjectsSolution* die Klasse `Circle` einen höheren Ableitungsgrad als die Klasse `GeometricObject`.

Das folgende Beispiel demonstriert die Kovarianz. Auch hier spielen die beiden Klassen `GeometricObject` und `Circle` eine Rolle. Dabei kommt es aber nicht auf die Implementierung selbst an, so dass die Klassen keinen weiteren Programmcode enthalten.

```
// Beispiel: ..\Kapitel 5\Kovarianz
class GeometricObject  { }
class Circle : GeometricObject  { }
delegate GeometricObject CovarianceHandler();

CovarianceHandler handler = DoSomething;
GeometricObject geo = handler();
Console.WriteLine(geo.GetType());
Console.ReadLine();

public static Circle DoSomething()
{
  return new Circle();
}
```

Listing 5.4 Beispiel zur Kovarianz von Delegaten

Richten Sie Ihr Augenmerk in dem Beispiel zuerst auf die Definition des Delegaten, der eine parameterlose Methode beschreibt und einen Rückgabewert vom Typ `GeometricObject` hat:

```
delegate GeometricObject CovarianceHandler();
```

In der Klasse `Program` ist neben `Main` mit `DoSomething` eine weitere Methode definiert. Interessant ist, dass die Methode einen Rückgabewert des Typs `Circle` beschreibt.

```
public static Circle DoSomething()
{
  return new Circle();
}
```

Nun analysieren wir noch die Anweisung

```
CovarianceHandler handler = DoSomething;
```

Der Handler beschreibt einen `GeometricObject`-Rückgabedatentyp, die Methode `DoSomething` liefert ein `Circle`-Objekt, das selbst von `GeometricObject` abgeleitet ist. Da die Zuweisung der Referenz eines abgeleiteten Typs an die Referenz eines Basistyps mit der impliziten Konvertierung möglich ist, kann `DoSomething` dank der Kovarianz durch den beschriebenen Delegaten referenziert werden. Vor Einführung der Varianzunterstützung war das nicht möglich.

Delegaten und Kontravarianz

Kontravarianz ist der Kovarianz sehr ähnlich, bezieht sich aber nicht auf die Rückgabedatentypen, sondern auf die Datentypen der Parameter. Kontravarianz ermöglicht uns, einen Delegaten zu benutzen, dessen vorgeschriebener Parametertyp abgeleitet ist von dem Parametertyp der Methode, die der Delegat referenziert.

Verständlich wird der Sachverhalt, wenn wir uns auch hierzu ein Beispiel ansehen, das mit den Klassen `GeometricObject` und `Circle` sehr ähnlich dem vorhergehenden Beispiel aufgebaut ist.

```
// Beispiel: ..\Kapitel 5\Kontravarianz
class GeometricObject { }
class Circle : GeometricObject { }
delegate void ContravarianceHandler(Circle circle);

ContravarianceHandler handler = DoSomething;
handler(new Circle());
Console.ReadLine();

public static void DoSomething(GeometricObject geoObject) { }
```

Listing 5.5 Beispiel zur Kontravarianz von Delegaten

Der Delegat definiert in diesem Beispiel einen Parameter vom Typ `Circle`. Die Methode, die das Delegatobjekt in `Main` referenziert, beschreibt in ihrem Parameter mit `GeometricObject` einen Basistyp von `Circle`. Hier spiegelt sich genau das wider, was auch für alle Methoden gilt: Sie können an den Parameter einer Methode ein Objekt übergeben, das vom gleichen Typ ist wie der Parameter oder davon abgeleitet.

5.2 Ereignisse eines Objekts

Ein klassischer Methodenaufruf geht immer in Richtung vom Aufrufer zum Objekt, das daraufhin die Methode ausführt. Wir könnten in diesem Fall auch von einer Client-Server-Konstellation sprechen, wobei der Aufrufer der Client ist, das aufgerufene Objekt der Server. Da der Client den Typ des Servers kennt, kann er die Methode auch namentlich angeben, z. B.:

```
Circle kreis = new Circle();
kreis.Move(-100, 200);
```

Hier ist die Klasse `Program` der Client, das `Circle`-Objekt der Server. Das ist so weit noch sehr einfach. Gehen wir nun einen Schritt weiter: Stellen Sie sich vor, aus `Move` heraus soll der Methodenaufrufer (also der Client) davon in Kenntnis gesetzt werden, dass die Verschiebung erfolgreich verlaufen ist. Dann müsste in der Methode `Move` ein Methodenaufruf codiert werden, der eine Methode im Client – bezogen auf unser Codefragment also in der Klasse `Program` – adressiert. Ein solcher Methodenaufruf wäre hinsichtlich der Aufrufrichtung genau entgegengesetzt der Richtung des klassischen Methodenaufrufs – nämlich vom Server zum Client. Genau das ist ein *Ereignis*, im Englischen auch als *Event* bezeichnet. Ein Ereignis ist somit nichts anderes als ein Methodenaufruf. Im Allgemeinen spricht man bei einem solchen Methodenaufruf auch vom »Auslösen eines Ereignisses«.

Ereignisse spielen eine tragende Rolle bei der Programmierung grafischer Benutzeroberflächen (GUIs) und lassen sich so abstrahieren, dass sie den Nachrichtenverkehr zwischen einer Ereignisquelle und einem Ereignisempfänger beschreiben. Bezogen auf unsere Annahme wäre das `Circle`-Objekt die Ereignisquelle, die Klasse `Program` der Ereignisempfänger.

Nun stellt sich eine Frage: Wenn die Auslösung eines Ereignisses einem Methodenaufruf gleichgesetzt werden kann, welche Methode im Client wird dann ausgeführt? Zunächst einmal können wir festhalten, dass der potenzielle Ereignisempfänger auf ein Ereignis nicht reagieren muss – es ist eine Option. Dann müssen wir weitblickend auch feststellen, dass es unterschiedliche Clients, also Ereignisempfänger, geben kann: Im Codefragment oben ist es die Klasse `Program`, es könnte aber auch eine Klasse namens `Demo` sein oder ein `Auto`-Objekt oder wer auch immer. Als logische Konsequenz können wir auch nicht den Bezeichner der Methode kennen, die als Reaktion auf die Auslösung eines Ereignisses aufgerufen werden soll.

Merken Sie etwas? Hatten wir nicht eine ähnliche Situation im Zusammenhang mit dem Delegaten kennengelernt? Erinnern wir uns an die folgende Anweisung im Beispielprogramm *SimpleDelegate aus* Listing 5.1:

```
double result = calculate(input1, input2);
```

Die Variable `calculate` beschreibt einen Delegaten. Zur Entwicklungszeit ist nicht bekannt, welche Methode zur Laufzeit bei der Ausführung dieser Anweisung aufgerufen wird: Es könnte `Add` sein oder `Subtract`. Im Grunde genommen können wir die Situation der Variablen `calculate` mit der beim Auslösen eines Ereignisses vergleichen: Beide haben keine Kenntnis von der Methode, die daraufhin ausgeführt wird. Folgerichtig muss ein Ereignis ein Delegat sein.

Genug der Vorrede. Lassen Sie uns nun das Ganze an einem konkreten Beispiel durchspielen. Es wird nicht im Zusammenhang mit der Methode `Move` stehen (das werden wir am Ende des Kapitels noch nachholen), sondern zunächst einen anderen Ansatzpunkt haben.

5.2.1 Ereignisse bereitstellen

Erinnern wir uns dazu zunächst an die aktuelle Implementierung der Eigenschaftsmethode `Radius` in der `Circle`-Klasse:

```
public virtual int Radius
{
  get{return _Radius;}
  set
  {
    if(value >= 0)
      _Radius = value;
    else
      Console.Write("Unzulässiger negativer Radius.");
  }
}
```

Listing 5.6 Aktuelle Implementierung der Eigenschaft »Radius« in der Klasse »Circle«

Uns interessiert nunmehr der `set`-Accessor und dort wiederum sein Verhalten, wenn der Eigenschaft ein negativer Wert übergeben wird. Nach dem derzeitigen Stand führt das zu einer Benachrichtigung an der Konsole. Der Code funktioniert tadellos, unterliegt jedoch einer Einschränkung: Der Client muss die Nachricht entgegennehmen – ob er will oder nicht. Ein weiterer schwerwiegender Nachteil des bisherigen Lösungsansatzes: In einem GUI-Projekt, also beispielsweise einer WPF-Anwendung, wird das Konsolenfenster überhaupt nicht geöffnet. Unsere augenblickliche Lösung ist somit vollkommen indiskutabel.

Besser wäre es, wenn das `Circle`-Objekt stattdessen im Client eine Methode aufrufen würde, um damit zu signalisieren, dass die Wertübergabe nicht akzeptabel war. Mit anderen Worten: Wir wollen in dieser Situation ein Ereignis auslösen. Der Client kann dann als Ereignisempfänger auf das Ereignis reagieren.

Anmerkung

In der Praxis ist das Auslösen eines Ereignisses beim Auftreten eines Fehlers auch keine optimale Lösung, da eine Reaktion auf ein ausgelöstes Ereignis immer nur eine Option ist. Stattdessen sollte eine Ausnahme (Exception) »geworfen« werden, die behandelt werden muss. Zur Ehrenrettung unserer Idee muss an dieser Stelle aber auch festgestellt werden, dass es im .NET Framework Methoden gibt, die im Fehlerfall beide Alternativen anbieten: Entweder reagiert der Client auf ein Ereignis, oder er behandelt die Exception. Genauso werden wir später noch die Klasse `Circle` ergänzen, wenn wir uns in Kapitel 7, »Fehlerbehandlung und Debugging«, mit den Ausnahmen beschäftigen.

Unser Ziel sei es nun, die Anweisung

```
Console.Write("Unzulässiger negativer Radius.");
```

durch eine Ereignisauslösung zu ersetzen. Das Ereignis wollen wir `InvalidMeasure` nennen.

Der Programmablauf bis zu einer eventuellen Ereignisauslösung sähe wie folgt aus:

1. Der Client erzeugt ein Objekt der Klasse `Circle` und weist der Eigenschaft `Radius` einen unzulässigen Wert zu.
2. Die Eigenschaftsmethode `Radius` prüft den übergebenen Wert und löst im Fall der Unzulässigkeit das Ereignis `InvalidMeasure` aus. Das hat zur Folge, dass im Client nach einer Methode gesucht wird, die das Ereignis behandelt, also darauf reagiert.
3. Erklärt sich der Client bereit, das Ereignis zu behandeln, wird im Client eine dem Ereignis zugeordnete Methode ausgeführt.

Kommen wir nun zu den Details der Ereignisimplementierung in der Ereignisquelle (hier: `Circle`). Jedes Ereignis muss in der Klassendefinition bekanntgegeben werden. Die allgemeine Syntax einer Ereignisdefinition lautet wie folgt:

[<Zugriffsmodifizierer>] event <Delegat-Typ> <Event-Bezeichner>;

Dem optionalen Zugriffsmodifizierer (der Standard ist `private`) folgt das Schlüsselwort `event`, und dahinter wird der Typ des Ereignisses bekanntgegeben. Dabei handelt es sich immer um einen Delegattyp. Weil ein Delegat den Zeiger auf eine Methode mit einer bestimmten Parameterliste und einem bestimmten Rückgabetyp beschreibt, wird damit gleichzeitig die Signatur der ereignisbehandelnden Methode im Client vorgeschrieben. Abgeschlossen wird die Deklaration mit dem Bezeichner des Ereignisses.

Unsere Anwendung müssen wir daher noch um eine Delegatdefinition ergänzen und in der Klasse `Circle` einen Event vom Typ dieses Delegaten deklarieren, um der selbstgestellten Anforderung zu genügen:

```
// Delegat
public delegate void InvalidMeasureEventHandler();
public class Circle : GeometricObject, IDisposable
{
// Ereignis
  public event InvalidMeasureEventHandler InvalidMeasure;
  [...]
}
```

Listing 5.7 Definition des Events »InvalidMeasure« in der Klasse »Circle«

Hinweis

Delegaten, die den Ereignissen als Typvorgabe dienen, haben in .NET per Konvention das Suffix `EventHandler`.

Ausgangspunkt unserer Überlegungen war, bei einer unzulässigen Zuweisung an die Eigenschaft `Radius` eines `Circle`-Objekts das Ereignis `InvalidMeasure` auszulösen. Die Ereignisauslösung erfolgt, wenn die Überprüfung des Übergabewertes zu einer Ablehnung geführt hat. Die Ereignisauslösung selbst ist trivial, wir brauchen dazu nur den Namen des Ereignisses anzugeben. Diese Anweisung ersetzt in der Eigenschaft `Radius` die Konsolenausgabe im `else`-Zweig des `set`-Accessors:

```
public virtual int Radius
{
  get {return _Radius;}
  set
  {
    if(value >= 0)
      _Radius = value;
    else
      // Ereignis auslösen
      InvalidMeasure();
```

```
  }
}
```

Listing 5.8 Ereignisauslösung in der Eigenschaft »Radius«

Übergibt der Client der Eigenschaft `Radius` nun einen Wert, der der Bedingung

```
Radius < 0
```


entspricht, wird der Delegat aktiv und sucht im Aufrufer nach einer parameterlosen Methode ohne Rückgabewert.

5.2.2 Die Reaktion auf ein ausgelöstes Ereignis

Wie sich der Ereignisempfänger verhält – ob er die Ereignisauslösung ignoriert oder darauf reagiert –, bleibt ihm selbst überlassen. Es ist eine Option, die wahrgenommen werden kann oder auch nicht. In Kenntnis der Tatsache, dass ein `Circle`-Objekt ein Ereignis auslösen kann, wenn der Eigenschaft `Radius` ein unzulässiger Wert übergeben wird, entwickeln wir zunächst eine Methode, die bei der Auslösung des Ereignisses `InvalidMeasure` ausgeführt werden soll. Solche Methoden werden auch als *Ereignishandler* bezeichnet. Da der Typ unseres Ereignisses `InvalidMeasure` ein parameterloser Delegat ist, muss die Parameterliste unserer Methode natürlich leer sein.

```
Circle kreis = new Circle();
[...]

// Ereignishandler
public static void kreis_InvalidMeasure()
{
  Console.WriteLine("Unzulässiger negativer Radius.");
}
```

Listing 5.9 Bereitstellen eines Ereignishandlers

Hinweis

Es ist üblich, einem Ereignishandler nach einem bestimmten Muster einen Bezeichner zu geben. Dabei wird zuerst der Objektname angegeben, gefolgt von einem Unterstrich und dem sich anschließenden Ereignisbezeichner:

```
Objektname_Ereignisname
```

Sie können selbstverständlich von dieser Konvention abweichen. Die von vielen Entwicklungsumgebungen automatisch generierten Ereignishandler folgen diesem Namensmuster.

Wir können dem Objekt `kreis` nun einen Radius von beispielsweise `-1` zuweisen, aber die Methode `kreis_InvalidMeasure` würde daraufhin nicht ausgeführt. (Ganz im Gegenteil sogar: Es träte eine Ausnahme auf. Aber dem Phänomen widmen wir uns später noch.) Woher soll das Objekt `kreis` auch wissen, welche Methode bei der Ereignisauslösung im Client ausgeführt werden soll? Es könnten schließlich beliebig viele parameterlose `void`-Methoden im Ereignisempfänger definiert sein und prinzipiell als Ereignishandler in Frage kommen.

Um das Objekt entsprechend in Kenntnis zu setzen, müssen wir den von uns bereitgestellten Ereignishandler an das Ereignis `InvalidMeasure` des Objekts binden. Dazu übergeben wir dem Ereignis des Objekts mit dem +=-Operator eine Instanz des Delegaten `InvalidMeasureEventHandler` mit Angabe des Handlers:

```
kreis.InvalidMeasure += new InvalidMeasureEventHandler(kreis_InvalidMeasure);
```

Dieser Vorgang wird als das *Abonnieren eines Ereignisses* oder auch als *Registrieren eines Ereignishandlers* bezeichnet. Natürlich ist auch die Kurzform

```
kreis.InvalidMeasure += kreis_InvalidMeasure;
```

erlaubt. Die einzige Bedingung ist, dass die dem Konstruktor bekanntgegebene Methode den vom Delegaten festgelegten Kriterien hinsichtlich der Parameterliste und des Rückgabewerts genügt. Unser Code in `Main` könnte nun wie folgt lauten:

```
Circle kreis = new Circle();
kreis.InvalidMeasure += kreis_InvalidMeasure;
kreis.Radius = -1;
Console.ReadLine();
```

Listing 5.10 Code zum Testen des Ereignishandlers

Wenn wir Code ausführen, der versucht, der Eigenschaft `Radius` den ungültigen Wert `-1` zuzuweisen, wird der Client durch die Auslösung des Ereignisses `InvalidMeasure` und den Aufruf des Handlers `kreis_InvalidMeasure` über die ungültige Zuweisung benachrichtigt.

Anmerkung

Um es noch einmal deutlich zu machen, was bei dem Abonnieren eines Ereignishandlers passiert: Wir teilen mit

```
kreis.InvalidMeasure += kreis_InvalidMeasure;
```

dem Delegaten `InvalidMeasure` die Startadresse der Methode `kreis_InvalidMeasure` mit. Diese Information wird im `Circle`-Objekt gespeichert und beim Auslösen des Ereignisses benutzt, um die angegebene Methode aufrufen zu können.

Ein Tipp am Rande: Sie brauchen sich nicht die Mühe zu machen, den Delegaten des Ereignisses zu instanziieren und anschließend den Ereignishandler manuell anzugeben. Stattdessen können Sie Visual Studio die Arbeit überlassen. Achten Sie einmal darauf, dass Ihnen nach der Eingabe des +=-Operators angeboten wird, die [Tab]-Taste zu drücken (siehe Abbildung 5.1). Nutzen Sie das Angebot, wird der Typ des Ereignisses automatisch instanziiert. Ein zweites Drücken der [Tab]-Taste bewirkt das automatische Erzeugen des Ereignishandlers nach der weiter oben beschriebenen Namenskonvention.

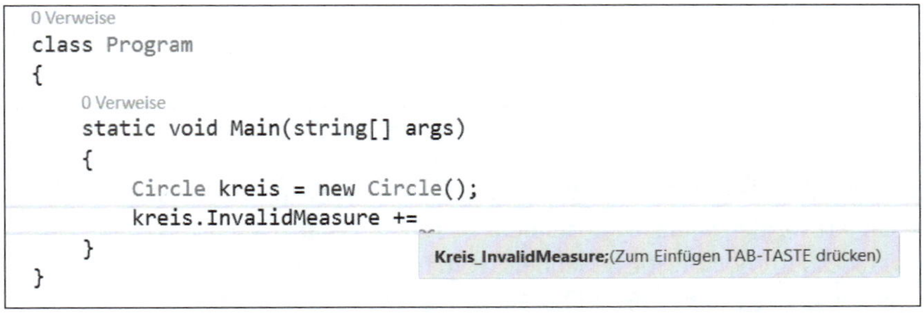

Abbildung 5.1 Automatisches Erzeugen des Ereignishandlers

5.2.3 Allgemeine Betrachtungen der Ereignishandler-Registrierung

In Abschnitt 5.1.4 haben wir die Multicast-Delegaten und den +=-Operator beschrieben. Da ein Ereignis immer vom Typ eines Delegaten ist, gelten die Regeln hinsichtlich der Multicast-Delegaten natürlich auch für Ereignisse. So können Sie beispielsweise mehrere verschiedene Ereignishandler für ein Ereignis abonnieren:

```
Circle kreis = new Circle();
kreis.InvalidMeasure += kreis_InvalidMeasure;
kreis.InvalidMeasure += RadiusError;
[...]
```

Analog zum Binden eines Ereignishandlers mit dem +=-Operator können Sie mit dem -=-Operator diese Bindung zu jedem beliebigen Zeitpunkt wieder lösen. Mit

```
Circle kreis = new Circle();
kreis.InvalidMeasure += kreis_InvalidMeasure;
kreis.InvalidMeasure -= kreis_InvalidMeasure;
[...]
```

weist das Objekt keinen registrierten Ereignishandler mehr auf. Es wird also beim Auslösen des Events nichts passieren.

Ereignishandler sind nicht nur von einem Objekt nutzbar, sondern lassen sich von mehreren Objekten gleichermaßen verwenden. Mit

```
Circle kreis1 = new Circle();
Circle kreis2 = new Circle();
kreis1.InvalidMeasure += kreis_InvalidMeasure;
kreis2.InvalidMeasure += kreis_InvalidMeasure;
```

wird der Ereignishandler sowohl vom Objekt `kreis1` als auch vom Objekt `kreis2` benutzt. Sie können sogar noch einen Schritt weiter gehen: Der Ereignishandler ist natürlich auch nicht einem bestimmten Typ verpflichtet. Sie können den Ereignishandler für jedes x-beliebige Objekt und hier für jedes x-beliebige Ereignis verwenden – vorausgesetzt, der Typ des Ereignisses stimmt mit der Parameterliste und dem Rückgabewert des Ereignishandlers überein.

Hinweis

Beachten Sie bitte, dass auf ein ausgelöstes Ereignis erst nach dem Abonnieren des Events reagiert werden kann. In Konsequenz bedeutet das aber auch, dass das Ereignis `InvalidMeasure` noch nicht behandelt werden kann, wenn wir einem der Konstruktoren einen negativen Wert für die Eigenschaft `Radius` übergeben.

5.2.4 Wenn der Ereignisempfänger ein Ereignis nicht behandelt

Clientseitig muss das von einem Objekt ausgelöste Ereignis nicht zwangsläufig an einen Ereignishandler gebunden sein. Legt man keinen Wert darauf, kann das Ereignis auch unbehandelt im Sande verlaufen, es findet dann keinen Abnehmer. Sehen wir uns in der Klasse `Circle` noch einmal die Eigenschaft `Radius` an:

```
public virtual int Radius
{
  get{return _Radius;}
  set
  {
    if(value >= 0)
      _Radius = value;
    else
      InvalidMeasure();
  }
}
```

Die Implementierung ist noch nicht so weit vorbereitet, dass der potenzielle Ereignisempfänger das Ereignis ignorieren könnte. Wenn nämlich mit

```
Circle kreis = new Circle();
kreis.Radius = -2;
```

ein unzulässiger negativer Wert zugewiesen wird und das Ereignis im Ereignisempfänger nicht behandelt wird, kommt es zur Laufzeit zu einer Ausnahme des Typs NullReferenceException, weil das Ereignis keinen Abnehmer findet.

Vor der Auslösung eines Events ist daher in der Ereignisquelle zu prüfen, ob der Ereignisempfänger überhaupt die Absicht hat, auf das Ereignis zu reagieren. Mit einer if-Anweisung lässt sich das sehr einfach feststellen:


```
public virtual int Radius
{
  get { return _Radius; }
  set
  {
    if (value >= 0)
      _Radius = value;
    else if
      (InvalidMeasure != null)
        InvalidMeasure();
  }
}
```

Listing 5.11 Vollständiger Code zur Ereignisauslösung

Null-bedingte Operatoren

Nehmen wir an, Sie hätten eine Methode geschrieben, die die Länge einer übergebenen Zeichenfolge auswertet und in die Konsole schreibt. Der Code könnte wie folgt aussehen:

```
DoSomething("GeometricObjects");
Console.ReadLine();

static void DoSomething(string text)
{
  if (text != null)
    Console.WriteLine($"Länge: {text.Length}");
}
```

Natürlich müssen Sie eingangs der Methode DoSomething überprüfen, ob eine gültige Zeichenfolge übergeben worden ist oder null. Nur wenn es sich um ein gültiges Objekt handelt, darf die Eigenschaft Length zur Auswertung herangezogen werden.

Für solche Situationen, nämlich die Ausführung eines Memberzugriffs nach vorheriger null-Untersuchung, gibt es eine kürzere Schreibweise mit dem Null-Bedingungsoperator ?., wie im folgenden Code gezeigt wird:

```
static void DoSomething(string text)
{
  Console.WriteLine($"Länge: {text?.Length}");
}
```

Der Null-Bedingungsoperator kann auch im Zusammenhang mit Delegaten verwendet werden. Dazu muss die Methode Invoke des Delegaten explizit aufgerufen werden (ansonsten passiert das immer implizit). Aus

```
if (InvalidMeasure != null)
  InvalidMeasure();
```

wird dann der einfache einzeilige Aufruf

```
InvalidMeasure?.Invoke();
```

5.2.5 Ereignisse mit Übergabeparameter

Bekanntgabe des Ereignisauslösers

Werfen wir noch einmal einen Blick auf den Ereignishandler, der den Event InvalidMeasure eines Circle-Objekts behandelt:

```
public void kreis_InvalidMeasure()
{
  Console.WriteLine("Unzulässiger negativer Radius.");
}
```

Einer kritischen Betrachtung kann der Code nicht standhalten, denn wir müssen erkennen, dass der Handler bisher nur allgemeingültig ist, da er keine Möglichkeit bietet, das auslösende Objekt zu identifizieren. Deshalb können wir auch nicht innerhalb des Ereignishandlers den Radius neu festlegen, was durchaus erstrebenswert wäre.

Das Problem ist sehr einfach zu lösen, indem der Ereignishandler einen Parameter bereitstellt, der die Referenz auf das ereignisauslösende Objekt beschreibt. Mit dem Parameter ist es dann möglich, dem Radius einen neuen Wert zuzuweisen.

```
public void kreis_InvalidMeasure(Circle sender)
{
  Console.Write("Unzulässiger negativer Radius. Neueingabe: ");
  sender.Radius = Convert.ToInt32(Console.ReadLine());
}
```

Jetzt ist der Ereignishandler so konstruiert, dass innerhalb des Handlers auf das auslösende Objekt zugegriffen werden kann. Wir nutzen den Parameter, um dem Radius einen neuen, dann hoffentlich akzeptablen Wert zuzuweisen.

Diese Überlegung hat auch weitere Änderungen zur Folge. Zunächst einmal muss die Definition des Delegaten (siehe Listing 5.7) entsprechend geändert werden:

```
public delegate void InvalidMeasureEventHandler(Circle sender);
```

Das ist nicht die einzige Änderung. Auch die Klasse `Circle` muss noch angepasst werden, denn jetzt muss das Ereignis dem Ereignishandler auch ein Argument übergeben, mit dem die Referenz auf das auslösende Objekt beschrieben wird. Da sich der Code innerhalb des auslösenden Objekts befindet, kann das Objekt die Referenz auf sich selbst mit `this` angeben.

```
public virtual int Radius
{
  get{return _Radius;}
  set
  {
    if(value >= 0)
      _Radius = value;
    else
      InvalidMeasure?.Invoke(this);
  }
}
```

Jetzt haben wir einen Stand erreicht, der auch einer kritischen Analyse standhält: Das Ereignis `InvalidMeasure` ist insgesamt so definiert, dass mit einem Ereignishandler mehrere `Circle`-Objekte gleich behandelt werden können.

Ereignishandler im .NET Framework

Obwohl wir nun im Ereignishandler das ereignisauslösende Objekt eindeutig identifizieren können, haben wir noch nicht den Stand erreicht, den alle Ereignishandler im .NET Framework haben. Denn alle Ereignishandler im .NET Framework weisen nicht nur einen, sondern zwei Parameter auf:

- Im ersten Parameter gibt sich das auslösende Objekt bekannt.
- Im zweiten Parameter werden ereignisspezifische Daten bereitgestellt.

Den ersten Parameter haben wir im letzten Abschnitt zwar schon behandelt, aber wir müssen noch eine kleine Nachbetrachtung anstellen. Grundsätzlich ist nämlich der erste Parameter immer vom Typ `Object`. Der Grund ist recht einfach, denn die den Ereignissen zugrundeliegenden Delegaten sollen prinzipiell mehreren unterschiedlichen Ereignissen zur Verfügung stehen, die auch von unterschiedlichen Typen ausgelöst werden können.

In einem zweiten Parameter werden immer ereignisspezifische Daten geliefert. Wir wollen uns dies am Beispiel der Klasse `Circle` verdeutlichen.

Nach dem derzeitigen Entwicklungsstand können wir im Ereignishandler nicht feststellen, welche Zuweisung an `Radius` nicht akzeptiert worden ist. Vielleicht möchten wir aber diese Information dem Ereignishandler bereitstellen, damit beispielsweise die Konsolenausgabe

```
Ein Radius von -22 ist nicht zulässig.
```

ermöglicht wird.

Zur Bereitstellung von ereignisspezifischen Daten werden spezielle Klassen benötigt, die von `EventArgs` abgeleitet sind. Damit lassen sich die Typen der zweiten Parameter auf eine gemeinsame Basis zurückführen. `EventArgs` dient einerseits selbst einigen Ereignissen als Typvorgabe (beispielsweise den `Click`-Ereignissen). Allerdings stellt `EventArgs` keine eigenen Daten zur Verfügung und ist daher als Dummy anzusehen, um der allgemeinen Konvention zu entsprechen, dass alle Ereignishandler zwei Parameter haben.

In unserem Beispiel könnte die Klasse für den zweiten Parameter wie folgt codiert sein:

```
public class InvalidMeasureEventArgs : EventArgs
{
  private int _InvalidMeasure;
  public int InvalidMeasure
  {
    get { return _InvalidMeasure; }
  }
  public InvalidMeasureEventArgs(int invalidMeasure)
  {
    _InvalidMeasure = invalidMeasure;
  }
}
```

Listing 5.12 Bereitstellung einer »EventArgs«-Klasse

Wir wollen dem Ereignishandler nur den Wert des fehlgeschlagenen Zuweisungsversuchs mitteilen. Es reicht dazu aus, den Wert in einer schreibgeschützten Eigenschaft zu kapseln.

Hinweis

Üblicherweise werden die Klassen, die als Typvorgabe für die Objekte der zweiten Parameter im Ereignishandler dienen, mit dem Suffix `EventArgs` ausgestattet. Häufig wird diesem der Ereignisname vorangestellt.

Sehen wir uns nun alle Änderungen an, die sich aus unseren Überlegungen ergeben. Da wäre zunächst einmal die Anpassung des Delegaten `InvalidMeasureEventHandler`, der nun im ersten Parameter den Typ `Object` vorschreibt und im zweiten ein Objekt vom Typ `InvalidMeasureEventArgs`.

```
public delegate void InvalidMeasureEventHandler(Object sender,
                                                InvalidMeasureEventArgs e);
```

Listing 5.13 Endgültige Definition des Delegaten »InvalidMeasureEventHandler«

Nun müssen wir auch die Eigenschaft `Radius` in der Klasse `Circle` anpassen:

```
public virtual int Radius
{
  get { return _Radius; }
  set
  {
    if (value >= 0)
      _Radius = value;
    else
      InvalidMeasure?.Invoke(this, new InvalidMeasureEventArgs(value));
  }
}
```

Listing 5.14 Berücksichtigung des verbesserten Delegaten aus Listing 5.13

Der Ereignishandler muss natürlich ebenfalls entsprechend parametrisiert werden. Er gestattet uns nun nicht nur, zu erfahren, welches Objekt für die Ereignisauslösung verantwortlich ist, sondern auch die Auswertung, welcher Wert nicht akzeptiert werden konnte.

```
void kreis_InvalidMeasure(object sender, InvalidMeasureEventArgs e)
{
  Console.Write($"Ein Radius von {e.InvalidMeasure} ist nicht zulässig.");
  Console.Write("Neueingabe: ");
  Cirle circle = sender as Circle;
  if(circle != null)
    circle.Radius = Convert.ToInt32(Console.ReadLine());
}
```

Listing 5.15 Der endgültige Ereignishandler für den Event »InvalidMeasure«

Anmerkung

Selbstverständlich können Sie in der `InvalidMeasureEventArgs`-Klasse die Eigenschaft `InvalidMeasure` auch mit einem `set`-Accessor ausstatten. Das könnte aber zu einer Irritation führen, denn dann wäre im Ereignishandler die Anweisung

```
e.Radius = 10;
```

syntaktisch korrekt. Der Grund der Irritation ist recht einfach zu erklären: In der Eigenschaft `Radius` der Klasse `Circle` wird diese Zuweisung nicht ausgewertet, sie verpufft im Nirwana. In Abschnitt 5.4 werden Sie bei der Ergänzung des Projekts *GeometricObjectsSolution* einen Fall kennenlernen, bei dem der `set`-Zweig in einer Eigenschaft des `EventArgs`-Objekts von Bedeutung ist.

Zusammenfassung

Fassen wir an dieser Stelle noch einmal alle Erkenntnisse hinsichtlich der Ereignishandler im .NET Framework zusammen:

- Ereignishandler liefern niemals einen Wert an den Aufrufer zurück, sie sind immer `void` und haben zwei Parameter.
- Der erste Parameter ist grundsätzlich immer vom Typ `Object`. Hier gibt sich der Auslöser des Events bekannt.
- Der zweite Parameter ist vom Typ `EventArgs` oder davon abgeleitet. Er stellt ereignisspezifische Daten zur Verfügung. Dieser Parameter hat das Suffix `EventArgs`.

Nach diesen Vorgaben werden im .NET Framework die Delegaten definiert, die als Typvorgabe der Ereignisse dienen.

5.2.6 Ereignisse in der Vererbung

Ereignisse können nur in der Klasse ausgelöst werden, in der sie definiert sind. Mit anderen Worten bedeutet das auch, dass Ereignisse nicht vererbt werden. In der Klasse `GraphicCircle` könnte nach dem derzeitigen Stand des Klassencodes niemals das Ereignis `InvalidMeasure` ausgelöst werden, das bekanntlich nach derzeitigem Stand in der Klasse `Circle` definiert ist.

Aus diesem Grund wird in einer ableitbaren Klasse, in der ein Ereignis bereitgestellt wird, grundsätzlich eine zusätzliche Methode definiert, in der das Ereignis ausgelöst wird. Üblicherweise sind diese Methoden geschützt, also `protected`. Es ist eine allgemeine Konvention im .NET Framework, dass diese Methoden, die einzig und allein der Ereignisauslösung dienen, mit dem Präfix `On` gekennzeichnet werden, gefolgt vom Bezeichner des Events. Die `OnXxx`-Methoden definieren meist einen Parameter vom ereignisspezifischen `EventArgs`-Typ.

Für unser Ereignis InvalidMeasure sähe die Methode wie folgt aus:

```
protected virtual void OnInvalidMeasure(InvalidMeasureEventArgs e)
{
  InvalidMeasure?.Invoke(this, e);
}
```

Listing 5.16 Methode, die ein Ereignis den ableitenden Klassen zur Verfügung stellt

Die OnXxx-Methode wird von allen abgeleiteten Klassen geerbt. Weil die Methode in der Klasse definiert ist, in der auch das Ereignis bereitgestellt wird, bewirkt der Aufruf dieser Methode in der abgeleiteten Klasse auch die Auslösung des Events. Der Modifikator virtual gestattet zudem, in der Ableitung die geerbte Methode polymorph zu überschreiben, um möglicherweise typspezifische Anpassungen im Kontext der Ereignisauslösung vorzunehmen. Dieser Fall ist gar nicht selten im .NET Framework.

5.2.7 Ein Blick hinter die Kulissen des Schlüsselworts »event«

Rufen wir uns zum Abschluss noch einmal in Erinnerung, wie wir ein Ereignis definieren:

```
public event InvalidMeasureEventHandler InvalidMeasure;
```

Es stellt sich die Frage, warum ein Ereignis mit dem Schlüsselwort event deklariert werden muss. Da ein Ereignis vom Typ eines Delegaten ist, könnten wir doch vermutlich auch auf die Angabe von event verzichten, also:

```
public InvalidMeasureEventHandler InvalidMeasure;
```

Tatsächlich verbirgt sich hinter dem Schlüsselwort ein Mechanismus, der ähnlich wie eine Property aufgebaut ist. Unser Ereignis InvalidMeasure wird, zusammen mit dem event-Schlüsselwort, implizit wie folgt umgesetzt:

```
private InvalidMeasureEventHandler _InvalidMeasure;
public event InvalidMeasureEventHandler InvalidMeasure
{
  add { _InvalidMeasure += value; }
  remove { _InvalidMeasure -= value; }
}
```

Listing 5.17 Das Schlüsselwort »event« hinter den Kulissen

Durch das Schlüsselwort event werden die beiden Zweige add und remove implizit erzeugt. Der eigentliche Delegat bleibt in einem private-Feld verborgen. Nehmen wir an, wir würden auf die Angabe von event verzichten. Der Code wäre dann zwar syntaktisch nicht zu beanstanden, aber er würde auch gestatten, eine Aufrufliste, die möglicherweise mit Delegate.Combine erzeugt worden ist, mit

```
kreis.InvalidMeasure = null;
```

zu löschen. Bei der Definition eines Ereignisses mit event ist das nicht möglich, denn event kapselt den direkten Zugriff.

Mit event werden implizit ein add- und ein remove-Accessor bereitgestellt. Mit den beiden Operatoren += und -= wird bei der Registrierung eines Ereignishandlers gesteuert, welcher der beiden Zweige ausgeführt werden soll. Die Entwicklungsumgebung wird einen Kompilierfehler ausgeben, wenn Sie stattdessen nur den einfachen Zuweisungsoperator = benutzen.

Sie können per Programmcode ein Ereignis mit den beiden Routinen add und remove nachbilden. Das folgende Beispielprogramm demonstriert das. In der Klasse Demo ist das Ereignis OutOfCoffee definiert – ohne event anzugeben. Dieses Beispiel vollbringt keine besonderen Leistungen, es soll ausschließlich einen Blick hinter die Kulissen ermöglichen.

```
// Beispiel: ..\Kapitel 5\EventDemonstration
Demo demo = new Demo();
demo.OutOfCoffee += new EventHandler(demo_OutOfCoffee);
demo.DoSomething();
Console.ReadLine();

// Ereignishandler
static void demo_OutOfCoffee(object sender, EventArgs e)
{
  Console.WriteLine("Wo bleibt der Kaffee?");
}

class Demo
{
  private EventHandler _OutOfCoffee;
  public event EventHandler OutOfCoffee
  {
    add { _OutOfCoffee += value; }
    remove { _OutOfCoffee -= value; }
  }
  public void DoSomething()
  {
    _OutOfCoffee?.Invoke(this, new EventArgs());
```

```
  }
}
```

Listing 5.18 Fundamentale Implementierung eines Ereignisses

5.2.8 Die Schnittstelle »INotifyPropertyChanged«

Im Zusammenhang mit den Ereignissen sollten wir an dieser Stelle auch eine besondere Schnittstelle berücksichtigen. Es handelt sich dabei um `INotifyPropertyChanged`. Das Interface schreibt der implementierenden Klasse das Ereignis `PropertyChanged` vor. Per Vorgabe soll das Ereignis ausgelöst werden, nachdem sich eine Eigenschaft geändert hat, also im `set`-Zweig. `INotifyPropertyChanged` kommt eine besondere Bedeutung insbesondere im Zusammenhang mit neueren Technologien zu. In der WPF beispielsweise informiert dieser Event die datenbindenden Komponenten, dass die Anzeige des Eigenschaftswerts aktualisiert werden muss. Wir kommen darauf im Kontext dieser Thematik noch zu sprechen.

Natürlich wollen wir die Schnittstelle auch in den beiden Klassen `Circle` und `Rectangle` benutzen, um eine Änderung an `Radius`, `Length` oder `Width` zu signalisieren. Um die Schnittstelle zu implementieren, sollten wir mit

```
using System.ComponentModel;
```

den Namespace bekanntgeben, in dem das Interface definiert ist. Dann können wir das Interface problemlos implementieren und sollten auch daran denken, eine entsprechende `OnXxx`-Methode bereitzustellen. Dabei ist zu berücksichtigen, dass das `EventArgs`-Objekt einen Parameter vom Typ `string` definiert, dem wir den Bezeichner der geänderten Eigenschaft übergeben. Das Interface `INotifyPropertyChanged` wird von der Klasse `GeometricObject` implementiert, damit die beiden abgeleiteten Klassen `Circle` und `Rectangle` gleichermaßen davon profitieren können.

```
public class GeometricObject : INotifyPropertyChanged
{
  // Ereignis der Schnittstelle INotifyPropertyChanged
  public event PropertyChangedEventHandler PropertyChanged;
  protected virtual void OnPropertyChanged(string propertyName)
  {
    PropertyChanged?.Invoke(this, new PropertyChangedEventArgs(propertyName));
  }
  [...]
}
```

Listing 5.19 Bereitstellung des Interface »INotifyPropertyChanged«

So ausgerüstet, kann nun die Eigenschaft `Radius` von diesem Ereignis profitieren:

```
public virtual int Radius
{
  get { return _Radius; }
  set
  {
    if (value >= 0)
    {
      _Radius = value;
      OnPropertyChanged("Radius");
    }
    else
      OnInvalidMeasure(new InvalidMeasureEventArgs(value));
  }
}
```

Listing 5.20 Änderung der Eigenschaft »Radius« aufgrund von Listing 5.19

In gleicher Weise sollten auch die Eigenschaften `Length` und `Width` von `Rectangle` und `XCoordinate` sowie `YCoordinate` in `GeometricObject` angepasst werden.

5.3 Lambda-Ausdrücke

Kommen wir noch einmal zurück zu den Delegaten. Delegaten haben wir bisher konstruiert, indem wir den Delegaten instanziiert und dem Konstruktor einen Methodenbezeichner übergeben haben. Das Beispiel *SimpleDelegate* (siehe Listing 5.1) eignet sich aber auch bestens, um Ihnen ein anderes syntaktisches Schmankerl zu zeigen: *anonyme Methoden* und darauf aufbauend die *Lambda-Ausdrücke*. Ein typisches Einsatzgebiet für anonyme Methoden und Lambda-Ausdrücke sind die funktionale Programmierung und das Arbeiten mit Mengen von Daten, zum Beispiel Listen. Ein konkretes Beispiel ist die Filterung von Daten in einer Liste. Statt eine separate Methode zu definieren, um eine Bedingung zu überprüfen, lässt sich eine anonyme Methode oder ein Lambda-Ausdruck direkt in Methoden wie `Where` verwenden.

5.3.1 Anonyme Methoden

Unter einer anonymen Methode wird ein Anweisungsblock verstanden, der nicht über einen Methodenbezeichner namentlich aufrufbar ist, sondern nur über einen Delegaten. Wir wollen uns das an einem Beispiel ansehen und ändern dazu das Beispielprogramm *SimpleDelegate* aus Listing 5.1 so ab, dass anstelle der Methoden `Add` und Subtract nun anonyme Methoden verwendet werden. Auf die Klasse Mathematics können wir verzichten, der Rest des Codings bleibt gleich.

```
// Beispiel: ..\Kapitel 5\AnonymeMethoden
CalculateHandler calculate;
[...]
if (wahl == "A")
  calculate = delegate(double x, double y)
  {
    return x + y;
  };
else if (wahl == "S")
  calculate = delegate(double x, double y)
  {
    return x - y;
  };
else
{
  Console.Write("Ungültige Eingabe");
  Console.ReadLine();
  return;
}
[...]
```

Listing 5.21 Das Beispielprogramm »AnonymeMethoden«

Der Code, der vorher noch in den Methoden Add und Subtract der Klasse Mathematics implementiert war, wird nun direkt nach der Deklaration der Variablen vom Typ des Delegaten angegeben.

```
if (wahl == "A")
  calculate = delegate(double x, double y)
  {
    return x + y;
  };
```

Das Schlüsselwort delegate dient dazu, einen Delegaten zu instanziieren und das Objekt direkt mit einer anonymen Methode zu verbinden. Hinter delegate ist die Parameterliste entsprechend der Delegatdefinition angegeben.

Da sich der Anweisungsblock einer anonymen Methode immer innerhalb einer anderen Methode befindet, kann aus der anonymen Methode heraus auf jede andere Variable der umgebenden Methode zugegriffen werden.

Anonyme Methoden unterliegen im Vergleich zu anderen Anweisungsblöcken nur einer Einschränkung: Mit den Sprunganweisungen continue, break und goto darf innerhalb einer anonymen Methode nicht zu einer Anweisung verzweigt werden, die außerhalb der anonymen Methode codiert ist. Ebenfalls unzulässig ist eine Sprunganweisung außerhalb einer anonymen Methode, deren Ziel innerhalb einer anonymen Methode zu finden ist.

5.3.2 Lambda-Ausdrücke

Ausgehend von Listing 5.21 möchten wir Ihnen nun die Lambda-Ausdrücke vorstellen. Bei einem Lambda-Ausdruck handelt es sich um eine anonyme Methode, die Ausdrücke und Anweisungen enthalten und für die Erstellung von Delegaten verwendet werden kann. Mit Hilfe von Lambda-Ausdrücken können Sie den Code aus Listing 5.21 auch wie folgt formulieren:

```
[...]
if (wahl == "A")
  calculate = (double x, double y) => { return x + y;};
else if (wahl == "S")
  calculate = (double x, double y) => { return x - y; };
[...]
```

Listing 5.22 Lambda-Ausdrücke anstatt anonymer Methoden

Die beiden Lambda-Ausdrücke in diesem Codefragment sind dabei

```
(double x, double y) => { return x + y; };
```

und

```
(double x, double y) => { return x - y; };
```

Lambda-Ausdrücke verwenden den Operator =>. Links davon werden die Eingabeparameter angegeben, rechts davon steht der Anweisungsblock. Beachten Sie, dass der Lambda-Operator das in der ursprünglichen Fassung vorhandene Schlüsselwort delegate ersetzt.

Der Anweisungsblock eines Lambda-Ausdrucks kann beliebig viele Anweisungen enthalten. Es gibt jedoch einen Sonderfall, dem wir besondere Beachtung schenken müssen: Häufig anzutreffen sind nämlich Lambda-Ausdrücke, deren einzige Anweisung ein return ist. In einem solchen Fall dürfen Sie die return-Anweisung weglassen und können gleichzeitig auf die geschweiften Klammern verzichten.

```
[...]
if (wahl == "A")
  calculate = (double x, double y) => x + y;
else if (wahl == "S")
  calculate = (double x, double y) => x - y;
[...]
```

Listing 5.23 Lambda-Ausdrücke ohne explizite Angabe von »return«

Damit ist aber noch nicht das Ende der Fahnenstange erreicht, denn Sie können einen Lambda-Ausdruck sogar noch kürzer schreiben. Sehen Sie sich dazu Listing 5.24 an:

```
[...]
if (wahl == "A")
  calculate = (x, y) => x + y;
else if (wahl == "S")
  calculate = (x, y) => x - y;
[...]
```

Listing 5.24 Lambda-Ausdrücke in der kürzesten Fassung

Beachten Sie, dass nun auch die Angabe der Datentypen der Parameter entfernt worden ist. Es handelt sich jetzt um implizit typisierte Parameter, und der Compiler leitet die Parametertypen anhand des Delegattyps richtig ab (Näheres zur impliziten Typisierung in Kapitel 10, »Weitere C#-Sprachfeatures«).

Der Lambda-Ausdruck

```
(x, y)  => x + y
```

hat zwei Parameter, die in runden Klammern eingeschlossen und durch ein Komma getrennt sind. Liegt nur ein Parameter vor, müssen die runden Klammern der Parameterliste nicht angegeben werden:

```
x  => x + x
```

Hat der Lambda-Ausdruck eine leere Parameterliste, sind runde Klammern erforderlich wie folgt:

```
()  => a * b
```

Ein Lambda-Ausdruck, der lediglich eine `return`-Anweisung enthält, wird als *Ausdrucksrumpf* bezeichnet.

Projektion und Prädikat

Der Datentyp der Rückgabe eines Lambda-Ausdrucks kann sich vom Datentyp des Parameters unterscheiden. Liegt ein solcher Lambda-Ausdruck vor, wird von einer *Projektion* gesprochen. Die folgende Anweisung zeigt eine solche. Dabei wird eine Zeichenfolge übergeben und ihre Länge geprüft. Der Rückgabewert ist vom Typ Integer.

```
str => str.Length
```

Ein `Prädikat` hingegen liefert einen booleschen Wert als Ergebnis einer Operation:

```
alter => alter > 65
```

5.3.3 Expression-bodied Member

Expression-bodied Member stellen eine weitere Vereinfachung der C#-Syntax dar und wurden in C# 6.0 eingeführt und in C# 7.0 ergänzt. Es handelt sich dabei um die Nutzung der Lambda-Ausdrücke in diversen Klassenmembern und ermöglicht uns, Methoden mit nur einer Anweisung im Anweisungsblock kürzer zu schreiben.

Anmerkung

Der aus dem Englischen stammende Begriff *Expression-Body* wird mit »Ausdruckskörper« ins Deutsche übersetzt und teilweise auch so verwendet. Da bleiben wir doch lieber bei dem englischen Ausdruck ...

Sehen wir uns ein zunächst ein Beispiel an. Im Projekt *GeometricObjectsSolution* finden wir mehrere Stellen, die uns dazu einladen, Expression-bodied Methoden zu verwenden. Dazu gehören auch die beiden Methoden `GetArea` und `GetPerimeter` in der Klasse `Circle`. Momentan ist der Stand des Programmcodes wie folgt:

```
public override double GetArea()
{
  return Math.Pow(Radius, 2) * Math.PI;
}
public override double GetPerimeter()
{
  return 2 * Radius * Math.PI;
}
```

Beide Methoden lassen sich stattdessen mit Expression-Body-Syntax auch kürzer schreiben:

```
public override double GetArea() => Math.Pow(Radius, 2) * Math.PI;
public override double GetPerimeter() => 2 * Radius * Math.PI;
```

Auch Methoden ohne Rückgabewert können die Technik Expression-bodied benutzen, z. B.:

```
public void DoSomething(int param) => Console.WriteLine("param = {0}", param);
```

In der Version C# 7.0 hat Microsoft die Expression-bodied Member auch auf die Konstruktoren, den Destruktor und die Properties erweitert. Definieren Sie zum Beispiel das Feld `Value` in einer Klasse und nutzen die Kontextfunktion SCHNELLAKTIONEN UND REFACTORINGS, können Sie das Feld `Value` von Visual Studio kapseln lassen. Der automatisch erzeugte Code nutzt Expression-Body und sieht wie folgt aus:


```
private int value;
public int Value { get => value; set => this.value = value; }
```

Sie können die Expression-bodied-Schreibweise nur dann verwenden, wenn in einem Anweisungsblock nur eine Anweisung steht. Ansonsten müssen Sie die geschweiften Klammern verwenden.

5.3.4 Standardwerte für Parameter

Eine Anpassung in C# 12 erlaubt es, Standardwerte für Parameter für Lambda-Ausdrücke zu setzen. Das macht die Nutzung in vielen Szenarien einfacher, weil diese Standardwerte nicht beständig bei allen Aufrufen mit angegeben werden müssen, sondern nur dann, wenn die betroffenen Parameter vom Standardwert abweichen.

```
incrementBy = (int x, int increment = 1) => x + increment;
Console.WriteLine(incrementBy(5)); // 6
Console.WriteLine(incrementBy(5, 2)); // 7
```

Der zweite Parameter im Lambda-Ausdruck hat einen Standardwert. Dieser lässt sich nutzen, wie der erste Aufruf zeigt, oder überschreiben, was der zweite Aufruf im Codebeispiel demonstriert. Die Syntax und die Einschränkungen von Standardparameterwerten sind identisch mit denen für Methoden und lokale Funktionen.

5.3.5 Verwerfen von Parametern

Die zahlreichen Beispiele zu Lambda-Ausdrücken haben gezeigt, wie sich die Parameterlisten im Lambda-Ausdruck nutzen lassen, zum Beispiel für Berechnungen. Was aber, wenn nicht alle Parameter notwendig sind? Schauen wir uns noch einmal die folgenden beiden Beispiele an:

```
calculate = (x, y) => x - y;
(x, y)  => x + y
```

Jetzt gehen wir davon aus, dass die Berechnung den Wert von y gar nicht benötigt. Dann lässt sich beides wie folgt anpassen:

```
calculate = (x, _) => x - 10;
(x, _)  => x + 10
```

Diese Beispiele verwerfen durch den Unterstrich _ einen Parameter, der nicht benannt ist, weil er nicht in der Berechnung zum Einsatz kommt. Zugegeben, diese beiden Beispiele sind konstruiert, zeigen aber das Prinzip dieser Sprachfunktion von C# , denn das Feature funktioniert auch bei Eventhandlern:

```
button.Click += (_, _) => Console.WriteLine("Schaltfläche gedrückt!");
```

In diesem Fall soll nur eine Konsolenausgabe erfolgen, wenn das Click-Event eines Buttons in einer grafischen Oberfläche durch den Benutzer ausgelöst wird. Da wir die Parameter des Events nicht benötigen, können wir beide durch die Unterstriche ignorieren.

Die Verwendung von Lambda-Discard-Parametern in C# – so heißt das Feature im Englischen – bringt mehrere Vorteile mit sich. Sie verbessern die Lesbarkeit des Codes, da sofort erkennbar ist, dass der Parameter für die Logik der Lambda-Funktion irrelevant ist. Dies erhöht die Klarheit, da der Fokus auf den wichtigen Aspekten des Codes bleibt. Zudem werden unnötige Warnungen vermieden, da Tools wie der Compiler oder Code-Analyzer keine Meldungen zu ungenutzten Parametern erzeugen.

Ein weiterer Vorteil besteht darin, dass ungenutzte Variablen vermieden werden, da kein unnötiges Benennen von Variablen erforderlich ist, die nicht verwendet werden. Dadurch wird die Intention des Codes deutlicher, so dass andere Entwickelnde sofort erkennen können, dass ein bestimmter Parameter bewusst ignoriert wird. Der Compiler unterstützt diese Vorgehensweise und kann den Code entsprechend optimieren.

Allerdings sollten Lambda-Discard-Parameter nur dann zum Einsatz kommen, wenn der entsprechende Parameter tatsächlich keine Bedeutung für die Funktion hat. In komplexen Szenarien kann die Lesbarkeit leiden, wenn zu viele Unterstriche verwendet werden, da dies den Code unübersichtlich machen kann.

5.4 Änderungen im Projekt »GeometricObjectsSolution«

Die nachfolgenden Änderungen passen das Projekt *GeometricObjectsSolution* an, um die Ereignisbehandlung zu verbessern und die Klassenstruktur zu verfeinern. Beispielsweise verlagern wir das `InvalidMeasure`-Ereignis in die Basisklasse, um es für verschiedene geometrische Formen nutzbar zu machen. Zudem erweitern wir das Ereignismodell um die Ereignisse Moving und Moved, so dass Verschiebungen von Objekten vor und nach der Bewegung besser steuerbar sind.

5.4.1 Überarbeitung des Events »InvalidMeasure«

Abschnitt 5.2, »Ereignisse eines Objekts«, hat das Ereignis InvalidMeasure in der Klasse Circle eingeführt. Eine inakzeptable Wertzuweisung kann auch die beiden Eigenschaften Length und Width der Klasse Rectangle betreffen. Wir sollten daher das Ereignis in der Basisklasse GeometricObject bereitstellen, einschließlich der entsprechenden OnXxx-Methode.

Nun könnte es sein, dass den Benutzer einer der von GeometricObject abgeleiteten Klassen interessiert, welche Eigenschaft von der Ablehnung der Zuweisung betroffen ist. Um auch diese Information zu liefern, wollen wir die Klasse InvalidMeasureEventArgs um eine Eigenschaft vom Typ string ergänzen, in der der Bezeichner der betroffenen Eigenschaft angegeben wird. Falls der Name der fehlerverursachenden Eigenschaft nicht ausdrücklich angegeben oder null übergeben wird, soll bei einer Auswertung von PropertyName die Ausgabe [unknown] erfolgen.

Nach diesen Vorgaben sieht der Code in der Klasse InvalidMeasureEventArgs wie im folgenden Listing aus:

```
public class InvalidMeasureEventArgs : EventArgs
{
  // Felder
  private int _InvalidMeasure;
  private string _PropertyName;
  // Eigenschaften
  public int InvalidMeasure
  {
    get => _InvalidMeasure;
  }
  public string PropertyName
  {
    get => _PropertyName;
  }
  // Konstruktor
  public InvalidMeasureEventArgs(int invalidMeasure, string propertyName)
  {
    _InvalidMeasure = invalidMeasure;
    if (propertyName == "" || propertyName == null)
      _PropertyName = "[unknown]";
    else
```

```
    _PropertyName = propertyName;
  }
}
```

Listing 5.25 Die Definition der Klasse »InvalidMeasureEventArgs«

Natürlich müssen Sie diese Erweiterung auch in den Eigenschaften `Radius`, `Width` und `Length` berücksichtigen.

5.4.2 Weitere Ereignisse im Projekt »GeometricObjects«

Nun wollen wir unser Projekt auch um zwei Ereignisse erweitern, die in der Methode `Move` ausgelöst werden sollen. Es sind die Ereignisse `Moving` (ausgelöst vor der eigentlichen Verschiebung) und `Moved` (ausgelöst nach erfolgter Verschiebung). Solche Ereignispaare treten in .NET häufiger auf und entsprechen in ihrem Verhalten immer demselben Muster. Werden die `Xxxing`-Ereignisse abonniert, besteht die Möglichkeit, die eingeleitete Operation im buchstäblich letzten Moment doch noch abzubrechen. Üblicherweise stellt das `EventArgs`-Objekt dieser Ereignisse dazu eine Eigenschaft namens `Cancel` bereit, die in der Ereignisquelle nach der Eventauslösung ausgewertet werden muss. Zum Abbrechen der Operation muss der Ereignisempfänger `Cancel` nur auf `true` setzen.

```
public class MovingEventArgs : EventArgs
{
  public bool Cancel { get; set; }
}
```

Listing 5.26 Die Klasse »MovingEventArgs«

`MovingEventArgs` ist sehr einfach implementiert. Da die Eigenschaft `Cancel` im Ereignishandler unter Umständen einen neuen Wert erhält, der ausgewertet werden muss, genügt uns die einfache Deklaration einer booleschen Variablen.

Das `Moved`-Ereignis, das nach der Verschiebeoperation ausgelöst wird, dient dazu, dem Benutzer die Möglichkeit zu eröffnen, nach der Verschiebung nach eigenem Ermessen zusätzliche Operationen zu codieren. Das `EventArgs`-Objekt soll selbst keine weiteren, zusätzlichen Daten bereitstellen. Daher können wir direkt auf die Klasse `EventArgs` zurückgreifen.

Mit diesen Überlegungen lassen sich die beiden notwendigen Delegaten beschreiben.

```
public delegate void MovingEventHandler(Object sender, MovingEventArgs e);
public delegate void MovedEventHandler(Object sender, EventArgs e);
```

Listing 5.27 Zusätzliche Delegaten im Projekt »GeometricObjects«

In der Klasse GeometricObject ist die Move-Methode definiert, in der die beiden Ereignisse Moving und Moved ausgelöst werden sollen. Folglich gilt es, in dieser Klasse die beiden Ereignisse zu definieren. Dazu gehören auch die entsprechenden geschützten Methoden, die die Ereignisauslösung kapseln.

Move ist um den Code ergänzt, der prüft, ob der Anwender die eingeleitete Verschiebung des Bezugspunktes abbrechen möchte. Dazu wird die Eigenschaft Cancel des MovingEventArgs-Objekts untersucht. Hat der Benutzer mit true kundgetan, doch nicht zu verschieben, wird Move mit return beendet.


```
public abstract class GeometricObject
{
  // Ereignisse
  public event MovingEventHandler Moving;
  public event MovedEventHandler Moved;
  // geschützte Methoden
  protected virtual void OnMoving(MovingEventArgs e) => Moving?.Invoke(this, e);
  protected virtual void OnMoved(EventArgs e) => Moved?.Invoke(this, e);
  public virtual void Move(double dx, double dy)
  {
    // Moving-Ereignis
    MovingEventArgs e = new MovingEventArgs();
    OnMoving(e);
    if (e.Cancel == true) return;
    XCoordinate += dx;
    YCoordinate += dy;
    // Moved-Ereignis
    OnMoved(new EventArgs());
  }
  [...]
}
```

Listing 5.28 Ergänzung der Klasse »GeometricObject«

Damit sind wir aber noch nicht fertig. Wir müssen uns noch einmal die Überladung der Methode Move in Circle genau ansehen, die momentan möglicherweise wie folgt implementiert ist:

```
public virtual void Move(double dx, double dy, int dRadius)
{
  Move(dx, dy);
  Radius += dRadius;
}
```

Listing 5.29 Momentane Implementierung der Überladung von »Move«

Beim Aufruf von Move in der ersten Anweisung lässt sich die eingeleitete Verschiebung noch abbrechen. Das wird auch gemacht, aber nur ziemlich halbherzig: Die Bezugskoordinaten werden zwar in X- und Y-Richtung nicht verschoben, aber der Radius wird trotzdem geändert, weil die zweite Anweisung in der dreifach parametrisierten Move-Methode keine Kenntnis vom Abbruch der Operation bekommt. Besser wäre es stattdessen, den Aufruf der zweifach parametrisierten Methode durch die vollständige Implementierung zu ersetzen:

```
public virtual void Move(double dx, double dy, int dRadius)
{
  MovingEventArgs e = new MovingEventArgs();
  // Moving-Ereignis auslösen
  OnMoving(e);
  if (e.Cancel == true) return;
  XCoordinate += dx;
  YCoordinate += dy;
  Radius += dRadius;
  // Moved-Ereignis auslösen
  OnMoved(new EventArgs());
}
```

Listing 5.30 Änderung der überladenen »Move«-Methode

In gleicher Weise muss auch die vierfach parametrisierte Move-Methode in Rectangle angepasst werden.

Zum Schluss werfen wir noch einmal einen Blick auf den Programmcode des Beispiels. Es finden sich einige Methoden, bei denen sich der Einsatz der Expression-bodied Syntax anbietet, wie beispielsweise GetArea, GetPerimeter und auch bei den ereigniskapselnden OnXxx-Methoden sowie den Destruktoren.

Anmerkung

Sie finden den kompletten Code des überarbeiteten Beispiels unter *\Kapitel 5\GeometricObjectsSolution_6*.

Kapitel 6

Strukturen, Records und Enumerationen

Die hier vorgestellten Datentypen dienen in erster Linie der Speicherung und Organisation von Daten, während die Logik eine untergeordnete Rolle spielt. Strukturen (`structs`) sind wertbasierte Typen für kompakte und effiziente Datenhaltung, Records eignen sich besonders für unveränderliche Objekte mit Fokus auf Datenintegrität, und Enumerationen (`enums`) ermöglichen die Definition einer festen Menge benannter Werte. Trotz dieser Gemeinsamkeit unterscheiden sie sich in ihrer Speicherverwaltung, Mutabilität und ihren typischen Einsatzgebieten, was wir in diesem Kapitel näher betrachten.

6.1 Strukturen – eine Sonderform der Klassen

.NET stellt mit der *Struktur* ein Konstrukt bereit, das einer Klasse sehr ähnlich ist. Strukturen gehören zur Gruppe der Wertetypen und werden somit nicht im Heap, sondern auf dem Stack gespeichert.

Strukturen werden meistens dann eingesetzt, wenn sehr viele Objekte dieses Typs zu erwarten sind. Nehmen wir dazu beispielsweise an, Sie beabsichtigen, jedes Pixel des Monitors durch ein Objekt zu beschreiben. Selbst bei einer Full-HD-Auflösung von 1.920 × 1.024 Pixeln würden Sie 1.966.080 Objekte benötigen. Das ist schon eine beachtliche Zahl, bei der Sie sich Gedanken darüber machen sollten, ob anstatt einer Klasse nicht eine Strukturdefinition den Anforderungen besser gerecht würde. Im Gegensatz zu klassenbasierten Objekten, für die ein verhältnismäßig hoher Verwaltungs-Overhead notwendig ist, beanspruchen strukturbasierte Objekte, die zu den Wertetypen gerechnet werden, relativ wenig Verwaltungsressourcen und sind deshalb performancetechnisch deutlich besser.

6.1.1 Die Definition einer Struktur

Stellen Sie sich vor, Sie möchten eine Person durch eine Klassendefinition beschreiben. Eine Person sei durch ihren Namen und das Alter gekennzeichnet. Außerdem soll die Klasse die Methode `Run` veröffentlichen. Die Klassendefinition könnte folgendermaßen lauten:

```
public class Person
{
  public string Name { get; set; }
  public int Age { get; set; }
  public void Run()
  {
    [...]
  }
}
```

Um `Person` als Struktur bereitzustellen, müssen Sie nur `class` durch `struct` ersetzen. Das ist in diesem Fall alles. Anders als in einigen anderen Programmiersprachen dürfen Strukturen neben Eigenschaften auch Methoden und Ereignisse haben, können Interfaces implementieren und Konstruktoren bereitstellen.

Oberflächlich betrachtet unterscheidet sich damit die Definition des Typs `class Person` kaum von der einer gleichnamigen Struktur `struct Person` – abgesehen vom Austausch des Schlüsselwortes `class` durch `struct`. Das mag im ersten Moment zu der ersten Schlussfolgerung verleiten, man könne eine Klasse immer gleichwertig durch eine Struktur ersetzen. Es gibt jedoch ein paar Einschränkungen, die Sie in Kauf nehmen müssen, wenn Sie sich anstelle einer Klasse für eine Struktur entscheiden:

- Eine Struktur kann nicht aus einer beliebigen Klasse abgeleitet werden. Grundsätzlich ist `ValueType` die Basisklasse aller Strukturen. `ValueType` selbst ist direkt von `Object` abgeleitet.
- Eine Struktur kann nicht abgeleitet werden.
- Strukturen besitzen immer einen parameterlosen Konstruktor, der auch nicht überschrieben werden darf.
- Felder dürfen nicht mit einem Wert vorinitialisiert werden. Damit würde die folgende Strukturdefinition zu einem Fehler führen:

  ```
  struct Person
  {
    private int Age = 0;
    [...]
  }
  ```

Diese Datentypen dienen hauptsächlich der Speicherung und Organisation von Werten, während die Logik eine untergeordnete Rolle spielt. Eine Struktur ist besonders dann sinnvoll, wenn der Fokus auf den Daten selbst liegt und das Objekt klein und kurzlebig ist. Da Strukturen als Wertetypen auf dem Stack gespeichert werden, können sie Performancevorteile gegenüber Klassen haben, die als Referenztypen auf dem Heap verwaltet werden.

Allerdings ist die Entscheidung zwischen Struktur und Klasse nicht nur eine Frage der Datenorientierung. Ein entscheidender Punkt ist auch die Kopiersemantik: .NET kopiert Strukturen *by value*, Klassen dagegen *by reference*. Das bedeutet, dass eine Struktur bei jeder Zuweisung oder Parameterübergabe dupliziert wird – was bei großen Objekten unerwartet teuer sein kann.

Strukturen eignen sich daher für kleine, unveränderliche Dateneinheiten mit wenigen Feldern, die oft kopiert werden (z. B. `Point`, `DateTime`).

Klassen sind besser für große, komplexe oder veränderliche Objekte, da sie als Referenz übergeben werden und weniger Speicherplatz durch Kopien verbrauchen.

Die Wahl zwischen Struktur und Klasse hängt also nicht nur von der Frage ab, ob die Daten im Vordergrund stehen, sondern auch von Speicherort (Heap vs. Stack), Kopierverhalten und Performanceüberlegungen.

6.1.2 Initialisieren einer Strukturvariablen

Gehen wir zunächst davon aus, die Struktur `Person` sei wie folgt definiert:

```
public struct Person
{
  public string Name;
  public int Age;
  public void Run() { }
}
```

Um sich ein Objekt des Typs `Person` zu besorgen, stehen Ihnen zwei Möglichkeiten offen: Sie können in bekannter Weise den Operator `new` verwenden, also

```
Person pers = new Person();
pers.Name = "Willi Jakob";
```

Bei dieser Variante sind sofort alle Felder initialisiert, und Sie können das Objekt uneingeschränkt benutzen.

Sie können aber ohne Aufruf des `new`-Operators das Objekt erstellen, z. B.:

```
Person pers;
pers.Name = "Willi Jakob";
```

In diesem Fall ist aber Vorsicht geboten, vor allem mit C#-Versionen vor C# 11: Dem Feld `Name` wird in diesem Fall ausdrücklich ein Wert zugewiesen. Damit ist es initialisiert, das Feld `Age` hingegen noch nicht. Damit ist auch das Objekt noch nicht vollständig initialisiert – ein Methodenaufruf auf `pers` würde zu einem Kompilierfehler führen, solange noch nicht alle Felder initialisiert sind.

Seit C# 11 lässt sich dieses Problem vermeiden, und zwar mit einem Feature, das im Englischen *auto-default structs* heißt und Standardwerte für Strukturen ermöglicht, und zwar auch ohne Standardkonstruktor. Diese Funktion ist besonders nützlich für große Strukturen mit vielen Feldern und reduziert den Boilerplate-Code. Eine kleine Änderung im Code ist dazu aber dennoch notwendig, wie das folgende Beispiel zeigt:

```
struct Rectangle
{
    public int Width;
    public int Height;
}

// Automatisch mit Standardwerten initialisiert:
Rectangle rect = default; // Width und Height sind 0
```

Die Initialisierung der Struktur muss mit dem Schlüsselwort `default` erfolgen. Dieses ignoriert den parameterlosen Konstruktor und erzeugt eine Struktur mit Standardwerten. Ohne das Schlüsselwort `default` sind die Werte weiterhin nicht initialisiert.

Aus dem zuletzt Gesagten lässt sich eine weitere Schlussfolgerung ziehen: Enthält eine Klasse automatisch implementierte Eigenschaften (also beispielsweise `public int Age { get; set; }`), können Sie ein strukturbasiertes, voll initialisiertes Objekt ausschließlich mit dem Konstruktor erstellen. Seit C# 6.0 und höher lassen sich auch bei automatisch implementierten Eigenschaften Standardwerte mitgeben, wie der folgende Code zeigt:

```
public int X { get; set; } = 34;
public int Y { get; } = 89;
```

Damit werden Standardwerte für Eigenschaften mit Getter, Setter und für schreibgeschützte Eigenschaften nur mit Getter gesetzt.

6.1.3 Konstruktoren in Strukturen

Standardmäßig stellt eine Struktur einen parameterlosen Konstruktor bereit, der mit

```
Person pers = new Person();
```

aufgerufen werden kann. Strukturen lassen die Definition weiterer Konstruktoren zu, die jedoch parametrisiert sein müssen, denn das Überschreiben des parameterlosen Konstruktors einer Struktur ist nicht erlaubt. Fügen Sie einen parametrisierten Konstruktor hinzu, muss eine Bedingung erfüllt sein: Alle Felder der Struktur müssen initialisiert sein, oder wir nutzen die Initialisierung mit `default`, wie im vorherigen Abschnitt beschrieben. Listing 6.1 zeigt dies:

```
public struct Person
{
  public string Name { get; set; }
  public int Age { get; set; }
 // Konstruktor
  public Person(string name)
  {
    Age = 0;
    Name = name;
  }
}
```

Listing 6.1 Konstruktor in einer Struktur

Der Aufruf eines parametrisierten Konstruktors führt nur über den new-Operator. Hierbei ist Vorsicht geboten, denn das folgende Codefragment hat die doppelte Initialisierung der Variablen pers zur Folge, weil in der zweiten Anweisung ein parametrisierter Konstruktor aufgerufen wird:

```
Person pers;
pers = new Person("Willi");
```

Läge Person eine Klasse zugrunde, käme es nur zu einem Konstruktoraufruf. Um die Schreibweise für Konstruktoren weiter zu vereinfachen, hat Microsoft in C# 12 die *primären Konstruktoren* für Strukturen hinzugefügt. Der folgende Code zeigt dazu ein Beispiel:

```
public struct Circle(double Radius)
{
    public double Area => Math.PI * Radius * Radius;
}
```

Der Konstruktor ist direkt bei der Strukturdefinition in der ersten Zeile eingebettet. Wir sparen uns somit die vollständige Definition des Konstruktors inklusive einer eventuell vorhandenen Eigenschaftsinitialisierung. Das lässt sich alles auf wenige Zeilen Code zusammendampfen. Die Nutzung dieser Struktur ist dann wie üblich möglich:

```
Circle circle = new Circle(5);
```

Diese Vereinfachungen lassen sich auch bei den recht neu eingeführten Datensatzstrukturen nutzen, die wir im folgenden Abschnitt erläutern.

6.1.4 Datensatzstrukturen (Record Structs)

Mit der Einführung von *Datensatzstrukturen* (*Record Structs*) können Sie jetzt unveränderliche Strukturen mit *Wertsemantik* definieren. Wertsemantik bedeutet, dass Objekte nicht über Referenzen, sondern über ihren Wert verglichen und kopiert werden. Das unterscheidet sie von Klassen (Referenztypen), deren Objekte über ihre Speicheradresse (Referenz) verglichen werden. Bei Record Structs wird diese Wertsemantik mit Unveränderlichkeit (*Immutability*) kombiniert. Eine Record Struct definiert somit einen Wertetyp. Diese Wertetypen sind besonders nützlich, wenn Sie Typen erstellen, die hauptsächlich Daten enthalten und Wertgleichheit benötigen. Record Structs eignen sich hervorragend für Szenarien, in denen Effizienz und Lesbarkeit im Vordergrund stehen, wie z. B. bei Wertetypen für Konfigurationen oder Datenmodelle. Das folgende Beispiel zeigt die Definition:

```
public readonly record struct Point(int X, int Y);
```

Dieses Beispiel definiert eine schreibgeschützte Record Struct und nutzt bei der Definition zudem die primären Konstruktoren. Damit ist das Beispiel sehr kompakt, um zum Beispiel die Daten eines Punkts, bestehend aus X und Y, zu speichern. Durch die veränderte Logik bei der Initialisierung nutzt C# die Standardwerte für die beiden Parameter, um die Struktur zu initialisieren. Durch die Wertgleichheit funktioniert der folgende Code ohne weitere Implementierungen:

```
Point p1 = new Point(10, 20);
Point p2 = new Point(10, 20);
Console.WriteLine(p1 == p2);
```

Die Ausgabe des Vergleichs ist `true`. Im Vergleich zu normalen Strukturen erlauben Datensatzstrukturen die einfache Erstellung von unveränderlichen Typen mit automatischer Implementierung für Wertgleichheit: Der `==`-Operator prüft die Felder auf Wertgleichheit.

6.1.5 Änderungen im Projekt »GeometricObjectsSolution«

Wir wollen uns nun erneut der Anwendung *GeometricObjectsSolution* zuwenden. An einer Stelle bietet es sich an, eine Struktur einzusetzen: Es handelt sich dabei um die beiden Mittelpunktskoordinaten `XCoordinate` und `YCoordinate`, die in der Klasse `GeometricObject` definiert sind und nun durch die Struktur `Point` ersetzt werden sollen. Der Typ `Point` ist sehr einfach aufgebaut und hat nur zwei Eigenschaften, die später den Bezugspunkt des geometrischen Objekts beschreiben sollen. Selbstverständlich werden die entsprechenden Felder auch gekapselt, d. h. über die Kombination der beiden Accessoren `get` und `set` veröffentlicht. Außerdem enthält die Struktur einen zweiparametrigen Konstruktor, dem beim Aufruf die Punktkoordinaten übergeben werden.

```
public struct Point
{
  private double _X;
  private double _Y;
  public double X
  {
    get => _X;
    set => _X = value;
  }
  public double Y
  {
    get => _Y;
    set => _Y = value;
  }
  public Point(double x, double y)
  {
    _X = x;
    _Y = y;
  }
}
```

Listing 6.2 Definition der Struktur »Point«

In der Klasse GeometricObject zieht das selbstverständlich Änderungen nach sich. Wir definieren zuerst ein Feld vom Typ der Struktur. Dieses soll in der überarbeiteten Fassung die Werte des Bezugspunktes aufnehmen.

```
protected Point _Center = new Point();
```

Dabei sollte explizit der parameterlose Konstruktor aufgerufen werden, damit X und Y im Feld _Center von Anfang an initialisiert sind und einen definierten Anfangszustand haben.

Einen wichtigen Punkt dürfen wir an dieser Stelle nicht außer Acht lassen: Da wir nun mit dem Feld _Center eine Point-Struktur eingeführt haben, die die Werte von XCoordinate und YCoordinate speichern soll, müssen wir die beiden noch vorhandenen privaten Felder _XCoordinate und _YCoordinate aus der Klasse GeoemtricObject löschen. Darüber hinaus gilt es, die beiden Eigenschaften XCoordinate und YCoordinate so anzupassen, dass die den Eigenschaften übergebenen Werte an die Felder der Point-Struktur übergeben bzw. daraus ausgelesen werden.

```
public virtual double XCoordinate
{
  get => _Center.X;
  set
```

```
    {
      _Center.X = value;
      OnPropertyChanged("XCoordinate");
    }
}
public virtual double YCoordinate
{
  get => _Center.Y;
  set
  {
    _Center.Y = value;
    OnPropertyChanged("YCoordinate");
  }
}
```

Listing 6.3 Änderung der Eigenschaften »XCoordinate« und »YCoordinate«

Von der Einführung der Struktur `Point` sind auch die Konstruktoren von `Circle` und `Rectangle` betroffen, die die beiden Mittelpunktskoordinaten in ihren Parametern erwarten.

```
public Circle(int radius, double x, double y)
{
  Radius = radius;
  _Center.X = x;
  _Center.Y = y;
  Circle._CountCircles++;
}
public Rectangle(int length, int width, double x, double y)
{
  Length = length;
  Width = width;
  _Center.X = x;
  _Center.Y = y;
  Rectangle._CountRectangles++;
}
```

Listing 6.4 Änderung der Konstruktoren in »Circle« und »Rectangle«

Eine gute Klassendefinition zeichnet sich nicht nur dadurch aus, dass sie die Implementierung auf das Notwendigste beschränkt, sondern deckt auch die Fälle ab, die für einen Benutzer unter Umständen sinnvoll sind. Soll der Mittelpunkt eines Kreisobjekts diagonal verschoben werden, sind zwei Anweisungen notwendig. Vorteilhafter ist es, dasselbe mit einer Anweisung zu erreichen. Die Verbesserung soll durch eine Methode erzielt werden, die wir als Move bezeichnen. Sie nimmt ein Point-Objekt vom Aufrufer entgegen und wird in GeometricObject definiert.

```
public virtual void Move(Point center)
{
  MovingEventArgs e = new MovingEventArgs();
  OnMoving(e);
  if (e.Cancel == true) return;
    _Center = center;
  OnMoved(new EventArgs());
}
```

Listing 6.5 Ergänzung um eine weitere Überladung der Methode »Move«

Da eine Struktur ein Wertetyp ist, schreiben sich die Felder X und Y der im Parameter center übergebenen Koordinaten in die gleichlautenden Felder von _Center.

Sehen wir uns nun in einem Codefragment an, wie einfach es ist, diese Methode zu benutzen. Es wird dabei davon ausgegangen, dass ein konkretes Circle-Objekt namens kreis vorliegt. Mit

```
Point pt = new Point(150, 315);
kreis.Move(pt);
```

übergeben wir der Methode ein Point-Objekt. Benötigen wir dieses Objekt zur Laufzeit der Anwendung nicht mehr, kann es auch in der Argumentliste erzeugt werden.

```
kreis.Move(new Point(150, 315));
```

Zuletzt ergänzen wir die Klassen Circle und Rectangle noch um jeweils einen Konstruktor, der neben dem Radius bzw. den entsprechenden Längenangaben eine Point-Referenz als Argument erwartet:

```
public Circle(int radius, Point center)
{
  Radius = radius;
  _Center = center;
  Circle.CountCircles++;
}
public Rectangle(int length, int width, Point center)
{
  Length = length;
  Width = width;
```

```
    _Center = center;
    Rectangle.CountRectangles++;
}
```

Listing 6.6 Zusätzliche Konstruktoren in »Circle« und »Rectangle«

Da bei Aufruf dieses Konstruktors kein weiterer der Klasse ausgeführt wird, ist es auch notwendig, den Objektzähler der jeweiligen Klasse zu erhöhen.

Damit wird eine Instanziierung der Klasse `Circle` beispielsweise mit

```
Circle kreis = new Circle(2, new Point(5, 12));
```

möglich.

> **Anmerkung**
>
> Den Code des Beispiels *GeometricObjectsSolution* mit allen Änderungen, die wir bisher in diesem Kapitel vorgenommen haben, finden Sie unter ..*\Kapitel 6\GeometricObjectsSolution_7*.

6.2 Datensatztypen – Klassen mit Standards

Records gibt es seit C# 9. Sie sind eine leistungsstarke Datenstruktur, mit der Sie Datenmodelle effizient und ausdrucksstark definieren können. Records eignen sich ebenfalls für unveränderliche Objekte und Datenübertragungsobjekte (*Data Transfer Objects*, DTOs). Sie sind als neue Referenztypen zum Sprachumfang hinzugekommen, mit dem bekannten Merkmal der Wertsemantik. Im Vergleich zu Klassen hingegen zeichnen sie sich durch die folgenden Eigenschaften aus:

- Unveränderlichkeit
- Wertsemantik
- direktes Überschreiben von Methoden wie `ToString()` und `Equals()`
- einfaches Kopieren von Records mit `with`
- kompaktere Deklaration

6.2.1 Die Definition und Initialisierung eines Records

Ein Record lässt sich sehr einfach definieren, wie der nachfolgende Code zeigt. Dieser macht Gebrauch von den mittlerweile bekannten primären Konstruktoren:

```
public record Person(string FirstName, string LastName);
var person1 = new Person("Max", "Mustermann");
var person2 = new Person("Max", "Mustermann");
```

In diesem Beispiel greift die Wertsemantik, so dass die beiden Objekte als gleich betrachtet werden, wenn alle ihre Eigenschaften denselben Wert haben, obwohl sie unterschiedliche Referenzen aufweisen:

```
Console.WriteLine(person1 == person2); // True
```


Diese Gleichheit basiert auf der automatischen Implementierung der Methoden `Equals` und `GetHashCode`, basierend auf den definierten Eigenschaften. Durch die neuen Möglichkeiten der primären Konstruktoren lassen sich auch Records mit sehr wenig Code definieren. Die in Abschnitt 6.1.4 vorgestellten Record Structs verbinden die Funktionalität der Wertetypen (*Structs*) mit den Referenztypen (*Records*), damit sich Records auch als Wertetypen definieren lassen.

6.2.2 Konstruktoren in Records

Records unterstützen mehrere Arten von Konstruktoren. Die primären Konstruktoren haben Sie in den vorherigen Beispielen bereits gesehen. Zusätzliche Konstruktoren lassen sich aber ebenfalls definieren:

```
public record Person(string FirstName, string LastName)
{
    public Person() : this("Default", "Name")
    {
    }
}
```

Wenn mehr Kontrolle über den Konstruktor und die Initialisierung notwendig ist, können wir den Konstruktor manuell implementieren:

```
public record Person
{
    public string FirstName { get; init; }
    public string LastName { get; init; }

    public Person(string firstName, string lastName)
    {
        FirstName = firstName;
        LastName = lastName;
    }
}
```

In vielen Fällen, insbesondere bei Nutzung von Records als einfacher Datenspeicher, bietet die Definition über primäre Konstruktoren eine sehr einfache und kompakte Möglichkeit, Records zu erstellen.

6.2.3 Unveränderlich oder nicht?

Standardmäßig fördern Records die Unveränderlichkeit. Dieses Verhalten lässt sich aber ändern. Ist ein Record mit einem primären Konstruktor ausgestattet, dann werden automatisch Eigenschaften mit zwei wichtigen Merkmalen erzeugt. Werfen wir einen Blick auf den folgenden Record:

```
public record Person(string FirstName, string LastName);
```

Die primären Konstruktorparameter eines Records werden als *Positionsparameter* bezeichnet. Der Compiler erstellt positionale Eigenschaften, die die primären Konstruktor- oder Positionsparameter widerspiegeln. Der Compiler synthetisiert keine Eigenschaften für primäre Konstruktorparameter bei Typen, die nicht über den `record`-Modifikator verfügen. Bei unserem Record-Beispiel erzeugt der Compiler den folgenden Code:

```
public record Person
{
    public required string FirstName { get; init; }
    public required string LastName { get; init; }
};
```

Die beiden Eigenschaften sind als `required` definiert, und anstatt eines Setters erzeugt der Compiler das `init`-Schlüsselwort, um zu definieren, dass diese Eigenschaften nur einmal beim Erzeugen des Records gesetzt werden können. Ein ähnliches Verhalten erzeugen Record Structs:

```
public readonly record struct Point(double X, double Y, double Z);
```

Diese Definition hat folgenden Code zur Folge:

```
public record struct Point
{
    public double X { get; init; }
    public double Y { get; init; }
    public double Z { get; init; }
}
```

Sollen die Eigenschaften bei unserem Record aber schreibbar sein, können wir sie auch selbst definieren:

```
public record Person
{
    public required string FirstName { get; set; }
    public required string LastName { get; set; }
};
```

Das funktioniert ebenfalls bei der Record Struct, indem die Positionsparameter weggelassen werden oder indem die Record Struct nicht als `readonly` definiert ist.

6.2.4 Vererbungen und Schnittstellen

Anders als bei Strukturen können sich Records in einer Vererbungshierarchie wiederfinden. Records können somit von anderen Records erben, genau wie Klassen von anderen Klassen erben können. Der Unterschied zu Klassen besteht darin, dass Records typischerweise immutable (unveränderlich) sind, und die Vererbung unterstützt dies entsprechend. Der folgende Code zeigt ein einfaches Beispiel für die Vererbung bei Records:

```
public record BaseRecord(string Name);
public record DerivedRecord(string Name, int Age) : BaseRecord(Name);
```

Einschränkungen gibt es bei der Vererbung dennoch: Ein Record kann nicht von einer Klasse erben und umgekehrt. Und anzumerken ist, dass Records immer von `Object` erben, wenn sie keine Basisklasse haben. Bei der Vererbung eines Records werden die Eigenschaften der Basisklasse übernommen und lassen sich durch die abgeleitete Klasse erweitern.

Ähnlich wie Klassen können Records beliebig viele Interfaces implementieren. Das zeigt der folgende Code an einem Beispiel:

```
public interface IPrintable
{
    void Print();
}

public record PrintableRecord(string Name, int Age) : IPrintable
{
    public void Print() => Console.WriteLine($"Name: {Name}, Age: {Age}");
}
```

Hier ist ein Interface `IPrintable` definiert, das eine `Print`-Methode vorgibt. Damit ist eine Schnittstelle definiert, die angibt, dass ein abgeleiteter Typ diese Methode implementieren muss. Im weiteren Verlauf zeigt das Beispiel, dass der Record `Printable-`

Record dieses Interface implementiert und die Print-Methode angibt – in diesem Fall als Lambda-Funktion, die direkt eine Ausgabe auf der Konsole erzeugt.

6.2.5 Automatische »ToString«-Methode

Datensatztypen verfügen über eine vom Compiler generierte ToString-Methode, die die Namen und Werte der öffentlichen Eigenschaften und Felder anzeigt. Die ToString-Methode gibt eine Zeichenkette des folgenden Formats zurück:

```
<Datensatztypname> { <Eigenschaftsname> = <Wert>, <Eigenschaftsname> = <Wert>,
...}
```

Die für <Wert> ausgegebene Zeichenkette ist die von ToString für den Typ der Eigenschaft zurückgegebene Zeichenkette. Im folgenden Beispiel ist ChildNames ein System.Array, und ToString gibt System.String[] zurück:

```
Person { FirstName = Nancy, LastName = Davolio, ChildNames = System.String[] }
```

Für unser oft genutztes Personen-Beispiel sieht die Ausgabe auf der Konsole wie folgt aus:

```
Person { FirstName = Max, LastName = Mustermann }
```

Diese Ausgabe erzeugt der folgende Code:

```
var person = new Person("Max", "Mustermann");
Console.WriteLine(person);
```

Das ist ein praktisches Feature, so dass wir uns um die korrekte Ausgabe von Record-Daten in vielen Fällen nicht mehr kümmern müssen.

6.3 Klassen, Strukturen oder Records?

Jetzt kennen Sie die drei wesentlichen Typen zur Modellierung von Daten in C#: Klassen, Strukturen und Records. Jeder dieser Typen hat spezifische Eigenschaften und eignet sich für unterschiedliche Anwendungsfälle. Klassen sind Referenztypen, die auf dem Heap gespeichert werden. Sie unterstützen Vererbung und Polymorphismus, was sie ideal für komplexe Datenstrukturen mit Verhalten macht. Ein Beispiel ist die Klasse Person, die veränderlich (mutable) ist und Eigenschaften wie Name und Age enthält:

```
public class Person
{
```

```
    public string Name { get; set; }
    public int Age { get; set; }
}
```

Im Gegensatz dazu sind Strukturen Wertetypen, die auf dem Stack gespeichert werden. Sie sind effizienter für kleine, unveränderliche Datenstrukturen, insbesondere wenn sie als `readonly` definiert sind. Strukturen eignen sich gut für einfache Datentypen wie Punkte in einem Koordinatensystem:


```
public struct Point
{
    public double X { get; init; }
    public double Y { get; init; }
}
```

Mit der Einführung von Records in C# 9 und C# 10 gibt es einen neuen Ansatz zur Modellierung von unveränderlichen Daten. Records bieten eine prägnante Syntax und implementieren automatisch die Semantik der Wertgleichheit statt der bei Klassen üblichen Referenzgleichheit. Konkret haben Sie zwei Typen mit dieser Eigenschaft kennengelernt: den Referenztyp `record class` und den Wertetyp `record struct`. Ein Beispiel für eine `record class` ist:

```
public record Person(string Name, int Age);
```

In C# ist `record class` lediglich das, was als syntaktischer Zucker bekannt ist: Wir können diese Definitionen im Code nutzen, der Compiler erzeugt daraus aber unter Umständen etwas gänzlich anderes, nämlich eine Klasse mit automatisch implementierten Methoden.

Im Gegensatz dazu ist eine `record struct` auf dem Stack gespeichert und eignet sich besser für kleine, unveränderliche Datentypen wie Messwerte.

```
public readonly record struct Measurement(double Value, DateTime Timestamp);
```

Ein wesentlicher Unterschied zwischen `record class` und `record struct` liegt in der Speicherverwaltung. Während Instanzen des Referenztyps `record class` auf dem Heap gespeichert werden und Garbage Collection erfordern, liegen Instanzen des Wertetyps `record struct` auf dem Stack, was eine effizientere Speicherfreigabe ermöglicht. Zudem unterstützen die Records Vererbung, was sie flexibler macht:

```
public record Animal(string Name);
public record Dog(string Name, string Breed) : Animal(Name);
```

Ein solcher Ansatz ist mit `record struct` nicht möglich, da Wertetypen keine Vererbung unterstützen.

Ob `record` und `record class` dasselbe bedeuten, hängt vom Kontext ab. Standardmäßig ist `record` eine Abkürzung für `record class` und erzeugt einen Record. Wenn ein `record` ohne weitere Spezifikation geschrieben wird, verhält er sich exakt wie `record class` und wird als Referenztyp im Heap gespeichert, zum Beispiel:

```
public record Person(string Name);  // das ist eine record class
public record class Person(string Name);  // exakt dasselbe
```

Beide Definitionen sind gleichwertig und unterscheiden sich nicht in Verhalten oder Speicherverwaltung.

Im Gegensatz dazu erzeugt `record struct` einen Wertetyp, der in der Regel auf dem Stack gespeichert wird. Das macht ihn besonders effizient für kleine, kurzlebige Objekte. Während `record class` per Referenz übergeben wird, wird `record struct` *by value* kopiert.

```
public record struct Point(int X, int Y);  // Wertetyp (Stack)
public record Person(string Name);  // Referenztyp (Heap)
```

Die Wahl zwischen Klassen, Strukturen und Records hängt stark vom Anwendungsfall ab. Klassen eignen sich für komplexe Szenarien mit Vererbung und Methoden, während Strukturen bevorzugt werden sollten, wenn Effizienz bei kleinen Datentypen wichtig ist. Records hingegen sind optimal für unveränderliche Datenmodelle mit Wertgleichheit. Wenn Speicherplatz auf dem Stack bevorzugt wird oder die Datenstruktur klein ist, sollte eine Record Struct zum Einsatz kommen. Für größere oder komplexere Modelle bietet sich eine `record class` an. Tabelle 6.1 fasst die Kerneigenschaften und Unterschiede zusammen.

Merkmal	Klassen (Class)	Strukturen (Struct)	Records
Speicherort	Heap	Stack (bei kleinen Objekten)	Heap
Semantik	Referenzsemantik	Wertsemantik	Wertsemantik für Gleichheit
Unveränderlich?	nein (standardmäßig)	nein	ja (typisch für Records)
Automatische Methoden?	nein	nein	ja (`Equals`, `GetHashCode` etc.)
Verwendung	allgemein	leichte, kleine Datentypen	Datenmodelle, DTOs

Tabelle 6.1 Unterschiedliche Merkmale bei Klassen, Strukturen und Records

6.4 Enumerationen (Aufzählungen)

Eine *Enumeration* (häufig auch als »Aufzählung« bezeichnet) ist als Gruppierung mehrerer Konstanten zu verstehen, die miteinander in einem logischen Zusammenhang stehen und zur Laufzeit nicht verändert werden können. Enumerationen werden meistens dazu verwendet, besser lesbaren Programmcode zu schreiben, und sind von der gemeinsamen Basisklasse `Enum` abgeleitet. Enumerationen werden zu den Wertetypen gerechnet.

Die Werte, die von den Konstanten einer Enumeration gebildet werden, sind vom gleichen Datentyp. Dabei kann es sich um `byte`, `short`, `int` oder `long` handeln. Andere Datentypen sind nicht zugelassen. Solange nicht anders angegeben, sind alle Enumerationsmember Integer.

Betrachten Sie das folgende Beispiel der Enumeration `Spielkarte`:

```
public enum Spielkarte
{
  Karo = 9,
  Herz = 10,
  Pik = 11,
  Kreuz = 12
}
```

Listing 6.7 Die Enumeration »Spielkarte«

Hinweis

Für diejenigen, denen die Wertzuweisung an die Konstanten beginnend mit `Karo = 9` schleierhaft ist, sei angemerkt, dass es sich dabei um die Bewertung der Farben beim Kartenspiel Skat handelt.

Eine Enumeration wird mit dem Schlüsselwort `enum` eingeleitet. Hinter der Angabe des Bezeichners können Sie optional den von den Konstanten beschriebenen Datentyp angeben. Da `Spielkarte` keine Angabe hat, sind die vier Konstanten vom Typ Integer. Wird jedoch der Typ `long` gewünscht, ist er, getrennt durch einen Doppelpunkt, hinter dem Bezeichner der Enumeration anzugeben, z. B.:

```
public enum Spielkarte : long
{
  [...]
}
```

Der `enum`-Block enthält alle erforderlichen Konstanten, die bis auf das letzte Element voneinander durch ein Komma getrennt werden. Der von den Konstanten beschriebene Wert muss nicht ausdrücklich angegeben werden, das ist optional. Fehlt die Angabe, wird er nach einem bestimmten Algorithmus automatisch vergeben. Zur Wertbildung gibt es nur zwei Regeln:

- Wird der ersten Konstanten nicht ausdrücklich ein Wert zugewiesen, repräsentiert sie den Wert 0.
- Für alle anderen Konstanten ohne explizite Wertangabe gilt: Wert des Vorgängerelements plus eins.

Demnach würde es ausreichen, die Enumeration Spielkarte wie folgt zu definieren:

```
public enum Spielkarte
{
  Karo = 9,
  Herz,
  Pik,
  Kreuz
}
```

Listing 6.8 Gleichwertige Enumeration »Spielkarte«

6.4.1 Wertzuweisung an »enum«-Variablen

Enumerationen gehören zu der Gruppe der Wertetypen. Daher reicht auch eine einfache Variablendeklaration aus:

```
Spielkarte myGame;
```

Die Variable myGame kann nun für eine beliebige Konstante der Aufzählung Spielkarte stehen. Um welche es sich genau handelt, muss noch angegeben werden:

```
myGame = Spielkarte.Herz;
```

Wenn Sie am Zahlenwert, der dieser Konstanten zugeordnet ist, interessiert sind, müssen Sie explizit konvertieren:

```
int value = (int)Spielkarte.Herz;
```

6.4.2 Alle Mitglieder einer Aufzählung durchlaufen

Enumerationen werden uns im weiteren Verlauf dieses Buches noch häufig begegnen. Manchmal ist es sinnvoll, im Programmcode die Mitglieder einer Aufzählung in einer Schleife abzugreifen. Wir möchten Ihnen am Beispiel der Aufzählung Spielkarte demonstrieren, wie das programmiertechnisch umgesetzt wird.

```
foreach (Spielkarte karte in Enum.GetValues(typeof(Spielkarte)))
  Console.WriteLine(karte);
Console.ReadLine();

public enum Spielkarte
{
  Karo = 9,
  Herz,
  Pik,
  Kreuz
}
```

Listing 6.9 Die Liste der Enumerationsmitglieder durchlaufen

Eingangs haben wir bereits erwähnt, dass alle Enumerationen aus der Klasse `Enum` abgeleitet werden. Diese Klasse stellt mit `GetValues` eine statische Methode zur Verfügung, die uns eine `Array`-Referenz aller in der Enumeration enthaltenen Konstanten zurückliefert. `GetValues` ist wie folgt definiert:

```
public static Array GetValues(Type enumType);
```

Der Rückgabewert ist vom Typ `Array`, das Übergabeargument vom Typ `Type`. `Type` liefert Informationen über einen Datentyp, beispielsweise über die von einer Klasse veröffentlichten Methoden und Felder. Dazu müssen wir uns nur den `Type` eines bestimmten Datentyps besorgen. Hier hilft die C#-spezifische Funktion `typeof` weiter, der wir als Argument den Typbezeichner übergeben. Der Ausdruck

```
Enum.GetValues(typeof(Spielkarte))
```

liefert die Elemente der Enumeration als Array, das wir in der Schleife vom ersten bis zum letzten Element durchlaufen. Der Konstantenbezeichner wird in der Konsole ausgegeben.

6.5 Boxing und Unboxing

Boxing und Unboxing sind Mechanismen in .NET, die den Wechsel zwischen Wertetypen (*Value Types*) und Referenztypen (*Reference Types*) ermöglichen. Boxing wandelt einen Wertetyp in einen Referenztyp (`object` oder `interface`) um, während Unboxing den umgekehrten Vorgang darstellt. Diese Konzepte sind besonders wichtig für die Speicherverwaltung und Performance, da sie beeinflussen, wie Daten im Heap und Stack gespeichert und verarbeitet werden. Was ist darunter konkret zu verstehen? Betrachten wir das einfache Beispiel einer Integer-Variablen:

```
int value = 2;
```

Im nächsten Schritt weisen wir diese Variable einer `Object`-Variablen vom Typ `Object` zu. Das ist grundsätzlich kein Problem, da hierbei eine implizite Konvertierung stattfindet:

```
object @object = value;
```

Beachten Sie, dass dabei ein auf dem Stack abgelegter Wertetyp einem Referenztyp zugewiesen wird, der auf dem Heap gespeichert ist. Dieser als *Boxing* bezeichnete Vorgang erfordert einen Mehraufwand der Laufzeitumgebung im Vergleich zu einer Operation, bei der eine Referenzvariable der `Object`-Variablen zugewiesen wird.

Zu einem bestimmten Zeitpunkt soll die implizite Konvertierung auch wieder rückgängig gemacht werden. Bei dieser als *Unboxing* bezeichneten Operation muss der korrekte Zieldatentyp angegeben werden:

```
int item = (int)@object;
```

Aus einem auf dem Heap verwalteten Objekt wird nunmehr erneut ein Objekt, das auf dem Stack liegt. Auch dieser Vorgang geht deutlich zu Lasten der Performance. Microsoft selbst gibt dazu in der Dokumentation einen Faktor von bis zu 20 an, der aber wohl selten erreicht werden dürfte. Dennoch sollten Sie sich merken, dass Sie die Boxing-Operationen in einem Programm nach Möglichkeit vermeiden sollten – auch wenn das natürlich nicht immer möglich ist.

Kapitel 7
Fehlerbehandlung und Debugging

Fast alle Beispiele dieses Buches waren bisher so angelegt, als könnte nie ein Fehler auftreten. Aber Ihnen ist es beim Testen eines Beispielcodes sicherlich schon passiert, dass Sie anstatt einer Zahl einen Buchstaben eingegeben haben oder umgekehrt – genau entgegengesetzt zu dem, was das Programm in diesem Moment erwartete. .NET konfrontiert uns danach mit einem *Laufzeitfehler*, was zur sofortigen Beendigung des Programms führt.

Dieser Umstand ist besonders dann unangenehm und inakzeptabel, wenn bei einem Endanwender ein solcher Fehler auftritt. Sollten diesem Anwender dann noch Daten unwiederbringlich verlorengegangen sein, ist der Ärger vorprogrammiert. Sie haben einen unzufriedenen Kunden, der an Ihren Qualitäten als Entwickler oder Entwicklerin zweifelt, und anschließend noch die undankbare Aufgabe, den oder gar die Fehler zu lokalisieren und in Zukunft auszuschließen.

Welcher Entwickler oder Entwicklerin kann zuverlässig voraussehen, welche Eingabe ein Anwender tätigt und vielleicht gar noch in welcher Reihenfolge, wenn dieser die grafische Benutzeroberfläche einer Applikation bedient? Welche Anwenderin kann nach einem Fehler genau sagen, welche Arbeitsschritte und Eingaben zu der Fehlerauslösung geführt haben, welche Programme sie über das Internet installiert hat usw.? Anwender sind fehlerfrei, sie machen alles richtig, nur das Programm ist schlecht. Seien wir doch einmal ehrlich zu uns selbst: Gibt es Entwickelnde, die von sich selbst behaupten können, unter der Last des Termindrucks nicht schon mindestens einmal ein Programm ausgeliefert zu haben, das eine unzureichende Testphase durchlaufen hatte?

Es gibt aber auch eine Fehlergattung, die nicht das unplanmäßige Beenden des Programms nach sich zieht, sondern nur falsche Ergebnisse liefert: die logischen Fehler. Dies ist deshalb sehr unangenehm, weil solche Fehler oft sehr spät erkannt werden und weitreichende Konsequenzen haben können. Denken Sie einmal daran, welche Auswirkungen es nach sich ziehen könnte, wenn ein Finanz- und Buchhaltungsprogramm (Fibu) einen falschen Verkaufspreis ermitteln würde. Es kommt nicht zu einem Laufzeitfehler, der anzeigt, dass etwas nicht richtig abläuft. Solche Fehler gefährden im schlimmsten Fall sogar die Existenz eines gesamten Unternehmens. Um dieses Dilemma zu vermeiden, ist die Software ausgiebig zu testen, wobei der *Debugger* der Entwicklungsumgebung wesentliche Unterstützung bietet und somit das wichtigste Hilfsmittel ist.

In diesem Abschnitt wollen wir uns mit der Fehlergattung auseinandersetzen, die zum Auslösen einer Ausnahme zur Laufzeit führt und die verschiedensten Ursachen haben kann:

- Anwender geben unzulässige Werte ein.
- Es wird versucht, eine nicht vorhandene Datei zu öffnen.
- Es wird versucht, eine Division durch 0 durchzuführen.
- Beim Zugriff auf eine Objektmethode ist der Bezeichner der Objektvariablen noch nicht initialisiert.
- Eine Netzwerkverbindung ist instabil.
- ... und noch viele andere Ursachen

Die Liste ist schier endlos lang. Aber allen Fehlern ist eines gemeinsam: Sie führen zum Absturz des Programms, wenn der auftretende Fehler nicht behandelt wird.

Die Fehlerbehandlung ist ein zentrales Thema in der Softwareentwicklung, und .NET bildet hier keine Ausnahme. Daher hat Microsoft mit .NET 9 zahlreiche Leistungsverbesserungen bei der Ausnahmebehandlung eingeführt. Das betrifft die Performance beim Werfen und Behandeln von Ausnahmen. Nach Aussagen von Microsoft und Benchmarks in der Community ist die Ausnahmebehandlung im Vergleich zu .NET 8 etwa 50 % schneller und asynchron um 20–30 % schneller. Diese Verbesserungen erfordern keine Änderungen am Code und kommen automatisch allen Anwendungen zugute, die auf .NET 9 migrieren.

7.1 Laufzeitfehler erkennen

Listing 7.1 demonstriert einen typischen Laufzeitfehler und die daraus resultierenden Konsequenzen. Die Aufgabe, die das Programm ausführen soll, ist simpel: Es soll eine Textdatei öffnen und deren Inhalt in die Konsole schreiben.

```
using System.IO;

StreamReader stream = new StreamReader(@"C:\Text.txt");
Console.WriteLine(stream.ReadToEnd());
stream.Close();
Console.ReadLine();
```

Listing 7.1 Öffnen und Lesen einer Textdatei

Die .NET-Klassenbibliothek bietet zum Öffnen einer Textdatei die Klasse `StreamReader` im Namespace `System.IO` an. Einer der Konstruktoren dieser Klasse erwartet den vollständigen Pfad zu der zu öffnenden Datei.

Hinweis

Beachten Sie bitte, dass ein Backslash in einer Zeichenfolge als Escapesequenz interpretiert wird. Um diese Interpretation aufzuheben, geben Sie entweder zwei aufeinanderfolgende Backslashs an oder stellen, wie oben gezeigt, der Zeichenfolge ein @-Zeichen voran.

Aus dem Datenstrom lassen sich mit `Read` einzelne Zeichen lesen, mit `ReadLine` eine komplette Zeile. `ReadToEnd` hingegen liest den ganzen Datenstrom vom ersten bis zum letzten Zeichen. In Listing 7.1 wird die letztgenannte Methode benutzt und die Rückgabe aus dem Datenstrom als Argument der `WriteLine`-Methode der `Console` übergeben.

Solange die angegebene Datei existiert, wird die Anwendung fehlerfrei ausgeführt. Wenn Sie dem Konstruktor der Klasse `StreamReader` allerdings eine Zeichenfolge auf eine nicht vorhandene Datei übergeben, wird die Laufzeit der Anwendung mit einer Ausnahme (Exception) beendet und eine Fehlermeldung angezeigt (siehe Abbildung 7.1).

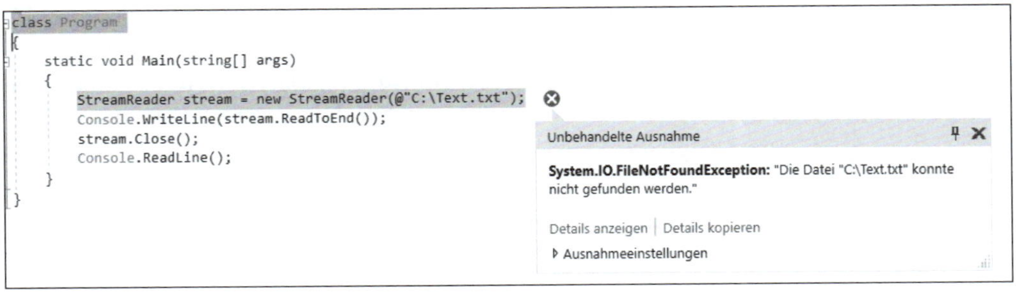

Abbildung 7.1 Anzeige der Exception in Visual Studio

Sollte Ihnen der Hinweis auf die Ursache der Ausnahme nicht ausreichen, können Sie sich auch weitere Details dazu anzeigen lassen. Klicken Sie dazu auf den Link DETAILS ANZEIGEN im Ausnahmefenster. Daraufhin öffnet sich ein Dialog, dem Sie möglicherweise weitere interessante Details im Zusammenhang mit der Exception entnehmen können (siehe Abbildung 7.2).

Fehler dieser Art müssen schon während der Programmierung erkannt und behandelt werden. Die Fehlerbehandlung hat die Zielsetzung, dem Anwender beispielsweise durch eine Eingabekorrektur die Fortsetzung des Programms zu ermöglichen oder – schlimmstenfalls – zumindest alle notwendigen Daten zu sichern, bevor das Programm ordentlich beendet wird.

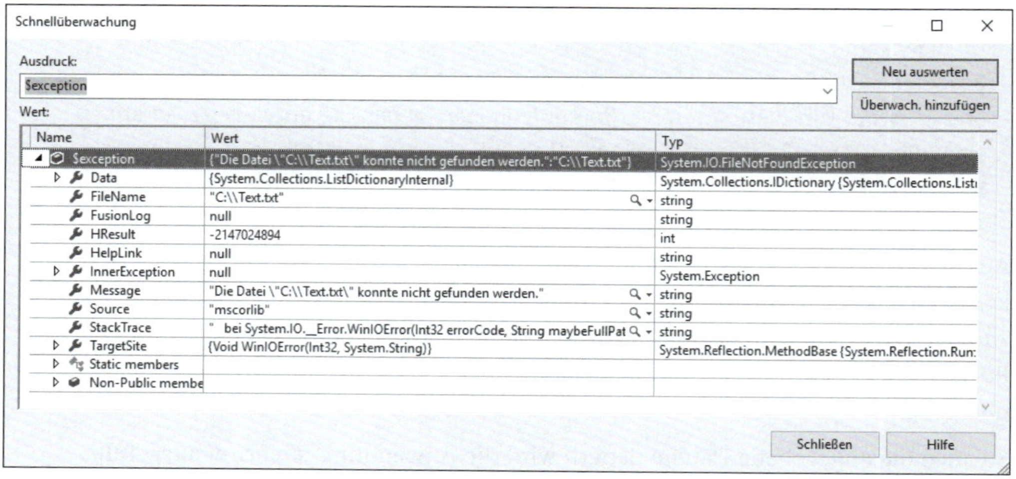

Abbildung 7.2 Details einer Exception

7.1.1 Die »try ... catch«-Anweisung

Ein Programm wird sofort unplanmäßig beendet, wenn eine nicht behandelte Exception auftritt. Um auf eine auftretende Ausnahme zu reagieren und sie zu behandeln, benutzen Sie die `try ... catch`-Syntax, die wir uns nun zunächst in ihrer einfachsten Form ansehen wollen.

```
try
{
  [...]
}
catch(Ausnahmetyp)
{
  [...]
}
[...]
```

Der `try`-Block enthält zumindest die Anweisungen, die potenziell eine Ausnahme verursachen können. Tritt kein Laufzeitfehler auf, werden alle Anweisungen im `try`-Block ausgeführt. Danach setzt das Programm hinter dem `catch`-Block seine Arbeit fort. Verursacht eine der Anweisungen innerhalb des `try`-Blocks jedoch einen Fehler, werden alle folgenden Anweisungen innerhalb dieses Blocks ignoriert, und der Programmablauf führt den Code im `catch`-Anweisungsblock aus. Hier könnten beispielsweise Benutzereingaben gesichert oder Netzwerkverbindungen getrennt werden. Oft werden hier auch die Details der ausgelösten Ausnahme protokolliert. Nach der Abarbeitung des `catch`-Blocks wird das Programm mit der Anweisung fortgesetzt, die dem `catch`-Anweisungsblock folgt.

Eine Ausnahme wird in einer OOP-Umgebung durch ein Objekt beschrieben. Im allgemeinsten Fall ist das der Typ `Exception`, der als Parametertyp des `catch`-Zweigs anzugeben ist. Es sei schon an dieser Stelle darauf hingewiesen, dass es sehr viele spezialisierte Ausnahmen gibt, mit denen Sie auf einen bestimmten Fehler spezifisch reagieren können.

Greifen wir noch einmal auf das Beispiel am Anfang dieses Kapitels zurück, in dem eine Datei geöffnet und an der Konsole ausgegeben werden soll. Das Beispiel ergänzen wir nun um eine passende Ausnahmebehandlung.

```
StreamReader stream = null;
Console.Write("Welche Datei soll geöffnet werden? ... ");
string path = Console.ReadLine();

try
{
  // die folgende Anweisung kann eine Ausnahme auslösen
  stream = new StreamReader(path);
  Console.WriteLine(stream.ReadToEnd());
  stream.Close();
}
catch(Exception ex)
{
  // Ausgabe der spezifischen Fehlermeldung
  Console.WriteLine(ex.Message);
}

Console.WriteLine("Nach der Exception-Behandlung");
Console.ReadLine();
```

Listing 7.2 Komplette Fehlerbehandlung zum Öffnen einer Datei

Starten Sie das Programm, und geben Sie nach der Aufforderung einen gültigen Zugriffspfad an, wird die Datei geöffnet und der Inhalt an der Konsole angezeigt. Das Programm wird bis zum `catch`-Statement ausgeführt und verzweigt danach zu der Anweisung, die dem `catch`-Block folgt, was anschließend durch eine Konsolenausgabe bestätigt wird.

Das ist der Normalfall – oder ist vielleicht eher eine falsche Benutzereingabe als normal anzusehen? Wie dem auch sei, unser kleines Programm ist in der Lage, auch damit umzugehen. Die Anweisung, die eine Ausnahme im obigen Beispiel auslösen könnte, ist anscheinend der Aufruf des Konstruktors der Klasse `StreamReader`, dem eine Pfadangabe als Argument übergeben wird:

```
stream = new StreamReader(path);
```

Bei einer Ausnahme verzweigt der Programmablauf in den `catch`-Block und führt die darin enthaltenen Anweisungen aus. Häufig wird man hier die Eigenschaft `Message` des `Exception`-Objekts abfragen, die eine benutzerfreundliche Fehlerbeschreibung liefert, z. B.:

```
Console.WriteLine(ex.Message);
```

Nach der Ausführung des `catch`-Blocks wird das Programm ordnungsgemäß mit den sich daran anschließenden Anweisungen fortgesetzt. Damit haben wir unser Ziel erreicht: Obwohl ein Laufzeitfehler aufgetreten ist, kontrollieren wir weiterhin das Laufzeitverhalten.

Hinweis

Sie müssen nicht unbedingt dem `catch`-Zweig eine Exception angeben, wie das folgende Codefragment zeigt:

```
catch
{
  [...]
}
```

Auch wenn die Variante jede Ausnahme abfängt und behandelt, können ausnahmespezifische Informationen wie beispielsweise die Eigenschaft `Message` (siehe Listing 7.2) nicht ausgewertet werden. Daher eignet sich diese allgemeine Form nur in wenigen Fällen und sollte in der Regel vermieden werden.

7.1.2 Behandlung mehrerer Exceptions

Der Grund für eine Ausnahme kann vielfältig sein. Beispielsweise kann in unserem Listing bei dem Versuch, eine Datei zu öffnen, ein falscher Dateiname oder ein nicht vorhandenes Verzeichnis angegeben werden. Oder es wird eine leere Zeichenfolge übergeben oder `null`. Alle diese Fehler lösen unterschiedliche Exceptions aus.

Vielleicht werden Sie sich die Frage stellen, woher die Kenntnis stammt, welche Ausnahmen beim Aufruf des Konstruktors der Klasse `StreamReader` zumindest theoretisch ausgelöst werden können. Die Antwort ist sehr einfach: Die Angaben sind in der Dokumentation der entsprechenden Klasse zu finden. Ein Blick in die Dokumentation des in unserem Beispiel eingesetzten `StreamReader`-Konstruktors verrät, dass diese Klasse fünf unterschiedlichen Ausnahmen auslösen kann:

- `ArgumentException`
- `ArgumentNullException`
- `FileNotFoundException`
- `DirectoryNotFoundException`
- `IOException`

Die Ausnahme `ArgumentException` wird ausgelöst, wenn der Anwender an der Konsole nach der Aufforderung zur Eingabe des Pfades keine Angabe macht und das Programm fortsetzt. Eine ähnliche Ausnahme, `ArgumentNullException`, träte bei der Übergabe eines nichtinitialisierten Strings auf:

```
string path = null;
StreamReader dataStream = new StreamReader(path);
```

Geben Sie einen nichtexistenten Datei- oder Ordnernamen ein, kommt es zu einer Ausnahme vom Typ `FileNotFoundException` bzw. `DirectoryNotFoundException`. Der letzten in der Dokumentation aufgeführten Ausnahme, `IOException`, kommt eine besondere Bedeutung zu, der wir uns gleich widmen werden.

Egal, welchen Fehler Sie im Beispielcode oben auch provozieren, er wird immer behandelt. Das hängt damit zusammen, dass alle Ausnahmen durch Klassen beschrieben werden, die auf die gemeinsame Basis `Exception` zurückzuführen sind (siehe Abbildung 7.3). Damit finden alle Ausnahmen im `catch`-Zweig mit dem Parametertyp `Exception` eine passende Behandlungsroutine.

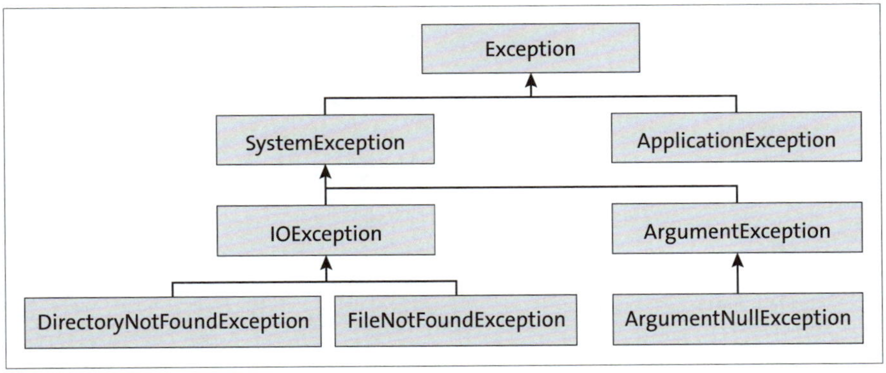

Abbildung 7.3 Die Hierarchie der Exceptions (Auszug)

Treten mehrere unterschiedliche Ausnahmen auf, auf die wir spezifisch reagieren wollen, geben wir mehrere `catch`-Anweisungsblöcke an, von denen jeder einen bestimmten Ausnahmetyp beschreibt.

```
// Beispiel: ..\Kapitel 7\TryCatch_Example
StreamReader stream = null;
Console.Write("Welche Datei soll geöffnet werden? ... ");
string path = Console.ReadLine();
try
{
  stream = new StreamReader(path);
  Console.WriteLine("--- Dateianfang ---");
  Console.WriteLine(stream.ReadToEnd());
```

```
    Console.WriteLine("--- Dateiende -----");
    stream.Close();
  }
  // Datei nicht gefunden
  catch (FileNotFoundException ex)
  {
    Console.WriteLine(ex.Message);
  }
  // Verzeichnis existiert nicht
  catch (DirectoryNotFoundException ex)
  {
    Console.WriteLine(ex.Message);
  }
  // Pfadangabe war 'null'
  catch (ArgumentNullException ex)
  {
    Console.WriteLine(ex.Message);
  }
  // Pfadangabe war leer ("")
  catch (ArgumentException ex)
  {
    Console.WriteLine(ex.Message);
  }
  // allgemeine Exception
  catch (Exception ex)
  {
    Console.WriteLine(ex.Message);
  }

  Console.WriteLine("Nach der Exception-Behandlung");
  Console.ReadLine();
```

Listing 7.3 Beispielprogramm mit detaillierter Fehleranalyse

Jeder `catch`-Zweig beschreibt einen bestimmten Ausnahmetyp. Beim Auftreten einer Ausnahme werden die `catch`-Zweige so lange der Reihe nach angesteuert, bis der Typ gefunden wird, der die ausgelöste Ausnahme beschreibt. Anschließend wird der Programmablauf mit den Anweisungen fortgesetzt, die sich hinter dem letzten `catch`-Zweig befinden.

Im Beispiel oben wird demnach zuerst geprüft, ob der Exception eine nicht existierende Datei zugrunde liegt (`FileNotFoundException`). Hat die Ausnahme eine andere Ursache, wird geprüft, ob dem Konstruktor ein ungültiges Verzeichnis übergeben wurde (`DirectoryNotFoundException`). War das auch nicht der Fall, wird der aufgetretene Fehler mit `ArgumentNullException` verglichen. Das setzt sich so lange fort, bis möglicherweise auch noch der letzte `catch`-Zweig aufgerufen wird. Kann die Ausnahme keinem `catch`-Zweig zugeordnet werden, gilt sie als unbehandelt, und das Programm wird beendet.

Grundsätzlich plädieren wir dafür, in jeder Ausnahmebehandlung im letzten (oder vielleicht auch einzigen) `catch`-Zweig den Typ `Exception` anzugeben. Damit sind Sie beim Entwickeln immer auf der sicheren Seite, dass die Anwendung nicht unplanmäßig beendet wird (auch wenn der Anwender möglicherweise mit der Meldung »Unbekannter Fehler« konfrontiert werden muss). Verzichten wir auf den letzten `catch`-Zweig im Beispiel *TryCatch_Example*, könnte nämlich trotz aller `catch`-Zweige immer noch eine Ausnahme auftreten. Es ist die Methode `ReadToEnd`, die eine `OutOfMemoryException` wirft, falls die Datei mangels Speicher nicht komplett eingelesen werden kann. Mal ehrlich, hätten Sie daran gedacht?

7.1.3 Die Reihenfolge der »catch«-Zweige

Die Abarbeitung der `catch`-Zweige folgt dem »Ist ein(e)«-Prinzip der Vererbung. Daraus folgt, dass eine bestimmte Reihenfolge bei der Angabe der `catch`-Zweige eingehalten werden muss, und die lautet: Ausgehend vom ersten bis hin zum letzten `catch`-Zweig werden die angegebenen Ausnahmen immer allgemeiner. Sollten Sie diese Richtlinie nicht beachten, wird Visual Studio Sie darauf aufmerksam machen, weil dann Programmcode vorliegt, der nicht erreicht werden kann.

7.1.4 Ausnahmen in einer Methodenaufrufkette

Eine Ausnahme ist in jedem Fall zu behandeln, um das laufende Programm vor dem Absturz zu bewahren. Kennzeichnend war bisher, dass wir eine Ausnahme in der Methode behandelten, in der sie auftrat. Das muss aber nicht unbedingt so sein.

Stellen Sie sich vor, der Code zum Öffnen einer Datei unseres Beispiels *TryCatch_Example* wäre nicht in `Main`, sondern in einer anderen Methode – nennen wir sie wieder `DoSomething` – implementiert. Tatsächlich muss ein etwaig auftretender Fehler nicht in `DoSomething` mit `try ... catch` behandelt werden, es kann auch in der Methode `Main` geschehen, wie das folgende Codefragment zeigt:

```
try
{
  DoSomething();
}
// Behandlung der Ausnahme
catch (Exception ex)
{
```

```
  Console.WriteLine(ex.Message);
}
static void DoSomething()
{
  // hier wird eine Exception ausgelöst, die nicht behandelt wird
}
```

Listing 7.4 Laufzeitfehler in einem Aufruf-Stack

Wird aus einer Methode heraus eine zweite (hier `DoSomething`) aufgerufen und tritt in letztgenannter eine Ausnahme auf, sucht die Laufzeitumgebung zunächst in der fehlerauslösenden Methode nach einer passenden Ausnahmebehandlung. Ist hier keine implementiert oder wird die Ausnahme von keinem der `catch`-Zweige behandelt, wird die Ausnahme an den Aufrufer übergeben. Nimmt sich die aufrufende Methode des ausgelösten Fehlers an, ist den Anforderungen Genüge getan, und die Anwendung wird anstandslos weiterlaufen; ansonsten gilt die Ausnahme als nicht behandelt, und die Anwendung stürzt unweigerlich ab.

Die Methodenaufrufkette darf noch mehr Stationen haben. Wichtig ist nur, dass spätestens der Auslöser einer längeren Aufrufkette auf die Exception reagiert.

7.1.5 Ausnahmen werfen oder weiterleiten

In der Praxis werden Sie häufig auf den Umstand treffen, dass in einer Komponente eine Ausnahme ausgelöst und mit `try` ... `catch` behandelt wird, die Ausnahme aber dennoch an den Aufrufer weitergeleitet werden muss. Das ist häufig der Fall, wenn Sie dem Anwender nicht direkt aus der auslösenden Komponente eine Information zukommen lassen können.

Um eine Ausnahme an den Aufrufer weiterzuleiten oder ganz generell eine neue (auch benutzerdefinierte) Ausnahme auszulösen, wird das `throw`-Statement benutzt, z. B. wie folgt:

```
throw new XyzException();
```

Wird in einem `catch`-Block mit `throw` eine Exception geworfen, ist sie vom Aufrufer der fehlerverursachenden Methode zu behandeln.

7.1.6 Die »finally«-Anweisung

Die strukturierte Fehlerbehandlung bietet optional eine weitere, bislang noch nicht erwähnte Klausel an, in der unterschiedliche Aufgaben erledigt werden können: die `finally`-Klausel, die unmittelbar auf den letzten `catch`-Block folgt, falls sie angegeben wird.

```
[...]
try
{
  [...]
}
catch(Exception ex)
{
  [...]
}
finally
{
  [...]
}
[...]
```

Listing 7.5 Fehlerbehandlung mit »finally«-Zweig

Folgende Umstände führen zur Abarbeitung der Anweisungen im `finally`-Block:

- Es wird keine Ausnahme ausgelöst: Der `try`-Block wird komplett abgearbeitet, danach verzweigt das Programm zur `finally`-Klausel und wird anschließend mit der Anweisung fortgesetzt, die dem `finally`-Anweisungsblock folgt.
- Es tritt eine Exception auf: Von der fehlerauslösenden Codezeile im `try`-Block aus sucht die Laufzeitumgebung nach der passenden `catch`-Klausel, führt diese aus und verzweigt zur `finally`-Klausel. Anschließend wird die Anweisung ausgeführt, die dem `finally`-Anweisungsblock folgt.

Der `finally`-Block wird demnach in jedem Fall ausgeführt, unabhängig davon, ob eine Ausnahme aufgetreten ist oder nicht. Diese Feststellung gilt auch für alle Anweisungen, die dem `finally`-Block folgen.

Es gibt aber zwei Situationen, in denen der dem `finally`-Block folgende Code nicht mehr ausgeführt wird:

- Nehmen wir an, dass Sie nach der Behandlung der Ausnahme im `catch`-Block die Methode verlassen wollen, weil die Anweisungen, die sich den `catch`-Blöcken anschließen, nicht ausgeführt werden sollen. Sie werden dann im `catch`-Anweisungsblock mit `return` die Methode verlassen, z. B.:

  ```
  catch(Exception ex)
  {
    [...]
    return;
  }
  ```

In diesem Fall hat `return` aber nicht die durchschlagende Konsequenz, die wir bisher von diesem Statement gewohnt sind. Die Methode wird nämlich nicht sofort verlassen, sondern es wird zunächst nach dem optionalen `finally`-Block gesucht. Ist er vorhanden, wird er ausgeführt. Es kommt allerdings nicht mehr zu der Ausführung der Anweisungen, die dem `finally`-Block folgen.

- Die zweite Situation tritt im Zusammenhang mit dem `throw`-Statement auf, das in einem `catch`-Block die Weiterleitung einer Exception erzwingt. Auch hierbei wird nicht sofort die Exception geworfen, sondern erst, nachdem `finally` abgearbeitet worden ist.

`finally` gestattet es somit, diverse Operationen unabhängig davon auszuführen, ob eine Exception aufgetreten ist oder nicht. Dabei handelt es sich in der Regel um die Freigabe von Fremdressourcen, beispielsweise um das Schließen einer Datenbankverbindung oder um die Freigabe einer Datei. `finally` ist nur sinnvoll im Zusammenhang mit `throw` oder `return` in einem `catch`-Block, weil dann die dem `finally` folgenden Anweisungen nicht mehr ausgeführt werden.

7.1.7 Ausnahmefilter

Obwohl es Ausnahmefilter schon lange in vielen anderen Sprachen gibt, hat Microsoft dieses Feature erst mit C# 6.0 eingeführt. Ausnahmefilter erlauben es, für jeden `catch`-Block eine Bedingung zu formulieren, die erfüllt sein muss, damit der Code im `catch`-Block ausgeführt wird. Die Bedingung muss in derselben Anweisungszeile definiert sein, in der der `catch`-Block deklariert ist. Die allgemeine Syntax lautet wie folgt:

```
catch(Exception ex) when (Bedingung)
```

Anstatt für jede Ausnahme einen eigenen `catch`-Block schreiben zu müssen, können Sie den Filter dazu benutzen, die Ausführung des `catch`-Blocks von einer Bedingung abhängig zu machen. Damit ist es zum Beispiel auch möglich, mehrere `catch`-Blöcke zu definieren, die dieselbe Exception behandeln. Als Unterscheidungsmerkmal der einzelnen `catch`-Blöcke könnte dann beispielsweise die Eigenschaft `HResult` der ausgelösten Ausnahme herangezogen werden. `HResult` ist eine Eigenschaft des `Exception`-Objekts und beschreibt einen Integer. Einige Ausnahmen in .NET enthalten bereits vordefinierte Werte für `HResult`. Schreiben Sie eine eigene Exception, können Sie den Wert natürlich nach eigenem Ermessen festlegen. Bei Auslösung der Ausnahme müsste situationsbedingt nur der entsprechende, frei wählbare Wert übergeben werden. Sehen Sie sich dazu das Codefragment in Listing 7.6 an:

```
[...]
catch(MyException ex) when (ex.HResult == 1)
{
  [...]
```

```
}
catch(MyException ex) when (ex.HResult == 2)
{
  [...]
}
catch(MyException ex) when (ex.HResult == 3)
{
  [...]
}
catch(MyException ex)
{
  [...]
}
```

Listing 7.6 Einsatz eines Ausnahmefilters

Bei Auslösung der fiktiven Ausnahme `MyException` wird im ersten `catch`-Zweig der Inhalt von `HResult` auf den Wert `1` hin überprüft. Ist die Bedingung `true`, werden die Anweisungen im `catch`-Zweig ausgeführt, und die Ausnahme gilt als behandelt. Liefert die Bedingung `false`, wird der darauffolgende `catch`-Zweig geprüft. Das setzt sich so lange fort, bis der passende `catch`-Zweig lokalisiert ist.

Der letzte `catch`-Zweig in Listing 7.6 beschreibt die Ausnahme ohne Bedingung. Dieser Zweig, der jedes weitere Auftreten von `MyException` fängt, ist optional; Sie müssen ihn nicht bereitstellen. Sollte das aber erforderlich sein, darf er nur nach den `catch`-Zweigen mit der Filterbedingung stehen, da der Compiler ansonsten das Kompilieren verweigert.

7.1.8 Die Klasse »Exception«

Die Basisklasse aller Ausnahmen bildet die Klasse `Exception`, die zum Namespace `System` gehört. Grundsätzlich sind alle Ausnahmentypen auf diese Klasse zurückzuführen. `Exception` hat in der .NET-Klassenbibliothek nur zwei direkte Ableitungen, mit denen eine Unterscheidung zwischen system- und anwendungsdefinierten Ausnahmen vordefiniert wird:

- Die von `Exception` abgeleitete Klasse `SystemException` beschreibt alle Ausnahmen, die im Zusammenhang mit der *Common Language Runtime* (*CLR*) stehen. Ausnahmen aus diesem Bereich lassen sich als schwerwiegende Ausnahmen interpretieren, die aber noch vom Programm behandelt werden können.
- Die Klasse `ApplicationException`, die ebenfalls direkt von `Exception` abgeleitet ist, dient per Definition allen benutzerdefinierten Ausnahmeklassen als Basis. Allerdings hat Microsoft diese »Vorschrift« inzwischen selbst aufgeweicht, weil erkannt worden ist, dass anwendungsspezifische Ausnahmen, die von `ApplicationExcep-`

tion abgeleitet sind, keinen Vorteil gegenüber den Ausnahmen haben, die Exception selbst ableiten.

In Abbildung 7.3 weiter oben ist der Zusammenhang zwischen Exception, SystemException und ApplicationException dargestellt.

Um den Code, der eine Ausnahme behandelt, mit möglichst vielen guten Informationen über die Ursache zu versorgen, stellt die Basis Exception eine Reihe von Eigenschaften bereit. In Tabelle 7.1 sind diese aufgeführt.

Eigenschaft	Beschreibung
Data	Stellt zusätzliche Informationen zu der Ausnahme bereit.
HelpLink	Verweist auf eine Hilfedatei, die diese Ausnahme beschreibt.
HResult	Dies ist ein Integer-Wert, der einer bestimmten Ausnahme zugeordnet ist.
InnerException	Falls bei der Behandlung einer Ausnahme eine weitere Exception ausgelöst wird, beschreibt diese Eigenschaft die neue (innere) Ausnahme.
Message	Liefert eine Zeichenfolge mit der Beschreibung des aktuellen Fehlers. Die Information sollte so formuliert sein, dass sie auch von einem Anwender verstanden werden kann.
Source	Liefert einen String zurück, der die Anwendung angibt, in der die Ausnahme ausgelöst wurde.
StackTrace	Beschreibt in einer Zeichenfolge die aktuelle Aufrufreihenfolge aller Methoden.
TargetSite	Liefert zahlreiche Informationen zu der Methode, in der die Ausnahme ausgelöst worden ist.

Tabelle 7.1 Die Eigenschaften der Klasse »Exception«

Wir wollen uns die wichtigsten Eigenschaften nun etwas genauer ansehen.

Die Eigenschaft »Message«

Die wohl am häufigsten ausgewertete Eigenschaft einer Ausnahme ist Message. Diese Eigenschaft beschreibt dem Anwender in leicht verständlicher Form die Ursache der aufgetretenen Ausnahme. Message ist schreibgeschützt, so dass Sie ihr nicht direkt einen Wert zuweisen können. Der einzige Weg, der Ausnahme eine spezifische Beschreibung mit auf den Weg zu geben, führt über den Konstruktor der Klasse. Dies zeigen wir Ihnen in Abschnitt 7.1.9.

Die Eigenschaft »StackTrace«

Wie Sie wissen, muss eine Ausnahme nicht unbedingt in der Methode behandelt werden, in der die Ausnahme aufgetreten ist. Diesem Umstand trägt `StackTrace` Rechnung, denn diese Eigenschaft dokumentiert alle Methoden, die zum Zeitpunkt einer Ausnahme ausgeführt werden. An oberster Stelle ist dabei die Methode zu finden, die Auslöser der Exception ist.

Dazu ein einfaches Beispiel: Aus `Main` heraus wird die Methode `DoSomething1` aufgerufen, die selbst `DoSomething2` aufruft. In `DoSomething2` wird eine Exception vom Typ `ArgumentNullException` ausgelöst. Behandelt wird die Ausnahme im Initiator `Main`.

```
// Beispiel: ..\Kapitel 7\StackTrace_Example
try
{
  DoSomething1();
}
catch (Exception ex)
{
  Console.WriteLine(ex.StackTrace);
}
Console.ReadLine();
}

static void DoSomething1()
{
  DoSomething2();
}
static void DoSomething2()
{
  // hier wird die Exception ausgelöst
  throw new ArgumentNullException();
}
```

Listing 7.7 Beispiel zur Eigenschaft »StackTrace«

Die Ausgabe an der Konsole sehen Sie in Abbildung 7.4.

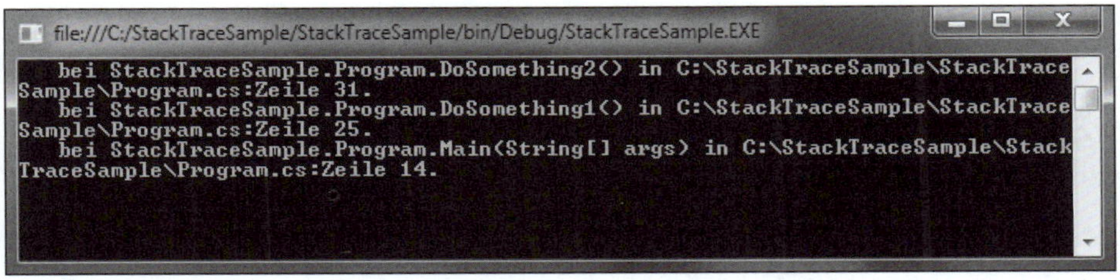

Abbildung 7.4 Die Ausgabe der Eigenschaft »StackTrace« des Beispielcodes

Die Eigenschaft »Data«

Die Eigenschaft `Data` ermöglicht es, im Ausnahmeobjekt mehrere Zusatzinformationen an die Routine weiterzuleiten, die die Ausnahme behandelt. Die von `Data` beschriebenen Informationen werden an ein Objekt weitergereicht, das die Schnittstelle `IDictionary` implementiert. Um es genauer zu formulieren: Bei dem Objekt handelt es sich um eine Collection, ähnlich einem Array. Allerdings werden die Daten nicht indexbasiert gespeichert und ausgewertet, sondern mit Hilfe eines eindeutigen Keys, bei dem es sich meistens um eine Zeichenfolge handelt.

Hinweis

In Kapitel 8, »Auflistungsklassen (Collections)«, werden wir uns mit den wichtigsten Collections noch genauer auseinandersetzen.

Einträge in die von `Data` referenzierte Liste erfolgen durch Aufruf der Methode `Add`. Dieser Methode wird zuerst der eindeutige Key genannt, danach der zu speichernde Wert.

`Data` soll nicht die Eigenschaft `Message` der Exception ersetzen, sondern dient vielmehr dazu, zusätzliche, meist detailliertere Informationen über die Ausnahme bereitzustellen. `Data` wird beispielsweise häufig dazu benutzt, der Fehlerbehandlung mitzuteilen, wann die Ausnahme aufgetreten ist, gewissermaßen liefert `Data` dann einen Timestamp. Auch das wollen wir uns an einem Beispiel ansehen.

```
// Beispiel: ..\Kapitel 7\Data_Example
try
{
  DoSomething();
}
catch(Exception ex)
{
  Console.WriteLine($"Message: {ex.Message}");
  Console.WriteLine($"{ex.Data["Info"]} {ex.Data["Date"]}");
}
Console.ReadLine();

static void DoSomething()
{
  Exception ex = new Exception();
  ex.Data.Add("Info", "Datum/Zeit:");
  ex.Data.Add("Date", DateTime.Now);
  throw ex;
}
```

Listing 7.8 Die Eigenschaft »Data« der Klasse »Exception«

DoSomething hat hier die Aufgabe, eine Ausnahme auszulösen. Dazu wird ein Objekt der Klasse Exception erzeugt (es könnte aber auch ein beliebiger anderer Ausnahmetyp sein). Zwei zusätzliche Dateninformationen werden in den Keys Info und Date bereitgestellt. Die Namen der Keys sind frei gewählt. Während Info nur eine allgemeine Beschreibung enthält, wird in Date das aktuelle Datum samt Uhrzeit gespeichert. Dazu wird die Eigenschaft Now der Klasse DateTime abgerufen. Beide Informationen stehen in der Fehlerbehandlung von Main zur Verfügung und werden auch ausgewertet.

Die Eigenschaft »TargetSite«

Die Eigenschaft TargetSite liefert zahlreiche Informationen über die Methode, die die Ausnahme verursacht hat. Dabei können Sie im Bedarfsfall sogar so weit gehen, sich Informationen über die Liste der Parameter und deren Typen, den Rückgabewert der Methode und vieles weitere zu besorgen. Im folgenden Codefragment wird das Beispiel des vorhergehenden Abschnitts zugrunde gelegt und der catch-Zweig in Main wie folgt geändert:

```
[...]
catch(Exception ex)
{
  Console.WriteLine(ex.TargetSite.Name);
  Console.WriteLine(ex.TargetSite);
}
[...]
```

Listing 7.9 Weiter gehende Information mit der Eigenschaft »TargetSite«

In die Ausgabe der Konsole werden die folgenden Informationen geschrieben:

```
DoSomething
void DoSomething()
```

Die Informationen, die TargetSite liefern kann, sind noch deutlich vielfältiger, als unser Beispiel hier beschreibt. Sollten Sie sich dafür interessieren, lesen Sie bitte die Dokumentation.

Die Eigenschaft »HelpLink«

TargetSite, StackTrace und Data sind mit ihrem Informationsgehalt wohl eher Entwickelnden bei einer Fehleranalyse hilfreich, während die Eigenschaft Message per Definition dem Anwender eine leichtverständliche Fehlerbeschreibung liefert. Möchten Sie dem Anwender über Message hinaus zusätzliche Informationen bereitstellen, weisen Sie der Eigenschaft HelpLink eine URL zu, die die Adresse eines Dokuments mit den entsprechenden Zusatzinformationen beschreibt. Wie Sie `HelpLink` einsetzen, zeigt Listing 7.10.

```
[...]
try
{
  DoSomething();
}
catch (Exception e)
{
  Console.WriteLine("Mehr Infos unter '{0}'", e.HelpLink);
}

public static void DoSomething()
{
  Exception ex = new Exception();
  ex.HelpLink = "http://www.Tollsoft.de/Error712.htm";
  throw ex;
}
```

Listing 7.10 Mit »HelpLink« dem Anwender eine weitere Informationsquelle nennen

Die Eigenschaft »InnerException«

Nehmen wir an, Sie möchten innerhalb eines `catch`-Blocks alle mit der Exception verbundenen Informationen in einer Datei protokollieren, beispielsweise in einer Datei mit dem Pfad *C:\Log\Exception.txt*. Das Schreiben in Dateien ist genauso wie das Lesen grundsätzlich immer mit einem Ausnahmerisiko behaftet, da in diesem Zusammenhang eine weitere Ausnahme ausgelöst werden könnte. Was ist, wenn das Verzeichnis nicht mehr existiert oder die Datei gelöscht wurde? Sie müssen folglich im `catch`-Zweig, der die eigentlich aufgetretene Ausnahme behandelt, eine weitere, innere Ausnahmebehandlung codieren.

Tritt während einer Ausnahmebehandlung eine andere Ausnahme auf (im Allgemeinen als *innere Ausnahme* bezeichnet), kann die Ausnahmebehandlung als gescheitert angesehen werden. Die ursprüngliche Ausnahme muss erneut ausgelöst und an den Aufrufer weitergeleitet werden. Dabei sollte zusätzlich die innere Ausnahme angegeben werden. Dazu dient die Eigenschaft `InnerException`.

Sehen wir uns die Vorgehensweise an einem Codebeispiel an. Angenommen, es sei im Code versucht worden, durch die Zahl 0 zu dividieren. Den Gesetzen der Mathematik nach ist das keine gültige mathematische Operation, und es wird die Ausnahme `DivideByZeroException` ausgelöst. Nehmen wir zudem an, wir möchten die Ausnahme protokollieren. Dabei müssen wir berücksichtigen, dass auch das Schreiben in die Protokolldatei zu einer Ausnahme führen könnte.

```
[...]
catch(DivideByZeroException ex)
{
  try
  {
    FileStream stream = File.Open(...);
    [...]
  }
  catch(Exception ex2)
  {
    throw new DivideByZeroException(ex.Message, ex2)
  }
}
[...]
```

Listing 7.11 Auslösen einer inneren Ausnahme

Zur Beschreibung einer inneren Exception müssen Sie nur den passenden Konstruktor der entsprechenden `Exception`-Klasse aufrufen. Wie Sie später noch sehen werden, sollte jede `Exception`-Klasse (mindestens) vier Konstruktoren aufweisen. Eine Überladung nimmt dabei neben der Fehlerbeschreibung der äußeren Ausnahme auch die Referenz auf die neue, innere Ausnahme entgegen. Sollte das Öffnen der Protokolldatei fehlschlagen, wird die ursprüngliche (äußere) Exception an den Aufrufer weitergeleitet, der dann über die Auswertung der Eigenschaft `InnerException` die Möglichkeit hat, auch die innere, tatsächliche Fehlerquelle auszuwerten.

7.1.9 Benutzerdefinierte Ausnahmen

Die .NET-Klassenbibliothek stellt sehr viele Ausnahmeklassen zur Verfügung, mit denen die üblichen Ausnahmen im Rahmen einer Anwendung abgedeckt werden. Sehr oft reichen die vordefinierten `Exception`-Klassen jedoch nicht aus, weil anwendungsspezifische Umstände eine spezielle Ausnahme erfordern. In solchen Fällen sind Sie gezwungen, eigene Ausnahmeklassen bereitzustellen, die den folgenden Regeln entsprechen sollten:

- Leiten Sie Ihre benutzerdefinierte Ausnahme von der Klasse `Exception` oder `ApplicationException` ab. Die ursprüngliche Idee von Microsoft, dass `ApplicationException` die Basis aller benutzerdefinierten Ausnahmen darstellen soll, hat in der Praxis keine Vorteile gezeigt. Inzwischen empfiehlt auch Microsoft die Klasse `Exception` als Basis.
- Der Bezeichner jeder Ausnahme sollte mit `Exception` enden. Das ist zwar keine zwingende Vorschrift, sondern nur eine Konvention. Aber sie hilft, den Code besser zu verstehen.

- Sie sollten in jeder Ausnahmeklasse mindestens vier Konstruktoren vorsehen. Die Parameterlisten sollten dabei identisch mit den Parameterlisten der Konstruktoren von `Exception` sein. Natürlich können Sie darüber hinaus weitere Konstruktoren codieren.
- Die Ausnahmeklasse sollte mit dem Attribut `Serializable` markiert sein, um die Ausnahme serialisierbar zu machen. (Anmerkung: Bisher haben wir über die Themen »Attribute« und »Serialisierungsprozess« noch nicht gesprochen. Trotzdem gehört dieser Punkt unbedingt in die Liste der zu berücksichtigenden Kriterien. Möchten Sie bereits an dieser Stelle mehr darüber erfahren, lesen Sie bitte Kapitel 10, »Weitere C#-Sprachfeatures«, und Kapitel 11, »LINQ – Language Integrated Query«.)

Benutzerdefinierte Ausnahmen im Projekt »GeometricObjectsSolution«

Wir wollen nun eine benutzerdefinierte Ausnahme an einem Beispiel entwickeln. Dazu benutzen wir das Beispiel der `Circle`-Klasse des Projekts *GeometricObjectsSolution*. Wie Sie sich sicherlich noch erinnern, hatten wir festgelegt, dass die Übergabe an die Eigenschaft `Radius` größer als oder gleich 0 sein muss. Die Eigenschaftsmethode `Radius` der Klasse `Circle` löst das Ereignis `InvalidMeasure` aus, wenn versucht wird, dem Radius einen negativen Wert zuzuweisen.

Das ist definitiv keine gute Lösung, denn beim Auftreten eines Fehlers sollte der Aufrufer gezwungen sein, ihn zu behandeln. Auf einen Event zu reagieren ist hingegen nur eine Option, die wahrgenommen werden kann oder auch nicht. Es gibt noch einen zweiten Punkt, den wir berücksichtigen müssen. Betrachten Sie dazu ein Codefragment, in dem einem `Circle`-Objekt bei der Instanziierung ein negativer Radius übergeben wird:

```
Circle kreis = new Circle(-5);
kreis.InvalidMeasure += kreis_InvalidMeasure;
[...]
```

Listing 7.12 Registrieren des Ereignishandlers für den Event »InvalidMeasure«

Die Bindung des Ereignishandlers an das Ereignis erfolgt erst, nachdem der Konstruktoraufruf beendet ist. Folglich kann das Ereignis auch nicht während des Konstruktoraufrufs ausgelöst werden, und der Aufrufer erhält keine Informationen, dass der übergebene Wert nicht akzeptiert werden konnte.

Fehler sollten nicht zur Auslösung eines Ereignisses führen. Solche Lösungen sind nicht nur schlecht, sie sind sogar inakzeptabel. Ein Fehler muss immer das Auslösen einer Exception zur Folge haben, die behandelt werden muss. Allerdings können Sie sehr wohl eine Kombination von Exception und Ereignis in Betracht ziehen. Dazu gibt es auch einige Beispiele in der .NET-Klassenbibliothek. Eine solche Lösung sei am Ende der Ausführungen auch unser Ziel. Doch der Reihe nach ...

Zuerst wollen wir eine eigene Ausnahme bereitstellen, die wir als `InvalidMeasureException` bezeichnen. Um allen denkbaren Szenarien im Umfeld einer Ausnahme und deren möglichen Ableitungen zu entsprechen, sollten sich die vier Konstruktoren der Klasse `Exception` auch in einer benutzerdefinierten Ausnahme wiederfinden. Visual Studio unterstützt Sie dabei mit einem Code-Snippet (siehe Abbildung 7.5).

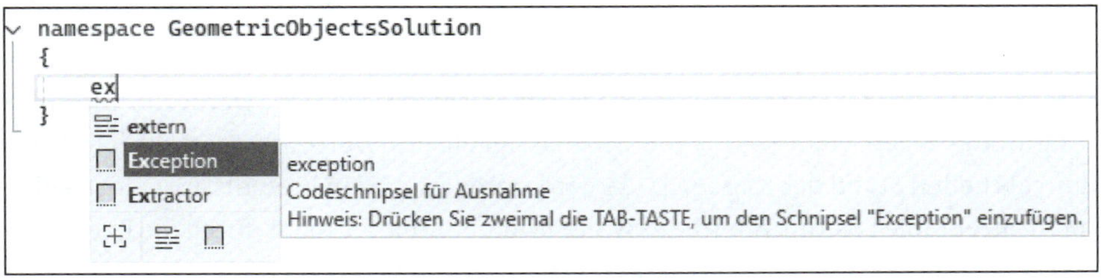

Abbildung 7.5 Das Code-Snippet einer Ausnahme

Nachdem Sie das Snippet durch zweimaliges Drücken der ⭾-Taste eingefügt und den Standardbezeichner in `InvalidMeasureException` umbenannt haben, steht das Gerüst der neuen Ausnahme. Es enthält vier Konstruktoren:

```
[Serializable]
public class InvalidMeasureException : Exception
{
  public InvalidMeasureException() { }
  public InvalidMeasureException(string message) : base(message) { }
  public InvalidMeasureException(string message, Exception inner)
         : base(message, inner) { }
  protected InvalidMeasureException(SerializationInfo info,
         StreamingContext context) : base(info, context) { }
}
```

Listing 7.13 Vom »Exception«-Snippet erzeugter Code (Bezeichner bereits angepasst)

Da in der Basisklasse `Exception` jeweils ein gleich parametrisierter Konstruktor definiert ist, werden die Parameter mit `base` an den gleich parametrisierten Konstruktor der Basisklasse weitergeleitet.

Neben dem parameterlosen Konstruktor enthält die Klassendefinition zwei Konstruktoren, die in ihrer Parameterliste einen Parameter namens `message` vom Typ `String` definieren. Hierbei handelt es sich um die Zeichenfolge, die bei der Ausnahmebehandlung mit der Eigenschaft `Message` abgerufen werden kann und eine kurze, leicht verständliche Beschreibung der Fehlerursache anzeigt.

Der vierte, mit `protected` gekennzeichnete Konstruktor dient zusammen mit dem Attribut `[Serializable]` der Objektserialisierung. Da wir bisher weder das Thema der Attribute noch das der Serialisierung behandelt haben, gehen wir auf diesen Konstruktor nicht näher ein. Um aber die Vollständigkeit unserer Klasse zu gewährleisten, ist der Konstruktor hier mit aufgeführt.

Es spricht nichts dagegen, die Klassendefinition um weitere Konstruktoren oder andere Member wie Eigenschaften und Methoden zu ergänzen. Das böte sich an, wenn im Zusammenhang mit der Ausnahme weiter gehende Anforderungen gestellt werden.

Die Ausnahme `InvalidMeasureException` soll ausgelöst werden, wenn die Überprüfung in der Eigenschaft `Radius` die Unzulässigkeit des Wertes festgestellt hat. Nach dem aktuellen Stand der Klasse `Circle` wird immer noch ein Ereignis ausgelöst – eine nicht akzeptable Lösung. Allerdings wollen wir das Ereignis nicht durch die Exception ersetzen, sondern stellen die folgenden Anforderungen an den Code:

- Die Ausnahme wird in jeden Fall ausgelöst, wenn ein unzulässiger Wert zugewiesen werden soll.
- Registriert der aufrufende Code einen Ereignishandler für `InvalidMeasure`, muss die Ausnahme nicht behandelt werden. Stattdessen wird die Ausnahme in einer weiteren Eigenschaft des `EventArgs`-Objekts bereitgestellt.
- Wird kein Ereignishandler registriert, muss die Ausnahme behandelt werden.

Hinweis

Diese Verhaltensweise, entweder ein Ereignis zu behandeln oder die ausgelöste Ausnahme, findet sich auch an anderer Stelle in .NET wieder. Ein gutes Beispiel dafür ist in ADO.NET das Ereignis `RowUpdated` des `DataAdapter`-Objekts.

Um die drei Forderungen zu erfüllen, müssen wir im ersten Schritt die Klasse `InvalidMeasureEventArgs` überarbeiten. Sie wird um die schreibgeschützte Eigenschaft `Error` vom Typ `Exception` ergänzt. Außerdem erhält der Konstruktor einen dritten Parameter, der das `Exception`-Objekt entgegennimmt.

```
// ergänzte und geänderte InvalidMeasureEventArgs-Klasse
public class InvalidMeasureEventArgs : EventArgs
{
  // Felder
  private Exception _Error;
  // Eigenschaften
  public Exception Error
  {
    get => _Error;
```

```
  }
  // Konstruktor
  public InvalidMeasureEventArgs(int invalidMeasure, string propertyName,
                                                     Exception error)
  {
    _InvalidMeasure = invalidMeasure;
    _Error = error;
    if (propertyName == "" || propertyName == null)
      _PropertyName = "[unknown]";
    else
      _PropertyName = propertyName;
  }
}
```

Listing 7.14 Die ergänzte Klasse »InvalidMeasureEventArgs«

Im nächsten Schritt müssen wir die Eigenschaft `Radius` anpassen. Ist der übergebene Wert unzulässig, wird zuerst ein Objekt der Ausnahme `InvalidMeasureException` erzeugt, ein Zeitstempel an die Eigenschaft `Data` übergeben und anschließend die geschützte Methode `OnInvalidMeasure` aufgerufen, die für die Auslösung des Ereignisses sorgt.

```
// überarbeitete Eigenschaft
public virtual int Radius
{
  get => _Radius;
  set
  {
    if (value >= 0)
      _Radius = value;
    else
    {
      InvalidMeasureException ex = new InvalidMeasureException
               ("Ein Radius von " + value + " ist nicht zulässig.");
      ex.Data.Add("Time", DateTime.Now);
      OnInvalidMeasure(new InvalidMeasureEventArgs(value, "Radius", ex));
    }
  }
}
```

Listing 7.15 Änderung der Eigenschaft »Radius« in der Klasse »Circle«

Werfen wir einen Blick auf die ereigniskapselnde Methode `OnInvalidMeasure` in der Klasse `GeometricObject`, die momentan wie folgt codiert ist:

```
protected virtual void OnInvalidMeasure(InvalidMeasureEventArgs e) =>
                                    InvalidMeasure?.Invoke(this, e);
```

An dieser Stelle können wir den `?.`-Operator nicht mehr gebrauchen und müssen die Methode wie folgt umschreiben:

```
protected virtual void OnInvalidMeasure(InvalidMeasureEventArgs e) {
  if (InvalidMeasure != null)
    InvalidMeasure(this, e);
}
```

Anschließend wird in der Methode noch der `else`-Zweig ergänzt, in dem die Ausnahme geworfen wird, falls kein Ereignishandler registriert ist.

```
protected void OnInvalidMeasure(InvalidMeasureEventArgs e) {
  if (InvalidMeasure != null)
    InvalidMeasure(this, e);
  else
    throw e.Error;
}
```

Listing 7.16 Änderung der Methode »OnInvalidMeasure« in »GeometricObject«

Sehr wichtig ist es jetzt, dass wir nicht vergessen, das Ereignis `InvalidMeasure` auch in den Eigenschaften `Length` und `Width` der Klasse `Rectangle` auszulösen. Wir müssen diese Klasse daher noch analog anpassen.

Zum Schluss bleibt noch, sich vom Erfolg der Implementierung zu überzeugen. Dazu dient der Beispielcode in Listing 7.17, in dem beide Varianten einem Test unterzogen werden:

```
Circle kreis1 = null;
Circle kreis2 = null;

try
{
  kreis1 = new Circle();
  kreis1.InvalidMeasure += kreis_InvalidMeasure;
  kreis1.Radius = -100;
  kreis2 = new Circle(-89);
  kreis2.Radius = -9;
}
catch (InvalidMeasureException ex)
{
  Console.WriteLine("Im Catch-Block: " + ex.Message);
```

```
  Console.WriteLine($"Log-Daten: {ex.Data["Time"]}");
}
Console.ReadLine();

// der Ereignishandler
static void kreis_InvalidMeasure(object sender, InvalidMeasureEventArgs e)
{
  Console.WriteLine("Ereignishandler: " + e.Error.Message);
}
```


Listing 7.17 Hauptprogramm zum Testen der Ausnahme

Das Objekt `kreis1` registriert das Ereignis `InvalidMeasure`, während `kreis2` auf diese Option verzichtet. Daraus resultiert das folgende Verhalten zur Laufzeit: Die Übergabe eines unzulässigen Radius an `kreis1` führt zur Ausführung des Ereignishandlers, während das Objekt `kreis2` die Exception behandeln muss.

Anmerkung

In der Gesamtlösung des Beispiels *GeometricObjects* unter *..\Beispiele\Kapitel 7\GeometricObjectsSolution_8* (*www.rheinwerk-verlag.de/5953* sind neben der Änderung an der Klasse `Circle` auch die entsprechenden Änderungen an der Klasse `Rectangle` vorgenommen worden.

7.2 Debuggen mit Programmcode

7.2.1 Einführung

In Abschnitt 7.1, »Laufzeitfehler erkennen«, haben wir uns mit Fehlern beschäftigt, die nach der erfolgreichen Kompilierung zur Laufzeit auftreten können und, falls sie nicht behandelt werden, unweigerlich zum Absturz des Programms führen. Vielleicht noch schlimmer sind Fehler, die weder vom Compiler erkannt werden noch einen Laufzeitfehler verursachen. Es sind die logischen Fehler, aus denen ein falsches oder zumindest unerwartetes Ergebnis resultiert. Um logische Fehler aufzuspüren, müssen Sie die Anwendung unter Zuhilfenahme des integrierten Debuggers untersuchen.

.NET stellt Ihnen eine Reihe von Hilfsmitteln für das Debuggen des Programmcodes zur Verfügung. Die Spanne reicht von der einfachen Ausgabe von Meldungen im Ausgabefenster bis zur Umleitung der Meldungen in eine Datei oder das Windows-Ereignisprotokoll. Dabei können Sie das Laufzeitverhalten einer Anwendung sowohl mit Programmcode als auch mit der Unterstützung von Visual Studio überprüfen. Wir werden in den nächsten Abschnitten auf alle Debugging-Techniken eingehen.

7.2.2 Die Klasse »Debug«

In den vorangegangenen Beispielen haben wir uns sehr häufig eines Kommandos bedient, um beispielsweise den Inhalt von Variablen zu überprüfen: Es war die Methode `WriteLine` der Klasse `Console`. Diese Technik hat zur Folge, dass die Ausgabe an der Konsole unübersichtlich wird und zwischen den erforderlichen Programminformationen immer wieder Informationen zu finden sind, die im Grunde genommen nur dazu dienen, die Entwicklung zu unterstützen. Bevor Sie ein solches Programm an den Kunden ausliefern, müssen Sie die Testausgaben aus dem Programmcode löschen.

Die Entwicklungsumgebung bietet Ihnen eine bessere Alternative an. Dazu wird die Ausgabe nicht in das Konsolenfenster geschrieben, sondern in das Ausgabefenster von Visual Studio. Standardmäßig wird dieses Fenster am unteren Rand der Entwicklungsumgebung angezeigt. Sie können es sich anzeigen lassen, indem Sie im Menü ANSICHT den Menüpunkt AUSGABE wählen.

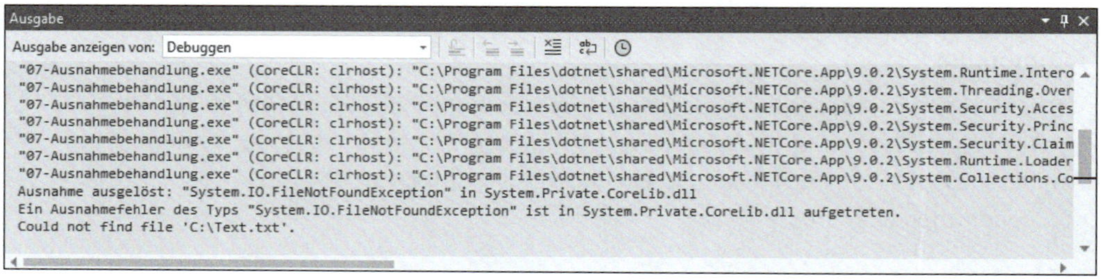

Abbildung 7.6 Das Fenster »Ausgabe«

Sie haben dieses Fenster wahrscheinlich schon häufig gesehen und aufmerksam seinen Inhalt gelesen, denn bei jeder Kompilierung werden hier Informationen ausgegeben, beispielsweise ob die Kompilierung fehlerfrei war. Das Ausgabefenster zeigt Ihnen aber nicht nur Informationen an, die der Compiler hineinschreibt, Sie können auch eigene Meldungen in dieses Fenster umleiten.

Eine Debug-Information in das Ausgabefenster zu schreiben, ist genauso einfach wie die Ausgabe an der Konsole. Sie müssen nur die Anweisung

```
Console.WriteLine("...");
```

durch

```
Debug.WriteLine("...");
```

ersetzen. `Debug` ist eine nicht ableitbare Klasse des Namespace `System.Diagnostics`, die ausschließlich statische Member bereitstellt.

Die Methode `Debug.WriteLine` unterscheidet sich von der Methode `Console.WriteLine` dahingehend, dass sie keine Formatierungsmöglichkeiten erlaubt. Um mehrere Informationen in einer gemeinsamen Zeichenfolge unterzubringen, müssen Sie daher den Verknüpfungsoperator + benutzen:

```
Debug.WriteLine("Inhalt von value = " +  value);
```

Programmablaufinformationen anzeigen

`Debug.WriteLine` ist mehrfach überladen und kann ein Argument des Typs `string` oder `object` entgegennehmen. Eine parameterlose Überladung gibt es nicht. Optional können Sie auch ein zweites `string`-Argument übergeben, das eine detaillierte Beschreibung bereitstellt, die vor der eigentlichen Debug-Information ausgegeben wird.

Sehen wir uns das an einem Beispiel an. Die Anweisung

```
Debug.WriteLine("Inhalt von value = " + value, "Variable value");
```

wird in das Ausgabefenster

```
Variable value: Inhalt von value = 34
```

schreiben – vorausgesetzt, der Inhalt von `value` ist `34`.

Neben `WriteLine` sind in der Klasse `Debug` weitere Methoden zur Ausgabe von Informationen definiert. Tabelle 7.2 gibt darüber Auskunft.

Methode	Beschreibung
`Write`	Schreibt Debug-Informationen ohne Zeilenumbruch.
`WriteLine`	Schreibt Debug-Informationen mit Zeilenumbruch.
`WriteIf`	Schreibt Debug-Informationen ohne Zeilenumbruch, wenn eine bestimmte Bedingung erfüllt ist.
`WriteLineIf`	Schreibt Debug-Informationen mit Zeilenumbruch, wenn eine bestimmte Bedingung erfüllt ist.

Tabelle 7.2 Ausgabemethoden der Klasse »Debug«

Die beiden zuletzt aufgeführten Methoden `WriteIf` und `WriteLineIf` schreiben nur dann Debug-Informationen, wenn eine vordefinierte Bedingung erfüllt ist. Damit lässt sich der Programmcode übersichtlicher gestalten. Beide Methoden sind genauso überladen wie `Write` bzw. `WriteLine`, erwarten jedoch im ersten Parameter zusätzlich einen booleschen Wert. Dessen Bedeutung verdeutlichen wir uns an einem Beispiel. Um den Inhalt des Feldes `value` zu testen, könnten wir in herkömmlicher Weise codieren:

```
if (value == 77)
  Debug.WriteLine("Inhalt von value ist 77");
```

Mit `WriteLineIf` wird daraus eine Codezeile:

```
Debug.WriteLineIf(value == 77, "Inhalt von value ist 77");
```

Einrücken der Ausgabeinformationen

Die Klasse `Debug` stellt uns Eigenschaften und Methoden zum Einrücken der Debug-Ausgaben zur Verfügung. Die Methode `Indent` erhöht die Einzugsebene um eins, und die Methode `Unindent` verringert die Einzugsebene um eins. Standardmäßig beschreibt eine Einzugsebene vier Leerzeichen. Mit der Eigenschaft `IndentSize` können Sie einen anderen Wert bestimmen. `IndentLevel` erlaubt, eine bestimmte Einzugsebene festzulegen, ohne `Indent` mehrfach aufrufen zu müssen. An einem Beispiel wollen wir uns noch die Auswirkungen ansehen:

```
Debug.WriteLine("Ausgabe 1");
Debug.Indent();
Debug.WriteLine("Ausgabe 2");
Debug.IndentLevel = 3;
Debug.WriteLine("Ausgabe 3");
Debug.Unindent();
Debug.WriteLine("Ausgabe 4");
Debug.IndentSize = 2;
Debug.IndentLevel = 1;
Debug.WriteLine("Ausgabe 5");
```

Listing 7.18 Strukturierte Ausgabe im »Ausgabe«-Fenster

Der Code führt zu folgender Ausgabe:

```
Ausgabe 1
    Ausgabe 2
            Ausgabe 3
        Ausgabe 4
  Ausgabe 5
```

Die Methode »Assert«

Mit der Methode `Assert` können Sie eine Annahme prüfen, um beispielsweise unzulässige Zustände festzustellen. Die Methode zeigt eine Fehlermeldung an, wenn ein Ausdruck mit `false` ausgewertet wird.

```
Debug.Assert(value >= 0, "value ist negativ");
```

Hat die Eigenschaft `value` einen Wert, der kleiner als 0 ist, erscheint auf dem Bildschirm die in Abbildung 7.7 gezeigte Nachricht.

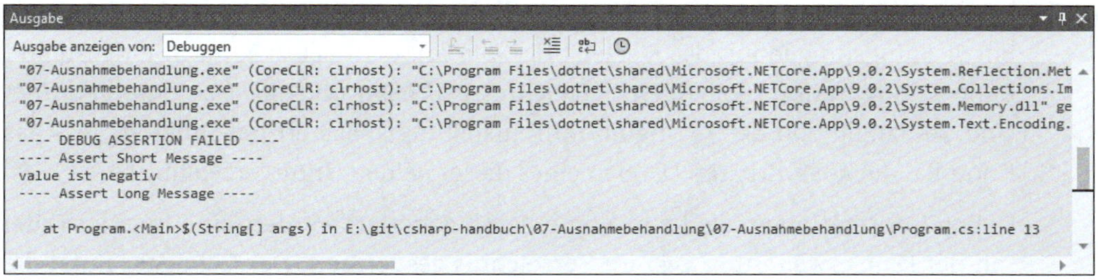

Abbildung 7.7 Die Meldung der Methode »Debug.Assert« im Ausgabefenster von Visual Studio 2022

Die Ausgabe enthält neben der dem zweiten Parameter übergebenen Zeichenfolge auch Informationen darüber, in welcher Klasse und welcher Methode der Assertionsfehler aufgetreten ist.

7.2.3 Die Klasse »Trace«

Die Klasse `Trace` unterscheidet sich in der Liste ihrer Eigenschaften und Methoden nicht von `Debug`. Dennoch gibt es einen Unterschied, der sich nur bei einem Wechsel der Build-Konfiguration zwischen RELEASE und DEBUG bemerkbar macht (siehe Abbildung 7.8).

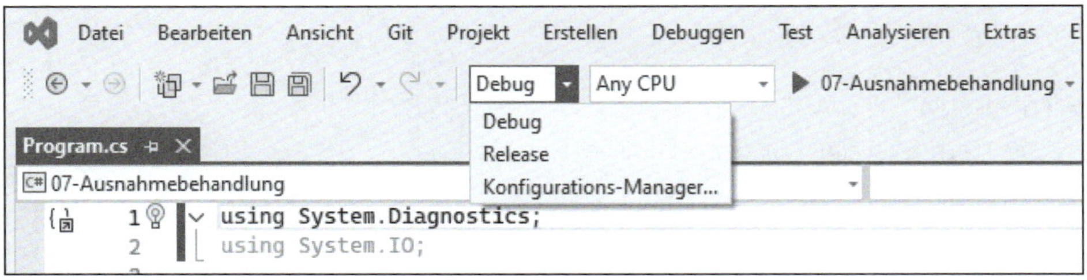

Abbildung 7.8 Die Einstellung der Debug/Release-Build-Konfiguration

Standardmäßig ist bei jedem neuen Projekt die Konfiguration DEBUG eingestellt. Anweisungen, die auf den Klassen `Debug` oder `Trace` basieren, werden dann grundsätzlich immer bearbeitet. Wählen Sie jedoch die Konfiguration RELEASE, ignoriert der C#-Compiler Aufrufe der Klasse `Debug`, während Aufrufe auf `Trace` weiterhin bearbeitet werden.

Das ist aber noch nicht das Wesentlichste. Viel wichtiger ist die Tatsache, dass Aufrufe auf `Trace` kompiliert werden – unabhängig davon, ob Sie die Konfiguration DEBUG oder RELEASE eingestellt haben. Viele `Trace`-Anweisungen vergrößern deshalb auch das DLL- bzw. EXE-Kompilat. Andererseits haben Sie beim Entwickeln hier auch eine einfache Möglichkeit, bestimmte Zustände zu protokollieren, die sich zur Laufzeit einstellen und geprüft werden müssen.

Unterhalb des Verzeichnisses, in dem sich die Quellcodedateien befinden, legt die Entwicklungsumgebung das Verzeichnis *\bin* an, dem selbst je nach eingestellter Build-Konfiguration die beiden Verzeichnisse *\Debug* und *\Release* untergeordnet sind. Abhängig von der Konfigurationseinstellung speichert der Build-Prozess das Kompilat der ausführbaren Datei in eines dieser beiden Unterverzeichnisse.

Debug-Informationen, die beim Kompilieren generiert werden, sind in einer Datei mit der Dateierweiterung *.pdb* im Verzeichnis gespeichert. Der Debugger nutzt die darin enthaltenen Informationen, um Variablennamen und andere Informationen während des Debuggens in einem sinnvollen Format anzuzeigen.

7.2.4 Bedingte Kompilierung

Die bedingte Kompilierung ermöglicht es, Codeabschnitte oder Methoden nur dann zu kompilieren, wenn ein bestimmtes Symbol definiert ist. Üblicherweise werden bedingte Codeabschnitte dazu benutzt, während der Entwicklungsphase den Zustand der Anwendung zur Laufzeit zu testen. Bevor ein Release-Build der Anwendung erstellt wird, wird das Symbol entfernt. Die Abschnitte, deren Code als bedingt kompilierbar gekennzeichnet ist, werden dann nicht kompiliert.

Listing 7.19 zeigt ein Beispiel für bedingte Kompilierung:

```
#define MYDEBUG
using System;

#if(MYDEBUG)
  Console.WriteLine("In der #if-Anweisung");
#elif(TEST)
  Console.WriteLine("In der #elif-Anweisung");
#endif
```

Listing 7.19 Bedingte Kompilierung

Die Präprozessordirektive `#define` definiert das Symbol `MYDEBUG`. Symbole werden immer vor der ersten Anweisung festgelegt, die selbst keine `#define`-Präprozessordirektive ist. Werte können wir den Symbolen nicht zuweisen. Die Präprozessordirektive gilt nur in der Quellcodedatei, in der sie definiert ist, und wird nicht mit einem Semikolon abgeschlossen.

Die Anweisungen `#if` oder `#elif` testen das Vorhandensein des angegebenen Symbols. Ist das Symbol definiert, liefert die Prüfung das Ergebnis `true`, und der Code wird ausgeführt. `#elif` ist die Kurzschreibweise für die beiden Anweisungen `#else` und `#if`.

Da im Beispielcode kein Symbol namens `TEST` definiert ist, wird die Ausgabe wie folgt lauten:

```
In der #if-Anweisung
```

Standardmäßig sind in C#-Projekten die beiden Symbole `DEBUG` und `TRACE` vordefiniert. Diese Vorgabe ist im Projekteigenschaftsfenster eingetragen (siehe Abbildung 7.9) und hat anwendungsweite Gültigkeit. Das Projekteigenschaftsfenster öffnen Sie, indem Sie im Projektmappen-Explorer auf den Projektnamen rechtsklicken und den Knoten EIGENSCHAFTEN anklicken. Sie können die Symbole löschen oder auch weitere hinzufügen, die Sie ihrerseits alle durch ein Semikolon voneinander trennen müssen. Die Einstellungen befinden sich dann im Bereich BUILD.

7

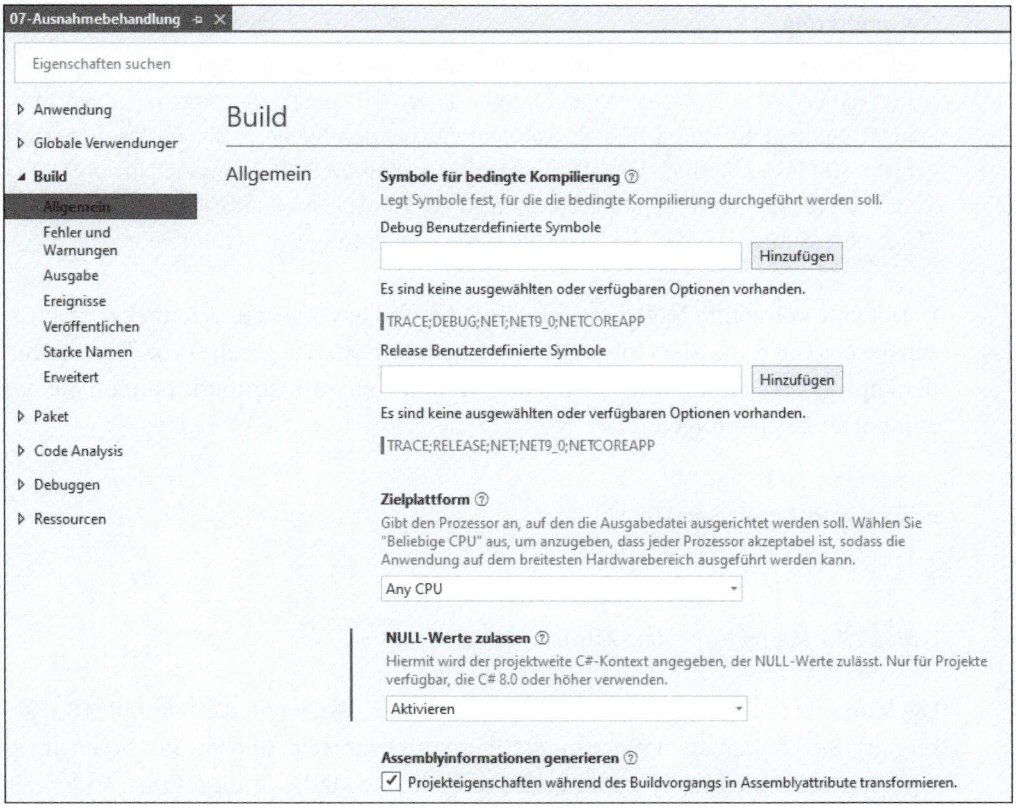

Abbildung 7.9 Festlegung der Symbole im Projekteigenschaftsfenster

Das Projekteigenschaftsfenster bietet darüber hinaus den Vorteil, dass sich die Symbole einer bestimmten Build-Konfiguration zuordnen lassen. Wählen Sie in der Dropdown-Liste KONFIGURATION die Build-Konfiguration aus, für die die unter BEDINGTE KOMPILIERUNGSKONSTANTEN angegebenen Symbole gültig sein sollen. Wenn Sie beispielsweise keine `#define`-Präprozessordirektive im Code angeben, dafür aber der

Debug-Konfiguration das Symbol DEBUG zugeordnet haben, wird der in #if ... #endif eingeschlossene Code im Debug-Build mitkompiliert, im Release-Build jedoch nicht.

Die im Projekteigenschaftsfenster definierten Konstanten gelten projektweit. Um in einer einzelnen Codedatei die Wirkung eines Symbols aufzuheben, müssen Sie das Symbol hinter der #undef-Direktive angeben.

Bedingte Kompilierung mit dem Attribut »Conditional«

Häufig ist es wünschenswert, eine komplette Methode als bedingt zu kompilierende Methode zu kennzeichnen. Hier hilft Ihnen .NET mit dem Attribut Conditional aus dem Namespace System.Diagnostics weiter.

> **Anmerkung**
>
> Hier müssen wir Attribute erwähnen, ohne dass wir uns bisher diesem Thema gewidmet haben. Wir wissen, es ist nicht immer schön, auf Features zuzugreifen, die noch nicht behandelt worden sind. Wir mögen das bei den Büchern, die wir lesen, auch nicht. Nur leider lässt es sich nicht immer vermeiden, weil die Zahnrädchen von .NET so komplex ineinandergreifen. Darum also der Hinweis: In Kapitel 10, »Weitere C#-Sprachfeatures«, werden wir Ihnen alles Wissenswerte zu den Attributen erzählen.

Damit eine komplette Methode als bedingt kompilierbar gekennzeichnet wird, müssen Sie das Conditional-Attribut (wie im folgenden Beispiel gezeigt) vor dem Methodenkopf in eckigen Klammern angeben. In den runden Klammern nennen Sie das Symbol als Zeichenfolge:

```
[Conditional("DEBUG")]
public void ConditionalTest() {
  [...]
}
```

Listing 7.20 Methode mit dem Attribut »Conditional«

Die Methode ConditionalTest wird nur dann kompiliert, wenn das Symbol DEBUG gesetzt ist. Sie können auch mehrere Attribute mit unterschiedlichen Symbolen angeben. Lässt sich eines der Symbole auswerten, wird die Methode ausgeführt. Anders als bedingter Code, der durch #if ... #endif eingeschlossen ist, wird eine Methode, der das Conditional-Attribut angeheftet ist, immer kompiliert.

Beachten Sie, dass eine Methode mit einem Conditional-Attribut immer den Rückgabetyp void haben muss und nicht mit dem Modifizierer override gekennzeichnet sein darf.

7.3 Fehlersuche mit Visual Studio

Unter dem Begriff *Debuggen* ist die Suche nach Fehlern in einem Programm zu verstehen. Sie müssen ein Programm debuggen, wenn es nicht so funktioniert, wie Sie es sich vorgestellt haben, oder wenn es falsche Ergebnisse liefert. Die Ursache für das Fehlverhalten kann das Debuggen liefern. Visual Studio unterstützt das Debuggen sowohl von lokalen als auch von entfernten (*remote*) .NET-Anwendungen. Da wir uns in diesem Buch nur mit lokalen Anwendungen beschäftigen, schenken wir dem Remote Debugging keine Beachtung.

Der Debugger lässt sich nur zur Laufzeit eines Programms verwenden. Darüber hinaus muss das Programm angehalten sein. Hier gibt es drei verschiedene Möglichkeiten:

- Die Laufzeit der Anwendung erreicht einen Haltepunkt.
- Die Anwendung führt die Methode `Break` der Klasse `Debugger` aus.
- Es tritt eine Ausnahme auf.

7.3.1 Debuggen im Haltemodus

Auf der linken Seite im Code-Editor ist ein grauer, vertikaler Balken zu sehen. Dieser dient nicht dazu, die Optik des Codefensters zu verbessern, sondern in bestimmten Codezeilen Haltepunkte zu setzen. Dazu klicken Sie mit der Maus auf den grauen Balken. Alternativ können Sie auch den Cursor in die Zeile setzen, der ein Haltepunkt hinzugefügt werden soll, und dann die Taste [F9] drücken. Haltepunkte lassen sich zu jeder Codezeile hinzufügen, die eine Programmanweisung enthält. Ein roter Punkt symbolisiert den Haltepunkt, der beim Anklicken und durch die [F9]-Taste wieder entfernt wird.

Trifft die Laufzeitumgebung auf einen Haltepunkt, hält der Debugger an dieser Stelle die Programmausführung an. Die mit dem Haltepunkt gekennzeichnete Codezeile ist in diesem Moment noch nicht ausgeführt. Im Haltemodus können Sie einzelne Variableninhalte untersuchen, ändern oder den Programmcode in gewünschter Weise fortsetzen. Dabei werden Sie auch von mehreren Fenstern des Debuggers unterstützt: ÜBERWACHEN, LOKAL und AUTO.

Um ein unterbrochenes Programm fortzusetzen, haben Sie mehrere Möglichkeiten: über das Menü DEBUGGEN, die gleichnamige Symbolleiste (diese wird standardmäßig nicht angezeigt und muss gegebenenfalls der Entwicklungsumgebung hinzugefügt werden) und diverse Tastenkürzel.

Befindet sich die Laufzeit einer Anwendung im Haltemodus, können Sie die weitere Programmausführung wie folgt beeinflussen:

- **Einzelschritt**: Der Programmcode wird Zeile für Zeile ausgeführt. Das Tastaturkürzel dafür ist [F11]. Mit [F11] wird auch in einer aufgerufenen benutzerdefinierten Methode jede Codezeile einzeln ausgeführt.
- **Prozedurschritt**: Der Programmcode wird weiterhin in Einzelschritten ausgeführt. Stößt er jedoch auf den Aufruf einer benutzerdefinierten Methode, wird diese sofort vollständig ausgeführt. Das Tastaturkürzel ist [F10].
- **Ausführen bis Rücksprung**: Die aktuelle Methode wird bis zu ihrem Ende sofort ausgeführt. Danach wird der Haltemodus wieder aktiviert. Die Tastenkombination dazu ist [⇧]+[F11].

Bei den Haltepunkten müssen Sie eine Besonderheit von Visual Studio im Zusammenhang mit den Eigenschaften beachten: Per Vorgabe werden die Eigenschaftsmethoden wie Variablen behandelt, was zur Konsequenz hat, dass beim Bearbeiten einer Eigenschaft nicht in die Eigenschaftsmethode gesprungen wird. Dieses Standardverhalten können Sie im OPTIONEN-Dialog abändern, indem Sie den Dialog unter EXTRAS • OPTIONEN öffnen und dort unter DEBUGGING • ALLGEMEIN die entsprechende Einstellung ändern (siehe Abbildung 7.10).

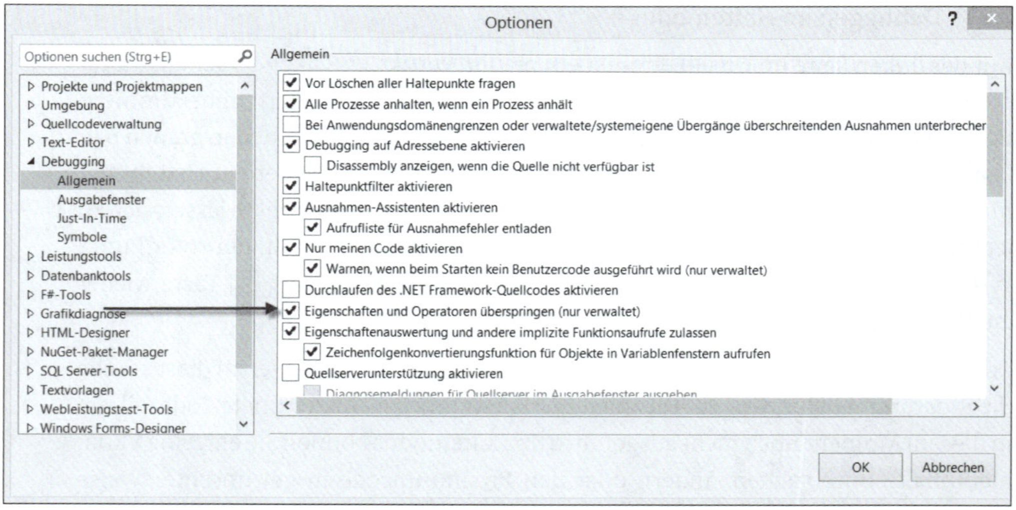

Abbildung 7.10 Option zum Überspringen von Eigenschaftsmethoden

Variableninhalte in einem »QuickInfo«-Fenster

Um sich den aktuellen Zustand einer Variablen anzeigen zu lassen, fahren Sie im Haltemodus mit dem Mauszeiger auf den Variablenbezeichner. Der Inhalt einschließlich einer kleinen Beschreibung wird daraufhin in einem QUICKINFO-Fenster angezeigt. Im QUICKINFO-Fenster können Sie sogar den Inhalt der Variablen verändern.

Bedingte Haltepunkte

Die im vorhergehenden Abschnitt beschriebenen Haltepunkte unterbrechen in jedem Fall die Programmausführung, weil sie an keine Bedingungen gebunden sind. Der Debugger ermöglicht auch die Festlegung von Haltepunkten, die eine Anwendung nur dann in den Haltemodus setzen, wenn bei Erreichen des Haltepunkts bestimmte Bedingungen erfüllt sind. Um eine Bedingung festzulegen, gehen Sie mit dem Cursor auf den betreffenden Haltepunkt, öffnen das Kontextmenü und wählen BEDINGUNGEN...

Das Fenster, das sich daraufhin öffnet, sehen Sie in Abbildung 7.11.

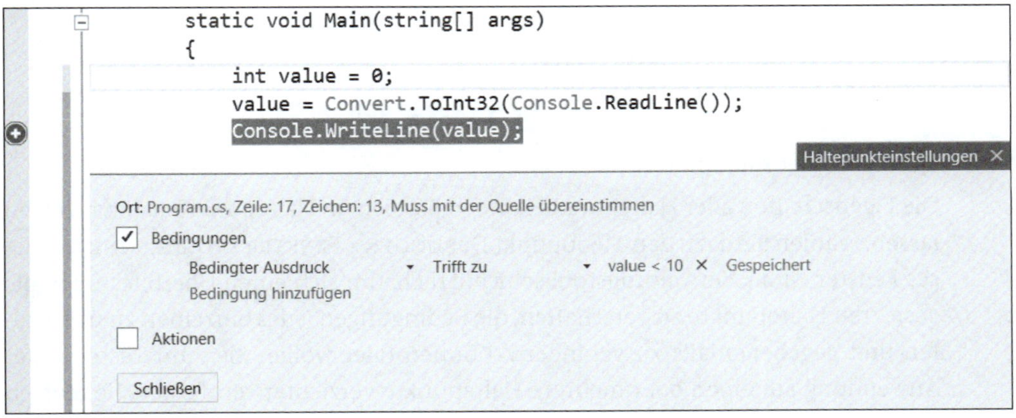

Abbildung 7.11 Festlegen einer Haltepunktbedingung

Legen Sie nun die Bedingung fest, unter der der Haltepunkt zur Laufzeit berücksichtigt werden soll. In der Abbildung wäre das genau dann der Fall, wenn die Variable `value` einen Wert kleiner als 10 aufweist. Ist `value` gleich oder größer als 10, wird das laufende Programm in dieser Codezeile nicht unterbrochen. Anstelle der Option TRIFFT ZU können Sie auch BEI ÄNDERUNG auswählen.

Haltepunkt mit Trefferanzahl aktivieren

Im Kontextmenü des Haltepunktes aus Abbildung 7.11 wurde die Voreinstellung auf BEDINGTER AUSDRUCK stehengelassen. Sie können auch die Option TREFFERANZAHL... einstellen. Wenn für einen Haltepunkt keine Trefferanzahl angegeben wurde, wird das Programm immer unterbrochen, wenn der Haltepunkt erreicht wird oder die definierte Bedingung erfüllt ist. Die Festlegung der Trefferanzahl bietet sich zum Beispiel an, wenn die Anzahl der Schleifendurchläufe festgelegt werden soll, bis der Haltepunkt aktiv wird. Ist eine Vorgabe getroffen, wird die Ausführung nur bei Erreichen der Trefferanzahl unterbrochen (siehe Abbildung 7.12).

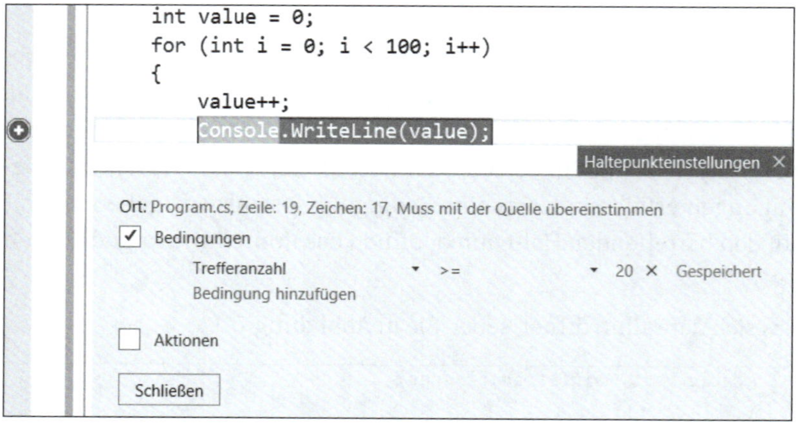

Abbildung 7.12 Festlegen der Trefferanzahl

Verwalten der Haltepunkte

Die Eigenschaften aller Haltepunkte können Sie sich im Haltepunktfenster anzeigen lassen. Wählen Sie dazu den Menüpunkt DEBUGGEN • FENSTER • HALTEPUNKTE. Dieses Fenster ist als Verwaltungstool sehr nützlich, um sich einen Überblick über alle gesetzten Haltepunkte zu verschaffen, die Bedingungen jedes einzelnen zu überprüfen und gegebenenfalls zu verändern. Können oder wollen Sie zum Testen einer Anwendung auf einen oder mehrere Haltepunkte verzichten, entfernen Sie einfach das Häkchen vor dem entsprechenden Haltepunkt. Im Code-Editor ist die zu diesem Haltepunkt gehörende Kreisfläche danach nicht mehr farblich ausgefüllt, sondern nur noch als Kreis erkennbar. Die deaktivierten Haltepunkte lassen sich später wieder aktivieren, ohne dass die eingestellten spezifischen Eigenschaften verlorengehen.

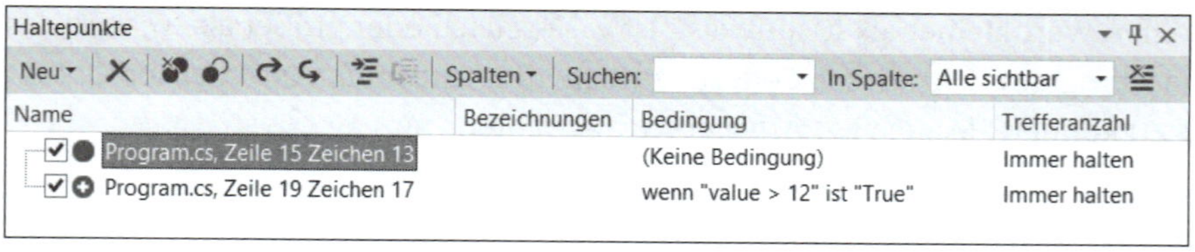

Abbildung 7.13 Die Liste aller Haltepunkte

Das Direktfenster

Das Direktfenster wird für Debug-Zwecke, das Auswerten von Ausdrücken, das Ausführen von Anweisungen, das Drucken von Variablenwerten usw. verwendet. Es ermöglicht die Eingabe von Ausdrücken, die von der Entwicklungssprache während des Debuggens ausgewertet oder ausgeführt werden sollen. Um das Direktfenster anzuzeigen, wählen Sie im Menü DEBUGGEN • FENSTER und dann DIREKT.

Welche Möglichkeiten sich hinter dem Direktfenster verbergen, sollten wir uns an einem Beispiel verdeutlichen. Zu Demonstrationszwecken bedienen wir uns des folgenden Programmcodes:

```
int x = 10;
int y = 23;
int z = x + y;
Console.Write(z);

static void DebugTestProc()
{
  Console.WriteLine("In DebugTestProc");
}
```

Listing 7.21 Code zum Testen des Direktfensters

Operationen im Direktfenster setzen den Haltemodus voraus. Daher legen wir einen Haltepunkt in der Codezeile

```
int z = x + y;
```

fest. Nach dem Starten des Projekts stoppt das Programm die Ausführung am Haltepunkt. Sollte das Direktfenster in der Entwicklungsumgebung nicht angezeigt werden, müssen Sie es noch öffnen. Sie können nun im Direktfenster

```
?x
```

eingeben, um sich den Inhalt der Variablen x anzeigen zu lassen. Das Fragezeichen ist dabei notwendig. Ausgegeben wird im Befehlsfenster der Inhalt 10.

Wenn Sie Lust haben, können Sie auch den Inhalt aus dem Direktfenster heraus ändern. Dazu geben Sie

```
x = 250
```

ein. Wenn Sie danach den Code ausführen lassen, wird an der Konsole der Inhalt von z zu 273 berechnet und nicht, wie ursprünglich zu vermuten gewesen wäre, zu 33. Die Änderung einer Variablen im Direktfenster wird also von der Laufzeit berücksichtigt.

Sogar die Methode DebugTestProc können Sie aus dem Direktfenster heraus aufrufen. Dazu geben Sie nur

```
DebugTestProc()
```

ein.

7.3.2 Weitere Alternativen, Variableninhalte zu prüfen

Logische Fehler basieren darauf, dass Variablen unerwartete Inhalte aufweisen, der Programmcode aber syntaktisch richtig ist. Das Direktfenster ist eine Möglichkeit, Variablen zu prüfen, die jedoch nicht sehr komfortabel ist, wenn der Programmcode eines größeren Projekts untersucht werden muss. Visual Studio stellt aber mehrere weitere Alternativen zur Verfügung, die noch bessere und detailliertere Informationen bereitstellen. Allen Alternativen ist gemeinsam, dass sie nur im Haltemodus geöffnet werden können. Sie können dazu das Menü DEBUGGEN • FENSTER benutzen, teilweise auch das Kontextmenü des Code-Editors. Die Variableninhalte lassen sich, wie auch im Befehlsfenster, verändern, um beispielsweise das Laufzeitverhalten der Anwendung in Grenzsituationen zu testen.

Das »Auto«-Fenster

Das AUTO-Fenster zeigt alle Variablen der Codezeile an, in der sich der Haltemodus aktuell befindet, sowie alle Variablen der vorausgehenden Codezeile. Angezeigt werden neben dem Namen der Inhalt und der Datentyp. Setzen Sie beispielsweise im folgenden Codefragment

```
double a = 22.5;
int x = 10;
int y = 23;
int z = x + y;
Console.Write(z);
```

Listing 7.22 Programmcode zum Testen des »Auto«-Fensters

in der Zeile mit der Anweisung

```
int z = x + y;
```

einen Haltepunkt, werden im AUTO-Fenster die aktuellen Inhalte der Variablen x, y und z angezeigt (siehe Abbildung 7.14).

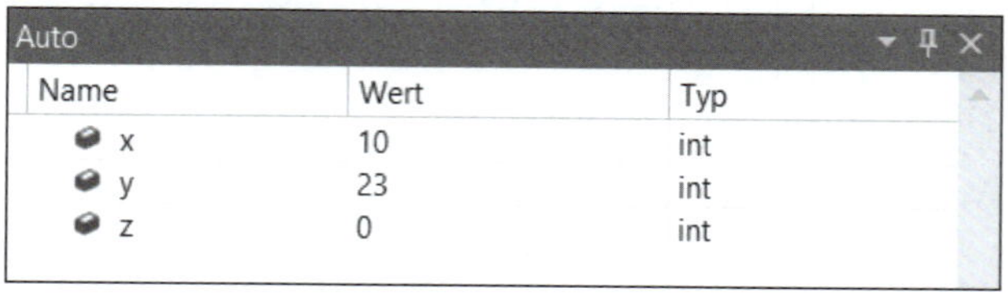

Abbildung 7.14 Das »Auto«-Fenster

Das »Lokal«-Fenster

Das Fenster LOKAL enthält alle Variablen mit Namen, Wert und Typ, die in der aktuellen Methode definiert sind. Variablen, die sich zwar im Gültigkeitsbereich einer

Methode befinden, aber außerhalb deklariert sind, werden nicht vom LOKAL-Fenster erfasst.

Das »Überwachen«-Fenster

Sie können ein Überwachungsfenster öffnen und die Variablen angeben, die vom Debugger überwacht werden sollen. Um eine Variable einem Überwachungsfenster zuzuordnen, markieren Sie die entsprechende Variable zur Laufzeit im Haltemodus und wählen im Kontextmenü ÜBERWACHUNG HINZUFÜGEN. Wollen Sie weitere Variablen überwachen lassen, können Sie sie auch manuell eintragen oder ebenfalls über das Kontextmenü der Variablen hinzufügen.

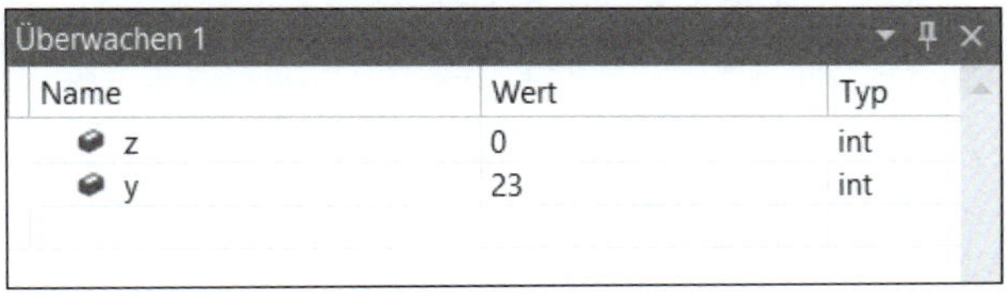

Abbildung 7.15 Das Fenster »Überwachen«

Kapitel 8

Auflistungsklassen (Collections)

Ein charakteristisches Merkmal von Arrays ist die freie Verfügbarkeit ihrer Indizes. Sie können ein Element einem Array an einer x-beliebigen Position hinzufügen – unabhängig davon, ob der Index bereits von einem anderen Element belegt ist oder nicht. Wird ein Element aus einem Array entfernt, bleibt ein unbesetzter Index zurück. Ein Array ist somit ein statischer Pool freier und belegter Elementpositionen ohne die Fähigkeit, sich bei Änderungen dynamisch anzupassen.

An dieser Stelle treten Klassen in Erscheinung, die ähnlich den Arrays als Container meist typgleicher Elemente dienen. Im Unterschied zu den herkömmlichen Arrays arbeiten diese Klassen jedoch dynamisch: Sie vergrößern ihre Kapazität entsprechend der Anzahl der Einträge und haben keine »leeren« Indizes. Ganz allgemein werden diese Klassen als *Collections*, als *Auflistungen* oder ganz einfach nur als *Listen* bezeichnet und sind in den beiden Namespaces

- `System.Collections`
- `System.Collections.Specialized`

zu finden. Jede Klasse unterscheidet sich von der anderen durch besondere Fähigkeiten und Charakteristiken – sei es die interne Verwaltung der Objekte, der Zugriff auf die Einträge oder die Geschwindigkeit, mit der innerhalb einer Liste nach einem bestimmten Eintrag gesucht werden kann.

Anmerkung

Es gibt noch eine zweite Gruppe von Auflistungen: Es handelt sich um die sogenannten *generischen Listenklassen*. Es sei an dieser Stelle schon verraten, dass es sich dabei um typisierte Listen handelt. Auf diese Gruppe werden wir in Kapitel 9 »Generics – generische Datentypen«, zu sprechen kommen, wenn wir das Thema »Generics« allgemein behandelt haben.

8.1 Collections im Namespace »System.Collections«

In Tabelle 8.1 erhalten Sie einen Überblick über die wichtigsten Auflistungsklassen im Namespace `System.Collections`.

Klasse	Beschreibung
`ArrayList`	Bei dieser Liste handelt es sich wohl um die universellste. Sie nimmt beliebige Objekte auf und gestattet den wahlfreien Zugriff auf die Listenelemente.
`BitArray`	Verwaltet ein Array von Bits.
`CollectionsUtil`	eine Auflistung, die nicht zwischen Groß- und Kleinschreibung unterscheidet
`Hashtable`	Die Elemente werden als Schlüssel-Wert-Paare gespeichert. Der Zugriff auf die Elemente erfolgt über den jeweiligen Schlüssel.
`HybridDictionary`	Das Verhalten orientiert sich an der Anzahl der Listenelemente. Ist die Anzahl der Elemente gering, operiert diese Klasse als `ListDictionary`-Collection. Bei einer größeren Anzahl Elemente, wechselt die Klasse zu einer `Hashtable-Implementierung`.
`ListDictionary`	Solange die Anzahl der Elemente kleiner als zehn ist, werden die Operationen mit den Elementen schneller ausgeführt als bei einer `Hashtable`.
`NameValueCollection`	Verwaltet ein Schlüssel-Wert-Paar, wobei sowohl der Schlüssel als auch der Wert durch Zeichenfolgen beschrieben werden. Einem Schlüssel können mehrere Zeichenfolgen zugeordnet werden, d. h., der Schlüssel ist nicht eindeutig.
`SortedList`	Diese Auflistung verwaltet Schlüssel-Wert-Paare, die nach den Schlüsseln sortiert sind und auf die sowohl über Schlüssel als auch über Indizes zugegriffen werden kann. Damit vereint sie die Merkmale von `Hashtable` und `ArrayList`.
`StringCollection`	eine Auflistung, die nur Zeichenfolgen enthält
`StringDictionary`	Ähnlich einer `Hashtable`; der Schlüssel ist jedoch immer eine Zeichenfolge.

Tabelle 8.1 Auflistungsklassen im Namespace »System.Collections« (Auszug)

Diese Klassen unterscheiden sich in den Methoden, mit denen der Zugriff auf die Elemente erfolgt, und in der Speicherverwaltung der Elemente. Jede Listenklasse hat ihre eigene Charakteristik, auch hinsichtlich der Operationen, die auf den Elementen ausgeführt werden können.

Als zwei typische Vertreter der Auflistungsklassen in .NET werden wir uns in diesem Kapitel exemplarisch auf die Charakteristik der beiden Klassen `ArrayList` und `Hash-`

table konzentrieren und deren wesentlichsten Merkmale herausarbeiten. Zunächst einmal möchten wir die beiden Klassen allgemein beschreiben.

Die Klasse »ArrayList«

ArrayList ähnelt einem klassischen Array. Im Gegensatz zu einem herkömmlichen und damit statischen Array ist ein ArrayList-Objekt dynamisch. Sie können so lange Objekte zur Liste hinzufügen, bis dem Speicher regelrecht die Puste ausgeht. Der Zugriff auf ein Element einer ArrayList erfolgt über die Angabe des entsprechenden Listenindex.

Die Klasse »Hashtable«

Die Klasse Hashtable beschreibt eine Liste von Elementen, die im Gegensatz zur ArrayList nicht durch Indizes verwaltet werden, sondern durch ein Schlüssel-Wert-Paar. Der Vorteil eines Hashtable-Objekts ist, dass innerhalb der Liste sehr schnell nach bestimmten Objekten gesucht werden kann. Der Name der Klasse hat seinen Ursprung darin, dass für die Verwaltung der Elemente ein Hashcode für den Schlüssel verwendet wird. Ein Hashcode ist ein Wert, der aus den Daten eines Objekts gebildet wird und somit für gleiche Objekte gleich ist. Der Zugriff auf ein Element in dieser Liste erfolgt über den Schlüsselwert, der grundsätzlich ein beliebiges Objekt sein kann. In der Praxis wird dazu meist eine Zeichenfolge benutzt.

8.1.1 Die elementaren Schnittstellen der Auflistungsklassen

Die Grundfunktionalität aller Auflistungen lässt sich auf elementare Methoden zurückführen. Es ist deshalb nicht verwunderlich, dass die Gemeinsamkeiten durch Interfaces beschrieben werden, die von den Auflistungsklassen implementiert werden. Im Kern handelt es sich dabei um die Schnittstellen

- IEnumerable
- ICollection
- IDictionary
- IList

Die beiden zuerst aufgeführten Schnittstellen IEnumerable und ICollection implementieren alle elementaren Auflistungsklassen und stellen damit allgemeine Verhaltensweisen sicher.

Das charakteristische Verhalten einer Auflistungsklasse (also entweder die Indexverwaltung oder die Verwaltung mit einem Schlüssel-Wert-Paar) wird durch die Implementierung des Interface IList oder des Interface IDictionary beschrieben. IList ist elementar für indexbasierte Auflistungen, IDictionary die Schnittstelle der Listen, die durch Schlüssel-Wert-Paare beschrieben werden.

Die Schnittstelle »IEnumerable«

Alle Auflistungen implementieren die Schnittstelle `IEnumerable`. Sie ermöglicht, eine Liste in einer `foreach`-Schleife zu durchlaufen, und weist nur die Methode `GetEnumerator` auf, die ein Objekt zurückliefert, das die Schnittstelle `IEnumerator` implementiert. Dieser Enumerator verfügt über die Fähigkeit, eine Auflistung elementweise zu durchlaufen. Damit gleicht dieses Objekt einem Positionszeiger, dem die drei Methoden `Current`, `MoveNext` und `Reset` zu eigen sind.

Der Enumerator positioniert sich standardmäßig vor dem ersten Eintrag einer Auflistung. Um ihn auf den ersten Eintrag und anschließend auf alle Folgeeinträge zeigen zu lassen, ist die Methode `MoveNext` auszuführen. Mit `Current` wird auf den Eintrag zugegriffen, auf den der Enumerator aktuell zeigt. `Reset` setzt den Enumerator an seine Ausgangsposition zurück, also vor den ersten Eintrag.

Hinweis

In Abschnitt 8.5, »Eigene Auflistungen mit ›yield‹ durchlaufen«, werden wir noch einmal auf das Interface `IEnumerable` eingehen, wenn es darum geht, eigene Klassen zu entwickeln, die in einer `foreach`-Schleife durchlaufen werden können.

Die Schnittstelle »ICollection«

Die Schnittstelle `ICollection` stellt allen Auflistungen die Eigenschaften `Count`, `IsSynchronized` und `SyncRoot` zur Verfügung und darüber hinaus die Methode `CopyTo`. Die Eigenschaft `Count` liefert die Anzahl der Elemente einer Auflistung zurück, die Methode `CopyTo` kopiert die Elemente in ein Array. Auflistungen sind kritisch beim gleichzeitigen Zugriff mehrerer Threads. Um diesem Umstand Rechnung zu tragen, wird die Methode `Synchronized` bereitgestellt. Die Eigenschaft `IsSynchronized` gibt an, ob die Auflistung synchronisiert wird.

Wegen dieser elementaren Fähigkeiten ist es nicht verwunderlich, dass praktisch alle Auflistungen das Interface `ICollection` implementieren.

Die Schnittstelle »IList«

Auflistungen, die `IList` implementieren, verwalten ihre Elemente über Indizes. Das beste Beispiel hierfür dürfte die Klasse `ArrayList` sein.

Die wichtigsten von `IList` zur Verfügung gestellten Methoden sind `Add`, `Clear`, `Contains`, `Insert`, `IndexOf` und `Remove`. Sie werden Listen, die diese Methoden aufweisen, überall in .NET begegnen.

Hinweis

Auch die Klasse `Array`, auf der alle herkömmlichen Arrays basieren, implementiert das Interface `IList`.

Die Schnittstelle »IDictionary«

`IDictionary` ist der Gegenspieler von `IList`. Während `IList`-implementierende Auflistungen den Zugriff auf die Elemente über einen Index sicherstellen, erfolgt er bei `IDictionary`-Auflistungen über einen Schlüssel. An dieser Stelle mehr über dieses Interface zu berichten, würde zu tief ins Detail führen. Aber wir werden im Zusammenhang mit der Klasse `Hashtable` noch darauf zu sprechen kommen.

8.2 Die Klasse »ArrayList«

`ArrayList` gehört zu den Klassen, die das Interface `IList` implementieren. Ein Objekt des Typs `ArrayList` enthält zunächst einmal keine Elemente. Fügen Sie das erste Element hinzu, erhöht sich die Kapazität auf vier Elemente. Beim Hinzufügen des fünften Elements verdoppelt sich die Kapazität automatisch auf acht Elemente. Grundsätzlich verdoppelt sich die Kapazität immer, wenn versucht wird, ein Element mehr hinzuzufügen, als die aktuelle Kapazität bereitstellt. Dabei werden die `ArrayList`-Elemente im Speicher umgeschichtet, was einen Leistungsverlust zur Folge hat, der umso größer ist, je mehr Elemente sich bereits in der `ArrayList` befinden.

Sie sollten daher von Anfang an der `ArrayList` eine angemessene Kapazität zugestehen. Am besten ist es, einfach den parametrisierten Konstruktor aufzurufen und ihm die gewünschte Anfangskapazität mitzuteilen. Eine weitere Möglichkeit bietet die Eigenschaft `Capacity`.

8.2.1 Einträge hinzufügen

Mit der Methode `Add` lassen sich Objekte einer `ArrayList`-Instanz hinzufügen. Das erste Element wird den Index 0 haben, das zweite den Index 1 usw. Sie haben mit der `Add`-Methode keinen Einfluss darauf, an welcher Position der Liste das Objekt hinzugefügt wird, da es immer an das Listenende angehängt wird. Wollen Sie wissen, welchen Index ein hinzugefügtes Objekt erhalten hat, brauchen Sie nur den Rückgabewert der `Add`-Methode auszuwerten:

```
ArrayList liste = new ArrayList();
int index = liste.Add("Werner");
```

Die `Add`-Methode ist sehr typflexibel und definiert einen Parameter des Typs `Object`. Sie können also alle Typen kunterbunt in die Liste packen, vom `String` über einen booleschen Wert, von einem `Button`- bis hin zu einem `Circle`-Objekt. Spätestens dann, wenn Sie die einzelnen Elemente auswerten wollen, geraten Sie jedoch in Schwierigkeiten, falls Sie nicht exakt wissen, welcher Typ sich hinter einem bestimmten Listenindex verbirgt. Genau das ist auch der Nachteil der `ArrayList`.

Über die Methode Add hinaus bietet ArrayList mit AddRange eine weitere, ähnliche Methode an, der Sie auch ein herkömmliches Array übergeben können:

```
ArrayList liste = new ArrayList();
int[] array = {0, 10, 22, 9, 45};
liste.AddRange(array);
```

Listing 8.1 Die Methode »AddRange« der Klasse »ArrayList«

Liegt das Array schon bei der Instanziierung von ArrayList vor, können Sie das Array auch direkt dem Konstruktor übergeben:

```
ArrayList arr = new ArrayList(intArr);
```

Collection-Initialisierer

Eine weitere Möglichkeit, einer ArrayList Elemente hinzuzufügen, sind Auflistungsinitialisierer. Damit können Sie bei der Initialisierung eines Auflistungsobjekts direkt Elemente übergeben. Sie verwenden geschweifte Klammern, in denen die einzelnen Elemente durch Kommata voneinander getrennt sind – was dann beispielsweise wie folgt aussieht:

```
ArrayList liste = new ArrayList() { "Aachen", "Bonn", "Köln", "Düsseldorf" };
```

Collection-Initialisierer erleichtern den Codierungsaufwand, da nicht immer wieder die Add-Methode aufgerufen werden muss.

Einträge aus einer »ArrayList« löschen

Mit der Methode Clear können Sie alle Elemente aus der ArrayList löschen. Die ArrayList wird danach, obwohl sie leer ist, ihre ursprüngliche Kapazität beibehalten, sie schrumpft also nicht.

Löschen Sie einzelne Elemente, bieten sich die Methoden Remove und RemoveAt an. Remove erwartet die Referenz des zu löschenden Objekts, RemoveAt den Index des zu löschenden Objekts. Beim Löschen ist ein besonderes Verhalten der IList-basierten Auflistungen zu erkennen, das wir uns nun in einem Beispiel ansehen wollen.

```
// Beispiel: ..\Kapitel 8\ArrayList_Example
ArrayList liste = new ArrayList() {"Peter", "Andreas", "Conie", "Michael",
                                   "Gerd", "Freddy"};
PrintListe(liste);
liste.Remove("Andreas");
Console.WriteLine("--- Element gelöscht ---");
PrintListe(liste);
Console.ReadLine();
```

```
// Ausgabe der Liste
static void PrintListe(IList liste)
{
  foreach (string item in liste)
    Console.WriteLine("Index: {0,-3}{1}", liste.IndexOf(item), item);
}
```

Listing 8.2 Beispiel mit einer einfachen »ArrayList«

> **Anmerkung**
>
> Achten Sie bitte bei diesem und allen anderen Beispielen in diesem Kapitel darauf, dass Sie den Namespace `System.Collections` mit `using` bekanntgeben.

Die benutzerdefinierte Methode `PrintListe` sorgt für die Ausgabe der Elemente an der Konsole. Das Übergabeargument ist vom Typ `IList` definiert. Daher können Sie der Methode jedes Objekt übergeben, das die Schnittstelle `IList` implementiert, beispielsweise auch ein herkömmliches Array – vorausgesetzt, es verwaltet Zeichenfolgen.

Nach dem Füllen der Auflistung wird der Inhalt an der Konsole ausgegeben. Neben der Zeichenfolge wird dabei der aktuelle Index, unter dem die Zeichenfolge eingetragen ist, angezeigt. Der aktuelle Index eines Elements lässt sich mit der Methode `IndexOf` unter Übergabe des Elements sehr einfach ermitteln.

Nach der Ausgabe der Liste wird das sich an zweiter Position (Index = 1) befindliche Element mit `Remove` aus der Auflistung gelöscht. Die Ausgabe der aktualisierten Liste beweist die weiter oben angedeutete typische Charakteristik der indexbasierten Collections: Der Index, den das aus der Liste gelöschte Element innehatte, bleibt nicht leer. Stattdessen verschieben sich alle nachfolgenden Elemente in der Weise, dass kein leerer Index zurückbleibt (siehe Abbildung 8.1).

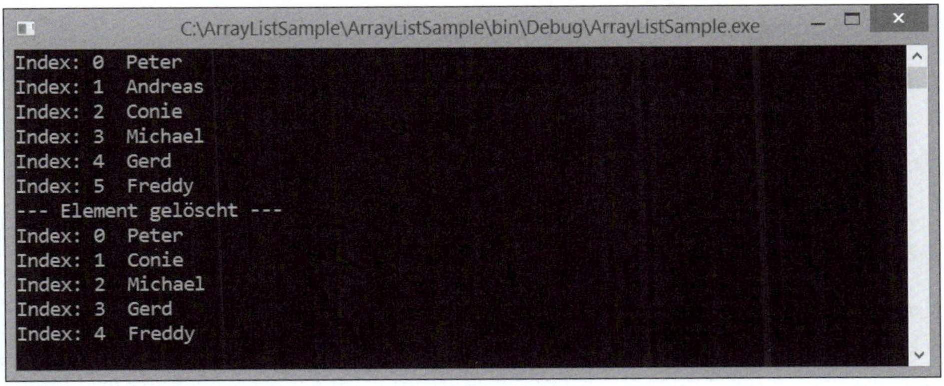

Abbildung 8.1 Element aus der Auflistung löschen

Hinweis

Sollte sich dasselbe Objekt mehrfach in der Liste befinden, wird nur das Objekt entfernt, das zuerst gefunden wird. Nehmen wir an, der Name »Andreas« wäre auch unter Index 6 zu finden, so würde nur der Eintrag mit dem Index 1 entfernt. Sie können doppelte Einträge in eine Liste vermeiden, wenn Sie vor dem Hinzufügen des Elements mit Contains prüfen, ob sich das Element eventuell bereits in der Liste befindet.

Möchten Sie während eines Schleifendurchlaufs ein Element aus der Liste löschen, ist eine foreach-Schleife als Schleifenkonstrukt denkbar ungeeignet, denn die Methoden des Interface IEnumerator funktionieren nur dann, wenn sich die Liste während des Schleifendurchlaufs nicht verändert. Eine Lösung in solchen Fällen ist die Verwendung der for- oder while-Schleife, z. B.:

```
for(int index = 0; index < liste.Count; index++)
{
  if( (string)liste[index] == "Andreas")
    liste.RemoveAt(index);
}
```

Listing 8.3 Löschen eines »ArrayList«-Elements in einer Schleife

Auf ein Listenelement greifen Sie über seinen Index zu, indem Sie den Index in eckige Klammern setzen. Da die Elemente als Object-Typen in die ArrayList eingetragen werden, ist eine Konvertierung in den passenden Typ notwendig, in unserem Code also in string.

8.2.2 Datenaustausch zwischen einem Array und einer »ArrayList«

Auflistungen zeichnen sich durch die beiden Interfaces IEnumerable und ICollection aus. Aus dem letztgenannten Interface stammt die Methode CopyTo, die es ermöglicht, die Einträge einer Auflistung in ein Array zu kopieren.

```
ArrayList liste = new ArrayList();
liste.Add("Anton");
liste.Add("Gustaf");
liste.Add("Fritz");
string[] arr = new string[10];
liste.CopyTo(arr, 3);
```

Listing 8.4 »ArrayList«-Elemente in ein Array kopieren

Der zweite Parameter von CopyTo gibt den Startindex im Array an, ab dem die Elemente der ArrayList in das Array kopiert werden. Das Array muss groß genug sein, um alle

Elemente aufzunehmen, sonst ist eine Exception die Folge. Handelt es sich bei den zu kopierenden Einträgen um Objektreferenzen, werden nicht die Objekte, sondern nur die Referenzen kopiert. `ArrayList` überlädt `CopyTo`, so dass auch spezifizierte Teilbereiche der Liste kopiert werden können.

8.2.3 Die Elemente einer »ArrayList« sortieren

Zum Sortieren der Mitglieder einer `ArrayList` dient die Methode `Sort`. Diese Methode ist mehrfach überladen. Wir wollen uns zunächst mit der parameterlosen Version beschäftigen.

Die parameterlose »Sort«-Methode

Um die Elemente einer `ArrayList` mit der parameterlosen `Sort`-Methode zu sortieren, müssen die Elemente das Interface `IComparable` unterstützen. Diese Schnittstelle beschreibt nur die Methode `CompareTo`:

```
public interface IComparable
{
  int CompareTo(object obj);
}
```

Eine Klasse, die `IComparable` implementiert, garantiert die Existenz der Methode `CompareTo`. Darauf ist die parameterlose Variante der `Sort`-Methode angewiesen. Der .NET-Dokumentation zu `CompareTo` können wir entnehmen, dass das Objekt, auf dem `Sort` aufgerufen wird, mit dem an den Parameter übergebenen Objekt verglichen wird. Als Resultat liefert der Methodenaufruf eines der drei folgenden Ergebnisse:

- < 0, wenn das Objekt, auf dem die Methode aufgerufen wird, kleiner als das Objekt `obj` ist
- 0, wenn das Objekt, auf dem die Methode aufgerufen wird, gleich dem Objekt `obj` ist
- > 0, wenn das Objekt, auf dem die Methode aufgerufen wird, größer als das Objekt `obj` ist

Anmerkung

Die Regel, nach der im deutschsprachigen Raum eine Zeichenfolge sortiert wird, vergleicht die Zeichen unter Berücksichtigung der Groß- und Kleinschreibung wie folgt:

1 < 2 ... < a < A < b < B < c < C ... < y < Y < z < Z

Da die parameterlose `Sort`-Methode das Interface `IComparable` voraussetzt, sind alle Klassen, die diese Schnittstelle implementieren, ohne zusätzlichen Programmcode dazu geeignet, innerhalb einer `ArrayList` sortiert zu werden. Das trifft insbesondere auf die elementaren Datentypen wie `string`, `int` oder `double` zu. Somit ist es uns auch möglich, die Listenelemente aus dem Beispiel *ArrayListExample* durch den Aufruf von `Sort` unkompliziert sortieren zu lassen.

```
ArrayList liste = new ArrayList() {"Peter", "Andreas", "Conie",
                                   "Michael", "Gerd", "Freddy"};
liste.Sort();
PrintListe(liste);
Console.ReadLine();
```

Listing 8.5 Sortieren einer »ArrayList«

Die Ausgabe der sortierten Liste sehen Sie in Abbildung 8.2.

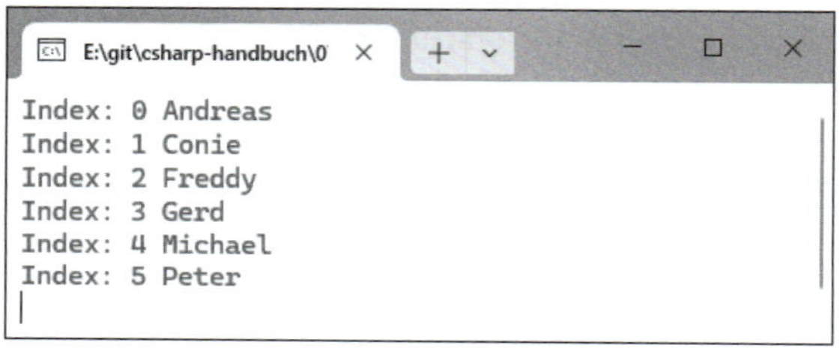

Abbildung 8.2 Die mit der Methode »Sort()« sortierten Listenelemente

Eigene Klassen mit »IComparable«

Viele Klassen in .NET implementieren die `IComparable`-Schnittstelle. Das folgende Beispielprogramm zeigt, wie Sie dieses Interface auch für eigene Klassen einsetzen können. Dabei werden wir der Einfachheit halber nur mit einer sehr einfachen Klasse arbeiten, die neben der Schnittstellenimplementierung nur einen Integer-Wert in der Eigenschaft `Value` beschreibt.

```
public class Demo : IComparable
{
  public int Value {get; set;}
  public int CompareTo(object obj)
  {
    if(obj == null) return 1;
    Demo demo = obj as Demo;
    if (demo != null)
      return Value.CompareTo(demo.Value);
    throw new ArgumentException("Objekt ist nicht vom Typ Demo");
  }
}
```

Listing 8.6 Implementieren der Schnittstelle »IComparable«

Die Klasse Demo implementiert das Interface IComparable. Daher sind Objekte dieses Typs darauf vorbereitet, innerhalb einer ArrayList sortiert zu werden. Die Sortierreihenfolge soll sich am Inhalt des Felds Value orientieren. Da CompareTo den Parameter des Typs Object definiert, müssen wir zwei besondere Situationen berücksichtigen:

- An den Parameter obj wird null übergeben.
- Da der Parameter vom Typ Object ist, lässt sich auch die Referenz auf ein Objekt übergeben, das nicht vom Typ Demo oder davon abgeleitet ist.

Daher überprüfen wir im ersten Schritt, ob die Übergabe an den Parameter null ist. Sollte das der Fall sein, wird die Methode unter Rückgabe des Wertes 1 verlassen. Sollte das Übergabeargument von null abweichen, prüft der Operator as im nächsten Schritt, ob es sich um ein Objekt vom Typ Demo handelt. Die Überprüfung mit as liefert null, falls es sich nicht um ein Demo-Objekt handelt.

Der konkrete Vergleich zwischen zwei Objekten vom Typ Demo ist sehr einfach. Da der Vergleich sich auf die Eigenschaft Value bezieht, die vom Typ Integer ist, können wir davon profitieren, dass Int32 selbst die Schnittstelle IComparable implementiert und somit auch die Methode CompareTo bereitstellt.

Generell sollten Sie die Methode CompareTo der Schnittstelle IComparable wie gezeigt implementieren, um gegen alle unzulässigen Aufrufe gewappnet zu sein und als robust zu gelten.

Natürlich wollen wir nun auch testen, ob wir unser Ziel erreicht haben. Dazu dient der folgende Code:

```
// Beispiel: ..\Kapitel 8\IComparable_Example
Demo[] arr = new Demo[]
{
  new Demo { Value = 56 },
  new Demo { Value = 72 },
  new Demo { Value = 35 },
  new Demo{ Value = 3 }
};

ArrayList liste = new ArrayList();
liste.AddRange(arr);
liste.Sort();
foreach (Demo item in liste)
  Console.WriteLine($"Index: {liste.IndexOf(item} / Wert: {item.Value}");
Console.ReadLine();
```

Listing 8.7 Sortieren von »Demo«-Objekten (siehe Listing 8.5)

An der Konsole werden die Werte der Felder in der Reihenfolge 3, 35, 56 und 72 ausgegeben. Der Vergleich und die anschließende Sortierung finden also wie erwartet statt.

Vergleichsklassen mit »IComparer«

Das Sortieren einer ArrayList mit der parameterlosen Sort-Methode gestattet nur, ein durch das Interface IComparable vorgeschriebenes Vergleichskriterium zu nutzen. Manchmal ist es jedoch erforderlich, unterschiedliche Sortierkriterien zu berücksichtigen. Nehmen wir zum Beispiel die Klasse Person, die die beiden Felder Name und City beschreibt:

```
class Person
{
  public string Name {get; set;}
  public string City {get; set;}
}
```

Listing 8.8 Die Definition der Klasse »Person«

Würde die Klasse die Schnittstelle IComparable implementieren, müsste die Entscheidung getroffen werden, nach welchem Feld Objekte dieser Klasse sortiert werden können. Nun sollen beide Möglichkeiten angeboten werden: sowohl die Sortierung nach City als auch nach Name.

Die Lösung des Problems führt über die Bereitstellung sogenannter *Vergleichsklassen*, die die Schnittstelle IComparer implementieren. Jede Vergleichsklasse beschreibt genau ein Vergleichskriterium. Wollen wir einen bestimmten Objektvergleich erzwingen, müssen wir der Sort-Methode mitteilen, welche Vergleichsklasse dafür bestimmt ist. Dafür stehen uns zwei Überladungen zur Verfügung, denen die Referenz auf ein Objekt übergeben wird, das die Schnittstelle IComparer implementiert:

```
public virtual void Sort(IComparer);
public virtual void Sort(int, int, IComparer);
```

Mit der Überladung, die zwei Integer erwartet, können der Startindex und die Länge des zu sortierenden Bereichs festgelegt werden. Bei sehr großen Auflistungen steigert eine solche Bereichseingrenzung die Performance, da Sortiervorgänge immer sehr rechenintensiv sind.

Die Schnittstelle IComparer garantiert die Methode Compare, die zwei Objekte miteinander vergleicht:

```
int Compare(object x, object y);
```

Compare funktioniert ähnlich wie die weiter oben erörterte Methode CompareTo und gibt die folgenden Werte zurück:

- < 0, wenn das Objekt x kleiner als das Objekt y ist
- 0, wenn das Objekt x gleich dem Objekt y ist
- > 0, wenn das Objekt x größer als das Objekt y ist

Für die Klasse Person wollen wir nun die beiden Vergleichsklassen NameComparer und CityComparer entwickeln, die gemäß unserer Anforderung die Schnittstelle IComparer implementieren und nach City bzw. Name sortieren.


```
// Vergleichsklasse - Kriterium City
class CityComparer : IComparer
{
  public int Compare(object x, object y)
  {
    if (x == null && y == null) return 0;
    Person x1 = x as Person;
    Person y1 = y as Person;
    if (x1 == null && y1 != null) return -1;
    if (x1 != null && y1 == null) return 1;
    if (x1 == null || y1 == null)
      throw new InvalidCastException("Ungültiger Typ");
    return x1.City.CompareTo(y1.City);
  }
}
```

Listing 8.9 Vergleichsklasse für die Klasse »Person« aus Listing 8.8

Genauso ist auch die Klasse NameComparer codiert. Allerdings mit der kleinen Änderung in der letzten Anweisung, dass statt der Eigenschaft City die Eigenschaft Name zum Vergleich herangezogen wird.

Der erste Schritt prüft, ob beide Übergabeargumente gleichzeitig den Wert null beschreiben. Ist das der Fall, liefert der Aufruf der Methode den Rückgabewert 0 zurück. Anschließend erfolgt das Konvertieren der beiden Parameter x und y nach Person. Da die zuvor beschriebene Anweisung nur prüft, ob beide Argumente gleichzeitig null sind, kann immer noch der Fall auftreten, dass nur ein Argument null ist. Dann ist das andere Argument aber mit Sicherheit vom Typ Person, und es wird der entsprechende Rückgabewert der Methode gebildet.

Ein weiterer Sonderfall liegt vor, wenn beide Argumente nicht vom Typ Person sind. In diesem Fall bietet sich das Auslösen der Exception InvalidCastException an. Sollten beide Argumente allerdings nicht null sein und gleichzeitig vom Typ Person, kann die CompareTo-Methode zur Bildung des Rückgabewertes herangezogen werden.

Haben wir ein ArrayList-Objekt mit Person-Objekten gefüllt, steht es uns frei, welche der beiden Vergleichsklassen wir zur Sortierung der Objekte benutzen, denn beide sind auf dieselbe Schnittstelle zurückzuführen und gegeneinander austauschbar.

Natürlich können Sie auch jederzeit die Klasse Person um die Schnittstelle IComparer erweitern. Syntaktisch bereitet das zumindest bei einem erforderlichen Vergleichskriterium kein Problem. Andererseits müssen Sie sich auch vor Augen halten, wie Sie die Sort-Methode aufrufen müssten:

```
liste.Sort(new Person());
```

Dieser Code suggeriert, dass wir es mit einem weiteren, neuen Person-Objekt zu tun haben, obwohl wir das Objekt doch eigentlich nur dazu missbrauchen, das Vergleichskriterium der Sort-Methode anzugeben. Ähnlich schlecht les- und interpretierbarer Code wäre das Resultat, wenn wir mit

```
liste.Sort(person1);
```

irgendein existentes Person-Objekt übergäben. Daher sollten Sie von dieser Codeimplementierung Abstand nehmen. Sehen wir uns nun das Beispielprogramm an, in dem die oben beschriebenen Vergleichskriterien benutzt werden:

```
// Beispiel: ..\Kapitel 8\IComparer_Example
ArrayList arrList = new ArrayList();
// ArrayList füllen
arrList.Add(new Person() { Name = "Meier", City = "Berlin" });
arrList.Add(new Person() { Name = "Schulz", City = "Stuttgart" });
arrList.Add(new Person() { Name = "Gerhards", City = "Hamburg" });
arrList.Add(new Person() { Name = "Müller", City = "Bremen" });

// nach Citys sortieren
arrList.Sort(new CityComparer());
Console.WriteLine("Liste nach Wohnorten sortiert");
ShowSortedList(arrList);

// nach Namen sortieren
arrList.Sort(new NameComparer());
Console.WriteLine("Liste nach Namen sortiert");
ShowSortedList(arrList);

static void ShowSortedList(IList liste)
{
  foreach (Person temp in liste)
  {
```

```
    if (temp != null)
    {
      Console.Write($"Name = {temp.Name,-12}");
      Console.WriteLine($"Wohnort = {temp.City}");
    }
  }
  Console.WriteLine();
}
```

Listing 8.10 Das Beispielprogramm »IComparerExample«

Bitte beachten Sie, dass auch die Methode `ShowSortedList` dem Umstand Rechnung tragen muss, dass sich in der sortierten Liste ein `null`-Element befindet. Der Code ignoriert dieses Element, sollte dieser Fall eintreten.

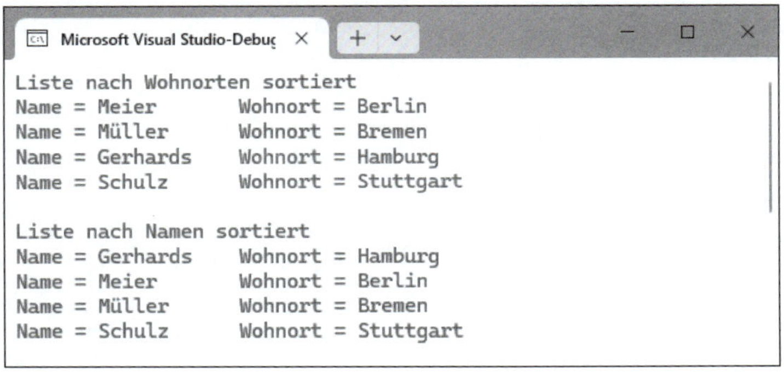

Abbildung 8.3 Ausgabe des Beispiels »IComparer_Example«

8.2.4 Sortieren von Arrays mit »ArrayList.Adapter«

Ein herkömmliches Array bietet von Haus aus keine Möglichkeit, die in ihm enthaltenen Elemente zu sortieren. Nehmen wir beispielsweise dieses simple Integer-Array:

```
int[] liste = new int[10];
```

Auf die Referenz `liste` wird (leider) keine Methode zum Sortieren angeboten. Dennoch gibt es einen Weg, der über die klassische Methode `Adapter` der Klasse `ArrayList` führt wie folgt:

```
public static ArrayList Adapter(IList list);
```

Der Methode wird ein `IList`-Objekt übergeben. Der »Zufall« will es, dass ein klassisches Array diese Schnittstelle implementiert. `Adapter` legt einen Wrapper (darunter ist eine Klasse zu verstehen, die gewissermaßen um eine andere herumgelegt wird) um das `IList`-Objekt. Der Rückgabewert ist die Referenz auf ein neues `ArrayList`-

Objekt, auf dessen Methoden, unter anderem `Sort`, sich das `IList`-Objekt manipulieren lässt.

Wie Sie die Methode `Adapter` einsetzen können, möchten wir Ihnen an einem Beispiel zeigen. Dabei dient wieder die Klasse `Person` aus dem Beispiel *IComparer_Example* als Grundlage. Zudem soll wieder die Möglichkeit eröffnet werden, entweder nach `Name` oder `City` zu sortieren. Dazu können wir die Vergleichsklassen des Beispiels *IComparer_Example* des letzten Abschnitts wiederverwenden.

```
// Beispiel: ..\Kapitel 8\ArrayListAdapter_Example
Person[] pers = new Person[3];
pers[0] = new Person { Name = "Peter", City = "Celle" };
pers[1] = new Person { Name = "Alfred", City = "München" };
pers[2] = new Person { Name = "Hugo", City = "Aachen" };
ArrayList liste = ArrayList.Adapter(pers);

// Sortierung nach Namen
liste.Sort(new NameComparer());
Console.WriteLine("Sortiert nach den Namen:");
for (int index = 0; index < 3; index ++)
  if( liste[index] != null)
    Console.WriteLine((liste[index] as Person).Name);

// Sortierung nach der City
Console.WriteLine("\nSortiert nach dem Wohnort:");
liste.Sort(new CityComparer());
for (int index = 0; index < 3; index ++)
  if( liste[index] != null)
    Console.WriteLine((liste[index] as Person).City);
Console.ReadLine();
```

Listing 8.11 Einsatz der Methode »ArrayList.Adapter«

Bei der Ausgabe der sortierten Listenelemente müssen wir ein wenig vorsichtiger sein, denn im Gegensatz zur `ArrayList`, die uns garantiert, dass sich hinter jedem Index ein gültiges Objekt verbirgt, kann der Index in einem klassischen Array `null` sein. Der Versuch einer Ausgabe oder ganz allgemein des Zugriffs auf ein `null`-Element würde mit einer Ausnahme quittiert. Daher ist unbedingt darauf zu achten, vor der Ausgabe mit

```
if (liste[index] != null)
```

auf den Inhalt `null` hin zu prüfen.

8.3 Die Klasse »Hashtable«

IList-Auflistungen verwalten ihre Elemente über Indizes. Dieses Konzept hat einen Nachteil: Wenn Sie nach einem bestimmten Element suchen und seine Position nicht kennen, müssen Sie die Liste so lange durchlaufen, bis Sie eine Übereinstimmung finden. Enthält die Auflistung sehr viele Einträge, kann das sehr zeitaufwendig sein und kostet Rechenleistung.

Kommt es nicht auf die Reihenfolge der Elemente an, können Sie sich für eine Auflistung entscheiden, die das Interface IDictionary implementiert. Zu dieser Gruppe gehört die Klasse Hashtable, die wir in diesem Abschnitt exemplarisch vorstellen werden. In IDictionary-Auflistungen lässt sich ein bestimmtes Element zwar schnell auffinden, allerdings müssen Sie dabei in Kauf nehmen, keinen Einfluss auf die Positionierung der Elemente in der Liste zu haben, denn die Elemente sind in einer für sie passenden Reihenfolge sortiert.

8.3.1 Methoden und Eigenschaften der Schnittstelle »IDictionary«

Die meisten der von IDictionary veröffentlichten Methoden sind Ihnen bereits von der Schnittstelle IList her bekannt. Das erleichtert zwar einerseits die Einarbeitung, zwingt uns aber andererseits dennoch in einigen Fällen zu einer etwas genaueren Betrachtung. Jeder Listeneintrag in einer IDictionary-Auflistung wird durch ein Schlüssel-Wert-Paar beschrieben, was sich in der Parameterliste der Add-Methode niederschlägt:

```
void Add (object key, object value);
```

Der erste Parameter wird als Schlüssel für das hinzuzufügende Element verwendet und sorgt für die Identifizierbarkeit innerhalb einer Liste. Der zweite Parameter ist die Referenz auf das hinzuzufügende Element. Wir stoßen hier zum ersten Mal auf die Tatsache, dass IDictionary-Auflistungen anstelle eines Index einen Schlüssel verwenden.

Der Schlüssel begleitet uns durch alle Methoden und wird auch von Remove verwendet, um ein Objekt aus der Auflistung zu entfernen:

```
void Remove (object key);
```

Da IDictionary-Objekte nicht über Indizes verwaltet werden, brauchen nach dem Löschen eines Elements etwaige Folgeelemente auch keine Lücke zu schließen.

Dem Indexer, also dem []-Klammerpaar, kommt nicht nur die Aufgabe zu, unter der Angabe des Schlüssels den Zugriff auf das gewünschte Element zu gewährleisten, vielmehr kann er auch dazu benutzt werden, den Wert eines Objekts zu verändern.

```
object this[object key] {get; set;}
```

Geben Sie einen Schlüssel an, der sich noch nicht in der Auflistung befindet, wird das Element hinzugefügt. Dabei bleibt allerdings der Wert leer, ist also `null`, was durchaus zulässig ist.

Die Schlüssel und die Werte werden in eigenen Auflistungen verwaltet. Die Referenz auf diese internen Auflistungen liefern die Eigenschaften `Keys` und `Values`.

```
ICollection Keys {get;}
ICollection Values {get;}
```

Mit `Clear` leeren Sie eine `IDictionary`-Auflistung, und mit `Contains` prüfen Sie, ob ein bestimmter Schlüssel bereits in der Liste enthalten ist.

Um nach einem Element in einer `IDictionary`-Auflistung zu suchen, wird eine Schlüsselinformation benötigt, der ein Wert zugeordnet ist. `IDictionary`-Auflistungen enthalten Elemente mit Schlüssel-Wert-Kombinationen. Der Schlüssel muss eindeutig sein und darf nicht den Inhalt `null` haben.

8.3.2 Beispielprogramm zur Klasse »Hashtable«

Die wichtigste Auflistung, die das `IDictionary`-Interface implementiert, wird von der Klasse `Hashtable` beschrieben. Im folgenden Beispiel wird eine Hashtabelle verschiedene Objekte vom Typ Artikel verwalten. Für die wichtigsten Eigenschaften und Methoden einer `Hashtable` werden in diesem Beispielprogramm jeweils separate Methoden bereitgestellt.

```
// Beispiel: ..\Kapitel 8\Hashtable_Example
class Artikel
{
  public int Artikelnummer { get; set; }
  public string Bezeichner { get; set; }
  public double Preis { get; set; }
  public Artikel(int artNummer, string bezeichner, double preis)
  {
    Artikelnummer = artNummer;
    Bezeichner = bezeichner;
    Preis = preis;
  }
}
```

Listing 8.12 Die Klasse »Artikel« im Beispielprogramm »Hashtable_Example«

Listenelemente hinzufügen

Gefüllt wird die `Hashtable` mit mehreren `Artikel`-Objekten durch den Aufruf der benutzerdefinierten Methode `GetFilledHashtable`. Im Gegensatz zur `ArrayList` (oder präziser ausgedrückt `IList`) stellt `Hashtable` mit `Add` nur eine Methode zur Verfügung, die der Auflistung Objekte hinzufügt. Üblicherweise wird für den Schlüssel eine Zeichenfolge verwendet, obwohl der schlüsselbeschreibende erste Parameter vom Typ `Object` ist. Das soll auch in unserem Beispiel nicht anders sein, wir verwenden dazu den Bezeichner des Artikels.


```
// Objekte der Hashtable hinzufügen
public static Hashtable GetFilledHashtable()
{
  Hashtable hash = new Hashtable();
  Artikel artikel1 = new Artikel(101, "Wurst", 1.98);
  Artikel artikel2 = new Artikel(45, "Käse", 2.98);
  Artikel artikel3 = new Artikel(126, "Kuchen", 3.50);
  Artikel artikel4 = new Artikel(6, "Fleisch", 7.48);
  Artikel artikel5 = new Artikel(22, "Milch", 0.98);
  Artikel artikel6 = new Artikel(87, "Schokolade", 1.29);
  hash.Add(artikel1.Bezeichner, artikel1);
  hash.Add(artikel2.Bezeichner, artikel2);
  hash.Add(artikel3.Bezeichner, artikel3);
  hash.Add(artikel4.Bezeichner, artikel4);
  hash.Add(artikel5.Bezeichner, artikel5);
  hash.Add(artikel6.Bezeichner, artikel6);
  return hash;
}
```

Listing 8.13 Füllen der Hashtable im Beispielprogramm »Hashtable_Example«

Die Listen der Schlüssel und Werte einer »Hashtable«

Zur Ausgabe aller Schlüsselwerte wird die Liste aller Schlüssel mit der Eigenschaft `Keys` abgerufen. Da wir für die Schlüssel Zeichenfolgen verwendet haben, kann die Laufvariable der Schleife vom Typ `string` sein.

```
// Ausgabe der Schlüsselliste
public static void GetKeyList(Hashtable hash)
{
  foreach (string item in hash.Keys)
    Console.WriteLine(item);
}
```

Listing 8.14 Ausgabe der Schlüsselliste im Beispielprogramm »Hashtable_Example«

Sehr ähnlich besorgen wir uns auch die Liste aller gespeicherten Werte. Durch den Aufruf der Eigenschaft Values stellt die Hashtable die Werte bereit. Die Einzelwerte selbst sind in unserem Beispiel Artikel-Objekte, deren Eigenschaften wir in die Konsole schreiben.

```
// Ausgabe der Werteliste
public static void GetValueList(Hashtable hash)
{
  foreach (Artikel item in hash.Values)
  Console.WriteLine($"{item.Artikelnummer,-4}{item.Bezeichner,-12}
                    {item.Preis}");
}
```

Listing 8.15 Ausgabe der Wertliste im Beispielprogramm »Hashtable_Example«

Auf Listenelemente zugreifen

Wir haben bisher ausdrücklich die in der Auflistung enthaltenen Schlüssel und Werte mit den Eigenschaften Keys und Values abgefragt. Nun interessiert uns ein Listeneintrag als Ganzes. Dabei treffen wir auf ein besonderes Charakteristikum einer IDictionary-Auflistung, denn die Laufvariablen der Schleifen sind nicht dazu geeignet, auf das Listenelement zuzugreifen. Der Zugriffsversuch löst zur Laufzeit eine Ausnahme aus, wenn Sie versuchen, die Laufvariable mit

```
// Achtung: falscher Zugriff auf die Hashtable
foreach(Artikel item in hash)
  Console.WriteLine(item.Bezeichner);
```

auszuwerten oder mit

```
// Achtung: falscher Zugriff auf die Hashtable
foreach(object item in hash)
  Console.WriteLine((item as Artikel).Bezeichner);
```

zu konvertieren. Um auf ein Listenelement in einer foreach-Schleife zugreifen zu können, müssen Sie die Laufvariable des Typs DictionaryEntry deklarieren. Von diesem Typ sind die Elemente in einer Hashtable. DictionaryEntry ist eine Struktur, die das Schlüssel-Wert-Paar für einen Hashtabelleneintrag enthält. Über die Eigenschaften Key und Value können wir die notwendigen Informationen beziehen. Während uns Key nur den Schlüssel liefert, können wir über den Rückgabewert von Value nach vorheriger Typumwandlung auf das Objekt zugreifen:

```
// Schlüssel-Wert-Paar über ein DictionaryEntry-Objekt ausgeben
public static void GetCompleteList(Hashtable hash)
{
```

```
  foreach (DictionaryEntry item in hash) {
    Console.Write(item.Key);
    Console.WriteLine(" - {0}", item.Value);
  }
}
```

Listing 8.16 Ausgabe der Elemente im Beispielprogramm »Hashtable_Example«

Prüfen, ob ein Element bereits zur »Hashtable« gehört

Eine `Hashtable` dient zur Verwaltung mehrerer meist gleichartiger Objekte und hat im Vergleich zu anderen Auflistungen den Vorteil, einen sehr schnellen Zugriff über den Indexer zu ermöglichen. Manchmal interessiert auch die Antwort auf die Frage, ob in einer `Hashtable` bereits ein bestimmtes Element eingetragen ist. Sie können dabei so vorgehen, dass Sie entweder nach einem Schlüssel suchen oder nach einem bestimmten Wert.

Beginnen wir mit der Suche nach einem Schlüssel. Hierzu können wir zwei Methoden benutzen, die gleichwertig sind: `Contains` und `ContainsKey`. Beide liefern als Resultat einen booleschen Wert zurück.

```
// prüfen, ob ein bestimmter Schlüssel enthalten ist
public static void SearchForKey(Hashtable hash)
{
  string text = "\n\nGeben Sie das auszuwertende Element an: ";
  string input;
  do
  {
    Console.Write(text);
    input = Console.ReadLine();
    if (hash.Contains(input))
      Console.WriteLine("ArtikelNr.: {0,-4} Preis: {1}",
                        ((Artikel)hash[input]).Artikelnummer,
                        ((Artikel)hash[input]).Preis);
    else
      Console.WriteLine("Nicht Element der Hashtable");
    Console.WriteLine("Zum Beenden F12 drücken ...");
  }
  while (Console.ReadKey(true).Key != ConsoleKey.F12);
}
```

Listing 8.17 Key-Suche im Beispielprogramm »Hashtable_Example«

Nicht nur über den Schlüssel lässt sich prüfen, ob ein Element Mitglied der Hashtabelle ist. Auch über den booleschen Rückgabewert von `ContainsValue` ist das möglich. Hierzu dient im Beispielprogramm die benutzerdefinierte Methode SearchForValue. Dieser Methode wird neben der Referenz auf die Auflistung das Artikel-Objekt übergeben, dessen Eintrag in der Liste zu prüfen ist.

```
// prüfen, ob ein bestimmter Wert enthalten ist
public static void SearchForValue(Hashtable hash, Artikel artikel)
{
  if (hash.ContainsValue(artikel))
    Console.WriteLine("Das Objekt '{0}' ist enthalten.", artikel.Artikelnummer);
  else
    Console.WriteLine("Das Objekt '{0}' ist nicht enthalten.",
                      artikel.Artikelnummer);
}
```

Listing 8.18 Wertsuche im Beispielprogramm »Hashtable_Example«

Testen der Methoden

Zum Schluss an dieser Stelle auch noch das Beispielprogramm, in dem die zuvor gezeigten Methoden aufgerufen werden. Am Ende des Programms wird die Methode SearchForValue aufgerufen, die nach einem bestimmten Artikel sucht. Dabei wird ein neues Artikel-Objekt erzeugt mit Daten, die sich bereits in der Liste befinden. Trotzdem wird zur Laufzeit festgestellt, dass das Objekt noch kein Mitglied der Liste ist. Das Ergebnis verwundert nicht, da von unserer Hashtable nach Objektreferenzen bewertet wird und nicht nach den darin enthaltenen Daten.

```
Hashtable hash = GetFilledHashtable();
// Liste der Schlüssel ausgeben
Console.WriteLine("===== Schlüsselliste =====");
GetKeyList(hash);

// Liste der Werte ausgeben
Console.WriteLine();
Console.WriteLine("===== Werteliste =====");
GetValueList(hash);

// Liste der Schlüssel und Werte ausgeben
Console.WriteLine();
Console.WriteLine("===== Schlüssel-Wert-Paare =====");
GetCompleteList(hash);

// Suche nach einem bestimmten Schlüssel
SearchForKey(hash);
```

```
// Suche nach einem bestimmten Wert
SearchForValue(hash, new Artikel(45, "Käse", 2.98));
Console.ReadLine();
```

Listing 8.19 Code des Beispielprogramms »Hashtable_Example«

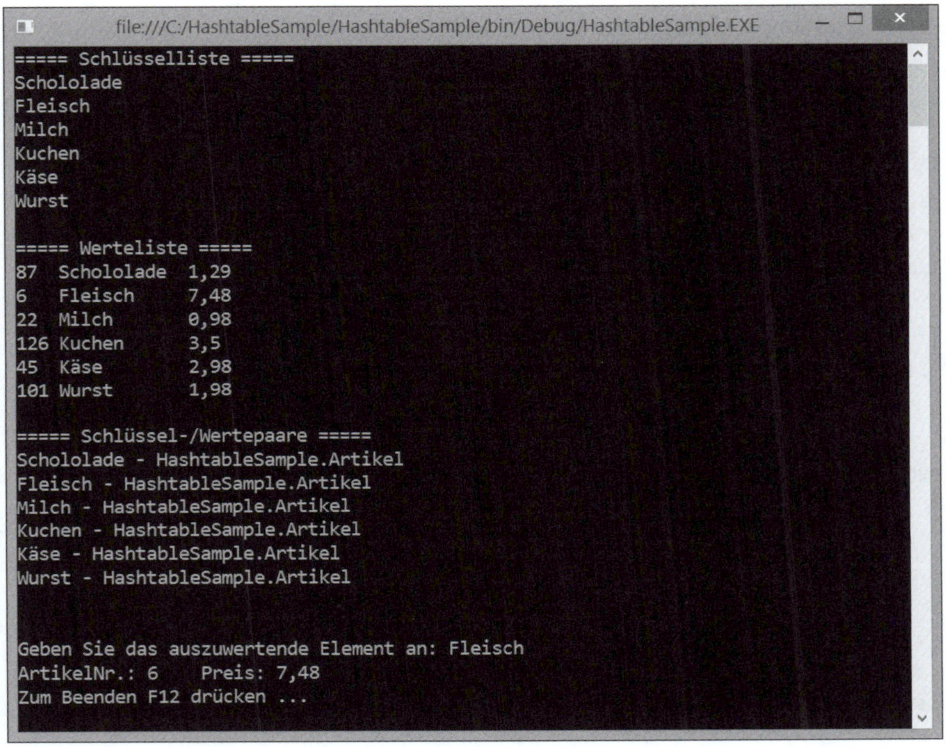

Abbildung 8.4 Ausgabe des Beispielprogramms »Hashtable_Example«

8.4 Die Klassen »Queue« und »Stack«

Ganz spezielle Listen werden durch die Klassen `Stack` und `Queue` zur Verfügung gestellt, denn beide implementieren weder das Interface `IList` noch `IDictionary`. Dennoch werden sie den Auflistungen zugerechnet, weil sie die Schnittstellen `ICollection` und somit auch `IEnumerable` implementieren.

`Stack` ist eine Datenstruktur, die nach dem LIFO-Prinzip (*Last In, First Out*) arbeitet: Das Element, das als letztes eingefügt wurde, wird beim folgenden Lesevorgang als erstes wieder entnommen. Daraus folgt, dass Sie auf das Element, das als erstes auf den Stack gelegt worden ist, erst dann wieder zugreifen können, wenn alle anderen Elemente den Stack verlassen haben.

Ein Queue-Objekt ist das Pendant zu Stack. Es arbeitet nach dem FIFO-Prinzip (*First In, First Out*): Das zuerst in die Queue geschobene Element wird auch als erstes wieder entnommen. Das Prinzip gleicht also einer Warteschlange an der Kasse eines Fußballstadions.

8.4.1 Die Klasse »Stack«

Schauen wir uns an einem Beispiel an, wie man mit der Klasse Stack arbeitet.

```
// Beispiel: ..\Kapitel 8\Stack_Example
Stack myStack = new Stack(11);
// Stack füllen
for(int i = 0; i <= 10; i++)
  myStack.Push(i * i);

// Ausgabe in der Konsole
PrintStack(myStack);
Console.ReadLine();

public static void PrintStack(Stack obj)
{
  // alle Elemente aus dem Stack holen
  while(obj.Count != 0)
    Console.WriteLine(obj.Pop());
}
```

Listing 8.20 Beispielprogramm mit der Klasse »Stack«

Das Hinzufügen neuer Elemente geschieht durch den Aufruf der Methode Push, die als Argument ein Objekt erwartet. Im Beispielcode wird eine Schleife durchlaufen, in der insgesamt elf Zahlen auf den Stack gelegt werden. Es handelt sich dabei immer um das Quadrat des aktuellen Schleifenzählers.

Zugegriffen werden kann nur auf das oberste Element im Stack. Dabei handelt es sich immer um das Objekt, das als letztes mit der Push-Methode auf den Stack gelegt wurde.

Es bieten sich zwei Alternativen an, das oberste Element auszuwerten: Mit Pop wird das oberste Element nicht nur zurückgeliefert, sondern gleichzeitig der Stackverwaltung entzogen. Mit Peek erhalten Sie zwar die Referenz, ohne das Element jedoch gleichzeitig zu entfernen. Im Beispiel wird der Stack so lange mit Pop abgegriffen, bis die Liste wieder leer ist. Die Reihenfolge der Zahlen beim Hinzufügen lautete:

```
0 1 4 9 16 25 36 ... 81 100
```

Die Rückgabe erfolgt mit:

```
100 81 64 ... 25 16 9 4 1 0
```

Der Aufruf des parameterlosen Konstruktors der Klasse Stack führt zu einer Kapazität von zehn Elementen, die bei Bedarf automatisch erhöht wird, um weitere Elemente aufzunehmen. Dabei werden alle Elemente in ein neues Array kopiert. Wenn Sie wissen, dass Sie diese Anzahl überschreiten werden, sollten Sie aus Gründen einer besseren Performance den parametrisierten Konstruktor wählen, der die Übergabe der erforderlichen Startkapazität ermöglicht:

```
Stack stack = new Stack(100);
```


Reicht das immer noch nicht aus und wird zur Laufzeit die Initialisierungsgröße trotzdem überschritten, verdoppelt sich die Kapazität automatisch.

8.4.2 Die Klasse »Queue«

Das Beispiel, das vorhin die Klasse Stack veranschaulichte, wird nun auf ein Queue-Objekt umgeschrieben:

```
// Beispiel: ..\Kapitel 8\Queue_Example
Queue myQueue = new Queue();
// Queue füllen
for(int i = 0; i <= 10; i++)
  myQueue.Enqueue(i * i);

// Ausgabe in der Konsole
PrintQueue(myQueue);
Console.ReadLine();

public static void PrintQueue(Queue obj)
{
  // alle Elemente aus der Queue holen
  while(obj.Count != 0)
    Console.WriteLine(obj.Dequeue());
}
```

Listing 8.21 Beispielprogramm mit der Klasse »Queue«

Diesmal sind es die beiden Methoden Enqueue und Dequeue, mit denen Elemente in die Liste geschoben und wieder aus ihr herausgeholt werden. Dequeue liefert nicht nur die Referenz des sich am Anfang befindlichen Elements, es holt dieses Element auch aus der Warteschlange. Wie bei der Klasse Stack können Sie sich mit Peek auch die Referenz dieses Elements besorgen und es gleichzeitig in der Liste lassen.

Der Elementzugriff erfolgt in derselben Reihenfolge, in der die Objekte der Liste hinzugefügt wurden: Das erste hinzugefügte Element wird auch als erstes herausgeholt, danach können Sie das zweite in die Warteschlange gelegte Element holen usw. Ein Zugriff auf ein beliebiges Element ist weder beim Stack noch bei der Queue möglich.

Die Standardkapazität eines Queue-Objekts beträgt 32 Elemente, die Sie mit Hilfe eines anderen Konstruktors bei der Instanziierung bedarfsgerecht festlegen können.

8.5 Eigene Auflistungen mit »yield« durchlaufen

Nehmen wir an, wir hätten eine Klassendefinition wie folgt:

```
public class Months
{
  string[] months =
  {
    "Januar", "Februar", "März", "April", "Mai", "Juni", "Juli", "August",
    "September", "Oktober", "November", "Dezember"
  };
}
```

Listing 8.22 Definition der Klasse »Months«

Wäre es nicht schön, mit einer foreach-Schleife den Datenspeicher des Objekts months zu durchlaufen und Zugriff auf alle Elemente zu erhalten, etwa wie folgt?

```
Months monate = new Months();
foreach(string temp in monate)
  Console.WriteLine(temp);
```

Dass daran Bedingungen geknüpft sind, haben wir weiter oben schon erwähnt. Die Klasse Months muss dazu die Schnittstelle IEnumerable implementieren.

```
public class Months : IEnumerable
```

Die einzige in IEnumerable definierte Methode GetEnumerator liefert ein Objekt, das wiederum die Schnittstelle IEnumerator unterstützt.

```
IEnumerator GetEnumerator();
```

Das von der Methode GetEnumerator zurückgelieferte IEnumerator-Objekt muss die Methoden MoveNext und Reset sowie die Eigenschaft Current implementieren, damit das Durchlaufen des Objekts mit foreach möglich wird.

MoveNext positioniert den Enumerator nach dem ersten Aufruf vor das erste Element der Auflistung und setzt den Positionszeiger mit jedem Aufruf auf das nächste Element in der Liste. Gleichzeitig wird ein boolescher Wert zurückgeliefert, der true ist, wenn der Enumerator auf ein Element gesetzt werden konnte, und false, falls der Enumerator das Ende der Liste überschritten hat. Die Methode Reset setzt den Positionszeiger auf die Position vor dem ersten Element der Liste, und Current ruft das aktuelle Element ab.

Die Beschreibung macht deutlich, dass einiges an Codierungsaufwand erforderlich ist, um aus einer Klasse wie Months eine Liste zu machen, die in einer foreach-Schleife durchlaufen werden kann.

Durch den Einsatz des Schlüsselwortes yield geht es aber auch einfacher. Sie müssen zwar immer noch die Schnittstelle IEnumerable und damit auch die Methode GetEnumerator implementieren, benötigen aber keinen IEnumerator-Typ mehr. Stattdessen liefern Sie die Daten nur noch mit dem neuen Schlüsselwort yield aus, gefolgt von return.


```
// Beispiel: ..\Kapitel 8\Yield_Example
Months months = new Months();
foreach(string temp in months)
  Console.WriteLine(temp);
Console.ReadLine();

public class Months : IEnumerable
{
  string[] months =
  {
    "Januar", "Februar", "März", "April", "Mai", "Juni", "Juli", "August",
    "September", "Oktober", "November", "Dezember"
  };
  // Methode der Schnittstelle IEnumerable
  public IEnumerator GetEnumerator()
  {
    for (int i = 0; i < months.Length; i++)
      yield return months[i];
  }
}
```

Listing 8.23 Klasse, die in einer »foreach«-Schleife durchlaufen werden kann

yield in Kombination mit return wird zur Angabe des zurückgegebenen Wertes verwendet. Bei Erreichen von yield return wird die aktuelle Position gespeichert, und beim nächsten Aufruf der Schleife wird die Ausführung von dieser Position neu gestartet. Mehr haben Sie nicht zu tun, denn im Hintergrund generiert der Compiler automatisch die Methoden Current und MoveNext der IEnumerator-Schnittstelle, wenn er yield erkennt.

Sie können das Programm sogar noch einfacher schreiben und auf die Implementierung von `IEnumerable` verzichten. Überlassen Sie einfach alles dem Compiler und `yield return`. Dazu schreiben Sie ebenfalls eine Methode, deren spezielle Aufgabe es ist, die Objektmenge zurückzuliefern. Die Methode dürfen Sie beliebig nennen. Der Rückgabewert ist ein Objekt, das die Schnittstelle `IEnumerable` implementiert – und somit auch implizit die Methode `GetEnumerator`. Hinter den Kulissen wird der Compiler dafür sorgen, dass der Iterator der anfragenden `foreach`-Schleife alle Daten der Reihe nach übergibt.

Listing 8.24 zeigt, wie einfach jetzt der Code ist. Beachten Sie bitte auch, dass in der `foreach`-Schleife nun die Methode `GetList` für die Bereitstellung der Objekte sorgt.

```
Months months = new Months();
foreach(string temp in months.GetList())
  Console.WriteLine(temp);
Console.ReadLine();

public class Months
{
  string[] months = { [...] };
  public IEnumerable GetList()
  {
    for (int i = 0; i < months.Length; i++)
      yield return months[i];
  }
}
```

Listing 8.24 Klasse ohne das Interface »IEnumerable«

Einschränkungen von »yield return«

Der Einsatz von `yield return` unterliegt zwei Einschränkungen:

- `yield return` lässt sich nicht innerhalb einer anonymen Methode verwenden.
- `yield return` darf weder in einem `catch`-Block noch in einem `try`-Block verwendet werden, wenn Letzterer eine `catch`-Klausel hat. Die Verwendung in einem `try`-Block, dem sich nur noch ein `finally`-Block anschließt, ist jedoch möglich.

Weitere Möglichkeiten

`yield return` ist für den Compiler der Anstoß, automatisch einen Iterator zu erzeugen, der von einer `foreach`-Schleife genutzt werden kann. Sie können auch mehrfach hintereinander `yield` aufrufen, wie das Codefragment in Listing 8.25 zeigt:

```
// Methode der Schnittstelle IEnumerable
public IEnumerator GetEnumerator()
{
```

```
    yield return "Januar";
    yield return "Februar";
    yield return "März";
}
```

Listing 8.25 Mehrere Aufrufe von »yield«

Es werden der Reihe nach die drei Monate ausgegeben.

In einem Iterator-Block ist das Statement `return` nicht zulässig. Zum Abbruch einer Iteration kombinieren Sie stattdessen `yield` mit `break`:

```
yield break;
```


8.6 Collection Expressions

Mit C# 12 hat Microsoft das Feature *Collection Expressions* eingeführt. Das ist eine vereinfachte Syntax zur Initialisierung von Sammlungen. Damit lässt sich die Arbeit mit Collections im Code prägnanter und lesbarer gestalten. Das Feature umfasst mehrere Änderungen, die wir uns im Folgenden genauer anschauen. Die neue Syntax funktioniert konsistent für Collections:

- Arrays (`int[]`)
- Listen (`List<T>`)
- Spans (`Span<T>`)
- ReadOnly-Spans (`ReadOnlySpan<T>`)

Ein besonderer Vorteil ist, dass der Compiler automatisch den optimalen Initialisierungscode generiert, beispielsweise `Array.Empty<T>()` für leere Sammlungen. Das erste Beispiel zeigt, wie sich mit eckigen Klammern `[]` verschiedene Sammlungstypen direkt initialisieren lassen:

```
int[] array = [1, 2, 3, 4];
List<string> liste = ["Apfel", "Banane", "Kirsche"];
Span<char> span = ['a', 'b', 'c'];
```

Diese Syntax ersetzt traditionelle Initialisierungsmethoden wie

```
new List<int> { ... }
```

und vereinfacht den Code damit. So eine Collection Expression lässt sich zudem direkt als Parameter einer Methode übergeben:

```
public int Sum(IEnumerable<int> zahlen) => zahlen.Sum();
int ergebnis = Sum([10, 20, 30]); // Ergebnis: 60
```

Collection Expressions unterstützen auch komplexe Strukturen, wie mehrdimensionale Arrays:

```
int[][] jaggedArray = [[1, 2], [3, 4], [5, 6]];
int[] zeile1 = [10, 20];
int[] zeile2 = [30, 40];
int[][] kombiniert = [zeile1, zeile2];
```

Der Spread-Operator ist nützlich, um bestehende Elemente in Sammlungen zu integrieren:

```
int[] teil1 = [1, 2];
int[] teil2 = [3, 4];
int[] gesamtesArray = [..teil1, ..teil2, 5]; // Ergebnis: [1,2,3,4,5]
```

Dieses Feature ermöglicht dynamische Kombinationen zur Laufzeit, die sonst nur mit deutlich mehr Code zu bewerkstelligen wären. Nehmen wir noch den ternären Operator hinzu, lassen sich so Sammlungen sehr flexibel erstellen:

```
bool includeExtra = true;
int[] basis = [1, 2];
int[] erweitert = [..basis, ..(includeExtra ? [3,4] : [])];
// Ergebnis bei true: [1,2,3,4]
```

Dieser Code erweitert das Array um die Einträge `[3,4]`, wenn die Variable `includeExtra` wahr (`true`) ist.

Kapitel 9
Generics – generische Datentypen

In der Programmierung dienen Variablen als Platzhalter für Daten. Die Idee, die hinter den Generics steckt, geht noch einen konsequenten Schritt weiter. Generics dienen ebenfalls als Platzhalter, allerdings für Datentypen. Mit Generics lassen sich Klassen und Methoden definieren, für die bestimmte Datentypen geprägt sind. Lassen Sie mich diese Aussage sofort an einem konkreten Beispiel zeigen. Dazu dient die benutzerdefinierte Klasse Stack mit den beiden Methoden Push und Pop als Ausgangspunkt der Überlegungen. Die Klasse sei zunächst noch »klassisch« definiert.

9

```
class Stack
{
  private readonly int size;
  private Object[] elements;
  private int pointer = 0;
  public Stack(int size)
  {
    this.size = size;
    elements = new Object[size];
  }
  public void Push(Object element)
  {
    if (pointer >= this.size)
      throw new StackOverflowException();
    elements[pointer] = element;
    pointer++;
  }
  public Object Pop()
  {
    pointer--;
    if (pointer >= 0)
      return elements[pointer];
    else {
      pointer = 0;
      throw new InvalidOperationException("Der Stack ist leer");
    }
  }
```

```
  public int Length
  {
    get { return this.pointer; }
  }
}
```

Listing 9.1 Die Definition einer Klasse, die einen allgemeinen Stack beschreibt

Die Daten werden in einem `Object`-Array gespeichert, dessen Kapazität beim Aufruf des einfach parametrisierten Konstruktors durch die Übergabe eines Integers festgelegt wird. Mit `Push` wird der `Stack`-Instanz ein Objekt übergeben. Sollte zu diesem Zeitpunkt die Kapazität des Arrays bereits ausgeschöpft sein, ist eine Ausnahme die Folge. Mit einer Ausnahme reagiert auch die Methode `Pop`, falls ein weiteres Element abgerufen wird, das Array aber bereits geleert ist und kein weiteres Element mehr enthält.

Jedes vom `Stack`-Objekt im Array verwaltete Element ist vom Typ `Object`. Das ist für eine Auswertung jedoch nicht präzise genug, was dazu führt, dass das Element in den richtigen Typ konvertiert werden muss. Das folgende Codefragment soll das verdeutlichen:

```
Stack stack = new Stack(10);
stack.Push(2);
int str = (int)stack.Pop();
```

Würden wir versuchen, das vom Stack geholte Element beispielsweise in eine Zeichenfolge zu konvertieren, also

```
string str = (string)stack.Pop();
```

wäre das Auslösen einer Ausnahme vom Typ `InvalidCastException` die unweigerliche Folge. Wie Sie sehen, birgt die Flexibilität des Typs `Object` gravierende Nachteile in sich. Sie können natürlich versuchen, mehrere Klassen zu entwickeln, die auf einen bestimmten Datentyp spezialisiert sind, z. B.:

```
public class StackInt
{
  private int[] elemente
  public void Push(int number) {...}
  [...]
}
```

Damit wäre gewährleistet, dass ein Objekt dieser Klasse nur Integer verwalten kann. Die Auswertung der einzelnen Objekte ist dann problemlos. Andererseits führt dieser Ansatz im Extremfall zu einer großen Anzahl ähnlicher Klassen, die jeweils nur für einen spezifischen Typ geeignet sind. Solche Lösungen sind zwar umsetzbar, allerdings schlecht zu warten. Zudem könnte sich in naher oder ferner Zukunft der Bedarf nach einem weiteren Stack mit einem noch nicht berücksichtigten Typ ergeben. Genau an diesem Punkt spielen Generics ihre ganze Stärke aus.

9.1 Bereitstellen einer generischen Klasse

Generics erlauben die Verwendung von Datentypen, die Sie zum Zeitpunkt der Entwicklung noch nicht festlegen können oder wollen. Anstelle eines konkreten Datentyps in der Klassendefinition geben Sie einen Platzhalter an, der innerhalb von spitzen Klammern steht. Dabei hat sich das Verwenden von Buchstaben eingebürgert. Am häufigsten trifft man auf das »T«, das für »Typ« steht. In der generischen Klasse kann der Platzhalter wie ein regulärer Datentyp verwendet werden.

Im folgenden Beispiel zeigen wir, wie aus der Klasse `Stack` aus Listing 9.1 eine generische Klasse `Stack<T>` (gesprochen: »Stack of T«, nicht nur »Stack«) wird.

```
// Beispiel: ..\Kapitel 9\GenerischerStack
class Stack<T>
{
  private readonly int size;
  private T[] elements;
  private int pointer = 0;
  public Stack(int size)
  {
    this.size = size;
    elements = new T[size];
  }
  public void Push(T element)
  {
    if (pointer >= this.size)
      throw new StackOverflowException();
    elements[pointer] = element;
    pointer++;
  }
  public T Pop()
  {
    pointer--;
    if (pointer >= 0)
      return elements[pointer];
    else
    {
      pointer = 0;
      throw new InvalidOperationException("Der Stack ist leer");
```

```
    }
  }
  public int Length => this.pointer;
}
```

Listing 9.2 Beispiel einer generischen »Stack«-Klasse

Instanziieren Sie die generische Klasse Stack<T>, müssen Sie den Platzhalter T, der als *generischer Typparameter* bezeichnet wird, durch einen konkreten Datentyp ersetzen. In der folgenden Anweisung handelt es sich beispielsweise um int:

```
Stack<int> stack = new Stack<int>(10);
```

Aus der Klasse Stack<T> ist nun ein Objekt vom Typ Stack<int> geworden. Alle Member der Klasse, in denen der Typparameter T verwendet wird, ersetzen T nun durch den gewählten konkreten Datentyp und akzeptieren nur noch Integer-Werte (siehe Abbildung 9.1).

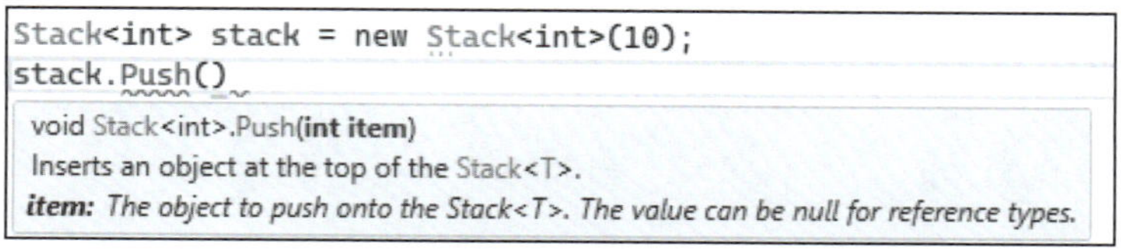

Abbildung 9.1 Aufruf der »Push«-Methode der Klasse »Stack<int>«

Den Zugriff auf die generische Klasse Stack<int> zeigt der Code aus Listing 9.3. Der Code ist in einen try-Block gefasst, um ausgelöste Ausnahmen behandeln zu können.

```
try
{
  Stack<int> stack = new Stack<int>(10);
  stack.Push(123);
  stack.Push(4711);
  stack.Push(34);
  for (int i = stack.Count; i > 0; i--)
    Console.WriteLine(stack.Pop());
  stack.Pop();
}
catch (Exception e) {
  Console.WriteLine(e.Message);
}
Console.ReadLine();
```

Listing 9.3 Auswerten des generischen Stacks aus Listing 9.2

In der for-Schleife werden alle Elemente der Reihe nach vom Stack geholt. Um eine Ausnahme zu provozieren, wird, nachdem der Stack bereits geleert ist, ein weiteres Mal die Pop-Methode aufgerufen.

> **Hinweis**
> Die .NET-Klassenbibliothek stellt eine generische Klasse Stack<T> im Namespace System.Collections.Generic zur Verfügung und eine nichtgenerische in System.Collections.

9.1.1 Mehrere generische Typparameter

Die zuvor verwendete generische Klasse Stack<T> definiert einen generischen Datentyp. Je nachdem, wie die Anforderungen an die generische Klasse definiert sind, kann der Bedarf an Typparametern jedoch auch größer sein. Sie könnten eine Klasse definieren, die zwei oder mehr generische Typparameter aufweist. Diese werden innerhalb der spitzen Klammern durch ein Komma voneinander getrennt, z. B.: Demo<T, A, B>. Hier handelt es sich sogar um drei generische Typparameter: T, A und B.

9.1.2 Vorteile der Generics

Der offensichtlich größte Vorteil der Generics ist ihre Typsicherheit. Sie programmieren nur eine Klasse und können sie für unterschiedliche Datentypen prägen. Dass die Datentypen sogar bestimmten Bedingungen unterworfen werden können, sehen Sie im nächsten Abschnitt. Verwenden Sie im Programmcode einen generischen Typ, stellt bereits der Compiler fest, wenn Sie einen unzulässigen Datentyp verwenden. Natürlich sorgt darüber hinaus auch die Laufzeitumgebung für die Gewährleistung der Typsicherheit.

Neben der Typsicherheit spricht für die Generics das bessere Leistungsverhalten, insbesondere bei der Verwaltung von Wertetypen. Stellen Sie sich nur vor, Sie würden in einer ArrayList zahlreiche Integer-Werte speichern:

```
ArrayList liste = new ArrayList();
liste.Add(55);
[...]
```

Obwohl eine ArrayList sehr komfortabel zu handhaben ist, müssen Wertetypen vor der Zuweisung und bei der Auswertung implizit mit dem Boxing- oder Unboxing-Verfahren in Referenztypen umgewandelt werden. Das geht, wie in Abschnitt 6.5 beschrieben, zu Lasten der Anwendungsleistung und macht sich insbesondere bei großen Auflistungen deutlich bemerkbar.

9.2 Bedingungen (Constraints) festlegen

9.2.1 Constraints mit der »where«-Klausel formulieren

Mit der Definition

```
public class Stack<T> { [...] }
```

teilen wir dem Compiler mit, dass der verwaltete Datentyp zur Entwicklungszeit noch unbekannt ist. Der generische Typparameter kann in diesem Fall durch jeden x-beliebigen Datentyp ersetzt werden.

Müssen Sie innerhalb des Codes der generischen Klasse jedoch ein bestimmtes Klassenmitglied des verwendeten Typs aufrufen (beispielsweise eine Methode), kann ein Fehler auftreten, weil der verwendete Datentyp dieses Klassenmitglied nicht veröffentlicht.

Um die Problematik zu verstehen, sehen Sie sich Listing 9.4 an. Die Klasse `Demo<T>` enthält die Methode `DoSomething`, die einen Parameter des Typs `T` definiert. Was genau die Methode leisten soll, interessiert bei dieser Betrachtung nicht. Jedoch wird innerhalb der Methode auf das an den Parameter übergebene Objekt die Methode `Dispose` aufgerufen, die aus der Schnittstelle `IDisposable` stammt.

```
class Demo<T>
{
  public void DoSomething(T param)
  {
    [...]
    param.Dispose();
    [...]
  }
}
```

Listing 9.4 Generische Klasse, die die Methode »IDisposable.Dispose« voraussetzt

Bereits das Kompilieren wird zu einem Fehler führen, da der Typparameter `T` die Methode `Dispose` nicht beschreibt. Wir haben hier eine Bedingung vorliegen, die vom Typparameter erfüllt werden muss, nämlich die Implementierung der Schnittstelle `IDisposable`, um die Methode `Dispose` zu garantieren.

Die Lösung des Problems ist sehr einfach: Bedingungen an Typparameter werden ähnlich wie in einer SQL-Abfrage mit dem Schlüsselwort `where` spezifiziert. In unserem fiktiven Szenario müssten wir demnach die Klasse `Demo` folgendermaßen implementieren:

```
class Demo<T> where  T : IDisposable
{
  public void DoSomething(T param)
  {
    [...]
    param.Dispose();
    [...]
  }
}
```

Listing 9.5 Generische Klasse mit einem Constraint

Jetzt ist eine Bedingung festgelegt, die der spätere konkrete Typ erfüllen muss: Er muss die Schnittstelle `IDisposable` unterstützen.

Mit einem Constraint lassen sich generische Typen einschränken, um damit vorzugeben, wie der generische Typ auszusehen hat und welche Verhaltensweisen erforderlich sind. Diese Typparameter werden auch als *gebundene Typparameter* bezeichnet (generische Typparameter ohne Constraints heißen entsprechend auch *ungebundene Typparameter*).

Dabei ist das Festlegen der Constraints äußerst flexibel und gestattet zahlreiche Möglichkeiten. So können Sie – falls erforderlich – auch mehrere Interfaces angeben, die Sie voneinander durch ein Komma trennen:

```
class Demo<T> where T : IDisposable, ICloneable, IComparable
```

Jetzt wird vorgeschrieben, dass der generische Typparameter nur durch Typen ersetzt werden kann, die gleichzeitig die drei Schnittstellen `IDisposable`, `ICloneable` und `IComparable` implementieren.

Eine Bedingung ist nicht nur auf Schnittstellen beschränkt. Sie können auch eine Klasse angeben und damit die Basisklasse des an den Typparameter `T` übergebenen konkreten Typs festlegen. Um beispielsweise vorzugeben, dass der generische Typparameter vom Typ `GeometricObject` (oder davon abgeleitet) sein muss, geben Sie die Klasse hinter `where` an:

```
class Demo<T> where T : GeometricObject
```

Sollten Sie eine Bedingung formulieren, die sowohl eine Klasse als auch eine Schnittstelle vorschreibt, muss die Angabe der Klasse vor der Schnittstelle stehen. Mehrere Klassen anzugeben ist nicht erlaubt.

9.2.2 Typparameter auf Klassen oder Strukturen beschränken

Die Angabe einer Einschränkung ist nicht nur auf konkrete Typen möglich. Sie können auch festlegen, dass der generische Typparameter entweder eine `class`- oder `struct`-Definition voraussetzt, z. B.:

```
class Demo<T> where T : class
{
  [...]
}
```

Listing 9.6 Generischer Typparameter, der auf Referenztypen beschränkt

9.2.3 Mehrere Constraints definieren

Beschreibt eine Klasse mehrere generische Typparameter, lassen sich Bedingungen für jeden einzelnen generischen Typparameter festlegen. Dazu müssen Sie den Constraint für jeden einzelnen Platzhalter mit `where` einleiten:

```
public class Demo<T, A> where T : IComparable, ICloneable
                        where A : IDisposable
{
  [...]
}
```

Listing 9.7 Mehrere generische Typparameter einschränken

9.2.4 Der Konstruktor-Constraint »new()«

Nehmen wir an, Sie möchten in einer generischen Klasse ein Objekt vom Typ des generischen Typparameters erzeugen. Das Problem dabei ist, dass der C#-Compiler nicht weiß, ob die den Typparameter ersetzende Klasse einen passenden Konstruktor hat. Die Folge wäre ein Kompilierfehler. Um in dieser Situation eine Lösung zu bieten, können Sie an die Liste der Constraints `new()` anhängen, wie das Codefragment in Listing 9.8 zeigt:

```
public class Demo<T> where T : new()
{
  public T DoSomething() => new T();
}
```

Listing 9.8 Generischer Typparameter, der den parameterlosen Konstruktor vorschreibt

Der generische Typparameter kann nunmehr nur durch Klassen ersetzt werden, die einen öffentlichen, parameterlosen Konstruktor haben. Einen parametrisierten Konstruktor vorzuschreiben, ist nicht möglich. Werden mehrere Bedingungen definiert, steht `new()` grundsätzlich immer am Ende der Aufzählung.

9.2.5 Das Schlüsselwort »default«

Im Beispiel *GenerischerStack* (Listing 9.2) wird eine Exception ausgelöst, wenn die Methode `Pop` aufgerufen wird und der Stack leer ist. Eine andere Lösung hätte vermutlich auch zum Ziel geführt: die Rückgabe mit `return`.


```
public T Pop()
{
  pointer--;
  if (pointer >= 0)
    return elements[pointer];
  else {
    pointer = 0;
    // Problemfall: der Rückgabewert
    return null;
  }
}
```

Listing 9.9 Rückgabewert der Methode »Pop« der »Stack<T>«-Klasse

Dieser Ansatz ist richtig, solange der Typparameter durch einen Referenztyp beschrieben wird. Handelt es sich jedoch um einen Wertetyp, wird die Laufzeit in einem Desaster enden, da einem Wertetyp `null` nicht zugewiesen werden kann, denn die Rückgabe muss dann `0` sein. Andererseits kann bei Referenztypen nicht einfach der Wert `0` zurückgeliefert werden, denn hier muss es `null` sein.

Die Lösung des Problems führt über das C#-Schlüsselwort `default`. Dieses kann zwischen Referenz- und Wertetypen unterscheiden und liefert `null`, wenn es sich bei dem konkreten Typ um einen Referenztyp handelt, bzw. `0`, wenn es ein den Wertetypen zugerechneter Typ ist.

```
public T Pop()
{
  pointer--;
  if (pointer >= 0)
    return elements[pointer];
  else
```

```
  {
    pointer = 0;
    return default(T);
  }
}
```

Listing 9.10 Rückgabewert »default(T)«

9.3 Generische Methoden

Generische Typen sind nicht nur im Zusammenhang mit Klassen möglich, sondern auch mit Methoden. Dabei ist es nicht zwingend notwendig, dass die Typparameter einer Methode denen der Klasse entsprechen:

```
class Demo<T>
{
  public void DoSomething<K>(K param) { [...] }
}
```

Im Gültigkeitsbereich der Klasse ist in diesem Fall der Typ T bekannt, K nur innerhalb der Methode. Sie dürfen generische, methodenspezifische Typparameter auch angeben, wenn die Klasse selbst keine definiert:

```
class Demo
{
  public void DoSomething<T>(T param) { [...] }
}
```

Der Aufruf einer Methode mit generischen Typparametern ist sehr einfach. Sie instanziieren in gewohnter Weise zuerst die Klasse und rufen die Methode unter Angabe des gewünschten konkreten Datentyps auf:

```
Demo<string> obj = new Demo<string>();
obj.DoSomething<int>(25);
```

Sie können es sogar noch kürzer formulieren, indem Sie auf die Typangabe beim Methodenaufruf verzichten. Der C#-Compiler wird in diesem Fall die richtige Schlussfolgerung ziehen. Daher ist der folgende Aufruf gleichwertig:

```
obj.DoSomething(25);
```

Generische Typparameter und Constraints können sowohl für Instanzmethoden als auch für statische Methoden festgelegt werden.

Hinweis

Dass Felder auf Klassenebene und Methodenparameter gleichnamig sein dürfen, ist Ihnen bekannt. Diese Freizügigkeit haben Sie mit generischen Typparametern nicht: Ein generischer Typparameter, der auf Klassenebene angegeben ist, darf für eine Methode nicht mehr verwendet werden, da der C#-Compiler nicht in der Lage ist, diese Doppeldeutigkeit aufzulösen.

```
class Demo<T>
{
  // fehlerhafter Typparameter
  public void DoSomething<T>(T obj) { [...] }
}
```

Richtig müsste es lauten:

```
class Demo
{
  public void DoSomething<T>(T obj) { [...] }
}
```

oder

```
class Demo<T>
{
  public void DoSomething(T obj) { [...] }
}
```


9.3.1 Methoden und Constraints

Muss der generische Typparameter einer Methode bestimmten Bedingungen genügen, legen Sie einen Constraint fest. Die Syntax entspricht der der Constraints einer Klasse. Allerdings ist es nicht möglich, einen Constraint für einen generischen Typparameter einer Methode zu definieren, der bereits auf Klassenebene festgelegt ist.

```
public void DoSomething<T>(T param) where T: IComparable
{
  [...]
}
```

9.4 Generische Attribute

Attribute in C# sind spezielle Klassen, mit denen sich zusätzliche Informationen (Metadaten) zu Klassen, Methoden, Eigenschaften oder anderen Codeelementen hinzufügen lassen. Diese Metadaten können dann zur Laufzeit oder zur Kompilierzeit ausgelesen werden, um bestimmte Funktionen zu steuern. Ein Beispiel für ein einfaches Attribut zeigt der folgende Code:

```
[Obsolete("Diese Methode ist veraltet.")]
public void AlteMethode() { }
```

Hier sagt uns das Attribut `Obsolete`, dass die Methode nicht mehr verwendet werden sollte.

Generische Attribute in C# 11 sind eine wichtige Anpassung, die die Flexibilität und Typsicherheit bei der Verwendung von Attributen erhöht. Sie ermöglichen es, generische Klassen als Attribute zu definieren, was zu präziserem und wiederverwendbarem Code führt. Vor C# 11 war es notwendig, für attributspezifische Typinformationen den Type-Parameter über den Konstruktor zu übergeben. Generische Attribute erlauben es somit, Typen direkt im Attribut anzugeben, ohne sie als Parameter im Konstruktor übergeben zu müssen. Das macht den Code kürzer, lesbarer und sicherer.

```
// Vor C# 11
public class TypeAttribute : Attribute {
    public Type ParamType { get; }
    public TypeAttribute(Type t) => ParamType = t;
}

[TypeAttribute(typeof(string))]
public string Method() => default;
```

Seit C# 11 lässt sich das Attribut direkt generisch definieren:

```
// Ab C# 11
public class GenericAttribute<T> : Attribute { }

[GenericAttribute<string>]
public string Method() => default;
```

Dies eliminiert redundanten Code und verbessert die Lesbarkeit. Aber wofür diese Änderung, und warum sind generische Attribute eine wichtige Erleichterung? Ein Beispiel sind Standardwertzuweisungen für Eigenschaften. Ein generisches `DefaultValueAttribute` lässt sich für beliebige Typen verwenden:

```
[AttributeUsage(AttributeTargets.Property)]
public class DefaultValueAttribute<T> : Attribute {
    public T Value { get; }
    public DefaultValueAttribute(T value) => Value = value;
}
```

```
public class MyClass {
    [DefaultValue<int>(0)]
    public int? MyIntProperty { get; set; }

    [DefaultValue<string>("Hello")]
    public string? MyStringProperty { get; set; }
}
```

Dies ersetzt mehrere typspezifische Attribute durch ein einziges generisches.

Generische Attribute bieten also eine erhebliche Vereinfachung, indem sie redundante Codeduplikate vermeiden und die Wartbarkeit des Codes verbessern. Statt für jeden möglichen Typ ein eigenes Attribut zu schreiben, lässt sich mit einer einzigen generischen Klasse eine flexible und wiederverwendbare Lösung schaffen. Besonders in größeren Codebasen mit vielen verschiedenen Typen sorgt dies für mehr Konsistenz und weniger Fehleranfälligkeit.

Ein weiterer Vorteil liegt in der besseren Typsicherheit: Da der Typ direkt im Attribut angegeben wird, entfällt die Notwendigkeit, ihn über den Konstruktor als Parameter `Type` zu übergeben, was Fehler zur Laufzeit verhindern kann. Dies macht generische Attribute nicht nur bequemer in der Nutzung, sondern auch sicherer. Generische Attribute sind eine logische Weiterentwicklung von C#, die Entwickelnden eine elegantere Möglichkeit bietet, Metadaten zu verwalten und Code klarer zu strukturieren.

9.5 Generics und Vererbung

Generische Klassen können abgeleitet werden. Die Regeln ähneln denen, die Sie schon kennen. Aufgrund der besonderen Natur generischer Klassen sind dabei jedoch ein paar Besonderheiten zu beachten.

Ist die Basisklasse generisch, kann die abgeleitete Klasse den generischen Typparameter übernehmen und selbst generisch sein.

```
class BaseClass<T> { [...] }
class SubClass<T> : BaseClass<T> { [...] }
```

Die Basisklasse könnte die konkreten Datentypen durch einen Constraint auf ganz bestimmte Typen eingrenzen. Dieser Constraint gilt auch für die abgeleitete Klasse und muss hinter der Angabe der Basisklasse berücksichtigt werden.

```
class BaseClass<T> where T : IComparable { [...] }
class SubClass<T> : BaseClass<T> where T : IComparable { [...] }
```

Soll die abgeleitete Klasse nicht generisch sein, muss der generische Typparameter der Basisklasse durch einen konkreten Datentyp in der abgeleiteten Klasse ersetzt werden, wie nachfolgend gezeigt:

```
class BaseClass<T> { [...] }
class SubClass : BaseClass<int> { [...] }
```

Sie können umgekehrt auch dann eine generische Subklasse entwickeln, wenn die Basisklasse nicht generisch ist.

9.5.1 Virtuelle generische Methoden

Sind in der Basisklasse virtuelle Methoden definiert, wird es noch einmal spannend, denn die Methode könnte in der Basisklasse einen generischen Typparameter haben. Virtuelle Methoden können mit `override` überschrieben werden. Ob der generische Typparameter durch einen konkreten Datentyp ersetzt werden muss oder ob der Typparameter auch in der überschreibenden Methode angeführt werden darf, entscheidet sich schon bei der Festlegung der Subklasse.

Spielen wir den Fall durch, dass die ableitende Klasse den geerbten generischen Typparameter konkret ersetzt, also:

```
class BaseClass<T>
{
  public virtual T DoSomething() { [...] }
}
class SubClass : BaseClass<int>
{
  public override int DoSomething() { [...] }
}
```

Wie wir weiter oben beschrieben haben, muss der Typparameter durch eine konkrete Angabe ersetzt werden. Das verpflichtet auch dazu, den gewünschten Datentyp in der Signatur der überschreibenden Methode zu benennen. Dass sich die Methode polymorph verhalten wird, bedarf kaum noch einer Erwähnung.

Soll auch die abgeleitete Klasse generisch sein, muss die virtuelle Methode mit generischen Typparametern überschrieben werden.

```
class BaseClass<T>
{
  public virtual T DoSomething() { [...] }
}
class SubClass<T> : BaseClass<T>
```

```
{
  public override T DoSomething() { [...] }
}
```

9.6 Typkonvertierung von Generics

Die implizite Konvertierung eines generischen Typparameters ist nur statthaft, wenn der Zieldatentyp `Object` ist oder einer der Typen, die als Constraint hinter `where` angeführt sind.

```
class Demo<T> where T : DemoBase, IComparable
{
  public void DoSomething(T param)
  {
    IComparable var1 = param;
    DemoBase var2 = param;
    Object var3 = param;
  }
}
```

Listing 9.11 Konvertierung eines generischen Typparameters

Die Klasse `Demo` beschreibt den Typparameter `T`, der von der Klasse `DemoBase` abgeleitet sein muss und das Interface `IComparable` implementiert. Die Zuweisungen in `DoSomething` sind damit gültig und typsicher.

An `Demo` wollen wir nun noch eine Manipulation vornehmen, indem wir auf die Constraints verzichten. Wir haben dann immer noch die Möglichkeit, implizit in `Object` zu konvertieren. Die Konvertierung in eine Schnittstelle muss explizit erfolgen. Weil der Compiler zur Kompilierzeit nicht weiß, durch welchen konkreten Typ der Typparameter zur Laufzeit ersetzt wird, wird er diese Konvertierung akzeptieren. Nicht erlaubt ist hingegen die explizite Konvertierung in irgendeine Klasse.

```
class Demo<T>
{
  public void DoSomething(T param)
  {
    IComparable var1 = (IComparable)param;  // korrekt!
    DemoBase var2 = (DemoBase)param;        // fehlerhaft!
    Object var3 = param;                    // korrekt!
  }
}
```

Listing 9.12 Typkonvertierung eines allgemeinen generischen Typparameters

Obwohl der Compiler die explizite Konvertierung in eine Schnittstelle akzeptiert, bleibt festzustellen, dass diese Operation nicht ganz ungefährlich ist und zur Laufzeit eine Ausnahme verursachen kann, wenn der generische Typ die Schnittstelle nicht implementiert. Um dieser potenziellen Gefahr aus dem Weg zu gehen, bietet sich eine Alternative mit den Operatoren is bzw. as an. Zur Erinnerung: Mit beiden Operatoren lässt sich der Typ einer Referenz überprüfen. is liefert true zurück, wenn der linke Operand vom Typ des rechten ist. Der as-Operator führt in diesem Fall sogar eine Konvertierung durch, andernfalls ist der Rückgabewert null.

Listing 9.13 zeigt, wie Sie die genannten Operatoren zur Typüberprüfung einsetzen können.

```
class Demo<T>
{
  public void DoSomething(T param)
  {
    if (param is IComparable) {[...]}
    // oder alternativ:
    if (param as IComparable!= null) {[...]}
  }
}
```

Listing 9.13 Konvertierung eines generischen Typparameters mit »is« oder »as«

9.7 Generische Delegaten

Generische Delegaten erweisen sich als besonders nützlich, wenn mehrere ähnliche Events ausgelöst werden. Ein kleiner Satz generischer Delegaten, die sich in der Anzahl und im Typ der Parameter unterscheiden, reicht oftmals vollkommen aus, um alle Ereignishandler bedienen zu können.

Sehen wir uns den generischen Delegaten EventHandler<T> an, der in der Klassenbibliothek zu finden ist:

```
public delegate void EventHandler<T>(object sender, T e) where T : EventArgs;
```

Der generische Typparameter T akzeptiert alle Typen, die auf die Basis EventArgs zurückzuführen sind. Mit dieser Delegatdefinition lassen sich prinzipiell alle Delegaten beschreiben, die als Typvorgabe von Ereignissen dienen. Leider wurden die Generics nicht schon mit .NET 1.0 eingeführt, sondern erst mit .NET 2.0. So müssen wir uns leider mit sehr vielen Delegaten auseinandersetzen, obwohl ein einziger bereits den Anforderungen vollends genügen würde.

9.7.1 Generische Delegaten und Constraints

Die Definition eines generischen Delegaten erlaubt es uns, eine Bedingung mit where zu formulieren. Wollen Sie beispielsweise den Typparameter T des Delegaten MyDelegate auf die Typen begrenzen, die von der Klasse Demo abgeleitet sind und die Schnittstelle IDisposable implementieren, würde die Anweisung wie folgt lauten:

```
public delegate void MyDelegate<T>(T param) where T : Demo, IDisposable;
```

9.8 »Nullable«-Typen

Angenommen, Sie greifen auf das Feld einer Tabelle in einer Datenbank zu. Der Datentyp des Feldes sei ein Integer. Damit ist der zulässige Wertebereich des Feldes bereits exakt beschrieben, der zwischen dem Minimal- und dem Maximalwert des Integers liegt. Spalten einer Datenbanktabelle müssen aber nicht zwangsläufig mit einem durch den Datentyp beschriebenen Wert gefüllt sein, sie dürfen auch leer bleiben und haben dann den Inhalt null. Somit wird in diesem Fall neben einem Zahlenwert auch null akzeptiert. Das steht aber im Gegensatz zu der Vorgabe, dass unter .NET ein Integer-Wert nicht durch null beschrieben werden kann.

Probleme dieser Art können nun ganz einfach durch Nullable-Typen gelöst werden. Dabei spielt der Typ Nullable<T>, der im Namespace System definiert ist, die entscheidende Rolle. Die Signatur deutet bereits an, dass es sich um eine generische Klasse handelt mit dem Ziel, einem Wertetyp die Verwendung von null zu ermöglichen. Die Definition lautet wie folgt:

```
public struct Nullable<T> where T : struct
```

Nullable<T> ist als Struktur definiert, schränkt die Verwendung auf Strukturen ein und kann beispielsweise wie folgt eingesetzt werden:

```
Nullable<int> x = 4711;
Nullable<int> y = null;
```

C# verfügt darüber hinaus über eine syntaktische Variante, die die Verwendung einfacher macht. Dafür wurde der neue Modifizierer ? eingeführt, der aus einem Datentyp einen null-fähigen Typ macht. Damit kann die Formulierung der beiden Anweisungen auch vereinfacht wie folgt lauten:

```
int? x = 4711;
int? y = null;
```

Da wir es jetzt mit einem neuen Datentyp zu tun haben, der auch null unterstützt, wird in der Klasse Nullable mit HasValue eine Eigenschaft angeboten, die einen booleschen Wert beschreibt. Er ist `true`, wenn der Inhalt der `null`-fähigen Variablen einen gültigen Wert aufweist, also ungleich `null` ist.

```
if (x.HasValue)
  Console.WriteLine("Der Wert ist ungleich null");
else
  Console.WriteLine("Der Wert ist null");
```

Der Inhalt der Variablen kann mit der Eigenschaft `Value` abgefragt werden. Sie liefert einen gültigen Wert, wenn `HasValue` den Wert `true` liefert. Ansonsten wird eine Ausnahme vom Typ `InvalidOperationException` ausgelöst.

Darüber hinaus können Sie `Nullable`-Typen in der üblichen Form eines Referenztyps verwenden und beispielsweise mit `null` vergleichen:

```
if(x != null)
{
  [...]
}
```

Diese `Nullable`-Referenztypen sind seit .NET 6 standardmäßig aktiviert, was die statische Null-Analyse in C# verbessert. Zudem hat Microsoft die Behandlung von `T` in Generics konsolidiert. Für Referenztypen ist `T?` ein `Nullable`-Typ, z. B. `string?`. Für Wertetypen bleibt `T?` ein `Nullable<T>`.

9.8.1 Konvertierungen mit »Nullable«-Typen mit dem »??«-Operator

Ein `Nullable`-Typ ist gegenüber seinem zugrundeliegenden Datentyp um die Fähigkeit erweitert, auch `null` zu unterstützen. Eine Zuweisung wie im folgenden Codefragment kommt einer aufweitenden Operation gleich und wird daher implizit durchgeführt.

```
int x = 20;
int? y = x;
```

Anders gelagert ist der Fall, wenn die Zuweisung eines `null`-fähigen Typs an seinen elementaren Typ erfolgen soll. Dann muss explizit in den Zieldatentyp – hier `int` – konvertiert werden.

```
int? nValue = 20;
int value = (int)nValue;
```

Listing 9.14 Unzureichende Zuweisung einer »null«-fähigen Variablen

Es gibt dabei allerdings einen Haken: Hat nValue in Listing 9.14 den Inhalt null, löst das eine Ausnahme vom Typ InvalidOperationException aus. Deshalb ist die gezeigte Konvertierung unzureichend und sollte grundsätzlich vermieden werden.

Um die erforderliche Konvertierung in jedem Fall fehlerfrei ausführen zu können, sollten Sie den ??-Operator benutzen. Seine Aufgabe besteht darin, einer nicht-null-fähigen Variablen den Wert einer null-fähigen Variablen zuzuweisen – auch dann, wenn letztere den Wert null repräsentiert. In unseren Fall müsste die Konvertierung wie folgt codiert werden:

```
int? nValue = null;
int value = nValue ?? -1;
```


Listing 9.15 Korrekte Zuweisung einer »null«-fähigen Variablen

Der Variablen value wird der Inhalt von nValue zugewiesen, wenn er nicht null ist. Ist nValue jedoch null, wird der Wert -1 an value übergeben.

9.9 Generische Collections

Ein wesentlicher Nachteil der Auflistungen des Namespace System.Collections ist, dass sie immer den Typ Object verwalten. Damit können Sie in einem Auflistungsobjekt alles speichern, von einem Integer über einen Stream bis hin zur Datenbanktabelle. Wissen Sie nicht, welche Typen von der Auflistung verwaltet werden, haben Sie praktisch keine Chance, die Elemente auszuwerten. Bedenken Sie, dass Sie jedes Element der Auflistung zuerst in den richtigen Typ konvertieren müssen, um die spezifischen Eigenschaften und Methoden nutzen zu können.

Generische Auflistungsklassen haben diesen Nachteil nicht. Sie sind für einen bestimmten Typ geprägt. Der Code wird dadurch einfacher und besser lesbar, und eine Konvertierung ist nicht notwendig, um auf die spezifischen Member der verwalteten Elemente zuzugreifen.

Im Wesentlichen haben wir Ihnen in Kapitel 8, »Auflistungsklassen (Collections)«, zwei nichtgenerische Auflistungsklassen vorgestellt: die indexbasierte ArrayList und das Dictionary Hashtable. Beide haben einen generischen Gegenspieler in List<T> und Dictionary<TKey, TValue>. In diesem Abschnitt werden wir Ihnen List<T> vorstellen. Anhand des hier Gesagten erübrigt sich eine weitere Vertiefung der Klasse Dictionary<TKey, TValue>.

9.9.1 Die Interfaces der generischen Auflistungsklassen

Sie wissen, dass alle nichtgenerischen Auflistungsklassen die beiden Schnittstellen ICollection und IEnumerable implementieren. Zudem implementieren die indexbasierten Auflistungen die Schnittstelle IList, alle Schlüssel-Wert-Paar-Auflistungen hingegen die Schnittstelle IDictionary. Haben wir es mit generischen Auflistungsklassen zu tun, sind auch diese Schnittstellen generisch. Somit handelt es sich um:

- IEnumerable<T>
- ICollection<T>
- IDictionary<TKey, TValue>
- IList<T>

Eine genauere Beschreibung dieser Interfaces ist nicht notwendig, da sie sich in ihrem elementaren Verhalten nicht von den nichtgenerischen unterscheiden.

9.9.2 Die generische Auflistungsklasse »List<T>«

Im Großen und Ganzen ist kein wesentlicher Unterschied zwischen den Methoden und Eigenschaften einer ArrayList und einer List<T> festzustellen. Sie fügen mit Add oder AddRange Objekte hinzu, Sie löschen Auflistungselemente mit Remove oder RemoveAt und besorgen sich den Index eines Elements mit IndexOf. Natürlich sind alle Methoden generisch geprägt, also auf einen bestimmten Typ hin spezialisiert, den Sie bei der Instanziierung der Klasse angegeben haben. Konzentrieren wir uns daher sofort auf ein Beispielprogramm.

Sortieren einer indexbasierten Collection

In Kapitel 8, »Auflistungsklassen (Collections)«, haben wir Ihnen im Beispielprogramm IComparer_Example vorgestellt, wie Sie Vergleichsklassen einsetzen, um die Elemente einer ArrayList nach eigenen Kriterien zu sortieren. Ausgangspunkt war die Klasse Person mit den beiden Feldern Name und City. In der Anwendung wurden mehrere Person-Objekte einem ArrayList-Objekt hinzugefügt und konnten entweder nach City oder Name sortiert an der Konsole ausgegeben werden. Vielleicht erinnern Sie sich noch, dass eine komplexe Konvertierung notwendig war, um am Ende den Rückgabewert des Vergleichs zu bilden. Hier noch einmal die Methode Compare in der Vergleichsklasse NameComparer:

```
public int Compare(object x, object y)
{
  if (x == null && y == null) return 0;
  Person x1 = x as Person;
  Person y1 = y as Person;
```

```
  if (x1 == null && y1 != null) return -1;
  if (x1 != null && y1 == null) return 1;
  if (x1 == null || y1 == null)
    throw new InvalidCastException("Ungültiger Typ");
  return x1.City.CompareTo(y1.City);
}
```

Mit der generischen Auflistungsklasse `IList<T>` geht alles einfacher. So wie die Klasse `ArrayList` bietet auch `List<T>` eine Methode `Sort` an, die eine Sortierung gewährleistet. Ihre Definition lautet wie folgt:

```
public void Sort(IComparer<T> comparer)
```

Im Gegensatz zur Methode `Sort` der `ArrayList` wird nun ein Objekt erwartet, das die generische Schnittstelle `IComparer<T>` implementiert. Sehen wir uns zuerst die Definition der Schnittstellenmethode an:

```
public interface IComparer<T>
{
  int Compare(T x, T y);
}
```

`Compare` vergleicht zwei Objekte miteinander, deren Typ durch den Typparameter `T` beschrieben wird. Bezogen auf unser Beispiel bedeutet das, den Typparameter `T` durch `Person` zu ersetzen. Damit werden die Referenzen, die der Methode `Compare` als Argumente übergeben werden, vor dem Eintritt in den Code der Methode gefiltert.

Diese Erkenntnis wollen wir nun auch umsetzen. Dazu sind die beiden Klassen `NameComparer` und `CityComparer` im Vergleich zur ersten Version des Beispielprogramms ein wenig zu ändern – oder besser gesagt, zu vereinfachen. Anhand der Klasse `CityComparer` sei dies gezeigt.

```
// Vergleichsklasse - Kriterium City
class CityComparer : IComparer<Person>
{
  public int Compare(Person x, Person y)
  {
    if (x == null && y == null) return 0;
    if (x == null) return -1;
    if (y == null) return 1;
    return x.City.CompareTo(y.City);
  }
}
```

Listing 9.16 Vergleichsklasse des Beispiels »GenericList_Example«

Der Vergleich zweier Objekte ist deutlich einfacher geworden, weil keine Typkonvertierung mehr notwendig ist. Das ist darauf zurückzuführen, dass wir durch Einsatz der generischen Schnittstellenmethode garantieren können, ausschließlich Person-Objekte zu vergleichen. Zudem können wir uns die Typüberprüfung sparen, die in der Ursprungsversion unseres Beispiels noch notwendig war.

Zum Schluss folgt hier der gesamte Code des Beispiels:

```
// Beispiel: ..\Kapitel 9\GenericList_Example
List<Person> liste = new List<Person>();
// generische Liste füllen
liste.Add(new Person() { Name = "Meier", City = "Berlin"});
liste.Add(new Person() { Name = "Arnold", City = "Köln"});
liste.Add(new Person() { Name = "Fischer", City = "Aachen"});

// nach City sortieren
liste.Sort(new CityComparer());
Console.WriteLine("Liste nach Wohnorten sortiert");
ShowSortedList(liste);

// nach Namen sortieren
liste.Sort(new NameComparer());
Console.WriteLine("\nListe nach Namen sortiert");
ShowSortedList(liste);
Console.ReadLine();

static void ShowSortedList(IList<Person> liste)
{
  foreach (Person temp in liste)
  {
    Console.Write($"Name = {temp.Name,-12}");
    Console.WriteLine($"Wohnort = {temp.City}");
  }
  Console.WriteLine();
}

class Person
{
  public string Name {get; set; }
  public string City { get; set; }
}
```

Listing 9.17 Das Beispielprogramm »GenericList_Example«

9.9.3 Vergleiche mit Hilfe des Delegaten »Comparison<T>«

Im Vergleich zur Klasse ArrayList hat die Klasse List<T> eine weitere interessante Überladung der Methode Sort, die es uns gestattet, den Code noch kürzer und intuitiver zu schreiben. Sehen wir uns die Definition der Methode an:

```
public void Sort(Comparison<T> comparison)
```

Die Überladung erwartet die Übergabe eines Comparison<T>-Objekts. Dabei handelt es sich um einen Delegaten, der auf die Methode zeigt, die zwei T-Objekte vergleicht und das Resultat des Vergleichs an den Aufrufer liefert. Hier auch noch die Definition des Delegaten:

```
public delegate int Comparison<T>(T x, T y);
```


Bezogen auf das Beispielprogramm *GenericList_Example* können wir auf die beiden Vergleichsklassen verzichten und stattdessen zwei Methoden bereitstellen, die dasselbe leisten. Das folgende Beispielprogramm zeigt, wie Sie diese Überladung von Sort einsetzen können.

```
// Beispiel: ..\Kapitel 9\GenericListWithComparison
List<Person> arrList = new List<Person>();
...

// nach City sortieren
arrList.Sort(CompareByCity);
Console.WriteLine("Liste nach Wohnorten sortiert");
ShowSortedList(arrList);

// nach Namen sortieren
arrList.Sort(CompareByName);
Console.WriteLine("Liste nach Namen sortiert");
ShowSortedList(arrList);
Console.ReadLine();

public static int CompareByName(Person x, Person y)
{
  // prüfen auf null-Übergabe
  if (x == null && y == null) return 0;
  if (x == null) return -1;
  if (y == null) return 1;
  // Vergleich
  return x.Name.CompareTo(y.Name);
}
```

```
public static int CompareByCity(Person x, Person y)
{
  // prüfen auf null-Übergabe
  if (x == null && y == null) return 0;
  if (x == null) return -1;
  if (y == null) return 1;
  // Vergleich
  return x.City.CompareTo(y.City);
}

static void ShowSortedList(IList<Person> liste) { [...] }
```

Listing 9.18 Das Beispielprogramm »GenericListWithComparison«

9.9.4 Parametrische Sammlungen (»params«-Schlüsselwort)

In C# 13 hat Microsoft die Nutzung des `params`-Schlüsselwortes stark erweitert. Dieser Modifizierer lässt sich nicht mehr nur bei Arrays verwenden, sondern ebenfalls mit jeder bekannten Collection, die `System.Collections.Generic.IEnumerable<T>` implementiert und eine `Add`-Methode besitzt. Aber nicht nur konkrete Typen, sondern auch die folgenden Interfaces lassen sich in diesem Kontext nutzen:

- `System.Collections.Generic.IEnumerable<T>`
- `System.Collections.Generic.IReadOnlyCollection<T>`
- `System.Collections.Generic.IReadOnlyList<T>`
- `System.Collections.Generic.ICollection<T>`
- `System.Collections.Generic.IList<T>`

Dadurch ist die Definition der folgenden Methode erlaubt:

```
public void Concat<T>(params IReadOnlyCollection<T> items)
```

9.10 Kovarianz und Kontravarianz generischer Typen

In Abschnitt 5.1.5 haben wir uns mit der Kovarianz und der Kontravarianz von Delegaten beschäftigt. Kovarianz und Kontravarianz wurden mit .NET 4.0 auch für generische Delegaten und Interfaces eingeführt. Allerdings sind nicht alle generischen Delegaten und Interfaces von Kovarianz und Kontravarianz betroffen, sondern nur einige wenige »auserwählte«. Damit wurde es möglich, Code intuitiver zu schreiben.

9.10.1 Kovarianz mit Interfaces

Lassen Sie uns zunächst ansehen, was unter der Kovarianz eines Interface zu verstehen ist. Um das zu zeigen, sind die elementaren Klassen unseres Projekts *GeometricObjects* hervorragend geeignet, die wir auch hier zur Veranschaulichung einsetzen wollen. Stellen Sie sich einfach vor, Sie würden eine Methode `DoSomething` schreiben, deren Parameter Sie Listen von `Circle`- oder `Rectangle`-Objekten übergeben wollen. Eine erste Idee könnte es sein, die Methode wie in Listing 9.19 gezeigt zu überladen:

```
static void DoSomething(IEnumerable<Circle> param)
{
  [...]
}
static void DoSomething(IEnumerable<Rectangle> param)
{
  [...]
}
```

Listing 9.19 Methode mit Parameter vom Typ »IEnumerable<T>«

Der Zugriff auf diese Methoden könnte im Hauptprogramm folgendermaßen erfolgen:

```
List<Circle> listCircles = new List<Circle>();
listCircles.Add(new Circle { Radius = 77 });
listCircles.Add(new Circle { Radius = 23 });
List<Rectangle> listRectangles = new List<Rectangle>();
listRectangles.Add(new Rectangle { Length = 120, Width = 10 });
listRectangles.Add(new Rectangle { Length = 80, Width = 20 });
DoSomething(listCircles);
DoSomething(listRectangles);
Console.ReadLine();
```

Listing 9.20 Zugriff auf die Methoden aus Listing 9.19

Welche Operationen sich innerhalb der Methode `DoSomething` abspielen, ist bei unserer Betrachtung bedeutungslos. Beachten Sie hingegen, dass die Methoden einen Parameter vom Typ der Schnittstelle `IEnumerable<T>` definieren, der entweder für den Typ `Circle` oder den Typ `Rectangle` geprägt ist. Wäre es nicht intuitiver, die Überladung der Methode `DoSomething` durch eine allgemeingültige Version zu ersetzen, die die gemeinsame Basis `GeometricObject` angibt? Also ändern wir die Methode wie in Listing 9.21 gezeigt ab:

```
static void DoSomething(IEnumerable<GeometricObject> param)
{
  [...]
}
```

Listing 9.21 Ersatz der Methoden aus Listing 9.19

Der Code wird einwandfrei kompiliert und fehlerfrei ausgeführt.

Betrachten wir noch einmal Listing 9.19 und Listing 9.21. Dass die Übergabe eines `List<Circle>`-Objekts an den Parameter der Methode `DoSomething`, der durch den Typ der Schnittstelle `IEnumerable<Circle>` beschrieben wird, keine Kopfschmerzen bereiten wird, geht aus der Beschreibung der Generics in diesem Kapitel bereits hervor.

Die Übergabe des `List<Circle>`-Objekts an den Parameter der Methode `DoSomething` aus Listing 9.21 entspricht im Grunde genommen der Zuweisungsoperation im folgenden Listing:

```
IEnumerable<GeometricObject> obj = new List<Circle>();
```

Die Zuweisung erscheint intuitiv, denn sie erinnert uns an die Polymorphie. Sie wird erst durch die *kovariante* Definition des generischen Typparameters möglich. Kovarianz wird durch die Angabe des Schlüsselwortes `out` vor dem generischen Typparameter sichergestellt. Im nachfolgenden Listing sehen Sie die Definition des Interface `IEnumerable<T>`.

```
public interface IEnumerable<out T>
{
  IEnumerator<T> GetEnumerator();
}
```

Kovarianz bedeutet, dass auch ein abgeleiteter Typ anstelle des vom generischen Typparameter definierten verwendet werden kann. Das Schlüsselwort `out` gibt dabei an, dass der Typparameter nur als Typ einer Rückgabe verwendet werden kann (Ausgabe = Output). Dabei handelt es sich im Fall der `IEnumerable<T>`-Schnittstelle um die Rückgabe der Methode `GetEnumerator`.

Hinweis

Sie finden das komplette Beispiel unter ..*\Kapitel 9\KovarianzExample* (Download von *www.rheinwerk-verlag.de/5953* MATERIALIEN ZUM BUCH).

Die Klassen `Circle`, `Rectangle` und `GeometricObject` sind in diesem Beispielprogramm auf das Wesentliche reduziert.

9.10.2 Kontravarianz mit Interfaces

Während ein kovarianter Typparameter den Typ der Rückgabe beschreibt, dient ein *kontravarianter* Typparameter der Typangabe des Übergabearguments an eine Methode. Es ist daher auch naheliegend, dass kontravariante Typparameter durch das Schlüsselwort `in` ergänzt werden, um zu signalisieren, dass es sich dabei um Eingabetypen handelt. Zu den generischen Schnittstellen mit einem kontravarianten Typparameter gehört auch die Schnittstelle `IComparer<T>`.

```
public interface IComparer<in T>
{
  int Compare(T x, T y);
}
```


Listing 9.22 Die Definition der kontravarianten Schnittstelle »IComparer<T>«

Erst die Definition als kontravarianter Typparameter ermöglicht es uns, eine Vergleichsklasse zu schreiben, deren generischer Typparameter auf `GeometricObject` festgelegt ist und die dennoch auch von allen Objekten genutzt werden kann, die von `GeometricObject` abgeleitet sind.

Das folgende Beispielprogramm nutzt das kontravariante Interface `IComparer<T>`, um eine Liste des Typs `List<Circle>` zu sortieren.

```
// Beispiel: ..\Kapitel 9\KontravarianzExample
List<Circle> liste = new List<Circle>();
liste.Add(new Circle { Radius = 88 });
liste.Add(new Circle { Radius = 22 });
liste.Add(new Circle { Radius = 42 });
liste.Add(new Circle { Radius = 76 });
liste.Sort(new GeoComparer());
foreach (GeometricObject item in liste)
  Console.WriteLine(item.GetArea());
Console.ReadLine();

class GeoComparer : IComparer<GeometricObject>
{
  public int Compare(GeometricObject x, GeometricObject y)
  {
    return x.GetArea().CompareTo(y.GetArea());
  }
}
```

Listing 9.23 Beispielprogramm zur Kontravarianz

9.10.3 Zusammenfassung

Kovarianz wird durch das Schlüsselwort out vor dem generischen Typparameter festgelegt und führt dazu, dass der generische Typparameter nur zur Beschreibung eines Rückgabedatentyps verwendet werden kann. Kontravarianz hingegen definiert einen generischen Typparameter, der nur der Übergabe an eine Methode dient und mit dem Schlüsselwort in verziert wird.

Um den Sachverhalt noch einmal deutlich darzulegen, sollten Sie das folgende Listing der fiktiven Schnittstelle IFactory<T> betrachten.

```
// CreateInstance verursacht Kompilierfehler
public interface IFactory<in T> {
  void DoSomething(T param);
  T CreateInstance();
}
```

Listing 9.24 Fehlerverursachende Schnittstelle mit kontravariantem Typparameter

Der generische Typparameter ist mit in kontravariant definiert. Damit kann die Methode DoSomething korrekt bedient werden, während CreateInstance einen Kompilierfehler verursacht.

Definieren Sie nun einen kovarianten Typparameter (siehe Listing 9.25), wird CreateInstance kein Problem mehr verursachen. Jedoch ist DoSomething nun der Urheber eines Kompilierfehlers, weil die Methode einen kontravarianten Typparameter voraussetzt.

```
// DoSomething verursacht Kompilierfehler
public interface IFactory<out T> {
  void DoSomething(T param);
  T CreateInstance();
}
```

Listing 9.25 Fehlerverursachende Schnittstelle mit kovariantem Typparameter

Damit wird deutlich, dass es keine gleichzeitige Kovarianz und Kontravarianz für einen Parameter gibt. Es ist eine Entscheidung »Entweder-oder«. Es sollte auch klar sein, dass nicht alle Interfaces einen kovarianten oder kontravarianten Typparameter definieren müssen. In der .NET-Klassenbibliothek sind daher aktuell nur IEnumerable<T>, IEnumerator<T>, IQueryable<T> und IGrouping<T,K> kovariant, während zu den Schnittstellen mit kontravarianten generischen Typparametern IComparer<T> und IComparable<T> gerechnet werden.

9.10.4 Generische Delegaten mit varianten Typparametern

In .NET werden mit `Action<>` und `Func<>` generische Delegaten bereitgestellt, die allgemeinen Anforderungen genügen. Einfach gesagt beschreibt ein Delegat vom Typ `Action<>` eine `void`-Methode, also eine Methode ohne Rückgabewert, `Func<>` hingegen eine Methode mit Rückgabewert.

Mit `Action<>` können wir Methoden beschreiben, die 1 bis 16 Parameter definieren, mit `Func<>` Methoden mit 0 bis maximal 16 Parametern. Sehen wir uns exemplarisch die Definition von jeweils einer Version dieser beiden Delegaten an.

```
public delegate TResult Func<in T, out TResult>(T arg)
public delegate void Action<in T1, in T2>(T1 arg1, T2 arg2)
```


Hinsichtlich der beiden Schlüsselwörter `in` und `out` gilt dasselbe, was wir schon im Abschnitt zuvor erklärt haben: `in` gibt den Rahmen für die Typen der Eingabeparameter vor, `out` den Bereich der Typen für den Rückgabewert.

9.11 Generische Mathematik

In C# 11 ist ein weiteres, umfangreiches Feature hinzugekommen. Generische Mathematik ermöglicht es, mathematische Operationen mit verschiedenen Zahlentypen über eine einzige generische Methode oder Klasse durchzuführen – ohne typspezifische Überladungen. Dieses Konzept vereinfacht die Entwicklung typsicherer, wiederverwendbarer Codebausteine im Kontext von Mathematik. Bisher mussten Sie für jeden Zahlentyp separate Methoden schreiben. Welche davon aufzurufen ist, bestimmten die Datentypen:

```
public static int Add(int a, int b) => a + b;
public static double Add(double a, double b) => a + b;
```

Mit der neuen generischen Mathematik lässt sich dieser Code in einer einzigen Methode abbilden:

```
public static T Add<T>(T a, T b) where T : INumber<T> => a + b;
```

Die Methode funktioniert für alle Typen, die das `INumber<T>`-Interface implementieren, was zum Beispiel für `int`, `double` und `decimal` zutrifft.

Für diese neuen Möglichkeiten mussten einige Schlüsselkomponenten in C# Einzug halten. Dazu gehören zum Beispiel generische Schnittstellen wie `INumber<T>` und `IAdditionOperators<T,T,T>`. Auch virtuelle statische Member waren notwendig, die sich in konkreten Klassen überschreiben lassen:

```
public interface INumber<TSelf>
{
    static abstract TSelf operator +(TSelf left, TSelf right);
}
```

Ebenso notwendig sind Typparameter-Einschränkungen wie die folgende:

```
where T : INumber<T>
```

Diese Syntax stellt sicher, dass nur Typen zum Einsatz kommen können, die die erforderlichen mathematischen Operationen unterstützen. Dies verhindert Fehler zur Laufzeit und macht den Code gleichzeitig flexibel.

Das folgende Beispiel zeigt einen generischen Rechner mit zwei Methoden, denen der konkrete Typ als generischer Parameter bei der Nutzung übergeben werden kann:

```
public class GenericCalculator<T> where T : INumber<T>
{
    public T Add(T a, T b) => a + b;

    public T Average(T[] values)
    {
        T sum = T.Zero;
        foreach(T value in values)
        {
            sum += value;
        }
        return sum / T.CreateChecked(values.Length);
    }
}
```

Die Methode `T.CreateChecked(values.Length)` stammt aus dem generischen `INumber<T>`-Interface. Sie ermöglicht eine sichere Konvertierung eines Werts (z. B. `int`) in den generischen Zahlentyp `T`, wobei eine Überprüfung auf Überlauf oder ungültige Konvertierungen erfolgt. In diesem Beispiel wird `CreateChecked` verwendet, um `values.Length` in `T` umzuwandeln, damit die Division `sum / T.CreateChecked(values.Length)` für beliebige numerische Typen funktioniert.

Dieser Rechner lässt sich nun wie folgt nutzen:

```
var intCalc = new GenericCalculator<int>();
Console.WriteLine(intCalc.Add(5, 3));        // 8
Console.WriteLine(intCalc.Average([1,2,3])); // 2

var doubleCalc = new GenericCalculator<double>();
Console.WriteLine(doubleCalc.Add(2.5, 3.7)); // 6.2
```

Die generische Mathematik in C# bietet zahlreiche Vorteile: Sie gewährleistet Typsicherheit, da Fehler bereits zur Kompilierzeit erkannt werden, und ermöglicht eine hohe Wiederverwendbarkeit, da derselbe Code für alle Zahlentypen genutzt werden kann. Zudem ist sie erweiterbar, da auch benutzerdefinierte Typen unterstützt werden, sofern diese die entsprechenden Schnittstellen implementieren, damit die mathematischen Operationen vorausgesetzt sind.

Ein weiterer Vorteil liegt in der Performance, da keine Boxing- oder Unboxing-Kosten wie bei objektbasierten Lösungen anfallen. Typische Anwendungsfälle für generische Mathematik umfassen den Einsatz in mathematischen Bibliotheken, Data-Science-Algorithmen, der Spieleentwicklung, insbesondere bei Vektor- oder Matrixoperationen, sowie bei Finanzberechnungen mit verschiedenen Währungstypen.

9.12 Ergänzungen im Beispielprojekt »GeometricObjectsSolution«

Werfen wir zum Schluss dieses Kapitels einen Blick auf das Projekt `GeometricObjectsSolution`, und lassen Sie uns versuchen, die generischen Datentypen hier sinnvoll zu nutzen.

Damit die parameterlose `Sort`-Methode der `ArrayList` zum Sortieren diverser geometrischer Objekte aufgerufen werden kann, haben wir bereits in Kapitel 4, »Vererbung, Polymorphie und Interfaces«, die Schnittstelle `IComparable` eingeführt. `ArrayList` ist jedoch nicht mehr ganz der Stand der Programmiertechnik und wurde mit Einführung von .NET 2.0 durch die Klasse `List<T>` nicht nur erweitert, sondern mehr oder weniger ersetzt. Die parameterlose `Sort`-Methode der Klasse `List<T>` setzt jedoch voraus, dass der zu sortierende Typ die Schnittstelle `IComparable<T>` implementiert. Da die Klasse `GeometricObject` aktuell dieses Interface noch nicht hat, wollen wir sie entsprechend erweitern. Der generische Typparameter wird durch `GeometricObject` beschrieben.

```
public abstract class GeometricObject : IComparable,
                                        IComparable<GeometricObject>,
                                        INotifyPropertyChanged
```

`IComparable<T>` schreibt die Methode `CompareTo`, die nunmehr einen Parameter des Typs `GeometricObject` beschreibt. Im Gegensatz dazu ist der Parameter der `CompareTo`-Methode der Schnittstelle `IComparer` vom Typ `Object`. Bis auf die obligatorische Überprüfung des Parameters auf `null` können wir uns die Konvertierung ersparen, was die Implementierung der `CompareTo`-Methode deutlich vereinfacht.

```
public int CompareTo(GeometricObject geo)
{
  if (geo == null) return 1;
```

```
  if (GetArea() > geo.GetArea()) return 1;
  if (GetArea() == geo.GetArea()) return 0;
  return -1;
}
```

Listing 9.26 Die Implementierung der Methode »IComparable<T>.CompareTo«

Wir sollten jetzt auch noch daran denken, dass das Projekt die Klasse `GeometricObjectComparer` enthält. Zur Erinnerung: Diese Klasse diente dazu, eine überladene Version der Methode `ArrayList.Sort(IComparer)` bedienen zu können. Wir können diese Klasse weiterhin als allgemeine Vergleichsklasse benutzen, wenn wir neben `IComparer` die Schnittstelle `IComparer<GeometricObject>` implementieren.

```
public class GeometricObjectComparer : IComparer, IComparer<GeometricObject>
{
  [...]
  public int Compare(GeometricObject x, GeometricObject y)
                                   => GeometricObject.Bigger(x, y);
}
```

Listing 9.27 Die Implementierung der Methode »IComparer<T>.Compare«

Zum Schluss sollten wir die Ergänzung noch testen. Dazu dient der Programmcode aus Listing 9.28:

```
List<GeometricObject> list = new List<GeometricObject>();
list.Add(new Circle(28));
list.Add(new Circle(45));
list.Add(new Rectangle(120, 56));
list.Add(new Rectangle(303, 17));
list.Sort(new GeometricObjectComparer());
foreach (var item in list)
  Console.WriteLine($"{item.GetArea()}");
Console.ReadLine();
```

Listing 9.28 Testen der Sortierung der Collection »List<GeometricObject>.Sort«-Methode

Kapitel 10

Weitere C#-Sprachfeatures

Microsoft hat der Sprache C# im Laufe der Zeit immer wieder weitere Sprachfeatures hinzugefügt. Viele davon sind zum Fundament neuer und besserer Technologien geworden, andere dienen einfach nur dazu, den Programmcode zu verkürzen oder/und besser lesbar zu machen.

In diesem Kapitel stellen wir Ihnen einen Ausschnitt der augenblicklich aktuellen Sprachfeatures vor, die bisher noch keine Verwendung in unseren Beispielen gefunden haben. Manche davon werden Sie bestimmt täglich benutzen, andere hingegen eher selten oder überhaupt nicht. Das hängt ganz von Ihrer Aufgabe und deren Umsetzung ab.

10.1 Implizit typisierte Variablen

Bei der Deklaration einer Variablen müssen Sie deren Datentyp angeben. So haben Sie es gelernt. Mit Einführung von C# 3.0 hat sich das geändert. Die Typinferenz gestattet es Ihnen, eine Variable mit dem neuen Schlüsselwort var zu deklarieren, ohne dabei den Datentyp angeben zu müssen:

```
var x = 5;
```

Das Schlüsselwort var bewirkt, dass der Compiler aus dem Ausdruck rechts vom Zuweisungsoperator den Datentyp ableitet, der am besten passt. In unserem Beispiel wäre es ein Integer. Der Compiler behandelt die Variable dann so, als hätten wir sie von diesem Typ deklariert.

Bei dem Typ kann es sich um einen integrierten Typ, einen anonymen Typ, einen benutzerdefinierten Typ, einen in der .NET-Klassenbibliothek definierten Typ oder um einen Ausdruck handeln. In Listing 10.1 sehen Sie einige Beispiele, die den Einsatz implizit typisierter Variablen demonstrieren.

```
// value wird als Integer behandelt
var value = 5;
// city wird als String behandelt
var city = "Aachen";
// arr wird als int[]-Array behandelt
var arr = new[] { 0, 1, 2 };
```

```
// liste wird als List<int> behandelt
var liste = new List<int>();
```

Listing 10.1 Implizit typisierte Variablen

Das Konzept implizit typisierter Variablen hat einige Einschränkungen:

- Die Variable muss eine lokale Variable sein.
- Die Initialisierung muss bei der Deklaration erfolgen.
- Einer implizit typisierten Variablen darf nicht `null` zugewiesen werden.
- Ein Methodenparameter darf nicht mit `var` deklariert werden.
- Der Rückgabetyp einer Methode darf ebenfalls nicht `var` sein.

Die Verwendung implizit typisierter Variablen ist nicht nur auf die Verwendung als lokale Variable beschränkt. Sie können sie auch in einer `for`- oder `foreach`-Schleife verwenden, wie die beiden folgenden Codefragmente zeigen:

```
for (var x = 0; x < 100; x++) [...]
foreach (var element in liste) [...]
```

Sie werden sich nun vermutlich fragen, wozu implizit typisierte Variablen dienen. Betrachten Sie sie einfach als optionales syntaktisches Hilfsmittel. Unverzichtbar werden implizit typisierte Variablen im Zusammenhang mit LINQ-Abfrageausdrücken (siehe auch Kapitel 11, »LINQ – Language Integrated Query«) und den dort anzutreffenden »anonymen Typ«.

10.2 Anonyme Typen

In C# können Sie Objekte erstellen, ohne den Typ explizit anzugeben. Dabei wird implizit eine neue Klasse erstellt – ein sogenannter *anonymer Typ*, z. B.:

```
var obj = new { Name = "Peter", Ort = "Hamburg" };
```

Die so generierte Klasse hat zwei private Felder und zwei öffentliche Eigenschaftsmethoden, die `Name` und `Ort` lauten. Das Objekt der anonymen Klasse wird anschließend einer implizit typisierten Variablen zugewiesen und lässt sich über die Referenz `obj` abfragen. Wegen der engen Beziehung zwischen der impliziten Typisierung mit `var` und dem anonymen Typ kann ein anonymer Typ nur lokal in einer Methode und nicht auf Klassenebene erzeugt werden.

Wenn Sie einen weiteren anonymen Typ erzeugen und dabei identisch benannte Eigenschaften angeben, sind die beiden anonymen Typen typgleich. Allerdings ist dabei nicht nur der Bezeichner maßgeblich entscheidend, sondern darüber hinaus die Reihenfolge der Bezeichner. Im folgenden Codefragment sind die beiden Referenzen obj1 und obj2 typgleich; obj3 weist jedoch eine andere Reihenfolge auf und wird daher als neuer anonymer Typ bewertet. Sie können sich das bestätigen lassen, indem Sie die von Object geerbte Methode GetType aufrufen.

```
var obj1 = new { Name = "Peter", Ort = "Hamburg" };
var obj2 = new { Name = "Uwe", Ort = "München" };
var obj3 = new { Ort = "Berlin", Name = "Hans" };
Console.WriteLine(obj1.GetType());
Console.WriteLine(obj2.GetType());
Console.WriteLine(obj3.GetType());
```

Listing 10.2 Mehrere anonyme Typen und die Typausgabe an der Konsole

Die Ausgabe von Listing 10.2 wird wie folgt lauten:

```
<>f__AnonymousType0'2[System.String,System.String]
<>f__AnonymousType0'2[System.String,System.String]
<>f__AnonymousType1'2[System.String,System.String]
```

10.3 Erweiterungsmethoden

Erweiterungsmethoden stellen ein wenig das strenge Konzept der Objektorientierung auf den Kopf. Unsere Aussage war bisher immer, dass Methoden, die allen ableitenden Klassen zur Verfügung gestellt werden sollen, in der Basisklasse implementiert werden müssen. Erweiterungsmethoden weichen dieses Prinzip auf, indem auch außerhalb einer Klasse Methoden definiert werden können, die sich wie eine Instanzmethode aufrufen lassen.

Nehmen wir dazu das Beispiel der hinlänglich bekannten Klasse Circle. Vielleicht genügt uns das Angebot an Methoden nicht, weil wir zusätzlich gern eine Methode hätten, die auf Grundlage des Radius das Kugelvolumen berechnet, beispielsweise so:

```
Circle kreis = new Circle(5);
Console.WriteLine("Kugelvolumen = {0}", kreis.GetVolume());
```

Durch Bereitstellung einer Erweiterungsmethode ist das kein Problem:

```
static class Extensionmethods
{
  // Erweiterungsmethode: Berechnung des Kugelvolumens eines Circle-Objekts
  public static double GetVolume(this Circle kreis)
          => Math.Pow(kreis.Radius, 3) * Math.PI * 4 / 3;
}
```

Listing 10.3 Definition einer Erweiterungsmethode

Erweiterungsmethoden werden in `static`-Klassen implementiert und müssen daher selbst `static` sein. Beachten Sie bitte, dass Erweiterungsmethoden trotz der `static`-Definition später wie Instanzmethoden aufgerufen werden. Der erste Parameter in der Parameterliste muss das Schlüsselwort `this` vor dem Parametertyp aufweisen. Dahinter wird der Typ angegeben, der um die genannte Methode erweitert wird. In unserem Beispiel handelt es sich um `Circle`. Sie können beliebig viele Erweiterungsmethoden für einen Typ schreiben, ganz so, wie Sie es benötigen. Üblicherweise sind Erweiterungsmethoden in eigens dafür vorgesehenen Klassenbibliotheken definiert.

Anmerkung

Die oben gezeigte Erweiterungsmethode `GetVolume` hat zwar einen Parameter, ist aber für den Typ `Circle` nur eine parameterlose Methode. Selbstverständlich können Sie auch beliebig parametrisierte Erweiterungsmethoden bereitstellen. Die Regeln dazu unterscheiden sich nicht von den Regeln herkömmlicher Methoden – einschließlich einer möglichen Methodenüberladung.

Mit Erweiterungsmethoden können Sie alle Klassen beliebig erweitern und so an Ihre spezifischen Anforderungen anpassen. Erweiterungsmethoden stellen die einzige Möglichkeit dar, sogar Klassen, die mit `sealed` als nicht ableitbar definiert worden sind, um eigene spezifische Methoden zu ergänzen. Eine der Klassen, die in der Praxis häufig um Erweiterungsmethoden ergänzt werden, ist `String`. Da diese Klasse `sealed` ist, können Sie nicht durch eine klassische Ableitung weitere Features hinzufügen. Das ist im Grunde genommen sehr bedauerlich, da insbesondere die Verarbeitung von Zeichenfolgen oft nach spezifischen Gesichtspunkten erfolgen soll. Mit Erweiterungsmethoden ist das alles nun kein Problem mehr.

Dem Einsatz von Erweiterungsmethoden sind aber auch Grenzen gesetzt, denn Erweiterungsmethoden können nur `public`-Member der zu erweiternden Klasse aufrufen.

Wird eine Klasse um eine Erweiterungsmethode ergänzt, vererbt sich diese auch an die abgeleitete Klasse weiter. Bezogen auf unser Beispiel oben könnten Sie demnach `GetVolume` auch auf einem Objekt vom Typ `GraphicCircle` aufrufen. Hinsichtlich der Überladungsfähigkeit gelten dieselben Regeln wie bei den anderen, herkömmlichen Methoden.

10.3.1 Die Prioritätsregeln

Da Erweiterungsmethoden auch von Entwickelnden geschrieben werden, die nicht Urheber der erweiterten Klasse sind, haben Erweiterungsmethoden nur eine untergeordnete Priorität. Betrachten Sie dazu Listing 10.4, in dem die Klasse `Circle` um die Methode `Draw` erweitert wird.

```
public static class Extensionmethods
{
  // Erweiterungsmethode GetVolume
  public static double GetVolume(this Circle kreis)
     => Math.Pow(kreis.Radius, 3) * Math.PI * 4 / 3;
  // Erweiterungsmethode Draw
  public static void Draw(this Circle kreis)
     => Console.WriteLine("Draw in Erweiterungsmethode.");
}
```

Listing 10.4 Zwei Erweiterungsmethoden für die Klasse »Circle«

10

`Circle` ist um die Methode `Draw` erweitert worden, die sich an `GraphicCircle` weitervererbt. Da in `GraphicCircle` eine gleichnamige Instanzmethode existiert, ist zur Laufzeit die Entscheidung zu treffen, welche der beiden zur Ausführung kommt: Es handelt sich definitiv um die `Draw`-Methode der Klasse `GraphicCircle`.

```
Circle kreis = new Circle(5);
kreis.Draw();
GraphicCircle g = new GraphicCircle();
g.Draw();
```

Listing 10.5 Testen der geerbten Erweiterungsmethode »Draw«

Die Ausgabe dieses Codefragments wird lauten:

```
Draw in der Erweiterungsmethode.
Der Kreis wird gezeichnet.
```

Ob eine Erweiterungsmethode aufgerufen wird, hängt davon ab, ob eine gleichnamige Instanzmethode existiert. Wie Sie gesehen haben, hat eine Instanzmethode in jedem Fall Priorität vor einer gleichnamigen Erweiterungsmethode.

Die Erweiterungsmethode einer Klasse kann stets durch eine spezifischere Version ersetzt werden, die für einen Typ definiert ist. Gewissermaßen haben wir es dabei mit einer Überschreibung zu tun. Angenommen, die Klasse `Object` sei um die Methode `Display` erweitert worden. Damit steht jeder Klasse die Erweiterungsmethode zur Verfügung – soweit sich die Erweiterungsmethoden im aktuellen Namespace befinden oder in einem Namespace, der mit `using` importiert wird. Eine spezifische Version von `Display` kann aber auch für alle Objekte vom Typ `Circle` bereitgestellt werden. Die `Circle`-Version überdeckt in diesem Fall die »geerbte« Erweiterungsmethode der Klasse `Object`.

```
static class Extensionmethods
{
```

```
  public static void Display(this object obj)
     => Console.WriteLine(obj.ToString());
  public static void Display(this Circle kreis)
     => Console.WriteLine("Kreis mit Radius {0}", kreis.Radius);
}
```

Listing 10.6 Überdecken einer geerbten Erweiterungsmethode

Die Spezialisierung einer Erweiterungsmethode für einen bestimmten Typ setzt sich auch in den abgeleiteten Klassen durch. Damit wird ein `GraphicCircle`-Objekt ebenfalls von der spezifischen Version profitieren, es sei denn, für den abgeleiteten Typ gibt es wiederum eine eigene Version der Erweiterungsmethode, die noch spezialisierter ist.

```
Circle kreis = new Circle(5);
kreis.Display();
GraphicCircle g = new GraphicCircle(3);
g.Display();
```

Listing 10.7 Aufruf der Erweiterungsmethode »Display«

10.3.2 Generische Erweiterungsmethoden

Erweiterungsmethoden lassen sich generisch prägen. Damit wird es möglich, eine Erweiterungsmethode beispielsweise nur für eine bestimmte Gruppe von Objekten zur Verfügung zu stellen. Der folgende Code beschreibt die Erweiterungsmethode `GetAreas`. Diese Methode erweitert alle Arrays des Typs `GeometricObject` und somit auch Arrays vom Typ `Circle`, `Rectangle` usw.

```
GeometricObject[] geoArr = new GeometricObject[3];
geoArr[0] = new Circle(5);
geoArr[1] = new GraphicCircle(9);
geoArr[2] = new Rectangle(12, 7);
geoArr.GetAreas();
Console.ReadLine();

static class Extensionmethods
{
  public static void GetAreas<T>(this T[] objects) where T : GeometricObject
  {
    foreach (GeometricObject geoObj in objects)
      Console.WriteLine(geoObj.GetFlaeche());
```

```
    }
}
```

Listing 10.8 Generische Erweiterungsmethode

10.3.3 Richtlinien für Erweiterungsmethoden

Mit den Erweiterungsmethoden wird uns ein sehr interessantes Feature an die Hand gegeben, um vorhandene Klassen zu erweitern. Im Allgemeinen sollten Sie aber darauf achten, dass Sie nur dann Erweiterungsmethoden implementieren, wenn es unbedingt notwendig ist. Meistens ist es ratsamer, eine Klasse abzuleiten, anstatt eine Erweiterungsmethode bereitzustellen.

Vermeiden Sie es, eine Klassenbibliothek zu veröffentlichen und die darin enthaltenen Typen bereits um Erweiterungsmethoden zu ergänzen. Diese sind nur dann ein sinnvolles Feature, wenn Ihnen anderweitig keine Möglichkeit mehr bleibt, beispielsweise weil Sie eine `sealed`-Klasse, also eine nicht ableitbare Klasse erweitern möchten.

Sie sollten sich aber auch darüber im Klaren sein, dass die Versionsänderung einer Assembly dazu führen kann, dass eine zuvor für eine Klasse bereitgestellte Erweiterungsmethode wirkungslos wird, weil die entsprechende Klasse um eine gleichnamige Instanzmethode ergänzt wurde.

Hinweis

Sie könnten vielleicht auf die Idee kommen, `using static` zusammen mit den Erweiterungsmethoden zu benutzen. Bezogen auf Listing 10.8 sähe das wie nachfolgend gezeigt aus:

```
using static ConsoleApplication1.ExtensionMethods;
```

Der direkte Zugriff auf die Erweiterungsmethoden wird damit nicht ermöglicht. Obwohl Erweiterungsmethoden `static` definiert werden, handelt es sich um Instanzmethoden, und sie müssen somit qualifiziert werden.

10.4 Spezielle Methoden

Methoden mit und ohne Rückgabewert bilden das Rückgrat jeder Anwendung und sind daher Bestandteil jeder Hochsprache in der Softwareentwicklung. Bei kritischer Hinterfragung spezieller syntaktischer Sonderfälle fällt jedoch auf, dass eine Sprache in manchen Situationen eine bessere Lösung bieten könnte, die über den klassischen Rahmen einer Anwendung hinausgehen.

Für zwei Sonderfälle bietet C# einen besonderen Lösungsansatz. Dabei handelt es sich um:

- partielle Methoden
- lokale Funktionen

Während die partiellen Methoden schon mit .NET Framework 3.5 eingeführt wurden, stehen lokale Funktionen erst seit C# 7.0 den Entwickelnden zur Verfügung.

10.4.1 Partielle Methoden

Partielle Klassen kennen Sie bereits, wir haben sie in Kapitel 3, »Das Klassendesign«, vorgestellt. Noch einmal zur Erinnerung: Eine Klasse kann mit dem Schlüsselwort `partial` auf zwei oder mehr Quellcodedateien verteilt werden. Zur Kompilierzeit wird die auf mehrere Quellcodedateien verteilte Klasse so behandelt, als läge sie in einer Quellcodedatei vor.

Es gibt neben den partiellen Klassen aber auch partielle Methoden. Partielle Methoden stellen eine Option dar, die Sie wahrnehmen können, aber nicht müssen. Das erinnert uns ein wenig an Ereignisse, auf deren Auslösung wir mit einem Ereignishandler reagieren können oder auch nicht. Tatsächlich sind sich Ereignisse und partielle Methoden sehr ähnlich. Doch ehe wir uns das im Detail ansehen, lassen Sie uns zuerst über die Bedingungen sprechen, die Sie beim Einsatz partieller Methoden beachten müssen:

- Partielle Methoden setzen eine partielle Klassendefinition voraus.
- Der Rückgabetyp einer partiellen Methode ist grundsätzlich `void`.
- Partielle Methoden dürfen keine `out`-Parameter haben.
- Eine partielle Methode darf weder einen Zugriffsmodifizierer noch `virtual`, `abstract`, `override`, `new` oder `sealed` aufweisen.

Nun wollen wir uns auch eine einfache Klasse ansehen, in der zwei partielle Methoden definiert sind:

```
// Beispiel: ..\Kapitel 10\PartielleMethoden
public partial class Person
{
  // Felder
  private string _Name { get; set; }
  public int Alter { get; set; }
  // partielle Methoden
  partial void ChangingName(string name);
  partial void ChangedName();
```

```
  // Eigenschaft
  public string Name {
    get { return _Name; }
    set
    {
      ChangingName(_Name);
      _Name = value;
      ChangedName();
    }
  }
}
```

Listing 10.9 Klasse mit zwei partiellen Methoden

Die partiellen Methoden `ChangingName` und `ChangedName` werden aufgerufen, bevor beziehungsweise nachdem sich der Wert der Eigenschaft `Name` geändert hat. Erfährt die Klasse `Person` keine Erweiterung durch eine partielle Definition, wird der Compiler die partiellen Methoden nicht kompilieren und die Aufrufe der partiellen Methoden ignorieren.

Möglicherweise sind wir aber an einer Reaktion im Zusammenhang mit der Namensänderung interessiert. Vielleicht möchten wir diese sogar protokollieren oder uns nur die Änderung anzeigen lassen. Das ist ganz einfach zu realisieren, indem wir in der Klasse `Person` das Angebot der partiellen Methoden nutzen und diesen Code schreiben.

```
public partial class Person
{
  partial void ChangingName(string name)
    => Console.WriteLine($"Der alte Name '{name}' wird geändert.");
  }
  partial void ChangedName()
    => Console.WriteLine("Name erfolgreich geändert.");
}
```

Listing 10.10 Die partiellen Methoden des Beispielprogramms

Zum Testen der Klasse `Person` genügt uns einfacher Programmcode:

```
Person pers = new Person { Name = "Fischer", Alter = 67 };
pers.Name = "Müller";
Console.WriteLine(pers.Name);
Console.ReadLine();
```

Listing 10.11 Testen des Beispielprogramms

Die Ausgabe an der Konsole zeigt uns an, dass wir den Namen der Person verändert haben. Also nichts, was besonders aufregend wäre.

Wo partielle Methoden eingesetzt werden

Partielle Methoden sind hauptsächlich dort anzutreffen, wo Assistenten automatisch Code erzeugen. Nehmen wir beispielsweise an, ein Assistent würde die Klasse Person wie folgt erzeugen:

```
public class Person
{
  // Felder
  private string _Name { get; set; }
  public int Alter { get; set; }
  // Eigenschaft
  public string Name
  {
    get { return _Name; }
    set { _Name = value; }
  }
}
```

Listing 10.12 Nichtpartielle Klasse »Person«

Beachten Sie, dass die Klasse Person in Listing 10.12 nicht partial ist und folgerichtig auch keine partiellen Methoden anbieten kann. Sie können den Quellcode nach eigenem Ermessen anpassen oder verändern, beispielsweise in der Eigenschaft Name wie im Folgenden:

```
public string Name
{
  get { return _Name; }
  set
  {
    Console.WriteLine($"Der alte Name '{_Name}' wird geändert.");
    _Name = value;
    Console.WriteLine("Name erfolgreich geändert.");
  }
}
```

Listing 10.13 Benutzerdefinierte Anpassung der Eigenschaft »Name«

Dagegen ist grundsätzlich nichts einzuwenden. Jetzt kommt das große Aber: Zahlreiche Assistenten in Entwicklungsumgebungen ermöglichen eine Aktualisierung der automatisch erzeugten Klassen. In unserem fiktiven Fall wäre davon die Klasse Person betroffen. Aktualisiert der Assistent jedoch die Klasse `Person`, sind die Änderungen, die wir in der Property `Name` vorgenommen haben, verloren. Sie werden schlichtweg »wegaktualisiert«.

Und genau in solchen Situationen spielen partielle Methoden ihre Stärke aus. Hinterlegen Sie den zusätzlichen, benutzerdefinierten Programmcode nämlich in partiellen Methoden (wie im Beispiel *PartielleMethoden* gezeigt), werden die Codeergänzungen nicht überschrieben: Sie bleiben erhalten. Darüber hinaus ist gewährleistet, dass die partiellen Methoden aufgerufen werden – zumindest solange der Assistent partielle Methoden bereitstellt. Aber das ist in der Regel der Fall.

10.4.2 Lokale Funktionen und Funktionszeiger

Um Modularität in der Anwendung zu erreichen, schreiben Entwickelnde private Methoden. Häufig ruft aber nur eine Methode der Klasse eine private Methode auf. In diesen Fällen ist es im Grunde genommen wenig sinnvoll, die private Methode mit einem eindeutigen Bezeichner auszustatten. Lokale Funktionen ermöglichen es, innerhalb einer Methode eine andere Methode zu definieren, die nur von der umschließenden Methode aufgerufen werden kann.

Sehen wir uns dazu ein einfaches Beispiel an. Ausgangspunkt sei die Methode `Calculate`, in der ein Array von Integer-Zahlen erzeugt wird. Danach wird das Array in einer Schleife durchlaufen, und alle Array-Werte, die größer als oder gleich 50 sind, werden um den Faktor 2 erhöht. Am Ende werden die Listenwerte in der Konsole ausgegeben.

Anmerkung

Wir verwenden hier ein sehr einfaches Beispiel, um Ihnen die Technik der lokalen Funktionen zu zeigen. Sie sollten sich daher nicht fragen, ob unser Beispiel nicht besser ohne lokale Funktionen auskäme. Tatsächlich ist dem so. In der Praxis sind Methoden allerdings meist viel komplexer, und dann lassen sich lokale Methoden durchaus positiv einsetzen.

```
public static void Calculate()
{
  int[] liste = { 3, 12, 78, 33, 7, 81, 55, 34 };
  for (int i = 0; i < liste.Length; i++)
  {
    if (liste[i] >= 50)
      liste[i] *= 2;
    Console.WriteLine(liste[i]);
  }
}
```

Listing 10.14 Klassische Methodenimplementierung

Die Überprüfung des Werts wollen wir nun in eine separate Methode auslagern. Also schreiben wir eine private-Methode, die die entsprechende Logik enthält.

```
public static void Calculate()
{
  int[] liste = { 3, 12, 78, 33, 7, 81, 55, 34 };
  for (int i = 0; i < liste.Length; i++)
  {
    liste[i] = ChangeValue(liste[i]);
    Console.WriteLine(liste[i]);
  }
}
private static int ChangeValue(int value)
  => (value >= 50) ? value * 2 : value;
```

Listing 10.15 Eine private Methode für die Methode »Calculate«

Syntaktisch ist die Lösung nicht zu beanstanden. Allerdings ist die private Methode ChangeValue in jeder anderen Methode derselben Klasse sichtbar und könnte dort aufgerufen werden, obwohl sie nur für die Methode Calculate interessant ist.

Ein anderer Lösungsansatz, der diesem Nachteil Rechnung trägt, wäre die Beschreibung der Logik durch einen Lambda-Ausdruck.

```
public static void Calculate()
{
  int[] liste = { 3, 12, 78, 33, 7, 81, 55, 34 };
  // Lambda-Ausdruck
  Func<int, int> del = (value) => (value >= 50) ? value * 2 : value;
  for (int i = 0; i < liste.Length - 1; i++)
  {
    liste[i] = del(liste[i]);
    Console.WriteLine(liste[i]);
  }
}
```

Listing 10.16 Implementierung eines Lambda-Ausdrucks anstelle einer privaten Methode

Der Lambda-Ausdruck in Listing 10.16 basiert auf dem Delegaten Func<>. Dieser Delegat gehört zur Klassenbibliothek von .NET und beschreibt Methoden mit Rückgabewert. Der Datentyp der Rückgabe wird durch die Angabe im letzten generischen Typparameter beschrieben, alle anderen erforderlichen Parametertypen sind davor gelistet.

Nun haben wir die Prüfungslogik durch eine anonyme Methode beschrieben. So wurde es vielfach vor der Version C# 7.0 gemacht, um private Methoden zu vermeiden.

Allerdings haben wir jetzt eine auf den ersten Blick bessere Lösung im Vergleich zur privaten Methode gefunden, uns jedoch dabei einen gravierenden Nachteil eingehandelt: Jeder Schleifendurchlauf allokiert Speicher für den Delegaten. Je öfter die Schleife durchlaufen wird, desto mehr werden die Speicherressourcen belastet. Im Endeffekt ist die Lösung mit einer anonymen Methode zumindest fragwürdig.

Jetzt kommen wir zum eigentlichen Thema dieses Abschnitts, den lokalen Methoden. Lokale Methoden sind Methoden, die in einer anderen Methode eingebettet sind. Sehen wir uns zuerst unser Beispiel von oben an, jetzt allerdings durch eine lokale Methode beschrieben.

```
public static void Calculate()
{
  int[] liste = { 3, 12, 78, 33, 7, 81, 55, 34 };
  for (int i = 0; i < liste.Length - 1; i++)
  {
    liste[i] = ChangeValue(liste[i]);
    Console.WriteLine(liste[i]);
  }
  // lokale Methode
  int ChangeValue(int value)
      => (value >= 50) ? value * 2 : value;
}
```


Listing 10.17 Implementierung einer lokalen Funktion

Die lokale Funktion, hier `ChangeValue`, ist nur innerhalb von `Calculate` sichtbar. Wir haben eine Modularisierung erreicht, die sich ausschließlich auf die umgebende Methode bezieht. Zudem werden die Speicherressourcen nicht unnötig belastet wie mit einer anonymen Methode.

Sie können lokale Funktionen in jeder Methodenart einsetzen, also auch in Konstruktoren und in `get` und `set`-Zweigen einer Property.

Lokale Funktionen haben direkten Zugriff auf alle Variablen der umgebenden Methode. Im folgenden Codefragment kann daher die lokale Funktion auf die `int`-Variable zugreifen und sie auch ändern.

```
public void DoSomething()
{
  int value = 154;
  LocalFunction();
  Console.WriteLine(value);
  void LocalFunction() => value = 89;
}
```

Möchten Sie vermeiden, dass die lokale Funktion Variablen aus der übergeordneten Methode erfassen kann, müssen Sie die lokale Funktion static definieren. Benötigen Sie in der lokalen Funktion eine Variable aus dem umschließenden Bereich, müssen Sie diese der lokalen Funktion als Parameter übergeben.

```
public void DoSomething()
{
  int value = 154;
  value = LocalFunction(value);
  Console.WriteLine(value);
  static int LocalFunction(int param) => param = 89;
}
```

Mit der Version C# 9.0 kamen sogenannte *Funktionszeiger* (*Function Pointers*) zum Sprachumfang hinzu. Sie ermöglichen es, auf Funktionen direkt zu verweisen. Funktionszeiger sind besonders nützlich in leistungsintensiven Szenarien, da sie den mit Delegaten verbundenen Speicher- und Aufruf-Overhead vermeiden. Ein Funktionszeiger wird mit dem Schlüsselwort delegate* deklariert. Dabei können Parameter- und Rückgabewerte sowie die Aufrufkonvention, zum Beispiel managed oder unmanaged, angegeben werden. Funktionszeiger können nur in einem unsafe-Block verwendet werden:

```
// Methode kompatibel mit dem Funktionszeiger
static int Add(int x, int y) => x + y;
// Funktionszeiger deklarieren und zuweisen
delegate*<int, int, int> addPtr = &Add;
```

10.5 Operatorüberladung

10.5.1 Einführung

C# verfügt über eine Reihe von Operatoren, die Sie für allgemeine Operationen einsetzen können. Beim Dividieren von zwei Zahlen müssen Sie sich keine Gedanken darüber machen, welchen Code der Compiler im Hintergrund erzeugt:

```
double result = value1 / value2;
```

Die Frage nach dem Typ der Operanden ist nicht bedeutungslos. Handelt es sich um ganzzahlige Typen, wird ein anderes Kompilat erzeugt, als würde es sich um zwei Dezimalzahlen handeln. Abhängig vom Typ der Operanden werden intern zwei unterschiedliche Operationen ausgeführt. Der Compiler entscheidet darüber, um welche Operation es sich dabei handelt, denn der /-Operator ist überladen. Insbesondere für die elementaren Datentypen wie int, long oder double sind die meisten Operatoren überladen.

Eine der großen Stärken von C# ist, Entwickelnden ein Instrumentarium an die Hand zu geben, das ihm ermöglicht, im Bedarfsfall Operatoren nach eigenem Ermessen zu überladen.

10.5.2 Die Syntax der Operatorüberladung

Zum Überladen von Operatoren in einer Klasse oder einer Struktur stellt C# das Schlüsselwort `operator` zur Verfügung, das nur in Verbindung mit `public static` verwendet werden darf. Hinter dem `operator`-Schlüsselwort wird der Operator angegeben, der überladen werden soll. Die folgende Syntax gilt für *binäre Operatoren*, die zwei Operanden für ihre Operation benötigen:

```
public static <Ergebnistyp> operator <Operator>(<Operand1>, <Operand2>)
```


Typische Vertreter binärer Operationen sind die Operationen +, - , * und auch /. Neben den binären gibt es *unäre Operatoren*, die nur einen Operanden verlangen. Stellvertretend seien hier die Operatoren ++ und -- genannt. Für diese Operatorengruppe ändert sich die Syntax wie folgt:

```
public static <Ergebnistyp> operator <Operator>(<Operand>)
```

Wenn Sie eine Klasse um Methoden zur Operatorüberladung erweitern, sollten Sie folgende Punkte berücksichtigen:

- Es können nur vordefinierte Operatoren überladen werden. Neue Operatoren zu »erfinden«, ist nicht möglich.
- Die Operationen von Operatoren auf den elementaren Datentypen lassen sich nicht umdefinieren.
- Die Grundfunktionalität eines Operators bleibt immer erhalten: Ein binärer Operator benötigt immer zwei Operanden, ein unärer immer nur einen. Die Vorrangregeln können nicht beeinflusst werden.

In Tabelle 10.1 sind alle Operatoren aufgeführt, die in einer Klasse oder Struktur überladen werden dürfen.

C#-Operator	Bedeutung
+, -, !, ~, ++, --, true, false	unäre Operatoren
+, -, *, /, %, &, |, ^, <<, >>	binäre Operatoren
==, !=, <, >, <=, >=	relationale Operatoren

Tabelle 10.1 Überladbare Operatoren

C#-Operator	Bedeutung
[]	Dieser Operator lässt sich nicht direkt überladen. Indexer bieten jedoch ein Ersatzkonstrukt, das die gleiche Funktionalität anbietet (siehe Abschnitt 10.8, »Indexer«).

Tabelle 10.1 Überladbare Operatoren (Forts.)

Einige Operatoren können nur paarweise überladen werden. Wollen Sie zum Beispiel den Vergleichsoperator `==` überladen, müssen Sie auch den Operator `!=` überladen. Damit erzwingt C# eine konsistente Prüfung auf Übereinstimmung und Nichtübereinstimmung.

Einschränkungen der Operatorüberladung

Nicht alle Operatoren sind überladungsfähig. Ausgeschlossen ist unter anderem der Zuweisungsoperator `=`. Überladen Sie einen binären Operator, z. B. `+`, wird der Additionszuweisungsoperator `+=` automatisch implizit überladen.

Zu den anderen nichtüberladbaren Operatoren gehören der Punktoperator, der bedingte Operator `?:` sowie die Operatoren `new`, `is`, `typeof` und `sizeof`. Ebenso wenig überladbar sind die runden Klammern, mit denen eine Typkonvertierung durchgeführt wird. Stattdessen sollten benutzerdefinierte Konvertierungen codiert werden. Dieses Thema beschäftigt uns im Abschnitt 10.5.4 noch weiter.

10.5.3 Die Operatorüberladungen im Projekt »GeometricObjectsSolution«

Wir wollen uns die Operatorüberladung jetzt an einem Beispiel ansehen. Dazu rufen wir uns die Methode `Bigger` der Klasse `GeometricObject` in Erinnerung:

```
public static int Bigger(GeometricObject geo1, GeometricObject geo2)
{
  if (geo1 == null || geo2 == null) return 0;
  if (geo1 == null) return -1;
  if (geo2 == null) return 1;
  if (geo1.GetArea() > geo2.GetArea()) return 1;
  if (geo1.GetArea() < geo2.GetArea()) return -1;
  return 0;
}
```

Listing 10.18 Die Methode »Bigger« der Klasse »GeometricObject«

Übergeben wir zwei `Circle`-Objekte, können wir zweifelsfrei feststellen, welches der beiden größer ist als das andere, z. B.:

```
if(GeometricObject.Bigger(kreis1, kreis2) == 1)
  [...]
```

Selbstkritisch müssen wir aber auch feststellen, dass der gleichwertige Ausdruck

```
if(kreis1 > kreis2)
```

eher einer üblichen Vergleichsoperation entspricht. Bisher ist diese Vergleichsoperation jedoch nicht möglich, weil sie weder für Objekte vom Typ der Basisklasse `GeometricObject` noch in einer der abgeleiteten Klassen definiert ist. Um dieses Defizit auszugleichen, wollen wir jetzt den >-Operator so überladen, dass er zur Laufzeit auf zwei Objekte vom Typ `GeometricObject` angewendet werden kann. Dabei müssen wir berücksichtigen, dass einer der beiden Operanden `null` sein könnte. In diesem Fall ist es üblich, eine Ausnahme auszulösen.


```
public static bool operator >(GeometricObject geo1, GeometricObject geo2)
{
  if (geo1 == null || geo2 == null)
    throw new InvalidOperationException();
  return geo1.GetArea() > geo2.GetArea() ? true: false;
}
```

Listing 10.19 Überladen des »>«-Operators

Kompilieren wir die so ergänzte Klassendefinition, erhalten wir einen Compilerfehler, weil sich ein `GeometricObject`-Objekt jetzt nicht mehr eindeutig verhält. Wir sind gezwungen, einen weiteren Vergleichsoperator zu überladen, nämlich den, der die Umkehrung der bereits überladenen Vergleichsfunktion beschreibt.

```
public static bool operator <(GeometricObject geo1, GeometricObject geo2)
{
  if (geo1 == null || geo2 == null)
    throw new InvalidOperationException();
  return geo1.GetArea() < geo2.GetArea()? true: false;
}
```

Listing 10.20 Überladen des »<«-Operators

Nach dem anschließenden erfolgreichen Kompilieren können wir mit

```
Circle kreis1 = new Circle(6);
Circle kreis2 = new Circle(3);
if(kreis1 > kreis2) { [...] }
```

alternativ zu der von uns implementierten Methode Bigger Vergleichsoperationen mit Objekten unserer Klasse ausführen. Da die Überladung für alle Objekte vom Typ GeometricObject gilt, lässt sich auch ein Circle mit einem Rectangle vergleichen.

Anmerkung

Der Vollständigkeit halber werden in der Klasse GeometricObject auch noch die beiden Operatoren <= und >= überladen. An dieser Stelle gehen wir darauf aber nicht mehr ein, weil damit keine neuen Erkenntnisse verbunden sind.

Überladen von Gleichheitsoperatoren

Im Abschnitt zuvor haben wir die Operatoren < und > überladen, um die Größe zweier geometrischer Objekte miteinander zu vergleichen. Vielleicht ist Ihnen aufgefallen, dass bisher der Vergleich mit dem ==-Operator nicht bereitgestellt worden ist. Das wollen wir nun tun. Dazu müssen wir ein wenig ausholen, denn die Lösung der Problematik ist nicht ganz trivial.

Jede Klasse beerbt die Klasse Object. Damit hat jedes Objekt die Methoden, die in Object definiert sind. Zu diesen Methoden gehört die Methode Equals, mit der von Hause aus zwei Referenzen auf Gleichheit hin untersucht werden können. Das wollen wir uns an einem kleinen Beispiel zuerst ansehen:

```
Circle kreis1 = new Circle(12);
Circle kreis2 = kreis1;
if(kreis1.Equals(kreis2))
  Console.WriteLine("Referenzielle Gleichheit");
else
  Console.WriteLine("Zwei verschiedene Objekte");
```

Listing 10.21 Referenzen mit »Equals« auf Gleichheit hin prüfen

Verweisen beide Referenzen auf dasselbe Objekt, liefert die Equals-Methode als Rückgabewert true. Das ist das Standardverhalten dieser Methode. In gleicher Weise arbeitet der ==-Vergleichsoperator. Wir könnten demnach die if-Anweisung auch wie folgt formulieren:

```
if(kreis1 == kreis2)
  [...]
```

Der Vergleichsoperator == soll laut Definition die Syntax für den Vergleich mit Equals vereinfachen. Wird der Vergleichsoperator überladen, muss er von der Logik her mit Equals übereinstimmen. Der C#-Compiler gibt sogar eine Warnmeldung aus, wenn gegen diese Regel verstoßen wird.

Da es unser Ziel ist, den Vergleichsoperator == zu überladen, dürfen wir das Überschreiben der virtuellen Equals-Methode nicht vergessen. Und selbstverständlich gilt es auch, den Vergleich mit != zu implementieren.

Widmen wir unser Augenmerk zuerst der Überladung des Operators ==. Diese Überladung ist wie folgt definiert:

```
public static bool operator ==(GeometricObject geo1,GeometricObject geo2)
```

Jetzt müssen wir mehrere Situationen betrachten:

1. Die beiden Parameter geo1 und geo2 verweisen auf dasselbe Objekt. Der Vergleich liefert dann den Rückgabewert true.
2. Entweder geo1 oder geo2 wird durch null beschrieben. Dann sollte der Rückgabewert in jedem Fall false sein.
3. Trifft keiner der vorgenannten Punkte zu, erfolgt der Vergleich anhand der Methode GetArea.

Widmen wir uns dem ersten Punkt. Um einen Referenzvergleich anstellen zu können, kommt die Methode Equals nicht mehr in Betracht, da wir sie später überschreiben müssen. Eine andere Möglichkeit liefert uns die statische Methode ReferenceEquals der Klasse Object, die wie folgt definiert ist:

```
public static bool ReferenceEquals(Object object1, Object object2)
```

Der Rückgabewert dieser Methode ist true, wenn es sich bei object1 und object2 um dieselbe Instanz handelt. Wird an einen der beiden Parameter aber null übergeben, ist der Rückgabewert false.

Mit dieser Erkenntnis können wir den Vergleichsoperator == nun wie in Listing 10.22 gezeigt überladen:

```
public static bool operator ==(GeometricObject geo1, GeometricObject geo2)
{
  if (ReferenceEquals(geo1, geo2)) return true;
  if (ReferenceEquals(geo1, null)) return false;
  return geo1.Equals(geo2);
}
```

Listing 10.22 Überladen des »==«-Operators

In der Überladung wird Equals aufgerufen. Die Idee, die sich dahinter verbirgt, ist, dass in Equals der tatsächliche Größenvergleich durchgeführt werden soll, also:

```
public override bool Equals(object obj)
{
```

```
  if (obj == null) return false;
  if (GetArea() == ((GeometricObject)obj).GetArea()) return true;
  return false;
}
```

Listing 10.23 Überschreiben der Methode »Equals«

Vielleicht stellen Sie sich die Frage, warum in der ersten Anweisung noch einmal eine Überprüfung auf `null` stattfindet, die doch eigentlich bereits in der Operatorüberladungsmethode durchgeführt worden ist. Aber vergessen Sie nicht, dass `Equals` auch unabhängig von der Nutzung des überladenen Vergleichsoperators auch auf eine `GeometricObject`-Referenz aufgerufen werden könnte.

Was uns nun noch fehlt, ist die Überladung des `!=`-Operators. Aber das ist nun wirklich keine schwierige Aufgabe mehr.

```
public static bool operator !=(GeometricObject obj1, GeometricObject obj2)
    => !(obj1 == obj2);
```

Listing 10.24 Überladung des »!=«-Operators

Starten Sie mit diesen Ergänzungen und dem Code im folgenden Listing zum Testen die Anwendung.

```
Circle kreis1 = new Circle(2);
Circle kreis2 = new Circle(1);
kreis1 = null;
if (kreis1 == kreis2)
  Console.WriteLine("k1 == k2");
else
  Console.WriteLine("k1 != k2");
Console.ReadLine();
```

Listing 10.25 Testen der überladenen Operatoren »==« und »!=«

Sie werden feststellen, dass die Operatorüberladungen das tun, was wir von ihnen erwarten. Allerdings gibt es noch einen kleinen Wermutstropfen, denn wir erhalten einen Warnhinweis, der besagt, dass im Falle eines Überschreibens der `Equals`-Methode auch die von der Klasse `Object` geerbte Methode `GetHashCode` überschrieben werden muss, damit der Typ in einer Hashtabelle korrekt funktioniert.

```
public override int GetHashCode() => base.GetHashCode();
```

Listing 10.26 Überschreiben der Methode »GetHashCode«

Überladene Operatoren in der Vererbung

Wird aus einer Klasse, die Operatoren überlädt, eine weitere Klasse abgeleitet, vererben sich die überladenen Operatoren an die abgeleitete Klasse. In unserem Beispielprojekt werden somit die Klassen `Circle` und `Rectangle` von den Operatorüberladungen profitieren können.

Die Operatoren »true« und »false« überladen

Wenn Sie Tabelle 10.1 aufmerksam studiert haben, werden Ihnen vielleicht zwei ungewöhnlich erscheinende, überladungsfähige Operatoren aufgefallen sein: `true` und `false`. Diese dienen dazu, Operationen wie beispielsweise

```
if(value)
  [...]
```

zu ermöglichen. Diese Bedingungsprüfung ist sinnvoll, wenn der Rückgabewert direkt von einem Feld abhängt. Soll außerdem der Negationsoperator berücksichtigt werden, muss auch der `!`-Operator überladen werden.

```
if(!value)
  [...]
```

Die Operatoren `true` und `false` gehören ebenfalls zu der Gruppe der Operatoren, die man paarweise überladen muss. Die Rückgabe ist ein boolescher Wert. Das folgende Beispiel zeigt die Überladung der drei Operatoren `true`, `false` und `!`. Dazu wird festgelegt, dass ein Objekt dann als `true` zu bewerten ist, wenn der Inhalt des objektspezifischen Felds ungleich 0 ist.

```
// Beispiel: ..\Kapitel 10\Operatorüberladung_True_False
Demo obj = new Demo { Value = 12 };
obj.Value = 8;
if(obj)
  Console.Write("Wert ungleich 0");
else
  Console.Write("Wert gleich 0");
Console.ReadLine();

// Klasse Demo
class Demo
{
  public int Value { get; set;}
  // Überladung des true-Operators
  public static bool operator true(Demo obj) => obj.Value != 0 ? true : false;
  // Überladung des false-Operators
```

```
  public static bool operator false(Demo obj) => obj.Value != 0 ? false : true;
  // Überladung des Negationsoperators
  public static bool operator !(Demo obj) => obj.Value != 0 ? false : true;
}
```

Listing 10.27 Das Beispielprogramm »Operatorüberladung_True_False«

Die dem Feld zugewiesene Zahl 12 wird mit

```
if(obj)
```

zu der Anzeige

```
Wert ungleich 0
```

führen. Benutzen wir im Ausdruck den !-Operator, kehrt sich die Logik um und führt zu folgender Ausgabe:

```
Wert gleich 0
```

10.5.4 Benutzerdefinierte Typkonvertierung

Eine Konvertierung, die Sie vermutlich schon sehr häufig benutzt haben, wird durch die beiden folgenden Anweisungen beschrieben:

```
int source = 9;
long target = source;
```

Ein Integer-Wert wird an den Datentyp long übergeben. Dabei spielt eine Konvertierung eine Rolle, die implizit ausgeführt wird. Wollen wir anschließend den long-Wert wieder einem Integer übergeben, müssen wir explizit den Zieldatentyp angeben, z. B.:

```
int newValue = (int)source;
```

Implizite und explizite Konvertierungen können Sie auch mit den Möglichkeiten von C# umsetzen. Damit können Sie beispielsweise eine Circle-Referenz einer Rectangle-Referenz zuzuweisen:

```
Circle kreis = new Circle(100, 100, 100);
Rectangle rect = (Rectangle)kreis;
```

Listing 10.28 Typkonvertierung eines »Circle«-Objekts in ein »Rectangle«-Objekt

Natürlich ließe sich auch eine implizite Konvertierung ohne Angabe des Zieldatentyps realisieren oder eine Konvertierung in umgekehrter Richtung.

Die allgemeine Syntax der impliziten benutzerdefinierten Typkonvertierung lautet:

```
public static implicit operator <Zieldatentyp>(<Eingabetyp>)
```

Um eine benutzerdefinierte explizite Typumwandlung zu implementieren, müssen wir anstelle des Schlüsselworts `implicit` das Schlüsselwort `explicit` in der Methodensignatur angeben. Ansonsten ist die Syntax die gleiche wie bei der impliziten benutzerdefinierten Konvertierung:

```
public static explicit operator <Zieldatentyp>(<Eingabedatentyp>)
```

Hinweis

Das gleichzeitige Implementieren einer expliziten und einer impliziten Konvertierungsfunktion mit demselben Zieldatentyp ist unzulässig.

Ja, es ist ein wenig »an den Haaren herbeigezogen«, aber lassen Sie uns trotzdem die beiden Klassen `Circle` und `Rectangle` um benutzerdefinierte Konvertierungen so erweitern, dass der Code in Listing 10.29 fehlerfrei ausgeführt wird. Am Ende soll also ein `Circle`-Objekt einer `Rectangle`-Referenz zugewiesen werden können und umgekehrt. Beide Konvertierungen sollen als explizite Konvertierungen bereitgestellt werden. Mit einer vorgeschriebenen expliziten Konvertierung lässt sich eher deutlich machen, dass die Typumwandlung unter Zwang geschieht.

Sehen wir uns zuerst die Konvertierung eines `Circle`-Objekts in ein Rechteck an. Dabei ist zuvor eine Vereinbarung zu treffen: Da das Verhältnis von Breite zu Länge des Rechtecks unbestimmbar ist, soll das Ergebnis der Konvertierung ein Quadrat sein, also der Sonderfall eines Rechtecks. Hierbei soll es sich um das Quadrat handeln, in dem das `Circle`-Objekt so eingebettet ist, dass es die vier Kanten des Quadrats innen berührt. Berücksichtigen sollten wir dabei auch, dass der Bezugspunkt des Kreises gleichzeitig dessen Mittelpunkt ist, während das Rechteck (bzw. das Quadrat) seinen Bezugspunkt auf der linken oberen Ecke definiert.

```
public class Circle
{
  [...]
  public static explicit operator Rectangle(Circle circle)
  {
    return new Rectangle(2 * circle.Radius, 2 * circle.Radius,
                         circle.XCoordinate - circle.Radius,
                         circle.YCoordinate - circle.Radius);
  }
}
```

Listing 10.29 Explizite Konvertierung eines »Circle«-Objekts in den Typ »Rectangle«

Etwas schwieriger gestaltet sich die Konvertierung eines Rechtecks in einen Kreis. Wir müssen zuerst die Fläche des Rechtecks ermitteln, um basierend auf der Fläche einen Radius für das `Circle`-Objekt zu berechnen. Wegen der Konvertierung eines `double`-Typs in einen `int` wird das Ergebnis natürlich an Genauigkeit verlieren.

Den Mittelpunkt des Kreises verschieben wir auf den Schnittpunkt der Diagonalen des Rechtecks:

```
public class Rectangle
{
  [...]
  public static explicit operator Circle(Rectangle rect)
  {
    int radius = (int)Math.Sqrt(rect.GetArea() / Math.PI);
    return new Circle(radius, radius + rect.Length/2,
                              radius + rect.Width/2);
  }
}
```

Listing 10.30 Explizite Konvertierung eines »Rectangle«-Objekts in einen »Circle«

Nun wollen wir das Ergebnis noch mit dem Code aus Listing 10.31 testen:

```
Circle kreis = new Circle(100, 100, 100);
Rectangle rect = (Rectangle)kreis;
Console.WriteLine("Length|Width = {0}, X = {1}, Y = {2}",
                  rect.Length, rect.XCoordinate, rect.YCoordinate);
Rectangle rect1 = new Rectangle(100, 50);
Circle kreis1 = (Circle)rect1;
Console.WriteLine("Radius = {0}, X = {1}, Y = {2}",
                  kreis1.Radius, kreis1.XCoordinate, kreis1.YCoordinate);
Console.ReadLine();
```

Listing 10.31 Hauptprogramm zum Testen der expliziten Konvertierung

Hinweis

Sie finden das geänderte Beispielprogramm *GeometricObjectsSolution* in den MATERIALIEN ZUM BUCH (Download von *www.rheinwerk-verlag.de/5953*) unter ..*Kapitel 10\GeometricObjectsSolution_10*.

10.6 »Nullable«-Referenztypen

Referenztypen, also Klassen und Delegaten, können den Inhalt null annehmen. Damit wird ein Zustand beschrieben, der das Fehlen eines konkreten Werts anzeigen soll. null wurde bereits mit Version 1.0 von .NET eingeführt und war – im Nachhinein betrachtet – wohl keine gute Entscheidung des .NET-Entwicklerteams.

Das mögliche Auftreten von null verursacht einen Mehraufwand bei der Programmierung. Ein typisches Beispiel dafür ist die statische Methode Bigger der Klasse GeometricObject. Beide Parameter beschreiben einen Referenztyp und erfordern daher im Code eine Untersuchung auf null.

```
public static int Bigger(GeometricObject geo1, GeometricObject geo2)
{
  if (geo1 == null && geo2 == null) return 0;
  if (geo1 == null) return -1;
  if (geo1 == null) return 1;
  if (geo1.GetArea() > geo2.GetArea()) return 1;
  if (geo1.GetArea() < geo2.GetArea()) return -1;
  return 0;
}
```

Jeder Parameter in dieser Methode muss daraufhin geprüft werden, ob er null enthält oder nicht, denn das Aufrufen eines Members für einen null-Wert löst unweigerlich eine NullReferenceException aus (hier bei GetArea()).

Zudem müssen wir feststellen, dass es zwischen den Referenz- und Wertetypen eine Inkonsistenz gibt. Das ist darin begründet, dass Referenztypen standardmäßig null zulassen und Wertetypen standardmäßig nicht. Zwar können wir mit Nullable<T> bzw. dem Dekorator ? auch einen Wertetyp als null-fähig definieren, aber das führt insbesondere bei Neueinsteigern in C# oft zu Irritationen. Vom Grundsatz her wäre es daher sinnvoller, wenn sowohl die Referenz- als auch die Wertetypen standardmäßig nicht null-fähig wären und erst der Dekorator ? die null-Fähigkeit beider Gruppen ermöglichen würde.

Mit C# 8.0 kommt es nun zur »Rolle rückwärts«, und es wird genau diese Möglichkeit angeboten: Wir können jetzt Referenztypen bereitstellen, die den Wert null nicht akzeptieren. Dieses Feature steht ab .NET 6 automatisch zur Verfügung, da Entwicklungsumgebungen neue Projekte mit der entsprechenden Option erzeugen. Vor .NET 6 war es notwendig, die Option explizit zu aktivieren.

Wir wollen diese Ergänzung jetzt an einem Beispiel testen. Der Code dazu soll wie folgt aussehen:

```
Person pers = new Person();
pers = null;

public class Person
{ }
```

Listing 10.32 Beispiel zum Testen von »Nullable«-Referenztypen

Die Zuweisung von `null` an die Variable liefert nun einen Warnhinweis, weil diese Zuweisung nun nicht mehr den Vorgaben entspricht. Tatsächlich handelt es sich nur um einen Warnhinweis und nicht um einen Compilerfehler. Bei `pers` handelt es sich um einen sogenannten *Nicht-nullable-Referenztyp*.

Im Gegensatz dazu wird ein *Nullable-Referenztyp* mit der gleichen Syntax wie ein `Nullable`-Wertetyp mit dem ?-Dekorator angegeben. `Nullable<T>` ist nicht zugelassen, weil dieser Typ auf Strukturen begrenzt ist. Bezogen auf die Klasse `Person` unseres Beispielcodes aus Listing 10.32 würde die Objektinitialisierung wie folgt geschrieben:

```
Person? pers = new Person();
```

Jetzt ist es möglich, auch der Instanz `pers` den Wert `null` zuzuweisen. Möchten wir aus dem Warnhinweis eine Fehlermeldung machen, können wir in verschiedenen Entwicklungsumgebungen dazu die Projekteigenschaften anpassen. Verstöße führen dann zu einer Fehlermeldung.

Den Null-forgiving Operator hat Microsoft mit C# 8.0 eingeführt. Er dient dazu, dem Compiler mitzuteilen, dass eine Variable, die möglicherweise `null` sein könnte, in Wirklichkeit niemals `null` ist. Dies unterdrückt Compilerwarnungen im Zusammenhang mit Nullable Reference Types (NRTs).

Der Operator verändert jedoch nicht das Laufzeitverhalten und schützt nicht vor einer `NullReferenceException`, falls die Annahme im Code falsch ist. Das folgende Beispiel zeigt die Verwendung des Operators.

```
string? name = GetName(); // diese Methode könnte theoretisch null zurückgeben

// normalerweise würde der Compiler hier warnen: "Möglicherweise null"
Console.WriteLine(name!.Length); // Null-forgiving Operator sagt dem Compiler:
                                 // "name ist garantiert nicht null"
```

10.6.1 »Nullable«-Referenztypen im Beispiel »GeometricObjects«

Wir wollen uns nun ansehen, wie wir die letzte Version des Beispielprogramms *GeometricObjectsSolution* (also die Version »10«) komplett umstellen müssen, um die `null`-Fähigkeit komplett abzuschalten. Die meisten Änderungen sind in der Klasse

GeometricObject notwendig, gefolgt von ein paar weiteren Anpassungen in der Klasse GeometricObjectComparer.

Beginnen wir mit den Anpassungen in der Klasse GeometricObject und hier mit der Methode CompareTo, die ihren Ursprung in der Schnittstelle IComparable<GeometricObject> hat. Die Methode ist aktuell noch wie folgt definiert:

```
public int CompareTo(GeometricObject geo)
{
  if (geo == null) return 1;
  if (GetArea() > geo.GetArea()) return 1;
  if (GetArea() == geo.GetArea()) return 0;
  return -1;
}
```


Listing 10.33 Die Methode »CompareTo« aus dem Interface »IComparable<GeometricObject>«

In der Methode ist die erste Anweisung nicht mehr korrekt. Der Parameter ist vom Typ GeometricObject und kann nun nicht mehr null sein. Sie müssen es sich so vorstellen, dass in dieser Hinsicht GeometricObject wie ein Wertetyp agiert und deshalb nicht null sein kann. Die Anweisung müssen wir nur löschen, damit die Methode keinen Fehler mehr verursacht.

```
public int CompareTo(GeometricObject geo)
{
  if (GetArea() > geo.GetArea()) return 1;
  if (GetArea() == geo.GetArea()) return 0;
  return -1;
}
```

Listing 10.34 Die angepasste Version der Methode aus Listing 10.33

Wir haben noch eine weitere CompareTo-Methode. Diese ist auf das nichtgenerische Interface IComparable zurückzuführen. Auch diese Methode sehen wir uns zuerst in der aktuellen Fassung an.

```
public virtual int CompareTo(Object obj)
{
  GeometricObject geoObject = obj as GeometricObject;
  if (geoObject != null)
  {
    if (GetArea() < geoObject.GetArea()) return -1;
    if (GetArea() == geoObject.GetArea()) return 0;
    return 1;
  }
```

```
  throw new ArgumentException("Es wird der Typ 'GeometricObject' erwartet.");
}
```

Listing 10.35 Die Methode »CompareTo« aus dem Interface »IComparable«

Um diese Methode an die neuen Bedingungen anzupassen, sind mehrere Schritte erforderlich. In der ersten Anweisung wird mit dem `as`-Operator versucht, den Parameter `obj` in den Typ `GeometricObject` zu konvertieren. Da sich `GeometricObject` wie ein Wertetyp verhält, darf der `as`-Operator darauf nicht angewendet werden, denn `as` setzt einen Referenztyp als Zieldatentyp voraus. Infolgedessen ist auch die zweite Anweisung fehlerhaft.

Eine Lösung ist es, zuerst den Parameter vom Typ `Object` auf den Typ `GeometricObject` hin zu untersuchen und im Erfolgsfall in `GeometricObject` zu konvertieren. Daran anschließend kann der Vergleich erfolgen.

```
public virtual int CompareTo(Object obj)
{
  if (obj is GeometricObject)
  {
    GeometricObject geoObject = (GeometricObject)obj;
    if (GetArea() < geoObject.GetArea()) return -1;
    if (GetArea() == geoObject.GetArea()) return 0;
    return 1;
  }
  throw new ArgumentException("Es wird der Typ 'GeometricObject' erwartet.");
}
```

Listing 10.36 Überarbeitete Methode »CompareTo«

Die Anpassung der statischen Methode `Bigger` ist viel einfacher, da die Hälfte der Anweisungen im Anweisungsblock nur der `null`-Überprüfung der beiden Parameter `geo1` und `geo2` dient.

```
public static int Bigger(GeometricObject geo1, GeometricObject geo2)
{
   if (geo1 == null && geo2 == null) return 0;
   if (geo1 == null) return -1;
   if (geo1 == null) return 1;
   if (geo1.GetArea() > geo2.GetArea()) return 1;
   if (geo1.GetArea() < geo2.GetArea()) return -1;
   return 0;
}
```

Listing 10.37 Die ursprüngliche Fassung der Methode »GeometricObject.Bigger«

Nach der Änderung sieht die Methode wie in Listing 10.38 gezeigt aus:

```
public static int Bigger(GeometricObject geo1, GeometricObject geo2)
{
  if (geo1.GetArea() > geo2.GetArea()) return 1;
  if (geo1.GetArea() < geo2.GetArea()) return -1;
  return 0;
}
```

Listing 10.38 Die neue Fassung der Methode »GeometricObject.Bigger«

Die Operatorüberladungen von >, <, >=, und <= geben jeweils zwei Parameter vom Typ GeometricObject an, die im Anweisungsblock die jeweiligen Argumente auf null hin untersuchen. Stellvertretend für alle anderen sei hier die Operatorüberladung des >-Operators gezeigt.

10

```
public static bool operator >(GeometricObject geo1, GeometricObject geo2)
{
  if (geo1 == null || geo2 == null)
    throw new InvalidOperationException();
  return geo1.GetArea() > geo2.GetArea() ? true : false;
}
```

Listing 10.39 Die Überladung des Operators »>«

Weil weder geo1 noch geo2 den Wert null haben dürfen, können wir in allen Operatorüberladungen auf die null-Prüfung verzichten.

```
public static bool operator >(GeometricObject geo1, GeometricObject geo2)
    => geo1.GetArea() > geo2.GetArea() ? true : false;
```

Listing 10.40 Die angepasste Überladung des Operators »>«

Damit wären die Anpassungen in der Klasse GeometricObject abgeschlossen. Wenden wir uns zum Schluss noch der Klasse GeometricObjectComparer zu, in der wir noch die Methode Compare der Schnittstelle IComparer ändern müssen. Die Ausgangslage sehen Sie in Listing 10.41.

```
public int Compare(object x, object y)
{
  GeometricObject geo1 = x as GeometricObject;
  GeometricObject geo2 = y as GeometricObject;
  if (geo1 != null && geo2 != null)
    return geo1.CompareTo(geo2);
```

```
  else
    throw new InvalidCastException();
}
```

Listing 10.41 Die Methode »Compare« in der Klasse »GeometricObjectComparer«

Wie bereits weiter oben erläutert, kann im Zusammenhang mit der Technik der Nullable-Referenztypen der as-Operator nicht eingesetzt werden. Außerdem ist ein Vergleich mit null unzulässig, wenn ein Referenztyp den Wert null nicht annehmen kann. Die entsprechende Änderung sehen Sie in Listing 10.42.

```
public int Compare(object x, object y)
{
  if(x is GeometricObject && y is GeometricObject)
    return ((GeometricObject)x).CompareTo((GeometricObject)y);
  else
    throw new InvalidCastException();
}
```

Listing 10.42 Die geänderte Methode »Compare« in der Klasse »GeometricObjectComparer«

Hinweis

Sie finden das geänderte Beispielprogramm *GeometricObjectsSolution* unter ..*\Kapitel 10\GeometricObjectsSolution_11*.

10.7 Die »with«-Anweisung

Die with-Anweisung hat Microsoft mit C# 9.0 eingeführt. Sie ermöglicht es, eine neue Instanz eines Objekts zu erstellen, die auf einer bestehenden Instanz basiert, wobei bestimmte Eigenschaften oder Felder geändert werden. Dies ist besonders nützlich im Zusammenhang mit Records, die ebenfalls in C# 9.0 eingeführt wurden und für unveränderliches (immutables) Datenmanagement optimiert sind. Der folgende Code zeigt ein Beispiel:

```
public record Person(string FirstName, string LastName);
var original = new Person("John", "Doe");
var updated = original with { LastName = "Smith" };
```

Die with-Anweisung funktioniert auch mit mehreren Eigenschaften, die auf einen Rutsch verändert werden. Und auch anonyme Typen sind unterstützt:

```
var apples = new { Item = "Apples", Price = 1.19m };
var saleApples = apples with { Price = 0.79m };
```

Die Besonderheit ist, dass die ursprüngliche Instanz unverändert bleibt, da eine neue Instanz erzeugt wird. In C# 9.0 funktioniert `with` nur mit `Records`, seit C# 10 aber auch mit Strukturen und den gezeigten anonymen Typen.

10.8 Indexer

In Kapitel 2, »Grundlagen der Sprache C#«, haben Sie gelernt, mit Arrays zu arbeiten. Sie wissen, wie Sie ein Array deklarieren und auf die einzelnen Elemente zugreifen, z. B.:


```
int[] arr = new int[10];
arr[3] = 125;
```

Mit C# können Sie Klassen und Strukturen so definieren, dass ihre Objekte wie ein Array indiziert werden können. Indizierbare Objekte sind in der Regel Objekte, die als Container für andere Objekte dienen – vergleichbar mit einem Array. .NET stellt uns mit den Collections eine Vielzahl solcher Klassen zur Verfügung.

Stellen Sie sich vor, Sie würden die Klasse `Team` entwickeln. Eine Mannschaft setzt sich aus vielen Einzelspielern zusammen, die innerhalb der Klasse in einem Array vom Typ `Player` verwaltet werden. Wenn Sie die Klasse `Team` mit

```
Team Wacker = new Team();
```

instanziieren, wäre es doch zweckdienlich, sich von einem bestimmten Spieler mit der Anweisung

```
string name = Wacker[2].Name;
```

den Zunamen zu besorgen. Genau das leistet ein *Indexer*. Wir übergeben dem Objekt einen Index in eckigen Klammern, der ausgewertet wird und die Referenz auf ein `Player`-Objekt zurückliefert. Darauf können wir mit dem Punktoperator den Zunamen des gewünschten Spielers ermitteln, vorausgesetzt, diese Eigenschaft ist in der Klasse `Player` implementiert.

Ein Indexer ist prinzipiell eine Eigenschaft, die mit `this` bezeichnet wird und in eckigen Klammern den Typ des Index definiert. Weil sich `this` immer auf ein konkretes Objekt bezieht, können Indexer niemals `static` deklariert werden.

Die Definition des Indexers lautet:

```
<Modifikatoren> <Datentyp> this[<Parameterliste>]
```

Als Modifizierer sind neben den Zugriffsmodifikatoren auch `new`, `virtual`, `sealed`, `override` und `abstract` zulässig. Wenn wir uns in Erinnerung rufen, was wir im Abschnitt über Operatorüberladung gelernt haben, kommen wir auch nicht an der Aussage vorbei, Indexer als eine Überladung des [ ]-Operators zu betrachten.

Wenn eine Klasse einen Indexer definiert, darf diese Klasse keine `Item`-Methode haben, weil interessanterweise ein Indexer als `Item`-Methode interpretiert wird.

Mit diesem Wissen ausgestattet, sollten wir uns nun die Implementierung der Klasse `Mannschaft` ansehen.

```
// Beispiel: ..\Kapitel 10\IndexerExample
Team Wacker = new Team();
// Spieler der Mannschaft hinzufügen
Wacker[0] = new Player { Name = "Fischer", Age = 23 };
Wacker[1] = new Player { Name = "Müller", Age = 19 };
Wacker[2] = new Player { Name = "Mamic", Age = 33 };
Wacker[3] = new Player { Name = "Meier", Age = 31 };
// Spielerliste ausgeben
for (int index = 0; index < 25; index++)
{
  if (Wacker[index] != null)
    Console.WriteLine("Name: {0,-10}Alter: {1}",
                      Wacker[index].Name, Wacker[index].Age);
}
Console.ReadLine();

// Mannschaft
public class Team
{
  Player[] team = new Player[25];
  // Indexer
  public Player this[int index]
  {
    get { return team[index]; }
    set
    {
      // prüfen, ob der Index schon besetzt ist
      if (team[index] == null)
        team[index] = value;
      else
        // nächsten freien Index suchen
        for (int i = 0; i < 25; i++)
          if (team[i] == null)
```

```
          {
            team[i] = value;
            return;
          }
      }
    }
  }
// Spieler
public class Player
{
  public string Name { get; set;}
  public int Age { get; set; }
}
```


Listing 10.43 Beispielprogramm zum Indexer

Jede Instanz der Klasse `Team` verhält sich wie ein Array. Dafür verantwortlich ist der Indexer, der über das Schlüsselwort `this` deklariert wird und einen Integer entgegennimmt. Der Indexer ist vom Typ `Player`. Der lesende und schreibende Zugriff auf ein Element erfolgt unter Angabe seines Index, also beispielsweise:

```
Wacker[6];
```

Die interne Struktur eines Indexers gleicht der einer Eigenschaftsmethode: Sie enthält einen `get`- und einen `set`-Accessor. `get` wird aufgerufen, wenn durch die Übergabe des `int`-Parameters Letzterer als Index des `Player`-Arrays ausgewertet wird und den entsprechenden Spieler aus dem privaten Array zurückgibt. Die Zuweisung eines weiteren Spielers hat den Aufruf des `set`-Zweiges zur Folge. Dabei wird überprüft, ob der angegebene Index noch frei oder bereits belegt ist. Im letzteren Fall wird der erste freie Index gesucht.

10.8.1 Überladen von Indexern

In einem herkömmlichen Array erfolgt der Zugriff auf ein Element grundsätzlich über den Index vom Typ `int`, aber Indexer lassen auch andere Datentypen zu. In vielen Situationen ist es sinnvoll, anstelle des Index eine Zeichenfolge anzugeben, mit der ein Element identifiziert wird. Meistens handelt es sich dabei um den Namen des Elements. Sind mehrere unterschiedliche Zugriffe wünschenswert, können Indexer nach den bekannten Regeln hinsichtlich Anzahl und Typ der Parameter überladen werden.

Das folgende Beispiel zeigt eine Indexerüberladung. Dazu benutzen wir das Beispiel aus dem vorherigen Abschnitt und ergänzen die Klasse `Team` um einen weiteren Indexer in der Weise, dass wir auch über den Namen des Spielers auf das zugehörige Objekt zugreifen können, also zum Beispiel mit

```
Player spieler = Wacker["Fischer"];
```

Angemerkt sei dabei, dass das Beispiel nur wunschgemäß funktioniert, solange die Namen eindeutig sind. Sollten mehrere Spieler gleichen Namens in der Liste zu finden sein, müssten weitere Kriterien zur eindeutigen Objektbestimmung herangezogen werden. Das soll aber an dieser Stelle nicht das Thema sein.

```
// Beispiel: ..\Kapitel 10\IndexerUeberladungExample
Team Wacker = new Team();
// Spieler der Mannschaft hinzufügen
Wacker[0] = new Player { Name = "Fischer", Age = 23 };
Wacker[1] = new Player { Name = "Müller", Age = 19 };
Wacker[2] = new Player { Name = "Mamic", Age = 33 };
Wacker[3] = new Player { Name = "Meier", Age = 31 };
// Spieler suchen
Console.Write("Spieler suchen: ... ");
string spieler = Console.ReadLine();
if (Wacker[spieler] != null)
  Console.WriteLine("{0} gefunden, Alter = {1}",
                    Wacker[spieler].Name, Wacker[spieler].Age);
else
  Console.WriteLine("Der Spieler gehört nicht zum Team.");
Console.ReadLine();

// Mannschaft
public class Team
{
  private Player[] team = new Player[25];
  // Indexer
  public Player this[int index]
  {
    [...]
  }
  public Player this[string name]
  {
    get
    {
      for (int index = 0; index < 25; index++)
      {
        if (team[index] != null &&  team[index].Name == name)
          return team[index];
```

```
      }
      return null;
    }
  }
}
```

Listing 10.44 Beispiel mit Indexerüberladung

Die Überladung des Indexers mit einem `string` enthält nur den `get`-Accessor, da die Zuweisung eines neuen `Player`-Objekts nur anhand seines Namens in diesem Beispiel unsinnig wäre. Im `get`-Accessor wird eine Schleife über alle Indizes durchlaufen. Jeder Index wird dahingehend geprüft, ob er einen von `null` abweichenden Inhalt hat. Ist der Inhalt nicht `null` und verbirgt sich hinter dem Index auch das `Player`-Objekt mit dem gesuchten Namen, wird das Objekt an den Aufrufer zurückgegeben. Diese Operation wird durch


```
if (team[index] != null &&  team[index].Name == name)
  return team[index];
```

beschrieben. Sollte sich ein Spieler mit dem gesuchten Namen nicht in der Mannschaft befinden, ist der Rückgabewert `null`.

10.8.2 Parameterbehaftete Eigenschaften

Eigenschaften sind per Definition parameterlos. Mit anderen Worten: Sie können einen Eigenschaftswert nicht in Abhängigkeit von einer oder mehreren Nebenbedingungen setzen. Aber es geht doch! Tatsächlich ließe sich die folgende Wertzuweisung an eine Eigenschaft programmieren:

```
obj.MyProperty[2] = 10;
```

In der fiktiven Eigenschaft `MyProperty` lautet die Randbedingung `2`. Unter dieser Prämisse soll der Eigenschaft die Zahl `10` zugewiesen werden. Der Code ähnelt einem Array und lässt sich auch so interpretieren: Es handelt sich um eine indizierte Sammlung gleichnamiger Eigenschaftselemente. Daher führt der Weg zur Lösung auch in diesem Fall über Indexer.

Wir sollten uns das Verfahren an einem konkreten Beispiel ansehen und stellen uns daher vor, wir würden eine Klasse `Table` codieren mit einer Eigenschaft `Cell`. Wenn `table` eine Instanz der Klasse `Table` ist, soll mit

```
table.Cell[2,1] = 97;
```

einer bestimmten Zelle der Tabelle ein Wert zugewiesen werden.

Ein Indexer setzt ein Objekt voraus, denn wie wir wissen, überladen wir den [ ]-Operator in this, dem aktuellen Objekt also. Daraus lässt sich folgern, dass wir zusätzlich zur Klasse Table eine zweite Klasse definieren müssen, die ihrerseits die Eigenschaft beschreibt. Im Folgenden soll der Name dieser Klasse Content lauten.

Wir könnten nun beide Klassen mit

```
public class Table { [...] }
public class Content { [...] }
```

festlegen.

Ein Objekt vom Typ Content soll einem Benutzer als schreibgeschützte Eigenschaft eines Table-Objekts angeboten werden. Wir ergänzen deshalb die Klassendefinition Table um ein Feld, das die Referenz auf ein Content-Objekt zurückliefert, und veröffentlichen diese über den get-Zweig der Eigenschaft Cell:

```
class Table
{
  private Content _Cell = new Content();
  public Content Cell
  {
    get { return _Cell; }
  }
}
```

Die Klasse Table können wir bereits als fertig betrachten. Widmen wir uns nun der Klasse Content und dem in dieser Klasse programmierten Indexer. Da wir die Absicht haben, als Randbedingung der Eigenschaft Cell den Index der Zeile und Spalte der von uns angesprochenen Zelle mitzuteilen, sieht ein erster Entwurf des Indexers wie folgt aus:

```
class Content
{
  public int this[int row, int column]
  {
    get { return arr[row, column]; }
    set { arr[row, column] = value; }
  }
}
```

Die Tabelle soll durch ein zweidimensionales Array dargestellt werden. Daher müssen wir sicherstellen, dass bei Übergabe der Bedingung nicht die Array-Grenzen überschritten werden – sowohl im set- als auch im get-Zweig. Eine private Methode in Content bietet sich zu diesem Zweck an:

```
private void CheckIndex(int row, int column)
{
  if (row < arr.GetLength(0) && column < arr.GetLength(1))
    return;
  else
    throw new IndexOutOfRangeException("Ungültiger Index");
}
```

Die Variable `arr` sei die Referenz auf das Array, das die Tabellendaten repräsentiert. `CheckIndex` wird im `set`- und `get`-Zweig der Eigenschaft `Cell` aufgerufen.

Damit sind wir nahezu fertig mit dem Beispielprogramm. Was noch fehlt, sind die Datenquelle – also das Array – und entsprechender Code zum Testen. Das Array können wir zu Testzwecken in der Klasse `Content` hinterlegen, das soll an dieser Stelle genügen.

Den gesamten Code zur Implementierung der parametrisierten Eigenschaft fassen wir an dieser Stelle endgültig zusammen.

```
// Beispiel: ..\Kapitel 10\ParametrisierteProperty
Table table = new Table();
PrintArray(table);
table.Cell[2,1] = 97;
Console.WriteLine();
PrintArray(table);
Console.ReadLine();

// Ausgabe des Arrays im Tabellenformat
static void PrintArray(Table tbl)
{
  for(int row = 0; row < 4; row++)
  {
    for(int col = 0; col < 3; col++)
      Console.Write("{0,-3}",tbl.Cell[row, col]);
    Console.WriteLine();
  }
}

// Klasse Table
class Table
{
  private Content _Cell = new Content();
  public Content Cell
  {
    get { return _Cell; }
```

```
    }
}
// Klasse Content
class Content
{
  private int[,] arr = { {1,2,3}, {4,5,6}, {7,8,9}, {10,11,12} };
  // Indexer
  public int this[int row, int column]
  {
    get
    {
      CheckIndex(row, column);
      return arr[row, column];
    }
    set
    {
      CheckIndex(row, column);
      arr[row, column] = value;
    }
  }
  // prüfen der Array-Grenzen
  private void CheckIndex(int row, int column)
  {
    if (row < arr.GetLength(0) && column < arr.GetLength(1))
      return;
    else
      throw new IndexOutOfRangeException("Ungültiger Index");
  }
}
```

Listing 10.45 Definition einer parameterbehafteten Eigenschaft

10.9 Attribute

Ein Attribut ist ein Feature von .NET, das einer Komponente deklarativ Zusatzinformationen bereitstellt oder einfach nur allein durch seine Anwesenheit bestimmte Operationen ermöglicht oder gar steuert. Attribute gehören zu den Metadaten eines Programms und lassen sich zur Laufzeit auswerten.

Anmerkung

Metadaten sind ein Pflichtbestandteil jeder .NET-Anwendung. Metadaten beschreiben sprachneutral die gesamte Struktur einer Assembly. Dazu gehören alle enthaltenen Typen, Methoden, Eigenschaften, Ereignisse, Konstruktoren, implementierte Interfaces usw. Zudem gehören zu den Metadaten weiter gehende Informationen, beispielsweise die Parameterlisten der Methoden einschließlich der Typangabe, die Sichtbarkeit der einzelnen Komponenten, Basisklassenangaben und viele andere Details. Der Vorteil ist, dass die Metadaten mit Hilfe der Reflection-API gelesen und ausgewertet werden können. Dazu muss noch nicht einmal eine Klasse geladen, geschweige denn ein Objekt erstellt werden. Die IntelliSense-Liste greift zum Beispiel auch die Metadaten ab, woher sollte sie auch sonst die Informationen beziehen?

Sie können sich die Metadaten selbst ansehen. Dazu steht das Tool *IL-Disassembler* (*ildasm.exe*) zur Verfügung. Wenn Sie das Tool starten, müssen Sie nur die entsprechende EXE-Datei angeben, um die Metadaten zu sehen. Abbildung 10.1 zeigt exemplarisch das Kompilat der Datei *GeometricObjectsSolution.exe* des Beispielprogramms *GeometricObjectsSolution_10*.

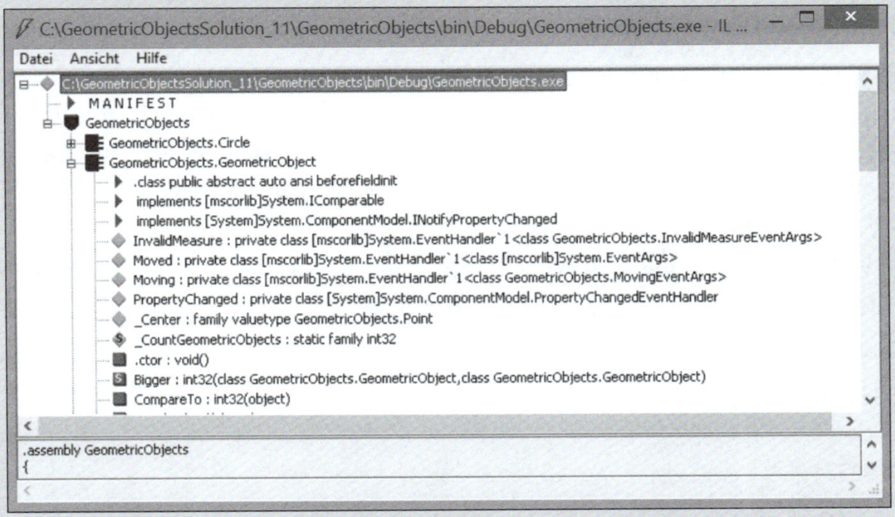

Abbildung 10.1 Die Metadaten der Klasse »GeometricObject«

Mit einem Attribut lässt sich das Laufzeitverhalten praktisch aller .NET-Komponenten beeinflussen: Assemblies, Klassen, Interfaces, Strukturen, Delegaten, Enumerationen, Konstruktoren, Methoden, Eigenschaften, Parameter, Ereignisse, ja sogar die Rückgabewerte von Methoden.

Ein typisches Attribut ist das `SerializableAttribute`. Es kann zum Beispiel mit einer Klasse, Enumeration, Struktur oder einem Delegaten verknüpft werden, beispielsweise:

```
[SerializableAttribute]
public class Circle { [...] }
```

Und wozu dient dieses Attribut? Die Antwort ist ganz einfach: Es legt allein mit seiner Anwesenheit fest, dass der Typ, hier `Circle`, binär serialisiert werden kann. Ist das

Attribut nicht vorhanden, können Sie mit den Klassen aus .NET die Daten nicht binär serialisieren. Somit kommt diesem Attribut, wie vielen anderen auch, einzig und allein die Bedeutung einer booleschen Variablen zu, die `true` oder `false` gesetzt ist. Der Clou an der Sache ist, dass dazu nicht erst eine Klasse geladen oder gar ein Objekt erstellt werden muss. Stattdessen werden zur Laufzeit nur die Metadaten per *Reflection* ausgewertet, und die Information steht bereit, da Attribute in den Metadaten zu finden sind.

Basisklasse aller Attribute ist die abstrakte Klasse `System.Attribute`. Schauen Sie in die Onlinedokumentation zu `Attribute`, werden Sie feststellen, dass .NET sehr viele Attribute vordefiniert. Alle denkbaren Anforderungen werden damit sicherlich nicht abgedeckt, deshalb können Sie auch benutzerdefinierte Attribute entwickeln und dadurch die Flexibilität Ihrer Anwendung erhöhen.

10.9.1 Das »Flags«-Attribut

Wir wollen uns die Wirkungsweise der Attribute exemplarisch an einem weiteren wichtigen Attribut, dem `FlagsAttribute`, ansehen. Es gehört ebenfalls zu .NET und lässt sich ausschließlich mit Enumerationen verknüpfen. Mit dem Attribut lässt sich angeben, dass die Enumeration auch als Kombination von Bits, also als Bitfeld, aufgefasst werden kann.

Das wollen wir uns an einem Beispiel ansehen. Nehmen wir an, wir hätten eine benutzerdefinierte Enumeration namens `Keys` bereitgestellt, die drei Zustandstasten, [⇧], [Strg] und [Alt], beschreibt.

```
public enum Keys
{
  Shift = 1,
  Ctrl = 2,
  Alt = 4
}
```

Listing 10.46 Benutzerdefinierte Enumeration »Keys«

Die Enumerationsmitglieder sollen sich nun als Bitfeld interpretieren lassen. Dazu wird das Attribut in eckige Klammern gefasst und vor der Definition der Enumeration angegeben:

```
[FlagsAttribute]
public enum Keys
{
  Shift = 1,
  Ctrl = 2,
```

```
  Alt = 4
}
```

Listing 10.47 Benutzerdefinierte Enumeration »Keys« mit dem »FlagsAttribute«

Nun können wir eine Variable des Typs `Keys` deklarieren und ihr einen Wert zuweisen, der den Zustand der beiden gleichzeitig gedrückten Tasten [Strg] und [⇧] beschreibt. Beide Member verknüpfen wir mit dem |-Operator:

```
Keys tastenkombination = Keys.Ctrl | Keys.Shift;
```

Mit den bitweisen Operatoren können wir nun prüfen, ob der Anwender eine bestimmte Taste oder gar Tastenkombination gedrückt hat.


```
Keys tastenkombination = Keys.Ctrl | Keys.Shift;
if ((tastenkombination & Keys.Alt) == Keys.Alt)
  Console.WriteLine("Alt gedrückt");
else
  Console.WriteLine("Alt nicht gedrückt");
```

Listing 10.48 Prüfen, ob eine bestimmte Tastenkombination gedrückt ist

Hier wird die Ausgabe lauten, dass die [Alt]-Taste nicht gedrückt ist, da die Variable `tastenkombination` die beiden Tasten [Strg] und [⇧] beschreibt.

Hinweis

Eine ähnliche Enumeration, die allerdings jede Taste der Tastatur beschreibt, gibt es übrigens auch im Namespace `System.Windows.Forms`.

Lassen wir uns nun den Inhalt der Variablen `tastenkombination` mit

```
Console.WriteLine(tastenkombination.ToString());
```

ausgeben, erhalten wir:

```
Shift, Ctrl
```

Hätten wir `FlagsAttribute` nicht gesetzt, würde die Ausgabe `3` lauten. Sie müssen berücksichtigen, dass die Mitglieder solchermaßen definierter Enumerationen Zweierpotenzen sind (also 1, 2, 4, 8, 16, 32, 64 ...). Alternativ sind hexadezimale Zahlenwerte zulässig.

Attribute setzen

Attributbezeichner enden immer mit dem Suffix `Attribute`. Verknüpfen Sie ein Attribut mit einem Element, dürfen Sie auf das Suffix `Attribute` verzichten. Bezogen auf unser Beispiel dürfen Sie also

```
[FlagsAttribute]
public enum Keys {
  [...]
}
```

oder

```
[Flags]
public enum Keys {
  [...]
}
```

gleichwertig verwenden. Bemerkt die Laufzeit die Verknüpfung eines Attributs mit einem Element, sucht sie nach einer Klasse, die mit dem angegebenen Attributbezeichner übereinstimmt und gleichzeitig die Klasse `Attribute` ableitet, also beispielsweise nach einer Klasse namens `Flags`. Wird die Laufzeit nicht fündig, hängt sie automatisch das Suffix `Attribute` an den Bezeichner an und wiederholt ihre Suche.

Sie können auch mehrere Attribute gleichzeitig setzen. Beispielsweise könnten Sie mit dem `ObsoleteAttribute` das Element zusätzlich als veraltet kennzeichnen, z. B.:

```
[FlagsAttribute]
[Obsolete("Diese Enumeration ist veraltet.");
public enum Keys
{
  [...]
}
```

Listing 10.49 Verknüpfung von »Keys« mit den Attributen »Obsolete« und »Flags«

Anmerkung

Innerhalb einer mit `Flags` verknüpften Enumeration können Sie zur Zuweisung auch die bereits in der Enumeration angegebenen Konstanten verwenden. Stellen Sie sich beispielsweise vor, wir möchten in unserer `Keys`-Enumeration zusätzlich den Member `All` hinzufügen, der alle anderen Enumerationsmember beschreibt. Sie können das wie folgt umsetzen:

```
[FlagsAttribute]
public enum Keys
{
  Shift = 1,
  Ctrl = 2,
  Alt = 4
  All = Shift | Ctrl | Alt
}
```

10.9.2 Benutzerdefinierte Attribute

Attribute basieren auf Klassendefinitionen und können daher alle klassentypischen Elemente enthalten. Dazu gehören neben Konstruktoren auch Felder. Insbesondere diese beiden Elemente ermöglichen es, über ein Attribut dem attributierten Element Zusatzinformationen bereitzustellen. Wie das in der Praxis aussieht, wollen wir uns am Beispiel eines benutzerdefinierten Attributs verdeutlichen.

Obwohl .NET zahlreiche Attribute vordefiniert, können Sie auch für eigene Zwecke Attributklassen selbst schreiben. Allerdings müssen Sie für die Auswertung des Attributs zur Laufzeit dann auch selbst sorgen.

Drei Punkte müssen Sie beachten, um ein benutzerdefiniertes Attribut zu programmieren:

- Der Definition eines benutzerdefinierten Attributs selbst geht immer die Definition des Attributs `AttributeUsageAttribute` voraus.
- Die Klasse wird aus `Attribute` abgeleitet.
- Dem Klassenbezeichner sollten Sie das Suffix `Attribute` anhängen.

Lassen Sie uns an dieser Stelle exemplarisch ein eigenes Attribut erstellen, dessen Aufgabe es ist, sowohl den Entwickler einer Klasse oder Methode als auch seine Personalnummer anzugeben. Das folgende Beispiel zeigt die noch unvollständige Definition der Attributklasse:

```
[AttributeUsage(AttributeTargets.Class | AttributeTargets.Method,
                Inherited = false,
                AllowMultiple = false)]
public class DeveloperAttribute : Attribute
{
  [...]
}
```

Listing 10.50 Grundstruktur des benutzerdefinierten Attributs »DeveloperAttribute«

Die Voranstellung des Attributs `AttributeUsage` vor der Klasse legt elementare Eigenschaften der neuen Attributklasse fest. In diesem Zusammenhang sind drei Parameter besonders interessant:

- `AttributeTargets`
- `Inherited`
- `AllowMultiple`

Während `AttributeTargets` angegeben werden muss, sind die beiden anderen Angaben optional.

»AttributeTargets«

Jedes Attribut kann sich nur auf bestimmte Codeelemente auswirken. Diese werden mit `AttributeTargets` bekanntgegeben. Das Attribut `Flags` kann beispielsweise mit Klassen, Enumerationen, Strukturen und Delegaten verknüpft werden. Sie können den Einsatz eines Attributs ebenso gut nur auf Methoden oder Felder beschränken. Es steht dabei immer folgende Frage im Vordergrund: Was soll das Attribut letztendlich bewirken, welche Elemente sollen über das Attribut beeinflusst werden?

`AttributeTargets` ist als Enumeration vordefiniert und weist seinerseits selbst das `FlagsAttribute` auf, so dass Sie mehrere Zielelemente angeben können. In Tabelle 10.2 finden Sie alle möglichen Elemente, die generell mit Attributen verknüpft werden können.

Mitglieder	Beschreibung
`All`	Das Attribut gilt für jedes Element der Anwendung.
`Assembly`	Das Attribut gilt für die Assemblierung.
`Class`	Das Attribut gilt für die Klasse.
`Constructor`	Das Attribut gilt für den Konstruktor.
`Delegate`	Das Attribut gilt für den Delegaten.
`Enum`	Das Attribut gilt für die Enumeration.
`Event`	Das Attribut gilt für das Ereignis.
`Field`	Das Attribut gilt für das Feld.
`Interface`	Das Attribut gilt für die Schnittstelle.
`Method`	Das Attribut gilt für die Methode.
`Module`	Das Attribut gilt für das Modul.
`Parameter`	Das Attribut gilt für den Parameter.
`Property`	Das Attribut gilt für die Property.
`ReturnValue`	Das Attribut gilt für den Rückgabewert.
`Struct`	Das Attribut gilt für die Struktur.

Tabelle 10.2 Mitglieder der »AttributeTargets«-Enumeration

In Listing 10.51 sehen Sie einen Teilausschnitt unseres benutzerdefinierten Attributs. Das Attribut kann entweder Klassen oder Methoden angeheftet werden.

```
[AttributeUsage(AttributeTargets.Class | AttributeTargets.Method)]
public class DeveloperAttribute : Attribute
{
 [...]
}
```

Listing 10.51 Die Zielmember des Attributs angeben

»Inherited«

Eine Klasse kann ihre Mitglieder einer abgeleiteten Klasse vererben. Entwickelnden stellt sich die Frage, ob das Attribut in den Vererbungsprozess einbezogen wird oder ob es Gründe gibt, es davon auszuschließen. Einem benutzerdefinierten Attribut teilen wir dies durch den booleschen Parameter `Inherited` mit, den wir optional `AttributeUsageAttribute` übergeben können. Standardmäßig ist der Wert auf `true` festgelegt. Demnach vererbt sich ein gesetztes Attribut in einer Vererbungshierarchie weiter.

»AllowMultiple«

In wohl eher seltenen Fällen ist es erforderlich, ein Attribut demselben Element mehrfach zuzuweisen. Diese Situation wäre denkbar, wenn Sie über das Attribut einem Element mehrere Feldinformationen zukommen lassen möchten. Dann müssen Sie die mehrfache Anwendung eines Attributs explizit gestatten. Zur Lösung geben Sie den Parameter

```
AllowMultiple = true
```

an. Verzichten Sie auf diese Angabe, lässt sich ein Attribut per Definition mit einem bestimmten Element nur einmal verknüpfen.

Felder und Konstruktoren eines Attributs

Sie können in Attributklassen öffentliche Felder und Eigenschaften definieren, deren Werte an den Benutzer des Attributs weitergeleitet werden. Initialisiert werden die Felder über Konstruktoren.

Unser `DeveloperAttribute` soll nun um die beiden Felder `Name` und `Identifier` ergänzt werden. Das Feld `Name` wird beim Konstruktoraufruf initialisiert.

```
[AttributeUsage(AttributeTargets.Class | AttributeTargets.Method)]
public class DeveloperAttribute : Attribute
{
  public string Name { get; set; }
```

```
  public int Identifier { get; set; }
  public DeveloperAttribute(string name) => Name = name;
}
```

Listing 10.52 Vollständiges benutzerdefiniertes Attribut

Der Konstruktor nimmt einen Parameter entgegen, nämlich den Wert für das Feld Name. Bevor Sie sich darüber Gedanken machen, wie Sie das Feld Identifier initialisieren, sehen Sie sich an, wie das Attribut auf eine Klasse angewendet wird:

```
[DeveloperAttribute("Meier")]
public class Demo
{
  [...]
}
```

Listing 10.53 Verwenden des benutzerdefinierten Attributs

Mit dieser Definition wird der Konstruktor unter Übergabe einer Zeichenfolge aufgerufen. Das zweite Feld des Attributs (Identifier) wird mit keinem bestimmten Wert initialisiert, es enthält 0.

Positionale und benannte Parameter

Um Identifier einen individuellen Wert zuzuweisen, lässt sich DeveloperAttribute auch wie folgt mit der Klasse verknüpfen:

```
[DeveloperAttribute("Meier", Identifier = 8815)]
public class Demo
{
  [...]
}
```

Listing 10.54 Verwendung positionaler und benannter Parameter

Beachten Sie, dass wir jetzt zwei Argumente übergeben, obwohl der Konstruktor nur einen Parameter definiert. Dies ist ein besonderes Merkmal der Attribute, denn beim Initialisieren eines Attributs können Sie sowohl *positionale* als auch *benannte Parameter* verwenden.

- **Positionale Parameter** sind die Parameter für den Konstruktoraufruf und sind immer anzugeben, wenn das Attribut gesetzt wird.
- **Benannte Parameter** sind optionale Parameter. In unserem Beispiel ist Name ein positionaler Parameter, dem die Zeichenfolge Meier übergeben wird, während Identifier ein benannter Parameter ist.

Benannte Parameter sind sehr flexibel. Einerseits können sie Standardwerte aufweisen, die grundsätzlich immer gültig sind, andererseits können Sie den Wert im Bedarfsfall individuell festlegen.

Die Möglichkeit, benannte Parameter vorzusehen, befreit Sie von der Verpflichtung, für jede denkbare Kombination von Feldern und Eigenschaften überladene Konstruktoren in der Attributdefinition vorzusehen. Andererseits wird Ihnen damit aber nicht die Alternative entzogen, dennoch den Konstruktor zu überladen. An dieser Stelle unterscheiden sich die herkömmlichen Klassendefinitionen nicht von denen der Attribute.

Verknüpfen Sie ein Attribut mit einem Element und verwenden Sie dabei positionale und benannte Parameter, müssen Sie eine wichtige Regel beachten: Zuerst werden die positionalen Parameter aufgeführt, danach die benannten. Die Reihenfolge der benannten Parameter ist beliebig, da der Compiler anhand der Parameternamen die angegebenen Werte richtig zuordnen kann. Benannte Parameter können alle öffentlich deklarierten Felder oder Eigenschaften sein – vorausgesetzt, sie sind weder statisch noch konstant definiert.

10.9.3 Attribute für Lambda-Ausdrücke

In C# ist es ab der Version 10 möglich, Attribute auf Lambda-Ausdrücke und deren Parameter anzuwenden. Diese Funktion erweitert die Flexibilität von Lambda-Ausdrücken, indem sie es erlaubt, diese mit Metadaten zu annotieren, die beispielsweise für Codeanalysen, Validierung oder Dokumentation zum Einsatz kommen können. Es ist jedoch wichtig zu beachten, dass diese Attribute hauptsächlich für Tools und Reflection-Zwecke gedacht sind und das Laufzeitverhalten des Lambda-Ausdrucks nicht beeinflussen.

Attribute lassen sich auf den gesamten Lambda-Ausdruck, seine Parameter oder den Rückgabewert anwenden. Beim Anwenden von Attributen ist die Parameterliste in Klammern zu setzen. Nachfolgend ein erstes Beispiel:

```
Func<string?, int?> parse = [ProvidesNullCheck] (s) =>
    (s is not null) ? int.Parse(s) : null;
```

In diesem Beispiel gilt das Attribut `ProvidesNullCheck` für den gesamten Lambda-Ausdruck. Im Gegensatz dazu zeigt der folgende Code die Anwendung eines Attributs auf einen Lambda-Parameter:

```
var concat = ([DisallowNull] string a, [DisallowNull] string b) => a + b;
```

Das Attribut `DisallowNull` stellt sicher, dass sowohl `a` als auch `b` nicht `null` sein dürfen. Diese Metadaten können Tools wie beispielsweise Analysewerkzeuge oder IDE-Hinweise unterstützen.

Und auch auf Rückgabewerte lassen sich Attribute anwenden:

```
var increment = [return: NotNullIfNotNull(nameof(s))] (int? s) => s.HasValue ?
s + 1 : null;
```

Das Attribut NotNullIfNotNull gibt an, dass der Rückgabewert nicht null sein wird, wenn der Eingabeparameter s ebenfalls nicht null ist.

Attribute von Lambda-Ausdrücken werden zur Laufzeit nicht erzwungen. Beispielsweise verhindert DisallowNull nicht, dass zur Laufzeit ein null-Wert übergeben wird. Wie schon erwähnt sind diese Attribute hauptsächlich für Codeanalysen und Reflection gedacht und beeinflussen nicht direkt die Ausführung des Delegates. Zudem gilt, dass sich Attribute nicht auf anonyme Methoden anwenden lassen, die mit der Syntax delegate {} deklariert wurden.

10.9.4 Attribute auswerten

Operationen, die auf die Existenz eines Attributs angewiesen sind, müssen zuerst feststellen, ob das erforderliche Attribut gesetzt ist oder nicht. Das folgende Beispielprogramm zeigt dies für das Beispiel unseres eben entwickelten DeveloperAttributes. Beachten Sie hier bitte, dass der Namespace System.Reflection bekanntgegeben werden muss.

```
// Beispiel: ..\Kapitel 10\Attribute_Example
using System.Reflection
[Developer("Meier")]
class Demo
{
  [Developer("Fischer", Identifier=455)]
  public void DoSomething() { }
  public void DoMore() { }
}
[AttributeUsage(AttributeTargets.Class | AttributeTargets.Method)]
public class DeveloperAttribute : Attribute
{
  public string Name { get; set; }
  public int Identifier { get; set; }
  public DeveloperAttribute(string name) => Name = name;
}

Type tDemo = typeof(Demo);
Type tAttr = typeof(DeveloperAttribute);
MethodInfo mInfo1 = tDemo.GetMethod("DoSomething");
MethodInfo mInfo2 = tDemo.GetMethod("DoMore");
```

```
// prüfen, ob die Klasse Demo das Attribut hat
DeveloperAttribute attr =
  (DeveloperAttribute)Attribute.GetCustomAttribute(tDemo, tAttr);
if (attr != null) {
  Console.WriteLine("Name: {0}", attr.Name);
  Console.WriteLine("Identifier: {0}", attr.Identifier);
}
  else
    Console.WriteLine("Attribut nicht gesetzt");
    // prüfen, ob das Attribut bei der Methode DoSomething gesetzt ist
    attr = (DeveloperAttribute)Attribute.GetCustomAttribute(mInfo1, tAttr);
if (attr != null) {
  Console.WriteLine("Name: {0}", attr.Name);
  Console.WriteLine("Identifier: {0}", attr.Identifier);
}
// prüfen, ob das Attribut bei der Methode DoMore gesetzt ist
bool isDefinied = Attribute.IsDefined(mInfo2, tAttr);
if (isDefinied)
  Console.WriteLine("DoMore hat das Attribut.");
else
  Console.WriteLine("DoMore hat das Attribut nicht.");
Console.ReadLine();
```

Listing 10.55 Beispielprogramm zur Auswertung eines Attributs

Das benutzerdefinierte Attribut `DeveloperAttribute` ist identisch mit demjenigen Attribut, das wir bereits in diesem Abschnitt behandelt haben. Es kann mit einer Klasse oder einer Methode verknüpft werden. Die Klasse `Demo`, die dieses Attribut aufweist, enthält mit `DoSomething` und `DoMore` zwei Methoden, von denen nur die erste mit dem Attribut verknüpft ist.

Zur Beantwortung der Frage, ob ein bestimmtes Element mit dem `DeveloperAttribute` verknüpft ist oder nicht, greifen wir auf die Möglichkeiten einer Technik zurück, die als *Reflection* bezeichnet wird. Reflection gestattet es, die Metadaten einer .NET-Assembly und die darin enthaltenen Datentypen zu untersuchen und auszuwerten. Zur Abfrage von Attributen stellt Reflection die Klasse `Attribute` mit der statischen Methode `GetCustomAttribute` bereit. Da wir sowohl die Klasse als auch die Methoden untersuchen wollen, müssen wir auf zwei verschiedene Überladungen zurückgreifen. Für die Klasse ist es die folgende:

```
public static Attribute GetCustomAttribute(Module, Type);
```

Um eine Methode zu untersuchen, ist es die folgende Überladung:

```
public static Attribute GetCustomAttribute(MemberInfo, Type);
```

Im ersten Argument geben wir den Typ des zu untersuchenden Elements an, im zweiten Parameter den Typ des Attributs. Zur Beschreibung des Typs mittels Code stellt Reflection die Klasse `Type` bereit. Diese beschreibt den Datentyp und kann auf zweierlei Art und Weise erzeugt werden:

- unter Verwendung des Operators `typeof`, dem der Typbezeichner übergeben wird (z. B. `typeof(Demo)`)
- unter Aufruf der Methode `GetType()` auf eine Objektreferenz (z. B. `obj.GetType()`)

Um die Attribute einer Klasse auszuwerten, übergeben Sie der Methode `GetCustomAttribute` nur den Typ der Klasse und den `Type` des gesuchten Attributs. Zur Auswertung einer Methode ist ein `MemberInfo`-Objekt erforderlich. `MemberInfo` ist eine abstrakte Klasse im Namespace `System.Reflection`. Wir erhalten die Metadaten der zu untersuchenden Methode, wenn wir die Methode `GetMethod` des `Type`-Objects unter Angabe des Methodenbezeichners aufrufen. Der Typ der Rückgabe ist `MethodInfo`, eine von `MemberInfo` abgeleitete Klasse.

Der Typ der Rückgabe der beiden Überladungen von `GetCustomAttribute` ist `Attribute`. Dabei handelt es sich entweder um die Referenz auf das gefundene Attribut oder `null`, falls das Attribut nicht mit dem im ersten Parameter angeführten Element verknüpft ist. Daher erfolgt zuerst eine Konvertierung in das Zielattribut und anschließend eine Überprüfung, ob der Rückgabewert `null` ist.

```
DeveloperAttribute attr =
 (DeveloperAttribute)Attribute.GetCustomAttribute(tDemo, tAttr);
if (attr != null)
{
  Console.WriteLine("Name: {0}", attr.Name);
  Console.WriteLine("Identifier: {0}", attr.Identifier;
}
else
  Console.WriteLine("Attribut nicht gesetzt");
```

Listing 10.56 Auswertung, ob ein Attribut gesetzt ist

Da wir bei der Implementierung wissen, dass nur unser benutzerdefiniertes Attribut `DeveloperAttribute` gesetzt ist (oder auch nicht), genügt uns diese Untersuchung. Ein Element kann auch mit mehreren Attributen verknüpft sein. Im Code müssten wir dann die Elemente auf alle gesetzten Attribute abfragen.

10.9.5 Festlegen der Assembly-Eigenschaften in »AssemblyInfo.cs«

Jedes .NET-Projekt weist neben den Quellcodedateien auch die Datei *AssemblyInfo.cs* auf, die Metadaten über die Assemblierung beschreibt. Ganz allgemein dient diese

Datei dazu, Zusatzinformationen zu der aktuellen Assemblierung bereitzustellen, beispielsweise eine Beschreibung, Versionsinformationen, Firmenname, Produktname und mehr. Diese werden im Windows-Explorer in den Dateieigenschaften angezeigt. Da die Informationen die Assemblierung als Ganzes betreffen, müssen die Deklarationen außerhalb einer Klasse stehen und dürfen jeweils auch nur einmal gesetzt sein.

```
[assembly: AssemblyTitle("AssemblyTitle")]
[assembly: AssemblyDescription("AssemblyDescription")]
[assembly: AssemblyConfiguration("AssemblyConfiguration")]
[assembly: AssemblyCompany("Tollsoft")]
[assembly: AssemblyProduct("AssemblyProduct")]
[assembly: AssemblyCopyright("Copyright ©Tollsoft 2008")]
[assembly: AssemblyTrademark("AssemblyTrademark")]
[assembly: AssemblyCulture("")]
[assembly: ComVisible(false)]
[assembly: Guid("948efa6b-af3a-4ba2-8835-b54b058015d4")]
[assembly: AssemblyVersion("1.0.0.0")]
[assembly: AssemblyFileVersion("1.0.0.0")
```

Listing 10.57 Die Datei »AssemblyInfo.cs«

10.10 Der bedingte NULL-Operator

In C# 6.0 hat Microsoft Änderungen eingeführt, die den Programmcode verkürzen und somit auch besser lesbar machen sollten. Die vielleicht interessanteste Neuerung war das Feature des bedingten NULL-Operators.

Betrachten wir zuerst die Lösung eines Problemfalls, wie sie vor der Einführung des bedingten NULL-Operators ausgesehen hätte. Stellen wir uns dazu vor, wir hätten in unserem Programmcode eine Zeichenfolgevariable, die entweder eine gültige Zeichenfolge enthält oder den Wert `null`. Nehmen wir weiter an, wir müssten die Länge der Zeichenfolge mit deren Eigenschaft `Length` ermitteln.

Um `Length` eines `Strings` auswerten zu können, müssen wir zunächst wissen, ob die `string`-Variable den Inhalt `null` hat, denn ansonsten würde der Aufruf von `Length` auf die Zeichenfolgevariable zu einer Ausnahme führen. Sollte die Zeichenfolge den Inhalt `null` haben, soll dieser Umstand zudem durch das Ergebnis `-1` kenntlich gemacht werden. Bis einschließlich C# 5.0 hätten wir vermutlich den folgenden Code geschrieben:

```
string test = null;
// oder eine gültige Zeichenfolge zuweisen
[...]
```

```
int length = 0;
if (test != null)
  length = test.Length;
else
  length = -1;
```

Eine kürzere, einzeilige Anweisung unter Benutzung des bedingten ?:-Operators (siehe Abschnitt 2.6.1) würde ebenfalls zur Lösung führen:

```
length = test != null ? test.Length : -1;
```

Während die zuerst gezeigte Variante gut lesbar, aber relativ aufwendig ist, ist die zweite zwar kurz, aber auch etwas schlechter zu lesen. Jetzt ist der Moment des bedingten NULL-Operators gekommen, der sowohl kurzen, aber dennoch gut lesbaren Programmcode liefert:

```
length = test?.Length ?? -1;
```

Das sieht doch viel angenehmer aus als die beiden zuvor gezeigten Lösungsansätze. Der bedingte NULL-Operator, beschrieben durch `?.`, prüft eine Objektvariable direkt auf `null`. Dabei steht das Fragezeichen direkt an der Objektvariablen, ähnlich der Syntax eines `Nullable`-Typs. Anschließend folgt ein Punkt, der die Bedeutung des Punktoperators hat, nämlich um damit eine Eigenschaft oder Methode des Objekts aufzurufen. Allerdings erfolgt der Aufruf nur dann, wenn das zuvor angegebene Objekt nicht `null` ist. In unserer Lösung wird auch der `??`-Operator (siehe Abschnitt 9.8.1) verwendet, um `-1` zurückzuliefern, falls die Variable `test` den Wert `null` beschreibt.

Die größte Stärke spielen bedingte NULL-Operatoren dann aus, wenn wir es mit Verkettungen `null`-fähiger Objekte zu tun haben. Stellen Sie sich beispielsweise vor, Sie hätten es mit einer Klasse `Product` zu tun, die eine Eigenschaft `Orders` vom Typ `Order` hat. Sowohl `Product` als auch `Orders` können `null` sein. Ohne den Einsatz des bedingten NULL-Operators müssten Sie folgenden Code schreiben, um die Anzahl der Bestellungen zu ermitteln:

```
if (article != null && article.Orders != null)
  Console.WriteLine(article.Orders.Length);
else
  Console.WriteLine("-1");
```

Es muss sowohl die Variable `article` als auch ihre Eigenschaft `Orders` auf `null` hin untersucht werden. Mit einer einzigen Codezeile, die den bedingten NULL-Operator benutzt, erreichen wir dasselbe:

```
Console.WriteLine(article?.Orders?.Length ?? -1);
```

10.11 Der »nameof«-Operator

Möchten Sie eine Variable umbenennen, können Sie den Cursor in die Variable setzen und das Kontextmenü mit der rechten Maustaste öffnen. Alle Vorkommen der umzubenennenden Variablen werden im Code-Editor farblich hervorgehoben. Standardmäßig berücksichtigt das nicht die Inhalte von Zeichenfolgen (siehe die Variable `pers` in Abbildung 10.2).

In einem Hilfsdialog wird angeboten, Kommentare und Zeichenfolgen in den Änderungsvorgang einzubeziehen. Wählen Sie eine oder beide Optionen aus, könnte das dazu führen, dass eine Umbenennung auch an Stellen erfolgt, an denen es nicht gewünscht wird. Auch wenn Sie sich die Änderungen vor dem Übernehmen anzeigen lassen können, kann der beschriebene Vorgang des Umbenennens im Extremfall ziemlich umständlich sein.

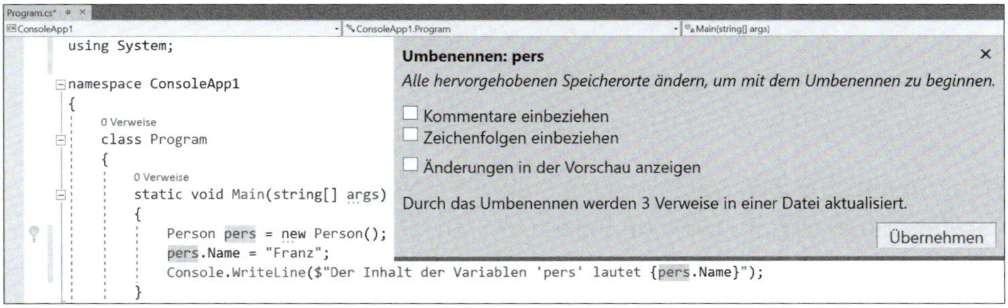

Abbildung 10.2 Umbenennen einer Variablen

Es gibt eine bessere Lösung: Der `nameof`-Operator erlaubt es uns, ein Element des Programmcodes als Zeichenfolge darzustellen. Das sehen wir uns an einem Beispiel an. Die folgende Anweisung schreibt »`Circle`« in die Konsole:

```
Console.WriteLine(nameof(Circle));
```

Die Möglichkeiten des neuen Operators sind nicht nur auf die Zeichenfolgeausgaben von Typnamen beschränkt. Sie können auch Parameter, Namespaces, lokale Variablen, Klassenmember und Parameter damit erfassen. Das folgende Codefragment zeigt Ihnen, wie einfach es ist, den Parameterbezeichner als Zeichenfolge in die Ausgabe zu schreiben:

```
public void DoSomething(int param1) => Console.WriteLine(nameof(param1));
```

10.11.1 Einsatz in der Anwendung »GeometricObjects«

Es gibt auch innerhalb des Projekts *GeometricObjectsSolution* einige Stellen, an denen der Einsatz von `nameof` sinnvoll ist. Sehen Sie sich dazu exemplarisch einen Teilbereich der Property `Radius` der Klasse `Circle` an.

```
public virtual int Radius
{
  get => _Radius;
  set {
    if (value >= 0)
    {
      _Radius = value;
      OnPropertyChanged("Radius");
    }
    else
    {
      InvalidMeasureException ex = new InvalidMeasureException(
                           "Ein Radius von " +  value + " ist nicht zulässig.");
      ex.Data.Add("Time", DateTime.Now);
      OnInvalidMeasure(new InvalidMeasureEventArgs(value, "Radius", ex));
    }
  }
}
```

Wahrscheinlich haben Sie die beiden Stellen schon gefunden, die sich exzellent für den Einsatz des nameof-Operators eignen: Es sind die Aufrufe der Methoden OnPropertyChanged und OnInvalidMeasure, denen als Zeichenfolge Radius übergeben wird. Die Angabe der Zeichenfolge direkt im Programmcode kann sich als nachteilig erweisen, wenn zu einem späteren Zeitpunkt der Bezeichner der Eigenschaft Radius mit dem Assistenten von Visual Studio umbenannt wird. Das Problem dabei ist, dass die Zeichenfolge Radius selbst nicht mit umbenannt wird, das müssen Sie manuell tun. Übersehen oder vergessen Sie die Zeichenfolge, wird der Event PropertyChanged nicht ausgelöst. nameof löst dieses Problem sehr einfach:

```
OnPropertyChanged(nameof(Radius));
```

und

```
OnInvalidMeasure(new InvalidMeasureEventArgs(value, nameof(Radius), ex));
```

Da sich der Bezeichner Radius nun nicht mehr im Kontext einer Zeichenfolge befindet, würde ein Umbenennen dazu führen, dass auch nameof(Radius) erfasst würde.

10.12 Dynamisches Binden

Seit der Version 4.0 unterstützt C# die Fähigkeit des späten Bindens. Was ist darunter zu verstehen? Schauen wir uns dazu das folgende Beispiel an:

```
Mathematics math = new Mathematics();
long result = math.Addition(56, 88);

class Mathematics
{
  public long Addition(int x, int y) => x + y;
}
```

Listing 10.58 Statisches Binden

Die Klasse `Mathematics` wird instanziiert. Das ist ein statischer Vorgang, der bereits zur Kompilierzeit durchgeführt wird.

Mit Hilfe von Reflection ließ sich ein solcher Aufruf auch früher schon dynamisch formulieren, wie Listing 10.59 zeigt.


```
object math = new Mathematics();
Type mathType = math.GetType();
object obj = mathType.InvokeMember("Addition",
                                   BindingFlags.InvokeMethod,
                                   null,
                                   math,
                                   new object[] { 56, 88 });
long result = (long)obj;
```

Listing 10.59 Dynamisches Binden mit Reflection

Das Listing setzt voraus, dass der Namespace `System.Reflection` mit `using` bekanntgegeben worden ist.

Das Resultat des Konstruktoraufrufs von `Mathematics` wird einer Variablen vom Typ `Object` zugewiesen. Darauf besorgen Sie sich den `Type` des Objekts und rufen daraufhin die Methode `InvokeMember` auf. Unter Übergabe des Methodenbezeichners, des Elementtyps, der Referenz des abzurufenden Objekts und der Argumente für den Methodenaufruf wird ein Resultat gebildet, das am Ende nur noch in den Ergebnistyp `long` konvertiert werden muss.

Dieses Coding lässt sich unter Zuhilfenahme des Schlüsselworts `dynamic` auch deutlich kürzer ausdrücken:

```
dynamic obj = new Mathematics();
long result = obj.Addition(56, 88);
```

Listing 10.60 Dynamisches Binden mit »dynamic«

Das dynamic-Schlüsselwort prüft der Compiler zur Kompilierzeit statisch. Die Methode Addition hingegen ist dynamisch und wird nicht zur Kompilierzeit geprüft. Natürlich werden Sie auch keine IntelliSense-Hilfe nach dem Punktoperator nutzen können, Sie müssen die Methode Addition manuell angeben.

Bei obj handelt es sich um ein dynamisches Objekt, der Aufruf der Methode selbst ist dynamisch und wird erst zur Laufzeit geprüft.

10.12.1 Eine kurze Analyse

Lassen Sie uns an dieser Stelle die Objektvariablen betrachten und diese direkt miteinander vergleichen. Sie kennen mit dem in diesem Abschnitt beschriebenen Schlüsselwort dynamic inzwischen drei Varianten:

- `Object myObject = new Mathematics();`
- `var myObject = new { [...] };`
- `dynamic myObject = new Mathematics();`

Die zuerst aufgeführte Instanziierung deklariert eine Variable des Typs Mathematics. Die Variable ist vom Typ Object, der Code ist streng typisiert. Sie können der Variablen jedes Objekt zuweisen, vorausgesetzt, es ist vom Typ Object und bekannt.

Flexibler ist bereits der zweite Ausdruck. Auch hier liegt eine strenge Typisierung vor, aber der Typ wird erst zur Laufzeit gebildet. Typischerweise handelt es sich dabei um anonyme Typen, die zur Kompilierzeit gebildet werden.

Auch die letzte Variante mit dynamic wird sehr wohl auch statisch geprüft, aber der Aufruf auf die dynamic-Variable erfolgt dynamisch. Zur Kompilierzeit steht noch nicht fest, welche Operationen mit dem Typ ausgeführt werden. Daher ist auch keine IntelliSense-Hilfe sichtbar.

10.12.2 Dynamische Objekte

Mit der Einführung des Schlüsselworts dynamic wurden auch einige Klassen zu .NET hinzugefügt, die auf dynamic aufsetzen. Diese Klassen befinden sich im Namespace System.Dynamic. Am interessantesten scheint hier die Klasse DynamicObject zu sein, mit der Klassen zur Laufzeit dynamisch erweitert werden können. Sie müssen die Klasse ableiten und können die abgeleitete Klasse zur Laufzeit um Objekteigenschaften erweitern und diese abrufen. Sehen wir uns das im folgenden Beispielprogramm einmal genauer an.

```
// Beispiel: ..\Kapitel 10\DynamicObjects
using System;
using System.Dynamic;
using System.Collections.Generic;
```

```
using System.Reflection;

dynamic pers = new Person();
pers.Name = "Peter";
pers.Alter = 12;
pers.Ort = "Bonn";
pers.Telefon = 0181812345;
Console.WriteLine($"{pers.Name},{pers.Alter},{pers.Ort}, {pers.Telefon}");
Console.ReadLine();

class Person : DynamicObject
{
  Dictionary<string, Object> dic = new Dictionary<string, object>();
  public string Name { get; set; }
  public int Alter { get; set; }
  public override bool TryGetMember(GetMemberBinder binder, out object result)
  {
    return dic.TryGetValue(binder.Name, out result);
  }
  public override bool TrySetMember(SetMemberBinder binder, object value)
  {
    dic[binder.Name] = value;
    return true;
  }
}
```

Listing 10.61 Dynamische Objekte

Es ist die Klasse `Person` definiert, die die Klasse `DynamicObject` ableitet. Mit `Name` und `Alter` sind zwei Eigenschaften konkret festgelegt. Darüber hinaus enthält die Klasse `Person` ein Feld vom Typ der generischen Klasse `Dictionary<>`. Hierbei handelt es sich um eine generische Collection, in der alle Daten mit Hilfe eines Schlüssel-Wert-Paares beschrieben werden.

Das `Dictionary<>`-Objekt speichert Eigenschaften, die zur Laufzeit festgelegt werden. In `Main` sind das zum Beispiel die beiden Eigenschaften `Ort` und `Telefon` eines `Person`-Objekts, das zuvor mit `dynamic` erstellt wird – eine Voraussetzung für alle Typen, die von `DynamicObject` abgeleitet sind.

Damit die dynamischen Eigenschaften sich auch in das Objekt eintragen können, sind die beiden geerbten Methoden `TrySetMember` und `TryGetMember` überschrieben. Beide weisen mit `GetMemberBinder` und `SetMemberBinder` sehr ähnliche erste Parameter auf, die den dynamischen Member repräsentieren. Der Bezeichner der dynamischen Eigenschaft ist in der Eigenschaft `Name` der beiden `Binding`-Objekte zu finden.

Interessant werden dürfte die Klasse `DynamicObject` vermutlich in Zukunft im Zusammenhang mit Daten, deren Strukturen nicht vorhersehbar sind oder sich von Fall zu Fall ändern. In diesem Zusammenhang sei an die Tabellen einer Datenbank erinnert. Wie einfach ließen sich die Felder durch dynamische Member eines `DynamicObject`-Objekts beschreiben?

10.13 Tupel

Tupel beschreiben eine geordnete Menge heterogener Daten. So lautet die allgemeine Beschreibung der Tupel, aber was genau steckt dahinter?

Mit Tupeln können Sie mit einfacher Syntax Typen definieren, die mehrere Daten gruppieren. Ein typischer Einsatzfall sind Methoden, die mehrere Rückgabewerte haben. Sie werden sich erinnern, dass diese Problematik auch mit `out`-Parametern gelöst werden kann oder mit speziellen Klassen, die die diversen Rückgabewerte in einem Objekt zusammenfassen.

Seit C# 7.0 lässt sich dies nun auch mit Tupeln lösen. Mittlerweile ist dazu keine Installation eines eigenen NuGet-Pakets mehr notwendig. Die Änderungen sind in den Standard von .NET und C# eingeflossen.

Hinweis

Der Vollständigkeit halber ist zu erwähnen, dass der Namespace `System` schon länger eine Klasse `Tuple` bereitstellt. Deren Einsatz ist allerdings nicht so komfortabel wie die Technik, die wir Ihnen jetzt vorstellen werden. Tatsächlich basiert die neue Sprachsyntax auf einer Struktur `ValueTuple`, die die »alte« Klasse `Tuple` als Wertetyp veröffentlicht und um weitere Features ergänzt.

10.13.1 Benannte und unbenannte Tupel

Man unterscheidet in C# die *benannten Tupel* und die *unbenannten Tupel*. Die zu einem Tupel gehörenden Elemente sind grundsätzlich in runden Klammern eingeschlossen. Ein unbenanntes Tupel schreibt die Werte in einer bestimmten Reihenfolge in eine Variable, z. B.:

```
var unnamedTupel = ("Bremen", 40, true);
```

Das Tupel wird in diesem Fall durch einen String, einen Integer und einen Boolean gebildet – auch genau in dieser Reihenfolge. Eine Auswertung könnte wie folgt aussehen:

```
var unnamedTupel = ("Bremen", 40, true);
Console.WriteLine(unnamedTupel.Item1);
```

```
Console.WriteLine(unnamedTupel.Item2);
Console.WriteLine(unnamedTupel.Item3);
```

Listing 10.62 Auswertung eines unbenannten Tupels

Da wir hier ein unbenanntes Tupel verwendet haben, können wir die einzelnen Werte nur über allgemeine Feldnamen, hier `Item1`, `Item2` und `Item3`, auswerten.

Ein benanntes Tupel erstellen Sie, indem Sie für jedes Element einen Namen angeben:

```
var namedTupel = (City: "Bremen", Age: 40, Male: true);
```

Bei der Auswertung können wir nun auf die angegebenen Feldbezeichner zurückgreifen:


```
var namedTupel = (City:"Bremen", Age:40, Male:true);
Console.WriteLine(namedTupel.City);
Console.WriteLine(namedTupel.Age);
Console.WriteLine(namedTupel.Male);
```

Listing 10.63 Auswertung eines benannten Tupels

Sie können anstelle von `var` auch die Typen samt Bezeichner der Reihe nach angeben. Der Zugriff auf die Tupelfelder erfolgt dann über den Bezeichner in der Deklaration.

```
(string city, int age, bool male) tupel = ("Bremen", 40, true);
Console.WriteLine($"{tupel.city} | {tupel.age} | {tupel.male}");
```

10.13.2 Zuweisungsoperationen

C# unterstützt die Zuordnung zwischen Tupeltypen, wenn die Tupel über die gleiche Anzahl von Elementen verfügen. Dabei muss es möglich sein, jedes Feld auf der rechten Seite implizit in den Typ des entsprechenden Elements auf der rechten Seite zu konvertieren.

Im folgenden Listing ist die Zuweisung von `tupel2` an `tupel1` korrekt, da beide Tupel zuerst einen `string`-Datentyp und anschließend einen Integer- und einen Boolean-Datentyp für die drei Elemente festlegen.

```
(string city, int age, bool male) tupel1;
var tupel2 = ("Aachen", 100, false);
tupel1 = tupel2;
```

Eine Zuweisung von `tupel1` an `tupel3` mit

```
(string city, short age, bool male) tupel3 = tupel1;
```

wird jedoch zu einem Compilerfehler führen, da der Datentyp im mittleren Feld von tupel1 ein Integer ist, der nicht implizit in einen short konvertiert wird. Die Angabe var im Zieltupel ist nicht statthaft.

10.13.3 Projektionsinitialisierer

Um ein Tupel zu bilden, können Sie Variablenbezeichner verwenden. Im folgenden Codefragment sind es die beiden Variablen variable1 und variable2. Bei der Auswertung des Tupels werden die Bezeichner verwendet.

```
var variable1 = 125;
var variable2 = "Hello";
var tuple = (variable1, variable2);
Console.WriteLine($"{tuple.variable1} | {tuple.variable2}");
```

Listing 10.64 Tupel und Variablenbezeichner

Sie können alternativ auch einen expliziten Bezeichner für die Felder angeben. Dieser hat Vorrang vor dem Variablenbezeichner.

```
var variable1 = 125;
var variable2 = "Hello";
var tuple = (var1: variable1, var2:variable2);
Console.WriteLine($"{tuple.var1} | {tuple.var2}");
```

Listing 10.65 Explizite Bezeichner der Tupelelemente

10.13.4 Tupelvergleiche mit »==« und »!=«

In C# 7.3 wurden die Vergleichsoperatoren == und != für Tupelvergleiche eingeführt. Dabei werden die einzelnen Felder jedes Tupels miteinander verglichen. Dabei wird auch die Reihenfolge der Felder berücksichtigt. So werden die Anweisungen

```
var tupel1 = (x: 6, y: 8);
var tupel2 = (x: 6, y: 8);
Console.WriteLine(tupel1 == tupel2);
```

den Wert true liefern. Das gleiche Ergebnis erhalten wir, wenn die Feldbezeichner der beiden Tupel unterschiedlich sind:

```
var tupel1 = (a: 6, b: 8);
var tupel2 = (x: 6, y: 8);
Console.WriteLine(tupel1 == tupel2);
```

10.13.5 Tupel als Methodenrückgabewerte

Tupel können ihre Stärken besonders vorteilhaft als Methodenrückgabewerte ausspielen. Wir wollen uns nun diesen Einsatz an einem Beispiel ansehen. Dazu codieren wir eine Methode, die zwei Werte an den Aufrufer zurückgibt. Der Name der Methode soll `GetProductInformation` lauten und zwei Werte beschreiben: der erste den Preis eines Artikels, der zweite dessen aktuellen Lagerbestand. Wir wollen hier keinen großen Aufwand betreiben und codieren die beiden Werte statisch in der Methode `GetProductInformation`. Im Praxisfall würden die Daten sicherlich aus einer Datenbank oder einer anderen Datenquelle stammen.

```
static (double, int) GetProductInformation()
{
  double price = 500;
  int numberInStock = 1000;
  return (price, numberInStock);
}
```

Listing 10.66 Methode mit Verwendung eines Tupels

Beachten Sie, dass die Datentypen der beiden Rückwerte in der Methodensignatur in runden Klammern stehen. Die Reihenfolge der Werte muss natürlich übereinstimmen mit der Übergabe an `return`, aber auch später bei der Auswertung, wie in Listing 10.67 zu sehen ist.

```
var info = GetProductInformation();
Console.WriteLine($"{info.Item1} ... {info.Item2}");
Console.ReadLine();
```

Listing 10.67 Auswertung der Rückgabe aus Listing 10.66

Der Rückgabewert der Methode `GetProductInformation` schreibt sich in die Variable `info`. Zugriff auf die einzelnen Werte erhalten wir über die Eigenschaften `Item1` und `Item2`.

Mit `Item1`, `Item2` usw. lässt sich natürlich problemlos der Code umsetzen, jedoch sind der Les- und Interpretierbarkeit Grenzen gesetzt. Sie können jedoch anstatt der unbenannten Tupel auch benannte Tupel verwenden, wie Listing 10.68 zeigt:

```
static (double price, int number) GetProductInformation()
{
  double price = 500;
  int numberInStock = 1000;
  return (price, numberInStock);
}
```

Listing 10.68 Methode mit benanntem Tupel

Nunmehr lauten die Bezeichner der beiden Rückgabewerte `price` und `number` und müssen bei der Auswertung in der `Main`-Methode auch angegeben werden.

```
Console.WriteLine($"{info.price} ... {info.number}");
```

10.13.6 Dekonstruktion von Tupeln

Von einer *Dekonstruktion* eines Tupels wird gesprochen, wenn alle Elemente eines Tupels, das von einer Methode zurückgegeben wird, entpackt werden.

Ein Tupel stellt einen einfachen Weg bereit, mehrere Werte aus einem Methodenaufruf abzurufen. Sobald Sie das Tupel abrufen, müssen Sie seine individuellen Elemente bearbeiten. Jedes Element separat zu bearbeiten ist jedoch aufwendig, wie das folgende Codefragment zeigt. Aufgerufen wird die Methode `GetPerson`, die drei Werte einer bestimmten Person an den Aufrufer zurückliefert. Wie diese Werte ermittelt worden sind, spielt in diesem Zusammenhang keine Rolle.

```
static (string name, int age, string city) GetPerson()
{
  return (name: "Wilhelm", age: 41, city: "Ulm");
}
```

Listing 10.69 Tupel mit drei Elementen

Listing 10.70 zeigt, wie Sie vermutlich Ihren Programmcode schreiben würden, um jedes Element im Tupel einer separaten Variablen zuzuweisen.

```
var result = GetPerson();
var Name = result.name;
var Age = result.age;
var City = result.city;
```

Listing 10.70 Auswertung des Tupels

Die Features von C# bieten eine integrierte Unterstützung für das Dekonstruieren von Tupeln, so dass Sie alle Elemente in einem Tupel in einem einzigen Vorgang entpacken können. Die allgemeine Syntax für das Dekonstruieren eines Tupels ist ähnlich der Syntax für das Definieren eines Tupels: Auf der linken Seite einer Zuweisungsanweisung umschließen Sie die Variablen, denen die Elemente zugewiesen werden sollen, mit Klammern.

```
(string Name, int Age, string City) = GetPerson();
```

Sie können auch das Schlüsselwort `var` verwenden, um jeden Typ jeder Variablen herzuleiten. Dazu wird `var` vor der Klammer angegeben.

```
var (Name, Age, City) = GetPerson();
```

Die Nutzung von var geht noch weiter: So können Sie var vor alle oder auch nur vor einzelne Elemente eines Tupels schreiben.

10.13.7 Einzelne Tupelelemente ausschließen

Beim Dekonstruieren eines Tupels sind nicht immer alle Elemente erforderlich. Mit C# können Sie daher Ausschlüsse für alle nicht benötigten Elemente nutzen. Ein Ausschluss wird durch einen Unterstrich angegeben.

Angenommen, Sie würden sich nicht für das Element interessieren, das das Alter der Person beschreibt. Anstatt eines Bezeichners geben Sie dann einen Unterstrich an.


```
var (Name, _, City) = GetPerson();
```

Sie können beliebig viele Ausschlüsse festlegen, auch an beliebigen Positionen.

10.14 Pattern Matching (Musterabgleich)

Microsoft hat das Pattern Matching in C# 7.0 eingeführt und damit ermöglicht, kürzeren und lesbareren Code zu schreiben. Durch zahlreiche Ergänzungen im Laufe der C#-Versionen gibt es verschiedene Arten von Musterabgleichen, die es ermöglichen, Ausdrücke mit unterschiedlichen Mustern zu vergleichen und darauf basierend Aktionen auszuführen. Diese Muster machen den Code nicht nur lesbarer, sondern auch präziser und flexibler.

Einen Musterabgleich haben wir Ihnen in Abschnitt 4.3.5 bereits vorgestellt. Dabei handelte es sich um die Nutzung des is-Operators. Musterabgleiche können allerdings auch im Zusammenhang mit der switch-Anweisung zum Einsatz kommen.

Rufen wir uns kurz in Erinnerung, wie nach bisherigem Kenntnisstand die switch-Anweisung eingesetzt wird:

```
int value = ...;
switch(value)
{
  case 1:
  case 2:
  case 3:
    Console.Write("value = 1, 2 oder 3");
    break;
  case 4:
```

```
    Console.Write("value = 4");
    break;
}
```

Sie haben in Kapitel 2, »Grundlagen der Sprache C#«, gelernt, dass die `switch`-Anweisung ganzzahlige Datentypen und Zeichenfolgen unterstützt. Man spricht hier auch vom *Konstantenmuster*. Auch der bereits vorgestellte `is`-Operator gehört zu dieser Art Muster.

Mit der Einführung des Pattern Matchings wurde diese Einschränkung entfernt, und Sie können nun auch einen beliebigen Typ vorschreiben. Das folgende Beispielprogramm zeigt, wie das umgesetzt werden kann.

```
// Beispiel: ..\Kapitel 10\PatternMatching
GetParameterType("Hallo");
GetParameterType(50);
GetParameterType(2.25);
GetParameterType(new Person { Name = "Thomas"});
Console.ReadLine();

static void GetParameterType(object obj)
{
  switch (obj)
  {
    case null:
      Console.WriteLine("Keine gültige Variable. ");
      break;
    case int a:
      Console.Write("Der Typ ist Integer. ");
      Console.WriteLine($"Der Wert ist {a}");
      break;
    case double b:
      Console.Write("Der Typ ist Double. ");
      Console.WriteLine($"Der Wert ist {b}");
      break;
    [...]
    default:
      Console.WriteLine("Der Typ ist unbekannt");
    break;
  }
}
```

Listing 10.71 Pattern Matching mit der »switch«-Anweisung

Jeder case-Zweig spezifiziert einen bestimmten Typ und eine Variable. Bei einer erfolgreichen Typüberprüfung beschreibt die Variable das geprüfte Objekt. Auch eine Überprüfung auf null ist gestattet. Beachten Sie, dass nun keine Einschränkung auf Zeichenfolgen oder ganzzahlige Datentypen den Einsatz von switch limitiert.

Uns steht sogar frei, jeden case-Zweig mit einer Bedingung zu verknüpfen. Die Bedingungsprüfung wird mit when eingeleitet.

```
[...]
case int a when a > 77 || a < 56:
  Console.Write("Der Typ ist Integer. ");
  Console.WriteLine($"Der Wert ist {a}");
  break;
case double b when b > 2:
  Console.Write("Der Typ ist Double. ");
  Console.WriteLine($"Der Wert ist {b}");
  break;
case string c when c.Length < 20:
  Console.Write("Der Typ ist String. ");
  Console.WriteLine($"Inhalt: {c}");
break;
[...]
```

Listing 10.72 »case«-Zweig mit Bedingungsprüfung

10.14.1 »switch« ohne »case«

Neben diesen Möglichkeiten gibt es nun sogar noch eine Ausdrucksform, in der auf den case-Zweig verzichtet werden kann und stattdessen ein Lambda-Operator seinen Dienst tut. Sehen wir uns zuerst in Listing 10.73 den Einsatz eines »klassischen« switch-Statements an.

```
int a = 10;
int b = 23;
Console.Write("Wähle '+','-', '/' oder '*': ");
string operation = Console.ReadLine();
double result;
switch(operation)
{
  case "+":
    result = a + b;
    break;
  case "-":
    result = a - b;
```

```
    break;
  case "*":
    result = a * b;
    break;
  default:
    throw new Exception("Falsche Eingabe");
}
Console.WriteLine($"Ergebnis: {result}");
Console.ReadLine();
```

Listing 10.73 Klassisches »switch«-Statement

In diesem Beispiel werden die beiden a- und b-Operanden vordefiniert, und der Anwender soll entscheiden, welche von drei vorgegebenen Operationen durchgeführt werden soll(en). Je nach Wahl werden im entsprechenden case-Zweig die Ausweisungen ausgeführt.

Listing 10.73 beschreibt eine typische Situation, denn in den case-Zweigen ist oft nur eine Operation enthalten. In solchen Fällen kann nun der Lambda-Operator eingesetzt werden, der case ersetzt und den Programmcode übersichtlicher macht. Bezogen auf das Beispiel in Listing 10.73 könnte die switch-Anweisung auch wie folgt ausgedrückt werden:

```
double result = operation switch
{
  "+" => a + b,
  "-" => a - b,
  "*" => a * b,
  _ => throw new NotSupportedException()
};
```

Listing 10.74 »switch«-Ausdrücke

Neben case und break, die nun nicht mehr notwendig sind, ist auch der default-Zweig verschwunden. Er wird durch den Unterstrich (_) ersetzt. Beachten Sie bitte auch, dass der zu untersuchende Wert nun vor switch angegeben wird und nicht mehr dahinter in runden Klammern. Außerdem darf nur eine Anweisung hinter dem Lambda-Operator stehen.

Im Code in Listing 10.75 wird die gesamte switch-Anweisung in eine separate Methode ausgelagert. Das zeigt, wie Sie den Rückgabewert aus dem switch-Anweisungsblock an die aufrufende Methode zurückgeben können.

```
int a = 10;
int b = 23;
```

```
Console.Write("Wähle '+','-', '/' oder '*': ");
string operation = Console.ReadLine();
double result = Calculation(a, b, operation);
Console.WriteLine($"Ergebnis: {result}");
Console.ReadLine();

private static double Calculation(int a, int b, string operation)
{
  return operation switch
  {
    "+" => a + b,
    "-" => a - b,
    "*" => a * b,
      _ => throw new NotSupportedException()
  };
}
```

Listing 10.75 Ausgabe mit Rückgabewert

10.14.2 Weitere Muster

Eine weitere Art von Mustern sind die sogenannten *Typmuster*, die prüfen, ob ein Objekt einem bestimmten Typ entspricht. Gleichzeitig weist die Prüfung das Objekt einer Variablen zu:

```
if (o is string s)
{
    Console.WriteLine($"Es ist ein String: {s}");
}
```

Der Code prüft, ob `o` ein `String` ist. Falls ja, wird der Wert der Variablen `s` zugewiesen.

Das Eigenschaftsmuster prüft Objekte basierend auf ihren Eigenschaften oder Feldern, wie das Beispiel verdeutlicht:

```
if (datum is { Year: 2025, Month: 12 })
{
    Console.WriteLine("Es ist Dezember 2025.");
}
```

Das Beispiel prüft, ob das Objekt `datum` die Eigenschaften `Year` mit dem Wert `2025` und `Month` mit dem Wert `12` hat.

Das Positionsmuster zerlegt ein Objekt in seine Bestandteile und vergleicht diese.

```
if (punkt is (0, 0))
{
    Console.WriteLine("Es ist der Ursprung.");
}
```

Voraussetzung hierfür ist eine Methode Deconstruct, die das Objekt in Tupel zerlegen kann. Der Code im Beispiel prüft, ob der Punkt die Elemente (0, 0) aufweist.

Das Listenmuster ermöglicht das Vergleichen von Sequenzen wie Arrays oder Listen. Diese Funktion hat Microsoft in C# 11 hinzugefügt:

```
switch (zahlen)
{
    case []:
        Console.WriteLine("Die Liste ist leer.");
        break;
    case [1, 2, 3]:
        Console.WriteLine("Die Liste enthält genau 1, 2 und 3.");
        break;
    case [var erstes, ..]:
        Console.WriteLine($"Die Liste beginnt mit {erstes}.");
        break;
}
```

Dieses Beispiel zeigt das Listenmuster in Form einer switch-Anweisung. Die verschiedenen Vergleiche prüfen, ob das Array Elemente enthält oder nicht und welche Elemente im Array zahlen enthalten sind.

Logische Muster kombinieren andere Muster mit logischen Operatoren wie and, or, not.

```
if (obj is int x and > 10)
{
    Console.WriteLine($"Es ist eine Zahl größer als 10: {x}");
}

if (obj is not null and not string)
{
    Console.WriteLine("Es ist kein String und nicht null.");
}
```

Mit diesen Mustern lassen sich komplexere Bedingungen ausdrücken, die gleichzeitig kompakt und übersichtlich sind. Tabelle 10.3 zeigt eine Übersicht der verschiedenen Möglichkeiten beim Pattern Matching in C#.

Musterart	Beschreibung	Beispielcode
Konstantenmuster	Prüft auf einen konstanten Wert.	`if (o is "Hallo") { ... }`
Typmuster	Prüft den Typ und weist ihn einer Variablen zu.	`if (o is string s) { ... }`
Deklarationsmuster	Kombiniert Typprüfung mit Variablendeklaration.	`if (data is int zahl) { ... }`
Eigenschaftsmuster	Prüft Eigenschaften eines Objekts.	`if (datum is { Year: 2025 }) { ... }`
Positionsmuster	Zerlegt Objekte in Bestandteile.	`if (punkt is (0, 0)) { ... }`
Listenmuster	Vergleicht Sequenzen wie Arrays oder Listen.	`case [1, _, _]: Console.WriteLine("Startet mit 1"); break;`
relationale Muster	Verwendet Vergleichsoperatoren.	`< 18 => "Minderjährig"`
logische Muster	Kombiniert Muster mit logischen Operatoren.	`if (obj is int x and > 10) { ... }`

Tabelle 10.3 Übersicht der verschiedenen Muster für das Pattern Matching

10

10.15 Rückgabewerte mit »ref«

In Abschnitt 3.5.6 haben wir die Modifizierer `ref` und `out` der Methodenparameter thematisiert. Lassen Sie uns an dieser Stelle die wichtigsten Erkenntnisse noch einmal zusammenfassen.

- **Call by Value**: Das ist der Standardfall. Handelt es sich bei dem an die Methode übergebenen Argument um einen Wertetyp, wird eine Kopie des Arguments in der Methode verwendet. Handelt es sich bei dem Argument um einen Referenztyp, wird der Methode die tatsächliche Referenz übergeben. Eine Änderung des Arguments in der Methode wird bei einem auf einen Wertetyp basierenden Argument keine Änderung im Aufrufer bewirken.
- **Call by Reference**: Unabhängig davon, ob es sich bei dem Argument um einen Wertetyp oder einen Referenztyp handelt, wird keine Kopie des Arguments erzeugt, sondern dessen Referenz übergeben. Das hat zur Konsequenz, dass in der aufgerufenen Methode mit dem Original gearbeitet wird und etwaige Änderungen sich im Aufrufer der Methode widerspiegeln. Initialisiert wird diese Art der Parameterübergabe mit dem Modifizierer `ref`.

Nach dem jetzigen Stand liefern Methoden mit Rückgabewerten den Rückgabewert immer als Kopie ab. Das hat sich geändert, denn seit C# 7.0 kann auch für den Rückgabewert der `ref`-Modifizierer eingesetzt werden. Sehen wir uns das exemplarisch an der Klasse `Person` an.

```
public class Person
{
  private int age = 5;
  public ref int GetAge()
  {
    return ref age;
  }
  public void PrintAge()
  {
    Console.WriteLine($"Alter im Objekt: {age}");
  }
}
```

Listing 10.76 Methode mit »ref«-Rückgabewert

In der Klasse ist die Methode `GetAge` mit `ref` definiert. Dabei wird `ref` sowohl in der Methodensignatur verwendet als auch bei der Angabe der Rückgabe. Es dürfte einleuchten, dass `ref`-Methoden nicht `void` sein dürfen.

Sie können eine `ref`-Methode »klassisch« aufrufen wie jede andere Methode. Dabei wird auf die Option, die Rückgabe als Referenz entgegenzunehmen, verzichtet. Sie können aber auch das Angebot wahrnehmen. Das folgende Beispiel zeigt beide Situationen und ihre Auswirkungen.

```
// Beispiel: ..\Kapitel 10\RefReturn_Example
var pers = new Person();
ref int actualAge = ref pers.GetAge();
int wishedAge = pers.GetAge();

// 1. Ausgabe des Alters
pers.PrintAge();
Console.WriteLine($"Tatsächliches Alter: {actualAge}");
Console.WriteLine($"Wunschalter: {wishedAge}\n");
// Änderung des Alters
actualAge = 10;
wishedAge = 20;

// 2. Ausgabe des Alters (nach der Änderung)
pers.PrintAge();
```

```
Console.WriteLine($"Tatsächliches Alter: {actualAge}");
Console.WriteLine($"Wunschalter: {wishedAge}");
Console.ReadLine();
```

Listing 10.77 Beispielcode des Zugriffs auf eine »ref-return«-Methode

Sehen wir uns die zweite Anweisung in der Methode `Main` an, in der von der `ref`-Option Gebrauch gemacht wird, den Rückgabewert als Referenz entgegenzunehmen.

```
ref int actualAge = ref pers.GetAge();
```

Wir sollten darauf hinweisen, dass der Methodenaufruf mit `ref` erfolgt und genau genommen eine Speicheradresse auf einen Integer liefert. Der Rückgabewert muss selbstverständlich ebenfalls in einer Adresse auf einen Integer hinterlegt sein, hier beschrieben durch die ebenfalls mit `ref` verknüpfte Variable `actualAge`.

Die dritte Anweisung, hier

```
int wishedAge = pers.GetAge();
```

verzichtet darauf, das Ergebnis als Referenz zu empfangen.

Im Beispiel wird das Alter der entsprechenden Person über `actualAge` und `wishedAge` verändert und an der Konsole ausgegeben. Das Ergebnis sehen Sie in Abbildung 10.3. Während die Änderung von `actualAge` eine tatsächliche Änderung des Alters im `Person`-Objekt nach sich zieht, beschreibt `wishedAge` anfänglich nur eine Kopie des Alters, und die Änderung hat keinen Einfluss auf das tatsächliche Alter.

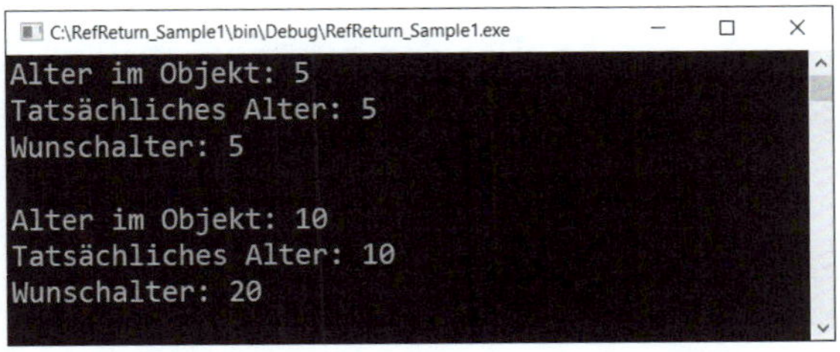

Abbildung 10.3 Ausgabe des Beispielprogramms »RefReturn_Example«

> **Anmerkung**
>
> Definieren Sie in einer `ref`-Methode eine lokale Variable, können Sie diese nicht als Rückgabe verwenden, denn beim Verlassen der Methode zerstört das Laufzeitsystem jede lokale Variable. Sie existiert nach dem Verlassen der Methode nicht mehr.
>
> Gleichfalls ist es nicht möglich, Enumerationen und Konstanten mit `ref` an den Aufrufer zurückzugeben.

10.16 Unsicherer (unsafe) Programmcode – Zeigertechnik in C#

Dieser Abschnitt beleuchtet den Einsatz von unsicherem (unsafe) Code in C#. Dabei steht insbesondere die Zeigertechnik im Fokus, die üblicherweise eher mit der Programmiersprache C assoziiert wird. Ziel ist es, die Gründe und Anwendungsfälle zu verstehen, in denen der Einsatz solcher Techniken in C# sinnvoll oder sogar notwendig sein kann.

10.16.1 Einführung

Manchmal ist es erforderlich, auf die Funktionen einer in C geschriebenen herkömmlichen DLL zuzugreifen. Viele C-Funktionen erwarten jedoch Zeiger auf bestimmte Speicheradressen oder geben solche als Aufrufergebnis zurück. Es kann auch vorkommen, dass in einer Anwendung der Zugriff auf Daten erforderlich ist, die sich nicht im Hauptspeicher, sondern beispielsweise im Grafikspeicher befinden. Das Problem ist im ersten Moment, dass C#-Code, der unter der Obhut der CLR läuft und als sicherer bzw. verwalteter (*managed*) Code eingestuft wird, keine Zeiger auf Speicheradressen gestattet.

Entwickelnde, die mit dieser Einschränkung in ihrer Anwendung nicht leben können, müssen unsicheren Code schreiben. Trotz dieser seltsamen Bezeichnung ist unsicherer Code selbstverständlich nicht tatsächlich »unsicher« oder wenig vertrauenswürdig. Es handelt sich hierbei lediglich um C#-Code, der die Typüberprüfung durch den Compiler einschränkt und den Einsatz von Zeigern und Zeigeroperationen ermöglicht.

10.16.2 Das Schlüsselwort »unsafe«

Den Kontext, in dem Sie unsicheren Code wünschen, müssen Sie mit Hilfe des Schlüsselworts `unsafe` deklarieren. Sie können eine komplette Klasse oder eine Struktur ebenso als unsicher markieren wie eine einzelne Methode. Es ist sogar möglich, innerhalb des Anweisungsblocks einer Methode einen Teilbereich als unsicher zu kennzeichnen.

Ganz allgemein besteht ein nicht sicherer Bereich aus Code, der in geschweiften Klammern eingeschlossen ist und dem das Schlüsselwort `unsafe` vorangestellt wird. Im Codefragment in Listing 10.78 wird die Methode `Main` als unsicher deklariert:

```
static unsafe void Main(string[] args)
{
  [...]
}
```

Listing 10.78 Definition einer »unsafe«-Methode

Die Angabe von `unsafe` ist aber allein noch nicht ausreichend, um unsicheren Code kompilieren zu können. Zusätzlich muss der Compilerschalter `/unsafe` gesetzt werden. In Visual Studio legen Sie diesen Schalter im Projekteigenschaftsfenster unter BUILD • ALLGEMEIN • UNSICHEREN CODE ZULASSEN fest. Wenn Sie vergessen, den Compilerschalter einzustellen, wird bei der Kompilierung ein Fehler generiert.

10.16.3 Die Deklaration von Zeigern

In C/C++ sind Zeiger ein klassisches Hilfsmittel der Programmierung, in .NET hingegen nehmen Zeiger eine untergeordnete Rolle ein und werden meist nur in Ausnahmesituationen benutzt. Wir werden daher nicht allzu tief in die Thematik einsteigen und uns auf das Wesentlichste konzentrieren. Wenn Sie keine Erfahrungen mit der Zeigertechnik in C oder in anderen zeigerbehafteten Sprachen gesammelt haben und sich dennoch weiter informieren wollen, sollten Sie C-Literatur zur Hand nehmen.

Zeiger sind Verweise auf Speicherbereiche und lassen sich allgemein wie folgt deklarieren:

```
Datentyp* Variable
```

Dazu ein Beispiel. Mit der Deklaration

```
int value = 4711;
int* pointer;
```

erzeugen wir eine `int`-Variable namens `value` und eine Zeigervariable `pointer`. `pointer` ist noch kein Wert zugewiesen und zeigt auf eine Speicheradresse, deren Inhalt als Integer interpretiert wird. Der *-Operator ermöglicht die Deklaration eines typisierten Zeigers und bezieht sich auf den vorangestellten Typ – hier `Integer`.

Wollen wir dem Zeiger `pointer` mitteilen, dass er auf die Adresse der Variablen `value` zeigen soll, müssen wir `pointer` die Adresse von `value` übergeben:

```
pointer = &value;
```

Der &-Adressoperator liefert eine physikalische Speicheradresse. In der Anweisung wird die Adresse der Variablen `value` ermittelt und dem Zeiger `pointer` zugewiesen.

Wollen wir den Inhalt der Speicheradresse erfahren, auf die der Zeiger verweist, müssen wir diesen dereferenzieren:

```
Console.WriteLine(*pointer);
```

Das Ergebnis wird `4711` lauten.

Fassen wir den gesamten (unsicheren) Code zusammen. Wenn Sie die Zeigertechnik unter C kennen, werden Sie feststellen, dass es syntaktisch keinen Unterschied gibt:

```
class Program
{
  static unsafe void Main(string[] args)
  {
    int value = 4711;
    int* pointer;
    pointer = &value;
    Console.WriteLine(*pointer);
  }
}
```

Listing 10.79 Zeigertechnik mit C#

C# gibt einen Zeiger nur von einem Wertetyp und niemals von einem Referenztyp zurück. Das gilt jedoch nicht für Arrays und Zeichenfolgen, da Variablen dieses Typs einen Zeiger auf das erste Element bzw. den ersten Buchstaben liefern.

10.16.4 Die »fixed«-Anweisung

Während der Ausführung eines Programms werden viele Objekte dem Heap hinzugefügt oder aufgegeben. Um eine unnötige Speicherbelegung oder Speicherfragmentierung zu vermeiden, schiebt der Garbage Collector die Objekte hin und her. Auf ein Objekt zu zeigen ist wertlos, wenn sich seine Adresse unvorhersehbar ändern könnte. Die Lösung dieser Problematik bietet die `fixed`-Anweisung. `fixed` weist den Garbage Collector an, das Objekt zu »fixieren« – es wird danach nicht mehr verlagert. Da sich dies negativ auf das Verhalten der Laufzeitumgebung auswirken kann, sollten als `fixed` deklarierte Blöcke nur kurzzeitig benutzt werden.

Hinter der `fixed`-Anweisung wird in runden Klammern ein Zeiger auf eine verwaltete Variable festgelegt. Diese Variable ist diejenige, die während der Ausführung fixiert wird.

```
fixed (<Typ>* <pointer> = <Ausdruck>)
{
    [...]
}
```

`Ausdruck` muss dabei implizit in `Typ*` konvertierbar sein.

Am besten sind die Wirkungsweise und der Einsatz von `fixed` anhand eines Beispiels zu verstehen. Sehen Sie sich daher zuerst Listing 10.80 an:

```
class Program
{
  int value;
```

```
    static void Main()
    {
      Program obj = new Program();
      // unsicherer Code
      unsafe {
        // fixierter Code
        fixed(int* pointer = &obj.value) {
          *pointer = 9;
          System.Console.WriteLine(*pointer);
        }
      }
    }
}
```


Listing 10.80 Fixierter Programmcode

Im Code wird ein Objekt vom Typ `Program` in `Main` erzeugt. Es kann grundsätzlich nicht garantiert werden, dass das `Program`-Objekt `obj` vom Garbage Collector nicht im Speicher verschoben wird. Da der Zeiger `pointer` auf das objekteigene Feld `value` verweist, muss sichergestellt sein, dass sich das Objekt bei der Auswertung des Zeigers immer noch an derselben physikalischen Adresse befindet. Die `fixed`-Anweisung mit der Angabe, worauf `pointer` zeigt, garantiert, dass die Dereferenzierung an der Konsole das richtige Ergebnis ausgibt.

Beachten Sie, dass in diesem Beispiel nicht die gesamte Methode als unsicher markiert ist, sondern nur der Kontext, in dem der Zeiger eine Rolle spielt.

10.16.5 Zeigerarithmetik

Sie können in C# Zeiger addieren und subtrahieren, so wie in C oder in anderen Sprachen. Dazu bedient sich der C#-Compiler intern des `sizeof`-Operators, der die Anzahl der Bytes zurückgibt, die von einer Variablen des angegebenen Typs belegt werden. Addieren Sie beispielsweise zu einem Zeiger vom Typ `int*` den Wert `1`, verweist der Zeiger auf eine Adresse, die um 4 Byte höher liegt, da ein Integer eine Breite von 4 Byte hat.

Im folgenden Beispiel wird ein `int`-Array initialisiert. Anschließend werden die Inhalte der Array-Elemente nicht wie üblich über ihren Index, sondern mittels Zeigerarithmetik an der Konsole ausgegeben.

```
class Program
{
  unsafe static void Main(string[] args)
  {
    int[] arr = {10, 72, 333, 4550};
```

```
    fixed(int* pointer = arr) {
      Console.WriteLine(*pointer);
      Console.WriteLine(*(pointer + 1));
      Console.WriteLine(*(pointer + 2));
      Console.WriteLine(*(pointer + 3));
    }
  }
}
```

Listing 10.81 Zeigerarithmetik mit C#

Ein Array ist den Referenztypen und damit den verwalteten Typen zuzurechnen. Der C#-Compiler erlaubt es aber nicht, außerhalb einer `fixed`-Anweisung mit einem Zeiger auf einen verwalteten Typ zu zeigen. Mit

```
fixed(int* pointer = arr)
```

kommen wir dieser Forderung nach. Das Array `arr` wird implizit in den Typ `int*` konvertiert und ist gleichwertig mit folgender Anweisung:

```
int* pointer = &arr[0]
```

In der ersten Ausgabeanweisung wird `pointer` dereferenziert und der Inhalt 10 angezeigt, weil ein Zeiger auf ein Array immer auf das erste Element zeigt. In den folgenden Ausgaben wird die Ausgabeadresse des Zeigers um jeweils eine Integer-Kapazität erhöht, also um jeweils 4 Byte. Da die Elemente eines Arrays direkt hintereinander im Speicher abgelegt sind, werden der Reihe nach die Zahlen 72, 333 und 4550 an der Konsole angezeigt.

10.16.6 Der Operator »->«

Strukturen sind Wertetypen aus mehreren verschiedenen Elementen auf dem Stack und können ebenfalls über Zeiger angesprochen werden. Nehmen wir an, die Struktur `Point` sei wie folgt definiert:

```
public struct Point
{
  public int X;
  public int Y;
}
```

Innerhalb eines unsicheren Kontexts können wir uns mit

```
Point point = new Point();
Point* ptr = &point;
```

einen Zeiger auf ein Objekt des Typs `Point` besorgen. Beabsichtigen wir, das Feld `X` zu manipulieren und ihm den Wert `150` zuzuweisen, muss der Zeiger `ptr` zuerst dereferenziert werden. Auf das Ergebnis können wir mittels Punktnotation auf den Member zugreifen, dem die Zahl zugewiesen werden soll. Der gesamte Ausdruck sieht dann wie folgt aus:

```
(*ptr).X = 150;
```

C# bietet uns mit dem Operator -> eine einfache Kombination aus Dereferenzierung und Feldzugriff an. Die folgende Formulierung des Ausdrucks ist daher gleichwertig:

```
ptr->X = 150;
```

Kapitel 11
LINQ – Language Integrated Query

LINQ (Language Integrated Query) stellt ein Programmiermodell zur Verfügung, mit dem einheitlich auf Daten aus verschiedensten Datenquellen zugegriffen werden kann, beispielsweise auf SQL-Datenbanken, auf XML-Dokumente und .NET-Auflistungen. Das Besondere dabei ist, dass Abfragen direkt als Code in C# oder andere .NET-Sprachen eingebunden werden können und nicht nur wie bisher als Zeichenfolge. Infolgedessen müssen Sie also nicht mehr zwangsläufig SQL lernen, um Datenbanken abzufragen, oder XML Query, um Daten aus einem XML-Dokument zu lesen.

11.1 Einstieg in LINQ

Die Syntax von LINQ ähnelt verblüffend den Abfragebefehlen von SQL, und so sind auch in LINQ Sprachelemente wie `select`, `from` oder `where` zu finden. Ein weiterer Vorteil von LINQ ist, dass dieses Abfragemodell als Teil der Sprache kompiliert werden kann und damit von IntelliSense unterstützt wird. Anders als etwa bei SQL-Abfragen, die erst zur Laufzeit ausgeführt werden, lassen sich Fehler so viel schneller finden.

Das folgende Beispiel soll Ihnen einen ersten Eindruck von LINQ vermitteln.

```
// Beispiel: ..\Kapitel 11\FirstLINQExample
Person[] persons = {
                      new Person { Name = "Meier", Age = 34 },
                      new Person { Name = "Müller", Age = 51 },
                      new Person { Name = "Schmidt", Age = 30 },
                      new Person { Name = "Fischer", Age = 25 },
                      new Person { Name = "Schulz", Age = 67 },
                    };
var query = from pers in persons
            where pers.Age >= 50
            select pers;

foreach (var item in query)
  Console.WriteLine($"{item.Name,-8}{item.Age}");
Console.ReadLine();
```

```
class Person
{
  public string Name { get; set; }
  public int Age { get; set; }
}
```

Listing 11.1 Beispielprogramm »FirstLINQExample«

Der Code im Beispiel bildet ein Array aus mehreren Personen, das anschließend in der Weise gefiltert wird, dass nur alle Personen, die 50 Jahre alt sind oder älter, in die Ergebnismenge aufgenommen werden. Zur Bildung der Ergebnismenge wird ein LINQ-Ausdruck verwendet:

```
var query = from pers in persons
            where pers.Age >= 50
            select pers;
```

Listing 11.2 Abfragesyntax

Die von LINQ verwendete Syntax ähnelt der, die Sie vielleicht von SQL her kennen. Die SQL-artige LINQ-Syntax erleichtert den Einstieg für Entwickler und Entwicklerinnen mit SQL-Hintergrund und sorgt für eine deklarative, gut lesbare Struktur. Die Abfrage beginnt mit der `from`-Klausel, die in SQL dem `FROM`-Statement entspricht. Sie gibt an, aus welcher Datenquelle – in diesem Fall der Sammlung `persons` – die Daten stammen. Anschließend folgt die `where`-Klausel, die mit `WHERE` in SQL vergleichbar ist. Abschließend wird mit der `select`-Klausel festgelegt, welche Daten zurückgegeben werden. Dies entspricht dem `SELECT` * in SQL und sorgt dafür, dass alle gefilterten Personen als Ergebnis der Abfrage ausgegeben werden.

An dieser Stelle sei bereits angedeutet, dass auch die Formulierung eines LINQ-Ausdrucks mit Erweiterungsmethoden möglich ist und zum gleichen Resultat führt:

```
var query = persons
            .Where(p => p.Age >= 50)
            .Select(p => p);
```

Listing 11.3 Erweiterungsmethodensyntax

Es spielt keine Rolle, woher die Daten in der Liste der Personen stammen: Es könnte sich zum Beispiel auch um die Ergebnismenge einer Datenbankabfrage handeln. LINQ ist in jedem Fall datenquellenneutral.

Die Einführung von LINQ mit C# 3.5 zwang das .NET-Entwicklerteam dazu, die .NET-Sprachen zu ergänzen. Dazu gehören Lambda-Ausdrücke, implizite Typisierung, Objektinitialisierer, anonyme Typen und Erweiterungsmethoden. Diese Sprachfeatures haben wir uns in den vergangenen Kapiteln bereits angesehen.

Sie können LINQ-Abfragen in C# mit SQL-Server-Datenbanken, XML-Dokumenten, ADO.NET-Datasets schreiben sowie jede Auflistung von Objekten abfragen. Es gibt allerdings dabei eine wichtige Bedingung zu beachten: Die Liste muss das Interface `IEnumerable<T>` implementieren.

11.1.1 Verzögerte Ausführung

LINQ-Abfragen haben ein besonderes Charakteristikum: Sie werden nicht sofort ausgeführt, sondern erst dann, wenn die Ergebnismenge benötigt wird. Das könnte beispielsweise eine `foreach`-Schleife sein, innerhalb deren die Abfrageresultate verarbeitet werden.

Greifen Sie wiederholt auf die Ergebnismenge zu, wird die Abfrage jedes Mal erneut ausgeführt – die Ergebnismenge wird also nicht gecacht. Hat sich die Datenquelle in der Zwischenzeit geändert, erhalten Sie die aktualisierten Daten und profitieren von diesem Verhalten. Andererseits geht die erneute Ausführung auch zu Lasten der Leistung.

Ob das Verhalten der verzögerten Ausführung positiv oder eher negativ zu bewerten ist, hängt vom Einzelfall ab. In einer Anwendung, die mehrfach auf die Abfrageresultate zugreifen muss, können Sie mit den Methoden `ToArray`, `ToList` oder `ToDictionary` die Ergebnismenge zwischenspeichern. Keine Angst, Sie haben noch nichts verpasst, denn auf die genannten Methoden werden wir später noch eingehen.

11.1.2 LINQ-Erweiterungsmethoden an einem Beispiel

Das Fundament von LINQ sind die zahlreichen Erweiterungsmethoden, die im Namespace `System.Linq` definiert sind. Ehe wir uns eingehender mit LINQ beschäftigen, möchten wir Ihnen zeigen, wie eine LINQ-Erweiterungsmethode zustande kommt.

Dazu erzeugen wir ein `String`-Array mit mehreren Vornamen. Unser Ziel soll es sein, nur die Namen auszugeben, die einer bestimmten Maximallänge entsprechen. Für die Ausgabe soll eine Methode namens `GetShortNames` implementiert werden. Normalerweise würde die Überprüfung der Länge der einzelnen Namen in dieser Methode codiert. Um möglichst flexibel zu sein, wird die Überprüfung in eine andere Methode ausgelagert, die `FilterName` heißen soll. Der Methode `GetShortNames` wird neben dem Zeichenfolge-Array ein Delegat auf `FilterName` übergeben.

```
string[] arr = {"Peter", "Uwe", "Willi", "Udo", "Gernot"};
FilterHandler del = FilterName;
GetShortNames(arr, del);
Console.ReadLine();

static void GetShortNames(string[] arr, FilterHandler del)
```

```
{
  foreach (string name in arr)
    if (del(name)) Console.WriteLine(name);
}

static bool FilterName(string name)
{
  return name.Length < 4;
}
```

Listing 11.4 Filtern eines Zeichenfolge-Arrays

So weit funktioniert der Code einwandfrei. Was würden Sie aber machen, wenn Sie in einem anderen Kontext nicht die Namen selektieren wollen, die weniger als vier Buchstaben aufweisen, sondern beispielsweise mehr als sieben? Richtig, Sie würden eine weitere Methode bereitstellen, die genau das leistet. Und nun eine ganz gemeine Frage: Wie viele unterschiedliche Methoden wären Sie bereit zu implementieren, um möglichst viele Filter zu berücksichtigen?

Es geht auch anders, denn dasselbe Ergebnis wie in Listing 11.4 erreichen Sie, wenn Sie einen Lambda-Ausdruck benutzen. Der Code zur Überprüfung der Zeichenfolgelänge wird hierbei direkt in der Parameterliste von `GetShortNames` aufgeführt.

```
string[] arr = { "Peter", "Uwe", "Willi", "Udo" };
GetShortNames(arr, name => name.Length < 4);
Console.ReadLine();

static void GetShortNames<T>(T[] names, Func<T, bool> getNames)
{
  foreach (T name in names)
    if (getNames(name))
      Console.WriteLine(name);
}
```

Listing 11.5 Filtern eines Zeichenfolge-Arrays mit einem Lambda-Ausdruck

Beachten Sie bitte den zweiten Parameter der Methode `GetShortNames`. Sein Typ `Func<T, bool>` wird durch .NET bereitgestellt. Dabei handelt es sich um einen generischen Delegaten. Schauen wir uns seine Definition an:

```
public delegate TResult Func<T, TResult>(T arg)
```

Der Delegat kann auf eine Methode zeigen, die einen Parameter entgegennimmt. Der generische Typ `T` beschreibt den Typ des Übergabeparameters, `TResult` den Typ der Rückgabe.

Hinweis

In .NET sind noch zahlreiche weitere `Func`-Delegaten vordefiniert. Damit werden Methoden beschrieben, die nicht nur einen, sondern bis zu 16 Parameter definieren. Eines haben aber alle `Func`-Definitionen gemeinsam: Der letzte generische Typparameter beschreibt immer den Datentyp der Ergebnismenge.

Vielleicht erinnern Sie sich: Ein Delegat kann auch durch einen Lambda-Ausdruck beschrieben werden. Das haben wir in Listing 11.5 durch die Übergabe von

```
Func<T, bool> getNames = name => name.Length < 4
```

genutzt. Der Übergabewert ist hier ein `String`, das Ergebnis der Operation ein boolescher Wert.

Wichtig ist, dass Sie erkennen, dass die Methode `GetShortNames` jetzt mit ganz unterschiedlichen Filtern aufgerufen werden kann. Vielleicht wollen Sie beim nächsten Mal alle Namen selektieren, die mit dem Buchstaben »H« beginnen. Kein Problem: Sie brauchen dazu keine weitere Methode zu schreiben, sondern können die vorliegende benutzen, da der Lambda-Ausdruck in der Methode `GetShortNames` zur Auswertung herangezogen wird.

Rufen wir uns an dieser Stelle noch einmal das einführende LINQ-Beispiel aus Listing 11.3 ins Gedächtnis zurück:

```
var query = persons
            .Where(p => p.Age >= 50)
            .Select(p => p);
```

Sieht die Filterung mit `GetShortNames` in Listing 11.5 nicht bereits der Filterung mit der `Where`-Methode sehr ähnlich?

Es gibt aber noch einen entscheidenden Unterschied: Wir übergeben der Methode `GetShortNames` die zu sortierende Liste als Argument. Besser wäre es, wir würden die Methode auf das Listenobjekt aufrufen. Dazu müssen wir die Methode als Erweiterungsmethode definieren, wobei sich noch die Frage stellt, welche Klassen erweitert werden sollen und welchen Rückgabewert die Methode haben soll. Um die Allgemeingültigkeit der Methode sicherzustellen, legen wir fest, dass die Methode die Klassen erweitern soll, die `IEnumerable<T>` implementieren. Diese Schnittstelle soll gleichzeitig den Rückgabewert beschreiben, um damit zu gewährleisten, dass die Ergebnismenge in einer `foreach`-Schleife durchlaufen werden kann.

Diese Überlegungen erfordern es, den Code in Listing 11.5 an die Erweiterungsmethode `GetShortNames` anzupassen. Bekanntlich müssen Erweiterungsmethoden in einer statischen Klasse definiert sein. In Listing 11.6 ist daher eine weitere Klasse definiert, die unsere Erweiterungsmethode enthält. Darüber hinaus wird der Bezeichner `GetShortNames` in `Where` geändert.

```
// Beispiel: ..\Kapitel 11\UserDefinedFilter
string[] arr = { "Peter", "Uwe", "Willi", "Udo" };
IEnumerable<string> query = arr.Where(name => name.Length < 4);
foreach (string item in query)
  Console.WriteLine(item);
Console.ReadLine();

static class Extensionmethod
{
  // Erweiterungsmethode
  public  static IEnumerable<T> Where<T>(this IEnumerable<T> liste,
                                         Func<T, bool> filter)
  {
    List<T> result = new List<T>();
    foreach (T name in liste)
      if (filter(name))
        result.Add(name);
    return result;
  }
}
```

Listing 11.6 Beispielprogramm »UserDefinedFilter«

Das Resultat zur Laufzeit wird dasselbe wie vorher sein. Allerdings haben wir nun eine Erweiterungsmethode entwickelt, die nicht nur ein `String`-Array nach einer bestimmten Bedingung filtern kann, sondern jede beliebige Liste – vorausgesetzt, die Liste implementiert das Interface `IEnumerable<T>`. Tatsächlich funktioniert die LINQ-Erweiterungsmethode `Where` in derselben Weise. Werfen wir deshalb einen Blick auf die Definition der Methode von LINQ:

```
public static IEnumerable<TSource> Where<TSource>(
                          this IEnumerable<TSource> source,
                          Func<TSource, bool> predicate);
```

Der erste Parameter kennzeichnet `Where` als Erweiterungsmethode für alle Typen, die die Schnittstelle `IEnumerable<T>` implementieren. Der zweite Parameter ist ein Delegat, der im ersten generischen Parameter den in der Liste enthaltenen Typ beschreibt. Der zweite Typparameter gibt den Rückgabewert `Boolean` des Delegaten an.

11.2 LINQ to Objects

11.2.1 Musterdaten

Wir werden uns in den folgenden Abschnitten mit den wichtigsten Erweiterungsmethoden von LINQ beschäftigen. Dazu müssen wir uns noch eine passende Datenquelle beschaffen. Die meisten Beispiele in diesem Kapitel arbeiten daher mit Daten, die von einer Klassenbibliothek bereitgestellt werden. Sie finden das Projekt unter *\Beispiele\Kapitel 11\Musterdaten* (Download von *www.rheinwerk-verlag.de/5953*, unter MATERIALIEN ZUM BUCH). In der Anwendung sind die vier Klassen `Customer`, `Product`, `Order` und `Service` sowie die Enumeration `Cities` definiert.

```
public class Order
{
  public int OrderID { get; set; }
  public int ProductID { get; set; }
  public int Quantity { get; set; }
  public bool Shipped { get; set; }
}
public class Customer
{
  public string Name { get; set; }
  public Cities City { get; set; }
  public Order[] Orders { get; set; }
}
public class Product
{
  public int ProductID { get; set; }
  public string ProductName { get; set; }
  public double Price { get; set; }
}
public enum Cities
{
  Aachen,
  Bonn,
  Köln
}
```

Listing 11.7 Die elementaren Klassen der »Musterdaten«

In der Klasse `Service` sind drei Arrays definiert, die mehrere Produkte, Kunden und Bestellungen beschreiben. Beachten Sie bitte, dass die einzelnen Bestellungen den Kunden direkt in einem Feld zugeordnet werden. Zudem sind in `Service` drei Methoden implementiert, die als Datenlieferant die Liste der Kunden, der Bestellungen oder der Produkte zurückliefern. Sämtliche Klassenmitglieder sind statisch definiert.

```
public class Service
{
  public static Product[] GetProducts() { return products; }
  public static Customer[] GetCustomers() { return customers; }
  public static Order[] GetOrders() { return orders; }
  public static Product[] products =
  {
    new Product{ ProductID = 1, ProductName = "Käse", Price = 10},
    new Product{ ProductID = 2, ProductName = "Wurst", Price = 5},
    new Product{ ProductID = 3, ProductName = "Obst", Price = 8.56},
    new Product{ ProductID = 4, ProductName = "Gemüse", Price = 4},
    new Product{ ProductID = 5, ProductName = "Fleisch", Price = 17.5},
    new Product{ ProductID = 6, ProductName = "Süßwaren", Price = 3},
    new Product{ ProductID = 7, ProductName = "Bier", Price = 2.8},
    new Product{ ProductID = 8, ProductName = "Pizza", Price = 7}
  };
  public static Order[] orders =
  {
    new Order{ OrderID= 1, ProductID = 4, Quantity = 2, Shipped = true},
    new Order{ OrderID= 2, ProductID = 1, Quantity = 1, Shipped = true},
    new Order{ OrderID= 3, ProductID = 5, Quantity = 4, Shipped = false},
    new Order{ OrderID= 4, ProductID = 4, Quantity = 5, Shipped = true},
    new Order{ OrderID= 5, ProductID = 8, Quantity = 6, Shipped = true},
    new Order{ OrderID= 6, ProductID = 3, Quantity = 3, Shipped = false},
    new Order{ OrderID= 7, ProductID = 7, Quantity = 2, Shipped = true},
    new Order{ OrderID= 8, ProductID = 8, Quantity = 1, Shipped = false},
    new Order{ OrderID= 9, ProductID = 4, Quantity = 1, Shipped = false},
    new Order{ OrderID= 10, ProductID = 1, Quantity = 8, Shipped = true},
    new Order{ OrderID= 11, ProductID = 3, Quantity = 3, Shipped = true},
    new Order{ OrderID= 12, ProductID = 6, Quantity = 6, Shipped = true},
    new Order{ OrderID= 13, ProductID = 1, Quantity = 4, Shipped = false},
    new Order{ OrderID= 14, ProductID = 6, Quantity = 3, Shipped = true},
    new Order{ OrderID= 15, ProductID = 5, Quantity = 7, Shipped = true},
    new Order{ OrderID= 16, ProductID = 1, Quantity = 9, Shipped = true}
  };
public static Customer[] customers =
{
   new Customer{ Name = "Herbert", City = Cities.Aachen,
       Orders = new Order[]{orders[3], orders[2],orders[8], orders[10]}},
   new Customer{ Name = "Willi", City = Cities.Köln,
```

```
        Orders = new Order[]{orders[6], orders[7], orders[9] } },
    new Customer{ Name = "Hans", City = Cities.Bonn,
        Orders = new Order[]{orders[4], orders[11], orders[14] } },
    new Customer{ Name = "Freddy", City = Cities.Bonn,
        Orders = new Order[]{orders[1], orders[5], orders[13] } },
    new Customer{ Name = "Theo", City = Cities.Aachen,
        Orders = new Order[]{orders[15], orders[12] } }
  };
}
```

Listing 11.8 Die Klasse »Service« der »Musterdaten«

Sollten Sie selbst in einem eigenen Projekt mit den Daten experimentieren, müssen Sie die Assembly *Musterdaten.dll* unter VERWEISE in das Projekt einbinden und den Namespace `Musterdaten` mit `using` bekanntgeben.

11

11.2.2 Die allgemeine LINQ-Syntax

Anmerkung

Viele der folgenden Listings in diesem Kapitel finden Sie im Projekt *..\Kapitel 11\Listings*. Die Beispiele sind entsprechend mit der Listing-Nummer gekennzeichnet. Wenn Sie die Listings aus den Beispielmaterialien ausprobieren wollen, müssen Sie nur die entsprechende Auskommentierung der Listing-Nummer aufheben.

Beginnen wir mit einer einfachen Abfrage, die alle bekannten Kunden aus den Musterdaten der Reihe nach ausgibt. Dabei soll sich die Ausgabe auf die Kunden beschränken, deren Name weniger als sechs Buchstaben hat. In die Ergebnismenge sollen der Name des Kunden sowie sein Wohnort aufgenommen werden. Sie können die entsprechende LINQ-Abfrage auf zweierlei Arten definieren: entweder mit *Abfragesyntax* oder als *Erweiterungsmethodensyntax*. Sehen wir uns zuerst die Abfragesyntax an:

```
Customer[] customers = Service.GetCustomers();
var cust = from customer in customers
           where customer.Name.Length < 6
           select new {customer.Name, customer.City};
foreach (var item in cust)
  Console.WriteLine($"Name: {item.Name}, Ort: {item.City}");
```

Listing 11.9 Abfragesyntax

Grundsätzlich beginnt eine LINQ-Abfrage mit `from` und nicht wie bei einem SQL-Statement mit `select`. Der Grund dafür ist, dass zuerst die Datenquelle ausgewählt sein muss, auf der alle nachfolgenden Operationen Element für Element ausgeführt werden. Das ist auch der Grund, warum die Datenquelle das Interface `IEnumerable<T>` implementieren muss.

Die Angabe der Datenquelle zu Beginn gestattet es uns darüber hinaus, mit der IntelliSense-Hilfe im Code-Editor zu arbeiten. Mit `where` wird das Filterkriterium beschrieben, und `select` legt fest, welche Daten tatsächlich in die Ergebnisliste eingetragen werden. Das Ergebnis wird einer implizit typisierten Variablen zugewiesen, die mit `var` beschrieben wird. Diese Anweisung könnte auch durch

```
IEnumerable<string> cust = from customer in customers ...
```

ersetzt werden, da eine LINQ-Abfrage als Resultat eine Liste liefert, die die Schnittstelle `IEnumerable<T>` implementiert.

In unserer Ergebnisliste wollen wir die einzelnen `Customer`-Objekte nicht mit allen ihren Eigenschaften aufnehmen. Um bestimmte Eigenschaften zu filtern, übergeben wir dem `select` einen anonymen Typ, der sich aus den gewünschten Elementen zusammensetzt. In unserem Beispielcode handelt es sich um die Eigenschaften `Name` und `City`. Die Ausgabe der Ergebnismenge erfolgt in einer `foreach`-Schleife. Die Laufvariable ist vom Typ `var`.

Die zweite Variante ist die Erweiterungsmethodensyntax. Mit dieser können Sie die Abfrage auch wie folgt formulieren:

```
var cust = customers
          .Where(customer => customer.Name.Length < 6)
          .Select(c => new {c.Name, c.City});
```

Listing 11.10 Die Abfrage aus Listing 11.9 als Erweiterungsmethodensyntax formuliert

Welche der beiden Varianten Sie bevorzugen, bleibt Ihnen überlassen. Die Abfragesyntax sieht auf den ersten Blick etwas einfacher aus, aber mit etwas Übung gewöhnen Sie sich auch schnell an die Erweiterungsmethodensyntax.

Hinweis

Zwischen der Abfragesyntax und der Erweiterungsmethodensyntax müssen Sie noch einen Unterschied beachten: Verwenden Sie nämlich die Abfragesyntax, müssen Sie auch `select` angeben, um damit den Typ der Ergebnisliste zu beschreiben. Bei Verwendung der Erweiterungsmethodensyntax ist jedoch die Angabe des Abfrageoperators `Select` nicht zwingend vorgeschrieben.

11.3 Die Abfrageoperatoren

11.3.1 Übersicht der Abfrageoperatoren

LINQ stellt Ihnen zahlreiche Erweiterungsmethoden zur Verfügung, die auch als *Abfrageoperatoren* bezeichnet werden. Sie sind alle in der Klasse `Enumerable` des Namespace `System.Linq` definiert. In Tabelle 11.1 sind alle LINQ-Abfrageoperatoren angegeben.

Operatortyp	Operator
Aggregatoperatoren	`Aggregate`, `AggregateBy`, `Average`, `Count`, `CountBy`, `LongCount`, `Min`, `Max`, `Sum`, `MinBy`, `MaxBy`
Konvertierungsoperatoren	`Cast`, `OfType`, `ToArray`, `ToDictionary`, `ToList`, `ToLookup`
Elementoperatoren	`DefaultIfEmpty`, `ElementAt`, `ElementAtOrDefault`, `First`, `FirstOrDefault`, `Last`, `LastOrDefault`, `Single`, `SingleOrDefault`
Gleichheitsoperatoren	`EqualAll`
Sequenzoperatoren	`Empty`, `Range`, `Repeat`, `Index`
Gruppierungsoperatoren	`GroupBy`
Join-Operatoren	`Join`, `GroupJoin`
Sortieroperatoren	`OrderBy`, `ThenBy`, `OrderByDescending`, `ThenByDescending`, `Reverse`
Aufteilungsoperatoren	`Skip`, `SkipWhile`, `Take`, `TakeWhile`
Quantifizierungsoperatoren	`All`, `Any`, `Contains`
Restriktionsoperatoren	`Where`
Projektionsoperatoren	`Select`, `SelectMany`
Set-Operatoren	`Concat`, `Distinct`, `Except`, `Intersect`, `Union`, `ExceptBy`, `IntersectBy`, `UnionBy`, `DistinctBy`

Tabelle 11.1 Die LINQ-Abfrageoperatoren

Wir werden im weiteren Verlauf des Kapitels auf viele der hier aufgeführten LINQ-Abfrageoperatoren genauer eingehen.

11.3.2 Die »from«-Klausel

Ein LINQ-Abfrageausdruck beginnt mit der `from`-Klausel. Sie gibt vor, welche Datenquelle abgefragt werden soll, und definiert eine lokale Bereichsvariable, die ein Element in der Datenquelle repräsentiert. Die Datenquelle muss entweder die Schnittstelle `IEnumerable<T>` oder `IEnumerable` implementieren. Zu den abfragbaren Datenquellen zählen auch diejenigen, die sich auf `IQueryable<T>` zurückführen lassen.

Anmerkung

Die LINQ-Abfragen arbeiten mit Methoden, die meist Sequenzen verwenden. Diese Objekte implementieren entweder die `IEnumerable<T>`- oder die `IQueryable<T>`-Schnittstelle. Es stellt sich oft die Frage nach dem Unterschied, weil in beiden Fällen die Methode `GetEnumerator()` veröffentlicht wird.

Mit `IEnumerable<T>` können Sie gut mit einer Datenstruktur im Speicher arbeiten. Die einzelnen Erweiterungsmethoden arbeiten wie sequenzielle Filter – das Ergebnis des ersten Filters ist der Input für den zweiten Filter usw. Mit einer externen Datenquelle will man so normalerweise nicht arbeiten, denn es wäre ineffizient, zunächst eine ganze Tabelle in den Cache zu laden und diese als `IEnumerable<T>` zu repräsentieren, um anschließend auf der Ergebnisliste eine `Where`-Filterbedingung anzuwenden. Deshalb arbeiten `IQueryable<T>`-implementierende Objekte so, dass sie zuerst den kompletten Abfrageausdruck zusammenbauen, der dann als Ganzes gegen die Datenquelle abgesetzt wird.

Datenquelle und Bereichsvariable sind streng typisiert. Wenn Sie mit

```
from customer in customers
```

das Array aller Kunden als Datenquelle angeben, ist die Bereichsvariable vom Typ `Customer`.

Etwas anders ist der Sachverhalt, wenn die Datenquelle beispielsweise vom Typ `ArrayList` ist. Wie Sie wissen, kann eine `ArrayList` Objekte unterschiedlichsten Typs verwalten. Um auch solche Datenquellen abfragen zu können, ist die Bereichsvariable explizit zu typisieren , z. B.:

```
ArrayList arr = new ArrayList();
arr.Add(new Circle());
arr.Add(new Circle());
var cust = from Circle kreis in arr
           select kreis;
```

Listing 11.11 »from«-Klausel und »ArrayList«

Manchmal beschreibt jedes Element einer Datenquelle seinerseits selbst eine Liste untergeordneter Elemente. Ein gutes Beispiel dafür ist in unserer Anwendung zu finden, die unsere Musterdaten für dieses Kapitel bereitstellt.

```
public class Customer
{
  public string Name {get; set;}
  public Cities City {get; set;}
  public Order[] Orders {get; set;}
}
```

Listing 11.12 Die Klasse »Customer«

Jedem Kunden ist ein Array vom Typ `Order` zugeordnet. Um die Bestellungen abzufragen, muss eine weitere `from`-Klausel angeführt werden, die auf die Bestellliste des jeweiligen Kunden zugreift. Jede `from`-Klausel kann separat mit `where` gefiltert oder beispielsweise mit `OrderBy` sortiert werden.


```
Customer[] customers = Service.GetCustomers();
var query = from customer in customers
            where customer.Name == "Hans"
            from order in customer.Orders
            where order.Quantity > 6
            select new {order.OrderID, order.ProductID};
```

Listing 11.13 Filtern einer untergeordneten Menge (Abfragesyntax)

In diesem Codefragment wird die Liste aller Kunden zuerst nach `Hans` durchsucht. Die gefundene Dateninformation extrahiert anschließend die Bestellinformationen und beschränkt das Ergebnis auf alle Bestellungen von *Hans*, die eine Bestellmenge > 6 haben.

Es sei an dieser Stelle auch dieselbe Abfrage in Erweiterungsmethodensyntax gezeigt:

```
Customer[] customers = Service.GetCustomers();
var query = customers
            .Where(c => c.Name == "Hans")
            .SelectMany(c => c.Orders)
            .Where(order => order.Quantity > 6)
            .Select(order => new {order.OrderID, order.ProductID});
```

Listing 11.14 Untergeordnete Menge mit »SelectMany«

Enthält ein gefundenes Element eine Untermenge (hier werden die Bestellungen eines `Customer`-Objekts durch ein Array beschrieben), benötigen wir den Operator

SelectMany. An diesem Beispiel erkennen Sie, dass sich in manchen Fällen Abfragesyntax und Erweiterungsmethodensyntax doch deutlich unterscheiden.

11.3.3 Mit »where« filtern

Angenommen, Sie möchten alle Kunden auflisten, deren Wohnort Aachen ist. Um eine Folge von Elementen zu filtern, verwenden Sie den where-Operator:

```
Customer[] customers = Service.GetCustomers();
var result = from cust in customers
             where cust.City == Cities.Aachen
             select cust.Name;
foreach (var item in result)
  Console.WriteLine(item);
```

Listing 11.15 Die »where«-Klausel

Mit dem select-Operator geben Sie das Element an, das in die Ergebnisliste aufgenommen werden soll. In diesem Fall ist das der Name jeder entsprechend durch den Where-Operator gefundenen Person. Die Ergebnisliste wird in der foreach-Schleife durchlaufen und an der Konsole ausgegeben. Sie werden *Herbert* und *Theo* in der Ergebnisliste finden.

Sie können die Abfragesyntax auch durch die Erweiterungsmethodensyntax ersetzen. Geben Sie dabei direkt das zu durchlaufende Array an. An der Codierung der Konsolenausgabe ändert sich nichts.

```
var result = customers
             .Where(cust => cust.City == Cities.Aachen)
```

Listing 11.16 Die »where«-Klausel (Erweiterungsmethodensyntax)

Auch mehrere Filterkriterien zu berücksichtigen, ist nicht weiter schwierig. Sie müssen nur den where-Operator ergänzen und benutzen zur Formulierung des Filters die C#-spezifischen Operatoren. Im nächsten Codefragment werden alle noch nicht ausgelieferten Bestellungen gesucht, deren Bestellmenge größer 3 ist.

```
Order[] orders = Service.GetOrders();
var result = from order in orders
             where order.Quantity > 3 && order.Shipped == false
             select order.OrderID;
```

oder:

```
var result = orders
             .Where(order => order.Quantity > 3 && order.Shipped == false)
             .Select(ord => ord.OrderID);
```

Listing 11.17 Mehrere Filterkriterien

Die Überladungen des »Where«-Operators

Wenn Sie sich die .NET-Dokumentation des `Where`-Operators ansehen, finden Sie die beiden folgenden Signaturen:

```
public static IEnumerable<T> Where<T>(
       this IEnumerable<T> source,
       Func<T, bool> predicate
public static IEnumerable<T> Where<T>(
       this IEnumerable<T> source,
       Func<T, int, bool> predicate
```


Die erste wird für Abfragen verwendet, wie wir sie weiter oben eingesetzt haben. Die `IEnumerable<T>`-Collection wird dabei komplett gemäß den Filterkriterien durchsucht.

Mit der zweiten Signatur können Sie den Bereich der Ergebnisliste einschränken, und zwar anhand des nullbasierten Index, der als Integer angegeben wird. Nehmen wir an, Sie interessieren sich für alle Bestellungen, deren Bestellmenge > 3 ist. Allerdings möchten Sie, dass die Ergebnisliste sich auf Indizes in der Datenquelle beschränkt, die < 10 sind. Es werden demnach nur die Indizes 0 bis einschließlich 9 in der Datenquelle `orders` berücksichtigt.

```
Order[] orders = Service.GetOrders();
var result = orders
             .Where((order, index) => order.Quantity > 3 && index < 10)
             .Select(ord => new {ord.OrderID, ord.ProductID, ord.Quantity});
foreach (var item in result)
  Console.WriteLine($"{item.OrderID,-5}{item.ProductID,-5}{item.Quantity}");
```

Listing 11.18 Resultate mit »where« einschränken

Das Ergebnis wird mit den Bestellungen gebildet, die die *OrderID* 3, 4, 5 und 10 haben.

Wie funktioniert der »Where«-Operator?

Betrachten wir die folgende Anweisung:

```
var result = customers.Where(cust => cust.City == Cities.Aachen)
```

`Where` ist eine Erweiterungsmethode der Schnittstelle `IEnumerable<T>` und gilt auch für das Array des Typs `Customer`. Der Ausdruck

```
cust => cust.City == Cities.Aachen
```

ist ein Lambda-Ausdruck, im eigentlichen Sinne also der Delegat auf eine anonyme Methode. In der Definition des `Where`-Operators wird dieser Delegat durch den Delegaten

```
Func<T, bool> predicate
```

beschrieben (siehe Definition von `Where` weiter oben). Der generische Typparameter `T` wird durch den Datentyp der Elemente in der zugrundeliegenden Collection beschrieben, die bekanntlich die Schnittstelle `IEnumerable<T>` implementiert. In unserer Anweisung handelt es sich um `Customer`-Objekte. Daher können wir bei korrekter Codierung innerhalb des Lambda-Ausdrucks auch auf die IntelliSense-Liste zurückgreifen. Der zweite Parameter teilt uns mit, von welchem Datentyp der Rückgabewert des Lambda-Ausdrucks ist. Hier wird ein boolescher Typ vorgegeben, denn über `true` weiß LINQ, dass auf das untersuchte Element das Suchkriterium zutrifft und bei einer Rückgabe von `false` eben nicht.

Das Zusammenspiel zwischen den Lambda-Ausdrücken und Erweiterungsmethoden im Kontext generischer Typen und Delegaten ist hier sehr gut zu erkennen. In ähnlicher Weise funktionieren auch viele andere Operatoren. Wir werden daher im Folgenden nicht jedes Mal erneut das komplexe Zusammenspiel der verschiedenen Operatoren erörtern.

11.3.4 Die Projektionsoperatoren

Projektionsoperatoren ermöglichen es, aus einer Datenquelle gezielt bestimmte Informationen auszuwählen und in eine neue Form zu überführen. In diesem Abschnitt schauen wir sie uns einmal genauer an.

Der »select«-Operator

Der `select`-Operator macht die Ergebnisse der Abfrage über ein Objekt verfügbar, das die Schnittstelle `IEnumerable<T>` implementiert, z. B.:

```
var result = from order in orders
             select order.OrderID;
```

oder alternativ:

```
var result = orders.Select(order => order.OrderID);
```

Die Rückgabe ist in beiden Fällen eine Liste mit den Bestellnummern der in der Liste vertretenen Bestellungen.

Soll der `Select`-Operator eine Liste neu strukturierter Objekte liefern, müssen Sie einen anonymen Typ als Ergebnismenge definieren:

```
var result = from customer in customers
             select new {customer.Name, customer.City};
```

Hierbei wird auch von einer *Selektion* gesprochen.

Der Operator »SelectMany«

`SelectMany` kommt dann zum Einsatz, wenn es sich bei den einzelnen Elementen in einer Elementliste um Arrays handelt, deren Einzelelemente von Interesse sind. In der Anwendung *Musterdaten* trifft das auf alle Objekte vom Typ `Customer` zu, weil die Bestellungen in einem Array verwaltet werden.


```
var query = customers
            .Where(c => c.Name == "Hans")
            .SelectMany(c => c.Orders)
            .Where(order => order.Quantity > 6)
            .Select(order => new {order.OrderID, order.ProductID});
```

Listing 11.19 Der Operator »SelectMany«

In Listing 11.14 hatten wir bereits dieses Beispiel, so dass wir an dieser Stelle auf weitere Ausführungen verzichten.

11.3.5 Die Sortieroperatoren

Sortieroperatoren ermöglichen eine Sortierung von Elementen in Ausgabefolgen mit einer angegebenen Sortierrichtung. Mit dem Operator `OrderBy` können Sie auf- und absteigend sortieren, mit `OrderByDescending` nur absteigend. In Listing 11.20 sehen Sie ein Beispiel für eine aufsteigende Sortierung. Dabei werden die Bestellmengen aller Bestellungen der Reihe nach in die Ergebnisliste geschrieben.

```
Order[] orders = Service.GetOrders();
var result = from order in orders
             orderby order.Quantity
             select new { order.OrderID, order.Quantity };
foreach (var item in result)
  Console.WriteLine($"ID: {item.OrderID,-3}{item.Quantity}");
```

Listing 11.20 Sortieren mit »OrderBy« in Abfragesyntax

Sehen wir uns diese LINQ-Abfrage noch in der Erweiterungsmethodensyntax an:

```
var result = orders
             .OrderBy(order => order.Quantity)
             .Select(order => new {order.OrderID, order.Quantity});
```

Listing 11.21 Sortieren mit »OrderBy« in Erweiterungsmethodensyntax

Durch die Ergänzung von descending lässt sich ebenfalls eine absteigende Sortierung erzwingen:

```
orderby order.Quantity descending
```

Listing 11.22 zeigt, wie Sie mit dem Operator OrderByDescending zum gleichen Ergebnis kommen:

```
var result = orders
             .OrderByDescending(order => order.Quantity)
             .Select(order => new {order.OrderID, order.Quantity});
```

Listing 11.22 Sortieren mit »OrderByDescending«

Möchten Sie mehrere Sortierkriterien festlegen, helfen Ihnen die beiden Operatoren ThenBy beziehungsweise ThenByDescending weiter. Deren Einsatz setzt aber die vorhergehende Verwendung von OrderBy oder OrderByDescending voraus. Nehmen wir an, die erste Sortierung soll die Bestellmenge berücksichtigen und die zweite, ob die Bestellung bereits ausgeliefert ist. Der Programmcode dazu lautet:

```
Order[] orders = Service.GetOrders();
var result = orders
             .OrderBy(order => order.Quantity)
             .ThenBy(order => order.Shipped)
             .Select(order => new {order.OrderID, order.Quantity,
                                   order.Shipped});
foreach (var item in result)
  Console.WriteLine("ProductID: {0,-3}Menge:{1,-4} Geliefert:{2}",
                    item.OrderID, item.Quantity, item.Shipped);
```

Listing 11.23 Sortieren mit »OrderByDescending«

Möglicherweise benötigen Sie die gesamte Ergebnisliste in umgekehrter Reihenfolge. Hier kommt der Operator Reverse zum Einsatz, den Sie am Ende auf die Ergebnisliste anwenden:

```
var result = orders
            .Select(order => new {order.ProductID,
                                  order.Quantity}).Reverse();
```

Listing 11.24 Ergebnisliste mit »Reverse« umkehren

Wie Sie wissen, werden einige Abfrageoperatoren als Schlüsselwörter von C# angeboten und gestatten die sogenannte Abfragesyntax. Reverse und ThenBy zählen nicht dazu. Möchten Sie die von einer Abfragesyntax gelieferte Ergebnismenge umkehren, können Sie sich eines kleinen Tricks bedienen – schließen Sie die Abfragesyntax in runde Klammern ein, dann können Sie darauf den Punktoperator mit folgendem Reverse angeben:

```
var result = (from order in orders
             select new {order.ProductID, order.Quantity}).Reverse();
```


Listing 11.25 Sortieren mit »OrderByDescending« (Abfragesyntax)

11.3.6 Gruppieren mit »GroupBy«

Manchmal ist es notwendig, Ergebnisse anhand spezifischer Kriterien zu gruppieren. Dazu dient der Operator GroupBy. Machen wir uns das zuerst an einem Beispiel deutlich. Ausgangspunkt sei das Array mit Customer-Objekten. Es sollen die Kunden (Customer-Objekte) nach ihrem Wohnsitz (Cities) gruppiert werden.

```
Customer[] customers = Service.GetCustomers();
var result = customers
            .GroupBy(cust => cust.City);
foreach (IGrouping<Cities, Customer> temp in result)
{
  Console.WriteLine(new string('=', 40));
  Console.WriteLine($"Stadt: {temp.Key}");
  Console.WriteLine(new string('-', 40));
  foreach (var item in temp)
    Console.WriteLine($"       {item.Name}");
}
```

Listing 11.26 Gruppieren der Ergebnisliste

Die Ausgabe in der Konsole sehen Sie in Abbildung 11.1.

Der Operator GroupBy ist vielfach überladen. Sehen wir uns eine der Überladungen an:

```
public static IEnumerable<IGrouping<K,T>> GroupBy<T,K>(
    this IEnumerable<T> source, Func<T,K> keyselector);
```

Abbildung 11.1 Die Ausgabe von Listing 11.26

Alle Überladungen geben dabei den Typ `IEnumerable<IGrouping<K,T>>` zurück. Die Schnittstelle `IGrouping<K,T>` ist eine spezialisierte Form von `IEnumerable<T>`. Sie definiert die schreibgeschützte Eigenschaft `Key`, die den Wert der zu bildenden Gruppe abruft.

```
public interface IGrouping<K,T> : IEnumerable<T>
{
   K key { get; }
}
```

Im Beispiel oben werden mittels `key` die Städte aus dem generischen Typ `K` (also `Cities`) abgefragt. Betrachten wir nun die äußere Schleife:

```
foreach (IGrouping<Cities, Customer> temp in result)
```

Sie müssen der Schnittstelle `IGrouping` im ersten Typparameter in unserem Beispiel `Cities` zuweisen. Das ist der Datentyp des Elements, nach dem gruppiert werden soll. Der zweite Typparameter beschreibt den Typ des zu gruppierenden Elements.

Die äußere Schleife durchläuft die einzelnen Gruppen und gibt als Resultat alle Elemente zurück, die zu der entsprechenden Gruppe gehören. In unserem Beispielcode wird diese Untergruppe mit der Variablen `item` beschrieben. In der inneren Schleife werden anschließend alle Elemente von `temp` erfasst und die gewünschten Informationen ausgegeben.

Der `GroupBy`-Operator kann auch in der Schreibweise der Abfragesyntax dargestellt werden.

```
var result = from customer in customers
             group customer by customer.City
```

11.3.7 Verknüpfungen mit »Join«

Mit dem Join-Operator definieren Sie Beziehungen zwischen mehreren Auflistungen, ähnlich wie Sie in SQL mit dem gleichnamigen JOIN-Statement Tabellen miteinander in Beziehung setzen.

In unseren Musterdaten liegen insgesamt 16 Bestellungen vor. Es sollen nun für jede Bestellung die Bestellnummer des bestellten Artikels, die Bestellmenge und der Einzelpreis des Artikels ausgegeben werden. Die Listen der Produkte und Bestellungen spielen in diesem Fall eine entscheidende Rolle.

```
Order[] orders = Service.GetOrders();
Product[] products = Service.GetProducts();
var liste = orders
            .Join(products,
                  ord => ord.ProductID,
                  prod => prod.ProductID, (a, b) => new {a.OrderID,
                                                          a.ProductID,
                                                          b.Price,
                                                          a.Quantity
                                                        });
foreach(var m in liste)
  Console.WriteLine("Order: {0,-3} Product: {1} Menge: {2} Preis: {3}",
   m.OrderID, m.ProductID, m.Quantity, m.Price);
```

Listing 11.27 Einsatz des »Join«-Operators

Der Join-Operator ist überladen. In diesem Beispiel haben wir den folgenden benutzt:

```
public static IEnumerable<V> Join<T, U, V, K>(
     this Enumerable<T> outer,
     IEnumerable<U> inner,
     Func<T, K> outerKeySelector,
     Func<U, K> innerKeySelector,
     Func<T, U, V> resultSelector);
```

Join wird als Erweiterungsmethode der Liste definiert, auf die Join aufgerufen wird. In unserem Beispiel ist es die durch orders beschriebene Liste aller Bestellungen. Die innere Liste wird durch das erste Argument beschrieben und ist in unserem Beispielcode die Liste aller Produkte products. Als zweites Argument erwartet Join im Parameter outerKeySelector das Schlüsselfeld der äußeren Liste (hier: orders), das mit dem im dritten Argument angegebenen Schlüsselfeld der inneren Liste in Beziehung gesetzt wird.

Im vierten Argument wird die Ergebnisliste festgelegt. Dazu werden zwei Parameter übergeben: Der erste projiziert ein Element der äußeren Liste, der zweite ein Element der inneren Liste in das Ergebnis der `Join`-Abfrage.

Beachten Sie, dass in der Definition von `Join` der generische Typ `T` die äußere Liste beschreibt und der Typ `U` die innere. Die Schlüssel (in unserem Beispiel werden dazu die Felder genommen), die die *ProductID* beschreiben, verstecken sich hinter dem generischen Typ `K`, die Ergebnisliste hinter `V`.

Sie können eine `Join`-Abfrage auch in Abfragesyntax notieren:

```
var liste = from ord in orders
            join prod in products
            on ord.ProductID equals prod.ProductID
            select new { ord.OrderID, ord.ProductID, prod.Price, ord.Quantity};
```

Listing 11.28 Joins mit der Abfragesyntax

Die Ergebnisliste sehen Sie in Abbildung 11.2.

Sie sollten darauf achten, dass Sie beim Vergleich links von `equals` den Schlüssel der äußeren Liste angeben, rechts davon den der inneren. Wenn Sie die beiden vertauschen, erhalten Sie einen Compilerfehler.

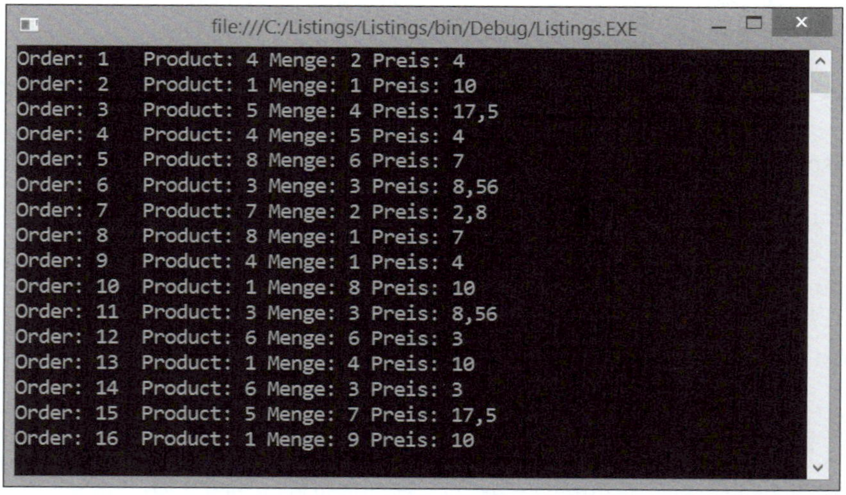

Abbildung 11.2 Resultat der »Join«-Abfrage

Der Operator »GroupJoin«

`Join` führt Daten aus der linken und rechten Liste genau dann zusammen, wenn die angegebenen Kriterien alle erfüllt sind. Ist eines oder sind mehrere der Kriterien nicht erfüllt, befindet sich kein Datensatz in der Ergebnismenge. Damit ist der `Join`-Operator mit dem `INNER JOIN`-Statement einer SQL-Abfrage vergleichbar.

Suchen Sie ein Äquivalent zu einem LEFT OUTER JOIN oder RIGHT OUTER JOIN, hilft Ihnen der GroupJoin-Operator weiter. Nehmen wir an, Sie möchten wissen, welche Bestellungen für die einzelnen Produkte vorliegen. Sie können die LINQ-Abfrage dann wie folgt definieren:

```
Product[] products = Service.GetProducts();
Customer[] customers = Service.GetCustomers();
var liste = products
            .GroupJoin(customers.SelectMany(cust => cust.Orders),
             prod => prod.ProductID,
             ord => ord.ProductID,
                    (a, b) => new { a.ProductID, Orders = b });
foreach (var t in liste) {
  Console.WriteLine("ProductID: {0}", t.ProductID);
  foreach (var order in t.Orders)
     Console.WriteLine("    OrderID: {0}", order.OrderID);
}
```

Listing 11.29 LEFT OUTER JOIN mit dem Operator »GroupJoin«

GroupJoin arbeitet sehr ähnlich wie der Join-Operator. Der Unterschied zwischen den beiden Operatoren besteht darin, was in die Ergebnismenge aufgenommen wird. Mit Join sind es nur Daten, deren Schlüssel sowohl in der *outer*-Liste als auch in der *inner*-Liste vertreten sind. Findet Join in der *inner*-Liste kein passendes Element, wird das *outer*-Element nicht in die Ergebnisliste aufgenommen.

Ganz anders ist das Verhalten von GroupJoin. Dieser Operator nimmt auch dann ein Element aus der *outer*-Liste in die Ergebnisliste auf, wenn keine entsprechenden Daten in *inner* vorhanden sind. Sie sehen das sehr schön in Abbildung 11.3, denn der Artikel mit der *ProductID* 2 ist in keiner Bestellung zu finden.

Sie können den GroupJoin-Operator auch in einem Abfrageausdruck beschreiben. Sie definieren ihn mit join ... into ...:

```
Product[] products = Service.GetProducts();
Customer[] customers = Service.GetCustomers();
var liste = from cust in customers
            from ord in cust.Orders
            select ord;
var expr = from prod in products
           join custord in liste
           on prod.ProductID equals custord.ProductID into allOrders
           select new {prod.ProductID, Orders = allOrders};
```

Listing 11.30 LEFT OUTER JOIN in der Abfragesyntax

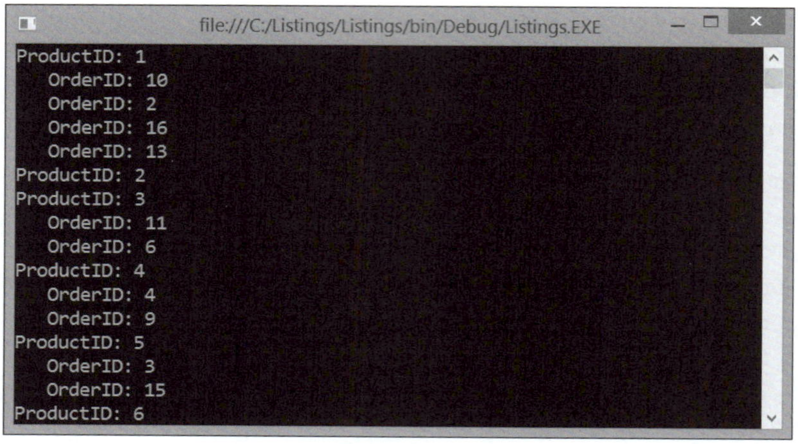

Abbildung 11.3 Ergebnisliste der LINQ-Abfrage mit dem »GroupJoin«-Operator

11.3.8 Die Set-Operatoren-Familie

Die Operatoren »Distinct« und »DistinctBy«

Vielleicht kennen Sie die Wirkungsweise von DISTINCT bereits von SQL. In LINQ hat der Distinct-Operator die gleiche Aufgabe: Er garantiert, dass in der Ergebnismenge ein Element nicht doppelt auftritt.

```
string[] cities = {"Aachen", "Köln", "Bonn", "Aachen", "Bonn", "Hof"};
var liste = (from p in cities select p).Distinct();
foreach (string city in liste)
   Console.WriteLine(city);
```

Listing 11.31 Der Operator »Distinct«

Im Array cities kommen die beiden Städte Aachen und Bonn je zweimal vor. Der auf die Ergebnismenge angewendete Distinct-Operator erkennt dies und sorgt dafür, dass jede Stadt nur einmal angezeigt wird. Der DistinctBy-Operator erlaubt, diese Mengenoperation auf Basis einer Schlüsselprojektion durchzuführen. Das bedeutet, dass Elemente abhängig der Daten in einem bestimmten Attribut in der Ergebnismenge auftauchen oder nicht:

```
DistinctBy(x => x.Id)
```

Die Operatoren »Union« und »UnionBy«

Der Union-Operator verbindet zwei Listen miteinander und ignoriert dabei doppelte Vorkommen.

```
string[] cities = {"Aachen", "Bonn", "Aachen", "Frankfurt"};
string[] namen = {"Peter", "Willi", "Hans"};
```

```
var listeCities = from c in cities
                  select c;
var listeNamen  = from n in namen
                  select n;
var listeComplete = listeCities.Union(listeNamen);
foreach (var p in listeComplete)
  Console.WriteLine(p);
```

Listing 11.32 Der »Union«-Operator

In der Ergebnisliste werden der Reihe nach *Aachen, Köln, Bonn, Frankfurt, Peter, Willi* und *Hans* erscheinen. Der Operator UnionBy erlaubt die Schlüsselprojektion, um direkt ein Attribut eines Elements für die Filteroperation zu nutzen.

Der Operator »Intersect«

Der Intersect-Operator bildet eine Ergebnisliste aus zwei anderen Listen. Die Ergebnisliste enthält aber nur die Elemente, die in beiden Listen gleichermaßen vorkommen. Intersect bildet demnach eine Schnittmenge ab.

```
string[] cities1 = {"Aachen", "Köln", "Bonn", "Aachen", "Frankfurt"};
string[] cities2 = {"Düsseldorf", "Bonn", "Bremen", "Köln"};
var listeCities1 = from c in cities1
                   select c;
var listeCities2  = from n in cities2
                    select n;
var listeComplete = listeCities1.Intersect(listeCities2);
foreach (var p in listeComplete)
  Console.WriteLine(p);
```

Listing 11.33 Der Operator »Intersect«

Das Ergebnis wird durch die Städte *Köln* und *Bonn* gebildet.

Der Operator »Except«

Während Intersect die Gemeinsamkeiten aufspürt, sucht der Operator Except nach allen Elementen, durch die sich die Listen voneinander unterscheiden. Dabei sind nur die Elemente in der Ergebnisliste enthalten, die in der ersten Liste angegeben sind und in der zweiten Liste fehlen.

Verwenden Sie in Listing 11.33 anstelle von Intersect den Operator Except, enthält die Ergebnisliste die Orte *Aachen* und *Frankfurt*.

11.3.9 Die Familie der Aggregatoperatoren

LINQ stellt mit Count, LongCount, Sum, Min, Max, Average und Aggregate eine Reihe von Aggregatoperatoren zur Verfügung, mit denen Sie Berechnungen an Quelldaten durchführen.

Die Operatoren »Count« und »LongCount«

Sehr einfach einzusetzen sind die beiden Operatoren Count und LongCount. Beide unterscheiden sich dahingehend, dass Count einen int als Typ zurückgibt und LongCount einen long. Um Count zu testen, wollen wir zuerst wissen, wie viele Bestellungen insgesamt eingegangen sind:

```
Order[] orders = Service.GetOrders();
var anzahl = (from x in orders
              select x).Count();
Console.WriteLine("Anzahl der Bestellungen gesamt = {0}", anzahl);
```

Listing 11.34 Der Operator »Count«

Alternativ können Sie auch Folgendes formulieren:

```
var anzahl = orders.Count();
```

Das Ergebnis lautet 16.

Vielleicht interessiert uns auch, wie viele Bestellungen jeder einzelne Kunde aufgegeben hat. Wir müssen dann den folgenden Code schreiben:

```
Customer[] customers = Service.GetCustomers();
var orderCounts = from c in customers
                  select new { c.Name, OrderCount = c.Orders.Count() };
foreach (var k in orderCounts)
  Console.WriteLine("{0} - {1}", k.Name, k.OrderCount);
```

Listing 11.35 Anzahl der Elemente einer untergeordneten Menge

Der Operator »Sum«

Sum ist grundsätzlich zunächst einmal sehr einfach einzusetzen. Der Operator liefert eine Summe als Ergebnis der LINQ-Abfrage. Im folgenden Codefragment wird die Summe aller Integer-Werte ermittelt, die das Array bilden. Das Ergebnis lautet 114.

```
int[] arr = new int[] {1, 3, 7, 4, 99};
var sumInt = arr.Sum();
Console.WriteLine("Integer-Summe = {0}", sumInt);
```

Listing 11.36 Der einfache Einsatz des Operators »Sum«

Listing 11.37 ist nicht mehr so einfach. Hier soll der Gesamtbestellwert über alle Produkte für jeden Kunden ermittelt werden.

```
var allOrders =
   from cust in customers
   from ord in cust.Orders
   join prod in products on ord.ProductID equals prod.ProductID
   select new { cust.Name, ord.ProductID,
                OrderAmount = ord.Quantity * prod.Price};
var summe =
   from cust in customers
   join ord in allOrders
   on cust.Name equals ord.Name into custWithOrd
   select new { cust.Name, TotalSumme = custWithOrd.Sum(s => s.OrderAmount) };
foreach(var s in summe)
  Console.WriteLine("Name: {0,-7} Bestellsumme: {1}", s.Name, s.TotalSumme);
```

Listing 11.37 Der Operator »Sum«

Analysieren wir den Code schrittweise, und überlegen wir, was das Resultat des folgenden Abfrageteilausdrucks ist:

```
var allOrders = from cust in customers
                from ord in cust.Orders
                join prod in products on ord.ProductID equals prod.ProductID
                select new {cust.Name, ord.ProductID,
                            OrderAmount = ord.Quantity * prod.Price};
```

Zuerst ist es notwendig, die Bestellungen aus jedem `Customer`-Objekt zu filtern. Danach wird ein Join gebildet, der die jeweilige *ProductID* aus den einzelnen Bestellungen eines Kunden mit der *ProductID* aus der Liste der Artikel verbindet. Das Ergebnis ist eine Art Tabelle mit Spalten für den Besteller, die *ProductID* und die Gesamtsumme für diesen Artikel, die anhand der Bestellmenge gebildet wurde (siehe Abbildung 11.4).

Nun gilt es noch, die Ergebnisliste nach den Kunden zu gruppieren und dann die Gesamtsumme aller Bestellungen zu bilden:

```
var summe = from cust in customers
            join ord in allOrders
            on cust.Name equals ord.Name into custWithOrd
            select new {cust.Name,
                        TotalSumme = custWithOrd.Sum(s => s.OrderAmount) };
```

Wir sollten uns daran erinnern, dass der `GroupJoin`-Operator (hier vertreten durch das Schlüsselwort `join`) mit diesen Fähigkeiten ausgestattet ist. Es müssen zuerst die beiden Listen `customers` und `allOrders` zusammengeführt werden. Sie können sich das so vorstellen, dass die Gruppierung mit `GroupJoin` zur Folge hat, dass für jeden `Customer` eine eigene »Tabelle« erzeugt wird, in der alle seine Bestellungen beschrieben sind. Die Variable `s` steht hier für ein Gruppenelement, letztendlich also für eine Bestellung. Die Gruppierung nach `Customer`-Objekten gestattet es uns nun, mit dem Operator `Sum` den Inhalt der Spalte `OrderAmount` zu summieren.

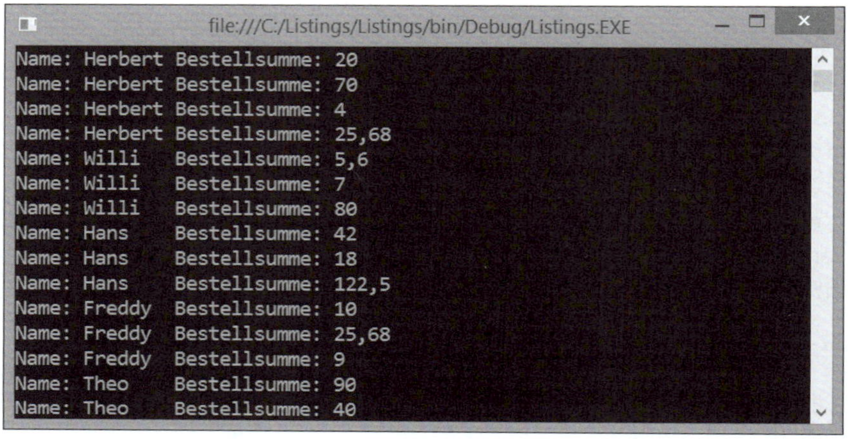

Abbildung 11.4 Bestellwert als Zwischenergebnis

Das Resultat der kompletten LINQ-Abfrage sehen Sie in Abbildung 11.5.

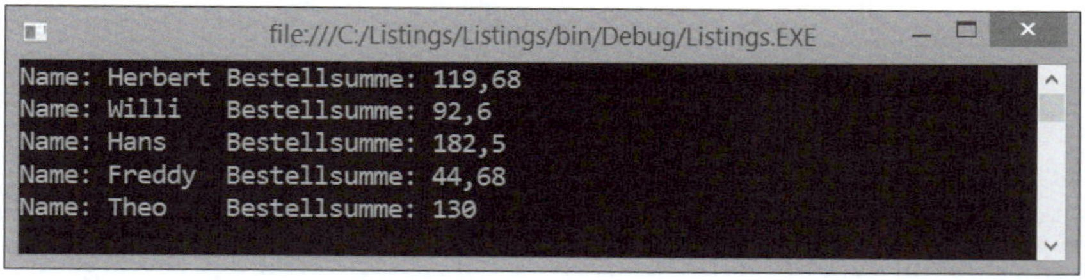

Abbildung 11.5 Ergebnis der Abfrage der Gesamtbestellsumme

Die Operatoren »Min«, »Max« und »Average«

Die Aggregatoperatoren `Min` und `Max` ermitteln den minimalen bzw. maximalen Wert in einer Datenliste, `Average` das arithmetische Mittel. Der Einsatz der Operatoren ist sehr einfach, wie das folgende Codefragment exemplarisch an `Max` zeigt:

```
var max = (from p in products
           select p.Price).Max();
```

Das funktioniert aber nur, solange numerische Werte als Datenquelle vorliegen. Sie brauchen den Code nur wie folgt leicht zu ändern, um festzustellen, dass nun eine `ArgumentException` geworfen wird:

```
var max = (from p in products
           select new {p.Price}).Max();
```

Die Meldung zu der Exception besagt, dass mindestens ein Typ die IComparable-Schnittstelle implementieren muss. In der ersten funktionsfähigen Version des Codes stand in der Ergebnisliste ein numerischer Wert, der der Forderung entspricht. Im zweiten, fehlerverursachenden Codefragment hingegen wird ein anonymer Typ beschrieben, der die geforderte Schnittstelle nicht implementiert.

Die Lösung dieser Problematik ist nicht schwierig. Die Operatoren sind alle so überladen, dass auch ein Selektor übergeben werden kann. Dazu geben Sie das gewünschte Element aus der Liste der Elemente, die den anonymen Typ bilden, als Bedingung an.

```
var max = (from p in products
           select new {p.Price}).Max(x => x.Price);
```


Die Operatoren »AggregateBy« und »Index«

Die in C# 13 eingeführte AggregateBy-Methode vereinfacht komplexe Aggregationen über gruppierte Daten. Im Gegensatz zur Kombination von GroupBy und Aggregate ermöglicht sie eine kompaktere Syntax, indem Gruppierung und Aggregation in einem Schritt erfolgen. Ein typisches Anwendungsbeispiel ist die Berechnung der Gesamtgehälter pro Abteilung:

```
var gehaltProAbteilung = mitarbeiter
    .AggregateBy(
        keySelector: m => m.Abteilung,
        seed: 0m,
        func: (summe, mitarbeiter) => summe + mitarbeiter.Gehalt
    );
```

Hier gruppiert AggregateBy die Mitarbeiter nach ihrer Abteilung (m => m.Abteilung), startet mit einem initialen Wert von 0 (für die Summe) und akkumuliert für jeden Mitarbeiter das Gehalt. Das Ergebnis ist eine Sammlung von Key-Value-Paaren, die die Abteilung und die zugehörige Gehaltssumme enthalten.

Die Index-Methode fügt Elementen einer Sammlung automatisch einen Index hinzu, was insbesondere bei der Verarbeitung von Datensätzen mit Positionsbezug nützlich ist. Sie ersetzt die bisherige Praxis, Select mit einem Indexparameter zu verwenden:

```
var indexierteMitarbeiter = mitarbeiter.Index();
foreach (var (index, mitarbeiter) in indexierteMitarbeiter)
{
    Console.WriteLine($"Index: {index}, Name: {mitarbeiter.Name}");
}
```

Dieser Code erzeugt eine Sequenz von Tupeln aus Index und Mitarbeiterobjekt, wobei der Index automatisch vergeben wird. Die Methode ist besonders hilfreich, wenn sowohl der Wert als auch seine Position in der Sammlung benötigt werden – etwa für Protokollausgaben oder datenintensive Transformationen.

11.3.10 Quantifizierungsoperatoren

Beabsichtigen Sie, die Existenz von Elementen in einer Liste anhand von Bedingungen oder definierten Regeln zu überprüfen, helfen die Quantifizierungsoperatoren Ihnen weiter.

Der Operator »Any«

`Any` ist ein Operator, der ein Prädikat auswertet und einen booleschen Wert zurückliefert. Nehmen wir an, Sie möchten wissen, ob der Kunde *Willi* auch das Produkt mit der *ProductID* 7 bestellt hat. `Any` hilft, das festzustellen.

```
Customer[] customers = Service.GetCustomers();
bool result = (from cust in customers
               from ord in cust.Orders
               where cust.Name == "Willi"
               select new { ord.ProductID })
               .Any(ord => ord.ProductID == 7);
if (result)
  Console.WriteLine("ProductID=7 ist enthalten");
else
  Console.WriteLine("ProductID=7 ist nicht enthalten");
```

Listing 11.38 Der Operator »Any«

Die Elemente werden so lange ausgewertet, bis der Operator auf ein Element stößt, das die Bedingung erfüllt.

Der Operator »All«

Während `Any` schon `true` liefert, wenn für ein Element die Bedingung erfüllt ist, liefert der Operator `All` nur dann `true`, wenn alle untersuchten Elemente der Bedingung entsprechen. Möchten Sie beispielsweise feststellen, ob die Preise aller Produkte > 3 sind, genügt die folgende LINQ-Abfrage:

```
bool result = (from prod in products
               select prod).All(p => p.Price > 3);
```

11.3.11 Aufteilungsoperatoren

Mit `where` und `select` filtern Sie eine Datenquelle nach vorgegebenen Kriterien. Das Ergebnis ist eine Datenmenge, die den vorgegebenen Kriterien entspricht. Möchten Sie nur eine Teilmenge der Datenquelle betrachten, ohne Filterkriterien einzusetzen, eignen sich die Aufteilungsoperatoren.

Der Operator »Take«

Sie könnten zum Beispiel daran interessiert sein, nur die ersten drei Produkte aus der Liste aller Produkte auszugeben. Mit dem `Take`-Operator ist das sehr einfach zu realisieren:

```
Product[] prods = Service.GetProducts();
var result = prods.Take(3);
foreach (var prod in result)
  Console.WriteLine(prod.ProductName);
```

Wir greifen in unserem Beispiel auf eine Datenquelle zu, die uns der Aufruf der Methode `GetProducts` liefert. Natürlich kann die zu untersuchende Datenquelle zuvor durch einen anderen LINQ-Ausdruck gebildet werden:

```
Product[] prods = Service.GetProducts();
var result = (from prod in prods
              where prod.Price > 3
              select new {prod.ProductName, prod.Price}).Take(3);
foreach (var prod in result)
  Console.WriteLine("{0,-7}{1}", prod.ProductName, prod.Price);
```

Listing 11.39 Der Operator »Take«

Der Operator »TakeWhile«

Der Operator `Take` basiert auf einem Integer als Zähler. Sehr ähnlich arbeitet `TakeWhile`. Im Unterschied zum Operator `Take` können Sie eine Bedingung angeben, die als Filterkriterium angesehen wird. `TakeWhile` durchläuft die Datenquelle und gibt das gefundene Element zurück, wenn das Ergebnis der Bedingungsprüfung `true` ist. Beendet wird der Durchlauf unter zwei Umständen:

- Das Ende der Datenquelle ist erreicht.
- Das Ergebnis einer Untersuchung lautet `false`.

Wir wollen uns das an einem Beispiel ansehen. Auch dabei greifen wir als Quelle auf die Liste der Produkte zurück. Das Prädikat sagt aus, dass in der Ergebnisliste die Produkte erfasst werden sollen, deren Preis höher als 3 ist:

```
Product[] prods = Service.GetProducts();
var result = (from prod in prods
              select new {prod.ProductName, prod.Price})
              .TakeWhile(n => n.Price > 3);
foreach (var prod in result)
  Console.WriteLine("{0,-7}{1}", prod.ProductName, prod.Price);
```

Listing 11.40 Operationen mit »TakeWhile«

Es werden die folgenden Produkte angezeigt: *Käse*, *Wurst*, *Obst*, *Gemüse* und *Fleisch*. Beachten Sie, dass in der Ergebnisliste das Produkt *Pizza* nicht enthalten ist, da die Schleife beendet wird, ehe *Pizza* einer Untersuchung unterzogen werden kann, weil das erste Produkt, das die Bedingung nicht mehr erfüllt (*Süßwaren*, siehe die Liste der Produkte in Abschnitt 11.2.1, »Musterdaten«), das Ende der Schleife erzwingt.

Die Operatoren »Skip« und »SkipWhile«

`Take` und `TakeWhile` werden um `Skip` und `SkipWhile` ergänzt. `Skip` überspringt eine bestimmte Anzahl von Elementen in einer Datenquelle. Der verbleibende Rest bildet die Ergebnismenge. Um zum Beispiel die ersten beiden in der Liste enthaltenen Produkte aus der Ergebnisliste auszuschließen, codieren Sie die folgenden Anweisungen:

```
Product[] prods = Service.GetProducts();
var result = (from prod in prods
              select new {prod.ProductName, prod.Price})
              .Skip(2);
```

`SkipWhile` erwartet ein Prädikat. Die Elemente werden damit verglichen. Dabei werden die Elemente so lange übersprungen, wie das Ergebnis der Überprüfung `true` liefert. Sobald eine Überprüfung `false` ist, werden das betreffende Element und alle Nachfolgeelemente in die Ergebnisliste aufgenommen.

Das Prädikat im folgenden Codefragment sucht in der Liste aller Produkte nach dem ersten Produkt, für das die Bedingung nicht gilt, dass der Preis > 3 ist. Dieses und alle darauffolgenden Elemente werden in die Ergebnisliste geschrieben.

```
Product[] prods = Service.GetProducts();
var result = (from prod in prods
              select new {prod.ProductName, prod.Price})
              .SkipWhile(x => x.Price > 3);
```

Ausgegeben werden folgende Produkte: *Süßwaren*, *Bier* und *Pizza*.

11.3.12 Die Elementoperatoren

Bisher lieferten uns alle Operatoren immer eine Ergebnismenge zurück. Möchten Sie aber aus einer Liste ein bestimmtes Element herausfiltern, stehen Ihnen zahlreiche weitere Operatoren zur Verfügung. Diesen wollen wir uns nun widmen.

Der Operator »First«

Der `First`-Operator sucht das erste Element in einer Datenquelle. Dabei kann es sich um das erste Element aus einer Liste handeln oder um das erste Element einer mit einem Prädikat gebildeten Ergebnisliste. Daraus können Sie den Schluss ziehen, dass der `First`-Operator überladen ist.

Das folgende Beispiel zeigt, wie einfach der Einsatz von `First` ist. Aus der Gesamtliste aller Produkte soll nur das an erster Position stehende Produkt als Resultat zurückgeliefert werden.


```
Product[] prods = Service.GetProducts();
var result = (from prod in prods
              select new {prod.ProductName})
              .First();
Console.WriteLine("{0}", result.ProductName);
```

Listing 11.41 Der Operator »First«

Als Ergebnis wird *Käse* an der Konsole ausgegeben. Vielleicht möchten Sie aber eine Liste aller Produkte haben, deren Preis kleiner als 10 ist, und aus dieser Liste nur das erste Listenelement herausfiltern. Dazu können Sie mit einem Lambda-Ausdruck eine Bedingung formulieren, die Sie als Argument an `First` übergeben.

```
Product[] prods = Service.GetProducts();
var result = (from prod in prods
              select new {prod.ProductName, prod.Price})
              .First(item => item.Price < 10);
Console.WriteLine("{0}", result.ProductName);
```

Listing 11.42 Der Operator »First« mit Filterung

Hier lautet das Produkt *Wurst*. Dasselbe Resultat erreichen Sie natürlich auch, wenn Sie stattdessen die LINQ-Abfrage wie folgt formulieren:

```
var result = (from prod in prods
              where prod.Price < 10
              select new {prod.ProductName, prod.Price}).First();
```

Der Operator »FirstOrDefault«

Versuchen Sie einmal, das letzte Beispiel mit dem Prädikat

```
item => item.Price < 1
```

auszuführen. Sie werden eine Fehlermeldung erhalten, weil kein Produkt in der Datenquelle enthalten ist, das der genannten Bedingung entspricht. In solchen Fällen empfiehlt es sich, anstelle des Operators `First` den Operator `FirstOrDefault` zu benutzen. Wird kein Element gefunden, liefert der Operator `default(T)` zurück. Handelt es sich um einen Referenztyp, ist das Ergebnis `null`.

`FirstOrDefault` liegt ebenfalls in zwei Überladungen vor. Sie können neben der parameterlosen Variante die parametrisierte Überladung benutzen, der Sie das gewünschte Prädikat übergeben.

```
Product[] prods = Service.GetProducts();
var result = (from prod in prods
              select new {prod.ProductName, prod.Price})
              .FirstOrDefault(item => item.Price < 1);
if (result == null)
  Console.WriteLine("Kein Element entspricht der Bedingung.");
else
  Console.WriteLine("{0}", result.ProductName);
```

Listing 11.43 Der Operator »FirstOrDefault« mit Filterung

Die Operatoren »Last« und »LastOrDefault«

Sicherlich können Sie sich denken, dass die beiden Operatoren `Last` und `LastOrDefault` Ergänzungen der beiden im Abschnitt zuvor behandelten Operatoren sind. Beide operieren auf die gleiche Weise wie `First` und `FirstOrDefault`, nur dass das letzte Element der Liste das Ergebnis bildet.

```
Product[] prods = Service.GetProducts();
var result = (from prod in prods
              select new {prod.ProductName, prod.Price})
              .LastOrDefault(item => item.Price < 5);
if (result == null)
  Console.WriteLine("Kein Element entspricht der Bedingung.");
else
  Console.WriteLine("{0}", result.ProductName);
```

Listing 11.44 Der Operator »LastOrDefault« mit Filterung

Die Operatoren »Single« und »SingleOrDefault«

Alle bislang vorgestellten Elementoperatoren lieferten eine Ergebnismenge, aus der ein Element herausgelöst wurde: Entweder liefern sie das erste oder das letzte Element. Mit `Single` bzw. `SingleOrDefault` können Sie nach einem bestimmten, *eindeutigen* Element Ausschau halten. Eindeutig bedeutet in diesem Zusammenhang, dass es kein Zwischenergebnis gibt, aus dem anschließend ein Element das Ergebnis bildet. In der Musterdaten-Anwendung ist beispielsweise das Feld *ProductID* eindeutig, vergleichbar mit der Primärschlüsselspalte einer Datenbanktabelle.

Mit `Single` und `SingleOrDefault` suchen Sie nach einem eindeutig identifizierbaren Element. Werden mehrere gefunden, wird eine `InvalidOperationException` ausgelöst. Auch für dieses Operatorpärchen gilt: Besteht die Möglichkeit, dass kein Element gefunden wird, sollten Sie den Operator `SingleOrDefault` einsetzen, der ebenfalls `default(T)` als Rückgabewert liefert und keine Ausnahme auslöst, wie das bei dem Einsatz von `Single` der Fall wäre.

Sie können beide Operatoren parameterlos aufrufen oder ein Prädikat angeben.

```
Product[] prods = Service.GetProducts();
var result = (from prod in prods
              select new {prod.ProductID, prod.ProductName})
             .Single( p => p.ProductID == 2);
if (result == null)
  Console.WriteLine("Kein Element entspricht der Bedingung.");
else
  Console.WriteLine("{0}", result.ProductName);
```

Listing 11.45 Der Operator »Single« mit Filterung

Die Operatoren »ElementAt« und »ElementOrDefault«

Möchten Sie ein bestimmtes Element aus einer Liste anhand seiner Position extrahieren, sollten Sie entweder die Methode `ElementAt` oder die Methode `ElementAtOrDefault` verwenden. `ElementAtOrDefault` liefert wieder den Standardwert, falls der Index negativ oder größer als die Elementanzahl ist.

Bekanntermaßen werden Listenelemente mit Indizes versehen. Den beiden Methoden übergeben Sie einfach den Index des gewünschten Elements aus der Liste. Sind Sie zum Beispiel am vierten Element aus einer Liste interessiert, übergeben Sie die Zahl `3` als Argument an `ElementAt` oder `ElementAtOrDefault`, z. B.:

```
Product[] prods = Service.GetProducts();
var result = (from prod in prods
              select new {prod.ProductID, prod.ProductName})
              .ElementAtOrDefault(3);
```

```
if (result == null)
   Console.WriteLine("Kein Element entspricht der Bedingung.");
else
  Console.WriteLine("{0}", result.ProductName);
```

Listing 11.46 Der Operator »ElementAtOrDefault«

Der Operator »DefaultIfEmpty«

Standardmäßig liefert dieser Operator eine Liste von Elementen ab. Sollte die Liste jedoch leer sein, führt dieser Operator nicht sofort zu einer Exception. Stattdessen ist der Rückgabewert dann entweder `default(T)` oder – falls Sie die überladene Fassung von `DefaultIfEmpty` eingesetzt haben – ein spezifischer Wert.

```
List<string> liste = new List<string>();
liste.Add("Peter");
liste.Add("Uwe");
foreach (string tempStr in liste.DefaultIfEmpty("leer")) {
  Console.WriteLine(tempStr);
}
```

Listing 11.47 Der Operator »DefaultIfEmpty«

In diesem Codefragment wird vorgegeben, dass bei einer leeren Liste die Zeichenfolge `leer` das Ergebnis der Operation darstellt.

11.3.13 Die Konvertierungsoperatoren

Die Konvertierungsoperatoren dienen dazu, eine Sequenz in eine andere Collection umzuwandeln. Insbesondere die Operatoren `ToList` und `ToArray` sind oft hilfreich, wenn Sie die sofortige Ausführung einer Abfrage wünschen und das Resultat zwischenspeichern wollen. Das Abfrageergebnis ist eine Momentaufnahme der Daten. Dabei speichert `ToList` das Abfrageergebnis in einer `List<T>` und `ToArray` in einem typisierten Array.

Listing 11.48 und Listing 11.49 zeigen den Einsatz der Methoden `ToList` und `ToArray`.

```
IEnumerable<string> names = (Service.GetCustomers()
                            .Select(cust =>  cust.Name).ToArray());
```

Listing 11.48 Die Konvertierungsmethode »ToArray«

```
List<string> customers = (Service.GetCustomers()
                         .Select(cust => cust.Name).ToList());
```

Listing 11.49 Die Konvertierungsmethode »ToList«

Kapitel 12
Arbeiten mit Dateien und Streams

.NET bietet eine Klassenbibliothek, die in Namespaces organisiert ist. Jeder Namespace beschreibt eine zusammenhängende oder zumindest doch verwandte Thematik. Mit Daten zu operieren – egal, ob Sie Daten schreiben oder lesen –, steht im Zusammenhang mit Dateien. Daher ist es auch nicht erstaunlich, dass sich die wichtigsten Klassen, die mit Dateien und Datenoperationen zu tun haben, in einem Namespace wiederfinden: `System.IO`.

Wollten Sie ein kurzes, allgemein gehaltenes Inhaltsverzeichnis von `System.IO` angeben, müsste dieses drei Hauptabschnitte umfassen:

1. Klassen, die ihre Dienste auf der Basis von Dateien und Verzeichnissen anbieten
2. Klassen, die den Datentransport beschreiben
3. Ausnahmeklassen

Der Schwerpunkt liegt wohl eher auf den Klassen, die durch Punkt 2 beschrieben werden, und geht weit über die Operationen hinaus, die im direkten Zusammenhang mit Dateien stehen. Daraus resultiert auch die Namensangabe des Namespace `IO` für Input/Output-Operationen oder, wie es auch sehr häufig in der deutschen Übersetzung lautet, E/A-Operationen (für die Ein- und Ausgabe).

12.1 Einführung

In diesem Kapitel geht es primär darum, Dateninformationen aus einer beliebigen Datenquelle zu holen und an ein beliebiges Ziel zu schicken. Meist sind sowohl die Quelle als auch das Ziel eines Datenstroms Dateien, aber es kann auch andere Anfangs- und Endpunkte geben, beispielsweise:

- eine Benutzeroberfläche
- Netzwerkverbindungen
- Speicherblöcke
- Drucker
- andere Peripheriegeräte

In den Programmiersprachen wird ein Datenfluss als *Stream* bezeichnet. Ein Stream hat einen Anfangs- und einen Endpunkt: eine Quelle, an der der Datenstrom entspringt, und das Ziel, das den Datenstrom empfängt. Die Methoden `Console.Write-`

Line und Console.ReadLine, mit denen wir quasi schon von der ersten Seite dieses Buches an arbeiten, erzeugen auch solche Datenströme.

Streams haben individuelle Charakteristiken. Das ist auch der Grund, weshalb es nicht nur eine Stream-Klasse gibt, sondern mehrere. Jeder Stream dient speziellen Anforderungen und kann diese mehr oder weniger gut erfüllen. Beispielsweise gibt es Streams, deren Daten als Text interpretiert werden, während andere nur Bytesequenzen transportieren, die der Empfänger erst in das richtige Format bringen muss, um den Inhalt zu interpretieren.

Ein Stream ist nicht dauerhaft: Er wird geöffnet und liest oder schreibt Daten. Nach dem Schließen sind die Daten verloren, wenn sie nicht von einem Empfänger, beispielsweise einer Datei, dauerhaft gespeichert werden.

Bei datenintensiven Anwendungen oder solchen, die mit großen Dateien arbeiten, kann die Art und Weise, wie Daten gelesen und geschrieben werden, erheblichen Einfluss auf die Performance und die Responsiveness einer Anwendung haben. Hier spielt die asynchrone Verarbeitung eine wichtige Rolle.

Die synchrone Verarbeitung bedeutet, dass eine Anwendung eine Datei oder einen Stream liest oder schreibt und dabei blockiert wird, bis der Vorgang abgeschlossen ist. Dies kann in Anwendungen mit einer Benutzeroberfläche (GUI) dazu führen, dass diese während der Verarbeitung nicht mehr reagiert. Auch bei Serveranwendungen kann die synchrone Verarbeitung problematisch sein, da sie Threads blockieren und damit die Skalierbarkeit reduzieren kann.

Die asynchrone Verarbeitung hingegen ermöglicht es, dass ein Prozess weiterläuft, während eine Datei oder ein Stream verarbeitet wird. Dies geschieht mit Hilfe von Schlüsselwörtern wie async und await in Kombination mit Methoden, die Task oder Task<T> zurückgeben. Dadurch blockiert die Anwendung nicht, und die parallele Bearbeitung anderer Aufgaben ist möglich.

Weitere Informationen zur asynchronen Programmierung mit async/await bietet Kapitel 14, »Die Task Parallel Library (TPL) und das Task-based Async Pattern (TAP)«.

12.2 Namespaces der Ein- bzw. Ausgabe

Die elementarsten Klassen für die Ein- und -ausgabe sind im Namespace System.IO organisiert. Es sollte nicht unerwähnt bleiben, dass die .NET-Klassenbibliothek mit weiteren Namespaces aufwartet, die Klassen für besondere Aufgaben bereitstellen.

- Im Namespace System.IO.Compression werden mit DeflateStream und GZipStream zwei Klassen angeboten, die Methoden und Eigenschaften zur Datenkomprimierung und -dekomprimierung bereitstellen.

- Mit den Klassen des Namespace `System.IO.IsolatedStorage` wird eine Art virtuelles Dateisystem beschrieben. Dieses ermöglicht die Speicherung von Einstellungen und temporären Daten, die mit der Anwendung eindeutig verknüpft sind. Typischerweise werden im isolierten Speicher Daten abgelegt, die ansonsten beispielsweise in der Registry gespeichert werden müssten. Das Besondere dabei ist, dass weniger vertrauenswürdiger Code auf die sich im isolierten Speicher befindlichen Daten nicht zugreifen kann.
- Streams müssen nicht zwangsläufig mit Dateien oder Verzeichnissen in direktem Zusammenhang stehen, sondern beschreiben Datenströme in allgemeiner Form. Wollen Sie die serielle Schnittstelle programmieren, werden Sie daher auch auf die Methoden und Eigenschaften der Klassen im Namespace `System.IO.Ports` zurückgreifen müssen.

12.2.1 Das Behandeln von Ausnahmen bei E/A-Operationen

Bei fast allen Dateioperationen kann es zur Laufzeit eines Programms aus den verschiedensten Gründen sehr schnell zu Ausnahmen kommen. Beispielsweise ist eine zu kopierende Datei im angegebenen Pfad nicht vorhanden, das Zielverzeichnis existiert nicht, als Quelle oder Ziel wird ein Leerstring übergeben usw. Daher sollten Sie unbedingt eine Fehlerbehandlung implementieren. Die Dokumentation unterstützt Sie, wenn es darum geht, auf mögliche Fehler zu reagieren, denn dort sind alle Ausnahmen aufgeführt, die beim Aufruf einer Methode auftreten könnten.

Alle Ausnahmen im Zusammenhang mit E/A-Operationen lassen sich auf eine gemeinsame Basis zurückführen: `IOException`. Sie sollten auch diesen allgemeinen Fehler immer behandeln, damit der Anwender nicht Gefahr läuft, durch eine unberücksichtigte Ausnahme die Laufzeitumgebung des Programms unfreiwillig zu beenden.

12.3 Laufwerke, Verzeichnisse und Dateien

Die .NET-Klassenbibliothek unterstützt Entwickelnde mit mehreren Klassen, die Laufwerke, Verzeichnisse und Dateien beschreiben. Diese wollen wir uns als Erstes ansehen. Dabei handelt es sich um:

- `File`
- `FileInfo`
- `Directory`
- `DirectoryInfo`
- `Path`
- `DriveInfo`

`File` bzw. `FileInfo` und `Directory` bzw. `DirectoryInfo` liefern sehr ähnliche Daten zurück. Bei `File`/`FileInfo` handelt es sich um Daten, die eine Datei betreffen, bei `Directory`/`DirectoryInfo` um Daten von Verzeichnissen. Möchten Sie Pfadangaben ermitteln, hilft Ihnen `Path` weiter. Erwähnenswert ist zudem `DriveInfo`, womit Sie Laufwerksinformationen abfragen.

12.3.1 Die Klasse »File«

Methoden der Klasse »File«

Die Klasse `File` ist statisch definiert und stellt daher nur statische Methoden zur Verfügung. Die Methoden der sehr ähnlichen Klasse `FileInfo` hingegen sind Instanzmethoden. Funktionell sind sich beide Klassen ähnlich und unterscheiden sich nicht gravierend.

Mit den Klassenmethoden von `File` lässt sich eine Datei erstellen, kopieren, löschen usw. Sie können auch die Attribute einer Datei lesen oder setzen, und – was auch sehr wichtig ist – Sie können eine Datei öffnen. In Tabelle 12.1 sind die wichtigsten Methoden samt Rückgabetyp aufgeführt.

Methode	Rückgabetyp	Beschreibung
`AppendAllText`	`void`	Öffnet eine Datei und fügt die angegebene Zeichenfolge an die Datei an.
`AppendText`	`StreamWriter`	Hängt Text an eine existierende Datei an.
`Copy`	`void`	Kopiert eine bestehende Datei an einen anderen Speicherort.
`Create`	`FileStream`	Erzeugt eine Datei in einem angegebenen Pfad.
`CreateText`	`StreamWriter`	Erstellt oder öffnet eine Textdatei.
`Delete`	`void`	Löscht eine Datei.
`Exists`	`Boolean`	Gibt einen booleschen Wert zurück, der `false` ist, wenn die angegebene Datei nicht existiert.
`GetAttributes`	`FileAttributes`	Liefert das Bitfeld der Dateiattribute.
`GetCreationTime`	`DateTime`	Liefert das Erstellungsdatum und die Uhrzeit einer Datei.
`GetLastAccessTime`	`DateTime`	Liefert Datum und Uhrzeit des letzten Zugriffs.

Tabelle 12.1 Methoden der Klasse »File«

Methode	Rückgabetyp	Beschreibung
`GetLastWriteTime`	`DateTime`	Liefert Datum und Uhrzeit des letzten Schreibzugriffs.
`Move`	`void`	Verschiebt eine Datei in einen anderen Ordner oder benennt sie um.
`Open`	`FileStream`	Öffnet eine Datei.
`OpenRead`	`FileStream`	Öffnet eine Datei zum Lesen.
`OpenText`	`StreamReader`	Öffnet eine Textdatei zum Lesen.
`OpenWrite`	`FileStream`	Öffnet eine Datei zum Schreiben.
`ReadAllBytes`	`byte[]`	Öffnet eine Binärdatei und liest den Inhalt der Datei in ein Byte-Array ein.
`ReadAllLines`	`string[]`	Öffnet eine Textdatei und liest alle Zeilen der Datei in ein Zeichenfolgen-Array ein.
`ReadAllText`	`string`	Öffnet eine Textdatei, liest alle Zeilen der Datei in eine Zeichenfolge ein und schließt dann die Datei.
`SetAttributes`	`void`	Setzt Dateiattribute.
`SetCreationTime`	`void`	Setzt Erstellungsdatum und -uhrzeit.
`SetLastAccessTime`	`void`	Setzt Datum und Uhrzeit des letzten Zugriffs.
`SetLastWriteTime`	`void`	Setzt Datum und Uhrzeit des letzten Schreibzugriffs.
`WriteAllBytes`	`void`	Erstellt eine neue Datei und schreibt das angegebene Byte-Array in die Datei.
`WriteAllLines`	`void`	Erstellt eine neue Datei und schreibt das angegebene Zeichenfolgen-Array in die Datei.
`WriteAllText`	`void`	Erstellt eine neue Datei und schreibt das angegebene Zeichenfolgen-Array in die Datei.

Tabelle 12.1 Methoden der Klasse »File« (Forts.)

Zahlreiche Methoden stehen auch als asynchrone Variante zur Verfügung. Diese Methoden sind mit `Async` als Suffix gekennzeichnet, wie beispielsweise `File.WriteAllTextAsync`. Wie Sie sehen, geben viele Methoden ein `Stream`-Objekt zurück. Das hat seinen Grund, denn mit einer geöffneten Datei will man arbeiten, sei es, um den Inhalt zu lesen, oder sei es, um etwas in die Datei zu schreiben. Diese Operationen setzen aber einen Stream voraus, was .NET durch die Definition verschiedener `Stream`-Klassen abdeckt. Ein `FileStream` beschreibt dabei einfache Bytesequenzen, ein `StreamReader` arbeitet mit ASCII-basierten Dateien.

Kopieren einer Datei

Zum Kopieren einer Datei dient die Methode `Copy`, beispielsweise:

```
File.Copy("C:\\Test.txt", "D:\\Test.txt");
```

Das erste Argument erwartet die Angabe des Dateinamens der zu kopierenden Datei. Befindet sich die zu kopierende Datei in keinem bekannten Suchpfad, ist der gesamte Zugriffspfad zu beschreiben. Im zweiten Argument müssen Sie das Zielverzeichnis und den Namen der Dateikopie angeben. Den Namen der kopierten Datei dürfen Sie gemäß den systemspezifischen Richtlinien festlegen, er muss nicht mit dem Ursprungsnamen der Datei übereinstimmen. Versuchen Sie, ein Ziel anzugeben, in dem bereits eine gleichnamige Datei existiert, wird die Ausnahme `DirectoryNotFoundException` ausgelöst.

Wenn Sie die Pfadangabe in einer Zeichenfolge beschreiben, müssen Sie beachten, dass das einfache Backslash-Zeichen als Escapezeichen interpretiert wird. Um diese Interpretation aufzuheben, müssen Sie entweder zwei Backslashes hintereinander angeben oder alternativ der Zeichenfolge ein `@`-Zeichen voranstellen:

```
File.Copy(@"C:\Test.txt", @"D:\Test.txt");
```

Sie können die Methode `Copy` auch einsetzen, wenn im Zielverzeichnis bereits eine Datei existiert, die denselben Namen hat wie die Datei, die Sie im zweiten Argument angeben. Rufen Sie dann die Überladung von `Copy` auf, die im dritten Parameter einen booleschen Wert erwartet. Übergeben Sie `true`, löst die Methode keine Ausnahme aus und überschreibt die bereits vorhandene Datei durch den Inhalt der im ersten Argument übergebenen Datei.

Löschen einer Datei

Zum Löschen einer Datei dient die statische Methode `Delete`. Dieser übergeben Sie den kompletten Pfad der zu löschenden Datei, z. B.:

```
File.Delete(@"C:\MyDocuments\MyDoc.txt");
```

Die Pfadangabe kann absolut oder relativ sein.

Verschieben einer Datei

Mit Move lassen sich Dateien aus einem Quellverzeichnis in ein anderes Zielverzeichnis verschieben:

```
File.Move(@"C:\MyDocuments\MyDoc.txt", @"C:\Allgemein\MyDoc.Doc");
```

Diese Methode lässt sich auch zum Umbenennen von Dateinamen einsetzen.

Prüfen, ob eine Datei existiert

Beabsichtigen Sie, eine bestimmte Datei zu öffnen, stellt sich zunächst die Frage, ob eine Datei dieses Namens in dem angegebenen Pfad tatsächlich existiert. Die Klasse File veröffentlicht zur Beantwortung die Methode Exists, die den booleschen Wert false zurückliefert, wenn die Datei nicht gefunden wird.

```
[...]
string path = @"C:\MyFile.txt";
if (File.Exists(path)) {
  // Datei existiert im angegebenen Pfad
}
[...]
```

Listing 12.1 Prüfen, ob eine bestimmte Datei bereits existiert

Eine ähnliche Codesequenz ist in jedem Programm sinnvoll, in dem eine Operation die Existenz einer Datei zwingend voraussetzt. Das erspart die Codierung einer Ausnahmebehandlung.

Öffnen einer Datei

Zum Öffnen einer Datei benutzen Sie eine der Methoden OpenRead, OpenText, OpenWrite oder Open (siehe auch Tabelle 12.1). Sehen wir uns exemplarisch die komplexeste Überladung der letztgenannten Methode an:

```
public static FileStream Open(string path, FileMode mode,
                              FileAccess access, FileShare share);
```

Dem Parameter path wird beim Aufruf die Pfadangabe als Zeichenfolge mitgeteilt. Diese besteht aus dem Pfad und dem Dateinamen.

Für das Öffnen einer Datei ist das Betriebssystem zuständig, das wissen muss, wie es die Datei öffnen soll. Der mode-Parameter des Typs FileMode steuert dieses Verhalten. Dabei handelt es sich um eine im Namespace System.IO definierte Enumeration, die insgesamt sechs Konstanten definiert (siehe Tabelle 12.2).

Konstante	Beschreibung
`Append`	Öffnet eine bestehende Datei und setzt den Dateizeiger an das Dateiende. Damit wird das Anhängen von Dateninformationen an die Datei ermöglicht. Existiert die Datei noch nicht, wird sie erzeugt.
`Create`	Erzeugt eine neue Datei. Existiert bereits eine gleichnamige Datei, wird sie überschrieben.
`CreateNew`	Erzeugt in jedem Fall eine neue Datei. Existiert im angegebenen Pfad bereits eine gleichnamige Datei, wird die Ausnahme `IOException` ausgelöst.
`Open`	Öffnet eine bestehende Datei. Wird sie unter der Pfadangabe nicht gefunden, kommt es zur Ausnahme `FileNotFoundException`.
`OpenOrCreate`	Öffnet eine bestehende Datei. Sollte sie im angegebenen Pfad nicht existieren, wird eine neue erzeugt.
`Truncate`	Öffnet eine Datei und löscht ihren Inhalt. Nachfolgende Leseoperationen führen dazu, dass eine Ausnahme ausgelöst wird.

Tabelle 12.2 Die Konstanten der Enumeration »FileMode«

Der `mode`-Parameter beschreibt das Verhalten des Betriebssystems beim Öffnen einer Datei, gibt jedoch nicht an, was mit dem Inhalt der Datei geschehen soll. Soll er nur gelesen werden, oder möchte der Anwender in die Datei schreiben? Vielleicht sind auch beide Operationen gleichzeitig gewünscht. Diese Festlegung wird im Parameter `access` getroffen, der ebenfalls auf einer Aufzählung basiert – `FileAccess`. Diese hat nur drei Mitglieder: `Read`, `Write` und `ReadWrite`.

»FileAccess«-Konstante	Beschreibung
`Read`	Datei wird für den Lesezugriff geöffnet.
`Write`	Datei wird für den Schreibzugriff geöffnet.
`ReadWrite`	Datei wird für den Lese- und Schreibzugriff geöffnet.

Tabelle 12.3 Die Konstanten der Enumeration »FileAccess«

Eine Datei, die mit `FileAccess.Read` geöffnet wird, ist schreibgeschützt. Eine lesegeschützte Datei, deren Inhalt verändert werden soll, wird mit `FileAccess.Write` geöffnet. Die dritte Konstante, `FileAccess.ReadWrite`, beschreibt sowohl einen lesenden als auch einen schreibenden Zugriff.

Kommen wir nun zum letzten Parameter der Open-Methode – share. Er beschreibt das Verhalten der Datei, wenn nach dem ersten Öffnen weitere Zugriffe auf die Datei erfolgen. Wie schon die beiden vorher besprochenen Parameter wird auch er durch Konstanten beschrieben, die einer Enumeration des Namespace System.IO zugerechnet werden – FileShare. Die Mitglieder ähneln denen der Enumeration FileAccess, werden aber um ein weiteres Mitglied ergänzt (genau genommen sind es zwei, aber das zweite spielt für uns keine Rolle).

»FileShare«-Konstante	Beschreibung
None	Alle weiteren Versuche, diese Datei zu öffnen, werden konsequent abgelehnt.
Read	Diese Datei darf von anderen Anwendungen oder Threads nur zum Lesen geöffnet werden.
Write	Diese Datei darf von anderen Anwendungen oder Threads nur zum Editieren geöffnet werden.
ReadWrite	Diese Datei darf von anderen Anwendungen oder Threads sowohl zum Lesen als auch zum Editieren geöffnet werden.

Tabelle 12.4 Die Konstanten der Enumeration »FileShare«

Damit haben wir die Parameterliste der Methode Open abgehandelt. Ihnen stehen alle Hilfsmittel zur Verfügung, eine beliebige Datei unter bestimmten Voraussetzungen und Begleitumständen zu öffnen. Führen Sie sich aber vor Augen, dass eine geöffnete Datei nicht automatisch ihre Dateninformationen liefert oder sich manipulieren lässt. Diese Operationen haben mit dem Vorgang des Öffnens noch nichts zu tun, setzen ihn aber voraus. Beachten Sie in diesem Zusammenhang, dass Operationen, die den Inhalt einer Datei beeinflussen, auf dem zurückgegebenen Objekt vom Typ FileStream ausgeführt werden.

In der folgenden Codezeile wird exemplarisch eine Datei mit Open unter Angabe verschiedener Optionen geöffnet:

```
FileStream stream = File.Open(@"C:\MyTestfile.txt",
    FileMode.OpenOrCreate, FileAccess.ReadWrite, FileShare.None);
```

Die Parameter besagen, dass die Datei *MyTestfile.txt* auf Laufwerk *C:* geöffnet werden soll – falls es dort eine solche Datei gibt. Wenn nicht, wird sie neu erzeugt. Der Inhalt der Datei lässt sich nach dem Öffnen sowohl lesen als auch ändern. Gleichzeitig werden weitere Zugriffe auf die Datei strikt unterbunden.

Der einfachste Weg, in eine Datei zu schreiben und daraus zu lesen

Der Weg, in eine Datei zu schreiben oder eine Datei zu lesen, erforderte in bisherigen Beispielen mehrere Codezeilen. Eigentlich viel zu viel Aufwand, um eben schnell eine einfache Dateioperation auszuführen. .NET wartet mit einer kaum vollständig zu beschreibenden Vielzahl an Möglichkeiten auf, die uns das Leben als Entwickler oder Entwicklerin vereinfachen sollen. Besonders erwähnt werden sollen an dieser Stelle exemplarisch die Methoden `ReadAllBytes`, `ReadAllLines` und `ReadAllText` zum Lesen und `WriteAllBytes`, `WriteAllLines` und `WriteAllText` zum Schreiben. Diese gehören zur Klasse `File`. Mit der simplen Anweisung

```
File.WriteAllText(@"C:\MyTextFile.txt", text);
```

können Sie bereits den Inhalt der Variablen `text` in die angegebene Datei schreiben. Existiert die Datei schon, wird sie einfach überschrieben. Genauso einfach ist die inhaltliche Auswertung der Datei:

```
Console.WriteLine(File.ReadAllText(@"C:\MyTextFile.txt"));
```

12.3.2 Die Klasse »FileInfo«

Die ebenfalls nicht ableitbare Klasse `FileInfo` ist das Pendant zu der im vorigen Abschnitt beschriebenen Klasse `File`. Während `File` nur statische Methoden veröffentlicht, beziehen sich die Methoden der Klasse `FileInfo` auf eine konkrete Instanz. Um diese Instanz zu erhalten, steht nur ein Konstruktor zur Verfügung, dem Sie als Argument die Pfadangabe zu der Datei übergeben müssen, z. B.:

```
FileInfo myFile = new FileInfo(@"C:\MyDocuments\MyFile.txt");
```

Der Konstruktor prüft nicht, ob die Datei tatsächlich existiert. Bevor Sie Operationen auf dem Objekt ausführen, sollten Sie deshalb in jedem Fall vorher mit `Exists` sicherstellen, dass die Datei existiert.

```
if (myFile.Exists)
{
  // Datei existiert
}
```

Während `Exists` in der Klasse `File` als Methode implementiert ist, der die Pfadangabe beim Aufruf übergeben werden muss, handelt es sich in der Klasse `FileInfo` um eine schreibgeschützte Eigenschaft des `FileInfo`-Objekts.

Die Eigenschaften eines »FileInfo«-Objekts

`FileInfo` veröffentlicht eine Reihe von Eigenschaften, denen der Zustand der Datei entnommen werden kann. So können Sie beispielsweise die Länge der Datei abfragen oder sich ein Objekt vom Typ `Directory` zurückgeben lassen (ein `Directory`-Objekt beschreibt ein Verzeichnis als Objekt, ähnlich wie `FileInfo` eine Datei beschreibt).

Eigenschaft	Beschreibung
`Attributes`	Ermöglicht das Setzen oder Auswerten der Dateiattribute (`Hidden`, `Archive`, `ReadOnly` usw.).
`CreationTime`	Liefert oder setzt das Erstellungsdatum der Datei.
`Directory`	Liefert eine Instanz des Verzeichnisses.
`DirectoryName`	Liefert eine Zeichenfolge mit der vollständigen Pfadangabe, jedoch ohne den Dateinamen.
`Extension`	Liefert die Dateierweiterung einschließlich des vorangestellten Punktes.
`FullName`	Gibt einen String mit der vollständigen Pfadangabe einschließlich des Dateinamens zurück.
`LastAccessTime`	Liefert oder setzt die Zeit des letzten Zugriffs auf die Datei.
`LastWriteTime`	Liefert oder setzt die Zeit des letzten schreibenden Zugriffs auf die Datei.
`Length`	Gibt die Länge der Datei zurück.
`Name`	Gibt den vollständigen Namen der Datei zurück.

Tabelle 12.5 Die Eigenschaften eines Objekts des Typs »FileInfo«

Dateiattribute setzen und auswerten

Wir wollen uns aus Tabelle 12.5 die Eigenschaft `Attributes` genauer ansehen, die ihrerseits vom Typ `FileAttributes` ist. `Attributes` beschreibt ein Bitfeld bestimmter Größe. Jedes Attribut einer Datei wird durch Setzen eines bestimmten Bits in diesem Bitfeld beschrieben. Um festzustellen, ob ein Dateiattribut gesetzt ist, muss das alle Attribute beschreibende Bitfeld mit dem gesuchten Dateiattribut bitweise &-verknüpft werden. Weicht das Ergebnis von der Zahl 0 ab, ist das Bit gesetzt.

Dazu ein Zahlenbeispiel: Nehmen wir an, das Attribut XYZ würde durch die Bitkombination 0000 1000 (= 8) beschrieben und das Bitfeld enthielte aktuell 0010 1001 (= 41). Um zu prüfen, ob das Attribut XYZ durch das Bitfeld beschrieben wird, gilt:

```
    0000 1000
&   0010 1001
-------------
=   0000 1000
```

Das Ergebnis ist nicht 0 und daher so zu interpretieren, dass das Attribut im Bitfeld gesetzt ist.

Um aus einer Datei ein bestimmtes Attribut herauszufiltern, beispielsweise `Hidden`, müssten wir daher wie folgt vorgehen:

```
FileInfo f = new FileInfo(@"C:\Testfile.txt");
if (0 != (f.Attributes & FileAttributes.Hidden))
{
  // Datei ist versteckt (hidden)
  [...]
}
```

Listing 12.2 Prüfen des »Hidden«-Attributs

Der `|`-Operator bietet sich an, um das Attribut zu setzen:

```
f.Attributes = f.Attributes | FileAttributes.Hidden;
```

In gleicher Weise können Sie mit den Methoden `GetAttributes` und `SetAttributes` der Klasse `File` arbeiten.

Die Methoden eines »FileInfo«-Objekts

Die Klassen `File` und `FileInfo` sind sich in den Funktionalitäten, die Entwickelnden angeboten werden, sehr ähnlich: Es lassen sich Dateien löschen, verschieben, umbenennen, kopieren, öffnen usw. Viele geben ein `Stream`-Objekt für weiter gehende Operationen zurück.

Methode	Rückgabetyp	Beschreibung
`AppendText`	`StreamWriter`	Hängt Text an eine existierende Datei an.
`CopyTo`	`FileInfo`	Kopiert die Datei an einen anderen Speicherort.
`Create`	`FileStream`	Erzeugt eine Datei.
`CreateText`	`StreamWriter`	Erzeugt eine neue Textdatei.
`Delete`		Löscht die Datei.
`Exists`	`Boolean`	Gibt einen booleschen Wert zurück, der `false` ist, wenn die angegebene Datei nicht existiert.
`MoveTo`		Verschiebt die Datei in einen anderen Ordner oder benennt sie um.

Tabelle 12.6 Die Methoden eines Objekts des Typs »FileInfo«

Methode	Rückgabetyp	Beschreibung
`Open`	`FileStream`	Öffnet eine Datei.
`OpenRead`	`FileStream`	Öffnet eine Datei zum Lesen.
`OpenText`	`StreamReader`	Öffnet eine Textdatei zum Lesen.
`OpenWrite`	`FileStream`	Öffnet eine Datei zum Schreiben.

Tabelle 12.6 Die Methoden eines Objekts des Typs »FileInfo« (Forts.)

12.3.3 Die Klassen »Directory« und »DirectoryInfo«

Die Klasse `File` veröffentlicht statische Methoden für Dateioperationen, und die Klasse `FileInfo` beschreibt die Referenz auf ein konkretes Dateiobjekt. Ähnlich gestaltet sind die Klassen `Directory` und `DirectoryInfo`: `Directory` hat nur statische Methoden, und `DirectoryInfo` basiert auf einer konkreten Instanz. Es stellt sich sofort die Frage, warum die Architekten der Klassenbibliothek jeweils zwei Klassen mit nahezu gleichen Fähigkeiten vorgesehen haben.

Der entscheidende Unterschied liegt in der Art und Weise, wie die Klassen im Hintergrund arbeiten. Zugriffe auf das Dateisystem setzen immer operative Berechtigungen voraus. Verfügt der Anwender nicht über die entsprechenden Rechte, wird die angeforderte Aktion abgelehnt. Die beiden Klassen `File` und `Directory` prüfen das bei jedem Zugriff erneut und belasten so das System unnötig, während die Klassen `DirectoryInfo` und `FileInfo` nur einmal überprüfen.

Mit `Directory` können Sie Ordner anlegen, löschen oder verschieben und die in einem Verzeichnis physikalisch gespeicherten Dateinamen abrufen. Sie können mit `Directory` außerdem verzeichnisspezifische Eigenschaften sowie das Erstellungsdatum oder das Datum des letzten Zugriffs ermitteln. Tabelle 12.7 liefert einen Überblick über die Methoden von `Directory`.

Methode	Beschreibung
`CreateDirectory`	Erzeugt ein Verzeichnis oder Unterverzeichnis.
`Delete`	Löscht ein Verzeichnis.
`Exists`	Überprüft, ob das angegebene Verzeichnis existiert.
`GetCreationTime`	Liefert das Erstellungsdatum samt Uhrzeit.
`GetDirectories`	Liefert die Namen aller Unterverzeichnisse eines spezifizierten Ordners.

Tabelle 12.7 Methoden der Klasse »Directory«

Methode	Beschreibung
`GetFiles`	Liefert alle Dateinamen eines spezifizierten Ordners zurück.
`GetFileSystemEntries`	Liefert die Namen aller Unterverzeichnisse und Dateien eines spezifizierten Ordners.
`GetParent`	Liefert den Namen des übergeordneten Verzeichnisses.
`Move`	Verschiebt ein Verzeichnis samt Dateien an einen neuen Speicherort.
`SetCreationTime`	Legt Datum und Uhrzeit eines Verzeichnisses fest.

Tabelle 12.7 Methoden der Klasse »Directory« (Forts.)

Die Fähigkeiten der Klasse `DirectoryInfo` ähneln denen von `Directory`, setzen jedoch ein konkretes Objekt für den Zugriff auf die Elementfunktionen voraus.

Temporäre Verzeichnisse

Sehr viele Anwendungen arbeiten mit Verzeichnissen, in die Dateien temporär, also nicht dauerhaft geschrieben werden. Die Klasse `Path` bietet mit `GetTempPath` eine Methode an, die das temporäre Verzeichnis des aktuell angemeldeten Benutzers liefert.

```
public static string GetTempPath()
```

Unter Windows 10 und 11 ist dieses Verzeichnis standardmäßig unter dem Namen *Temp* in

C:\Users\<Username>\AppData\Local

zu finden.

Mit `GetTempFileName` wird eine leere Datei im temporären Verzeichnis angelegt, der Rückgabewert ist die komplette Pfadangabe:

```
public static string GetTempFileName()
```

Eine temporäre Datei lässt sich von den anderen Methoden dazu verwenden, Zwischenergebnisse zu speichern, Informationen kurzfristig zu sichern und Abläufe zu protokollieren. Allerdings sollten Sie nicht vergessen, temporäre Dateien auch wieder zu löschen, wenn Sie sie nicht mehr benötigen.

Beispielprogramm

Im folgenden Beispielprogramm werden einige Methoden und Eigenschaften der Klassen `File`, `FileInfo` und `Directory` benutzt. Das Programm fordert den Anwender dazu auf, an der Konsole ein beliebiges Verzeichnis anzugeben, ermittelt dessen Unterverzeichnisse und Dateien und gibt sie unter Angabe der Dateigröße und der Dateiattribute an der Konsole aus.

```
// Beispiel: ..\Kapitel 12\FileDirectory_Example
Program dirTest = new Program();
FileInfo myFile;
// Benutzereingabe anfordern
string path = dirTest.PathInput();
int len = path.Length;
// alle Ordner und Dateien holen
string[] str = Directory.GetFileSystemEntries(path);
Console.WriteLine();
Console.WriteLine("Ordner und Dateien im Verzeichnis {0}", path);
Console.WriteLine(new string('-', 80));
for (int i = 0; i <= str.GetUpperBound(0); i++)
{
  // prüfen, ob der Eintrag ein Verzeichnis oder eine Datei ist
  if(0 == (File.GetAttributes(str[i]) & FileAttributes.Directory))
  {
    // str(i) ist kein Verzeichnis
    myFile = new FileInfo(str[i]);
    string fileAttr = dirTest.GetFileAttributes(myFile);
    Console.WriteLine("{0,-30}{1,25} kB {2,-10} ", str[i].Substring(len - 1),
                      myFile.Length / 1024, fileAttr);
  }
  else
    Console.WriteLine("{0,-30}{1,-15}", str[i].Substring(len), "Dateiordner");
}
Console.ReadLine();

// Benutzer zur Pfadeingabe auffordern
string PathInput()
{
  Console.Write("Geben Sie den zu durchsuchenden Ordner an: ");
  string searchPath = Console.ReadLine();
  // Benutzereingabe muss mit "\\" enden, sonst anhängen
  if(searchPath.Substring(searchPath.Length - 1) != "\\")
    searchPath += "\\";
  return searchPath;
}
// prüfen der gesetzten Dateiattribute
// Rückgabe enthält die Dateiattribute
```

12

```
string GetFileAttributes(FileInfo strFile)
{
  string strAttr;
  // prüfen, ob Archive-Attribut gesetzt ist
  if(0 != (strFile.Attributes & FileAttributes.Archive))
    strAttr = "A ";
  else
    strAttr = "  ";
  // prüfen, ob Hidden-Attribut gesetzt ist
  if(0 != (strFile.Attributes & FileAttributes.Hidden))
    strAttr += "H ";
  else
    strAttr += "  ";
  // prüfen, ob ReadOnly-Attribut gesetzt ist
  if(0 != (strFile.Attributes & FileAttributes.ReadOnly))
    strAttr += "R ";
  else
    strAttr += "  ";
  // prüfen, ob System-Attribut gesetzt ist
  if(0 != (strFile.Attributes & FileAttributes.System))
    strAttr += "S ";
  else
    strAttr += "  ";
  return strAttr;
}
```

Listing 12.3 Analyse eines Verzeichnisses

Starten Sie die Anwendung, könnte die Ausgabe an der Konsole ungefähr so wie in Abbildung 12.1 dargestellt aussehen.

Die komplette Anwendung ist in der Klasse `Program` realisiert. Die Klasse enthält neben der statischen Methode `Main` die Methoden `PathInput` und `GetAttributes`. Die Methode `PathInput` liefert eine Zeichenfolge zurück, die den Pfad des Verzeichnisses enthält, dessen Inhalt abgefragt werden soll. Wichtig ist im Kontext des Beispiels, die Rückgabezeichenfolge mit einem Backslash abzuschließen, da ansonsten die spätere Ausgabe an der Konsole nicht immer gleich aussieht.

`GetFileSystemEntries` liefert als Ergebnis des Aufrufs ein `String`-Array, das dem Feld `str` zugewiesen wird.

```
string str = Directory.GetFileSystemEntries(path);
```

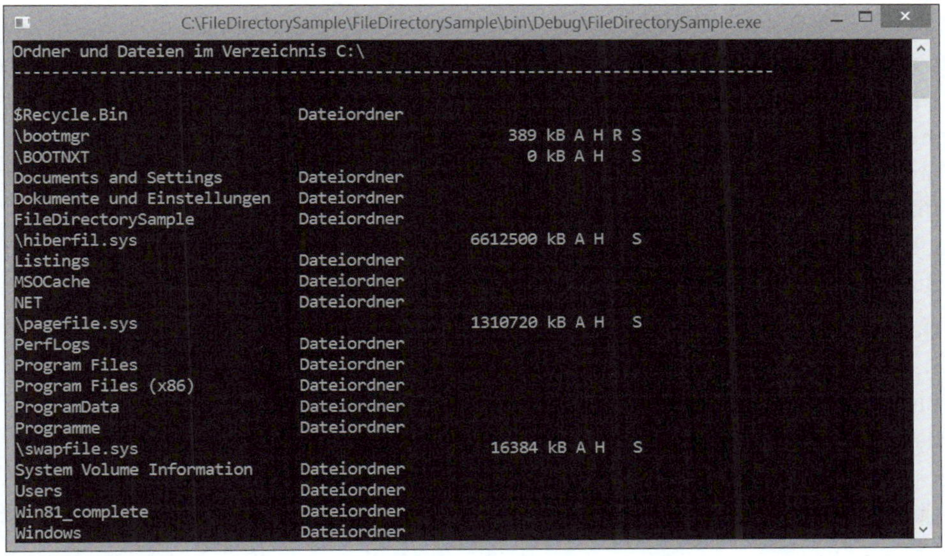

Abbildung 12.1 Ausgabe des Beispiels »FileDirectoryExample«

Jedes Element des Arrays kann sowohl eine Datei- als auch eine Verzeichnisangabe enthalten. Daher wird in einer `for`-Schleife das Array vom ersten bis zum letzten Element durchlaufen, um festzustellen, ob das Element eine Datei oder ein Verzeichnis beschreibt. Handelt es sich um ein Verzeichnis, ist das Attribut `Directory` gesetzt. Der Code

```
if(0 == (File.GetAttributes(str[i]) & FileAttributes.Directory))
```

prüft das. Die Bedingung ist liefert `true`, wenn eine Datei vorliegt.

Nun folgt ein entscheidender Punkt. Da das Programm die Größe der Datei ausgeben soll, können wir nicht mit `File` arbeiten, da in dieser Klasse keine Methode vorgesehen ist, die uns die Länge der Datei liefert. Dies ist nur über eine Instanz der Klasse `FileInfo` mit der Auswertung der schreibgeschützten Eigenschaft `Length` möglich, die bei jedem Schleifendurchlauf auf eine andere Datei verweist.

Die benutzerdefinierte Methode `GetAttributes` dient dazu, das übergebene `FileInfo`-Objekt auf die Attribute `Hidden`, `ReadOnly`, `Archive` und `System` zu untersuchen. Aus dem Ergebnis wird eine Zeichenfolge zusammengesetzt, die den Anforderungen der Anwendung entspricht. Zum Schluss erfolgt noch die formatierte Ausgabe an der Konsole. Für den Verzeichnis- bzw. Dateinamen ist eine maximale Breite von 30 Zeichen vorgesehen. Ist dieser Wert größer, ist das Ergebnis eine zwar etwas unansehnliche Ausgabe, aber unseren Ansprüchen soll sie genügen.

12.3.4 Die Klasse »Path«

Eine Pfadangabe beschreibt den Speicherort einer Datei oder eines Verzeichnisses. Die Schreibweise der Pfadangabe ist vom Betriebssystem vorgegeben und ist nicht auf allen Plattformen zwangsläufig identisch. Bei manchen Systemen muss die Pfadangabe mit dem Laufwerksbuchstaben beginnen, bei anderen Systemen ist das nicht unbedingt vorgeschrieben. Pfadangaben können sich auch auf Dateien beziehen. Es gibt Systeme, die als Dateierweiterung zur Beschreibung des Dateityps maximal drei Buchstaben ermöglichen, während andere durchaus mehr zulassen.

Das sind nicht die einzigen Unterscheidungsmerkmale, die plattformspezifisch sind. Denken Sie nur an die Separatoren, mit denen zwei Verzeichnisse oder ein Verzeichnis von einer Datei getrennt werden. Windows-basierte Plattformen benutzen dazu das Zeichen Backslash (\), andere Systeme schreiben einen einfachen Slash (/) vor.

Methoden der Klasse »Path«

Alle Mitglieder der Klasse `Path` sind statisch und haben die Aufgabe, eine Pfadangabe in einer bestimmten Weise zu filtern. Sie benötigen daher keine Instanz der Klasse `Path`, um auf ein Feld oder eine Methode dieser Klasse zuzugreifen.

Methode	Beschreibung
`GetDirectoryName`	Liefert aus einer gegebenen Pfadangabe das Verzeichnis zurück.
`GetExtension`	Liefert aus einer gegebenen Pfadangabe die Dateierweiterung einschließlich des führenden Punktes zurück.
`GetFileName`	Liefert den vollständigen Dateinamen zurück.
`GetFileNameWithoutExtension`	Liefert den Dateinamen ohne Dateierweiterung zurück.
`GetFullPath`	Liefert die komplette Pfadangabe zurück.
`GetPathRoot`	Liefert das Stammverzeichnis.

Tabelle 12.8 Methoden der Klasse »Path«

Beachten Sie dabei, dass keine dieser Methoden testet, ob die Datei oder das Verzeichnis tatsächlich existiert. Es werden lediglich die Zeichenkette und die Vorschriften der spezifischen Plattform zur Bestimmung des Ergebnisses herangezogen.

Mit

```
string strPath = @"C:\Windows\system32\kernel32.dll"
```

liefern die Methoden die folgenden Rückgaben:

```
// liefert C:\
Console.WriteLine(Path.GetPathRoot(strPath));
// liefert C:\Windows\system32
Console.WriteLine(Path.GetDirectoryName(strPath));
// liefert kernel32
Console.WriteLine(Path.GetFileNameWithoutExtension(strPath));
// liefert kernel32.dll
Console.WriteLine(Path.GetFileName(strPath));
// liefert C:\windows\system32\kernel32.dll
Console.WriteLine(Path.GetFullPath(strPath));
// liefert .dll
Console.WriteLine(Path.GetExtension(strPath));
```


12.3.5 Die Klasse »DriveInfo«

Mit DriveInfo finden Sie heraus, welche Laufwerke verfügbar sind und um welchen Typ von Laufwerk es sich dabei handelt. Zudem können Sie mit Hilfe einer Abfrage die Kapazität und den verfügbaren freien Speicherplatz auf dem Laufwerk ermitteln.

Eigenschaft	Rückgabetyp	Beschreibung
AvailableFreeSpace	long	Gibt die Menge an verfügbarem freiem Speicherplatz auf einem Laufwerk an.
DriveFormat	string	Ruft den Namen des Dateisystems ab.
DriveType	DriveType	Ruft den Laufwerkstyp ab.
IsReady	bool	Der Rückgabewert gibt an, ob das Laufwerk bereit ist.
Name	string	Liefert den Namen des Laufwerks.
RootDirectory	DirectoryInfo	Liefert das Stammverzeichnis des Laufwerks.
TotalFreeSpace	long	Liefert den verfügbaren Speicherplatz.
TotalSize	long	Ruft die Gesamtgröße des Speicherplatzes auf einem Laufwerk ab.
VolumeLabel	string	Ruft die Datenträgerbezeichnung eines Laufwerks ab.

Tabelle 12.9 Eigenschaften der Klasse »DriveInfo«

Die Eigenschaft `DriveType` sollten wir uns noch etwas genauer ansehen. Sie liefert als Ergebnis des Aufrufs eine Konstante der gleichnamigen Enumeration ab. Diese hat insgesamt sieben Mitglieder, die Sie Tabelle 12.10 entnehmen können.

Member	Beschreibung
`CDRom`	optischer Datenträger (z. B. CD oder DVD)
`Fixed`	Festplatte
`Network`	Netzlaufwerk
`NoRootDirectory`	Das Laufwerk hat kein Stammverzeichnis.
`Ram`	RAM-Datenträger
`Removable`	Wechseldatenträger
`Unknown`	unbekannter Laufwerkstyp

Tabelle 12.10 Mitglieder der Enumeration »DriveType«

12.4 Die »Stream«-Klassen

Ein Stream ist die abstrahierte Darstellung eines Datenflusses aus einer geordneten Abfolge von Bytes. Welcher Natur dieser Datenstrom ist – ob er aus einer Datei stammt, ob er die Eingabe eines Benutzers an der Tastatur enthält oder ob er möglicherweise aus einer Netzwerkverbindung bezogen wird –, bleibt zunächst einmal offen. Die Beschaffenheit des Datenflusses hängt nicht nur von Sender und Empfänger ab, sondern auch ganz entscheidend vom Betriebssystem.

Entwickelnde sollen ihre Aufgabe unabhängig von diesen spezifischen Details lösen. E/A-Streams sind deshalb von Klassen beschrieben, die Allgemeingültigkeit garantieren. Das spielt insbesondere bei der Entwicklung von .NET-Anwendungen eine wesentliche Rolle, um die Plattformunabhängigkeit des Codes zu gewährleisten.

Streams dienen generell dazu, drei elementare Operationen ausführen zu können:

- Dateninformationen müssen in einen Stream geschrieben werden. Nach welchem Muster das geschieht, wird durch den Typ des Streams vorgegeben.
- Aus dem Datenstrom muss gelesen werden, ansonsten könnte man die Daten nicht weiterverarbeiten. Das Ziel kann unterschiedlich sein: Die Bytes können Variablen oder Arrays zugewiesen werden, sie könnten aber auch in einer Daten-

bank landen und zur Ausgabe an einem Peripheriegerät wie dem Drucker oder dem Monitor dienen.

- Nicht immer ist es erforderlich, den Datenstrom vom ersten bis zum letzten Byte auszuwerten. Manchmal reicht es aus, erst ab einer bestimmten Position zu lesen. Man spricht dann vom *wahlfreien Zugriff*.

Nicht alle Datenströme können diese drei Punkte gleichzeitig erfüllen. Beispielsweise unterstützen Datenströme im Netzwerk nicht den wahlfreien Zugriff.

Bei den Streams werden grundsätzlich zwei Typen unterschieden:

- **Base-Streams**, die direkt aus einem Strom Daten lesen oder in ihn hineinschreiben. Diese Vorgänge können z. B. in Dateien, im Hauptspeicher oder in einer Netzwerkverbindung enden.
- **Pass-through-Streams** ergänzen einen Base-Stream um spezielle Funktionalitäten. So können manche Streams verschlüsselt oder im Hauptspeicher gepuffert werden. Pass-through-Streams lassen sich hintereinander in Reihe schalten, um so die Fähigkeiten eines Base-Streams zu erweitern. Auf diese Weise lassen sich sogar individuelle Streams konstruieren.

12.4.1 Die abstrakte Klasse »Stream«

Die Klasse `Stream` ist die abstrakte Basisklasse aller anderen `Stream`-Klassen. Sie stellt alle fundamentalen Eigenschaften und Methoden bereit, die von den abgeleiteten Klassen geerbt werden und letztendlich deren Funktionalität ausmachen.

Die von der Klasse `Stream` abgeleiteten Klassen unterstützen mit ihren Methoden nur Operationen auf Bytesequenzen. Da allein durch eine Bytesequenz noch keine Aussage darüber getroffen ist, welcher Datentyp sich hinter mehreren aufeinanderfolgenden Bytes verbirgt, muss der Inhalt eines solchen Stroms noch interpretiert werden.

Die Eigenschaften der Klasse »Stream«

Streams stellen Schreib-, Lese- und Suchoperationen bereit. Allerdings unterstützt nicht jeder Stream gleichzeitig alle Operationen. Um in einem gegebenen Stream seine Verhaltensweisen festzustellen, können Sie die Eigenschaften `CanRead`, `CanWrite` und `CanSeek` abfragen, die einen booleschen Wert zurückliefern und damit Auskunft über die Charakteristik dieses `Stream`-Objekts liefern. Die Eigenschaft `Length` liefert die Länge des Streams und `Position` die aktuelle Position innerhalb des Streams. Letztere wird allerdings nur von den Streams bereitgestellt, die auch die Positionierung mit der `Seek`-Methode unterstützen.

Eigenschaft	Beschreibung
CanRead	Ruft in einer abgeleiteten Klasse einen Wert ab, der angibt, ob der aktuelle Stream Lesevorgänge unterstützt.
CanWrite	Ruft in einer abgeleiteten Klasse einen Wert ab, der angibt, ob der aktuelle Stream Schreibvorgänge unterstützt.
CanSeek	Ruft in einer abgeleiteten Klasse einen Wert ab, der angibt, ob der aktuelle Stream Suchvorgänge unterstützt.
Length	Ruft in einer abgeleiteten Klasse die Länge des Streams in Bytes ab.
Position	Ruft in einer abgeleiteten Klasse die Position im aktuellen Stream ab oder legt diese fest.

Tabelle 12.11 Eigenschaften der abstrakten Klasse »Stream«

Die Methoden der Klasse »Stream«

Die wichtigsten Methoden aller Stream-Klassen dürften Read, Write und Seek sein. Sehen wir uns zunächst die Definitionen der beiden Methoden Read und Write an, die von jeder abgeleiteten Klasse überschrieben werden müssen.

```
public abstract int Read(in byte[] buffer,int offset,int count);
public abstract void Write(byte[] buffer, int offset, int count);
```

Einem schreibenden Stream müssen Sie die Daten übergeben, die in den Datenstrom geschrieben werden sollen. Die Write-Methode benutzt dazu den ersten Parameter, liest die Elemente byteweise ein und schreibt sie in den Strom. Der Empfänger des Datenstroms kann die Bytes mit Read dem ersten Parameter entnehmen. Der zweite Parameter, offset, bestimmt die Position im Array, ab der der Lese- bzw. Schreibvorgang beginnen soll. Meistens wird hier die Zahl 0 eingetragen, das heißt, die Operation greift auf das erste Array-Element zu – entweder lesend oder schreibend. Im dritten und letzten Parameter wird angegeben, wie viele Bytes gelesen oder geschrieben werden sollen.

Beachten Sie auch, dass Write als Methode ohne Rückgabewert implementiert ist, während Read einen int liefert, dem Sie die Anzahl der gelesenen Bytes entnehmen können, die in den Puffer – also das Array – geschrieben worden sind. Der Rückgabewert ist 0, wenn das Ende des Streams erreicht ist. Er kann aber auch kleiner sein als im dritten Parameter angegeben, wenn weniger Bytes im Stream eingelesen werden.

Die abstrakte Klasse Stream definiert zwei weitere, ähnliche Methoden, die jedoch jeweils nur immer ein Byte aus dem Datenstrom lesen oder in ihn hineinschreiben: ReadByte und WriteByte. Beide Methoden sind parameterlos und setzen den Positionszeiger innerhalb des Streams um eine (Byte-)Position weiter.

```
public virtual int ReadByte();
public virtual void WriteByte(byte value);
```

Der Rückgabewert der ReadByte-Methode ist -1, wenn das Ende des Datenstroms erreicht ist.

Um in einem Datenstrom ab einer vorgegebenen Position zu lesen oder zu schreiben, bietet sich die Seek-Methode an:

```
public abstract long Seek (long offset, SeekOrigin origin);
```

Mit den beiden Parametern offset und origin wird der Startpunkt für den Positionszeiger im Stream festgelegt, ab dem weitere E/A-Operationen aktiv werden. offset beschreibt die Verschiebung in Bytes ab der unter origin festgelegten Ursprungsposition. origin ist vom Typ der Aufzählung SeekOrigin, in der die drei Konstanten aus Tabelle 12.12 definiert sind.

Member	Beschreibung
Begin	Gibt den Anfang eines Streams an.
Current	Gibt die aktuelle Position innerhalb eines Streams an.
End	Gibt das Ende eines Streams an.

Tabelle 12.12 Konstanten der Aufzählung »SeekOrigin«

SeekOrigin.Begin setzt den Positionszeiger auf das erste Byte des Datenstroms, mit SeekOrigin.Current behält er seine augenblickliche Position bei, und SeekOrigin.End setzt den Positionszeiger auf das Byte, das als erstes den Bytes des vollständigen Streams folgt. Ausgehend von origin wird durch Addition von offset die gewünschte Startposition ermittelt.

Ein Stream, der einmal geöffnet worden ist und Daten in den Puffer geschrieben hat, sollte ordnungsgemäß mit Close geschlossen werden.

Sie haben jetzt so viele Methoden im Schnelldurchlauf kennengelernt, dass alle erwähnten noch einmal in übersichtlicher tabellarischer Form zusammengefasst werden sollen (siehe Tabelle 12.13).

Methode	Beschreibung
Close	Schließt den aktuellen Stream und gibt alle dem aktuellen Stream zugeordneten Ressourcen frei.

Tabelle 12.13 Methoden der abstrakten Klasse »Stream«

Methode	Beschreibung
`Read`	Liest eine Folge von Bytes aus dem aktuellen Stream und setzt den Datenzeiger im Stream um die Anzahl der gelesenen Bytes weiter.
`ReadByte`	Liest ein Byte aus dem Stream und erhöht die Position im Stream um ein Byte. Der Rückgabewert ist `-1`, wenn das Ende des Streams erreicht ist.
`Seek`	Legt die Position im aktuellen Stream fest.
`Write`	Schreibt eine Folge von Bytes in den aktuellen Stream und erhöht den Datenzeiger im Stream um die Anzahl der geschriebenen Bytes.
`WriteByte`	Schreibt ein Byte an die aktuelle Position im Stream und setzt den Datenzeiger um eine Position im Stream weiter.

Tabelle 12.13 Methoden der abstrakten Klasse »Stream« (Forts.)

12.4.2 Die von »Stream« abgeleiteten Klassen im Überblick

Sie haben in den vorherigen Ausführungen nur die wichtigsten Methoden und Eigenschaften der Klasse `Stream` kennengelernt. Die bisherigen Aussagen sollten genügen, um eine Vorstellung davon zu erhalten, welche wesentlichen Verhaltensweisen an die abgeleiteten Klassen weitervererbt werden.

Den in Tabelle 12.14 aufgeführten Klassen dient `Stream` als Basisklasse. Dabei ist die Tabelle nicht vollständig, sondern enthält nur die wichtigsten Typen. Beachten Sie bitte, dass die verschiedenen ableitenden Klassen nicht alle demselben Namespace angehören.

Stream-Typ	Beschreibung
`BufferedStream`	Die Klasse `BufferedStream` wird benutzt, um Daten eines anderen E/A-Datenstroms zu puffern. Ein Puffer ist ein Block von Bytes im Arbeitsspeicher des Rechners; dieser Puffer wird dazu benutzt, den Datenstrom zu cachen, um damit die Anzahl der Aufrufe an das Betriebssystem zu verringern. Dadurch lässt sich insgesamt die Effizienz verbessern. Diese Klasse wird immer im Zusammenhang mit anderen Klassen eingesetzt.
`CryptoStream`	Daten, die nicht in ihrem Originalzustand in einen Strom geschrieben werden sollen, lassen sich mit der Klasse `CryptoStream` verschlüsseln. `CryptoStream` wird immer mit einem anderen Stream kombiniert.

Tabelle 12.14 Die von »Stream« abgeleiteten Klassen

Stream-Typ	Beschreibung
`FileStream`	Diese Klasse wird dazu benutzt, um Daten in Dateien des Dateisystems zu schreiben. Eine Netzwerkverbindung kann ebenfalls das Ziel dieses Datenstroms sein.
`GZipStream`	Mit den Methoden dieser Klasse können Sie Byteströme komprimieren und dekomprimieren.
`MemoryStream`	Meistens sind Dateien oder Netzwerkverbindungen das Ziel der Datenströme. Es kann jedoch auch sinnvoll sein, Daten bewusst temporär in den Hauptspeicher zu schreiben und sie später von dort wieder zu lesen. Viele Anwendungen arbeiten nach dem Prinzip, Daten in eine temporäre Datei zu speichern. Ein `MemoryStream` kann temporäre Dateien ersetzen und trägt damit zur Steigerung der Leistungsfähigkeit einer Anwendung bei, da das Schreiben und Lesen in den Hauptspeicher um ein Vielfaches schneller ist als das Schreiben auf die Festplatte.
`NetworkStream`	Ein Datenfluss, der auf der Klasse `NetworkStream` basiert, sendet die Daten basierend auf Sockets. Das Besondere an diesem Datenstrom ist, dass er Daten nur vollständig in den Strom schreiben oder daraus lesen kann – der Zugriff auf beliebige Daten innerhalb des Stroms ist nicht möglich.

Tabelle 12.14 Die von »Stream« abgeleiteten Klassen (Forts.)

12.4.3 Die Klasse »FileStream«

Die Klasse `FileStream` ist die universellste Klasse und erscheint damit in vielen Anwendungsfällen am geeignetsten. Sie hat die Fähigkeit, sowohl byteweise aus einer Datei zu lesen als auch byteweise in eine Datei zu schreiben. Außerdem kann ein Positionszeiger auf eine beliebige Position innerhalb des Streams gesetzt werden. Ein `FileStream` puffert die Daten, um die Ausführungsgeschwindigkeit zu erhöhen. Die Größe des Puffers beträgt standardmäßig 8 KByte.

Die `FileStream`-Klasse bietet eine Reihe von Konstruktoren an, die dem Objekt bestimmte Verhaltensweisen und Eigenschaften mit auf den Lebensweg geben:

```
public FileStream(string, FileMode);
public FileStream(string, FileMode, FileAccess);
public FileStream(string, FileMode, FileAccess, FileShare);
public FileStream(string, FileMode, FileAccess, FileShare, int);
public FileStream(string, FileMode, FileAccess, FileShare, int, bool);
public FileStream(String, FileStreamOptions)
```

Sie können ein FileStream-Objekt erzeugen, indem Sie im ersten Parameter eine Pfadangabe als Zeichenfolge übergeben. Der Parameter FileMode beschreibt, wie das Betriebssystem die Datei öffnen soll (FileMode.Append, FileMode.Create, FileMode.CreateNew ...). FileAccess hingegen gibt an, wie auf die Datei zugegriffen werden darf (FileAccess.Read, FileAccess.Write oder FileAccess.ReadWrite). Sie haben diese Typen bereits im Abschnitt zur Klasse File kennengelernt. Der Parameter vom Typ FileShare legt fest, ob ein gemeinsamer Zugriff auf die Datei möglich ist oder nicht.

Der Puffer, in den ein FileStream die Daten zur Steigerung der Leistungsfähigkeit schreibt, ist standardmäßig 8 KByte groß. Mit dem Parameter des Typs int können Sie die Größe des Puffers bei der Instanziierung beeinflussen. Mit dem letzten Parameter des Typs bool können Sie angeben, ob das Objekt asynchrone Zugriffe unterstützen soll.

Seit .NET 6, also C# 10, hat Microsoft zahlreiche weitere Vereinfachungen eingeführt, um die Arbeit mit I/O-Methoden zu erleichtern. FileStream-Instanzen bieten eine FileStreamOptions-Klasse an, um damit Parameter wie Mode, Access, Share und weitere zu bündeln.

```
var options = new FileStreamOptions
{
    Mode = FileMode.Open,
    Access = FileAccess.Read,
    Options = FileOptions.Asynchronous
};
using var fs = new FileStream("data.txt", options);
```

Auf diese Weise lassen sich die Optionen vorher erstellen und, wenn notwendig, auch mehreren FileStream-Instanzen übergeben. Generell macht dieses Vorgehen die Konfiguration etwas leichter und den Code lesbarer.

Das Schreiben in einen »FileStream«

Listing 12.4 demonstriert, wie mit einem FileStream-Objekt Daten in eine Datei geschrieben werden:

```
byte[] arr = {10, 20, 30, 40, 50, 60, 70, 80, 90, 100};
string path = @"D:\Testfile.txt";
FileStream fs = new FileStream(path, FileMode.Create);
fs.Write(arr, 0, arr.Length);
fs.Close();
```

Listing 12.4 Schreiben in eine Datei mit einem »FileStream«-Objekt

Zunächst wird ein Byte-Array deklariert und mit insgesamt zehn Zahlen initialisiert. In der zweiten Anweisung wird der Name der Datei festgelegt, in die das Array geschrieben werden soll.

Bei der Instanziierung des `FileStream`-Objekts werden dem Konstruktor im ersten Argument der Pfad und die Datei bekanntgegeben, auf der der Stream operieren soll. Die Fähigkeiten dieses Streams beschreibt das zweite Argument: Die Konstante `FileMode.Create` teilt dem Konstruktor mit, dass das `FileStream`-Objekt eine neue Datei erzeugen kann oder, falls im angegebenen Pfad bereits eine gleichnamige Datei existiert, diese überschreiben soll. Mit

```
fs.Write(arr, 0, arr.Length);
```

wird der Inhalt des Arrays `arr` dem `Stream`-Objekt übergeben. Die Syntax der Methode `Write` der Klasse `FileStream` lautet wie folgt:

```
public void Write(byte[] array, int offset, int count);
```

Dabei haben die drei Parameter die folgende Bedeutung:

Parameter	Beschreibung
`array`	ein Byte-Array, das die Daten enthält, die in den Stream geschrieben werden sollen
`offset`	die Indexposition im Array, an der die Schreiboperation beginnen soll
`count`	die Anzahl der zu schreibenden Bytes

Tabelle 12.15 Die Parameter der Methode »Write« eines »FileStream«-Objekts

Der Schreibvorgang des Beispiels startet mit dem ersten Array-Element. Das sagt der zweite Parameter der `Write`-Methode aus. Die Anzahl der zu schreibenden Bytes bestimmt der dritte Parameter – in unserem Beispiel werden alle Array-Elemente dem Datenstrom zugeführt. Zum Schluss schließt die Methode `Close` den `FileStream`.

Das Lesen aus einem »FileStream«

Wir wollen uns nun auch vom Erfolg unserer Bemühungen überzeugen und die Datei auswerten. Dazu ergänzen wir den Programmcode aus Listing 12.4 wie folgt:

```
[...]
byte[] arrRead = new byte[10];
fs.Read(arrRead, 0, 10);
for (int i = 0; i < arr.Length; i++)
  Console.WriteLine(arrRead[i]);
fs.Close();
```

Listing 12.5 Lesen einer Datei mit einem »FileStream«-Objekt

Wir deklarieren ein weiteres Array (`arrRead`), in das wir das Ergebnis der Leseoperation hineinschreiben. Da uns bekannt ist, wie viele Byteelemente sich in unserer Datei befinden (wie unfair), können wir die Array-Grenze schon im Voraus festlegen.

Nun kommt es zum Aufruf der `Read`-Methode. Zuerst wollen wir uns wieder die Syntax dieser Methode anschauen:

```
public override int Read(in byte[] array, int offset, int count);
```

Die Parameter sind denen der `Write`-Methode sehr ähnlich. Das `FileStream`-Objekt, auf dem die `Read`-Methode aufgerufen wird, repräsentiert eine bestimmte Datei. Diese wurde bereits über den Konstruktor bekanntgegeben. Aus der Datei werden die Daten in das Array eingelesen, das durch den Parameter `array` beschrieben wird. Der erste Array-Index, der der Leseoperation zur Verfügung steht, wird im Parameter `offset` angegeben, die Anzahl der aus dem `FileStream` zu lesenden Bytes im dritten Parameter `count`.

Wir wollen den ersten Bytewert aus dem Datenstrom in das mit 0 indizierte Element des Arrays `arrRead` schreiben und geben das im zweiten Parameter bekannt. Die Gesamtanzahl der zu lesenden Bytes teilen wir dem dritten Parameter mit. In einer Schleife wird danach das eingelesene Array durchlaufen und an der Konsole ausgegeben.

Starten Sie nun die Laufzeit des Programms, wird die Enttäuschung groß sein und Sie an den eigenen Programmierfähigkeiten zweifeln lassen! Denn bedauerlicherweise werden nicht die Zahlenwerte ausgegeben, die wir in die Datei geschrieben haben, sondern nur Nullen. Haben wir etwas falsch gemacht und, wenn ja, wie ist das zu erklären?

Der Positionszeiger

Die Schreib- bzw. Leseposition in einem Datenstrom wird durch einen Positionszeiger beschrieben. Schließlich muss der Strom wissen, auf welchem Byte die folgende Operation ausgeführt werden soll. Bei der Instanziierung eines `Stream`-Objekts verweist der Zeiger zunächst auf das erste Byte im Stream. Mit dem Aufruf der `Write`-Methode wird ein Wert daher genau an diese Position geschrieben. Anschließend wird der Positionszeiger auf die folgende Byteposition verschoben.

Dieser Vorgang wiederholt sich bei jedem Schreibvorgang, von denen es in unserem Beispiel zehn gibt, nämlich für jedes zu schreibende Array-Element einen. Am Ende, wenn wir unsere zehn Bytes in den Strom geschrieben haben, verweist der Positionszeiger auf das folgende, nun elfte Byte im Stream (siehe Abbildung 12.2). Genau das verursacht nun ein Problem. Wir rufen auf dem `FileStream`-Objekt die `Read`-Methode auf und lesen ab der Position, die aktuell durch den Datenzeiger beschrieben wird. Das ist aber die elfte Stelle im Datenstrom – und nicht die erste, wie wir es eigentlich erwartet haben bzw. wie es hätte sein sollen.

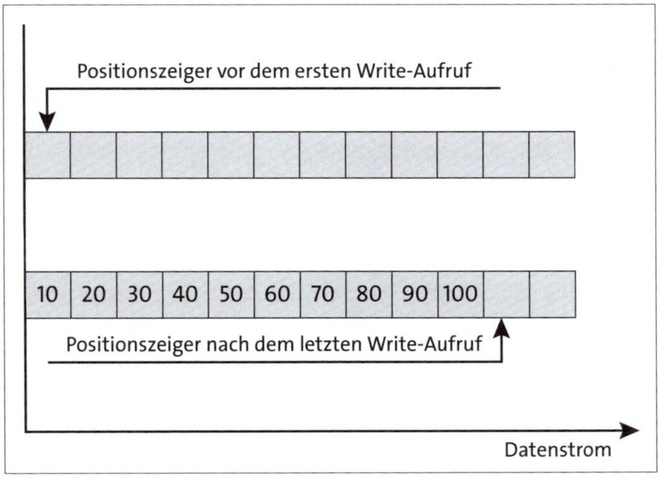

Abbildung 12.2 Der Positionszeiger in einem »Stream«-Objekt

Kommen wir nun zur Lösung. `FileStream` beerbt die Klasse `Stream` und hat daher auch eine `Seek`-Methode, mit der wir den Positionszeiger beliebig einstellen können:

```
public override long Seek(long offset, SeekOrigin origin);
```

Wir überlegen uns, wohin wir den Ursprung des Positionszeigers verlegen wollen – natürlich an den Anfang des Datenstroms. Also müssen wir den zweiten Parameter der `Seek`-Methode auf

```
origin = SeekOrigin.Begin
```

festlegen. Nun geben wir im ersten Argument den tatsächlichen und endgültigen Startpunkt des Positionszeigers bezogen auf den im zweiten Parameter definierten Ursprung an. Er lautet `0`, denn schließlich wollen wir den Zeiger auf die erste Position des Datenstroms setzen.

```
[...]
fs.Write(arr, 0, arr.Length);
[...]
fs.Seek(0, SeekOrigin.Begin);
fs.Read(arrRead, 0, 10);
[...]
```

Natürlich wäre es auch möglich, zunächst das `FileStream`-Objekt zu schließen und es danach neu zu instanziieren. Damit hätten wir wieder einen Positionszeiger, der auf das erste Byte im Stream zeigt. Wenn wir nach der Ergänzung mit `Seek` das Programm noch einmal starten, wird das Ergebnis wie erwartet ausgegeben. Zum Schluss wollen wir noch einmal den gesamten Code zusammenfassen.

```
// Beispiel: ..\Kapitel 12\FileStream_Example
byte[] arr = {10, 20, 30, 40, 50, 60, 70, 80, 90, 100};
string path = @"D:\Testfile.txt";
// Stream öffnen
FileStream fs = new FileStream(path, FileMode.Create);
// in den Stream schreiben
fs.Write(arr, 0, arr.Length);
byte[] arrRead = new byte[10];
// Positionszeiger auf den Anfang des Streams setzen
fs.Seek(0, SeekOrigin.Begin);
// Stream lesen
fs.Read(arrRead, 0, 10);
for (int i = 0; i < arr.Length; i++)
  Console.WriteLine(arrRead[i]);
Console.ReadLine();
// FileStream schließen
fs.Close();
```

Listing 12.6 Das komplette Beispiel des Einsatzes der Klasse »FileStream«

Wir müssen nicht zwangsläufig das komplette Byte-Array vom ersten bis zum letzten Element in die Datei schreiben. Mit

```
fs.Write(arr, 2, arr.Length - 2);
```

ist das erste zu schreibende Element das, das die Zahl 30 enthält (entsprechend dem Index 2). Wenn wir allerdings den dritten Parameter, der die Anzahl der zu lesenden Bytes angibt, nicht entsprechend anpassen, wird über das Ende des Arrays hinaus gelesen, was zu der Exception `ArgumentException` führt.

Eine Textdatei mit »FileStream« lesen

Obwohl es spezialisierte Klassen zum Lesen und Schreiben in eine Textdatei gibt, lässt sich das auch mit einem `FileStream`-Objekt realisieren. Wir wollen uns das im Folgenden ansehen:

```
// Beispiel: ..\Kapitel 12\TextdateiMitFileStream
// Benutzereingabe anfordern
Console.Write("Geben Sie die zu öffnende Datei an: ");;
string strFile = Console.ReadLine();
// prüfen, ob die angegebene Datei existiert
if (! File.Exists(strFile))
{
  Console.WriteLine("Die Datei {0} existiert nicht!", strFile);
  Console.ReadLine();
```

```
  return;
}
// Datei öffnen
FileStream fs = File.Open(strFile, FileMode.Open);
// Byte-Array, in das die Daten aus dem Datenstrom eingelesen werden
byte[] puffer = new Byte[fs.Length];
// die Zeichen aus der Datei lesen und in das Array
// schreiben, der Lesevorgang beginnt mit dem ersten Zeichen
fs.Read(puffer, 0, (int)fs.Length);
// das Byte-Array elementweise einlesen und jedes Array-Element
// in Char konvertieren
for (int i = 0; i < fs.Length; i++)
  Console.Write(Convert.ToChar(puffer[i]));
Console.ReadLine();
```

Listing 12.7 Textdatei mit einem »FileStream«-Objekt einlesen

Nach dem Start der Laufzeitumgebung wird der Benutzer dazu aufgefordert, den Pfad zu einer Textdatei anzugeben. Diesmal beschreiten wir allerdings einen anderen Weg und rufen den Konstruktor nicht direkt auf, sondern die Methode `Open` der Klasse `File`:

```
FileStream fs = File.Open(strFile, FileMode.Open);
```

Diese Anweisung funktioniert tadellos, weil der Rückgabewert der `File.Open`-Methode die Referenz auf eine `FileStream`-Instanz liefert. Gegen den Weg über einen `FileStream`-Konstruktor, der diese Möglichkeit auch bietet, ist grundsätzlich auch nichts einzuwenden. Im folgenden Schritt wird das Byte-Array `puffer` deklariert und mit einer Kapazität initialisiert, die der Größe der Datei entspricht:

```
byte[] puffer = new Byte[fs.Length];
```

Die Größe der Datei besorgen wir uns mit der Eigenschaft `Length` der Klasse `FileStream`, die uns die Größe des Datenstroms liefert. Daran schließt sich die Leseoperation mit `Read` an, die den Inhalt der Textdatei byteweise liest und in das Array `puffer` schreibt:

```
fs.Read(puffer, 0, (int)fs.Length);
```

Weil der dritte Parameter der `Read`-Methode ein Datum vom Typ `int` erwartet und die Eigenschaft `Length` einen `long` liefert, müssen wir noch in den richtigen Datentyp konvertieren.

Ein `FileStream`-Objekt arbeitet grundsätzlich nur auf der Basis von Bytes, es weiß nichts von dem tatsächlichen Typ, der sich im Datenstrom verbirgt. Eine Textdatei enthält aber Zeichen, die, als ANSI-Zeichen interpretiert, erst den wirklichen Informationsgehalt liefern. Deshalb müssen wir jedes einzelne Byte des Streams in einen char-Typ konvertieren. Das geschieht in einer Schleife, die alle Bytes des Arrays abgreift, konvertiert und danach an der Konsole ausgibt.

```
for (int i = 0; i < fs.Length; i++)
  Console.Write(Convert.ToChar(puffer[i]));
```

Läge den Daten aus der Datei ein anderer Typ zugrunde, beispielsweise int oder float, ist dieser Zieldatentyp anzugeben. Wissen Sie nicht, welcher Typ in der Datei gespeichert ist, können Sie mit dem Inhalt praktisch nichts anfangen.

12.5 Die Klassen »TextReader« und »TextWriter«

Wie Sie in den vorhergehenden Abschnitten gesehen haben, stellt die Klasse Stream Operationen bereit, mit denen Sie unformatierte Daten byteweise lesen und schreiben können. Stream-Objekte bieten sich daher insbesondere für allgemeine Operationen an, beispielsweise für das Kopieren von Dateien. Die Klasse Stream beziehungsweise die daraus abgeleiteten Klassen sind aber weniger gut für textuelle Ein- und Ausgabeoperationen geeignet.

Um den üblichen Anforderungen von Textoperationen zu entsprechen, stellt die .NET-Klassenbibliothek die beiden abstrakten Klassen TextReader und TextWriter bereit. Objekte, die aus der Klasse Stream abgeleitet werden, unterstützen den vollständigen Satz an E/A-Operationen, also sowohl das Lesen als auch das Schreiben. Nun wird die Bearbeitung auf zwei Klassen aufgeteilt, die entweder nur lesen oder nur schreiben können.

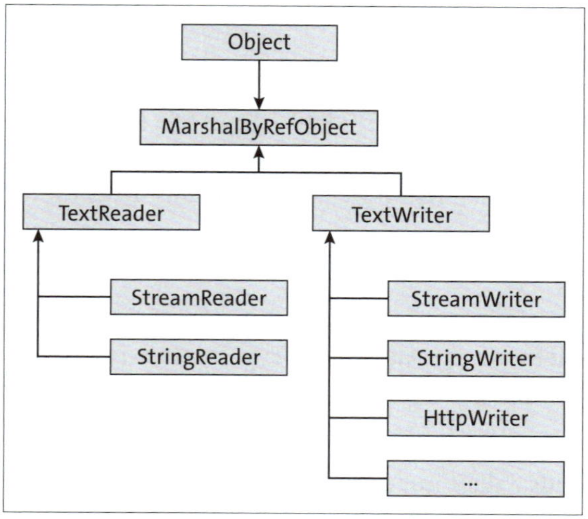

Abbildung 12.3 Objekthierarchie der »Reader«- und »Writer«-Klassen

TextReader und TextWriter sind abstrakt definiert und müssen daher abgeleitet werden. .NET bietet solche Ableitungen mit StreamReader und -Writer sowie StringReader und -Writer an. Von TextWriter gibt es noch weitere, spezialisierte Ableitungen. Im Folgenden werden wir uns mit den Klassen StreamReader und StreamWriter beschäftigen.

12.5.1 Die Klasse »StreamWriter«

Die Klasse StreamWriter ist ein zentrales Hilfsmittel, wenn es darum geht, Zeichen in eine Datei oder einen anderen Ausgabestrom zu schreiben. Sie gehört zum Namensraum System.IO und ermöglicht das bequeme und effiziente Schreiben von Textdaten. Im Gegensatz zu binären Schreibklassen arbeitet StreamWriter zeichenbasiert und eignet sich daher besonders für den Umgang mit Textdateien, etwa beim Protokollieren, Exportieren von Daten oder beim Generieren von Berichten.

Die Konstruktoren der Klasse »StreamWriter«

Wir werden uns daher zunächst einigen Konstruktoren der Klasse StreamWriter zuwenden, um zu sehen, auf welcher Basis sich ein Objekt dieses Typs erzeugen lässt.

```
public StreamWriter(Stream);
public StreamWriter(string);
public StreamWriter(Stream, Encoding);
public StreamWriter(string, bool);
public StreamWriter(Stream, Encoding, int);
public StreamWriter(string, bool, Encoding);
public StreamWriter(string, bool, Encoding, int);
```

Es fällt zunächst auf, dass wir jedem Konstruktor entweder eine Zeichenfolge oder ein Objekt vom Typ Stream übergeben müssen. Entscheiden wir uns für eine Zeichenfolge, enthält diese die Pfadangabe zu einer Datei.

Da die Klasse Stream abstrakt ist, können wir natürlich keine Referenz auf ein konkretes Stream-Objekt übergeben. Aber die Klasse Stream wird abgeleitet, beispielsweise von FileStream. Die Referenz auf ein Objekt einer aus Stream abgeleiteten Klasse gilt aber nach den Paradigmen der Objektorientierung gleichzeitig als ein Objekt vom Typ der Basisklasse. Also kann dem Parameter im Konstruktor, der den Typ Stream erwartet, ein Objekt vom Typ einer aus Stream abgeleiteten Klasse übergeben werden.

Nun sehen wir uns sofort mit der Frage konfrontiert, welchen Sinn es hat, ein Stream-Objekt als Argument an den Konstruktor zu übergeben. Wie Sie sich vielleicht noch erinnern, werden die Stream-Objekte generell in zwei Typen klassifiziert: in Base-Streams und Pass-through-Streams. Ein Base-Stream endet zum Beispiel direkt in einer Datei oder in einer Netzwerkverbindung, ein Pass-through-Stream ist ein »Durchlaufobjekt«, das die Fähigkeiten eines Base-Streams erweitert.

Betrachten wir zunächst den Konstruktor der Klasse `StreamWriter`, der in einem String eine Pfadangabe entgegennimmt:

```
public StreamWriter(string);
```

Ein Objekt, das basierend auf dieser Erstellungsroutine instanziiert wird, weiß, wohin die Daten geschrieben werden – nämlich in die Datei, die durch das `String`-Argument beschrieben wird, z. B.:

```
StreamWriter myStreamWriter = new StreamWriter(@"D:\MyText.txt");
```

Wir erzeugen mit dieser Anweisung einen Base-Stream, der die Daten – genauer gesagt eine Zeichenfolge – in eine Datei schreiben kann. Nun wollen wir ein anderes `StreamWriter`-Objekt erzeugen, diesmal allerdings auf Basis der Übergabe eines `FileStream`-Objekts.

```
FileStream fs = new FileStream(@"D:\Test.txt", FileMode.CreateNew);
StreamWriter myStreamWriter = new StreamWriter(fs);
```

In der ersten Anweisung wird ein Objekt vom Typ `FileStream` erstellt, das eine neue Datei namens *Test.txt* in der Root *D:* erzeugt. Dieses Objekt wird seinerseits als Argument an den Konstruktor der Klasse `StreamWriter` übergeben. Als Resultat liegt eine Hintereinanderschaltung von zwei `Stream`-Objekten vor, woraus sich Nutzen ziehen lässt. Wie Sie wissen, schreiben und lesen Objekte, die auf der `Stream`-Klasse basieren, nur elementare Bytes. Demgegenüber schreiben `StreamWriter`-Objekte Zeichen mit einer speziellen Verschlüsselung (Encoding) in den Datenstrom. Sie arbeiten mit einem Datenstrom, der die Charakteristika beider Datenflüsse kombiniert. In ähnlicher Weise könnten Sie auch einen `MemoryStream` oder `NetworkStream` als Argument übergeben.

Standardmäßig verschlüsselt `StreamWriter` nach UTF-8, eine Abweichung davon wird durch die Wahl eines Konstruktors erreicht, der einen Parameter vom Typ `Encoding` aus dem Namespace `System.Text` entgegennimmt. Sie können hier beispielsweise ein Objekt des Typs `UTF7Encoding` oder `UnicodeEncoding` (entspricht der UTF-16-Codierung) übergeben.

Anmerkung

Schreiben wir Zeichen in einen Stream, müssen die Bytes in bestimmter Weise interpretierbar sein. Standardmäßig wird in Mitteleuropa zur Codierung der ANSI-Zeichensatz (Codeseite 1252) benutzt, der Zeichencodes von 0 bis 255 zulässt und unter anderem Sonderzeichen wie »ä«, »ö« und »ü« beschreibt. Damit unterscheidet sich der ANSI-Zeichensatz vom ASCII-Zeichensatz, der nur die Codes von 0 bis 127 festlegt. Um einen Text korrekt zu übertragen und anzuzeigen, dürfte streng genommen nur der

ASCII-Zeichensatz verwendet werden, weil nur die Codes 0–127 unter ANSI und ASCII identisch sind.

Um Probleme dieser Art zu vermeiden, wurde mit *Unicode* ein neuer Zeichensatz geschaffen. Allerdings hat auch Unicode unterschiedliche Formate, denn es wird zwischen UTF-7, UTF-8, UTF-16 und UTF-32 unterschieden. Der UTF-8-Zeichensatz ist wohl der wichtigste, denn er ist der Standard unter .NET. In diesem Zeichensatz werden Unicode-Zeichen in einer unterschiedlichen Anzahl Bytes verschlüsselt. Die ASCII-Zeichen werden in einem Byte gespeichert, alle anderen Zeichen in weiteren zwei bis vier Byte. Das hat den Vorteil, dass Systeme, die nur ASCII- oder ANSI-Zeichen verarbeiten, mit der UTF-8-Codierung klarkommen.

Einige Konstruktoren erwarten zusätzlich einen booleschen Wert. Dieser kommt nur im Zusammenhang mit den Konstruktoren vor, die in einer Zeichenfolge die Pfadangabe zu der Datei erhalten, in die der Datenstrom geschrieben werden soll. Mit `true` werden die zu schreibenden Daten an das Ende der Datei gehängt – vorausgesetzt, es existiert bereits eine Datei gleichen Namens in dem Verzeichnis. Mit der Übergabe von `false` wird eine existierende Datei überschrieben.

Der letzte Parameter, der Ihnen in zwei Konstruktoren zur Verfügung steht, empfängt einen Wert vom Typ `int`, mit dem Sie die Größe des Puffers beeinflussen können.

Das Schreiben in den Datenstrom

Schauen wir uns zunächst ein Codefragment an, mit dem wir eine Datei erzeugen, in die wir den obligatorischen Text »Visual Studio macht Spaß« schreiben:

```
StreamWriter sw = new StreamWriter(@"D:\NewFile.txt");
sw.WriteLine("Visual Studio");
sw.WriteLine("macht Spaß!");
sw.Close();
```

Listing 12.8 Mit »StreamWriter« in eine Textdatei schreiben

Einfacher geht es nicht mehr! Zunächst wird ein Konstruktor aufgerufen und ihm zur Initialisierung des `StreamWriter`-Objekts eine Zeichenkette als Pfadangabe übergeben. Daraufhin wird entweder die Datei erzeugt oder eine existierende gleichnamige Datei im angegebenen Verzeichnis überschrieben. Mit jedem Aufruf der von `TextWriter` geerbten Methode `WriteLine` wird eine Zeile in die Datei geschrieben und ihr am Ende ein Zeilenumbruch angehängt. Mit unserem Codefragment erzeugen wir also eine zweizeilige Textdatei.

Es liegt die Vermutung nahe, dass `StreamWriter` eine zweite Methode zum Schreiben in den Datenstrom bereitstellt, die ohne den automatisch angehängten Zeilenumbruch in den Strom schreibt. Ein Blick in die Klassenbibliothek bestätigt die Vermutung: Es gibt eine Methode Write. Diese Methode ist genauso überladen wie die Methode WriteLine. Write und WriteLine bilden den Kern der Klasse StreamWriter. Viel mehr Methoden hat die Klasse auch nicht anzubieten, denn alle anderen sind bereits gute Bekannte: Close, die einen auf dieser Klasse basierenden Strom schließt, und Flush, die die sich im Puffer befindlichen Daten in den Strom schreibt und den Puffer leert. Tabelle 12.16 gibt die wichtigsten Methoden eines StreamWriter-Objekts wieder.

Methode	Beschreibung
Close	Schließt das aktuelle Objekt sowie alle eingebetteten Streams.
Flush	Schreibt die gepufferten Daten in den Stream und löscht danach den Inhalt des Puffers.
Write	Schreibt in den Stream, ohne einen Zeilenumbruch anzuhängen.
WriteLine	Schreibt in den Stream und schließt mit einem Zeilenumbruch ab.

Tabelle 12.16 Methoden eines »StreamWriter«-Objekts

Die Eigenschaften der Klasse »StreamWriter«

Mit AutoFlush veranlassen Sie, dass Daten aus dem Puffer in den Datenstrom geschrieben werden, sobald eine der Write/WriteLine-Methoden aufgerufen wird und diese Eigenschaft auf true gesetzt ist. Wollen Sie das aktuelle Textformat erfahren, können Sie die Eigenschaft Encoding auswerten:

```
StreamWriter sw = new StreamWriter(@"C:\NewFile.txt", false,
                                   Encoding.Unicode);
Console.WriteLine("Format: {0}", sw.Encoding.ToString());
```

Als dritte und letzte Eigenschaft steht Ihnen BaseStream zur Verfügung, die das Objekt des Base-Streams liefert, auf dem das StreamWriter-Objekt basiert.

Eigenschaften	Beschreibung
AutoFlush	Löscht den Puffer nach jedem Aufruf von Write oder WriteLine.
BaseStream	Liefert eine Referenz auf den Base-Stream zurück.
Encoding	Liefert das aktuelle Encoding-Schema zurück.

Tabelle 12.17 Die Eigenschaften der Klasse »StreamWriter«

12.5.2 Die Klasse »StreamReader«

Die aus der Klasse TextReader abgeleitete Klasse StreamReader ist das Gegenstück zur Klasse StreamWriter. Betrachtet man ihre Möglichkeiten, sind die Klassen praktisch identisch – abgesehen von der Tatsache, dass das charakteristische Merkmal dieser Klasse in der Fähigkeit zu finden ist, Daten einer bestimmten Codierung aus einem Strom zu lesen.

Die Konstruktoren ähneln denen der Klasse `StreamWriter`. Sie nehmen im einfachsten Fall die Referenz auf einen `Stream` oder eine Pfadangabe als `String` entgegen. Sie gestatten aber auch, die eingelesenen Zeichen nach einem durch `Encoding` beschriebenen Schema zu interpretieren oder die Puffergröße zu variieren. Tabelle 12.18 enthält die wichtigsten Methoden eines `StreamReader`-Objekts.

Methode	Beschreibung
`Peek`	Liest ein Zeichen aus dem Strom und liefert den `int`-Wert zurück, der das Zeichen repräsentiert, verarbeitet das Zeichen aber nicht. Der Zeiger wird nicht auf die Position des folgenden Zeichens gesetzt, wenn `Peek` aufgerufen wird, sondern verbleibt in seiner Stellung. Verweist der Zeiger hinter den Datenstrom, ist der Rückgabewert `-1`.
`Read`	Liest ein oder mehrere Zeichen aus dem Strom und liefert den `int`-Wert zurück, der das Zeichen repräsentiert. Ist kein Zeichen mehr verfügbar, ist der Rückgabewert `-1`. Der Positionszeiger verweist auf das nächste zu lesende Zeichen. Eine zweite Variante dieser überladenen Methode liefert die Anzahl der eingelesenen Zeichen.
`ReadLine`	Liest eine Zeile aus dem Datenstrom – entweder bis zum Zeilenumbruch oder bis zum Ende des Stroms. Der Rückgabewert ist vom Typ `string`.
`ReadToEnd`	Liest von der aktuellen Position des Positionszeigers bis zum Ende des Stroms alle Zeichen ein.

Tabelle 12.18 Methoden der Klasse »StreamReader«

Wir wollen nun an einem Codebeispiel das Lesen aus einem Strom testen.

```
// Beispiel: ..\Kapitel 12\StreamReader_Example
// Datei erzeugen und mit Text füllen
StreamWriter sw = new StreamWriter(@"D:\MyTest.kkl");
sw.WriteLine("Visual Studio");
sw.WriteLine("macht viel Spass.");
sw.Write("Richtig??");
sw.Close();
// die Datei an der Konsole einlesen
StreamReader sr = new StreamReader(@"D:\MyTest.kkl");
while(sr.Peek() != -1)
  Console.WriteLine(sr.ReadLine());
```

```
sr.Close();
Console.ReadLine();
```

Listing 12.9 Textdatei mit »StreamReader« lesen

Zunächst wird mit einem StreamWriter-Objekt eine Datei mit dem Namen *MyTest.kkl* erzeugt. Die Dateierweiterung ist frei gewählt, sie muss nicht zwangsläufig *.txt* zur Kennzeichnung als Textdatei lauten. Wichtig ist nur, die Daten der Datei beim späteren Lesevorgang richtig zu interpretieren. Solange wir wissen, dass wir es mit einer Textdatei zu tun haben, bereitet uns eine individuelle Dateierweiterung keine Probleme.

In den Datenstrom sw vom Typ StreamWriter werden drei Textzeilen geschrieben. Danach dürfen Sie nicht vergessen, den Strom wieder zu schließen, denn ansonsten werden Sie mit einer Fehlermeldung konfrontiert, wenn Sie nachfolgend den Versuch unternehmen, die Datei zum Lesen zu öffnen.

Um den Dateiinhalt zu lesen, nutzen wir ein Objekt vom Typ StreamReader, dessen Konstruktor wir den Pfad zu der Datei übergeben. Mit der ReadLine-Methode wird Zeile für Zeile aus dem Strom gelesen. Um den Lesevorgang zum richtigen Zeitpunkt wieder zu beenden, müssen wir das Ende der Datei feststellen. Hierbei ist die Methode Peek behilflich, deren Rückgabewert -1 ist, wenn der Zeiger auf eine Position hinter dem Ende des Stroms verweist. Dieses Verhalten machen wir uns zunutze, indem wir daraus die Abbruchbedingung der Schleife formulieren. In der while-Schleife werden so lange mit der ReadLine-Methode des StreamReader-Objekts Zeilen aus dem Datenstrom geholt (und dabei automatisch der Zeiger auf das nächste einzulesende Zeichen gesetzt), bis die Abbruchbedingung erfüllt wird, d. h., Peek -1 zurückliefert.

Die Ausgabe an der Konsole wird wie folgt lauten:

```
Visual Studio
macht Spass.
Richtig??
```

Da wir die komplette Textdatei auslesen wollen, könnten wir auch einen einfacheren Weg gehen und die komplette while-Schleife gegen die folgende Programmcodezeile austauschen:

```
Console.WriteLine(sr.ReadToEnd());
```

12.6 Die Klassen »BinaryReader« und »BinaryWriter«

Daten werden in einer Datei byteweise gespeichert. Dieses Grundprinzip macht sich die Klasse FileStream zunutze, indem sie Daten Byte für Byte in den Datenstrom schreibt oder aus einem solchen liest. Dazu werden Methoden angeboten, die entweder nur ein einzelnes Byte behandeln oder auf Basis eines Byte-Arrays operieren. Eine spezialisiertere Form der einfachen, byteweisen Vorgänge bieten uns die Klassen `BinaryReader` bzw. `BinaryWriter`. Mit `BinaryReader` lesen Sie aus dem Datenstrom, mit `BinaryWriter` schreiben Sie in einen solchen hinein. Das Besondere an den beiden Klassen ist die Behandlung der übergebenen oder ausgewerteten Daten.

Die Methoden der Klassen »BinaryReader« und »BinaryWriter«

Fast schon erwartungsgemäß veröffentlicht die Klasse `BinaryWriter` eine `Write`-Methode, die vielfach überladen ist. Sie können dieser Methode einen beliebigen primitiven Typ als Argument übergeben, der mit der ihm eigenen Anzahl von Bytes in der Datei gespeichert wird. Ein `int` schreibt sich demnach mit vier Bytes in eine Datei, ein `long` mit acht.

Ähnliches gilt für die Methode `Read`, der noch der Typ als Suffix angehängt wird, der gelesen wird, z. B. `ReadByte`, `ReadInt32` oder `ReadSingle`.

Die Konstruktoren der Klassen »BinaryReader« und »BinaryWriter«

In den beiden Klassen `BinaryReader` und `BinaryWriter` stehen Ihnen nur jeweils zwei Konstruktoren zur Verfügung. Dem ersten können Sie die Referenz auf ein Objekt vom Typ `Stream` übergeben, dem zweiten zusätzlich eine `Encoding`-Referenz.

Binäre Datenströme auswerten

Aus einem Strom die Bytes auszulesen, ist kein Problem. Halten Sie aber nur die rohen Bytes in den Händen, werden sie in den meisten Fällen nur von geringem Nutzen sein. Das Problem ist, eine bestimmte Sequenz von Bytes in richtiger Weise zu interpretieren. Kennen Sie den Typ der Dateninformationen nicht, sind die Bytes praktisch wertlos. Betrachten Sie dazu das folgende Beispiel:

```
// Beispiel: ..\Kapitel 12\BinaryReader_Example1
// eine Datei erzeugen und einen Integer-Wert in die Datei schreiben
FileStream fileStr = new FileStream(@"D:\Binfile.mic", FileMode.Create);
BinaryWriter binWriter = new BinaryWriter(fileStr);
int intArr = 500;
binWriter.Write(intArr);
binWriter.Close();
// Datei öffnen und den Inhalt byteweise auslesen
FileInfo fi = new FileInfo(@"D:\Binfile.mic");
FileStream fs = new FileStream(@"D:\Binfile.mic", FileMode.Open);
byte[] byteArr = new byte[fi.Length];
// Datenstrom in ein Byte-Array einlesen
fs.Read(byteArr, 0, (int)fi.Length);
```

```
// Konsolenausgabe
Console.Write("Interpretation als Byte-Array: ");
for (int i = 0; i < fi.Length; i++)
  Console.Write(byteArr[i] + " ");
Console.Write("\n\n");
fs.Close();
// Dateiinhalt textuell auswerten
StreamReader strReader = new StreamReader(@"D:\Binfile.mic");
Console.Write("Interpretation als Text: ");
Console.WriteLine(strReader.ReadToEnd());
strReader.Close();
Console.ReadLine();
```

Listing 12.10 Auswerten binärer Datenströme

Zuerst wird ein Objekt vom Typ `FileStream` erzeugt, um eine neue Datei anzulegen bzw. eine gleichnamige Datei zu überschreiben. Die Objektreferenz wird einem Konstruktor der Klasse `BinaryWriter` übergeben. Die Methode `Write` schreibt anschließend einen Integer mit dem Inhalt `500` in die Datei. Anschließend wird die Datei ausgelesen. Wir stellen uns dabei dumm und tun so, als wüssten wir nicht, von welchem Datentyp die in der Datei *D:\Binfile.mic* gespeicherte Zahl ist. Also testen wir den Dateiinhalt, zuerst byteweise und danach noch zeichenorientiert, in der Hoffnung, ein sinnvolles Ergebnis zu erhalten.

Zum byteweisen Lesen greifen wir auf die Klasse `FileStream` zurück, lesen den Datenstrom aus der Datei in das Byte-Array `byteArr` ein und geben dann die Elemente des Arrays an der Konsole aus:

```
Interpretation als Byte-Array: 244 1 0 0
```

Ein Unbedarfter wird vielleicht wegen der fehlerfreien Ausgabe in Verzückung geraten, wir wissen aber, dass es nicht das ist, was wir ursprünglich in die Datei geschrieben haben. Wie aber ist die Ausgabe zu interpretieren, die mit Sicherheit auf jedem Rechner genauso lauten wird?

Die vier Zahlen repräsentieren die vier Bytes aus der Datei. Dabei erfolgt die Anzeige vom Lower-Byte bis zum Higher-Byte. In die »richtige« – besser gesagt: gewohnte – Reihenfolge gebracht, müssten wir demnach

```
0 0 1 244
```

schreiben. Wir wissen, dass diese Bytes einen Integer beschreiben – und sie tun es auch, wenn wir uns nur die Bitfolge ansehen:

```
0000 0000 0000 0000 0000 0001 1111 0100
```

Die Kombination aller Bits ergibt tatsächlich die Dezimalzahl 500. Ein Benutzer, der nicht weiß, wie die vier Bytes zu interpretieren sind, hat die Qual der Wahl: Handelt es sich um vier einzelne Bytes oder um zwei Integer oder vielleicht um eine Zeichenfolge? Letzteres testet unser Code ebenfalls, das Ergebnis der Ausgabe ist ernüchternd: Uns grinst ein Smiley mit ausgestreckter Zunge an.

Ändern wir nun den Lesevorgang der Daten so ab, dass wir den Dateiinhalt tatsächlich als `int` auswerten:

```
FileStream fs = new FileStream(@"D:\Binfile.mic", FileMode.Open);
BinaryReader br = new BinaryReader(fs);
Console.WriteLine(br.ReadInt32());
```

Das Ergebnis wird diesmal mit der korrekten Ausgabe an der Konsole enden.

12.6.1 Komplexe binäre Dateien

Der Informationsgehalt binärer Dateien kann nur dann korrekt ausgewertet werden, wenn der Typ, den die Daten repräsentieren, bekannt ist. Im vorhergehenden Abschnitt haben Sie dazu ein kleines Beispiel gesehen. Binäre Dateien können aber mehr als nur einen einzigen Typ speichern, es können durchaus unterschiedliche Typen in beliebiger Reihenfolge sein. Um zu einem späteren Zeitpunkt auf die Daten zugreifen zu können, muss nur der strukturelle Aufbau der Datei – das sogenannte *Dateiformat* – der gespeicherten Informationen bekannt sein, ansonsten ist die Datei praktisch wertlos.

Dateien unterscheiden sich im Dateiformat: Eine Bitmap-Datei wird die Informationen zu den einzelnen Pixeln anders speichern, als Word den Inhalt eines Dokuments speichert; eine JPEG-Datei unterscheidet sich wiederum von einer MPEG-Datei. Die Dateierweiterung ist als Kennzeichnung einer bestimmten Spezifikation anzusehen, nämlich als Spezifikation der Datenstruktur in der Datei. Praktisch alle Binärdateien werden sich in ihrem Dateiformat unterscheiden.

Wir wollen uns nun in einem etwas aufwendigeren Beispiel dem Thema komplexer Binärdateien nähern, um das Arbeiten mit solchen Dateien zu verstehen, ohne zugleich in zu viel Programmcode die Übersicht zu verlieren. Sie können das Konzept, das sich hinter diesem Beispiel verbirgt, in ähnlicher Weise auf andere bekannte Dateiformate anwenden.

Dazu geben wir uns zunächst eine Struktur vor, die ein `Point`-Objekt beschreibt:

```
public struct Point
{
   public int XPos {get; set;}
```

```
    public int YPos {get; set;}
    public long Color {get; set;}
}
```

Listing 12.11 Definition der Struktur »Point« für das folgende Beispiel

Der Typ `Point` veröffentlicht drei Datenmember: `XPos` und `YPos` jeweils vom Typ `int` sowie `Color` vom Typ `long`. Nun wollen wir eine Klasse entwickeln, die in der Lage ist, die Daten vieler `Point`-Objekte in einer Datei zu speichern und später wieder auszulesen. Außerdem soll eine Möglichkeit geschaffen werden, auf die Daten eines beliebigen `Point`-Objekts in der Datei zuzugreifen.

Die erste Überlegung ist, wie das Format einer Datei aussehen muss, um den gestellten Anforderungen zu entsprechen. Die Daten mehrerer `Point`-Objekte hintereinander zu speichern, ist kein Problem. Stellen Sie sich aber nun vor, Sie würden versuchen, die Informationen des zehnten Punkts aus einer Datei zu lesen, in der nur die Daten für fünf Punkte enthalten sind. Das kann zu keinem erfolgreichen Ergebnis führen.

Wir wollen daher eine Information in die Datei schreiben, der wir die gespeicherte `Point`-Anzahl entnehmen können. Der Typ dieser Information muss klar definiert sein, damit jedes Byte in der Datei eine klare Zuordnung erhält. Im Folgenden wird diese Information in einem `int` gespeichert, und zwar am Anfang der Datei.

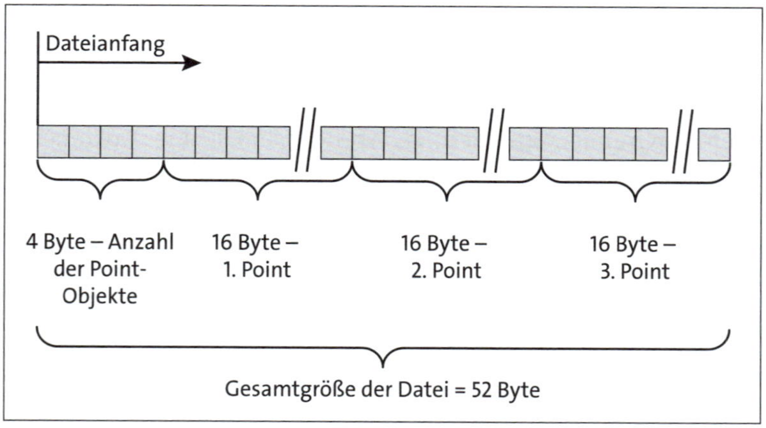

Abbildung 12.4 Datei mit drei gespeicherten »Point«-Objekten

Damit haben wir die Spezifikation der binären Datei festgelegt. Die Auswertung der ersten vier Bytes liefert die Anzahl der gespeicherten `Point`-Objekte, und die folgenden insgesamt 16 Byte großen Blöcke beschreiben jeweils einen Punkt. Wir könnten jetzt noch festlegen, dass Dateien dieses Typs beispielsweise die Dateierweiterung *.pot* erhalten, aber eine solche Festlegung wird der Code des folgenden Beispiels nicht berücksichtigen.

Da wir uns nun auf ein Dateiformat geeinigt haben, wollen wir uns das weitere Vorgehen überlegen. Wir könnten die gesamte Programmlogik in Main implementieren mit dem Nachteil, dass etwaige spätere Änderungen zu Komplikationen führen könnten. Besser ist es, sich das objektorientierte Konzept der Modularisierung in Erinnerung zu rufen. Deshalb wird eine Klasse definiert, deren Methoden die Dienste zur Initialisierung der Point-Objekte, zum Speichern in einer Datei, zum Lesen der Datei und zur Ausgabe der Daten eines beliebigen Point-Objekts zur Verfügung stellen. Der Name der Klasse sei PointReader, die Bezeichner der Methoden lauten WriteToFile, GetFromFile und GetPoint.

Grundsätzlich können Methoden als Instanz- oder Klassenmethoden veröffentlicht werden. Instanzmethoden würden voraussetzen, dass die Klasse PointReader instanziiert wird. Das Objekt wäre dann an eine bestimmte Datei gebunden, die Point-Objekte enthält. Statische Methoden sind flexibler einsetzbar, verlangen allerdings auch bei jedem Aufruf die Pfadangabe zu der Datei. In diesem Beispiel sollen die Methoden statisch sein.

Widmen wir uns der Methode WriteToFile. Sie hat die Aufgabe, eine Datei zu generieren, die die Anforderungen unserer Spezifikation zur Speicherung von Point-Objekten erfüllt. Die Pfadangabe muss der Methode als Argument übergeben werden.

Wie wird der Code in dieser Methode arbeiten? Zunächst muss eine int-Zahl in die Datei geschrieben werden, die der Anzahl der Point-Objektdaten entspricht. Danach werden Point für Point alle Objektdaten übergeben, bis das Array durchlaufen ist.

```
public static void WriteToFile(string path, Point[] array)
{
  FileStream fileStr = new FileStream(path, FileMode.Create);
  BinaryWriter binWriter = new BinaryWriter(fileStr);
  // Anzahl der Punkte in die Datei schreiben
  binWriter.Write(array.Length);
  // die Point-Daten in die Datei schreiben
  for(int i = 0; i < array.Length; i++)
  {
    binWriter.Write(array[i].XPos);
    binWriter.Write(array[i].YPos);
    binWriter.Write(array[i].Color);
  }
  binWriter.Close();
}
```

Listing 12.12 »Point«-Daten in eine Datei schreiben

Die Daten der Point-Objekte sollen mit einer Instanz der Klasse BinaryWriter in die Datei geschrieben werden. Dazu benötigen wir auch ein Objekt des Typs FileStream.

Da alle Daten hintereinander in eine neue Datei geschrieben werden sollen, müssen wir FileStream im Modus Create öffnen.

Nachdem wir die Referenz auf den FileStream an den Konstruktor der BinaryWriter-Klasse übergeben haben, wird die Anzahl der Points in die Datei geschrieben. In einer Schleife greifen wir danach jedes Point-Objekt im Array ab und schreiben die Daten nacheinander in die Datei. Zum Schluss muss der Writer ordnungsgemäß geschlossen werden.

Unsere Datei ist erzeugt, und nur mit dem Kenntnisstand der Spezifikation, wie die einzelnen Bytes zu interpretieren sind, liefern die Daten die richtigen Werte. Die Methode GetFromFile zum Auswerten des Dateiinhalts muss sich an unsere Festlegung halten. Daher lesen wir auch zuerst den Integer aus der Datei und daran anschließend die Daten der Point-Objekte. Der Rückgabewert der Methode ist die Referenz auf ein intern erzeugtes Point-Array.

```
public static Point[] GetFromFile(string path)
{
  FileStream fs = new FileStream(path, FileMode.Open);
  BinaryReader br = new BinaryReader(fs);
  // liest die ersten 4 Bytes aus der Datei, die die Anzahl der
  // Point-Objekte enthält
  int anzahl = br.ReadInt32();
  // Lesen der Daten aus der Datei
  Point[] arrPoint = new Point[anzahl];
  for (int i = 0; i < anzahl; i++)
  {
    arrPoint[i].XPos = br.ReadInt32();
    arrPoint[i].YPos = br.ReadInt32();
    arrPoint[i].Color = br.ReadInt64();
  }
  br.Close();
  return arrPoint;
}
```

Listing 12.13 Lesen der »Point«-Daten aus einer Datei

Da wir die Kontrolle über jedes einzelne gespeicherte Byte der Datei haben und dieses richtig zuordnen können, muss es auch möglich sein, die Daten eines beliebigen Point-Objekts einzulesen. Dazu dient die Methode GetPoint. Bei ihrem Aufruf wird zunächst die Pfadangabe übergeben und als zweites Argument die Position des Point-Objekts in der Datei. Der Rückgabewert ist die Referenz auf das gefundene Objekt.

```
public static Point GetPoint(string path, int pointNo)
{
  FileStream fs = new FileStream(path, FileMode.Open);
  int pos  = 4 + (pointNo - 1) * 16;
  BinaryReader br = new BinaryReader(fs);
  // prüfen, ob der User eine gültige Position angegeben hat
  if (pointNo > br.ReadInt32() || pointNo == 0)
  {
    string message = "Unter der angegebenen Position ist";
    message += " kein \nPoint-Objekt gespeichert.";
    throw new PositionException(message);
  }
  // den Zeiger positionieren
  fs.Seek(pos, SeekOrigin.Begin);
  // Daten des gewünschten Points einlesen
  Point savedPoint = new Point();
  savedPoint.XPos = br.ReadInt32();
  savedPoint.YPos = br.ReadInt32();
  savedPoint.Color = br.ReadInt64();
  br.Close();
  return savedPoint;
}
```

Listing 12.14 Einlesen eines bestimmten »Point«-Objekts

Die wesentliche Funktionalität der Methode steckt in der richtigen Positionierung des Zeigers, die aus der Angabe des Benutzers berechnet wird. Dabei ist zu berücksichtigen, dass am Dateianfang vier Bytes die Gesamtanzahl der Objekte in der Datei beschreiben und dass die Länge eines einzelnen `Point`-Objekts 16 Byte beträgt.

```
int pos  = 4 + (pointNo - 1) * 16;
```

Die so ermittelte Position wird der `Seek`-Methode des `BinaryReader`-Objekts übergeben. Die Positionsnummer des ersten Bytes in der Datei ist 0, daher verweist der Zeiger mit der Übergabe der Zahl `4` auf das fünfte Byte. Wir setzen in diesem Fall den Ursprung `origin` des Zeigers auf den Anfang des Datenstroms.

```
fs.Seek(pos, SeekOrigin.Begin)
```

Da damit gerechnet werden muss, dass der Anwender eine Position angibt, die keinem Objekt in der Datei entspricht, ist eine Ausnahme auszulösen. Diese ist benutzerdefiniert und heißt `PositionException`.

```
public class PositionException : Exception
{
   public PositionException() {}
   public PositionException(string message) : base(message) {}
   public PositionException(string message, Exception inner)
                            :base(message, inner){}
}
```

Listing 12.15 Anwendungsspezifische Exception

Damit ist unsere Klassendefinition fertig, und wir können abschließend die Implementierung testen. Dazu schreiben wir entsprechenden Testcode in die Methode `Main`:

```
// Beispiel: ..\Kapitel 12\BinaryReader_Example2
// Point-Array erzeugen
Point[] pArr = new Point[2];
pArr[0].XPos = 10;
pArr[0].YPos = 20;
pArr[0].Color = 310;
pArr[1].XPos = 40;
pArr[1].YPos = 50;
pArr[1].Color = 110;
// Point-Array speichern
PointReader.WriteToFile(@"D:\Test.pot",pArr);
// gespeicherte Informationen aus der Datei einlesen
Point[] x = PointReader.GetFromFile(@"D:\Test.pot");
// alle eingelesenen Point-Daten ausgeben
for(int i = 0; i < 2; i++)
{
  Console.WriteLine("Point-Objekt-Nr.{0}", i + 1);
  Console.WriteLine();
  Console.WriteLine("p[{0}].XPos = {1}", i, x[i].XPos);
  Console.WriteLine("p[{0}].YPos = {1}", i, x[i].YPos);
  Console.WriteLine("p[{0}].Color = {1}", i, x[i].Color);
  Console.WriteLine(new string('=',30));
}
// einen bestimmten Point einlesen
Console.Write("\nWelchen Punkt möchten Sie einlesen? ");
int position = Convert.ToInt32(Console.ReadLine());
try
{
  Point myPoint = PointReader.GetPoint(@"D:\Test.pot", position);
  Console.WriteLine("p.XPos = {0}", myPoint.XPos);
  Console.WriteLine("p.YPos = {0}", myPoint.YPos);
```

```
  Console.WriteLine("p.Color = {0}", myPoint.Color);
}
catch(PositionException e)
{
  Console.WriteLine(e.Message);
}
Console.ReadLine();
```

Listing 12.16 Komplettes Beispielprogramm

Weil die `Main`-Methode nur zum Testen der zuvor entwickelten Klasse dient, werden auch nur zwei `Point`-Objekte erzeugt, die uns als Testgrundlage für die weiteren Operationen dienen. Außerdem ist die Datei, in die gespeichert wird, immer dieselbe. Für unsere Zwecke ist das völlig ausreichend. Nach dem Speichern mit

```
PointReader.WriteToFile(@"D:\Test.pot", pArr);
```


wird die Datei sofort wieder eingelesen und die zurückgegebene Referenz einem neuen Array zugewiesen:

```
Point[] x = PointReader.GetFromFile(@"D:\Test.pot");
```

In einer Schleife werden danach alle eingelesenen Objektdaten an der Konsole ausgegeben.

Aufregender ist es hingegen, die Daten eines bestimmten Punktes zu erfahren. Dem Aufruf von `GetPoint` wird neben der Pfadangabe die Position des `Point`-Objekts in der Datei übergeben. Die Übergabe einer unzulässigen Position führt dazu, dass die spezifische Ausnahme `PositionException` mit einer entsprechenden Fehlermeldung ausgelöst wird, andernfalls werden die korrekten Werte angezeigt.

12.7 Serialisierung

Daten sind in C# grundsätzlich in Feldern von Klassen vorgehalten. Gespeichert sind diese Daten zum Beispiel in Dateien oder Datenbanken. Ein Anwender interessiert sich aber nicht für diese Details. Er arbeitet mit den Daten, manipuliert sie und erwartet ein fehlerfreies Laufzeitverhalten. Dazu zählt auch, dass nach dem Schließen und dem späteren Neustart des Programms exakt der Zustand wiederhergestellt wird, den ein Objekt vor dem Schließen hatte. Mit anderen Worten heißt das für Sie als Entwickler oder Entwicklerin, alle Daten dauerhaft zu sichern, um sie später wieder wiederherstellen zu können.

Wenn wir aber die damit verbundene Problematik im Detail betrachten, zeigen sich Hürden: Die Daten einer Anwendung werden in verschiedenen Typen vorgehalten.

Doch welche Daten sind notwendig, um ein bestimmtes Objekt wiederherzustellen? Zwangsläufig müssen das nicht alle sein, denn ein Objekt könnte auch Daten enthalten, die spezifisch für die aktuelle Laufzeitumgebung sind und nach dem erneuten Starten der Anwendung keine Bedeutung mehr haben.

Alle Daten sind von einem bestimmten Typ. Wird der Inhalt der Eigenschaft *Name* eines Objekts der Klasse *Kunde* gesichert, darf dieser Wert nach dem Neustart nicht dem Feld *Name* eines Objekts vom Typ *Lieferant* zugeordnet werden – die Folgen wären fatal. Auch ein zweiter Gesichtspunkt ist relevant: Angenommen, die zu speichernden Daten gehören zu einem Spiel, an dem zwei oder mehr Personen beteiligt sind. Dass später der aktuelle Stand jedes Spielers eindeutig wiederhergestellt werden muss, steht außer Frage. Konsequenterweise bedeutet das aber auch, dass bei mehreren typgleichen Objekten die Daten demselben Kontext zugeordnet werden müssen.

Anscheinend stehen wir einem großen Problem gegenüber. Wir brauchen uns darüber aber nicht unnötig den Kopf zu zerbrechen, da uns .NET vorbildlich unterstützt. Die Technologie, die sich dahinter verbirgt, wird als *Serialisierung* bezeichnet. Die Serialisierung ist ein Prozess mit der Fähigkeit, ein sich im Hauptspeicher befindliches Objekt in ein bestimmtes Format zu überführen und in eine Datei zu schreiben. Die .NET-Unterstützung schließt auch die Rekonstruktion der Objekte in ihrem ursprünglichen Format ein.

Die Serialisierung ist ein Prozess, der automatisch abläuft und bei dem der Name der Anwendung, der Name der Klasse und die Datenmember eines Objekts binär gespeichert werden. Dadurch wird die spätere Rekonstruktion in einer exakten Kopie möglich.

12.7.1 Serialisierungsverfahren

Die dauerhaft zu speichernden Dateninformationen sind in ein definiertes Format zu überführen, um bei späterer Deserialisierung eine eindeutige Interpretation sicherzustellen. Dazu werden die Daten einem Bytestrom übergeben, der für die physikalische Persistenz verantwortlich ist. Die .NET-Klassenbibliothek stellt zur Lösung dieser komplexen Aufgabe drei Klassen bereit.

Klasse	Beschreibung
`BinaryFormatter`	Überträgt die zu serialisierenden Daten in ein binäres Format. Dabei werden zirkuläre Referenzen unterstützt. Aufgrund von zahlreichen Sicherheitsrisiken hat Microsoft `BinaryFormatter` mit .NET 9/C# 13 entfernt.

Tabelle 12.19 Die .NET-Serialisierungsklassen

Klasse	Beschreibung
`SoapFormatter`	Überträgt die zu serialisierenden Daten im SOAP-Format (*Simple Object Access Protocol*). Die Serialisierung erfordert die Einbindung der Bibliothek *System.Runtime.Serialization.Formatters.Soap.dll*. Zirkuläre Referenzen werden unterstützt.
`XmlSerializer`	Überträgt die zu serialisierenden Daten im XML-Format. Die Serialisierung erfordert die Einbindung der Bibliothek *System.Xml.dll*. Zirkuläre Referenzen werden nicht unterstützt.
`JsonSerializer`	Überträgt die zu serialisierenden Daten in und aus JavaScript Object Notation (JSON). JSON ist ein offener Standard, der häufig zur gemeinsamen Nutzung von Daten im Internet verwendet wird.

Tabelle 12.19 Die .NET-Serialisierungsklassen (Forts.)

Sollten die Fähigkeiten der drei Serialisierungsklassen für eine bestimmte Anforderung unzureichend sein, können Sie auch eine eigene Klasse entwickeln.

Alle drei Typen stellen für die Serialisierung und die Deserialisierung jeweils eine Methode zur Verfügung: `Serialize` und `Deserialize`. Betrachten wir zuerst die Definition von `Serialize`:

```
public void Serialize (Stream, object);
```

Dem ersten Argument wird die Referenz auf ein Objekt vom Typ `Stream` übergeben. Dabei handelt es sich oft um ein `FileStream`-Objekt, das die serialisierten Daten in einer Datei speichert. Die Referenz des Objekts, das serialisiert werden soll, wird dem zweiten Parameter übergeben.

Zur Rekonstruktion eines Objekts dient die Methode `Deserialize`:

```
public object Deserialize (Stream);
```

Der Parameter erwartet eine `Stream`-Referenz, die auf die zuvor serialisierten Daten des Objekts verweist. Der Rückgabewert ist vom Typ `Object` und ist deshalb noch in den richtigen Typ zu konvertieren.

12.7.2 Binäre Serialisierung mit »BinaryFormatter«

Der `BinaryFormatter` wurde von Microsoft schrittweise als veraltet markiert und schließlich aus .NET entfernt, hauptsächlich aufgrund schwerwiegender Sicherheitsrisiken. Ab .NET 5 (2020) wurden die Methoden `Serialize` und `Deserialize` als veraltet gekennzeichnet, mit Warnungen bei der Kompilierung. In .NET 7 (2022) stufte Microsoft die APIs als veraltet mit Fehlern ein, was bei Verwendung dieser APIs Kompilierungsfehler auslöste. Mit .NET 9 (2024) wurde der `BinaryFormatter` vollständig aus der Runtime entfernt. Aufrufe der Methoden lösen nun eine `PlatformNotSupportedException` aus, selbst bei aktivierten Kompatibilitätsflags.

Das zentrale Problem liegt im Design: Der `BinaryFormatter` erlaubt es der serialisierten Datenstruktur, beliebige Typen zu definieren, die während der Deserialisierung instanziiert werden. Selbst Validierungsmechanismen wie `SerializationBinder` bieten keinen ausreichenden Schutz, da kritische Codepfade im .NET-Framework diese Mechanismen umgehen.

Microsoft empfiehlt stattdessen sichere Alternativen wie `System.Text.Json`, `Protobuf` oder manuelle Serialisierung mit `BinaryReader`/`BinaryWriter`. Für Legacy-Systeme existiert zwar das NuGet-Paket `System.Runtime.Serialization.Formatters`, es gilt jedoch als unsichere Übergangslösung.

12.7.3 Serialisierung mit »XmlSerializer«

.NET bietet auch die Möglichkeit, Daten in ein XML-Format zu überführen. Diese Technik wird als *XML-Serialisierung* bezeichnet. Für die XML-Serialisierung ist die Klasse `XmlSerializer` zuständig, die zum Namespace `System.Xml.Serialization.XmlSerializer` gehört.

Um Objektdaten in das XML-Format überführen zu können, sind einige Einschränkungen zu beachten:

- Die zu serialisierende Klasse muss als `public` definiert sein.
- Es werden nur als `public` deklarierte Felder oder Eigenschaften serialisiert. Die Eigenschaften müssen den lesenden und schreibenden Zugriff zulassen.
- Die zu serialisierende Klasse muss einen öffentlichen, parameterlosen Konstruktor haben.
- Die Steuerung der XML-Serialisierung erfolgt mit Attributen, die im Namespace `System.Xml.Serialization` zu finden sind. Damit ist es beispielsweise möglich, bestimmte Felder vom Serialisierungsprozess auszuschließen.
- Im Gegensatz zu `BinaryFormatter` ist das `Serializable`-Attribut nicht zwingend vorgeschrieben.

Das folgende Beispiel zeigt das Prinzip der XML-Serialisierung:

```
// Beispiel: ..\Kapitel 12\XMLSerialisierung
using System;
using System.IO;
using System.Xml.Serialization;
```

```
static XmlSerializer serializer;
static FileStream stream;

serializer = new XmlSerializer(typeof(Person));
Person person = new Person("Jutta Speichel", 34);
SerializeObject(person);
Person oldPerson = DeserializeObject();
Console.WriteLine("Name: " + oldPerson.Name);
Console.WriteLine("Alter: " + oldPerson.Alter);
Console.ReadLine();

// Objekt serialisieren
public static void SerializeObject(object obj)
{
  stream = new FileStream(@"D:\PersonData.xml", FileMode.Create);
  serializer.Serialize(stream, obj);
  stream.Close();
}
// Objekt deserialisieren
public static Person DeserializeObject()
{
  stream = new FileStream(@"D:\PersonData.xml", FileMode.Open);
  return (Person)serializer.Deserialize(stream);
}

// zu serialisierende Klasse
public class Person
{
  // Felder
  public int Alter { get; set; }
  private string _Name;
  // Konstruktoren
  public Person() { }
  public Person(string name, int alter)
  {
    Name = name;
    Alter = alter;
  }
  // Eigenschaft
  public string Name
  {
    get => _Name;
```

12

```
    set => _Name = value;
  }
}
```

Listing 12.17 Beispielprogramm zur XML-Serialisierung

Zur Einleitung des Serialisierungsprozesses wird der Konstruktor von XmlSerializer aufgerufen, der die Type-Angabe über das zu serialisierende Objekt entgegennimmt.

```
XmlSerializer serializer = new XmlSerializer(typeof(Person));
```

Wie bei der binären Serialisierung mit der Klasse BinaryFormatter werden die Objekte mit der Methode Serialize serialisiert. Sehen wir uns den Inhalt der XML-Datei an:

```
<?xml version="1.0"?>
<Person xmlns:xsi="http://www.w3.org/2001/XMLSchema-instance"
        xmlns:xsd="http://www.w3.org/2001/XMLSchema">
  <Alter>34</Alter>
  <Name>Jutta Speichel</Name>
</Person>
```

Listing 12.18 Das Ergebnis der XML-Serialisierung aus Listing 12.17

Mit Deserialize werden die XML-Daten deserialisiert und in ein Objekt geschrieben. Da Deserialize den Typ Object ausliefert, müssen wir abschließend nur noch eine Typumwandlung in Person vornehmen.

12.7.4 XML-Serialisierung mit Attributen steuern

Die XML-Serialisierung lässt sich auch mit zusätzlichen Attributen steuern, um das Ausgabeformat der serialisierten Daten zu bestimmen. Diese Attribute gehören zum Namespace System.Xml.Serialization. Tabelle 12.20 gibt einen Überblick über die wichtigsten Attribute.

Attribut	Beschreibung
XmlArray	Gibt an, dass ein bestimmter Klassenmember als Array serialisiert werden soll.
XmlArrayItem	Legt den Bezeichner in der XML-Datei für den vom Array verwalteten Typ fest.
XmlAttribute	Die Eigenschaft wird als XML-Attribut und nicht als XML-Element serialisiert.

Tabelle 12.20 Attribute zur Steuerung der Ausgabe in einer XML-Datei

Attribut	Beschreibung
XmlElement	Dieses Attribut legt den Elementnamen in der XML-Datei fest. Standardmäßig wird der Bezeichner des Feldes verwendet.
XmlIgnore	Legt fest, dass die Eigenschaft nicht serialisiert werden soll.
XmlRoot	Legt den Bezeichner des Wurzelelements der XML-Datei fest. Standardmäßig wird der Bezeichner der zu serialisierenden Klasse verwendet.

Tabelle 12.20 Attribute zur Steuerung der Ausgabe in einer XML-Datei (Forts.)

Am folgenden Beispiel wollen wir uns die Wirkungsweise der Attribute verdeutlichen. In der Anwendung ist erneut eine Klasse Person definiert. Mehrere Objekte vom Typ Person können von einem Objekt der Klasse PersonenListe verwaltet werden.


```
// Beispiel: ..\Kapitel 12\XMLAttribute_Example
using System.Xml.Serialization;
using System.IO;
[...]
[XmlRoot("PersonenListe")]
public class PersonenListe
{
  [XmlElement("Listenbezeichner")]
  public string Listenname;
  [XmlArray("PersonenArray")]
  [XmlArrayItem("PersonObjekt")]
  public Person[] Personen;
  // Konstruktoren
  public PersonenListe() { }
  public PersonenListe(string name)
  {
    this.Listenname = name;
  }
}
public class Person
{
  [XmlElement("Name")]
  public string Zuname;
  [XmlElement("Wohnort")]
  public string Ort;
  [XmlElement("Alter")]
  public int Lebensalter;
  [XmlAttribute("PersID", DataType = "string")]
```

```
  public string ID;
  // Konstruktoren
  public Person() { }
  public Person(string zuname, string ort, int alter, string id)
  {
    this.Zuname = zuname;
    this.Ort = ort;
    this.Lebensalter = alter;
    this.ID = id;
  }
}
```

Listing 12.19 XML-Serialisierung mit Attributen beeinflussen

Ehe wir uns die Auswirkung der Attributierung ansehen, folgt hier zuerst der Code, der Person-Objekte mit XmlSerializer serialisiert:

```
PersonenListe catalog = new PersonenListe("Teilnehmerliste");
catalog.Listenname = "Teilnehmerliste";
Person[] persons = new Person[2];
// Personen erzeugen
persons[0] = new Person("Peter", "Berlin", 45, "117");
persons[1] = new Person();
persons[1].Zuname = "Franz-Josef";
persons[1].Ort = "Aschaffenburg";
catalog.Personen = persons;
// serialisieren
XmlSerializer serializer = new XmlSerializer(typeof(PersonenListe));
FileStream fs = new FileStream("Personenliste.xml", FileMode.Create);
serializer.Serialize(fs, catalog);
fs.Close();
catalog = null;
// deserialisieren
fs = new FileStream("Personenliste.xml", FileMode.Open);
catalog = (PersonenListe)serializer.Deserialize(fs);
serializer.Serialize(Console.Out, catalog);
Console.ReadLine();
```

Listing 12.20 Serialisierung der Typen aus Listing 12.19

Das Array persons beschreibt ein Array von Person-Objekten, das zwei Objekte dieses Typs enthält. Die Referenz auf persons wird der Eigenschaft Personen eines PersonenListe-Objekts zugewiesen. Danach erfolgt die Serialisierung mit XmlSerializer in eine XML-Datei.

Nach der Serialisierung wird die Datei deserialisiert und ein serialisierender Datenstrom erzeugt, der in der Konsole seinen Abnehmer findet. So können wir uns den Inhalt des XML-Stroms direkt im Konsolenfenster ansehen, ohne die XML-Datei öffnen zu müssen (siehe Abbildung 12.5).

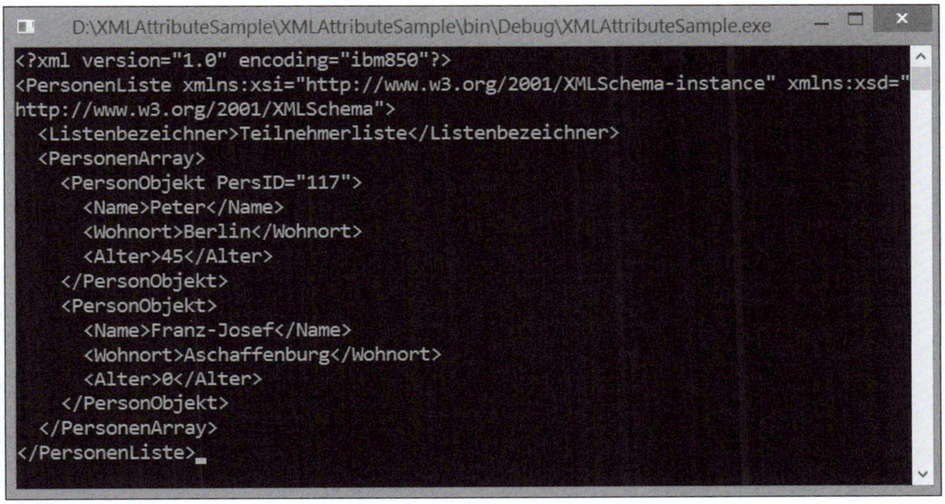

```
D:\XMLAttributeSample\XMLAttributeSample\bin\Debug\XMLAttributeSample.exe
<?xml version="1.0" encoding="ibm850"?>
<PersonenListe xmlns:xsi="http://www.w3.org/2001/XMLSchema-instance" xmlns:xsd="
http://www.w3.org/2001/XMLSchema">
  <Listenbezeichner>Teilnehmerliste</Listenbezeichner>
  <PersonenArray>
    <PersonObjekt PersID="117">
      <Name>Peter</Name>
      <Wohnort>Berlin</Wohnort>
      <Alter>45</Alter>
    </PersonObjekt>
    <PersonObjekt>
      <Name>Franz-Josef</Name>
      <Wohnort>Aschaffenburg</Wohnort>
      <Alter>0</Alter>
    </PersonObjekt>
  </PersonenArray>
</PersonenListe>
```

Abbildung 12.5 Ausgabe des Beispielprogramms »XMLAttributeExample«

Beachten Sie, wie die Verwendung der Attribute Einfluss auf die Elementbezeichner in der XML-Ausgabe nimmt.

Kapitel 13
Multithreading

Seit den Anfängen von .NET lassen sich multithreadingfähige Anwendungen programmieren. Grundlage ist die Klasse `Thread` aus dem Namespace `System.Threading`. Mit `Thread` lassen sich nach Bedarf neue Threads ins Leben rufen, Threadprioritäten setzen und komplexe Synchronisationsmechanismen realisieren.

Vor einigen Jahren begann die Entwicklung der Hardware aus technischen Gründen einen Weg einzuschlagen, dem die Klasse `Thread` nicht mehr gewachsen war: die Multi-Core-Prozessoren. Deren Einführung hatte einen simplen Grund: Leistungssteigerungen durch Erhöhung der Taktfrequenz waren nicht weiter möglich. Viel mehr als ca. 3 GHz sind technisch zwar realisierbar, aus physikalischen Gründen aber nicht erstrebenswert. Das hat unter anderem die folgenden Gründe:

- Prozessoren mit noch höherer Taktfrequenz lassen sich nicht ausreichend oder nur mit sehr viel Aufwand kühlen.
- Der Geschwindigkeit der Datenübertragung sind physikalische Grenzen gesetzt.
- Die Bauteile lassen sich nicht beliebig verkleinern.

Multi-Core-Prozessoren bieten einen Ausweg aus diesem Dilemma. Zuerst waren es Double-Core-Prozessoren, schnell folgte die nächste Welle mit Quad-Core-Prozessoren. Ein Ende der Entwicklung ist derzeit nicht auszumachen.

Mit der Klasse `Thread` Anwendungen zu entwickeln, die die Möglichkeiten der Multi-Core-Prozessoren ausreizen, ist nicht möglich, denn die Klasse `Thread` stammt aus einer Zeit, als es darum ging, mehrere Ausführungsstränge quasi-gleichzeitig auf einer CPU laufen zu lassen.

Dem hardwaretechnischen Fortschritt wurde in .NET mit der Einführung der TPL (Task Parallel Library) begegnet. Die TPL ist eine API, die uns in die Lage versetzt, Multi-Core-Prozessoren in Anwendungen zu nutzen, ohne dass dabei die Komplexität des Programmcodes zunimmt. Ganz im Gegenteil, es ist sogar einfacher, die neue TPL zu programmieren als die »alte« Klasse `Thread`. Trotzdem kommen uns die Kenntnisse der klassischen Multithreading-Programmierung bei dem Einsatz der TPL zugute.

In diesem Kapitel werden wir die klassische Art der klassischen Multithreading-Programmierung behandeln, die natürlich trotz TPL auch weiterhin ihre Daseinsberechtigung hat. Im folgenden Kapitel 14, »Die Task Parallel Library (TPL) und das Task-based Async Pattern (TAP)«, sehen wir uns schließlich die Programmierung von Anwendungen an, die Multi-Core-Prozessoren berücksichtigen.

13.1 Einführung in das Multithreading

Stellen Sie sich eine beliebige, sehr einfach strukturierte Anwendung vor, die in der Lage ist, Mails zu versenden. Das Versenden kann, abhängig von der Größe der E-Mail, durchaus einen längeren Zeitraum in Anspruch nehmen. Während des Versendens wird eine Sanduhr angezeigt, und der Anwender kann nicht mit der Anwendung weiterarbeiten. Erstrebenswert wäre es, dem Anwender das verzögerungsfreie Weiterarbeiten während des Sendevorgangs zu ermöglichen. Dazu ist nur eine Applikation in der Lage, die das Multithreading berücksichtigt.

Die Entgegennahme der Benutzereingabe und das Versenden der Mail sind zwei Operationen, die in einer multithreadingfähigen Anwendung voneinander unabhängig sind und innerhalb eines Prozesses ablaufen. Dabei können beide Operationen sogar dieselben Daten benutzen. Zur Umsetzung wird jeder Operation ein eigener Thread zugeordnet. Ein *Thread* ist eine Ausführungseinheit und besteht aus einer kontinuierlichen Abfolge von Anweisungen. Sie werden weiter unten in den Beispielen noch sehen, wie das zu verstehen ist.

Jeder laufenden Anwendung ist ein Prozess zugeordnet, in dem mindestens ein Thread existiert. Somit ist ein Thread die kleinste Ausführungseinheit und gehört im Umkehrschluss grundsätzlich immer zu einem Prozess. Wird der letzte Thread eines Prozesses zerstört, wird die Anwendung beendet.

Eine Maschine mit einem Prozessor vorausgesetzt, kann die CPU zu einem gegebenen Zeitpunkt nur einen Thread bearbeiten. Beanspruchen mehrere Threads derselben oder auch unterschiedlicher Anwendungen für sich CPU-Zeit, werden sie in eine Warteschlange eingereiht. Die CPU kann der Reihe nach von den sich in der Warteschlange befindlichen Threads genutzt werden. Jeder Thread, der von der CPU ausgeführt wird, bekommt eine bestimmte Zeitspanne für seine Operation zugewiesen. Ist diese abgelaufen, wird der Thread auch dann aus der CPU verdrängt, wenn er seine Arbeit noch nicht beendet hat. Der Thread muss sich anschließend erneut in die Warteschlange einreihen. Die Gesamtheit der von der CPU zur Verfügung gestellten Zeit nennt man auch *Zeitscheibe*. Die Größe der Zeitscheibe lässt sich nicht absolut angeben; sie hängt von der Anzahl der Threads ab, die sich in der Warteschlange befinden. Für die Zuteilung der CPU-Zeit an einen Thread ist eine Komponente des Systems zuständig, die *Scheduler* genannt wird.

Einem Anwender fällt nicht auf, dass mehrere Anwendungen oder Ausführungsstränge in Wirklichkeit nicht parallel arbeiten, sondern nur hintereinander (quasi-parallel) – aus seiner Sicht erscheint es so, als würde die Ausführung gleichzeitig erfolgen, da die den Threads zugeteilten Zeitscheibeneinheiten sehr klein sind.

Im Kontext eines Threads sind alle Informationen enthalten, um die unterbrochene Ausführung zu einem späteren Zeitpunkt wieder problemlos aufnehmen zu können. Dazu gehört beispielsweise, die Inhalte der CPU-Register zu speichern, wenn dem Thread die CPU entzogen wird. Das kostet Zeit und geht zu Lasten der Performance. Es bleibt anzumerken, dass Multithreading nicht dazu eingesetzt wird, einen Performancegewinn zu erreichen. Stattdessen geht es vielmehr darum, mehreren Ausführungssträngen ein quasi-paralleles Arbeiten zu ermöglichen.

13.2 Threads – allgemein betrachtet

Jeder Thread befindet sich in einem bestimmten Zustand. Die möglichen Zustände eines Threads werden durch die Enumeration `ThreadState` beschrieben. Es gibt im Namespace `System.Diagnostics` eine gleichnamige Enumeration, die allerdings mehr dem Debuggen dient.

Member	Beschreibung
`Aborted`	Der Threadzustand schließt `AbortRequested` ein, und der Thread ist jetzt deaktiviert, aber der Zustand ist noch nicht `Stopped`.
`AbortRequested`	Die `Abort`-Methode wurde für den Thread aufgerufen, doch der Thread hat noch nicht die Ausnahme `ThreadAbortException` empfangen.
`Background`	Der Thread wird nicht als Vordergrundthread, sondern als Hintergrundthread ausgeführt.
`Running`	Der Thread wurde gestartet.
`Stopped`	Der Thread wurde beendet.
`StopRequested`	Es besteht eine Anforderung für die Beendigung des Threads.
`Suspended`	Der Thread wurde unterbrochen.
`SuspendRequested`	Es besteht eine Anforderung für die Unterbrechung des Threads.
`Unstarted`	Die `Start`-Methode wurde für den Thread nicht aufgerufen.
`WaitSleepJoin`	Der Thread ist blockiert. Die Ursache hierfür könnte sein, dass `Sleep` oder `Join` aufgerufen wurde oder dass eine Sperre angefordert wurde, z. B. durch Aufrufen von `Monitor.Enter` oder `Monitor.Wait`.

Tabelle 13.1 Die Enumeration »ThreadState«

Abgesehen vom nicht gestarteten und gestoppten Zustand könnte man die Threadzustände wie folgt zusammenfassen:

- bereit
- laufend
- wartend
- suspendiert

Ein *laufender* Thread befindet sich aktuell im Prozessor und wird ausgeführt. Ein Prozessor kann zu einem gegebenen Zeitpunkt nur einen Thread bearbeiten. Nach Ablauf der ihm zugestandenen Zeitspanne muss der laufende Thread die CPU räumen. Er reiht sich in die Warteschlange auf die Zeitscheibe ein und hofft darauf, dass ihm möglichst schnell wieder Prozessorzeit zugeteilt wird.

Threads, die in der Warteschlange stehen, werden als *bereit* bezeichnet. Nur einem bereiten Thread kann ein Zeitquantum der CPU zugestanden werden.

Es gibt auch Threads, die während ihrer Ausführung freiwillig den Prozessor räumen und auch danach zunächst nicht mehr willens sind, sich in die Warteschlange der bereiten Threads einzuordnen. Diese Threads werden als *wartend* bezeichnet. Ein wartender Thread muss den Anstoß von einem anderen Thread bekommen, um in den bereiten Zustand überführt zu werden.

Bezogen auf einen Prozessor mit einem Prozessorkern kann sich zu einem gegebenen Zeitpunkt nur ein Thread im laufenden Zustand befinden. Die anderen Threads sind entweder bereit oder wartend.

Der aktuell ausgeführte Thread muss unter folgenden Bedingungen den Prozessor räumen:

- Das ihm zugestandene Zeitquantum ist abgelaufen.
- Der Thread muss auf ein anderes Objekt oder eine Benachrichtigung warten. Er tritt in den Zustand wartend ein.
- Ein anderer Thread mit einer höheren Priorität befindet sich in der Warteschlange.

Ein *suspendierter* Thread gilt als angehalten und wartet auf einen Anstoß von außen, um sich in die Warteschlange auf dem Prozessor einzureihen. Was sich noch sehr harmlos anhört, offenbart bei genauer Betrachtung ein mögliches Desaster: Ein zur Suspendierung anstehender Thread könnte über eine Sperre verfügen, er beansprucht damit einen Teil des Programmcodes exklusiv für sich. Wechselt ein Thread in den Zustand *suspended*, ohne die Sperre vorher freizugeben, warten alle anderen Threads, die ebenfalls Anspruch auf den gesperrten Code erheben. Die Konsequenz wäre ein sogenannter *Deadlock* – nichts geht mehr! Dieses realistische Szenario hat Microsoft dazu veranlasst, die Methode `Suspend` für obsolet zu erklären. Sie sollte also nicht benutzt werden.

Das Zusammenspiel mehrerer Threads (Synchronisation)

Eine multithreadingfähige Anwendung zu schreiben, ist nicht einfach und birgt immer eine latente Fehlergefahr. Eine der größten Fehlerquellen ist der gleichzeitige Zugriff mehrerer Threads auf eine gemeinsam genutzte Ressource. Wartet zum Beispiel ausnahmslos jeder der beteiligten Threads auf die Antwort des anderen, wäre ein Deadlock die Folge – die Anwendung kann nicht mehr weiterarbeiten und hängt sich auf. Wir können in diesem Kapitel nicht alle Aspekte erörtern, die in diesem Zusammenhang von Bedeutung sind. Sie sollten aber immer daran denken, dass mit steigender Anzahl der Threads nicht nur die Gefahr eines Fehlers drastisch steigt, sondern auch die Komplexität der Anwendung deutlich zunimmt. Oft ist dann der Ablauf der Anwendung nur noch schwierig nachzuvollziehen.

13.3 Mit der Klasse »Thread« arbeiten

13.3.1 Die Entwicklung einer einfachen Multithreading-Anwendung

Im folgenden Beispiel wird auf einfache Weise neben dem Hauptthread, der beim Starten einer Anwendung automatisch erzeugt wird, ein zweiter Thread per Programmcode ins Leben gerufen. Anhand dieses kleinen Programms wollen wir uns mit den wichtigsten Grundlagen einer multithreadingfähigen Anwendung vertraut machen.

```
// Beispiel: ..\Kapitel 13\SimpleThread
class Program
{
  static void Main(string[] args)
  {
    ThreadStart del = new ThreadStart(DoSomething);
    Thread thread = new Thread(del);
    // den zweiten Thread starten
    thread.Start();
    for(int i = 0; i <= 100; i++)
    {
      for(int k = 1; k <= 20; k++)
        Console.Write(".");
      Console.WriteLine($"Primär-Thread {i}");
    }
    Console.ReadLine();
  }
  // diese Methode wird in einem eigenen Thread ausgeführt
  public static void DoSomething()
  {
```

```
    for(int i = 0; i <= 100; i++)
    {
      for(int k = 1; k <= 20; k++)
        Console.Write("X");
      Console.WriteLine($"Sekundär-Thread {i}");
    }
  }
}
```

Listing 13.1 Einen einfachen Thread erzeugen

Alle Klassen, die mit der Entwicklung multithreadingfähiger Anwendungen unter .NET in Zusammenhang stehen, sind im Namespace `System.Threading` zu finden. Die wichtigste Klasse innerhalb dieses Namespace dürfte die Klasse `Thread` sein, mit der ein neuer Thread erzeugt wird. Werfen wir einen Blick auf den oben benutzten Konstruktor:

```
public Thread(ThreadStart start);
```

Bei dem Parameter vom Typ `ThreadStart` handelt es sich um einen Delegaten, der die Methode angibt, deren Anweisungen in einem anderen Thread ausgeführt werden sollen. Die Definition dieses Delegaten lautet wie folgt:

```
public sealed delegate void ThreadStart();
```

Die Instanz eines Delegaten kapselt den Zeiger auf die Speicheradresse einer Methode. Die Typen der Parameterliste des Delegaten müssen den Typen der Parameterliste der Methode entsprechen, auf die der Delegat verweist. Demzufolge können Sie dem Konstruktor der Klasse `Thread` über den Delegaten nur die Adresse einer parameterlosen Methode ohne Rückgabewert zuweisen – in unserem Beispiel ist es die Methode `DoSomething`:

```
ThreadStart del = new ThreadStart(DoSomething);
Thread thread = new Thread(del);
```

Im ersten Schritt wird die Variable `del` vom Typ `ThreadStart` deklariert. Dem Delegaten wird die Adresse einer Methode übergeben. Danach kann die `Thread`-Klasse unter Übergabe der Referenz des Delegaten instanziiert werden. Mit

```
Thread thread = new Thread(new ThreadStart(DoSomething));
```

oder

```
Thread thread = new Thread(DoSomething);
```

können Sie den Code auch einzeilig formulieren.

Die Instanziierung der `Thread`-Klasse ist noch nicht ausreichend, um den zweiten Thread der Anwendung zu starten. Entscheidend ist vielmehr die Methode `Start` des `Thread`-Objekts:

```
thread.Start();
```

Beim Starten einer Anwendung wird der erste Thread, der sogenannte *Primärthread*, automatisch erstellt. Der zweite Thread wird in unserem Beispiel erst mit Aufruf von `Start` auf die `Thread`-Referenz zum Leben erweckt. In dem neuen Thread wird `DoSomething` ausgeführt.

Beide Threads arbeiten zwei verschachtelte Schleifen ab. Die Schleifen sind so konstruiert, dass eine Zeitscheibeneinheit nicht ausreicht, um jeweils vollständig die Schleifen zu durchlaufen, denn dann könnten wir den Effekt des Multithreadings an der Konsole nicht erkennen. In der inneren Schleife wird eine Ausgabe in die Konsole geschrieben. Beim Primärthread handelt es sich um 20 Punkte pro Schleifendurchlauf, beim Sekundärthread ist es jeweils 20-mal der Buchstabe »X«. Daran schließt sich noch die Angabe an, welcher Thread für die Ausgabe verantwortlich ist. Darüber hinaus wird der jeweils äußeren Schleife der aktuelle Zählerstand angehängt.

Sehen wir uns nun die Ausgabe an (siehe Abbildung 13.1), die sich abhängig von der Hardwareausstattung, der Systemkonfiguration und anderen laufenden Anwendungen durchaus deutlich von der unterscheiden kann, die Sie selbst bei der Ausführung des Beispiels sehen. Die Interpretation der Ausgabe hilft, die Arbeitsweise der Threads im Zusammenhang mit der Zeitscheibe und der quasi-parallelen Ausführung zu verstehen. Auch wenn die Anzeige chaotisch anmutet, am Ende werden beide Threads ihre zugeordneten Aufgaben vollständig erledigt haben.

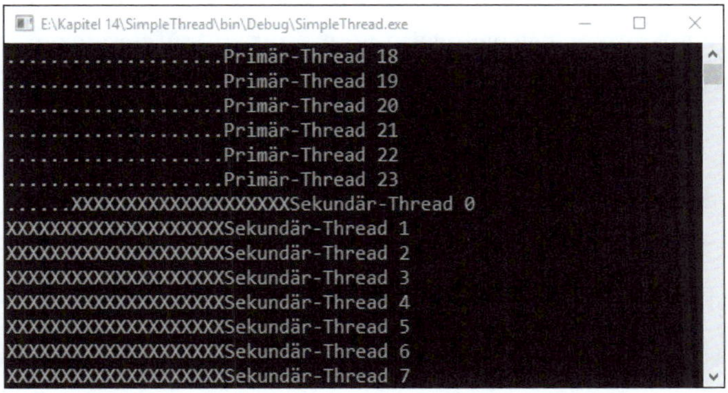

Abbildung 13.1 Die Ausgabe der Anwendung »SimpleThread« (Ausschnitt)

13.3.2 Der Delegat »ParameterizedThreadStart«

Den Delegaten `ThreadStart`, mit dem die in einem separaten Thread laufende Methode beschrieben wird, haben wir im vorigen Abschnitt vorgestellt. `ThreadStart` hat jedoch eine Einschränkung, denn die Methode muss parameterlos sein. Oft ist es jedoch notwendig, der in einem Sekundärthread auszuführenden Methode Daten zu übergeben. Dazu bietet der Delegat `ParameterizedThreadStart` eine Alternative:

```
public delegate void ParameterizedThreadStart(Object obj)
```

Die Instanz eines solchen Delegaten kapselt den Zeiger auf eine Methode, die als Argument des Methodenaufrufs ein beliebiges Objekt erwartet (Parametertyp `Object`). Hier stehen uns alle Türen offen, denn wir können, falls wir mehrere Daten an die Methode übergeben wollen, auch ein Array oder eine Auflistung angeben.

Die Erzeugung des Threads erfolgt in bekannter Weise. Der einzige Unterschied ist im Konstruktor der Klasse `Thread` zu finden, dem wir eine Instanz des Delegaten des Typs `ParameterizedThreadStart` übergeben:

```
Thread thread = new Thread(new ParameterizedThreadStart(DoSomething));
```

Um die gewünschten Daten an die Threadmethode zu leiten, greifen wir auf eine Überladung der `Start`-Methode zu, der wir das entsprechende Argument mitteilen:

```
thread.Start(obj);
```

Das übergebene Objekt enthält die Daten, die von der vom Thread ausgeführten Methode verwendet werden sollen.

13.3.3 Zugriff eines Threads auf sich selbst

Ein Thread wird erzeugt, wenn die Klasse `Thread` unter Übergabe eines Delegaten instanziiert wird. Dies stellt nicht die einzige Möglichkeit dar, sich die Referenz auf einen Thread zu besorgen. Wenn es beispielsweise notwendig ist, auf dem Hauptthread Operationen auszuführen, steht Ihnen seine Referenz explizit nicht zur Verfügung, da der Thread implizit beim Start der Anwendung erzeugt wird. Abhilfe schafft die statische Eigenschaft `CurrentThread`, die eine Referenz auf den aktuellen Thread liefert. Nehmen wir an, dass ein Thread seine eigene Thread-ID mit der Eigenschaft `ManagedThreadId` abrufen und an der Konsole ausgeben möchte. Dann müssten Sie

```
Console.WriteLine(Thread.CurrentThread.ManagedThreadId);
```

codieren, damit der Thread auf sich selbst zugreifen kann.

13.3.4 Einen Thread für eine bestimmte Zeitdauer anhalten

Im Beispiel *SimpleThread* ist eine Schleife konstruiert, um eine Zeitverzögerung zu erreichen. Ohne Schleife könnte es sein, dass der erste Thread bereits vollständig abgearbeitet ist, bevor der zweite Thread zum ersten Mal in die eigene Schleife eintritt.

Die Thread-Klasse bietet für mit der statischen Methode Sleep eine Möglichkeit, den aktuellen Thread für eine bestimmte Zeitdauer anzuhalten und damit die Ausführung zu verzögern. Die Methode Sleep blockiert den Thread und versetzt ihn in den Zustand WaitSleepJoin. Die an Sleep übergebene Zeitspanne definiert die Anzahl der Millisekunden. Um einen Thread für zwei Sekunden anzuhalten, schreiben Sie einfach:

```
Thread.Sleep(2000);
```

Sleep ist statisch definiert und wird daher nicht auf eine bestimmte Threadinstanz aufgerufen. Stattdessen zieht sich der aktuelle Thread damit selbst aus dem Verkehr. Sleep ist unabhängig von der Taktfrequenz des Computers. Übergeben Sie Sleep die Zahl 0, wird der Thread dazu veranlasst, auf den verbleibenden Rest seiner Ausführungszeit zu verzichten und die CPU für den nächsten anstehenden Thread freizumachen. Er reiht sich danach sofort wieder in die Warteschlange ein.

Hinweis

Die Klasse Thread unterstützt neben Sleep die sehr ähnliche Methode SpinWait. Auch dieser wird ein Integer übergeben, mit dem die Zeitspanne definiert wird, den der Thread warten soll. Für welche sollten Sie sich entscheiden? Dazu müssen Sie wissen, dass der Thread, der Sleep aufgerufen hat, vom Scheduler nicht mehr berücksichtigt wird, bis das angegebene Zeitintervall abgelaufen ist. Der Thread verzichtet also auf Rechenzeit, und er muss die CPU verlassen. Damit der Thread aber genau dort weitermachen kann, wo er aufgehört hat, ist der gesamte Kontext des Threads zu speichern. Das kostet Zeit und nimmt zudem die CPU in Anspruch. Insbesondere bei kurzen Wartezeiten schlägt das negativ zu Buche.

Ganz anders SpinWait. Gewissermaßen gaukelt SpinWait für eine bestimmte Zeitspanne Arbeit vor – obwohl der Thread nur verzögert werden soll. Das Entscheidende ist, dass kein Kontextwechsel stattfindet.

13

13.3.5 Beenden eines Threads

Mit der Methode Abort lässt sich ein Thread terminieren. Der Aufruf bewirkt die Auslösung der Ausnahme ThreadAbortException im Sekundärthread, die behandelt werden muss. Falls notwendig, können wir dann im catch-Zweig die Methode ordnungsgemäß beenden, beispielsweise um offene Ressourcen zu schließen.

```
// Beispiel: ..\Kapitel 13\AbortThread
class Program
{
  static void Main(string[] args)
  {
```

```
    Thread thread = new Thread(DoSomething);
    Console.WriteLine("Thread wird jetzt gestartet");
// Sekundärthread starten
    thread.Start();
    Console.WriteLine("Thread ist gestartet");
    Thread.Sleep(200);
// der Sekundärthread wird nun beendet
    thread.Abort();
    Thread.Sleep(100);
    if (thread.IsAlive)
      Console.WriteLine("Der Sek.-Thread lebt noch");
    else
      Console.WriteLine("Der Sek.-Thread ist aufgegeben");
    Console.ReadLine();
  }
  public static void DoSomething()
  {
    try
    {
      Console.WriteLine("Sek.-Thread gestartet.");
      for(int i = 0; i <= 100; i++)
      {
        Console.WriteLine("Sek.-Thread-Zähler = {0}", i);
        Thread.Sleep(50);
      }
    }
    catch (ThreadAbortException ex)
    {
      Console.WriteLine("Sek.-Thread/im Catch-Block");
    }
    Console.WriteLine("Sek.-Thread/nach Finally");
    for (int i = 0; i <= 20; i++)
    {
      Console.Write(".");
      Thread.Sleep(50);
    }
  }
}
```

Listing 13.2 Das Beenden eines Threads mit »Abort«

Nach dem Instanziieren der Thread-Klasse wird der zweite Thread gestartet. Da wir die Abort-Methode testen wollen, müssen wir dafür sorgen, dass Abort nicht auf einen Thread trifft, der bereits nicht mehr ausgeführt wird. Deshalb ist in der quasi-parallel ausgeführten Methode DoSomething eine Schleife eingebaut, die mehr Zeit für einen vollständigen Durchlauf benötigt als die aufrufende Methode Main.

Vor dem Aufruf von Abort wird der Primärthread zunächst mit Sleep für 200 ms gestoppt, damit der Sekundärthread Zeit hat, seine Ausführung zu starten. Nach dem Aufruf von Abort bekommt das System mit einem zweiten Sleep-Aufruf noch Zeit, den Sekundärthread endgültig zu beenden. Durch Auswertung der Eigenschaft IsAlive auf dem Sekundärthread wird festgestellt, ob er noch aktiv ist oder nicht. Würden wir dem Hauptthread vorher keine Ruhepause gönnen, könnten sich Abort und der Aufruf von if innerhalb derselben Zeitscheibe befinden. Der Sekundärthread würde dann noch laufen, und wir könnten das Verhalten des Threads nach dem Aufruf von Abort nicht erfahren. An der Konsole erfolgt eine Ausgabe wie in Abbildung 13.2.

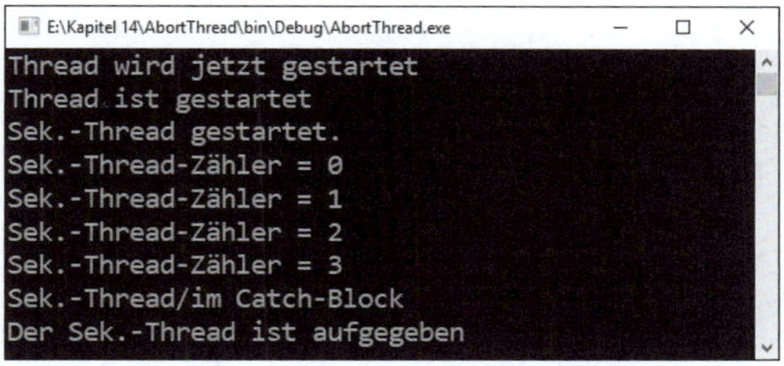

Abbildung 13.2 Ausgabe des Beispiels »AbortThread«

Gegen das außerplanmäßige Beenden (denn als solches kann man den Aufruf von Abort bewerten) kann sich der betroffene Thread allerdings auch zur Wehr setzen. Dazu muss im catch-Block der Fehlerbehandlung die statische Methode ResetAbort aufgerufen werden:

```
[...]
catch (ThreadAbortException e)
{
  Thread.ResetAbort();
  Console.WriteLine("Sek.-Thread/im Catch-Block");
  [...]
}
```

Listing 13.3 Einsatz der Methode »ResetAbort«

Bauen Sie diese Anweisung in den Programmcode des Beispiels ein, wird auch die zweite Schleife in DoSomething ausgeführt. Die Prüfung mit if in Main führt zu dem Ergebnis, dass der Thread noch lebt – das allerdings auch nur, weil die zweite Schleife eine längere Zeit in Anspruch nimmt und noch nicht auf normalem Wege beendet worden ist.

13.3.6 Abhängige Threads – die Methode »Join«

Stellen Sie sich die folgende Ausgangssituation vor: Der Primärthread liefert nur dann ein korrektes Resultat, wenn ein oder auch mehrere Sekundärthreads zuerst vollständig ihre Anweisungen ausgeführt haben.

Im folgenden Beispiel wird eine solche Situation beschrieben. In der Klasse ist die Variable sum definiert, die aus den beiden Methoden Sample1 und Sample2 heraus erhöht wird. Zum Ende des Programms wird in der Methode Main das Gesamtresultat der beiden Operationen angezeigt.

```
// Beispiel: ..\Kapitel 13\Join_Example
class Program
{
  static int sum = 0;
  static void Main(string[] args)
  {
    Thread thread1 = new Thread(new ThreadStart(Sample1));
    Thread thread2 = new Thread(new ThreadStart(Sample2));
    thread1.Start();
    thread2.Start();
    Console.WriteLine($"Ergebnis: {sum}");
    Console.ReadLine();
  }
  private static void Sample1()
  {
    Thread.Sleep(1000);
    sum = sum + 1;
  }
  private static void Sample2()
  {
    Thread.Sleep(2000);
    sum = sum + 10;
  }
}
```

Listing 13.4 Abhängige Threads

Dieser Code wird immer zum gleichen, falschen Resultat führen (Ergebnis: 0). Ursache dafür ist, dass die Operationen in den Sekundärthreads ihre Aufgabe noch nicht erledigt haben, ehe die Konsolenausgabe erfolgt.

Wir müssen im Grunde genommen nur sicherstellen, dass sowohl thread1 als auch thread2 beendet werden, ehe das Ergebnis in die Konsole geschrieben wird. Wir erreichen das mit dem Aufruf der Methode Join auf jede der beiden Threadreferenzen.

Join blockiert den aufrufenden Thread (hier also den Primärthread) so lange, bis der Thread, auf den Join aufgerufen wird, seine Arbeit beendet hat. Der Aufruf von Join erfolgt hier sinnvollerweise, nachdem thread2 gestartet worden ist.

```
[...]
thread1.Start();
thread2.Start();
thread1.Join();
thread2.Join();
Console.WriteLine($"Ergebnis: {sum}");
```

Listing 13.5 Ergänzung des Beispielprogramms »Join_Example«

Das Ergebnis erscheint nun richtig auf der Konsole (115).

13.3.7 Threadprioritäten festlegen

Jedem Thread wird eine bestimmte Priorität zugeordnet. Stehen mehrere Threads in der Warteschlange, wird derjenige Thread bevorzugt behandelt, dessen Priorität am höchsten ist. Gäbe es die Zuordnung einer Priorität nicht, wäre es unter anderem nicht möglich, aus einer laufenden Windows-Anwendung heraus eine andere zu aktivieren. Das System fängt nämlich in einem Thread hoher Priorität den Mausklick auf das Fenster einer inaktiven Anwendung ab, ordnet die Mauszeigerposition dem direkt darunter liegenden Fenster zu und aktiviert es.

Die Priorität eines Threads können Sie bei Bedarf erhöhen. Damit lässt sich erreichen, dass Aufgaben, die Vorrang vor anderen haben sollen, nicht gleichberechtigt mit den anderen Threads behandelt werden, sondern bevorzugt. Umgekehrt können Sie die Priorität eines Threads auch reduzieren, um ihn einerseits im Zustand »bereit« zu halten, ihn aber andererseits nur in bestimmten Situationen zur Ausführung zu bringen, möglicherweise erst nach vorheriger Erhöhung der Priorität.

Einen Thread mit niedriger Priorität haben Sie schon kennengelernt: Es ist der Thread des Garbage Collectors. Dieser erhält erst dann Prozessorzeit, wenn keine andere Ausführungseinheit die CPU beansprucht oder die Ressourcen knapp werden. Tritt die letztgenannte Situation ein, wird die Priorität des Garbage Collectors angehoben, damit die Speicherbereinigung ihre Arbeit verrichten kann.

Mit der Eigenschaft Priority lässt sich die Priorität eines Threads erhöhen oder reduzieren. Diese Einstellung spielt eine entscheidende Rolle bei der Vergabe der Zeitscheibe: Ein Thread mit hoher Priorität hat Vorrang vor einem Thread mit niedrigerer Priorität – die Wahrscheinlichkeit nimmt zu, dass einem Thread mit hoher Priorität mehr Prozessorzeit eingeräumt wird.

Die Eigenschaft Priority ist vom Typ der Enumeration ThreadPriority, die fünf Member definiert:

- Highest: Ein solcher Thread hat die höchstmögliche Priorität. Allerdings besteht die potenzielle Gefahr, dass ein solcher Thread alle anderen mit niedrigerer Priorität blockiert.
- AboveNormal: Räumt einem solchen Thread etwas mehr Priorität ein als einem Thread mit der Einstellung ThreadPriority.Normal.
- Normal: Das ist die Standardeinstellung eines Threads.
- BelowNormal: Räumt dem Thread etwas weniger Priorität ein als einem Thread mit Standardeinstellung.
- Lowest: Ein Thread mit dieser Einstellung läuft Gefahr, dass er von anderen, höher priorisierten Threads blockiert wird. Diese Einstellung sollten Sie also weitestgehend vermeiden.

Wir wollen uns den Effekt der Prioritätseinstellung am folgenden Beispiel verdeutlichen.

```
// Beispiel: ..\Kapitel 13\ThreadPriority_Example
class Program
{
  private static int[] count = new int[5];
  public static void Main()
  {
    Thread[] threads = new Thread[5];
    threads[0] = new Thread(new ThreadStart(DoSomething1));
    threads[1] = new Thread(new ThreadStart(DoSomething2));
    threads[2] = new Thread(new ThreadStart(DoSomething3));
    threads[3] = new Thread(new ThreadStart(DoSomething4));
    threads[4] = new Thread(new ThreadStart(DoSomething5));
    threads[0].Priority = ThreadPriority.Highest;
    threads[1].Priority = ThreadPriority.AboveNormal;
    threads[2].Priority = ThreadPriority.Normal;
    threads[3].Priority = ThreadPriority.BelowNormal;
    threads[4].Priority = ThreadPriority.Lowest;
    for (int i = 0; i < 5; i++)
      threads[i].Start();
    for (int k = 0; k < 5; k++)
    {
      Thread.Sleep(3000);
      lock (count)
      {
```

```
        for (int i = 0; i < 5; i++)
          Console.WriteLine("{0,-12}: {1,10}", threads[i].Priority, count[i]);
        Console.WriteLine();
      }
    }
  }
  private static void DoSomething1()
  {
    while (true) Interlocked.Increment(ref count[0]);
  }
  [...]
  private static void DoSomething5()
  {
    while (true) Interlocked.Increment(ref count[4]);
  }
}
```

Listing 13.6 Das Beispielprogramm »ThreadPriority_Example«

Es wird ein Array erzeugt, das fünf Threads enthält. Jeder Thread hat die Aufgabe, während der ihm zugewiesenen Zeitscheibe in einer Schleife eine threadeigene Variable zu inkrementieren. Dazu wird jedem Thread eine Methode zugeordnet (`DoSomething1` bis `DoSomething5`). In den Methoden ist eine Endlosschleife codiert, die dazu dient, die threadeigene Variable zu erhöhen. Die Ausgabe der einzelnen Variableninhalte erfolgt alle drei Sekunden. Innerhalb dieser Zeitspanne verrichten die Threads ihre Arbeit.

Anmerkung

Sie werden im Beispielprogramm mit der Klasse `Interlocked` (siehe Abschnitt 13.5.8) und der Anweisung `lock` (siehe Abschnitt 13.5.3) konfrontiert. Beide dienen dazu, einen synchronisierten Ablauf der Anwendung zu gewährleisten. Immer dann, wenn sich mehrere Threads Anweisungsblöcke oder dieselben Variablen teilen müssen, ist der Programmablauf zu synchronisieren, um die Ergebnisse nicht zu verfälschen. Auf diese Problematik werden wir im Abschnitt 13.5 genauer eingehen, die genaue Kenntnis dessen spielt beim Verständnis der Threadprioritäten des aktuellen Beispielprogramms jedoch keine Rolle.

In Abbildung 13.3 sehen Sie die Ausgabe der ersten beiden Blöcke des Programms. Testen Sie das Programm, können Sie möglicherweise sogar sehen, dass im ersten und vielleicht auch noch zweiten Block der Thread mit der Einstellung `ThreadPriority.Lowest` noch keine Rechenzeit erhalten hat.

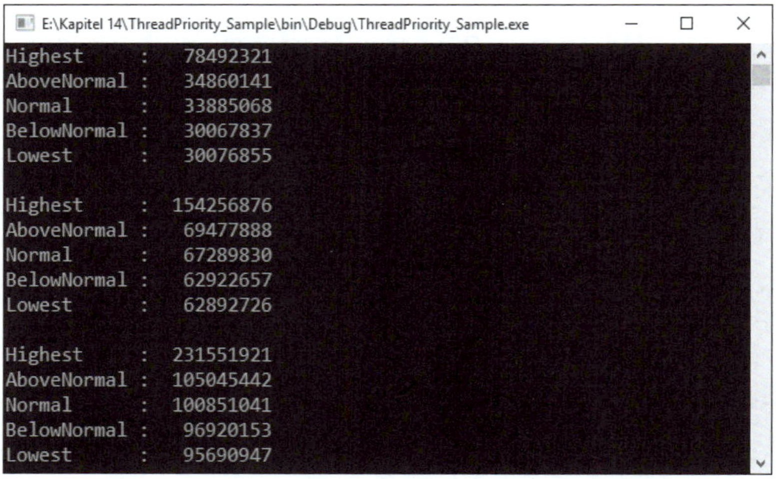

Abbildung 13.3 Ausgabe des Beispielprogramms »ThreadPriority_Example«

Lassen Sie mich an dieser Stelle eine allgemeine Anmerkung machen: Einem Thread eine gewisse Sonderstellung durch die Erhöhung der Priorität einzuräumen, mag vielleicht verlockend sein. Bedenken Sie jedoch, dass ein hochpriorisierter Thread bei einer lang andauernden Operation eine bremsende Wirkung auf die anderen Threads hat. Man spricht manchmal auch von einem »Aushungern des Systems«. Gehen Sie daher sorgfältig mit dem Erhöhen von Prioritäten um, und achten Sie darauf, dass keine unnötigen Operationen von einem solchen Thread ausgeführt werden, sondern nur solche, die für den weiteren Ablauf der Anwendung unbedingt notwendig sind.

13.3.8 Vorder- und Hintergrundthreads

Threads werden in zwei Kategorien unterteilt: in Vorder- und in Hintergrundthreads. Ein Prozess wird ausgeführt, solange noch mindestens ein Vordergrundthread existiert. Mit dem Beenden des letzten Vordergrundthreads wird der Prozess der Anwendung selbst dann beendet, wenn Hintergrundthreads noch aktiv sind und die ihnen auferlegte Aufgabe noch nicht vollständig ausgeführt haben. Beim plötzlichen Beenden wird im Hintergrundthread auch keine Exception ausgelöst. Das Beenden eines Hintergrundthreads hat im umgekehrten Fall aber nicht zur Konsequenz, dass auch der Vordergrundthread beendet wird.

Die Eigenschaft `IsBackground` beschreibt, ob ein Thread als Vorder- oder Hintergrundthread eingestuft ist. Grundsätzlich sind alle Threads, die aus der Klasse `Thread` erzeugt werden, zunächst Vordergrundthreads. Mit `IsBackground` degradiert einen Thread aber zu einem Hintergrundthread.

13.4 Der Threadpool

Die Arbeit mit Threads lässt sich durch Threadpools wesentlich vereinfachen, denn die Laufzeitumgebung erzeugt für jeden gestarteten Prozess eine bestimmte Anzahl von Threads, die von einem Pool verwaltet werden und der Anwendung zur freien Verfügung stehen. Die Anzahl der Threads im Threadpool hängt von mehreren Faktoren ab. Einer dieser Faktoren ist beispielsweise die Größe des virtuellen Adressraums.

Sie können die Threads des Threadpools nutzen und brauchen nicht eigens neue zu erzeugen. Nach der Beendigung einer in einem Thread laufenden Methode wird der frei gewordene Thread in den Pool zurückgeführt und steht anderen Aufgaben zur Verfügung.

Welche Vorteile hat ein Threadpool im Vergleich zu Threads, die auf Basis der Klasse `Thread` erzeugt werden? Gegen die Nutzung eines `Thread`-Objekts auf Basis der Klasse `Thread` spricht der mit jedem `Thread`-Objekt verbundene Overhead, der zu Lasten der Systemleistung geht. Im Gegensatz dazu steigt die Performance bei Nutzung des Threadpools, weil die `Thread`-Objekte nicht immer wieder neu erzeugt werden müssen. Ist im Threadpool allerdings kein weiterer freier Thread zu finden, muss die anstehende Operation so lange warten, bis ein Thread wieder verfügbar wird. Eventuell wichtige Aufgaben werden somit eventuell nicht sofort ausgeführt.

Gegen den Einsatz der Threads aus dem Threadpools spricht, dass eine Feinjustierung der Threads nicht möglich ist. Beispielsweise können Sie die Priorität nicht beeinflussen. Außerdem sind Threadpool-Threads immer Hintergrundthreads und können niemals Vordergrundthreads sein.

13.4.1 Ein einfaches Beispielprogramm

Da es nur einen Threadpool pro Prozess gibt, sind alle Methoden der Klasse `ThreadPool` statisch. Durch Aufruf der Methode `QueueUserWorkItem` wird der Warteschlange des Threadpools eine Aufgabe (= Methode) übergeben. Danach haben Sie über die eingestellte Aufgabe keine Kontrolle mehr. Ist im Pool ein Thread frei, wird dieser die Aufgabe bearbeiten. Wartet eine Aufgabe auf einen freien Thread, kann sie auch nicht mehr abgebrochen werden. Sie wissen zudem nicht, wann die Aufgabe ausgeführt wird. Letztendlich haben Sie über die Threads aus dem Threadpool nicht so viel Kontrolle, als würden Sie einen Thread mit der Klasse `Thread` erzeugen.

Durch Aufruf der Methode `QueueUserWorkItem` wird ein Delegat vom Typ `WaitCallback` übergeben. Der Delegat gibt die Methode an, die im Thread ausgeführt werden soll. Die Methode ist `void` und beschreibt einen Parameter des Typs `Object`.

```
ThreadPool.QueueUserWorkItem(new WaitCallback(DoSomething));
```

Darüber hinaus können wir `QueueUserWorkItem` ein zweites Argument übergeben, um der Methode Daten zur Verfügung zu stellen, z. B.:

```
ThreadPool.QueueUserWorkItem(new WaitCallback(DoSomething), 500);
```

`QueueUserWorkItem` selbst liefert einen booleschen Wert zurück. Er ist `true`, wenn die Aufgabe erfolgreich in die Warteschlange gestellt wurde.

Im folgenden Beispiel wird der Threadpool benutzt, um die Methode `DoSomething` in die Warteschlange der Aufgaben zu stellen. Dabei wird ein Wert übergeben, der am Ende nur noch in die Konsole geschrieben wird.

```
// Beispiel: ..\Kapitel 13\ThreadPool_Example
class Program
{
  static void Main(string[] args)
  {
    ThreadPool.QueueUserWorkItem(DoSomething, 235);
    for (int i = 0; i < 100; i++)
    {
      Console.Write(".");
      Thread.Sleep(100);
    }
    Console.WriteLine("Ende Main ...");
    Console.ReadLine();
  }
  public static void DoSomething(object state)
  {
    for (int i = 0; i < 100; i++)
    {
      Console.Write("x");
      Thread.Sleep(50);
    }
    Console.WriteLine($"Übergabe: {state}");
  }
}
```

Listing 13.7 Das Beispielprogramm »ThreadPoolexample«

13.5 Synchronisation von Threads

In jedem Programm werden Variablen und ihre Werte genutzt und geändert. Solange dabei nur ein Thread eine bestimmte Variable manipuliert, stellt das kein Problem dar. Die Situation ist eine vollkommen andere, wenn mehrere Threads auf eine gemeinsame Variable (Ressource) zugreifen und sie ändern. Geschieht der Zugriff der Threads unkoordiniert, könnte sich die Variable zu einem gewissen Zeitpunkt in einem ungültigen Zustand befinden, weil einem Thread die Zeitscheibe entzogen wird, ohne dass der Wert der Variablen zuvor korrekt gespeichert wurde.

Sehen wir uns das im folgenden Beispiel an.

```
// Beispiel: ..\Kapitel 13\UnsynchronisierteThreads
class Program
{
  static void Main(string[] args)
  {
    Demo demo = new Demo();
    Thread thread1 = new Thread(demo.DoSomething);
    Thread thread2 = new Thread(demo.DoSomething);
    thread1.Start();
    thread2.Start();
    Console.ReadLine();
  }
}
class Demo
{
  private int value;
  public void DoSomething()
  {
    while(true)
    {
      value++;
      if (value > 100) break;
      Console.WriteLine(value);
    }
  }
}
```

Listing 13.8 Unsynchronisierte Threads

Im Projekt wird die Klasse Demo mit ihrer Methode DoSomething beschrieben. In Main sind zwei Threads konstruiert, die beide die Methode DoSomething aufrufen. In DoSomething wird eine while-Schleife durchlaufen, in der die Variable value hochgezählt und der aktuelle Inhalt an der Konsole ausgegeben wird. Mit dem Endwert von 100 wird die Methode wieder verlassen.

Beide Threads rufen dieselbe Methode auf und teilen sich die Arbeit mehr oder weniger abwechselnd. Eigentlich wäre zu erwarten, dass die Zahlen chronologisch hinter-

13

einander ausgegeben werden, jedoch kommt es an der Konsole beispielsweise zu folgender Ausgabe:

```
1, 2, 3, 4, … , 39, 41, 42, 43, … , 99, 100, 40
```

Ursache dieser Reihenfolge ist der nicht synchronisierte Zugriff auf die Ressource `value`. Dabei wird die Ausführung des ersten Threads mitten in der Schleife unterbrochen. Dem Anschein nach ist das genau der Moment, nachdem der Feldinhalt mit der Anweisung

```
value++;
```

zwar schon auf `40` erhöht, aber mit

```
Console.WriteLine(value);
```

noch nicht an der Konsole ausgegeben wurde. Der unterbrochene Thread weiß genau, mit welcher Anweisung er seine Arbeit wieder aufnehmen muss, wenn ihm der Scheduler später wieder Prozessorzeit zuteilt: Er muss zuerst die Zahl `40` ausgeben. Diesen temporären Zwischenstand, dessen Informationsgehalt durch die CPU-Register beschrieben wird, speichert das System im Stack und räumt daraufhin den Prozessor für den nächsten Thread in der Warteschlange.

Der zweite Thread, dem anschließend die CPU zugeteilt wird, tritt nun seinerseits zum ersten Mal in die Schleife ein. Er erkennt den aktuell gültigen Feldinhalt der Variablen (er beträgt `40`), erhöht ihn zunächst auf `41`, gibt den Wert aus und setzt danach die Schleife so lange fort, bis seine Zeit abgelaufen ist. Dann verlässt der zweite Thread die CPU, das System liest die im Stack gesicherten Daten des ersten Threads in die CPU ein und setzt die Arbeit mit genau der Anweisung fort, bei der er unterbrochen wurde: mit der Ausgabe der Zahl `40` an der Konsole.

Solange eine bestimmte Methode nur von einem Thread aufgerufen wird, haben Sie die Garantie, dass der Code von der ersten bis zur letzten Anweisung durchlaufen wird. Sind mehrere Threads im Spiel, könnte einer der Threads die Methode in einem ungültigen Zustand hinterlassen, wenn das System ihm die Zeitscheibe mitten in der Ausführung der Methode entzieht und der nächste Thread mit derselben Methode die gleiche Ressource nutzt. Der Thread, der den Objektzustand von seinem Vorgänger übernommen hat, produziert dann möglicherweise Ergebnisse, die nicht vorhersehbar und in der Regel auch falsch sind.

13.5.1 Möglichkeiten der Synchronisation

Wie Sie im Beispiel von Listing 13.8 erkennen, müssen wir beide Threads synchronisieren. Dazu wird der kritische Bereich in der Weise gesperrt, dass zu einem gegebenen Zeitpunkt nur ein Thread den Bereich für sich beanspruchen darf. Wir werden das genannte Beispiel dazu entsprechend ergänzen.

Eine Synchronisation wird durch Sperrmechanismen erreicht. Dabei gehen die Anforderungen über das Sperren bestimmter Codebereiche oft weit hinaus. Sperren können sich daher sogar auf das Sperren der gesamten Anwendung beziehen. Hier sei als ein typisches Beispiel die Fähigkeit genannt, eine Anwendung nur einmal zu starten.

Um den Ansprüchen einer multithreadingfähigen Anwendung hinsichtlich der Synchronisation in allen Situationen zu genügen, stellt .NET einige Sperrmechanismen zur Verfügung:

- `Monitor` (bzw. `lock`)
- `Mutex`
- `Semaphore`
- `System.Threading.Lock`-Typ

Zu diesen elementaren Sperrtechniken gesellen sich zahlreiche Klassen, die uns über die drei Prinzipien hinaus das Programmieren erleichtern.

13.5.2 Die Klasse »WaitHandle«

Ehe wir uns mit den Einsatzmöglichkeiten der verschiedenen Sperrmechanismen beschäftigen, wollen wir unser Augenmerk auf die Klasse `WaitHandle` richten. Dabei handelt es sich um eine abstrakte Klasse, von der es mit `EventWaitHandle`, `Mutex` und `Semaphore` drei Ableitungen gibt. `WaitHandle` ist demnach die allgemeine Basis für Synchronisationsobjekte.

Die Idee, die `WaitHandle` zugrunde liegt, ist, dass der aktuelle Thread nur dann seine Arbeit fortsetzen darf, wenn ein `WaitHandle` ihm per Signal sein Okay dazu gibt. Solange das Okay nicht eintrifft, ist der aktuelle Thread blockiert. Dazu kann sich ein `WaitHandle` in einem von zwei Zuständen befinden: *signalisiert* oder *nicht signalisiert*. Diese beiden Zustände lassen sich wie folgt beschreiben:

- *Nicht signalisiert* = der aktuelle Thread ist blockiert.
- *Signalisiert* = ein blockierter Thread kann seine Aufgabe fortsetzen.

Wir könnten ein `WaitHandle` auch sehr gut mit einer Ampel vergleichen: Steht die Ampel auf Rot (`WaitHandle` ist im Zustand *nicht signalisiert*), wartet der aktuelle Thread. Springt die Ampel auf Grün (`WaitHandle` ist *signalisiert*), geht der Verkehr weiter.

In Tabelle 13.2 sind die wichtigsten Methoden der Klasse `WaitHandle` aufgeführt. Alle Methoden sind vielfach überladen. Zum besseren Verständnis der Beschreibung ist jeweils die elementarste Parameterliste angegeben.

Methode	Beschreibung
`SignalAndWait(WaitHandle, WaitHandle)`	(`static`) Signalisiert einen `WaitHandle` und wartet noch auf einen anderen Thread.
`WaitAll(WaitHandle[])`	(`static`) Ähnlich wie bei `WaitAny` sind mehrere `WaitHandle`-Objekte im Spiel. Allerdings wartet `WaitAll` so lange, bis sich alle `WaitHandle`-Objekte im Zustand *signalisiert* befinden.
`WaitAny(WaitHandle[])`	(`static`) Sind mehrere nicht signalisierte `WaitHandle`-Objekte für das Blocken eines Threads verantwortlich, so wartet `WaitAny` auf irgendein `WaitHandle`, das in den Zustand *signalisiert* wechselt. Der blockierte Thread kann dann seine Arbeit wieder aufnehmen.
`WaitOne()`	Wird auf ein `WaitHandle`-Objekt aufgerufen. Dabei handelt es sich um genau ein `WaitHandle`-Objekt, das einen Thread blockiert.

Tabelle 13.2 Methoden der Klasse »WaitHandle«

Beachten Sie, dass bis auf `WaitOne` alle anderen Methoden statisch definiert sind.

Um zu verstehen, wie `WaitHandle`-Objekte und ihre Methoden eingesetzt werden, wollen wir uns nun ein paar Beispiele dazu ansehen.

»AutoResetEvent« und die Methode »WaitOne«

Lassen Sie uns zuerst die Arbeitsweise von `WaitOne` studieren. Dazu besorgen wir uns im ersten Schritt ein `AutoResetEvent`-Objekt. Die Klasse `AutoResetEvent` ist von `EventWaitHandle` abgeleitet und somit indirekt auch von `WaitHandle`. Ein `AutoResetEvent`-Objekt ermöglicht die Kommunikation mehrerer Threads mit Signalen. Ein Thread wartet durch Aufruf von `WaitOne` auf das Signal des `AutoResetEvent`-Objekts. Solange dieses kein Signal sendet, befindet es sich im Zustand *nicht signalisiert*. Erst mit dem Aufruf von `Set` wechselt `AutoResetEvent` in den Zustand *signalisiert*, und der auf das Signal wartende Thread kann seine Ausführungen fortsetzen. Das `AutoResetEvent`-Objekt bleibt so lange im Zustand *signalisiert*, bis ein wartender Thread freigegeben ist. Dann kehrt es automatisch in den Zustand *nicht signalisiert* zurück. Sollte kein Thread auf das Signal warten, kann der signalisierte Zustand auch länger erhalten bleiben.

> **Hinweis**
>
> In .NET gibt es neben der Klasse `AutoResetEvent` die Klasse `ManualResetEvent`, die sehr ähnlich arbeitet. Während `AutoResetEvent` automatisch in den Zustand *nicht signalisiert* wechselt, wenn ein wartender Thread das Signal »verbraucht«, müssen Sie bei Einsatz von `ManualResetEvent` die Methode `Reset` aufrufen.

Das `AutoResetEvent`-Objekt ist sowohl dem Hauptthread als auch dem sekundären Thread bekannt. Letztgenannten wollen wir im nächsten Beispielprogramm dem Threadpool entnehmen. Der Hauptthread wartet nach dem Starten des zweiten Threads mit `WaitOne` so lange, bis das `AutoResetEvent`-Objekt in *signalisiert* geschaltet wird.

Der zweite Thread arbeitet die Methode `Calculate` ab. Mit der letzten Anweisung in `Calculate` wird das `AutoResetEvent`-Objekt durch den Aufruf von `Set` in den Zustand *signalisiert* versetzt. Darauf hat der Hauptthread gewartet. Er kann nun seine Arbeit fortsetzen.


```
// Beispiel: ..\Kapitel 13\WaitOne_Example
class Program
{
  static void Main(string[] args)
  {
    // Benachrichtigungsereignis - nicht signalisiert
    AutoResetEvent ready = new AutoResetEvent(false);
    // Anfordern eines Threads aus dem Pool
    ThreadPool.QueueUserWorkItem(Calculate, ready);
    Console.WriteLine("Der Hauptthread wartet ...");
    // Aktuellen Thread in den Wartezustand versetzen
    ready.WaitOne();
    Console.WriteLine("Arbeitsthread ist fertig.");
    Console.ReadLine();
  }
  public static void Calculate(object obj)
  {
    Console.WriteLine("Im Sekundärthread");
    Thread.Sleep(5000);
    // Ereigniszustand auf signalisiert setzen
    (obj as AutoResetEvent).Set();
  }
}
```

Listing 13.9 Das Beispielprogramm »WaitOne_Example«

Die Methode »WaitAll«

`WaitAll` benötigt zum Testen neben dem Hauptthread zwei weitere Threads, die aus dem Threadpool stammen. Zudem wird jedem der beiden Threads ein eigenes, nicht signalisiertes `AutoResetEvent`-Objekt übergeben, das aus einem zuvor erstellten `WaitHandle`-Array stammt. Beide Threads sollen unterschiedlich lange ausgeführt werden. Deshalb kommt der Zufallszahlengenerator `Random` zum Einsatz, um eine Zahl zu erzeugen, die als Basis der Zeitspanne der Methode `Sleep` dient.

Durch den Aufruf von `WaitAll` unter Übergabe des `WaitHandle`-Arrays wird der Hauptthread in den Wartezustand versetzt. Erst wenn sich alle Objekte des `WaitHandle`-Arrays im Zustand *signalisiert* befinden, kann der Hauptthread seine Arbeit fortsetzen. Die Dauer, die der Hauptthread wartet, muss logischerweise größer sein als die längste Ausführungsdauer der beiden sekundären Threads. Das wird an der Konsole bestätigt.

Gemessen wird die verstrichene Zeit mit Hilfe der Klasse `Stopwatch` aus dem Namespace `System.Diagnostics`. Mit `Start` wird die `Stopwatch` gestartet, mit `Stop` beendet. Die zwischen beiden Methoden abgelaufene Zeitspanne werten Sie mit `ElapsedMilliseconds` aus.

```
// Beispiel: ..\Kapitel 13\WaitAll_Example
public class Program
{
  static WaitHandle[] waitHandles;
  static Random random = new Random();
  static void Main()
  {
    waitHandles = new WaitHandle[] {
                                      new AutoResetEvent(false),
                                      new AutoResetEvent(false)
                                   };
    ThreadPool.QueueUserWorkItem(new WaitCallback(DoSomething), waitHandles[0]);
    ThreadPool.QueueUserWorkItem(new WaitCallback(DoSomething), waitHandles[1]);
    Stopwatch watch = new Stopwatch();
    watch.Start();
    WaitHandle.WaitAll(waitHandles);
    watch.Stop();
    Console.WriteLine("Beide Operationen sind beendet. Dauer: {0} ms",
                      watch.ElapsedMilliseconds);
    Console.ReadLine();
  }
  static void DoSomething(Object state)
  {
```

```
    AutoResetEvent arevent = state as AutoResetEvent;
    int time = 1000 * random.Next(1, 10);
    Console.WriteLine($"Zeitspanne der Operation: {time} ms");
    Thread.Sleep(time);
    arevent.Set();
  }
}
```

Listing 13.10 Das Beispielprogramm »WaitAll_Example«

Die Methode »WaitAny«

Mit dem Beispielprogramm *WaitAll_Example* des vorhergehenden Abschnitts lässt sich auch sehr einfach das Verhalten von `WaitAny` testen. Dazu ist nur die Anweisung

```
WaitHandle.WaitAll(waitHandles);
```

gegen

```
WaitHandle.WaitAny(waitHandles);
```


auszutauschen. `WaitAny` wartet nur auf irgendeinen signalisierten `WaitHandle` aus dem Array. Somit wird der Hauptthread fortgesetzt, sobald der erste Sekundärthread sein `WaitHandle` auf *signalisiert* schaltet – die kürzeste Zeitspanne der beiden Sekundärthreads ist dafür ausschlaggebend.

13.5.3 Sperren mit »Monitor«

Kommen wir zurück zum Beispiel *UnsynchronisierteThreads* (Listing 13.8). Beide Threads des Beispiels arbeiten ohne Synchronisation und hinterlassen ihrem Nachfolger die Ressource in einem ungültigen Zustand. Das wollen wir natürlich vermeiden – die Feldinhalte sollen so ausgegeben werden, dass sie dem tatsächlich aktuellen Stand des Feldes entsprechen.

Wenn wir die Arbeitsweise der Methode `DoSomething` analysieren, kommen wir zu der Feststellung, dass ein ganz bestimmter Teil des Codes als kritisch eingestuft werden muss. Es sind die Anweisungen:

```
value++;
if (value > 100) break;
Console.WriteLine(value);
```

Listing 13.11 Kritischer Codebereich des Beispielprogramms »UnsynchronisierteThreads«

Die Ausgabe wird nur dann unseren Erwartungen entsprechen, wenn ein laufender Thread seine Ausführung nicht zwischen diesen Anweisungen unterbrechen muss.

An dieser Stelle kommt eine Klasse ins Spiel, die die Aufgabe hat, genau diesen Bereich zu sperren: Monitor. Mit der Klasse Monitor wird vermieden, dass mehrere Threads eine bestimmte Codepassage des Programms quasi gleichzeitig durchlaufen. Zu einem bestimmten Zeitpunkt kann sich immer nur ein Thread in dem von einem Monitor beschriebenen Codesegment befinden. Ein Monitor initiiert also eine Sperre. Andere Threads müssen demzufolge warten, bis der laufende Thread das gesperrte Codesegment freigegeben und verlassen hat.

Mit den Methoden Enter und Exit der Klasse Monitor wird der kritische Codeabschnitt definiert, der zu einem gegebenen Zeitpunkt nur von einem Thread betreten werden darf. Dabei wird mit Enter das Codesegment so lange blockiert, bis die Sperrung mit Exit wieder aufgehoben wird. Das hat zur Folge, dass ungültige Zustände, die ein Thread hinterlassen könnte, wenn ihm die Zeitscheibe entzogen wird, nicht mehr möglich sind. Monitor protokolliert, ob der Vorgängerthread den kritischen Abschnitt mit Exit ordnungsgemäß verlassen hat oder nicht.

Sowohl Enter als auch Exit sind statische Methoden der Klasse Monitor. Als Argument wird den beiden Methoden die Referenz auf das zu synchronisierende Objekt übergeben, das auch this sein darf.

Wir ändern jetzt das Beispiel oben und schaffen die Voraussetzung dafür, dass die Zugriffe auf die kritischen Anweisungen synchronisiert erfolgen.

```
// Beispiel: ..\Kapitel 13\SynchronisierteThreads
[...]
class Demo
{
  private int value;
  public void DoSomething()
  {
    while(true)
    {
      // Sperre setzen
      Monitor.Enter(this);
      value++;
      if (value > 100) break;
      Console.WriteLine("Zahl = {0,5} Thread = {1,3}", value,
                       Thread.CurrentThread.GetHashCode().ToString());
      Thread.Sleep(5);
      // Sperre aufheben
      Monitor.Exit(this);
    }
  }
}
```

Listing 13.12 Das Beispielprogramm »SynchronisierteThreads«

Im Vergleich zum Beispiel *UnsynchronisierteThreads* erhalten wir nun wunschgemäß die Ausgabe der chronologisch geordneten Zahlen von 1 bis 100.

Neben der `Enter`-Methode gibt es in der `Monitor`-Klasse die Methode `TryEnter`. Diese überprüft zuerst, ob der geschützte Codeabschnitt frei ist, sperrt ihn dann und führt den Code aus. Ist das Codesegment gesperrt, liefert `TryEnter` den Rückgabewert `false`. Darauf kann der Code beispielsweise in einer `if`-Anweisung entsprechend reagieren.

Die Methoden »Wait« und »Pulse«

Die Klasse `Monitor` ist nicht instanziierbar, da jedem Objekt nur ein Monitor zugeordnet werden kann. Mehrere Objekte können Anspruch auf die Nutzung des Monitors eines anderen Objekts erheben, aber nur einem Objekt aus der Warteschlange wird der Monitor zugestanden.

Stellen Sie sich den Monitor wie ein Fernglas vor, das Sie mit in den Urlaub genommen haben, um damit die Landschaft aus der Nähe zu betrachten. Solange Sie das Fernglas benutzen, hat keine andere Person die Möglichkeit, die schönen Dinge der Natur aus der Nähe zu sehen. Andere Personen, die auch einen Blick durch das Fernglas werfen möchten, werden auf seine Freigabe warten müssen. Erst wenn Sie das Fernglas zur Seite gelegt haben, kann es von einer Person aus der Warteschlange aufgenommen werden. Alle anderen Personen müssen sich weiter gedulden.

Sobald Sie das Fernglas mit der Absicht zur Seite legen, es zu einem späteren Zeitpunkt noch einmal zu benutzen, versetzen Sie sich in den Wartezustand und begeben sich in die Warteschlange. Die `Monitor`-Klasse beschreibt diese Operation mit der statischen Methode `Wait`. Das Informieren des nächsten Interessenten in der Warteschlange entspricht der statischen Methode `Pulse`. Beide Methoden können nur innerhalb eines Synchronisationsblocks aufgerufen werden.

Mit `Wait` wird der aktuelle Thread blockiert und gleichzeitig die Sperrung des Objekts aufgehoben. Damit kann ein anderer Thread das freigegebene Objekt nutzen. Sehen wir uns eine Definition der überladenen `Wait`-Methode an:

```
public static bool Wait(object obj)
```

Der Parameter nimmt die Referenz auf das Objekt entgegen, dessen Sperrung aufgehoben werden soll. Ein wenig sonderbar verhält sich der Rückgabewert: Er ist `true`, wenn kein anderer Thread das Objekt sperrt und der aktuelle Thread selbst die Verantwortung für die Sperrung übernimmt. Ansonsten kommt kein boolescher Wert zurück, was eine Einreihung in die Warteschlange zur Folge hat. Damit bietet sich `Wait` auch dazu an, als Bedingung für den Eintritt in eine Schleife behilflich zu sein:

```
while(Monitor.Wait(obj))
{
  [...]
}
```

Listing 13.13 Synchronisation mit »Monitor.Wait«

Es besteht ein großer Unterschied zwischen einem Thread, der mit `Enter` auf den Eintritt in eine synchronisierte Methode wartet, und einem Thread, der sich mit `Wait` in den Wartezustand versetzt hat. Ein Thread, der eine synchronisierte Methode mit `Enter` betreten möchte, befindet sich im Zustand *bereit*. Er reiht sich in die Threads ein, die auf Anweisung des Schedulers hin ein Segment der Zeitscheibe erhalten. Ein Thread, der mit `Wait` die Sperrung eines Objekts aufgehoben hat, befindet sich in einer Warteliste – allerdings nicht in der Warteliste, aus der der Scheduler einem bereiten Thread die CPU zuteilt, sondern in einer Warteliste aller der Threads, die durch den Zustand *wartend* gekennzeichnet sind.

Um einen Thread aus seinem Wartezustand zu holen, muss ein anderer Thread die Methode `Pulse` oder `PulseAll` auf dem gesperrten Objekt aufrufen. Das Problem ist, dass `Pulse` keinen bestimmten wartenden Thread aus der Liste holt, sondern – falls sich mehrere Threads darin befinden – einen mehr oder weniger willkürlich gewählten, während mit `PulseAll` alle Threads den Zustand *wartend* aufgeben und in *bereit* übergehen. Damit stehen sie wieder in der Warteschlange der Zeitscheibe – der Scheduler kann ihnen wieder Prozessorzeit zuteilen.

Ein Thread, der mit `Wait` die Sperrung des kritischen Codebereichs aufgehoben hat, wartet auf einen Anstoß von außen, um wieder aktiv werden zu können. Er selbst hat keine Möglichkeit, diesen Zustand zu beenden. Wenn kein anderer Thread `Pulse` oder `PulseAll` aufruft, wird ein wartender Thread daher niemals mehr laufen können.

Hinweis

Im Extremfall führt der Wartezustand der Threads einer Anwendung zu einem Phänomen, das unter der Bezeichnung *Deadlock* bekannt ist. Dabei befinden sich ausnahmslos alle Threads im Wartezustand.

Beispielprogramm

Wir wollen nun die vorgestellten Methoden in einem Beispiel testen. Dazu greifen wir eine typische Problematik der Threadsynchronisation auf, die als *Erzeuger-Verbraucher-Problem* bekannt ist. Dabei handelt es sich um eine abstrakt formulierte Problemstellung, bei der zwei Threads abwechselnd auf eine Datenstruktur zugreifen. Brisant ist, dass der Zugriff abwechselnd erfolgen muss: Der Erzeuger schreibt genau einmal in die Datenstruktur, der Verbraucher liest sie auch nur einmal aus. Ist in der

Datenstruktur kein Element enthalten, darf der Verbraucher auch nicht lesen. Das Prinzip ähnelt dem Tischtennis, bei dem der Tischtennisball die Datenstruktur repräsentiert.

Als Datenstruktur werden wir in dem Beispiel einen Integer verwenden. Dieser wird vom Erzeuger mit dem Zufallszahlengenerator Random erzeugt, während der Verbraucher die erzeugte Zahl genau einmal verwerten soll, was in diesem Programm durch eine Konsolenausgabe simuliert wird.

Anmerkung

Es gibt zur Lösung dieser Problemstellung zahlreiche Ansätze. Der hier vorgestellte ist einer davon. Einen weiteren unter Zuhilfenahme von Semaphoren werden wir Ihnen weiter unten in Abschnitt 13.5.5 vorstellen.

```
// Beispiel: ..\Kapitel 13\Producer_Consumer_1
class Program
{
  public static bool finished;
  public static bool producerWaiting;
  public static bool consumerWaiting;
  static void Main(string[] args)
  {
    Data zahl = new Data();
    Producer producer = new Producer(zahl);
    Consumer consumer = new Consumer(zahl);
    var thProducer = new Thread(producer.Produce);
    var thConsumer = new Thread(consumer.Consume);
    thProducer.Start();
    thConsumer.Start();
    Console.ReadLine();
  }
}
class Producer
{
  private Data number;
  public Producer(Data obj) => number = obj;

  public void Produce()
  {
    var random = new Random();
    Monitor.Enter(number);
    for (int i = 0; i < 10; i++)
    {
```

```
      Program.producerWaiting = true;
      // falls der Consumer-Thread noch nicht im Wartezustand ist, geht der
      // Producer-Thread in den Wartezustand
      if (Program.consumerWaiting == false)
        Monitor.Wait(number);
      number.Value = random.Next(0, 1000);
      Console.WriteLine($"Nummer {number.Value} erzeugt");
      // dem nächsten in der Warteschlange stehenden Thread den Monitor geben
      Monitor.Pulse(number);
      Program.consumerWaiting = false;
    }
    Program.finished = true;
    Monitor.Exit(number);
  }
}
class Consumer
{
  private Data number;
  public Consumer(Data obj) => number = obj;

  public void Consume()
  {
    Monitor.Enter(number);
    // wenn sich der Producer-Thread im Wartezustand befindet,
    // ihn bereithalten
    if (Program.producerWaiting)
      Monitor.Pulse(number);
    Program.consumerWaiting = true;
    while (Monitor.Wait(number))
    {
      Console.WriteLine($"Nummer {number.Value} verbraucht");
      Monitor.Pulse(number);
      if (Program.finished) Thread.CurrentThread.Abort();
    }
  }
}
class Data
{
  public int Value { get; set; }
}
```

Listing 13.14 Das Producer-Consumer-Problem

Der Kern der Anwendung wird durch die beiden Klassen Producer und Consumer beschrieben. Ein Producer-Objekt erzeugt mit der Methode Produce auf Basis des Zufallszahlengenerators Zahlen zwischen 0 und 999 und schreibt diese in die Eigenschaft eines Objekts vom Typ Data, das in Main erzeugt wird und dessen Referenz den Konstruktoren der Klassen Consumer und Producer übergeben wird. Damit ist sichergestellt, dass sowohl der Erzeuger als auch der Verbraucher mit demselben Data-Objekt operieren. Die Methode Consume der Klasse Consumer verwendet die erzeugte Zahl.

Betrachten wir die Arbeitsweise des Erzeugers und des Verbrauchers. Die beiden booleschen Variablen producerWaiting und consumerWaiting dienen dazu, dass die beiden Objekte vom Typ Producer und Consumer den Zustand des jeweils anderen Threads in Erfahrung bringen können.

Sehen wir uns nun die Methode Produce der Klasse Producer an. Der gesamte Programmcode ist natürlich synchronisiert. In einer Schleife werden mit dem Zufallszahlengenerator Random zehn Zahlen erzeugt, die der Verbraucher verarbeiten (verbrauchen) soll. Nach dem Schleifeneintritt wird mit


```
Program.producerWaiting = true;
```

ein Signal gesetzt, um dem Verbraucher mitzuteilen, dass der Erzeuger aktiv ist. Uns kommt diese Information beispielsweise zugute, falls nicht der Producer-Thread, sondern der Consumer-Thread zuerst gestartet werden sollte. Denn wie klar sein dürfte, gibt der Aufruf der Startreihenfolge in Main keine Garantie dafür, dass zuerst der Producer-Thread und daran anschließend der Consumer-Thread gestartet wird. Mit

```
if (Program.consumerWaiting == false)
```

wird überprüft, ob sich der Consumer-Thread bereits ebenfalls im Wartezustand befindet. Führt die Prüfung zu einem negativen Ergebnis, wird

```
Monitor.Wait(number)
```

aufgerufen. Jetzt wartet der Producer-Thread so lange, bis der Consumer-Thread durch den Aufruf von Pulse ein Signal gibt. Gleichzeitig wird die Sperre des Objekts vom Typ Data aufgehoben.

Das Warten auf das Signal des Consumer-Threads ist aus zwei Gründen sinnvoll:

- Sollte der Consumer-Thread noch nicht gestartet worden sein, muss der Producer-Thread warten, bis der zweite Thread ebenfalls »lebt«.
- Der Producer-Thread wartet auch dann, wenn der Consumer-Thread noch dabei ist, die vorher vom Producer-Thread erzeugte Zahl zu verbrauchen.

Trifft das Signal des Verbrauchers ein, wird eine Zufallszahl erzeugt und an der Konsole ausgegeben. Liegt die neue Zahl vor, muss der Verbraucher diese Information erhalten und die Sperre der neuen Zahl gleichzeitig aufgehoben werden. Umgesetzt wird das mit:

```
Monitor.Pulse(number);
```

Die Methode `Produce` wird anschließend fortgesetzt, bis sie auf die Anweisung `Monitor. Wait(number)` trifft. Jetzt wartet der `Producer`-Thread seinerseits wieder auf ein Signal des `Consumer`-Threads.

In der Methode `Consume` des Verbrauchers ist der Programmcode natürlich ebenfalls synchronisiert. Im Grunde genommen müssen wir innerhalb des Codes zwei Bereiche unterscheiden:

- Der Bereich oberhalb der `while`-Schleife dient zur Sicherstellung, dass der `Producer` beim Start der Anwendung erst dann mit dem Erzeugen von Zahlen beginnt, wenn auch der Verbraucher aktiv ist. Gleichzeitig sorgt der Code dafür, dass nicht auf die Datenstruktur zugegriffen wird, wenn noch keine erzeugt worden ist.
- Die `while`-Schleife verbraucht die erzeugte Zahl und sendet nach deren Verarbeitung (die bei uns nur eine Konsolenausgabe ist) mit `Pulse` ein Signal an den `Producer`-Thread. Dieser kann nach dem Empfang des Signals die nächste Zahl erzeugen.

Im Grunde genommen ist die `while`-Schleife als Endlosschleife konstruiert. Selbst dann, wenn bereits alle zehn Zahlen erzeugt worden sind und der `Producer`-Thread seinen Dienst quittiert hat, würde der `Consumer`-Thread auf das nächste Signal warten. Um diese Situation zu vermeiden, setzt der `Producer`-Thread nach Beendigung der Zahlenerzeugung die Variable `finished` auf `true`, was im `Consumer`-Thread dazu führt, dass der aktuelle Thread beendet wird. Die Angabe von `Monitor.Exit()` erübrigt sich damit auch.

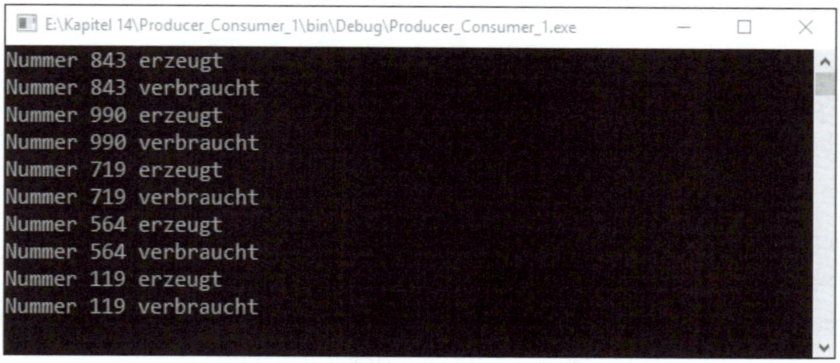

Abbildung 13.4 Ausgabe des Beispiels »Producer_Consumer_1«

Das »lock«-Statement

Neben `Enter` und `Exit` der Klasse `Monitor` gibt es eine andere, sprachspezifische Möglichkeit, den Zugriff zu synchronisieren. Unter C# ist das die `lock`-Anweisung. Die Syntax dazu lautet:

```
lock (Ausdruck)
{
  [...]
}
```

Durch den Anweisungsblock hinter `lock` werden die Anweisungen eingeschlossen, die es zu synchronisieren gilt. Dieses Statement ist sehr einfach zu handhaben, aber es besitzt nicht die Möglichkeiten, mit denen die Klasse `Monitor` ausgestattet ist.

13.5.4 Die Klasse »Mutex«

Ein `Mutex`-Objekt verhält sich wie eine Sperre mit `Monitor`. Beide bieten sich gleichermaßen an, um einen kritischen Codebereich zu sperren. Anstelle eines Monitors können Sie immer einen Mutex verwenden. Umgekehrt geht das jedoch nicht, weil ein Mutex auch prozessübergreifend genutzt werden kann. Es gibt ein paar typische Anwendungsfälle des Mutex:

- wenn eine Anwendung nur einmal gestartet werden darf
- zur Synchronisation einer gemeinsamen Aufgabe zweier Prozesse
- zur Synchronisation des gemeinsamen Zugriffs auf eine Ressource aus mehreren Prozessen heraus

Ein Mutex hat immer zwei Zustände:

- *Signalisiert*: Der Mutex ist frei und kann verwendet werden.
- *Nicht signalisiert*: Der Mutex ist im Besitz eines anderen Threads.

Ein Mutex wird in .NET durch die gleichnamige Klasse `Mutex` beschrieben. Mit der Methode `WaitOne` wird der Besitz des `Mutex`-Objekts angefordert. Ist das `Mutex`-Objekt frei, wird der Mutex in den Zustand *nicht signalisiert* geschaltet, und der geschützte Codebereich kann vom Thread betreten und ausgeführt werden. Sollte `WaitOne` auf einen nicht signalisierten Mutex treffen, wartet der anfordernde Thread so lange, bis das `Mutex`-Objekt wieder frei ist.

Mit der Methode `ReleaseMutex` wird der gesperrte Codebereich wieder freigegeben. Das `Mutex`-Objekt schaltet in den Zustand *signalisiert* und kann anschließend von einem anderen Thread in Anspruch genommen werden.

Das folgende Beispielprogramm zeigt den konkurrierenden Zugriff von fünf Threads auf die Methode DoSomething. Ein Mutex übernimmt die Steuerung des Zugriffs.

```
// Beispiel: ..\Kapitel 13\Mutex_Example
class Program
{
  private static Mutex mutex = new Mutex();
  static void Main(string[] args)
  {
    for (int i = 0; i < 5; i++)
    {
      Thread thread = new Thread(DoSomething);
      thread.Start();
    }
    Console.Read();
  }
  private static void DoSomething()
  {
    mutex.WaitOne();
    Console.WriteLine("Thread #{0} wird ausgeführt",
                      Thread.CurrentThread.ManagedThreadId);
    Thread.Sleep(1000);
    Console.WriteLine("Thread #{0} wird beendet",
                      Thread.CurrentThread.ManagedThreadId);
    Console.WriteLine();
    mutex.ReleaseMutex();
  }
}
```

Listing 13.15 Das Beispielprogramm »Mutex_Example«

Systemweiter Mutex

In Listing 13.15 wurde mit Hilfe eines Mutex-Objekts ein bestimmter Codebereich gesperrt. Mit nur wenigen Änderungen hätten wir Mutex auch durch Monitor ersetzen können. Ein Mutex kann jedoch auch systemweit eingesetzt werden. Das hat zur Konsequenz, dass eine durch einen Mutex geschützte Anwendung nur von einem anderen Thread einer anderen Anwendung genutzt werden kann. Der Zugriff eines weiteren Threads würde dann so lange blockiert, bis der Mutex wieder freigegeben worden ist (Zustand *signalisiert*). Mutexe, die prozessübergreifend eingesetzt werden, bezeichnet man auch als *benannte Mutexe*, weil dem Konstruktor ein Name für das Mutex-Objekt übergeben wird.

Der von einem Mutex-Objekt geschützte Bereich wird mit WaitOne betreten. Damit ist gleichzeitig die Forderung nach dem Besitz des Mutex verbunden. Ist das Mutex-Objekt zu diesem Zeitpunkt bereits im Besitz eines anderen Threads, wartet der Thread so lange, bis das Mutex-Objekt freigegeben wird. Um die Wartezeit auf ein bestimmtes Maximum zu beschränken, kann bei der Instanziierung optional eine Wartezeit angegeben werden.

Im folgenden Beispiel wird ein Mutex-Objekt so verwendet, dass die Anwendung nur einmal gestartet werden kann. Dem Konstruktor wird neben dem Mutex-Bezeichner ein boolescher Wert übergeben, der angibt, dass dem Aufrufer des Mutex-Objekts nicht bereits von Anfang an der Besitz des Mutex zugewiesen werden soll.

```
// Beispiel: ..\Kapitel 13\NamedMutex_Example
class Program
{
  public static void Main()
  {
    Mutex mutex = new Mutex(false, "MyMutex");
    Console.WriteLine("Auf den Mutex warten ...");
    mutex.WaitOne();
    Console.Write("Gesperrter Bereich. ");
    Console.Write("ENTER drücken, um Mutex feizugeben");
    Console.ReadLine();
    mutex.ReleaseMutex();
    Console.WriteLine("Freigegeben ...");
    Console.ReadLine();
  }
}
```

Listing 13.16 Benannter Mutex

Dieses Beispiel müssen Sie mindestens zweimal aus dem Windows-Explorer heraus starten, um den Effekt des benannten Mutex zu sehen. Der erste Start der Anwendung führt zu ihrer Ausführung. Beenden Sie die Laufzeit nicht, und versuchen Sie, die Anwendung ein zweites Mal zu starten. Sie werden sehen, dass die zweite Ausführung blockiert wird. Erst beim Schließen der zuerst gestarteten Laufzeit wird der Mutex wieder freigegeben, so dass auch die zweite Ausführung den gesperrten Bereich ausführen kann.

13.5.5 Die Klasse »Semaphore«

Die beiden Klassen Monitor und Mutex gestatten es nur einem Thread, auf einen gesperrten Codebereich zuzugreifen. Manchmal möchte man aber mehreren Threads gleichzeitig den Zutritt in den geschützten Bereich erlauben. Genau an dieser Stelle helfen uns Semaphore weiter.

Semaphore werden in .NET durch die Klasse `Semaphore` beschrieben. Wie bei einem Mutex so werden auch bei Semaphoren lokale und prozessübergreifende Semaphore unterschieden. Letztere erhalten einen Bezeichner.

Es gibt keinen parameterlosen Konstruktor für `Semaphore`, im Minimalfall sind zwei Werte anzugeben, z. B.:

```
Semaphore sem = new Semaphore(3, 3);
```

Dabei haben die beiden Parameter die folgende Bedeutung:

- Parameter 1: Gibt die anfängliche Anzahl der möglichen Anforderungen an, die von dem Semaphor bedient werden können.
- Parameter 2: Beschreibt die maximale Anzahl gleichzeitiger Anforderungen, die gestattet sind.

Mit der Angabe von

```
Semaphore sem = new Semaphore(3, 3);
```

werden demnach maximal drei gleichzeitige Zugriffe gestattet, die auch sofort genutzt werden können, weil mit der Angabe im ersten Parameter auch von Anfang an drei Anforderungen bedient werden können.

Würde das `Semaphore`-Objekt mit

```
Semaphore sem = new Semaphore(0, 3);
```

erzeugt, kann keine Anforderung sofort bedient werden. Zuerst muss eine entsprechende Freigabe mit der Methode `Release` erfolgen. Dabei kann der Aufruf von `Release` parameterlos erfolgen, was einer Freigabe für eine Anforderung entspricht. Sie können aber auch eine Überladung der Methode `Release` benutzen, um die Anzahl der freizugebenden Zugriffe festzulegen. Allerdings müssen Sie dabei vorsichtig sein: Übersteigt die Anzahl der Freigaben die maximale Anzahl der bedienbaren Anforderungen, wird eine `SemaphoreFullException` ausgelöst.

`Release` hat einen Rückgabewert. Dieser enthält die Anzahl der bedienbaren Anforderungen vor dem Aufruf der Methode.

Insgesamt fünf Threads wollen im folgenden Beispielprogramm das Semaphor benutzen. Maximal drei Zugriffe gestattet das Semaphor, die auch alle von Anfang an zur Verfügung gestellt werden.

```
// Beispiel: ..\Kapitel 13\Semaphore_Example
public class Program
{
  private static Semaphore semPool;
  public static void Main()
  {
    semPool = new Semaphore(3, 3);
    for (int i = 1; i <= 5; i++)
    {
      Thread thread = new Thread(DoSomething);
      thread.Start();
    }
    Thread.Sleep(5000);
    Console.WriteLine("Main - Aufruf von Release(3).");
    Console.WriteLine("Main beendet.");
    Console.ReadLine();
  }
  private static void DoSomething()
  {
    Console.WriteLine("Thread #{0} wartet auf Semaphor ...",
                      Thread.CurrentThread.ManagedThreadId);
    semPool.WaitOne();
    Console.WriteLine("Thread #{0} im Semaphor",
                      Thread.CurrentThread.ManagedThreadId);
    Thread.Sleep(1000);
    Console.WriteLine("Thread #{0} gibt Semaphor frei",
                      Thread.CurrentThread.ManagedThreadId);
    Console.WriteLine("Anzahl bedienbarer Anforderungen = {0}",
                      semPool.Release() + 1);
  }
}
```

Listing 13.17 Das Beispielprogramm »SemaphoreExample«

In Abbildung 13.5 sehen Sie die Ausgabe des Beispielprogramms.

Sie können mit diesem Programm auch testen, was passiert, wenn beim Start des Programms keine Anforderung bearbeitet werden kann (`new Semaphore(0, 3)`). Ergänzen Sie die `Main`-Methode nicht um `Release`, wird das Programm beendet, ohne dass überhaupt ein Thread die Methode `DoSomething` ausgeführt hat.

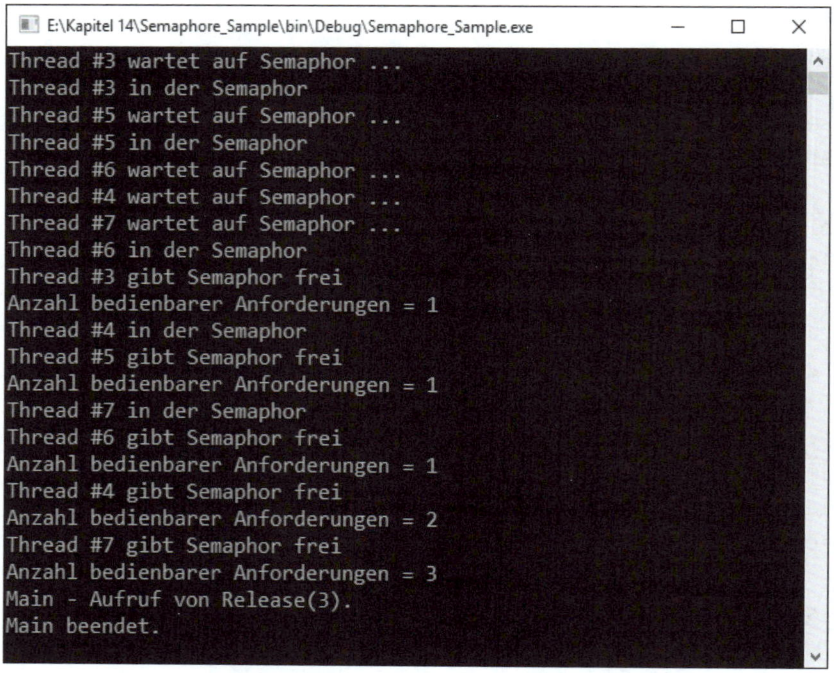

Abbildung 13.5 Ausgabe des Beispiels »Semaphore_Example«

Das Producer-Consumer-Problem mit Semaphoren

In Abschnitt 13.5.3 haben wir uns mit einem der üblichen Probleme der Synchronisation von Threads beschäftigt, dem Producer-Consumer-Problem. Der vorgestellte Lösungsansatz verwendete die Klasse `Monitor`. Es gibt zahlreiche weitere Ideen, die zum Ziel führen. Eine davon möchten wir Ihnen an dieser Stelle vorstellen. Hierbei werden Semaphore eingesetzt, was einen deutlich einfacheren Programmcode zur Folge hat. Sehen wir uns zunächst das komplette Beispiel an. Die Aufgabenstellung unterscheidet sich dabei nicht von der im Beispiel *Producer_Consumer_1*: Es werden zehn Zufallszahlen erzeugt, die alle genau einmal und ohne Ausnahme weiterverarbeitet werden sollen. Im Gegensatz zu unserer ersten Version sind hier die Methoden `Produce` und `Consume` nicht mehr in separaten Klassen ausgelagert, sondern statisch in `Program` definiert.

```
// Beispiel: ..\Kapitel 13\Producer_Consumer_2
class Program
{
  private static Semaphore semEntry = new Semaphore(1, 1);
  private static Semaphore semNoEntry = new Semaphore(0, 1);
  private static bool finished;
  public static void Main()
  {
```

```
    var number = new Data();
    Thread thProducer = new Thread(Produce);
    thProducer.Start(number);
    Thread thConsumer = new Thread(Consume);
    thConsumer.Start(number);
    Console.ReadLine();
  }
  public static void Produce(object obj)
  {
    var number = obj as Data;
    Random random = new Random();
    for (int i = 0; i < 10; i++)
    {
      semEntry.WaitOne();
      number.Value = random.Next(1000);
      Console.WriteLine("Zahl {0} erzeugt", number.Value);
      semEntry.Release();
      semNoEntry.Release();
      if (i == 9) finished = true;
      Thread.Sleep(200);
    }
  }
  public static void Consume(object obj)
  {
    var number = obj as Data;
    while (true)
    {
      semNoEntry.WaitOne();
      semEntry.WaitOne();
      Console.WriteLine("Zahl {0} verbraucht", number.Value);
      semEntry.Release();
      if (finished) Thread.CurrentThread.Abort();
    }
  }
}
class Data
{
  public int Value { get; set; }
}
```

Listing 13.18 Das Beispielprogramm »Producer_Consumer_2«

Die Steuerung des synchronen Programmablaufs übernehmen zwei Semaphore:

```
private static Semaphore semEntry = new Semaphore(1, 1);
private static Semaphore semNoEntry = new Semaphore(0, 1);
```

Beide Semaphore, `semEntry` und `semNoEntry`, gestatten genau einen Zugriff. Während `semEntry` den Zugriff sofort zur Verfügung stellt, ist das Semaphor `semNoEntry` zunächst gesperrt und ist mit `Release` freizugeben.

Spielen wir nun den Start durch, bei dem der `Producer`-Thread zuerst gestartet wird. Sobald die Schleife betreten wird, beansprucht der Thread sofort den von `semEntry` zur Verfügung gestellten Zugriff mit

```
semEntry.WaitOne();
```

Der `Consumer`-Thread hat nun keine Chance mehr, Zugang zum `Data`-Objekt zu bekommen. Jetzt kann der `Producer` die Zahl erzeugen und gibt anschließend den Zugriff auf beide Semaphore mit `Release` frei.

Darauf hat der `Consumer` nur gewartet. Er schnappt sich beide Zugriffe, schaltet das Semaphor also auf *nicht signalisiert* und kann die vorher erzeugte Zahl weiterverarbeiten.

Sollte andererseits zuerst der `Consumer`-Thread vor dem `Producer`-Thread starten, wird ihm das Verarbeiten der noch nicht generierten Zahl verweigert, weil zu diesem Zeitpunkt das angeforderte Semaphor `semNoEntry` keinen Zugriff bereitstellt. Jetzt ist die Sache »rund«.

13.5.6 Der »System.Threading.Er«-Typ

Mit C# 13 in .NET 9 hat Microsoft den neuen `System.Threading.Lock`-Typ eingeführt, der die Threadsynchronisation effizienter und sicherer gestaltet. Er ersetzt in vielen Fällen die traditionelle Verwendung von `lock`-Statements durch `Object`-Instanzen oder `System.Threading.Monitor` und bietet eine optimierte API für moderne Anforderungen an parallele Programmierung.

Ein wesentliches Detail dieser neuen Synchronisationsmethode ist, dass der Lock-Typ intern als `ref struct` implementiert ist. Das bedeutet, dass er ein Werttyp ist, der direkt auf dem Stack verwaltet wird und nicht auf dem Heap. Dadurch wird nicht nur die Speicherzuweisung effizienter, sondern auch sichergestellt, dass der Lock-Typ nicht versehentlich in asynchrone Kontexte oder über `await`-Grenzen hinweg weitergegeben wird – was bei klassischen Synchronisationsmechanismen oft zu schwer nachvollziehbaren Fehlern führen kann. Diese Einschränkung verbessert die Sicherheit und Vorhersehbarkeit beim Einsatz von Locks in modernen, nebenläufigen Anwendungen.

Der Lock-Typ ermöglicht exklusive Zugriffskontrolle auf kritische Codeabschnitte durch ein optimiertes Sperrmechanismus-Design. Im Gegensatz zum bisherigen Ansatz mit Monitor.Enter/Exit generiert der Compiler bei Verwendung von Lock automatisch effizienteren Code, der auf einem ref struct basiert. Dies reduziert Overhead und verbessert die Performance, insbesondere in Hochlastszenarien.

Ein zentrales Merkmal ist die EnterScope()-Methode, die einen Scope-Typ zurückgibt, der IDisposable implementiert. Dadurch kann die Sperre via using-Statement automatisch freigegeben werden – selbst bei Ausnahmen. Der folgende Code zeigt dazu ein Beispiel:

```
private readonly Lock _lockObj = new();
public void ThreadSafeMethod()
{
    using (_lockObj.EnterScope())
    {
        // kritischer Abschnitt
    }
}
```


Ab C# 13 erkennt der Compiler Lock-Instanzen in lock-Statements und generiert optimierten Code. Microsoft empfiehlt, dedizierte Lock-Instanzen pro Ressource zu verwenden, um Deadlocks zu vermeiden. Der neue Typ warnt bei Fehlanwendungen – wie zum Beispiel Typumwandlung in object –, was die Codequalität erhöht.

13.5.7 Das Attribut »MethodImpl«

Es gibt eine Möglichkeit, die Synchronisierung zwischen mehreren Threads zu erzielen: mit dem Attribut MethodImpl. Die zugrundeliegende Klasse ist im Namespace System.Runtime.CompilerServices zu finden. Das Attribut kann nur auf Konstruktoren und Methoden angewendet werden. Es ersetzt die Klasse Monitor, unterscheidet sich von ihr jedoch dahingehend, dass nicht nur ein bestimmtes Codesegment gesperrt wird, sondern die gesamte Methode. Somit kann auch nur immer ein Thread gleichzeitig diese Methode ausführen. Dazu ein Beispiel:

```
[MethodImpl(MethodImplOptions.Synchronized)]
public void Calculate()
{
  [...]
}
```

Listing 13.19 Synchronisation mit dem Attribut »MethodImplAttribute«

Dem Attribut `MethodImpl` lassen sich verschiedene Parameter übergeben. Zur Synchronisation verwenden Sie `MethodImplOptions.Synchronized`.

13.5.8 Die Klasse »Interlocked«

Eine Operation muss atomar sein. Mit anderen Worten bedeutet dies, dass eine Operation entweder komplett abgeschlossen werden muss oder überhaupt nicht. Das erinnert uns an eine Transaktion bei Datenbanken. Gegen das atomare Prinzip hat der Code in Listing 13.8 zumindest durch die Anweisung

```
value++
```

verstoßen. Dieser inkrementierende Vorgang setzt sich aus mehreren Einzeloperation zusammen: Der aktuelle Wert der Variablen `value` wird ausgelesen, dazu 1 addiert, und zum Schluss wird das Resultat der Addition in die Variable `value` geschrieben.

Führen zwei oder mehr Threads gleichzeitig Operationen mit `value` aus, könnte es sein, dass Thread A vielleicht soeben `value` ausgelesen hat, wenn ihm der Scheduler die Zeitscheibe entzieht, und Thread B nun mit `value` weiterarbeitet – ohne dass Thread A die notwendige Inkrementierung vorher vollständig abgeschlossen hat.

Im Grunde genommen müssten wir den Bereich der Anweisung `value++` sperren. Diese Arbeit bleibt uns aber erspart, denn genau an dieser Stelle betritt die Klasse `Interlocked` die Bühne. Mit ihren Methoden wie beispielsweise `Increment` (siehe Listing 13.6) und `Decrement` werden auch einzelne einfache Operationen quasi-atomar.

13.5.9 Synchronisation von Threadpool-Threads

Im folgenden Beispielprogramm möchten wir Ihnen zeigen, welche Synchronisationstechnik einem Thread aus dem Threadpool standardmäßig angeboten wird. Gleichzeitig lernen Sie die Klasse `AutoResetEvent` als weitere Möglichkeit kennen.

Im Beispiel wird ein Thread aus dem Threadpool zur Ausführung der Methode `Calculate` herangezogen. Gleichzeitig wird ein Synchronisationsszenario in Gang gesetzt. Dazu wird der aufrufende Code während der Ausführung von `Calculate` in Wartestellung versetzt. Erst auf ein Signal von `Calculate` hin setzt er seine Arbeit fort.

Dem Aufruf der Methode `QueueUserWorkItem` wird im ersten Parameter der Delegat auf die Methode übergeben, dem zweiten Parameter ein Objekt vom Typ `AutoResetEvent`. Dieses stellt ein lokales Ereignis dar, das sich automatisch zurücksetzt. Mit dieser Fähigkeit versetzt das `AutoResetEvent`-Objekt zwei Threads in die Lage, über Signale miteinander zu kommunizieren. Erzeugt wird das Objekt im Code mit:

```
AutoResetEvent ready = new AutoResetEvent(false);
```

Der Übergabeparameter `false` besagt, dass der anfängliche Zustand des Objekts auf *nicht signalisiert* festgelegt wird. Mit

```
ready.WaitOne();
```

wird der aktuelle Thread so lange blockiert, bis er ein Signal vom `AutoResetEvent`-Objekt erhält. Das Signal wird aus der Methode `Calculate` abgesetzt. Dazu wird auf das `AutoResetEvent`-Objekt die Methode `Set` aufgerufen:

```
((AutoResetEvent)obj).Set();
```

Sehen wir uns nun den gesamten Code in Listing 13.20 im Zusammenhang an.

```
// Beispiel: ..\Kapitel 13\AutoResetEvent_Example
class Program
{
  static void Main(string[] args)
  {
    // Benachrichtigungsereignis im Zustand "nicht signalisiert"
    AutoResetEvent ready = new AutoResetEvent(false);
    // Anfordern eines Threads aus dem Pool
    ThreadPool.QueueUserWorkItem(Calculate, ready);
    Console.WriteLine("Der Hauptthread wartet ...");
    // Hauptthread in den Wartezustand setzen
    ready.WaitOne();
    Console.WriteLine("Arbeitsthread ist fertig.");
    Console.ReadLine();
  }
  public static void Calculate(object obj)
  {
    Console.WriteLine("Im Sekundärthread");
    Thread.Sleep(5000);
    // Ereigniszustand auf "signalisieren" setzen
    (obj as AutoResetEvent).Set();
  }
}
```

Listing 13.20 Synchronisation im Zusammenspiel mit dem Threadpool

13

13.6 Grundlagen asynchroner Methodenaufrufe

Wird aus einer Methode A heraus Methode B aufgerufen, wird A erst dann mit den Operationen fortfahren, wenn B vollständig abgearbeitet ist. Die Ausführung der beiden Methoden erfolgt hintereinander, was als *synchron* bezeichnet wird. Synchrone

Operationen haben einen gravierenden Nachteil, denn solange Methode B ausgeführt wird, ist Methode A blockiert. Um diese Problematik zu vermeiden, sollten beide Methoden *asynchron*, d. h. parallel nebeneinander operieren.

Asynchrone Bearbeitung setzt mindestens zwei Threads voraus. Sie haben auf den vorhergehenden Seiten die wichtigsten Techniken für die Arbeit mit Threads kennengelernt. Sie wissen nun, wie Sie Threads erzeugen und synchronisieren können, damit Elemente keinen ungültigen Zustand aufweisen. Ihnen dürfte dabei nicht entgangen sein, dass die Technik sehr komplex ist und einer genauen Planung bedarf, um keine unbeabsichtigten und bösen Überraschungen zu erleben.

Auch in der .NET-Klassenbibliothek finden sich sehr viele Klassen, die Dienste anbieten, deren Ausführung möglicherweise länger dauert. Die Dateioperationen zum Lesen und Schreiben zählen dazu. Betrachten wir exemplarisch die Klasse `FileStream`, die das Schreiben in eine Datei und das Lesen aus einer Datei ermöglicht. Neben den obligatorischen Methoden `Read` und `Write`, die synchron ausgeführt werden, veröffentlicht diese Klasse die asynchron operierenden Methoden `BeginRead` und `BeginWrite`. Sehen wir uns kurz die Definition von `BeginRead` an, die aus einem Datenstrom in ein `Byte`-Array einliest:

```
public override IAsyncResult BeginRead(byte[] array,
                                       int offset,
                                       int numBytes,
                                       AsyncCallback userCallback,
                                       object stateObject);
```

Der Rückgabewert des Methodenaufrufs ist ein Objekt, das die Schnittstelle `IAsyncResult` implementiert. Der Parameter vom Typ `AsyncCallback` ist ein Delegat, der eine Methode im Client beschreibt, die nach der Beendigung der Leseoperation aufgerufen wird.

Sowohl `BeginRead` als auch `BeginWrite` haben jeweils eine Partnermethode – `EndRead` und `EndWrite`:

```
public override int EndRead (IAsyncResult asyncResult);
public override void EndWrite (IAsyncResult asyncResult);
```

Auch diese Methoden erwarten eine Referenz vom Typ `IAsyncResult`.

Zwei Dinge fallen sofort auf:

- Die Methoden arbeiten gemäß Dokumentation asynchron, ohne dass im Aufrufer explizit ein separater Thread gestartet werden muss. Diese Leistung erbringen die Methoden intern.
- Es treten zwei Typen auf, denen Sie hier zum ersten Mal begegnen und deren Bedeutung noch unbekannt ist: `IAsyncResult` und `AsyncCallback`.

Wir wollen uns nun mit der Codierung einer asynchronen Ausführung beschäftigen. Danach wird auch die im ersten Moment sehr kompliziert erscheinende Parameterliste asynchron arbeitender Methoden (wie `BeginRead`) in einem anderen Licht erscheinen.

Anmerkung

An dieser Stelle ist anzumerken, dass das im Folgenden gezeigte Prinzip des asynchronen Methodenaufrufs veraltet ist. Mit der Einführung der *Task Parallel Library* (TPL) in .NET 4.0 und der Erweiterung um die beiden Schlüsselwörter `async` und `await` im .NET Framework 4.5 wurde ein ganz neuer Weg der asynchronen Methodenaufrufe beschritten. Sie werden das alles in Kapitel 14, »Die Task Parallel Library (TPL) und das Task-based Async Pattern (TAP)«, erfahren. Dennoch müssen wir uns intensiv mit der im Grunde genommen veralteten Technik befassen, die natürlich auch weiterhin in der Klassenbibliothek anzutreffen ist.

13.6.1 Asynchroner Methodenaufruf

Der C#-Compiler stellt mit `BeginInvoke` und `EndInvoke` jedem Delegaten zwei Methoden zur Verfügung, die im Rahmen einer asynchronen Operation von entscheidender Bedeutung sind.

Hinweis

Beachten Sie bitte, dass es sich bei `BeginInvoke` und `EndInvoke` um sprachspezifische Methoden handelt, die nicht in der Klasse `Delegate` definiert sind, aber dennoch vom .NET-Compiler veröffentlicht werden.

Die Methode `BeginInvoke` ist sehr mächtig, denn wenn Sie sie auf der Referenz eines Delegaten aufrufen, wird ein Hintergrundthread erzeugt, in dem die vom Delegaten beschriebene Methode ausgeführt wird. Der aufrufende Thread macht mit seiner eigenen Arbeit weiter und wartet nicht auf die Beendigung der aufgerufenen Methode.

Dazu ein kleines Beispiel. Nehmen wir an, die Methode `DoSomething` sei wie folgt definiert:

```
public void DoSomething()
{
  for(int i = 0; i <= 30; i++)
  {
    Console.Write(".X.");
    Thread.Sleep(10);
  }
}
```

Ein Client, der diese Methode asynchron ausführen möchte, kann einen Delegaten deklarieren und diesem die Adresse der Methode `DoSomething` übergeben:

```
public delegate void MyDelegate();
[...]
MyDelegate del = new MyDelegate(obj.DoSomething);
del.BeginInvoke(...);
```

Das reicht bereits aus, um `DoSomething` in einem separaten Thread abzuarbeiten.

Dem Aufruf von `BeginInvoke` sind Argumente zu übergeben, die unsere Anweisung noch nicht enthält. Sehen wir uns deshalb nun die Definition von `BeginInvoke` an:

```
public IAsyncResult BeginInvoke([Parameterliste ,] AsyncCallback, Object);
```

Aufgerufen wird `BeginInvoke` auf die Instanz eines Delegaten, der auf eine bestimmte Methode zeigt. Weist die aufzurufende Methode eine Parameterliste auf, sind die erforderlichen Argumente von `BeginInvoke` an die Methode weiterzuleiten. Dazu dient die optionale Parameterliste.

Theoretisch wäre das bereits vollkommen ausreichend, um die aufgerufene Methode asynchron auszuführen. In der Regel benötigt der aufrufende Code aber Kenntnis von der Beendigung der asynchronen Ausführung, beispielsweise wenn er die Rückgabewerte verarbeitet. Folglich muss es eine Möglichkeit geben, die es der asynchron aufgerufenen Methode ermöglicht, den Aufrufer davon zu unterrichten, dass die asynchrone Operation beendet ist. Dabei kann es sich nur um den Aufruf einer Methode handeln, die als *Rückruf-* oder *Callback-Methode* bezeichnet wird (das erinnert uns stark an einen Ereignishandler).

Konsequenterweise muss der asynchron aufgerufenen Methode die Adresse der Rückrufmethode bekannt sein. Das klingt wieder verdächtig nach einem Delegaten – und tatsächlich ist dem so, denn dem Aufruf von `BeginInvoke` werden nicht nur die Argumente übergeben, die die asynchron aufgerufene Methode benötigt, sondern darüber hinaus ein Objekt vom Typ `AsyncCallback`, bei dem es sich um den erforderlichen Delegaten auf die Callback-Methode handelt.

Die Definition des Delegaten `AsyncCallback` lautet:

```
public delegate void AsyncCallback (IAsyncResult ar);
```

Die Methode, die aus der asynchron ausgeführten Methode zurückgerufen wird, muss den Rückgabetyp `void` haben und einen Parameter vom Typ `IAsyncResult` definieren.

`BeginInvoke` verfügt über einen weiteren Parameter des Typs `object`. Hier lässt sich beim Start der asynchronen Operation ein beliebiges Objekt übergeben, das Informationen beliebiger Art enthält.

Das hört sich komplizierter an, als es tatsächlich ist. Daher wollen wir den Ablauf schrittweise an einem Beispiel verfolgen. Gegeben seien dazu die beiden Klassen Program und Demo wie folgt:

```
class Program
{
  static void Main(string[] args)
  {
    [...]
  }
}
class Demo
{
  public void DoSomething()
  {
    [...]
  }
}
```


Aus Main heraus soll die Methode DoSomething in der Klasse Demo asynchron aufgerufen werden. Diese Forderung bewirkt, dass wir BeginInvoke auf einem Delegaten aufrufen müssen, der die asynchron auszuführende Methode im Objekt vom Typ Demo beschreibt. Dazu deklarieren wir zunächst einen Delegaten mit

```
public delegate void MyDelegate();
```

Anschließend verschaffen wir uns ein Objekt vom Typ des Delegaten, dem wir als Argument die asynchron auszuführende Methode übergeben:

```
private MyDelegate del;
[...]
del = new MyDelegate(obj.DoSomething);
```

Mit

```
del.BeginInvoke(...);
```

wird die asynchrone Ausführung von DoSomething in einem Hintergrundthread gestartet. Allerdings ist die Anweisung noch unvollständig – symbolisiert durch die Punkte. Wir sollten in Program nämlich noch eine Methode bereitstellen, mit der der Hintergrundthread das Objekt des Typs Program über das Ende seiner Operation benachrichtigt. Die Definition der Rückrufmethode muss der Vorgabe des Delegaten AsyncCallback entsprechen, demnach also einen Parameter des Typs IAsyncResult enthalten. Wir nennen diese Methode CallbackMethod.

```
class Program
{
  [...]
  static void Main(string[] args) { [...] }
  public static void CallbackMethod(IAsyncResult ar) { [...] }
}
```

Das Objekt des Typs IAsyncResult entspricht dem Rückgabewert von BeginInvoke. Es veröffentlicht insgesamt sechs Eigenschaften. Dazu gehört unter anderem IsCompleted. Über IsCompleted kann der Aufrufer jederzeit feststellen, ob die asynchrone Ausführung bereits beendet ist. Eine zweite, sehr interessante Eigenschaft ist AsyncState, die genau das Objekt abruft, das als letztes Argument dem Aufruf von BeginInvoke übergeben worden ist. Sie werden im weiteren Verlauf noch einen sinnvollen Einsatzfall dieses Objekts sehen.

Wir wollen nun unser Beispiel komplettieren und Code einsetzen, der tatsächlich einige Zeit in Anspruch nimmt, damit wir den Effekt des asynchronen Aufrufs beobachten können.

```
// Beispiel: ..\Kapitel 13\AsynchronerAufruf_1
public delegate void MyDelegate();
class Program
{
  private static MyDelegate del;
  static void Main(string[] args)
  {
    Demo obj = new Demo();
    del = new MyDelegate(obj.DoSomething);
    var callback = new AsyncCallback(CallbackMethod);
    // DoSomething asynchron aufrufen
    del.BeginInvoke(callback, null);
    for (int i = 0; i < 100; i++)
    {
      Console.Write(".");
      Thread.Sleep(10);
    }
    Console.ReadLine();
  }
  // Callback-Methode
  public static void CallbackMethod(IAsyncResult ar)
  {
    Console.Write("Ich habe fertig.");
  }
}
```

```
class Demo
{
  public void DoSomething()
  {
    for (int i = 0; i <= 30; i++)
    {
      Console.Write("X");
      Thread.Sleep(10);
    }
  }
}
```

Listing 13.21 Asynchroner Methodenaufruf

Wenn Sie die Anwendung starten, ist eindeutig zu erkennen, dass die Punkte und »X«-Zeichen mehr oder weniger abwechselnd ausgegeben werden, denn beide Methoden arbeiten (quasi-)parallel. Beendet wird die asynchrone Operation durch den Rückruf von `CallbackMethod`, was durch die Ausgabe des bekannten Satzes »Ich habe fertig« bestätigt wird.

13.6.2 Asynchroner Aufruf mit Rückgabewerten

Möglicherweise liefert die asynchrone Methode als Resultat ihrer Operation einen Rückgabewert. Vielleicht werden auch über die Parameterliste Ergebnisse bereitgestellt. Wird aus dem Hintergrundthread heraus die Rückrufmethode des Initiators der asynchronen Operation aufgerufen, stehen die Ergebnisse nicht automatisch zur Verfügung; sie müssen ausdrücklich abgerufen werden. Dazu dient die Methode `EndInvoke` des Delegaten:

```
public Datentyp EndInvoke ([Parameterliste,] IAsyncResult);
```

Wie bei `BeginInvoke` müssen Sie auch an `EndInvoke` eine vorgeschriebene Parameterliste übergeben, die nicht identisch mit der Parameterliste von `BeginInvoke` ist: Sie darf nur die Referenzparameter der asynchronen Methode enthalten, damit `EndInvoke` die Resultate dort hineinschreiben kann. Die Angabe der Werteparameter ist nicht erlaubt. Der einzige grundsätzlich immer zwingend erforderliche Parameter ist vom Typ `IAsyncResult`. Hier wird das Objekt übergeben, das beim Aufruf von `BeginInvoke` dem letzten Parameter übergeben wurde.

Wir wollen nun das Beispiel *AsynchronerAufruf_1* ändern, um zu sehen, wie eine asynchrone Methode behandelt wird, die sowohl Werte- als auch Referenzparameter erwartet und darüber hinaus einen Rückgabewert hat. Dazu implementieren wir die Methode `DoSomething` wie folgt:

```
public string DoSomething(int x, ref long y)
{
  for(int i = 0; i <= 30; i++) {
    Console.Write("X");
    Thread.Sleep(10);
  }
  y = 12345;
  return "Ich habe fertig.";
}
```

Listing 13.22 Methode mit Rückgabewert

Die Parameterliste enthält jetzt den Referenzparameter y und den Werteparameter x, außerdem liefert die Methode eine Zeichenfolge zurück.

Die Änderung der Signatur hat auch im auslösenden Thread Konsequenzen. Der Delegat, der den Aufruf der Methode kapselt, ist an die veränderten Bedingungen anzupassen:

```
public delegate string MyDelegate(int x, ref long y);
```

Das Gleiche gilt für den Start der asynchronen Bearbeitung, denn nun reicht es nicht mehr aus, mit BeginInvoke einfach nur einen Delegaten auf die Rückrufmethode zu übergeben sowie die Referenz auf ein Objekt, in das der asynchrone Aufruf Informationen schreiben könnte. Wir müssen stattdessen auch die Parameter der asynchronen Methode in der richtigen Reihenfolge bedienen:

```
del.BeginInvoke(intVar, ref lngVar, callback, null);
```

DoSomething nimmt nun eine Kopie des int-Wertes und die Adresse des long-Wertes entgegen, kann mit diesen die erforderlichen Operationen ausführen und zum Abschluss durch Aufruf der über callback bekanntgegebenen Adresse die Methode CallbackMethod informieren.

Der Implementierung der Rückrufmethode kommt nun eine entscheidende Bedeutung zu: Es gilt, sowohl den Rückgabewert als auch den in diesem Fall geänderten Inhalt der Variablen lngVar auszuwerten. Dem Aufruf von EndInvoke übergeben wir die Adresse von lngVar und holen uns den Rückgabewert an der Konsole ab:

```
public static void CallbackMethod(IAsyncResult ar)
{
  Console.Write(del.EndInvoke(ref lngVar, ar));
  Console.Write("..Wert y = {0}", lngVar);
}
```

Listing 13.23 Implementierung der Rückrufmethode

Die Konsolenausgabe bestätigt, dass unser Unterfangen von Erfolg gekrönt ist: Wir erhalten sowohl die Zeichenfolge als auch den veränderten Inhalt des Feldes lngVar.

Zum Abschluss fassen wir das Beispielprogramm noch einmal zusammen.

```
// Beispiel: ..\Kapitel 13\AsynchronerAufruf_2
public delegate string MyDelegate(int x, ref long y);
class Program
{
  private static MyDelegate del;
  private static int intVar = 4711;
  private static long lngVar;
  static void Main(string[] args)
  {
    Demo obj = new Demo();
    del = new MyDelegate(obj.DoSomething);
    var callback = new AsyncCallback(CallbackMethod);
    // DoSomething asynchron aufrufen
    del.BeginInvoke(intVar, ref lngVar, callback, null);
    for (int i = 0; i <= 100; i++)
    {
      Console.Write(".");
      Thread.Sleep(10);
    }
    Console.ReadLine();
  }
  public static void CallbackMethod(IAsyncResult ar)
  {
    Console.Write(del.EndInvoke(ref lngVar, ar));
    Console.Write("..Wert y = {0}", lngVar);
  }
}
class Demo
{
  public string DoSomething(int x, ref long y)
  {
    for (int i = 0; i <= 30; i++)
    {
      Console.Write("x");
      Thread.Sleep(10);
    }
    y = 12345;
```

```
    return "Ich habe fertig.";
  }
}
```

Listing 13.24 Asynchroner Methodenaufruf mit Rückgabewert

13.6.3 Eine Klasse mit asynchronen Methodenaufrufen

Am Anfang dieses Abschnitts haben wir schon darauf hingewiesen, dass einige Klassen der .NET-Klassenbibliothek Methoden mit der in diesem Abschnitt beschriebenen klassischen asynchronen Verarbeitung anbieten. Die Klasse `FileStream` im Namespace `System.IO` ist ein Beispiel dafür. Es werden allerdings nicht die Methoden `BeginInvoke` und `EndInvoke` auf einen Delegaten aufgerufen, sondern zwei ähnlich lautende, die in der Klasse bereits vordefiniert sind: `BeginRead` und `EndRead` bzw. `BeginWrite` und `EndWrite`.

Wir wollen uns nun ansehen, wie eine Klasse aufgebaut ist, die ähnlich wie `FileStream` implementiert ist. Dabei lernen Sie einerseits, wie Sie die asynchronen Methoden der Klassen aus .NET behandeln müssen, andererseits aber auch, diese Technik in eigenen Klassen zu nutzen.

Am Anfang steht die Idee, eine Methode zu entwickeln, von der wir annehmen, dass sie abhängig von den Umgebungsbedingungen und der Art der Operation eine längere Zeit zur Bearbeitung in Anspruch nehmen kann. Wir wollen diese Methode nachfolgend `Calculate` nennen, die Klasse sei `Mathematics`.

```
class Mathematics
{
  public int Calculate(int x)
  {
    Console.Write("Bearbeitung startet ...");
    for (int i = 0; i <= 20; i++) {
      Console.Write("x");
      Thread.Sleep(10);
    }
    Console.Write("Bearbeitung beendet ...");
    return x * x;
  }
}
```

Listing 13.25 Klasse mit einer zeitaufwendigen Methode

Die `for`-Schleife simuliert eine länger andauernde Operation. Diese Implementierung arbeitet synchron. Da wir uns bewusst sind, dass `Calculate` vielleicht auch eine Stunde zur vollständigen Ausführung brauchen könnte (wir sind mit unserer Annahme sehr großzügig), bieten wir zusätzlich eine asynchrone Variante an. Dazu benötigen wir zwei weitere Methoden, die einer allgemeinen Konvention folgend als BeginXxx und EndXxx bezeichnet werden – in unserer Klasse demnach BeginCalculate und EndCalculate. Die noch unvollständige Klassenstruktur sieht dann folgendermaßen aus:

```
class Mathematics
{
  public int Calculate(int x)
  {
     [...}
  }
  public ... BeginCalculate(...)
  {
     [...]
  }
  public ... EndCalculate(...) {
     [...]
  }
}
```

An dieser Stelle kommt es zu der wichtigsten Entscheidung. Was wir beabsichtigen, ist die asynchrone Ausführung der Methode Calculate. Asynchronität heißt aber auch, dass ein weiterer Thread gestartet werden muss, sobald die Methode BeginCalculate aufgerufen wird. Wenn wir in dieser Methode ein Objekt des Typs Thread erzeugen und seinem Konstruktor ein Delegat übergeben, bräuchten wir auch noch ein Objekt, das das Interface IAsyncResult implementiert, müssten zwangsläufig die Methoden des Interface implementieren usw.

Die Entwicklung auf diese Weise zu gestalten, ist sehr aufwendig. Es gibt eine viel einfachere Lösung, da die beiden Methoden BeginInvoke und EndInvoke genau das leisten, was wir brauchen. Also benutzen wir sie auch, um das Ziel effizient zu erreichen. Dazu implementieren wir die bereits bekannte Technik nun innerhalb der Klasse Mathematics:

```
// Beispiel: ..\Kapitel 13\AsynchronerAufruf_3
class Mathematics
{
  private delegate int CalculateHandler(int x);
  CalculateHandler del;
  // synchrone Fassung
  public int Calculate(int x)
  {
    Console.Write("---Bearbeitung startet---");
    for (int i = 0; i <= 20; i++)
```

```
    {
      Console.Write("X");
      Thread.Sleep(10);
    }
    Console.Write("---Bearbeitung beendet---");
    return x * x;
  }
  // Start der asynchronen Variante
  public IAsyncResult BeginCalculate(int x, AsyncCallback callback,
                                     object state)
  {
    del = new CalculateHandler(Calculate);
    return del.BeginInvoke(x, callback, state);
  }
  // Beenden der asynchronen Ausführung
  public int EndCalculate(IAsyncResult ar)
  {
    return del.EndInvoke(ar);
  }
}
```

Listing 13.26 Klasse mit Methode für den synchronen und asynchronen Aufruf

Dem Aufruf der Methode BeginCalculate werden die Daten übergeben, die die Methode Calculate für ihre Operation benötigt. In unserem Beispiel handelt es sich nur um einen als Werteparameter deklarierten Integer. Der zweite Parameter erhält die Referenz auf einen Delegaten, der die Rückrufmethode im Aufrufer beschreibt. Der dritte und letzte Parameter dient dazu, ein Objekt bereitzustellen, mit dem Daten zwischen dem aufrufenden und dem aufgerufenen Objekt ausgetauscht werden. Ein solches Objekt ist in unserem Beispielcode nicht vorgesehen.

Der Aufruf von BeginCalculate orientiert sich an dem von BeginInvoke – und das ist typisch für Klassen in .NET, die asynchrone Methoden offenlegen. Unter ähnlicher Prämisse wird auch EndCalculate implementiert; der Rückgabewert des internen EndInvoke-Aufrufs wird zum Rückgabewert der Instanzmethode.

Zum Schluss müssen wir noch testen, ob die Klassenimplementierung auch unseren Anforderungen genügt.

```
class Program
{
  static void Main(string[] args)
  {
    Mathematics math = new Mathematics();
    int value = 23;
```

```
    AsyncCallback callback = new AsyncCallback(CallbackMethod);
    math.BeginCalculate(value, callback, math);
    for (int i = 0; i <= 100; i++) {
      Console.Write(".{0}.", i);
      Thread.Sleep(5);
    }
    Console.ReadLine();
  }
  public static void CallbackMethod(IAsyncResult ar)
  {
    Mathematics math = (Mathematics)ar.AsyncState;
    int result = math.EndCalculate(ar);
    Console.Write("---Resultat = {0} ", result);
    Console.Write("---FERTIG---");
  }
}
```

Listing 13.27 Testen des asynchronen Methodenaufrufs

Beachten Sie bitte die Variable `math` vom Typ `Mathematics`. Sie ist als lokale Variable in der Methode `Main` definiert und daher auch außerhalb der Methode nicht sichtbar. Um dennoch die `EndCalculate`-Methode dieses Objekts aufrufen zu können, wird die Referenz an den letzten Parameter von `BeginCalculate` übergeben. In `BeginCalculate` wird das Objekt an `BeginInvoke` weitergeleitet. Die Folge ist, dass wir in unserer Callback-Methode nur die Eigenschaft `AsyncState` auswerten müssen, denn hier kommt das `Mathematics`-Objekt genau dort an, wo wir seine `EndCalculate`-Methode aufrufen müssen, um das Resultat der Operation abzufragen.

Kapitel 14

Die Task Parallel Library (TPL) und das Task-based Async Pattern (TAP)

In Kapitel 13, »Multithreading«, haben wir Ihnen gezeigt, wie Sie eine multithreadingfähige Anwendung entwickeln können. Sie haben gesehen, wie Sie einen Thread manuell erzeugen oder sich einen aus dem Threadpool besorgen. Die Implementierung dieser klassischen Threads stammt aus einer Zeit, als jeder Prozessor nur einen Kern aufwies. Daher verwundert es nicht, dass Threads sich nur eines Kerns bedienen und sich seine Prozessorzeit teilen. Eine multithreadingfähige Anwendung kann zwar einem Anwender den Eindruck vermitteln, die Anwendung liefe schneller, aber dieser Eindruck ist rein subjektiv und stimmt nicht so ganz.

Wir hatten schon eingangs von Kapitel 13 erwähnt, dass Einkernprozessoren vor Jahren ihr technisches Limit erreicht hatten und eine Leistungssteigerung nur durch den Einsatz von mehreren Prozessorkernen möglich war. Anfangs waren es nur Dual-Core-Prozessoren, heute sind Quad-Core-Prozessoren in praktisch jedem jüngeren Prozessor vorzufinden. So positiv diese Hardwareentwicklung auch war, die Klasse `Thread` konnte davon nicht profitieren.

An dieser Stelle kommt die mit .NET eingeführte *Task Parallel Library*, kurz *TPL*, ins Spiel. Die damit eingeführte Klasse `Task` ähnelt zwar einem Thread, verhält sich aber anders. Ein Task wird einem Prozessorkern zugeordnet. Mit anderen Worten: Werden beispielsweise vier Tasks (im Deutschen auch häufig als *Aufgaben* bezeichnet) ins Leben gerufen, kann das Betriebssystem diese vier Tasks auf vier verschiedenen Prozessorkernen ausführen (falls vorhanden). Aus der nahezu parallelen Verarbeitung einer Anwendung mit klassischen Threads wird dann tatsächlich eine parallele Verarbeitung.

Die Klassen zur parallelen Programmierung mit der TPL sind im Namespace `System.Threading.Tasks` zu finden. Allerdings gibt es weitere Klassen in anderen Namespaces, die im Zuge der TPL eingeführt wurden und die Parallelisierung nutzen. Der Namespace `System.Collections.Concurrent` mit seinen neuen Auflistungsklassen sei an dieser Stelle erwähnt.

Im .NET Framework 4.5 wurde die TPL durch die Einführung der beiden Schlüsselwörter `async` und `await` sinnvoll ergänzt. Diese ermöglichen eine einfachere Programmierung asynchroner Operationen. Das war sinnvoll, denn in Zeiten des mobilen Computings wird einfach vorausgesetzt, dass eine Wischgeste des Users zu einer sofortigen Reaktion des mobilen Geräts führt – auch wenn im Hintergrund noch Aufgaben zu erledigen sind. `async` und `await` sind einfacher zu handhaben als die klassische asynchrone Programmierung mit `IAsyncResult` und `AsyncCallback` und nutzen dabei das Vorhandensein mehrerer Prozessorkerne.

14.1 Die wichtigsten Klassen der TPL

Setzen Sie die TPL ein, werden Sie es hauptsächlich mit zwei Klassen zu tun haben:

- Die Klasse `Task` (und ihre Ableitung `Task<TResult>`): Diese Klasse unterstützt die parallele Abarbeitung von Methoden. Liefert ein Task einen Wert zurück, verwenden Sie die Klasse `Task<TResult>`.
- Die Klasse `Parallel`: Mit dieser Klasse lassen sich in erster Linie Schleifen parallel ausführen. Dazu wird die zu verarbeitende Datenmenge in Teilmengen aufgeteilt. Wie viele Teilmengen verarbeitet werden, entscheidet die Klasse selbst. Dabei kann es durchaus vorkommen, dass keine Teilmengen gebildet werden, also keine parallele Verarbeitung stattfindet. Dieses Verhalten zeugt von einer ausgeprägten Optimierung der Klasse hinsichtlich des Performancegewinns. Die notwendigen Threads bezieht die TPL aus dem Threadpool.

Die Klasse `Task` hat eine weitaus größere Bedeutung als die Klasse `Parallel`. Wie erwähnt, dient `Parallel` hauptsächlich dazu, Schleifen zu parallelisieren. Wie Sie später aber noch sehen werden, ziehen wir nur dann aus `Parallel` einen Nutzen, wenn es sich um viele, wirklich sehr viele Schleifendurchläufe handelt. Das dürfte auf die meisten Anwendungen nicht zutreffen.

14.2 Die Klasse »Task«

Die Klasse `Task` beschreibt eine Aufgabe. Man könnte auch sagen, sie beschreibt eine Operation (Methode), die auf einem Prozessorkern ausgeführt werden soll. Insofern lässt sich `Task` mit `Thread` vergleichen. Bevor wir uns mit den Details von `Task` beschäftigen, sollten wir uns den Effekt der Nutzung mehrerer Prozessorkerne ansehen.

```
// Beispiel: ..\Kapitel 14\Task_Example
class Program
{
  static void Main(string[] args)
  {
```

```
    Parallel.Invoke(Task1, Task2, Task3, Task4, Task5 ,
                    Task6, Task7, Task8, Task9, Task10);
    Console.ReadLine();
  }
  static void Task1()
  {
    for (int i = 0; i < 10; i++)
    {
      Thread.Sleep(50);
      Console.Write(" #1 ");
    }
  }
  [...]
  static void Task10()
  {
    for (int i = 0; i < 10; i++)
    {
      Thread.Sleep(50);
      Console.Write(" #10");
    }
  }
}
```

Listing 14.1 »Task«-Klasse im Einsatz

Insgesamt werden zehn Tasks erzeugt und gestartet. Das ist nicht weiter prickelnd. Aber sehen Sie sich bitte Abbildung 14.1 an. Sie erkennen deutlich, dass neun Aufgaben parallel ausgeführt werden. Das liegt daran, dass von der CPU nur neun Kerne zur Verfügung gestellt werden können. Der zehnte Task kommt erst zum Zug, wenn nach Beendigung eines Tasks ein Prozessorkern frei wird.

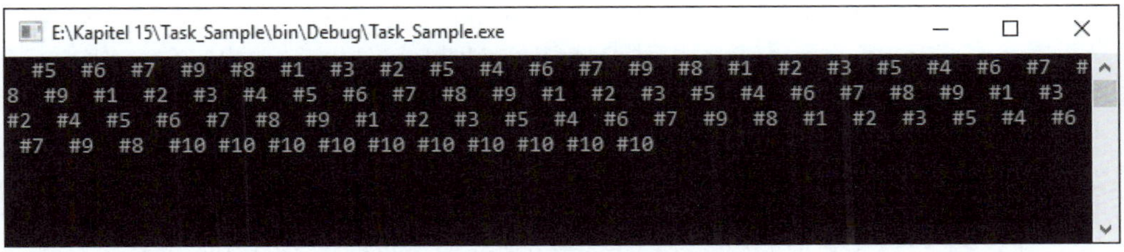

Abbildung 14.1 Die Ausgabe des Beispielprogramms »Task_Example«

Das Ergebnis ist hardwareabhängig und kann auf einem anderen Rechner anders aussehen.

14.2.1 Die Konstruktoren eines Tasks

Zum Erzeugen eines Task-Objekts stehen Ihnen zwei Klassen zur Verfügung:

- Task
- Task<TResult>

Task<TResult> ist von Task abgeleitet. Während Task eine Aufgabe beschreibt, die keinen Rückgabewert hat, liefert Task<TResult> einen Rückgabewert. Der Typ des Rückgabewertes wird durch den generischen Typparameter beschrieben. Hier stellen wir auch sofort einen Unterschied zur Klasse Thread fest: Mit einem Thread können Sie nur Methoden ohne Rückgabewert ausführen. Erwarten Sie einen Rückgabewert, müssen Sie eine klassische asynchrone Operation programmieren.

Werfen wir einen Blick auf die Liste der Konstruktoren, die die Klasse Task bereitstellt.

Konstruktor	Beschreibung
Task(Action)	Erzeugt ein Task-Objekt.
Task(Action, CancellationToken)	Erzeugt ein Task-Objekt mit Übergabe eines Tokens, das den Abbruch des Tasks ermöglicht.
Task(Action, TaskCreationOptions)	Erzeugt ein Task-Objekt mit Optionen, wie der Task erzeugt wird.
Task(Action, CancellationToken, TaskCreationOptions)	Erzeugt ein Task-Objekt mit Übergabe eines Tokens, das den Abbruch des Tasks ermöglicht. Darüber hinaus lässt sich angeben, wie der Task erzeugt wird.
Task(Action<object>, object)	Erzeugt ein Task-Objekt mit Übergabe eines Arguments.
Task(Action<object>, object, CancellationToken)	Erzeugt ein Task-Objekt mit Übergabe eines Arguments und eines Tokens, das den Abbruch des Tasks ermöglicht.
Task(Action<object>, object, TaskCreationOptions)	Erzeugt ein Task-Objekt mit Übergabe eines Arguments und Optionen, wie der Task erzeugt wird.
Task(Action<object>, object, CancellationToken, TaskCreationOptions)	Erzeugt ein Task-Objekt mit Übergabe eines Arguments und eines Tokens, das den Abbruch des Tasks ermöglicht. Darüber hinaus lässt sich angeben, wie der Task erzeugt wird.

Tabelle 14.1 Die Konstruktoren der Klasse »Task«

Die Konstruktoren der Klasse Task und Task<TResult> sind sich sehr ähnlich. Da Task eine Aufgabe ohne Rückgabewert beschreibt, ist der erste Parameter, wie Sie in Tabelle 14.1 sehen, immer vom Typ des Delegaten Action. Im Gegensatz dazu beschreibt Task<TResult> einen Task, der einen Rückgabewert liefert. Also ist bei den Konstruktoren jeweils anstelle von Action immer der Delegat Func vorgeschrieben.

Anmerkung

Einige Konstruktoren definieren einen Parameter des Typs TaskCreationOptions. Dabei handelt es sich um eine Enumeration, die optional das Verhalten für die Erstellung und Ausführung von Tasks steuert. Im Rahmen dieses Buches werden wir uns mit diesen Optionen nicht beschäftigen.

14.2.2 Das Erzeugen eines Tasks

Wollen Sie die TPL in Ihrer Anwendung benutzen, müssen Sie einen Task erzeugen und starten. Ihnen stehen dabei vier Möglichkeiten zur Verfügung:

14

- Sie instanziieren in gewohnter Weise mit new und übergeben dabei ein Objekt vom Typ Action oder Func und rufen die Methode Start auf, z. B.:

```
Task task1 = new Task(new Action(DoSomething));
task1.Start();
```

- Sie rufen Task.Factory.StartNew unter Übergabe eines Action- oder Func-Delegaten auf. Der Task wird sofort gestartet.

```
Task.Factory.StartNew(new Action(DoSomething));
```

- Sie rufen Task.Run unter Übergabe eines Action- oder Func-Delegaten auf. Der Methode Task.Run müssen Sie einen Lambda-Ausdruck angeben. Ansonsten kann die Methode nicht unterscheiden, ob Sie eine Methode mit oder ohne Rückgabewert aufrufen wollen.

```
Task.Run(() =>
{
  var id = Thread.CurrentThread.ManagedThreadId;
  Console.WriteLine($"Task #{id}");
});
```

In Listing 14.1 haben Sie bereits gesehen, dass die statische Methode Invoke der Klasse Parallel ebenfalls eine Alternative ist, die das sofortige Starten des Tasks nach sich zieht.

Es ist allgemein üblich, die durch Tasks beschriebenen Operationen nicht in separaten Methoden zu codieren, sondern durch Lambda-Ausdrücke zu beschreiben.

Es stellt sich auch sofort die Frage, welcher Methode bei der Erzeugung eines Tasks der Vorrang gegeben werden sollte: dem manuellen Erstellen eines Tasks oder `Parallel.Invoke`. Ganz allgemein lässt sich diese Frage nicht beantworten, denn der Sachverhalt ist ähnlich dem bei der Beantwortung der Frage »Thread oder Threadpool?«. Besteht die Notwendigkeit, einzelne Tasks flexibel zu steuern, hat das manuelle Erstellen sicherlich Vorzüge. Besteht dazu keine Notwendigkeit, sollten Sie eher `Parallel.Invoke` den Vorzug geben.

14.2.3 Tasks mit Rückgabewert

Tasks können Rückgabewerte haben. Wie Sie wissen, ist für solche Aufgaben die Klasse `Task` nicht mehr geeignet. Stattdessen greifen wir auf `Task<TResult>` zurück, die eine Ableitung von `Task` ist. Der generische Typparameter beschreibt dabei den Datentyp des Rückgabewerts.

Das Ergebnis der parallelen Operation holen wir uns mit der Eigenschaft `Result` des `Task<TResult>`-Objekts ab. Der Datentyp des Rückgabewerts entspricht dem Datentypparameter des Tasks. Dabei blockiert `Result` den weiteren Programmablauf so lange, bis das Ergebnis vorliegt.

In Listing 14.2 liefert ein Task die aktuelle Uhrzeit als Zeichenfolge zurück. Um zeigen zu können, dass `Result` tatsächlich bis zum Eintreffen des Rückgabewerts wartet, verzögert der Code die Dauer der Operation um drei Sekunden.

```
Task<string> task = Task<string>.Run(() =>
{
  Thread.Sleep(3000);
  return DateTime.Now.ToLongTimeString();
});
Console.WriteLine("Task wird noch ausgeführt ...");
Console.WriteLine($"Resultat: {task.Result}");
```

Listing 14.2 Task mit Rückgabewert

Sie können, ähnlich wie bei einer asynchronen Operation mit `Thread`, mit der Eigenschaft `IsCompleted` auf die `Task`-Referenz prüfen, ob die Aufgabe vollständig erledigt ist und das Resultat bereits vorliegt.

14.2.4 Daten an einen Task übergeben

Viele parallel auszuführende Operationen erwarten eine Datenübergabe. Die Klassen `Task` sowie `Task<TResult>` stellen uns für diesen Fall entsprechende Konstruktoren zur Verfügung, die entweder den Parameter `Action<object>` oder `Func<object>` definieren.

```
int value = 110;
Task task = new Task(number =>
{
  Console.WriteLine($"Resultat = {Math.Sqrt((int)number)}");
}, value);
task.Start();
```

Listing 14.3 Datenübergabe an ein »Task«-Objekt

Das erforderliche Argument ist kommasepariert hinter dem Lambda-Ausdruck angegeben. Es wird vom Parameter `number` empfangen und daraus nach vorheriger Konvertierung in einen `int` die Quadratwurzel gezogen.

Sehr ähnlich ist die Vorgehensweise, wenn Sie mit der Methode `Task.Factory.StartNew` den Task starten. Sehen wir uns zuerst die entsprechende Überladung der Methode `StartNew` an:

```
public Task StartNew(Action<Object> action, Object state)
```

Der erste Parameter beschreibt die parallele Operation. `Action<object>` beschreibt per Definition einen Delegaten, der auf eine einfach parametrisierte Methode ohne Rückgabewert zeigt. Dem zweiten Parameter übergeben wir das Argument, das vom `Object`-Parameter des Delegaten entgegengenommen wird. Das hört sich kompliziert an, deshalb auch sofort ein kleines Beispiel.

```
string name = "Peter";
Task.Factory.StartNew(str =>
{
  Console.WriteLine(str);
}, name);
```

Listing 14.4 Übergabeargument bei Verwendung von »StartNew«

Das zweite Argument des Methodenaufrufs ist `name`, das von `str` entgegengenommen wird.

Hinweis

Sie können in Listing 14.4 für `Factory.StartNew` nicht die Methode `Run` verwenden, da sie keine Überladung aufweist, die ein Übergabeargument beschreibt.

Betrachten wir noch ein ähnliches Beispiel. Diesmal übergeben wir jedoch keine Zeichenfolge, sondern einen Integer, der für eine mathematische Operation verwendet werden soll.

```
Task<int> task1 = Task.Factory.StartNew(x =>
{
  return 2 * x;
}, 3);
Console.WriteLine(task1.Result);
```

Listing 14.5 Task-Aufruf mit Fehler

Würden Sie beim Betrachten dieses Codefragments erwarten, dass es zu einem Compilerfehler führt? Tatsächlich ist es so, dass das Übergabeargument vom Typ `Object` ist. Das hängt damit zusammen, dass ein Task auf einen klassischen Thread bzw. dem Threadpool »aufsetzt«. Wie wir wissen, sind Übergabeargumente an einen Thread immer vom Typ `Object`.

Um das Argument richtig zu interpretieren, muss es, wie in Listing 14.6 gezeigt, explizit in einen Integer konvertiert werden, also:

```
Task<int> task1 = Task.Factory.StartNew(x =>
{
  return 2 * (int)x;
}, 3);
Console.WriteLine(task1.Result);
```

Listing 14.6 Korrekte Nutzung des Übergabearguments

14.2.5 Auf das Beenden eines Tasks warten

Oft hängt die weitere Programmausführung davon ab, ob ein oder mehrere Tasks vorher beendet wurden. In solchen Situationen bieten sich mit `Wait`, `WaitAny` und `WaitAll` gleich mehrere Möglichkeiten an, um auf das Ende eines Tasks zu warten. Bei `Wait` handelt es sich um eine Instanzmethode, bei `WaitAny` und `WaitAll` um statische Methoden der Klasse `Task`.

Warten Sie auf das Ende der Ausführungen eines bestimmten Tasks, bietet sich die Methode `Wait` an, die auf die Referenz des `Task`-Objekts aufgerufen wird.

```
Task task = Task.Run(() =>
{
  Console.WriteLine("Operation gestartet...");
  Thread.Sleep(5000);
  Console.WriteLine("Operation beendet ...");
});
task.Wait();
Console.WriteLine("Task hat Arbeit beendet ...");
```

Listing 14.7 Auf das Beenden eines Tasks warten

Sie können Wait auch mitteilen, dass Sie nur für eine bestimmte Dauer warten möchten, und die entsprechende Zeitspanne in Millisekunden als Argument übergeben. Dieser Fall dürfte aber vermutlich eher selten auftreten.

Sind mehrere Tasks gestartet, können Sie auf das Beenden eines bestimmten oder auch aller Tasks mit der statischen Methode WaitAll warten, der Sie die Referenzen auf die Tasks angeben, von denen die weitere Fortsetzung des Programms abhängt.

```
// Beispiel: ..\Kapitel 14\WaitAll_Example
class Program
{
  static void Main(string[] args)
  {
    Task task1 = Task.Run(() =>
    {
      Thread.Sleep(5000);
      Console.WriteLine("Task #1: fertig ...");
    });
    Task task2 = Task.Run(() =>
    {
      Thread.Sleep(3000);
      Console.WriteLine("Task #2: fertig ...");
    });
    Task task3 = Task.Run(() =>
    {
      Thread.Sleep(2000);
      Console.WriteLine("Task #3: fertig ...");
    });
    Task.WaitAll(new Task[] {task1, task2, task3});
    Console.WriteLine("Alle Tasks sind beendet");
    Console.ReadLine();
  }
}
```

Listing 14.8 Warten auf das Beenden mehrerer Tasks

Alternativ bietet sich bei mehreren laufenden Aufgaben WaitAny an. WaitAny erwartet eine Liste von Aufgaben. Das Programm wird nach WaitAny fortgesetzt, wenn einer der aufgeführten Tasks seine Operationen beendet hat.

14.2.6 Abbruch eines Tasks von außen

Innerhalb einer parallelen Operation können Sie mit return die Operation abbrechen. Um einen Task von außerhalb abzubrechen, sind besondere Maßnahmen zu ergreifen. Dabei spielen zwei Typen eine entscheidende Rolle:

- die Klasse `CancellationTokenSource`
- die Struktur `CancellationToken`

Im Mittelpunkt steht die Klasse `CancellationTokenSource`. Ein Objekt dieses Typs stellt ein `CancellationToken` zur Verfügung, das mit der Eigenschaft `Token` abgerufen werden kann.

```
CancellationTokenSource cts = new CancellationTokenSource();
CancellationToken token = cts.Token;
```

Sehen wir uns den Programmcode an, mit dem der Abbruch eines Tasks initiiert wird. Der Task hat die Aufgabe, in einer Endlosschleife immer wieder `X` in die Konsole zu schreiben. Nach 20 ms bricht der Initiator des Tasks den ausführenden Task abrupt ab.

```
// Beispiel: ..\Kapitel 14\CancellationToken_Example
class Program
{
  static void Main()
  {
    var cts = new CancellationTokenSource();
    CancellationToken token = cts.Token;
    var task = Task.Run(() =>
    {
      while(true)
      {
        Console.Write("X");
        if (token.IsCancellationRequested)
        {
          Console.WriteLine("\nAbbruch des Tasks");
          token.ThrowIfCancellationRequested();
        }
      }
    }, token);
    try
    {
      Thread.Sleep(20);
      cts.Cancel();
      task.Wait();
    }
    catch (AggregateException ex)
    {
      foreach (var item in ex.InnerExceptions)
        Console.WriteLine($"{ex.Message} - {item.Message}");
```

```
    }
    Console.ReadLine();
  }
}
```

Listing 14.9 Das Beispielprogramm »CancellationToken_Example«

Das von der Eigenschaft `Token` zurückgelieferte `CancellationToken`-Objekt wird zur Überwachung eines Abbruchwunsches verwendet und an den Task als Argument weitergegeben. `CancellationToken` führt nicht selbst den Abbruch aus. Aber das Objekt stellt mit `IsCancellationRequested` eine Eigenschaft bereit, die auf `true` gesetzt ist, falls der laufende Task von außen beendet werden soll. Der Abbruch der parallelen Ausführung wird mit der Methode `Cancel` des `CancellationTokenSource`-Objekts eingeleitet.

Die Methode `ThrowIfCancellationRequested` wirft eine Ausnahme, falls die Eigenschaft `IsCancellationRequested=true` aufweist. Dabei prüft `ThrowIfCancellationRequested` mit

```
if (token.IsCancellationRequested)
  throw new OperationCanceledException(token);
```


intern selbst, ob ein Abbruchwunsch vorliegt. Eigentlich ist daher eine Überprüfung von `IsCancellationRequested` nicht unbedingt notwendig, ehe `ThrowIfCancellationRequested` aufgerufen wird. Im Beispielprogramm ist das so implementiert, um im Fall eines Abbruchs eine Meldung in die Konsole zu schreiben.

Ein Task, der in den Zustand *Canceled* wechselt, löst eine Ausnahme vom Typ `TaskCanceledException` aus. Diese wird ihrerseits in einer `AggregateException` als innere Ausnahme weitergeleitet.

Hinweis

Bitte achten Sie unbedingt darauf, dass Sie das Beispiel nicht im Debug-Modus mit [F5] starten, sondern mit [Strg]+[F5]. Alternativ bietet es sich an, das Kompilat direkt zu starten.

14.2.7 Bei Abbruch eine Callback-Methode aufrufen

Es gibt eine weitere Variante, auf den Abbruch eines Tasks zu reagieren: Anstatt eine Exception auszulösen, können Sie vor dem Starten des Tasks eine Callback-Methode beim `CancellationToken` registrieren. Dazu stellt diese Struktur die Methode `Register` zur Verfügung, die zahlreiche Überladungen aufweist. Auf diese Weise können Aktionen ausgeführt werden, um auf einen Abbruch zu reagieren.

Auch dazu ein Beispiel: Im Task des folgenden Beispiels wird eine Schleife von 0 bis 100 durchlaufen und der jeweilige Schleifenzähler in die Konsole geschrieben. Wenn dem User das zu langweilig ist, kann er durch Drücken der Leertaste den Task zu jedem beliebigen Zeitpunkt abbrechen.

```
// Beispiel: ..\Kapitel 14\CancelTaskWithCallback_Example
class Program
{
  static void Main(string[] args)
  {
    Console.WriteLine("Zum Abbruch Leertaste drücken ...");
    CancellationTokenSource cts = new CancellationTokenSource();
    CancellationToken token = cts.Token;
// Callback-Methode registrieren
    token.Register(CancelCallbackMethod);
// Task erzeugen
    var task = Task.Run(() =>
    {
      for (int i = 0; i < 100; i++)
      {
        Console.WriteLine($"Number: {i}");
        Thread.Sleep(500);
        if (token.IsCancellationRequested)
          break;
      }
    }, token);
// Drückt User die Leertaste, Task abbrechen
    if (Console.ReadKey().KeyChar == ' ')
      cts.Cancel();
    Console.ReadLine();
  }
  static void GetNumbers(CancellationToken cancelToken)
  {
    for (int i = 0; i < 100; i++)
    {
      Console.WriteLine($"Number: {i}");
      Thread.Sleep(500);
      if (cancelToken.IsCancellationRequested)
        break;
    }
  }
// Callback-Methode
```

```
  static void CancelCallbackMethod() => Console.WriteLine("Task wurde
  abgebrochen");
}
```

Listing 14.10 Task-Abbruch mit Aufruf einer Callback-Methode

14.2.8 Fehlerbehandlung

Auch bei Tasks kann es zur Laufzeit zu Ausnahmen kommen. Das ist nicht anders, als würden Sie eine Anwendung mit synchronem Laufzeitverhalten schreiben. Allerdings verschärft sich die Problematik bei einer parallelen Lösung dadurch, dass zeitgleich mehrere Ausnahmen auftreten können.

In der TPL werden mehrere zeitgleich auftretende Exceptions in einer einzigen Exception vom Typ `AggregateException` gesammelt an den Aufrufer zurückgegeben. Dabei spielt es keine Rolle, ob nur ein Fehler aufgetreten ist oder mehrere.

Die Fehlerbehandlung unterscheidet sich ein wenig von der, die Sie in Kapitel 7, »Fehlerbehandlung und Debugging«, kennengelernt haben. Damit der Code überschaubar bleibt, hier zuerst ein Beispiel, in dem tatsächlich nur ein Fehler auftreten kann.


```
// Beispiel: ..\Kapitel 14\AggregateExceptionExample_1
class Program
{
  static void Main(string[] args)
  {
    Task task1 = Task.Run(() => { throw new DivideByZeroException(); });
    try
    {
      task1.Wait();
    }
    catch(AggregateException ex)
    {
      AggregateException aggEx = ex.Flatten();
      aggEx.Handle(type =>
      {
        if (type is DivideByZeroException)
        {
          Console.WriteLine("Division durch 0 ist nicht erlaubt.");
          return true;
        }
        return false;
      });
    }
    Console.WriteLine("Anwendung beendet");
```

```
    Console.ReadLine();
  }
}
```

Listing 14.11 Einfaches Beispiel zur »AggregateException«

Hinweis

Bitte beachten Sie unbedingt, dass Sie das Beispiel nicht im Debug-Modus mit F5 starten dürfen, sondern mit Strg+F5. Alternativ bietet es sich an, das Kompilat direkt zu starten.

Innerhalb des Tasks wird eine `DivideByZeroException` ausgelöst. Im `try`-Block wird auf das Beenden des Tasks mit `Wait` gewartet und im `catch`-Zweig die Ausnahme behandelt.

Im `catch`-Zweig wird zuerst die Methode `Flatten` der `AggregateException` aufgerufen. In unserem Beispiel könnten wir auf diese Anweisung verzichten, denn sie dient dazu, mehrere gleichzeitig aufgetretene Ausnahmen zusammenzufassen. In unserem Beispiel tritt aber nur eine auf. Auf diese neue Referenz rufen wir die Methode `Handle` auf. Sollten mehrere Ausnahmen aufgetreten sein, wird `Handle` für jede Ausnahme aufgerufen. Anschließend erfolgen eine Typuntersuchung und die gewünschte Reaktion auf die Ausnahme.

`Handle` beschreibt einen Delegaten vom Typ `Func` und hat somit einen Rückgabewert. Dieser ist vom Typ `bool` und gibt mit `true` an, dass die Ausnahme erfolgreich behandelt worden ist. Ansonsten ist der Rückgabewert `false`.

Nun sehen wir uns noch ein Beispielprogramm an, in dem innerhalb mehrerer Tasks gleichzeitig mehrere unterschiedliche Ausnahmen auftreten. Eine weitere Erklärung des Programmcodes sollte sich erübrigen.

```
// Beispiel: ..\Kapitel 14\AggregateExceptionExample_2
class Program
{
  static void Main(string[] args)
  {
    try
    {
      Task task1 = new Task(() => { throw new DivideByZeroException(); });
      Task task2 = new Task(() => { throw new InvalidCastException(); });
      Task task3 = new Task(() => { throw new InvalidProgramException(); });
      task1.Start();
      task2.Start();
      task3.Start();
```

```
      Task.WaitAll(task1, task2, task3);
    }
    catch (AggregateException ex)
    {
      AggregateException aggEx = ex.Flatten();
      aggEx.Handle(type =>
      {
        if (type is DivideByZeroException)
        {
          Console.WriteLine("Nulldivision ist nicht erlaubt.");
          return true;
        }
        if (type is InvalidCastException)
        {
          Console.WriteLine("Nicht mögliche Typumwandlung.");
          return true;
        }
        if (type is InvalidProgramException)
        {
          Console.WriteLine("Fehler im Programm.");
          return true;
        }
        return false;
      });
    }
    Console.WriteLine("Anwendung beendet");
    Console.ReadLine();
  }
}
```

Listing 14.12 Behandeln mehrerer gleichzeitig auftretender Ausnahmen in Tasks

14.3 Die Klasse »Parallel«

Die Klasse `Parallel`, die `static` definiert ist, unterstützt die Parallelisierung von Codebereichen und Schleifen. Dafür werden die folgenden Methoden angeboten:

- `For`
- `ForEach`
- `Invoke`

Alle drei Methoden sind überladen. Die möglichen Optionen gestatten Ihnen ein Feintuning der parallelen Verarbeitung, beispielsweise um die Anzahl der benutzten

Prozessorkerne zu beschränken – per Vorgabe werden alle verfügbaren Kerne der CPU verwendet.

`For` und `ForEach` bieten sicherlich eine sehr einfache Lösung an, aufwendige Berechnungen zu parallelisieren und damit auch zu beschleunigen. Aber häufig fällt am Ende die vielleicht erwartete Leistungssteigerung doch nicht so deutlich aus wie erhofft. Möglicherweise kommt es sogar zu dem Effekt, dass die Parallelisierung langsamer arbeitet als eine synchrone Umsetzung. Entwickelnde müssen daher einige Dinge im Auge behalten und unter Umständen eine Reihe von Tests durchführen, um die Möglichkeiten der Parallelisierung der TPL ausnutzen zu können. Wir werden darauf noch zu sprechen kommen.

14.3.1 Die Methode »Parallel.Invoke«

Die einfachste Art, parallele Operationen anzustoßen, ist die Methode `Invoke` der Klasse `Parallel`. In Listing 14.1 haben wir diese Methode bereits eingesetzt.

Die Methode definiert ein Parameter-Array, dem Sie `Action`-Objekte übergeben. Die Syntax lautet:

```
public static void Invoke(params Action[] action)
```

`Action` ist ein Delegat und beschreibt eine parameterlose Methode ohne Rückgabewert. Erst wenn alle Methoden abgearbeitet sind, wird die Programmausführung mit der auf `Invoke` folgenden Anweisung fortgesetzt. `Invoke` blockiert also den Programmablauf und hat synchronen Charakter.

Sie müssen sicherstellen, dass innerhalb der Methoden nicht dieselben Variablen benutzt werden. Ansonsten erleben Sie unliebsame Überraschungen.

14.3.2 Schleifen mit »Parallel.For«

Mit `Parallel.For` und `Parallel.ForEach` lassen sich einfache Schleifendurchläufe parallelisieren. Der Effekt der Performancesteigerung wird sich nicht bei 10 oder 100 Schleifendurchläufen bemerkbar machen, die Anzahl sollte schon deutlich darüber liegen und hängt zudem von der Anzahl der beteiligten Prozessorkerne ab. Spielen wir nur eine einfache Überlegung durch: Nehmen wir an, Sie durchlaufen eine Schleife 10.000 Mal. Nehmen wir weiter an, diese Operation würde 10 Sekunden in Anspruch nehmen, wenn sie synchron ausgeführt wird. Nun stellen wir uns vor, wir hätten einen Dual-Core-Prozessor und würden mit `Parallel.For` die Schleife parallelisieren. Der Einfachheit halber gehen wir davon aus, dass sich die Ausführungszeit dadurch halbiert, was einem Geschwindigkeitsvorteil (Speedup) vom Faktor 2 entspricht.

Anmerkung

Ein *Speedup* lässt sich sehr einfach berechnen. Er beschreibt das Verhältnis zwischen der parallelen und der synchronen Ausführungszeit. Dazu dividieren wir die Ausführungsdauer auf einem Einkernsystem durch die Ausführungsdauer auf dem Mehrkernsystem.

Sollte diese Annahme stimmen, würde dies konsequenterweise auch bedeuten, dass auf einem Quad-Core-System der Speedup 4 betragen würde. Folgen wir dieser linearen Logik, würden unendlich viele Kerne theoretisch keine Prozessorzeit mehr benötigen ... Sie merken schon, ganz so einfach ist es nicht. Viele andere Faktoren – sei es die Synchronisation der Schleife über die Kerne hinweg, dass Ein- und Auslagern der Threads, aber auch der Garbage Collector – üben einen negativen Einfluss auf den Speedup aus. Und wir dürfen auch nicht vergessen, dass gewisse Teile des Programmcodes überhaupt nicht parallelisierbar sind.

Insbesondere bei den Schleifenoperationen spielt auch die Anzahl der Schleifendurchläufe, wie weiter oben bereits angedeutet, eine entscheidende Rolle. Das demonstriert das folgende Beispielprogramm. Dazu misst der Code die Zeitspanne, die vergeht, um eine herkömmliche `for`-Schleife auszuführen, und – bei identischer Operation und gleicher Anzahl der Schleifendurchläufe – die benötigte Zeit mit der parallelisierten `Parallel.For`-Schleife. Zur Messung der Zeitspanne, die die Laufzeit zur Abarbeitung der Schleifen braucht, greifen wir auf die Klasse `StopWatch` aus dem Namespace `System.Diagnostics` zurück.

```
// Beispiel: ..\Kapitel 14\Parallel_For_Example
class Program
{
  static void Main(string[] args)
  {
    int[] values = { 10_000, 100_000, 500_000, 1_000_000, 10_000_000 };
    for (int index = 0; index < 5; index++)
    {
      Console.WriteLine("Schleifen: {0}\n{1}", values[index],
                        new string('-', 30));
      Stopwatch watch = new Stopwatch();
      watch.Start();
      ParallelTest(values[index]);
      watch.Stop();
      Console.WriteLine($"Parallel: {watch.ElapsedMilliseconds} ms");
      watch.Reset();
      watch.Start();
```

```
        SynchronTest(values[index]);
        watch.Stop();
        Console.WriteLine($"Synchron: {watch.ElapsedMilliseconds}ms\n");
      }
      Console.ReadLine();
    }
    static void SynchronTest(int loops)
    {
      double[] arr = new double[loops];
      for (int i = 0; i < loops; i++)
        arr[i] = Math.Pow(i, 0.333) * Math.Sqrt(Math.Sin(i));
    }
    static void ParallelTest(int loops)
    {
      double[] arr = new double[loops];
      Parallel.For(0, loops, i =>
      {
        arr[i] = Math.Pow(i, 0.333) * Math.Sqrt(Math.Sin(i));
      });
    }
}
```

Listing 14.13 Vergleich der Ausführungszeit synchroner und parallelisierter Schleifen

Im Beispielprogramm variiert die Anzahl der Schleifendurchläufe: Im geringsten Fall handelt es sich um 10.000, im Maximalfall um 10.000.000. Die Operationen innerhalb der beiden Schleifen sind identisch und sicherlich so gestaltet, dass der CPU der Schweiß auf die Stirn getrieben wird.

Sehen wir uns nun die Ausgabe im Konsolenfenster an (siehe Abbildung 14.2). Sollten Sie das Beispiel auf Ihrem Rechner testen, werden Sie mit Sicherheit andere Ergebnisse vorfinden, die mehr oder weniger stark abweichen. Das liegt an einer anderen Hardwareausstattung, aber auch an den weiteren Programmen und Diensten, die auf der lokalen Maschine ihre Aufgabe verrichten. Aber uns soll es nur um eine Erkenntnis gehen, die prinzipiell bei Ihnen genauso gezogen werden kann: Handelt es sich um zu wenig Schleifendurchläufe, ist die parallelisierte Schleife sogar deutlich langsamer als die synchrone. Erst ab einer gewissen Schleifenanzahl lohnt sich die Parallelisierung. Im Allgemeinen ist diese Anzahl sogar so hoch, dass für die meisten Anwendungen parallele Schleifen uninteressant sind. Setzen Sie also `Parallel.For` und `Parallel.ForEach` mit Bedacht ein, um nicht sogar von einem gegenteiligen Effekt überrascht zu werden.

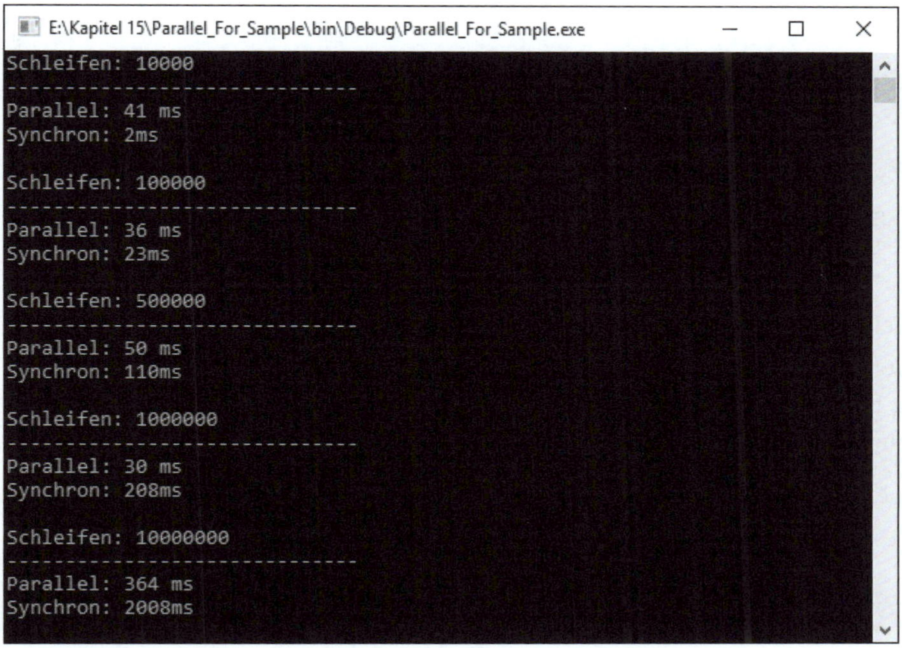

Abbildung 14.2 Ausgabe des Beispielprogramms »Parallel_For_Example«

Die Syntax der Schleife »Parallel.For«

Die Syntax der `For`-Methode ähnelt der der `for`-Schleife:

```
public static ParallelLoopResult For(int fromInclusive, int toExclusive,
                                     Action[] body)
```

Der erste Parameter erwartet den Startindex (inklusive), der zweite den Endindex (exklusive). Der letzte Parameter ist ein Delegat, der auf den Code zeigt, der innerhalb der Schleife ausgeführt wird. Der Rückgabewert vom Typ der Struktur `ParallelLoopResult` gibt Auskunft darüber, ob die Schleife komplett ausgeführt oder vorzeitig beendet wurde. Dazu muss die Eigenschaft `IsCompleted` von `ParallelLoopResult` ausgewertet werden. Zudem können Sie mit `LowestBreakIteration` den Index abrufen, bei dem die Schleife abgebrochen wurde. Wurde eine Schleife mit `Stop` beendet, ist der Rückgabewert `null`.

Anmerkung

Die Erhöhung des Schleifenzählers beträgt immer +1. Möchten Sie andere Schrittweiten festlegen, müssen Sie im Schleifenblock eine entsprechende Umrechnung vornehmen. Angenommen, Sie sind an allen ganzzahligen Werten zwischen 0 und 100 interessiert, könnten Sie im Schleifenkörper den folgenden Code schreiben:

```
Parallel.For(0, 50, i =>
{
    int newIndex = i * 2;
    Console.Write(" {0} ", newIndex);
});
```

Außerdem ist nur eine positive Iteration möglich.

Schleifenunterbrechung

In der parallelen Verarbeitung muss eine Schleife anders abgebrochen werden als eine herkömmliche Schleife. Die Klasse `Parallel` stellt dazu eine Überladung der Methode `For` zur Verfügung, deren Syntax wir uns zuerst ansehen:

```
public static ParallelLoopResult For(int fromInclusive
                                     int toExclusive,
                                     Action<int, ParallelLoopState> body)
```

Hier wird eine andere Variante des Delegaten `Action` benutzt. Sie geben hier ein Objekt vom Typ `ParallelLoopState` an, das unter anderem die Methode `Stop` zum Abbruch einer parallel ausgeführten Schleife bereitstellt.

```
Parallel.For(0, 1000000, (i, option) =>
{
  arr[i] = Math.Pow(i, 0.333) * Math.Sqrt(Math.Sin(i));
  if (i > 1000)
    option.Stop();
});
```

Listing 14.14 Abbrechen einer »Parallel.For«-Schleife mit »Stop«

Es gibt neben der Methode `Stop` auch die Methode `Break`. Diese gibt an, dass die Schleife nach der aktuellen Iteration beendet werden soll.

In späteren .NET-Versionen ist zudem `Parallel.ForEachAsync` hinzugekommen, die asynchrone parallele Schleifen direkt mit der TPL erlaubt:

```
await Parallel.ForEachAsync(urls, async (url, ct) => {
    var data = await httpClient.GetStringAsync(url, ct);
    Process(data);
});
```

Auf das Schlüsselwort `async` geht ein späterer Abschnitt in diesem Kapitel ausführlich ein.

Hinweis

Die `For`-Methode hat noch viel mehr Überladungen als die beiden hier vorgestellten Varianten. Wir werden darauf nicht weiter eingehen.

14.3.3 Den Grad der Parallelität beeinflussen

Im Beispielprogramm *Parallel_For_Example* im vorigen Abschnitt haben Sie gesehen, dass die Anzahl der Schleifendurchläufe einen maßgeblichen Einfluss darauf ausübt, ob wir von der Parallelisierung einer Schleife profitieren oder nicht. Ein weiterer Einflussfaktor ist die Anzahl der verfügbaren Prozessorkerne. Hätten wir die Möglichkeit, das Beispiel mit einer unterschiedlichen Anzahl von Prozessorkernen zu testen, könnten wir einen weiteren negativen Trend feststellen: Wenn die Anzahl der Kerne einen gewissen Wert überschreitet, verlangsamt sich die Ausführungszeit wieder. Das führt im Extremfall sogar so weit, dass die Parallelisierung mehr Laufzeit benötigt, als wenn wir die Schleife synchron gestartet hätten. Neben der Anzahl der Schleifendurchläufe spielt die Anzahl der verfügbaren Kerne eine wichtige Rolle.

Per Vorgabe versucht die Parallelisierung, die zur Verfügung stehenden Kerne zu nutzen. Andere Aufgaben, die nichts mit der Schleife zu tun haben, würden dabei zurücktreten müssen und wären benachteiligt.

Sie können beim Starten der `Parallel.For`-Schleife (und auch der `Parallel.ForEach`-Schleife) den sogenannten *maximalen Grad der Parallelität* festlegen. Mit anderen Worten: die maximale Anzahl der zu nutzenden Kerne. Dazu bieten die parallelisierten Schleifen Überladungen an, die einen Parameter des Typs `ParallelOptions` definieren.

`ParallelOptions` ist deshalb interessant, weil die Klasse unter anderem die Eigenschaft `MaxDegreeOfParallelism` vom Typ `int` bereitstellt. `MaxDegreeOfParallelism` schränkt die Anzahl der gleichzeitigen Operationen ein, die von `Parallel.For`- oder `Parallel.ForEach`-Methodenaufrufen ausgeführt werden. Wenn `MaxDegreeOfParallelism -1` ist, dann gibt es keine Grenze für die Anzahl gleichzeitig ausgeführter Operationen. Möchten Sie eine parallelisierte Schleife zum Beispiel dazu bringen, maximal vier Kerne zu nutzen, sähe der Programmcode wie in Listing 14.15 gezeigt aus:

```
var options = new ParallelOptions { MaxDegreeOfParallelism = 4};
Parallel.For(0, 1000, options, i =>
{
  [...]
});
```

Listing 14.15 Festlegung der maximal nutzbaren Kerne einer parallelen Schleife

Hinweis

Vielleicht möchten Sie auch die Anzahl der einer parallelisierten Schleife zur Verfügung gestellten Kerne abhängig machen von der tatsächlichen Anzahl der Kerne der lokalen Maschine. Dazu müssen Sie erst einmal herausfinden, wie viele Kerne aktuell auf dem Rechner vorhanden sind, auf dem die Anwendung ausgeführt wird. Das können Sie, indem Sie die statische Eigenschaft `ProcessorCount` der Klasse `Environment` auswerten. `Environment` gehört zum Namespace `System`.

14.3.4 Auflistungen mit »Parallel.ForEach« durchlaufen

Grundsätzlich ähnelt der Einsatz der `ForEach`-Methode dem der `For`-Methode. Daher zeigen wir den Einsatz an dieser Stelle abschließend nur kurz:

```
string[] namen = { "Peter", "Uwe", "Udo", "Willi", "Pia", "Michael",
                   "Conie" };
Parallel.ForEach(namen, name  =>
{
  Console.WriteLine(name);
});
```

Listing 14.16 Parallele Verarbeitung mit »ForEach«

Sie können nicht erwarten, dass die Namen in der Reihenfolge ausgegeben werden, in der sie in der Liste angegeben sind.

14.4 Asynchrone Programmierung mit »async« und »await«

In Kapitel 13, »Multithreading«, haben wir Ihnen die asynchrone Programmierung vorgestellt. Sie erinnern sich vielleicht, dass dabei die Schnittstelle `IAsyncResult` und der Delegat `AsyncCallback` eine wichtige Rolle spielen. Es ist nicht besonders schwierig, damit asynchrone Methodenaufrufe bereitzustellen, aber dennoch war das Verfahren in der Vergangenheit nicht besonders beliebt bei den Entwickelnden, denn es führt zu relativ komplexem Programmcode.

Seit dem .NET Framework 4.5 gibt uns .NET eine andere Möglichkeit an die Hand, die zu einem einfacherem und intuitiverem Code führt: das *Task-based Asynchronous Pattern*, kurz *TAP* genannt. Dieses Pattern setzt auf die Tasks der TPL auf und führt zudem die beiden Schlüsselwörter `async` und `await` ein.

14.4.1 Die Arbeitsweise von »async« und »await« verstehen

Als Ausgangspunkt soll uns zunächst eine einfache Methode dienen, die synchron aufgerufen wird. Sie nimmt einen int als Argument entgegen, damit wir den Aufruf der Methode und deren Ablauf sauber in der Konsole protokollieren können.

```
static void Main(string[] args)
{
  Start();
  Console.WriteLine("Ende Main ...");
  Console.ReadLine();
}
static void Start()
{
  DoSomething(1);
  Console.WriteLine("nach Aufruf von DoSomething(1) ...");
}
static void DoSomething(int id)
{
  Console.WriteLine($"Operation {id} startet ...");
  Thread.Sleep(2000);
  Console.WriteLine($"Operation {id} ist beendet.");
}
```

Listing 14.17 Synchroner Aufruf einer lang dauernden Methode

Die Arbeitsleistung der Methode DoSomething ist dadurch simuliert, dass wir den Thread mit Thread.Sleep für zwei Sekunden zur Ruhe setzen.

Vielleicht möchten Sie die Methode wegen der längeren Ausführungszeit asynchron aufrufen. Im klassischen Fall würden Sie nun eine weitere Methode bereitstellen, der Sie konventionsgemäß den Begriff Begin als Präfix voranstellen. Sie würde also BeginDoSomething lauten. Dieser Methode müssten Sie zudem zwei weitere Parameter übergeben: Hinter dem int-Parameter müssten Sie einen Parameter des Typs AsyncCallback angeben, gefolgt von einem Object-Parameter.

Mit await/async im Zusammenspiel mit der Klasse Task geht es einfacher. Im ersten Schritt ist dazu die Methode unter Verwendung der Klasse Task zu formulieren. Die Arbeitsleistung der Methode wird innerhalb eines Lambda-Ausdrucks beschrieben.

```
static Task DoSomethingAsync(int id)
{
  Task task = Task.Run(() =>
  {
    Console.WriteLine($"Operation {id} startet ...");
    Thread.Sleep(2500);
```

```
        Console.WriteLine($"Operation {id} ist beendet.");
    });
    return task;
}
```

Listing 14.18 Asynchrone Fassung der Methode »DoSomething«

Sehen wir uns nun die Anpassungen im Detail an. Die erste Fassung von `DoSomething` in Listing 14.17 lieferte keinen Rückgabewert, war also `void`. Eine durch `Task` beschriebene Methode ohne Rückgabewert hat den Rückgabedatentyp `Task`. Wozu dieser dient, werden Sie später noch sehen. Allgemein ist es üblich, zur äußeren Kennzeichnung solcher Methoden das Suffix `Async` anzuhängen. Daran sind die Methoden zu erkennen, die ihre Operationen innerhalb eines Tasks erledigen. Ändern wir nun in der Methode `Start` den Methodenaufruf und rufen die Methode `DoSomethingAsync` auf:

```
static void Start()
{
  DoSomethingAsync(1);
  Console.WriteLine("nach Aufruf von DoSomethingAsync(1) ...");
}
```

Listing 14.19 Aufruf der asynchronen Methode

Starten wir die Anwendung, könnte die Ausgabe an der Konsole wie in Abbildung 14.3 aussehen.

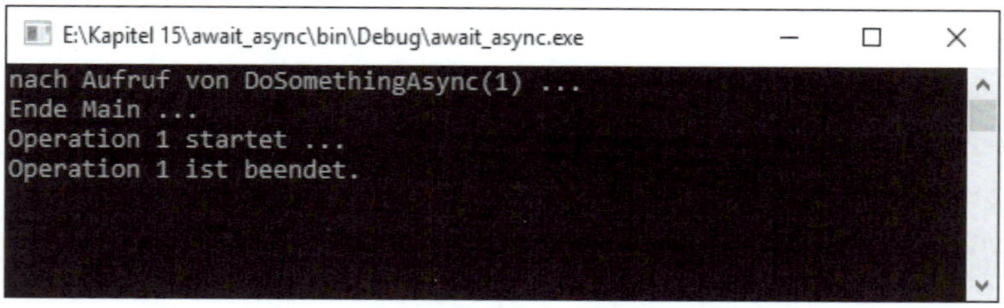

Abbildung 14.3 Aufruf der asynchronen Methode »DoSomethingAsync«

Erstaunlich ist die Ausgabe nicht. Sie beweist aber immerhin, dass die Methode parallel ausgeführt wird.

Was ist aber nun mit dem weiter oben erwähnten `await` und `async`? Lassen Sie uns noch eine Änderung vornehmen. Jetzt ist allerdings nicht die Methode `DoSomethingAsync` betroffen, sondern die Methode `Start`. Zunächst ergänzen wir den Aufruf von `DoSomethingAsync` in `Start` durch `await`:

```
await DoSomethingAsync(1);
```

Daraufhin wird uns die Entwicklungsumgebung einen Fehler anzeigen mit dem Hinweis, dass `await` nur in einer mit `async` gekennzeichneten Methode verwendet werden kann. Also passen wir die Methode `Start` wie in Listing 14.20 gezeigt an:

```
static async void Start()
{
  await DoSomethingAsync(1);
  Console.WriteLine("Nach Aufruf von DoSomethingAsync(1) ...");
}
```

Listing 14.20 Vollständige »async«-Methode

Starten wir nun erneut die Anwendung. Die Ausgabe wird wie in Abbildung 14.4 lauten.

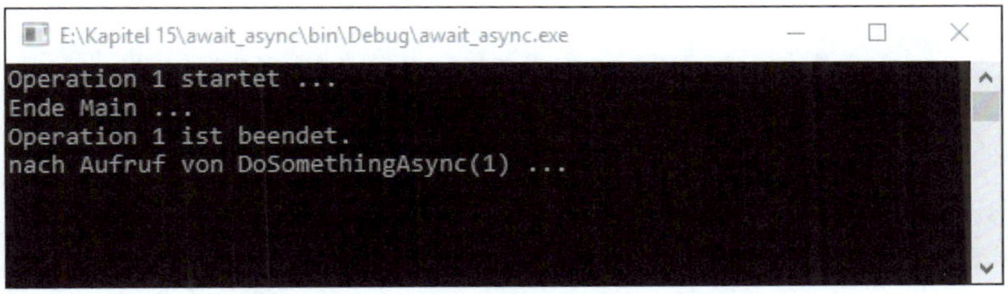

Abbildung 14.4 Ausgabe beim Methodenaufruf mit »await«

Vergleichen Sie Abbildung 14.3 und Abbildung 14.4. Der entscheidende Unterschied zwischen den beiden Ausgaben ist, dass die Anweisung, die dem `await`-Aufruf folgt, erst dann ausgeführt wird, wenn die asynchrone Operation der Methode `DoSomethingAsync` beendet ist – `await` wartet also auf eine Rückmeldung.

Anstatt die Anweisung

```
Console.WriteLine("Nach Aufruf von DoSomethingAsync(1) ...");
```

sofort auszuführen, wird der Programmablauf an den Aufrufer zurückgegeben (hier: `Main`), der dann den Programmablauf fortsetzt. Dass die Konsolenausgabe der Zeichenfolge

```
Nach Aufruf von DoSomethingAsync(1)
```

erst am Ende angezeigt wird, erinnert uns an die Callback-Methode einer klassischen asynchronen Operation, diese Callback-Methode wird ebenfalls erst nach dem vollständigen Beenden der asynchronen Operation aufgerufen. Allerdings ist der Programmcode mit `await` viel einfacher und besser lesbar.

Eine Methode, in der `await` benutzt wird, ist mit dem Schlüsselwort `async` zu signieren. `async` ist kein zusätzlicher Methodenmodifizierer, sondern ist als eine Compileranweisung zu verstehen, die auch bei anonymen Methoden und Lambda-Ausdrücken verwendet werden darf. Wird await verwendet, muss die Methode async sein, im umgekehrten Fall darf aber eine Methode async sein, ohne dass in ihr await verwendet wird. Dabei zeigt Visual Studio einen Warnhinweis mit dem Inhalt, dass Sie in Erwägung ziehen sollten, await zu verwenden. Sie können diese Warnung aber getrost ignorieren.

await bewirkt den Rücksprung zur aufrufenden Methode, in unserem Beispiel verzweigt der Programmablauf also von Start nach Main.

Hinweis

Bis einschließlich zur Version C# 7.0 konnte await nicht in der Startmethode Main eingesetzt werden, weil Main nicht mit async kombiniert werden konnte. Ab C# 7.1 ist das erlaubt. Allerdings verzichten wir in unserem Beispiel aus Demonstrationsgründen auf diese Spracherweiterung.

Hinweis

Sie finden das komplette Beispiel unter ..*\Kapitel 14\async_await* (Download von *www.rheinwerk-verlag.de/5953* MATERIALIEN ZUM BUCH).

Der Rückgabewert »Task« einer »void«-Methode

Auch eine async-Methode, die eine klassische void-Methode beschreibt, hat einen Rückgabewert. Es ist der Typ Task. In den bisherigen Listings haben wir den Rückgabewert noch nicht verwendet. Das wollen wir nun an dieser Stelle nachholen.

Im Grunde genommen ermöglicht uns der Rückgabewert eine bessere Feinsteuerung von await. Wir geben await nicht vor dem Methodenaufruf an, sondern zu einem beliebigen späteren Zeitpunkt unter Angabe des Rückgabewertes (siehe Listing 14.21).

```
// Beispiel: ..\Kapitel 14\async_await_1
[...]
static async void Start()
{
  Task task = DoSomethingAsync(1);
  Console.WriteLine("Nach Aufruf von DoSomethingAsync(1) ...");
  await task;
  Console.WriteLine("Asynchrone Operation beendet");
}
```

Listing 14.21 Verwenden des Rückgabewertes einer »void«-Methode

Nun wird die Methode DoSomethingAsync gestartet und daran anschließend die Anweisung, die dem Methodenaufruf folgt, ausgeführt. In der dritten Anweisung folgt await unter Angabe der Referenz task. Sollte die asynchrone Operation noch nicht beendet sein, wird nun der weitere Programmablauf im Aufrufer der Methode Start fortgesetzt. Erst wenn DoSomethingAsync vollständig beendet ist, wird auch die nach dem await folgende Anweisung in Start ausgeführt (siehe Abbildung 14.5).

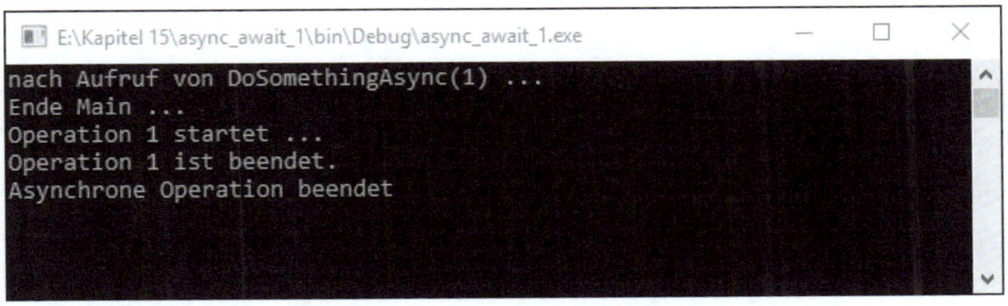

Abbildung 14.5 Aufrufergebnis aus Listing 14.21

Es wird uns hiermit ein Mittel an die Hand gegeben, nach dem Start einer asynchronen Operation aus einer Methode heraus diese nicht sofort in den Wartezustand zu versetzen, sondern zu einem beliebigen späteren Zeitpunkt.

14.4.2 Asynchrone Operationen mit Rückgabewert

Nun wollen wir uns auch noch eine Variante mit Rückgabewert ansehen. Dazu dient uns eine Methode Calculate, von der wir annehmen, dass ihre Ausführung einen längeren Zeitraum in Anspruch nehmen wird. In Listing 14.22 sehen Sie zunächst die synchrone Version, die zwei Integer entgegennimmt. Wir simulieren auch hier die länger dauernde Operation durch den Aufruf von Thread.Sleep.

```
// Beispiel: ..\Kapitel 14\async_await_2
static long Calculate(int x, int y)
{
  Thread.Sleep(2500);
  return x + y;
}
```

Listing 14.22 Die synchrone Version von »Calculate«

In Listing 14.23 sehen Sie die asynchrone Variante der Methode Calculate. Konventionsgemäß wurde dem Bezeichner das Suffix Async angehängt. Die Methode liefert einen long-Wert zurück. Dieser muss nun durch Task<long> beschrieben werden.

```
static Task<long> CalculateAsync(int x, int y)
{
  Task<long> task = Task.Run<long>(() =>
  {
    Thread.Sleep(2500);
```

```
    return x + y;
  });
  return task;
}
```

Listing 14.23 Die asynchrone Variante der in Listing 14.22 gezeigten Methode

Zum Aufruf und Auswerten der Methode stehen uns zwei Möglichkeiten zur Verfügung. Wir können die Methode mit `await` aufrufen und nach dem Beenden der Methode das Resultat direkt entgegennehmen. Listing 14.24 zeigt dies. Die dem Aufruf von `CalculateAsync` folgende Anweisung wird erst dann ausgeführt, wenn der asynchrone Aufruf beendet ist und das Ergebnis vorliegt.

```
static async void Starten()
{
  long result = await CalculateAsync(12, 88);
  Console.WriteLine($"Das Ergebnis liegt vor: {result}");
}
```

Listing 14.24 Das Resultat des asynchronen Aufrufs direkt entgegennehmen

Sie können `CalculateAsync` auch ohne `await` aufrufen und stattdessen die `Task`-Referenz entgegennehmen. Die dem Aufruf folgenden Anweisungen werden dann auch sofort ausgeführt. Zu einem späteren Zeitpunkt können Sie beispielsweise mit

```
long result1 = task.Result;
```

das Ergebnis der Operation abfragen. Liegt es noch nicht vor, blockiert `task.Result` die folgenden Anweisungen, bis die asynchrone Operation vollständig beendet ist. Sie können in unserem Beispiel auch das Ergebnis direkt in der Konsole ausgeben, wie Listing 14.25 zeigt.

```
static async void Starten()
{
  Task<long> task = CalculateAsync(111, 11);
  Console.WriteLine($"Das Ergebnis liegt vor: {task.Result}");
}
```

Listing 14.25 Spätere Entgegennahme des Resultats mit »Task.Result«

Kapitel 15
Grundlegende .NET-Klassen

In den vorhergehenden Kapiteln haben Sie viele Klassen von .NET kennengelernt. Dabei haben wir es bisher versäumt, die vielleicht wichtigsten .NET-Klassen genauer zu betrachten – Klassen, die in nahezu jedem Projekt eine wichtige Rolle spielen. In diesem Kapitel holen wir daher das Versäumte nach und konzentrieren uns dabei schwerpunktmäßig auf die Typen, die im Zusammenhang mit Zeichenfolgen und Datum und Uhrzeit wichtig sind.

15.1 Die Klasse »Object«

Alle Klassen in der .NET-Klassenbibliothek sind Mitglieder einer Klassenhierarchie, die sich über viele Verzweigungen in aufgabenspezifische Bereiche gliedert. Alle Klassen, so tief sie auch im Dickicht dieser Hierarchie stecken mögen, lassen sich aber auf die gemeinsame Basisklasse `Object` zurückführen. Wenn Sie eine benutzerdefinierte Klasse entwickeln, müssen Sie nicht explizit angeben, dass Ihre Klasse von `Object` abgeleitet ist – diese Ableitung geschieht implizit. Dass sich alle Klassen von `Object` ableiten, hat eine ganz wesentliche Konsequenz: Jeder Typ des Systems weist ein Minimum gemeinsamer Verhaltensweisen auf.

`Object` hat nur einen parameterlosen Konstruktor und insgesamt sieben Methoden. Fünf dieser Methoden sind `public`, also öffentlich, die beiden anderen Methoden sind `protected` und erlauben daher nur den Zugriff aus einer erbenden Klasse heraus. Sehen wir uns zunächst in Tabelle 15.1 alle Methoden in einem Überblick an.

Methoden	Beschreibung
`Equals`	Diese Methode vergleicht zwei Objektreferenzen und liefert einen booleschen Wert zurück, dem entnommen werden kann, ob die beiden Referenzen auf dasselbe Objekt zeigen.
`Finalize`	Dient dazu, Ressourcen der Klasse freizugeben, wenn das Objekt zerstört wird.
`GetHashCode`	Liefert einen eindeutigen numerischen Identifizierer.

Tabelle 15.1 Die Methoden der Klasse »Object«

Methoden	Beschreibung
`GetType`	Liefert die Referenz auf eine `Type`-Instanz zurück, die den Typ des aktuellen Objekts beschreibt.
`MemberwiseClone`	Dupliziert die aktuelle Instanz und liefert die Referenz auf das Duplikat zurück.
`ReferenceEquals`	Vergleicht zwei Objektreferenzen und liefert einen booleschen Wert zurück, dem entnommen werden kann, ob die beiden Referenzen auf dasselbe Objekt zeigen.
`ToString`	Liefert den voll qualifizierten Namen einer Klasse.

Tabelle 15.1 Die Methoden der Klasse »Object« (Forts.)

15.1.1 Referenzvergleiche mit »Equals« und »ReferenceEquals«

Die beiden Methoden `Equals` und `ReferenceEquals` sind sich per Definition sehr ähnlich. Es werden zwei Objektvariablen miteinander verglichen, um festzustellen, ob beide dasselbe Objekt im Speicher referenzieren:

```
Demo object1 = new Demo();
Demo object2;
object2 = object1;
Console.WriteLine(Object.Equals(object1, object2));
```

Listing 15.1 Referenzvergleich mit »Equals«

In diesem Codefragment wird die Referenz `object1` der Variablen `object2` zugewiesen. Beide Referenzen zeigen auf dasselbe konkrete Objekt, was der Aufruf der `Equals`-Methode bestätigt: Es wird `true` ausgegeben, was als referenzielle Identität der beiden Objektvariablen zu interpretieren ist. In diesem Fall können Sie sogar `Equals` gegen `ReferenceEquals` austauschen, am Ergebnis wird sich nichts ändern.

`Equals` wird sowohl als Instanz- wie auch als Klassenmethode angeboten. Die Instanzmethode ist als `virtual` gekennzeichnet und lässt sich von jeder Klasse polymorph überschreiben. Die statische `Equals`-Variante ist nicht überschreibbar, ebenso die ähnlich lautende Methode `ReferenceEquals`. Damit ist auch garantiert, dass das Ergebnis des Aufrufs einer dieser beiden Methoden immer den Vergleich zwischen zwei Objektreferenzen liefert: Es ist `true`, wenn beide Referenzen auf dasselbe Objekt verweisen, andernfalls lautet das Ergebnis `false`.

15.1.2 »ToString« und »GetType«

ToString liefert per Definition eine Zeichenfolge zurück, die den voll qualifizierten Namen der Klasse, also einschließlich der Angabe des Namespace, enthält. Viele Klassen überschreiben diese Methode und haben somit einen abweichenden Rückgabewert. Sehen wir uns das an zwei Beispielen an:

```
string text = "Visual Studio 8.0 ist spitze!";
Console.WriteLine(text.ToString());
int value = 4711;
Console.WriteLine(value.ToString());
```

Listing 15.2 Rückgabewerte der Methode »ToString«

Die Ausgabe lautet:

```
Visual Studio 8.0 ist spitze!
```

und

```
4711
```


Die Typen String und int überschreiben demnach ToString und liefern den Inhalt der Variablen, auf der die Methode aufgerufen wurde.

Mit GetType können Sie sich den Typ der Klasse besorgen, allerdings müssen Sie dazu die Rückgabe in einen String konvertieren, z. B.:

```
int value = 10;
Console.WriteLine(Convert.ToString(value.GetType()));
```

Jetzt wird nicht der Inhalt der Variablen value, sondern der Datentyp ausgegeben. Sie müssen an dieser Stelle eine Konvertierung vornehmen, weil der Rückgabewert des Typs Type ist. Die Klasse Type liefert eine Referenz auf das Type-Objekt eines konkreten Objekts zurück. Dieses versetzt uns in die Lage, den Datentyp einer genaueren Analyse zu unterziehen.

15.1.3 Die Methode »MemberwiseClone« und das Problem des Klonens

Kommen wir zu einem leider etwas nebulösen Teil von .NET: Es handelt sich dabei um das Klonen von Objekten. Nebulös deshalb, weil es Microsoft versäumt hat, exakt zu spezifizieren, ob bei den jeweiligen Klonvorgängen eine flache oder eine tiefe Kopie erzeugt werden soll.

Flache Kopien

Unter einer *flachen Kopie* versteht man, dass nur eine einfache Kopie eines Objekts erstellt wird. Enthält das zu kopierende Objekt einen Verweis auf ein anderes Objekt (nennen wir es »untergeordnetes Objekt«), wird letzteres nicht dupliziert. Stattdessen verweist auch die Kopie auf dasselbe untergeordnete Objekt wie das Original. Sehen Sie sich dazu Listing 15.3 an, das die beiden Klassen Owner und Account beschreibt.

```
public class Owner
{
  public string Name { get; set; }
  public int Age { get; set; }
}
public class Account
{
  public int AccountNo { get; set; }
  public Owner Owner { get; set; }
}
```

Listing 15.3 Die Definition der Klassen »Owner« und »Account«

Beachten Sie, dass die Klasse Account eine Eigenschaft des Typs Owner beschreibt, eines Referenztyps. Das von dieser Eigenschaft referenzierte Objekt ist das oben erwähnte »untergeordnete Objekt«. Wenn wir die flache Kopie eines bestehenden Account-Objekts erzeugen, wird zwar ein neues Account-Objekt erstellt, aber die Kopie verweist in ihrer Eigenschaft Owner auf dasselbe Owner-Objekt wie das Original-Account-Objekt. Das Owner-Objekt wird bei einer flachen Kopie nicht neu erzeugt.

Die Methode MemberwiseClone der Klasse Object erstellt eine flache Kopie des aktuellen Objekts und liefert die Referenz auf die Kopie. Da MemberwiseClone als protected definiert ist, wird eine andere Methode erforderlich, um den Klon an den Aufrufer zurückzugeben. Lassen Sie uns eine solche Methode bereitstellen. Wir können dazu auf das Interface ICloneable aus .NET zurückgreifen, über das die Methode Clone vorgeschrieben wird.

```
public class Account : ICloneable
{
  public int AccountNo { get; set; }
  public Owner Owner { get; set; }
  // Methode des Interface ICloneable
  public object Clone()
  {
    return this.MemberwiseClone();
```

```
  }
}
```

Listing 15.4 Die Klasse »Account« mit dem Interface »ICloneable«

`Clone` ruft `MemberwiseClone` des aktuellen Objekts auf. Dieser Aufruf kopiert alle Felder des Originals bitweise. Das betrifft sowohl die Felder, die auf Wertetypen basieren, als auch die Felder, die auf Referenztypen basieren. Das hat zur Konsequenz, dass die Eigenschaften, die Referenztypen beschreiben, nur die ursprüngliche Referenz in den Klon schreiben, aber kein neues Objekt erzeugen (siehe Abbildung 15.1).

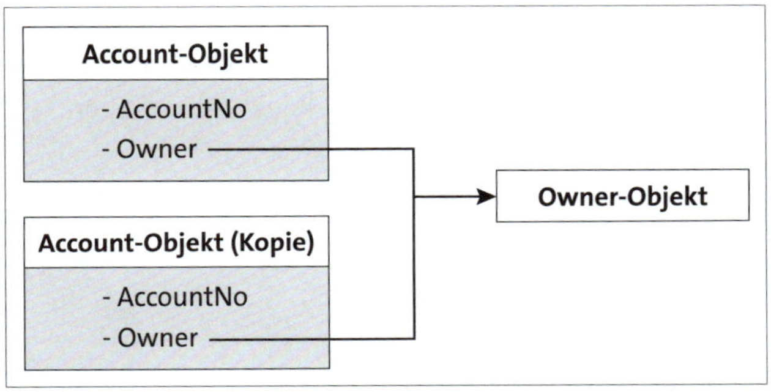

Abbildung 15.1 Prinzip der »flachen Kopie«

Tiefe Kopien

Bei einer *tiefen Kopie* werden nicht nur die auf Wertetypen basierenden Felder kopiert, sondern auch die Felder, die auf Referenztypen basieren und damit untergeordnete Objekte beschreiben. Bezogen auf die Klassen in Listing 15.3 würde das bedeuten, dass beim Klonen eines `Account`-Objekts auch eine Kopie des untergeordneten Objekts `Owner` erstellt wird (siehe Abbildung 15.2).

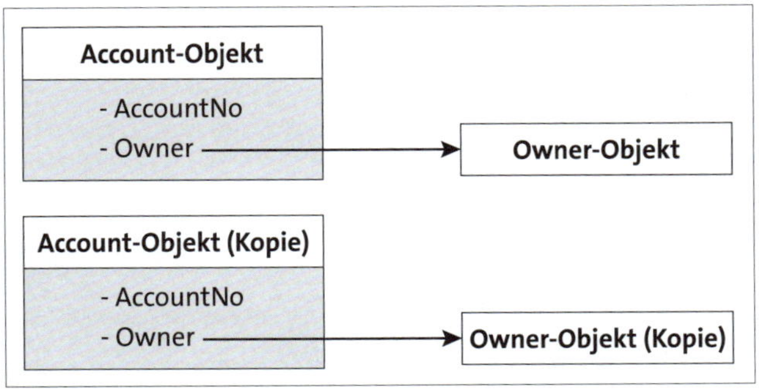

Abbildung 15.2 Prinzip der »tiefen Kopie«

Die unpräzise Spezifizierung des Klonens bei der Implementierung der Schnittstelle `ICloneable` hat zu vielen Diskussionen geführt. Soll mit diesem Interface flach oder tief kopiert werden? Es gibt darüber keine allgemeingültige Aussage. Es gibt leider auch keine andere Schnittstelle, die eine tiefe Kopie vorschreiben würde. Da sehr viele Klassen aus .NET die Schnittstelle `ICloneable` implementieren, bleibt Ihnen im Zweifelsfall nichts anderes übrig, als die entsprechende Dokumentation zu lesen.

Wenden wir uns wieder den beiden Klassen `Owner` und `Account` zu. Optimalerweise implementieren wir in beiden Klassen das Interface `ICloneable`. Die Methode `Clone` in der Klasse `Owner` erzeugt intern mit `MemberwiseClone` nur einen »einfachen« Klon von sich selbst. In `Account` hingegen ist darüber hinaus ein Klon des Eigenschaftswertes `Owner` zu erstellen. Erst damit ist eine tiefe Kopie eines `Account`-Objekts gewährleistet.

Das Beispielprogramm in Listing 15.5 zeigt den gesamten Code der beiden angesprochenen Klassen. Zum Testen des Erfolgs des tiefen Klonens reicht es in diesem Fall völlig aus, in `Main` den Hashcode des untergeordneten `Owner`-Objekts abzufragen.

```
// Beispiel: ..\Kapitel 15\MemberwiseClonen
class Program
{
  static void Main(string[] args)
  {
    Owner owner = new Owner { Name = "Herbert Meier", Alter = 28 };
    Account account = new Account { Owner = owner, AccountNo = 1 };
    // Erstellen einer tiefen Kopie
    Account copy = (Account)account.Clone();
    Console.WriteLine($"Hash des Originals:{account.Owner.GetHashCode()}");
    Console.WriteLine($"Hash der Kopie:     {copy.Owner.GetHashCode()}");
    Console.ReadLine();
  }
}
public class Owner : ICloneable
{
  public string Name { get; set; }
  public int Alter { get; set; }
  public object Clone() => this.MemberwiseClone();
}
public class Account : ICloneable
{
  public int AccountNo { get; set; }
  public Owner Owner { get; set; }
  public object Clone()
  {
    Account acc = (Account)MemberwiseClone();
    acc.Owner = (Owner)Owner.Clone();
```

```
    return acc;
  }
}
```

Listing 15.5 Erstellen einer tiefen Kopie

Der Prozess der tiefen Kopie muss den gesamten Objektgraphen erfassen und alle darin beschriebenen Objekte duplizieren. Am Ende haben die geklonten Objekte keinerlei Bezug mehr zu ihrem Original. Eine tiefe Kopie zu erstellen ist daher nicht immer so einfach, wie dieses Beispielprogramm vielleicht suggerieren mag. Je nach Typ und je nachdem, ob untergeordnete Objekte ihrerseits selbst wieder untergeordnete Objekte haben, die tief kopiert werden müssen, kann das Erstellen einer tiefen Kopie sehr aufwendig werden.

Hinweis

Es gibt mit dem Prozess der *Serialisierung* noch eine andere Möglichkeit, eine tiefe Kopie zu erstellen. Das setzt voraus, dass die Klassen mit dem `Serializable`-Attribut verknüpft sind. Das zu serialisierende Objekt wird einfach in einen Stream vom Typ `MemoryStream` serialisiert und anschließend sofort wieder deserialisiert.

```
public object Clone()
{
  MemoryStream stream = new MemoryStream();
  BinaryFormatter formatter = new BinaryFormatter();
  formatter.Serialize(stream, this);
  stream.Position = 0;
  return formatter.Deserialize(stream);
}
```

Dabei dürfen Sie nicht vergessen, die aktuelle Position des Streams nach der Serialisierung auf `0` zurückzusetzen.

15.2 Die Klasse »String«

`String`-Variablen repräsentieren Zeichenfolgen mit einem ganz wesentlichen Charakteristikum: Sie sind unveränderlich. Ändern Sie den Inhalt einer Zeichenfolgevariablen durch eine neue Zuweisung, wird ein neues `String`-Objekt erzeugt und das alte verworfen. Dieses Phänomen können Sie sehr einfach verstehen, wenn Sie Listing 15.6 ausprobieren:

```
string text = "Hallo";
Console.WriteLine(text.GetHashCode());
```

```
text = "Berlin";
Console.WriteLine(text.GetHashCode());
```

Listing 15.6 Ändern des Inhalts einer »String«-Variablen

Das Ergebnis wird sein, dass unterschiedliche Hashcodes in der Konsole angezeigt werden. Daraus lässt sich der Schluss ziehen, dass beim Ändern des Werts der String-Variablen tatsächlich ein neues Objekt erzeugt wurde.

Diesem anscheinenden Nachteil steht aber auch ein Vorteil gegenüber, denn intern verwaltet die Laufzeitumgebung eine Tabelle, die jeden String einer Anwendung enthält. Wenn Sie zur Laufzeit ein neues String-Objekt erzeugen, wird zuerst die Tabelle nach einem identischen String durchsucht. Ist ein solcher vorhanden, wird der neuen String-Variablen eine Referenz auf die bereits existierende Instanz zurückgeliefert, andernfalls vergrößert sich der Pool. Auch das können Sie sehr einfach prüfen, indem Sie das Codefragment ein klein wenig ändern:

```
string text = "Hallo";
Console.WriteLine(text.GetHashCode());
string text1 = "Hallo";
Console.WriteLine(text1.GetHashCode());
```

Listing 15.7 »String«-Variablen gleichen Inhalts

Nun werden an der Konsole identische Hashcodes angezeigt.

Kommt eine Zeichenfolge häufig zum Einsatz, treibt das die vorhandenen Ressourcen möglicherweise an den Rand ihrer Möglichkeiten, mit der Konsequenz von Performanceeinbußen.

Hinweis

Sie sollten in Fällen, in denen eine Zeichenfolge oft geändert wird, auf die Klasse StringBuilder zurückgreifen, die die beschriebenen Nachteile nicht hat. In Abschnitt 15.3, »Die Klasse »StringBuilder««, wird diese Klasse Thema für uns sein. Verschwiegen werden darf dabei jedoch auch nicht, dass die Fähigkeiten einer StringBuilder-Zeichenfolge deutlich eingeschränkter sind als die einer string-Zeichenfolge.

15.2.1 Das Erzeugen eines Strings

Im einfachsten Fall lässt sich ein Objekt vom Typ String durch eine einfache Deklaration erzeugen:

```
string str = "C# ist spitze!";
```

Das ist der Weg, den wir bisher meistens beschritten haben und der wohl auch die Regel darstellt. Es gibt aber weitere Möglichkeiten. Dazu sind in der Klasse String mehrere Konstruktoren definiert. Beispielsweise können Sie einem Konstruktor ein char-Array übergeben, aus dem ein String-Objekt erstellt wird:

```
char[] charArr  = {'C','#',' ','8','.','0'};
string strText = new String(charArr);
Console.WriteLine(strText);
```

Dieses Codefragment bildet aus dem char-Array die Zeichenfolge C# 8.0.

Mit einem weiteren Konstruktor können Sie eine Zeichenfolge erzeugen, die sich aus einer bestimmten Anzahl gleicher Zeichen zusammensetzt. Benötigen Sie beispielsweise eine Zeichenfolge aus zehn *, könnten Sie das mit

```
string strtext = new String('*', 10);
```

erreichen.

15.2.2 Die Eigenschaften von »String«

String weist nur zwei Eigenschaften auf: Length und Chars. Length liefert die Anzahl der Zeichen, und mit Chars können Sie auf ein einzelnes Zeichen aus der Zeichenfolge zugreifen. Die Definition von Chars, die in C# als Indexer implementiert ist, lautet wie folgt:

```
public char this[int index] {get;}
```

Übergeben wird dem Indexer eine Zahl, die die Position eines Zeichens innerhalb der Zeichenfolge beschreibt, z. B.:

```
string text = "HALLO";
char newChar = text[2];
```

Die char-Variable enthält damit das Zeichen L.

15.2.3 Die Methoden der Klasse »String«

Sie werden sich oft mit der einfachen Existenz einer Zeichenfolge nicht zufriedengeben, da es sehr häufig vorkommt, dass Zeichenfolgen verglichen oder manipuliert werden müssen oder eine formatierte Ausgabe erwünscht ist. Die Klasse String bietet zu diesem Zweck eine Reihe von Methoden an, die wir uns nun ansehen wollen.

Zeichenfolgen-Vergleiche

Um zwei Zeichenfolgen zu vergleichen, haben Sie die Qual der Wahl, denn dazu stehen Ihnen mit `Equals`, `Compare`, `CompareTo` und `CompareOrdinal` gleich vier Methoden zur Verfügung. Alle sind sich ähnlich und unterscheiden sich nur in Nuancen.

Bekanntlich werden mit `Equals` standardmäßig zwei Referenzen miteinander verglichen. Da zwei `String`-Variablen, die denselben Inhalt haben, dasselbe Objekt im Speicher referenzieren, können Sie diese Methode auch dazu benutzen, den Inhalt der Variablen miteinander zu vergleichen. Verweisen zwei Strings auf dieselbe Speicheradresse, muss ihr Inhalt zwangsläufig identisch sein.

Sehr ähnlich arbeitet auch `Compare`. Die Methode liefert jedoch keinen booleschen Wert, sondern einen Integer, der < 0, 0 oder > 0 ist. Dazu ein Beispiel:

```
string strText = "Hallo";
string myString = "Hallo";
if(String.Compare(strText, myString) == 0)
   Console.WriteLine("Die beiden Strings sind identisch");
```

Das Ergebnis an der Konsole bestätigt, dass beide Zeichenfolgen denselben Inhalt aufweisen. Ändern wir nun einen der beiden Strings von »Hallo« in »hallo«, und testen wir noch einmal. Diesmal erhalten wir keine Bestätigung, was uns zu folgender Aussage führt:

> **Hinweis**
>
> Standardmäßig wird bei `String`-Variablen zwischen Groß- und Kleinschreibung unterschieden.

Die Interpretation der Rückgabewerte von `Compare`, die ebenfalls für die Vergleichsmethode `CompareTo` gilt, können Sie Tabelle 15.2 entnehmen.

Rückgabewert	Beschreibung
< 0	Der String des ersten Arguments ist kleiner als der des zweiten.
0	Beide Strings sind gleich.
> 0	Der String des ersten Arguments ist größer als der des zweiten.

Tabelle 15.2 Die Rückgabewerte von »String«-Vergleichsoperationen

Die spezifische Ländereinstellung entscheidet darüber, wann ein Zeichen als größer oder kleiner im Vergleich zu einem zweiten gilt. Im mitteleuropäischen Sprachraum ist festgelegt, dass den Großbuchstaben ein größerer Wert zugeordnet ist als ihrem kleingeschriebenen Pendant. Daher gilt:

```
A > a
B > b
```

Innerhalb von Groß- bzw. Kleinbuchstaben gilt die Reihenfolge, dass A < B < C bzw. a < b < c ist. Ganz allgemein kann man die Sortierregel wie folgt beschreiben:

```
a < A < b < B < c < C ... < y < Y < z < Z
```

`Compare` durchläuft die beiden zu vergleichenden Zeichenfolgen Zeichen für Zeichen. Dabei wird zunächst die Wertigkeit eines Buchstabens im Alphabet festgestellt, und bei Gleichheit wird zwischen Groß- und Kleinschreibung unterschieden.

`CompareOrdinal` vergleicht zwei Zeichenfolgen auf Basis der ANSI-Werte. Die Methode durchläuft dazu die beiden Zeichenfolgen Zeichen für Zeichen. Stimmt auch das letzte Zeichen in beiden Zeichenfolgen überein, ist der Rückgabewert `0`. Stellt die Methode an einer Ordinalposition keine Übereinstimmung fest, bricht die Methode ab und liefert als Rückgabewert die Differenz der Zeichencodes. Tabelle 15.3 zeigt dies mit den Variablen `text1` und `text2`.

»text1«	»text2«	Rückgabewert
H	A	7
H	a	-25
H	P	-8
H	p	-40
H	H	0
H	h	-32
h	H	32

Tabelle 15.3 »CompareOrdinal«-Vergleichsergebnisse

Fassen wir zum Abschluss noch einmal alle Vergleichsoperationen zur besseren Übersicht in einer Tabelle zusammen.

Vergleichsmethode	Beschreibung
`Equals`	Stellt fest, ob zwei Strings denselben Inhalt und folglich auch dieselbe Referenz haben.
`Compare`	Klassenmethode, die die lexikalische Reihenfolge der Zeichen in zwei Strings miteinander vergleicht

Tabelle 15.4 Die Vergleichsmethoden der »String«-Klasse

Vergleichsmethode	Beschreibung
`CompareOrdinal`	Klassenmethode, die die lexikalische Reihenfolge der Zeichen in zwei Strings auf Basis der ANSI-Werte miteinander vergleicht
`CompareTo`	Instanzmethode, die die lexikalische Reihenfolge der Zeichen in zwei Strings miteinander vergleicht

Tabelle 15.4 Die Vergleichsmethoden der »String«-Klasse (Forts.)

Suchen in einer Zeichenkette

Viele Aufgaben, die sich im Zusammenhang mit Zeichenfolgen stellen, beziehen sich auf die Suche nach einem bestimmten Zeichen oder nach einer Abfolge von Zeichen innerhalb einer Zeichenfolge. Das Ergebnis der Suche wird beispielsweise zur Konstruktion eines neuen Strings oder als Anweisung innerhalb einer anderen, äußeren Anweisung benötigt. Wir wollen uns im Folgenden diese Methoden und ihren Einsatz anschauen. Doch zunächst verschaffen wir uns einen ersten Überblick:

- `StartsWith`
- `EndsWith`
- `IndexOf`
- `LastIndexOf`
- `Substring`

Fangen wir mit den beiden erstgenannten Methoden an, die in ihrer Funktionalität einander sehr ähnlich sind: Mit `StartsWith` und `EndsWith` wird der Anfang oder das Ende einer Zeichenfolge auf eine vorgegebene Zeichensequenz hin überprüft. Beide liefern als Ergebnis ihres Aufrufs einen booleschen Wert zurück.

Die Anzahl der dem Parameter mitgeteilten Zeichen spielt keine Rolle, es kann sich um ein einzelnes handeln oder um eine Zeichenfolge. Mit

```
string text = "Eine Kröte überquert die Fahrbahn";
if (text.StartsWith("Ein"))
  [...]
```

werden Sie demnach das Ergebnis `true` erhalten. In gleicher Weise lässt sich die Methode `EndsWith` einsetzen:

```
string text = "Eine Kröte überquert die Fahrbahn";
if (text.EndsWith("Bahn"))
  [...]
```

Beachten Sie, dass die Groß- und Kleinschreibung auch bei der Untersuchung einer Zeichenfolge berücksichtigt wird. Daher wird der Rückgabewert in diesem Fall `false` sein.

Mit `IndexOf` bzw. `LastIndexOf` lässt sich das erste oder das letzte Auftreten eines Zeichens oder einer Zeichenkette ermitteln. Beide Methoden sind vielfach überladen und erlauben die Übergabe eines char-Typs ebenso wie die Übergabe einer Zeichenfolge, nach der gesucht werden soll. Der Rückgabewert ist die Position, an der das oder die Zeichen zum ersten Mal auftritt bzw. auftreten. Ist die Suche erfolglos, ist der Rückgabewert -1.

Im einfachsten Fall ähnelt die Funktionalität der beiden Methoden der von StartsWith und EndsWith. Die Überladung ermöglicht es aber, die Suche ab einer bestimmten Position zu beginnen und – falls gewünscht – die Anzahl der Positionen anzugeben, an denen das Original mit dem Suchstring verglichen wird. Das Codefragment in Listing 15.8 demonstriert den Einsatz der IndexOf-Methode:

```
string = "Da wird der Hund in der Pfanne verrückt.";
int position = -1;
do
{
  position++;
  pos = text.IndexOf("der", position);
  if(position == -1)
    Console.WriteLine("Ende des Strings erreicht.");
  else
    Console.WriteLine($"Vorkommen an Position {position}", position);
} while(!(position == -1));
```

Listing 15.8 Die Methode »String.IndexOf«

Wir geben zwar nur eine statische Zeichenfolge vor, aber das sollte uns in dieser Demonstration genügen. Gesucht wird in dieser Zeichenfolge der Teilstring der. Wir deklarieren zunächst die Variable position, die in der folgenden do-Schleife als Positionszeiger dient und der das Ergebnis des Aufrufs IndexOf zugewiesen wird. Ist der gesuchte Teilstring vorhanden, muss der Positionszeiger um eine Position verschoben werden, um nicht in einer Endlosschleife zu enden. Das hat aber zur Konsequenz, dass vor dem Eintritt in die Schleife position mit -1 vorinitialisiert werden muss, damit die Suche beim ersten Schleifendurchlauf auch mit 0 startet.

Der Ausstieg aus der Schleife ist gewährleistet, wenn IndexOf das Ergebnis -1 liefert. Innerhalb des zu durchsuchenden Strings ist der Suchstring an den Positionen 8 und 20 enthalten. Beachten Sie, dass dem ersten Zeichen im zu durchsuchenden String der Index 0 zugeordnet ist.

Etwas allgemeiner gehalten ist die sehr flexibel einsetzbare Methode Substring, die überladen ist und aus einer gegebenen Zeichenfolge einen Teilstring zurückliefert. Substring wird in jedem Fall der Index der Startposition übergeben, ab der ein vorhandener String ausgewertet wird. Übergeben Sie einen zweiten Parameter, können Sie zudem die Anzahl der einzulesenden Zeichen ab der im ersten Parameter angegebenen Position festlegen. Wollen Sie beispielsweise die ersten sieben Zeichen einer Zeichenfolge einlesen, würde die Anweisung dazu wie folgt lauten:

```
string text = "Projektmappen-Explorer";
string teilString = text.Substring(0, 7);
```

Listing 15.9 Die Methode »SubString«

Die Variable `teilString` wird den Inhalt `Projekt` haben. Benötigen Sie einen Teilabschnitt vom Ende eines Strings – nehmen wir an, die letzten acht Zeichen –, setzen Sie den Positionszeiger auf das erste einzulesende Zeichen, indem Sie von der Gesamtlänge des Strings die Anzahl der einzulesenden Zeichen subtrahieren:

```
String text = "Projektmappen-Explorer";
string teilString = teilString.Substring(teilString.Length - 8, 8);
```

Nun lautet der Inhalt von `teilString` `Explorer`.

Die Methoden »Trim« und »Pad«

Stellen Sie sich vor, Sie schreiben ein Programm, das auf eine Datenbank zugreift. In der Datenbank befindet sich eine Tabelle mit dem Kundenstamm eines Unternehmens. Aus dieser Tabelle soll ein bestimmter Datensatz herausgegriffen werden, beispielsweise um die Kundendaten einzusehen oder zu ändern. Um nicht die gesamte Kundenliste der Reihe nach zu durchforsten (natürlich auch, um die Ressourcen zu schonen und um eine gute Performance der Anwendung zu gewährleisten), sollte der Anwender dazu aufgefordert werden, den Namen des Kunden anzugeben. Diese Eingabe wird nachfolgend dazu benutzt, in der Tabelle den passenden Datensatz zu suchen und ihn an den Anwender zurückzugeben.

Nehmen wir an, der Anwender sucht nach dem Kunden »Tollsoft GmbH« und gibt dazu das folgende Suchkriterium ein, nach dem der Kundenstamm der Tabelle durchsucht wird:

```
 Tollsoft GmbH
```

Fällt Ihnen etwas auf? Wenn nicht, dann sei Ihnen gesagt, Sie machen denselben Fehler wie unser fiktiver Anwender – der Datensatz wird nicht gefunden. Der Grund ist trivial: Vor dem Namen des Unternehmens steht – kaum bemerkbar – ein Leerzeichen. `"Tollsoft GmbH"` und `" Tollsoft GmbH"` sind aber unterschiedliche Firmennamen – zumindest aus Sicht des Programms. Fehler dieser Art schleichen sich sehr schnell ein und sind daher schon in der Entwicklungsphase auszuschließen.

Die Klasse `String` stellt Ihnen zur Lösung die Methoden `Trim`, `TrimStart` und `TrimEnd` zur Verfügung. `Trim` entfernt bestimmte Zeichen sowohl am Anfang als auch am Ende einer Zeichenfolge, und TrimStart und TrimEnd entfernen bestimmte Zeichen am Anfang bzw. Ende einer Zeichenfolge.

Sehen wir uns die Definition der Methode Trim an, die einfach überladen ist:

```
public string Trim();
public string Trim(params char[]);
```

Die erste Variante wird auf ein String-Objekt aufgerufen und entfernt automatisch die Leerzeichen, die sich am Anfang und am Ende der Zeichenfolge befinden. Die parameterlose Trim-Methode ist damit auf Leerzeichen spezialisiert und dürfte in den meisten Anwendungsfällen genügen.

Die parametrisierte Version ist deutlich leistungsfähiger. Ihr wird ein char-Array übergeben, das diejenigen Zeichen enthält, die weder am Anfang noch am Ende der Zeichenfolge erlaubt sind. Das folgende Codefragment zeigt die Wirkungsweise der Methode:

```
string text = "Am Straßenrand sitzt eine Kröte.";
char[] charArr = {' ','m','A','.'};
text = text.Trim(charArr);
```

Listing 15.10 Die Methode »String.Trim«

Wir definieren das Array so, dass weder das Leerzeichen noch ein Punkt oder die Buchstaben »A« und »m« zugelassen sind. Die aus dem Aufruf der Trim-Methode resultierende Zeichenfolge wird lauten:

```
Straßenrand sitzt eine Kröte
```

Sehr ähnlich arbeiten auch die beiden Methoden TrimStart und TrimEnd, die nicht überladen sind und ein char-Array als Übergabeparameter erwarten.

Die Methoden PadLeft und PadRight schneiden keine Zeichen an den String-Enden ab, sondern fügen bestimmte Zeichen entweder am Anfang oder am Ende der Zeichenfolge hinzu. Auch diese Methoden sind überladen. Wir wollen uns kurz beide Parameterlisten anschauen:

```
public string PadLeft(int);
public string PadLeft(int, char);
```

Dieselbe Überladungsliste weist auch die Methode PadRight auf.

Die einfach parametrisierte Variante hängt Leerzeichen an den Anfang (PadLeft) oder das Ende (PadRight) der Zeichenfolge an. Der Integer gibt an, wie lang die am Ende resultierende Zeichenfolge insgesamt werden soll – einschließlich der Anzahl der Zeichen des Strings selbst. Wenn Sie einen Wert übergeben, der gleich oder kleiner der

Länge der Zeichenfolge ist, verpufft der Methodenaufruf wirkungslos. Daher ist es sinnvoll, die Länge der Zeichenfolge zu bestimmen und dazu die Anzahl der gewünschten Leerzeichen zu addieren.

```
string text = "Kaffeepause";
Console.WriteLine(text.PadLeft(text.Length + 3));
```

Wenn Sie ein anderes Zeichen am Anfang oder Ende des Strings wünschen, müssen Sie sich für die zweite Variante der Methode entscheiden. Dem zweiten Parameter übergeben Sie das gewünschte Zeichen als `char`:

```
string text = "Kaffeepause";
text = text.PadLeft(text.Length + 3, '*');
text = text.PadRight(text.Length + 3, '*');
```

Das Ergebnis der Operationen lautet `***Kaffeepause***`.

Zeichenfolgen ändern

Bisher haben wir Strings verglichen, nach bestimmten Zeichensequenzen in einer Zeichenfolge gesucht und am Anfang oder am Ende einer Zeichenfolge Zeichen beliebiger Länge angehängt. Eine Reihe weiterer Methoden eröffnet uns die Möglichkeit, in der Zeichenfolge einzelne Zeichen zu manipulieren, indem wir sie durch andere ersetzen oder einfach aus dem String löschen. Zu diesen Methoden gehören:

- `Insert`
- `Remove`
- `Replace`
- `Split`
- `ToUpper`
- `ToLower`

`ToUpper` und `ToLower` sind sehr einfach einzusetzen. Sie wandeln alle Zeichen einer Zeichenfolge entweder in Großbuchstaben (`ToUpper`) oder in Kleinbuchstaben (`ToLower`) um. Aus

```
string text = "Visual Studio 2022";
```

wird mit

```
text = text.ToUpper();
```

der Inhalt zu:

```
VISUAL STUDIO 2022
```

Einsetzen oder Ersetzen eines Teilstrings

Manchmal ist es notwendig, eine Zeichenfolge ab einer bestimmten Position zu erweitern, ohne dabei aus dem Original Zeichen durch Überschreiben zu löschen. Hier spielt `Insert` seine Möglichkeiten aus:

```
public string Insert(int, string);
```

Dem ersten Parameter übergeben Sie die Position, ab der die im zweiten Parameter genannte Zeichenkette eingefügt werden soll. Aus der Zeichenfolge

```
string text = "C# ist spitze.";
```

wollen wir die noch näher an der Wahrheit liegende Zeichenfolge

```
"C# ist absolute Spitze."
```

formulieren. Den String, den wir mittels `Insert` einfügen wollen, kennen wir. Was noch fehlt, ist die Position, ab der eingefügt werden soll. Dabei hilft `IndexOf` weiter:

```
text = text.Insert (text.IndexOf("Spitze"), "absolute ");
```

Diese Methode liefert den Index des ersten Zeichens der übergebenen Zeichenfolge `Spitze`, der als Einfügemarke für das zusätzliche Wort von `Insert` benutzt wird.

Mit `Replace` können Sie einen String – wir sollten besser von einem Teilstring sprechen – durch einen anderen ersetzen. `Replace` ist aber nicht nur auf den Austausch einer bestimmten Zeichensequenz in einer Zeichenfolge beschränkt, es lässt sich auch jedes Zeichen durch ein anderes ersetzen.

```
public string Replace (char, char);
public string Replace(string, string);
```

Der erste Parameter beschreibt das zu ersetzende Zeichen bzw. die zu ersetzende Zeichenfolge. Wodurch ersetzt werden soll, weiß der zweite Parameter zu berichten. Sollte Ihnen der Satz »Schule macht viel Spaß« nicht gefallen, können Sie ihn mit

```
text = text.Replace("viel", "nie");
```

in eine möglicherweise ehrlichere Aussage überführen.

Die »Split«-Methode

Es können Situationen auftreten, in denen mehrere Zeichenketten vorliegen, die Sie für eine bestimmte Operation wie eine einzige Zeichenkette behandeln wollen. Stellen Sie sich dazu vor, Sie möchten Ihre Adresse über das Netzwerk einer anderen Person mitteilen. Dazu können Sie zuerst Ihren Vornamen bekanntgeben, im Anschluss daran Ihren Zunamen, schließlich den Wohnort usw. Besser wäre es, die vollständige

Information in einem String zu verschicken und sich mit dem Empfänger auf ein Format zu einigen, nach dem der übermittelte String wieder in seine ursprünglichen Einzelstrings zerlegt werden kann und die Substrings zu interpretieren sind. Schließlich müssen beide Parteien wissen, ob es sich bei *Otto* um den Vor- oder Zunamen handelt.

Neben der Interpretationsreihenfolge müssen Sie ein als Separator dienendes Zeichen festlegen, das die Teilzeichenfolgen voneinander trennt. Haben sich Sender und Empfänger darüber geeinigt, lässt sich die beim Empfänger eingehende Zeichenfolge in die ursprünglichen Teilstrings zerlegen.

Die `String`-Klasse unterstützt mit ihrer Methode `Split` das eben beschriebene Szenario des Zerlegens einer Zeichenfolge in Teilstrings. Schauen wir uns zunächst einmal die Definition der `Split`-Methode an:

```
public string[] Split(params char[]);
```

Die Methode durchsucht den String, auf den `Split` aufgerufen wird, nach den spezifizierten Separatoren, die dem Parameter mitgeteilt werden. Da dieser Parameter als `params`-Parameter definiert ist, können durchaus mehrere verschiedene Trennzeichen spezifiziert sein. Das eröffnet Interpretationsmöglichkeiten hinsichtlich der Teilzeichenfolgen. So könnten Sie beispielsweise festlegen, dass als Separator zwischen dem Vor- und dem Zunamen ein Semikolon benutzt wird, zwischen dem Zunamen und dem Wohnort ein Ausrufezeichen usw. Die einzelnen Teilstrings werden in einem `String`-Array an den Aufrufer zurückgegeben.

Wir wollen uns die Arbeitsweise dieser etwas komplexeren Methode an einem Beispiel verdeutlichen und legen dazu fest, das Semikolon als Separator zu benutzen. Eine Methode, die in der Lage ist, eine ihr übergebene Zeichenfolge wieder in die ursprünglichen Teilstrings zu zerlegen, könnte wie folgt aussehen:

```
public static void GetSubstrings(string text)
{
  string[] liste = text.Split(';');
  for(int i = 0; i <= liste.GetUpperBound(0); i++)
    Console.WriteLine(liste[i]);
}
```

Listing 15.11 Zerlegen einer Zeichenfolge in Teilstrings

Beim Aufruf der Methode `GetSubstrings` wird an den Parameter `text` eine Zeichenfolge übergeben, deren Teilstrings durch ein Semikolon getrennt sind. In der Methode wird `text` in seine Teilstrings zerlegt und dem Array `liste` zugewiesen. Die Aufsplittung erfolgt mit der `Split`-Methode auf das Objekt `text`. Der Semikolon-Separator wird der `Split`-Methode als Argument übergeben. In den einzelnen Elementen des

String-Arrays liegen danach alle Teilzeichenfolgen vor, die in einer Schleife der Reihe nach an der Konsole angezeigt werden.

Nun wollen wir die Methode testen und entwickeln dazu ein kleines Beispielprogramm:

```
static void Main(string[] args)
{
  string[] str = new String[4];
  str[0] = "Busch;";
  str[1] = "Fridolin;";
  str[2] = "Schlauberger Gasse 12;";
  str[3] = "München";
  string strArr;
  strArr = string.Concat(str);
  GetSubstrings(strArr);
  Console.ReadLine();
}
```

Listing 15.12 Testen der Methode »GetSubstrings« aus Listing 15.11

Der Konvention folgend, ist bis auf die Angabe des Wohnortes hinter jedem String ein Strichpunkt als Abschluss gesetzt. Jeder String wird als Element eines Arrays gespeichert.

Um aus allen Teilstrings einen einzigen zu erstellen, könnten wir mit dem +-Operator arbeiten, aber die Klasse String bietet uns eine Alternative in Form der Methode Concat an. Diese dient dazu, aus mehreren Einzelstrings einen Gesamtstring zu erzeugen. Concat ist überladen, um den vielfältigen Anforderungen gerecht zu werden, die sich bei der String-Verknüpfung ergeben. Im Beispielcode fiel die Entscheidung auf die überladene Methode, die als Argument ein String-Array erwartet und aus allen Array-Elementen einen String erzeugt, der unserer benutzerdefinierten Methode GetSubstrings übergeben wird.

Die Ausgabe an der Konsole beweist die korrekte Interpretation: Der übergebene String wird wieder in seine ursprünglichen Substrings zerlegt. Beachten Sie, dass die Split-Methode die Trennzeichen im String erkennt und weiß, dass diese nicht zu den einzelnen String-Objekten gehören. Sie werden deshalb automatisch entfernt.

Zeichenfolgen und »char«-Arrays

Sie werden, wenn Sie sich intensiver mit den Klassen aus .NET beschäftigen, immer wieder auf Methoden treffen, die Parameter entweder vom Typ eines char-Arrays oder vom Typ string deklarieren. Je nach Ausgangssituation im Programm ist dann die Umwandlung eines char-Arrays in string oder umgekehrt notwendig. Möchten

Sie aus einem char-Array einen String erzeugen, übergeben Sie dem passenden string-Konstruktor die Referenz auf das Array, beispielsweise:

```
char[] charArr = {'K','a','r','n','e','v','a','l'};
string text = new string(charArr);
```

Der umgekehrte Weg, die einzelnen Zeichen einer string-Referenz in ein char-Array zu schreiben, scheint ein wenig kniffliger zu sein. Mit den bisher gezeigten Methoden der Klasse String sollte das kein allzu großes Problem sein, aber die .NET-Baumeister haben Ihnen diese Arbeit bereits abgenommen, wie ein Blick in die Dokumentation der String-Klasse verrät. Diese veröffentlicht die Methode ToCharArray:

```
public char[] ToCharArray();
public char[] ToCharArray(int, int);
```

Entscheiden Sie sich für die parameterlose Methode, werden die Zeichen des gesamten Strings, auf dem die Methode aufgerufen wird, einem char-Array zugewiesen. Wollen Sie ab einer bestimmten Position einen Teil des Strings einem char-Array zuweisen, entscheiden Sie sich für die parametrisierte ToCharArray-Methode. Listing 15.13 benutzt die parameterlose Methode, um das Array zu füllen und anschließend die einzelnen Elemente zeilenweise an der Konsole auszugeben:

```
string text = "Quantenmechanik";
char[] charArray = text.ToCharArray();
for(int i = 0; i<= charArray.GetUpperBound(0); i++)
  Console.WriteLine(charArray[i]);
```

Listing 15.13 Zeichenfolge in ein »char«-Array umwandeln

An der Konsole wird das Wort, das ursprünglich durch einen String gebildet wurde, nun Buchstabe für Buchstabe in je einer Zeile angezeigt.

15.2.4 Zusammenfassung der Klasse »String«

Zum Abschluss unserer Betrachtungen der Klasse String wollen wir des besseren Gesamtüberblicks wegen in tabellarischer Form noch einmal alle in diesem Abschnitt erwähnten Methoden auflisten.

Methode	Beschreibung
Compare	(Klassenmethode) Vergleicht zwei String-Objekte und liefert einen booleschen Wert zurück.

Tabelle 15.5 Übersicht über die Methoden der Klasse »String«

Methode	Beschreibung
CompareOrdinal	Vergleicht zwei String-Objekte. Dabei wird der ANSI-Code berücksichtigt.
CompareTo	Wie Compare, jedoch als Instanzmethode implementiert
EndsWith	Prüft, ob das Ende eines gegebenen String-Objekts einer bestimmten Zeichenfolge entspricht.
IndexOf	Liefert den Index des ersten Auftretens einer bestimmten Zeichenfolge oder char-Typs in einer Zeichenfolge zurück.
IndexOfAny	Liefert den Index des ersten Auftretens eines bestimmten char-Arrays in einer Zeichenfolge zurück.
Insert	Fügt eine Zeichenfolge ab einer bestimmten Position in eine Zeichenfolge ein.
LastIndexOf	Liefert den Index des letzten Auftretens einer bestimmten Zeichenfolge oder char-Typs in einer Zeichenfolge.
PadLeft	Fügt eine bestimmte Anzahl gleicher Zeichen vor dem ersten Zeichen des String-Objekts ein.
PadRight	Fügt eine bestimmte Anzahl gleicher Zeichen nach dem letzten Zeichen des String-Objekts ein.
Remove	Löscht eine Anzahl von Zeichen ab einer spezifizierten Position aus der Zeichenfolge.
Replace	Ersetzt eine Anzahl von Zeichen in einer Zeichenfolge.
Split	Erzeugt aus einer Zeichenfolge mehrere Teilzeichenfolgen mit einem spezifizierten Separator.
StartsWith	Prüft, ob der Anfang eines gegebenen String-Objekts einer bestimmten Zeichenfolge entspricht.
Substring	Liefert eine Zeichenfolge bestimmter Größe aus einem String-Objekt zurück.
ToCharArray	Weist die Zeichen eines String-Objekts einem char-Array zu.
ToLower	Konvertiert alle Zeichen eines Strings in Kleinbuchstaben.
ToUpper	Konvertiert alle Zeichen eines Strings in Großbuchstaben.
Trim	Löscht alle voraus- oder nachlaufenden Leerzeichen einer Zeichenfolge.

Tabelle 15.5 Übersicht über die Methoden der Klasse »String« (Forts.)

15.3 Die Klasse »StringBuilder«

Objekte der Klasse String sind unveränderlich, d. h., dass bei jeder Änderung im Speicher ein neues Objekt angelegt wird. Das ist sogar unabhängig davon, ob sich die Länge der Zeichenkette ändert. Führen Sie viele manipulierende Operationen aus, hat das Einbußen der Systemleistung zur Folge.

Um sich einen Eindruck davon zu verschaffen, wie sehr die Effizienz bei vielen String-Operationen beeinträchtigt wird, sollten wir einen sehr einfachen Test machen. Dazu lassen wir in einer Schleife 50.000 Änderungen an einer Zeichenfolge vornehmen. Folgerichtig müssen auch ebenso viele neue Objekte erzeugt und, bis auf das letzte, freigegeben werden. Messen können wir die verstrichene Zeit mit einem Objekt des Typs Stopwatch. Mit der Methode Start startet die Zeitmessung, mit Stop endet sie. Die Zeit in Millisekunden zwischen den beiden Methodenaufrufen liefert die Eigenschaft ElapsedMilliseconds. Sie sollten nicht vergessen, mit using den Namespace System.Diagnostics bekanntzugeben, in dem die Klasse Stopwatch definiert ist.

```
// Beispiel: ..\Kapitel 15\String_Leistungstest
static void Main(string[] args)
{
  Stopwatch watch = new Stopwatch();
  string text = "";
  watch.Start();
  for (int i = 0; i < 50000; i++)
    text += "x";
  watch.Stop();
  Console.WriteLine($"Zeit: {watch.ElapsedMilliseconds} ms");
  Console.ReadLine();
}
```

Listing 15.14 Zeitmessung einer Zeichenfolgenoperation

Probieren Sie das Listing einmal aus! Auch auf einem gut ausgestatteten Rechner werden die Operationen eine längere Zeitspanne benötigen, bis das Ergebnis vorliegt. Unser Testrechner gab uns Werte im Bereich von 220 ms aus.

Das ist unvertretbar lang, ganz abgesehen davon, dass der Speicher massiv belastet wird. Einen Ausweg aus diesem Dilemma bietet die Klasse StringBuilder, die zum Namespace System.Text gehört. StringBuilder-Objekte sind dynamisch. Sie lassen sich verändern, ohne dass damit zwangsläufig Allokieren von Speicher erforderlich wird. Natürlich interessiert uns auch der Performancegewinn. Daher schreiben wir das Codefragment von oben so um, dass anstelle des Typs String die Klasse StringBuilder eingesetzt wird:

```
// Beispiel: ..\Kapitel 15\StringBuilder_Leistungstest
static void Main(string[] args)
{
  Stopwatch watch = new Stopwatch();
  StringBuilder str = new StringBuilder();
  watch.Start();
  for (int i = 0; i < 50000; i++)
    str = str.Append("x");
   watch.Stop();
   Console.WriteLine($"Zeit: {watch.ElapsedMilliseconds} ms",);
   Console.ReadLine();
}
```

Listing 15.15 Zeitmessung einer Zeichenfolgenoperation (»StringBuilder«)

Auf meinem Rechner wird ein Wert angezeigt, der bei 1 ms liegt. Der Leistungsgewinn ist also mehr als deutlich und beweist, welchem Typ der Vorzug gegeben werden sollte: eindeutig dem `StringBuilder`.

15.3.1 Die Kapazität eines »StringBuilder«-Objekts

Sie müssen zwei Begriffe sorgfältig trennen, wenn Sie die Arbeitsweise von `StringBuilder` verstehen wollen: die *Kapazität* und die *Länge* der beschriebenen Zeichenfolge. Die Kapazität beschreibt die maximale Anzahl der Zeichen, die ein `StringBuilder`-Objekt aufnehmen kann. Die Kapazität wird also somit immer größer sein als die Länge der Zeichenfolge, aber nicht umgekehrt. Nehmen wir dazu ein Beispiel. Wir erzeugen mit einem der Konstruktoren ein `StringBuilder`-Objekt und weisen ihm die Zeichenfolge `Visual Studio` zu:

```
using System.Text;
[...]
var strB = new StringBuilder("Visual Studio");
```

Die Zeichenfolge ist neun Zeichen lang. Da wir keine explizite Aussage über die Kapazität getroffen haben, erzeugt das ein Objekt von der Größe der Standardkapazität – und die beträgt 16 Zeichen. Weisen Sie dem `StringBuilder`-Objekt eine Zeichenkette zu, die mehr als 16 Zeichen, jedoch weniger als 33 Zeichen umfasst, wird die Kapazität auf 32 Zeichen festgelegt. Beträgt die Länge des Strings mehr als 32 Zeichen, jedoch weniger als 65, verdoppelt sich die Kapazität von 32 auf 64 Zeichen usw.

Werden Methoden auf dieses Objekt angewendet, die zur Folge haben, dass die Kapazitätsgrenze nicht überschritten wird, allokiert .NET keinen neuen Speicher. Die Änderungen laufen innerhalb der alten Speicherressourcen ab. Sollten bei einer Änderung jedoch die Kapazitätsgrenzen überschritten werden, wird die Kapazität des StringBuilder-Objekts automatisch vergrößert.

15.3.2 Die Konstruktoren der Klasse »StringBuilder«

Vornehmlich geht es bei den Konstruktoren darum, dem StringBuilder-Objekt eine Initialisierungszeichenfolge zuzuweisen und die Anfangskapazität festzulegen.

```
public StringBuilder();
public StringBuilder(int);
public StringBuilder(string);
public StringBuilder(string, int);
```

Bei Festlegung der Kapazität im Parameter vom Typ int müssen Sie sich nicht an die Sprünge 16, 32, 64, 128 usw. halten, die das StringBuilder-Objekt im Bedarfsfall automatisch durchführt. Theoretisch kann eine Zeichenfolge die Größe von 2^{31}–1 Zeichen aufnehmen. Um diesem nahezu endlosen Spiel einen Riegel vorzuschieben, bietet sich ein weiterer Konstruktor an, mit dem Sie die maximale Kapazitätsgrenze festlegen können:

```
public StringBuilder(int, int);
```

Der erste Parameter erwartet die Startkapazität, der zweite Parameter die zulässige Maximalgröße. Wird diese zur Laufzeit überschritten, löst das die Ausnahme ArgumentOutOfRangeException aus.

15.3.3 Die Eigenschaften der Klasse »StringBuilder«

Die Liste der Eigenschaften umfasst nur insgesamt vier Mitglieder. Mit Capacity können Sie die aktuelle Kapazität abfragen oder neu festlegen. Verwechseln Sie Capacity nicht mit der Eigenschaft Length, die die Anzahl der Zeichen der vom Objekt repräsentierten Zeichenfolge wiedergibt. MaxCapacity beschreibt die maximale Kapazität. Diese Eigenschaft ist schreibgeschützt und lässt sich daher nur lesen. Nur über die Konstruktoren sind Sie in der Lage, Einfluss darauf auszuüben. Wird MaxCapacity nicht festgelegt, gibt diese Eigenschaft die theoretische Maximalkapazität von 2^{31}–1 zurück.

Die vierte und letzte Eigenschaft lautet Chars und ist gleichzeitig der Indexer der StringBuilder-Klasse:

```
public char this[int] {get; set;}
```

Chars liefert ein Zeichen aus der gegebenen Zeichenfolge zurück, dessen Index übergeben wird.

Um sich aus der Zeichenfolge

```
StringBuilder builder = new StringBuilder("Freitagabend");
```

den fünften Buchstaben zurückgeben zu lassen, lautet die Anweisung:

```
char c = builder[4];
```

Eigenschaft	Methode
`Capacity`	Liefert oder setzt die Kapazität des `StringBuilder`-Objekts.
`Chars`	Liefert das Zeichen an einer genau spezifizierten Position aus der Zeichenfolge. Diese Eigenschaft ist der Indexer der Klasse.
`Length`	Liefert die Länge der Zeichenfolge.
`MaxCapacity`	Liefert die Maximalkapazität des `StringBuilder`-Objekts.

Tabelle 15.6 Die Eigenschaften der Klasse »StringBuilder«

15.3.4 Die Methoden der Klasse »StringBuilder«

Wenn Sie sich zum ersten Mal die Liste der Methoden anschauen, werden Sie erstaunt sein, dass, entgegen allen Erwartungen, kaum mehr als eine Handvoll Operationen angeboten wird. Diese wollen wir uns nun ansehen.

Methode	Eigenschaft
`Append`	Hängt eine Zeichenfolge an eine bestehende `StringBuilder`-Instanz an.
`AppendFormat`	Fügt der `StringBuilder`-Instanz eine Zeichenfolge mit Formatangaben an. Nähere Informationen zur Formatierung finden Sie in Abschnitt 15.7, »Ausgabeformatierung«.
`AppendLine`	eine Zeile hinzufügen
`CopyTo`	Kopiert einen Teil des Objekts in ein `char`-Array.
`Ensure-Capacity`	Stellt sicher, dass die Kapazität des `StringBuilder`-Objekts mindestens so groß wie angegeben ist.
`Insert`	Fügt an einer spezifizierten Position eine Zeichenfolge ein.
`Remove`	Löscht aus einer Zeichenfolge ab einer bestimmten Position eine Zeichensequenz.
`Replace`	Ersetzt in der gesamten Zeichenfolge ein Zeichen durch ein anderes.

Tabelle 15.7 Methoden der Klasse »StringBuilder«

Eine Zeichenkette einem »StringBuilder«-Objekt zuweisen

Soll einem `StringBuilder`-Objekt eine Zeichenfolge zugewiesen werden, kommt die Methode `Append` zum Einsatz, der aufgrund der vielen Überladungen praktisch jeder Datentyp übergeben werden kann:

```
public StringBuilder Append(string);
public StringBuilder Append(int);
public StringBuilder Append(byte);
...
```

In den meisten Fällen wird dies vermutlich eine Zeichenfolge sein, z. B.:

```
builder = builder.Append("Visual Studio");
```

Der Rückgabewert der `Append`-Methode ist die Referenz auf ein Objekt des Typs `StringBuilder`, das die entsprechende Zeichenfolge enthält. Sie müssen `Append` auch aufrufen, wenn eine Referenz auf ein Objekt des Typs `StringBuilder` vorliegt, das noch nicht initialisiert ist. Wenn Sie `Append` mehrfach hintereinander anwenden, hängt das bei jedem Aufruf der Methode eine weitere Zeichenfolge hinter der bestehenden an. Das entspricht dem +-Operator auf `String`-Objekte.

Halten Sie sich immer vor Augen, dass ein `StringBuilder`-Objekt keine Zeichenfolge repräsentiert – dafür dient der Datentyp `string`. Wollen Sie sich den Inhalt eines `StringBuilder`-Objekts von einer Methode ausgeben lassen, die den Datentyp `string` als Übergabeparameter erwartet, müssen Sie deshalb mit der Methode `ToString` das `StringBuilder`-Objekt in einen `string` konvertieren.

```
StringBuilder builder = new StringBuilder();
builder.Append("Hello again");
Console.WriteLine(builder.ToString());
```

Eine Zeichenfolge mit »Insert« einfügen

Um an einer spezifizierten Position in einer Zeichenfolge eine zusätzliche Zeichenfolge einzufügen, rufen Sie die `Insert`-Methode auf. Diese ist in gleicher Weise wie `Append` überladen, allerdings ist die Parameterliste jeweils um einen Parameter vom Typ `int` ergänzt, der dem Index übergeben wird, ab dem die Zeichenfolge eingefügt werden soll.

```
StringBuilder builder = new StringBuilder();
builder = builder.Append("fällt Schnee");
builder = builder.Insert(0, "Im Winter ");
```

Die Ausgabe dieses Codefragments lautet:

```
Im Winter fällt Schnee
```

Aus einer Zeichenfolge löschen

Während Sie mit `Insert` eine Zeichenfolge einfügen, löschen Sie mit `Remove` ab einer bestimmten Position eine bestimmte Anzahl von Zeichen:

```
builder.Remove(3, 2);
```

Der erste Parameter beschreibt den Index, bei dem der Löschvorgang beginnen soll. In unserem Beispiel beginnt er mit dem vierten Zeichen. Über den zweiten Parameter teilen wir die Anzahl der zu löschenden Zeichen mit.

Ein Zeichen oder eine Zeichenfolge ersetzen

Die letzte der von uns behandelten Methoden ist `Replace`, die im Wesentlichen dieselben Möglichkeiten wie die `Replace`-Methode der Klasse `String` bietet.

```
public StringBuilder Replace(char, char);
public StringBuilder Replace(string, string);
```

Dem ersten Parameter wird mitgeteilt, welches Zeichen bzw. welche Zeichenfolge des `StringBuilder`-Objekts ersetzt werden soll, und im zweiten Parameter geben Sie an, wodurch ersetzt wird.


```
StringBuilder builder = new StringBuilder();
builder.Append("Ich hätte gerne ein Bier");
builder = builder.Replace("ein", "drei");
Console.Write("Meine Bestellung: ");
Console.WriteLine(builder.ToString());
```

Listing 15.16 Ersetzen einer Teilzeichenfolge durch »Replace«

Sie sehen, mit `Replace` können Sie es sogar vermeiden, mangels Flüssigkeitszufuhr aufgrund einer unüberlegt aufgegebenen Bestellung zu verdursten.

15.3.5 Allgemeine Anmerkungen

Damit sind aber auch schon die Möglichkeiten der Klasse `StringBuilder` nahezu ausgeschöpft. Es gibt keine Methoden, die das Auswerten eines Teilstrings ermöglichen, oder Methoden, die Teilstrings zurückliefern. Damit wird auch der doch recht eingeschränkte Einsatzbereich von `StringBuilder`-Objekten deutlich. Die Klasse `String` ist in ihren Fähigkeiten weit voraus und lässt mit ihren überladenen Methoden kaum Wünsche offen.

`StringBuilder`-Objekte werden Ihnen nicht sehr oft begegnen. Die meisten Methoden in der .NET-Klassenbibliothek, die mit Zeichenfolgen operieren, verwenden den Typ `string` oder Arrays vom Typ `char`. Am ehesten sind `StringBuilder`-Objekte dort sinnvoll einzusetzen, wo in einer Schleife bei jedem Schleifendurchlauf eine Operation mit der Zeichenfolge ausgeführt wird. Wenn Sie die Kapazität des `StringBuilder`-Objekts groß genug festgelegt haben, ersparen Sie sich zudem die permanente Neuinstanziierung von `string`-Objekten und können so einen Beitrag zu einer besseren Performance der Anwendung leisten.

15.4 Der Typ »DateTime«

Um ein Datum einschließlich einer Zeitangabe in einer Variablen zu speichern, deklarieren Sie die Variable des Typs `DateTime`, beispielsweise:

```
DateTime myDate = new DateTime(2003, 12, 6);
Console.WriteLine(myDate);
```

Die Ausgabe wird lauten:

```
06.12.2003  00:00:00
```

Mit einer Variablen des Typs `DateTime` lässt sich ein Datum zwischen dem 1. Januar 0001 und dem 31. Dezember 9999 behandeln – nach dem gregorianischen Kalender, um präzise zu sein.

15.4.1 Die Zeitspanne »Tick«

Die Zeitmessung erfolgt in Einheiten von 100 Nanosekunden, die als *Tick* bezeichnet werden. Die folgende Aussage müssen Sie sich auf der Zunge zergehen lassen: Die .NET-Zeitmessung beginnt am 1.1.0001 um 0:00 Uhr, und es können Intervalle von 0,0000001 Sekunden (in Worten: ein Zehnmillionstel) unterschieden werden. Die Anzahl der Ticks seit Beginn dieser Zeitrechnung kann in einer `long`-Variablen gespeichert werden, die damit groß genug ist, alle Intervalle bis zum Ende des Jahres 9999 abzudecken.

Wenn Sie das aktuelle Datum und die aktuelle Zeit ausgedrückt in Ticks sehen wollen, dann geben Sie den folgenden Code ein:

```
Console.WriteLine(DateTime.Now.Ticks);
```

Zuerst rufen Sie die statische Methode `Now` auf, die das aktuelle Systemdatum einschließlich der Zeit als `DateTime` zurückliefert. Darauf wird die Eigenschaft `Ticks` angewendet, die Ihnen eine kaum noch fehlerfrei abschreibbare Zahl liefert.

Umgekehrt können Sie auch aus einem `long`, der als `Tick` interpretiert werden soll, das Datum und die Zeit ermitteln. Dazu wird die Klasse `DateTime` instanziiert und dabei ein Konstruktor aufgerufen, der einen long erwartet, der als die Anzahl der Ticks seit Beginn der .NET-Zeitrechnung interpretiert wird.

```
DateTime actualDate = new DateTime(631452984963219664);
Console.WriteLine(actualDate.ToString());
```

Die Ausgabe lautet:

```
30.12.2001 08:41:36
```

Sie haben jetzt einen ersten Eindruck vom Umgang mit Datum und Uhrzeit gewonnen. Wir wollen uns nun die Details der Klasse DateTime ansehen.

15.4.2 Die Konstruktoren von »DateTime«

Wenn Ihnen die Anzahl der Ticks vorliegt, genügt der einparametrige Konstruktor, um ein Objekt zu erzeugen:

```
public DateTime(long ticks);
```

Da in den meisten Fällen vermutlich kaum die Anzahl der Tick-Intervalle bekannt sein dürfte, kommt diesem Konstruktor eine geringe Bedeutung zu.

Wollen Sie mit einem bestimmten Datum operieren, bei dem die Uhrzeit keine Rolle spielt, bietet sich der folgende Konstruktor an:

```
public DateTime (int year, int month, int day);
```

Den Parametern werden das Jahr, der Monat und der Tag jeweils als int übergeben. Dabei ist die Jahresangabe auf die Zahlen von einschließlich 1 bis 9999 begrenzt, die Monatsangabe natürlich auf 1 bis 12, und die Anzahl der Tage hängt vom Kalendermonat ab. Da bei diesem Konstruktor auf die Zeitangabe verzichtet wird, bezieht sich das Datum immer auf Mitternacht, also exakt 0:00 Uhr.

Im folgenden Listing setzen wir diesen Konstruktor ein, um das Datum 12. Mai 1965 abzubilden, und lassen uns an der Konsole die Ticks ausgeben, die dieser Angabe entsprechen:

```
DateTime date = new DateTime(1965, 5, 12);
Console.WriteLine("Datum: {0}", date);
Console.WriteLine("Ticks: {0}", date.Ticks);
```

Für eine weitere Präzisierung durch eine zusätzliche Zeitangabe stehen zwei Konstruktoren zur Verfügung. Während der erste zusätzlich zu der Angabe des Datums in drei weiteren Parametern Stunde, Minute und Sekunde entgegennimmt, nimmt der andere in einem siebten Parameter die Anzahl der Millisekunden an:

```
public DateTime (int year, int month, int day, int h, int min, int sec);
public DateTime (int year, int month, int day, int h, int min, int sec, int
msec);
```

Für jeden dieser Konstruktoren gibt es eine weitere Überladung, die um eine Referenz vom Typ `System.Globalization.Calendar` ergänzt ist. Damit schalten Sie gegebenenfalls das Kalenderformat vom gregorianischen Kalender auf einen anderen um.

Mit `DateTime` können Sie auch festlegen, auf welcher Basis die Zeitangabe erfolgt. Dazu gibt es drei Möglichkeiten:

- Die Zeitangabe bezieht sich auf die lokale Systemzeit.
- Der Zeitangabe legt die koordinierte Weltzeit (UTC) zugrunde.
- Die Zeitangabe ist nicht genau spezifiziert.

Die Festlegung muss bereits bei der Instanziierung erfolgen. Dazu stehen einige Konstruktoren zur Verfügung, denen ein Argument vom Typ `DateTimeKind` übergeben wird. Bei `DateTimeKind` handelt es sich um eine Enumeration mit den Elementen `Local`, `Unspecified` und `Utc`. Der Standard lautet `Unspecified`.

```
public DateTime(long ticks, DateTimeKind kind);
```

Liegt ein `DateTime`-Objekt vor, lässt sich die Zeitbasis nicht mehr verändern. Sie können die Einstellung jedoch mit der Eigenschaft `Kind` jederzeit auswerten.

15.4.3 Die Eigenschaften von »DateTime«

Liegt ein gültiges Datum vor, lassen sich daraus vom Jahr bis hin zu den Millisekunden sämtliche Informationen extrahieren. Die Namen der Eigenschaften sind sehr einprägsam: `Year`, `Month`, `Day`, `Hour`, `Minute`, `Second` und `Millisecond`.

Nehmen wir an, wir wollen das aktuelle Systemdatum, das wir mit der Eigenschaft `Now` ermitteln können, in seine Detailinformationen zerlegen, könnte das wie in Listing 15.17 gezeigt erfolgen:

```
DateTime newDate = DateTime.Now;
Console.WriteLine($"Jahr      = {newDate.Year}");
Console.WriteLine($"Monat     = {newDate.Month}");
Console.WriteLine($"Tag       = {newDate.Day}");
Console.WriteLine($"Wochentag = {newDate.DayOfWeek.ToString()}");
Console.WriteLine($"Stunde    = {newDate.Hour}");
Console.WriteLine($"Minute    = {newDate.Minute}");
Console.WriteLine($"Sekunde   = {newDate.Second}" );
Console.WriteLine($"MilliSek. = {newDate.Millisecond}");
```

Listing 15.17 Datums- und Zeitanteile aus »DateTime.Now« extrahieren

Weil die Ausgabe der Eigenschaft `Day` nur das aktuelle Tagesdatum liefert, ohne den Wochentag anzugeben, bietet sich eine weitere Eigenschaft von `DateTime` an, die aus einem gegebenen Datum sogar den Wochentag ermittelt: `DayOfWeek`. Der Rückgabewert ist vom Typ `DayOfWeek`, einer Enumeration des `System`-Namespace, die für den Sonntag `0` festlegt, für Montag `1` usw. Mit dem Aufruf von `ToString` auf `DayOfWeek` erhalten wir die Zeichenfolge, die der Konstanten entspricht.

Bedauerlich ist, dass es keine gleichwertige Auflistung für die Monate gibt. Wenn Sie daher auch den Monatsnamen in der Ausgabe als Text und nicht nur als Zahl lesen wollen, müssen Sie die Zahlen `1–12` selbst den Monatsnamen zuordnen, beispielsweise mit Hilfe eines `switch`-Statements.

`Now` liefert die aktuelle Systemzeit und hängt damit unter Windows-Plattformen von der Einstellung in der Systemsteuerung ab. Eine sehr ähnliche Eigenschaft ist `UtcNow`, die aus den Einstellungen in der Systemsteuerung die *Greenwich Mean Time* (GMT) ermittelt.

Wenn auf die Zeitangabe, die uns `Now` liefert, verzichtet werden kann oder muss, können Sie auch auf die statische Eigenschaft `Today` zurückgreifen, die das Datum ohne Zeitangabe liefert. Diese wird auf 00:00:00 gesetzt.

15.4.4 Die Methoden der Klasse »DateTime«

Nahezu alle Methoden lassen sich in zwei operativen Gruppen zusammenfassen:

- Methoden, die der Ausgabeformatierung dienen
- die Gruppe der `Add`-Methoden, mit der zu einem gegebenen Datum eine Zeitspanne addiert oder davon subtrahiert werden kann

Methoden zum Extrahieren von Datum und Zeit

Mit insgesamt vier vordefinierten Methoden lässt sich die Textausgabe eines `DateTime`-Objekts verändern:

- `ToLongDateString` und `ToShortDateString`
- `ToLongTimeString` und `ToShortTimeString`

Sie sehen den Effekt dieser Methoden am besten anhand von Beispielen. Dazu deklarieren wir eine Variable vom Typ `DateTime` und führen darauf alle vier Methoden aus:

```
// Datum = 3. Februar 2018 5:25:30
DateTime date = new DateTime(2018, 2, 3, 5, 25, 30);
// Ausgabe: Mittwoch, 3. Februar 2018
Console.WriteLine(date.ToLongDateString());
// Ausgabe: 03.02.2018
Console.WriteLine(date.ToShortDateString());
```

```
// Ausgabe: 05:25:30
Console.WriteLine(date.ToLongTimeString());
// Ausgabe: 05:25
Console.WriteLine(date.ToShortTimeString());
```

Listing 15.18 Mehrere Ausgabemöglichkeiten von Datum und Zeit

Die Methode »ToFileTime«

Weitaus interessanter als diese Formatmethoden ist eine andere, die ihre Leistungsfähigkeit erst auf den zweiten Blick offenbart: `ToFileTime`.

```
public long ToFileTime();
```

Der Rückgabewert des Typs `long` enthält die Anzahl der `Ticks` seit dem 1. Januar 1601, 12 Uhr. Welchen Hintergrund diese scheinbar zufällige Jahreszahl hat, verrät uns die Dokumentation nicht. Das soll uns aber auch nicht weiter interessieren, viel wichtiger ist die Tatsache, mit dieser Methode ein Mittel in den Händen zu halten, das es uns ermöglicht, die Zeitspanne zwischen zwei Ereignissen zu messen – und dafür brauchen wir einen präzise definierten, gleichermaßen gültigen Ursprung, egal, wie er definiert ist.

Rechenoperationen mit »DateTime«-Objekten

Die `Add`-Methoden decken alle Bedürfnisse hinsichtlich der Änderung eines Datums oder einer Zeit ab. Aus dem Bezeichner ist sofort zu erkennen, welche Einheit zu einem `DateTime`-Objekt addiert werden soll:

- `AddDays`
- `AddHours`
- `AddMonths`
- `...`

Alle Methoden erwarten einen Wert des Typs `int` bzw. `double`, und der Rückgabewert ist vom Typ `DateTime`, z. B.:

```
public DateTime AddSeconds(double);
```

Im folgenden Listing wird ein `DateTime`-Objekt erzeugt, das das Datum 2. August 1995 und die Zeit 23:00 Uhr beschreibt. Davon subtrahiert die Methode `AddHours` 30 Stunden:

```
DateTime now = new DateTime(1995, 8, 2, 23, 0, 0);
now = now.AddHours(-30);
Console.WriteLine(now);
```

An der Konsole wird

```
01.08.1995 17:00:00
```

ausgegeben, was beweist, dass die Methode automatisch auch ein neues Datum berücksichtigt, das aus der Subtraktion resultiert.

15.5 Die Klasse »TimeSpan«

Aus den Methoden zur Manipulation einer DateTime-Instanz ragt eine heraus, deren Parametertyp sich von denen der anderen, gleichartigen Methoden unterscheidet. Es ist die Methode Add, deren Definition wir uns anschauen wollen:

```
public DateTime Add(TimeSpan);
```

Der Parameter erwartet ein Objekt des Typs TimeSpan. Dieser Typ scheint nur auf den ersten Blick dem Typ DateTime zu ähneln, aber beide unterscheiden sich grundlegend: Mit DateTime wird ein Datum beschrieben, mit TimeSpan eine Zeitspanne. Dies machen auch die Konstruktoren der TimeSpan-Klasse deutlich, die Tage, Stunden, Minuten usw. entgegennehmen.

Der folgende Beispielcode zeigt, wie eine Referenz auf eine TimeSpan-Instanz an die Methode Add übergeben wird:

```
DateTime now = new DateTime(2002, 2, 3, 12, 0, 0);
TimeSpan span = new TimeSpan(3, 12, 15);
now = now.Add(span);
Console.WriteLine(now);
```

In der ersten Anweisung wird die Klasse DateTime instanziiert und dem Konstruktor das Datum 3. Februar 2002, 12:00 Uhr, übergeben. In der folgenden Anweisung wird das TimeSpan-Objekt span erzeugt. Der Konstruktor mit drei Parametern übernimmt als Argumente Stunden, Minuten und Sekunden – er beschreibt demnach eine Zeitspanne von drei Stunden, zwölf Minuten, 15 Sekunden. Der Add-Methode wird danach das TimeSpan-Objekt übergeben, um das Datum und die Zeit neu zu bestimmen.

Eine Reihe vordefinierter Konstanten erleichtert die Umrechnung von Zeiteinheiten in Ticks, wenn unterschiedliche Zeitangaben mittels eines Faktors auf eine gemeinsame Einheitsbasis gebracht werden müssen – diese Basis bilden bekanntlich die Ticks. So beschreibt die Konstante TicksPerDay beispielsweise die Anzahl der Ticks pro Tag, und TicksPerHour gibt die Ticks pro Stunde an.

Das folgende Beispielprogramm zeigt, wie Sie diese Konstanten sinnvoll einsetzen. Die benutzerdefinierten Funktionen DiffHours und DiffSeconds nehmen jeweils eine

Referenz vom Typ DateTime entgegen und berechnen den Unterschied zwischen zwei Datumswerten in Stunden bzw. Sekunden. Dabei ist der erste Datumswert das aktuelle Systemdatum, das wie üblich über Now ermittelt wird, und den zweiten Datumswert muss der Anwender an der Konsole eingeben.

```
// Beispiel: ..\Kapitel 15\Zeitdifferenz
class Program
{
  static void Main(string[] args)
  {
    // aktuelle Systemzeit ermitteln
    DateTime actDate = DateTime.Now;
    // das zu vergleichende Datum eingeben
    Console.Write("Geben Sie das Vergleichsdatum ");
    Console.Write("im Format tt.mm.jjjj ein:  ");
    string strDate = Convert.ToString(Console.ReadLine());
    // die Eingabe passend formatieren
    strDate = strDate.Replace('.', '/');
    DateTime newDate = Convert.ToDateTime(strDate);
    // Ausgabe der Differenz in Stunden
    Console.Write("Die Differenz in Stunden: ");
    Console.WriteLine(DiffHours(actDate, newDate));
    // Ausgabe der Differenz in Sekunden
    Console.Write("Die Differenz in Sekunden: ");
    Console.WriteLine(DiffSeconds(actDate, newDate));
    Console.ReadLine();
  }
  public static long DiffHours(DateTime d1,DateTime d2)
  {
    long x = d2.Ticks - d1.Ticks;
    return Convert.ToInt64(x/TimeSpan.TicksPerHour);
  }
  public static long DiffSeconds(DateTime d1,DateTime d2)
  {
    long x = d2.Ticks - d1.Ticks;
    return Convert.ToInt64(x/TimeSpan.TicksPerSecond);
  }
}
```

Listing 15.19 Das Beispielprogramm »Zeitdifferenz«

Der Algorithmus des Programmcodes in den beiden Methoden DiffHours und DiffSeconds ist ähnlich. Beide Routinen nehmen in ihren Parametern Referenzen des Typs

`DateTime` entgegen und rechnen das jeweilige Datum mit der Eigenschaft `Ticks` zunächst in die Basiseinheit um, um im Anschluss daran die Differenz zu bilden. Die abschließende Division durch `TicksPerHour` bzw. `TicksPerSecond` liefert einen `long`, der dem Aufrufer zurückgegeben wird.

Weitere Möglichkeiten der Klasse »TimeSpan«

Eine `TimeSpan`-Instanz beschreibt eine Zeitspanne aus Tagen, Stunden, Minuten, Sekunden und Millisekunden. Diese Zeitspanne lässt sich in einem String abbilden, der dem folgenden Format entspricht:

Tag.*Stunden*:*Minuten*:*Sekunden*.*Sekundenbruchteil*

Dazu ein Beispiel. Mit

```
TimeSpan span = new TimeSpan(2, 12, 30, 22, 100);
Console.WriteLine(span.ToString());
```

erhalten Sie die folgende Ausgabe:

```
2.12:30:22.1000000
```


Manchmal ist es notwendig, die Angabe einer Zeitspanne in eine konkrete Zeiteinheit umzurechnen oder aus der Angabe einer Zahl, die eine Zeiteinheit widerspiegelt, ein `TimeSpan`-Objekt zu erzeugen. Auch dazu liefert die Klasse `TimeSpan` die passenden Methoden. Nehmen wir an, Sie möchten das mit

```
TimeSpan span = new TimeSpan(1, 35, 45);
```

erzeugte Objekt, das einen Tag, 35 Minuten und 45 Sekunden beschreibt, in eine Zahl umwandeln. Es stellt sich mit den Möglichkeiten der Klasse nur noch die Frage, ob Sie eine Ganzzahl oder eine Dezimalzahl benötigen. Für beide Fälle gibt es die passenden Eigenschaften. Beispielsweise liefert

- die `Hours`-Eigenschaft einen `int` und
- die `TotalHours`-Eigenschaft einen `double`.

Die Anweisung

```
Console.WriteLine(span.TotalHours);
```

wird das Ergebnis 1,5958333333333 haben. Beim Aufruf von `Hours` wird der Dezimalteil abgeschnitten. Analog lautende Eigenschaften gibt es auch, um mit Tagen, Minuten oder Sekunden zu operieren.

Einige statische Methoden des Typs `TimeSpan` ermöglichen es auch ohne Initialisierung, einer `TimeSpan`-Variablen einen Wert zuzuweisen. Diese Methoden beginnen mit dem Präfix `From`, beispielsweise `FromSeconds`, `FromMinutes`, `FromDays`.

```
// Zeitspanne von 3 Stunden
TimeSpan ts = TimeSpan.FromHours(3);
```

15.6 Die Klassen »DateOnly« und »TimeOnly«

Die .NET-Klassen `DateOnly` und `TimeOnly`, eingeführt in .NET 6, bieten spezialisierte Strukturen zur präzisen Darstellung von Datums- bzw. Uhrzeitangaben ohne ungewollte Kombination beider Komponenten. Sie sind ideal für Szenarien, bei denen nur Datum oder Zeit relevant ist – etwa Geburtstage, Öffnungszeiten oder periodische Ereignisse.

Die `DateOnly`-Struktur eliminiert die Zeitkomponente vollständig und vermeidet so Fehler durch unbeabsichtigte Zeitangaben in Datumsoperationen. Beispielhafte Initialisierungen zeigt der folgende Code:

```
DateOnly geburtstag = new DateOnly(1990, 5, 23); // 23. Mai 1990
DateOnly heute = DateOnly.FromDateTime(DateTime.Now); // aktuelles Datum
```

Methoden wie `AddDays`, `AddMonths` und `AddYears` ermöglichen präzise Kalenderberechnungen:

```
DateOnly termin = new DateOnly(2025, 2, 2);
DateOnly neuerTermin = termin.AddMonths(3).AddDays(5); // 7. Mai 2025
```

Die Ausgabe passt sich automatisch der lokalen Kultur an:

```
Console.WriteLine(new DateOnly(2024, 12, 31));
// DE: 31.12.2024, US: 12/31/2024, ISO: 2024-12-31
```

Im Gegensatz dazu fokussiert sich `TimeOnly` auf die Tageszeit und eignet sich für wiederkehrende Ereignisse wie Öffnungszeiten oder Alarmzeiten. Der folgende Code zeigt die Initialisierung an zwei Beispielen:

```
TimeOnly öffnungszeit = new TimeOnly(9, 30); // 09:30 Uhr
TimeOnly aktuell = TimeOnly.FromDateTime(DateTime.Now); // aktuelle Uhrzeit
```

Auch bei der `TimeOnly`-Klasse gibt es zahlreiche Methoden für Zeitoperationen, zum Beispiel die Addition/Subtraktion von Stunden, Minuten oder Millisekunden:

```
TimeOnly alarm = new TimeOnly(7, 0);
TimeOnly später = alarm.AddHours(2); // 09:00 Uhr
```

Die Berechnung von Zeitdifferenzen ist ebenfalls möglich. Das Resultat ist dabei eine Zeitdauer, die wir bereits von der Klasse TimeSpan kennen:

```
TimeOnly start = new TimeOnly(14, 0);
TimeOnly ende = new TimeOnly(16, 30);
TimeSpan dauer = ende - start; // 02:30:00
```

Das folgende Beispiel zeigt, wie Sie mit TimeOnly Vergleiche implementieren, um zu prüfen, ob ein Zeitpunkt bereits vergangen ist oder nicht:

```
if (TimeOnly.Parse("18:00") > TimeOnly.FromDateTime(DateTime.Now))
{
    Console.WriteLine("Noch nicht geschlossen.");
}
```

Die Vorteile sind vielfältig. Wir erhalten eine klarere Semantik, da wir implizite Annahmen vermeiden können, wie zum Beispiel ein DateTime mit einer Standardzeit von 00:00 nutzen zu müssen. Das reduziert Fehler wie unbeabsichtigte Zeitverschiebungen und Datumsoperationen. Auch die Effizienz steigt, da weniger Speicher notwendig ist und die Serialisierung, zum Beispiel als JSON-Objekt, optimiert ist.

Das nachfolgende Beispiel zeigt die Kombination beider Typen. Durch die Trennung von Datum und Zeit entfällt wie erwähnt die Notwendigkeit, in DateTime-Objekten mit Platzhalterzeiten wie 00:00 zu arbeiten – was die Codeklarheit und Robustheit erhöht:


```
// Hotelbuchung: Anreisedatum + Check-in-Zeit
DateOnly anreise = new DateOnly(2025, 2, 15);
TimeOnly checkIn = new TimeOnly(15, 0);
// Berechnung der Gesamtdauer (3 Nächte)
DateOnly abreise = anreise.AddDays(3);
TimeOnly checkOut = new TimeOnly(11, 0);
```

15.7 Ausgabeformatierung

Zur Formatierung einer Ausgabe stehen Ihnen zwei Möglichkeiten zur Verfügung:

- die statische Methode Format der Klasse String
- die Methode ToString der Schnittstelle IFormatable

15.7.1 Formatierung mit der Methode »String.Format«

Rufen wir uns zuerst in Erinnerung, wie die Ausgabe der Methode DateTime.Now an der Konsole lautet:

```
Console.WriteLine(DateTime.Now.ToString());
```

Es wird das Datum einschließlich der Uhrzeit angezeigt:

```
17.09.2018 20:51:56
```

Mit der `Format`-Methode können wir eine andere, individuell passendere Ausgabe erzwingen:

```
Console.WriteLine(String.Format("{0:F}", DateTime.Now));
```

Damit würde die Anzeige lauten:

```
Mittwoch, 17. September 2018 20:51:56
```

Es bietet sich auch die Möglichkeit an, mit

```
Console.WriteLine(String.Format("{0:D}", DateTime.Now));
```

auf die Zeitangabe ganz zu verzichten.

Formatierungsvarianten

Die einfachsten Varianten der überladenen `Format`-Methode lauten:

```
public static string Format(string format, object arg);
public static string Format(string format, params object[] args);
```

Der erste Parameter beschreibt eine Zeichenfolge mit einem oder mehreren Formatierungsausdrücken, die in geschweiften Klammern angegeben werden. Der zweite Parameter nimmt das zu formatierende Objekt entgegen. Die Syntax erinnert sofort an die Formatierungen der Methode `Console.WriteLine`, die sich tatsächlich intern der `Format`-Methode bedient.

Unter den weiteren vier Überladungen ist eine besonders hervorzuheben, mit der festgelegt werden kann, welche Sprache bzw. Kultur für die Formatierung verwendet werden soll:

```
public static string Format(IFormatProvider provider, string format,
                                                   params object[] args);
```

Im ersten Parameter erwartet die Methode `String.Format` nun ein Objekt, das die Schnittstelle `IFormatProvider` implementiert. In .NET sind das drei Klassen

- `CultureInfo`
- `DateTimeFormatInfo`
- `NumberFormatInfo`

Diese Klassen gehören alle zum Namespace `System.Globalization`. Die Klasse `CultureInfo` stellt Informationen über eine bestimmte Kultur bereit, einschließlich des

Schriftsystems sowie des verwendeten Kalenders. DateTimeFormatInfo definiert die Anzeige von Datum und Uhrzeit und NumberFormatInfo die Darstellung numerischer Werte – immer abhängig von der jeweiligen Kultur.

Um beispielsweise das aktuelle Systemdatum in italienischer Sprache auszugeben, müssen Sie nur ein entsprechendes CultureInfo-Objekt bereitstellen, das die italienische Kultur beschreibt:

```
CultureInfo culture = new CultureInfo("it-IT");
// Ausgabe: sabato 17 settembre 2018
Console.WriteLine(String.Format(culture, "{0:D}", DateTime.Now));
```

Listing 15.20 Datumsausgabe in Italienisch

Mit den Eigenschaften DateTimeFormat und NumberFormat der Klasse CultureInfo kann das Ausgabeformat der spezifischen Kultur abgefragt und sogar neu festgelegt werden. Dazu veröffentlichen die beiden Klassen DateTimeFormatInfo und NumberFormatInfo eine größere Anzahl Eigenschaften. Wie Sie das Dezimaltrennzeichen einer gegebenen Kultur abweichend vom Standard spezifisch festlegen können, zeigt das folgende Codefragment:


```
double dbl = 12.25;
CultureInfo culture = new CultureInfo("de-DE");
NumberFormatInfo nfi = culture.NumberFormat;
nfi.NumberDecimalSeparator = "*";
Console.WriteLine(String.Format(culture, "{0}", dbl));
```

Listing 15.21 Individuelles Dezimaltrennzeichen festlegen

Es wird zuerst ein CultureInfo-Objekt erzeugt, das mit de-DE die deutsche Kultur beschreibt. Über seine Eigenschaft NumberFormat lässt sich die entsprechende Referenz auf NumberFormatInfo ermitteln. Der Eigenschaft NumberDecimalSeparator wird anschließend das Zeichen * als neues Dezimaltrennzeichen zugewiesen.

Es kann sich als nützlich erweisen, ein kulturunabhängiges Format zur Verfügung zu stellen. Dieses erhalten Sie mit der statischen Eigenschaft InvariantCulture der Klasse CultureInfo. Das zurückgegebene CultureInfo-Objekt ist der englischen Sprache zugeordnet, ohne dabei landesspezifische Unterschiede zu berücksichtigen.

Standardformatzeichen der Klasse »NumberFormatInfo«

In Tabelle 15.8 sind die Standardformatzeichen für die einzelnen Standardmuster der NumberFormatInfo-Klasse aufgeführt. Teilweise lassen sich die Standardmuster durch Eigenschaften verändern. Genauere Informationen dazu entnehmen Sie bitte der .NET-Dokumentation zu der Klasse.

Formatzeichen	Beschreibung
`C` oder `c`	Ausgabe im Währungsformat (einschließlich des Währungssymbols der aktuellen Ländereinstellung)
`D` oder `d`	Wird nur von ganzzahligen Datentypen unterstützt. Durch das Anhängen einer Zahl kann spezifiziert werden, wie viele Stellen die auszugebende Zahlenfolge aufweisen soll. Fehlende Ziffern werden mit Nullen aufgefüllt.
`E` oder `e`	Ausgabe im Exponentialformat
`F` oder `f`	Hängt an das Ende einer Zahl Dezimalstellen an. Die Anzahl der Nachkommastellen kann hinter dem Formatspezifizierer angegeben werden. Der Standard sind zwei Stellen.
`G` oder `g`	allgemein formatierte Ausgabe
`N` oder `n`	Die Ausgabe erfolgt im Format `ddd.ddd.ddd,dd`.
`P` oder `p`	Ausgabe als Prozentzahl
`R` oder `r`	Roundtrip-Format. Es wird sichergestellt, dass ein Zurückkonvertieren nicht zu Genauigkeitsverlusten führt.
`X` oder `x`	Ausgabe als Hexadezimalzahl (ausschließlich für Ganzzahlenformate)

Tabelle 15.8 Formatzeichen der Methode »String.Format«

Standardformatzeichen der Klasse »DateTimeFormatInfo«

In Tabelle 15.9 sind die wichtigsten Standardmuster zur Formatierung von Datum und Uhrzeit aufgezählt. Maßgeblich sind auch hier die Einstellungen unter LÄNDEREINSTELLUNG. Wie schon die Standardformatmuster der Klasse `NumberFormatInfo` können Sie über EIGENSCHAFTEN einige der Standardmuster nach eigenen Vorstellungen ändern. Weitere Informationen entnehmen Sie auch hier der .NET-Dokumentation.

Formatzeichen	Beschreibung
`d`	kurzes Datum (`22.09.2003`)
`D`	langes Datum (`Montag, 22. September 2003`)
`f`	langes Datum, inklusive Zeitangabe (`Montag, 22. September 2003 22:30`)

Tabelle 15.9 Formatcodes für Datum und Uhrzeit

Formatzeichen	Beschreibung
`F`	langes Datum, inklusive langer Zeitangabe (`Montag, 22. September 2003 22:30:45`)
`g`	kurzes Datum, inklusive Zeitangabe (`22.09.2003 22:30`)
`G`	kurzes Datum, inklusive langer Zeitangabe (`22.09.2003 22:30:45`)
`M` oder `m`	Tag und Monat (`22 September`)
`R` oder `r`	Datum nach dem Muster des RFC 1123 (`Mon, 22 Sep 2003 22:30:45 GMT`)
`t`	kurze Zeitangabe (`22:30`)
`T`	lange Zeitangabe (`22:30:45`)
`Y` oder `y`	Monat und Jahr (`September 2003`)

Tabelle 15.9 Formatcodes für Datum und Uhrzeit (Forts.)

Dazu zwei Beispiele:

```
// Ausgabe: Dienstag, 23. September 2018 12:12:55
string date = String.Format("{0:F}", DateTime.Now)
// Ausgabe: 23. September
string date = String.Format("{0:M}", DateTime.Now)
```

15.7.2 Formatierung mit der Methode »ToString«

Von der Klasse `Object` erbt jede .NET-Klasse die parameterlose Methode `ToString`. Darüber hinaus werden sowohl von den numerischen Typen als auch von der Klasse `String` Überladungen angeboten, die direkt auf dem zu formatierenden Wert aufgerufen werden. Sie können sich zum Beispiel mit

```
float d = 0.01985F;
Console.WriteLine(d.ToString("P"));
```

die `float`-Zahl als Prozentzahl oder mit

```
float d = 123.505F;
Console.WriteLine(d.ToString("E"));
```

im Exponentialformat ausgeben lassen. Auch hier ist die Einstellung der aktuellen Kultur berücksichtigt. Sie können als Formatierungszeichenfolge alle Formatzeichen angeben, die in Tabelle 15.8 und Tabelle 15.9 aufgeführt sind. Die geschweiften Klammern sind nicht erforderlich. Um landesspezifische Ausgaben zu ermöglichen, können Sie auch ein `IFormatProvider`-Objekt übergeben.

```
public virtual string ToString(IFormatProvider);
```

Beachten Sie, dass die verschiedenen Datentypen unterschiedlich viele Überladungen von `ToString` zur Verfügung stellen.

15.7.3 Benutzerdefinierte Formatierung

Neben den vordefinierten Standardformaten bietet .NET auch die Möglichkeit, eigene Formatierungsregeln festzulegen. Dies ist besonders hilfreich, wenn die Darstellung von Zahlen, Werten oder Zeichenfolgen speziellen Anforderungen entsprechen soll – etwa bei länderspezifischen Formatierungen, individuellen Layoutvorgaben oder der Ausrichtung an firmenspezifischen Konventionen. Mithilfe sogenannter Formatzeichen können Sie gezielt beeinflussen, wie numerische Werte oder Texte ausgegeben werden. In den folgenden Abschnitten lernen Sie die wichtigsten Formatzeichen kennen und erfahren anhand praktischer Beispiele, wie Sie diese gezielt einsetzen.

Zahlen und Zeichenfolgen

Über die vordefinierten Formate hinaus können Sie auch eigene Formatierungen festlegen. Dazu stellt .NET Ihnen eine Reihe von Formatzeichen bereit, mit denen Sie die Ausgabe von Ganz- und Dezimalzahlen sowie Zeichenfolgen nach eigenen Vorstellungen beeinflussen.

Formatzeichen	Beschreibung
0	Die Zahl 0 dient als Platzhalter für eine Zahl. Nichtsignifikante Nullen werden durch die Zahl 0 dargestellt.
#	Die Zahl 0 dient als Platzhalter für eine Zahl. Nichtsignifikante Nullen werden durch Leerzeichen dargestellt.
.	Das erste .-Zeichen in der Formatzeichenfolge bestimmt die Position des Dezimaltrennzeichens im formatierten Wert.
,	Dient als Tausendertrennung. Jedes Auftreten des Zeichens bewirkt eine Division durch 1.000.

Tabelle 15.10 Formatzeichen für benutzerdefinierte Zahlen- und Zeichenformate

Formatzeichen	Beschreibung
%	Das Zeichen bewirkt die Multiplikation mit 100. Das Prozentzeichen wird angehängt.
E0, E+0, E-0, e0, e+0, e-0	Die Codes bewirken die Exponentialdarstellung einer Zahl. Mit E+0 und e+0 wird das positive Vorzeichen immer angezeigt, mit allen anderen immer nur das negative. Die Anzahl der Nullen bestimmt die Mindestanzahl von Ziffern des Exponenten.
\	Das folgende Zeichen in der Formatzeichenfolge wird als Escapesequenz interpretiert.
"ABC"	Die in Anführungszeichen stehenden Zeichen werden direkt in die Ergebniszeichenfolge kopiert.

Tabelle 15.10 Formatzeichen für benutzerdefinierte Zahlen- und Zeichenformate (Forts.)

Nachfolgend zeigen wir an einigen Beispielen, wie Sie die Formatzeichen einsetzen und zu welchem Ergebnis die Anweisungen führen:

```
double value = 12345.67890;
string text = value.ToString("000");        // Ausgabe: 12346
text = value.ToString("0000000");           // Ausgabe: 00123456
text = value.ToString("###");               // Ausgabe: 12346
text = value.ToString("#,#####");           // Ausgabe: 12.346
text = value.ToString("#.##");              // Ausgabe: 12345,68
text = value.ToString("#.#####");           // Ausgabe: 12345,6789
text = value.ToString("000e+000");          // Ausgabe: 123e+002
text = value.ToString("0%");                // Ausgabe: 1234568%
```

Datums- und Zeitangaben

Wenn Sie wollen, können Sie mit vordefinierten Codes eigene Mustervorgaben zur Darstellung des Datums und der Uhrzeit festlegen. Diese Codes stellt die Klasse DateTimeFormatInfo bereit.

```
// Ausgabe: Sep.2004.12
string text = DateTime.Now.ToString("MMM/yyyy/dd");
// Ausgabe: 09:22:30
string text = DateTime.Now.ToString("HH:mm:ss");
```

Formatmuster	Beschreibung
d	Monatstag ohne führende 0 (1–31)
dd	Monatstag mit führender 0 (01–31)
ddd	Abkürzung des Wochentags (Mon)
dddd	vollständiger Name des Wochentags (Montag)
M	Monat ohne führende 0 (1–12)
MM	Monat mit führender 0 (01–12)
MMM	Abkürzung des Monatsnamens (Jan)
MMMM	vollständiger Monatsname (Januar)
y	zweistellige Jahreszahl ohne führende 0 (3)
yy	zweistellige Jahreszahl mit führender 0 (03)
yyyy	vollständige Jahreszahl (2003)
g, gg	Angabe des Zeitraums oder der Epoche (08.04.0070 A.D)
h	Stundenangabe in 12-Stunden-Schreibweise ohne führende 0
hh	Stundenangabe in 12-Stunden-Schreibweise mit führender 0
H	Stundenangabe in 24-Stunden-Schreibweise ohne führende 0
HH	Stundenangabe in 24-Stunden-Schreibweise mit führender 0
m	Minutenangabe ohne führende 0 (0–59)
mm	Minutenangabe mit führender 0 (00–59)
s	Sekundenangabe ohne führende 0 (0–59)
ss	Sekundenangabe mit führender 0 (0–59)
f–ffffff	Angabe von Sekundenbruchteilen
t	das erste Zeichen des AM/PM-Kennzeichners (A entspricht AM, P entspricht PM.)
tt	AM oder PM

Tabelle 15.11 Formatzeichen für benutzerdefinierte Datums- und Zeitformate

Formatmuster	Beschreibung
z	Zeitzonenangabe (+ oder –, gefolgt von der Stundenangabe; ohne führende 0)
zz	Zeitzonenangabe ("+" oder "-", gefolgt von der Stundenangabe; mit führender 0)
zzz	vierstellige Zeitzonenangabe
/	Es wird das Standardtrennzeichen für Datumsangaben eingesetzt.
:	Es wird das Standardtrennzeichen für Zeitangaben eingesetzt.

Tabelle 15.11 Formatzeichen für benutzerdefinierte Datums- und Zeitformate (Forts.)

Kapitel 16
Einführung in das Entity Framework Core

In modernen Anwendungen ist der Zugriff auf Datenbanken ein zentrales Thema. Auch wenn mittlerweile zahlreiche verschiedene Datentypen in der Praxis angekommen sind, spielen relationale Datenbanken weiterhin eine umfassende Rolle. Der Zugriff auf ebendiesen Datenbanktyp betrifft auch die .NET-Welt und ist seit den frühen Versionen in .NET möglich.

Mit dem Entity Framework Core (EF Core) steht ein leistungsfähiges ORM (Object-Relational Mapping) zur Verfügung, das nahtlos in das .NET-Ökosystem integriert ist. EF Core ermöglicht es, mit Datenbanken auf einer höheren Abstraktionsebene zu arbeiten, ohne auf die Flexibilität und Kontrolle verzichten zu müssen, die für professionelle Softwareentwicklung notwendig sind.

In diesem Kapitel bieten wir Ihnen eine fundierte und praxisnahe Einführung in Entity Framework Core. Wer von älteren Technologien wie dem klassischen Entity Framework (EF 6) umsteigt, erhält einen klaren Überblick über die konzeptionellen Unterschiede und die neuen Möglichkeiten. Wenn Sie neu in das Thema einsteigen, lernen Sie Schritt für Schritt, wie Sie mit EF Core Datenmodelle erstellen, verwalten und effizient abfragen.

Dabei verfolgen wir bewusst einen praxisorientierten Ansatz: Jedes zentrale Konzept erklären wir nicht nur theoretisch, sondern veranschaulichen es durch konkrete C#-Beispiele. Sie erfahren, wie EF Core in Projekten zum Einsatz kommt, von der ersten Abfrage über die Pflege des Datenbankschemas bis hin zum produktiven Einsatz. Ziel ist es, ein sicheres Verständnis für die Arbeit mit EF Core zu vermitteln.

16.1 Was ist das Entity Framework Core?

Die Entwicklung des Entity Frameworks ist eng mit der Geschichte von .NET selbst verknüpft. Als Microsoft im Jahr 2008 die erste Version des klassischen Entity Frameworks, damals noch einfach »EF« genannt, veröffentlichte, war der Anspruch klar: ein ORM bereitzustellen, das tief in das .NET-Ökosystem integriert ist und uns von der direkten Arbeit mit SQL entlastet. Damals war EF als Teil des .NET Frameworks eng mit Visual Studio, XML-basierten Konfigurationsdateien und einem zentralen Modellierungsansatz über das sogenannte EDMX-Modell, dem Entity Data Model Designer, verbunden.

Diese erste Generation war für ihre Zeit ein großer Schritt, aber sie war auch durch technische Altlasten geprägt. Das Design war stark auf Windows und Visual Studio ausgerichtet, die Architektur monolithisch, und viele Entscheidungen wirkten mit zunehmendem Reifegrad der .NET-Plattform wie Bremsklötze. Gerade Entwicklungen, die auf testbaren, leichtgewichtigen und cloud-tauglichen Code setzten, stießen mit dem klassischen EF rasch an Grenzen.

Mit der Neuausrichtung von .NET – insbesondere dem Übergang von .NET Framework zu .NET Core – wurde Microsoft schnell klar, dass sie das ORM ebenfalls neu denken mussten. Die Konsequenz war ein kompletter Neuentwurf. So entstand *Entity Framework Core*, kurz *EF Core*, und mit ihm ein Bruch mit der bisherigen Linie.

EF Core ist kein einfaches Update von EF 6, sondern ein technisches und konzeptionelles Neuprojekt. Die Architektur ist vollständig überarbeitet, modular aufgebaut und auf die Anforderungen moderner Softwareprojekte zugeschnitten. EF Core unterstützt plattformübergreifende Szenarien, funktioniert auch außerhalb von Visual Studio, lässt sich problemlos in Tests integrieren und bringt eine konsequente Unterstützung für asynchrone Datenzugriffe mit.

Mit dem Wechsel von EF 6 zu EF Core gehen einige tiefgreifende Veränderungen einher. Dazu gehört der vollständige Verzicht auf die früher üblichen XML-Konfigurationsdateien wie *App.config* oder *Web.config*. Konfigurationen erfolgen nun ausschließlich über Code, typischerweise in der `DbContext`-Klasse oder während des Anwendungsstarts über Dependency Injection. Auch den visuellen Designer (EDMX) hat Microsoft nicht übernommen. Stattdessen setzt EF Core auf die sogenannte *Code-First-Philosophie*: Sie beschreiben Datenmodelle direkt in C#, inklusive Beziehungen, Constraints und Konventionen. Wer möchte, kann das Modell auch über eine *Database-First-Strategie* erzeugen, aber selbst dann bleibt der Code die primäre Quelle der Wahrheit.

EF Core fügt sich gut in moderne Softwarearchitekturen ein. Es ist leicht testbar, konfigurierbar und erweiterbar. Statt eines zentralen Frameworks mit vordefinierten Strukturen gibt EF Core Ihnen mehr Verantwortung an die Hand und damit auch mehr Freiheiten, beispielsweise über die Konfiguration von Beziehungen, Mapping-Verhalten, Namenskonventionen zu Tabellen und Spalten und die Umsetzung von Änderungen über Datenbankmigrationen. Gleichzeitig ist EF Core sehr leistungsfähig, gerade im Zusammenspiel mit neuen Sprachfeatures von C# und modernen Infrastrukturansätzen wie Containern oder Cloud-Plattformen.

Seit der ersten Veröffentlichung von EF Core im Jahr 2016 hat sich das Framework rasant weiterentwickelt. Die Versionen brachten teils substanzielle Neuerungen mit sich. EF Core 2 führte beispielsweise die Unterstützung für das `GroupBy` aus LINQ in vielen Konstellationen ein. EF Core 3 überarbeitete den LINQ-Übersetzer vollständig, mit dem Nebeneffekt, dass manches nicht mehr funktionierte wie zuvor. EF Core 5 näherte sich wieder funktional an EF 6 an, brachte aber auch neue Konzepte wie *Split Queries* für komplexe Joins. Mit EF Core 6, veröffentlicht parallel zu .NET 6 als LTS-Version, wurde das ORM deutlich stabiler und alltagstauglicher für Enterprise-Anwendungen. EF Core 7 und 8 fokussierten sich weiter auf Performance, Unterstützung für JSON-Spalten und hybride Datenbankmodelle. Und mit *EF Core 9*, das zur selben Zeit wie .NET 9 erschienen ist, kommen weitere Verbesserungen in Bereichen wie Raw-SQL-Interaktion, Migrationsrobustheit und LINQ-Funktionalität hinzu.

Wer mit Entity Framework Core arbeiten möchte, sollte zunächst die grundlegenden Bausteine des Frameworks verstehen. EF Core basiert auf einer Reihe zentraler Konzepte, die eng miteinander verzahnt sind. Diese bestimmen, wie mit Daten gearbeitet wird, wie Objekte mit Datenbankeinträgen verknüpft sind und wie Änderungen gespeichert oder abgefragt werden. Die folgenden Abschnitte erläutern diese Grundkonzepte und verdeutlichen diese mit Codebeispielen.

Entity Framework Core (*EF Core*) ist ein modernes, plattformübergreifendes und quelloffenes *Object-Relational Mapping* (ORM, dt. objektrelationale Abbildung) für .NET. Entwickelt von Microsoft, stellt es die Weiterentwicklung des klassischen Entity Frameworks (EF 6) dar, basiert aber auf einem vollständig neuen Architekturansatz.

EF Core ermöglicht es Ihnen, mit .NET-Objekten auf relationale Datenbanken zuzugreifen und diese zu verwalten, ohne dafür direkt SQL schreiben zu müssen. Stattdessen wird die Datenbankstruktur anhand von C#-Klassen beschrieben, die das Datenmodell einer Anwendung repräsentieren. Über sogenannte *Konventionen* und *Konfigurationen* entsteht daraus ein vollständiges Abbild der Datenbankstruktur (Schema) inklusive Tabellen, Relationen, Einschränkungen und mehr. EF Core unterstützt zahlreiche relationale Datenbanksysteme, darunter:

- Microsoft SQL Server
- SQLite
- PostgreSQL
- MySQL/MariaDB
- Azure Cosmos DB (NoSQL)

Weitere Systeme werden durch zahlreiche offizielle oder community-getriebene Provider unterstützt. EF Core ist damit ein zentrales Werkzeug für moderne .NET-Entwicklung – ob in klassischen Desktop-Anwendungen, in ASP.NET Core Web APIs oder in cloud-nativen Services.

16.1.1 Objektrelationale Abbildung (ORM)

Die grundlegende Aufgabe eines ORMs ist es, eine Brücke zwischen zwei unterschiedlichen Welten zu schlagen. Auf der einen Seite steht das objektorientierte Programmiermodell von .NET (mit Klassen, Objekten und Vererbung), auf der anderen Seite das relationale Datenmodell einer klassischen Datenbank (mit Tabellen, Zeilen und Spalten).

Diese Unterschiede – auch bekannt als *objektrelationales Impedanzproblem* – führen in der Praxis oft zu komplexem Code, wenn wir direkt mit SQL arbeiten. ORMs wie EF Core bieten hierfür eine Lösung, indem sie Objekte und ihre Beziehungen automatisch in Datenbankstrukturen abbilden, Änderungen an Objekten nachverfolgen (*Change Tracking*) und effizient in SQL-Befehle übersetzen, Datenbankabfragen auf Basis von LINQ ermöglichen sowie Migrationen und Schema-Verwaltung zur Verfügung stellen. Themen, die wir Ihnen in diesem Kapitel im Kontext von Entity Framework Core näherbringen.

Ein ORM bietet dadurch eine deutlich höhere Abstraktionsebene, ohne dabei die Kontrolle über die Datenbank vollständig aufzugeben. Das hat den Vorteil, dass Sie sich stärker auf die Geschäftslogik konzentrieren können, anstatt Datenzugriffslogik manuell zu schreiben und zu pflegen.

16.1.2 Vorteile und Ziele

Microsoft hat Entity Framework Core mit dem Ziel entwickelt, eine moderne, flexible und performante ORM-Lösung für die .NET-Plattform bereitzustellen. Im Vergleich zu seinem Vorgänger bietet EF Core zahlreiche Vorteile:

- **Plattformunabhängigkeit**

  EF Core läuft auf .NET 6, 7, 8, 9 sowie auf .NET Standard und ist vollständig Cross-Platform (Windows, Linux, macOS) – eine bedeutende Änderung im Vergleich zum Entity Framework

- **Ein leichtgewichtiger und modularer Ansatz**

  EF Core ist in unabhängige Pakete unterteilt, zum Beispiel für unterschiedliche Datenbanken, so dass wir nur die benötigten Komponenten einbinden müssen.

- **Hohe Kontrolle und Erweiterbarkeit**

  Mit der Fluent API, Konventionen und Data Annotations bietet EF Core ein hohes Maß an Flexibilität in der Modellierung. Erweiterungen, Interceptors und eigene Konventionen lassen sich gezielt integrieren.

- **LINQ als Abfragesprache**

  Sie können statt SQL die LINQ-Syntax nutzen, um typensicher und ausdrucksstark auf Daten zuzugreifen. EF Core übersetzt diese Ausdrücke in performanten SQL-Code.

- **Asynchrone Datenzugriffe**

  EF Core unterstützt vollständig asynchrone Operationen (`async`/`await`) – das ist ein wichtiger Faktor für skalierbare Anwendungen, besonders in Web- und Cloud-Szenarien.

- **Migrationen und Schema-Management**

  Änderungen im Datenmodell lassen sich über Migrationen versionieren und automatisiert auf Datenbanken anwenden. Das reduziert Fehlerquellen und vereinfacht den Deploy-Prozess.

- **Open Source und Community-getrieben**

  EF Core steht auf GitHub öffentlich zur Verfügung, Fehler und Wünsche lassen sich dort offen verfolgen, und die Community ist aktiv an der Weiterentwicklung beteiligt.

Microsoft verfolgt mit EF Core klare Ziele. Eins davon ist die Bereitstellung eines leistungsfähigen, modernen ORMs, das sowohl einfache Anwendungen als auch komplexe, hochskalierbare Architekturen unterstützt. Dabei soll es möglich sein, Datenmodelle deklarativ in C# zu definieren, die darunterliegende Datenbankstruktur automatisiert zu verwalten, effiziente Abfragen zu schreiben, ohne SQL manuell pflegen zu müssen, und jederzeit performant sowie erweiterbar zu bleiben.

EF Core ermöglicht es, .NET-Klassen, die sogenannten *Entitäten*, direkt mit Datenbanktabellen zu verknüpfen. Diese Zuordnung, das sogenannte *Mapping*, kann auf zwei Wegen erfolgen: durch Konventionen oder durch Konfigurationen.

Konventionen sind Regeln, die EF Core automatisch anwendet, ohne dass zusätzlicher Code nötig ist. Beispielsweise wird eine Klasse `Person` automatisch einer Tabelle `Persons` zugeordnet, und eine Eigenschaft `Id` wird als Primärschlüssel erkannt.

16

Konfigurationen hingegen erlauben es, diese Vorgaben gezielt zu beeinflussen oder zu überschreiben. Das kann über sogenannte *Fluent-API-Anweisungen* im Code erfolgen oder mit Hilfe von *Data Annotations* direkt in den Klassen. Hier wird explizit festgelegt, wie Eigenschaften abgebildet werden sollen, etwa wenn eine Spalte einen anderen Namen erhalten soll oder Beziehungen zwischen Entitäten komplexer sind, als die Standardannahmen es vermuten lassen. Das bedeutet zusammengefasst:

- *Konventionen* = automatische Zuordnungen, basierend auf typischen Mustern und Namensgebungen
- *Konfigurationen* = bewusste Vorgaben, um Details des Datenmodells anzupassen

Abbildung 16.1 zeigt dazu eine vereinfachte Darstellung. LINQ (Language Integrated Query) spielt in diesem Zusammenhang eine zentrale Rolle: Über LINQ-Abfragen können Sie auf Entitäten zugreifen, als würden Sie normale .NET-Objekte bearbeiten. EF Core übersetzt diese Abfragen dann automatisch in SQL-Kommandos für die zugrundeliegende Datenbank.

EF Core ist heute ein eigenständiges, modernes ORM, das sich klar von seinem Vorgänger abgrenzt, nicht nur durch den Namen, sondern durch die gesamte Philosophie und technische Umsetzung. Für viele Projekte ist EF Core längst der Standard geworden, nicht zuletzt, weil es auf der Höhe der Zeit ist und die .NET-Welt in ihrer ganzen Breite unterstützt.

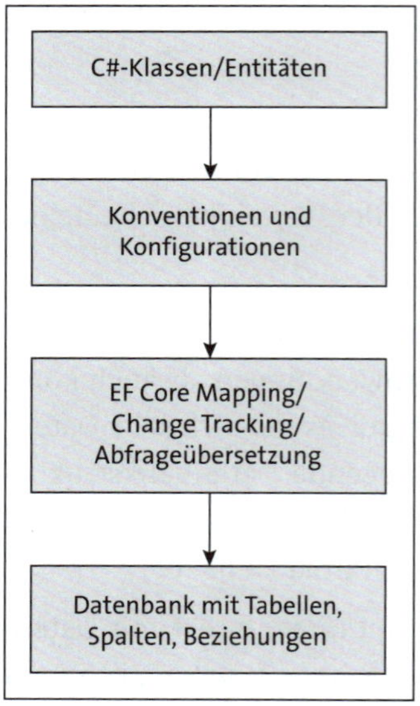

Abbildung 16.1 Zusammenhang der Konzepte

16.1.3 Migration von EF 6 nach EF Core

Für neue Projekte ist EF Core klar zu bevorzugen. Ein Umstieg von EF 6 ist oft lohnend, aber sorgfältig zu planen, insbesondere bei komplexen Datenmodellen und stark verknüpften Abfragen.

Was EF Core besser macht

Cross-Platform-Fähigkeit: EF 6 läuft nur unter .NET Framework (Windows), EF Core ist dagegen plattformunabhängig. Durch die modulare Architektur lässt sich EF Core gezielter konfigurieren und leichter erweitern. Zudem zeigt sich besonders bei lesenden Zugriffen und asynchronem Zugriff bei EF Core die bessere Performance. Hier hat das neue Framework die Nase vorn. Neue Features erscheinen nur noch für EF Core, da dieses Framework aktiv weiterentwickelt wird. Darüber hinaus interpretiert EF Core komplexe LINQ-Ausdrücke deutlich effizienter als EF 6.

Was EF 6 noch voraushatte (historisch)

Für alle, die gerne mit grafischen Tools arbeiten, war der EDMX-Designer (Visual Designer) eine bequeme Lösung. Diesen Designer hat Microsoft vollständig gestrichen. EF 6 ist über die Jahre sehr ausgereift und in vielen Unternehmenssystemen tief integriert. Das ist ein Vorteil für vorhandene Systeme, die nicht zwingend eine Aktualisierung erfordern. Trotz aller Stärken gibt es Szenarien, in denen EF Core nicht die beste Wahl ist. Das trifft auf sehr komplexe Datenbankprozeduren und Views mit vielen Seiteneffekten zu. Auch sehr große Bulk-Operationen, bei denen Performance im Millisekundenbereich entscheidend ist, ist EF Core nicht zwingend die beste Wahl. Legacy-Datenbanken ohne klare Primärschlüssel oder mit ungewöhnlichen Strukturen können ebenfalls Probleme oder viel Arbeit bereiten. Hochoptimierte Abfragen mit spezieller SQL-Syntax, die sich nur schwer über LINQ ausdrücken lassen, sind ebenfalls eine Herausforderung. In diesen Szenarien kann es sinnvoll sein, auf ein ORM gänzlich zu verzichten und spezialisierte Abfragen manuell einzubauen.

16.2 Grundkonzepte und Projekt-Setup von EF Core

Wer mit Entity Framework Core arbeiten möchte, sollte zunächst die grundlegenden Bausteine des Frameworks verstehen. EF Core basiert auf einer Reihe zentraler Konzepte, die eng miteinander verzahnt sind. Als ORM bietet EF Core eine objektrelationale Abbildung auf relationale Datenbanken. EF Core selbst weiß aber nichts über konkrete Datenbanken. Diese Informationen, Zugriffstechnologien und Objekte kommen aus sogenannten *Datenbank-Providern*, die als Extrapakete zur Verfügung stehen. Beispielsweise `Microsoft.EntityFrameworkCore.SqlServer`, das Sie gesondert installieren müssen, wenn der Zugriff auf Microsoft SQL Server möglich sein soll. Zudem ist ein Datenbankkontext herzustellen. Das passiert über die `DbContext`-Klasse, die definiert, wie die Verbindung zur Datenbank geschieht und wie Tabellen auf Objekte abzubilden sind. Mit dieser Grundkonfiguration ist eine Anwendung darauf vorbereitet, mit der Datenbank zu interagieren. Diese Schritte zeigt dieses Kapitel.

Bevor wir jedoch einen Blick auf die Details werfen können, müssen wir uns zunächst mit dem Projekt-Setup und der Paketinstallation auseinandersetzen. Für ein erstes Beispiel setzen wir ein Konsolenprojekt auf. Als Zielplattform nutzen wir dabei .NET 9, das zum Zeitpunkt der Erstellung dieses Kapitels die aktuelle Version ist. Wie im ersten Kapitel des Buchs bereits erwähnt, ist die Kommandozeile bei .NET deutlich wichtiger geworden. Wir können das Konsolenprojekt daher über ebendiese Kommandozeile oder über Visual Studio erstellen. Den Weg über ein Kommando zeigt Listing 16.1:

```
dotnet new console -n EF-Core-Beispiele
cd EF-Core-Beispiele
```

Listing 16.1 Aufruf auf der Kommandozeile für ein neues Konsolenprojekt

Anschließend ist die *.csproj*-Datei so anzupassen, dass sie explizit auf .NET 9 verweist, was aber in der Regel automatisch passiert:

```
<TargetFramework>net9.0</TargetFramework>
```

Um EF Core im Projekt zu verwenden, müssen Sie das passende NuGet-Paket für die gewünschte Datenbank installieren – ein direktes Resultat des modularen Aufbaus von EF Core. In diesem Beispiel starten wir mit der Datenbank im Speicher, *In-Memory-Datenbank* genannt. Diese Datenbank befindet sich ausschließlich im Speicher und ist ideal für Tests oder ein schnelles Prototyping. Wir können das Paket über den NuGet-Paketmanager in Visual Studio oder über die Kommandozeile installieren:

```
dotnet add package Microsoft.EntityFrameworkCore.InMemory
dotnet add package Microsoft.EntityFrameworkCore.Tools
```

Listing 16.2 Installation der notwendigen Pakete im Konsolenprojekt

Das Paket `Microsoft.EntityFrameworkCore.Tools` ist ein sinnvolles Hilfspaket, das unter anderem Befehle zur Verwaltung von Migrationen und der Datenbankstruktur bereitstellt. Das Paket brauchen wir nicht zur Laufzeit unserer Anwendung, sondern nur während der Entwicklung.

16.2.1 »DbContext« und »DbSet«

Im Zentrum jeder EF-Core-Anwendung steht die Klasse `DbContext`. Sie stellt die Verbindung zur Datenbank her, verwaltet die Objektinstanzen zur Laufzeit und ist für die Übersetzung zwischen Objekten und Datenbankeinträgen zuständig. Der `DbContext` ist damit das Herzstück des ORMs.

Innerhalb des `DbContext` werden einzelne Tabellen durch sogenannte `DbSet<T>`-Eigenschaften dargestellt. Diese `DbSets` ermöglichen den Zugriff auf die Entitäten einer bestimmten Klasse, sowohl zum Lesen als auch zum Schreiben von Daten. Ein einfaches Beispiel für einen solchen `DbContext` zeigt Listing 16.3:

```
namespace EF_Core_Beispiele
{
    public class BloggingContext : DbContext
    {
        public DbSet<Blog> Blogs => Set<Blog>();
        public DbSet<Post> Posts => Set<Post>();

        protected override void OnConfiguring(DbContextOptionsBuilder
                                              optionsBuilder)
        {
            optionsBuilder.UseInMemoryDatabase("TestDb");
        }
    }
}
```

Listing 16.3 Unser erster »DbContext« mit zwei »DbSet«-Objekten

In diesem Beispiel stellt die Klasse `BloggingContext` eine Verbindung zur In-Memory-Datenbank her. Die beiden `DbSet`-Eigenschaften stehen für die Datenbanktabellen *Blogs* und *Posts*. Durch die Methode `OnConfiguring` definieren wir das konkrete Datenbanksystem, in diesem Beispiel die angesprochene In-Memory-Datenbank, die wir sehr simpel *TestDb* nennen.

Wenn wir die Konfiguration nicht direkt in der Klasse `DbContext` durchführen möchten, sondern außerhalb, lässt sich das über den folgenden Code bewerkstelligen:

```
var options = new DbContextOptionsBuilder<BloggingContext>()
    .UseInMemoryDatabase("TestDb")
    .Options;
```

Listing 16.4 Konfiguration der In-Memory-Datenbank außerhalb des »DbContext«-Objekts

Das Resultat ist identisch mit der Konfiguration direkt in der Klasse `DbContext`.

16.2.2 Modellklassen (POCOs)

EF Core verwendet sogenannte *Plain Old CLR Objects* (*POCOs*) als Modellklassen. Diese Klassen repräsentieren die Datenbankeinträge auf Anwendungsebene. Sie enthalten meist nur Eigenschaften und, sofern nötig, Navigationseigenschaften zu anderen Entitäten. Zwei einfache POCO-Klassen sind in Listing 16.5 abgebildet:


```
namespace EF_Core_Beispiele
{
    public class Post
    {
        public int Id { get; set; }
        public string? Title { get; set; }
        public string? Content { get; set; }

        public int BlogId { get; set; }
        public Blog? Blog { get; set; }
    }
}

namespace EF_Core_Beispiele
{
    public class Blog
    {
        public int Id { get; set; }
        public string? Url { get; set; }
```

```
        public List<Post> Posts { get; set; } = new();
    }
}
```

Listing 16.5 Die Modellklassen »Post« und »Blog«

EF Core erkennt anhand der Konventionen automatisch Primärschlüssel, Fremdschlüssel und Beziehungen. In diesem Fall wird die Beziehung zwischen `Blog` und `Post` als *eins-zu-viele* (*1:n*) interpretiert. Diese Konventionen, bezogen auf Primär- und Fremdschlüssel, erläutert der folgende Abschnitt.

16.2.3 Konventionen bei Primär- und Fremdschlüsseln

Entity Framework Core verwendet sogenannte *Konventionen*, um beim Erstellen des Datenmodells automatisch bestimmte Strukturen und Beziehungen zu erkennen, ohne dass diese explizit konfiguriert werden müssen. Eine dieser Konventionen betrifft die Erkennung von Primärschlüsseln und Fremdschlüsseln sowie die Definition von Beziehungen zwischen Entitäten.

Nehmen wir als Beispiel die Klassen `Blog` und `Post`, bei denen ein `Blog` mehrere `Post`-Einträge enthalten kann. EF Core analysiert, wie oben in Listing 16.5 gezeigt, die Navigationseigenschaften in diesen Klassen und interpretiert die Beziehung automatisch als eins-zu-viele (1:n). Konkret erkennt EF Core, dass die `Blog`-Klasse eine Sammlung von `Post`-Objekten enthält und dass die `Post`-Klasse eine Referenz auf `Blog` hat. Aus dieser Kombination schließt das Framework auf eine relationale Verknüpfung, bei der jeder `Post` einem bestimmten `Blog` zugeordnet ist, während ein `Blog` mehrere `Post`s enthalten kann.

EF Core erstellt daraus intern die entsprechenden Datenbankstrukturen: Es legt einen Primärschlüssel in beiden Tabellen fest und fügt in der *Posts*-Tabelle einen Fremdschlüssel hinzu, der auf den Primärschlüssel der *Blogs*-Tabelle verweist. Dadurch wird die Beziehung auch auf Datenbankebene abgebildet, ohne dass zusätzlicher Konfigurationscode notwendig ist.

Im Hintergrund nutzt EF Core also Namenskonventionen, die sich an üblichen .NET-Mustern orientieren, um diese Verknüpfungen abzuleiten. Wird beispielsweise eine Eigenschaft `BlogId` in der `Post`-Klasse gefunden, erkennt EF Core sie automatisch als Fremdschlüssel zur *Blog*-Tabelle. Durch diese Konventionen können Entwickler mit minimalem Aufwand ein funktionierendes Datenmodell erstellen und sich auf die Logik der Anwendung konzentrieren.

16.2.4 Change Tracking

Ein wesentliches Merkmal von EF Core ist das sogenannte *Change Tracking*. Sobald EF Core Daten aus der Datenbank in Form von Objekten lädt, merkt sich EF Core deren ursprünglichen Zustand. Ändert sich später eine Eigenschaft eines Objekts, erkennt EF Core diese Veränderung automatisch.

Beim Aufruf von `SaveChanges()` analysiert EF Core alle geänderten Objekte, generiert daraus die entsprechenden SQL-Befehle, zum Beispiel `UPDATE` oder `INSERT`, und führt sie in der richtigen Reihenfolge aus. Listing 16.6 zeigt dazu ein minimales Beispiel:

```
using var context = new BloggingContext();

var blog = context.Blogs.First();
blog.Url = "https://neue-url.de";

context.SaveChanges();
```

Listing 16.6 Aufruf der Methode »SaveChanges«, um Änderungen zu speichern

Der Change Tracker funktioniert standardmäßig im Hintergrund, lässt sich aber gezielt deaktivieren oder anpassen, etwa zur Optimierung von Leseoperationen über `.AsNoTracking()`.

16.2.5 Migrationen

Damit sich Änderungen am Datenmodell auch in der Datenbank widerspiegeln, bietet EF Core ein integriertes Migrationssystem. Statt das Schema manuell zu pflegen, generiert EF Core Ihnen anhand der C#-Klassen die notwendigen SQL-Anweisungen automatisch. Dadurch lassen sich Datenbankmigrationen als Codeänderungen auffassen und darüber darstellen – eine bei der Entwicklung sehr komfortable Möglichkeit, Änderungen am Datenbankmodell vorzunehmen. Der typische Ablauf sieht wie folgt aus: Modelländerung in Code vornehmen, wie zum Beispiel eine neue Eigenschaft hinzufügen, und anschließend eine neue Migration für diese Änderung erzeugen. Die folgenden Befehle auf der Kommandozeile zeigen diesen Ablauf:

```
dotnet ef migrations add AddNewProperty
dotnet ef database update
```

Im Hintergrund erstellt EF Core eine sogenannte *Migrationsklasse*, die exakt beschreibt, wie sich die Datenbankstruktur verändert. Diese Klasse ist auch versionierbar und lässt sich im Team über eine Versionsverwaltung wie Git teilen. Migrationen unterstützen zudem Rückwärtsbewegungen, also Rollbacks, sowie das gezielte Anwenden einzelner Änderungen.

16.2.6 LINQ to Entities

Abfragen auf Datenbasis erfolgen in EF Core überwiegend über *Language Integrated Query*, kurz *LINQ*. LINQ bietet einen typsicheren und ausdrucksstarken Weg, Daten zu filtern, zu sortieren, zu gruppieren oder zu projizieren. Listing 16.7 zeigt ein Beispiel, basierend auf den Informationen aus dem Kapitel 11 über LINQ.

```
using var context = new BloggingContext();

var posts = context.Posts
    .Where(p => p.Title!.Contains("EF Core"))
    .OrderByDescending(p => p.Id)
    .ToList();
```

Listing 16.7 Zugriff auf die »Posts«-Daten über eine Filterung und Sortierung

C# führt diese Abfrage nicht direkt aus, sondern EF Core analysiert sie zunächst, um sie in einen SQL-Ausdruck zu übersetzen und an die Datenbasis zu schicken. Das bedeutet, dass die Performance maßgeblich von der Qualität der LINQ-Übersetzung abhängt. EF Core bietet hier eine sehr leistungsfähige Infrastruktur, die seit Version 3 mehrfach überarbeitet wurde und auch komplexe Abfragen unterstützt.

Bei Bedarf können Sie auch jederzeit SQL direkt nutzen. Das geschieht über die Methode `FromSqlRaw()`, doch für die meisten Anwendungsfälle bietet LINQ die bessere Lesbarkeit und Wartbarkeit.

Diese Grundkonzepte bilden das Fundament jeder Anwendung, die mit EF Core arbeitet. Wer diese Mechanismen versteht, kann Daten nicht nur bequem abfragen und ändern, sondern auch performant und robust mit relationalen Datenbanken interagieren, unabhängig von der konkreten Plattform oder Datenbanktechnologie. Die folgenden Abschnitte führen die Themen weiter aus und setzen sie in einen praktischen Kontext zueinander.

16.3 Unser erstes Projekt

Entity Framework Core ist bewusst so konzipiert, dass man schnell in die Arbeit mit relationalen Daten einsteigen kann, ohne viel Konfiguration, externe Tools oder komplizierte Setups. Dieser Abschnitt zeigt Ihnen ein vollumfängliches Beispiel, in dem wir die Grundkonzepte des vorherigen Abschnitts miteinander kombinieren, um ein erstes Projekt inklusive Datenbankzugriff zu erstellen.

16.3.1 Anlegen des Datenmodells

Unser erstes Datenmodell besteht aus den zwei Klassen, die Sie bereits in Abschnitt 16.2.2 kurz kennengelernt hatten: `Blog` und `Post`. Diese repräsentieren eine klassische Eins-zu-viele-Beziehung (1:n): Ein `Blog` kann mehrere Beiträge (`Post`) enthalten, ein Beitrag gehört genau zu einem `Blog`. Diese Beziehung ist über eine generische Liste des Typs `List<Post>` in der Klasse `Blog` realisiert. Listing 16.8 zeigt diesen Code noch einmal:

```
public class Blog
{
    public int Id { get; set; }
    public string? Url { get; set; }

    public List<Post> Posts { get; set; } = new();
}

public class Post
{
    public int Id { get; set; }
    public string? Title { get; set; }
    public string? Content { get; set; }

    public int BlogId { get; set; }
    public Blog? Blog { get; set; }
}
```

Listing 16.8 Die Modellklassen »Blog« und »Post«

Diese sogenannten *POCOs* benötigen keinerlei EF-Core-spezifische Attribute. EF Core erkennt anhand von Konventionen automatisch *Primärschlüssel* (*Id*), *Fremdschlüssel* (*BlogId*) und die Beziehung zueinander (`List<Post>` ↔ `Blog`).

Als Nächstes benötigen wir die Klasse `BloggingContext`, die vom `DbContext` erbt. Diese Klasse haben Sie ebenfalls bereits kennengelernt. Abschnitt 16.2.1 erläutert dieses Konzept an einem Beispiel, das auch weiterhin gültig ist. Wichtig sind die Vererbung und zwei Eigenschaften des generischen Typs `DbSet<T>`, um die Daten der Modellklassen `Blogs` und `Posts` zu speichern.

Diese Klasse macht das Datenmodell bekannt und konfiguriert die Verbindung zur Datenbank. In Listing 16.9 sehen Sie die Klasse:

```
public class BloggingContext : DbContext
{
    public DbSet<Blog> Blogs => Set<Blog>();
```

```
    public DbSet<Post> Posts => Set<Post>();

    protected override void OnConfiguring(DbContextOptionsBuilder
                                          optionsBuilder)
    {
        optionsBuilder.UseInMemoryDatabase("TestDb");
    }
}
```

Listing 16.9 Der »BloggingContext« für die Konfiguration des Datenmodells

Wie bereits erwähnt, ist die Methode `OnConfiguring` optional, da die Konfiguration auch außerhalb der `Context`-Klasse stattfinden kann. Ist die Methode aber überschrieben, lässt sich dort die Datenbankverbindung konfigurieren. In vielen Szenarien ergibt das Sinn, um die Konfiguration der Verbindung inhaltlich mit dem Kontext zu verknüpfen. In diesem Fall ist die Konfiguration einer In-Memory-Datenbank sehr einfach. Im Falle einer anderen Datenbank, etwa SQL Server oder PostgreSQL, steht in der Methode zur Konfiguration ein entsprechender Verbindungsstring.

16.3.2 Zugriff auf PostgreSQL

Um mit Entity Framework Core (EF Core) auf eine PostgreSQL-Datenbank zuzugreifen, wird ein spezieller Datenbank-Provider benötigt. EF Core ist so konzipiert, dass es verschiedene Datenbanken unterstützt, für PostgreSQL gibt es den offiziellen Provider `Npgsql.EntityFrameworkCore.PostgreSQL`, der die Kommunikation zwischen EF Core und PostgreSQL ermöglicht. Die Installation ist über den NuGet-Paketmanager in Visual Studio möglich oder direkt auf der Kommandozeile:

```
dotnet add package Npgsql.EntityFrameworkCore.PostgreSQL
```

Mit diesem Paket erhält EF Core die notwendigen Treiber und Erweiterungen, um mit PostgreSQL arbeiten zu können. Zudem benötigen wir im Projekt eine weitere Referenz, um mit den EF Core Tools arbeiten zu können. Dazu gehören unter anderem die Migrationen. Daher ist eine Installation des Pakets

```
Microsoft.EntityFrameworkCore.Design
```

sinnvoll und lässt sich direkt mit erledigen.

Die Entitäten und den »DbContext« definieren

Als Nächstes müssen die Datenbankentitäten als C#-Klassen definiert sein. Für dieses Beispiel bleiben wir bei den Entitäten `Blog` und `Post`, die in Listing 16.8 definiert sind.

Diese beiden Klassen beschreiben die Struktur der Tabellen in der Datenbank. EF Core erkennt anhand der Konventionen, dass `BlogId` der Primärschlüssel von `Blog` ist und gleichzeitig als Fremdschlüssel in `Post` verwendet wird, um die Beziehung herzustellen. Das ist so weit kein Unterschied zu einem anderen Provider, wie der In-Memory-Datenbank, die wir zuvor gezeigt haben.

Um diese Entitäten mit der Datenbank zu verknüpfen, wird eine `DbContext`-Klasse benötigt. Diese Klasse unterscheidet sich aufgrund der anderen Datenbank leicht und ist in Listing 16.10 zu sehen.

```
public class BloggingContext : DbContext
{
    public DbSet<Blog> Blogs { get; set; }
    public DbSet<Post> Posts { get; set; }

    protected override void OnConfiguring(DbContextOptionsBuilder
                                          optionsBuilder)
    {
        optionsBuilder.UseNpgsql("Host=localhost;Database=blogdb;Username=
                                  postgres;Password=mysecretpassword");
    }
}
```


Listing 16.10 Der »DbContext« für den Zugriff auf PostgreSQL

In der Methode `OnConfiguring` ist die Verbindungszeichenfolge angegeben, die die Zugangsdaten und den Host der PostgreSQL-Datenbank enthält. Diese Verbindung erlaubt es EF Core, SQL-Befehle an PostgreSQL zu senden.

Erstellen der Datenbank

Jetzt können wir uns um das Erzeugen der Datenbank über Migrationen kümmern. EF Core bietet die Möglichkeit, die Datenbank direkt aus dem Modell zu erstellen, ohne SQL-Skripte manuell zu schreiben. Das Konzept der Migrationen haben wir bereits vorgestellt. Wir können eine Migration für das Anlegen der Datenbank erstellen und diese Migration direkt auf die Datenbank anwenden:

```
dotnet ef migrations add InitialCreate
dotnet ef database update
```

Der erste Befehl erzeugt die Migration mit dem Namen `InitialCreate`. Es ist wichtig, gut benannte Namen für die Migrationen zu nutzen, damit im Nachhinein immer noch klar ist, warum eine Migration erstellt wurde und welchen Zweck sie verfolgt. Das Resultat der Befehlsausführung ist in Abbildung 16.2 zu sehen.

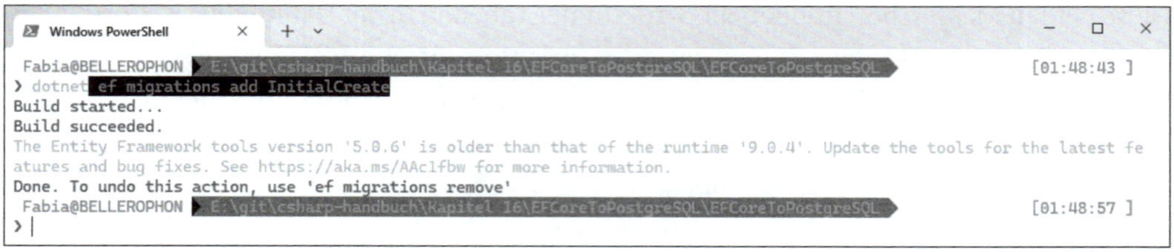

Abbildung 16.2 Erstellen einer Migration

Der Screenshot verdeutlicht auch den Prozess und wie EF Core vorgeht. EF Core kompiliert das Projekt auf der Kommandozeile, so dass in der Ausgabe alle Entitäten und der `DbContext` vorhanden sind. Hieraus kann sich EF Core die notwendigen Informationen ziehen und den Code für die Migration anlegen. Nachdem der Prozess durchgelaufen ist, existiert ein neues Verzeichnis namens *Migrations* und eine Migration darin mit dem von uns gewählten Namen. Der Code dieser Migration ist in Listing 16.11 abgebildet:

```
namespace EFCoreToPostgreSQL.Migrations
{
    /// <inheritdoc />
    public partial class InitialCreate : Migration
    {
        /// <inheritdoc />
        protected override void Up(MigrationBuilder migrationBuilder)
        {
            migrationBuilder.CreateTable(
                name: "Blogs",
                columns: table => new
                {
                    BlogId = table.Column<int>(type: "integer",
                                               nullable: false)
                        .Annotation("Npgsql:ValueGenerationStrategy",
                    NpgsqlValueGenerationStrategy.IdentityByDefaultColumn),
                    Url = table.Column<string>(type: "text", nullable: false)
                },
                constraints: table =>
                {
                    table.PrimaryKey("PK_Blogs", x => x.BlogId);
                });

            migrationBuilder.CreateTable(
                name: "Posts",
                columns: table => new
```

```
                {
                    PostId = table.Column<int>(type: "integer",
                                               nullable: false)
                        .Annotation("Npgsql:ValueGenerationStrategy",
                    NpgsqlValueGenerationStrategy.IdentityByDefaultColumn),
                    Title = table.Column<string>(type: "text",
                                                 nullable: false),
                    Content = table.Column<string>(type: "text",
                                                   nullable: false),
                    BlogId = table.Column<int>(type: "integer",
                                               nullable: false)
                },
                constraints: table =>
                {
                    table.PrimaryKey("PK_Posts", x => x.PostId);
                    table.ForeignKey(
                        name: "FK_Posts_Blogs_BlogId",
                        column: x => x.BlogId,
                        principalTable: "Blogs",
                        principalColumn: "BlogId",
                        onDelete: ReferentialAction.Cascade);
                });

            migrationBuilder.CreateIndex(
                name: "IX_Posts_BlogId",
                table: "Posts",
                column: "BlogId");
        }

        /// <inheritdoc />
        protected override void Down(MigrationBuilder migrationBuilder)
        {
            migrationBuilder.DropTable(
                name: "Posts");

            migrationBuilder.DropTable(
                name: "Blogs");
        }
    }
}
```

Listing 16.11 Code der Migration mit Namen »20250503114857_InitialCreate.cs«

Dieser Code verdeutlicht, dass sich EF Core auf Basis des Codes unserer Entitäten, also der Verbindung von `Blog` und `Post` und den Konventionen des Frameworks, die Verknüpfungen der Tabellen und Daten zusammengebaut hat. So eine Migration kann komplex sein und viel Code enthalten.

Das Resultat des Database-Updates sehen Sie in Abbildung 16.3.

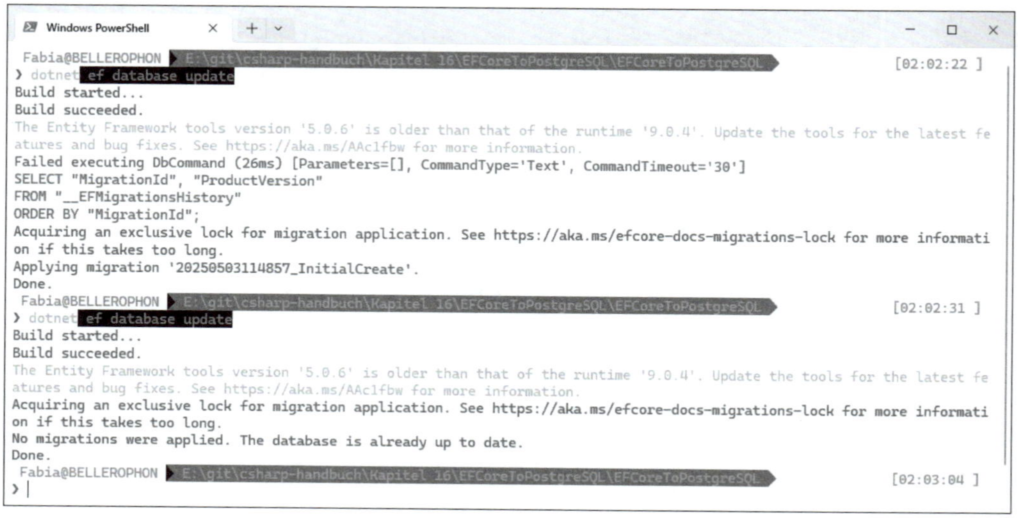

Abbildung 16.3 Durchführen des Database-Updates für die Migration

Das erste Mal der Befehlsausführung wird ein Fehler angezeigt, da die Tabelle *__EFMigrationsHistory* nicht verfügbar ist. Das ist korrekt, da wir zum ersten Mal die Migration anlegen. Eine zweite Befehlsausführung zeigt den Fehler nicht an, sondern die Meldung, dass eine Migration angewandt werden konnte, da die Datenbank bereits aktuell ist, denn die notwendigen Tabellen hat bereits die erste Ausführung der Migration angelegt.

Jetzt ist es Zeit, die Datenbank zu prüfen. Dazu nutzen wir in diesem Fall *pgAdmin*, ein Werkzeug zur Administration von PostgreSQL-Datenbanken, das mit dem Setup von PostgreSQL mitinstalliert werden kann. In Abbildung 16.4 ist ein Screenshot der Oberfläche zu sehen.

Hier lassen sich die Datenbankobjekte verschiedener Server prüfen. Wir haben für den Test die Version 17 von PostgreSQL installiert und nutzen sie, um dort die Datenbank *blogdb* anzulegen. Das ist die Basis für die PostgreSQL-Beispiele. In Abbildung 16.5 ist der linke Navigationsbaum zu sehen. Sie erkennen die Datenbank *blogdb* und die zwei angelegten Tabellen für die Entitäten `Blog` und `Post` sowie die Tabelle für die Migrationen.

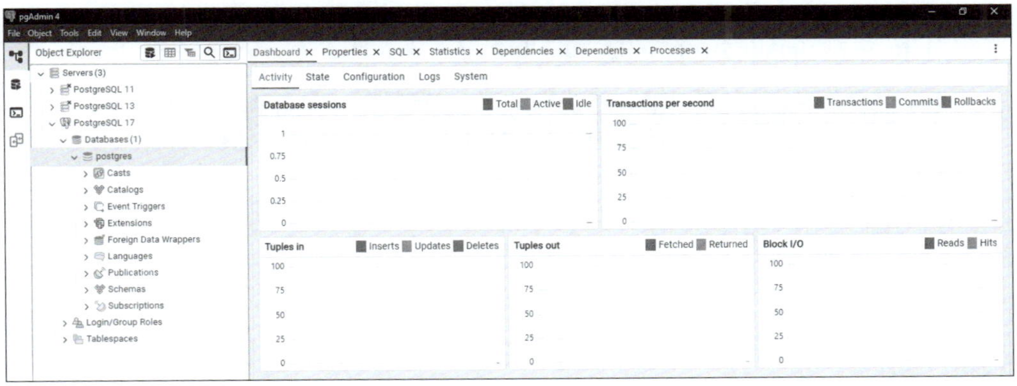

Abbildung 16.4 Übersicht von pgAdmin

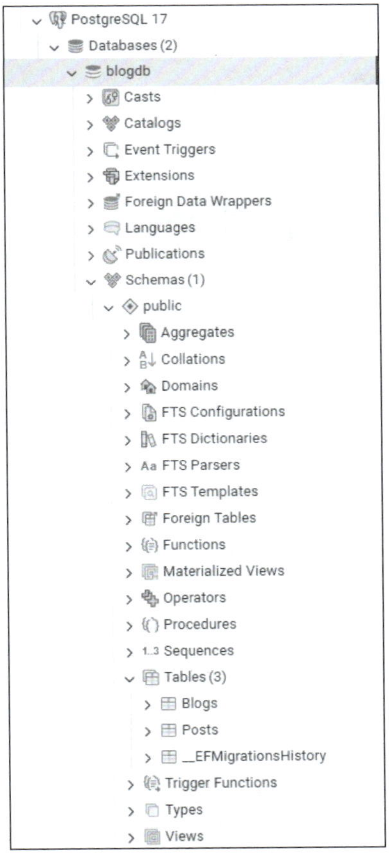

Abbildung 16.5 Die Objekte auf unserem Datenbankserver inklusive der Datenbank »blogdb« mit den erzeugten Tabellen

Ein genauer Blick auf die Tabellen *Blogs* und *Posts* zeigt, dass die Spalten erzeugt sind und Primärschlüssel ausgewiesen wurden. Auch die Verknüpfung von *Blogs* zu *Posts* ist vorhanden. In Abbildung 16.6 ist die Struktur der Tabelle *Blogs* zu sehen, und Abbildung 16.7 zeigt die Struktur der Tabelle *Posts*.

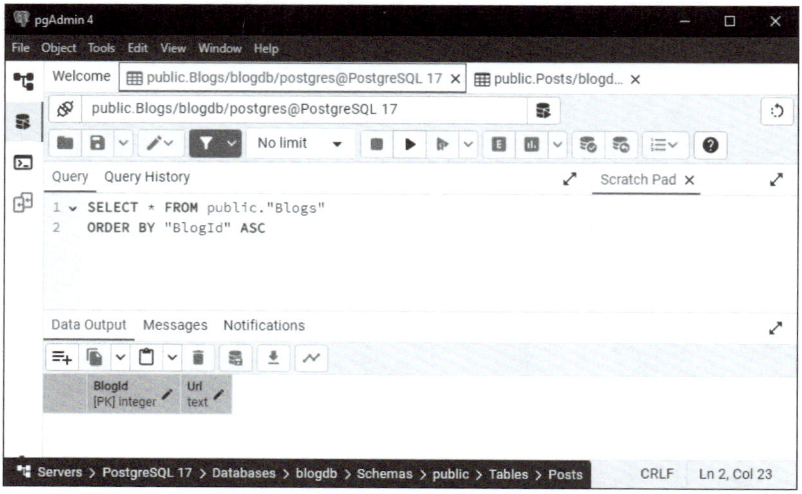

Abbildung 16.6 Struktur der Tabelle »Blogs«

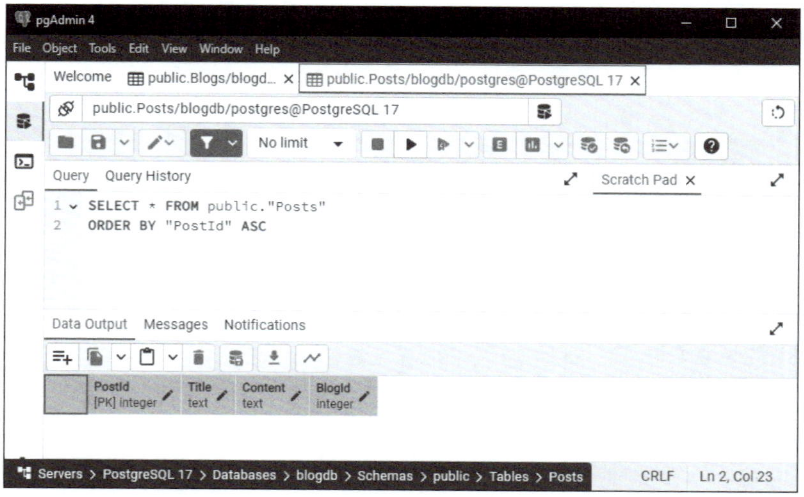

Abbildung 16.7 Struktur der Tabelle »Posts«

Daten sind in beiden Tabellen noch nicht vorhanden, da wir uns bisher um das Anlegen der Strukturen gekümmert haben. Das ist hiermit aber abgeschlossen.

Arbeiten mit den Daten

Mit dem `BloggingContext` können Sie nun auf die Datenbank zugreifen, um mit den Daten zu arbeiten. Zunächst legen wir drei Beispieldatensätze an: ein Blog und zwei Posts. Das zeigt Listing 16.12.

```
using (var db = new BloggingContext())
{
    var blog = new Blog { Url = "https://example.com" };
    db.Blogs.Add(blog);

    var post1 = new Post { Title = "First Post", Content = "This is the first
                           post.", Blog = blog };
    db.Posts.Add(post1);

    var post2 = new Post { Title = "Second Post", Content = "This is the
                           second post.", Blog = blog };
    db.Posts.Add(post2);

    db.SaveChanges();
}
```

Listing 16.12 Anlegen eines Blog-Datensatzes mit zwei Post-Datensätzen

Wir legen diesen Code sehr einfach in der *Program.cs*-Datei ab, damit der Code sofort bei Projektstart ausgeführt wird. Anschließend können Sie prüfen, ob die Daten vorhanden sind. Abbildung 16.8 zeigt die Daten der Tabelle *Blogs*. Wir sehen einen Datensatz mit den von uns hinzugefügten Daten und dem Primärschlüssel 1, da es der erste Datensatz ist.

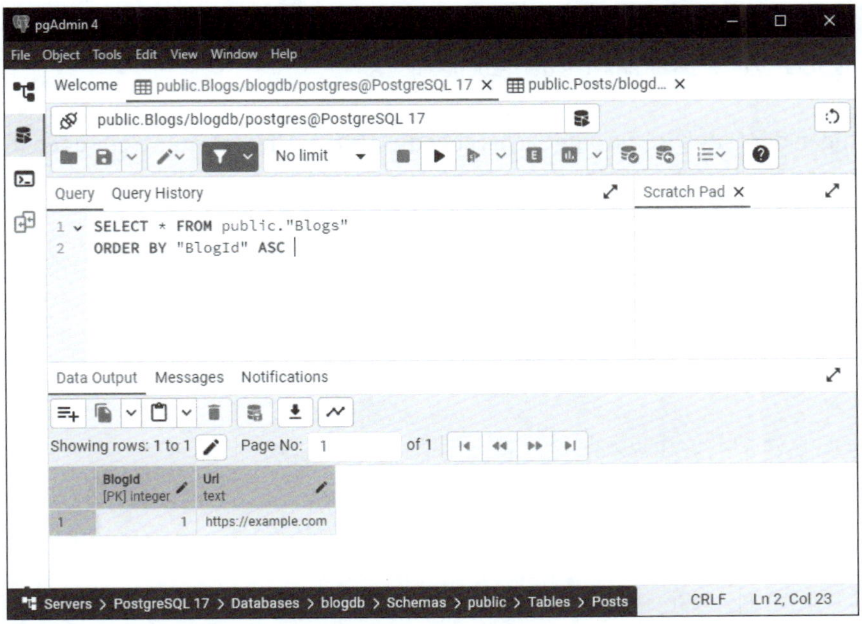

Abbildung 16.8 Neuer Blog-Datensatz

Dagegen zeigt Abbildung 16.9 die Daten der Tabelle *Posts*. Hier sehen wir zwei erfolgreich hinzugefügte Datensätze, die jeweils einen eigenen Primärschlüssel und den Fremdschlüssel des Blog-Datensatzes haben. Diese Verknüpfung haben wir im C#-Code hergestellt, indem wir die Objekte miteinander verbunden haben, ohne uns um Schlüssel, IDs oder andere Dinge kümmern zu müssen. Das übernimmt EF Core für uns.

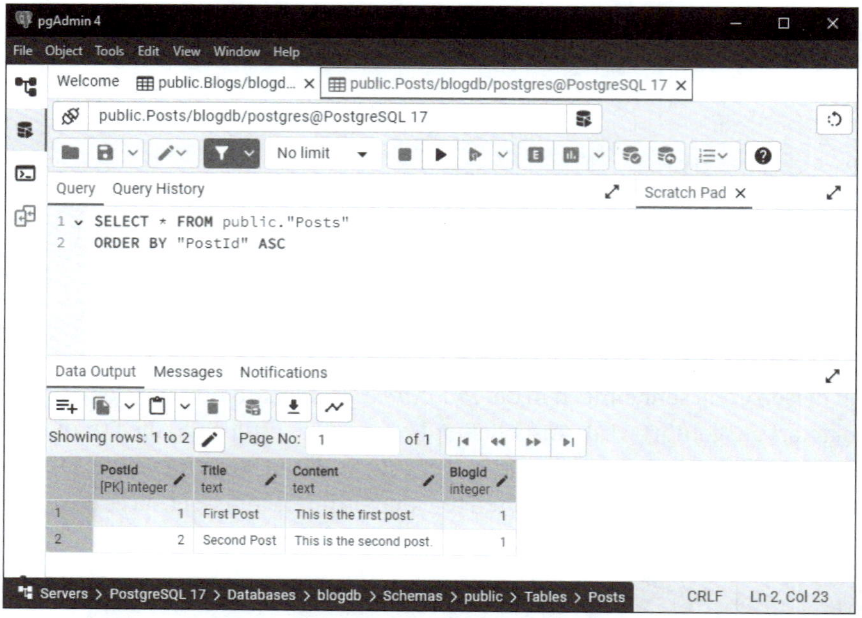

Abbildung 16.9 Die zwei Datensätze der Tabelle »Posts«

Das Einfügen der Daten ist die eine Sache, aber die Abfrage dieser Daten – zu sehen in Listing 16.13 – ist ebenso wichtig:

```
using (var db = new BloggingContext())
{
    var blogs = db.Blogs
                  .Include(b => b.Posts)
                  .ToList();

    foreach (var blog in blogs)
    {
        Console.WriteLine($"Blog: {blog.Url}");
        foreach (var post in blog.Posts)
        {
            Console.WriteLine($"  Post: {post.Title}");
```

```
        }
    }
}
```

Listing 16.13 Abfrage der Blogdaten inklusive zugehöriger Posts

Die Abfrage holt alle Blogdaten aus der Tabelle. Die Methode `Include` sorgt dafür, dass die zugehörigen Posts gleich mitgeladen werden (*Eager Loading*), um später darauf zugreifen zu können. Abbildung 16.10 zeigt die Ausgabe der abgefragten Daten auf der Konsole:

Abbildung 16.10 Die abgefragten Daten auf der Konsole ausgegeben

Diese Beispiele zeigen, dass EF Core den Zugriff auf PostgreSQL ermöglicht, ohne dass Sie SQL-Befehle manuell schreiben müssen. Stattdessen werden die Tabellen und Beziehungen durch C#-Klassen und den `DbContext` abgebildet. Mit Hilfe von Konventionen erkennt EF Core automatisch Primärschlüssel, Fremdschlüssel und Beziehungen. Mit wenigen Konfigurationsschritten lässt sich so eine funktionsfähige Datenzugriffsschicht aufbauen, die sowohl lesend als auch schreibend auf die PostgreSQL-Datenbank zugreift.

16.4 Datenabfragen mit LINQ

EF Core ermöglicht es, Datenbankabfragen direkt in C#-Code zu formulieren, ohne SQL schreiben zu müssen. Dazu wird LINQ (Language Integrated Query) verwendet, eine Abfragesyntax, die in C# und andere .NET-Sprachen integriert ist. LINQ bietet eine deklarative Möglichkeit, Daten zu filtern, zu sortieren, zu gruppieren oder zu transformieren. Im Gegensatz zu klassischen SQL-Statements schreiben Entwickelnde dabei Abfragen direkt als Methodenaufrufe oder mit einer speziellen Abfragesyntax im C#-Code.

Ein zentrales Merkmal von LINQ in Verbindung mit EF Core ist, dass die Abfragen nicht sofort ausgeführt werden. Stattdessen wird zunächst ein Abfrageobjekt (meist ein `IQueryable`) erstellt, um die Abfrage in einer Art Zwischensprache zu beschreiben. Die tatsächliche Ausführung erfolgt erst, wenn die Abfrage »materialisiert« wird, also zum Beispiel durch einen Methodenaufruf wie `ToList()`, `FirstOrDefault()` oder

`Count()`. Erst in diesem Moment wandelt EF Core die Abfrage in SQL um und sendet die Abfrage an die Datenbank.

EF Core verwendet dabei einen sogenannten *Query Translator*, der die LINQ-Ausdrücke analysiert und in SQL-Anweisungen übersetzt. Diese Übersetzung folgt bestimmten Konventionen und Regeln: Nicht alle .NET-Methoden oder LINQ-Operatoren lassen sich direkt in SQL abbilden. EF Core unterstützt eine Vielzahl gängiger LINQ-Operatoren, wie `Where`, `Select`, `OrderBy`, `GroupBy` und `Include` für das Laden von Beziehungen. Wenn eine Methode nicht übersetzt werden kann, gibt EF Core zur Laufzeit einen Fehler aus oder führt Teile der Abfrage im Speicher (*Client-Side Evaluation*) aus.

Durch die enge Verzahnung mit dem Datenmodell erkennt EF Core beim Abfragen auch automatisch die bestehenden Beziehungen zwischen Entitäten. Beispielsweise lässt sich über Navigationseigenschaften auf verwandte Objekte zugreifen, ohne explizit Joins formulieren zu müssen. Das haben Sie bereits am Beispiel zu `Blog` und `Post` gesehen. Mit Hilfe der `Include`-Methode lassen sich solche verwandten Objekte direkt mit laden, was als sogenanntes *Eager Loading* bekannt ist. Wenn `Include` nicht verwendet wird, lädt EF Core standardmäßig nur die direkt angefragten Objekte und greift erst bei Zugriff auf Navigationseigenschaften (falls aktiviert) über Lazy Loading oder explizite Abfragen nach. Diese Abfragearten beschreibt Abschnitt 16.6.

Sobald der `DbContext` definiert ist, können Sie mit EF Core arbeiten. Dazu implementieren wir in der Datei *Program.cs* eine erste kleine Datenbankoperation. Das Ziel ist es, ein neues `Blog`-Objekt anzulegen und zu speichern, um anschließend alle `Blog`-Daten auszulesen. Den ersten Teil, das Anlegen des Objekts und Speichern der Daten, zeigt Listing 16.14:

```
using var context = new BloggingContext();

// Datenbank erstellen, falls sie noch nicht existiert
context.Database.EnsureCreated();

// Neues Blog-Objekt anlegen und speichern
var blog = new Blog { Url = "https://example.com" };
context.Blogs.Add(blog);
context.SaveChanges();

// Beiträge hinzufügen
context.Posts.Add(new Post
{
    Title = "Einführung in EF Core",
    Content = "EF Core macht Datenzugriff einfacher.",
    BlogId = blog.Id
```

```
});

context.SaveChanges();
```

Listing 16.14 Anlegen des »BloggingContext«-Elements, »Blog«-Objekts inklusive eines »Post«-Objekts

Nachdem wir das Context-Objekt erzeugt haben, stellt ein Aufruf von EnsureCreated() sicher, dass die Datenbank bei Programmstart existiert. Für produktive Anwendungen empfiehlt sich später der Einsatz von Migrationen. Für diese Demo in Kombination mit der In-Memory-Datenbank ist das aber ein guter und schneller Mechanismus, um mit der Datenbank im Speicher arbeiten zu können.

Der Code verdeutlicht Ihnen zudem, dass die Modellklassen als Datenobjekte zum Einsatz kommen. Zuerst instanziiert der Code ein Blog-Objekt, um dieses über den Context zur Blogs-Eigenschaft des Typs DbSet<Blog> hinzuzufügen. Damit haben wir neue Daten erzeugt, die anschließend über den Aufruf von SaveChanges() in der Datenbank gespeichert werden. Danach erstellt der Code ein Post-Objekt und fügt es der Posts-Eigenschaft hinzu. Auch diese Daten sind nach einem Aufruf von SaveChanges() in der Datenbank gespeichert.

Da wir jetzt Daten in der In-Memory-Datenbank gespeichert haben, können wir uns im nächsten Schritt um die Abfrage dieser Daten kümmern. Hier kommt LINQ zum Einsatz, wie Listing 16.15 zeigt:

16

```
// Blogs samt Beiträgen abfragen
var blogs = context.Blogs
    .Include(b => b.Posts)
    .ToList();

foreach (var b in blogs)
{
    Console.WriteLine($"Blog: {b.Url}");
    foreach (var post in b.Posts)
    {
        Console.WriteLine($"  Beitrag: {post.Title}");
    }
}
```

Listing 16.15 Abfrage aller Blogdaten inklusive der zugehörigen »Posts«

Die Abfrage nutzt LINQ, um über unser Context-Objekt alle Blogs abzufragen. Da wir dafür eine DbSet-Eigenschaft haben, lässt sich diese direkt nutzen. Da wir aber nicht nur die Blog-Einträge abfragen möchten, sondern auch die dazugehörigen Posts, müssen wir diese Daten in der Abfrage inkludieren. Hier dient der Aufruf von `Include()`, um beim Abrufen der Blogs auch die zugehörigen Beiträge mitzuladen.

Mit diesen wenigen Schritten steht bereits eine vollständige Minianwendung zur Verfügung, die eine relationale Datenbank verwendet – komplett in C# und ohne manuelles SQL.

Im weiteren Verlauf dieses Kapitels vertiefen wir aufbauend auf diesem Beispielprojekt viele Aspekte, wie etwa Migrationen, komplexe Beziehungen oder Performanceoptimierung.

16.5 Weitere Datenbankzugriffe

Nachdem Sie das Projekt eingerichtet und erste Daten erstellt sowie abgefragt haben, stellen sich schnell weitere Fragen: Wie lassen sich gezielt Informationen abfragen? Wie lassen sich Daten verändern, und wie lassen sich verbundene Daten abfragen? Dieser Abschnitt erläutert die wichtigsten Aspekte des Datenzugriffs mit Fokus auf LINQ, Ladeverhalten und Tracking.

16.5.1 Datenselektionen über Filter

LINQ ist ein fest in C# integrierter Mechanismus, mit dem Sie Daten aus Sammlungen, Datenbanken oder anderen Quellen typsicher und deklarativ filtern, sortieren und transformieren können. In Kontext von EF Core haben wir damit bereits die ersten Daten ausgelesen, häufig aber, ohne diese Datenselektionen einzuschränken. Das zeigt das folgende Beispiel anhand einer `WHERE`-Bedingung:

```
var posts = context.Posts
    .Where(p => p.BlogId == 1)
    .OrderByDescending(p => p.Id)
    .ToList();

foreach (var post in posts)
{
    Console.WriteLine($"{post.Title} - {post.Content}");
}
```

Listing 16.16 »WHERE«-Bedingung als LINQ-Query formuliert

EF Core erkennt durch die Abfrage, dass die Bedingung `p.BlogId == 1` in SQL übersetzbar ist, und erstellt eine effiziente `SELECT`-Anweisung mit `WHERE`-Klausel. Auch komplexere Ausdrücke wie `.Select()`, `.GroupBy()` oder `.Any()` sind in vielen Fällen korrekt unterstützt.

Ein entscheidender Vorteil dabei ist, dass LINQ-Abfragen typsicher sind und sich recht leicht refaktorisieren lassen. Ein Umbau im Datenmodell führt zu Compilerfehlern, nicht zu Laufzeitfehlern, was einen bedeutenden Unterschied zu SQL-Abfragen als Zeichenketten darstellt. Listing 16.17 zeigt eine weitere Abfrage in Form eines Filters, dieses Mal mit zwei Kriterien:

```
var posts = context.Posts
    .Where(p => p.BlogId == 1 && p.Title!.Contains("EF"))
    .ToList();
```

Listing 16.17 Datenselektion über zwei Filterkriterien

Auch diese Abfrage übersetzt LINQ problemlos und filtert alle `Post`-Daten heraus, die zum `Blog` mit der *ID* 1 gehören und im Titel das Wort »EF« enthalten.

16.5.2 Projektionen

Mit `Select()` lassen sich einzelne Spalten oder Teilmengen von Eigenschaften abfragen. Die Projektion ist nützlich, um nur die tatsächlich benötigten Daten zu laden, da Tabellen sehr viele Spalten haben können und die Datenmengen dadurch, insbesondere bei verknüpften Daten, umfangreich sein können. In der relationalen Datenbanktheorie und SQL bezeichnet der Begriff *Projektion* den Vorgang, bestimmte Spalten (Attribute) aus einer Tabelle auszuwählen, während andere Spalten weggelassen werden. Eine SQL-Abfrage mit einer Projektion reduziert also die Menge der zurückgegebenen Daten auf bestimmte Spalten, ohne Zeilen zu filtern oder neue Daten zu erzeugen. Das gleiche Prinzip lässt sich auch bei EF Core anwenden, um nicht alle Daten laden zu müssen.

Listing 16.18 zeigt das Laden von Daten über Projektionen:

```
var titles = context.Posts
    .Select(p => p.Title)
    .ToList();

var summaries = context.Posts
    .Select(p => new { p.Title, p.Content })
    .ToList();
```

Listing 16.18 Das Laden von Daten über Projektionen

Im ersten Teil aus Listing 16.18 laden wir nur die `Title`-Spalte der `Posts`. Das Resultat sind `Post`-Objekte, die die Abfrage als Ergebnis zurückliefert. Im zweiten Codeteil ist das Resultat eine anonyme Objektstruktur mit `Titel` und `Content`. Beides reduziert die übertragene Datenmenge erheblich, da die `Posts`-Tabelle deutlich mehr Attribute umfassen kann, die aber nicht in jeder Abfrage notwendig sind. Neue Objekte bei Abfragen zu erzeugen, ist eine beliebte Methodik, um die Daten bei der Abfrage direkt zu transformieren. Dadurch entstehen Objekte, die ausschließlich die gewünschten Eigenschaften inklusive Daten enthalten, was den folgenden Umgang mit diesen Objekten vereinfacht.

16.5.3 Sortieren von Daten

Wie Sie Daten mit `ORDER BY` sortieren, haben einige der vorherigen Beispiele bereits gezeigt. Eine übliche Anforderung ist aber auch, Daten über mehrere Spalten hinweg zu sortieren. Mit `OrderBy()` und `ThenBy()` lassen sich Daten aufsteigend beziehungsweise absteigend sortieren, und das in einer beliebigen Kombination. Listing 16.19 zeigt dazu ein Beispiel:

```
var posts = context.Posts
    .OrderBy(p => p.Title)
    .ThenByDescending(p => p.Id)
    .ToList();
```

Listing 16.19 Das Sortieren von Daten basierend auf zwei Eigenschaften

Diese Abfrage sortiert zunächst alphabetisch nach `Titel`, dann bei gleichem Titel absteigend nach `Id`. Diese Sortierung wird von EF Core in die SQL-`ORDER BY`-Klausel übernommen.

16.5.4 Limitierungen und Aggregationen

Eine ebenfalls sehr gängige Anforderung ist die Abfrage von Daten über eine Limitierung. Das beschränkt die zurückgelieferten Daten, was zum Beispiel bei der sogenannten *Pagination* – also der Aufteilung von Daten auf Seiten – sehr nützlich ist. Denn in der Praxis ist es in der Regel keine gute Idee, alle Daten einer Tabelle vollständig zu laden und in einer Anwendung anzeigen zu wollen. Das funktioniert in der Praxis nur gut, wenn es sich um eine überschaubare Menge an Daten handelt. In Listing 16.20 sehen Sie den Einsatz der Limitierung in LINQ:

```
var latest = context.Posts
    .OrderByDescending(p => p.Id)
    .Take(5)
    .ToList();
```

Listing 16.20 Die Limitierung der Datenabfrage über »Take«

Mit `Take()` können wir die Anzahl der zurückgegebenen Datensätze begrenzen. Diese Abfrage liefert die fünf neuesten Beiträge, basierend auf der `Id` als fortlaufendem

Schlüssel. Die Begrenzung erfolgt in SQL durch beispielsweise TOP bei SQL Server oder LIMIT bei SQLite oder PostgreSQL. EF Core beziehungsweise der installierte Datenbank-Provider kümmern sich um die Umwandlung in den korrekten SQL-Dialekt.

LINQ unterstützt darüber hinaus häufig benötigte Aggregatsfunktionen direkt durch Methoden. Aggregatsfunktionen sind Funktionen, die in einer Abfrage eine Gruppe von Werten zusammenfassen und auf einen einzelnen Wert reduzieren. Anstatt jede einzelne Zeile separat zu betrachten, berechnen Aggregatsfunktionen summarische Informationen über eine Menge von Daten. Typische Beispiele sind COUNT (Anzahl), SUM (Summe), AVG (Durchschnitt), MIN (Minimum) und MAX (Maximum). In SQL sind Aggregatsfunktionen ein grundlegender Bestandteil, um Abfragen zu formulieren, die statistische oder zusammenfassende Auswertungen liefern. Den Einsatz einer Aggregationsfunktion zeigt Listing 16.21:

```
int count = context.Posts.Count();
double avgLength = context.Posts.Average(p => p.Content!.Length);
```

Listing 16.21 Zählen von Datensätzen über »Count()« und der Durchschnitt über »Average()«

Die erste Codezeile nutzt Count(), um alle Datensätze zu zählen. Average() berechnet beispielhaft die durchschnittliche Länge der Inhalte. Weitere verfügbare Methoden sind Sum, Min und Max. Die Aufrufe wandelt EF Core in passende SQL-Anweisungen um.

16

16.5.5 Gruppierung und Existenzprüfung

LINQ unterstützt die Gruppierung von Daten über die GroupBy-Methode. Daten zu gruppieren ist immer dann sinnvoll, wenn Informationen für diese Gruppe zu erfassen sind, beispielsweise die Anzahl von Posts pro Blog. Ein Beispiel dazu zeigt Listing 16.22:

```
var grouped = context.Posts
    .GroupBy(p => p.BlogId)
    .Select(g => new
    {
        BlogId = g.Key,
        Count = g.Count()
    })
    .ToList();
```

Listing 16.22 Die Gruppierung von Daten über »GroupBy()«

Der Code berechnet die Anzahl der Beiträge pro Blog. Das Resultat ist eine Liste mit neuen, anonymen Objekten mit der jeweiligen Blog-ID und der Anzahl der Posts. g.Key enthält jeweils den Wert, nach dem die Gruppierung aufgebaut ist.

Da Datenbanken sehr viele Daten enthalten können, ist es eine gängige Anforderung, zu prüfen, ob Datensätze in Tabellen enthalten sind oder nicht. Dafür kommen Existenzprüfungen zum Einsatz. Mit `Any()` und `All()` lässt sich prüfen, ob bestimmte Bedingungen für eine Menge gelten oder nicht. Listing 16.23 zeigt das an einem Beispiel:

```
bool hasDrafts = context.Posts.Any(p => p.Title == null);
```

Listing 16.23 Selektion von »Posts« ohne Titel

Die Annahme ist, dass es Entwürfe von Posts gibt, die noch keinen Titel besitzen. Der Code prüft, ob es irgendwelche Post-Daten gibt, wo die Eigenschaft `Title` `null` ist.

16.5.6 »null«-Werte, COALESCE und DISTINCT

LINQ erlaubt zudem direkte Vergleiche mit `null` sowie Standardwerte mittels *Null-Coalescing Operator* , ausgedrückt durch zwei Fragezeichen `??`. Der folgende Code zeigt beides an Beispielen:

```
var postsWithoutTitle = context.Posts
    .Where(p => p.Title == null)
    .ToList();

var titles = context.Posts
    .Select(p => p.Title ?? "[Kein Titel]")
    .ToList();
```

Listing 16.24 Abfrage von »null«-Werten und Standardwerte über Null-Coalescing

Die erste Abfrage filtert alle Beiträge ohne Titel. Die zweite ersetzt fehlende Titel durch eine Standardzeichenfolge, was die anschließende Verarbeitung der Ergebnismenge vereinfachen kann.

Sind nur eindeutige Daten wünschenswert, hilft `DISTINCT`. Mit `Distinct()` lassen sich doppelte Werte entfernen, vergleichbar mit `SELECT DISTINCT` in SQL, siehe das Beispiel in Listing 16.25:

```
var uniqueTitles = context.Posts
    .Select(p => p.Title)
    .Distinct()
    .ToList();
```

Listing 16.25 Selektion von eindeutigen Posts, basierend auf einem eindeutigen Titel

Der Code im Listing entfernt Duplikate in der Ergebnismenge. Diese Funktion ist typischerweise bei flachen Projektionen im Einsatz.

16.5.7 Roh-SQL für manuelle Abfragen

Für Szenarien, in denen LINQ an Grenzen stößt, erlaubt EF Core auch SQL-Abfragen direkt im Kontext von DbSet<T>. So lassen sich komplexe oder spezielle SQL-Statements nutzen, etwa wenn Funktionen oder Optimierungen zum Einsatz kommen sollen, die sich mit LINQ schwer ausdrücken lassen. Listing 16.26 zeigt ein Beispiel für eine direkte Abfrage mittels SQL-Anweisung:

```
var dbContext = new BloggingContext();

var posts = dbContext.Posts
    .FromSqlRaw("SELECT * FROM public.\"Posts\" WHERE \"Title\" LIKE
                 '%First%'")
    .ToList();
```

Listing 16.26 SQL-Abfrage als Zeichenkette direkt über »FromSqlRaw«

16.6 Eager, Lazy und Explicit Loading

Wenn Sie eine Entität wie Blog laden, stellt sich oft die Frage, ob verbundene Entitäten wie Posts gleich mitgeladen werden sollen. Je nach Anforderung sind diese verbundenen Daten für die weitere Verarbeitung mehr oder weniger relevant. Der ideale Zeitpunkt, sie zu laden, hängt vom Anwendungsfall und von den Anforderungen an die Performance der Anwendung ab. EF Core unterscheidet hier drei Varianten:

16.6.1 Eager Loading

Das *Eager Loading* (wörtlich etwa *eifriges Laden*) lädt verbundene Daten direkt mit der Hauptabfrage. Typischerweise geschieht das über die Methode .Include(), die Sie in einem vorherigen Beispiel bereits kurz kennengelernt haben. Der folgende Code zeigt das noch einmal:

```
var blogs = context.Blogs
    .Include(b => b.Posts)
    .ToList();
```

Listing 16.27 Laden aller Blog-Daten inklusive Post-Daten über Eager Loading

Das führt zu einer einzelnen SQL-Abfrage, in der EF Core die Daten entsprechend zusammenführt. Eager Loading ist ideal, wenn Sie die verbundenen Daten unmittelbar benötigen und unnötige Folgeabfragen vermeiden möchten.

16.6.2 Lazy Loading

Das *Lazy Loading* (wörtlich etwa *faules Laden*) lädt verknüpfte Daten erst bei Bedarf nach, wenn die entsprechende Navigationseigenschaft erstmals verwendet wird. Voraussetzung dafür ist, dass die Navigationseigenschaften als `virtual` markiert sind, die *EF-Core-Proxy-Unterstützung* aktiviert ist und das Paket `Microsoft.EntityFrameworkCore.Proxies` installiert ist. Listing 16.28 zeigt ein Beispiel. Zunächst verändern wir die `List<Post>`-Eigenschaft in der Klasse `Blog`:

```
public class Blog
{
    public int Id { get; set; }
    public string? Url { get; set; }

    public virtual List<Post> Posts { get; set; } = new();
}
```

Listing 16.28 Die Eigenschaft »Posts« als »virtual«

Anschließend ist das Lazy Loading im `DbContext` zu aktivieren. Dafür ist das oben genannte Paket zu installieren, da die Methode `UseLazyLoadingProxies()` ansonsten nicht verfügbar ist. Die Methode `OnConfiguring` sieht anschließend wie folgt aus:

```
protected override void OnConfiguring(DbContextOptionsBuilder optionsBuilder)
{
    optionsBuilder
        .UseInMemoryDatabase("TestDb")
        .UseLazyLoadingProxies();
}
```

Listing 16.29 Der »DbContext« mit konfiguriertem Lazy Loading

EF Core erstellt nach dieser Konfiguration zur Laufzeit sogenannte *Proxy-Objekte*, die automatisch eine Abfrage ausführen, sobald Posts gelesen werden. Diese Variante ist bequem, kann aber bei größeren Datenmengen oder vielen Zugriffsoperationen zu Performanceproblemen führen (Stichwort: N+1-Problem).

Das N+1-Problem

Das *N+1-Problem* bezeichnet ein häufiges Performanceproblem beim Laden von verbundenen Daten (Navigationseigenschaften) in ORMs wie Entity Framework Core. Es tritt auf, wenn beim Zugriff auf eine Sammlung von Objekten pro Objekt eine zusätzliche Datenbankabfrage ausgeführt wird, anstatt die Daten in einer einzigen Abfrage zu laden. Der Name kommt daher, dass 1 Abfrage ausgeführt wird, um die Hauptobjekte zu laden. Danach werden N weitere Abfragen ausgeführt, eine pro Hauptobjekt, um die zugehörigen Objekte zu laden. Das sind insgesamt somit N + 1 Abfragen.

Verdeutlichen wir das mit einem Beispiel: Angenommen, wir haben Blogs und jeweils mehrere Posts. Wir wollen alle Blogs abfragen und später auf die zugehörigen Posts zugreifen. Wenn Lazy Loading aktiviert ist, passiert Folgendes: Es wird eine Abfrage an die Datenbank geschickt, um alle Blogs zu laden. Für jeden Blog wird eine separate Abfrage an die Datenbank geschickt, um die zugehörigen Posts zu laden. Haben wir zum Beispiel *100 Blogs*, werden *1 + 100 = 101 Abfragen* an die Datenbank geschickt!

16.6.3 Explicit Loading

Beim *Explicit Loading* müssen wir Navigationseigenschaften manuell nachladen, typischerweise mit der Methode `.Entry(...).Collection(...).Load()`. Listing 16.30 zeigt dazu ein Beispiel:

```
var blog = context.Blogs.First();

context.Entry(blog)
    .Collection(b => b.Posts)
    .Load();
```

Listing 16.30 Explizites Nachladen von Post-Daten

Diese Variante eignet sich, wenn die Entscheidung zum Laden zur Laufzeit gefällt werden soll oder nur in bestimmten Fällen Daten nachgeladen werden müssen. Sie gibt maximale Kontrolle, erfordert aber auch mehr Code.

16.6.4 Tracking vs. No Tracking

Standardmäßig verfolgt EF Core alle geladenen Objekte intern – ein Prozess, den Sie bereits als *Change Tracking* kennengelernt haben. Zur Erinnerung: Jede Änderung an einer Eigenschaft erkennt EF Core und setzt die Daten beim Aufruf von `SaveChanges()` in einen passenden SQL-Befehl um.

In vielen Fällen ist dieses Verhalten erwünscht. Wenn jedoch nur lesend auf Daten zugegriffen wird, kann das Tracking unnötig Ressourcen binden. EF Core bietet dafür die Möglichkeit, Abfragen mit *No Tracking* zu deklarieren. Listing 16.31 zeigt dieses Vorgehen:

```
var posts = context.Posts
    .AsNoTracking()
    .Where(p => p.Title!.Contains("EF"))
    .ToList();
```

Listing 16.31 Eine Abfrage ohne Tracking mit AsNoTracking

Mit `AsNoTracking()` optimiert EF Core die Abfrage ohne Change Tracking, was insbesondere bei großen Datenmengen die Performance deutlich verbessern kann.

Zudem können wir das Verhalten global für den gesamten DbContext festlegen:

```
context.ChangeTracker.QueryTrackingBehavior =
QueryTrackingBehavior.NoTracking;
```

Listing 16.32 Global für den »DbContext« deaktiviertes Change Tracking

Das empfiehlt sich vor allem für Reporting-Szenarien oder APIs mit vielen gleichartigen Leseoperationen.

Mit diesen Mechanismen stellt EF Core ein flexibles, leistungsfähiges Werkzeug für den Datenzugriff bereit. Ob einfache LINQ-Abfrage oder gezieltes Nachladen von Daten, Sie behalten stets die Kontrolle und profitieren gleichzeitig von der typischen .NET-Entwicklungsumgebung.

16.7 Modellierung von Beziehungen

In relationalen Datenbanken sind Beziehungen zwischen Tabellen von zentraler Bedeutung, genauso wie in den objektorientierten Modellen, die mit EF Core erstellt werden. Entitäten stehen häufig in Verbindung zueinander: Ein Blog hat mehrere Beiträge, ein Beitrag gehört zu einem Autor, ein Benutzer kann mehrere Rollen innehaben und umgekehrt. Beispiele für Beziehungen gibt es reichlich.

EF Core ermöglicht es, diese Beziehungen direkt im Code auszudrücken, wobei sich EF Core entweder auf Konventionen verlässt oder explizite Konfigurationen verwendet. Diese expliziten Konfigurationen sind über *Data Annotations* oder die *Fluent API* umzusetzen.

16.7.1 Eins-zu-viele-Beziehungen (1:n)

Eine der häufigsten Beziehung in Datenmodellen ist die Eins-zu-viele-Relation (*one-to-many*). Ein Beispiel: Ein Blog enthält viele Posts, aber jeder Post gehört genau zu einem Blog. In C# lässt sich diese Beziehung durch Navigationseigenschaften auf beiden Seiten modellieren, wie Listing 16.33 zeigt:

```
public class Blog
{
    public int Id { get; set; }
    public string? Url { get; set; }

    public List<Post> Posts { get; set; } = new();
}

public class Post
{
    public int Id { get; set; }
    public string? Title { get; set; }

    public int BlogId { get; set; }
    public Blog? Blog { get; set; }
}
```

Listing 16.33 Modellierung von 1:n-Beziehungen direkt über die C#-Modellklassen

Dieser Code kommt Ihnen zu Recht bekannt vor, denn es ist die Modellierung der beiden Klassen `Blog` und `Post`. EF Core erkennt hier automatisch, dass die Eigenschaft *Post.BlogId* einen *Fremdschlüssel* zur Tabelle *Blogs* modelliert. Die Navigationseigenschaft `Post.Blog` stellt den Bezug zum übergeordneten Blog her. `Blog.Posts` bildet die umgekehrte Navigation ab.

Beim Laden der Daten müssen wir zwischen Eager, Lazy und Explicit Loading unterscheiden. Das Eager Loading geschieht über einen Aufruf von `Include()`, wie Listing 16.34 zeigt:

```
var blog = context.Blogs
    .Include(b => b.Posts)
    .FirstOrDefault(b => b.Id == 1);
```

Listing 16.34 Eager Loading über die »Include()«-Methode

Beim Lazy Loading über virtuelle Navigationseigenschaften und aktivierten Proxies reicht ein Aufruf der `Posts`-Eigenschaft eines `Blog`-Objekts:

```
var blog = context.Blogs.FirstOrDefault(b => b.Id == 1);
var posts = blog?.Posts; // Wird automatisch geladen
```

Listing 16.35 Lazy Loading über den Aufruf der virtuellen Navigationseigenschaft

Und beim Explicit Loading können wir auf einem `Blog`-Objekt die `Collection()`-Methode nutzen, um die `Post`-Daten nachzuladen:

```
var blog = context.Blogs.FirstOrDefault(b => b.Id == 1);

if (blog != null)
{
    context.Entry(blog)
        .Collection(b => b.Posts)
        .Load();
}
```

Listing 16.36 Explicit Loading über die »Collection()«-Methode

Standardmäßig kommt *referenzielle Integrität* über *Foreign Key Constraints* in der Datenbank zum Einsatz, so dass etwa das Löschen eines `Blogs` unterbunden wird, wenn noch Beiträge existieren – außer Sie konfigurieren bewusst ein anderes Verhalten (`Cascade Delete`, `Restrict` etc.).

Referenzielle Integrität

In relationalen Datenbanken sorgt die referenzielle Integrität dafür, dass die Beziehungen zwischen Tabellen konsistent bleiben. Konkret bedeutet das: Wenn zwei Tabellen über einen Fremdschlüssel (*Foreign Key Constraint*) verbunden sind, darf in der abhängigen Tabelle kein Datensatz auf einen nicht mehr existierenden Primärschlüssel verweisen.

EF Core bildet diese referenzielle Integrität standardmäßig nach, indem es beim Erstellen des Datenbankmodells entsprechende Fremdschlüssel-Constraints anlegt. Ein praktisches Beispiel: Wir haben eine Tabelle *Blogs* und eine Tabelle *Posts*, wobei jeder Post einem Blog zugeordnet ist. EF Core erkennt die Beziehung anhand der Navigationseigenschaften und der *BlogId*-Fremdschlüsseleigenschaft automatisch und legt in der Datenbank einen Foreign Key Constraint zwischen *Posts.BlogId* und *Blogs.BlogId* an. Das ist unser bekanntes Beispiel der Blog-zu-Post-Beziehung.

Das Löschverhalten (Delete Behavior)

Standardmäßig gilt hier die Regel: Ein Blog lässt sich nicht löschen, solange noch zugehörige Posts existieren. Der Versuch, einen Blog zu löschen, während in Posts noch Einträge mit dessen *BlogId* stehen, führt zu einem *Constraint*-Fehler in der Datenbank. Dieses Verhalten wird oft als *Restrict* oder *No Action* bezeichnet, da das Löschen der abhängigen Daten vorher manuell erfolgen muss. Möchten Sie stattdessen ein anderes Verhalten, etwa dass beim Löschen eines Blogs automatisch alle zugehörigen Posts gelöscht werden, muss die Beziehung explizit so konfiguriert sein. Das nennt sich *Cascade Delete* (kaskadierendes Löschen). In EF Core lässt sich das Löschverhalten über die Fluent API festlegen, zum Beispiel im `OnModelCreating`-Block der `DbContext`-Klasse, so wie in Listing 16.37:

```
protected override void OnModelCreating(ModelBuilder modelBuilder)
{
    modelBuilder.Entity<Post>()
        .HasOne(p => p.Blog)
        .WithMany(b => b.Posts)
        .HasForeignKey(p => p.BlogId)
        .OnDelete(DeleteBehavior.Cascade);
}
```

Listing 16.37 Konfiguration des Löschverhaltens

In diesem Fall werden alle Posts, die zu einem Blog gehören, automatisch mitgelöscht, wenn der Blog entfernt wird. Die Datenbank führt also ein kaskadierendes Löschen durch. Möchten Sie explizit sicherstellen, dass kein automatisches Löschen erfolgt, selbst durch EF Core nicht, können Sie das Verhalten auch auf `Restrict` oder `NoAction` setzen:

```
.OnDelete(DeleteBehavior.Restrict);
```

oder

```
.OnDelete(DeleteBehavior.NoAction);
```


16.7.2 Eins-zu-eins-Beziehungen (1:1)

Bei einer Eins-zu-eins-Beziehung (*one-to-one*) besitzt jede Entität der einen Seite genau eine Entität der anderen Seite. Solche Beziehungen sind in relationalen Datenbanken recht selten, aber durchaus sinnvoll, etwa wenn Sie sensible Informationen in einer separaten Tabelle speichern möchten. Beispielsweise hat ein `User` genau ein zugehöriges `UserProfile`. Listing 16.38 Listing zeigt dazu ein Beispiel:

```
public class User
{
    public int Id { get; set; }
    public string? Name { get; set; }

    public UserProfile? Profile { get; set; }
}

public class UserProfile
{
    public int Id { get; set; }
    public string? Bio { get; set; }
```

```
    public int UserId { get; set; }
    public User? User { get; set; }
}
```

Listing 16.38 Die beiden Modellklassen »User« und »UserProfile«

Um EF Core hier eindeutig auf eine 1:1-Beziehung hinzuweisen, ist eine explizite Konfiguration über die Fluent API erforderlich, insbesondere um klarzustellen, welcher Schlüssel als Primärschlüssel und welcher als Fremdschlüssel fungieren soll. Diese Konfiguration zeigt Listing 16.39:

```
protected override void OnModelCreating(ModelBuilder modelBuilder)
{
    modelBuilder.Entity<User>()
        .HasOne(u => u.Profile)
        .WithOne(p => p.User)
        .HasForeignKey<UserProfile>(p => p.UserId);
}
```

Listing 16.39 Konfiguration der 1:1-Beziehung in der Methode »OnModelCreating«

Ohne diese Konfiguration würde EF Core sonst eine 1:n-Beziehung annehmen. Durch die gezielte Angabe des Fremdschlüssels in `UserProfile.UserId` wird die 1:1-Semantik korrekt umgesetzt.

Das Laden der Daten einer 1:1-Beziehung funktioniert beim Eager Loading wie bekannt über die `Include()`-Methode:

```
var user = context.Users
    .Include(p => p.Profile)
    .FirstOrDefault(p => p.Id == 1);
```

Listing 16.40 Die »Include()«-Methoden zum Laden von Daten in einer 1:1-Beziehung

Beim Lazy Loading laden Sie die Daten über den direkten Aufruf der Navigationseigenschaft:

```
var user = context.Users.FirstOrDefault(p => p.Id == 1);
var profile = user?.Profile;
```

Listing 16.41 Lazy Loading funktioniert ebenfalls über die Navigationseigenschaft.

Die Methode des Explicit Loadings einer 1:1-Beziehung bietet in diesem Fall die `Reference()`-Methode an, damit Sie die Daten laden können:

```
var user = context.Users.FirstOrDefault(p => p.Id == 1);

if (user != null)
{
    context.Entry(user)
        .Reference(p => p.Profile)
        .Load();
}
```

Listing 16.42 Die »Reference()«-Methode für die 1:1-Beziehung

Diese Methode `Reference()` ist der merkliche Unterschied beim expliziten Laden von Daten einer 1:1-Beziehung im Vergleich zum Laden der Daten einer 1:n-Beziehung.

16.7.3 Viele-zu-viele-Beziehungen (m:n)

Viele-zu-viele-Beziehungen (*many-to-many*) sind in EF Core bis Version 5 nur über Zwischentabellen mit eigenen Entitäten möglich. Seit EF Core 5 ist jedoch die implizite m:n-Unterstützung möglich, ohne dass Sie eine explizite Entität für die Verknüpfung definieren müssen. Das lässt sich einfacher konfigurieren und spart zudem Code.

Nehmen wir als Beispiel eine `Student`-Entität, die in mehreren Kursen, modelliert durch die Klasse `Courses`, eingeschrieben sein kann. Zudem kann ein `Course` kann mehrere `Students` umfassen. Listing 16.43 zeigt die beiden Modellklassen:

```
public class Student
{
    public int Id { get; set; }
    public string? Name { get; set; }

    public List<Course> Courses { get; set; } = new();
}

public class Course
{
    public int Id { get; set; }
    public string? Title { get; set; }

    public List<Student> Students { get; set; } = new();
}
```

Listing 16.43 Die Modellklassen Student und »Course«

EF Core erkennt die gegenseitigen Listen und erstellt intern automatisch eine *Join-Tabelle*, zum Beispiel `CourseStudent`, die beide Primärschlüssel enthält. Es ist kein zusätzlicher Code notwendig, um diese Tabelle zu verwalten. Datensatzverknüpfungen erfolgen durch das Befüllen der Listen, wie Listing 16.44 zeigt:

```
var student = new Student { Name = "Anna" };
var course = new Course { Title = "EF Core Grundlagen" };

student.Courses.Add(course);
context.Students.Add(student);
context.SaveChanges();
```

Listing 16.44 Die m:n-Beziehung mit Daten füllen

Falls zusätzliche Felder in der Beziehung gespeichert werden sollen, beispielsweise das Anmeldedatum eines Studenten zu einem Kurs, müssen Sie jedoch wieder eine eigene Entität für die Zwischentabelle erstellen. In diesem Fall sprechen wir von einer *assoziativen Entität* oder *Join-Entity*.

Das Laden von Daten beim Eager Loading geschieht über die bereits angesprochene `Include()`-Methode. Hierüber können wir die Navigationseigenschaft angeben, die EF Core für die zusätzlichen Daten heranziehen soll:

```
var student = context.Students
    .Include(s => s.Courses)
    .FirstOrDefault(s => s.Id == 1);
```

Listing 16.45 Daten einer m:n-Beziehung laden

Beim Lazy Loading reicht wie üblich der Zugriff auf die Navigationseigenschaft aus, um EF Core mit dem Laden der Daten zu beauftragen:

```
var student = context.Students.FirstOrDefault(s => s.Id == 1);
var courses = student?.Courses; // Wird automatisch geladen
```

Listing 16.46 Daten beim Lazy Loading einer m:n-Beziehung laden

EF Core lädt die Daten beim Zugriff auf die `Courses`-Eigenschaft nach.

Das Explicit Loading erfordert die Angabe der zu ladenden Navigationseigenschaft über die `Collection()`-Methode:

```
var student = context.Students.FirstOrDefault(s => s.Id == 1);

if (student != null)
{
```

```
    context.Entry(student)
        .Collection(s => s.Courses)
        .Load();
}
```

Listing 16.47 Die »Collection()«-Methode zum Laden der Daten beim Explicit Loading

Anschließend sind die Kurse, die dem geladenen `Student`-Datensatz zugeordnet sind, in den Speicher geladen.

16.7.4 Fluent API vs. Data Annotations

EF Core unterstützt zwei grundlegende Mechanismen zur Modellierung von Beziehungen: *Data Annotations*, das sind Attribute direkt in den Klassen, und die *Fluent API*. Letztere erlaubt die Konfiguration in der Methode `OnModelCreating` des `DbContexts`. Data Annotations sind als Einstieg manchmal einfacher zu verwenden, weil lesbarer. Listing 16.48 zeigt dazu ein Beispiel:

```
public class Post
{
    [Key]
    public int Id { get; set; }

    [ForeignKey("Blog")]
    public int BlogId { get; set; }

    public Blog? Blog { get; set; }
}
```

Listing 16.48 Die Modellklasse »Post« mit Data Annotations

Für komplexere Szenarien, wie zusammengesetzte Schlüssel oder spezifische Kardinalitäten, ist jedoch die Fluent API flexibler und bevorzugt zu verwenden, wie Listing 16.49 zeigt:

```
modelBuilder.Entity<Post>()
    .HasOne(p => p.Blog)
    .WithMany(b => b.Posts)
    .HasForeignKey(p => p.BlogId);
```

Listing 16.49 Konfiguration über die Fluent API in der Methode »OnModelCreating()«

Die Fluent API ist deklarativ, zentralisiert und besser wartbar, was sich vor allem in größeren Projekten bemerkbar macht.

16.7.5 Zusammengesetzte Schlüssel und Fremdschlüssel

In manchen Fällen reicht ein einzelner Primärschlüssel nicht aus. EF Core unterstützt auch zusammengesetzte Schlüssel, *Composite Keys* genannt. Dafür ist aber eine explizite Konfiguration notwendig. In Listing 16.50 sehen Sie die Klasse `Enrollment`, die als Zwischentabelle zum Einsatz kommt:

```
public class Enrollment
{
    public int StudentId { get; set; }
    public Student Student { get; set; } = null!;

    public int CourseId { get; set; }
    public Course Course { get; set; } = null!;

    public DateTime EnrolledOn { get; set; }
}
```

Listing 16.50 Die Klasse »Enrollment« zum Abbilden der Zwischentabelle

Diese Klasse `Enrollment` dient als Beispiel für eine Verbindung zwischen den Klassen `Student` und `Course` mit einem zusammengesetzten Primärschlüssel. Dieser zusammengesetzte Schlüssel ist wie folgt über die Fluent API zu konfigurieren:

```
modelBuilder.Entity<Enrollment>()
    .HasKey(e => new { e.StudentId, e.CourseId });
```

Listing 16.51 Konfiguration des zusammengesetzten Schlüssels

Auch Fremdschlüssel, die sich auf mehrere Spalten beziehen, lassen sich so definieren. Diese Möglichkeiten erlauben die Modellierung komplexer Szenarien, wie sie in älteren Datenbankschemata oder Legacy-Systemen häufig vorkommen.

Mit diesen Werkzeugen bietet EF Core ein mächtiges und dennoch elegantes Modellierungssystem für alle Arten von Beziehungen. Ob einfache 1:n-Relationen oder anspruchsvolle m:n-Konstrukte, das ORM bleibt dabei stets im Einklang mit dem objektorientierten Denken in C# und der zugrundeliegenden relationalen Logik.

16.8 Die Arbeit mit Migrationen

In klassischen datenbankgestützten Anwendungen war es lange üblich, die Struktur einer Datenbank manuell über SQL-Skripte zu pflegen. Änderungen im Datenmodell, etwa neue Tabellen, Spalten oder Relationen, waren mühsam zu synchronisieren und zu dokumentieren. Besonders in Teamprojekten führte das oft zu inkonsistenten Datenbanken, fehleranfälligen Deployments und großem Verwaltungsaufwand.

EF Core bietet mit dem Migrationssystem eine moderne, deklarative Lösung für dieses Problem: Änderungen im Datenmodell werden erkannt, als strukturierte Migrationsklassen gespeichert und lassen sich zudem versionieren, zurücknehmen und auf beliebige Datenbanken anwenden.

16.8.1 Grundprinzip: Code ist das Datenbankschema

In EF Core ist das C#-Modell – also die *POCO*-Klassen und die Konfiguration im `DbContext` – die maßgebliche Quelle der Wahrheit. Daraus leitet EF Core ab, wie die Datenbank aussehen soll. Sobald sich etwas am Modell ändert, zum Beispiel eine neue Eigenschaft, eine andere Beziehung oder eine zusätzliche Entität, kann das Framework eine Migration generieren, um die Differenz zwischen dem alten und dem neuen Modell zu beschreiben.

Dadurch ist eine Migration nichts anderes als eine C#-Klasse mit SQL-Befehlen, die EF Core automatisch erstellt. Diese Klasse beschreibt durch die SQL-Befehle exakt, welche Änderungen an der Datenbank notwendig sind.

16

16.8.2 Migrationen erzeugen und anwenden

Am einfachsten ist die Arbeit mit Migrationen über die .NET CLI, also die Kommandozeile. Voraussetzung hierfür ist, dass das Paket `Microsoft.EntityFrameworkCore.Tools` installiert ist. Das Paket haben wir in weiser Voraussicht bereits am Anfang des Kapitels vorgestellt und die Installation vorgeschlagen.

Angenommen, Sie haben Ihr Datenmodell erweitert, etwa durch das Hinzufügen einer neuen Eigenschaft `Description` zur `Post`-Klasse. Listing 16.52 zeigt die Änderung:

```
public class Post
{
    public int Id { get; set; }
    public string? Title { get; set; }
    public string? Content { get; set; }

    public string? Description { get; set; }
    public int BlogId { get; set; }
    public Blog? Blog { get; set; }
}
```

Listing 16.52 Angepasste Modellklasse »Post« mit der Eigenschaft »Description«

Aus dieser Änderung lässt sich nun mit dem folgenden Befehl auf der Kommandozeile eine neue Migration erstellen:

```
dotnet ef migrations add AddDescriptionToPost
```

EF Core analysiert das aktuelle Modell und vergleicht es mit dem letzten bekannten Zustand. Daraus generiert EF Core eine C#-Klasse im Ordner *Migrations*:

```
protected override void Up(MigrationBuilder migrationBuilder)
{
    migrationBuilder.AddColumn<string>(
        name: "Description",
        table: "Posts",
        type: "TEXT",
        nullable: true);
}

protected override void Down(MigrationBuilder migrationBuilder)
{
    migrationBuilder.DropColumn(
        name: "Description",
        table: "Posts");
}
```

Listing 16.53 Klasse für die Datenbankmigration

Namensgebend für eine Migration sind das aktuelle Datum und die aktuelle Uhrzeit sowie der Migrationsname, den wir beim Kommando mit angegeben haben. Abbildung 16.11 zeigt den Inhalt dieser Tabelle. Zu sehen ist, dass wir eine Migration ausgeführt haben, die erfolgreich auf die Datenbank angewandt wurde.

Die Methode `Up()` beschreibt, was passieren soll, um das Schema vorwärtszumigrieren. `Down()` definiert die Rückwärtsbewegung, etwa für Rollbacks oder Testläufe. Anschließend lässt sich nun die Migration wie folgt auf die Datenbank anwenden:

```
dotnet ef database update
```

EF Core prüft intern, welche Migrationen bereits ausgeführt wurden, gespeichert in der Tabelle *__EFMigrationsHistory*, und führt nur neue Migrationen aus. Die Änderungen werden als SQL-Statements ausgeführt, die sich direkt auf die bestehende Datenbank auswirken.

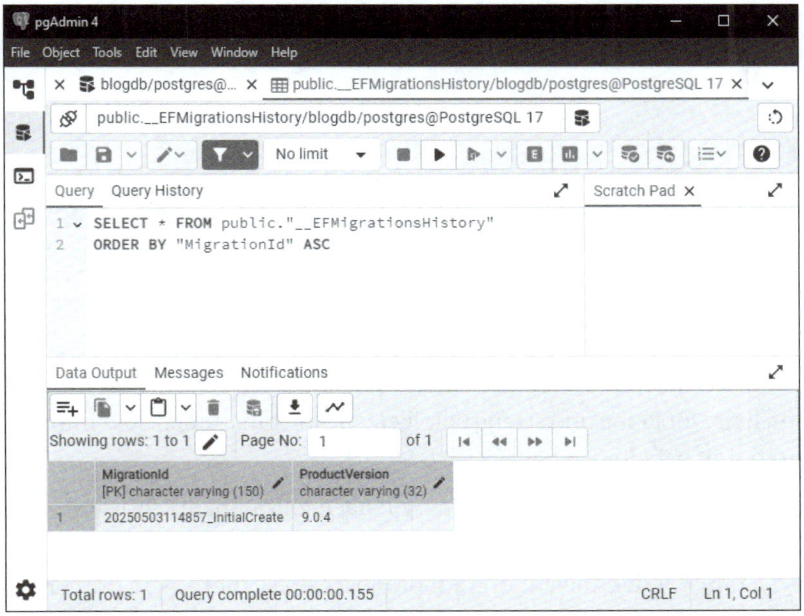

Abbildung 16.11 Aktueller Datensatz der Tabelle »__EFMigrationsHistory« mit einer angewandten Migration

16.8.3 Migrationen im Entwicklungsalltag

Das Arbeiten mit Migrationen ist vor allem im Teamkontext sehr wertvoll. Jeder Modellschritt wird nachvollziehbar dokumentiert und ist Bestandteil der Codebasis, idealerweise auch unter Versionskontrolle mit einem System wie zum Beispiel Git. So ist jederzeit ersichtlich, wann und warum sich das Datenbankschema geändert hat. Ein typischer Ablauf in der Praxis sieht wie folgt aus:

1. Entwicklerin A erweitert das Modell.
2. Sie erstellt eine Migration mit `dotnet ef migrations add`.
3. Die Migration wird zusammen mit dem Code gepusht.
4. Entwickler B holt sich den Code, führt `dotnet ef database update` aus und hat damit dieselbe Datenbankstruktur.

16.8.4 Migrationen rückgängig machen

Wenn sich eine Migration als fehlerhaft oder überflüssig erweist, können wir diese Migration rückgängig machen. Das zeigt der folgende Befehl auf der Kommandozeile:

```
dotnet ef database update PreviousMigrationName
```

Dadurch wird die `Down()`-Methode der aktuellen Migration ausgeführt, die Datenbank zurückgesetzt, und EF Core aktualisiert den internen Migrationsverlauf. Alternativ lässt sich eine Migration auch komplett entfernen:

```
dotnet ef migrations remove
```

Dies funktioniert allerdings nur, wenn die Migration noch nicht angewendet wurde. Andernfalls ist ein manuelles Eingreifen nötig.

16.8.5 Best Practices

Die folgenden Punkte haben sich in zahlreichen Praxisprojekten bewährt. Sie müssen diese Punkte nicht in der Reihe und streng befolgen; die Informationen aber mindestens im Hinterkopf zu behalten, schadet nicht.

- **Eine Migration pro Änderung:** Lieber kleine, gut nachvollziehbare Schritte als große, unübersichtliche Migrationspakete.
- **Migrations testen:** Vor der Anwendung auf produktiven Datenbanken immer auf einer Testumgebung ausprobieren.
- **Migrationen versionieren:** Der Migrations-Ordner sollte Teil der Quellcodeverwaltung sein.
- **Keine Datenänderungen mischen:** Migrationen beschreiben Schemaänderungen, Datenmanipulationen gehören in separate Seed-Methoden oder Skripte.
- **Automatische Migrationen vermeiden:** EF Core unterstützt keine automatische Schemaanpassung beim Start, und das ist auch gut so. Migrations geben die nötige Kontrolle, um Datenverluste und unerwartete Änderungen zu vermeiden.

Mit dem Migrationssystem bietet EF Core eine robuste Grundlage für kontrollierte, versionierte und nachvollziehbare Änderungen an der Datenbankstruktur. Es ist ein zentrales Werkzeug im professionellen .NET-Entwicklungsalltag, unabhängig davon, ob Sie lokal entwickeln, im Team arbeiten oder in einer DevOps-Pipeline automatisiert deployt wird.

16.9 Data Seeding und Datenbankinitialisierung

EF Core bietet mit der Funktion *Data Seeding* eine komfortable Möglichkeit, Initialdaten in eine Datenbank einzufügen, beispielsweise für Benutzerrollen, Konfigurationsdaten oder Demo-Datensätze. Dies kann im Rahmen der Migrationen automatisiert und versioniert geschehen. Data Seeding ist besonders hilfreich in Szenarien wie:

- Erstinitialisierung einer Datenbank (z. B. für Entwicklungs- oder Testsysteme)

- Deployment mit Default-Werten
- Sicherstellung von Mindestdaten (z. B. Admin-Benutzer)

Data Seeding in EF Core 9 ist ein mächtiges Werkzeug zur Datenbankinitialisierung, um konsistente Entwicklungs-, Test- und Produktionsdaten zu gewährleisten. Die Kombination aus Migrations-Seeding und manuellem Seeding zur Laufzeit bietet maximale Flexibilität. Dabei ist ein gutes Verständnis von Datenabhängigkeiten, Primär-/Fremdschlüsseln und mögliche Einschränkungen essenziell.

16.9.1 Grundlagen des Data Seedings

Data Seeding wird über das Fluent API in der Methode `OnModelCreating` der `DbContext`-Klasse konfiguriert. Dabei definieren Sie, welche Entitäten mit welchen Werten in die Datenbank eingefügt werden sollen. Ein Beispiel für einen `DbContext` mit Seed-Funktion zeigt Listing 16.54:

```
public class AppDbContext : DbContext
{
    public DbSet<Category> Categories => Set<Category>();

    protected override void OnModelCreating(ModelBuilder modelBuilder)
    {
        base.OnModelCreating(modelBuilder);

        modelBuilder.Entity<Category>().HasData(
            new Category { Id = 1, Name = "Software" },
            new Category { Id = 2, Name = "Hardware" }
        );
    }
}

public class Category
{
    public int Id { get; set; }
    public string Name { get; set; } = string.Empty;
}
```

Listing 16.54 Die Modellklasse »Category« und das Seeding von Daten für diese Modellklasse

Beim Ausführen einer Migration wird EF Core die definierten Seed-Daten als SQL-Statements generieren und beim Datenbankupdate anwenden. Wichtig ist, dass wir die `Id` angegeben, da EF Core sonst keine Möglichkeit hat, die Einträge eindeutig zuzuordnen. Für das Seeding sind konkrete Migrationen empfehlenswert, um sie bei Bedarf einzuspielen:

```
dotnet ef migrations add SeedInitialData
dotnet ef database update
```

Listing 16.55 Erstellen und Anwenden einer Migration für Seed-Daten

Beim Hinzufügen einer Migration und anschließendem Anwenden dieser Migration fügt EF Core die Seed-Daten in die Datenbank ein, aber nur, wenn die Daten noch nicht vorhanden sind. Dies prüft EF Core über die Primärschlüssel-Werte.

16.9.2 Seeding von Beziehungen

Auch Entitäten mit Navigationseigenschaften lassen sich über Seeds einfügen, allerdings müssen wir dazu Fremdschlüssel explizit angeben. Listing 16.56 zeigt die Modellklasse `Product`:

```
public class Product
{
    public int Id { get; set; }
    public string Name { get; set; } = string.Empty;
    public int CategoryId { get; set; }
    public Category? Category { get; set; }
}
```

Listing 16.56 Die Modellklasse »Product«

Listing 16.57 zeigt, wie der Code für das Seeding aussieht:

```
modelBuilder.Entity<Product>().HasData(
    new Product { Id = 1, Name = "Laptop", CategoryId = 1 },
    new Product { Id = 2, Name = "Monitor", CategoryId = 2 }
);
```

Listing 16.57 Der Seeding-Code für die Modellklasse »Product«

Hier setzt EF Core voraus, dass die `Category`-Daten bereits geseedet wurden. Andernfalls schlägt das Seeding fehl, da der Fremdschlüssel `CategoryId` auf eine nicht vorhandene Kategorie zeigen würde.

EF Core aktualisiert keine bestehenden Seed-Daten automatisch bei Änderungen. Stattdessen wird bei einer Änderung ein neues Insert generiert, was zu Konflikten führen kann. Für dynamischere Seeding-Szenarien, zum Beispiel für zufällige Daten, abhängig von Umgebungsvariablen, eignet sich besser das manuelle Seeding zur Laufzeit.

16.9.3 Manuelles Seeding zur Laufzeit

Neben dem migrationsbasierten Seeding bietet EF Core auch die Möglichkeit, Daten beim Start der Anwendung manuell in die Datenbank einzufügen. Diese Methode ist flexibler, da sie auch auf externe Datenquellen oder komplexe Prüfungen zurückgreifen kann. Listing 16.58 zeigt das Einfügen von initialen Daten, zum Beispiel in die *Program.cs*-Datei:

```
if (!dbContext.Categories.Any())
{
    dbContext.Categories.AddRange(
        new Category { Name = "Tools" },
        new Category { Name = "Accessories" }
    );
    dbContext.SaveChanges();
}
```

Listing 16.58 Code für das manuelle Seeding zur Laufzeit

16.10 Modellierung von Vererbung und Polymorphie

Die objektorientierte Vererbung ist ein zentrales Konzept in C#. EF Core unterstützt seit jeher die Abbildung dieser Vererbungsstrukturen auf relationale Datenbanken, allerdings gibt es dabei unterschiedliche Konzepte, von denen manche erst in jüngeren Versionen von EF Core hinzugekommen sind.

Ab EF Core 5 wird das klassische Modell *Table per Hierarchy* (*TPH*) unterstützt, EF Core 7 brachte mit *Table per Type* (*TPT*) eine weitere Strategie hinzu, und EF Core 9 erweitert die Möglichkeiten durch Unterstützung für *Table-per-Concrete-Type* (*TPC*). Damit stehen nun alle drei verbreiteten Mapping-Strategien zur Verfügung.

Beim Table-per-Hierarchy-Ansatz (TPH) wird die gesamte Vererbungshierarchie in einer einzigen Datenbanktabelle abgebildet. Alle gemeinsamen und spezifischen Eigenschaften der Basisklasse und ihrer abgeleiteten Klassen werden in dieser einen Tabelle gespeichert. Damit die unterschiedlichen Typen unterschieden werden können, wird eine zusätzliche Diskriminatorspalte verwendet, die angibt, zu welchem konkreten Typ ein Datensatz gehört. Nicht benötigte Spalten bleiben für bestimmte Typen `null`. TPH ist die Standardstrategie in EF Core, da sie einfach zu implementieren ist und performante Abfragen ohne Joins ermöglicht.

Der Table-per-Type-Ansatz (TPT) speichert die Vererbungshierarchie auf mehrere Tabellen verteilt: Jede Klasse in der Hierarchie erhält ihre eigene Tabelle. Gemeinsame Eigenschaften liegen in der Basistabelle, während spezifische Eigenschaften in den Tabellen der abgeleiteten Klassen gespeichert werden. Die Tabellen sind über den Primärschlüssel miteinander verbunden. Um vollständige Objekte abzufragen, sind

Joins zwischen den Tabellen notwendig. TPT bietet eine saubere und normalisierte Datenstruktur, ist jedoch aufgrund der benötigten Joins oft langsamer in der Abfrage.

Beim Table-per-Concrete-Class-Ansatz (TPC) erhält jede konkrete (nichtabstrakte) Klasse eine eigene Tabelle, die alle Eigenschaften enthält, auch die geerbten aus der Basisklasse. Es gibt keine gemeinsame Basistabelle, so dass gemeinsame Eigenschaften in mehreren Tabellen dupliziert werden. Die Abfragen sind dafür einfach, da keine Joins erforderlich sind, aber die Datenstruktur ist redundant. TPC eignet sich für Szenarien, in denen die abgeleiteten Klassen unabhängig voneinander behandelt werden und keine gemeinsame Abfrage auf den Basistyp erforderlich ist.

Strategie	Tabellenstruktur	Vorteile	Nachteile
TPH – Table-per-Hierarchy	eine Tabelle für alle Typen, Unterscheidung per Diskriminatorspalte	schnell, einfach, gute Performance	viele `null`-Werte in optionalen Spalten, schwieriger zu pflegen bei tiefen Hierarchien
TPT – Table-per-Type	Basistyp + je Subtyp eine eigene Tabelle (verknüpft per PK)	klare Trennung der Typen, gutes relationales Modell	langsamere Abfragen (Joins), kompliziertere Migrationen
TPC – Table-per-Concrete-Type	Jede konkrete Klasse bekommt eine eigene, vollständige Tabelle.	sehr performante Abfragen, keine Joins notwendig	Redundanz, keine geteilte Basistabelle, keine Foreign Keys auf gemeinsame Basis möglich

Tabelle 16.1 Vergleich der Vererbungsstrategien TPH, TPT und TPC

Nehmen wir als Beispiel die Vererbungshierarchie aus Listing 16.59:

```
public abstract class Animal
{
    public int Id { get; set; }
    public string Name { get; set; } = string.Empty;
}

public class Dog : Animal
{
    public string Breed { get; set; } = string.Empty;
}
```

```
public class Cat : Animal
{
    public int LivesLeft { get; set; }
}
```

Listing 16.59 Vererbungshierarchie in C# für die folgenden Beispiele

16.10.1 Table-per-Hierarchy (TPH)

Die ist das Standardverhalten in EF Core. Es wird eine Tabelle *Animals* erstellt, in der alle Felder aller Subtypen enthalten sind, also eine Tabelle pro Klassenhierarchie. EF Core verwendet eine Diskriminatorspalte, um zu unterscheiden, ob es sich um eine Katze oder einen Hund handelt. Den Code für die Konfiguration sehen Sie in Listing 16.60:

```
modelBuilder.Entity<Animal>()
    .HasDiscriminator<string>("AnimalType")
    .HasValue<Dog>("Dog")
    .HasValue<Cat>("Cat");
```

Listing 16.60 Die Konfiguration für Table-per-Hierarchy (TPH)

Daraus entsteht die SQL-Struktur aus Listing 16.61:

```
CREATE TABLE Animals (
    Id INT PRIMARY KEY,
    Name NVARCHAR(MAX),
    Breed NVARCHAR(MAX),      -- für Dogs
    LivesLeft INT,            -- für Cats
    AnimalType NVARCHAR(MAX) -- "Dog" oder "Cat"
)
```

Listing 16.61 Die beispielhafte SQL-Struktur für TPH

Dieses Vorgehen bietet eine gute Performance, da nur eine Tabelle gelesen werden muss. Potenziell sind aber viele `null`-Spalten vorhanden, da die Werte je nach Typ gefüllt sind.

16.10.2 Table-per-Type (TPT)

Seit EF Core 7+ können Sie explizit konfigurieren, dass jede Subklasse eine eigene Tabelle bekommt, wie das Listing für die Konfiguration zeigt:

```
modelBuilder.Entity<Animal>().ToTable("Animals");
modelBuilder.Entity<Dog>().ToTable("Dogs");
modelBuilder.Entity<Cat>().ToTable("Cats");
```

Listing 16.62 Die Konfiguration in C# für Table-per-Type (TPT)

Hier erstellt EF Core die drei Tabellen *Animals* (*Id, Name*), *Dogs* (*Id, Breed*) und *Cats* (*Id, LivesLeft*). Dabei gilt, dass *Dogs.Id* gleichzeitig der Fremdschlüssel zu *Animals.Id* ist. Bei einer Abfrage wie der folgenden führt EF Core automatisch Joins durch:

```
var animals = context.Set<Animal>().ToList();
```

Die Vorteile sind eine gute Normalisierung und klar strukturierte Daten. Nachteile können Performanceeinbußen durch Joins sein, die vor allem bei umfangreichen Hierarchien auftreten.

16.10.3 Table-per-Concrete-Type (TPC)

Seit EF Core 9 ist zudem TPC nativ möglich. Dabei erhält jede konkrete Klasse ihre eigene vollständige Tabelle, inklusive aller Felder der Basisklasse. Die Konfiguration dazu zeigt der folgende C#-Code:

```
modelBuilder.Entity<Dog>().UseTpcMappingStrategy();
modelBuilder.Entity<Cat>().UseTpcMappingStrategy();
```

Listing 16.63 Konfiguration für Table-per-Concrete-Type (TPC)

Dabei entstehen die Tabellen *Dogs* (*Id, Name, Breed*) und *Cats* (*Id, Name, LivesLeft*). Listing 16.64 zeigt einen `DbContext` als Beispiel:

```
public class AnimalContext : DbContext
{
    public DbSet<Dog> Dogs => Set<Dog>();
    public DbSet<Cat> Cats => Set<Cat>();
    public DbSet<Animal> Animals => Set<Animal>();

    protected override void OnModelCreating(ModelBuilder modelBuilder)
    {
        modelBuilder.Entity<Dog>().UseTpcMappingStrategy();
        modelBuilder.Entity<Cat>().UseTpcMappingStrategy();
    }
}
```

Listing 16.64 Ein beispielhafter »AnimalContext« für TPC

Die abstrakte Basisklasse Animal bildet EF Core nicht als eigene Tabelle ab. Gemeinsame Abfragen über Animal funktionieren aber trotzdem:

```
List<Animal> animals = await context.Set<Animal>().ToListAsync();
```

EF Core generiert hier eine UNION ALL-Query über beide Tabellen. Die Vorteile sind eine sehr gute Abfragegeschwindigkeit bei konkreten Typen wie nur Dog. Es sind keine Joins notwendig und keine null-Felder. Nachteile sind die Redundanz bei Feldern in mehreren Tabellen und dass kein Fremdschlüssel auf gemeinsame Basistabellen möglich ist und kein konsistenter DbSet<Animal> Insert, sondern dieses Insert nur über die Subklassen erfolgt.

16.11 Performance und Tuning

Eine der Stärken von EF Core liegt in seiner Fähigkeit, effizient mit relationalen Datenbanken zu kommunizieren. Dennoch kann der Umgang mit großen Datenmengen, komplexen Abfragen oder ungeeigneten Standardverhalten schnell zu unerwarteten Performanceproblemen führen. Dann spielt die Performance und deren Optimierung eine große Rolle, von der Abfrageoptimierung über das Verhalten beim Laden großer Datenmengen bis hin zum Vermeiden von typischen Anti-Patterns.

16.11.1 Der Einfluss von LINQ

LINQ ist eines der mächtigsten Werkzeuge in EF Core, aber auch eine häufige Fehlerquelle. Da LINQ-Abfragen zur Laufzeit von EF Core analysiert und in SQL übersetzt werden, ist nicht jede scheinbar harmlose Methode gleich performant.

```
var post = context.Posts
    .Where(p => p.Title!.ToLower().Contains("ef"))
    .FirstOrDefault();
```

Listing 16.65 »ToLower()« in einem LINQ-Ausdruck

Diese Abfrage funktioniert zwar, aber das .ToLower() auf der linken Seite wird möglicherweise nicht in SQL übersetzt, sondern in C# ausgeführt, was bedeutet, dass alle Datensätze in den Speicher geladen werden, bevor der Filter greift. Ein solcher Fehler ist besonders bei großen Tabellen fatal. Besser ist der folgende Code:

```
var post = context.Posts
    .Where(p => EF.Functions.Like(p.Title!, "%ef%"))
    .FirstOrDefault();
```

Listing 16.66 LINQ-Abfrage mit »EF.Functions.Like()«

Die Verwendung von `EF.Functions.Like()` ist nicht nur lesbarer, sondern auch wesentlich effizienter, da die Filterung auf Datenbankebene erfolgt.

16.11.2 Split Queries vs. Single Queries

Standardmäßig versucht EF Core, verbundene Daten möglichst effizient in einer einzigen SQL-Abfrage zu laden, etwa durch Joins. In manchen Fällen führt dies jedoch zu einem sogenannten *Cartesian-Explosion-Problem*, also zu einer Vervielfachung von Datensätzen durch unnötige Kreuzverbindungen. Seit EF Core 5 gibt es die Möglichkeit, Abfragen in mehrere Split Queries aufzuteilen, bei denen die Haupttabelle und die verknüpften Daten separat abgefragt werden. Das zeigt das folgende Beispiel:

```
var blogs = context.Blogs
    .Include(b => b.Posts)
    .AsSplitQuery()
    .ToList();
```

Listing 16.67 Das Aufteilen von Anfragen an die Datenbank über »AsSplitQuery()«

Hier führt EF Core zwei Abfragen aus: eine für die `Blogs`, eine für die zugehörigen `Posts`. Das verhindert die Vervielfachung von Daten durch komplexe Joins und spart Speicher und Netzwerkbandbreite, besonders wichtig bei Eins-zu-viele- oder Viele-zu-viele-Beziehungen mit großen Datenmengen. EF Core lässt sich zudem standardmäßig auf die Nutzung Split Queries konfigurieren, wie Listing 16.68 zeigt:

```
optionsBuilder.UseSqlite("...")
    .UseQuerySplittingBehavior(QuerySplittingBehavior.SplitQuery);
```

Listing 16.68 Standardeinstellung für Split Queries

Dies ist insbesondere in größeren Systemen sinnvoll, in denen das Abfrageverhalten konsistent sein soll.

16.11.3 Caching: Bewusst einsetzen

EF Core selbst enthält kein zweistufiges Caching wie manch anderes ORM, wie zum Beispiel Hibernate. Es speichert Daten lediglich im Kontext (Tracking). Sobald Sie den Kontext verwerfen, sind die Daten nicht mehr verfügbar. Wenn Caching erforderlich ist, müssen Sie bewusst einen Cache über externe Mechanismen ergänzen. Das können die folgenden Methoden sein:

- In-Memory-Caching über `IMemoryCache`
- verteiltes Caching z. B. mit Redis

- Application-Level Caching über eigene Services
- ein einfaches Beispiel mit dem .NET-internen `IMemoryCache`

Die zuletzt genannte Methode sehen Sie in Listing 16.69:

```
if (!_cache.TryGetValue("AllBlogs", out List<Blog> blogs))
{
    blogs = context.Blogs.AsNoTracking().ToList();
    _cache.Set("AllBlogs", blogs, TimeSpan.FromMinutes(5));
}
```

Listing 16.69 Caching über den .NET-internen »IMemoryCache«

Gerade in Webanwendungen mit vielen identischen Anfragen kann ein solches Caching den Datenbankserver erheblich entlasten.

16.12 EF Core und moderne .NET-Features

EF Core ist nicht nur ein leistungsfähiges ORM, sondern zudem sehr gut in das .NET-Ökosystem integriert. Microsoft hat die Entwicklung von Beginn an darauf ausgelegt, mit den modernen Architekturprinzipien von .NET Core und später .NET 5 bis 9 zu harmonieren. Dazu gehören die enge Integration in das Dependency-Injection-System, vollständige Unterstützung für asynchrone Programmierung, Kompatibilität mit Nullable Reference Types und die Möglichkeit, sich in verschiedene Laufzeitumgebungen (Desktop, Web, Cloud) flexibel einzufügen.

16.12.1 Asynchrone Programmierung

EF Core ist von Grund auf asynchron entworfen. Alle wichtigen Methoden, z. B. zum Laden, Speichern, Löschen oder Zählen von Daten, stehen als `async`-Variante zur Verfügung. Das ist entscheidend für moderne Web- und Cloud-Anwendungen, in denen blockierende I/O-Operationen vermieden werden sollen. Listing 16.70 zeigt dazu ein Beispiel:

```
public async Task<List<Post>> GetRecentPostsAsync()
{
    using var context = new BloggingContext();

    return await context.Posts
        .OrderByDescending(p => p.Id)
```

```
        .Take(10)
        .ToListAsync();
}
```

Listing 16.70 Asynchrone Methode, die Daten asynchron abfragt

Die Verwendung von async/await sorgt dafür, dass Threads freigegeben werden, während auf die Datenbank gewartet wird. So lassen sich auch bei hoher Last skalierbare Systeme entwickeln, die effizient mit Ressourcen umgehen. Alle Standardmethoden wie FirstOrDefaultAsync(), AnyAsync(), CountAsync() oder SaveChangesAsync() sind vollständig integriert. Auch in Kombination mit Cancellation Tokens oder Parallelisierungsszenarien arbeitet EF Core stabil und zuverlässig.

16.12.2 Nullable Reference Types

Mit Nullable Reference Types, eingeführt mit C# 8, können Sie ausdrücken, ob eine Referenz null sein darf oder nicht. EF Core unterstützt dieses Sprachfeature vollständig und verwendet es sogar aktiv bei der Modellgenerierung und Validierung. Listing 16.71 zeigt dazu ein einfaches Beispiel:

```
public class Post
{
    public int Id { get; set; }
    public string Title { get; set; } = string.Empty;  // nicht nullable
    public string? Content { get; set; }               // nullable
}
```

Listing 16.71 Nullable Reference Types in einer Modellklasse

EF Core interpretiert diese Anmerkungen und generiert je nach Angabe NOT NULL- oder NULLABLE-Spalten in der Datenbank. Außerdem weist das Framework zur Laufzeit auf mögliche Inkonsistenzen hin, etwa wenn eine nicht-nullbare Eigenschaft nicht initialisiert wurde, das verbessert die Datenintegrität erheblich. Wichtig ist, dass im Projekt die Nullable-Kontextoption aktiviert ist (in der *.csproj*-Datei).

16.12.3 Records, Init-only-Properties und C#-Features

EF Core ist kompatibel mit modernen C#-Sprachfeatures, etwa record-Typen als Alternative zu klassischen Klassen, Init-only-Properties für unveränderliche Objekte, Pattern Matching in LINQ-Abfragen, Interpolated String Handlers (ab C# 10) für dynamische SQL-Erzeugung. Ein Record-typisches Modell sieht so aus:

```
public record Post(int Id, string Title, string? Content);
```

EF Core kann auch damit arbeiten, solange alle Eigenschaften mit öffentlichen get-Zugriffen verfügbar sind. Init-only Properties erlauben eine kontrollierte Initialisierung bei gleichzeitigem Schutz vor ungewollten Änderungen:

```
public class Blog
{
    public int Id { get; init; }
    public string Url { get; init; } = string.Empty;
}
```

EF Core erkennt diese Properties und behandelt sie wie reguläre Felder. Einschränkungen gibt es bei Features wie Change Tracking, da Änderungen nach der Initialisierung nicht mehr möglich sind, was bei der Modellierung zu bedenken ist.

Kapitel 17
Desktop- und Cross-Platform-Entwicklung

Mit der Einführung von *.NET 1.0* wurde auch eine neue Technologie zur Entwicklung von Windows-Anwendungen eingeführt: die *WinForm-API*. Im Grunde genommen war die WinForm-API keine Neuentwicklung, da sie die *Windows-API* nutzte. Trotz der Erweiterung der Windows-API hat sich an der grundlegenden Architektur nichts geändert.

Unter dem Codenamen *Avalon* startete Microsoft Mitte des letzten Jahrzehnts die Entwicklung einer neuen Bibliothek für grafische Benutzeroberflächen, die im Jahr 2006 unter dem Bezeichner *Windows Presentation Foundation* (WPF) als Teil von *.NET 3.0* veröffentlicht wurde. Bereits in *Visual Studio 2008* wurde die WPF neben der traditionellen Technologie für die WinForm-API fest in die Entwicklungsumgebung integriert. Nach einigen Startschwierigkeiten, die nicht nur auf Mängel zurückzuführen waren, fand die WPF eine breite Akzeptanz in der Entwicklergemeinde und gehört nunmehr zur bevorzugten Technologie zur Entwicklung von Windows-Anwendungen.

Microsoft treibt die plattformübergreifende Ausrichtung von .NET kontinuierlich voran. Mit .NET MAUI bietet das Unternehmen seit 2022 ein modernes Framework für die Cross-Platform-UI-Entwicklung, das auf den Grundlagen von .NET Core und der Weiterentwicklung von WPF aufbaut.

Die Desktop-Anwendungsentwicklung mit .NET hat sich über die Jahre erheblich weiterentwickelt und bleibt ein zentraler Bestandteil der Entwicklung mit und für .NET. Microsofts .NET-Ökosystem bietet zahlreiche Werkzeuge und Frameworks, die sowohl für traditionelle als auch für moderne Anwendungsanforderungen geeignet sind. Trotz der Veröffentlichung von WinForms und WPF als Open-Source-Projekte auf GitHub hat Microsoft klargestellt, dass es keine Pläne gibt, diese beiden UI-Technologien auf anderen Betriebssystemen als Windows anzubieten. Wer mit .NET Cross-Platform-UIs entwickeln möchte, muss auf .NET MAUI setzen.

17.1 WinForms, WPF und .NET MAUI – ein Vergleich

Windows Forms (WinForms), die Windows Presentation Foundation (WPF) und .NET Multi-Platform App UI (MAUI) sind drei zentrale Frameworks im .NET-Ökosystem, die jeweils unterschiedliche Anwendungsfälle und Zielgruppen bedienen.

WinForms ist eines der ältesten UI-Frameworks von Microsoft und wurde erstmals 2001 mit .NET 1.0 eingeführt. Es basiert auf den nativen Windows-Steuerelementen und bietet eine einfache Möglichkeit, Desktop-Anwendungen für Windows zu erstellen. Trotz seines Alters unterstützt .NET WinForms weiterhin.

WinForms ist bekannt für seine Einfachheit und schnelle Entwicklung durch Drag-and-Drop-Design in Visual Studio und anderen Entwicklungsumgebungen. Es ist ideal für eine Vielzahl von Anwendungen, vom kleinen Hobbyprojekt bis hin zu umfangreichen Unternehmensanwendungen. Allerdings fehlt es an moderner UI-Funktionalität und Skalierbarkeit für High-DPI-Bildschirme. Zudem ist es ausschließlich auf Windows beschränkt und unterstützt keine plattformübergreifenden Szenarien – eine Einschränkung für viele aktuelle Projekte.

Microsoft hat den Designer für WinForms in Visual Studio 2022 verbessert, aber die Technologie bleibt weitgehend unverändert. Sie eignet sich vor allem für Legacy-Anwendungen oder für alle, die mit dem Framework vertraut sind, bestehende Anwendungen pflegen möchten und ausschließlich Windows als Zielplattform bedienen.

Microsoft hat die WPF im Jahr 2006 eingeführt. Das Framework bietet eine moderne Architektur auf Basis von DirectX. Es ermöglicht die Erstellung visuell anspruchsvoller Anwendungen mit umfangreichen Anpassungsmöglichkeiten. Die WPF unterstützt XAML für deklarative UI-Definitionen, bietet Hardwarebeschleunigung, Datenbindung und MVVM-Unterstützung (Model View ViewModel). Sie eignet sich hervorragend für datenintensive Anwendungen oder solche mit komplexen Benutzeroberflächen.

Die WPF ist ebenfalls Windows-exklusiv und hat eine steilere Lernkurve im Vergleich zu WinForms. Zudem wird sie von Microsoft als »reifes Produkt« betrachtet, was bedeutet, dass es nur minimale Weiterentwicklungen gibt.

Obwohl die WPF aktiv unterstützt wird, liegt die Verantwortung für viele Entwicklungen mittlerweile bei der Community. Microsoft hat angekündigt, die WPF so lange zu unterstützen, wie es eine Nutzerbasis gibt. Damit ist die Weiterentwicklung zunächst gesichert, aber sicherlich zeitlich beschränkt.

.NET MAUI ist die neueste Ergänzung im .NET-Ökosystem und wurde als Nachfolger von Xamarin.Forms entwickelt. Es ermöglicht die plattformübergreifende Entwicklung von Anwendungen für Windows, macOS, iOS und Android aus einer gemeinsamen Codebasis. MAUI bietet moderne Funktionen wie plattformübergreifende Unterstützung, MVVM-Unterstützung, XAML-Hot-Reload und eine native Benutzererfahrung auf allen Plattformen. Es eignet sich besonders für alle, die sowohl mobile als auch Desktop-Anwendungen entwickeln möchten.

Da MAUI recht neu ist, gibt es noch Kinderkrankheiten wie Bugs und eine weniger ausgereifte Ökosystemunterstützung im Vergleich zu älteren Frameworks – ein Umstand, der sich aber mit der Zeit ändern wird. Mit der Veröffentlichung von .NET 9 hat

MAUI erhebliche Verbesserungen in Stabilität und Leistung erfahren. Die Akzeptanz unter Entwickelnden wächst stetig, insbesondere bei neuen Projekten mit plattformübergreifenden Anforderungen.

Tabelle 17.1 listet verschiedene Kriterien auf, um die drei genannten UI-Frameworks miteinander zu vergleichen. Durch die Einführung von .NET MAUI ist die UI-Landschaft im .NET-Universum nicht einfacher oder übersichtlicher geworden. WinForms bleibt relevant für Legacy-Projekte und einfache Anwendungsfälle, während die WPF weiterhin eine solide Wahl für anspruchsvolle Desktop-Anwendungen darstellt. Mit .NET MAUI bietet Microsoft jedoch eine zukunftsorientierte Lösung für plattformübergreifende Entwicklung. Die Wahl des richtigen Frameworks hängt stark von den spezifischen Anforderungen des Projekts ab – einschließlich Plattformunterstützung, visueller Komplexität und langfristiger Wartungsstrategie.

Aspekt	WinForms	WPF	.NET MAUI
Plattformunterstützung	nur Windows	nur Windows	Cross-Plattform (Windows, macOS, iOS, Android)
Modernität	veraltet	modern	sehr modern
UI-Flexibilität	eingeschränkt	hoch	hoch
Lernkurve	flach	steil	mittel
Performance	stabil	hardwarebeschleunigt	plattformabhängig
Einsatzbereich	Legacy-Anwendungen	datenintensive Anwendungen	Cross-Plattform-Anwendungen

Tabelle 17.1 Vergleich von WinForms, WPF und .NET MAUI

17.2 Und was ist mit der UWP und WinUI 3?

Die Universal Windows Platform (UWP) und WinUI 3 sind zwei Technologien im .NET- und Windows-Ökosystem, die sich auf die Entwicklung moderner Windows-Anwendungen konzentrieren. Während die UWP als ambitionierter Versuch gestartet wurde, eine einheitliche Plattform für alle Windows-Geräte zu schaffen, hat sich Microsoft in den letzten Jahren zunehmend auf WinUI 3 und das Windows App SDK als Nachfolger fokussiert.

Im Jahr 2015 stellte Microsoft die UWP mit der Einführung von Windows 10 vor. Ziel war es, eine Plattform zu schaffen, die es Anwendungen ermöglicht, nahtlos auf verschiedenen Geräten wie PCs, Tablets, Xbox, IoT-Geräten und HoloLens zu laufen. Die UWP bietet ein starkes Sicherheitsmodell und die Möglichkeit, Anwendungen über den Microsoft Store bereitzustellen. Es nutzt XAML für die Benutzeroberfläche und unterstützt Programmiersprachen wie C# und C++.

Microsoft hat die UWP offiziell als nicht mehr aktiv entwickelt eingestuft. Es gibt keine neuen Funktionen oder wesentlichen Updates mehr für die UWP, auch wenn bestehende Anwendungen weiterhin unterstützt werden. Microsoft empfiehlt daher, bestehende UWP-Anwendungen auf WinUI 3 zu migrieren. Mit der Unterstützung von .NET 9 bietet Microsoft Tools an, um diesen Übergang zu erleichtern.

Die UWP ist ausschließlich auf Windows 10 und 11 beschränkt und hat keine plattformübergreifenden Möglichkeiten. Dies schränkt seine Relevanz in einer Zeit ein, in der plattformübergreifende Frameworks wie .NET MAUI an Bedeutung gewinnen. Der Fokus auf den Microsoft Store als Distributionskanal ist zusätzlich einschränkend. Die Plattform ist nicht mit traditionellen Win32-Anwendungen kompatibel, was zu einer Fragmentierung geführt hat. Die geringe Verbreitung von UWP-Anwendungen hat dazu beigetragen, dass Microsoft die Prioritäten verschoben hat.

WinUI 3 ist die neueste Plattform für Benutzeroberflächen von Microsoft und Teil des Windows App SDK. Es ist vollständig entkoppelt von der UWP und bietet Entwickelnden die Möglichkeit, moderne Benutzeroberflächen sowohl für klassische Win32-Anwendungen als auch für neue Anwendungen zu erstellen. WinUI 3 nutzt XAML für deklarative UI-Definitionen und unterstützt sowohl .NET als auch C++.

Microsoft veröffentlicht zudem etwa alle sechs Monate neue Versionen von WinUI 3, was eine kontinuierliche Weiterentwicklung sicherstellt. WinUI 3 kann in Kombination mit .NET MAUI oder React Native verwendet werden, um moderne Oberflächen für plattformübergreifende Anwendungen bereitzustellen.

Laut Microsoft ist WinUI 3 heute die empfohlene Technologie für native Windows-Anwendungsentwicklung. Microsoft entwickelt das Framework aktiv weiter, und es ist Teil der langfristigen Strategie, um moderne Desktop-Anwendungen zu fördern. Tabelle 17.2 vergleicht einige Merkmale der beiden Plattformen.

Aspekt	UWP	WinUI 3
Plattformunterstützung	nur Windows (ab Version 10)	nur Windows (ab Version 10)
technologischer Fokus	Modernisierung durch Sandbox	flexible Nutzung für Win32/UWP
Zukunftssicherheit	eingestellt	aktiv weiterentwickelt
Distributionskanal	Microsoft Store	beliebige Kanäle (MSIX optional)

Tabelle 17.2 Vergleich von UWP und WinUI3

Aspekt	UWP	WinUI 3
Kompatibilität	beschränkt auf UWP	Unterstützt auch klassische Apps.
Updates	keine neuen Funktionen	regelmäßige Updates

Tabelle 17.2 Vergleich von UWP und WinUI3 (Forts.)

Microsoft hat sich klar darauf konzentriert, den Bruch zwischen der klassischen Win32-Welt und der modernen UWP-Welt zu überwinden. Mit der Einführung des Windows App SDK und WinUI 3 existiert eine Brücke, die Entwickelnden mehr Flexibilität bietet. Während die UWP ein ambitioniertes Projekt war, konnte sie ihre Ziele nicht vollständig erreichen. Der Fokus liegt nun auf einer vereinheitlichten Entwicklungserfahrung über verschiedene Frameworks hinweg.

17.3 XAML (Extended Application Markup Language)

XAML ist eine deklarative Programmiersprache, deren Wurzeln auf *XML* zurückzuführen sind. XAML unterliegt damit auch denselben strengen Regeln wie XML:

- Elemente werden durch Tags beschrieben.
- Jedes Starttag bedarf zwingend eines Endtags.
- Die Groß-/Kleinschreibung ist zu berücksichtigen.

XAML ist im Grunde genommen eine Erweiterung der XML-Spezifikation. Sie werden im XAML-Code viele bekannte Regeln der XML wiederfinden, aber auch mit Neuerungen oder Ergänzungen konfrontiert werden, die das Gesamtkonzept von XAML im Vergleich zu XML besser unterstützen und auch aufwerten.

17.3.1 Die Struktur einer XAML-Datei

Sehen wir uns den XAML-Code an, den eine Entwicklungsumgebung beim Erstellen eines neuen Fensters erzeugt:

```
<Window x:Class="WpfApp1.MainWindow"
        xmlns="http://schemas.microsoft.com/winfx/2006/xaml/presentation"
        xmlns:x="http://schemas.microsoft.com/winfx/2006/xaml"
        xmlns:d="http://schemas.microsoft.com/expression/blend/2008"
        xmlns:mc="http://schemas.openxmlformats.org/markup-compatibility/2006"
        xmlns:local="clr-namespace:WpfApp1"
        mc:Ignorable="d"
```

```
        Title="MainWindow" Height="450" Width="800">
  <Grid>
  </Grid>
</Window>
```

Listing 17.1 Struktur der XAML-Datei eines Fensters

Jede XML-Datei hat ein Wurzelelement, das alle anderen Elemente einschließt. Das gilt auch für die XAML-Datei einer WPF-Anwendung. Hier handelt es sich um das Element `Window`. Es weist von Anfang an einige Attribute auf, die eine gewisse Grundcharakteristik sicherstellen:

- Das erste, `x:Class`, gibt die Code-Behind-Datei an, die den C#-Code des aktuellen XAML-Dokuments enthält.
- Mit `xmlns` werden mehrere XML-Namespaces bekanntgegeben, damit die Elemente im XAML-Code einwandfrei identifiziert werden können.
- Mit dem Attribut `Title` wird anschließend die Zeichenfolge beschrieben, die in der Titelleiste des Fensters angezeigt wird, und `Height` und `Width` legen die Gesamthöhe bzw. -breite des Fensters fest.

Im Wurzelelement `Window` sind alle Komponenten enthalten, aus denen sich das Fenster zusammensetzt: Schaltflächen, Textboxen, Listenfelder usw. Da `Window` jedoch grundsätzlich nur ein direkt untergeordnetes Element haben kann, handelt es sich dabei um ein Containersteuerelement, das seinerseits selbst beliebig viele Steuerelemente aufnehmen kann. Per Vorgabe wird immer ein `Grid`-Element erzeugt. Es gibt noch ein paar Layoutcontainer mehr, die alle in irgendeiner Weise auf eine bestimmte Darstellung oder Ausrichtung der in ihnen enthaltenen Steuerelemente spezialisiert sind. Neben dem `Grid` ist beispielsweise das `StackPanel` ein häufig verwendeter Container. Ein charakteristisches Merkmal aller Containersteuerelemente ist, dass sie über die Eigenschaft `Children` verfügen, die eine Auflistung von `UIElement`-Objekten verwaltet.

Im Codefragment in Listing 17.2 sehen Sie das Stammelement `Window` nebst dem untergeordneten Container vom Typ `Grid`. Das `Grid` wird nur durch eine Zeile und eine Spalte, also eine Zelle beschrieben, die ein `Button`-Element enthält.

```
<Window x:Class="WpfApplication1.MainWindow"
        [...]
        Title="MainWindow" Height="163" Width="300">
  <Grid>
    <Button FontSize="18" Background="LightGray" Name="btnButton1">
      Der erste Button
```

```
    </Button>
  </Grid>
</Window>
```

Listing 17.2 »Grid« mit einem eingebetteten Button

Beachten Sie, dass die Schaltfläche keine Angaben zu ihren Abmessungen enthält. Es liegt in der Natur des übergeordneten Grid-Containers, dass der dem Grid als einziges Element untergeordnete Button dann den gesamten Containerbereich für sich beansprucht (siehe Abbildung 17.1). Wie Sie im Bereich des Grid-Objekts auch mehrere Steuerelemente unterbringen können, werden Sie im Kapitel 18 über die Windows Presentation Foundation noch sehen.

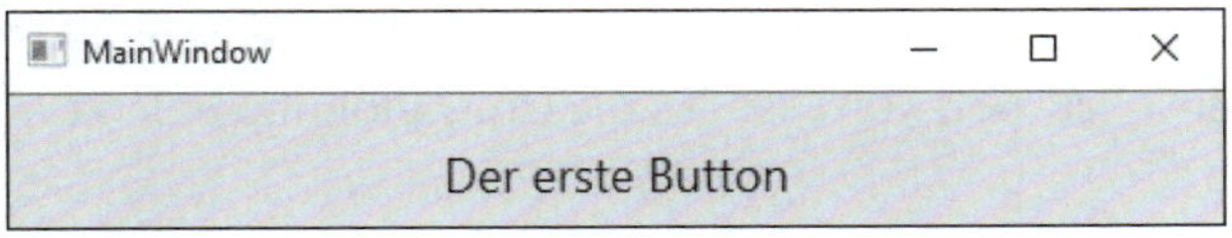

Abbildung 17.1 Die grafische Benutzeroberfläche aus Listing 17.2

Das Element Button entspricht der gleichnamigen Klassendefinition im Namespace System.Windows.Control. Die Angabe <Button> im XAML-Code bewirkt die Instanziierung des entsprechenden Elements über den parameterlosen Konstruktor. Die Attribute FontSize, Background, Content und Name sind Eigenschaften der Klasse Button.

Alternativ können Sie die Schaltfläche im Programmcode der Code-Behind-Datei erzeugen, beispielsweise nach dem Aufruf der Methode InitializeComponent im Konstruktor:

```
public MainWindow()
{
  InitializeComponent();
  Button btnButton1 = new Button();
  btnButton1.FontSize = 18;
  btnButton1.Background = new SolidColorBrush(Colors.LightGray);
  btnButton1.Content = "Der erste Button";
  grid1.Children.Add(btnButton1);
}
```

Listing 17.3 Button aus Listing 17.2 mit Programmcode erzeugen

Mit der letzten Anweisung im Listing wird die Schaltfläche ihrem übergeordneten Grid-Container zugeordnet.

17.3.2 Eigenschaften eines XAML-Elements in Attributschreibweise festlegen

Jedes WPF-Element hat zahlreiche Eigenschaften. Eine Möglichkeit ist es, diese Eigenschaft im XAML-Code durch Attribute anzugeben. Beabsichtigen Sie, beispielsweise die Breite und die Höhe einer Schaltfläche festzulegen, müssen Sie die Eigenschaften `Height` und `Width` als Attribute angeben:

```
<Button Height="50" Width="100"></Button>
```

oder gleichwertig

```
<Button Height="50" Width="100" />
```

Allen Attributen werden die Werte grundsätzlich immer als String übergeben. Ein Typkonverter wandelt die Zeichenfolge anschließend in den von der Eigenschaft beschriebenen Datentyp um. Bei `Height` und `Width` ist das die Umwandlung in den Datentyp `Double`.

Bei dem Zieldatentyp muss es sich nicht unbedingt um einen elementaren Datentyp handeln. Legen Sie zum Beispiel mit `Background` die Hintergrundfarbe fest, verbirgt sich dahinter die Konvertierung in den schon komplexen Typ `Brush`.

17.3.3 Eigenschaften im Eigenschaftsfenster festlegen

Sie müssen die Eigenschaften eines Elements nicht im XAML-Code direkt angeben – auch wenn es dank der IntelliSense-Unterstützung nicht weiter schwierig ist. Sie können stattdessen die Eigenschaften auch im Eigenschaftsfenster von Visual Studio für die aktuell im Designer ausgewählte Komponente (siehe Abbildung 17.2) definieren.

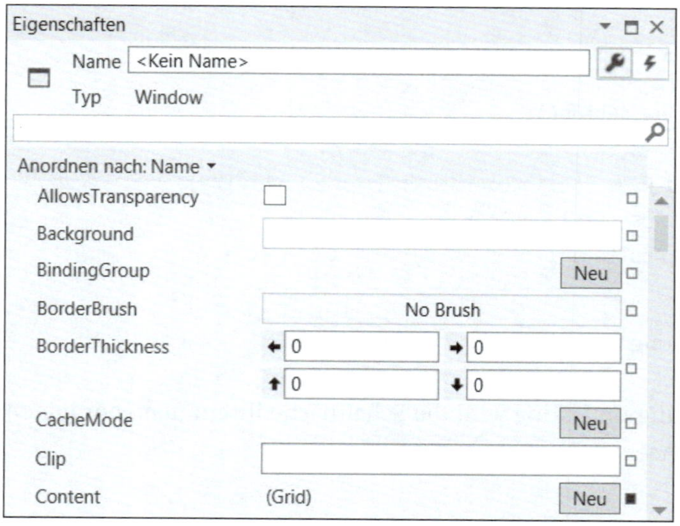

Abbildung 17.2 Das Eigenschaftsfenster einer WPF-Komponente

17.3.4 Die Eigenschaft-Element-Syntax

Die Attributschreibweise ist zwar kompakt, birgt aber den Nachteil, dass einer Eigenschaft nur eine Zeichenfolge zugewiesen werden kann. Diese wird meistens auf einen elementaren Datentyp zurückgeführt. Eigenschaften können aber auch komplexer Natur sein. Nehmen wir exemplarisch die Eigenschaft `Background`, die die Hintergrundfarbe beschreibt. Soll diese einheitlich Blau sein, ist die Attributschreibweise vollkommen ausreichend:

```
<Button Background="Blue" />
```

Was ist aber, wenn die Hintergrundfarbe nicht durch eine konkrete Farbe, sondern durch einen Farbverlauf beschrieben werden soll? Dafür sind mehrere Objekte notwendig. In solchen Fällen kann man die Attributschreibweise nicht mehr anwenden, und es kommt die sogenannte *Eigenschaft-Element-Syntax* ins Spiel. Bei dieser Schreibweise wird zuerst der Typ des Elements genannt und dahinter, durch einen Punkt getrennt, die Eigenschaft.

```
<Button Height="100" Width="200" Foreground="White">
  <Button.Background>
    <LinearGradientBrush>
      <GradientStop Color="Black" Offset="0.0" />
      <GradientStop Color="LightGray" Offset="1.0" />
    </LinearGradientBrush>
  </Button.Background>
    Mein erster Button
</Button>
```

Listing 17.4 Button mit Farbverlauf

Das Codefragment beschreibt mit einem Objekt des Typs `LinearGradientBrush` den linearen Farbverlauf des Hintergrunds einer Schaltfläche. Die beiden `GradientStop`-Objekte geben Position und Farbe des Farbverlaufs an.

Abbildung 17.3 Button mit linearem Farbverlauf

Die Eigenschaft-Element-Schreibweise können Sie auch bei einfachen Eigenschaften wie zum Beispiel `Height` und `Width` verwenden. Sie geben dann den gewünschten Wert zwischen den beiden Tags an, z. B.:

17

```
<Button>
  <Button.Height>50</Button.Height>
  <Button.Width>100</Button.Width>
  Mein erster Button
</Button>
```

Listing 17.5 Eigenschaft-Element-Syntax elementarer Properties

17.3.5 Inhaltseigenschaften

Sie kennen nun die *Attributschreibweise* und die *Eigenschaft-Element-Syntax*. Doch wie verhält es sich mit der Beschriftung einer Schaltfläche? Diese ist tatsächlich ein Sonderfall unter den Eigenschaften, da die Beschriftung auf zweierlei Art und Weise vorgenommen werden kann. Geben Sie dazu die Eigenschaft `Content` entweder als Attribut des `<Button>`-Tags an oder zwischen dem ein- und dem ausleitenden Element. Sie schreiben also entweder

```
<Button Content="Mein erster Button" />
```

oder

```
<Button>Mein erster Button</Button>
```

Beide Varianten sind gleichwertig. Es steht nun die Frage im Raum, warum wir in der letztgenannten Form nicht ausdrücklich die Eigenschaft angeben müssen, also:

```
<Button>
  <Button.Content>
    Mein erster Button
  </Button.Content>
</Button>
```

Die Antwort lautet: Weil `Content` als sogenannte *Inhaltseigenschaft* für das `Button`-Element definiert ist. Bei einer Inhaltseigenschaft können Sie auf die explizite Angabe der Eigenschaft in der Eigenschaft-Element-Schreibweise verzichten. Hintergrund dabei ist, dass `ContentControl` mit dem Attribut `ContentPropertyAttribute` verknüpft ist, mit dem die Inhaltseigenschaft aller ableitenden Komponenten angegeben wird:

```
[ContentProperty("Content")]
public class ContentControl : Control, IAddChild { [...] }
```

Das Besondere an der Inhaltseigenschaft `Content` ist ihr Datentyp `Object`. Dadurch lässt sich der Inhaltseigenschaft des betreffenden Elements, also auch dem `Button`, ein beliebiges Objekt zuordnen, beispielsweise ein `Rectangle`-Element, wie in Listing 17.6 gezeigt:

```
<Button Height="100" Width="200" Background="LightGray">
  <Rectangle Height="30" Width="100" Fill="DarkBlue" />
</Button>
```

Listing 17.6 Die Eigenschaft »Content« einer Schaltfläche beschreibt ein »Rectangle«.

Verschachteln von Elementen

Natürlich muss es sich bei dem eingebetteten Element nicht unbedingt um ein grafisches Element handeln, es kann auch ein Steuerelement sein, zum Beispiel eine `ListBox`:

```
<Button Height="100" Width="200">
  <ListBox Width="80">
    <ListBoxItem>Niederlande</ListBoxItem>
    <ListBoxItem>Belgien</ListBoxItem>
    <ListBoxItem>Frankreich</ListBoxItem>
  </ListBox>
</Button>
```

Listing 17.7 Das Steuerelement »ListBox« mit mehreren eingebetteten Elementen

Wollen Sie mehrere Elemente der Schaltfläche unterordnen, beispielsweise ein `Label`, eine `ListBox` und darüber hinaus ein `Image`, scheint das im ersten Moment nicht möglich zu sein, weil die `Content`-Eigenschaft nur ein Element zulässt. Dennoch ist die Lösung simpel: Wählen Sie als dem `Button` untergeordnetes Element eines der Containersteuerelemente (z. B. ein `Grid`), in dem Sie die gewünschten Steuerelemente entsprechend positionieren.

Klassen mit beliebigen Inhalten

`Content` ist die Inhaltseigenschaft aller Steuerelemente, die von `ContentControl` abgeleitet sind. Dazu gehört die Klasse `Button`. In der WPF sind insgesamt sogar vier Klassen definiert, die eine Inhaltseigenschaft vorschreiben. Jede dieser Basisklassen zwingt ihren Ableitungen eine bestimmte Charakteristik hinsichtlich der Inhaltsbeschreibung auf. Bei einer `ListBox` sind es zum Beispiel gleich mehrere Elemente, die angegeben werden können, ohne dass die entsprechende Inhaltseigenschaft `Items` angegeben werden muss:

```
<ListBox>
  <ListBoxItem>Freitag</ListBoxItem>
  <ListBoxItem>Samstag</ListBoxItem>
  <ListBoxItem>Sonntag</ListBoxItem>
</ListBox>
```

Listing 17.8 »ListBox«-Control mit mehreren Einträgen

Tabelle 17.3 können Sie die vier Klassen entnehmen, die eine Inhaltseigenschaft vorschreiben.

Klasse	Beschreibung
`ContentControl`	Legt die Eigenschaft `Content` als Inhaltseigenschaft fest. Diese Eigenschaft kann nur ein Element eines beliebigen Typs beschreiben (z. B. `Button`, `CheckBox`, `Label`).
`HeaderedContentControl`	Diese Klasse ist selbst von `ContentControl` abgeleitet und ergänzt die Fähigkeit der Inhaltseigenschaft um die Möglichkeit eines beschreibenden Headers (z. B. `Expander`, `GroupBox`, `TabItem`).
`ItemsControl`	Legt die Eigenschaft `Items` als Inhaltseigenschaft fest. `Items` kann eine Auflistung mehrerer Elemente beschreiben (z. B. `ListBox`, `ComboBox`, `Menu`).
`HeaderedItemsControl`	Diese von `ItemsControl` abgeleitete Klasse dient als Basisklasse aller Steuerelemente, die mehrere Elemente enthalten, die durch genau einen Header beschrieben werden (z. B. `MenuItem`, `ToolBar`).

Tabelle 17.3 Klassen, die Inhaltseigenschaften beschreiben

Klassen, die von »UIElement« abgeleitet sind

Einen Sonderfall hinsichtlich der Inhaltseigenschaften bilden die Klassen, die selbst Steuerelemente enthalten und verwalten. Dabei handelt es sich um alle Layoutcontainer wie beispielsweise das `Grid`, das `StackPanel` oder das `DockPanel`. An dieser Stelle sei im Zusammenhang mit den Inhaltseigenschaften schon das Folgende verraten: Alle diese Klassen leiten sich von der Basis `Panel` ab, in der die Eigenschaft `Children` als Inhaltseigenschaft festgelegt ist. Die Eigenschaft `Children` selbst beschreibt eine `UIElementCollection`, in der Objekte verwaltet werden, die sich auf den Typ `UIElement` zurückführen lassen. Dazu gehören alle Steuerelemente.

Sehen wir uns nun am Beispiel des `StackPanel`-Objekts an, wie Sie der Inhaltseigenschaft `Children` Elemente hinzufügen können:

```
<StackPanel>
  <Button>OK</Button>
  <Button>Übernehmen</Button>
  <Button>Abbrechen</Button>
</StackPanel>
```

Listing 17.9 Hinzufügen von Steuerelementen zur Eigenschaft »Children« in XAML

Entwickeln Sie eine WPF-Anwendung, wird Ihr Schwerpunkt die XAML-Codierung sein. Trotzdem können Sie alles, was Sie im XAML-Code schreiben, auch mit C#-Code erreichen. Um beispielsweise den XAML-Code aus Listing 17.9 durch C#-Code abzubilden, sind die folgenden Anweisungen notwendig:

```
StackPanel stackPanel = new StackPanel();
Button btnOK = new Button();
btnOK.Content = "OK";
Button btnUebernehmen = new Button();
btnUebernehmen.Content = "Übernehmen";
Button btnAbbrechen = new Button();
btnAbbrechen.Content = "Abbrechen";
stackPanel.Children.Add(btnOK);
stackPanel.Children.Add(btnUebernehmen);
stackPanel.Children.Add(btnAbbrechen);
this.AddChild(stackPanel);
```

Listing 17.10 Die Elemente aus Listing 17.9 durch C#-Code erzeugen

Dieses Beispiel zeigt sehr eindrucksvoll, dass XAML deutlich kürzer und kompakter ist als die Beschreibung der Oberfläche mit Programmcode.

17.3.6 Typkonvertierung

Die im XAML-Code definierten Elemente entsprechen einer Klasse, die Attribute einer Eigenschaft. Dabei wird den Attributen der Wert immer als Zeichenfolge übergeben. Die meisten Eigenschaften sind aber nicht vom Datentyp `String` und müssen daher in den tatsächlichen Datentyp konvertiert werden. Betrachten wir dazu das einfache Beispiel der Eigenschaften `Width` und `Height` eines Buttons:

```
<Button Height="100" Width="200">Beenden</Button>
```

Beide Eigenschaften sind vom Typ `Double`. Das bedeutet, dass die angegebenen Werte in die Fließkommazahlen 100,0 bzw. 200,0 konvertiert werden müssen. In der WPF sind zahlreiche Typkonvertierungen vordefiniert. Ein komplexer Fall liegt vor, wenn wir der Eigenschaft `Background` eine Farbe übergeben:

```
<Button Background="Blue" />
```

Tatsächlich ist die Eigenschaft `Background` vom Typ `Brush`. Da die Klasse `Brush` abstrakt definiert ist, muss sie in eine ihrer Ableitungen konvertiert werden. Solange wir es mit einer monochromen Farbe zu tun haben, wird es eine Konvertierung in den Typ `SolidColorBrush` sein. Das wird deutlich, wenn Sie sich die entsprechende Eigenschaft-Element-Schreibweise ansehen:

```
<Button>
  <Button.Background>
    <SolidColorBrush Color="Blue" />
  </Button.Background>
</Button>
```

Hier muss noch der Farbwert Blue konvertiert werden, da der Typ einer Farbe nicht String, sondern Color ist.

Die Technik der Typkonvertierung wird in XAML auch benutzt, um mehrere ähnliche Eigenschaften zusammenzufassen und auf diese Weise den XAML-Code kompakter zu gestalten. Margin gehört zu dieser Gruppe von Eigenschaften. Margin ist vom Datentyp Thickness und legt den äußeren Rand eines Elements fest. In der Eigenschaft-Element-Schreibweise können Sie Margin wie folgt in einem StackPanel einsetzen:

```
<StackPanel>
  <StackPanel.Margin>
    <Thickness Left="100" Top="30" Right="50" Bottom="10" />
  </StackPanel.Margin>
  <Button>Button1</Button>
</StackPanel>
```

Listing 17.11 Festlegen der Eigenschaft »Margin« (aufwendige Schreibweise)

Typkonvertierung ist hierbei noch nicht im Spiel. Sie können aber die Eigenschaft Margin auch wie folgt festlegen:

```
<StackPanel Margin="100, 30, 50, 10">
  <Button>Button1</Button>
</StackPanel>
```

Eine andere Variante gestattet es sogar, auf die Kommata zu verzichten:

```
<StackPanel Margin="100 30 50 10">
  <Button>Button1</Button>
</StackPanel>
```

Diese Form des Einsatzes von Margin setzt voraus, dass die Zeichenfolge von einem Typkonvertierer passend umgesetzt wird (was natürlich der Fall ist). Selbstverständlich ist die Eigenschaft mit der erforderlichen Verhaltensweise ausgestattet, die Werte entsprechend zu verarbeiten.

17.3.7 Markup-Erweiterungen (Markup Extensions)

Die Eigenschaften eines Elements werden in XAML weitestgehend durch Attribute beschrieben, die als Zeichenfolge angegeben und passend ausgewertet werden. Dieses Konzept wird auch in XML benutzt, hat aber seine Grenzen, wenn ein Eigenschaftswert durch einen Objektverweis beschrieben werden muss. An dieser Stelle kommen Markup-Erweiterungen ins Spiel, die uns das ermöglichen.

Im Grunde genommen stellen auch Typkonvertierer einen Weg dar, ein Objekt an eine Eigenschaft zu binden. Der Unterschied zwischen einem Typkonvertierer und einer Markup-Erweiterung ist jedoch, dass Typkonvertierer nach einer festgelegten Regel arbeiten und im Hintergrund agieren, während Markup-Erweiterungen allgemein verwendbar sind.

Markup-Erweiterungen sind Attributwerte, die in geschweiften Klammen eingeschlossen angegeben sind. Im Beispielcode von Listing 17.12 wird das Konzept der Markup-Erweiterung dazu benutzt, den Inhalt der Eigenschaft `Text` der `TextBox` *txtUnten* an die Eigenschaft `Text` der `TextBox` *txtOben* zu binden. Das hat zur Folge, dass zur Laufzeit eine Eingabe in der oberen `TextBox` sofort von der unteren `TextBox` übernommen wird.

```
<StackPanel>
  <TextBox Name="txtOben" />
  <TextBox Name="txtUnten" Text="{Binding ElementName=txtOben, Path=Text}" />
</StackPanel>
```

Listing 17.12 Die Eigenschaft »Text« mit einer Markup-Erweiterung

Mit den geschweiften Klammern geben wir an, dass der Attributwert weder ein Literal noch ein über einen Typkonvertierer umwandelbarer Wert ist. Die Klasse innerhalb der Markup-Erweiterung ist in diesem Beispiel `Binding`, die zum Namespace `System.Windows.Data` gehört. Der Parameter `ElementName` gibt das Element an, an das gebunden wird; `Path` beschreibt die Eigenschaft des Quellelements, aus der der Wert bezogen werden soll. Beachten Sie, dass Sie zwischen den Parametern ein Komma setzen müssen.

Hinweis

Eine Steuerelementeigenschaft, die mit einer Markup Extension an eine andere Eigenschaft mit `Binding` gebunden wird, muss als Abhängigkeitseigenschaft (Dependency Property) implementiert sein.

Werden den Parametern einer Markup-Erweiterung mit dem Zuweisungsoperator `=` Werte übergeben (wie `ElementName` und `Path` in Listing 17.12), wird die Markup-Erweiterung `Binding` mit dem parameterlosen Konstruktor instanziiert. Die Parameterwerte für ElementName und Path werden den gleichnamigen Eigenschaften des Binding-Objekts übergeben.

Enthalten die Parameter hingegen kein =-Zeichen, werden sie an einen parametrisierten Konstruktor weitergeleitet. Selbstverständlich müssen dann Anzahl und Typ mit denen des Konstruktors übereinstimmen. Da die Klasse Binding einen Konstruktor beschreibt, der einen String für die Eigenschaft Path entgegennehmen kann, wäre auch die folgende Markup Extension zulässig:

```
<TextBox Name="txtUnten" Text="{Binding Text, ElementName=txtOben}" />
```

Markup-Erweiterungen werden nicht nur durch den Typ Binding beschrieben. StaticResource, DynamicResource oder auch x: sind weitere wichtige Erweiterungen, die uns noch beschäftigen werden. Nicht unerwähnt bleiben sollte auch, dass das enorme Potenzial der WPF hinsichtlich der Datenbindung erst durch Markup-Erweiterungen voll ausgeschöpft wird.

Die Eigenschaft-Element-Schreibweise ist auch im Zusammenhang mit Markup-Erweiterungen möglich. Listing 17.13 zeigt das anhand des Beispiels aus Listing 17.12:

```
<StackPanel>
  <TextBox Name="txtOben"></TextBox>
  <TextBox Name="txtUnten">
    <TextBox.Text>
      <Binding ElementName="txtOben" Path="Text" />
    </TextBox.Text>
  </TextBox>
</StackPanel>
```

Listing 17.13 Markup-Erweiterung mit der Eigenschaft-Element-Syntax

Später werden Sie noch sehen, dass zudem mehrfach verschachtelte Markup-Erweiterungen möglich sind.

Markup-Erweiterungen durch C#-Code beschreiben

Markup-Erweiterungen lassen sich nicht nur deklarativ im XAML-Code festlegen, sondern auch durch Programmcode beschreiben. Das sehen Sie im folgenden Programmcode:

```
public MainWindow()
{
  InitializeComponent();
  // StackPanel erstellen
  StackPanel panel = new StackPanel();
  this.AddChild(panel);
```

```
  // TextBox oben erstellen
  TextBox txtOben = new TextBox();
  panel.Children.Add(txtOben);
  // TextBox unten erstellen
  TextBox txtUnten = new TextBox();
  panel.Children.Add(txtUnten);
  // Bindung erzeugen
  Binding binding = new Binding("Text");
  binding.Source = txtOben;
  txtUnten.SetBinding(TextBox.TextProperty, binding);
}
```

Listing 17.14 Bindung mittels Programmcode

Anmerkung

Dieser Programmcode kann nur dann fehlerfrei ausgeführt werden, wenn das Fenster im XAML-Code keinen Layoutcontainer enthält.

Der Code ist im Konstruktor des Fensters nach dem Aufruf der Methode `InitializeComponent` implementiert. Zuerst wird das `StackPanel`-Objekt erzeugt und dem `Window` durch Aufruf von `AddChild` als untergeordnetes Element übergeben. Die beiden Textboxen werden nach der Instanziierung zu untergeordneten Elementen des `StackPanel`-Elements. Dieser Container liefert durch Aufruf der Eigenschaft `Children` die Referenz auf ein `UIElementCollection`-Objekt, dem mit der Methode `Add` die Textboxen hinzugefügt werden.

17

Die Bindung der unteren an die obere `TextBox` erfordert ein `Binding`-Objekt, dessen Konstruktor Sie die Eigenschaft des Elements bekanntgeben, an die gebunden werden soll. Das Element, an das gebunden wird, geben Sie mit der Eigenschaft `Source` an.

Aktiviert wird die Bindung der unteren an die obere `TextBox` mit der Methode `SetBinding`. Sehen Sie sich bitte noch einmal genau den Aufruf dieser Methode und hier insbesondere die Argumente an. Während das zweite übergebene Argument keiner besonderen Erklärung bedarf, erscheint das erste mit `TextBox.TextProperty` ungewöhnlich. Aber genau so wird eine Abhängigkeitseigenschaft abgerufen.

17.3.8 XML-Namespaces

Bei einem XML-Namespace handelt es sich um eine Vorschrift, um Elemente im XAML-Code eindeutig zuordnen und interpretieren zu können. Beispielsweise könnte das Element `<Button>` in einem XAML-Dokument zwei unterschiedliche Schaltflächen, also Klassen, beschreiben. Erst die Zuordnung zu einem Namespace gestattet die eindeutige Identifizierbarkeit. Prinzipiell kommt den XML-Namespaces somit die gleiche Bedeutung zu wie den CLR-Namespaces.

Im Wurzelelement `Window` einer XAML-Datei werden bereits beim Anlegen eines Fensters mehrere Namespaces verfügbar gemacht:

```
xmlns="http://schemas.microsoft.com/winfx/2006/xaml/presentation"
xmlns:x="http://schemas.microsoft.com/winfx/2006/xaml"
xmlns:d="http://schemas.microsoft.com/expression/blend/2008"
xmlns:mc="http://schemas.openxmlformats.org/markup-compatibility/2006"
xmlns:local="clr-namespace:WpfApp1"
```

Listing 17.15 Standardvorgabe der XML-Namespaces

Namespaces werden mit dem Attribut `xmlns` eingeleitet. Optional können Sie dahinter, durch einen Doppelpunkt getrennt, ein Namespace-Präfix angeben. Diesem wird meist ein URI zugeordnet.

Sehen wir uns die beiden ersten Namespace-Angaben im einleitenden `Window`-Element an. Der erste weist kein Präfix auf und ist der sogenannte *Standard-Namespace*. Alle diesem Namespace zugeordneten Elemente werden ohne Präfixangabe in XAML verwendet. Dazu gehören beispielsweise `<Grid>`, `<Button>` oder `<TextBox>`.

Da nur ein XML-Namespace ohne Präfix als Standard-Namespace angegeben werden darf, müssen alle Elemente, die nicht dem Standard-Namespace zugeordnet werden, ein Präfix aufweisen. Die zweite Namespace-Angabe definiert ein solches mit `x`. Dieser Namespace dient den XAML-Spracherweiterungen. Verwenden Sie ein Element dieses Namespace, müssen Sie vor dem Element das Namespace-Präfix, gefolgt von einem Doppelpunkt, angeben. Ein gutes Beispiel liefert bereits die XAML-Struktur eines Fensters mit

```
<Window x:Class="WpfApp1.MainWindow" ...>
```

Die Namespaces, die durch die Präfixe `d` und `mc` beschrieben werden, haben für uns keine wesentliche Bedeutung. Ganz anders aber der mit `local` beschriebene Namespace. Damit wird von Anfang an der CLR-Namespace bekanntgegeben, dem die Anwendung zugeordnet ist. Dieser Namespace ist immer dann notwendig, wenn innerhalb des XAML-Codes eine Klasse der aktuellen Anwendung genutzt werden soll.

Hinweis

Von Hause aus ist XAML-Code dumm. Sie müssen über XML-Namespaces wirklich alles und jeden Typ bekannt machen. Das bezieht auch die elementaren Datentypen ein. Angenommen, Sie möchten eine Integer-Ressource erzeugen. Ohne die Angabe von

```
xmlns:sys="clr-namespace:System;assembly=mscorlib"
```

werden Sie scheitern, weil XAML-Code auch nicht die *mscorlib.dll* kennt, in der unter anderem die elementaren Datentypen enthalten sind.

CLR-Namespaces verwenden

Viele WPF-Anwendungen benötigen über die Standardvorgaben hinaus weitere Namespaces. Dabei kann es sich durchaus auch um CLR-Namespaces handeln. Angenommen, wir möchten in einer WPF-Anwendung mit XAML auf die Klasse `Circle` der Assembly *GeometricObjectsSolution.dll* zugreifen. Nachdem Sie in der WPF-Anwendung einen Verweis auf die Klassenbibliothek gelegt haben, geben Sie den Namespace im Wurzelelement `Window` wie folgt an:

```
<Window x:Class="WpfApplication1.Window1"
  [...]
  xmlns:geo="clr-namespace:GeometricObjects;assembly=GeometricObjectsSolution"
  Title="Window1" Height="300" Width="300">
</Window>
```

Das Präfix, hier `geo`, ist frei wählbar, muss aber in der aktuellen XAML-Datei eindeutig sein. Danach folgen zwei Name-Wert-Paare, die durch ein Semikolon voneinander getrennt sind. Das erste Paar wird mit `clr-namespace` eingeleitet. Dahinter folgt ein Doppelpunkt und anschließend der CLR-Namespace, dem die Klasse `Circle` zugeordnet ist. Das zweite Name-Wert-Paar wird mit `assembly` eingeleitet. Nach dem `=`-Zeichen wird die Assembly angegeben, jedoch ohne ihre Dateiendung *.dll*.

Jetzt können Sie die Klasse `Circle` im XAML-Code verwenden und den Eigenschaften die gewünschten Werte übergeben. Der Elementangabe müssen Sie dabei das gewählte Präfix voranstellen, hier also `geo`.

```
<geo:Circle x:Kex="kreis" Radius="77" XCoordinate="100" YCoordinate="-250" />
```

Anmerkung

Auf das Erzeugen eines Objekts im XAML-Code möchten wir an dieser Stelle nicht weiter eingehen. Damit werden wir uns später noch sehr ausführlich beschäftigen.

Etwas einfacher ist die Bekanntgabe des zum aktuellen Projekt gehörenden Namespace, der bekanntlich das Präfix `local` hat. Hier können Sie auf die Angabe von `assembly` verzichten.

Mehrere CLR-Namespaces zusammenfassen

Entwickeln Sie Klassenbibliotheken, sollten Sie daran denken, die Klassen für den Einsatz in XAML vorzubereiten. Dazu gehört die Berücksichtigung der Namespaces.

Obwohl sich im XAML-Code auch CLR-Namespaces angeben lassen, sollten Sie der üblichen W3C-konformen Notation, also die Angabe einer URL/einer URI, den Vorzug geben.

Das gilt insbesondere dann, wenn in einer Klassenbibliothek mehrere CLR-Namespaces definiert sind. Nehmen wir exemplarisch an, die beiden Klassen `Rectangle` und `Circle` seien unterschiedlichen CLR-Namespaces zugeordnet.

```
namespace Namespace1 { public class Circle {[...]} }
namespace Namespace2 { public class Rectangle {[...]} }
```

Ohne weitere Maßnahmen zu ergreifen, können Sie beide Typen im XAML-Code nutzen, wenn Sie beide Namespaces im Wurzelelement angeben, z. B.:

```
xmlns:geo1="clr-namespace:Namespace1;assembly=GeometricObjectsSolution"
xmlns:geo2="clr-namespace:Namespace2;assembly=GeometricObjectsSolution"
```

Beide Namespaces lassen sich auf einen gemeinsamen XML-Namespace abbilden. Dazu muss die entsprechende Vorkehrung bereits in der Klassenbibliothek erfolgen. Die notwendigen Angaben sind in der Datei *AssemblyInfo.cs* der Klassenbibliothek zu machen. Ergänzen Sie die Datei dazu wie nachfolgend gezeigt um zwei Attributangaben:

```
[assembly: XmlnsDefinition("http://www.tollsoft.de", "Namespace1")]
[assembly: XmlnsDefinition("http://www.tollsoft.de", "Namespace2")]
```

Um auf das Attribut `XmlnsDefinition` zugreifen zu können, müssen Sie zuerst einen Verweis auf die Bibliothek *System.Xaml.dll* legen und den Namespace `System.Windows.Markup` mit `using` bekanntgeben.

Das Attribut beschreibt zwei Parameter. Dem ersten übergeben Sie den gewünschten XML-Namespace, dem zweiten Parameter teilen Sie mit, welcher CLR-Namespace auf diesen XML-Namespace abgebildet werden soll. Der XAML-Code reduziert sich daraufhin auf die folgende Angabe im Wurzelelement:

```
xmlns:geo="http://www.tollsoft.de"
```

Sie können anschließend mit dem Präfix `geo` Elemente sowohl vom Typ `Circle` als auch vom Typ `Rectangle` in Ihren XAML-Code einbetten, z. B.:

```
<geo:Circle ... />
```

17.3.9 XAML-Spracherweiterungen

XAML definiert eine Reihe von Attributen, die besondere Aspekte bei der Entwicklung berücksichtigen und keine Entsprechungen in einer Klasse besitzen. Hiermit werden nur Zusatzinformationen geliefert, die einer besonderen Verarbeitung bedürfen. Tabelle 17.4 stellt Ihnen einige davon vor. In den folgenden Kapiteln werden Sie in den Beispielen auf einige dieser Schlüsselwörter stoßen.

Schlüsselwort	Bedeutung
x:Class	Dieses Attribut stellt die Beziehung zwischen dem Wurzelelement im XAML-Code und der Code-Behind-Datei her.
x:Code	Die Trennung von Code und Oberflächenbeschreibung ist keine strikte Vorgabe. Sie können auch Code innerhalb einer XAML-Datei implementieren. Mit x:Code wird ein Codebereich im XAML-Code definiert.
x:Key	Gibt den eindeutigen Namen eines Elements in einer Ressource an.
x:Name	Mit diesem Attribut können Sie einem Element einen Namen geben, wenn das Element selbst nicht über eine Eigenschaft Name verfügt.

Tabelle 17.4 Schlüsselwörter von XAML (Auszug)

Markup-Erweiterungen

Es gibt mehrere Markup-Erweiterungen, die nicht spezifisch für die WPF-Anwendung sind, sondern Implementierungen für Funktionen von XAML als Sprache sind. Auch diese Markup-Erweiterungen sind durch das x:-Präfix in der Verwendung identifizierbar.

Erweiterung	Beschreibung
x:Array	Hiermit lassen sich Arrays in XAML definieren. Beispiel: <x:Array Type="clr:Int32" x:Key="intListe" > <clr:Int32>36</clr:Int32> <clr:Int32>1270</clr:Int32> <clr:Int32>5</clr:Int32> </x:Array> Beachten Sie bitte, dass für die Verwendung des Integers der CLR-Namespace System bekanntgegeben werden muss. Im Beispiel haben wir dazu das Präfix clr verwendet.
x:Null	Wird verwendet, um einem Element null zuzuweisen. Beispiel: <Button Background="{x:Null}" />

Tabelle 17.5 Markup-Erweiterungen von XAML

Erweiterung	Beschreibung
x:Static	Referenziert eine statische Variable oder Eigenschaft eines Objekts oder eine Konstante oder einen Enumerationswert. Beispiel: `<Button Background="{x:Static Brushes.Red}" />`
x:Type	Wird beispielsweise in Stildefinitionen benutzt, um einen Typ anzugeben. Beispiel: `<Style TargetType="{x:Type TextBox}" />`

Tabelle 17.5 Markup-Erweiterungen von XAML (Forts.)

17.3.10 Die Direktive »#region« nutzen

Im C#-Code können Sie mit der Direktive `#region` ... `#endregion` Ihren Programmcode übersichtlicher gestalten und bestimmte Codeabschnitte mit Hilfe von Markern am linken Rand des Code-Editors reduzieren oder erweitern.

Auch im XAML-Code können Sie von diesem Hilfsmittel profitieren. Die Syntax ähnelt der im C#-Code, muss aber, wie in Listing 17.16 gezeigt, in spitzen Klammern geschrieben werden.

```
<!--#region Beschreibung-->
<Button />
<ListBox />
<!--#endregion-->
```

Listing 17.16 »#region« im XAML-Code

`#region`-Bereiche können eine große Hilfe sein, den XAML-Code, der bei aufwendigen Oberflächen schnell sehr unübersichtlich wird, optisch besser zu strukturieren und damit lesbarer zu machen.

17.4 Grundkonzepte von Windows Forms (WinForms)

Windows Forms (WinForms) ist eines der ältesten UI-Frameworks in der .NET-Welt und ermöglicht die Entwicklung klassischer Desktop-Anwendungen unter Windows mit einer grafischen Benutzeroberfläche (GUI). Obwohl es ursprünglich für das .NET Framework entwickelt wurde, ist WinForms seit .NET Core 3.0 auch als modernisierte Version in .NET (Core/5–9) verfügbar.

WinForms eignet sich besonders gut für einfache bis mittelkomplexe Desktop-Apps mit typischen Steuerelementen wie Buttons, Textfeldern, Listen oder Dialogen. Es bietet eine schnelle Entwicklungsumgebung mit Drag-and-Drop-Support im Visual Studio Designer sowie ein einfaches Eventmodell.

Ab .NET 5 wurden Teile des WinForms-Frameworks modernisiert, darunter High-DPI-Unterstützung, Verbesserungen am Designer und bessere Unterstützung für Accessibility. In .NET 9 kamen kleinere Performance- und Stabilitätsverbesserungen hinzu, insbesondere beim Rendering von Controls.

17.4.1 Grundlegender Aufbau einer WinForms-Anwendung

Eine typische WinForms-Anwendung besteht aus einem oder mehreren Formularen – also Klassen, die von `System.Windows.Forms.Form` erben –, auf denen Steuerelemente (`Controls`) platziert werden. Das folgende Beispiel zeigt ein einfaches Formular mit einem Button:

```
using System;
using System.Windows.Forms;

namespace WinFormsEinsteiger
{
    static class Program
    {
        [STAThread]
        static void Main()
        {
            ApplicationConfiguration.Initialize(); // neu seit .NET 6 für
                                                   // konsistente App-
                                                   // Konfiguration
            Application.Run(new MainForm());
        }
    }

    public class MainForm : Form
    {
        private Button clickMeButton;

        public MainForm()
        {
            this.Text = "Meine erste WinForms-App";
            this.Width = 300;
            this.Height = 200;

            clickMeButton = new Button
            {
```

17

```
                Text = "Klick mich!",
                Left = 100,
                Top = 70,
                Width = 100
            };

            clickMeButton.Click += ClickMeButton_Click;

            Controls.Add(clickMeButton);
        }

        private void ClickMeButton_Click(object sender, EventArgs e)
        {
            MessageBox.Show("Hallo, Welt!", "Information");
        }
    }
}
```

Listing 17.17 Ein einfaches WinForms-Formular mit einem »Button«

Das Eventmodell

WinForms basiert auf einem ereignisgesteuerten Modell. Benutzeraktionen, wie das Klicken auf einen Button, lösen Events aus. Diese sind mit Methoden verknüpft, den sogenannten *Eventhandlern*. Das Listing zeigt ein Beispiel für einen solchen Eventhandler:

```
button1.Click += (sender, e) => MessageBox.Show("Button geklickt!");
```

Listing 17.18 Beispiel für einen Eventhandler

Steuerelemente (Controls)

Steuerelemente sind GUI-Bausteine wie Button, Label, TextBox, ListBox, ComboBox, CheckBox und viele weitere. Sie befinden sich im Namensraum System.Windows.Forms. Das Listing zeigt den Einsatz einer TextBox:

```
var textBox = new TextBox { Left = 50, Top = 30, Width = 200 };
Controls.Add(textBox);
```

Listing 17.19 Initialisierung eines »TextBox«-Steuerelements

Layout und Positionierung

Standardmäßig erfolgt die Positionierung in WinForms absolut über die Angaben Left, Top, Width und Height. Für flexiblere Layouts können Sie FlowLayoutPanel oder TableLayoutPanel nutzen. Das Listing zeigt ein Beispiel mit einem FlowLayoutPanel:

```
var flowPanel = new FlowLayoutPanel
{
    Dock = DockStyle.Fill,
    FlowDirection = FlowDirection.LeftToRight,
    WrapContents = true
};

flowPanel.Controls.Add(new Label { Text = "Name:" });
flowPanel.Controls.Add(new TextBox { Width = 100 });

Controls.Add(flowPanel);
```

Listing 17.20 Beispiel für ein Layout mit der Klasse »FlowLayoutPanel«

Der Designer

Visual Studio und zahlreiche andere Entwicklungsumgebungen bieten einen visuellen Designer für WinForms, mit dem Steuerelemente per Drag and Drop auf dem Formular platziert werden können. Der Designer generiert automatisch Initialisierungscode in einer zum Formular gehörigen Datei.

17.4.2 Überblick über die Projektstruktur

Ein typisches Windows-Forms-Projekt besteht aus mehreren Dateien, die gemeinsam die Benutzeroberfläche und Logik der Anwendung definieren:

»Form1.cs«

Diese Datei enthält den C#-Code, der mit dem Formular verknüpft ist. Hier sind eigene Methoden, Eventhandler und Logik definiert. Sie ist die zentrale Anlaufstelle für uns für die Entwicklung.

»Form1.Designer.cs«

Der Designer, zum Beispiel in Visual Studio, erzeugt diese Datei automatisch. Sie enthält Code zur Initialisierung der Steuerelemente (*Controls*) auf dem Formular, wie zum Beispiel die Positionierung, Größe und Zuweisung von Eventhandlern. Sie sollten hier keine Änderungen durchführen, da sie beim nächsten Speichern vom Designer überschrieben werden könnten.

»Form1.resx«

Dies ist eine Ressourcendatei, die automatisch mit dem Formular verknüpft ist. Sie speichert lokalisierten Text, Bilder, Icons oder andere eingebettete Ressourcen, die im Designer verwendet werden.

»Program.cs«

Diese Datei enthält den Einstiegspunkt der Anwendung. Sie definiert typischerweise, welches Formular beim Start angezeigt werden soll.

17.4.3 Dialoge und Meldungsfenster in Windows Forms

In grafischen Benutzeroberflächen (GUIs) sind Dialogfenster ein zentrales Mittel der Benutzerinteraktion. Windows Forms bietet eine Vielzahl integrierter Dialoge, die typische Aufgaben wie Dateiauswahl, Farbauswahl oder Benutzerhinweise erleichtern. Dazu gehören Meldungsfenster mit `MessageBox.Show()` sowie Standarddialoge über `OpenFileDialog`.

»MessageBox.Show()« – einfache Meldungsfenster

Das einfachste und häufigste Dialogelement ist die `MessageBox`. Sie dient dazu, dem Benutzer Informationen anzuzeigen oder einfache Entscheidungen wie zum Beispiel Ja/Nein abzufragen. Das folgende Listing zeigt ein Beispiel:

```
MessageBox.Show("Nachrichtentext", "Fenstertitel", MessageBoxButtons.YesNo,
MessageBoxIcon.Question);
```

Listing 17.21 Ein einfaches Meldungsfenster mit »Messagebox.Show()«

Standarddialoge von Windows Forms

Windows Forms bietet vordefinierte Dialoge für häufige Aufgaben. Sie sind visuell konsistent mit Windows und ersparen viel Entwicklungsaufwand. Das Listing zeigt ein Beispiel für den `OpenFileDialog`, der es erlaubt, eine Datei auszuwählen:

```
OpenFileDialog ofd = new OpenFileDialog();
ofd.Filter = "Textdateien (*.txt)|*.txt|Alle Dateien (*.*)|*.*";
ofd.Title = "Datei öffnen";

if (ofd.ShowDialog() == DialogResult.OK)
{
    string dateipfad = ofd.FileName;
    // Datei weiterverarbeiten
}
```

Listing 17.22 Beispiel für den »OpenFileDialog«

Kapitel 18
Windows Presentation Foundation

Im Jahr 2006 veröffentlichte Microsoft die neue Bibliothek für grafische Oberflächen, die *Windows Presentation Foundation* (WPF), als Teil von *.NET 3.0*. Bereits in *Visual Studio 2008* wurde die WPF neben der traditionellen Technologie für die WinForm-API fest in die Entwicklungsumgebung integriert. Nach einigen Startschwierigkeiten, die nicht nur auf Mängel zurückzuführen waren, fand die WPF eine breite Akzeptanz in der Entwicklergemeinde.

18.1 Eine WPF-Anwendung und ihre Dateien

Wir wollen nun ein erstes Projekt vom Typ *WPF-App* starten und uns zuerst die Entwicklungsumgebung ansehen.

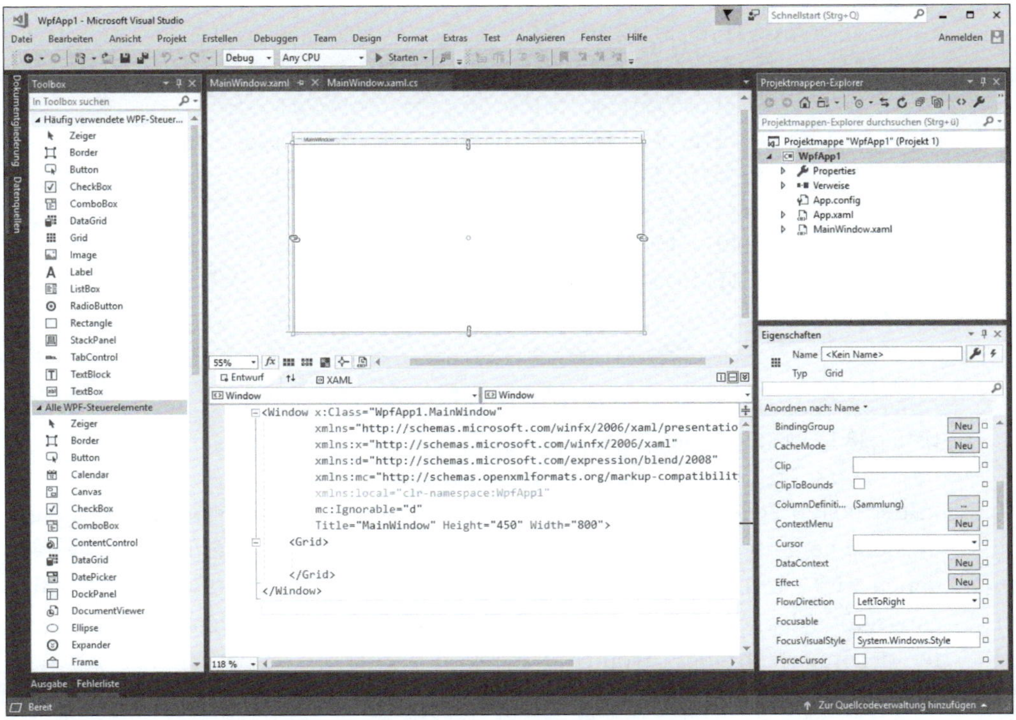

Abbildung 18.1 Die Entwicklungsumgebung einer WPF-Anwendung

Auf der linken Seite sehen Sie die TOOLBOX. Darin werden alle standardmäßig zur Verfügung gestellten Steuerelemente der WPF aufgelistet. Im rechten unteren Bereich befindet sich das Eigenschaftsfenster. Darin werden die Eigenschaften der im XAML-Code selektierten Komponente angezeigt. Leider ist die Vorgabe so, dass die Eigenschaften nach Kategorien angeordnet werden. Sie können aber auf eine alphabetische Sortierung umschalten. Vermutlich werden Sie nur selten auf die Unterstützung des Eigenschaftsfensters zurückgreifen. Wenn Sie nämlich die wichtigsten und gängigsten Eigenschaften der WPF-Controls kennen, können Sie Eigenschaften dank der *IntelliSense*-Unterstützung viel schneller im XAML-Code festlegen als im Eigenschaftsfenster selbst.

Im mittleren oberen Bereich des Editors wird das Fensterdesign angezeigt, der dazugehörige XAML-Code erscheint darunter. Im XAML-Code gestalten Sie das Fenster, nicht im Designer selbst. Beide Teilbereiche, der Designer und der XAML-Code, synchronisieren sich bei Änderung gegenseitig.

Werfen Sie nun einen Blick in den PROJEKTMAPPEN-EXPLORER. Hier finden Sie unter anderem mit *App.xaml*, *App.xaml.cs*, *MainWindow.xaml* und *MainWindow.xaml.cs* vier Dateien, die wir uns nun genauer ansehen.

In der Datei *MainWindow.xaml* steckt der XAML-Code des Fensters, den Sie im unteren Bereich des Code-Editors sehen.

```
<Window x:Class="WpfApp1.MainWindow"
        xmlns="http://schemas.microsoft.com/winfx/2006/xaml/presentation"
        xmlns:x="http://schemas.microsoft.com/winfx/2006/xaml"
        xmlns:d="http://schemas.microsoft.com/expression/blend/2008"
        xmlns:mc="http://schemas.openxmlformats.org/markup-compatibility/2006"
        xmlns:local="clr-namespace:WpfApp1"
        mc:Ignorable="d"
        Title="MainWindow" Height="450" Width="800">
    <Grid>
    </Grid>
</Window>
```

Listing 18.1 Der standardmäßig erzeugte XAML-Code eines Fensters

In der ersten Zeile wird mit `x:Class="WpfApplication1.MainWindow` der Bezug zum C#-Code hergestellt. Danach sind mit `xmlns` mehrere XML-Namespaces angegeben, denen mit `Title` die Beschriftung der Titelleiste folgt. `Height` und `Width` geben die Ausgangsgröße des Fensters an. Alle Steuerelemente einer WPF-Anwendung positionieren sich innerhalb eines Layoutcontainers.

MainWindow.xaml ist die Datei, die zunächst einmal nur die Oberfläche des Fensters beschreibt. In diese Datei schreiben Sie den C#-Programmcode; sie wird auch als

Code-Behind-Datei bezeichnet. Wie üblich werden Sie hier die Ereignishandler implementieren, Eigenschaften und Felder beschreiben usw.

Auch zu dieser Datei gehört eine Code-Behind-Datei, die mit dem Attribut `x:Class` angegeben wird. Mit `xmlns` werden hier zwei Namespaces eingebunden, und das Attribut `StartupUri` gibt an, mit welchem Fenster die Anwendung gestartet werden soll.

```
<Application x:Class="WpfApplication1.App"
             xmlns="http://schemas.microsoft.com/winfx/2006/xaml/presentation"
             xmlns:x="http://schemas.microsoft.com/winfx/2006/xaml"
             xmlns:local="clr-namespace:WpfApplication1"
             StartupUri="MainWindow.xaml">
  <Application.Resources>
  </Application.Resources>
</Application>
```

Listing 18.2 Der XAML-Code in der Datei »App.xaml«

Im Bereich zwischen dem einleitenden Tag `<Application.Resources>` und dem ausleitenden `</Application.Resources>` können Sie anwendungsweite Ressourcen eintragen.

18.2 Fenster in der WPF

In einer traditionellen Windows-Anwendung wird die Laufzeit der Anwendung hauptsächlich über Menüs und Symbolleistenschaltflächen gesteuert. Der Anwender wählt zum Beispiel ein Menü aus, woraufhin sich ein neues Fenster öffnet. Nicht ungewöhnlich ist es, dass viele Fenster der Anwendung gleichzeitig geöffnet sind und der Anwender zwischen diesen Fenstern hin und her springt.

Es gibt jedoch noch eine weitere Variante, die in den Browsern Verwendung findet: Hier ermöglichen zwei Schaltflächen das Vor- und Zurückspringen zur Anzeige der unterschiedlichen Seiteninhalte. Auch diese Art der Navigation unterstützt die WPF. Allerdings funktioniert das letztgenannte Verfahren nicht mit einem gewöhnlichen `Window`-Element, dafür müssen wir auf `NavigationWindow` zurückgreifen.

Zur Umsetzung der beiden vorgenannten Navigationsverfahren bietet die WPF drei unterschiedliche Hosts an:

- `Window`
- `NavigationWindow`
- `Frame`

Bei `Window` handelt es sich um die Umsetzung eines klassischen Fensters. Dabei werden die Inhalte in mehreren separaten Fenstern angezeigt. Der Anwender navigiert durch die Anwendung, indem er immer wieder neue Fenster öffnet und bereits geöffnete schließt. Solche Anwendungen setzen sich daher in der Regel aus vielen einzelnen Fenstern zusammen. Nicht selten ist die Folge, dass zur Laufzeit eines Programms viele unterschiedliche Fenster der Anwendung geöffnet sind.

Das Navigationskonzept der Fenster vom Typ `NavigationWindow` erinnert an das Navigieren innerhalb eines Internetbrowsers, bei dem unterschiedliche Inhalte in einem gemeinsamen Fenster dargestellt werden. Setzen Sie diese Idee mit `NavigationWindow` in einer WPF-Anwendung um, werden nur die Inhalte auf mehrere Seiten vom Typ `Page` aufgeteilt, die untereinander verlinkt sind. Der Anwender navigiert durch die Anwendung, ohne gleichzeitig mehrere Fenster öffnen zu können, da ein `NavigationWindow` allen beteiligten Seiten als gemeinsamer Host dient.

Ein `NavigationWindow` mit seinen angestammten Navigationsschaltflächen kann nicht dem Element `Window`, also einem traditionellen Fenster, untergeordnet werden. Damit auch in einem `Window` die Navigationsschaltflächen integriert werden können, gibt es die dritte Alternative in Form des `Frame`-Elements. `Frame` ermöglicht die seitenbasierte Navigation auch innerhalb eines `Window`-Elements.

Mit der Klasse `Window` wird ein Fenster beschrieben, das wohl wichtigste Element einer klassischen Windows-Anwendung. Ein `Window` ist ein Container für alle darin enthaltenen Steuerelemente. Da `Window` direkt von `ContentControl` abgeleitet ist, besitzt diese Klasse `Window` eine `Content`-Eigenschaft, die aber nicht explizit angegeben werden muss. Die `Content`-Eigenschaft kann genau ein Element aufnehmen, das im Fall des `Window`-Objekts praktisch immer ein Layoutcontainer sein dürfte.

Mit der Eigenschaft `Title` wird der Inhalt der Titelleiste beschrieben, mit den Eigenschaften `Height` und `Width` die Breite und die Höhe des Fensters. Diese drei Eigenschaften werden direkt im XAML-Code angeboten, nachdem Sie eine neue WPF-Anwendung gestartet oder ein zusätzliches `Window` der Anwendung hinzugefügt haben.

Damit sind zumindest die wahrscheinlich drei wichtigsten Eigenschaften schon festgelegt. Neben den genannten können Sie mit vielen weiteren Eigenschaften das Aussehen und das Verhalten eines `Window`-Objekts beeinflussen.

18.3 Nachrichtenfenster mit »MessageBox«

Sicherlich sind Ihnen Dialoge wie der in Abbildung 18.2 gezeigte geläufig.

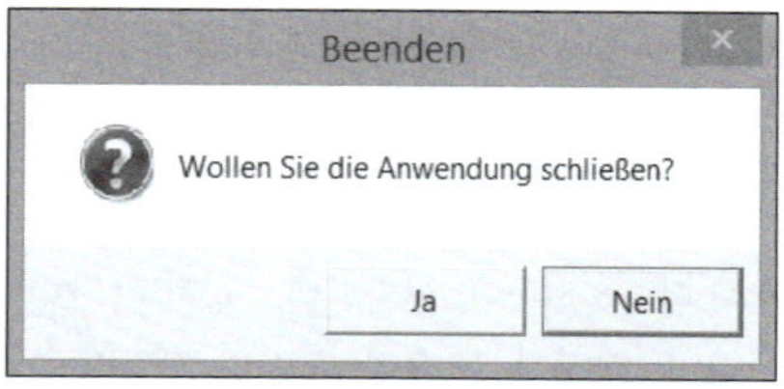

Abbildung 18.2 Ein typisches Nachrichtenfenster

Nachrichtenfenster werden immer modal angezeigt. Das heißt, es kann kein anderes Fenster der Anwendung aktiviert sein, bis das modale Fenster geschlossen wird. Weil Dialoge wie der gezeigte sehr häufig zur einfachen Interaktion mit dem Anwender oder auch nur zur Bereitstellung von Informationen in Anwendungen eingesetzt werden, ist im Namespace `System.Windows` eine Klasse vordefiniert, die bereits sehr viele Anforderungen erfüllt. Es handelt sich um `MessageBox`. Der abgebildete Dialog beruht auf der folgenden Anweisung:

```
MessageBox.Show("Wollen Sie die Anwendung schließen?",
                "Beenden",
                MessageBoxButton.YesNo,
                MessageBoxImage.Question,
                MessageBoxResult.No);
```

Listing 18.3 Der Code des Dialogs aus Abbildung 18.2

Das erste Argument übergibt den Meldungstext, das zweite die Beschriftung der Titelleiste, das dritte die anzuzeigenden Schaltflächen. Das vierte Argument beschreibt das Symbol im Clientbereich, und das fünfte und letzte Argument gibt vor, welche Schaltfläche nach dem Start der Anzeige fokussiert werden soll.

`MessageBox` verfügt nur über eine typspezifische Methode: Es ist die vielfach überladene statische Methode `Show`, die mit insgesamt 12 Überladungen aufwartet. Die einfachste ist die, die nur die Zeichenfolge des Meldungstextes entgegennimmt:


```
MessageBox.Show("Visual Studio macht Spaß");
```

Ein solches Nachrichtenfenster verfügt nur über eine OK-Schaltfläche; die Titelleiste ist leer.

In einem dritten Argument können Sie die im Meldungsfenster angezeigten Schaltflächen festlegen. Dazu übergeben Sie eine der in der Enumeration `MessageBoxButton` vordefinierten Konstanten (siehe Tabelle 18.1).

Konstante	Beschreibung
`OK`	Das Meldungsfenster enthält die OK-Schaltfläche.
`OKCancel`	Das Meldungsfenster enthält die Schaltflächen OK und ABBRECHEN.
`YesNoCancel`	Das Meldungsfenster enthält die Schaltflächen JA, NEIN und ABBRECHEN.
`YesNo`	Das Meldungsfenster enthält die Schaltflächen JA und NEIN.

Tabelle 18.1 Konstanten der Enumeration »MessageBoxButton« (Auszug)

18.4 Standarddialoge in der WPF

Unabhängig davon, welche Software Sie benutzen, wird Ihnen zum Öffnen oder Speichern einer Datei immer der gleiche Dialog angezeigt. Der Grund dafür ist, dass diese Dialoge Teil der elementaren Windows-API sind, also zum Betriebssystem gehören und von allen Entwickelnden genutzt werden können, deren Zielplattform Windows ist.

Mit `OpenFileDialog`, `SaveFileDialog` und `PrintDialog` können Sie drei Standarddialoge auch in der WPF benutzen. Voraussetzung dafür ist, dass Sie den Namespace `Microsoft.Win32` bekanntgeben. Die WPF kapselt die drei genannten Dialogfelder und stellt sie als verwaltete Klassen zur Verfügung.

`OpenFileDialog` möchten wir Ihnen an dieser Stelle kurz vorstellen. Dazu dient ein kleines Programm, das einen Button enthält:

```
<Button Name="btnOpen" Click="btnOpen_Click">Öffnen</Button>
```

Im Ereignishandler wird zuerst die Klasse `OpenFileDialog` instanziiert. Um den Dialog anzuzeigen, bedarf es des Aufrufs der Methode `ShowDialog`.

```
private void btnOpen_Click(object sender, RoutedEventArgs e)
{
  OpenFileDialog dlg = new OpenFileDialog();
  if(dlg.ShowDialog() == true)
    [...]
}
```

Beachten Sie, dass `ShowDialog` einen Rückgabewert liefert. Dieser ist `true`, wenn der Anwender eine Datei ausgewählt und auf die Schaltfläche OK des Dialogs geklickt hat, ansonsten ist er `false`. Da uns aber nur interessiert, wenn der Anwender seine Auswahl im Dialog bestätigt, können wir den Rückgabewert `false` getrost ignorieren.

Dieses Vorgehen ist nicht nur auf den `OpenFileDialog` beschränkt. Auch andere Dialoge in .NET, wie etwa der `SaveFileDialog`, folgen einem sehr ähnlichen Muster: Sie werden instanziiert, mit optionalen Eigenschaften konfiguriert und anschließend über `ShowDialog()` angezeigt. Auch dort liefert die Methode einen booleschen Rückgabewert, der angibt, ob der Benutzer den Dialog bestätigt hat.

18.5 Die WPF-Layoutcontainer

Nun setzen wir uns mit der Gestaltung der grafischen Benutzerschnittstelle auseinander und nehmen hierzu die verschiedenen *Layoutcontainer* unter die Lupe.

Layoutcontainer übernehmen in einer WPF-Anwendung die Anordnung und Darstellung der darin enthaltenen Steuerelemente. Die Anwendung orientiert sich nicht etwa absolut an Koordinaten, sondern am Aufbau und an der Grundstruktur des Arbeitsbereichs des Fensters – eine wesentliche Voraussetzung dafür, dass ein WPF-Fenster automatisch skalieren kann.

Der Komponente wird dabei eine bestimmte Position im Fenster zugeteilt, sodass ihre *relative Lage* zu allen anderen Komponenten erhalten bleibt. Layoutcontainer helfen dabei, bestimmte Vorstellungen hinsichtlich des Layouts erfolgreich umzusetzen, und unterscheiden sich in ihrer Charakteristik.

Oft ist das erforderliche Layout nicht mit einem einzigen Layoutcontainer zu realisieren. Das ist aber nicht weiter tragisch, da auch Layoutcontainer verschachtelt werden können wie alle anderen WPF-Komponenten. Mit der richtigen Idee kommen Sie meist mithilfe der Bordmittel der WPF schnell und einfach ans Ziel.

Zunächst sollten Sie sich anhand der Tabelle 18.2 einen Überblick über alle von der WPF angebotenen Layoutcontainer verschaffen.

Layoutcontainer	Kurzbeschreibung
`Canvas`	Die Steuerelemente werden an einer angegebenen Position in einer festgelegten Größe angezeigt.
`DockPanel`	Die Steuerelemente lassen sich an den Rändern andocken.
`Grid`	Dieser Container stellt eine tabellenartige Struktur zur Verfügung, in deren Zellen die einzelnen Controls positioniert werden können.
`StackPanel`	Die Steuerelemente werden vertikal oder horizontal angeordnet (gestapelt).
`UniformGrid`	Dieser Container stellt ein Raster aus gleich großen Zellen dar.
`WrapPanel`	Mit diesem Container werden die Controls vertikal oder horizontal angeordnet. Falls die Breite oder die Höhe nicht ausreicht, werden die enthaltenen Steuerelemente in die nächste Zeile umbrochen.

Tabelle 18.2 WPF-Layoutcontainer im Überblick

Anmerkung

In den Materialien zum Buch (Download von *www.rheinwerk-verlag.de/5953* finden Sie das Projekt unter *..\Kapitel 18\Layoutcontainer*, in dem zu jedem der Layoutcontainer ein Beispielfenster enthalten ist. Die einzelnen Fenster sollen Ihnen als Grundlage für eigene Experimente dienen.

Alle Layoutcontainer sind direkt oder indirekt auf die gemeinsame Basisklasse `Panel` zurückzuführen. Damit ist klar, dass diese Klasse Eigenschaften und Methoden beschreibt, die jeder Layoutcontainer aufweist. Um hier alle Eigenschaften und Methoden aufzuführen, ist die Liste zu lang. Bei Bedarf informieren Sie sich bitte in der Dokumentation.

18.5.1 Das »Canvas«

`Canvas` ist nicht nur der einfachste aller Layoutcontainer, es ist auch ein ganz spezieller. Mit ihm lassen sich die darin enthaltenen Steuerelemente absolut positionieren. Das bedeutet, es wird das kartesische X/Y-Koordinatensystem verwendet. `Canvas` stellt dazu allen in ihm enthaltenen Komponenten die angehängten Eigenschaften `Canvas.Left`, `Canvas.Right`, `Canvas.Top` und `Canvas.Bottom` zur Verfügung.

> **Anmerkung**
>
> Mit der absoluten Positionierung stellt `Canvas` eine Ausnahme dar. Nutzen Sie diesen Container nicht im Normalfall zur Strukturierung der Benutzeroberfläche. Er bleibt Einsatzfällen vorbehalten, wo es tatsächlich auf Absolutangaben ankommt, beispielsweise zur Darstellung eines Koordinatensystems.

Alle vier Eigenschaften eines Steuerelements gleichzeitig zu setzen, führt nicht zu dem vielleicht erwarteten Resultat. Aus den beiden Pärchen `Canvas.Left/Canvas.Right` und `Canvas.Top/Canvas.Bottom` können Sie immer nur eine Eigenschaft festlegen, also beispielsweise `Canvas.Left` und `Canvas.Bottom` oder `Canvas.Right` und `Canvas.Bottom`. Verwenden Sie gleichzeitig `Canvas.Left` und `Canvas.Right`, könnte man der Meinung sein, dass die WPF diese beiden Angaben in der Weise umsetzt, dass daraus die Breite des Steuerelements resultiert. Dem ist aber nicht so. Die Angabe von `Canvas.Left` hat eine höhere Priorität als `Canvas.Right`. Letzteres wird ignoriert und das Steuerelement in seiner Standardbreite dargestellt.

18.5.2 Das »StackPanel«

Die Steuerelemente in einem `StackPanel` werden entweder horizontal oder vertikal angeordnet. Die Vorgabe ist eine vertikale Anordnung. Möchten Sie eine horizontale erreichen, stellen Sie die Eigenschaft `Orientation` auf `Horizontal` ein.

Ohne die explizite Angabe der Breite beansprucht ein Steuerelement bei vertikaler Ausrichtung im `StackPanel` dessen gesamte Breite (siehe Abbildung 18.3). Dafür ist das Attribut `HorizontalAlignment` verantwortlich, dessen Standardwert auf `Stretch` eingestellt ist.

Die Höhe des Controls wird minimal sein. Für einen `Button` bedeutet das, dass die Beschriftung noch soeben angezeigt wird. Andere Steuerelemente sind aber aufgrund ihrer geringen Minimalhöhe möglicherweise kaum noch zu erkennen.

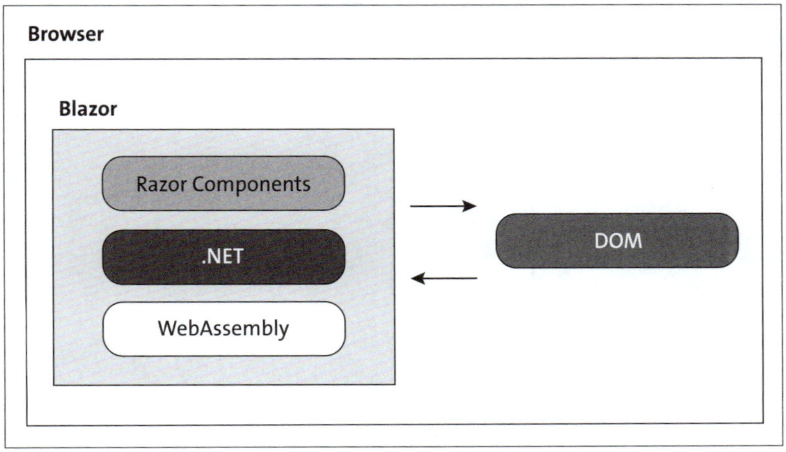

Abbildung 18.3 Vertikal ausgerichtete Buttons in einem »StackPanel«

Sie können bei jeder Komponente durch Angabe der Eigenschaft `Width` die Breite ausdrücklich festlegen. Mit dieser Einstellung werden die Steuerelemente in einem `StackPanel` die angegebene Breite einnehmen und in der Mitte zentriert angezeigt. Dieses Verhalten lässt sich mit der Eigenschaft `HorizontalAlignment` ändern, indem Sie einen der beiden Werte `Left` oder `Right` festlegen. Das entsprechende Steuerelement positioniert sich dann am linken oder rechten Containerrand. Mit `Center` werden die Steuerelemente in einer Breite dargestellt, die beim `Button` zum Beispiel von der Beschriftung abhängt.

Der XAML-Code in Listing 18.4 beschreibt die linke Ausrichtung von drei Schaltflächen unterschiedlicher Breite. In Abbildung 18.4 sehen Sie die daraus resultierende Form zur Laufzeit.

```
<StackPanel HorizontalAlignment="Left">
  <Button Width="180">Button1</Button>
  <Button Width="100">Button2</Button>
  <Button>Button3</Button>
</StackPanel>
```

Listing 18.4 Listing zu Abbildung 18.4

Beachten Sie, dass das breiteste Steuerelement die Ausrichtung bzw. Zentrierung der weniger breiten Steuerelemente beeinflusst.

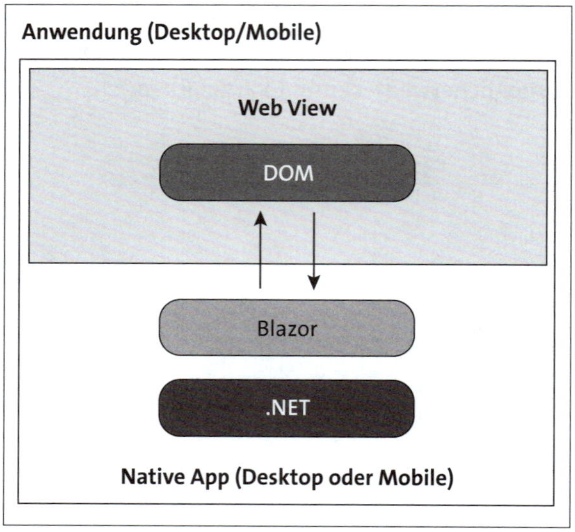

Abbildung 18.4 Links ausgerichtete Steuerelemente fester Breite

Per Vorgabe werden die Elemente im `StackPanel` in voller Breite vom oberen Fensterrand aus nach unten dargestellt. Die Eigenschaft `VerticalAlignment` erlaubt die Anordnung von unten nach oben. Die räumliche Anordnung orientiert sich am unteren Fensterrand, aber die Reihenfolge der Elemente bleibt erhalten, mit anderen Worten, *Button1* steht weiterhin über *Button2*.

```
<StackPanel VerticalAlignment="Bottom">
  <Button>Button1</Button>
  <Button>Button2</Button>
  <Button>Button3</Button>
</StackPanel>
```

Listing 18.5 Die Eigenschaft »VerticalAlignment«

Vom Prinzip her gleicht die horizontale Ausrichtung der eben beschriebenen vertikalen. Wenn Sie das Attribut `Orientation` des `StackPanel`-Elements auf `Horizontal` setzen, werden alle Steuerelemente im `StackPanel` vom linken Fensterrand aus nach rechts aufgereiht angezeigt. Die Höhe der Controls entspricht standardmäßig der Höhe des Panels. Die Breite wird automatisch so gewählt, dass das Steuerelement noch soeben angezeigt wird. Für eine beschriftete Schaltfläche bedeutet das, dass sich die Steuerelementbreite an der Beschriftung orientiert (siehe Abbildung 18.5).

```
<StackPanel Orientation="Horizontal">
  <Button>Button1</Button>
  <Button>Button2</Button>
```

```
  <Button>Button3</Button>
</StackPanel>
```

Listing 18.6 Listing zu Abbildung 18.5

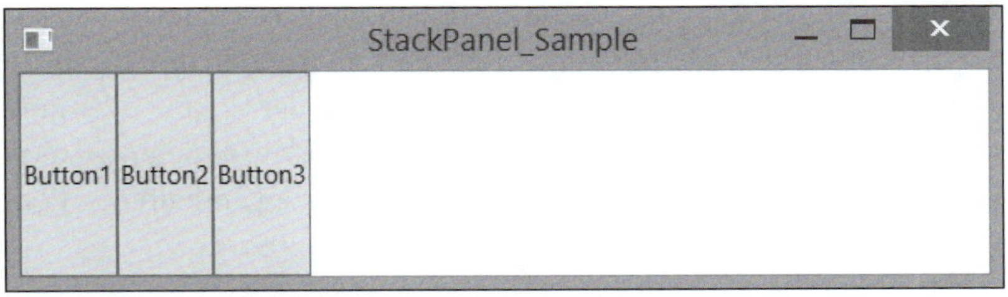

Abbildung 18.5 Horizontale Ausrichtung der Controls im »StackPanel«

Über `FlowDirection` können Sie darüber hinaus die Reihenfolge der Anordnung beeinflussen. Dabei stehen Ihnen die Optionen `LeftToRight` und `RightToLeft` zur Verfügung. Die Vorgabe ist die Ausgabe der Buttons von links nach rechts.

18.5.3 Der »Grid« Layoutcontainer

Der sicherlich flexibelste Container der WPF wird durch `Grid` beschrieben. Das ist sicherlich auch der Grund, weshalb in einem neuen WPF-Window das `Grid` als Layoutcontainer vorgeschlagen wird.

Der Bereich im `Grid` wird in Zeilen und Spalten aufgeteilt. Dazu sind innerhalb des `<Grid>`-Tags zwei Bereiche zu definieren: ein Bereich, der alle Zeilen beschreibt, und ein Bereich, der alle Spalten beschreibt. Innerhalb der beiden Bereiche definieren Sie die gewünschten Zeilen und Spalten.

```
<Grid>
  <Grid.RowDefinitions>
    <RowDefinition/>
    <RowDefinition/>
  </Grid.RowDefinitions>
  <Grid.ColumnDefinitions>
    <ColumnDefinition/>
    <ColumnDefinition/>
  </Grid.ColumnDefinitions>
</Grid>
```

Listing 18.7 Die Definition von Zeilen und Spalten in einem »Grid«

`Grid.RowDefinitions` grenzt den Definitionsbereich für die Zeilen ein, `Grid.ColumnDefinitions` den der Spalten. Innerhalb dieser beiden Bereiche wird mit `RowDefinition` eine Zeile und mit `ColumnDefinition` eine Spalte beschrieben. Bei dieser Aufteilung werden alle Zellen in gleicher Größe dargestellt. Zur Laufzeit führt eine Veränderung der Fenstergröße dazu, dass sich die Spalten und Zeilen im gleichen Verhältnis vergrößern oder verkleinern.

Die Breite jeder einzelnen Spalte können Sie mit der Eigenschaft `Width` anpassen. Analog können Sie die Höhe jeder Zeile mit `Height` festlegen. Sie können die Angabe in Pixel machen. Es bieten sich aber noch andere Möglichkeiten der Höhen- oder Breiteneinstellung an, beispielsweise `Auto`. Damit wird die Spaltenbreite beziehungsweise die Zeilenhöhe anhand des breitesten beziehungsweise höchsten enthaltenen Controls bestimmt.

Die Komponenten, die in den Zellen positioniert werden sollen, müssen als eigenständiger Bereich parallel neben `Grid.RowDefinitions` und `Grid.ColumnDefinitions` innerhalb von `Grid` eingetragen sein. Um eine Komponente eindeutig einer Zelle im `Grid` zuzuordnen, verwenden Sie die angehängten Eigenschaften `Grid.Column` und `Grid.Row`. Beiden übergeben Sie jeweils den Spalten- bzw. Spaltenindex, die jeweils 0-basiert sind. Geben Sie den Zeilen- oder Spaltenindex nicht an, wird er automatisch auf 0 gesetzt.

In Listing 18.8 ist ein `Grid` in jeweils zwei Zeilen und Spalten aufgeteilt. Die Spaltenbreite soll sich mit `Auto` automatisch anpassen. In drei der vier Zellen wird jeweils ein Button platziert. *Button1* hat eine Breite von 200 Pixeln. Der in der Zeile darunter befindliche *Button3* weist nur eine Breite von 100 Pixeln auf. Weil die Spalte sich an der Breite des größten Elements orientiert, wird *Button3* zentriert in seiner Zelle angezeigt. *Button2* andererseits weist eine Breite auf, die in Summe mit der Breite von *Button1* größer ist als die Fensterbreite von 300. Daher wird *Button2* nicht mehr vollständig angezeigt, wie Sie in Abbildung 18.6 sehen.

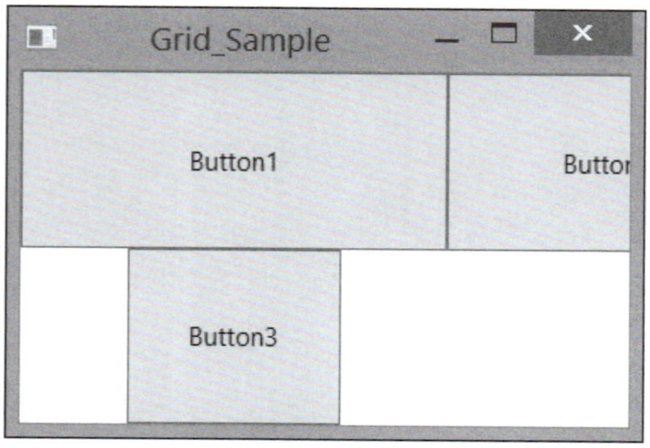

Abbildung 18.6 »Grid« Layoutcontainer mit automatischer Spaltenbreite

```
<Window ... Height="200" Width="300">
<Grid>
  <Grid.RowDefinitions>
```

```
    <RowDefinition/>
    <RowDefinition/>
  </Grid.RowDefinitions>
  <Grid.ColumnDefinitions>
    <ColumnDefinition Width="Auto"/>
    <ColumnDefinition Width="Auto"/>
  </Grid.ColumnDefinitions>
  <Button Grid.Column="0" Grid.Row="0" Width="200">Button1</Button>
  <Button Grid.Column="1" Grid.Row="0" Width="150">Button2</Button>
  <Button Grid.Column="0" Grid.Row="1" Width="100">Button3</Button>
</Grid>
</Window>
```

Listing 18.8 Listing zu Abbildung 18.6

18.6 WPF-Steuerelemente

WPF stellt eine Vielzahl von Steuerelementen bereit, mit denen sich moderne Benutzeroberflächen gestalten lassen. Im Folgenden werfen wir einen genaueren Blick auf einige dieser Elemente und beginnen mit einer besonders häufig genutzten Gruppe: den Schaltflächen.

18.6.1 Die Gruppe der Schaltflächen

Schaltflächen sind ein wesentlicher Bestandteil jeder Windows-Anwendung und relativ einfach aufgebaut. Wir wollen uns daher als Erstes dieser Familie von Steuerelemente zuwenden. Grundsätzlich werden zu den Schaltflächen fünf verschiedene Steuerelemente gerechnet:

- `Button`
- `ToggleButton`
- `RepeatButton`
- `RadioButton`
- `CheckBox`

In der TOOLBOX werden Sie die Steuerelemente `ToggleButton` und `RepeatButton` nicht finden, da diese beiden ausschließlich anderen Steuerelementen als Basisklasse dienen. Alle genannten Typen sind aber auf die gemeinsame Basisklasse `ButtonBase` zurückzuführen.

Das grundlegende Verhalten aller Schaltflächen-Steuerelemente ist bereits in der Basisklasse `ButtonBase` festgelegt. Das auffälligste Merkmal dürfte sein, dass sie angeklickt werden können. Die Eigenschaft `IsPressed` liefert die Information, ob die Schaltfläche aktuell gedrückt ist.

Interessant ist, dass festgelegt werden kann, unter welchen Umständen das Click-Ereignis ausgelöst wird. Traditionell wurde das Ereignis bisher grundsätzlich immer beim Loslassen der Maustaste ausgelöst. Das ist in der WPF zwar auch die Vorgabe, kann aber durch entsprechendes Setzen der Eigenschaft ClickMode geändert werden. ClickMode gestattet drei verschiedene Einstellungen: Release, Press und Hover, deren Beschreibung Sie Tabelle 18.3 entnehmen können.

Member	Beschreibung
Release	Das Ereignis wird ausgelöst, wenn auf eine Schaltfläche geklickt wurde und die Maustaste losgelassen wird. Dies ist die Standardvorgabe.
Press	Das Ereignis wird ausgelöst, wenn auf eine Schaltfläche geklickt, die Maustaste aber noch nicht losgelassen wird.
Hover	Das Ereignis wird ausgelöst, wenn der Mauszeiger über ein Steuerelement bewegt wird.

Tabelle 18.3 Die Enumeration »ClickMode«

Schaltflächen vom Typ Button sind vermutlich die am häufigsten anzutreffenden Steuerelemente. Ihr Einsatz ist denkbar einfach: Ziehen Sie das Element aus der TOOLBOX in das Window, oder schreiben Sie direkt den XAML-Code. Nach der Festlegung der Eigenschaften hinsichtlich Größe und Position legen Sie noch die Eigenschaft Content fest.

Button-Objekte weisen eine besondere Charakteristik auf: Sie können nämlich in einem Fenster je einen Button mit IsDefault=true und IsCancel=true kennzeichnen. Dann reagieren Schaltflächen auf die [↵]- bzw. die [Esc]-Taste. Wurde das zugehörige Fenster mit der Methode ShowDialog geöffnet, bewirken diese Schaltflächen gleichzeitig das Schließen des Fensters. Dabei wird an ShowDialog der Wert true oder false übergeben.

Hinweis

Leicht zu verwechseln sind die beiden Eigenschaften IsDefault und IsDefaulted. Letztgenannte gehört zu einer langen Liste weiterer Eigenschaften, die über spezifische Zustände eines Steuerelements Auskunft geben. IsDefaulted gibt an, ob ein Button die Schaltfläche ist, der die Eingabetaste mit IsDefault=true zugeordnet worden ist. IsDefaulted ist schreibgeschützt.

Schaltflächen können häufig mit einer Tastenkombination ([Alt] + Buchstabe) aktiviert werden. Im XAML-Code kennzeichnen Sie den sogenannten *Mnemonics-Buchstaben* durch das Voranstellen eines Unterstrichs, z. B.:

```
<Button Height="35" Width="120">_Abbrechen</Button>
```

Der Unterstrich ist nur im laufenden Programm zu sehen, wenn der Benutzer die [Alt]-Taste drückt. Diese Fähigkeit geht natürlich verloren, wenn Sie anstatt einer Zeichenfolge der `Content`-Eigenschaft ein anderes Steuerelement übergeben, beispielsweise ein verschachteltes Label oder ein Bild.

Hinsichtlich der Ereignisse einer Schaltfläche gibt es nicht viel zu erzählen. In der Regel werden Sie nur das Ereignis `Click` programmieren.

18.6.2 Das Steuerelement »Label«

Ein `Label` dient in einer Benutzeroberfläche dazu, Text anzuzeigen. Es gehört zu den sogenannten Inhaltssteuerelementen, hat also eine Eigenschaft `Content`. Die Größe eines Labels ergibt sich aus dem Inhalt. Sie sollten daher die Größe nicht ausdrücklich angeben, da der anzuzeigende Text ansonsten unter Umständen abgeschnitten wird.

Ein `Label` kann von Hause aus nicht fokussiert werden. Dennoch erlaubt dieses Steuerelement die Definition eines Hotkeys. Zur Laufzeit hat das die folgende Auswirkung: Wird die [Alt]-Taste zusammen mit dem Hotkey gedrückt, erhält ein anderes, bestimmtes Steuerelement den Tastaturfokus. Das Tastenkürzel wird im Text des `Label`-Steuerelements durch einen Unterstrich ausgedrückt. Die Zuordnung des Steuerelements, das den Tastaturfokus erhalten soll, erfolgt mit der `Target`-Eigenschaft. So könnten Sie beispielsweise festlegen, dass beim Drücken von [Alt]+[W] die `TextBox` mit dem Bezeichner *txtCity* den Fokus erhält. Das entsprechende Codefragment dazu sieht wie folgt aus:

```
<Label Target="{Binding ElementName=txtCity}"
       Height="28" Name="label1" Width="80">_Wohnort:</Label>
<TextBox Height="25" Name="txtCity" Width="120" />
```

Beachten Sie, dass bei der Angabe des Zielsteuerelements die Markup-Erweiterung benutzt wird unter Angabe des Bezeichners des Zielsteuerelements. Zur Laufzeit wird der Hotkey erst dann sichtbar, wenn die Taste [Alt] gedrückt wird. Wollen Sie innerhalb der Zeichenfolge einen Unterstrich schreiben, müssen Sie zwei davon im XAML-Code angeben.

Ein `Label` unterstützt von Hause aus keine Zeilenumbrüche. Dennoch gibt es zwei Möglichkeiten, Zeilenumbrüche zu erzwingen:

- `TextBlock`
- `AccessText`

Bei `TextBlock` handelt es sich um ein Steuerelement, das wir später noch behandeln werden. Das Zusammenspiel zwischen der `Content`-Eigenschaft des `Label`-Elements mit einem `TextBlock`-Objekt gestattet es, Zeilenumbrüche darzustellen.

```
<Label>
  <TextBlock TextWrapping="Wrap">
    Hier wird ein Zeilenumbruch gezeigt.
  </TextBlock>
</Label>
```

Nachteilig ist der Einsatz eines TextBlock-Elements, wenn Sie einen Hotkey bereitstellen wollen. Der TextBlock wird den Unterstrich nämlich auch als solchen darstellen. Für eine Kombination aus Zeilenumbruch und Hotkey eignet sich das AccessText-Element.

```
<Label Target="{Binding TextBox1}">
  <AccessText TextWrapping="Wrap">
    Hier wird ein _Zeilenumbruch mit Hotkey gezeigt.
  </AccessText>
</Label>
```

18.6.3 Das Steuerelement »TextBox«

Die TextBox dient dazu, die Texteingabe eines Benutzers entgegenzunehmen oder einfach nur Text anzuzeigen. Dabei kann es sich um ein- oder mehrzeiligen unformatierten Text handeln. Von Hause aus ist die TextBox bereits mit vielen Fähigkeiten ausgestattet. Beispielsweise beherrscht sie den Datenaustausch über die Zwischenablage, hat eine eingebaute Rechtschreibkorrektur und darüber hinaus eine mehrstufige *Undo*-Funktion. Alle angeführten Verhaltensweisen können genutzt werden, ohne dass Sie eine Zeile Code schreiben müssen.

Die Größe einer TextBox ergibt sich aus ihrem Inhalt. Je nachdem, in welchem Panel die TextBox platziert ist, kann ihre Größe auf ein unvertretbares Maß schrumpfen. Empfehlenswert ist es daher, eine TextBox in einem Panel unterzubringen, das zumindest die Breite des Inhalts vorgibt, beispielsweise in einem StackPanel oder einer Grid-Zelle mit der Einstellung Width=*. Sie können zwar auch die Eigenschaft MinWidth einstellen, aber damit geht unter anderem die Anpassungsfähigkeit an andere Schriftgrößen verloren.

Berücksichtigen sollten Sie auch die Höhe einer TextBox, die mehrere Zeilen anzeigen kann. Anstatt MinHeight und MaxHeight festzulegen, sollten Sie besser die Eigenschaften MinLines und MaxLines verwenden. Diese limitieren die Zeilen und berücksichtigen dabei die aktuelle Schriftart und -größe.

Per Vorgabe ist die Eingabe in einer TextBox immer einzeilig. Mit der Einstellung

```
AcceptsReturn=True
```

geben Sie an, dass beim Drücken der Eingabetaste eine neue Zeile eingefügt wird. Der Benutzer kann dann auch mehrzeilige Texte eingeben. Behalten Sie die Vorgabe AcceptsReturn=False bei, wird beim Drücken der Eingabetaste der Standard-Button betätigt. Ähnliches gilt für die Eigenschaft AcceptsTab. Stellen Sie die Eigenschaft auf true ein, wird ein Tabulator in die TextBox eingefügt. Mit false wird zum nächsten Steuerelement in der Aktivierungsreihenfolge geschaltet.

Bei umfangreichen Texten sollten Sie Schiebebalken aktivieren. Das geschieht mit den beiden Eigenschaften

- VerticalScrollBarVisibility
- HorizontalScrollBarVisibility

die Sie auf Auto stellen sollten. Beide Eigenschaften sind vom Typ der Enumeration ScrollBarVisibility, deren Werte Sie Tabelle 18.4 entnehmen können.

Einstellung	Beschreibung
Auto	Falls notwendig, wird ein Rollbalken automatisch angezeigt.
Disabled	Der Rollbalken wird nur im Bedarfsfall angezeigt.
Hidden	Ein Rollbalken wird auch dann nicht angezeigt, wenn es erforderlich wäre.
Visible	Der Rollbalken wird immer angezeigt.

Tabelle 18.4 Die Werte der Enumeration »ScrollBarVisibility«

Überschreitet die Benutzereingabe die Breite der TextBox, wird über den rechten Rand hinausgeschrieben. Sie können mit der Eigenschaft TextWrapping=Wrap erzwingen, dass die Eingabezeile umbrochen wird, sobald das Ende der TextBox erreicht ist (die Standardvorgabe ist TextWrapping=NoWrap). Dabei sollten Sie aber Vorsicht walten lassen: Handelt es sich um ein sehr langes Wort, wird es mittendrin umbrochen. Könnte ein solcher Fall auftreten, sollten Sie sich besser für die dritte Einstellmöglichkeit, WrapWithOverFlow, entscheiden. Diese bricht das Wort zwar nicht in der Mitte um, hat aber den Nachteil, dass die Zeile länger wird, als von der angegebenen Größe der TextBox vorgesehen ist.

Der Inhalt der TextBox wird durch die Eigenschaft Text beschrieben. Dabei handelt es sich gleichzeitig um die Inhaltseigenschaft. Sie können diese Eigenschaft auch mit Code festlegen oder auswerten. Zur Ausrichtung des Textes dient die Eigenschaft TextAlignment. Zulässige Werte sind vom Typ der Enumeration TextAlignment und Tabelle 18.5 zu entnehmen.

Wert	Beschreibung
`Center`	Der Text wird in der `TextBox` zentriert ausgerichtet.
`Left`	Der Text wird in der `TextBox` links ausgerichtet.
`Right`	Der Text wird in der `TextBox` rechts ausgerichtet.
`Justify`	Der Text wird in der `TextBox` so ausgerichtet, dass alle Zeilen die gleiche Länge haben.

Tabelle 18.5 Die Textausrichtung mit der Enumeration »TextAlignment«

Mit der Eigenschaft `TextDecoration` können lässt sich der Text »verzieren«. Genauer gesagt, können Sie die Dekorationen `Overline` (überstrichen), `Underline` (unterstrichen), `Baseline` (Grundlinie) und `Strikethrough` (durchgestrichen) einstellen.

18.6.4 WPF-Listenelemente

Eine Reihe verschiedener WPF-Steuerelemente sind in der Lage, Listen anzuzeigen. Zu diesen Controls werden unter anderem die `ListBox`, die `ComboBox`, das `TabControl`, die `ListView` und das `TreeView`-Control gerechnet. Die von diesen Controls dargestellten Listenelemente lassen sich in zwei Gruppen kategorisieren:

- `ItemControls`
- `HeaderedItemControls`

Listensteuerelemente, die Listenelemente der Gruppe der `ItemControls` anzeigen, zeichnen sich durch die Eigenschaft `Items` aus. Diese Eigenschaft gewährleistet den Zugriff auf die einzelnen Elemente der Liste, der über den Index des Elements erfolgen kann. Typische Vertreter für Steuerelemente, die `ItemControls` aufnehmen, sind die `ListBox` und die `ComboBox`. Je nach Typ des anzeigenden Steuerelements werden die Listenelemente durch besondere Klassen beschrieben. Im Fall einer `ListBox` handelt es sich um `ListBoxItem`, bei der `ComboBox` sind es Elemente vom Typ `ComboBoxItem`.

Von der Klasse `ItemControls` ist die Klasse `HeaderedItemControls` abgeleitet. Es ist die Eigenschaft `Header`, die Elemente dieses Typs auszeichnet. Mit der Eigenschaft `Header` kann einem Element ein »Titel« zugewiesen werden, dem eine Spalte zugeordnet wird, fü reine visuelle Trennung zwischen dem Titel und dem Inhalt. Steuerelemente der Gruppe der `HeaderedItemControls` bilden somit keine einfache lineare, sondern eine hierarchische Struktur ab. Typische Vertreter dieser Gruppe sind die Klassen `MenuItem`, `TreeView` und auch `ToolBar`.

Die wichtigsten Listenelemente, ListBox und Combobox, stellen wir im Folgenden vor.

Das Steuerelement »ListBox«

Eine ListBox bietet eine Liste von Auswahlalternativen an, aus denen der Anwender eine oder auch mehrere wählen kann. Per Vorgabe gestattet eine ListBox nur die Einfachauswahl. Damit auch die Auswahl mehrerer Einträge möglich ist, müssen Sie die Eigenschaft SelectionMode auf Multiple oder Extended festlegen. Multiple gestattet die Auswahl durch einen einfachen Klick. Bei der Einstellung Extended muss der Anwender beim Anklicken des Listenelements die ⇧-Taste gedrückt halten.

Listenelemente innerhalb einer ListBox werden durch ListBoxItem-Elemente beschrieben. Sie können der ListBox sowohl im XAML-Code als auch in der Code-Behind-Datei Listenelemente hinzufügen. Im folgenden Listing werden mehrere Listenelemente in XAML-Code eingetragen.

```
<ListBox Name="listBox1">
  <ListBoxItem>Peter</ListBoxItem>
  <ListBoxItem>Franz</ListBoxItem>
  <ListBoxItem>Rolf</ListBoxItem>
  <ListBoxItem>Hans-Günther</ListBoxItem>
</ListBox>
```

Die Listenelemente werden von einer Collection verwaltet, deren Referenz die Eigenschaft Items liefert. Durch Aufruf der Methode Add fügen Sie nach Bedarf Elemente im C#-Code hinzu:

```
listBox1.Items.Add("Beate");
listBox1.Items.Add("Gudrun");
```

Damit nicht genug: Anstatt eine Liste von ListBoxItems zu definieren, können Sie jeden Listeneintrag auch durch ein anderes Steuerelement beschreiben. Im folgenden Codefragment wird für jedes Listenelement eine CheckBox verwendet:

```
<ListBox Name="listBox1">
  <CheckBox Name="chkBox1" Margin="3">Peter</CheckBox>
  <CheckBox Name="chkBox2" Margin="3">Franz</CheckBox>
  <CheckBox Name="chkBox3" Margin="3">Rolf</CheckBox>
  <CheckBox Name="chkBox4" Margin="3">Hans-Günter</CheckBox>
</ListBox>
```

Damit wir die in einer ListBox ausgewählten Elemente im Programmcode für weitere Operationen nutzen können, stellt das Steuerelement die Eigenschaften SelectedIndex, SelectedItem und SelectedItems bereit, die es erlauben, die ausgewählten Listenelemente auszuwerten.

Eigenschaft	Beschreibung
SelectedIndex	Gibt den Index des ersten Elements in der aktuellen Auswahl zurück. Ist die Auswahl leer, ist der Rückgabewert -1. Mit dieser Eigenschaft kann auch ein Element vorselektiert werden.
SelectedItem	Gibt das erste Element in der aktuellen Auswahl zurück. Ist die Auswahl leer, ist der Rückgabewert null.
SelectedItems	Ruft alle ausgewählten Elemente ab.

Tabelle 18.6 Eigenschaften der »ListBox« im Zusammenhang mit der Elementauswahl

Möchten Sie, dass ein bestimmtes Listenelement beim Öffnen des Fensters vorselektiert ist, verwenden Sie die Eigenschaft SelectedIndex. Da die Liste der Elemente nullbasiert ist, genügt die folgende Anweisung, um das erste Element zu markieren:

```
listBox1.SelectedIndex = 0;
```

Etwas schwieriger gestaltet es sich, den Inhalt eines ausgewählten Elements auszuwerten. Nehmen wir dazu den folgenden XAML-Code:

```
<ListBox Name="ListBox1">
  <ListBoxItem>Frankreich</ListBoxItem>
  <ListBoxItem>Italien</ListBoxItem>
  <ListBoxItem>Polen</ListBoxItem>
  <ListBoxItem>Dänemark</ListBoxItem>
</ListBox>
```

Um sich den Inhalt des ausgewählten Elements in einer MessageBox anzeigen zu lassen, ist der folgende Code notwendig:

```
MessageBox.Show(((ListBoxItem)ListBox1.SelectedItem).Content.ToString());
```

oder

```
MessageBox.Show((listBox1.SelectedItem as ListBoxItem).Content.ToString());
```

Zuerst lassen wir uns das erste ausgewählte Element mit der Methode SelectedItem zurückgeben und konvertieren es in den Typ, der die Listenelemente beschreibt. Hier handelt es sich um ListBoxItem. Dieser Typ verfügt über die Eigenschaft Content, die vom Typ Object ist. Da wir aber wissen, dass es sich um eine Zeichenfolge handelt, können wir diese mit ToString abrufen.

Durch Einstellen der Eigenschaft SelectionMode=Multiple oder SelectionMode=Extended kann der Anwender mehrere Listenelemente gleichzeitig auswählen. Um diese auszuwerten, eignet sich SelectedItems, die uns die Liste aller ausgewählten Elemente bereitstellt. Sie können diese Liste beispielsweise in einer foreach-Schleife durchlaufen:

```
private void btnShowItems_Click(object sender, RoutedEventArgs e)
{
  string items = "";
  foreach (ListBoxItem item in ListBox1.SelectedItems)
    items += item.Content +"\n";
  MessageBox.Show(items);
}
```

Listing 18.9 Ausgabe der in einer »ListBox« ausgewählten Elemente

Die »ComboBox«

Die ComboBox ähnelt der eben behandelten ListBox. Der Unterschied zwischen diesen beiden Steuerelementen ist, dass die ComboBox immer nur ein Element anzeigt und somit weniger Platz in Anspruch nimmt.

Per Vorgabe kann der Anwender zur Laufzeit keine neuen Elemente in die ComboBox eintragen. Möchten Sie das zulassen, müssen Sie die Eigenschaft IsEditable=true setzen. Mit der Eigenschaft ReadOnly legen Sie fest, ob der Inhalt der ComboBox editiert werden kann. Die Kombination beider Eigenschaften entscheidet maßgeblich über die Handhabung des Steuerelements. Stellen Sie beispielsweise beide auf true ein, kann der Anwender kein Zeichen in die ComboBox eintragen. Ändern Sie allerdings IsEditable in false, kann der Anwender bei fokussierter ComboBox ein Zeichen an der Tastatur eingeben. Befindet sich ein Element mit dem entsprechenden Anfangsbuchstaben in der Liste der Elemente, wird es ausgewählt. Trifft der Anfangsbuchstabe auf mehrere Elemente zu, wird das Element angezeigt, das in alphabetischer Reihenfolge vorn steht.

Die einer ComboBox zugeordneten Listenelemente sind vom Typ ComboBoxItem:

```
<ComboBox Height="20" Name="comboBox1" Width="120">
  <ComboBoxItem>Berlin</ComboBoxItem>
  <ComboBoxItem>Hamburg</ComboBoxItem>
  <ComboBoxItem>Bremen</ComboBoxItem>
</ComboBox>
```

Um per Programmcode ein Element hinzuzufügen, rufen Sie mit Items die ItemCollection der ComboBox ab. Deren Methode Add übergeben Sie einfach den gewünschten zusätzlichen Eintrag:

```
comboBox1.Items.Add("Stuttgart");
```

Das ausgewählte Element einer `ComboBox` können Sie mit der Eigenschaft `Text` abrufen. Mit dieser Eigenschaft lässt sich auch festlegen, welches Listenelement nach dem Laden des Fensters angezeigt werden soll. Gleichwertig können Sie mit `SelectedIndex` auch den Index des gewünschten Elements angeben.

Nur zwei Ereignisse sind für die `ComboBox` spezifisch: `DropDownOpened` und `DropDownClosed`. `DropDownOpened` wird beim Öffnen der Liste ausgelöst, `DropDownClosed` beim Schließen.

18.7 Ereignisse in der WPF

Die WPF stellt neben den herkömmlichen CLR-Eigenschaften auch *Abhängigkeitseigenschaften* (Dependency Properties) bereit. Abhängigkeitseigenschaften sind ein zentrales Konzept in WPF und erweitern die Funktionalität herkömmlicher CLR-Eigenschaften erheblich. Sie ermöglichen es, Eigenschaften so zu definieren, dass sie automatisch mit verschiedenen WPF-Funktionen zusammenarbeiten, zum Beispiel mit Datenbindung, Stilen, Animationen, Standardwerten, Vererbung von Eigenschaften im visuellen Baum und Benachrichtigung bei Änderungen.

Im Gegensatz zu normalen Eigenschaften, die in einer privaten Variable gespeichert sind, werden Abhängigkeitseigenschaften zentral im WPF-Property-System verwaltet. Dadurch kann WPF effizienter mit UI-Elementen umgehen und zusätzliche Funktionalitäten, wie automatische Layout-Aktualisierung und Ressourcenbindung, anbieten.

In ähnlicher Weise ergänzt die WPF auch das Konzept der CLR-Ereignisse um die sogenannten *Routed Events*. Die mögliche Verschachtelung mehrerer WPF-Komponenten im XAML-Code und der damit einhergehende Elementbaum hat dieses Konzept erforderlich gemacht, denn einfache CLR-Ereignisse genügen dem Prinzip der Elementbäume der WPF nicht mehr.

In diesem Kapitel lernen Sie, was unter der Strategie der Routed Events verstanden wird, wie Sie sie umsetzen und sinnvoll einsetzen. Am Ende dieses Kapitels werden wir uns noch wichtigen Ereignisgruppen widmen.

18.7.1 Ereignishandler bereitstellen

So wie alle Anwendungen mit grafischer Benutzeroberfläche reagiert auch eine WPF-Anwendung immer dann, wenn ein Ereignis ausgelöst wird – beispielsweise durch die Aktion des Anwenders. Ist für das ausgelöste Ereignis ein Ereignishandler registriert, wird er ausgeführt.

Sehen wir uns als Erstes an, wie Sie grundsätzlich mit Ereignissen in der WPF umgehen. Nehmen wir dazu an, im XAML-Code sei innerhalb eines `Grid`-Elements ein

Button positioniert, der auf das Click-Ereignis reagieren soll. Dazu muss bekanntlich ein Ereignishandler registriert werden. Am einfachsten ist es, die IntelliSense-Hilfe im XAML-Code zu nutzen und daraus Click auswählen. Durch zweimaliges Drücken der [Tab]-Taste wird im XAML-Code das Ereignis an einen Ereignishandler gebunden, der automatisch in der Code-Behind-Datei bereitgestellt wird.

```
<Grid>
  <Button Click="button1_Click" Height="30" Name="button1">Button1</Button>
</Grid>
```

Listing 18.10 Registrieren eines Ereignishandlers im XAML-Code

Verfügt eine Komponente über ein Standardereignis, lässt sich ein Ereignishandler auch mittels Doppelklick auf die Komponente im Designer bereitstellen. Das ist beispielsweise der Fall, wenn Sie auf den Button doppelt klicken. Es wird danach der Ereignishandler für das Standardereignis Click erzeugt. Dieser könnte in der Code-Behind-Datei wie folgt aussehen:

```
void button1_Click(object sender, RoutedEventArgs e) {  }
```

Hinweis

Sie können Ereignishandler auch mit Hilfe des Eigenschaftsfensters bereitstellen. Dazu schalten Sie im Eigenschaftsfenster die Ansicht EIGENSCHAFTEN auf die Ansicht EREIGNISSE um, indem Sie auf das Blitzsymbol klicken. Ein Doppelklick auf das gewünschte Ereignis genügt, um den Ereignishandler mit der üblichen Namenskonvention zu erzeugen.

So wie alle anderen Ereignishandler in .NET weisen auch die Ereignishandler der WPF zwei Parameter auf: Der erste ist vom Typ Object und liefert die Referenz auf die ereignisauslösende Komponente, der zweite stellt ereignisspezifische Daten zur Verfügung.

Die Verknüpfung zwischen einem Ereignis und einem Ereignishandler können Sie auch im Code festlegen, z. B.:

```
public partial class MainWindow : Window
{
  public MainWindow()
  {
    InitializeComponent();
    button1.Click += new RoutedEventHandler(button1_Click);
  }
  void button1_Click(object sender, RoutedEventArgs e)
  {
```

```
    MessageBox.Show("Im Click-Ereignishandler");
  }
}
```

Listing 18.11 Registrierung eines Ereignishandlers mit Programmcode

Beachten Sie, dass dem Steuerelement in diesem Fall ausdrücklich ein Objektbezeichner (Eigenschaft `Name`) zugewiesen sein muss.

18.7.2 Routing-Strategien

Auch wenn es bis jetzt den Anschein hat, dass die Ereignisse in der WPF keine Besonderheiten bergen, ist dem nicht so. Der Grund ist, dass in einer WPF-Benutzeroberfläche die Elemente ineinander verschachtelt werden können, beispielsweise:

```
<Window>
  <StackPanel>
    <Button Height="110" Width="250" Margin="10">
      <StackPanel Orientation="Horizontal">
        <Image Source="smile.jpg" Stretch="None" />
        <Label VerticalAlignment="Center">Abbrechen</Label>
      </StackPanel>
    </Button>
    [...]
  </StackPanel>
</Window>
```

Listing 18.12 Verschachtelte Elemente im XAML-Code

Hier enthält ein `StackPanel` einen `Button`, der seinerseits als Inhaltseigenschaft ein weiteres `StackPanel` beschreibt. Darin sind ein `Image`- und eine `Label`-Komponente horizontal angeordnet.

Mit der Vorgabe dieser Struktur könnte zur Laufzeit das Folgende passieren: Der Anwender möchte auf den `Button` klicken, trifft dabei aber das `Label`. In herkömmlichen GUIs würde das `Click`-Ereignis des `Label`-Elements ausgelöst, während der `Button` keine Reaktion zeigt. Das trifft natürlich gleichermaßen auf das `Image` zu. Probleme dieser Art gibt es eigentlich in allen Benutzeroberflächen. Natürlich lässt sich im Falle unseres auf dem `Button` positionierten `Label`-Elements auch in herkömmlichen GUIs das `Click`-Ereignis der Schaltfläche auslösen, aber der Aufwand dafür ist nicht unerheblich.

Um eine einfache Lösung zu ermöglichen, erweitert die WPF das klassische Konzept der CLR-Ereignisse um die Routed Events. Dabei müssen wir drei verschiedene Routing-Strategien unterscheiden:

- **Direkte Events**: Als *direkte Ereignisse* werden die Ereignisse bezeichnet, die nur von dem Element, bei dem das Ereignis aufgetreten ist, ausgelöst werden. Direkte Ereignisse unterscheiden sich nicht von den sonst üblichen Ereignissen im .NET Framework. Das Ereignis `Click` ist beispielsweise ein direkter Event.
- **Getunnelte Events**: Beim *Tunneling* beginnt die Ereigniskette beim Wurzelelement. In der Regel wird es sich dabei um ein `Window` handeln. Das Ereignis wird also zuerst im `Window` ausgelöst und durchläuft dann im Elementbaum alle Komponenten, bis die tatsächlich ereignisauslösende Komponente erreicht wird. Tunneling-Events werden namentlich durch das Präfix `Preview` gekennzeichnet.
- **Bubbling-Events**: Das *Bubbling* beschreibt genau die Umkehrung des Tunneling-Prinzips. Zuerst wird der Event in der ereignisauslösenden Komponente ausgelöst, anschließend wird die Ereignisauslösung der Reihe nach an die übergeordneten Elemente im Elementbaum weitergereicht bis hin zum Wurzelelement, dem `Window`.

Bei den Routed Events kommt es also zu einer klaren Abfolge von Ereignisauslösungen. Legen wir Listing 18.12 von oben zugrunde, würde zuerst das Ereignis im `Window` ausgelöst, anschließend im `StackPanel` und danach im `Button`. Da die Schaltfläche ihrerseits ein `StackPanel` enthält, ist dieses der nächste Empfänger. Zuletzt kommt eventuell noch das `Image` oder das `Label`. Ist die Kette der Tunneling-Events durchlaufen, geht es mit den Bubbling-Events in entgegengesetzter Richtung zurück. Also zuerst der Bubbling-Event im `Image` oder `Label`, dann folgt das innere `StackPanel`, der `Button`, das äußere `StackPanel` und letztendlich das `Window`.

In der WPF wird zwischen dem visuellen Elementbaum (*Visual Tree*) und dem logischen Elementbaum (*Logical Tree*) unterschieden.

- Der *Logical Tree* (logischer Baum) beschreibt die hierarchische Struktur von WPF-Elementen aus Sicht der Anwendung. Er stellt die logischen Beziehungen zwischen Steuerelementen dar – z. B. welche Elemente Kind- oder Elternelemente sind. Dieser Baum ist entscheidend für Datenbindung, Ressourcenvererbung und Ereignisweiterleitung.
- Der *Visual Tree* (visueller Baum) ist eine detailliertere Darstellung, die auch alle untergeordneten visuellen Elemente und Templates umfasst. Er zeigt, wie die WPF das UI rendert. Jedes logische Steuerelement kann aus mehreren visuellen Bestandteilen bestehen, z. B. besteht ein Button intern aus mehreren Border, ContentPresenter, TextBlock etc.

In der Regel wird von einem Routed Event der Visual Tree durchlaufen. Der Wortwahl können Sie entnehmen, dass das nicht immer so ist. Hintergrund ist, dass Routed Events nur von Komponenten ausgelöst werden können, die auf eine der folgenden Klassen zurückzuführen sind: `UIElement`, `UIElement3D` oder `ContentElement`. `Content-`

Element-Objekte gehören aber nicht zum Visual Tree, sondern zum Logical Tree. Somit wäre es nicht richtig zu sagen, dass ausschließlich der Virtual Tree durchlaufen wird – obwohl das im überwiegenden Teil der Fälle so ist.

18.8 Die Ereignishandler

Lassen Sie uns jetzt einen Blick auf die Ereignishandler der Routed Events werfen. Im Grunde genommen unterscheiden sich die Parameter nicht von denen der klassischen CLR-Events: Im ersten Parameter gibt sich der Auslöser des Events bekannt, im zweiten werden ereignisspezifische Daten bereitgestellt. Während in CLR-Ereignissen der zweite Parameter immer vom Typ `EventArgs` ist, basiert der zweite Parameter eines Routed Events auf dem Basistyp `RoutedEventArgs`, der selbst von `EventArgs` abgeleitet ist. Im Code des letzten Beispiels handelt es sich dabei um ein Objekt vom Typ `MouseButtonEventArgs`. Dieser ist über seine direkte Basis `MouseEventArgs` auf `RoutedEventArgs` zurückzuführen.

18.8.1 Die Klasse »RoutedEventArgs«

`RoutedEventArgs` liefert insgesamt vier interessante Informationen, die Sie Tabelle 18.7 entnehmen können.

Eigenschaft	Beschreibung
`Handled`	Diese Eigenschaft ermöglicht es, den Routing-Prozess zu beenden. Dazu ist `Handled` auf `true` zu setzen. Dadurch werden nachfolgende Ereignisse in der Ereigniskette nicht mehr ausgelöst.
`RoutedEvent`	Diese Eigenschaft liefert die `RoutedEvent`-Instanz, die mit dem `RoutedEventArgs`-Objekt verbunden ist.
`Source`	Gibt das Element an, das für die Einleitung des Routing-Prozesses verantwortlich zeichnet.
`OriginalSource`	Liefert das Objekt aus dem Visual Tree, das ursächlich das Ereignis ausgelöst hat.

Tabelle 18.7 Die Eigenschaften der Klasse »RoutedEventArgs«

Vermutlich wird Ihnen der Unterschied zwischen den beiden Eigenschaften `Source` und `OriginalSource` nicht sofort klar sein. Die Konfusion wird vermutlich perfekt, wenn wir außer diesen beiden Eigenschaften auch den ersten Parameter (`sender`) des Ereignishandlers in unsere Betrachtung einbeziehen. Worin unterscheiden sich `sender`, `Source` und `OriginalSource`?

18.8.2 Die Quelle des Routing-Prozesses

Am besten verständlich wird der Unterschied, wenn wir die Ausgabe des Beispiels *RoutedEvent_Example1* von oben entsprechend anpassen. Dabei ist es vollkommen ausreichend, uns auf die gebubbelten Events zu beschränken.

```
private void MouseRight(object sender, MouseButtonEventArgs e)
{
  string message = "Sender: " + sender + "\n";
  message += "Source: " + e.Source + "\n";
  message += "OriginalSource: " + e.OriginalSource + "\n";
  lstBox.Items.Add(message);
}
```

Listing 18.13 Demonstration der »EventArgs«-Parameter

Klicken wir auf das `Label`, werden die Resultate in der `ListBox` angezeigt. Der besseren Übersicht wegen sei die Ausgabe tabellarisch wiedergegeben.

Sender	Source	OriginalSource
`Label`	`Label`	`TextBlock`
`StackPanel`	`Label`	`TextBlock`
`Button`	`Label`	`TextBlock`
`Grid`	`Label`	`TextBlock`
`Window`	`Label`	`TextBlock`

Tabelle 18.8 Ausgaben, wenn auf das Label geklickt wird

Die Aussage, dass die gebubbelten Ereignisse ausgehend vom `Label` im Elementbaum nach oben bis zum Fenster weitergereicht werden, sehen wir in der Ausgabe des Parameters `sender` bestätigt. Der Parameter `sender` liefert also genau die Komponente, die aktuell das Ereignis ausgelöst hat – obwohl der Verursacher der Ereigniskette möglicherweise eine ganz andere Komponente ist.

Die Eigenschaft `Source` beschreibt den tatsächlichen Auslöser des Routing-Prozesses: Hier ist es das `Label`. Allgemein gesprochen handelt sich dabei um die Komponente, die sowohl im Virtual Tree als auch im Logical Tree zu finden ist.

Die Angabe `OriginalSource` geht ins Detail. Hierzu sei gesagt, dass jedes Steuerelement durch eine »Schablone« beschrieben wird, das sogenannte `ControlTemplate`. Die Komponente `TextBlock` ist innerhalb der `ControlTemplate`-Definition eines `Label`-Elements die Komponente, die für die Ausgabe des Textes sorgt. Somit beschreibt die Eigenschaft OriginalSource das Element aus dem Visual Tree, das im Hintergrund tatsächlich für die Eventauslösung verantwortlich ist.

18.8.3 Die Eigenschaft »Handled«

Innerhalb eines Ereignishandlers kann die Eigenschaft Handled dazu verwendet werden, ein Ereignis als »behandelt« zu markieren. Dazu wird Handled=true gesetzt. Die Folge ist, dass die Aufrufe aller weiteren Ereignishandler, die auf der Route Tunnel oder Bubble liegen, unterdrückt werden. Dies lässt sich sehr schnell anhand des Beispiels *RoutedEvent_Example1* überprüfen:

```
private void MouseRight(object sender, MouseButtonEventArgs e)
{
  string message = "Sender: " + sender + "\n";
  message += "Source: " + e.Source + "\n";
  message += "OriginalSource: " + e.OriginalSource + "\n";
  lstBox.Items.Add(message);
  if (sender is Button) e.Handled = true;
}
```

Listing 18.14 Ergänzung des Ereignishandlers aus dem Beispiel »RoutedEvent_Example1«

Das »äußere« StackPanel und das Window werden den Ereignishandler nicht mehr aufrufen.

18.8.4 Registrieren und Deregistrieren eines Ereignishandlers mit Code

Zur Installation des Ereignishandlers eines Routed Events stehen Ihnen zwei Möglichkeiten zur Verfügung. Sie können erstens mit += in bekannter Weise das Ereignis mit einem Ereignishandler verbinden, z. B.:

```
button1.Click += new RoutedEventHandler(button1_Click);
```

Die zweite Variante stellt die Methode AddHandler dar, die von den Klassen UIElement, UIElement3D und ContentElement bereitgestellt wird und auf das von diesen Klassen implementierte Interface IInputElement zurückzuführen ist.

```
button1.AddHandler(Button.ClickEvent, new RoutedEventHandler(button1_Click))
```

Das Deregistrieren eines Eventhandlers erfolgt ähnlich. Entweder Sie benutzen -=, also z. B.:

```
button1.Click -= new RoutedEventHandler(button1_Click);
```

oder die Methode RemoveHandler:

```
button1.RemoveHandler(Button.ClickEvent, new RoutedEventHandler(button1_
Click))
```

18.9 WPF-Datenbindung und WPF-Commands

Bindungen werden zwischen zwei Elementen definiert: Dabei handelt es sich um die Datenquelle und das Datenziel. Eine Eigenschaft des Datenziels wird an eine Datenquelle gebunden, die die Daten zur Verfügung stellt. Datenquellen können vielfältiger Natur sein:

- Es kann sich bei der Datenquelle um die Eigenschaft eines anderen Elements (z. B. ein WPF-Steuerelement) handeln.
- Die Daten können aus einer XML-Datei bezogen werden.
- Daten können aus einer Auflistung oder aus einer Datenbank stammen.

Eine Bedingung wird dabei an das Datenziel gestellt: Die Datenbindung funktioniert nur, wenn die Eigenschaft des Datenziels, die an eine Datenquelle gebunden wird, als Abhängigkeitseigenschaft (Dependency Property) implementiert ist. Erfreulicherweise erfüllen fast alle Eigenschaften der WPF-spezifischen Klassen diese Bedingung.

Die einfachste Bindung in der WPF ist die Bindung zwischen zwei WPF-Komponenten. Auch hier wird zwischen der Datenquelle und dem Datenziel unterschieden. Die Datenquelle stellt einen Wert zur Verfügung, das Datenziel bindet sich mit einer Eigenschaft an diesen Wert.

Sehen Sie sich Abbildung 18.7 an. Das Fenster enthält eine TextBox und eine ListBox. Die ListBox enthält einige Namen, von denen einer ausgewählt werden kann. Die Eigenschaft Text der TextBox ist an die ListBox in der Weise gebunden, dass der in der ListBox ausgewählte Name von der TextBox übernommen wird.

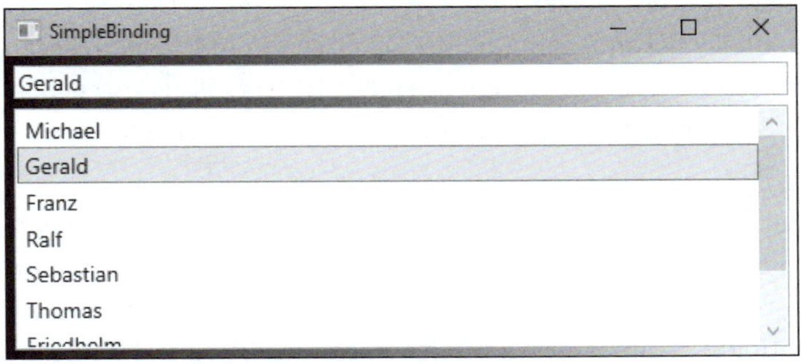

Abbildung 18.7 Einfache Datenbindung zwischen »TextBox« und »ListBox«

Nun folgt der XAML-Code, auf dem die Abbildung basiert.

```
// Beispiel: ..\Kapitel 18\SimpleBinding
<Window ...>
<Grid>
  <Grid.RowDefinitions>
    <RowDefinition Height="Auto" />
    <RowDefinition />
  </Grid.RowDefinitions>
  <TextBox Text="{Binding ElementName=listBox1, Path=SelectedItem.Content}"
           Name="textBox1" />
  <ListBox Grid.Row="1" Name="listBox1" SelectedIndex="0">
    <ListBoxItem>Michael</ListBoxItem>
    <ListBoxItem>Gerald</ListBoxItem>
    <ListBoxItem>Franz</ListBoxItem>
    <ListBoxItem>Ralf</ListBoxItem>
    <ListBoxItem>Sebastian</ListBoxItem>
    <ListBoxItem>Thomas</ListBoxItem>
    <ListBoxItem>Friedhelm</ListBoxItem>
    <ListBoxItem>Karsten</ListBoxItem>
  </ListBox>
</Grid>
</Window>
```

Listing 18.15 Der XAML-Code des Beispielprogramms »SimpleBinding«

Die Datenquelle ist die ListBox, die TextBox ist das Datenziel. Mit

```
Text="{Binding ElementName=listBox1, Path=SelectedItem.Content}"
```

wird die Eigenschaft Text der TextBox an das in der ListBox ausgewählte Element gebunden.

Datenbindungen werden im XAML-Code mit der Markup-Erweiterung umgesetzt. In der Markup-Erweiterung wird ein Objekt vom Typ Binding erzeugt. Dem Binding-Objekt muss die Datenquelle bekannt sein und die Eigenschaft der Datenquelle, an die gebunden wird. Die Datenquelle wird in dem Beispiel mit ElementName angegeben. Es sei aber schon jetzt darauf hingewiesen, dass es weitere Eigenschaften gibt, die eine Datenquelle referenzieren.

Path gibt die Eigenschaft der Datenquelle an, an die gebunden werden soll. Die WPF verwendet den Ausdruck Path (und nicht etwa Property), weil Path auf die Eigenschaft einer Eigenschaft zeigen kann – wie auch in unserem Beispiel mit SelectedItem.Content. In anderen Situationen kann es sich natürlich auch um die einfache Angabe einer Eigenschaft handeln (z. B. Text). Wem die Bindung innerhalb einer Markup

Extension zu unübersichtlich ist, können Sie die längere, besser strukturierte explizite Schreibweise wählen:

```
<TextBox Margin="6 6 6 0" Name="textBox1" >
  <TextBox.Text>
    <Binding ElementName="listBox1", Path="SelectedItem.Content" />
  </TextBox.Text>
</TextBox>
```

Listing 18.16 Lange Schreibweise einer Datenbindung

> **Hinweis**
>
> Sie können auf die explizite Angabe von `Path` auch verzichten und die Eigenschaft direkt hinter `Binding` angeben:
>
> `Text="{Binding SelectedItem.Content, ElementName=textBox1}"`
>
> Bei dieser etwas kürzeren Schreibweise wird nicht der parameterlose Konstruktor der Klasse `Binding` aufgerufen, sondern der einfach parametrisierte, der die `Path`-Angabe entgegennimmt.

Eine Datenbindung ist auch mit C#-Programmcode möglich. Bezogen auf unser Beispielprogramm könnte die Bindung im Konstruktor des `Window`-Objekts nach dem Aufruf der Methode `InitializeComponent` erfolgen:


```
public MainWindow()
{
  InitializeComponent();
  Binding binding = new Binding();
  binding.Path = new PropertyPath("SelectedItem.Content");
  binding.ElementName = "listBox1";
  textBox1.SetBinding(TextBox.TextProperty, binding);
}
```

Listing 18.17 Datenbindung mit C#-Code

Bemerkenswert ist die Anbindung der Eigenschaft `Text` an die durch das `Binding`-Objekt beschriebene Datenquelle mit der Methode `SetBinding`, der zwei Argumente übergeben werden: Dem ersten Parameter wird die Abhängigkeitseigenschaft des Datenziels übergeben, an die gebunden werden soll, dem zweiten Parameter die Referenz auf das `Binding`-Objekt. Dass die Eigenschaft `Path` vom Typ `PropertyPath` ist, lässt sich darauf zurückführen, dass der Pfad relativ komplex sein kann. Im Hintergrund wird die Reflection verwendet, um die Pfadangabe aufzulösen.

18.10 Die Klasse »Binding«

Ein Binding-Objekt beschreibt die Bindung zwischen einer Datenquelle und der bindenden Komponente. Die wichtigsten Eigenschaften des Binding-Objekts können Sie Tabelle 18.9 entnehmen. Viele der aufgeführten Eigenschaften werden Sie im Verlauf des Kapitels innerhalb der Beispielprogramme noch wiederfinden.

Eigenschaft	Beschreibung
Converter	Diese Eigenschaft gibt an, welches Objekt als Konverter zwischen zwei Datentypen dienen soll.
ConverterParameter	Ruft den an den Konverter zu übergebenden Parameter ab.
ElementName	Diese Eigenschaft gibt den Bezeichner des Steuerelements an, das als Datenquelle dient.
FallbackValue	Diese Eigenschaft definiert einen Standardwert, der verwendet wird, wenn das Binding-Objekt noch keinen Wert zurückliefert.
IsAsync	Wird diese Eigenschaft auf true gesetzt (Standard ist false), werden die Daten aus der Datenquelle asynchron geladen oder asynchron in die Datenquelle geschrieben.
Mode	Legt den Bindungsmodus fest. Damit lässt sich die Verhaltensweise einer eventuellen gegenseitigen Aktualisierung zwischen Datenquelle und Datenziel steuern.
NotifyOnSourceUpdate NotifyOnTargetUpdate	Mit diesen Eigenschaften werden Ereignisse ermöglicht, die beim Aktualisieren der Datenquelle oder des Datenziels auftreten.
NotifyOnValidation-Error	Gibt an, ob das angefügte Ereignis Error für das angebundene Objekt ausgelöst werden soll.
Path	Mit Path wird die Eigenschaft festgelegt, an die Daten gebunden werden sollen.
RelativeSource	Diese Eigenschaft legt die Datenquelle relativ zum Datenziel fest.
Source	Die Eigenschaft Source legt die Quelle der Datenbindung fest.
StringFormat	Gibt an, wie eine Zeichenfolge dargestellt werden soll.

Tabelle 18.9 Die Eigenschaften eines »Binding«-Objekts (Auszug)

Eigenschaft	Beschreibung
`TargetNullValue`	Gibt den Wert an, der verwendet wird, wenn der Wert der Datenquelle `null` ist.
`UpdateSourceTrigger`	Mit dieser Eigenschaft wird angegeben, wann die Datenquelle aktualisiert werden soll.
`ValidationRules`	eine Liste von Regeln, die die Benutzereingabe überprüfen

Tabelle 18.9 Die Eigenschaften eines »Binding«-Objekts (Auszug) (Forts.)

18.10.1 Binden an eine Datenquelle

Das Einführungsbeispiel *SimpleBinding* verwendete die Eigenschaft `ElementName`, um die Datenquelle anzugeben (siehe Listing 18.15). `ElementName` wird immer dann verwendet, wenn es sich bei der Datenquelle um eine visuelle WPF-Komponente handelt. Möchten Sie an ein anderes Objekt binden, müssen Sie anstelle von `ElementName` eine der drei folgenden Eigenschaften angeben:

- `Source`
- `RelativeSource`
- `DataContext`
- `ItemsSource`

Die Eigenschaft »Source«

Die Eigenschaft `Source` ist die allgemeinste von allen. Sie können damit praktisch jedes CLR-Objekt (C#-Objekt) referenzieren. Nehmen wir an, Sie hätten eine Klasse `Person` implementiert und würden im XAML-Code in einem Ressourcenabschnitt ein Objekt davon erstellen. Die Bindung des Objekts an eine `TextBox` würde mit der Eigenschaft `Source` wie in Listing 18.18 gezeigt erfolgen:

```
<Window.Resources>
  <local:Person x:Key="pers" Name="Hans Schneider" />
</Window.Resources>
<Grid>
  <TextBox Text="{Binding Source={StaticResource pers}, Path=Name}" />
</Grid>
```

Listing 18.18 Bindung an ein CLR-Objekt

Hier greift die Eigenschaft `Source` mit `StaticResource` auf das weiter oben im XAML-Code definierte Objekt zu.

Binden an relative Datenquellen

Bindungen müssen sich nicht zwangsläufig auf ein konkretes Steuerelement oder ein CLR-Objekt beziehen. Eine Bindung kann mit RelativeSource auch auf eine relative Quelle verweisen.

Der folgende XAML-Code beschreibt einen Slider, der vom Minimalwert 0 bis zum Maximalwert 10 den jeweils aktuellen Wert einem ToolTip-Element anzeigt.

```
<Slider ToolTip="{Binding RelativeSource={RelativeSource Self}, Path=Value}" />
```

Dieser Verweis kann auch ohne Markup Extension definiert werden:

```
<Slider
  Minimum="0"
  Maximum="10">
  <Slider.ToolTip>
     <Binding Path="Value">
      <Binding.RelativeSource>
        <RelativeSource Mode="Self" />
      </Binding.RelativeSource>
    </Binding>
  </Slider.ToolTip>
</Slider>
```

Listing 18.19 Relativer Verweis ohne Markup Extension

Die Eigenschaft Mode der Klasse RelativeSource ist vom Typ der Enumeration RelativeSourceMode. Darin werden neben Self drei weitere Modi zur Angabe relativer Bezüge beschrieben, siehe Tabelle 18.10.

Modus	Beschreibung
FindAncestor	relative Navigation durch den Elementbaum mit Hilfe des gewünschten Typs und des Levels
PreviousData	In einer Auflistung rufen Sie über diesen Modus den vorherigen Datensatz ab.
Self	Verweis auf sich selbst
TemplatedParent	Dieser Modus ist nur innerhalb eines Templates sinnvoll und verweist auf sich selbst in einem Template (Self würde ControlTemplate liefern und nicht das Element selbst).

Tabelle 18.10 Die Mitglieder der Enumeration »RelativeSourceMode«

Sehen wir uns ein Beispiel zu `FindAncestor` an. Diese Angabe dient dazu, die Datenquelle auf ein im Elementbaum höher liegendes Element eines bestimmten Typs zu setzen. `FindAncestor` erwartet, dass in der `AncestorType`-Eigenschaft des `RelativeResource`-Objekts der gesuchte Typ angegeben wird.

In unserem Codefragment wollen wir die Eigenschaft `Text` einer `TextBox` an die Beschriftung der Titelleiste des `Window`-Elements binden (Eigenschaft `Title`).

```
<TextBox Text="{Binding RelativeSource={RelativeSource FindAncestor,
                AncestorType=Window}, Path=Title}"/>
```

Natürlich gibt es Fälle, in denen der angegebene Typ mehrfach im Elementbaum auftritt. Sie haben dann die Möglichkeit, mit der Eigenschaft `AncestorLevel` den n-ten gefundenen Treffer anzugeben. Dabei entspricht der Wert `1` dem ersten gefundenen Element dieses Typs. In der folgenden XAML-Zeile wird `FindAncestor` verwendet, um die `Content`-Eigenschaft eines `Button`-Objekts an die Eigenschaft `Text` der `TextBox` zu binden. Es wird dabei nach der zweiten Schaltfläche gesucht.

```
<TextBox Text="{Binding RelativeSource={RelativeSource FindAncestor,
                AncestorType=Button, AncestorLevel=2}, Path=Content}" />
```

Sollte das angegebene Element nicht gefunden werden, bleibt die `TextBox` leer. Es bietet sich an, dies durch eine entsprechende Ausgabe kenntlich zu machen. Hier hilft die Eigenschaft `FallbackValue` des `Binding`-Objekts weiter.

```
<TextBox Text="{Binding RelativeSource={RelativeSource FindAncestor,
                AncestorType=Button, AncestorLevel=2}, Path=Content,
                FallbackValue='Element nicht gefunden'}" />
```

Sollte die Schaltfläche nicht existieren, wird in der `TextBox` die Zeichenfolge »Element nicht gefunden« angezeigt.

Bindungen mit »DataContext«

`DataContext` ist eine Eigenschaft, die von allen Klassen bereitgestellt wird, die entweder von `FrameworkElement` oder `FrameworkContentElement` abgeleitet sind. Die Eigenschaft `DataContext` ist vom Typ `Object`. Daher können Sie an `DataContext` jedes x-beliebige Objekt übergeben, beispielsweise im `Window`:

```
this.DataContext = irgendeinObjekt;
```

Jetzt können alle dem `Window` untergeordneten Elemente von der Angabe profitieren und das angebundene Datenobjekt nutzen. Dazu muss noch nicht einmal die Datenquelle angegeben werden. Erfolgt nämlich bei der Datenbindung keine explizite Angabe der Datenquelle, beispielsweise mit

```
<TextBox Text="{Binding Name}" />
```

wird die WPF zuerst die `DataContext`-Eigenschaft des betreffenden Elements, hier also der `TextBox`, untersuchen. Sollte diese Eigenschaft `null` sein, sucht die WPF den Elementbaum in Richtung des Wurzelelements so lange ab, bis sie zum ersten Mal auf eine `DataContext`-Eigenschaft stößt, die von `null` abweicht, und nutzt diese. Sollten alle `DataContext`-Eigenschaften `null` aufweisen, wird dem bindenden Element kein Wert zugewiesen. Falls erforderlich, kann ein Steuerelement im Bedarfsfall trotzdem explizit auf eine andere Datenquelle verweisen. Dazu ist nur die ausdrückliche Angabe von `ElementName`, `Source`, `DataContext` oder `RelativeSource` notwendig.

Bindungen mit »ItemsSource«

Alle Listensteuerelemente sind von der Basis `ItemsControl` abgeleitet. Damit erben die Ableitungen auch die Eigenschaft `ItemsSource`. `ItemsSource` erwartet ein Objekt, das die Schnittstelle `IEnumerable` implementiert, also seinerseits selbst eine Liste repräsentiert. Obwohl auch alle Listensteuerelemente über die Eigenschaft `DataContext` verfügen, ist es üblich, Listenelemente direkt an `ItemsSource` zu binden.

18.10.2 Mit »Path« an eine Eigenschaft der Datenquelle binden

`Path` erwartet die Angabe der Eigenschaft der Datenquelle, an die gebunden werden soll. Die Angabe selbst gestattet zahlreiche Möglichkeiten:

- Im einfachsten Fall geben Sie nur die Eigenschaft an, z. B.:

  ```
  Path=Text
  ```

- Es kann sich um eine untergeordnete Eigenschaft einer anderen Eigenschaft handeln, wie das Beispielprogramm *SimpleBinding* gezeigt hat:

  ```
  Path=SelectedItem.Content
  ```

- Müssen Sie an eine angehängte Eigenschaft (Attached Property) binden, schließen Sie die angehängte Eigenschaft in Klammern ein. Diese Syntax wird auch zum Binden an statische Eigenschaften verwendet, z. B.:

  ```
  Path=(Grid.Row)
  ```

- Sie könnten auch ohne Probleme an einen bestimmten Index einer Liste binden, z. B.:

  ```
  Path=Items[0].Content
  ```

- Mit

  ```
  Path = /
  ```

  wird eine Bindung an das aktuelle Element einer Auflistung erstellt. Die Datenquelle ist eine Collection.

- Ein Slash wird auch verwendet, wenn die Datenquelle selbst keine Collection ist, aber eine Eigenschaft vom Typ einer Collection hat. Angenommen, die Datenquelle hätte eine Property namens `Customers`, die viele `Customer`-Objekte beschreibt; dann könnten Sie mit

  ```
  Path = Customers/Name
  ```

  an die Eigenschaft `Name` des aktuellen `Customer`-Objekts binden.

Sehen wir uns die folgenden Listings an, die die beiden letztgenannten Punkte besser verdeutlichen. Es sei zunächst einmal die folgende Ausgangssituation angenommen:

```
class Persons
{
  private List<Person> _Liste;
  public List<Person> Liste
  {
    get => _Liste;
  }
  public Persons()
  {
    _Liste = new List<Person>();
    Liste.Add(new Person { ... });
    [...]
  }
}
class Person
{
  public string Name { get; set; }
  [...]
}
```

Listing 18.20 Die Klassen »Persons« und »Person«

Die Klasse `Persons` veröffentlicht über die Eigenschaft `Liste` eine Auflistung mehrerer `Person`-Objekte. Im Konstruktor des `Window`-Elements wird ein `Persons`-Objekt mit der Anweisung

```
this.DataContext = new Persons();
```

an die Eigenschaft `DataContext` des Fensters gebunden. Im Fenster sei eine `TextBox`, die an die Eigenschaft `Name` des in der Liste ausgewählten Elements gebunden werden soll. Mit dem folgenden Bindungscode ist das möglich:

```
<TextBox Text="{Binding Liste/Name}" />
```

Dass Sie hier keine explizite Datenquellenangabe finden, ist die kleine Magie hinter `DataContext`. Beachten Sie, dass `Persons` selbst keine Collection ist, aber eine solche hat.

Anders sieht die Anbindung im XAML-Code aus, wenn die an `DataContext` gebundene Datenquelle selbst eine Collection ist. Hier zunächst die Übergabe der Auflistung an die Eigenschaft `DataContext`:

```
List<Person> Liste = new List<Person>();
Liste.Add(new Person {...});
[...]
this.DataContext = Liste;
```

Um in der `TextBox` die Eigenschaft `Name` des aktuell in der Liste ausgewählten Elements anzuzeigen, wird die Bindung wie folgt beschrieben:

```
<TextBox Text="{Binding /Name}" />
```

Hinweis

XAML-Code lässt sich nicht debuggen. Es gibt jedoch eine Ausnahme, und das ist die Eigenschaft `Path`. Nehmen wir einmal an, Sie hätten im Beispiel *SimpleBinding* die Angabe von `Path` wie folgt geschrieben:

```
<TextBox Text="{Binding ElementName=listBox1, Path=Selecteditem.Content}"/>
```

Es müsste `SelectedItem` heißen und nicht `Selecteditem`. Das Programm startet trotzdem, allerdings wird die bindende `TextBox` keinen Inhalt aufweisen. Fehler dieser Art sind eigentlich schwer zu lokalisieren, aber Sie können dennoch auf eine kleine Unterstützung von Visual Studio setzen: Öffnen Sie dazu zur Laufzeit das Ausgabefenster mit DEBUGGEN • FENSTER • AUSGABE. Sie werden dort eine Zeile finden, die ziemlich genau den Fehler des Databindings lokalisiert (siehe Abbildung 18.8).

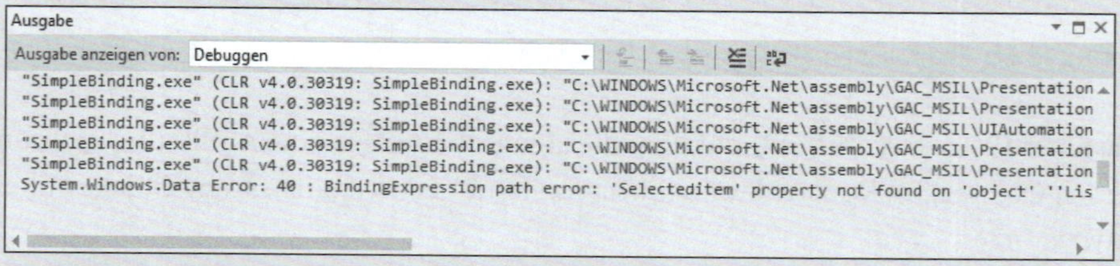

Abbildung 18.8 Hinweis auf eine fehlerhafte Datenbindung

18.10.3 Die Bindungsrichtung mit »Mode« festlegen

Das Beispielprogramm *SimpleBinding* (siehe Listing 18.15) wollen wir für einen Test benutzen. Wählen Sie dazu zur Laufzeit einen der in der `ListBox` eingetragenen Namen aus. Ändern Sie nun den Namen in der `TextBox`, und fokussieren Sie erneut die

ListBox. Sie werden feststellen, dass der neue Name in der TextBox den ursprünglichen Namen in der ListBox ersetzt. Anscheinend ist das Datenziel in der Lage, die Datenquelle zu aktualisieren. Wir ergänzen nun den Bindungscode der TextBox wie folgt:

```
Text="{Binding SelectedItem.Content, ElementName=listBox1, Mode=OneWay}"
```

Wenn Sie denselben Test nun erneut durchführen, werden Sie einen gravierenden Unterschied feststellen: Die Datenquelle, also die ListBox, übernimmt die Änderung nicht mehr.

Durch unterschiedliche Angaben des Bindungsmodus lassen sich offensichtlich die wechselseitigen Änderungen zwischen der Datenquelle und dem Datenziel steuern. Mode kann Werte annehmen, die in der Enumeration BindingMode beschrieben werden. Diese können Sie Tabelle 18.11 entnehmen.

Bindungstyp	Beschreibung
Default	Hiermit wird der Standardmodus beschrieben, der für die Eigenschaft vordefiniert ist. Dabei handelt es sich meistens um den Modus TwoWay.
OneTime	Der Wert wird nur einmal von der Quelle zum Ziel übertragen. Danach findet keine Aktualisierung mehr statt.
OneWay	Der Wert wird nur von der Quelle zum Ziel übertragen. Das Datenziel kann die Datenquelle nicht aktualisieren.
OneWayToSource	Der Wert wird von der Quelle zum Ziel übertragen. Ändert sich der Wert im Datenziel, wird die Datenquelle ebenfalls aktualisiert.
TwoWay	Die Werte sowohl von der Quelle als auch vom Ziel werden in beide Richtungen übertragen.

Tabelle 18.11 Bindungsarten der Enumeration »BindingMode«

18

Am besten lassen sich die Einstellungen verstehen, indem Sie die entsprechenden Auswirkungen an einem Beispiel testen. Dazu dient das folgende Beispielprogramm *BindungsModi*, dessen Oberfläche Sie in Abbildung 18.9 sehen.

```
// Beispiel: ..\Kapitel 18\BindungsModi
<Window ...>
  <Grid>
    <Grid.ColumnDefinitions>
      <ColumnDefinition />
      <ColumnDefinition />
    </Grid.ColumnDefinitions>
    <Grid.RowDefinitions>
```

```
        <RowDefinition Height="Auto"/>
        <RowDefinition Height="Auto"/>
      </Grid.RowDefinitions>
      <Label Foreground="White">Datenquelle</Label>
      <Label Foreground="White" Grid.Column="1">Datenziel</Label>
      <TextBox Name="txtSource" Grid.Column="0" Grid.Row="1"
               Margin="5">Hello</TextBox>
      <TextBox Name="txtTarget" Grid.Column="1" Grid.Row="1" Margin="5"
               Text="{Binding Text, ElementName=txtSource, Mode=Default}" />
    </Grid>
</Window>
```

Listing 18.21 Der XAML-Code des Beispielprogramms

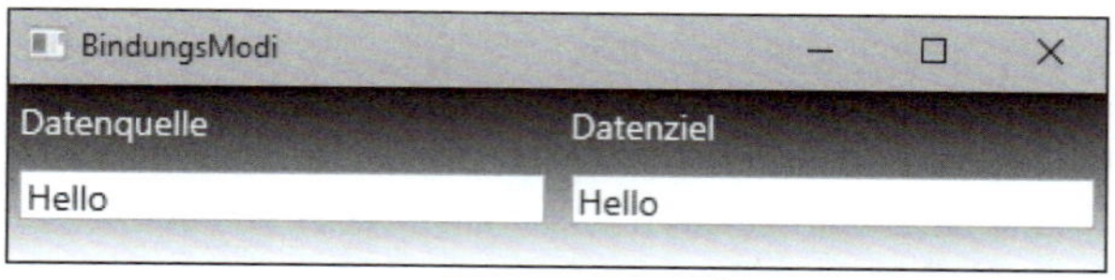

Abbildung 18.9 Ausgabe des Beispielprogramms »BindungsModi«

Ändern Sie in diesem Beispiel die verschiedenen Einstellungen von `Mode`. Auffällig sind dabei `OneWay` und `OneWayToSource`, die im Grunde genommen beide eine Bindung in der Art einer Einbahnstraße festschreiben. Der Modus `OneWay` bietet sich an, wenn dem Benutzer die Daten schreibgeschützt angezeigt werden sollen.

18.10.4 Das Aktualisieren mit »UpdateSourceTrigger« steuern

Kommen wir zurück zum Beispielprogramm *BindungsModi* mit der Einstellung `TwoWay`. Ändert sich die Datenquelle, wird das Ziel der Bindung sofort aktualisiert. Ändert sich hingegen das Datenziel, wird die Datenquelle erst in dem Moment aktualisiert, wenn das Datenziel den Fokus verliert. Dieses Verhalten ist nicht immer wünschenswert und kann mit der Eigenschaft `UpdateSourceTrigger` des `Binding`-Objekts gesteuert werden. Die möglichen Einstellungen der Eigenschaft `UpdateSourceTrigger` sind in der gleichnamigen Enumeration `UpdateSourceTrigger` festgelegt (siehe Tabelle 18.12).

Wert	Beschreibung
`Default`	Die Standardeinstellung variiert abhängig vom verwendeten Element. Bei einer `TextBox` ist zum Beispiel die Standardeinstellung `LostFocus`. In den meisten Fällen handelt es sich um `PropertyChanged`.

Tabelle 18.12 Einstellungen der Eigenschaft »UpdateSourceTrigger«

Wert	Beschreibung
Explicit	Die Änderung muss explizit durch Aufruf der UpdateSource-Methode des BindingExpression-Objekts erfolgen.
LostFocus	Die Datenquelle wird aktualisiert, wenn das Datenziel den Fokus verliert.
PropertyChanged	Die Aktualisierung erfolgt bei jeder Änderung. Allerdings beansprucht diese Einstellung die Ressourcen sehr intensiv.

Tabelle 18.12 Einstellungen der Eigenschaft »UpdateSourceTrigger« (Forts.)

Denken Sie daran, dass die in der Tabelle angegebenen Werte keinen Einfluss darauf haben, wie die Datenquelle aktualisiert wird, sondern nur, wann die Datenquelle aktualisiert wird.

Mit diesem Wissen ausgestattet, können Sie nun eine Datenbindung definieren, die bei jeder Änderung sofort die Quelle über die Änderung informiert.

```
<TextBox Text="{Binding ElementName=textBox1, Path=Text, Mode=TwoWay,
                UpdateSourceTrigger=PropertyChanged}"/>
```

Sie sollten besonders bei der TextBox berücksichtigen, dass jede Änderung mit der Option PropertyChanged zu Lasten der Performance geht. Das ist auch der Grund für die Standardeinstellung LostFocus.

18.10.5 Die Ereignisse »SourceUpdated« und »TargetUpdated«

Ändert sich das Datenziel oder die Datenquelle, können die Ereignisse SourceUpdated und TargetUpdated ausgelöst werden. Beide sind als Attached Events in der Klasse Binding definiert.

Ereignis	Beschreibung
SourceUpdated	Wird ausgelöst, wenn die Datenquelle wegen einer Änderung des Datenziels aktualisiert wird.
TargetUpdated	Wird ausgelöst, wenn das Datenziel wegen einer Änderung der Datenquelle aktualisiert wird.

Tabelle 18.13 Ereignisse bei der Aktualisierung datengebundener Komponenten

Beide Ereignisse werden jedoch nicht standardmäßig ausgelöst, sie müssen zuerst aktiviert werden. Dazu dienen die beiden Eigenschaften NotifyOnSourceUpdated und NotifyOnTargetUpdated des Binding-Objekts, die auf true gesetzt werden müssen.

Sehen wir uns das im folgenden Beispiel an. Die Eigenschaft `Mode` ist auf die Standardvorgabe festgelegt.

```
// Beispiel: ..\Kapitel 18\BindingEvents
<Window ...>
<Grid>
  [...]
  <Label Margin="5">Datenquelle:</Label>
  <Label Grid.Row="1" Margin="5">Datenziel:</Label>
  <TextBox Grid.Column="1" Name="txtSource" Margin="HamburgTextBox>
  <TextBox Grid.Column="1" Grid.Row="1" Name="txtTarget" Margin="5"
           Text="{Binding Text, ElementName=txtSource,
           NotifyOnSourceUpdated=True,
           NotifyOnTargetUpdated=True}"
           SourceUpdated="txtTarget_SourceUpdated"
           TargetUpdated="txtTarget_TargetUpdated" />
  </Grid>
</Window>
```

Listing 18.22 XAML-Code des Beispiels »BindingEvents«

Hier noch der C#-Code der beiden Ereignishandler:

```
private void txtTarget_SourceUpdated(object sender, DataTransferEventArgs e)
{
  MessageBox.Show("Aktualisierung der Datenquelle durchgeführt.");
}
private void txtTarget_TargetUpdated(object sender, DataTransferEventArgs e)
{
  MessageBox.Show("Datenziel hat sich aktualisiert.");
}
```

Listing 18.23 Ereignishandler des Beispiels »BindingEvents«

18.10.6 Beenden einer Bindung

Um eine Bindung zu lösen, rufen Sie die statische Methode `ClearBinding` der Klasse `BindingOperations` auf und geben dabei das Zielobjekt und die abhängige Eigenschaft an:

```
BindingOperations.ClearBinding(textBox1, TextBox.TextProperty);
```

Hier wird beispielsweise die Bindung der Eigenschaft `Text` eines Elements mit dem Namen *textBox1* gelöst. Sind mehrere Eigenschaften der Zielkomponente datengebunden, können Sie auch mit einem einzigen Methodenaufruf alle Bindungen mit einer Anweisung lösen. Dazu dient die Methode `ClearAllBindings`:

```
BindingOperations.ClearAllBindings(textBox1);
```

18.11 WPF-Commands

Im Gesamtkonzept der Commands, die im deutschen Sprachraum auch als *Befehle* bezeichnet werden, spielen vier Komponenten eine tragende Rolle. Das führt dazu, dass die WPF-Commands im ersten Moment komplex erscheinen. Wir wollen uns daher zuerst einmal einen Überblick über die an diesem Konzept beteiligten Komponenten verschaffen:

- **Command**

  Ein Befehl ist ein Objekt, das die Schnittstelle `ICommand` implementiert und eine Operation beschreibt, die ausgeführt werden soll. In klassischen Anwendungen werden die Operationen in der Regel in einem `Click`-Ereignishandler codiert. Befehle ersetzen schlichtweg `Click`-Ereignishandler. Allerdings wissen wir auch, dass es je nach Kontext der Anwendung nicht immer sinnvoll ist, eine Operation zu jedem Zeitpunkt ausführen zu können. Beispielsweise ergibt es keinen Sinn, eine Datei zu speichern, wenn noch keine Datei geöffnet ist. Deshalb hat ein Befehl noch eine zweite Aufgabe: Er überprüft, ob die Operation abhängig von den Umgebungsbedingungen überhaupt ausgeführt werden kann.

- **Befehlsquelle**

  Mit der Befehlsquelle ist die Komponente gemeint, die einen Befehl anstößt. Hierbei kann es sich beispielsweise um einen Button oder ein Menüelement handeln. Befehlsquellen müssen die Schnittstelle `ICommandSource` implementieren.

- **Befehlsziel**

  Damit ist das Element gemeint, auf dem das Kommando, also die Operation, ausgeführt wird.

- **CommandBinding**

  Ein `CommandBinding`-Objekt sorgt für die Verknüpfung eines Befehls mit der Anwendungslogik, die im Elementbaum über Ereignishandler all denjenigen Komponenten zur Verfügung gestellt wird, die mit demselben Befehl verknüpft sind.

Da Sie nun einen ersten Überblick über alle an den WPF-Commands Beteiligten bekommen haben, ist es an der Zeit, sich die Zusammenhänge in einer einfachen Anwendung anzusehen. Das Beispiel enthält noch nicht alle Möglichkeiten der Commands, sondern beschränkt sich auf das Wesentliche.

Das Fenster enthält eine Menü- und eine Symbolleiste sowie eine TextBox. Der Inhalt der TextBox soll auf einem Drucker ausgegeben werden. Die Menüleiste enthält deshalb ein entsprechendes Untermenüelement zum Starten des Druckvorgangs. Das Drucken soll auch über eine Schaltfläche in der Symbolleiste möglich sein. Weist die TextBox keinen Inhalt auf, sollen sowohl das Untermenü als auch die Schaltfläche in der Symbolleiste deaktiviert sein. In Abbildung 18.10 sehen Sie das entsprechende Fenster.

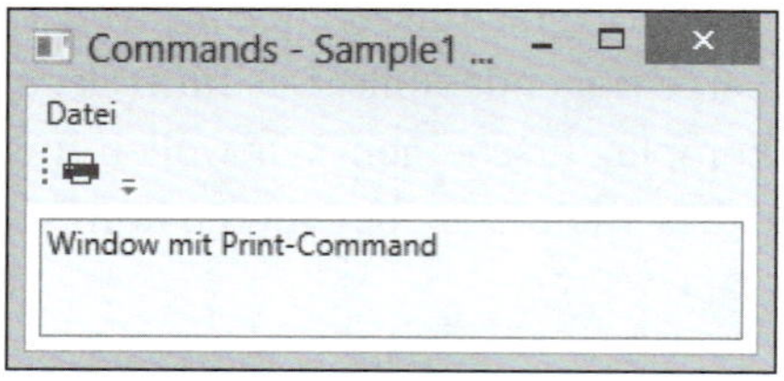

Abbildung 18.10 Das Fenster des Beispiels »Example1«

In einer klassischen Windows-Anwendung würden Sie einen Ereignishandler zum Drucken bereitstellen, der beim Auslösen der Click-Ereignisse von Menü und Schaltfläche aufgerufen wird. Darüber hinaus wäre ein zweiter Ereignishandler notwendig, um zu überprüfen, ob die TextBox leer ist oder einen Inhalt aufweist. In diesem zweiten Ereignishandler wird die Aktivierung und Deaktivierung von Untermenü und Symbolleistenschaltfläche gesteuert.

Mit einem Command lässt sich diese Aufgabenstellung auf einfache Weise auch anders lösen. Das zeigt das folgende XAML-Listing.

```
// Beispiel: ..\Kapitel 18\Example1
<Window ... Title="MainWindow" Height="200" Width="300">
  <Window.CommandBindings>
    <CommandBinding Command="ApplicationCommands.Print"
                    CanExecute="Print_CanExecute"
                    Executed="Print_Executed" />
  </Window.CommandBindings>
  <DockPanel>
    <Menu DockPanel.Dock="Top">
      <MenuItem Header="Datei">
        <MenuItem Command="ApplicationCommands.Print" />
      </MenuItem>
    </Menu>
    <ToolBarTray DockPanel.Dock="Top">
      <ToolBar>
        <Button Command="ApplicationCommands.Print">
          <Image Source="printer_16xLG.png" />
        </Button>
```

```
      </ToolBar>
    </ToolBarTray>
    <TextBox Name="txtContent" Margin="5" Background="AliceBlue"/>
  </DockPanel>
</Window>
```

Listing 18.24 Der XAML-Code des Beispiels »Example1«

Lassen Sie uns einen Blick auf den XAML-Code werfen. Es fällt auf, dass sowohl das MenuItem als auch der Button eine Eigenschaft Command haben, der mit ApplicationCommands.Print jeweils der gewünschte Befehl zugewiesen wird. ApplicationCommands.Print ist ein in der WPF vordefinierter Befehl, den wir für unseren Zweck einsetzen.

Mit der Zuweisung ist aber noch keine Aussage darüber getroffen, was genau passiert, wenn der Print-Befehl ausgeführt wird. Diese Festlegung ist weiter oben im XAML-Code zu finden und wird von einem CommandBinding-Objekt festgeschrieben, das der CommandBindings-Collection des Window-Elements hinzugefügt wird.

Das CommandBinding-Objekt beschreibt mit seiner Eigenschaft Command den Befehl, den es repräsentiert. Die beiden weiteren Eigenschaften, CanExecute und Executed, abonnieren zwei Ereignishandler. Der Ereignishandler von Executed führt die Druckoperation aus, und CanExecute bindet an einen Handler, der die Aufgabe hat, zu überprüfen, ob dem Anwender die Option zum Drucken überhaupt angeboten werden kann. Das ist per Vorgabe nur dann der Fall, wenn sich Inhalt in der TextBox befindet.

Sehen wir uns nun die beiden Ereignishandler an. Der Einfachheit halber wollen wir nicht drucken, sondern geben stattdessen eine MessageBox aus.

```
private void Print_CanExecute(object sender, CanExecuteRoutedEventArgs e)
{
  if(txtContent != null)
    e.CanExecute = txtContent.Text != "";
}
private void Print_Executed(object sender, ExecutedRoutedEventArgs e)
{
  MessageBox.Show("Dokument wird gedruckt.", "Drucken");
}
```

Listing 18.25 Der C#-Code des Beispiels »Example1«

Sowohl das MenuItem als auch die Schaltfläche profitieren von ihren Befehlsbindungen: Sobald der Anwender auf eines dieser beiden genannten Elemente klickt, wird der Print-Befehl ausgeführt. Sollte sich kein Inhalt in der TextBox befinden, sind MenuItem und Button deaktiviert – ganz so, als hätten Sie die Eigenschaft IsEnabled auf false gesetzt. Das geschieht aber automatisch im Hintergrund.

Auch ein anderes interessantes Detail werden Sie feststellen: Obwohl die Eigenschaft Header des MenuItem-Objekts keinen Eintrag aufweist, wird das MenuItem nicht nur passend beschriftet, sondern es wird darüber hinaus der übliche Shortcut (Strg+P) angegeben. Es scheint so, als würde hinter den Befehlen eine Menge Magie stecken. Natürlich ist das keine Magie, sondern nur die WPF.

18.11.1 Die Befehlsquelle

Nachdem Sie nun einen ersten Einblick in die WPF-Technologie der Befehle bekommen haben, ist es an der Zeit, hinter die Kulissen zu schauen und den Ablauf genauer zu analysieren.

Um einen WPF-Befehl nutzen zu können, muss er mit der Eigenschaft Command eines Steuerelements verbunden werden, z. B.:

```
<Button Command="ApplicationCommands.Open" ... />
```

Das Steuerelement mutiert damit zur Befehlsquelle. Handelt es sich bei der Befehlsquelle beispielsweise um eine Schaltfläche, wird der Befehl ausgeführt, wenn der Button angeklickt wird.

Nur UI-Elemente, die die Schnittstelle ICommandSource implementieren, haben eine Command-Eigenschaft. Wie wir gesehen haben, gilt das für einen Button, aber beispielsweise nicht für die TextBox. Allgemeiner formuliert implementiert die Basisklasse ButtonBase das Interface ICommandSource und stellt damit allen abgeleiteten Typen wie Button, RepeatButton und ToggleButton die Kommandostruktur zur Verfügung. Dazu gesellen sich weitere UI-Komponenten wie MenuItem, ListBoxItem und der Hyperlink.

Das Interface ICommandSource definiert drei Eigenschaften, die Sie Tabelle 18.14 entnehmen können.

Eigenschaft	Beschreibung
Command	Verweist auf das verknüpfte Kommando.
CommandParameter	Beschreibt Daten, die dem Kommando zusätzlich zur Ausführung zur Verfügung gestellt werden.
CommandTarget	Beschreibt das Element, auf dem der Befehl ausgeführt werden soll.

Tabelle 18.14 Die Member der Schnittstelle »ICommandSource«

Die Eigenschaft Command ist vom Typ ICommand. Sie ruft daher ein Objekt ab, das dieses Interface implementiert. Damit ist auch schon an dieser Stelle klar, was das entscheidende Merkmal eines Befehls ist: Er muss die Schnittstelle ICommand aufweisen.

Wird ein Kommando abgesetzt, ist per Vorgabe das Element, das den Fokus hat, Ziel des Befehls. Mit der Eigenschaft `CommandTarget` können Sie auch ein anderes Ziel festlegen, für das die Ereignisse `Executed` und `CanExecute` ausgelöst werden sollen.

Bei einigen `Commands` sorgt eine »Magie« dafür, dass die Befehle `Copy`, `Cut` und `Paste` auf dem richtigen Zielelement ausgeführt werden – nämlich der fokussierten `TextBox`. Im Hintergrund spielt sich dabei ein Vorgang ab, der das fokussierte Steuerelement ermittelt. Dieser Vorgang wird entweder von dem Element `Menu` oder von der `ToolBar` gesteuert.

Das Verhalten ändert sich, wenn sich die Schaltfläche, die den abonnierten `Command` auslöst, nicht innerhalb eines `Menu`-Elements oder einer `ToolBar` befindet. In diesem Fall muss das Ziel des Kommandos explizit angegeben werden. Dazu wird die Eigenschaft `CommandTarget` benutzt. Im Beispiel *Example2* wird das gezeigt.

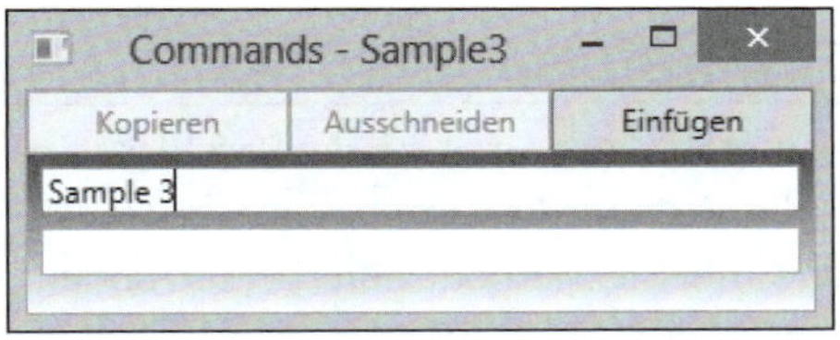

Abbildung 18.11 Fenster des Beispiels »Example2«

```
// Beispiel: ..\Kapitel 18\Example3
<Window ... >
  <StackPanel>
    <StackPanel Orientation=="Horizontal">
      <Button Command="ApplicationCommands.Copy"
              CommandTarget="{Binding ElementName=text1}">Kopieren
      </Button>
      <Button Command="ApplicationCommands.Cut"
              CommandTarget="{Binding ElementName=text1}">Ausschneiden
      </Button>
      <Button Command="ApplicationCommands.Paste"
              CommandTarget="{Binding ElementName=text1}">Einfügen
      </Button>
    </StackPanel>
    <TextBox Name="text1" Margin="5"/>
    <TextBox Name="text2" Margin="5, 0, 5, 5"/>
  </StackPanel>
</Window>
```

Listing 18.26 Angabe des Befehlsziels für ein »CommandTarget«

Beachten Sie, dass der Eigenschaft `CommandTarget` ein `Binding`-Objekt übergeben wird. Der Eigenschaft `ElementName` des `Binding`-Elements wird das Befehlsziel angegeben.

Das Festlegen des Befehlsziels mit `CommandTarget` hat den Nachteil, dass nur ein bestimmtes Element als Ziel angegeben werden kann. Im Beispielprogramm ist es die `TextBox` mit dem Bezeichner *text1*. In manchen Anwendungsfällen mag das genügen, aber für uns ist das völlig unzureichend, da wir mit den drei Schaltflächen zwei Eingabefelder bedienen wollen.

Die Eigenschaft `Command` einer Befehlsquelle erwartet ein Objekt vom Typ `ICommand`. Diese Schnittstelle bildet das zentrale Element der WPF-Commands und legt die Verhaltensweisen fest, die ein WPF-Befehl haben muss. Es liegt also nahe, sich zuerst mit den Mitgliedern dieser Schnittstelle zu beschäftigen, die von zwei Methoden und einem Event gebildet werden.

Mitglied	Beschreibung
`CanExecute`	Diese Methode hat die Aufgabe, zu prüfen, ob der Befehl, dessen Operationen durch die Methode `Execute` beschrieben werden, ausgeführt werden kann. Die Methode liefert einen booleschen Wert zurück.
`Execute`	Diese Methode enthält die Anweisungen, die ausgeführt werden sollen, wenn der Befehl aufgerufen wird.
`CanExecuteChanged`	Dieses Ereignis wird ausgelöst, wenn Änderungen eintreten, die sich auf die Ausführung des Befehls auswirken können.

Tabelle 18.15 Die Mitglieder der Schnittstelle »ICommand«

Ziehen wir bei den folgenden Betrachtungen wieder einen `Button` heran. Wird auf eine Schaltfläche geklickt und weicht die aus dem Interface `ICommandSource` stammende Eigenschaft `Command` von `null` ab, wird der Befehl durch Aufruf der Methode `Execute` ausgeführt.

Nicht in jeder Situation ist es sinnvoll, einen Befehl absetzen zu können. Stellen wir uns dazu nur vor, es würde sich um das Kommando `Save` handeln, das ein Dokument speichert. Nehmen wir weiter an, der Befehl `Save` sei mit einer Schaltfläche verknüpft. Weist das Dokument keine Änderungen auf, ist es sinnlos, den Befehl auszuführen. Besser wäre es dann, die entsprechende Schaltfläche zu deaktivieren.

Diese Aufgabe übernimmt die Methode `CanExecute`, die feststellt, ob der Befehl überhaupt verfügbar sein soll. Mit dem booleschen Rückgabewert wird die Schaltfläche, die den Befehl beschreibt, entweder aktiviert (`true`) oder deaktiviert (`false`). Die Eigenschaft `IsEnabled` der Schaltfläche passt sich automatisch dem Rückgabewert der Methode `CanExecute` an.

18.11.2 Die Arbeitsweise eines Befehls

Wir wollen uns diese Verhaltensweise an einem Beispiel veranschaulichen. Dazu wird ein benutzerdefinierter Befehl wie in Listing 18.27 gezeigt bereitgestellt:

```
public class MyCommand : ICommand
{
  public bool CanExecute(object parameter)
  {
    Debug.WriteLine("MyCommand ... CanExecute");
    return true;
  }
  public event EventHandler CanExecuteChanged;
  public void Execute(object parameter)
  {
    Debug.WriteLine("MyCommand ... Execute");
  }
}
```

Listing 18.27 Benutzerdefinierter Befehl

Wie vorgeschrieben implementiert die Klasse `MyCommand` die Schnittstelle `ICommand`. Die mit dem Befehl verbundene Operation, also die Methode `Execute`, beschränkt sich auf eine Ausgabe im Ausgabefenster. `CanExecute` schreibt ebenfalls eine Mitteilung in das Ausgabefenster und legt den Rückgabewert auf `true` fest. Der Befehl steht somit immer, unabhängig von jedweden Rahmenbedingungen, zur Verfügung. Das ist in manchen Fällen völlig ausreichend.

18

In Listing 18.28 ist der XAML-Code angegeben, der den Befehl `MyCommand` benutzt. Der Befehl wird als Ressource bereitgestellt, und die `Command`-Eigenschaft der Schaltfläche nimmt darauf Bezug.

```
// Beispiel: ..\Kapitel 18\Example5
<Window x:Class="Example2.MainWindow"
        Title="MainWindow" Height="150" Width="200">
  <Window.Resources>
    <local:MyCommand x:Key="cmd" />
  </Window.Resources>
  <StackPanel>
    <Button Command="{StaticResource cmd}" Margin="10" Content="Button1" />
  </StackPanel>
</Window>
```

Listing 18.28 XAML-Code des Beispiels »Example5«

Starten Sie das Beispiel, und klicken Sie auf den `Button`. Im Ausgabefenster werden Sie feststellen, dass zuerst die Methode `CanExecute` aufgerufen wird und anschließend `Execute`.

Hinweis

Im Ausgabefenster ist auch zu sehen, dass es bereits bei der Initialisierung der Benutzeroberfläche zum Aufruf von `CanExecute` kommt. Das ist wichtig zu wissen, denn falls Sie ein Argument an die Methodenparameter übermitteln, steht es in diesem Moment im Ereignishandler noch nicht zur Verfügung. Eine `null`-Überprüfung ist daher unverzichtbar.

18.11.3 Die Klasse »CommandManager«

In einigen Fällen mag die einfache Implementierung eines benutzerdefinierten Befehls wie in Listing 18.27 gezeigt durchaus genügen. Meistens sind jedoch die Zusammenhänge komplexer, und wir müssen gegenseitige Abhängigkeiten berücksichtigen. Das wollen wir uns an einem einfachen Beispiel ansehen. Ausgangspunkt sei ein Fenster, das neben einer `TextBox` zwei Schaltflächen enthält. Beide Schaltflächen sind mit unterschiedlichen benutzerdefinierten Befehlen verknüpft.

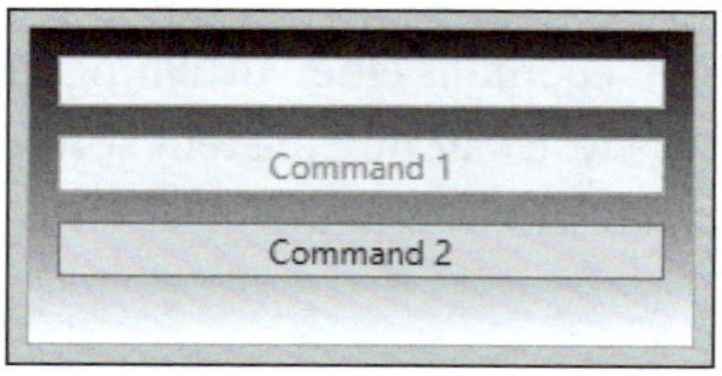

Abbildung 18.12 Das Window des Beispiels »Example6«

Der obere `Button` soll deaktiviert sein, wenn die `TextBox` leer ist. Der Befehl, der an die obere Schaltfläche gebunden ist, muss den Textboxinhalt überprüfen und die Schaltfläche gemäß dem Rückgabewert der Methode `CanExecute` aktivieren. Dazu wird die Referenz der `TextBox` an die Eigenschaft `CommandParameter` des Buttons übergeben. Um den Ablauf zur Laufzeit verfolgen zu können, protokollieren die beiden Ereignishandler `Execute` und `CanExecute` ihre Ausführung im Ausgabefenster.

Der untere `Button` hat keine besonderen Aufgaben und ist, unabhängig von der `TextBox`, immer aktiviert. Einzig und allein die Ausführung der Methoden `Execute` und `CanExecute` wird ebenfalls im Ausgabefenster notiert.

Zur Umsetzung werden zwei `Command`-Klassen benötigt. Sie sind in Listing 18.29 aufgeführt.

```
public class MyCommand1 : ICommand
{
  public bool CanExecute(object parameter)
  {
    Debug.WriteLine("COMMAND 1 ... CanExecute");
    if (parameter != null)
    {
      TextBox txtBox = parameter as TextBox;
      return txtBox.Text != "";
    }
    return false;
  }
  public event EventHandler CanExecuteChanged;
  public void Execute(object parameter)
  {
    Debug.WriteLine("COMMAND 1 ... Execute");
  }
}
public class MyCommand2 : ICommand
{
  public bool CanExecute(object parameter)
  {
    Debug.WriteLine("COMMAND 2 ... CanExecute");
    return true;
  }
  public event EventHandler CanExecuteChanged;
  public void Execute(object parameter)
  {
    Debug.WriteLine("COMMAND 2 ... Execute");
  }
}
```

Listing 18.29 Die beiden benutzerdefinierten Commands im Beispiel »Example6«

Im XAML-Code werden im Ressourcenabschnitt des Fensters die beiden Befehlsobjekte erstellt und im weiteren Verlauf von der Command-Eigenschaft der beiden Button-Elemente referenziert.

```
<Window ...
   xmlns:local="clr-namespace:Example3"
   Title="MainWindow" Height="150" Width="250">
  <Window.Resources>
    <local:MyCommand1 x:Key="cmd1" />
```

```
    <local:MyCommand2 x:Key="cmd2" />
  </Window.Resources>
  <StackPanel>
    <TextBox Name="textBox1" Background="AliceBlue" Margin="10"/>
    <Button Command="{StaticResource cmd1}"
            CommandParameter="{Binding ElementName=textBox1}"
            Margin="10, 0, 10, 0" Content="Command 1" />
    <Button Command="{StaticResource cmd2}"
            Content="Command 2" Margin="10" />
  </StackPanel>
</Window>
```

Listing 18.30 XAML-Code des Beispiels »Example6«

Führen wir das Beispiel aus, und konzentrieren wir uns dabei nur auf die obere Schaltfläche. Da die TextBox keinen Inhalt aufweist, ist die obere Schaltfläche nach dem Start der Anwendung deaktiviert. Tragen wir in die TextBox Inhalt ein, ändert sich der Zustand der Schaltfläche jedoch nicht. Das sollte aber gemäß unserer Forderung der Fall sein.

Nun müssen wir uns bei der Problemanalyse die Frage stellen, auf welche Weise die Schaltfläche davon unterrichtet werden soll, dass sich der Zustand der TextBox verändert hat. Es muss eine zentrale WPF-Komponente existieren, die übergreifend überwacht, ob irgendwelche Änderungen vorliegen. Den Begriff »Änderung« müssen Sie in diesem Moment ganz allgemein interpretieren, denn dabei könnte es sich beispielsweise um den Wechsel des Fokus oder um eine andere, allgemeine Zustandsänderung handeln, wie die Änderung eines Textboxinhalts oder die Änderung der Hintergrundfarbe des Fensters.

Die erforderliche Überwachung wird von einem Objekt vom Typ CommandManager umgesetzt. Liegt eine Änderung vor, löst der CommandManager den statischen Event RequerySuggested aus und ruft der Reihe nach alle bei ihm registrierten Ereignishandler des Ereignisses CanExecute auf.

Genau hier ist die Ursache zu finden, dass sich beim ersten Eintrag in die TextBox der Zustand der Schaltfläche nicht ändert: Der CommandManager hat noch keine Kenntnis davon, dass die Schaltfläche auf die Änderung reagieren soll, er kennt das Ereignis CanExecute der oberen Schaltfläche nicht. Wir müssen demnach nur dafür sorgen, dass unser Befehl MyCommand1 des Beispiels *Example6* einen Ereignishandler bei RequerySuggested registriert.

Nun betritt der Event CanExecuteChanged aus der Schnittstelle ICommand die Bühne. Sie müssen dazu nur das Ereignis CanExecuteChanged explizit codieren:

```
public event EventHandler CanExecuteChanged
{
  add { CommandManager.RequerySuggested += value; }
  remove { CommandManager.RequerySuggested -= value; }
}
```

Listing 18.31 Registrieren eines Befehls beim »CommandManager«-Objekt

Damit wird dem `CommandManager` der Ereignishandler des `MyCommand1`-Objekts bekanntgegeben, der aufgerufen wird, wenn im Fenster irgendeine Änderung vorliegt. Bezogen auf unser Beispiel *Example6* reagiert die obere Schaltfläche dann, wenn sich der Textboxinhalt verändert hat.

Es stellt sich nun natürlich sofort die Frage, wie der Ereignishandler auszusehen hat, den wir an `RequerySuggested` übergeben. Machen Sie sich keine weiteren Gedanken darüber, denn das ist die kleine WPF-Magie im Hintergrund. Der Ereignishandler wird nämlich von der `ICommandSource`-Befehlsquelle festgelegt. Im Ereignishandler wird intern die Methode `CanExecute` des entsprechenden Befehls ausgeführt und festgestellt, ob der Befehl verfügbar ist oder nicht. Ändert sich der Zustand des Befehls, kommt es zu einer erneuten Auslösung von `RequerySuggested`, und alle bei `RequerySuggested` registrierten Ereignishandler werden erneut durchlaufen.

Kommen wir zurück zu unserem Beispiel *Example6* und ändern den Event `CanExecuteChanged` der beiden Klassen `MyCommand1` und `MyCommand2` wie in Listing 18.31 gezeigt ab. Anschließend starten Sie die Anwendung erneut. Sie werden feststellen, dass sowohl der Befehl `MyCommand1` als auch der Befehl `MyCommand2` bereits beim Initialisierungsprozess jeweils die Methode `CanExecute` aufruft. Nach dem Erstellen des Fensters erfolgt der Aufruf der beiden Methoden erneut.

Wenn Sie in der `TextBox` einen Eintrag vornehmen, werden Sie im Ausgabefenster sehen, dass in dem Moment die `CanExecute`-Methoden sowohl von `MyCommand1` als auch von `MyCommand2` aufgerufen werden, um zu überprüfen, ob die angeschlossenen Schaltflächen ihren Aktivierungszustand ändern müssen oder nicht. Sehr schön ist auch zu beobachten, dass bereits ein Fokuswechsel zu der Ereigniskette führt.

In *Example6* erkennen Sie sehr gut, welche Auswirkungen es hat, dem statischen Ereignis `RequerySuggested` des `CommandManager`-Objekts einen Ereignishandler zu übergeben: Alle ihm bekannten Befehle und somit auch die UI-Elemente, die sich der Befehle bedienen, werden über jede Zustandsänderung im Fenster informiert. Sollte sich aufgrund veränderter Bedingungen der Aktivierungszustand einer UI-Komponente ändern, wird die Kette der beim `CommandManager` registrierten Ereignishandler erneut durchlaufen.

18.12 »RoutedCommand«-Objekte und »CommandBindings«

In unserem Beispiel *Example6* haben wir benutzerdefinierte Befehle bereitgestellt. Dazu hatten wir eine Klasse geschrieben und das Interface ICommand implementiert. Die Methode Execute enthielt die Programmlogik; die Methode CanExecute hatte die Aufgabe, zu prüfen, ob der Befehl aufgrund der Rahmenbedingungen ausgeführt werden kann.

Die WPF ihrerseits stellt bereits zahlreiche vordefinierte Befehle zur Verfügung. Es ist einleuchtend, dass diese Befehle noch keine Programmlogik enthalten können, die einen allgemeinen Einsatz gewährleistet. Stellen Sie sich dazu beispielsweise nur den Befehl Open vor, der etwas öffnen soll. Nur, was soll geöffnet werden, und wie soll geöffnet werden? Die Anforderungen an den Open-Befehl können sogar innerhalb einer Anwendung sehr unterschiedlich ausfallen.

Es muss eine Möglichkeit geben, einerseits einen Befehl zu definieren, es aber andererseits dem Entwickler und der Entwicklerin zu überlassen, die Logik für diesen Befehl zu schreiben. An dieser Stelle betreten die Klassen RoutedCommand und RoutedUICommand die Bühne der WPF. Beide Klassen ermöglichen es, den Programmcode vom Befehl zu trennen und separat zu schreiben.

18.12.1 Vordefinierte WPF-Commands

Die von der WPF angebotenen vordefinierten Befehle werden auf insgesamt fünf Klassen aufgeteilt. Dabei handelt es sich um die nachfolgend aufgeführten:

- ApplicationCommands (im Namespace System.Windows.Input)
- ComponentCommands (im Namespace System.Windows.Input)
- EditingCommands (im Namespace System.Windows.Documents)
- MediaCommands (im Namespace System.Windows.Input)
- NavigationCommands (im Namespace System.Windows.Input)

Alle Klassen sind als static definiert. Daraus folgt, dass auch alle Befehle statisch sind. Das folgende Codefragment zeigt exemplarisch die Klasse ApplicationCommands und den darin definierten Copy-Befehl:

```
public static class ApplicationCommands
{
  private static RoutedUICommand _Copy = new RoutedUICommand(...);
  public static RoutedUICommand Copy
  {
    get { return _Copy;}
```

```
  }
  [...]
}
```

Alle vordefinierten WPF-Befehle weisen eine Gemeinsamkeit auf: Entweder sind sie vom Typ der Klasse RoutedCommand oder von der Klasse RoutedUICommand. RoutedCommand implementiert das Interface ICommand, und RoutedUICommand ist von RoutedCommand abgeleitet. Die Klassen ApplicationCommands, EditingCommands etc. sind daher nur als Container zu verstehen, um ähnliche Befehle kategorisieren zu können.

Ihnen hier alle Befehle in allen Klassen vorzustellen, würde den Rahmen sprengen. Stellvertretend seien an dieser Stelle Close, ContextMenu, Copy, Cut, Delete, Find, Open, Paste, Print, Save, Redo und Undo genannt, die in der Klasse ApplicationCommands zu finden sind.

18.12.2 Die Klasse »RoutedCommand«

RoutedCommand implementiert die Schnittstelle ICommand explizit, deren Methoden CanExecute und Execute nur nach einem vorhergehenden Cast nach ICommand aufgerufen werden können. Darüber hinaus stellt die Klasse RoutedCommand mit CanExecute und Execute zwei Methoden bereit und mit InputGestures, Name und OwnerType drei Eigenschaften. Listing 18.32 zeigt die Struktur der Klasse RoutedCommand:

```
public class RoutedCommand : ICommand
{
  void ICommand.Execute(object param) { }
  bool ICommand.CanExecute(object param) { }
  public bool CanExecute(object param, IInputElement target) {  }
  public void Execute(object param, IInputElement target) {  }
  [...]
}
```

Listing 18.32 Struktur der Klasse »RoutedCommand«

> **Anmerkung**
>
> Die Methoden Execute und CanExecute definieren neben dem Object-Parameter einen zweiten vom Typ IInputElement. Dieser Parameter referenziert das Objekt, auf dem der Befehl ausgelöst wird. Ist der Parameter null, wird das aktuell fokussierte Element verwendet.

In Tabelle 18.16 sind alle Mitglieder der Klasse RoutedCommand aufgeführt.

Member	Beschreibung
CanExecute	Diese Methode prüft, ob der Befehl ausgeführt werden kann.
Execute	Führt den Befehl gegen das Befehlsziel aus.
InputGestures	Ruft eine Liste von InputGesture-Objekten ab.
Name	Legt den Namen des Befehls fest.
OwnerType	Ruft den Typ des Befehlsbesitzers ab.

Tabelle 18.16 Öffentliche Mitglieder der Klasse »RoutedCommand«

Die aus ICommand stammenden Methoden Execute und CanExecute werden auf die gleichnamigen Methoden der Klasse RoutedCommand umgeleitet. Diese haben die Aufgabe, per Tunneling und Bubbling den Elementbaum zu durchlaufen, um nach Ereignishandlern für die Events Executed und CanExecute zu suchen, die bei der Aktivierung des Befehls ausgeführt werden sollen. Gesucht wird dabei nach einem passenden CommandBinding-Objekt, das dem speziellen Befehl zugeordnet ist.

18.12.3 Befehlsbindungen mit »CommandBinding« einrichten

Nehmen wir an, beim Klicken einer Schaltfläche soll die anwendungsspezifische Hilfe geöffnet werden. Dazu soll der vordefinierte Befehl ApplicationCommands.Help verwendet werden. Der erste Schritt ist es, den Befehl für die Command-Eigenschaft der Schaltfläche anzugeben:

```
<Button Command="ApplicationCommands.Help" Content="Hilfe" />
```

Die Eigenschaft kann auch in der Kurzform

```
<Button Command="Help" Content="Hilfe" />
```

ausgedrückt werden (das gilt auch für die anderen Befehlscontainerklassen).

Anwender werden zu diesem Zeitpunkt die Schaltfläche zunächst nicht nutzen können, denn sie ist deaktiviert. Das ist das Standardverhalten.

Der nächste Schritt besteht darin, Ereignishandler bereitzustellen, die auf den Befehl Help reagieren. Dazu ist eine Instanz der Klasse CommandBinding erforderlich, um den Befehl mit den Ereignishandlern Executed und CanExecute verknüpfen zu können. Dabei werden die beiden Ereignisse Executed und CanExecute auf dem Objekt ausgelöst, das dem IInputElement-Parameter der Methoden Execute und CanExecute des RoutedCommand-Objekts übergeben wird.

Executed wird ausgelöst, wenn der Anwender auf die Befehlsquelle klickt, zum Beispiel auf eine Schaltfläche. Somit verbirgt sich hinter diesem Ereignis die Logik, die der Befehl beschreiben soll. Das zweite Ereignis, CanExecute, wird ausgelöst, wenn der Befehl seinerseits prüft, ob er für das Befehlsziel ausgeführt werden kann.

Die Aufgabe der Klasse RoutedCommand besteht also darin, die Methoden Execute und CanExecute der ICommand-Schnittstelle auf Ereignisse eines zugeordneten CommandBinding-Objekts zu mappen, deren Handler Entwickelnde implementieren können.

```
<CommandBinding Command="Help"
                CanExecute="Help_CanExecute"
                Executed="Help_Executed" />
```

Listing 18.33 Definition eines »CommandBinding«-Objekts im XAML-Code

Für jeden Befehl ist ein CommandBinding-Objekt notwendig. Um mehrere CommandBinding-Objekte festlegen zu können, werden diese einer Liste hinzugefügt, die vom Typ CommandBindingCollection ist. Verfügbar gemacht wird die Auflistung über die Eigenschaft CommandBindings, die von allen Elementen unterstützt wird, die von UIElement abgeleitet sind. Üblicherweise wird dazu das Window-Element verwendet.

Hinweis

Leider ist es nicht möglich, Befehlsbindungen in der Datei *App.xaml* abzulegen, da die Klasse Application Befehlsbindungen nicht unterstützt. Somit bleibt Ihnen nichts anderes übrig, als alle notwendigen Befehlsbindungen in jedem Fenster anzugeben.

In unserem fiktiven Fall soll der Help-Befehl durch ein CommandBinding-Objekt im Fenster beschrieben werden. Üblicherweise erfolgt das im XAML-Code.

```
<Window.CommandBindings>
  <CommandBinding Command="Help"
                  CanExecute="Help_CanExecute"
                  Executed="Help_Executed" />
</Window.CommandBindings>
[...]
<Button Command="Help" />
```

Listing 18.34 Definieren einer Befehlsbindung

Um den Button zu aktivieren, muss im Ereignishandler des CanExecute-Ereignisses die Eigenschaft CanExecute des CanExecuteEventArgs-Parameters auf true gesetzt werden. false ist die Vorgabe und demnach die Ursache dafür, dass der Button zunächst deaktiviert ist. In diesem Ereignishandler erfolgt in der Regel die Überprüfung einer Bedingung, um festzustellen, ob die mit dem Befehl verknüpften Controls aktiviert oder deaktiviert dargestellt werden sollen. In einigen Fällen ist es durchaus ausreichend, die Befehlsquelle dauerhaft zu aktivieren.

```
private void Help_Executed(object sender, ExecutedRoutedEventArgs e)
{
  MessageBox.Show("Logik des Help-Commands.");
}
private void Help_CanExecute(object sender, CanExecuteRoutedEventArgs e){
  e.CanExecute = true;
}
```

Listing 18.35 Ereignishandler der Ereignisse »Executed« und »CanExecute«

Die meisten vordefinierten Befehle sind nicht vom Typ `RoutedCommand`, sondern vom Typ `RoutedUICommand`. Diese Klasse ist direkt von `RoutedCommand` abgeleitet und stellt zusätzlich die Eigenschaft `Text` bereit. Dabei handelt es sich genau um die Eigenschaft, die dafür sorgt, dass beispielsweise ein `MenuItem` mit der passenden Beschriftung versorgt wird.

Hinweis

Der `Button` übernimmt bedauerlicherweise die Eigenschaft `Text` von `RoutedUICommand` nicht. Möchten Sie dennoch den Wert der `Text`-Eigenschaft anzeigen, verwenden Sie die folgende Syntax:

```
<Button Command="Help"
        Content="{Binding Path=Command.Text,
                          RelativeSource={RelativeSource self}}" />
```

18.13 Das MVVM-Pattern

Das MVVM-Pattern (Model View ViewModel) hat sich etabliert. Hinter diesem Pattern verbirgt sich der Ansatz der strikten Trennung von UI-Design und UI-Code. Designern und Entwicklerinnen wird damit die gleichzeitige Entwicklung ermöglicht, für die Designer möglicherweise *Microsoft Expression Blend* bevorzugen werden.

Die Trennung von UI-Design und -Code gestattet es, die in XAML beschriebene Oberfläche ohne großen Aufwand gegen eine andere auszutauschen – vielleicht, weil der Kunde es so wünscht. Andererseits lässt sich auch die Programmlogik ändern, ohne dass dies eine Änderung der Oberfläche zur Konsequenz hätte.

Aufgrund der Konzeptvorgabe, dass der UI-Code keine Kenntnis vom dazugehörigen UI-Design hat, müssen keine Anpassungen vorgenommen werden. Zudem lässt sich der Code problemlos mit Unit-Tests prüfen.

Das hört sich bereits sehr vielversprechend an. Das MVVM-Konzept war für viele Unternehmen ein Grund, von der klassischen WinForm-API auf den WPF-Zug aufzuspringen. In meiner langjährigen Trainertätigkeit haben wir auch schon gehört: »Ich nutze grundsätzlich immer nur MVVM.« Dann stellt sich sofort die Frage, ob das auch für eine »Hallo Welt«-Anwendung gelten würde. Kurz gesagt: Unserer Ansicht nach gibt es eine große Hemmschwelle, sich für oder gegen das MVVM zu entscheiden. Die Nutzung der MVVM kann den Code komplexer machen, es müssen viele Dinge berücksichtigt werden, die in einer klassisch programmierten Windows-Anwendung keine Rolle spielen. Sie werden das in diesem Kapitel erfahren. Sie müssen das MVVM nicht nutzen, nur weil es »State of the Art« ist. Sie müssen davon profitieren, Sie müssen damit Entwicklungszeit und -kosten senken können. Sonst könnte sich der anfänglich zusätzliche Aufwand als Bumerang erweisen.

18.13.1 Die Theorie hinter dem Model-View-ViewModel-Pattern

Das Pattern beschreibt drei Komponenten:

- Model
- View
- ViewModel

Wir sollten uns zunächst einmal ansehen, welche Aufgabe diesen drei Teilen zukommt:

- **Model**

  Dieser Block repräsentiert die Daten, mit denen die Anwendung arbeitet. Üblicherweise enthält das Model keine Logik, die die Daten weiterbehandelt.

- **View**

  Dieser Block des MVVM-Patterns beschreibt das UI-Design, also die Benutzeroberfläche. Programmcode sollte in der Code-Behind-Datei der View nicht enthalten sein, dazu dient das ViewModel. Allerdings sollten Sie diese Aussage nicht auf die Goldwaage legen: Es kommt immer wieder vor, dass eine View spezifische Interaktionen beschreibt, die für eine andere View nicht gelten würden (z. B. Mausaktionen). Sie brechen dann in keiner Weise das Prinzip des MVVM auf, wenn Sie die spezifischen Aktionen weiterhin in der View implementieren.

- **ViewModel**

  Zwischen die Daten – repräsentiert durch das Model – und die Darstellung der Daten in der View ist das ViewModel geschaltet. Es ist das Bindeglied zwischen View und Model und bildet somit die Schaltzentrale des MVVM-Patterns. Im ViewModel ist zumindest die Programmlogik angesiedelt, die beim Austausch der View auch von der neuen View sofort genutzt werden könnte. Der Clou ist dabei, dass das ViewModel die View nicht kennt, von der es genutzt wird. Das macht letztendlich die vorher erwähnte strikte Trennung von UI-Design und UI-Code aus (siehe Abbildung 18.13).

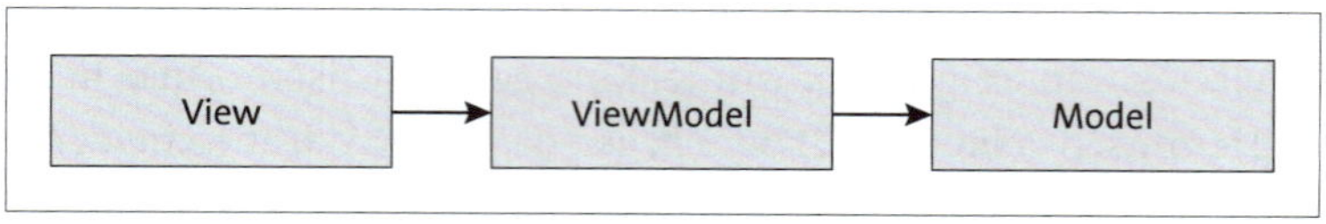

Abbildung 18.13 Das grundsätzliche Konzept des MVVM-Patterns

Die mit der WPF eingeführten Commands sowie die Datenbindungsfähigkeiten haben erst zur Umsetzung von MVVM geführt. Wie das umgesetzt wird, werden Sie im weiteren Verlauf dieses Kapitels noch sehen.

18.13.2 Allgemeine Beschreibung des Beispielprogramms

In diesem Abschnitt werden wir Ihnen verschiedene Techniken vorstellen, die Sie vielleicht bei Ihrer nächsten WPF-Anwendung unter Einsatz des MVVM-Patterns sinnvoll nutzen können. Dabei nehmen wir nicht nur Bezug auf den Einsatz von WPF-Befehlen und die Datenbindungsfähigkeit der WPF, das wäre unvollständig. Stattdessen zeigen wir Ihnen auch, wie Sie auch andere Überlegungen und Vorgaben umsetzen können – ohne dass wir dabei Anspruch auf Vollständigkeit erheben, denn das Internet ist voll von unterschiedlichen Ideen und Lösungsansätzen.

Wir werden gemeinsam alle gängigen Überlegungen und Ansätze anhand einer WPF-Anwendung schrittweise erarbeiten. Dabei stehen im Mittelpunkt Personendaten, die aus einer XML-Datei ausgelesen, angezeigt und auch bearbeitet werden können. Mit relativ geringen Änderungen ließen sich auch Daten verarbeiten, die aus einer x-beliebigen Datenquelle stammen.

In Abbildung 18.14 sehen Sie den Zustand der Anwendung zur Laufzeit, den wir am Ende des Abschnitts erreichen werden.

Die Personendaten stammen aus einer XML-Datei und werden im Fenster innerhalb eines `ListView`-Steuerelements angezeigt. In den `TextBox`en sollen die Daten der aktuell im `ListView`-Control ausgewählten Person angezeigt werden. Eine Änderung kann nur in diesen `TextBox`en erfolgen.

Hinsichtlich der `TextBox`en nimmt die `TextBox`, die die Details der ausgewählten Person anzeigt, eine Sonderstellung ein. Die Detaildaten werden nämlich nur dann angezeigt, wenn mit der Maus der Bereich der entsprechenden `TextBox` betreten wird. Die Detaildaten werden nach dem Verlassen des Mauszeigers wieder entfernt.

Die Anwendung gestattet nicht nur das Ändern einer bereits angezeigten Person, sondern auch das Löschen. Darüber hinaus können Sie neue Personen hinzufügen.

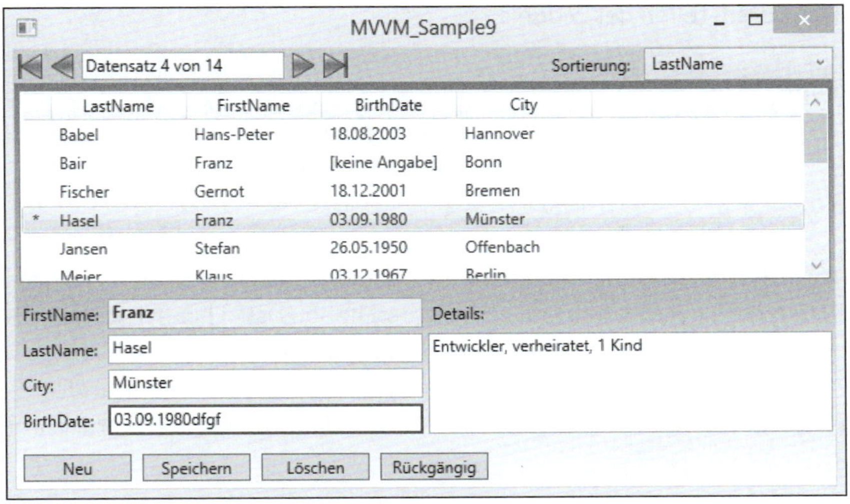

Abbildung 18.14 Das »Endergebnis« dieses Kapitels

Änderungen werden auf zweierlei Art visualisiert:

- Personendaten, die zwar geändert, aber noch nicht gespeichert sind, werden in der dazugehörigen TextBox farblich visualisiert (Änderung der Hintergrund- und Schriftfarbe der TextBox). In Abbildung 18.14 wurde beispielsweise der Vorname verändert.
- Im ListView-Control wird eine geänderte Person durch ein »*« gekennzeichnet. Somit weiß der Anwender sofort, welche Daten er verändert hat.

Sollte die Änderung des Geburtsdatums zu einer ungültigen Datumsangabe führen, wird der Anwender darauf aufmerksam gemacht, indem die TextBox rot eingefasst wird. Auch das sehen Sie in Abbildung 18.14.

Eine Änderung kann auch wieder rückgängig gemacht werden. Der Originalwert wird in diesem Fall wiederhergestellt. Dazu dient die rechte der unteren Schaltflächen.

Dass die Schaltfläche SPEICHERN nur dann aktiviert ist, wenn irgendeine Änderung an den Originaldaten vorliegt, versteht sich nahezu von selbst.

Oberhalb des ListView-Controls sind Navigationsschaltflächen zu erkennen, die zum ersten, vorherigen, nächsten oder letzten Datensatz navigieren. Die Images auf den Schaltflächen sind blau im Fall der Verfügbarkeit der Operation, ansonsten ausgegraut. Zwischen den Schaltflächen wird zusätzlich der aktuelle Stand der ausgewählten Person in der Liste angegeben.

Zuletzt sei noch erwähnt, dass die Daten im ListView-Element beliebig sortiert werden können. Dazu dient ein ComboBox-Steuerelement.

18.13.3 Das Bereitstellen des Models

Anmerkung

Alle im Folgenden beschriebenen Ergänzungen finden Sie in den MATERIALIEN ZUM BUCH (Download von *www.rheinwerk-verlag.de/5953*) im Beispielprogramm *MVVM_Example1*.

Im ersten Schritt wollen wir das Model für die Daten bereitstellen. Somit benötigen wir eine Klasse, die Eigenschaften einer Person beschreibt. Dabei handelt es sich um `FirstName`, `LastName`, `BirthDate`, `City` und `Details`. Bis auf `BirthDate` sind alle Eigenschaften vom Typ `String`, `BirthDate` sei vom Typ `Nullable<DateTime>` (`DateTime?`). Damit wird es später einfacher, eine fehlende Geburtsdatumsangabe zu berücksichtigen.

Listing 18.36 zeigt den ersten Ansatz anhand der Eigenschaft `FirstName`:

```
public class Person
{
  private string _firstName;
  public string FirstName
  {
    get { return _firstName; }
    set { _firstName = value; }
  }
  [...]
}
```

Listing 18.36 Auszug aus der Klasse »Person« (vorläufig)

Um das Datenziel über eine Änderung der Datenquelle zu informieren, muss das Interface `INotifyPropertyChanged` implementiert werden, über das der Event `PropertyChanged` bereitgestellt wird. Wir erinnern uns: Das Ereignis soll immer dann ausgelöst werden, wenn sich der Eigenschaftswert verändert hat, und signalisiert damit der Datenquelle, den neuen Wert abzurufen.

Bevor wir `INotifyPropertyChanged` implementieren, sollten wir einen Moment über den aktuellen Tellerrand schauen, denn möglicherweise müssen noch andere Klassen diese Schnittstelle berücksichtigen. In diesem Fall würde es sich lohnen, eine allgemeine Basisklasse zu schreiben, die `INotifyPropertyChanged` implementiert. Die Klasse, die `abstract` definiert wird, nennen wir `ViewModelBase` und speichern sie im Ordner *ViewModel*, den wir vorher noch dem Projekt hinzufügen. In Listing 18.37 sehen Sie die Klasse `ViewModelBase`.

```
public abstract class ViewModelBase : INotifyPropertyChanged
{
  public event PropertyChangedEventHandler PropertyChanged;
  protected void SetProperty<T>(ref T storage, T value,
                               [CallerMemberName] string property = null)
  {
    if (Object.Equals(storage, value)) return;
    storage = value;
    if (PropertyChanged != null)
      PropertyChanged(this, new PropertyChangedEventArgs(property));
  }
}
```

Listing 18.37 Die Klasse »ViewModelBase«, die das Interface »INotifyPropertyChanged« implementiert

Die Methode `SetProperty`, die den Event `PropertyChanged` auslöst, ist generisch und löst nicht nur das Ereignis aus, sondern speichert darüber hinaus den neuen Eigenschaftswert in dem dafür vorgesehenen privaten Feld. Dazu definiert die Methode drei Parameter: Der erste Parameter (`storage`) erwartet die Referenz auf das Feld, in dem der Eigenschaftswert gespeichert wird, der zweite Parameter (`value`) den neuen Wert der Eigenschaft. Der dritte Parameter (`property`) ist ein optionaler Parameter. Das vorangestellte Attribut `CallerMemberName` ermittelt für den Fall, dass dem Parameter beim Aufruf der Methode kein Wert übergeben wird, per Reflection den Bezeichner des Aufrufers. Darüber hinaus wird in `SetProperty` überprüft, ob sich der neue Wert überhaupt vom alten unterscheidet. Wenn nicht, kommt es auch nicht zur Auslösung von `PropertyChanged`.

Unter Einbeziehung der Basis `ViewModelBase` werden jetzt im Model `Person` sämtliche Eigenschaften implementiert. Listing 18.38 zeigt das am Beispiel von `FirstName`.

```
public class Person : ViewModelBase
{
  private string _firstName;
  public string FirstName
  {
    get { return _firstName; }
    set { SetProperty<string>(ref _firstName, value); }
  }
  [...]
}
```

Listing 18.38 Die Klasse »Person«

18

18.13.4 Bereitstellen des ViewModels

Das ViewModel des MVVM-Patterns definiert die Anwendungslogik und wird durch eine Klasse beschrieben. Es ist genau die Komponente, von der die View ein Objekt erzeugt. Das ViewModel seinerseits stellt Eigenschaften zur Verfügung, an die sich die Komponenten in der View binden können. Ändert sich eine Eigenschaft des ViewModels, führt das im Zusammenspiel mit der Bindungscharakteristik der WPF zu einer automatischen Aktualisierung der angezeigten Daten in den angebundenen Komponenten.

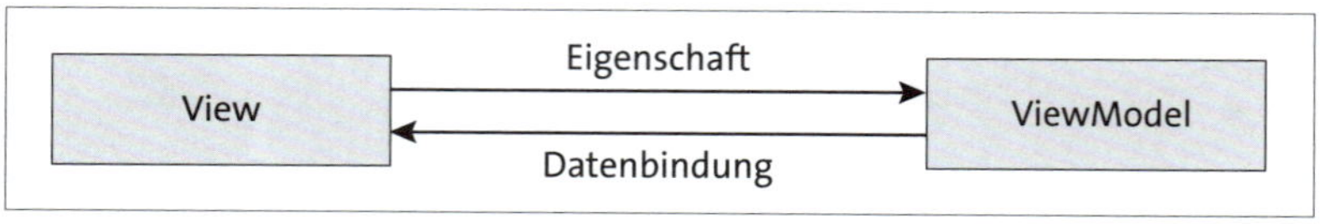

Abbildung 18.15 Die Wechselwirkung zwischen View und ViewModel

Wir stellen zuerst eine Klasse für das ViewModel bereit. Die Klasse soll `MainViewModel` heißen und im Ordner *ViewModel* abgelegt sein. Ehe wir anfangen, unseren Programmcode in das `MainViewModel` zu schreiben, wollen wir zuerst die View an das ViewModel binden.

Dazu erzeugen wir im `Resources`-Bereich des `Window`-Objekts ein Objekt vom Typ `MainViewModel`. Natürlich dürfen wir nicht vergessen, einen XML-Namespace zu deklarieren, der den CLR-Namespace beschreibt, in dem `MainViewModel` definiert ist.

```
<Window ...
  xmlns:local="clr-namespace:MVVM_Example.ViewModel">
  <Window.Resources>
    <ResourceDictionary>
      <ResourceDictionary.MergedDictionaries>
        [...]
      </ResourceDictionary.MergedDictionaries>
      <local:MainViewModel x:Key="vm" />
    </ResourceDictionary>
  </Window.Resources>
  [...]
```

Listing 18.39 Erstellen eines ViewModel-Objekts im XAML-Code

Hinweis

Achten Sie hierbei bitte darauf, das `MainViewModel`-Objekt innerhalb des `<ResourceDictionary>`-Elements zu definieren; ansonsten erhalten Sie eine Fehlermeldung.

Natürlich können Sie auch ein Objekt von `MainViewModel` im C#-Code der Code-Behind-Datei erzeugen. Da die meisten Entwickelnden aber bei Einsatz des MVVM-Patterns möglichst gänzlich ohne C#-Code auskommen wollen, wird hier die Variante im XAML-Code bevorzugt.

Kapitel 19
Einführung in .NET MAUI

Die Abkürzung *.NET MAUI* steht für *.NET Multi-Platform App UI* und bezeichnet das plattformübergreifende UI-Framework von Microsoft, das mit .NET 6 eingeführt wurde und seitdem kontinuierlich weiterentwickelt wird. Es ermöglicht, Anwendungen mit einer gemeinsamen Codebasis in C# und XAML zu erstellen, die nativ auf Android, iOS, macOS und Windows ausführbar sind. Ziel von .NET MAUI ist es, die Entwicklung von Cross-Plattform-Apps zu vereinfachen, indem eine einheitliche Architektur und moderne Entwicklungswerkzeuge zur Verfügung gestellt werden.

19.1 Was ist .NET MAUI?

.NET MAUI tritt die Nachfolge von *Xamarin.Forms* an. Dieses Projekt war viele Jahre lang das Standard-Framework für die plattformübergreifende App-Entwicklung im .NET-Ökosystem. Während Xamarin.Forms noch auf einem fragmentierten Projektmodell und älteren .NET-Technologien basierte, verfolgt MAUI einen modernen »One-Project«-Ansatz. Das bedeutet, dass nur noch ein zentrales Projekt notwendig ist, um eine App für alle unterstützten Plattformen zu erstellen. Darüber hinaus basiert .NET MAUI vollständig auf dem aktuellen .NET (ab Version 6) und profitiert somit direkt von den Neuerungen und Leistungsverbesserungen der .NET-Plattform.

Ein wesentlicher Fortschritt gegenüber Xamarin.Forms besteht in der besseren Plattformabstraktion. Während bei Xamarin.Forms plattformspezifischer Code häufig notwendig war, um grundlegende Funktionen umzusetzen, stellt .NET MAUI erweiterte Abstraktionen zur Verfügung und erleichtert so die Wiederverwendbarkeit des Codes über verschiedene Betriebssysteme hinweg. Auch den Zugriff auf native APIs und gerätespezifische Funktionen hat Microsoft verbessert, so dass beispielsweise die Kamera, Sensoren oder Benachrichtigungen einfacher zu nutzen sind, ohne dabei tief in plattformspezifischen Code eintauchen zu müssen.

Anwendungen, die mit .NET MAUI entwickelt werden, laufen auf modernen Android-Geräten und iPhones genauso wie auf Desktop-Betriebssystemen wie Windows 11 und macOS ab Version 12 (Monterey) mit Mac Catalyst. Die Darstellung der Benutzeroberfläche erfolgt dabei mit nativen UI-Elementen der jeweiligen Plattform, so dass sich eine MAUI-App wie eine native Anwendung anfühlt und nicht wie eine generische Web-App oder ein hybrider Ansatz.

Der Hauptvorteil der plattformübergreifenden Entwicklung mit .NET MAUI liegt in der gemeinsamen Codebasis. Geschäftslogik, Datenmodelle und oft auch große Teile der Benutzeroberfläche lassen sich gemeinsam nutzen. Das reduziert nicht nur den Entwicklungsaufwand, sondern vereinfacht auch Wartung, Tests und zukünftige Erweiterungen. Auch aus betriebswirtschaftlicher Sicht ist dieser Ansatz attraktiv, da Teams mit vorhandenen .NET- und C#-Kenntnissen produktiv auf allen großen Plattformen entwickeln können, ohne separate Technologie-Stacks (wie Swift für iOS oder Kotlin für Android) beherrschen zu müssen.

Ein einfaches Beispiel als Einstieg zeigt, wie wir mit wenigen Zeilen Code eine plattformübergreifende Benutzeroberfläche erstellen können. Im folgenden Beispiel wird ein `Button` angelegt, der bei jedem Klick einen Zähler erhöht und seinen Text entsprechend aktualisiert. Dieser Code funktioniert unverändert auf allen unterstützten Plattformen:

```
public partial class MainPage : ContentPage
{
    int count = 0;

    public MainPage()
    {
        InitializeComponent();

        var button = new Button
        {
            Text = "Klick mich!"
        };

        button.Clicked += (s, e) =>
        {
            count++;
            button.Text = $"Geklickt {count} Mal";
        };

        Content = new StackLayout
        {
            Children = { button }
        };
    }
}
```

Listing 19.1 Erstes Beispiel einer .NET-MAUI-Anwendung

Die App nutzt das native Layoutsystem von MAUI und zeigt das native Button-Steuerelement der jeweiligen Plattform. Auf Android sieht der Button aus wie ein typischer Android-Button, auf Windows wie ein nativer WinUI-Button. Das Nutzererlebnis bleibt also stets konsistent mit der jeweiligen Plattform.

.NET MAUI bietet damit einen modernen und zukunftsfähigen Weg, mit vertrauten .NET-Technologien leistungsfähige und native Anwendungen für mehrere Plattformen zu entwickeln. Die enge Integration in das .NET-Ökosystem, die vereinfachte Projektstruktur und der Fokus auf Wiederverwendbarkeit machen MAUI zu einer attraktiven Option für viele Anwendungsfälle.

19.2 Architektur von .NET MAUI im Kontext von .NET

Die Architektur von .NET MAUI lässt sich in vier wesentliche Ebenen gliedern:

- App-Code (UI und Business Logic)
- .NET MAUI-Abstraktionsschicht
- Handlersystem (.NET-Laufzeit und .NET-Bibliotheken)
- plattformspezifische Implementierungen (native APIs)

Diese Architektur sorgt für eine klare Trennung zwischen plattformunabhängiger Logik und plattformspezifischer Darstellung.

In der Schicht mit *App-Code* befindet sich der Code der Oberfläche und der Logik. Anwendungen in .NET MAUI nutzen typischerweise XAML für deklarative Benutzeroberflächen sowie C# für Logik und Verhalten. Dieser Code ist zu 100 % plattformunabhängig. Dank des MVU- oder MVVM-Ansatzes können moderne App-Architekturen realisiert werden, was besonders für die Trennung von Logik und Darstellung sowie für Testbarkeit von Vorteil ist.

Die *Abstraktionsschicht* stellt die gemeinsamen UI-Elemente wie `Button`, `Label`, `Entry` und `StackLayout` bereit. Diese Controls sind plattformunabhängige Abstraktionen, die nicht direkt eine Darstellung auf dem Bildschirm erzeugen, sondern über das darunterliegende Laufzeit-System an die jeweilige Plattform delegieren. In dieser Schicht befinden sich auch zentrale Dienste wie Navigation, Ressourcenmanagement, Dependency Injection und Plattformdienste (z. B. Zugriff auf Sensoren, Dateisystem und Netzwerk).

Mit .NET 6 hat Microsoft in .NET MAUI ein neues Rendering-Modell eingeführt: Handler ersetzen das frühere Renderer-System aus Xamarin.Forms. Dieses neue Modell ist modularer, performanter und flexibler. Ein Handler ist ein Vermittler zwischen einem MAUI-Control (z. B. `Button`) und der plattformspezifischen Implementierung (z. B. `UIButton` auf iOS, `AppCompatButton` auf Android). Der Handler übersetzt Eigenschaften wie Text, Farbe oder Events des MAUI-Elements in native API-Aufrufe.

Am unteren Ende der Architektur kommuniziert .NET MAUI mit den nativen UI-Toolkits der jeweiligen Plattformen (plattformspezifische Implementierungen):

- Windows: WinUI 3
- macOS: AppKit (mittels Mac Catalyst oder direkt)
- iOS: UIKit
- Android: Android Views und Jetpack

Diese nativen APIs liefern die tatsächliche Darstellung und Interaktivität der UI-Komponenten. Dank der Handler lassen sich diese Komponenten nativ anpassen oder sogar vollständig ersetzen. Mit der sogenannten Platform-Specifics API oder über Partial Classes und Dependency Injection können Entwickelnde tief in die jeweilige Plattform eingreifen, falls notwendig.

19.3 Struktur eines MAUI-Projekts

Bei der Projektstruktur eines .NET MAUI-Projekts fallen schnell die Unterschiede auf zwischen der Struktur eines .NET MAUI-Projekts und derjenigen klassischer Xamarin.Forms-Projekte oder auch typischer .NET-Projekte. Der Grund dafür liegt im angesprochenen »One-Project«-Ansatz von .NET MAUI: Statt für jede Zielplattform ein eigenes Projekt verwalten zu müssen, fasst MAUI sämtliche plattformspezifischen und plattformunabhängigen Bestandteile in einem gemeinsamen Projekt zusammen. Diese Vereinfachung führt zu einer übersichtlicheren Struktur und erleichtert sowohl die Entwicklung als auch das Debugging.

19.3.1 Überblick über die Projektdateien und -struktur

Ein typisches MAUI-Projekt enthält mehrere zentrale Dateien und Ordner. Die wichtigsten Bestandteile erläutern wir in diesem Abschnitt.

»MainPage.xaml«/»MainPage.xaml.cs«

Die Datei *MainPage.xaml* stellt die Startseite der Anwendung dar und definiert das Benutzer-Interface in deklarativer Form mit XAML (Extensible Application Markup Language). In dieser Datei werden Layouts, Steuerelemente (Controls) und deren visuelle Eigenschaften beschrieben. Die zugehörige Code-Behind-Datei *MainPage.xaml.cs* enthält die Logik der Seite, beispielsweise Ereignisbehandlungen oder Datenbindungen.

Das Zusammenspiel von XAML und C# in diesem Kontext folgt einem bewährten Muster, das aus der WPF, der UWP und Xamarin.Forms bekannt ist. Listing 19.2 zeigt ein einfaches Beispiel für den Inhalt der Datei *MainPage.xaml*:

```
<?xml version="1.0" encoding="utf-8" ?>
<ContentPage xmlns="http://schemas.microsoft.com/dotnet/2021/maui"
             xmlns:x="http://schemas.microsoft.com/winfx/2009/xaml"
             x:Class="MauiBeispiele.MainPage">

    <ScrollView>
        <VerticalStackLayout
            Padding="30,0"
            Spacing="25">
            <Image
                Source="dotnet_bot.png"
                HeightRequest="185"
                Aspect="AspectFit"
                SemanticProperties.Description="dot net bot in a hovercraft
                                                number nine" />

            <Label
                Text="Hello, World!"
                Style="{StaticResource Headline}"
                SemanticProperties.HeadingLevel="Level1" />

            <Label
                Text="Welcome to &#10;.NET Multi-platform App UI"
                Style="{StaticResource SubHeadline}"
                SemanticProperties.HeadingLevel="Level2"
                SemanticProperties.Description="Welcome to dot net Multi
                                                platform App U I" />

            <Button
                x:Name="CounterBtn"
                Text="Click me"
                SemanticProperties.Hint="Counts the number of times you click"
                Clicked="OnCounterClicked"
                HorizontalOptions="Fill" />
        </VerticalStackLayout>
    </ScrollView>

</ContentPage>
```

Listing 19.2 Ein einfacher Aufbau für eine »MainPage«

Die dazugehörige Logik ist in der Datei *MainPage.xaml.cs* implementiert, wie Listing 19.3 verdeutlicht:

```
namespace MauiBeispiele
{
    public partial class MainPage : ContentPage
    {
        int count = 0;

        public MainPage()
        {
            InitializeComponent();
        }

        private void OnCounterClicked(object sender, EventArgs e)
        {
            count++;

            if (count == 1)
                CounterBtn.Text = $"Clicked {count} time";
            else
                CounterBtn.Text = $"Clicked {count} times";

            SemanticScreenReader.Announce(CounterBtn.Text);
        }
    }

}
```

Listing 19.3 Der Inhalt der Datei »MainPage.xaml.cs«

XAML beschreibt hier die Struktur, während die C#-Datei für das Verhalten verantwortlich ist – ein klarer, übersichtlicher Aufbau, der in vielen MAUI-Anwendungen erhalten bleibt.

»App.xaml«/»App.xaml.cs«

Die Datei *App.xaml* dient als zentraler Einstiegspunkt für das Styling und die globale Ressourcenverwaltung. Hier können Sie Stile, Farben oder Schriftarten definieren, die über die gesamte Anwendung hinweg verwendet werden sollen. Sie spielt damit eine ähnliche Rolle wie die *App.xaml* in WPF- oder Xamarin.Forms-Projekten. Listing 19.4 zeigt den Inhalt der Datei *App.xaml*:

```
<?xml version = "1.0" encoding = "UTF-8" ?>
<Application xmlns="http://schemas.microsoft.com/dotnet/2021/maui"
             xmlns:x="http://schemas.microsoft.com/winfx/2009/xaml"
             xmlns:local="clr-namespace:MauiBeispiele"
```

```
            x:Class="MauiBeispiele.App">
    <Application.Resources>
        <ResourceDictionary>
            <ResourceDictionary.MergedDictionaries>
                <ResourceDictionary Source="Resources/Styles/Colors.xaml" />
                <ResourceDictionary Source="Resources/Styles/Styles.xaml" />
            </ResourceDictionary.MergedDictionaries>
        </ResourceDictionary>
    </Application.Resources>
</Application>
```

Listing 19.4 Inhalt der Datei »App.xaml«

Die zugehörige Code-Datei *App.xaml.cs* enthält den Konstruktor der App-Klasse sowie die Zuweisung der Startseite, typischerweise die App-Shell. Hier wird also festgelegt, welche Seite beim Starten der App zuerst angezeigt wird:

```
namespace MauiBeispiele
{
    public partial class App : Application
    {
        public App()
        {
            InitializeComponent();
        }

        protected override Window CreateWindow(IActivationState?
                                               activationState)
        {
            return new Window(new AppShell());
        }
    }
}
```

Listing 19.5 Inhalt der Datei »App.xaml.cs«

Darüber hinaus lassen sich in der Datei *App.xaml.cs* globale Dienste initialisieren, beispielsweise Abhängigkeiten im Rahmen von Dependency Injection, globale Ereignisse oder zentraler App-Zustand.

»AppShell.xaml«/»AppShell.xaml.cs«

Die Dateien *AppShell.xaml* und *AppShell.xaml.cs* spielen in einer .NET MAUI-Anwendung eine zentrale Rolle für die Navigation und Strukturierung der Benutzeroberfläche. Sie sind Teil des sogenannten *Shell-Navigationsmodells*, das seit Xamarin.Forms

19

existiert und in .NET MAUI weiterentwickelt wurde. Die Datei *AppShell.xaml* definiert die visuelle und logische Struktur der App. Sie verwendet XAML, um Navigationshierarchien wie Tabs, Flyout-Menüs oder Seitenstapel zu beschreiben. Typische Funktionen der *AppShell.xaml* sind, dass die Datei die Startseite der App definiert, Navigationspfade (Routen) festlegt, die App in Bereiche, wie z. B. Tabs oder Flyout-Menüs, organisiert und Seiten an Navigationsrouten bindet. Listing 19.6 zeigt den Inhalt der Datei *AppShell.xaml*:

```
<?xml version="1.0" encoding="UTF-8" ?>
<Shell
    x:Class="MauiBeispiele.AppShell"
    xmlns="http://schemas.microsoft.com/dotnet/2021/maui"
    xmlns:x="http://schemas.microsoft.com/winfx/2009/xaml"
    xmlns:local="clr-namespace:MauiBeispiele"
    Shell.FlyoutBehavior="Flyout"
    Title="MauiBeispiele">

    <ShellContent
        Title="Home"
        ContentTemplate="{DataTemplate local:MainPage}"
        Route="MainPage" />

</Shell>
```

Listing 19.6 Inhalt der Datei »AppShell.xaml«

Die Datei *AppShell.xaml.cs* enthält den begleitenden C#-Code zu *AppShell.xaml* und wird automatisch generiert, wenn Sie die *AppShell.xaml* erstellen. Hier können wir Navigationslogik einbauen oder Routen registrieren, insbesondere für Seiten, die nicht direkt in der Shell-Hierarchie erscheinen. Listing 19.7 zeigt den Inhalt dieser Datei:

```
namespace MauiBeispiele
{
    public partial class AppShell : Shell
    {
        public AppShell()
        {
            InitializeComponent();
        }
    }
}
```

Listing 19.7 Inhalt der Datei »AppShell.xaml.cs«

»Platforms«-Ordner

Ein wichtiger Bestandteil der Projektstruktur ist der Ordner *Platforms*, der jeweils einen Unterordner für jede Zielplattform enthält, etwa Android, iOS, Mac Catalyst und Windows. Diese Ordner enthalten den plattformspezifischen Code, der zum Starten der App auf der jeweiligen Plattform benötigt wird. Dazu zählen Konfigurationen, Launch-Einstellungen und gegebenenfalls auch native Integrationen, die nicht über die gemeinsame .NET-API abgedeckt werden. Abbildung 19.1 zeigt den Inhalt dieses Ordners.

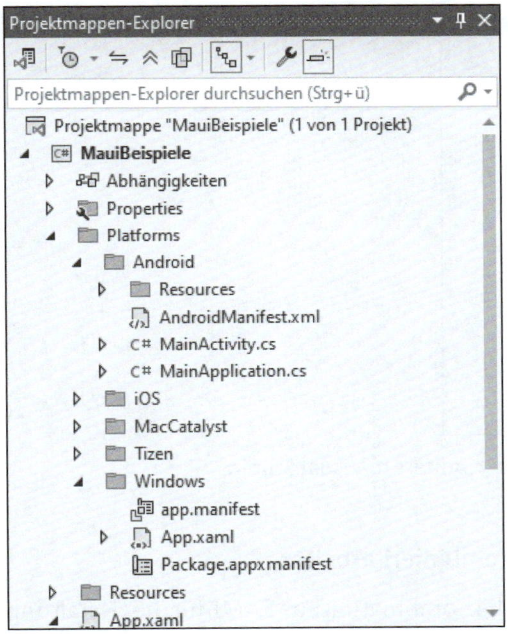

Abbildung 19.1 Screenshot des »Platforms«-Ordners in Visual Studio

Für die meisten Standardanwendungen ist es nicht notwendig, diese Dateien zu ändern. Wenn jedoch spezifische Plattformfunktionen genutzt oder konfiguriert werden sollen, z. B. Push-Benachrichtigungen auf Android oder Berechtigungen unter iOS, finden entsprechende Anpassungen hier statt.

»Resources«-Ordner

Der Ordner *Resources* enthält statische Ressourcen wie Bilder, Schriftarten, App-Icons, Splashscreens und Raw-Dateien. MAUI verarbeitet diese Dateien automatisch und generiert daraus plattformgerechte Ressourcen zur Laufzeit. Abbildung 19.2 zeigt den Inhalt dieses Ordners.

Beispielsweise genügt es, ein App-Icon in einem einheitlichen Format unter *Resources\AppIcon* abzulegen. MAUI generiert daraus automatisch die benötigten Formate und

Größen für die jeweilige Plattform. Ähnlich verhält es sich mit Schriftarten: Eine unter *Resources\Fonts* abgelegte Schriftart kann global registriert und in der gesamten App verwendet werden.

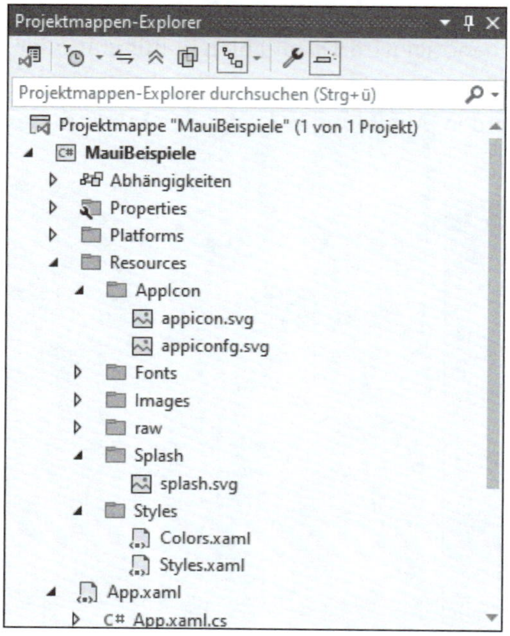

Abbildung 19.2 Screenshot des »Resources«-Ordners in Visual Studio

19.3.2 Wie MAUI mit XAML und C# kombiniert arbeitet

Ein zentrales Prinzip von .NET MAUI ist die Kombination aus XAML für die Gestaltung der Benutzeroberfläche und C# für die Logik. Diese Trennung erlaubt eine klare Strukturierung des Codes, unterstützt gängige Entwurfsmuster wie MVVM (Model View ViewModel) und ist sowohl für Einsteiger als auch für erfahrene Entwickler und Entwicklerinnen gut nachvollziehbar.

XAML eignet sich hervorragend für die visuelle Komposition von Benutzeroberflächen, sei es durch manuelles Schreiben oder über Designtools mit Vorschau. Es erlaubt deklarative Gestaltung, bei der sich Layouts, Abstände, Farben oder Schriftgrößen direkt in der Markup-Sprache definieren lassen. C# hingegen bietet alle Möglichkeiten einer vollwertigen Programmiersprache und übernimmt damit Logik, Datenverarbeitung und die Anbindung an externe Dienste oder APIs.

Diese enge Verzahnung von deklarativer und imperativer Programmierung bildet das Rückgrat der Arbeit mit .NET MAUI und macht die Entwicklung intuitiv, effizient und flexibel – insbesondere für Teams, die bereits mit C# oder anderen XAML-basierten Technologien vertraut sind.

19.4 Eine erste Anwendung

Für die Nutzung von .NET MAUI sind eine Entwicklungsumgebung wie Visual Studio notwendig, ein installiertes .NET SDK und der .NET MAUI Workload, der sich zum Beispiel bei der Installation von Visual Studio mitinstallieren lässt. Nach der Einrichtung der Entwicklungsumgebung ist es sinnvoll, mit einer ersten einfachen Anwendung zu beginnen, um die grundlegende Funktionsweise von .NET MAUI kennenzulernen. Ziel ist es, eine minimale Benutzeroberfläche zu erstellen, auf der ein Button angezeigt wird, der bei jedem Klick einen Zähler erhöht. Dabei werden wichtige Konzepte wie das Layout, die Ereignisbehandlung und das Zusammenspiel von XAML und C# in der Praxis verdeutlicht.

In Abbildung 19.3 ist ein Screenshot von Visual Studio zu sehen, um ein neues Projekt zu erstellen.

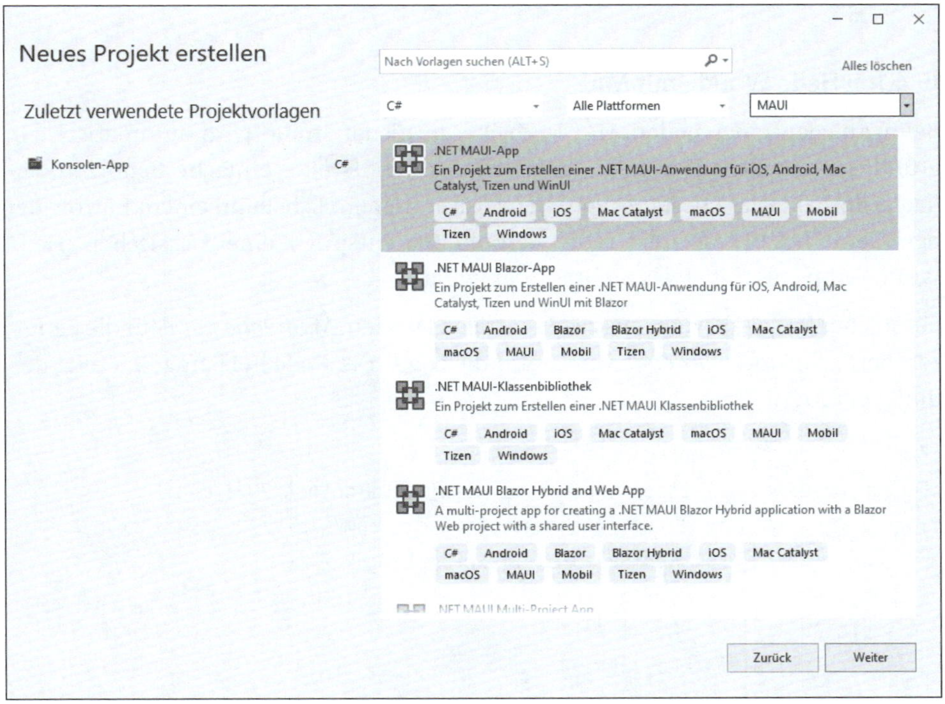

Abbildung 19.3 Neues .NET MAUI-Projekt erstellen

Hier wählen wir .NET MAUI-App. Die Beschreibung verdeutlicht bereits, dass diese App auf verschiedenen Plattformen funktioniert. Nachdem das Projekt erstellt ist, zeigt uns Visual Studio den Begrüßungsbildschirm und die initiale Projektstruktur (siehe Abbildung 19.4).

19

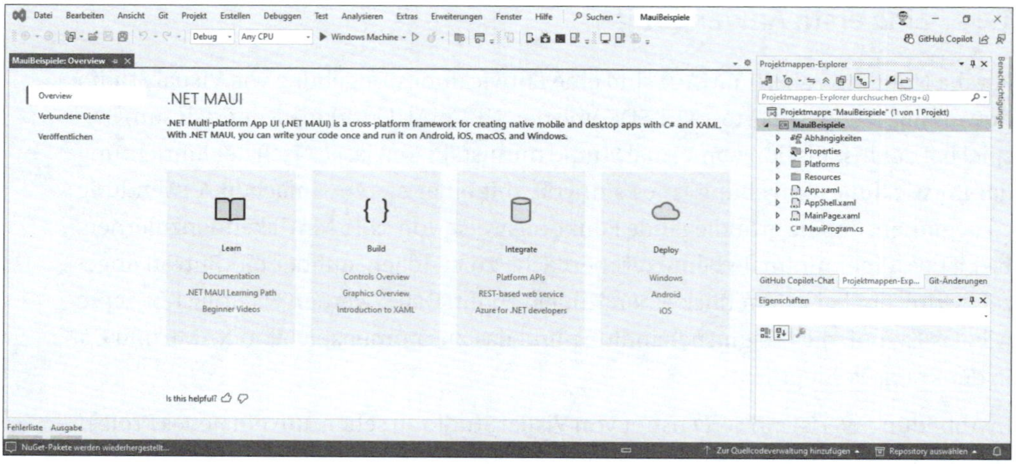

Abbildung 19.4 Das geöffnete .NET MAUI-Projekt

19.4.1 »Hello World« mit MAUI

Beim Anlegen eines neuen MAUI-Projekts in Visual Studio wird automatisch ein grundlegendes Beispielprojekt generiert, das bereits eine einfache Benutzeroberfläche enthält. Diese besteht typischerweise aus einem Label und einem Button, der bei jedem Klick die Anzahl der Klicks erhöht. Das entspricht einer klassischen »Hello World«-App, nur mit etwas mehr Interaktivität.

Ein solches Projekt besteht aus zwei zentralen Dateien: *MainPage.xaml* für die Benutzeroberfläche und *MainPage.xaml.cs* für die Logik. Der Code in Listing 19.8 zeigt den Inhalt der XAML-Datei:

```
<?xml version="1.0" encoding="utf-8" ?>
<ContentPage xmlns="http://schemas.microsoft.com/dotnet/2021/maui"
             xmlns:x="http://schemas.microsoft.com/winfx/2009/xaml"
             x:Class="MauiBeispiele.MainPage">

    <ScrollView>
        <VerticalStackLayout
            Padding="30,0"
            Spacing="25">
            <Image
                Source="dotnet_bot.png"
                HeightRequest="185"
                Aspect="AspectFit"
                SemanticProperties.Description="dot net bot in a hovercraft
                                                number nine" />
```

```
            <Label
                Text="Hello, World!"
                Style="{StaticResource Headline}"
                SemanticProperties.HeadingLevel="Level1" />

            <Label
                Text="Welcome to &#10;.NET Multi-platform App UI"
                Style="{StaticResource SubHeadline}"
                SemanticProperties.HeadingLevel="Level2"
                SemanticProperties.Description="Welcome to dot net Multi
                                                platform App U I" />

            <Button
                x:Name="CounterBtn"
                Text="Click me"
                SemanticProperties.Hint="Counts the number of times you click"
                Clicked="OnCounterClicked"
                HorizontalOptions="Fill" />
        </VerticalStackLayout>
    </ScrollView>

</ContentPage>
```

Listing 19.8 Inhalt der Datei »MainPage.xaml« unseres Beispielprojekts

In dieser einfachen Benutzeroberfläche befinden sich verschiedene Steuerelemente: Zwei `Label` mit initialem Begrüßungstext und ein `Button`, der beim Klicken ein Ereignis auslöst. Die Steuerelemente sind in einem `VerticalStackLayout` angeordnet, um sie vertikal untereinander zu positionieren. Die zugehörige Ereignisbehandlung ist in der Datei *MainPage.xaml.cs* implementiert:

```
namespace MauiBeispiele
{
    public partial class MainPage : ContentPage
    {
        int count = 0;

        public MainPage()
        {
            InitializeComponent();
        }

        private void OnCounterClicked(object sender, EventArgs e)
        {
```

```
                count++;

                if (count == 1)
                    CounterBtn.Text = $"Clicked {count} time";
                else
                    CounterBtn.Text = $"Clicked {count} times";

                SemanticScreenReader.Announce(CounterBtn.Text);
            }
        }

}
```

Listing 19.9 Ereignisbehandlung in der Datei »MainPage.xaml.cs«

Das Klicken des Buttons ruft jedes Mal die Methode `OnCounterClicked` auf. Das erhöht einen Zähler, und der Code passt den Text des `Buttons` an. Durch die direkte Zuweisung zu `CounterBtn.Text` ist das Verhalten für den User sofort sichtbar, und das auf allen Plattformen, auf denen die App ausgeführt wird.

Die gestartete Beispielanwendung ist in Abbildung 19.5 zu sehen. Das Beispiel enthält noch ein Logo in Form des `Image`-Controls, den angesprochenen Text in `Label` und den `Button`.

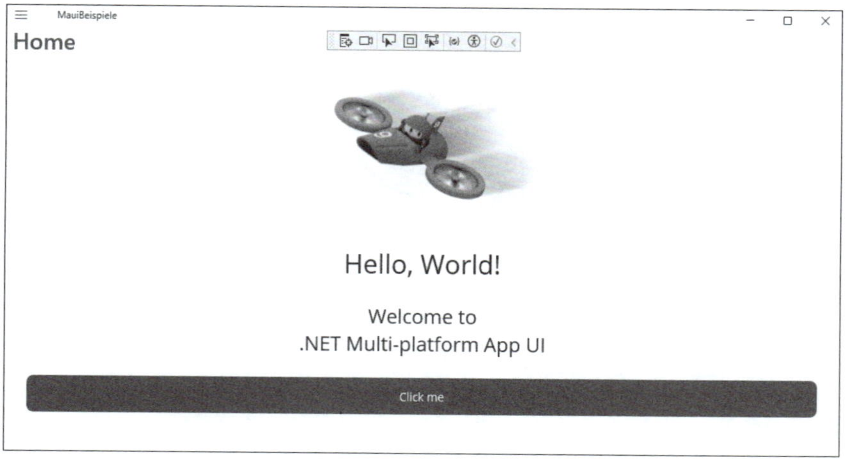

Abbildung 19.5 Screenshot der geöffneten Beispielanwendung

19.4.2 Live-Preview und Hot Reload

Zwei wesentliche Merkmale moderner MAUI-Entwicklung sind die Live-Preview der Benutzeroberfläche sowie die Unterstützung für Hot Reload. Diese Funktionen machen es möglich, Änderungen am XAML-Code oder sogar in C# direkt zur Laufzeit zu übernehmen, ohne dass die App neu gestartet werden muss. Das spart wertvolle Zeit beim Entwickeln und Testen.

Die Live-Preview zeigt in einem separaten Fenster eine Vorschau der Benutzeroberfläche, während Sie Änderungen vornehmen. Ändern Sie beispielsweise die Schriftgröße eines Labels oder fügen Sie ein neues Steuerelement hinzu, lässt sich das Ergebnis unmittelbar visuell kontrollieren. Hot Reload hingegen sorgt dafür, dass Änderungen am Code in Echtzeit in die laufende App übertragen werden, sowohl im Emulator als auch auf einem echten Gerät.

Diese Werkzeuge erhöhen nicht nur die Effizienz der Entwicklung, sondern erleichtern auch das Experimentieren mit Layouts und Styles. Gerade in frühen Projektphasen ist das ein großer Vorteil, da Designentscheidungen schnell getestet und iterativ angepasst werden können.

Bereits mit wenigen Zeilen Code lässt sich mit .NET MAUI eine voll funktionsfähige, plattformübergreifende Anwendung erstellen. Das obige Beispiel demonstriert, wie Benutzeroberflächen in XAML deklariert und über C# mit Logik versehen werden. Gleichzeitig geben Funktionen wie Live-Preview und Hot Reload einen Vorgeschmack auf die moderne, produktivitätsorientierte Entwicklungsumgebung, die MAUI bietet.

19.5 Zentrale Konzepte

Um mit .NET MAUI effektiv Anwendungen entwickeln zu können, ist ein grundlegendes Verständnis der wichtigsten UI-Konzepte erforderlich. Dazu gehören insbesondere die verwendeten Layouts zur Strukturierung der Benutzeroberfläche, die gängigen Steuerelemente (*Controls*) sowie die unterstützten Architekturansätze zur Trennung von Logik und Darstellung – Kernideen, die Sie in diesem Abschnitt kompakt kennenlernen, wobei die tiefergehende Auseinandersetzung, insbesondere mit Architekturmustern, späteren Abschnitten in diesem Kapitel vorbehalten bleibt.

19.5.1 Architekturmodelle: MVU und MVVM

.NET MAUI unterstützt zwei verschiedene Architekturansätze zur Modellierung der Benutzeroberfläche: *MVU* (*Model View Update*) und *MVVM* (*Model View ViewModel*).

MVVM ist das in der .NET-Welt weit verbreitete Muster, das bereits aus Technologien wie die WPF, die UWP und Xamarin.Forms bekannt ist. Es trennt die Zustände (Model), die visuelle Darstellung (View) und die Steuerlogik (ViewModel) voneinander. MAUI baut auf diesem Prinzip auf und bietet eine nahtlose Integration, insbesondere durch das `BindableObject`-System, das Datenbindung, Kommandos und Benachrichtigungen über `INotifyPropertyChanged` unterstützt.

MVU hingegen ist ein funktional geprägter, deklarativer Ansatz, bei dem der Zustand der Anwendung in einem zentralen Modell gehalten und durch Updates auf dieses Modell gesteuert wird. MAUI ermöglicht über die Erweiterung *.NET MAUI with Comet* die Nutzung dieses Paradigmas. MVU verfolgt einen deutlich anderen Denkansatz, und für die meisten klassischen Anwendungen empfiehlt sich zunächst der Einstieg mit MVVM.

MVU basiert auf einem einfachen, aber mächtigen Zyklus:

```
Model → View → Update → Model → ...
```

Jede Benutzeraktion, zum Beispiel ein Button-Klick, erzeugt eine Nachricht, die von der Updatefunktion verarbeitet wird. Diese Funktion erzeugt ein neues Model, das dann die View neu beschreibt. Die View ist dabei eine reine Funktion des Models.

19.5.2 Layouts: Strukturierung der Oberfläche

Ein wesentliches Element jeder Benutzeroberfläche ist ihre räumliche Anordnung. In .NET MAUI stehen hierfür mehrere Layoutcontainer zur Verfügung, mit deren Hilfe Steuerelemente strukturiert platziert werden können. Zu den wichtigsten gehören:

»StackLayout«

Ein `StackLayout` ordnet Steuerelemente entweder vertikal oder horizontal an, ähnlich einer Spalte oder Zeile. Es ist einfach zu verwenden und eignet sich gut für lineare Strukturen. Listing 19.10 zeigt ein Beispiel zu diesem Layouttyp:

```
<StackLayout Orientation="Vertical" Padding="20">
    <Label Text="Name:" />
    <Entry Placeholder="Bitte eingeben" />
    <Button Text="Absenden" />
</StackLayout>
```

Listing 19.10 XAML für ein »StackLayout«

»Grid«

Ein `Grid` bietet eine tabellenartige Struktur mit Zeilen und Spalten und erlaubt damit komplexere Layouts mit exakter Positionierung, wie Listing 19.11 zeigt:

```
<Grid RowDefinitions="Auto,Auto,Auto" ColumnDefinitions="Auto,*">
    <Label Text="Benutzername:" Grid.Row="0" Grid.Column="0" />
    <Entry Grid.Row="0" Grid.Column="1" />
    <Label Text="Passwort:" Grid.Row="1" Grid.Column="0" />
    <Entry IsPassword="True" Grid.Row="1" Grid.Column="1" />
```

```
    <Button Text="Login" Grid.Row="2" Grid.ColumnSpan="2" />
</Grid>
```

Listing 19.11 Die XAML-Definition für ein »Grid«

»FlexLayout«

Ein flexibleres Layout bietet das `FlexLayout`, das Elemente ähnlich wie eine CSS-Flexbox anordnet und sich besonders gut für responsive Designs eignet. Die Anordnung erfolgt dynamisch und kann sich automatisch an Bildschirmgrößen anpassen. Listing 19.12 zeigt ein Beispiel für ein `FlexLayout`:

```
<ContentPage xmlns="http://schemas.microsoft.com/dotnet/2021/maui"
             xmlns:x="http://schemas.microsoft.com/winfx/2009/xaml"
             x:Class="FlexLayoutBeispiel.MainPage"
             Title="FlexLayout Beispiel">

    <FlexLayout Direction="Row"
                JustifyContent="SpaceAround"
                AlignItems="Center"
                Wrap="Wrap"
                Padding="10"
                BackgroundColor="LightGray">

        <BoxView Color="Red" WidthRequest="80" HeightRequest="80"/>
        <BoxView Color="Green" WidthRequest="80" HeightRequest="80"/>
        <BoxView Color="Blue" WidthRequest="80" HeightRequest="80"/>
        <BoxView Color="Orange" WidthRequest="80" HeightRequest="80"/>
        <BoxView Color="Purple" WidthRequest="80" HeightRequest="80"/>
        <BoxView Color="Teal" WidthRequest="80" HeightRequest="80"/>

    </FlexLayout>
</ContentPage>
```

Listing 19.12 Beispiel XAML-Code für ein »FlexLayout«

Diese Layouts lassen sich auch ineinander verschachteln, um komplexere Strukturen zu ermöglichen. Darüber hinaus bietet MAUI weitere Layouts wie `AbsoluteLayout` oder `VerticalStackLayout`, die in spezifischen Fällen sinnvoll sein können.

19.5.3 Controls: Grundbausteine der Oberfläche

Die Benutzeroberfläche einer MAUI-Anwendung besteht aus Steuerelementen, den sogenannten *Controls*. Diese UI-Bausteine bilden die Interaktion mit der App ab und reichen von einfachen Textanzeigen bis hin zu komplexen Eingabefeldern. Nachfolgend eine Auswahl häufig verwendeter Controls. Eine vollständige Liste ist in einem Buch nicht abbildbar. Dafür bietet die Dokumentation zu .NET MAUI eine umfangreiche Übersicht.

»Label«

Ein `Label` zeigt Text an. Es ist nicht interaktiv, eignet sich aber zur Anzeige statischer Informationen oder dynamischer Statusmeldungen.

```
<Label Text="Willkommen zu meiner App" FontSize="20" TextColor="DarkBlue" />
```

»Button«

Ein `Button` ist ein klassisches Schaltflächenelement, das auf Klick-Ereignisse reagiert. Buttons können auch Symbole oder Farben erhalten. Die Ereignisbehandlung findet im Code durch eine verbundene Methode statt, wie das folgende Listing zeigt:

```
<Button Text="Speichern" Clicked="OnSpeichernClicked" />
```

»Entry«

Der Begriff `Entry` für ein Control ist auf den ersten Blick vielleicht etwas befremdlich. Der Name ist aber sehr praktischer Natur, denn es handelt sich bei diesem Steuerelement um ein einzeiliges Texteingabefeld, das für Benutzerinteraktion zum Einsatz kommt, beispielsweise zur Eingabe eines Namens oder Passworts.

```
<Entry Placeholder="Benutzernamen eingeben" />
```

»Editor«

Im Gegensatz zu `Entry` erlaubt das `Editor`-Control dieses Steuerelement mehrzeilige Texteingaben und eignet sich gut für Kommentare oder Nachrichten. Listing 19.13 zeigt ein Beispiel für das `Editor`-Control:

```
<ContentPage xmlns="http://schemas.microsoft.com/dotnet/2021/maui"
             xmlns:x="http://schemas.microsoft.com/winfx/2009/xaml"
             x:Class="EditorBeispiel.MainPage"
             Title="Editor Beispiel">

    <VerticalStackLayout Padding="20" Spacing="15">

        <Label Text="Gib deinen Text ein:"
               FontSize="18"
               TextColor="Black" />
```

```
        <Editor x:Name="textEditor"
                Placeholder="Hier schreiben ..."
                AutoSize="TextChanges"
                BackgroundColor="#F0F0F0"
                HeightRequest="150"
                TextColor="Black" />

        <Button Text="Text anzeigen"
                Clicked="OnButtonClicked"
                BackgroundColor="#007AFF"
                TextColor="White" />

        <Label x:Name="outputLabel"
               FontSize="16"
               TextColor="DarkGray"
               FontAttributes="Italic" />

    </VerticalStackLayout>
</ContentPage>
```

Listing 19.13 XAML-Code für ein »Editor«-Control

»Image«

Ein Image dient zum Einbinden von Bildern. Diese lassen sich lokal, also aus dem *Resources*-Ordner, oder per URI einbinden. Das nachfolgende Listing zeigt das lokale Einbinden:


```
<Image Source="logo.png" WidthRequest="100" HeightRequest="100" />
```

»CollectionView«

Die CollectionView ist das empfohlene Steuerelement in .NET MAUI zur Darstellung von Listen, Galerien und Rasteranordnungen. Sie ersetzt die ältere ListView und bietet deutlich bessere Leistung, Flexibilität und Anpassbarkeit. Listing 19.14 zeigt den XAML-Code für eine CollectionView:

```
<ContentPage xmlns="http://schemas.microsoft.com/dotnet/2021/maui"
             xmlns:x="http://schemas.microsoft.com/winfx/2009/xaml"
             x:Class="CollectionViewBeispiel.MainPage"
             Title="CollectionView Beispiel">

    <CollectionView ItemsSource="{Binding Tiere}"
                    SelectionMode="Single"
                    Margin="10">
```

```
        <CollectionView.ItemTemplate>
            <DataTemplate>
                <Frame BorderColor="DarkGray" Padding="10"
                       Margin="5" CornerRadius="10">
                    <Label Text="{Binding Name}"
                           FontSize="18"
                           TextColor="Black" />
                </Frame>
            </DataTemplate>
        </CollectionView.ItemTemplate>

    </CollectionView>
</ContentPage>
```

Listing 19.14 XAML-Code für eine »CollectionView«

In diesem Beispiel zeigt die `CollectionView` eine einfache Liste von Tieren. Die Datenquelle ist über das Attribut `ItemsSource` an eine `ObservableCollection` namens `Tiere` gebunden. Jedes Listenelement wird mit Hilfe eines `DataTemplates` dargestellt, das in diesem Fall einen `Frame` mit einem `Label` enthält. Das `Label` bindet seine `Text`-Eigenschaft an das `Name`-Feld des jeweiligen `Tier`-Objekts.

Die zugehörige `ViewModel`-Klasse für das Beispiel zeigt Listing 19.15:

```
public class MainViewModel
{
    public ObservableCollection<Tier> Tiere { get; set; }

    public MainViewModel()
    {
        Tiere = new ObservableCollection<Tier>
        {
            new Tier { Name = "Hund" },
            new Tier { Name = "Katze" },
            new Tier { Name = "Papagei" },
            new Tier { Name = "Kaninchen" },
            new Tier { Name = "Hamster" }
        };
    }
}

public class Tier
{
```

```
    public string Name { get; set; }
}
```

Listing 19.15 ViewModel-Klasse für das Beispiel der »CollectionView«

Neben diesen Standard-Controls bietet MAUI eine Vielzahl weiterer Steuerelemente, etwa `Switch`, `CheckBox`, `RadioButton`, `DatePicker`, `Slider` oder `ProgressBar`. Diese lassen sich beliebig kombinieren, stylen und an Daten binden, um interaktive und optisch ansprechende Oberflächen zu gestalten.

19.5.4 Zusammenspiel dieser Konzepte

In der Praxis werden Layouts, Controls und Datenbindung miteinander kombiniert. Die Benutzeroberfläche wird typischerweise in XAML beschrieben, während die Logik, etwa das Reagieren auf Eingaben oder das Verarbeiten von Daten, in der zugehörigen C#-Datei oder im ViewModel realisiert wird. Für kleinere Anwendungen kann die gesamte Logik direkt in der Code-Behind-Datei verbleiben. Für komplexere Szenarien empfiehlt sich jedoch eine saubere Trennung der Schichten über MVVM. Ein einfaches, aber vollständiges Beispiel kombiniert diese Konzepte zu einer interaktiven Oberfläche, wie das folgende Listing zeigt:

```
<ContentPage xmlns="http://schemas.microsoft.com/dotnet/2021/maui"
             x:Class="MeineApp.MainPage">
    <StackLayout Padding="30" Spacing="20">
        <Label Text="Gib deinen Namen ein:" />
        <Entry x:Name="NameEntry" Placeholder="Vorname" />
        <Button Text="Begrüßen" Clicked="OnButtonClicked" />
        <Label x:Name="GreetingLabel" />
    </StackLayout>
</ContentPage>
```

Diese XAML-Datei nutzt ein `StackLayout`, um zwei `Label`, einen `Entry` und einen `Button` anzuzeigen. In der zugehörigen C#-Datei ist das Verhalten implementiert, wie Listing 19.16 verdeutlicht:

```
public partial class MainPage : ContentPage
{
    public MainPage()
    {
        InitializeComponent();
    }

    private void OnButtonClicked(object sender, EventArgs e)
    {
```

```
        var name = NameEntry.Text;
        GreetingLabel.Text = $"Hallo, {name}!";
    }
}
```

Listing 19.16 Implementierung des Verhaltens unserer Demo-Anwendung

Dieses einfache Beispiel zeigt, wie Benutzerinteraktion, Texteingabe, Layout und Logik zusammenwirken, und das mit minimalem Aufwand auf allen unterstützten Plattformen.

19.6 Datenbindung und MVVM mit .NET MAUI

Die moderne App-Entwicklung erfordert eine klare Trennung von Benutzeroberfläche, Anwendungslogik und Datenmodell. Um diesen Anforderungen gerecht zu werden, folgt .NET MAUI, wie viele UI-Technologien im .NET-Ökosystem, dem Architekturprinzip MVVM (Model View ViewModel). In Kombination mit dem integrierten Datenbindungssystem ermöglicht MVVM eine saubere Strukturierung des Codes, eine gute Testbarkeit sowie die Reduzierung redundanter Logik in der Benutzeroberfläche. Das MVVM-Muster umfasst die folgenden Konzepte und Komponenten:

- **Model**

  Repräsentiert die zugrundeliegenden Daten und die Geschäftslogik. Hier befinden sich typischerweise Entitäten, Datenbankzugriffe oder Webservice-Aufrufe.
- **View**

  Die Benutzeroberfläche, meist in XAML definiert. Sie enthält ausschließlich Darstellungen, jedoch keine Logik.
- **ViewModel**

  Vermittler zwischen View und Model. Es stellt Eigenschaften für die Bindung bereit, reagiert auf Benutzereingaben und ruft gegebenenfalls Geschäftslogik im Model auf.

Diese Trennung erleichtert die Wiederverwendbarkeit, ermöglicht Unit-Tests der Logik ohne UI und führt zu einer modularen Architektur – insbesondere bei größeren Projekten.

19.6.1 Datenbindung: Grundlage für MVVM

Die Datenbindung in .NET MAUI erlaubt es, Eigenschaften aus dem ViewModel direkt mit Elementen in der Benutzeroberfläche zu verknüpfen. Änderungen im ViewModel werden automatisch in der Oberfläche angezeigt und umgekehrt, wenn Zwei-Wege-

Bindung verwendet wird. Ein Beispiel einer einfachen Bindung in XAML zeigt Listing 19.17:

```
<Entry Text="{Binding Benutzername}" Placeholder="Benutzername" />
<Button Text="Login" Command="{Binding LoginCommand}" />
```

Listing 19.17 Anzeigeelemente und Schaltfläche mit gebundenen Eigenschaften

In diesem Beispiel ist der Inhalt eines ENTRY-Felds mit der Eigenschaft BENUTZERNAME des ViewModels verknüpft. Der BUTTON wiederum ist an das Kommando `LoginCommand` gebunden, das beim Klick ausgeführt wird, ganz ohne Code-Behind. Damit diese Mechanismen funktionieren, muss das ViewModel einige Voraussetzungen erfüllen.

19.6.2 Ein einfaches MVVM-Beispiel in .NET MAUI

Das folgende vollständige Beispiel zeigt, wie eine einfache Anmeldemaske mit MVVM umgesetzt wird. Die App enthält ein Eingabefeld als `Entry`, einen `Button` und ein `Label`, das eine Willkommensnachricht anzeigt. Im ersten Schritt definieren wir das ViewModel in der Klasse `LoginViewModel`:

```
public class LoginViewModel : INotifyPropertyChanged
{
    private string _benutzername;
    public string Benutzername
    {
        get => _benutzername;
        set
        {
            if (_benutzername != value)
            {
                _benutzername = value;
                OnPropertyChanged(nameof(Benutzername));
            }
        }
    }

    private string _begrüßung;
    public string Begrüßung
    {
        get => _begrüßung;
        set
        {
            if (_begrüßung != value)
```

```
            {
                _begrüßung = value;
                OnPropertyChanged(nameof(Begrüßung));
            }
        }
    }

    public ICommand LoginCommand { get; }

    public LoginViewModel()
    {
        LoginCommand = new Command(() =>
        {
            if (!string.IsNullOrWhiteSpace(Benutzername))
                Begrüßung = $"Willkommen, {Benutzername}!";
            else
                Begrüßung = "Bitte gib deinen Namen ein.";
        });
    }

    public event PropertyChangedEventHandler PropertyChanged;
    protected void OnPropertyChanged(string propertyName) =>
        PropertyChanged?
.Invoke(this, new PropertyChangedEventArgs(propertyName));
}
```

Listing 19.18 Implementierung des ViewModels

Dieses ViewModel implementiert das Interface `INotifyPropertyChanged`, das für die Aktualisierung der View bei geänderten Eigenschaftswerten verantwortlich ist. Ein Klick auf den Button führt den `LoginCommand` aus.

Im zweiten Schritt definieren wir die Benutzeroberfläche in XAML. Listing 19.19 zeigt, wie:

```
<?xml version="1.0" encoding="utf-8" ?>
<ContentPage xmlns="http://schemas.microsoft.com/dotnet/2021/maui"
             xmlns:x="http://schemas.microsoft.com/winfx/2009/xaml"
             x:Class="MauiBeispiele.LoginPage"
             xmlns:vm="clr-namespace:MauiBeispiele">

    <ContentPage.BindingContext>
        <vm:LoginViewModel />
    </ContentPage.BindingContext>
```

```
    <VerticalStackLayout Padding="30" Spacing="20">
        <Label Text="Anmeldung" FontSize="28" HorizontalOptions="Center" />
        <Entry Placeholder="Benutzername" Text="{Binding Benutzername}" />
        <Button Text="Login" Command="{Binding LoginCommand}" />
        <Label Text="{Binding Begrüßung}" FontAttributes="Italic"
               TextColor="DarkGreen" />
    </VerticalStackLayout>
</ContentPage>
```

Listing 19.19 Definition der Benutzeroberfläche in XAML

Die `BindingContext`-Zuweisung sorgt dafür, dass das ViewModel mit der View verbunden ist. Alle UI-Elemente binden ihre Eigenschaften direkt an die entsprechenden Felder des ViewModels. Den Code für die Datei *LoginPage.xaml.cs* sehen Sie in Listing 19.20:

```
namespace MauiBeispiele
{
    public partial class LoginPage : ContentPage
    {
        public LoginPage()
        {
            InitializeComponent();
        }
    }
}
```


Listing 19.20 Der Code der Datei »LoginPage.xaml.cs«

Im dritten Schritt können wir das Ergebnis testen. Abbildung 19.6 zeigt die gestartete Anwendung mit der `LoginPage`.

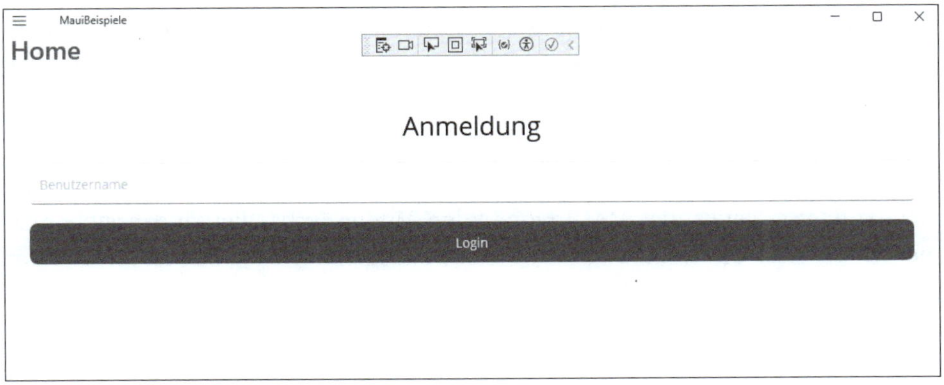

Abbildung 19.6 Beispielanwendung mit der »LoginPage«

Geben Sie nun in das Eingabefeld einen Namen ein und drücken den Button, wird die `LoginCommand`-Aktion ausgeführt, der Begrüßungstext im ViewModel geändert und automatisch im `Label` angezeigt, wie Abbildung 19.7 verdeutlicht.

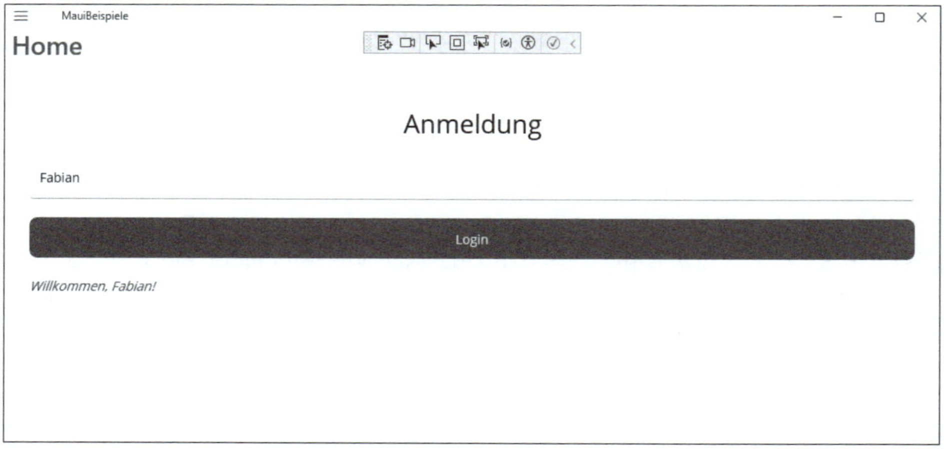

Abbildung 19.7 Begrüßungsnachricht bei erfolgreichem Login-Versuch

Dabei ist kein direkter Zugriff auf UI-Elemente im Code-Behind notwendig, die Logik bleibt vollständig im ViewModel gekapselt.

Das MVVM-Muster entfaltet seine volle Stärke insbesondere dann, wenn Anwendungen komplexer sind. .NET MAUI unterstützt erweiterte MVVM-Funktionalitäten wie Zwei-Wege-Datenbindung, Validierung von Benutzereingaben und seitenübergreifende Navigation direkt über ViewModels. Diese Mechanismen tragen entscheidend zur Wartbarkeit und Skalierbarkeit der Anwendung bei.

19.6.3 Zwei-Wege-Bindung (Two-Way Binding)

Zwei-Wege-Bindung bedeutet, dass eine Änderung entweder in der Benutzeroberfläche oder im ViewModel automatisch die jeweils andere Seite aktualisiert. Dies ist insbesondere bei Eingabefeldern wie `Entry`, `Editor`, `Switch` oder `Slider` relevant. Das folgende Listing zeigt ein Beispiel:

```
<Entry Text="{Binding Benutzername, Mode=TwoWay}" />
```

Standardmäßig verwendet MAUI bereits den Modus `TwoWay` bei Eingabesteuerelementen, so dass die explizite Angabe nicht zwingend erforderlich ist. Sobald der Benutzer Text eingibt, aktualisiert sich die entsprechende Eigenschaft im ViewModel automatisch und umgekehrt.

19.6.4 Validierung

Zur Validierung von Benutzereingaben existieren verschiedene Ansätze. Ein gängiges Muster ist es, die Eingabe im Setter der Eigenschaft im ViewModel zu prüfen und gegebenenfalls eine Fehlermeldung bereitzustellen, wie Listing 19.21 zeigt:

```
private string _benutzername;
public string Benutzername
{
    get => _benutzername;
    set
    {
        if (_benutzername != value)
        {
            _benutzername = value;
            OnPropertyChanged();

            Fehlertext = string.IsNullOrWhiteSpace(value)
                ? "Benutzername darf nicht leer sein."
                : string.Empty;
        }
    }
}

private string _fehlertext;
public string Fehlertext
{
    get => _fehlertext;
    set
    {
        _fehlertext = value;
        OnPropertyChanged();
    }
}
```


Listing 19.21 Validierung von Daten im Setter

In XAML lässt sich der Fehlertext einfach mit einem Label anzeigen, wie das Listing verdeutlicht:

```
<Label Text="{Binding Fehlertext}" TextColor="Red" IsVisible="{Binding
Fehlertext, Converter={StaticResource StringNotEmptyConverter}}" />
```

Für komplexere Validierungsszenarien empfiehlt sich der Einsatz eines MVVM-Frameworks mit eingebauter Unterstützung für Validierungslogik.

19.6.5 Navigation

Auch die Navigation zwischen Seiten lässt sich über das ViewModel steuern. Dazu sind Dienste wie `INavigation` nützlich, die sich etwa über Dependency Injection einbinden lassen. Listing 19.22 zeigt ein einfaches Beispiel:

```
public class MainViewModel
{
    private readonly INavigation _navigation;

    public ICommand ÖffneDetailsCommand { get; }

    public MainViewModel(INavigation navigation)
    {
        _navigation = navigation;
        ÖffneDetailsCommand = new Command(async () =>
        await _navigation.PushAsync(new DetailPage()));
    }
}
```

Listing 19.22 Beispiel für eine Navigation über »INavigation«

Alternativ lässt sich ein dedizierter `NavigationService` verwenden, um ViewModels von Views zu entkoppeln. In größeren Projekten empfiehlt sich die Einführung einer eigenen Navigationsinfrastruktur.

Die Kombination aus Datenbindung und dem MVVM-Architekturmuster ist in .NET MAUI nicht nur eine Empfehlung, sondern eine bewährte und integrierte Grundlage für wartbare und strukturierte Anwendungen. Die Trennung von Darstellung und Logik hilft, Code übersichtlich zu halten und Wiederverwendbarkeit sowie Testbarkeit zu verbessern. Für kleine Apps reicht oft ein einfaches ViewModel aus; bei größeren Projekten lohnt sich der Einsatz zusätzlicher MVVM-Frameworks oder DI-Container wie `CommunityToolkit.Mvvm`, `Prism` oder `ReactiveUI`, um noch mehr Kontrolle und Skalierbarkeit zu gewinnen.

19.6.6 MVVM mit dem »CommunityToolkit.Mvvm«

Das `CommunityToolkit.Mvvm` ist ein leichtgewichtiges und leistungsfähiges MVVM-Framework, das von Microsoft gepflegt wird und perfekt mit .NET MAUI harmoniert. Es reduziert Boilerplate-Code, fördert Best Practices und macht ViewModels übersichtlicher und wartbarer. Die wichtigsten Merkmale sind:

- automatische Implementierung von `INotifyPropertyChanged`
- einfachere Erstellung von Commands
- Unterstützung für Attribute zur Codegenerierung

Das Toolkit lässt sich über NuGet einbinden, beispielsweise über den folgenden Befehl auf der Kommandozeile:

```
dotnet add package CommunityToolkit.Mvvm
```

Verwendung in einem ViewModel

Ein einfaches Beispiel zeigt, wie sich mit dem Toolkit ein ViewModel stark vereinfachen lässt:

```
using CommunityToolkit.Mvvm.ComponentModel;
using CommunityToolkit.Mvvm.Input;

public partial class LoginViewModel : ObservableObject
{
    [ObservableProperty]
    private string benutzername;

    [ObservableProperty]
    private string begrüßung;

    [RelayCommand]
    private void Login()
    {
        if (!string.IsNullOrWhiteSpace(Benutzername))
            Begrüßung = $"Willkommen, {Benutzername}!";
        else
            Begrüßung = "Bitte gib deinen Namen ein.";
    }
}
```

Listing 19.23 Unser »LoginViewModel« mit dem »CommunityToolkit.Mvvm«

Dieses Beispiel nutzt zwei Attribute:

- `[ObservableProperty]`: Erzeugt automatisch die Eigenschaft mit `INotifyPropertyChanged`.
- `[RelayCommand]`: Generiert automatisch ein `ICommand`-Objekt namens `LoginCommand`, das in XAML gebunden werden kann.

Der zugehörige XAML-Code unseres Beispiels bleibt identisch:

```
<Entry Text="{Binding Benutzername}" />
<Button Text="Login" Command="{Binding LoginCommand}" />
<Label Text="{Binding Begrüßung}" />
```

Listing 19.24 XAML-Code für unser MVVM-Beispiel

Dennoch wird uns schnell klar, dass dieses Muster die Codebasis erheblich reduziert und gleichzeitig die Lesbarkeit erhöht. Durch das attributbasierte Arbeiten entsteht eine saubere, deklarative Struktur, die auch für größere ViewModels skalierbar bleibt. Vorteile des Toolkits sind die weniger manuell zu implementierende Setter-Logik, die automatische Command-Erzeugung, die bessere Testbarkeit und die Optimierung des Toolkits für .NET MAUI, WPF, WinUI und UWP gleichermaßen.

Mit der Kombination aus MVVM, Datenbindung und optionalem Einsatz des `CommunityToolkit.Mvvm` bietet .NET MAUI eine äußerst produktive Basis für die Entwicklung robuster, modularer und testbarer Benutzeroberflächen. Die Datenbindung sorgt für einen flüssigen Datenaustausch zwischen UI und Logik, während MVVM eine klare Struktur ermöglicht. Das Toolkit erleichtert den Einstieg erheblich und verringert den Wartungsaufwand, insbesondere bei größeren Projekten mit mehreren Views und komplexer Nutzerinteraktion.

19.7 Plattformunabhängigkeit und plattformspezifischer Code

Einer der wesentlichen Vorteile von .NET MAUI ist die Möglichkeit, Anwendungen zu schreiben, die auf mehreren Plattformen laufen, während der Großteil des Codes nur einmal entwickelt und gewartet werden muss. Dennoch gibt es Fälle, in denen plattformspezifisches Verhalten notwendig oder erwünscht ist, etwa wenn native Betriebssystemfunktionen verwendet werden sollen, die nicht durch die gemeinsame .NET MAUI-API abgedeckt sind. MAUI bietet dafür ein durchdachtes Konzept, mit dem sich gemeinsamer und plattformspezifischer Code klar trennen lässt.

Standardmäßig befindet sich der gesamte wiederverwendbare Anwendungscode im gemeinsamen Projektteil, also direkt in den *.cs*- und *.xaml*-Dateien außerhalb des *Platforms*-Ordners. Dazu gehören Benutzeroberflächen, Geschäftslogik, Datenzugriffe, Validierungen, Netzwerkaufrufe und mehr. Alles, was auf allen Plattformen gleich funktioniert, sollte hier angesiedelt sein.

Ein häufiger Anwendungsfall ist der Zugriff auf Betriebssystemfunktionen, etwa Vibrationsmotor, Kamera, Sensoren oder Berechtigungsabfragen. Diese sind oft sehr unterschiedlich implementiert und benötigen daher spezifische Codepfade je Plattform.

19.7.1 Zugriff auf native APIs: Beispiel mit Vibrationsfunktion (Android)

Zur Veranschaulichung ein einfaches Beispiel: Eine App soll den Vibrationsmotor eines Android-Geräts ansprechen, um eine kurze Vibration auszulösen. .NET MAUI stellt für einige dieser Anwendungsfälle eigene Abstraktionen zur Verfügung, etwa über die Klasse `Vibration` aus dem Namensraum `Microsoft.Maui.Essentials`. Diese Klasse bietet eine plattformübergreifende Schnittstelle, die intern den nativen Code der jeweiligen Plattform aufruft. Im gemeinsamen Code genügt es, folgende Anweisung auszuführen:

```
Vibration.Default.Vibrate(TimeSpan.FromMilliseconds(500));
```

Dieser Befehl führt auf einem Android-Gerät zu einer Vibration von einer halben Sekunde. Wird die App jedoch auf Windows oder macOS ausgeführt, geschieht nichts, dort existiert keine entsprechende native Implementierung, was bewusst in Kauf genommen wird. MAUI kümmert sich intern darum, ob die Funktion verfügbar ist, und verhindert eine Exception, falls nicht.

Sollte jedoch ein tieferer Zugriff auf Plattformfunktionen nötig sein, zum Beispiel auf bestimmte Android-spezifische Sensoren oder Windows-APIs, können Sie über plattformspezifische Services arbeiten. Dafür lässt sich in den jeweiligen Plattformordnern eine native Implementierung bereitstellen, während im gemeinsamen Code über ein Interface oder Dependency Injection gearbeitet wird. Zunächst definieren Sie ein Interface im gemeinsamen Projekt, wie Listing 19.25 zeigt:

```
public interface IDeviceVibrator
{
    void Vibrate(int milliseconds);
}
```

Listing 19.25 Allgemeines Interface als Schnittstelle für die spezifischen Implementierungen

Die plattformspezifische Implementierung für Android zeigt das folgende Listing. Der Code befindet sich im Verzeichnis *Platforms/Android/DeviceVibrator.cs*:

```
[assembly: Dependency(typeof(DeviceVibrator))]
namespace MauiBeispiele.Platforms.Android
{
    public class DeviceVibrator : IDeviceVibrator
    {
        public void Vibrate(int milliseconds)
        {
            var vibrator =
                Application.Context.GetSystemService(Context.VibratorService)
                as Vibrator;
            vibrator?.Vibrate(VibrationEffect.CreateOneShot(500,
                                  VibrationEffect.DefaultAmplitude));
        }
    }
}
```

Listing 19.26 Spezifische Android-Implementierung für das Vibrieren

19

Die Verwendung im gemeinsamen Code sehen Sie in Listing 19.27:

```
var vibrator = DependencyService.Get<IDeviceVibrator>();
vibrator?.Vibrate(300);
```

Listing 19.27 Nutzung der Vibrationsfunktion im gemeinsamen Code

Wichtig ist, für Android noch die Berechtigung zum Vibrieren in der Datei *AndroidManifest.xml* zu setzen:

```
<uses-permission android:name="android.permission.VIBRATE" />
```

Dieser Ansatz zeigt, wie MAUI es ermöglicht, gezielt plattformspezifischen Code auszulagern, ohne die Plattformunabhängigkeit der Anwendung als Ganzes zu verlieren. Andere Plattformen, auf denen keine Implementierung vorliegt, ignorieren den Dienst. Alternativ stellen wir eine optionale leere Standardimplementierung bereit.

Als weitere Möglichkeit steht die Vibrationsfunktion als Abstraktion im Namensraum `Microsoft.Maui.Devices` zur Verfügung und lässt sich direkt aufrufen:

```
Vibration.Vibrate(500);
```

MAUI-Anwendungen sind darauf ausgelegt, möglichst viel Code gemeinsam zu nutzen. In vielen Fällen können Sie vollständig ohne plattformspezifische Programmierung auskommen. Wo es jedoch erforderlich ist, bietet MAUI eine klare und nachvollziehbare Trennung zwischen gemeinsamem und plattformabhängigem Code. Dieses flexible Architekturmodell macht .NET MAUI zu einem leistungsfähigen Werkzeug für moderne App-Entwicklung.

19.8 Debugging und Deployment

Die Entwicklung plattformübergreifender Anwendungen erfordert nicht nur eine flexible Architektur, sondern auch Werkzeuge und Strategien, um Anwendungen effizient testen, debuggen und auf Zielplattformen ausliefern zu können. .NET MAUI integriert sich nahtlos in Visual Studio und bietet eine einheitliche Debugging- und Deploymenterfahrung, unabhängig davon, ob die App auf Android, iOS, Windows oder macOS ausgeführt wird.

19.8.1 Debugging auf Emulatoren und echten Geräten

Während der Entwicklung ist es entscheidend, die App in möglichst realistischen Umgebungen auszuführen. MAUI erlaubt das Starten und Debuggen direkt aus Visual Studio heraus, entweder auf einem Emulator oder auf einem physischen Gerät.

Für Android können sowohl Emulatoren als auch echte Geräte verwendet werden. Visual Studio bietet die Möglichkeit, Android-Emulatoren über den Android Device Manager zu erstellen und zu verwalten. Diese Emulatoren simulieren ein Android-Gerät vollständig und ermöglichen Tests ohne zusätzliche Hardware.

Nach Auswahl des gewünschten Emulators in der Geräteauswahlleiste (DEVICE SELECTOR) kann die App mit einem Klick gestartet und debuggt werden. Breakpoints, Ausgaben in der Konsole (`Debug.WriteLine`), Live Visual Tree und andere Werkzeuge stehen dabei uneingeschränkt zur Verfügung.

Auch echte Android-Geräte lassen sich nutzen, sofern sie über USB mit dem PC verbunden und für das Debugging freigeschaltet wurden. Die Aktivierung des Entwicklermodus sowie die Bestätigung des USB-Debuggings am Gerät sind Voraussetzung. Nach erfolgreicher Verbindung erscheint das Gerät automatisch in der Geräteliste in Visual Studio.

Da .NET MAUI auf Windows direkt WinUI verwendet, kann eine Anwendung nativ als Desktop-App unter Windows ausgeführt und getestet werden. In diesem Fall handelt es sich nicht um eine Simulation, sondern um die tatsächliche Windows-Version der App. Dies erleichtert das Testen, insbesondere in Kombination mit Tools wie dem Windows Application Debugger oder Performance Profiler.

Debugging unter Windows unterscheidet sich kaum von klassischem .NET- oder WPF-Debugging: Breakpoints, Live Visual Tree und Hot Reload stehen zur Verfügung.

Das Debugging unter iOS und macOS ist ebenfalls möglich, erfordert aber zusätzliche Voraussetzungen. Ein Mac ist erforderlich, da Apple die App-Ausführung und -Signierung ausschließlich auf macOS erlaubt. Visual Studio unter Windows kann über die »Pair to Mac«-Funktion mit einem Mac im Netzwerk verbunden werden. Alternativ kann die gesamte Entwicklung direkt unter Visual Studio for Mac erfolgen.

Auf einem verbundenen Mac kann die App auf dem iOS-Simulator ausgeführt werden. Auch der Anschluss eines echten iPhones oder iPads per USB ist möglich – allerdings erfordert dies ein Apple-Entwicklerkonto und ein gültiges Zertifikat für das Deployment.

Für macOS-Apps gilt Ähnliches: Sie sind über Mac Catalyst kompiliert und lassen sich direkt auf einem Mac oder im macOS-Simulator starten.

19.8.2 Deployment: Grundlagen für Android, Windows und iOS/macOS

Nach der Entwicklung und dem Testen folgt in der Regel die Bereitstellung der Anwendung an Endnutzer. Auch für das Deployment stellt .NET MAUI passende Werkzeuge bereit, die sich je nach Plattform leicht unterscheiden.

Für Android erfolgt das Deployment typischerweise in Form einer APK- (Android Package Kit) oder AAB-Datei (Android App Bundle) . Visual Studio bietet dafür einen »Release«-Build-Modus. Die generierte Datei kann dann manuell auf Geräte übertragen oder über den Google Play Store veröffentlicht werden. Ein einfaches Release-Build-Kommando (über CLI oder Visual Studio) lautet:

```
dotnet publish -f net8.0-android -c Release
```

Dabei wird eine signierbare APK-/AAB-Datei im Ausgabeverzeichnis erstellt.

Windows-Apps werden als MSIX-Paket oder als klassische EXE-Anwendung bereitgestellt. Auch hier ist der Release-Modus ausschlaggebend. MAUI-Apps können lokal installiert, über das Microsoft Store Developer Center veröffentlicht oder intern über eigene Distributionskanäle verteilt werden (z. B. per Group Policy oder Intune). Ein Beispiel für ein Windows-Release zeigt der folgende Befehl:

```
dotnet publish -f net8.0-windows10.0.19041.0 -c Release
```

Die resultierende Anwendung ist vollständig signierbar und kann auf modernen Windows-Systemen installiert werden.

Die Veröffentlichung für iOS und macOS erfolgt ausschließlich über einen Mac, da Apple eine Signierung mit einem gültigen Zertifikat voraussetzt. Für iOS ist in der Regel ein Apple Developer Account erforderlich, damit die App im App Store veröffentlicht oder auf Geräten installiert werden kann.

Die Bereitstellung erfolgt über Xcode oder den Transporter – entweder für Testzwecke über TestFlight oder direkt für die App-Store-Einreichung.

Ein vereinfachter Workflow sieht vor, zunächst das Release-Build unter macOS zu erstellen, dann die App zu signieren und zu archivieren. Ein Upload ist über Xcode oder Transporter möglich.

.NET MAUI bietet somit eine konsistente und integrierte Umgebung für das Debugging und Deployment auf allen unterstützten Plattformen. Die enge Verzahnung mit Visual Studio ermöglicht dabei sowohl die Ausführung auf Emulatoren als auch auf echten Geräten, während der Build- und Veröffentlichungsvorgang sich weitgehend automatisieren lässt. Für produktive Anwendungen empfiehlt sich, je nach Zielplattform, die vertiefte Auseinandersetzung mit den spezifischen Deploymentanforderungen, etwa Zertifikatsverwaltung, Store-Richtlinien oder CI/CD-Pipelines. Die grundlegenden Werkzeuge und Schnittstellen dafür stellt MAUI jedoch bereits bereit und macht damit den Weg von der Idee bis zur fertigen App vergleichsweise geradlinig.

Kapitel 20
2D-Grafik in WPF und .NET MAUI

In diesem Kapitel zur WPF möchten wir Ihnen einen kurzen Einblick in die grafischen Fähigkeiten der WPF geben. Mehr noch als in den Kapiteln zuvor gilt hier, dass wir uns nur auf einen oberflächlichen Streifzug durch die 2D-Grafik begeben. Auf die Betrachtung der 3D-Fähigkeiten und auch das Erzeugen von Animationen oder den Einsatz von multimedialen Elementen müssen wir aus Platzgründen verzichten. So beschränken wir uns in diesem Buch auf einen Streifzug durch die 2D-Grafik, so dass Sie zumindest erahnen können, welche Fähigkeiten, jetzt rein aus grafischer Sicht, in der WPF stecken.

20.1 Shapes

20.1.1 Allgemeine Beschreibung

Die einfach zu verwendenden `Shape`-Elemente stellen grafische Elemente dar, die sich auf der Oberfläche platzieren lassen. Allen gemeinsam ist die Basisklasse `Shape`, von der es sechs Ableitungen gibt. Allen gemeinsam ist also eine gemeinsame Grundfunktionalität. `Shape` selbst leitet sich aus `UIElement` ab, so wie auch beispielsweise der `Button` oder die `TextBox`. Somit können Sie `Shape`-Elemente genauso wie diese Steuerelemente behandeln – sie zeichnen sich selbst und reagieren sogar auf Maus- und Tastatureingaben.

Eine Besonderheit sollte nicht unerwähnt bleiben: `Shape`-Elemente können keine anderen Elemente aufnehmen, wie es üblicherweise bei den Steuerelementen der Fall ist. Sie eignen sich, um aus der Kombination mehrerer `Shape`-Elemente komplexere grafische Gebilde zu schaffen. Dazu sollten Sie einen `Canvas`-Container benutzen, da sich `UIElement`-Objekte darin beliebig positionieren lassen.

Als Basisklasse stellt `Shape` einige spezifische Eigenschaften bereit. Dazu gehört beispielsweise die Eigenschaft `Fill`, mit der ein Füllmuster angegeben werden kann. Füllmuster werden durch die Klasse `Brush` beschrieben. Zur Anpassung an den Umgebungsbereich dient die Eigenschaft `Stretch`. Zudem werden mit mehreren `StrokeXxx`-Eigenschaften Möglichkeiten zur Definition des Rahmens, der Linien und der Linienzüge angeboten.

Die von `Shape` abgeleiteten Klassen finden Sie in Tabelle 20.1.

Klasse	Beschreibung
Ellipse	Beschreibt Ellipsen und Kreise.
Line	Beschreibt eine durch Koordinaten definierte Linie.
Path	Beschreibt eine komplexe Struktur, die aus Linien, Bögen und Rechtecken besteht.
Polygon	Beschreibt eine Reihe von Koordinatenpunkten. Der letzte Koordinatenpunkt wird mit dem ersten verbunden, so dass eine geschlossene Fläche entsteht.
Polyline	Beschreibt eine geometrische Struktur, bei der der letzte Punkt nicht mit dem ersten verbunden wird, anders als bei Polygon.
Rectangle	Beschreibt ein Rechteck.

Tabelle 20.1 Die von »Shape« abgeleiteten Klassen

20.1.2 »Line«-Elemente

Linien sind über zwei Punkte definiert. Dazu dienen die Eigenschaften X1, Y1 und X2, Y2. X1 und Y1 beschreiben den Startpunkt der Linie, wobei der Ursprungspunkt der linke obere Eckpunkt des Containers ist. Die Farbe der Linie wird durch Stroke beschrieben, die Zeichenbreite durch StrokeThickness. Setzen Sie zum Zeichnen die Klasse Pen ein, können Sie die Charakteristik der Linien auch frei gestalten. Stellen Sie damit beispielsweise gestrichelte Linien dar, oder runden Sie das Linienende ab.

```
<Canvas>
  <Line X1="10" X2="100" Y1="110" Y2="40"
        Stroke="Blue" StrokeThickness="4" />
  <Line X1="0" X2="120" Y1="0" Y2="100"
        Stroke="Red" StrokeThickness="2" />
</Canvas>
```

Listing 20.1 Linien im XAML-Code

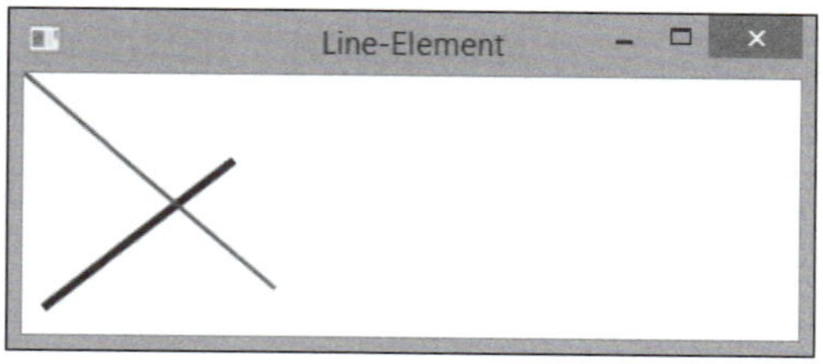

Abbildung 20.1 »Line«-Elemente in einem »Canvas«

20.1.3 »Ellipse«- und »Rectangle«-Elemente

Im XAML-Code sind sich `Rectangle` und `Ellipse` sehr ähnlich. Über `Height` und `Width` wird die Ausdehnung der beiden grafischen Elemente beschrieben. Auch hier ist der Bezugsstartpunkt der linke obere Eckpunkt des umgebenden Containers. Eine Besonderheit hat `Rectangle` zu bieten: Mit `RadiusX` und `RadiusY` können Sie abgerundete Ecken erzeugen. Im Gegensatz zu `Line` ist die Eigenschaft `Fill` hier sinnvoll, da es sich um flächenbeschreibende grafische Figuren handelt.

```
<Canvas>
  <Rectangle Width="120" Height="40" Stroke="Blue"
             StrokeThickness="2" Fill="AntiqueWhite"
             RadiusX="10" RadiusY="30" />
  <Ellipse Width="100" Height="100" Stroke="Black" StrokeThickness="2" />
</Canvas>
```

Listing 20.2 »Rectangle« und »Ellipse« im XAML-Code

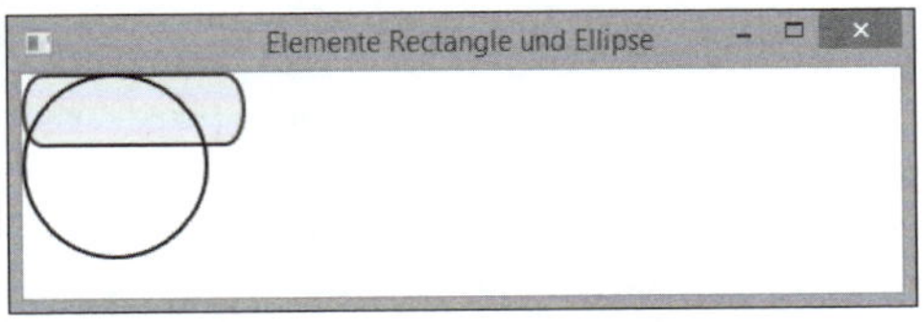

Abbildung 20.2 Die Elemente »Rectangle« und »Ellipse«

20.1.4 »Polygon«- und »Polyline«-Elemente

Zum Zeichnen eines `Polygon`- oder `Polyline`-Objekts werden die einzelnen Punkte durch den Typ `Point` beschrieben und einer `PointCollection` übergeben. Diese wird mit der Eigenschaft `Points` angesprochen. Bei einem `Polygon` werden der erste und der letzte Punkt automatisch miteinander verbunden, so dass daraus eine geschlossene Fläche resultiert.

In XAML werden die Punkte als Wertepaare angegeben. Jedes Wertepaar lässt sich durch ein optionales Komma trennen. Somit sind die beiden folgenden XAML-Ausdrücke identisch:

```
<Polyline Points="0 0 20 30 40 70 60 30" Stroke="Black" />
<Polyline Points="0,0 20,30 40,70 60,30" Stroke="Black" />
```

20.1.5 Darstellung der Linien

Eine Vielzahl von Eigenschaften ermöglicht es, die Darstellung der Linien von `Shape`-Objekten zu beeinflussen. `Stroke` und `StrokeThickness` haben wir bereits benutzt. In Tabelle 20.2 sind einige der beeinflussenden Eigenschaften aufgeführt.

Eigenschaft	Beschreibung
Stroke	Gibt das Füllmuster an. Die Eigenschaft erwartet ein Brush-Objekt. Im einfachsten Fall geben Sie hier nur die Farbe an.
StrokeDashArray	Gibt das Strichmuster der Linie an.
StrokeDashCap	Definiert die Form der Linienenden innerhalb der Linie bei Verwendung von Mustern. Diese Eigenschaft ist vom Typ der Enumeration PenLineCap.
StrokeDashOffset	Beschreibt den Versatz, der beim Zeichnen einer Strich-Punkt-Linie verwendet wird.
StrokeEndLineCap	Definiert die Form des Linienendes und ist vom Typ der Aufzählung PenLineCap.
StrokeLineJoin	Definiert, wie zwei Linienenden miteinander verbunden werden. Die Eigenschaft ist vom Typ der Enumeration PenLineJoin.
StrokeMiterLimit	Legt fest, wie zwei Linienenden beim Aufeinandertreffen ineinander übergehen.
StrokeStartLineCap	Definiert die Form des Linienanfangs und ist vom Typ der Aufzählung PenLineCap.
StrokeThickness	Legt die Zeichenbreite fest.

Tabelle 20.2 Eigenschaften zur Darstellung der Linien

Linienenden werden durch einen Wert der Enumeration PenLineCap beschrieben. Diese Aufzählung beschreibt die Werte Flat, Round, Square und Triangle. Das dürfte keiner weiteren Erläuterung bedürfen.

Erklärungsbedürftig sind aber auf jeden Fall die beiden Eigenschaften StrokeDashArray und StrokeDashOffset. Beide gestatten die freie Definition der Linie mit Double-Werten. Die Double-Werte sind in einer Collection gelistet. Es handelt sich immer um ein Pärchen, bei dem die erste Zahl die Länge der Teillinie beschreibt, die zweite die Lücke zwischen zwei Linien. Dabei ist eine Besonderheit zu beachten: Die Werte werden immer mit der Linienbreite StrokeThickness multipliziert.

In Abbildung 20.3 sind drei Linien dargestellt, die einige der aufgeführten Eigenschaften nutzen. Die Ausgabe basiert auf dem folgenden XAML-Code:

```
<Canvas>
  <Line X1="10" X2="400" Y1="10" Y2="10" Stroke="Black"
        StrokeThickness="10"
```

```
        StrokeDashArray="2 3 2 3 2 3" StrokeStartLineCap="Square"
        StrokeDashOffset="2"
        StrokeDashCap="Round" />
  <Line X1="10" X2="400" Y1="30" Y2="30" Stroke="Blue" StrokeThickness="10"
        StrokeDashArray="1 2 4 2"
        StrokeDashCap="Triangle"/>
  <Line X1="10" X2="400" Y1="50" Y2="50" Stroke="Red" StrokeThickness="10"
        StrokeDashArray="1 0.5 5 0.5"/>
</Canvas>
```

Listing 20.3 XAML-Code zu Abbildung 20.3

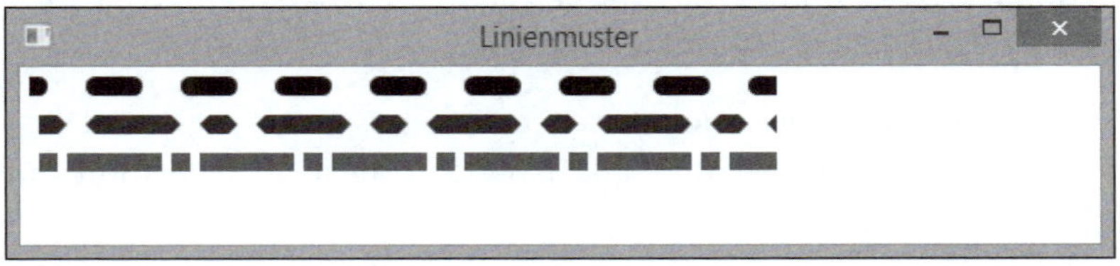

Abbildung 20.3 Verschiedene Linienmuster

20.2 »Path«-Elemente

In den vorhergehenden Abschnitten haben wir uns einige von Shape abgeleitete Klassen angesehen. Eine Klasse haben wir noch nicht betrachtet: Path. Von allen Shape-Elementen ist Path sicherlich das mächtigste und vielseitigste mit den meisten Möglichkeiten, denn mit Path lassen sich auch komplexeste Figuren erzeugen.

Ein Path beschreibt eine geometrische Figur natürlich ebenfalls mit Linien, Kreisen usw. Sollten Sie jetzt aber der Meinung sein, hier die bereits behandelten Elemente wie Line der Ellipse verwenden zu können, liegen Sie falsch. Stattdessen verwendet Path andere Elemente, die von der Klasse Geometry abgeleitet sind und in ihrem Bezeichner das Suffix Geometry haben. Dazu gehören LineGeometry, EllipseGeometry und RectangleGeometry. Ein wesentliches Unterscheidungsmerkmal zwischen Line und LineGeometry ist beispielsweise, dass LineGeometry nicht auf Ereignisse reagiert – ganz im Gegensatz zu Line. Das gilt auch für die anderen Geometry-Objekte.

Ein anderes Merkmal ist, dass sich Geometry-Elemente nicht selbst zeichnen können – sie sind beispielsweise auf Path angewiesen. Die Eigenschaften Fill oder Stroke werden Sie daher vergeblich in Geometry-Elementen suchen.

Die geometrische Figur, die durch Path beschrieben wird, geben Sie für die Path-Eigenschaft Data an, die Geometry-Elemente akzeptiert. Dabei kann es sich im einfachen Fall um genau ein Element handeln, aber auch um mehrere.

20

Genug der Worte, sehen wir uns nun die Festlegung einer Ellipse mit Path an.

```
<Path Stroke="Black">
  <Path.Data>
    <EllipseGeometry Center="100,100" RadiusX="100" RadiusY="60" />
  </Path.Data>
</Path>
```

Listing 20.4 Eine Ellipse mit »Path« im XAML-Code

Ihnen fällt vermutlich sofort auf, dass die Größe der Ellipse nun nicht mehr durch Height und Width bestimmt wird, sondern durch die Eigenschaft Center. Die Größe der Ellipse wird durch RadiusX und RadiusY festgelegt. RadiusX beschreibt dabei den Radius in X-Richtung, RadiusY in Y-Richtung.

Ein ähnlicher Unterschied findet sich auch zwischen den Klassen Rectangle und RectangleGeometry. Hier wird die Eigenschaft Rect dazu benutzt, die relative Position und die Abmessungen festzulegen.

```
<Path Stroke="Black">
  <Path.Data>
    <RectangleGeometry Rect="40,10,100,150" RadiusX="20" RadiusY="50" />
  </Path.Data>
</Path>
```

Listing 20.5 Relative Position und Abmessungen festlegen

Die beiden ersten Zahlen geben die Position des Bezugspunktes an (das ist die linke obere Ecke), die beiden letzten die Breite und Höhe. Mit RadiusX und RadiusY können Sie die Ecken sogar mit den angegebenen Radien runden.

20.2.1 Das Element »GeometryGroup«

So wie in den beiden Listings zuvor gezeigt, können Sie nur eine geometrische Figur ausgeben. Natürlich ließen sich mehrere Path-Elemente angeben, um zumindest optisch eine komplexe Figur zu erstellen. Aber es gibt auch einen anderen Weg, bei dem Hilfsklassen zum Einsatz kommen. Unter Zuhilfenahme von Hilfsklassen lassen sich mehrere geometrische Figuren zu einer Gesamtfigur zusammenfassen.

Zu diesen Hilfsklassen gehört GeometryGroup, die in Listing 20.6 ein EllipseGeometry und ein RectangleGeometry-Element kombiniert. Die Ausgabe sehen Sie in Abbildung 20.4.

```
<Path Fill="Blue">
  <Path.Data>
    <GeometryGroup FillRule="Nonzero">
```

```
      <EllipseGeometry Center="200,85" RadiusX="30" RadiusY="20" />
      <RectangleGeometry Rect="10,110,100,150" RadiusX="20" RadiusY="50" />
    </GeometryGroup>
  </Path.Data>
</Path>
```

Listing 20.6 Beschreibung einer geometrischen Figur

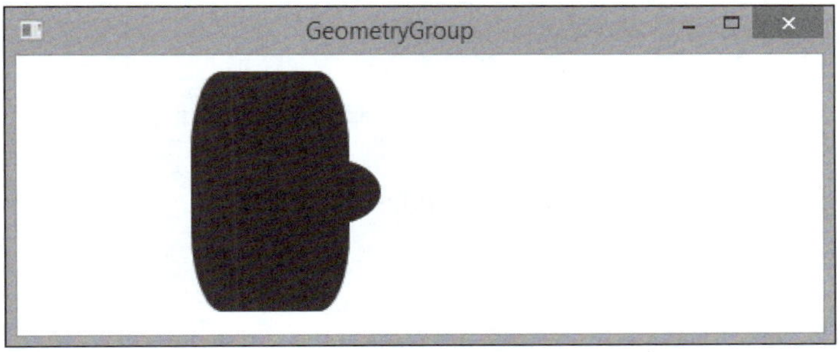

Abbildung 20.4 Eine durch »GeometryGroup« beschriebene geometrische Figur

Mit Fill wird die Füllfarbe Blau festgelegt, die für den gesamten umschlossenen Bereich der Figur steht. In die Data-Eigenschaft ist das GeometryGroup-Element eingebettet, das seinerseits die Geometry-Elemente des Rechtecks und der Ellipse enthält.

Beachten Sie in Listing 20.6 auch die Eigenschaft FillRule, die beschreibt, wie die sich überschneidenden Bereiche der Objekte kombiniert werden. FillRule können Sie entweder auf EvenOdd oder auf Nonzero setzen. In Abbildung 20.5 ist die Einstellung EvenOdd.

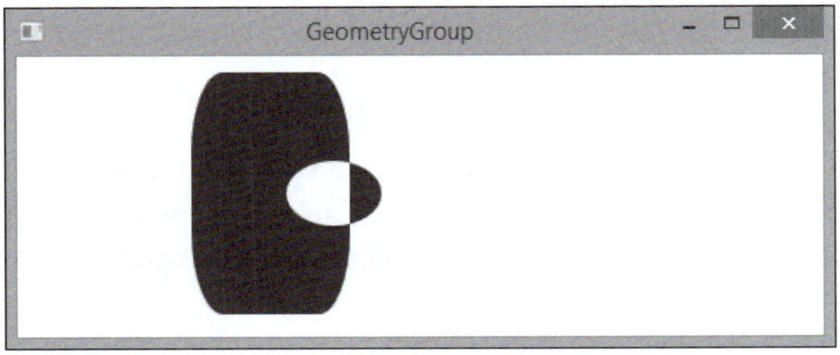

Abbildung 20.5 Auswirkung der Einstellung »EvenOdd« der Eigenschaft »FillRule«

20.2.2 Das Element »CombinedGeometry«

Mit GeometryGroup lassen sich beliebig viele Geometry-Elemente kombinieren, mit CombinedGeometry nur zwei. CombinedGeometry weist mit GeometryCombineMode eine besondere Eigenschaft auf, mit der die Kombination der beiden Elemente beschrieben wird. Die

Eigenschaft ist vom Typ der Enumeration GeometryCombineMode, die die Werte Exclude, Intersect, Union und Xor enthält. Die Auswirkungen sehen Sie in Abbildung 20.6.

Abbildung 20.6 Auswirkungen der Eigenschaft »GeometryCombineMode«

Der Abbildung liegt der folgende XAML-Code zugrunde:

```
<Canvas>
  <Path Fill="Blue">
    <Path.Data>
      <CombinedGeometry GeometryCombineMode="Xor">
        <CombinedGeometry.Geometry1>
          <EllipseGeometry Center="100,100" RadiusX="50" RadiusY="50" />
        </CombinedGeometry.Geometry1>
        <CombinedGeometry.Geometry2>
          <EllipseGeometry Center="150,100" RadiusX="50" RadiusY="50" />
        </CombinedGeometry.Geometry2>
      </CombinedGeometry>
    </Path.Data>
  </Path>
</Canvas>
```

Listing 20.7 XAML-Code für Abbildung 20.6

Die beiden Geometry-Objekte müssen mit den beiden Eigenschaften Geometry1 und Geometry2 zugeordnet werden. Anders als bei einer GeometryGroup wird aus der durch die blaue Farbe gekennzeichneten Fläche eine neue geometrische Figur geschaffen.

20.2.3 Geometrische Figuren mit »PathGeometry«

GeometryGroup und CombinedGeometry sind noch beschränkt in ihren Möglichkeiten. Zur Darstellung auch komplexester geometrischer Figuren ist das Element PathGeometry bestens geeignet. Die resultierende Gesamtfigur wird dabei in mehrere einzelne Figuren zerlegt, deren Linien schrittweise zusammengefügt werden. Diese Vorgehensweise erfordert viel Detailarbeit, woraus am Ende auch ein unter Umständen sehr komplexer XAML-Code resultiert.

Das folgende Codebeispiel demonstriert den Einsatz des PathGeometry-Elements. Die Ausgabe ist kaum der Rede wert, es handelt sich um ein einfaches Quadrat.

```
<Canvas>
  <Path Stroke="#FF000000">
    <Path.Data>
      <PathGeometry>
        <PathGeometry.Figures>
          <PathFigure StartPoint="0,0" IsClosed="True">
            <LineSegment Point="100,0" />
            <LineSegment Point="100,100" />
            <LineSegment Point="0,100" />
          </PathFigure>
        </PathGeometry.Figures>
      </PathGeometry>
    </Path.Data>
  </Path>
</Canvas>
```

Listing 20.8 Darstellung eines Quadrats

Innerhalb des PathGeometry-Elements ist in der Eigenschaft Figures ein PathFigure-Element eingebettet. In diesem Beispiel handelt es sich nur um ein PathFigure-Element, es können aber beliebig viele sein. In PathFigure sind die grafischen Elemente eingebettet. An der namentlichen Kennzeichnung erkennen Sie bereits, dass es sich um eine ganz besondere Gruppe von Elementen handelt. Tatsächlich müssen sie von PathSegment abgeleitet sein.

PathSegment zeichnet sich nur durch zwei Eigenschaften aus: Mit IsStroked legen Sie fest, ob ein Element gezeichnet werden soll, und mit IsSmoothJoin bestimmen Sie, ob die Verbindung zum Vorgängerelement abgerundet werden soll oder nicht.

Im Element PathFigure ist über StartPoint der Startpunkt des geometrischen Objekts definiert. Mit IsClosed lässt sich der letzte Endpunkt des letzten geometrischen Objekts mit dem Startpunkt des ersten verbinden, um so ein geschlossenes Objekt zu erhalten.

20.3 »Brush«-Objekte

Die grafischen Elemente, auf die wohl am häufigsten zugegriffen wird, sind die Brush-Elemente, zu Deutsch Pinsel genannt. Sie beschreiben die Darstellung von Hintergründen, Füllmustern und auch anderer grafischer Elemente.

Basis aller Füllmuster ist die Klasse Brush, die zum Namespace System.Windows.Media gehört. Die Klasse Brush ist abstrakt definiert und stellt neben anderen Eigenschaften auch die Möglichkeit zur Verfügung, mit der Eigenschaft Opacity die Transparenz einzustellen. Brush wird durch TileBrush, GradientBrush und SolidColorBrush abgeleitet. Die beiden erstgenannten Klassen sind ihrerseits selbst abstrakt und dienen nur der Bereitstellung weiterer Gemeinsamkeiten an ihre eigenen Ableitungen. Die Hierarchie sehen Sie in Abbildung 20.7.

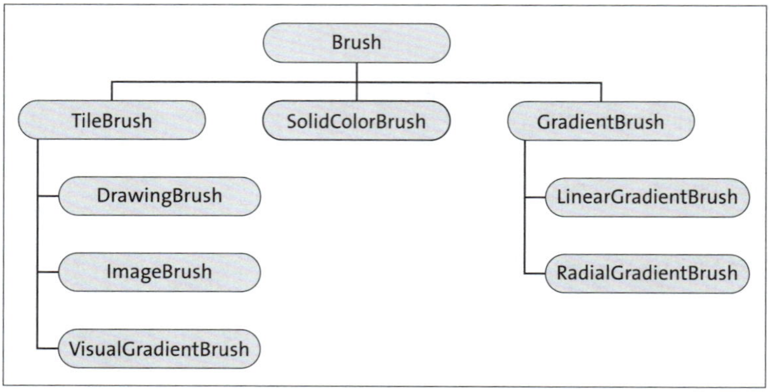

Abbildung 20.7 Die Hierarchie der »Brush«-Klassen

Eine Kurzbeschreibung der Klassen finden Sie in Tabelle 20.3. Wir werden uns im Verlauf dieses Kapitels die Klassen noch etwas genauer ansehen.

Klasse	Beschreibung
DrawingBrush	Dient zur Füllung eines Bereichs mit grafischen Elementen, Videos und Bildern.
ImageBrush	Füllt einen Bereich mit Bildern.
LinearGradientBrush	Wird verwendet, um einen linearen Farbverlauf darzustellen.
RadialGradientBrush	Wird verwendet, um einen radialen Farbverlauf darzustellen.
SolidColorBrush	Dient zum Füllen mit genau einer Farbe.
VisualBrush	Füllt einen Bereich mit einem grafischen Element.

Tabelle 20.3 Konkrete Ableitungen der Klasse »Brush«

20.3.1 »SolidColorBrush«

Möchten Sie eine Fläche mit einer Farbe füllen oder Linien in einer bestimmten Farbe zeichnen, verwenden Sie SolidColorBrush. Geben Sie die Farbe an, können Sie auf die vordefinierten Eigenschaften der Klasse Brushes zurückgreifen, beispielsweise:

```
<Rectangle Width="100" Height="60">
  <Rectangle.Fill>
```

```
    <SolidColorBrush Color="BlanchedAlmond" />
  </Rectangle.Fill>
</Rectangle>
```

Listing 20.9 Eine einfache Farbe festlegen

Der gewünschte Farbwert wird mit der Eigenschaft `Color` angegeben. Er kann auch ein Hexadezimalwert sein:

```
<SolidColorBrush Color="#AA8790" />
```

Bei der Angabe eines Hexadezimalwertes können Sie neben dem eigentlichen Wert des Farbtons die Angabe um eine Transparenz erweitern. Beabsichtigen Sie, eine Farbe mit 50 % Transparenz anzuzeigen, würde der Farbton wie folgt beschrieben:

```
<SolidColorBrush Color="#80AA8790" />
```

Hier wird einfach vor der sechsstelligen Hexadezimalzahl der Farbe eine zweistellige Transparenz für den sogenannten *Alphakanal* angegeben. Farben werden im Web häufig in der sogenannten Hexadezimal-Schreibweise angegeben, etwa als #RRGGBB, wobei Rot, Grün und Blau jeweils durch zwei hexadezimale Zeichen dargestellt sind. Um zusätzlich die Transparenz einer Farbe zu steuern, wird der Alphakanal verwendet. Dabei ist der Farbwert um zwei weitere Zeichen ergänzt, die die Deckkraft (Opacity) festlegen. Diese wird als AA vorangestellt (z. B. #AARRGGBB). Der Alphakanal reicht von 00 (komplett transparent) bis FF (voll deckend).

Alternativ bietet sich die gleichwertige Übergabe der Transparenz an die Eigenschaft `Opacity` an:

```
<SolidColorBrush Opacity="0.5" Color="#AA8790" />
```


20.3.2 »LinearGradientBrush«

Die Klasse `LinearGradientBrush` beschreibt einen Farbverlauf zwischen zwei Punkten. Die Achse des Farbverlaufs wird als *Verlaufslinie* oder auch *Gradientenachse* bezeichnet. Diese Linie gibt die Richtung des Farbverlaufs an und wird durch die Eigenschaften `StartPoint` und `EndPoint` beschrieben. Die Definition des Koordinatensystems für den Gradienten sehen Sie in Abbildung 20.8.

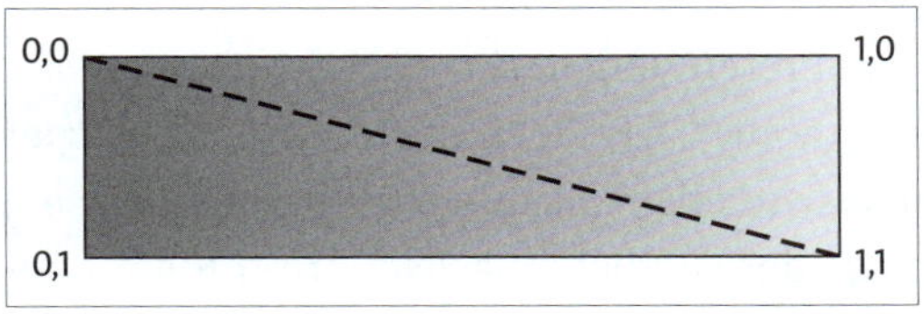

Abbildung 20.8 Koordinatendefinition

Ein Gradient, der von links nach rechts verlaufen soll, beginnt im Punkt `0,0` und endet im Punkt `1,0`. Ein diagonaler Verlauf von rechts unten nach links oben beginnt im Punkt `1,1` und endet im Punkt `0,0`. Um den Effekt des Gradienten zu erfahren, betrachten Sie Abbildung 20.9, in der vier Rechtecke eine jeweils anders verlaufende Gradientenachse haben. Von links nach rechts sind die Farbverläufe wie folgt definiert:

```
<LinearGradientBrush StartPoint="0,0" EndPoint="1,0">
<LinearGradientBrush StartPoint="0,0" EndPoint="1,1">
<LinearGradientBrush StartPoint="1,1" EndPoint="0,0">
<LinearGradientBrush StartPoint="0,1" EndPoint="0,0">
```

Listing 20.10 XAML-Code für Abbildung 20.9

Abbildung 20.9 Farbverläufe mit unterschiedlichen Gradientenachsen

Einen Farbverlauf zu erzeugen bedeutet, mindestens zwei Farben anzugeben. Hierfür ist die Klasse `GradientStop` notwendig. Diese versetzt uns sogar in die Lage, beliebig viele Zwischenpunkte innerhalb des Farbverlaufs festzulegen. Der relative Punkt auf der Gradientenachse wird mit der Eigenschaft `Offset` angegeben, die zwischen dem Startpunkt 0 und dem Endpunkt 1 liegen muss. Für jedes `GradientStop`-Element wird mit `Color` die gewünschte Farbe in dem betreffenden Punkt beschrieben.

Sehen wir uns zuerst einen einfachen Farbverlauf von Weiß nach Grau an:

```
<LinearGradientBrush StartPoint="0,0" EndPoint="1,0">
  <GradientStop Offset="0.0" Color="White" />
  <GradientStop Offset="1.0" Color="Black" />
</LinearGradientBrush>
```

Listing 20.11 Einfacher Farbverlauf

Die Darstellung entspricht dann der des linken Quadrats in Abbildung 20.9.

Beeindruckender sind Farbverläufe mit mehreren Verlaufsänderungen. Dazu geben Sie die »Zwischenstopps« ebenfalls durch `GradientStop`-Elemente unter Nennung der Farbe an. Die Position des Zwischenstopps wird ebenfalls durch `Offset` beschrieben, das natürlich zwischen 0 (dem Startpunkt der Gradientenachse) und 1 (dem Endpunkt der Gradientenachse) liegen muss. Da `Offset` vom Typ `Double` ist, können Sie den Zwischenstopp sehr präzise festlegen.

Listing 20.12 enthält zwei Zwischenstopps in den Farben Grau und Blau in dem an sich ansonsten von Weiß nach Schwarz definierten Farbverlauf.

```
<LinearGradientBrush StartPoint="0,0" EndPoint="1,0">
  <GradientStop Offset="0.0" Color="White" />
  <GradientStop Offset="0.4" Color="Gray" />
  <GradientStop Offset="0.6" Color="Blue" />
  <GradientStop Offset="1.0" Color="Black" />
</LinearGradientBrush>
```

Listing 20.12 Komplexer Farbverlauf

Das optische Resultat sehen Sie in Abbildung 20.10.

Abbildung 20.10 Mehrstufiger Farbverlauf

> **Hinweis**
>
> Je nach Farbwahl und der zu füllenden Fläche sind manchmal recht deutliche Sprünge im Farbverlauf zu erkennen. Diese können unter Umständen mit der Einstellung `ScRGBLinearInterpolation` der Eigenschaft `ColorInterpolationMode` beseitigt oder doch zumindest deutlich reduziert werden.

20.3.3 »RadialGradientBrush«

Die Klasse `RadialGradientBrush` ähnelt der zuvor beschriebenen Klasse `LinearGradientBrush`. Sowohl `RadialGradientBrush` als auch `LinearGradientBrush` kommen zum Erstellen von Farbverlaufsfüllungen in Grafiken zum Einsatz, unterscheiden sich aber in der Art und Weise, wie sie den Farbverlauf anwenden. Ein `LinearGradientBrush` erzeugt einen Farbverlauf, der entlang einer geraden Linie verläuft, während ein `RadialGradientBrush` einen Farbverlauf erzeugt, der von einem Mittelpunkt aus strahlenförmig nach außen verläuft, wie ein Kreis.

Für die Angabe des Farbverlaufs benutzen Sie erneut die Klasse `GradientStop`. Auch hier werden die Koordinaten zwischen 0,0 und 1,0 angegeben und beziehen sich (zunächst) auf den Mittelpunkt des zu füllenden Objekts. Sie können den Bezugspunkt aber auch mit `GradientOrigin` beliebig verschieben. Mit `0.0, 0.0` befindet er sich wie bei einem rechteckigen Umriss in der linken oberen Ecke. Folglich wird der Punkt `0.5, 0.5` dem Mittelpunkt der Ellipse entsprechen.

Zur Verdeutlichung der Eigenschaft `GradientOrigin` beschreiben wir Farbverläufe von Weiß nach Blau. Die vier XAML-Zeilen beschreiben die Kreise (besser: Kugeln), die Sie in Abbildung 20.11 von links nach rechts sehen.

```
<RadialGradientBrush>
<RadialGradientBrush GradientOrigin="0.3, 0.3">
<RadialGradientBrush GradientOrigin="0.5, 0.5">
<RadialGradientBrush GradientOrigin="0.8, 0.8">
```

Listing 20.13 Die Eigenschaft »GradientOrigin« des »RadialGradientBrush«-Elements

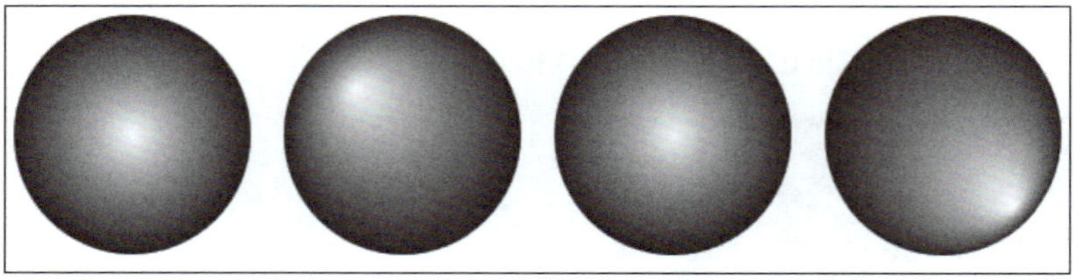

Abbildung 20.11 Die Auswirkungen von »GradientOrigin«

Optisch erinnert die Ausgabe an die Bestrahlung durch einen Scheinwerfer. Mit weiteren Eigenschaften von `RadialGradientBrush` lässt sich der Lichtkegel nahezu beliebig einstellen. Es handelt sich dabei um die Eigenschaften `RadiusX`/`RadiusY` sowie um `Center`. Ohne lange Worte über den damit zu erzielenden optischen Effekt zu verlieren: Schauen Sie sich bitte die beiden folgenden Abbildungen an, die verschiedene Eigenschaftseinstellungen zeigen.

```
<RadialGradientBrush RadiusX="0" RadiusY="0">
<RadialGradientBrush RadiusX="0.3" RadiusY="0.3">
<RadialGradientBrush RadiusX="0.6" RadiusY="0.6">
<RadialGradientBrush RadiusX="1.0" RadiusY="1.0">
```

Listing 20.14 XAML-Code zu Abbildung 20.12

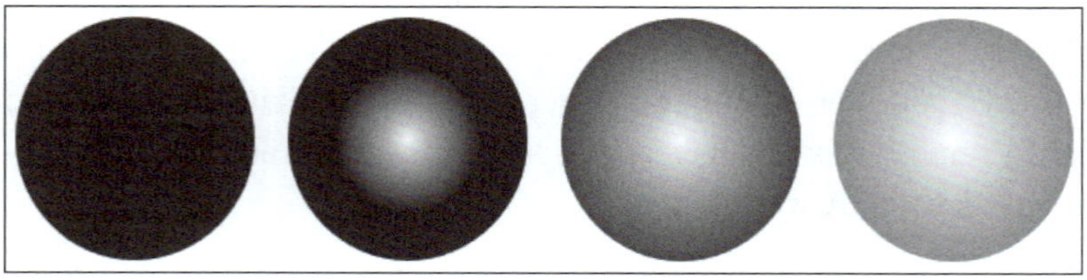

Abbildung 20.12 Die Auswirkungen der Eigenschaften »RadiusX« und »RadiusY«

```
<RadialGradientBrush Center="0.0, 0.0">
<RadialGradientBrush Center="0.3, 0.3">
```

```
<RadialGradientBrush Center="0.6, 0.6">
<RadialGradientBrush Center="1.0, 1.0">
```

Listing 20.15 XAML-Code zu Abbildung 20.13

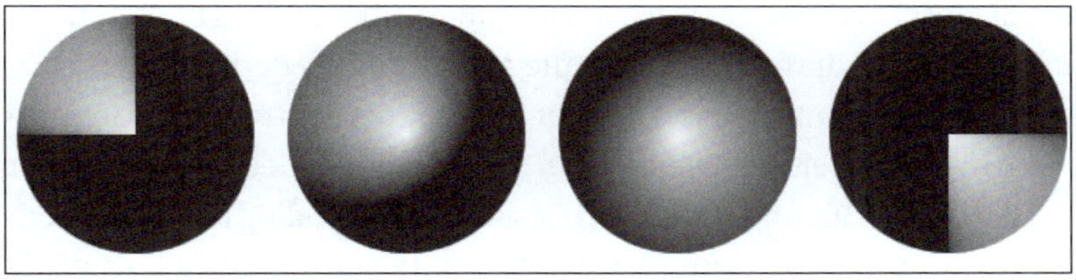

Abbildung 20.13 Die Auswirkung der Eigenschaft »Center«

20.3.4 Muster mit »TileBrush«

TileBrush ist die abstrakte Basisklasse der drei Klassen DrawingBrush, ImageBrush und VisualBrush. Es bietet sich an, zunächst die wesentlichsten Fähigkeiten der Klasse TileBrush zu betrachten, um nachher nur noch einen Blick auf die spezifischen Möglichkeiten der Ableitungen zu werfen.

Mit TileBrush werden Muster erzeugt, die wiederholt in der Oberfläche angezeigt werden. Das erinnert an Kacheln, wodurch sich auch die Bezeichnung der Klasse erklärt (*Tile*, zu Deutsch: Kachel). Zur Ausgabe mehrerer Kacheln ist mindestens die Angabe der Eigenschaften TileMode und Viewport notwendig. Mit TileMode geben Sie an, ob Sie überhaupt Kacheln anzeigen wollen und in welche Richtung. Per Vorgabe ist TileMode=Tile eingestellt. Damit werden die Kacheln in horizontaler und vertikaler Richtung auf der Fläche verteilt, mit TileMode=None erfolgt keine Wiederholung des Brush-Elements. Darüber hinaus gibt es mit FlipX, FlipY und FlipXY weitere drei Einstellungen. Mit FlipX wird die Brushes-Vorlage entlang der X-Achse gespiegelt, mit FlipY um die Y-Achse. Dass FlipXY gleichzeitig um beide Achsen spiegelt, werden Sie sich nun schon denken können.

Viewport dient der Einstellung des Versatzes und der Wiederholungsrate in X- und Y-Richtung. Sehen wir uns das an einem Beispiel an:

```
<Canvas Margin="10">
  <Rectangle Height="300" Width="350">
    <Rectangle.Fill>
      <ImageBrush Stretch="Fill" TileMode="Tile" ImageSource="Woman.jpg"
                  Viewport="0, 0, 0.333, 0.5" />
    </Rectangle.Fill>
  </Rectangle>
</Canvas>
```

Listing 20.16 Das Element »ImageBrush«

20

Beim Anwenden eines Brush-Objektes auf eine Fläche kann es passieren, dass die Fläche zu klein ist oder nicht ganz ausgefüllt werden kann. Über die Eigenschaft Stretch wird festgelegt, wie der Brush die Fläche ausfüllt.

Die TileMode-Eigenschaft ist hier auf Tile eingestellt, so dass Bildwiederholungen möglich sind. Der Eigenschaft Viewport werden vier Zahlen übergeben: Die ersten beiden beschreiben den Versatz, die beiden letzten die Anzahl der Wiederholungen. Letztere beziehen sich auf die Gesamtfläche. Dabei entspricht der Wert 1.0 der Gesamtbreite bzw. -höhe. Mit einer Breitenangabe von 0.333 beträgt die Gesamtbreite einer Kachel ein Drittel der zur Verfügung stehenden Gesamtbreite. Analog hat die Höhenangabe 0.5 zur Folge, dass die Höhe einer Kachel die Hälfte der Gesamthöhe der Fläche ist. Das Bild wird demnach in der Breite dreimal angezeigt, in der vertikalen Richtung bilden sich zwei Reihen (siehe Abbildung 20.14).

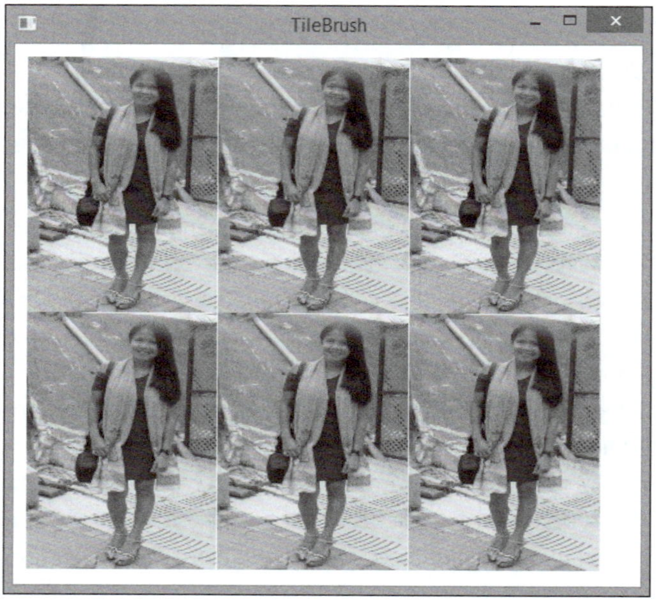

Abbildung 20.14 Gekacheltes Bild

Um den Einfluss des Versatzes zu testen, genügt eine geringe Änderung der an Viewport übermittelten Werte:

```
<ImageBrush Stretch="Fill" TileMode="Tile" ImageSource="Woman.jpg"
            Viewport="0.5, 0.33, 0.333, 0.5" />
```

Die Auswirkungen sehen Sie deutlich in Abbildung 20.15.

In den Listings ist die Abmessung einer Kachel abhängig von der Gesamtbreite oder Höhe festgelegt. Ist die einzelne Kachel unabhängig von der Fläche zu zeichnen, können Sie die Eigenschaft ViewportUnits auf Absolute setzen (die Vorgabe ist RelativeTo-

BoundingBox). Dadurch wird es möglich, für die Breite und Höhe einer Kachel absolute Zahlen zu verwenden. Im folgenden Beispiel sind sie auf 120 × 160 Einheiten gesetzt.

```
<ImageBrush ViewportUnits="Absolute" TileMode="Tile" ImageSource="Woman.jpg"
            Viewport="0, 0, 120, 160" />
```

Abbildung 20.15 Der Einfluss der Eigenschaft »Viewport«

Zwei letzte Eigenschaften erwähnen wir an dieser Stelle ebenfalls: Mit AlignmentX und AlignmentY lässt sich die Startposition der ersten Kachel festlegen. Beide Eigenschaften lassen die Einstellungen Left, Center und Right zu.

20.3.5 Bilder mit »ImageBrush«

Die Klasse ImageBrush zur Anzeige eines beliebigen Bildes haben wir bereits im letzten Abschnitt benutzt. Der Eigenschaft ImageSource teilen wir die Quelle des Bildes mit. Die Darstellung des Bildes lässt sich mit Stretch beeinflussen. Die Eigenschaft ist vom Typ der gleichnamigen Enumeration Stretch, die vier Werte beschreibt.

Wert	Beschreibung
None	Bei dieser Einstellung bleibt die ursprüngliche Größe des Bildes erhalten.
Fill	Die Größe des Inhalts wird geändert, so dass er die Abmessungen des Ziels ausfüllt. Das Seitenverhältnis wird nicht beibehalten.

Tabelle 20.4 Die Werte der Enumeration »Stretch«

Wert	Beschreibung
Uniform	Die Größe des Bildes passt sich den Abmessungen der Fläche so an, dass es komplett angezeigt wird, ohne dass das Seitenverhältnis verändert wird.
UniformToFill	Die Größe des Bildes passt sich den Abmessungen der Fläche so an, dass es die Fläche komplett ausfüllt, ohne dass das Seitenverhältnis des Bildes dabei verändert wird.

Tabelle 20.4 Die Werte der Enumeration »Stretch« (Forts.)

Wie sich die Einstellungen auf die Darstellung eines Bildes auswirken, zeigt Abbildung 20.16.

Abbildung 20.16 Der Einfluss der Eigenschaft »Stretch«

20.3.6 Effekte mit »VisualBrush«

`VisualBrush` dürfte wohl das leistungsfähigste aller `Brush`-Elemente sein. Zur Füllung dienen `VisualBrush` alle die Elemente, die von `Visual` abgeleitet sind. Dazu gehören demnach neben `Button`- und `TextBox`-Elementen auch Bilder vom Typ `Image`.

Prinzipiell können Sie auf zwei Weisen den Inhalt eines `VisualBrush`-Elements erstellen:

- Sie weisen der Eigenschaft `Visual` ein neues Element zu.
- Sie verwenden ein bereits vorhandenes Element.

Mit `VisualBrush` lassen sich großartige Effekte erzielen. Hierbei kommen Eigenschaften ins Spiel, die wir bereits angesprochen haben: `Stretch`, `Opacity`, `Viewport` und `TileMode`. Sie werden aber auch Eigenschaften finden wie `Transform` und `RelativeTransform`. Transformationen sind ein mächtiges Werkzeug der WPF und werden dazu verwendet, geometrische Objekte und UI-Komponenten zu manipulieren. Darunter ist zu verstehen, geometrische Objekte zu drehen, sie rotieren zu lassen, zu skalieren oder gar zu scheren.

Das Zusammenspiel von VisualBrush und Transformationen soll das folgende Beispielprogramm demonstrieren. Bevor wir uns dem XAML-Code widmen, sehen wir uns in Abbildung 20.17 die Ausgabe des Beispielprogramms an.

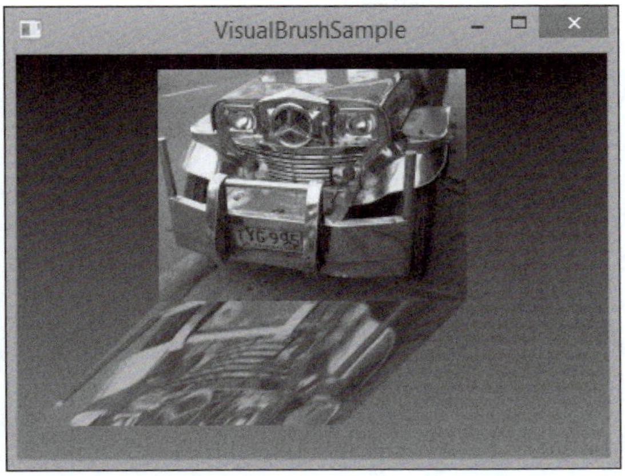

Abbildung 20.17 Ausgabe des Beispielprogramms »VisualBrushSample«

```
// Beispiel: ..\Kapitel 20\VisualBrushSample
<Window ...
        Title="VisualBrushSample" Height="300" Width="400">
  <Grid>
    <StackPanel>
      <StackPanel.Background>
        <LinearGradientBrush StartPoint="0,0" EndPoint="0,1">
          <GradientStop Offset="0.0" Color="Black" />
          <GradientStop Offset="1.0" Color="Gray" />
        </LinearGradientBrush>
      </StackPanel.Background>
      <Image Margin="0,10,0,0" Source="Jeepney.jpg" Name="Jeepney"
             Height="150" Width="200" Stretch="Uniform" />
      <Rectangle Height="80">
        <Rectangle.Fill>
          <VisualBrush Visual="{Binding ElementName=Jeepney}"
                    Stretch="None" Opacity="0.6">
            <VisualBrush.RelativeTransform>
              <TransformGroup>
                <ScaleTransform ScaleY="-1.5" />
                <TranslateTransform Y="1" />
                <SkewTransform AngleX="-12" />
              </TransformGroup>
            </VisualBrush.RelativeTransform>
          </VisualBrush>
```

```
        </Rectangle.Fill>
      </Rectangle>
    </StackPanel>
  </Grid>
</Window>
```

Listing 20.17 Das Beispielprogramm »VisualBrushSample«

Irgendwo im XAML-Code muss die Komponente, die mit Effekten versehen werden soll, bereits definiert sein. In unserem Beispiel handelt es sich um das durch ein `Image`-Element beschriebene Bildchen. Die Eigenschaft `Visual` des `VisualBrush`-Elements ist an das `Image` gebunden und steht somit für effektvolle Manipulationen zur Verfügung. Gleichzeitig wird die Transparenz mit der Eigenschaft `Opacity` auf 60 % festgelegt.

Mit `RelativeTransform` leiten wir die Transformation mit relativen Koordinaten ein. Eine Transformation kann sich aus mehreren Einzeleffekten zusammensetzen. Um diese zusammenzufassen, wird ein `TransformGroup`-Element benötigt. Dieses gruppiert mehrere Elemente, deren Basis die Klasse `Transform` ist. Dazu gehören die Elemente `TranslateTransform`, `ScaleTransform` und `SkewTransform`. `ScaleTransform` skaliert das visuelle Element, `TranslateTransform` verschiebt es, und `SkewTransform` beschreibt einen Neigungswinkel.

20.3.7 Das Element »DrawingBrush«

Das letzte `Brush`-Objekt, über das es noch Worte zu verlieren gibt, ist `DrawingBrush`. `DrawingBrush` verwendet zum Füllen der Kacheln Grafiken. Sie können damit erheblichen Einfluss auf die Zeichnung nehmen, es bleiben fast keine Wünsche offen.

Der Inhalt selbst wird durch ein `Drawing`-Objekt beschrieben, das der gleichnamigen Eigenschaft zugewiesen wird. Mit `DrawingGroup`, `GeometryDrawing`, `GlyphRunDrawing`, `ImageDrawing` und `VideoDrawing` stehen gleich fünf verschiedene `Drawing`-Objekte zur Verfügung.

Es sei an dieser Stelle nur so viel gesagt: Der Aufwand ist enorm. Deshalb werden solche `Brush`-Objekte auch eher mit Tools wie beispielsweise *Expression Blend* erstellt. Im Rahmen eines Buches, das nicht nur speziell auf die WPF eingeht, soll es an dieser Stelle dabei bleiben. Sollten Sie irgendwann einmal beabsichtigen, sich näher mit dem `DrawingBrush` zu beschäftigen, steht Ihnen zahlreiche spezielle Literatur zur Verfügung, z. B. »Windows Presentation Foundation« von Thomas Huber, Rheinwerk Verlag, Bonn 2019 (978-3-8362-7201-8).

20.4 2D-Grafik in .NET MAUI

In .NET MAUI lassen sich 2D-Grafiken einfach und plattformübergreifend realisieren. Dies geschieht wahlweise über vordefinierte `Shapes`, Pfadobjekte (`Path`) oder über die flexible `GraphicsView`-Komponente. Diese Tools ermöglichen es, sowohl statische als auch dynamische Inhalte zu zeichnen, ideal für Benutzeroberflächen, Visualisierungen oder einfache Spiele.

20.4.1 Shapes – einfache Formen direkt in XAML

.NET MAUI bietet eine Reihe von Shape-Klassen, die sich hervorragend für einfache 2D-Grafikaufgaben eignen. Diese Shapes lassen sich leicht in XAML oder C# einbinden und reagieren automatisch auf Layoutänderungen. Verfügbare Shapes sind `Rectangle`, `Ellipse`, `Line`, `Polygon`, `Polyline` und `Path` für komplexe Vektorpfade. Das nachfolgende Listing zeigt ein `Rectangle` und eine `Ellipse` direkt in XAML:

```
<Canvas>
    <Rectangle WidthRequest="100" HeightRequest="100" Fill="CornflowerBlue"
Stroke="Black" StrokeThickness="2"/>
   <Ellipse WidthRequest="80" HeightRequest="80" Fill="Tomato" Stroke="Black"
StrokeThickness="2" />
</Canvas>
```

Listing 20.18 Zwei Shapes definiert in XAML

Shapes sind UI-Elemente und lassen sich mit Bindings, Animationen und Events verwenden, wie jede andere View auch.

20

20.4.2 »Path« – komplexe Vektorformen

Mit `Path` lassen sich SVG-ähnliche Vektorgrafiken direkt darstellen. Das geschieht über ein `Data`-Attribut, das eine Minisprache für Vektorpfade nutzt. Das folgende Listing zeigt diese Sprache:

```
<Path
    Fill="Red"
    Stroke="Black"
    StrokeThickness="1"
    Data="M 10,30
          A 20,20 0 0,1 50,30
          A 20,20 0 0,1 90,30
          Q 90,60 50,90
          Q 10,60 10,30 Z"/>
```

Listing 20.19 Definition eines Vektorpfades

20.4.3 »GraphicsView« – flexibles, manuelles Zeichnen

Für maximale Kontrolle kommt die GraphicsView-Komponente ins Spiel. Hier arbeiten Sie mit dem ICanvas-Interface, das Zugriff auf Zeichenoperationen wie Linien, Formen, Farben, Bilder und Texte gibt, ähnlich wie HTML5 Canvas. Der folgende C#-Code zeigt ein Beispiel für eine eigene Zeichnung über diese Möglichkeit:

```
public class MyDrawable : IDrawable
{
    public void Draw(ICanvas canvas, RectF dirtyRect)
    {
        canvas.FillColor = Colors.SkyBlue;
        canvas.FillRectangle(10, 10, 100, 60);

        canvas.StrokeColor = Colors.DarkRed;
        canvas.StrokeSize = 4;
        canvas.DrawLine(10, 80, 110, 80);

        canvas.FontColor = Colors.Black;
        canvas.DrawString("Hallo MAUI", 10, 90, HorizontalAlignment.Left);
    }
}
```

Listing 20.20 Implementierung der »Draw«-Methode für eine eigene Zeichnung

Das Einbinden der GraphicsView-Komponente geschieht über XAML:

```
<GraphicsView Drawable="{StaticResource MyDrawable}" HeightRequest="150"
WidthRequest="150"/>
```

Alternativ können Sie die Komponente über C#-Code einbinden:

```
var graphicsView = new GraphicsView
{
    Drawable = new MyDrawable(),
    WidthRequest = 150,
    HeightRequest = 150
};
```

Listing 20.21 Einbinden der »GraphicsView«-Komponente in C#-Code

Diese Komponente eignet sich sehr gut für Zeichen-Anwendungen mit Touch-Support, umfangreiche Visualisierungen wie zum Beispiel Diagramme, kleinere Spiele und Animationen.

Kapitel 21
Komponententests (Unit-Tests)

In vielen Firmen läuft die Entwicklung der Software nach einem sehr einfachen Schema ab: Jemand schreibt den notwendigen Programmcode, dann folgt eine mehr oder weniger intensive Testphase und anschließend die Auslieferung. Unserer Erfahrung nach setzen erstaunlicherweise nur verhältnismäßig wenige Entwickler bzw. Unternehmen während der Entwicklungsphase Testtools wie Unit-Tests ein. Die Begründung dafür ist einerseits, dass schlicht und einfach die spezifischen Kenntnisse fehlen, andererseits erhöhen sich mit Unit-Tests auch die Gesamtkosten der Entwicklung. Das erinnert sehr an das leidige Thema »Dokumentation«. Auch diese wird – oft zum Leidwesen der Benutzer – allzu häufig aus Kostengründen vernachlässigt. Dabei kann der Einsatz von Unit-Tests die Qualität und Stabilität einer Anwendung deutlich verbessern.

In diesem Kapitel stellen wir Ihnen das von Microsoft in Visual Studio 2022 bereitgestellte *MSTest Unit Testing Framework* vor. Es darf aber dabei nicht verschwiegen werden, dass es neben dem in diesem Kapitel behandelten MSTest zahlreiche weitere Tools für das Unit-Testing von .NET gibt, darunter:

- NUnit
- MbUnit
- xUnit.NET

Jedes Framework hat seine eigenen Vor- und Nachteile. Komponententests mit MSTest haben zumindest den Vorteil, dass sie in Visual Studio integriert sind und wir keine weitere Software von Drittanbietern installieren müssen. Diesen Vorteil erkaufen wir uns allerdings mit einer schlechten Testperformance. Auf der anderen Seite kann man sich aber sehr schnell in andere Testtools einarbeiten, wenn man einmal eines gelernt hat.

Wir möchten Ihnen in diesem Kapitel zeigen, welche Vorteile es hat, wenn Sie bereits vor oder während der Entwicklungsphase Unit-Tests einsetzen.

21.1 Was ist ein Unit-Test?

Um zu verdeutlichen, was ein Unit-Test ist und wie er eingesetzt wird, wollen wir uns das Prinzip an einem kleinen und einfachen Beispiel ansehen. Wir gehen dabei von einer Benutzeroberfläche aus, die wie in Abbildung 21.1 gezeigt aussieht.

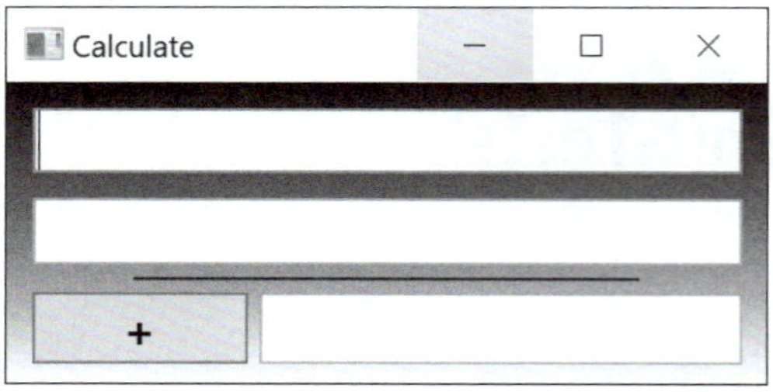

Abbildung 21.1 UI des Unit-Test-Beispiels

In die beiden oberen Textboxen soll der Benutzer jeweils eine Ganzzahl eingeben. Nach dem Klicken auf die Schaltfläche wird in der unteren Textbox die Summe der beiden Zahlen angezeigt.

Tatsächlich wird die Summenbildung nicht im `Click`-Ereignishandler des Buttons durchgeführt, sondern in einer externen Methode, die in einer Klassenbibliothek hinterlegt ist. Der Code im Ereignishandler sieht wie folgt aus:

```
private void BtnAdd_Click(object sender, RoutedEventArgs e)
{
  long result = Calculator.Add(Convert.ToInt32(txtOperator1.Text),
                               Convert.ToInt32(txtOperator2.Text));
  txtResult.Text = result.ToString();
}
```

Listing 21.1 »Click«-Ereignishandler der Schaltfläche

Sehen wir uns nun den Programmcode in der Klasse `Calculator` der Klassenbibliothek an:

```
public static class Calculator
{
  public static long Add(int a, int b) => a + b;
}
```

Listing 21.2 Die Methode in der Klassenbibliothek

Natürlich wird es in diesem Beispiel sehr einfach sein, das Ergebnis auf seine Richtigkeit hin zu untersuchen, und wir würden definitiv keinen Unit-Test benötigen. Aber in der Realität sind die Methoden fast immer deutlich komplexer als die in unserem Beispiel, und die korrekte Ausführung ist nicht so offensichtlich wie in Listing 21.2.

Wie sieht nun der Testcode aus, der das korrekte Ergebnis der Summenbildung prüft? Dazu ist eine spezielle Methode notwendig, die in einem separaten Testprojekt bereitgestellt wird. Wie Sie ein solches Testprojekt erzeugen, zeigen wir Ihnen später. Sehen wir uns zunächst die Testmethode an.

```
[TestClass]
public class CalculatorTest
{
  [TestMethod]
  public void Test_Add()
  {
    int operator1 = 10;
    int operator2 = 5;
    long expected = 15;
    long actual = Calculator.Add(operator1, operator2);
    Assert.AreEqual(expected, actual);
  }
}
```

Listing 21.3 Methode zum Testen der Methode »Add« in der Klassenbibliothek

Es wird eine Klasse beschrieben, hier `CalculatorTest` genannt, in der die Methode `Test_Add` definiert ist. Beachten Sie, dass die Testklasse mit dem Attribut `TestClass` verknüpft ist und die Testmethode mit dem Attribut `TestMethod`.

In der Methode sind mit `operator1` und `operator2` zwei Integer-Werte definiert. Wir wissen, dass die Summe der beiden Zahlen das Ergebnis 15 haben muss. Gespeichert wird der erwartete Wert in der Variablen `expected`. Dasselbe Ergebnis muss logischerweise auch der Aufruf der Methode `Calculator.Add` liefern, wenn `operator1` und `operator2` als Argumente übergeben werden.

Nach dem Aufruf der Methode `Calculator.Add` unter Übergabe von `operator1` und `operator2` wird das Resultat des `Add`-Methodenaufrufs in `actual` gespeichert. Nun gilt es noch, den Beweis zu führen, dass das Ergebnis des Methodenaufrufs dem von uns erwartetem Wert entspricht. Dazu benutzen wir die Klasse `Assert` und rufen ihre statische Methode `AreEqual` auf. An `AreEqual` übergeben wir `expected` und `actual`. Sind beide Variableninhalte identisch, gilt der Test als bestanden, ansonsten liegt ein Fehler in der Methode `Calculator.Add` vor.

Auch wenn dieses Beispiel sehr einfach gehalten ist und die Methoden in der Praxis deutlich komplexer sind, gibt es den Ablauf des Testens wieder.

MSTest Unit Testing wird von Microsoft kurz als *Komponententests* bezeichnet. Komponententests sind besonders hilfreich, wenn sie fester Bestandteil des Entwicklungsworkflows sind. Sobald Sie eine Methode mit Anwendungscode geschrieben haben, können Sie Komponententests erstellen, mit denen Sie das Verhalten des Codes bei der Eingabe von Standarddaten, falschen Daten und Daten an der Grenze des Gültigkeitsbereichs überprüfen können. Die Tests bieten zudem die Möglichkeit, alle im Code enthaltenen Annahmen zu überprüfen.

Mit einer besonderen Programmiertechnik, dem *Test-Driven Development* (kurz TDD genannt), werden Komponententests sogar erstellt, bevor der eigentliche Programmcode geschrieben wird. Damit lässt sich von Anfang an prüfen, ob die Implementierung einer Methode das richtige Resultat liefert.

21.2 Ein erster Komponententest

Nachdem wir uns oben das Prinzip eines Komponententests angesehen haben, wollen wir ein konkretes Projekt erstellen, das mit MSTest getestet werden soll. Dazu schaffen wir uns zuerst die Grundlage in Form einer Klassenbibliothek. Diese enthält mit `Calculator` eine Klasse, in der vier Methoden definiert sind, die die vier Grundrechenarten beschreiben.

```
public static class Calculator
{
  public static long Add(int a, int b) => a + b;
  public static long Subtract(int a, int b) => a - b;
  public static long Multiply(int a, int b) => a * b;
  public static double Divide(double a, double b) => a / b;
}
```

Listing 21.4 Die zu testende Klasse »Calculator«

Auf eine Benutzeroberfläche, die auf die in Listing 21.4 gezeigten Methoden zugreift, wollen wir hier verzichten. Stattdessen möchten wir die korrekte Ausführung der Methoden mit einem Komponententest beweisen.

Dazu ergänzen wir die Projektmappe um ein Testprojekt. Stellen Sie im Dialog NEUES PROJEKT ERSTELLEN zunächst die Auswahloption PROJEKTTYP auf TEST ein. Die PLATTFORM sei WINDOWS und die SPRACHE selbstverständlich C#. Aus der Liste der angebotenen Projektvorlagen markieren Sie, wie in Abbildung 21.2 gezeigt, KOMPONENTENTESTPROJEKT (.NET FRAMEWORK). Der Name des Projekts soll *CalculatorLibrary_Test* lauten.

Nach dem Bestätigen wird das Testprojekt erstellt und der in Listing 21.5 wiedergegebene Programmcode automatisch erzeugt.

```
using System;
using Microsoft.VisualStudio.TestTools.UnitTesting;

namespace CalculatorLibrary_Test
{
  [TestClass]
  public class UnitTest1
```

```
  {
    [TestMethod]
    public void TestMethod1()
    {
    }
  }
}
```

Listing 21.5 Der automatisch erzeugte Code eines Testprojekts

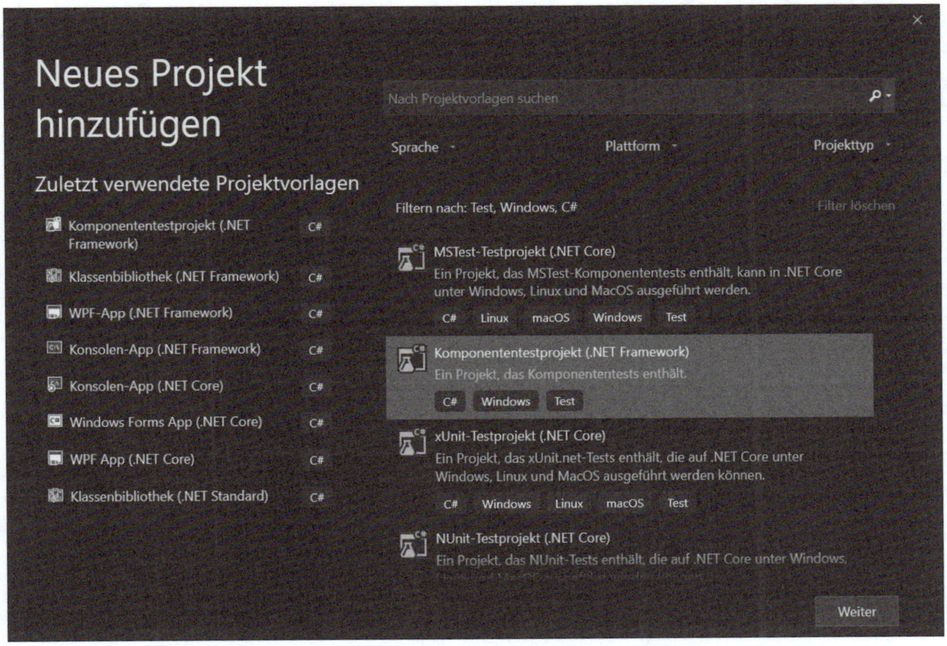

Abbildung 21.2 Hinzufügen eines Komponententests zur Projektmappe

Wir sehen eine Klasse namens `UnitTest1` und eine Methode mit dem Bezeichner `TestMethod1`. Die Klasse `UnitTest1` ist mit dem Attribut `TestClass` dekoriert, die Methode mit dem Attribut `TestMethod`. Beide genannten Attribute sind im Namespace

`Microsoft.VisualStudio.TestTools.UnitTesting`

definiert, der im oberen Bereich der Codedatei mit `using` bekanntgegeben ist. Die Attribute sind zwingend notwendig, denn ohne das `TestClass`-Attribut wird die Klasse nicht als Testklasse erkannt und ohne das Attribut `TestMethod` die Methode nicht als Testmethode.

Die Bezeichner für die Klasse als auch für die Methode sollten wir ändern, denn aus den Bezeichnern sollte sofort klar ersichtlich sein, welche Komponente bzw. welche

Methode getestet wird. Deshalb benennen wir die Klasse in `CalculatorTest` um und die Methode in `Test_Add`. Die drei anderen Testmethoden zum Testen von `Calculator.Subtract`, `Calculator.Multiply` und `Calculator.Divide` werden wir später hinzufügen.

21.2.1 Das »AAA«-Prinzip

Der allgemein übliche Weg, einen Komponententest zu schreiben, folgt dem »AAA«-Pattern. Die drei Buchstaben stehen für *Arrange* (vorbereiten), *Act* (handeln) und *Assert* (bestätigen). *Arrange* beschreibt die Daten, die wir an die zu testende Methode schicken wollen, und darüber hinaus, welches Resultat wir mit diesen Daten vom Methodenaufruf erwarten. Mit *Act* wird der Vorgang beschrieben, mit den Daten aus dem *Arrange*-Abschnitt die zu testende Methode aufzurufen. Im *Assert*-Abschnitt prüfen wir schließlich, ob sich die getestete Methode wie erwartet verhält.

Sehen wir uns das Pattern am Beispiel der Testmethode `Test_Add` an. Dazu ist im ersten Schritt in der Testanwendung ein Verweis auf die Klassenbibliothek zu legen. Die Bereiche *Arrange*, *Act* und *Assert* sind durch entsprechende Kommentare gekennzeichnet:

```
[TestClass]
public class CalculatorTest
{
  [TestMethod]
  public void Test_Add()
  {
    // Arrange
    int value1 = 20;
    int value2 = 60;
    long expected = 80;
    // Act
    long actual = Calculator.Add(value1, value2);
    //Assert
    Assert.AreEqual(expected, actual);
  }
}
```

Listing 21.6 Der Test der Methode »Add«

Die Klasse `Assert` hat zahlreiche statische Methoden, die zu Testzwecken aufgerufen werden können. Wir benutzen hier die Methode `AreEqual` und übergeben dem ersten Parameter den erwarteten Wert der Operation, dem zweiten Parameter das tatsächliche Resultat des Methodenaufrufs.

In gleicher Weise sollen auch die verbleibenden drei Methoden der Klasse `Calculator` getestet werden. Daher ergänzen wir die Klasse `CalculatorTest` noch wie in Listing 21.7 gezeigt.

```
[TestMethod]
public void Test_Subtract()
{
  // Arrange
  int value1 = 20;
  int value2 = 60;
  long expected = -40;
  // Act
  long actual = Calculator.Subtract(value1, value2);
  //Assert
  Assert.AreEqual(expected, actual);
}
[TestMethod]
public void Test_Multiply()
{
  // Arrange
  int value1 = 20;
  int value2 = 60;
  long expected = 1200;
  // Act
  long actual = Calculator.Multiply(value1, value2);
  //Assert
  Assert.AreEqual(expected, actual);
}
[TestMethod]
public void Test_Divide()
{
  // Arrange
  double value1 = 20;
  double value2 = 60;
  double expected = 0.3333;
  // Act
  double actual = Calculator.Divide(value1, value2);
  //Assert
  Assert.AreEqual(expected, actual, 0.01);
}
```

Listing 21.7 Ergänzende Methode in der Klasse »CalculatorTest«

Während Test_Subtract und Test_Multiply keine besonderen Herausforderungen darstellen, müssen wir der Methode Test_Divide noch unsere besondere Aufmerksamkeit schenken. Wie bekannt ist, sind Fließkommazahlen in der Programmierung naturgemäß immer mit einer gewissen Ungenauigkeit behaftet. Das macht sich auch bei dem Vergleich zweier Fließkommazahlen in der Methode AreEqual bemerkbar. Damit der Vergleich der Inhalte von expected und actual beim Test nicht immer scheitert (obwohl das Ergebnis tatsächlich korrekt ist), bietet uns eine der vielen Überladungen der Methode AreEqual an, einen gewissen Toleranzbereich zu akzeptieren. In unserem Beispiel wurde dieser auf 0.01 festgelegt, er könnte aber auch kleiner oder größer sein. Das hängt von den Anforderungen an die Genauigkeit des Testergebnisses ab.

21.2.2 Automatisches Generieren eines Testprojekts

Es kann sehr viel Zeit beanspruchen, für jede zu testende Methode eine spezifische Testmethode zu schreiben. Sie können diesen Vorgang jedoch auch automatisieren. Dazu setzen Sie den Mauscursor in die Klasse Calculator und öffnen das Kontextmenü. Darin finden Sie den Menüpunkt KOMPONENTENTESTS ERSTELLEN. Klicken Sie darauf, wird ein Dialog angezeigt, in dem Sie grundlegende Einstellungen vornehmen können (siehe Abbildung 21.3). Anzumerken ist hierbei, dass bei der Vergabe der Bezeichner für die Testklasse und die einzelnen Testmethoden eine Standardvorgabe vorgeschlagen wird. Beispielsweise wird für den Bezeichner der Testklasse das Suffix Tests nach dem Bezeichner der zu testenden Klasse vorgeschlagen, für die Methoden das Suffix Test nach dem Methodennamen.

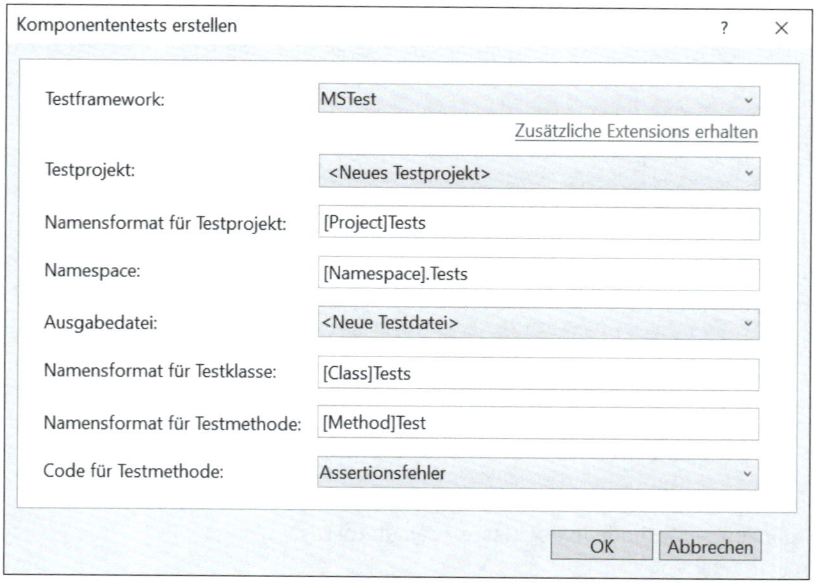

Abbildung 21.3 Automatisches Erstellen eines Komponententests

Standardmäßig schlägt der Assistent vor, in jede Testmethode die Anweisung

```
Assert.Fail();
```

zu schreiben. Das hat den Sinn, beim Testlauf einen Fehler zu provozieren, wenn Sie vergessen haben, die Testmethode zu implementieren. Alternativ können Sie die Testmethode auch leer lassen oder eine `NotImplementedException` auslösen.

21.2.3 Ausführen eines Unit-Tests

Visual Studio bietet zahlreiche Möglichkeiten an, den Komponententest auszuführen. Sie können beispielsweise das Menü TEST in Visual Studio öffnen und angeben, welche Tests ausgeführt werden sollen. Unter dem Begriff »Test« ist dabei der Aufruf einer Testmethode zu verstehen. Beispielsweise können Sie auswählen, alle Tests auszuführen oder vielleicht nur die, die bei einem vorherigen Testlauf zu einem Fehler geführt haben (siehe Abbildung 21.4).

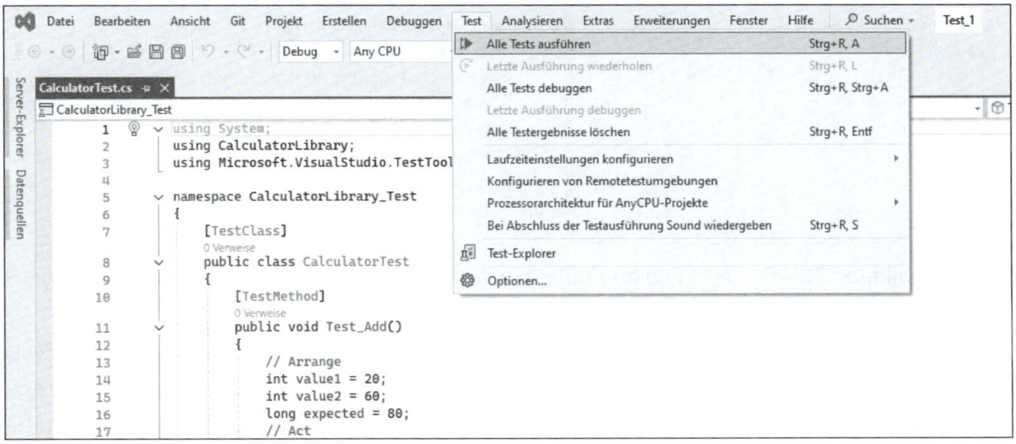

Abbildung 21.4 Tests starten mit dem Visual-Studio-Menüpunkt »Test«

Sie können aber auch direkt in den Code-Editor der Testklasse `CalculatorTest` gehen und dort das Kontextmenü öffnen. Visual Studio führt die Testmethode, in der sich der Mauszeiger beim Öffnen des Kontextmenüs befindet, dann aus. Möchten Sie alle Tests einer Testklasse ausführen, müssen Sie den Mauszeiger einfach nur innerhalb der Testklasse positionieren, aber außerhalb der Testmethoden.

Unabhängig davon, wie Sie den Test starten, wird anschließend das Fenster des Test-Explorers geöffnet. Darin werden alle Tests der Testanwendung aufgelistet, und Sie werden davon unterrichtet, ob der Test erfolgreich war oder nicht. In Abbildung 21.5 sehen Sie die beiden möglichen Fälle. Der Abbildung liegt ein Testlauf der `Test_Add`-Methode zugrunde. War der Test erfolgreich, wird ein Häkchen vor der Methode dargestellt. Das sehen Sie links in der Abbildung. War der Testlauf hingegen nicht erfolgreich, macht ein Kreuz Sie darauf aufmerksam. Zudem werden ein paar zusätzliche Detailinformationen in den unteren Bereich des Test-Explorers geschrieben. Das sehen Sie im rechten Bereich von Abbildung 21.5.

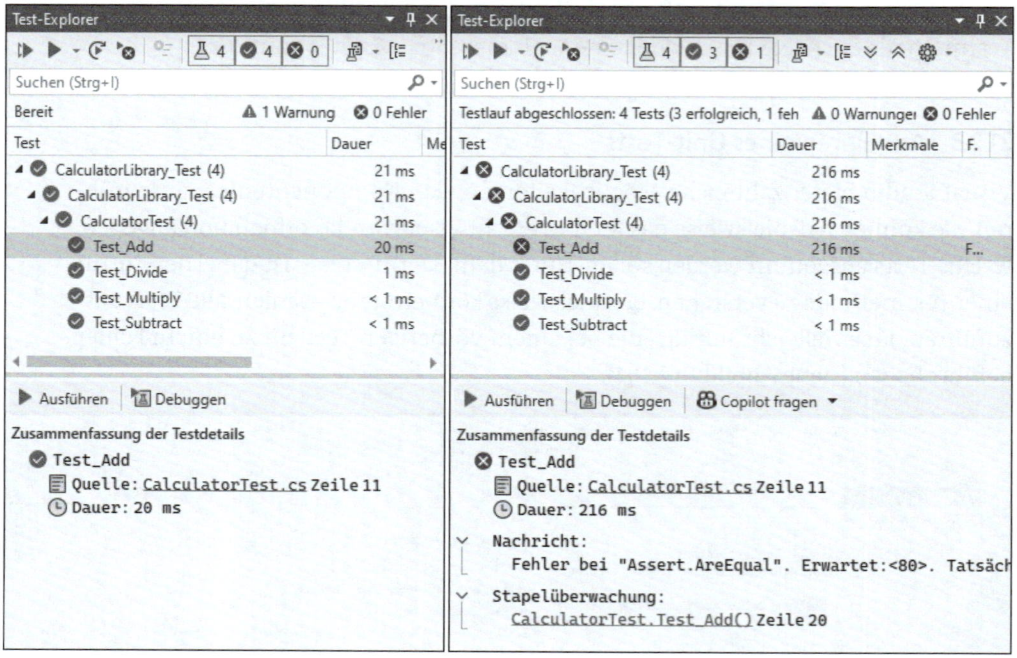

Abbildung 21.5 Der Test-Explorer mit einem erfolgreichen und einem gescheiterten Test

Es sei noch angemerkt, dass Sie die Tests, die ausgeführt werden sollen, auch im Test-Explorer durch Markieren angeben können. Zudem bietet die Menüleiste des Test-Explorers mit ALLE AUSFÜHREN und AUSFÜHREN eine weitere Auswahloption für die zu testenden Methoden.

Möchten Sie dem Testprojekt weitere Testklassen hinzufügen, markieren Sie das Testprojekt im Projektmappen-Explorer und öffnen sein Kontextmenü. Über HINZUFÜGEN und anschließend KOMPONENTENTEST wird eine weitere Testklasse dem aktuellen Projekt hinzugefügt. Die Testmethoden in der neuen Testklasse werden sofort in den Test-Explorer aufgenommen und können wie zuvor beschrieben getestet werden.

Hinweis

Sie finden das komplette Beispielprogramm in den MATERIALIEN ZUM BUCH (Download von *www.rheinwerk-verlag.de/5953* unter ..*Kapitel 21\Test_1*).

21.3 Komponententest schreiben und ausführen

Viele Beispiele in diesem Buch sind mit einer überschaubaren Anzahl an Methoden implementiert. Selbst bei durchschnittlich großen Projekten geht die Anzahl der Methoden jedoch in die Hunderte. Schreiben wir zu jeder dieser Methoden eine Testmethode, wird die Anzeige im Test-Explorer schnell unübersichtlich. Zudem wollen wir nicht bei jedem Testlauf alle Testmethoden zur Ausführung bringen, sondern nur bestimmte Methoden, die gewisse Kriterien erfüllen.

Der Test-Explorer erleichtert uns das gezielte Testen, indem er die Möglichkeit bietet, Testmethoden zu gruppieren oder zu filtern. Testmethoden lassen sich zudem unter Zuhilfenahme von Attributen mit Merkmalen ausstatten, die wir frei festlegen können. Sogar sogenannte Wiedergabelisten sind möglich.

Das Beispielprogramm, das in diesem Abschnitt verwendet wird, baut auf dem Beispielprogramm `Test_1` auf. Zusätzlich erweitern wir es um eine zweite Testklasse. Der Einfachheit halber ändern wir den automatisch vergebenen Bezeichner der zusätzlichen Testklasse, `UnitTest1`, nicht. In `UnitTest1` sollen mit `TestMethod1` und `TestMethod2` zwei Testmethoden stehen, die keinen Programmcode aufweisen.

21.3.1 Unit-Tests gruppieren

Im Test-Explorer können Sie Komponententests nach den folgenden Kriterien gruppieren:

- Klasse
- Dauer
- Namespace
- Projekt
- Ergebnis
- Merkmale

Standardmäßig ist die Ansicht nach Klassen gruppiert. Wünschen Sie eine andere Gruppierung, wählen Sie sie im Test-Explorer aus und klicken dazu auf die dritte Schaltfläche von links (siehe Abbildung 21.6).

Möchten Sie, dass nach dem Testlauf alle Methoden dem Ergebnis nach (positiv oder negativ) gruppiert werden, wählen Sie die Option Ergebnis aus. Die Anzeige könnte, wenn Sie im Beispielprogramm zwei Fehler eingebaut haben, wie in Abbildung 21.7 gezeigt aussehen.

Etwas ungewöhnlich mag vielleicht im ersten Moment die Option Projekt sein. Tatsächlich können sich aber in der Projektmappe mehrere Testanwendungen befinden, die auf diese Weise gruppiert werden können.

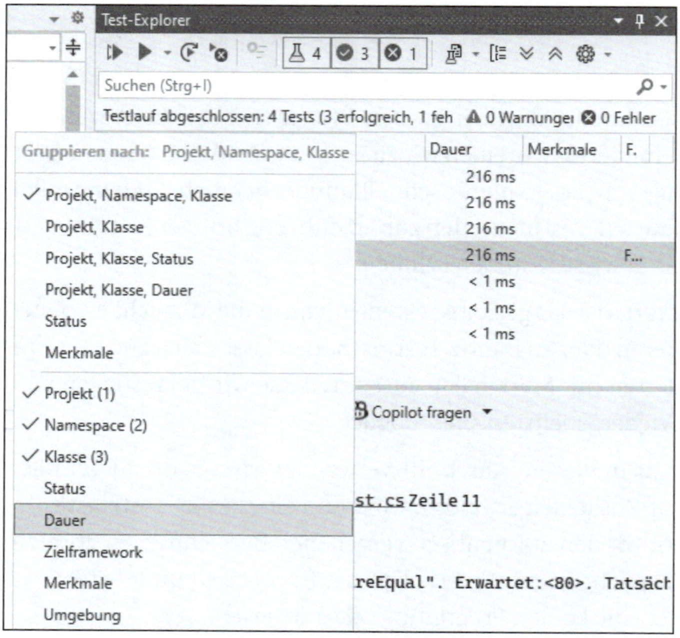

Abbildung 21.6 Komponententests gruppieren

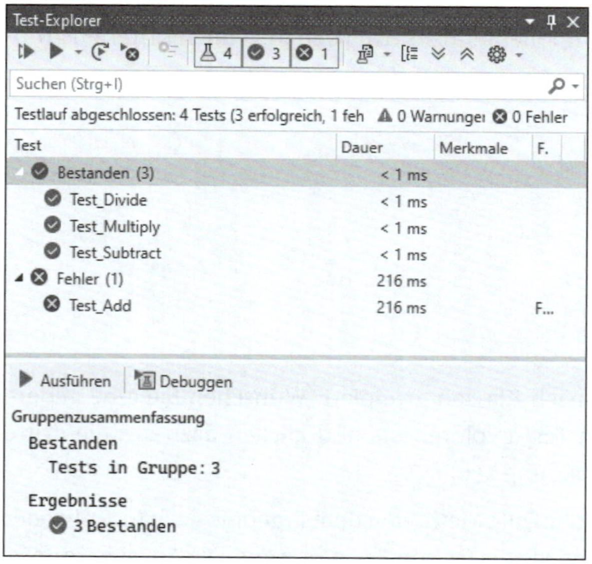

Abbildung 21.7 Komponententests gruppiert nach »Ergebnis«

21.3.2 Merkmale festlegen

Die Gruppierungen, die der Test-Explorer anbietet, könnten im Einzelfall unzureichend sein. Deshalb haben wir noch die Möglichkeit, mit Hilfe von Attributen andere, spezifische Gruppierungsmerkmale zu definieren. Dazu stehen uns gleich mehrere Attribute zur Verfügung, die alle im Wesentlichen dasselbe bewirken, nämlich eine organisatorische Unterstützung bei der Durchführung verschiedener Testläufe.

Die Attribute »TestCategory« und »Owner«

Momentan sind in unserem Beispielprogramm noch keine Merkmale definiert. Das Projekt enthält nach der Ergänzung weiter oben die beiden Testklassen `CategoryTest` und `UnitTest1`. Die in den beiden Klassen definierten Testmethoden wollen wir nun zwei Kategorien zuordnen, die der Einfachheit halber `Math` und `Demo` heißen.

Um eine Testmethode einer spezifischen Kategorie zuzuordnen, verknüpfen wir jede Methode mit dem Attribut `TestCategory`. Als Argument wird dem Attribut der Name der Kategorie übergeben.

```
[TestClass]
public class CalculatorTest
{
  [TestMethod]
  [TestCategory("Math")]
  public void Test_Add()
  {
    [...]
  }
  [TestMethod]
  [TestCategory("Math")]
  public void Test_Subtract()
  {
    [...]
  }
  [TestCategory("Math")]
  [TestMethod]
  public void Test_Multiply()
  {
    [...]
  }
  [TestMethod]
  [TestCategory("Demo")]
  public void Test_Divide()
  {
    [...]
  }
}
[TestClass]
```

```
public class UnitTest1
{
  [TestMethod]
  [TestCategory("Math")]
  public void TestMethod1()
  {
    [...]
  }
  [TestMethod]
  [TestCategory("Demo")]
  public void TestMethod2()
  {
    [...]
  }
}
```

Listing 21.8 Methoden bestimmten Kategorien zuordnen

Nach der Ergänzung um das Attribut `TestCategory` müssen Sie zuerst die Projektmappe neu erstellen. Danach können Sie im Test-Explorer als Gruppierung MERKMAL auswählen und sehen die Tests wie gewünscht gruppiert (siehe Abbildung 21.8).

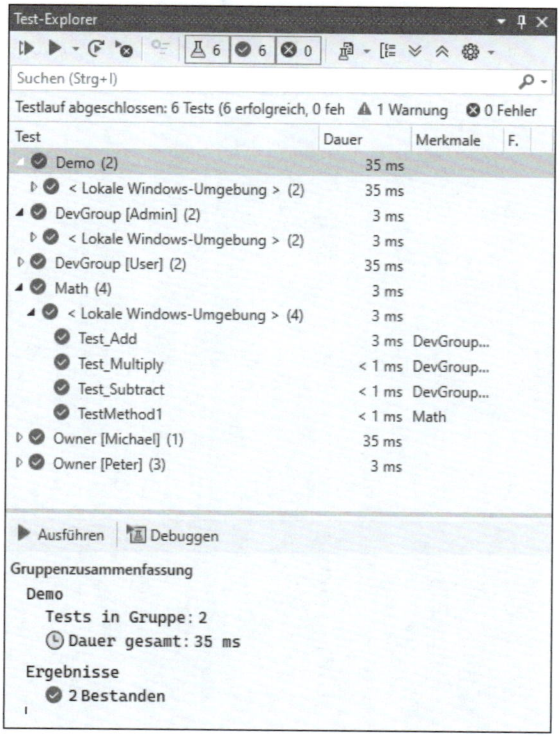

Abbildung 21.8 Nach Kategorien gruppierte Testmethoden

Eine Testmethode lässt sich auch mehreren Kategorien zuordnen. Angenommen, die Methode `Test_Divide` soll nicht nur zu `Demo` gehören, sondern auch der Kategorie `Math` zugeordnet werden. Sie können das Attribut `TestCategory` dann ein weiteres Mal angeben:

```
[TestMethod]
[TestCategory("Demo")]
[TestCategory("Math")]
public void Test_Divide()
{
  [...]
}
```

Nach der Änderung und dem erneuten Erstellen der Projektmappe wird `Test_Divide` in beiden Kategorien angezeigt.

Der Vorteil der Festlegung einer Kategorie für eine oder mehrere Testmethoden ist, dass Sie im Test-Explorer die Kategorie markieren können. Wählen Sie dann anschließend im Kontextmenü AUSGEWÄHLTE TEST(S) AUSFÜHREN, führt diese Aktion die der Kategorie zugeordneten Testmethoden aus und die anderen nicht.

Jeder Test lässt sich einem bestimmten Eigentümer zuordnen. Dazu wird das Attribut `Owner` verwendet. Angenommen, `Test_Add`, `Test_Subtract` und `Test_Multiply` möchten wir einem Entwickler namens *Luka* zuordnen, alle anderen Testmethoden gehören zu *Emma*. Die Testmethoden in der Klasse `CalculatorTest` werden dann wie in Listing 21.9 definiert.

```
[TestClass]
public class CalculatorTest
{
  [TestMethod]
  [TestCategory("Math")]
  [Owner("Peter")]
  public void Test_Add() {[...]}

  [TestMethod]
  [TestCategory("Math")]
  [Owner("Peter")]
  public void Test_Subtract() {[...]}

  [TestCategory("Math")]
  [TestMethod]
  [Owner("Peter")]
  public void Test_Multiply() {[...]}
```

```
  [TestMethod]
  [TestCategory("Demo")]
  [TestCategory("Math")]
  [Owner("Michael")]
  public void Test_Divide() {[...]}
}
```

Listing 21.9 Das »OwnerAttribute« in der Klasse »CalculatorTest«

Das Attribut »TestProperty«

Das Attribut `TestProperty` scheint im ersten Moment genauso zu agieren wie das Attribut `TestCategory`. Das Attribut `TestProperty` erwartet jedoch zwei `String`-Argumente: Das erste Argument beschreibt den Namen der Eigenschaft, das zweite den dazugehörenden Wert. In der Klasse `CalculatorTest` wollen wir die vier Testmethoden mit zwei unterschiedlichen Wertangaben wie in Listing 21.10 gezeigt erweitern.

```
[TestMethod]
[TestCategory("Math")]
[TestProperty("DevGroup", "Admin")]
public void Test_Add()
{
  [...]
}
[TestMethod]
[TestCategory("Math")]
[TestProperty("DevGroup", "Admin")]
public void Test_Subtract()
{
  [...]
}
[TestCategory("Math")]
[TestMethod]
[TestProperty("DevGroup", "User")]
public void Test_Multiply()
{
  [...]
}
[TestMethod]
[TestCategory("Demo")]
[TestCategory("Math")]
[TestProperty("DevGroup", "User")]
public void Test_Divide()
```

```
{
 [...]
}
```

Listing 21.10 Änderung an den Testmethoden des Beispielprogramms »Test_2«

Nach dem Erstellen der Projektmappe und dem anschließenden Testlauf zeigt der Test-Explorer die Ausgabe aus Abbildung 21.9.

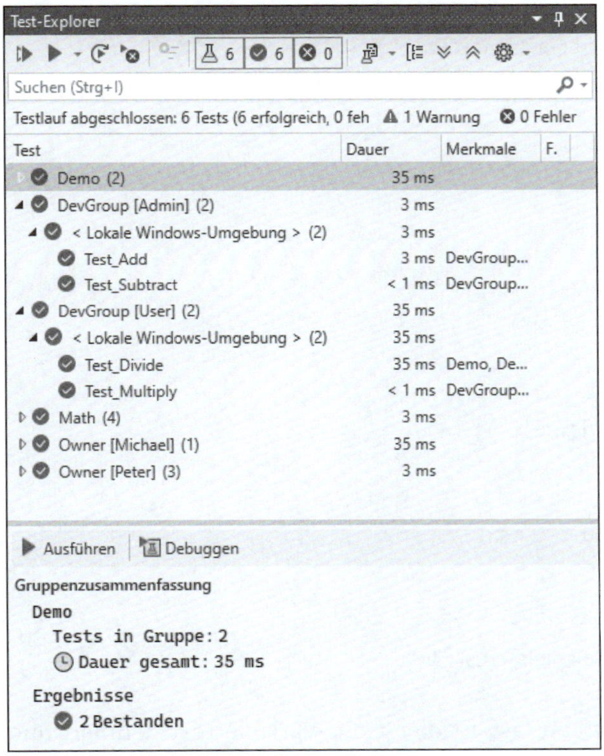

Abbildung 21.9 Anzeigegruppierung mit dem »TestProperty«-Attribut

Es werden neben DEMO und MATH, die weiterhin durch `TestCategory` gruppiert werden, zwei weitere Gruppen angezeigt: DEVGROUP [ADMIN] und DEVGROUP [USER]. Das Ergebnis hätten wir auch mit Hilfe des `TestCategory`-Attributs erzielen können. Somit stellt sich Frage, wo der Unterschied zwischen `TestCategory` und `TestProperty` zu finden ist.

Die unterschiedlichen Verhaltensweisen sind nicht nur in der Fähigkeit zur Gruppierung zu finden. Tatsächlich müssen wir etwas tiefer tauchen. `TestProperty` gestattet uns, Einfluss auf das Testergebnis auszuüben. Wie das umgesetzt werden kann, zeigt das folgende Beispielprogramm.

```
// Beispiel: ..\Kapitel 21\Test_3
[TestClass]
public class AnotherTestClass
{
  public TestContext TestContext { get; set; }
  private string text;
  [TestInitialize]
  public void Initialize()
  {
    if (TestContext.Properties.Contains("DoIt"))
      text = TestContext.Properties["DoIt"] as string;
    else
      text = "default";
  }
  [TestMethod]
  public void Test_Method1()
  {
    Assert.AreEqual("default", text);
  }
  [TestMethod]
  [TestProperty("DoIt", "non-default")]
  public void Test_Method2()
  {
    Assert.AreEqual("non-default", text);
  }
}
```

Listing 21.11 Programmcode des Beispiels »Test_3«

Auf Klassenebene von AnotherTestClass ist die String-Variable text definiert und darüber hinaus eine Eigenschaft des Typs TestContext. Allgemein gesprochen beschreibt TestContext den Kontext der Testklasse. Dabei ist jedoch darauf zu achten, dass die Eigenschaft unbedingt den Bezeichner TestContext hat.

Vergleichen wir nun die beiden Testmethoden Test_Method1 und Test_Method2. Im Gegensatz zu Test_Method1 hat Test_Method2 das TestProperty-Attribut mit dem Name-Argument DoIt und dem Wert non-default. In der Methode wird die Zeichenfolge non-default mit dem Inhalt der Variablen text verglichen, die in der Testklasse AnotherTestClass definiert ist. Hat text den Inhalt non-default, wird der Testlauf zu einem positiven Ergebnis führen.

Die in der Testklasse definierte Methode Initialize wird bei der Initialisierung des Tests aufgerufen. Mit der Anweisung

```
TestContext.Properties.Contains("DoIt")
```

wird jede Testmethode daraufhin untersucht, ob das Attribut `TestProperty` mit der Testmethode verknüpft ist und darüber hinaus den Namen `DoIt` aufweist. Ist das der Fall, wird der Wertparameter des `TestProperty`-Attributs in die Variable `text` geschrieben, andernfalls lautet deren Inhalt `default`.

Auf diese Weise ermöglicht uns `TestProperty`, in gewissen Grenzen auf die Ergebnisse der Testmoden Einfluss zu nehmen.

Anmerkung

Offiziell gehört auch das Attribut `Priority` in die Riege der Attribute, die mit einer Testmethode verknüpft werden können. Allerdings macht `Priority` im Grunde genommen nichts, auch nicht den vorrangigen Aufruf vor einer anderen Testmethode. Deshalb werden wir an dieser Stelle dieses Attribut nicht weiter berücksichtigen.

Gruppierte Testmethoden ausführen

Es bleibt noch zu klären, wie wir die Mitglieder einer Gruppe gemeinsam ausführen können. Dazu markieren Sie zuerst die gewünschte Gruppe im Test-Explorer. Dann öffnen Sie das Kontextmenü. Wählen Sie im Kontextmenü der ausgewählten Gruppe die Option AUSGEWÄHLTE TEST(S) AUSFÜHREN, um nur die Testläufe der Methoden durchzuführen, die zu der betreffenden Gruppe gehören.

21.3.3 Wiedergabelisten

Sie haben bisher mehrere Wege kennengelernt, Tests zu gruppieren. Dazu bietet der Test-Explorer standardmäßig Optionen wie KLASSE, ERGEBNIS oder DAUER an. Über Merkmale können Sie im Zusammenspiel mit diversen Attributen auch spezifische Gruppierungskriterien festlegen.

Attribute setzen eine Änderung an den Methoden voraus. Sie können aber auch ohne zusätzliche Attribute eine Gruppierung beliebiger Testmethoden beschreiben. Jetzt kommen die sogenannten *Wiedergabelisten* ins Spiel. Wiedergabelisten lassen sich ohne Änderung des Programmcodes definieren und sind daher flexibler als der Einsatz von Attributen.

Das Erstellen einer Wiedergabeliste ist denkbar einfach: Markieren Sie dazu im Test-Explorer alle Testmethoden, die zu einer neu zu erstellenden Wiedergabeliste gehören sollen. Öffnen Sie dann das Kontextmenü, und wählen Sie ZUR WIEDERGABELISTE HINZUFÜGEN aus. Ihnen wird nun angeboten, eine neue Wiedergabeliste zu erstellen. Wenn Sie das bestätigen, öffnet diese Aktion einen Dialog, in dem Sie den Dateibezeichner der Wiedergabeliste eintragen. Wiedergabelisten haben per Vorgabe die Dateiextension *.playlist*, sind aber tatsächlich nur XML-Dateien. Der Speicherort ist das Projektverzeichnis.

Möchten Sie die Wiedergabeliste starten, klicken Sie im Test-Explorer auf den Link WIEDERGABELISTE. Es öffnet sich eine Dropdown-Liste, in der unter anderem die Wiedergabeliste DEMOPLAYLIST zu finden ist. Diese wählen Sie aus (siehe Abbildung 21.10).

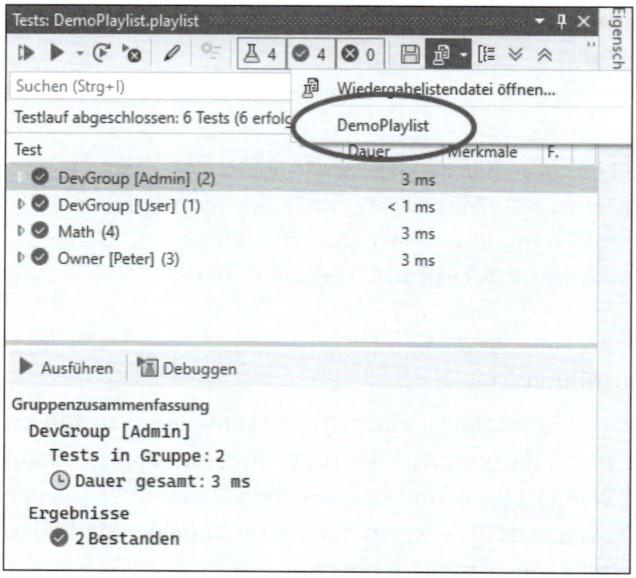

Abbildung 21.10 Auswahl einer Wiedergabeliste

Im Test-Explorer werden dann nur noch die Tests angezeigt, die zu der Wiedergabeliste gehören. Mit ALLE AUSFÜHREN im Test-Explorer können Sie die Tests dann starten.

Eine zusätzliche Testmethode zur Wiedergabeliste hinzuzufügen, ist denkbar einfach. Markieren Sie die der Wiedergabeliste hinzuzufügende Methode im Test-Explorer, und rufen Sie deren Kontextmenü auf. Wählen Sie jetzt ZUR WIEDERGABELISTE HINZUFÜGEN, bekommen Sie neben dem Erstellen einer neuen Wiedergabeliste auch die Option der existierenden Wiedergabeliste DEMOPLAYLIST angeboten.

Um eine Testmethode aus einer Wiedergabeliste zu entfernen, ist im Kontextmenü der Testmethode im Test-Explorer AUS AKTUELLER WIEDERGABELISTE ENTFERNEN auszuwählen.

Möchten Sie eine Wiedergabeliste löschen, öffnen Sie den Windows-Explorer und navigieren zum Projektverzeichnis. Hier löschen Sie Wiedergabedatei, die wie oben erwähnt die Dateierweiterung *.playlist* hat.

21.3.4 Exceptions testen

Innerhalb einer zu testenden Methode könnte beim Eintreten gewisser Rahmenbedingungen eine Ausnahme ausgelöst werden. Diese Situation ist in der Klassenbibliothek `CalculatorLibrary` auch zu finden, wurde aber bisher noch nicht berücksichtigt: Es handelt sich um die Methode `Divide`. Wir müssen nämlich auch die Situation berücksichtigen, dass der Denominator die Zahl 0 beschreibt. Und eine Division durch 0 führt immer zu einem Fehler, der unter .NET mit der Ausnahme `DivideByZeroException` beschrieben wird.

Anmerkung

Im Fachjargon wird der Teil unter dem Bruchstrich als *Denominator* (Nenner) bezeichnet; die Zahl, die dividiert werden soll, heißt *Numerator (Zähler)*.

Die Methode `Divide` sieht nach der Korrektur wie folgt aus:

```
public static double Divide(double a, double b)
{
  if (b == 0)
    throw new DivideByZeroException("Unzulässige Division durch '0'.");
  return a / b;
}
```

Listing 21.12 Methode »Divide« nach der Korrektur

Zum Testen der Ausnahme müssen wir eine zweite Testmethode für die Methode `Divide` schreiben. Die erste Testmethode gibt für Nominator und Denominator konkrete Werte an; die zusätzliche Testmethode hat die Aufgabe, die Exception mit dem Denominatorwert `0` zu testen. Üblicherweise wählen Sie den Namen der Testmethode so, dass sofort ersichtlich wird, welchem Testzweck die Methode dient. Deshalb soll in unserem Beispiel die Methode `Test_Divide_DivideByZero` heißen.

Wir müssen der Testmethode den Typ der erwarteten Ausnahme mitteilen und verknüpfen die Methode daher mit dem `ExpectedException`-Attribut, dem wir den Typ der erwarteten Ausnahme als Argument übergeben.

```
// Beispiel: ..\Kapitel 21\Test_4
[...]
[TestMethod]
[ExpectedException(typeof(DivideByZeroException))]
public void Test_Divide_DivideByZero()
{
  // Arrange
  double value1 = 20;
  // Act
  try
  {
    Calculator.Divide(value1, 0);
```

```
  }
  catch(DivideByZeroException ex)
  {
    // Assert
    Assert.AreEqual("Unzulässige Division durch '0'.", ex.Message);
    throw;
  }
}
```

Listing 21.13 Testen einer ausgelösten Ausnahme

Da der Aufruf von `Divide` eine Ausnahme auslöst, wird die Anweisung in einen `try`-Block geschrieben. Behandelt wird die Ausnahme im `catch`-Block. Mit `Assert.AreEqual` beweisen wir die Richtigkeit der Ausnahme. Zu Vergleichszwecken nutzen wir die Eigenschaft `Message` der Exception. Zum Schluss geben wir die Ausnahme mit `throw` zurück an die Methode `Divide`.

Hinweis

Sie können die Testmethode `Test_Divide_DivideByZero` auch sehr kurz halten und auf `try-catch` verzichten:

```
[TestMethod]
[ExpectedException(typeof(DivideByZeroException))]
public void Test_Divide_DivideByZero()
{
  double value1 = 20;
  Calculator.Divide(value1, 0);
}
```

Das Ergebnis wird dasselbe sein, der Test wird zu einem positiven Resultat führen. Wegen des Fehlens des offensichtlichen Beweises mit `Assert` sollten Sie die längere Fassung aus Listing 21.13 favorisieren.

21.3.5 Codeabdeckung (Code Coverage)

Wenn Sie eine Anwendung testen wollen, ist es wichtig zu wissen, ob alle Methoden der Anwendung durch Testmethoden getestet werden. Möglicherweise interessiert auch, ob der gesamte Programmcode beim Testlauf durchlaufen wird oder nicht. Das Feature der Codeabdeckung (engl.: *code coverage*) hilft Ihnen bei der Beantwortung der Frage. Allerdings setzt diese Funktionalität die Installation von Visual Studio 2022 Enterprise voraus.

Um die Codeabdeckung zu analysieren, wählen Sie im Menü TEST von Visual Studio die Option CODE COVERAGE ANALYSIEREN und anschließend ALLE TESTS aus (siehe Abbildung 21.11).

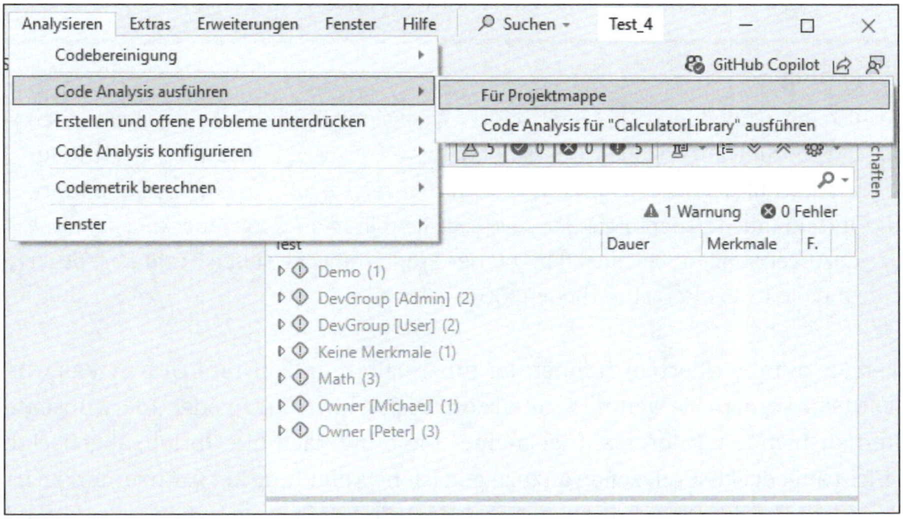

Abbildung 21.11 Codeabdeckung analysieren

Daraufhin wird das Fenster CODE COVERAGE-ERGEBNISSE geöffnet, das die Resultate der Analyse anzeigt. Bezogen auf den aktuellen Stand unseres Beispielprogramms *Test_4* wird in dem Fenster das angezeigt, was Sie in Abbildung 21.12 sehen.

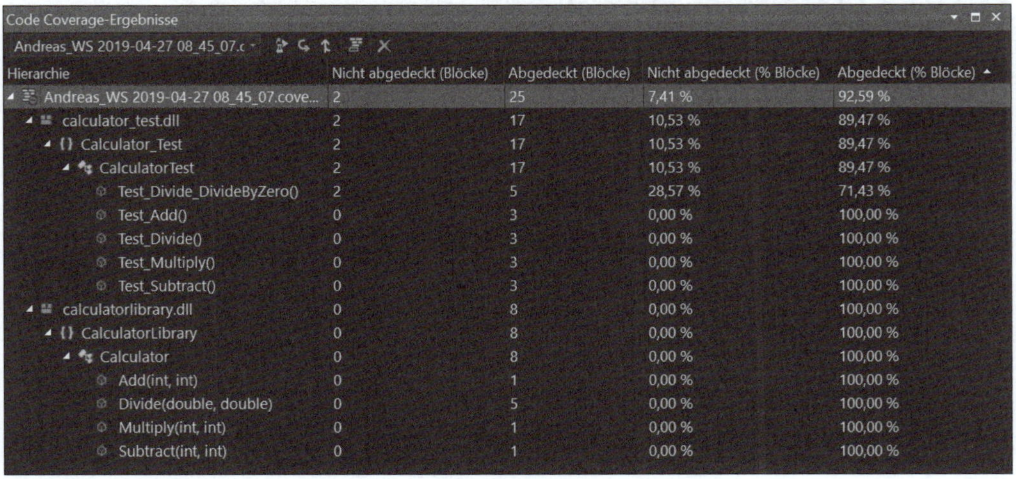
Code Coverage-Ergebnisse

Andreas_WS 2019-04-27 08_45_07.c

Hierarchie	Nicht abgedeckt (Blöcke)	Abgedeckt (Blöcke)	Nicht abgedeckt (% Blöcke)	Abgedeckt (% Blöcke)
Andreas_WS 2019-04-27 08_45_07.cove...	2	25	7,41 %	92,59 %
calculator_test.dll	2	17	10,53 %	89,47 %
Calculator_Test	2	17	10,53 %	89,47 %
CalculatorTest	2	17	10,53 %	89,47 %
Test_Divide_DivideByZero()	2	5	28,57 %	71,43 %
Test_Add()	0	3	0,00 %	100,00 %
Test_Divide()	0	3	0,00 %	100,00 %
Test_Multiply()	0	3	0,00 %	100,00 %
Test_Subtract()	0	3	0,00 %	100,00 %
calculatorlibrary.dll	0	8	0,00 %	100,00 %
CalculatorLibrary	0	8	0,00 %	100,00 %
Calculator	0	8	0,00 %	100,00 %
Add(int, int)	0	1	0,00 %	100,00 %
Divide(double, double)	0	5	0,00 %	100,00 %
Multiply(int, int)	0	1	0,00 %	100,00 %
Subtract(int, int)	0	1	0,00 %	100,00 %

Abbildung 21.12 Ergebnisse der Code-Coverage-Analyse

In der linken Spalte sind die Hierarchien der beiden Anwendungen in der Projektmappe dargestellt. Die vier anderen Spalten nehmen Bezug auf sogenannte *Blöcke*.

Ein Block ist ein Stück Code mit genau einem Einstiegs- und einem Endpunkt. Es wird angegeben, wie viele Blöcke abgedeckt und nicht abgedeckt sind, und zwar sowohl die konkrete Anzahl als auch der Prozentwert. In der Praxis gelten 80 % Abdeckung bereits als akzeptabel, in Einzelfällen darf der Wert auch geringer sein.

Anmerkung

Die Ausgabe in Abbildung 21.12 zeigt, dass es nicht sinnvoll ist, unter allen Umständen 100 % Abdeckung anzustreben. Die Methode `Test_Divide_DivideByZero` erreicht nur ca. 71 %, obwohl sie – wie im letzten Abschnitt gezeigt – 100 % des Tests durchführt. Das führt uns auch zu der folgenden Aussage: Sie sollten die Codeabdeckungsanalyse eher dazu verwenden, festzustellen, ob der Programmcode durch Tests abgedeckt wird, und nicht, ob die Testmethoden 100 % erreichen.

Klicken Sie auf die Überschrift einer der fünf Spalten im Fenster CODE COVERAGE-ERGEBNISSE, können Sie weitere Spalten zum Dialog hinzufügen oder unerwünschte Spalten ausblenden. Interessant ist meiner Meinung nach die Option, abgedeckte und nicht abgedeckte Codezeilen anzuzeigen (siehe Abbildung 21.13). Anzumerken ist hierbei, dass bei der Bewertung der Anzahl der Codezeilen auch die öffnende und schließende geschweifte Klammer in die Bewertung einfließt.

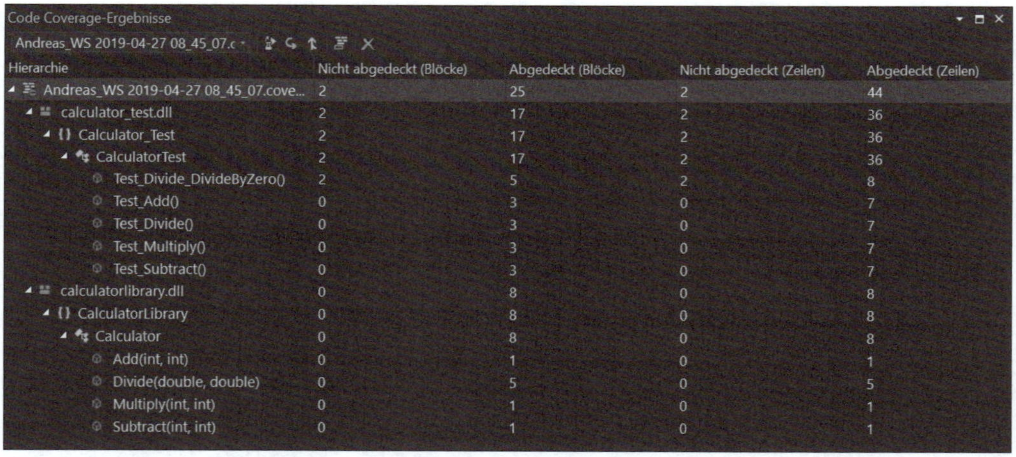

Hierarchie	Nicht abgedeckt (Blöcke)	Abgedeckt (Blöcke)	Nicht abgedeckt (Zeilen)	Abgedeckt (Zeilen)
Andreas_WS 2019-04-27 08_45_07.cove...	2	25	2	44
calculator_test.dll	2	17	2	36
Calculator_Test	2	17	2	36
CalculatorTest	2	17	2	36
Test_Divide_DivideByZero()	2	5	2	8
Test_Add()	0	3	0	7
Test_Divide()	0	3	0	7
Test_Multiply()	0	3	0	7
Test_Subtract()	0	3	0	7
calculatorlibrary.dll	0	8	0	8
CalculatorLibrary	0	8	0	8
Calculator	0	8	0	8
Add(int, int)	0	1	0	1
Divide(double, double)	0	5	0	5
Multiply(int, int)	0	1	0	1
Subtract(int, int)	0	1	0	1

Abbildung 21.13 Code-Coverage-Ergebnisse mit veränderter Spaltenanzeige

Ergänzen wir nun die Klasse `Calculator` der Klassenbibliothek um die Methode `DoSomething`. Die Methode soll keinerlei Operationen durchführen.

```
public static int DoSomething() => 0;
```

Wir verzichten (oder besser »vergessen«), für `DoSomething` eine Testmethode zu implementieren. Sehen wir uns in Abbildung 21.14 an, wie sich das in der Ergebnisliste nach der Codeabdeckungsanalyse auswirkt.

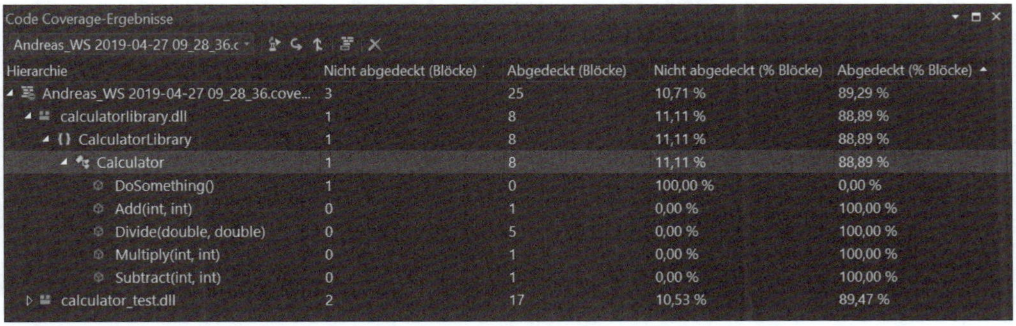

Code Coverage-Ergebnisse

Andreas_WS 2019-04-27 09_28_36.c

Hierarchie	Nicht abgedeckt (Blöcke)	Abgedeckt (Blöcke)	Nicht abgedeckt (% Blöcke)	Abgedeckt (% Blöcke)
Andreas_WS 2019-04-27 09_28_36.cove...	3	25	10,71 %	89,29 %
calculatorlibrary.dll	1	8	11,11 %	88,89 %
CalculatorLibrary	1	8	11,11 %	88,89 %
Calculator	1	8	11,11 %	88,89 %
DoSomething()	1	0	100,00 %	0,00 %
Add(int, int)	0	1	0,00 %	100,00 %
Divide(double, double)	0	5	0,00 %	100,00 %
Multiply(int, int)	0	1	0,00 %	100,00 %
Subtract(int, int)	0	1	0,00 %	100,00 %
calculator_test.dll	2	17	10,53 %	89,47 %

Abbildung 21.14 Methode, die nicht getestet wird

Da es für `DoSomething` keine Testmethode gibt, liegt der Prozentsatz der abgedeckten Blöcke bei 0 %. Auf diese Weise kann uns die Codeabdeckungsanalyse dabei behilflich sein, Methoden aufzufinden, die keinem automatischen Test unterzogen werden.

Andererseits gewährleistet auch ein Wert von 100 % nicht, dass die Testmethode korrekt ausgeführt wird. Sie können das sehr leicht überprüfen, indem Sie den Aufruf von `Assert.AreEqual` auskommentieren oder löschen. Der Test wird zwar vermelden, dass er erfolgreich verlaufen ist, aber tatsächlich wird die zu testende Methode nicht getestet. Sogar eine leere Testmethode wird das Ergebnis »erfolgreich« haben.

Möchten wir, dass die Methode `DoSomething` nicht von der Codeabdeckungsanalyse erfasst wird, können wir das mit dem Attribut `ExcludeFromCodeCoverage` steuern, z. B.:

```
[ExcludeFromCodeCoverage]
public static int DoSomething() => 0;
```

Das Attribut ist dem Namespace `System.Diagnostics.CodeAnalysis` zugeordnet, den Sie mit `using` bekanntgeben sollten.

21

21.3.6 Testen von privaten Methoden

Angenommen, die Methode `Add` in der Klassenbibliothek soll nur positive Zahlen entgegennehmen. Vielleicht würden wir dann eine Methode schreiben, die eine entsprechende Überprüfung vornimmt, also:

```
private static bool IsPositive(int number) => number > 0;
```

Da die Methode nur im Zusammenhang mit der Methode `Add` von Interesse ist, ist sie `private`. In `Add` wird zuerst geprüft, ob die beiden Argumente positiv sind. Nur bei erfolgreicher Überprüfung wird die Summe an den Aufrufer zurückgeliefert, ansonsten wird eine Exception ausgelöst.

```
public static long Add(int a, int b)
{
  if (IsPositive(a) && IsPositive(b))
    return a + b;
  throw new ArgumentException("Nur positive Zahlen sind erlaubt.");
}
```

Listing 21.14 Erweiterung der Methode »Add«

Da wir eine Testmethode definiert haben, die `Add` überprüft, könnte man jetzt argumentieren, dass `Add` intern `IsPositive` aufruft. Wenn der Test von `Add` erfolgreich verläuft, muss logischerweise auch `IsPositive` das gewünschte Ergebnis liefern.

Ganz so einfach sind die Situationen in der Praxis aber nicht. Oft weisen die privaten Methoden umfangreiche Operationen auf, die isoliert betrachtet und getestet werden müssen. Wie also können wir für eine private Methode eine eigene Testmethode schreiben? Das Problem ist dabei, dass die Methode grundsätzlich nur in der Klasse `Calculator` sichtbar ist.

Zur Lösung müssen wir zwei Ausgangssituationen berücksichtigen, die ein wenig unterschiedlich behandelt werden müssen:

- Klassenmethoden
- Instanzmethoden

Betrachten wir zuerst den Fall einer Klassenmethode. In Listing 21.15 ist bereits die Lösung zu sehen.

```
[TestMethod]
public void Test_IsPositive()
{
  PrivateType obj = new PrivateType(typeof(Calculator));
  bool actual =(bool)obj.InvokeStatic("IsPositive", 5);
  Assert.IsTrue(actual);
}
```

Listing 21.15 Testen einer privaten statischen Methode

Die wichtigste Komponente in diesem Code ist die Klasse `PrivateType`, die uns später den Zugriff auf die privaten Member ermöglicht. `PrivateType` gehört zum Namespace

```
Microsoft.VisualStudio.TestTools.UnitTesting
```

der bereits mit `using` bekanntgegeben worden ist. Die Klasse gehört also zum MSTest Framework. Dem Konstruktor wird als Argument der Typ übergeben, auf dessen private Methode zugegriffen werden soll.

Die Methode InvokeStatic der PrivateType-Instanz erwartet im ersten Argument den Namen der privaten Methode, als zweites Argument den zu testenden Wert. InvokeStatic ist vom Typ Object, somit müssen wir das Resultat noch in bool konvertieren und in einer Variablen speichern. Die Klasse Assert weist zahlreiche statische Methoden auf. Hier bietet sich der Aufruf von IsTrue an, da wir wissen, dass die Zahl 5 zu einem positiven Ergebnis beim Testlauf führen muss.

Sehr ähnlich sieht es aus, wenn wir eine private Instanzmethode testen wollen. Nehmen wir an, IsPositive (und konsequenterweise auch die Methode Add) sei eine Instanzmethode. Wir können jetzt nicht mehr die Klasse PrivateType benutzen, da sie nur für statische Member geprägt ist. Stattdessen benutzen wir die sehr ähnliche Klasse PrivateObject mit ihrer Methode Invoke.

```
[TestMethod]
public void Test_IsPositive()
{
  PrivateObject obj = new PrivateObject(typeof(Calculator));
  bool actual = (bool)obj.Invoke("IsPositive", 5);
  Assert.IsTrue(actual);
}
```

Listing 21.16 Testen einer privaten Instanzmethode

21.3.7 Die Attribute »TimeOut« und »Ignore«

Sie könnten eine Testmethode geschrieben haben, deren Ausführungszeit sehr lange in Anspruch nimmt. Damit sind nicht nur ein paar Millisekunden mehr als gewöhnlich gemeint, sondern gleich sehr viele Sekunden oder gar Minuten. Das Problem ist, dass eine solche Methode alle anderen folgenden Testmethoden daran hindert, zur Ausführung zu gelangen. Im schlimmsten Fall könnte die eine Testmethode sogar in einer Endlosschleife enden. Zur Vermeidung solcher Fälle haben Sie zwei Möglichkeiten, zu reagieren:

- das TimeOut-Attribut
- das Ignore-Attribut

Mit dem TimeOut-Attribut legen Sie fest, nach welcher Zeit die nächste zur Ausführung stehende Testmethode aktiviert wird. Notieren Sie beispielsweise

```
[TestMethod]
[TimeOut(3000)]
public void Test_DoSomething()
{
  [...]
}
```

werden `Test_Something` 3.000 ms zur vollständigen Ausführung zugestanden. Die Zeitspanne können Sie frei wählen. Wird sie jedoch überschritten, gilt der Test als nicht bestanden.

Drastischer ist noch das `Ignore`-Attribut. Es verhindert, dass eine Testmethode überhaupt ausgeführt wird. Das `Ignore`-Attribut können Sie auch mit einer Testklasse verknüpfen.

21.3.8 Komponententests debuggen

Komponententests zu debuggen, unterscheidet sich kaum vom Debuggen des »normalen« Programmcodes. Setzen Sie Haltepunkte an den Stellen, die Sie schrittweise durchlaufen wollen. Danach öffnen Sie das Kontextmenü im Code-Editor und wählen den Punkt TEST(S) DEBUGGEN aus. Das startet den Debugger von Visual Studio (siehe Abbildung 21.15).

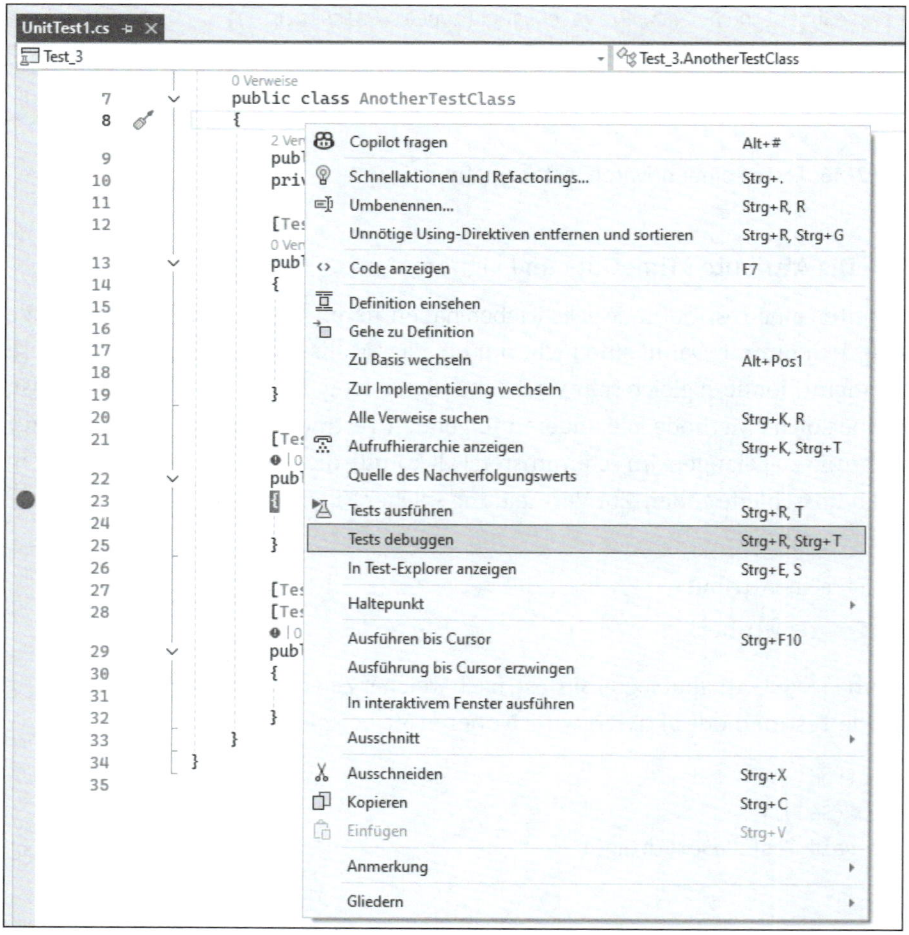

Abbildung 21.15 Debuggen eines Komponententests starten

Den Code schrittweise auszuführen, unterscheidet sich nicht vom schrittweisen Ausführen irgendeines anderen Codes – benutzen Sie zum Beispiel [F11].

Eine weitere Möglichkeit, das Debuggen zu starten, ist, im Test-Explorer alle Testmethoden zu selektieren, die gedebuggt werden sollen. Öffnen Sie das Kontextmenü im Test-Explorer, und wählen Sie AUSGEWÄHLTE TEST(S) DEBUGGEN.

21.4 Die Klasse »TestContext«

`TestContext` ist eine Klasse, die von MSTest unterstützt wird. Wenn Sie den Klassenbezeichner in den Code-Editor eintragen, den Mauszeiger daraufsetzen und anschließend das Kontextmenü öffnen, werden Ihnen unter anderem im Kontextmenü die Optionen DEFINITION EINSEHEN und GEHE ZU DEFINITION angeboten. Für welche Sie sich entscheiden, spielt keine Rolle: Im erstgenannten Fall öffnet sich nur ein Zusatzfenster, mit der zweiten Auswahl wird die Definition in einer eigenen Registerkarte geöffnet. In beiden Fällen können Sie sehen, wie die Klasse definiert ist und welche Member sie beschreibt.

Hinweis

Sie können mit dieser Technik grundsätzlich alle Typen einsehen. Manchmal führt dieser Weg schneller zum Ziel, um ad hoc eine wichtige Information zu erhalten, als der Weg über die Dokumentation.

In Abbildung 21.16 sehen Sie, wie die Informationen für `TestContext` angezeigt werden. Sie sehen neben zahlreichen Properties auch ein paar Methoden.

Bemerkenswert ist, dass die Klasse `abstract` definiert ist. Trotzdem müssen wir sie nicht ableiten oder uns nach einer Ableitung umsehen, denn wir können mit einem kleinen Trick sehr einfach ein Objekt von `TestContext` erstellen. Voraussetzung dafür ist eine Testklasse, wie beispielsweise `CalculatorTest`. Wir brauchen lediglich eine Property zu definieren, die vom Typ `TestContext` ist und auch genau so benannt wird. Greifen wir später auf die `TestContext`-Property zu, erhalten wir automatisch eine `TestContext`-Instanz.

```
[TestClass]
public class CalculatorTest
{
  public TestContext TextContext {get; set;}
  [...]
}
```

Listing 21.17 Die Eigenschaft »TestContext«

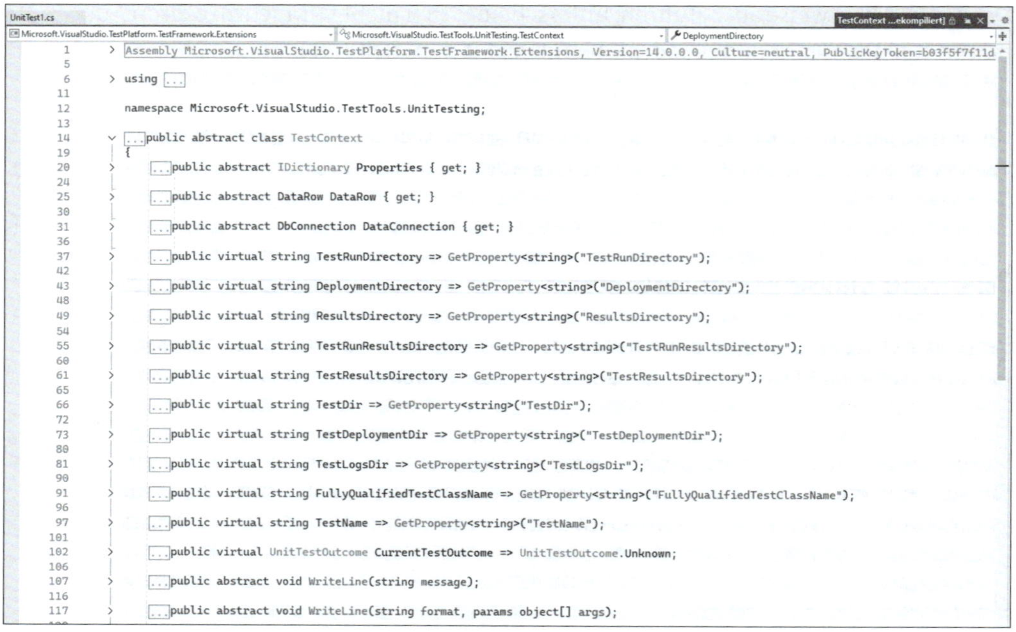

Abbildung 21.16 Die Definitionen in der Klasse »TestContext«

Die Eigenschaft `TestContext` erlaubt uns, die Eigenschaften und Methoden im `TestContext`-Objekt aufzurufen.

Sehen wir uns nun die Nutzung einiger Eigenschaften von `TestContext` an einem konkreten Beispiel an. Dazu ergänzen wir die Testmethode `Test_Add` wie folgt:

```
[TestMethod]
public void Test_Add()
{
  // Arrange
  int value1 = 20;
  int value2 = 60;
  long expected = 80;
  // Act
  long actual = Calculator.Add(value1, value2);
  //Assert
  Assert.AreEqual(expected, actual);
  TestContext.WriteLine(TestContext.FullyQualifiedTestClassName);
  TestContext.WriteLine(TestContext.TestName);
  TestContext.WriteLine(TestContext.CurrentTestOutcome.ToString());
}
```

Listing 21.18 Aufruf diverser Methoden von »TestContext«

In der ersten Ausgabe geben wir den voll qualifizierenden Bezeichner der Klasse aus, in der zweiten den Namen der Testmethode und in der dritten schließlich noch das Ergebnis des Testlaufs. Wenn wir die Methode `Test_Add` nun einem Testlauf unterziehen, sehen wir im Test-Explorer die in Abbildung 21.17 gezeigte Ausgabe.

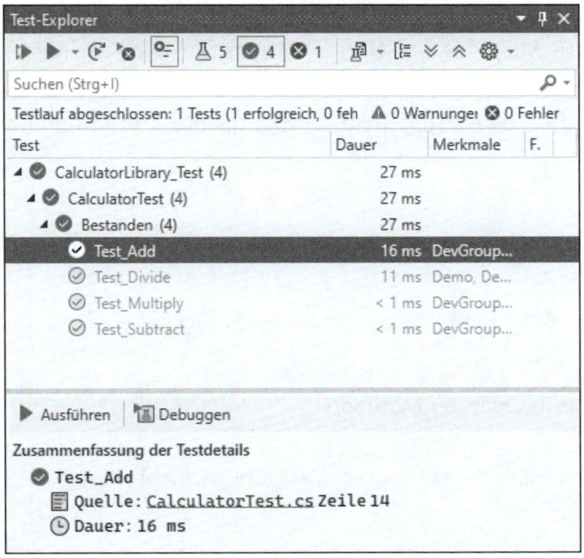

Abbildung 21.17 Test-Explorer nach dem Aufruf von »Test_Add«

Von der von uns erwarteten Ausgabe ist noch nichts zu sehen. Dazu müssen wir erst auf den Link OUTPUT klicken. Danach können Sie auch die zusätzlichen Informationen sehen, so wie in Abbildung 21.18.

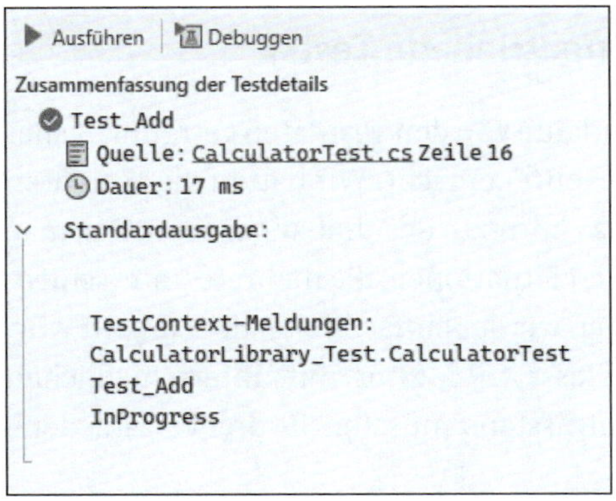

Abbildung 21.18 Ausgabe der Methodenaufrufe

Während die Ausgabe des voll qualifizierenden Bezeichners und des Bezeichners der Testmethode unseren Erwartungen entspricht, schreibt die Anweisung

```
TestContext.WriteLine(TestContext.CurrentTestOutcome.ToString());
```

in die Ausgabe, dass der Testlauf aktiv ist (InProgress), obwohl zum Zeitpunkt der Ausführung der Anweisung der Test anscheinend bereits abgeschlossen ist. Die Erklärung dafür ist relativ einfach, denn der Test wird erst beim Erreichen der schließenden Klammer des Anweisungsblocks der Testmethode beendet.

Wir müssen diese Anweisung in einer anderen Methode bereitstellen, die nach dem Beenden des Tests – sofern diese Methode existiert – aufgerufen wird. In dieser Methode, die auf den Namen CleanUp hört und die mit dem Attribut TestCleanup verknüpft sein muss, schreiben wir die Anweisung, die das Ergebnis des Methodenaufrufs ausgibt:

```
[TestCleanup]
public void CleanUp()
{
  TestContext.WriteLine(TestContext.CurrentTestOutcome.ToString());
}
```

Listing 21.19 Testfortschrittsausgabe in separater Methode

Mit dieser Änderung erreichen wir, dass die InProgress-Ausgabe aus Abbildung 21.18 nun Bestanden lautet.

Hinweis

Eine mit dem Attribut TestCleanup verknüpfte Methode wird von jedem Test in der Testklasse automatisch beim Beenden der Methode aufgerufen.

21.5 Data-Driven Unit-Tests (datengetriebene Tests)

In einem datengetriebenen Test sind die Testläufe von den Testdaten getrennt. Bisher hatten wir es in den Beispielen genau umgekehrt gemacht: Wir hatten die Testdaten in der Testmethode definiert und ebenso das korrekte Resultat angegeben. Das mag in vielen Fällen durchaus genügen, aber es gibt Situationen, die mehrere unterschiedliche Daten für einen Test benötigen. Nehmen wir der Einfachheit halber an, wir würden beabsichtigen, die Methode Add der Klasse Calculator mit unterschiedlichen Daten zu testen. Nach dem bisherigen Kenntnisstand müssten Sie drei verschiedene Testmethoden schreiben, beispielsweise:

```
[TestMethod]
public void Test_Add1()
{
  int value1 = 20;
  int value2 = 60;
```

```
    long expected = 80;
    long actual = Calculator.Add(value1, value2);
    Assert.AreEqual(expected, actual);
}
[TestMethod]
public void Test_Add2()
{
    int value1 = -20;
    int value2 = 40;
    long expected = 20;
    long actual = Calculator.Add(value1, value2);
    Assert.AreEqual(expected, actual);
}
[TestMethod]
public void Test_Add3()
{
    int value1 = 20;
    int value2 = -60;
    long expected = -40;
    long actual = Calculator.Add(value1, value2);
    Assert.AreEqual(expected, actual);
}
```

Listing 21.20 Testen der Methode »Add« mit mehreren Testmethoden

Während des Testlaufs wird der Ablauf je einmal für jede Zeile mit den Daten aus einer externen Datenquelle ausgeführt. Der Testlauf wird also von den Daten aus der Datenquelle »getrieben«.

Als Datenquelle stehen mehrere Alternativen zur Wahl:

- die Tabelle einer Datenbank
- Daten aus einer XML-Datei
- CSV-Datei als Datenquelle
- Excel-Tabelle
- die Attribute `DataRow` oder `DynamicData`

Alle Möglichkeiten unterscheiden sich im Aufwand und im Handling. Für einfache Daten wird eine Excel-, XML- oder CSV-Datei vollkommen ausreichen. Hier bieten sich alternativ aber auch `DataRow` oder `DynamicData` an, die mit MSTest V2 eingeführt wurden. Um ein Datenbankszenario zu testen, werden Sie hingegen um eine Datenbank für den Test nicht herumkommen.

Einige der genannten Alternativen möchten wir Ihnen in den folgenden Abschnitten vorstellen.

21.5.1 Eine Datenbank als Datenquelle

Möchten Sie die Daten aus einer Datenbank beziehen, müssen Sie zuerst eine Tabelle erstellen, in der die zur Überprüfung benutzten Daten eingetragen sind. Für das nächste Beispielprogramm sollten Sie daher in SQL Server eine neue Datenbank hinzufügen, die *UnitTestDB* heißt. Dieser fügen Sie eine Tabelle hinzu, deren Bezeichner *Data_AddMethod* lautet. Die Tabelle bekommt zwei Integer- und eine Long-Spalte. Die Spaltenbezeichner lauten *Value1*, *Value2* und *Result*. Anschließend tragen Sie die Daten wie in Abbildung 21.19 gezeigt ein.

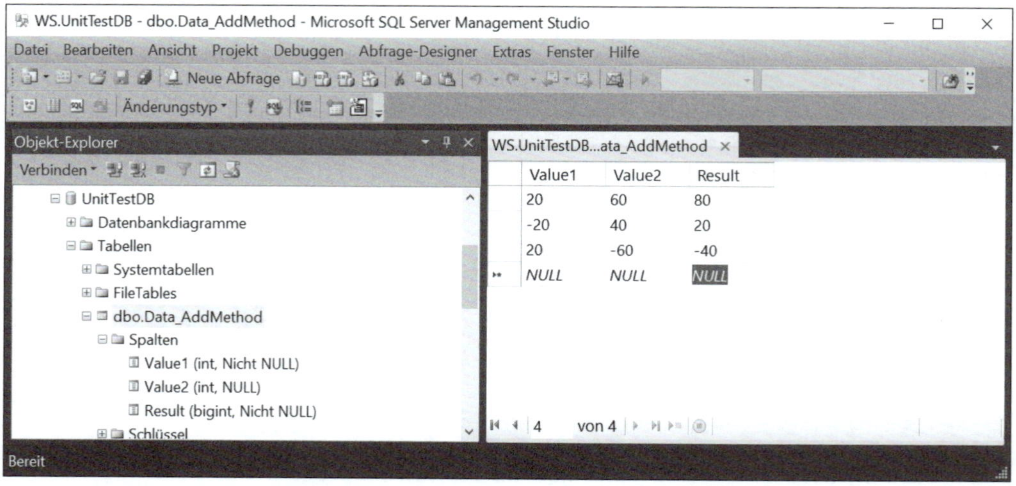

Abbildung 21.19 Die Tabelle »Data_AddMethod«

Damit entsprechen die Daten denjenigen, die auch in Listing 21.20 verwendet worden sind. In Listing 21.21 sehen Sie bereits die komplette Testmethode, die die Testdaten aus der Tabelle *Data_AddMethod* abfragt.

```
// Beispiel: ..\Kapitel 21\Test_5
[...]
[TestClass]
public class CalculatorTest
{
  public TestContext TestContext { get; set; }
  [TestMethod]
  [DataSource("System.Data.SqlClient",
              "Data Source=.;Database=UnitTestDB;Integrated Security=true",
              "Data_AddMethod",
              DataAccessMethod.Sequential)]
  public void Test_Add()
  {
    int value1 = Convert.ToInt32(TestContext.DataRow["Value1"]);
```

```
      int value2 = Convert.ToInt32(TestContext.DataRow["Value2"]);
      long expected = Convert.ToInt64(TestContext.DataRow["Result"]);
      long actual = Calculator.Add(value1, value2);
      Assert.AreEqual(expected, actual);
    }
}
```

Listing 21.21 Datengetriebener Test der Testmethode »Test_Add« (Datenbank)

Soll eine datengetriebene Testmethode die Testdaten aus einer Datenbank beziehen, müssen Sie im ersten Schritt einen Verweis auf die Bibliothek *System.Data.dll* legen.

Wir werden nun auch die Fähigkeiten eines `TestContext`-Objekts benötigen. Daher müssen wir es im ersten Schritt mit

```
public TestContext TestContext { get; set; }
```

referenzieren.

Neben dem `TestMethod`-Attribut ist mit `DataSource` ein zweites Attribut für die Testmethode notwendig. `DataSource` sind die notwendigen Daten zu übergeben, um die Verbindung zu der Tabelle in einer Datenbank zu erstellen. Dem ersten Parameter nennen Sie den Datenprovider. In unserem Beispiel handelt es sich um `System.Data.SqlClient`, da wir auf SQL Server zugreifen. Der zweite Parameter erwartet eine typische ADO.NET-Verbindungszeichenfolge, die neben den Angaben zur Datenbank die Authentifizierungsinformationen enthält. Dem dritten Parameter geben wir die zu öffnende Tabelle bekannt. Der vierte und letzte Parameter ist vom Typ `DataAccessMethod`. Hierbei handelt es sich um eine Enumeration, die zwei Konstanten beschreibt:

- `Random`
- `Sequential`

Wählen Sie `Random` aus, liefert das die Datenzeilen der Tabelle in zufälliger Reihenfolge, mit `Sequential` der Reihe nach.

Wenden wir uns nun den Daten zu, die für den Testlauf verwendet werden sollen. Die `TestContext`-Instanz hat, wie wir in Abschnitt 21.4 bereits beschrieben haben, zahlreiche Eigenschaften. Wir greifen die Eigenschaft `DataRow` ab und übergeben dem Indexer den Spaltenbezeichner der Spalte, die wir auswerten wollen. Weil der Typ der Rückgabe `object` ist, müssen wir noch in `Int32` bzw. `Int64` konvertieren. Die beiden letzten Anweisungen in der Testmethode `Test_Add` bedürfen wohl keiner weiteren Erläuterung.

Führen wir den Test jetzt aus und haben alles richtig gemacht, wird die Methode für jeden Datensatz der Tabelle einmal durchlaufen; insgesamt gibt es somit drei Durchläufe.

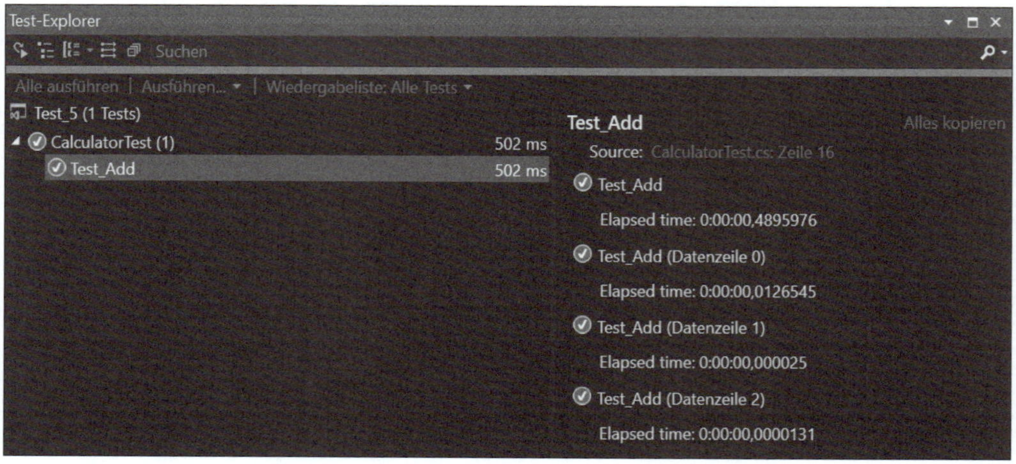

Abbildung 21.20 Datengetriebener Test (Datenbank)

21.5.2 Data-Driven Test mit XML

Es ist mit recht viel Aufwand verbunden, eine Tabelle in einer Datenbank anzulegen. Beabsichtigen Sie, Methoden zu testen, die auf eine Datenbank zugreifen, werden Sie um diesen Lösungsansatz vermutlich nicht herumkommen. Für unser Beispiel kommt das eher dem Schießen mit Kanonen nach Spatzen gleich.

Zumindest für unser Beispiel wäre es einfacher, die Testdaten in einer XML-Datei abzulegen. Fügen Sie daher dem Testprojekt *Calculator_Library_Test* eine XML-Datei hinzu. In unserem Fall erscheint es sinnvoll, diese *Add.xml* zu nennen. Geben Sie dann die gewünschten Testdaten wie in Listing 21.22 gezeigt in die Datei ein.

```
<?xml version="1.0" encoding="utf-8" ?>
<Values>
  <Value>
    <Value1>20</Value1>
    <Value2>60</Value2>
    <Result>80</Result>
  </Value>
  <Value>
    <Value1>-20</Value1>
    <Value2>40</Value2>
    <Result>20</Result>
  </Value>
  <Value>
    <Value1>20</Value1>
    <Value2>-60</Value2>
```

```
    <Result>-40</Result>
  </Value>
</Values>
```

Listing 21.22 Testdaten in einer XML-Datei

Das Wurzelelement lautet hier `Values`, Sie können den Elementbezeichner aber frei vergeben, genauso wie alle anderen auch.

Nachdem Sie die Datei gespeichert haben, sollten wir die Datei in das Ausgabeverzeichnis der Testanwendung kopieren. Sie können das sehr einfach machen, indem Sie die XML-Datei im Projektmappen-Explorer markieren und dann im Eigenschaftsfenster die Eigenschaft IN AUSGABEVERZEICHNIS KOPIEREN auf den Eintrag IMMER KOPIEREN stellen (siehe Abbildung 21.21).

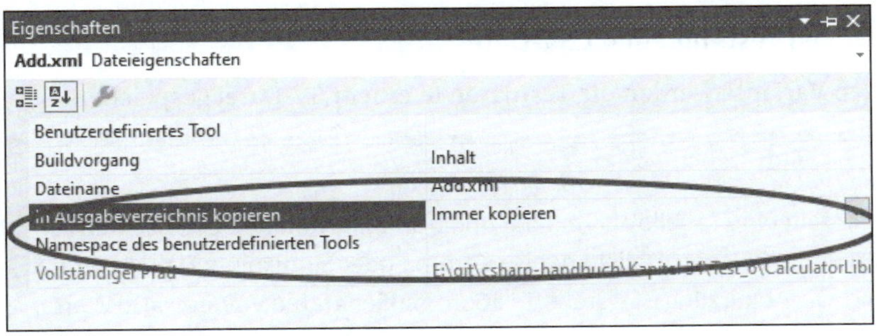

Abbildung 21.21 Kopieren der XML-Datei in das Ausgabeverzeichnis

Im nächsten Schritt ist die Vorbereitung zu treffen, die XML-Datei beim Testlauf auszuwerten. Im Grunde genommen sieht das sehr ähnlich wie das Einlesen einer Datenbanktabelle aus, denn auch hierzu wird das Attribut `DataSource` verwendet. Allerdings müssen Sie als Provider

```
Microsoft.VisualStudio.TestTools.DataSource.XML
```

angeben. Anstatt der Verbindungszeichenfolge nennen Sie die XML-Datei und danach noch den Namen des XML-Knotens, der die einzulesenden Daten beschreibt. Der Code in der Methode selbst bleibt identisch.

```
// Beispiel: ..\Kapitel 21\Test_6
[TestClass]
public class CalculatorTest
{
  public TestContext TestContext { get; set; }
  [TestMethod]
  [DataSource("Microsoft.VisualStudio.TestTools.DataSource.XML",
              "Add.xml",
```

```
              "Value",
              DataAccessMethod.Sequential)]
  public void Test_Add()
  {
    int value1 = Convert.ToInt32(TestContext.DataRow["Value1"]);
    int value2 = Convert.ToInt32(TestContext.DataRow["Value2"]);
    long expected = Convert.ToInt64(TestContext.DataRow["Result"]);
    long actual = Calculator.Add(value1, value2);
    Assert.AreEqual(expected, actual);
  }
}
```

Listing 21.23 Datengetriebener Test der Testmethode »Test_Add« (XML-Datei)

21.5.3 Data-Driven Test mit einer CSV-Datei

Bei dieser dritten Variante werden die Testdaten in einer CSV-Datei gespeichert.

> **Anmerkung**
>
> Eine CSV-Datei stellt eine Tabelle als Text dar und trennt die Inhalte der einzelnen Felder und Zellen durch Zeichen, üblicherweise Komma oder Semikolon. Daher kommt auch der Name: Die Abkürzung CSV steht für »**C**omma-**S**eparated **V**alues«, also Werte, die durch Kommata getrennt sind. In der ersten Zeile der CSV-Datei sind die Spaltenbezeichner kommasepariert angegeben, danach die Daten.

Am besten benutzen Sie zur Erstellung einer CSV-Datei den Editor. Er eignet sich besonders gut, weil Sie darin auch das erforderliche Encoding angeben können. Im Editor müssen Sie deshalb die Codierung auf ANSI stellen. Beim einfachen Hinzufügen einer Textdatei zum Projekt könnte es Ihnen ansonsten passieren, dass die Testläufe unter Einbeziehung der CSV-Datei immer zu einem Fehler führen, weil die Codierung nicht korrekt ist.

In Abbildung 21.22 sehen Sie die Daten, die in die Datei *Add.csv* eingetragen werden müssen, und in Abbildung 21.23, wie Sie die CSV-Datei speichern müssen.

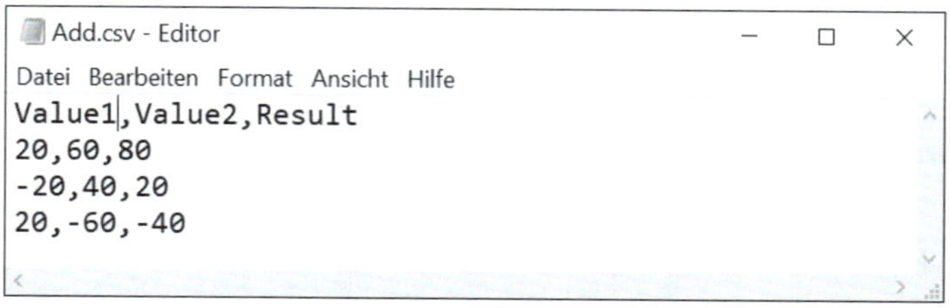

Abbildung 21.22 Inhalt der Datei »Add.csv«

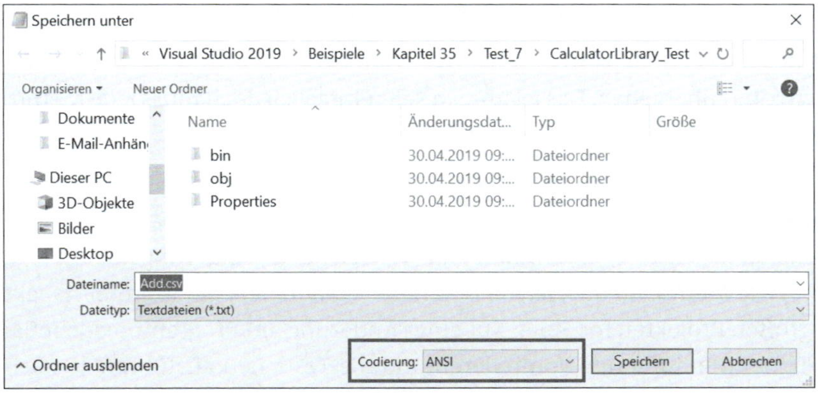

Abbildung 21.23 Speichern einer CSV-Datei

Nach diesen vorbereitenden Arbeiten können wir uns der Testmethode `Test_Add` zuwenden. Auch das Einlesen der in der Datei *Add.csv* gespeicherten Daten ähnelt dem Einlesen einer Datenbanktabelle oder dem Einlesen aus einer XML-Datei. Es ist auch hier zunächst eine Anpassung des Providers notwendig. Er lautet jetzt:

```
Microsoft.VisualStudio.TestTools.DataSource.CSV
```

Die Angaben in der Datei und der Tabelle müssen wir ebenfalls anpassen. Sie können dies Listing 21.24 entnehmen.

```
// Beispiel: ..\Kapitel 21\Test_7
[TestClass]
public class CalculatorTest
{
  public TestContext TestContext { get; set; }
  [TestMethod]
  [DataSource("Microsoft.VisualStudio.TestTools.DataSource.CSV",
              "Add.csv",
              "Add#csv",
              DataAccessMethod.Sequential)]
  public void Test_Add()
  {
    int value1 = Convert.ToInt32(TestContext.DataRow["Value1"]);
    int value2 = Convert.ToInt32(TestContext.DataRow["Value2"]);
    long expected = Convert.ToInt64(TestContext.DataRow["Result"]);
    long actual = Calculator.Add(value1, value2);
    Assert.AreEqual(expected, actual);
  }
}
```

Listing 21.24 Datengetriebener Test der Testmethode »Test_Add« (CSV-Datei)

21.5.4 Die Datenquelle in der »App.config«-Datei konfigurieren

Die Angabe der Datenquelle wurde in den Abschnitten zuvor als Argument an das `DataSource`-Attribut übergeben. Das ist an sich sehr einfach, jedoch muss jede Methode, die datengetrieben definiert ist, das Attribut aufweisen.

Der Nachteil dieses Verfahrens tritt dann zutage, wenn wir die Datenquelle ändern müssen. Entscheiden Sie sich zum Beispiel dafür, anstatt einer Datenbank eine XML-Datei als Datenquelle zu verwenden, kann das weitreichende Änderungen zur Folge haben, wenn viele Methoden die gleiche Datenquelle benutzen. Ein weiterer Aspekt kommt bei großen Projekten ins Spiel: Mit einer Änderung am Programmcode müssen Sie die Testanwendung neu kompilieren und die Tests neu ausführen. Je nach Umfang des Testprojekts nimmt das eine längere Zeit in Anspruch.

Sowohl von ADO.NET als auch vom Entity Framework her wissen wir, dass sich häufig ändernde Daten – wie beispielsweise die Verbindungszeichenfolge – in der Konfigurationsdatei *App.config* definiert werden können. Das Ändern der Verbindungszeichenfolge hat dann nicht zur Folge, dass das gesamte Projekt überarbeitet und neu kompiliert werden muss, denn die Konfigurationsdatei wird erst beim Startvorgang ausgewertet. In ähnlicher Weise können wir auch die Informationen aus dem `DataSource`-Attribut in der Konfigurationsdatei hinterlegen. Das gestattet uns ein einfaches Umschalten auf eine neue Datenquelle, ohne Anpassungen im Code des Komponententests vorzunehmen und anschließend kompilieren zu müssen.

Im ersten Schritt müssen wir eine Datei zur Anwendungskonfiguration zum Komponententest-Projekt hinzufügen. Dazu öffnen Sie das Kontextmenü des Komponententestprojekts, wählen zuerst HINZUFÜGEN und danach NEUES ELEMENT. Im sich dann öffnenden Dialog suchen Sie nach »Anwendungskonfigurationsdatei«.

> **Anmerkung**
>
> Der Name der hinzugefügten Konfigurationsdatei lautet per Vorgabe *App.config* und darf nicht verändert werden.

Wir möchten Ihnen nun zuerst die Konfigurationsdatei zeigen, die in der Lage ist, datengetrieben mit der oben erstellten Datenbank sowie der XML- und CSV-Datei zu arbeiten.

```
<?xml version="1.0" encoding="utf-8" ?>
<configuration>
  <configSections>
    <section name="microsoft.visualstudio.testtools"
             type="Microsoft.VisualStudio.TestTools.UnitTesting
                                            .estConfigurationSection,
             Microsoft.VisualStudio.TestPlatform.TestFramework.Extensions"/>
  </configSections>
```

```
  <connectionStrings>
    <add name="DBConnection"
         connectionString="Server=localhost;database=UnitTestDB;
                           Integrated Security=true"
         providerName="System.Data.SqlClient"/>
    <add name="XMLConnection"
         connectionString="Add.xml"
         providerName="Microsoft.VisualStudio.TestTools.DataSource.XML"/>
    <add name="CSVConnection"
         connectionString="Add.csv"
         providerName="Microsoft.VisualStudio.TestTools.DataSource.CSV"/>
  </connectionStrings>
  <microsoft.visualstudio.testtools>
    <dataSources>
      <add name="TestDataSource"
           connectionString="DBConnection"
           dataTableName="Data_AddMethod"
           dataAccessMethod="Sequential"/>
      <add name="TestDataSource"
           connectionString="XMLConnection"
           dataTableName="Value"
           dataAccessMethod="Sequential"/>
      <add name="TestDataSource"
           connectionString="CSVConnection"
           dataTableName="Add.csv"
           dataAccessMethod="Sequential"/>
    </dataSources>
  </microsoft.visualstudio.testtools>
</configuration>
```

Listing 21.25 »App.Config«-Datei

In der Konfigurationsdatei sind drei Abschnitte definiert:

- configSections
- connectionStrings
- microsoft.visualstudio.testtools

Im Abschnitt configSections sind Vorgaben zur Ausführung der Konfigurationsdatei festgelegt. Zumindest in Visual Studio müssen wir die Angabe von type des Elements section genauso so schreiben.

Der Abschnitt connectionStrings beschreibt die Verbindungszeichenfolgen, die sehr ähnlich denjenigen sind, die Sie beim DataSource-Attribut angegeben haben. Beachten Sie aber auch, dass jede Verbindungszeichenfolge einen eindeutigen Namen benötigt, auf dem im Abschnitt

```
microsoft.visualstudio.testtool
```

Bezug genommen wird.

Im dritten und letzten Abschnitt werden im dataSources-Element die Zugriffe auf die drei Datenquellen beschrieben. In diesem Beispiel erhalten alle drei Datenquellen denselben Bezeichner, aber diese Bezeichner könnten auch unterschiedlich sein. Mit dieser Konfiguration müssten wir die Steuerung, welche Datenquelle tatsächlich von der Testmethode genutzt werden soll, durch Auskommentieren der nicht verwendeten erreichen. Geben wir jedoch drei verschiedene Datenquellennamen an, wäre eine Änderung im Programmcode notwendig, was wir doch ursprünglich vermeiden wollten.

Jetzt muss nur noch das Attribut DataSource der Testmethode angepasst werden. Dazu übergeben wir einfach den Bezeichner der Datenquelle, hier also TestDataSource. Ändern wir die Datenquelle, brauchen wir jetzt die Testmethode nicht mehr anzupassen.

```
// Beispiel: ..\Kapitel 21\Test_8
[TestClass]
public class CalculatorTest
{
  public TestContext TestContext { get; set; }
  [TestMethod]
  [DataSource("TestDataSource")]
  public void Test_Add()
  {
    int value1 = Convert.ToInt32(TestContext.DataRow["Value1"]);
    int value2 = Convert.ToInt32(TestContext.DataRow["Value2"]);
    long expected = Convert.ToInt64(TestContext.DataRow["Result"]);
    long actual = Calculator.Add(value1, value2);
    Assert.AreEqual(expected, actual);
  }
}
```

Listing 21.26 An die »App.config«-Datei angepasste Testmethode

21.5.5 Testdaten mit dem Attribut »DataRow«

Soll eine Testmethode Testläufe mit mehreren unterschiedlichen Daten machen, brauchen Sie nicht unbedingt eine externe Datenquelle zu erstellen. Seit der Einführung von MSTest V2 ist es möglich, die Testdaten direkt vor die betreffende Testmethode zu positionieren. Dazu dient das Attribut `DataRow`. Dem Attribut werden als Argumente die Testdaten und das erwartete Resultat übergeben. Methoden, die auf diese Weise Testdaten erhalten, sind darüber hinaus mit dem Attribut `DataTestMethod` zu dekorieren.

Hinsichtlich der Testmethode gibt es noch einen wichtigen Unterschied: Sie müssen die Daten in der Parameterliste der Testmethode entgegennehmen. Außerdem wird das `TestContext`-Objekt nicht mehr benötigt. Listing 21.27 zeigt dies. Als Testdaten werden auch in diesem Beispiel diejenigen verwendet, die wir in den letzten Abschnitten benutzt haben.

```
// Beispiel: ..\Kapitel 21\Test_9
[TestClass]
public class CalculatorTest
{
  [DataTestMethod]
  [DataRow(20, 60, 80)]
  [DataRow(-20, 40, 20)]
  [DataRow(20, -60, -40)]
  public void Test_Add(int x, int y, long expected)
  {
    long actual = Calculator.Add(x, y);
    Assert.AreEqual(expected, actual);
  }
}
```

Listing 21.27 Datengetriebene Methode mit dem Attribut »DataRow«

Sie können beliebig viele `DataRow`-Attribute vor der Testmethode angeben. Beim Testlauf werden alle ausgewertet. Im Test-Explorer wird für jeden Testlauf die Methode einschließlich der Übergabeargumente angezeigt (siehe Abbildung 21.24).

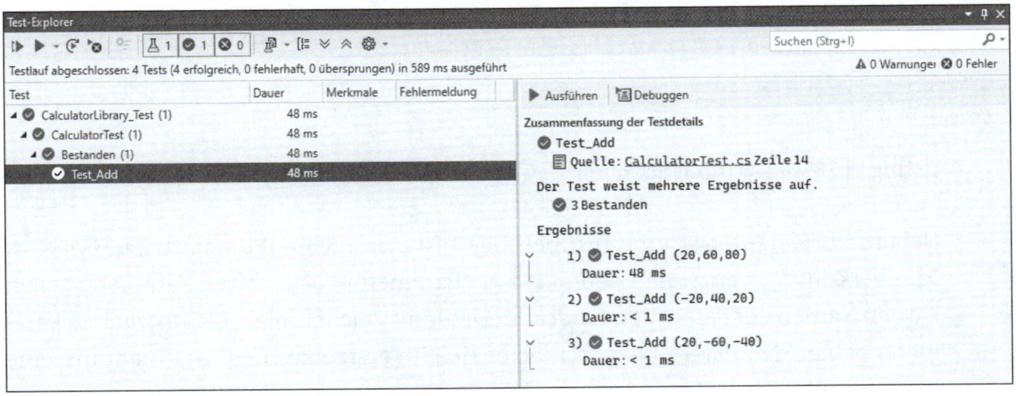

Abbildung 21.24 Testergebnisse des Beispielprogramms »Test_9«

21.5.6 Testdaten mit dem Attribut »DynamicData«

Es gibt Fälle, in denen wir die Daten nicht an DataRow übergeben können. Hierbei kann es sich um Daten handeln, die entweder nicht konstant sind oder einen komplexen Typ beschreiben. Eine weitere Einschränkung der Nutzung von DataRow ist, dass die Testdaten nur von einer Methode benutzt werden können. Sollen zwei oder gar mehr Methoden mit denselben Daten arbeiten, müssen die Angaben der DataRow-Attribute vor jeder Testmethode erfolgen, die diese Daten benutzen soll.

Die Lösung der genannten Probleme bietet das DynamicData-Attribut. Dieses Attribut ermöglicht es, Testdaten aus einer Methode oder einer Eigenschaft abzurufen. Dabei muss die Methode den Rückgabedatentyp IEnumerable<object[]> haben bzw. die Property von diesem Typ sein. So wie bei der Verwendung von DataRow muss die Testmethode mit dem DataTestMethod-Attribut verknüpft sein.

Sehen wir uns zuerst an, wie die Methode GetData die Testdaten der Testmethode Test_Add zur Verfügung stellt.

```
// Beispiel: ..\Kapitel 21\Test_10
[TestClass]
public class CalculatorTest
{
  [DataTestMethod]
  [DynamicData(nameof(GetData), DynamicDataSourceType.Method)]
  public void Test_Add(int x, int y, long expected)
  {
    long actual = Calculator.Add(x, y);
    Assert.AreEqual(expected, actual);
  }
  public static IEnumerable<object[]> GetData()
  {
    yield return new object[] { 20, 60, 80 };
    yield return new object[] { -20, 40, 20 };
    yield return new object[] { 20, -60, -40 };
  }
}
```

Listing 21.28 Das Attribut »DynamicData« (Methodenaufruf)

Neben DataTestMethod ist die Testmethode Test_Add auch mit dem Attribut DynamicData verknüpft. DynamicData definiert zwei Parameter: Dem ersten Parameter teilen Sie den Namen der datenspendenden Methode als Zeichenfolge mit, im zweiten Parameter geben Sie Auskunft darüber, ob es sich im erstgenannten Argument um eine Methode oder eine Eigenschaft handelt. So wie bei dem Attribut DataRow muss die Testmethode in der Lage sein, die Daten in der Parameterliste entgegenzunehmen.

Die Methode, die die Daten bereitstellt, muss nur der Bedingung genügen, den Typ `IEnumerable<object[]>` an den Aufrufer zurückzugeben. In diesem Beispiel wird dazu die Funktion `yield` benutzt, um mehrere Daten entsprechend zu verpacken.

Nur wenig anders sieht es aus, wenn anstelle einer Methode eine Eigenschaft aufgerufen wird. `DynamicData` muss nur `DynamicDataSourceType.Property` mitgeteilt werden.

```
[DataTestMethod]
[DynamicData(nameof(Data), DynamicDataSourceType.Property)]
public void Test_Add(int x, int y, long expected)
{
  long actual = Calculator.Add(x, y);
  Assert.AreEqual(expected, actual);
}
public static IEnumerable<object[]> Data
{
  get
  {
    yield return new object[] { 20, 60, 80 };
    yield return new object[] { -20, 40, 20 };
    yield return new object[] { 20, -60, -40 };
  }
}
```

Listing 21.29 Das Attribut »DynamicData« (Eigenschaft)

21.6 Lebenszyklus-Attribute

21

In einigen Tests benötigen die beteiligten Testmethoden vordefinierte Variablen, die vor dem Testlauf bereitgestellt werden und nach dem Testlauf eventuell wieder freigegeben werden müssen. Sie können diese Anforderung erfüllen, indem Sie Methoden schreiben, die mit bestimmten Attributen von MSTest verknüpft sind. Sehen wir uns das am Beispiel der vereinfachten Klasse `Rectangle` an:

```
public class Rectangle
{
  public int Length { get; set; }
  public int Width { get; set; }
  public long GetArea() => Length * Width;
  public long GetPerimeter() => 2 * (Length + Width);
}
```

Listing 21.30 Die vereinfachte Version der Klasse »Rectangle«

Um die beiden Methoden GetArea und GetPerimeter zu testen, könnte die Testklasse mit den beiden Testmethoden wie folgt codiert sein:

```
public class Test_Rectangle
{
  [TestMethod]
  public void Test_GetArea()
  {
    Rectangle rect = new Rectangle { Length = 10, Width = 15 };
    long expected = 150;
    long actual = rect.GetArea();
    Assert.AreEqual(expected, actual);
  }
  [TestMethod]
  public void Test_GetPerimeter()
  {
    Rectangle rect = new Rectangle { Length = 10, Width = 15 };
    long expected = 50;
    long actual = rect.GetPerimeter();
    Assert.AreEqual(expected, actual);
  }
}
```

Listing 21.31 Klasse zum Testen der Methoden »Rectangle.GetArea« und »Rectangle.GetPerimeter«

In jeder der beiden Testmethoden wird ein Rectangle-Objekt mit denselben Daten für Length und Width erzeugt. Um sich wiederholenden Programmcode zu vermeiden, kommt schnell die Idee, eine allgemeine Methode zu schreiben, in der das Rectangle-Objekt erzeugt und mit den entsprechenden Eigenschaftswerten initialisiert wird. Allerdings müssen wir diese Methode immer dann aufrufen, bevor der erste Testlauf einer der beiden Testmethoden durchgeführt wird.

Nachdem wir die Ausgangssituation beschrieben haben, wollen wir uns nun der Umsetzung widmen. Dazu gibt es mehrere Ansätze, die wir im Folgenden beschreiben werden.

21.6.1 Die Attribute »TestInitialize« und »TestCleanup«

Eine Lösung könnte sein, in klassischer Weise eine Methode zu schreiben, in der das Rectangle-Objekt erstellt wird. In Listing 21.32 heißt die Methode Setup.

```
[TestClass]
public class Test_Rectangle
```

```
{
  Rectangle rect;
  public void Setup() => rect = new Rectangle { Length = 10, Width = 15;
  [TestMethod]
  public void Test_GetArea()
  {
    Setup();
    long expected = 150;
    long actual = rect.GetArea();
    Assert.AreEqual(expected, actual);
  }
  [TestMethod]
  public void Test_GetPerimeter()
  {
    Setup();
    long expected = 50;
    long actual = rect.GetPerimeter();
    Assert.AreEqual(expected, actual);
  }
}
```

Listing 21.32 Lösungsansatz mit einer »Standardmethode«

Der Nachteil dieses Ansatzes ist, dass aus beiden Testmethoden heraus die Methode Setup aufgerufen werden muss. Besser wäre es, wenn der Aufruf automatisch erfolgen würde. Genau das leistet das Attribut TestInitialize. Eine mit TestInitialize dekorierte Methode wird von jeder Testmethode aufgerufen, bevor der Test ausgeführt wird. Damit erübrigt sich auch der explizite Setup-Aufruf in den beiden Testmethoden.

Eine mit dem TestInitialize-Attribut verknüpfte Methode wird immer dann aufgerufen, bevor eine Testmethode ausgeführt wird. Sie können auch eine Methode definieren, die immer dann gestartet wird, nachdem eine Testmethode ausgeführt worden ist. Eine solche Methode dient meist der Speicherbereinigung und ist mit dem Attribut TestCleanup verknüpft. Im folgenden Beispielprogramm heißt die Methode Cleanup.

```
[TestClass]
public class Test_Rectangle
{
  Rectangle rect;
  [TestInitialize]
  public void Setup() => rect = new Rectangle { Length = 10, Width = 15 };
  [TestCleanup]
```

```
  public void Cleanup() => rect = null;
  [TestMethod]
  public void Test_GetArea()
  {
    long expected = 150;
    long actual = rect.GetArea();
    Assert.AreEqual(expected, actual);
  }
  [TestMethod]
  public void Test_GetPerimeter()
  {
    long expected = 50;
    long actual = rect.GetPerimeter();
    Assert.AreEqual(expected, actual);
  }
}
```

Listing 21.33 Die Attribute »TestInitialize« und »TestCleanup«

Lassen Sie uns noch einmal kurz zusammenfassen: Die Methode, die durch `TestInitialize` beschrieben wird, wird bei jedem Aufruf einer Testmethode ausgeführt. Nach dem Ausführen der Testmethode wird – soweit vorhanden – die mit dem Attribut `TestCleanup` verknüpfte Methode ausgeführt.

21.6.2 Die Attribute »ClassInitialize« und »ClassCleanup«

War die im letzten Abschnitt beschriebene Lösung so, wie wir uns das vorgestellt haben? Wahrscheinlich nicht, denn es wird bei jedem Aufruf einer Testmethode in der Testklasse erneut ein Objekt vom Typ `Rectangle` mit denselben Daten erstellt. Dabei wäre es vollkommen ausreichend, dieses Objekt nur einmal zu erzeugen.

An dieser Stelle betritt das Attribut `ClassInitialize` die Bühne. Eine Methode, die dieses Attribut aufweist, wird nur ein einziges Mal aufgerufen: Nämlich dann, ehe die erste Testmethode einer Testklasse ausgeführt wird. Dabei gilt es zu beachten, dass die Initialisierungsmethode `public static` definiert wird und einen Parameter vom Typ `TestContext` haben muss.

Auch für Aufräumarbeiten gibt es ein spezielles Attribut: `ClassCleanup`. Eine mit diesem Attribut dekorierte Methode wird automatisch aufgerufen, nachdem alle Testmethoden der Testklasse ausgeführt worden sind.

Damit können mit `ClassInitialize` und `ClassCleanup` unsere ursprünglichen Anforderungen bestens erfüllt werden. Sehen wir uns daher den Programmcode nun vollständig an.

```
// Beispiel: ..\Kapitel 21\Test_11
[TestClass]
public class Test_Rectangle
{
  static Rectangle rect;
  [ClassInitialize]
  public static void Setup(TestContext testcontext)
  {
    rect = new Rectangle { Length = 10, Width = 15 };
  }
  [ClassCleanup]
  public static void Cleanup() => rect = null;
  [TestMethod]
  public void Test_GetArea()
  {
    long expected = 150;
    long actual = rect.GetArea();
    Assert.AreEqual(expected, actual);
  }
  [TestMethod]
  public void Test_GetPerimeter()
  {
    long expected = 50;
    long actual = rect.GetPerimeter();
    Assert.AreEqual(expected, actual);
  }
}
```

Listing 21.34 Die Attribute »ClassInitialize« und »ClassCleanup«

21.6.3 Die Attribute »AssemblyInitialize« und »AssemblyCleanup«

Testanwendungen können mehrere Testklassen enthalten. Während Methoden mit den Attributen `TestInitialize/TestCleanup` bei jedem Aufruf einer Testmethode einer Klasse aufgerufen werden, erfolgt der Aufruf der Methoden mit den Attributen `ClassInitialize` und `ClassCleanup` nur einmal, nämlich dann, wenn zum ersten Mal auf eine Testmethode der Testklasse zugegriffen wird. Die Attribute `AssemblyInitialize` und `AssemblyCleanup` sind noch eine Ebene höher angesiedelt. Innerhalb einer Assemblierung kann nur eine Methode mit `AssemblyInitialize` und eine Methode mit `AssemblyCleanup` dekoriert werden. Die mit `AssemblyInitialize` verknüpfte Methode wird ausgeführt, ehe der erste Zugriff auf eine Testklasse der Assembly erfolgt; die mit `AssemblyCleanup` verknüpfte Methode ist die letzte aufgerufene Methode der Assembly.

Mit den beschriebenen Eigenschaften eignet sich die Methode mit dem AssemblyInitialize-Attribut besonders für die Fälle, wenn Sie allen Testmethoden globale Daten zur Verfügung stellen wollen. Wie für ClassInitialize gilt auch für AssemblyInitialize, dass die Methode public static definiert werden muss mit einem Parameter vom Typ TestContext.

21.7 Testen mit »Assert«

Jede Testmethode gibt uns irgendeine Bestätigung (engl.: *assertion*), ob der Testlauf zu einem positiven oder einem negativen Ergebnis geführt hat. Dazu haben wir beispielsweise die Methode Add benutzt. Wir haben in der Testmethode zwei Werte vorgegeben und wussten das Ergebnis der Addition, das wir einer Variablen zugewiesen haben. Sie hieß in unseren Beispielen immer expected. Mit den beiden vorgegebenen Werten haben wir anschließend die Methode Add aufgerufen und das Ergebnis des Methodenaufrufs mit dem von uns erwarteten Ergebnis verglichen. Entsprach der Rückgabewert dem erwarteten Ergebnis, galt der Testlauf als positiv (*passed*), im anderen Fall als negativ (*failed*). In fast allen Beispielen haben wir bisher die Methode AreEqual benutzt, um zwei Werte miteinander zu vergleichen. An sich war das nicht weiter schwer, da wir nur einfache Zahlen verglichen haben, aber wie sieht es mit Objekten aus oder – allgemein gesprochen – mit Referenztypen? Anscheinend müssen wir den Vergleich mit AreEqual und ähnlichen Methoden noch einer genaueren Untersuchung unterziehen.

Dass der Typ String etwas Besonderes ist, wissen Sie. Um es kurz zu wiederholen: Der Typ String basiert auf einer Klassendefinition und wird dennoch genauso benutzt, als wäre es ein Wertetyp. Erzeugen Sie eine String-Variable, rufen Sie nicht den Konstruktor mit new auf, sondern weisen die Zeichenfolge direkt der Variablen zu, z. B.:

```
string text = "Hallo";
```

Weisen zwei String-Variablen den gleichen Inhalt auf, wird nur ein Zeichenfolgeobjekt im Speicher abgelegt und nicht zwei. Wegen der besonderen Charakteristik von String wundert es nicht, dass Komponententests von Zeichenfolgen mit StringAssert auf einer speziellen Klasse beruhen.

Einer weiteren Gruppe von Typen haben wir noch keine Beachtung geschenkt: den Collections. Auch für die Gruppe dieser Typen gibt es mit CollectionAssert eine spezielle Klasse.

21.7.1 Die Klasse »Assert«

Die Klasse `Assert` beschreibt viele statische Methoden, die zwei Elemente miteinander vergleichen. In Tabelle 21.1 sind die wichtigsten Methoden aufgeführt. Sie sollten auch berücksichtigen, dass viele der genannten Methoden überladen sind.

Methode	Beschreibung
`AreEqual/AreNotEqual`	Testet, ob zwei Werte gleich sind oder nicht. Diese Methoden prüfen den Rückgabewert einer Methode daraufhin, ob das erwartete Ergebnis dem tatsächlichen Ergebnis entspricht oder nicht.
`AreEqual<>/AreNotEqual<>`	Testet, ob zwei Werte gleich sind oder nicht. Diese Methoden prüfen den Rückgabewert einer Methode daraufhin, ob das erwartete Ergebnis dem tatsächlichen Ergebnis entspricht oder nicht. Es ist etwas Vorsicht mit dieser Methode geboten. Übergeben Sie nämlich zwei numerische Datentypen, beispielsweise `int` und `long`, werden diese als »ungleich« bewertet.
`AreSame/AreNotSame`	Prüft, ob zwei Objekte gleich sind oder nicht. Gemeint ist dabei nicht, ob die Objekte dieselben Eigenschaftswerte aufweisen, sondern ob zwei Referenzen auf denselben Speicherbereich verweisen.
`Fail`	Führt sofort zum Testergebnis *failed*.
`IsInstanceOfType/ IsNotInstanceOfType`	Prüft, ob der Rückgabewert einer Methode einen bestimmten Typ beschreibt oder nicht.
`IsNull/IsNotNull`	Prüft, ob der Rückgabewert `null` ist oder nicht.
`IsTrue/IsFalse`	Prüft, ob die Bedingung `true` oder `false` ist. Diese Methode eignet sich besonders für Methoden, die einen Boolean-Rückgabewert haben.

Tabelle 21.1 Methoden der Klasse »Assert«

Der Unterschied zwischen den Methoden »AreEqual« und »AreEqual<T>«

Im ersten Moment scheint es keinen großen Unterschied zwischen der Methode `Assert.AreEqual` und der generischen Variante `Assert.AreEqual<T>` zu geben. Daher wollen wir an einem einfachen Beispiel den Unterschied klären.

```
[TestMethod]
public void Test_DoSomething()
{
```

```
  int value = 12;
  string number = "12";
  Assert.AreEqual(value, number);
}
```

Listing 21.35 Die nichtgenerische Methode »AreEqual«

`value` nimmt den Part des erwarteten Werts ein, `number` den des aktuellen. Wir kommen tatsächlich dazu, diesen Programmcode zu testen, obwohl durch die beiden unterschiedlichen Datentypen offensichtlich ist, dass das Ergebnis des Testlaufs *failed* sein wird. Der Fehler wird uns also erst zur Laufzeit nach dem Testen auffallen.

Jetzt tauschen wir `AreEqual` gegen `AreEqual<T>` aus. Diese generische Methode definiert in gleicher Weise wie die nichtgenerische die Übergabeparameter.

```
[TestMethod]
public void Test_DoSomething()
{
  int value = 12;
  string number = "12";
  Assert.AreEqual<int>(value, number);
}
```

Listing 21.36 Die generische Methode »AreEqual<T>«

Nun wird der Fehler nicht mehr zur Laufzeit auftreten, sondern bereits beim Kompilieren. In manchen Situationen kann demnach die generische Variante Vorteile gegenüber der nichtgenerischen haben.

Die Gleichheit zweier Objekte

Angenommen, wir hätten eine Klasse `Person` wie folgt definiert:

```
class Person
{
  public string FirstName { get; set; }
  public string LastName { get; set; }
}
```

Listing 21.37 Definition der Klasse »Person«

Im nächsten Schritt schreiben wir eine Testmethode und erzeugen zwei Objekte vom Typ `Person`. Beide sollen denselben Vor- und Zunamen haben. Anschließend überprüfen wir die beiden Objekte mit Hilfe der Methode `Assert.AreEqual`.

```
[TestMethod]
public void Test_DoSomething()
{
  Person pers1 = new Person { FirstName = "Peter", LastName = "Fischer" };
  Person pers2 = new Person { FirstName = "Peter", LastName = "Fischer" };
  Assert.AreEqual(pers1, pers2);
}
```

Listing 21.38 Vergleich zweier Referenzen

Führen wir den Test aus, wird er *failed* enden. Das dürfte uns auch schon vorher bewusst gewesen sein, weil pers1 und pers2 bekanntlich Zeiger sind, die auf die Startadressen zweier unterschiedlicher Speicherbereiche zeigen.

Gehen wir noch einen Schritt weiter und stellen uns vor, dass wir dann von Gleichheit reden wollen, wenn die Daten identisch sind – so wie auch in Listing 21.38. Eine erste Überlegung könnte sein, die von Object geerbte Methode Equals in der Klasse Person zu überschreiben. Überschreiben wir Equals, müssen wir auch GetHashCode überschreiben. Die Lösung wird zum Erfolg führen, aber es geht auch einfacher, nämlich direkt in der Testmethode.

```
[TestMethod]
public void Test_DoSomething()
{
  Person pers1 = new Person { FirstName = "Peter", LastName = "Fischer" };
  Person pers2 = new Person { FirstName = "Peter", LastName = "Fischer" };
  Assert.AreEqual(pers1.FirstName, pers2.FirstName);
  Assert.AreEqual(pers1.LastName, pers2.LastName);
}
```


Listing 21.39 Vergleich der Eigenschaftswerte

Der Code in Listing 21.39 prüft die Inhalte der beiden Eigenschaften gegeneinander. Da beide Assert-Aufrufe erfolgreich sind, wird auch das Gesamtergebnis der Testmethode positiv sein.

Eine elegantere Lösung ist es, eine separate Methode zu definieren, in der der Vergleich der Eigenschaften erfolgt. Die Methode liefert einen Rückgabewert vom Typ bool, je nachdem, ob sich die Eigenschaften der beiden Objekte unterscheiden oder nicht.

Zum Schluss bleibt noch, die Testmethode anzupassen. Weil die Methode CompareProperties einen booleschen Rückgabewert hat, bietet es sich an, die beiden AreEqual-Aufrufe durch Assert.IsTrue zu ersetzen und den Methodenaufruf als Argument zu übergeben.

```
private static bool CompareProperties(Person expected, Person actual)
{
  return expected.FirstName == actual.FirstName &&
         expected.LastName == actual.LastName;
}
[TestMethod]
public void Test_DoSomething()
{
  Person pers1 = new Person { FirstName = "Peter", LastName = "Fischer" };
  Person pers2 = new Person { FirstName = "Peter", LastName = "Fischer" };
  Assert.IsTrue(CompareProperties(pers1, pers2));
}
```

Listing 21.40 Eigenschaftsvergleich mit »Assert.IsTrue«

Die Methode »IsInstanceOfType«

Sehen wir uns an einem Beispiel den Einsatz der Methode `IsInstanceOfType` an. Laut Dokumentation sieht die Signatur der Methode wie folgt aus:

```
public static void IsInstanceOfType(object value, Type expectedType);
```

Bemerkenswert ist, dass der `expected`-Parameter hier nicht an erster Stelle steht, wie wir es von `Assert.AreEqual` gewohnt sind. Das könnte schnell zu einem Fehler führen.

Eingesetzt wird `IsInstanceOfType` natürlich immer dann, wenn wir im Test eine Typüberprüfung codieren müssen. Nehmen wir an, in unserer Testanwendung hätten wir einen Verweis auf die Anwendung `GeometricObjects` gelegt. Wir könnten jetzt überprüfen, ob eine `Circle`-Referenz des Typs `GeometricObject` ist.

```
[TestMethod]
public void Test_DoSomething()
{
  Circle kreis = new Circle();
  Assert.IsInstanceOfType(kreis, typeof(GeometricObject));
}
```

Listing 21.41 Typvergleich mit »Assert.IsInstanceOfType«

Der Testlauf wird beweisen, dass alles richtig ist, da `Circle` von `GeometricObject` abgeleitet und somit zugleich vom Typ `GeometricObject` ist.

21.7.2 Die Klasse »StringAssert«

Wie schon der Name suggeriert, wird `StringAssert` benutzt, um Zeichenfolgen zu testen. Die wichtigsten Methoden sind in Tabelle 21.2 zu finden.

Methode	Beschreibung
`Contains`	Prüft, ob in einer gegebenen Zeichenfolge ein vorgegebener Teilstring enthalten ist.
`Matches/DoesNotMatch`	Prüft, ob eine gegebene Zeichenfolge einem vorgegebenen regulären Ausdruck entspricht oder nicht.
`StartsWith/EndsWith`	Prüft, ob eine gegebene Zeichenfolge mit einem vorgegebenen Teilstring beginnt oder endet.

Tabelle 21.2 Methoden der Klasse »StringAssert«

In Listing 21.42 sehen Sie den einfachen Einsatz der Methoden `StartsWith`, `EndsWith` und `Contains`. So, wie die Methodenaufrufe definiert sind, werden alle drei Tests erfolgreich ausgeführt.

```
[TestMethod]
public void Test_DoSomething()
{
  StringAssert.StartsWith("Das Wetter ist schön", "Das");
  StringAssert.EndsWith("Das Wetter ist schön", "hön");
  StringAssert.Contains("Das Wetter ist schön", "ist");
}
```

Listing 21.42 Verschiedene Methoden der Klasse »StringAssert«

Etwas gesondert betrachten müssen wir an dieser Stelle die Methode `Matches`. `Matches` verlangt als eines der beiden Argumente einen regulären Ausdruck. In .NET beschreibt die Klasse `RegEx` einen regulären Ausdruck. Unter einem *regulären Ausdruck* ist eine Zeichenfolge zu verstehen, die ihrerseits mit syntaktischen Regeln die Struktur und das Muster einer Zeichenfolge beschreibt. Die *Wildcard* (beispielsweise das Zeichen *) ist die wohl bekannteste als auch einfachste Form eines regulären Ausdrucks. Reguläre Ausdrücke zu definieren ist sehr komplex – es gibt ganze Bücher, die sich damit beschäftigen.

In Listing 21.43 wird ein regulärer Ausdruck verwendet. Mit dessen Hilfe lässt sich prüfen, ob eine gegebene Zeichenfolge eine gültige E-Mail-Adresse darstellt. Die Überprüfung wird von der Methode `StringAssert.Matches` vorgenommen.

```
[TestMethod]
public void DoSomething()
{
  Regex regex = new Regex(@"(?!^[.+&'_-]*@.*$)(^[_\w\d+&'-]+(\.[_\w\d+&'
                          -]*)*" + @"@[\w\d-]+(\.[\w\d-]+)*\.(([\d]{1,3})|
                          ([\w]{2,}))$)");
```

```
  StringAssert.Matches("Frank@Tollsoft.de", regex);
}
```

Listing 21.43 Prüfen, ob eine Zeichenfolge einem vorgegebenen Muster entspricht

21.7.3 Die Klasse »CollectionAssert«

Die Klasse `CollectionAssert` stellt uns Methoden zur Verfügung, die zwei Listen miteinander vergleichen. Voraussetzung ist, dass die beiden Listen die Schnittstelle `ICollection` implementieren, was aber bei allen wichtigen Listenklassen der Fall ist. So wie in den Klassen `Assert` und `StringAssert` sind in `CollectionAssert` alle Methoden `static` und vielfach überladen.

Methode	Beschreibung
`AllItemsAreNotNull`	Prüft, ob alle Listenelemente ungleich `null` sind.
`AllItemsAreUnique`	Prüft, ob alle Listenelemente in der Collection eindeutig sind, also keine Duplikate.
`AllItemsAreInstancesOfType`	Prüft, ob alle Listenelemente vom gleichen Typ sind. Diese Methode ist im Zusammenhang mit nichtgenerischen Listen sinnvoll einzusetzen.
`AreEqual/AreNotEqual`	Prüft, ob zwei Collections gleich bzw. nicht gleich sind. Zwei Collections gelten als gleich, wenn beide die gleiche Anzahl von Listenelementen aufweisen und diese den gleichen Wert haben. Es gilt dabei: {1, 2, 3} ist gleich {1, 2, 3}, aber nicht gleich {2, 1, 3}.
`AreEquivalent/AreNotEquivalent`	Diese Prüfung ähnelt der mit `AreEqual/AreNotEqual`. Der Unterschied hierbei ist, dass die Reihenfolge der Listenelemente keine Rolle spielt. Somit ist {1, 2, 3} äquivalent zu {2, 1, 3}.
`Contains/DoesNotContain`	Prüft, ob ein Element in einer Liste enthalten ist (oder nicht).
`IsSubsetOf/IsNotSubsetOf`	Prüft, ob eine Collection die Listenelemente einer anderen Collection enthält.

Tabelle 21.3 Die Methoden der Klasse »CollectionAssert«

Die Methoden von »CollectionAssert« im Einsatz

Sehen wir uns zuerst den Einsatz der Methode `CollectionAssert.AreEqual` an.

```
[TestMethod]
public void Test_DoSomething()
{
  List<int> list1 = new List<int> { 1, 2, 3 };
  List<int> list2 = new List<int> { 1, 2, 3 };
  CollectionAssert.AreEqual(list1, list2);
}
```

Listing 21.44 Listenvergleich mit »CollectionAssert.AreEqual«

In der Testmethode sind zwei Auflistungen vom Typ `List<int>` definiert. Beide Listen enthalten drei Elemente mit denselben Werten. Auch die Reihenfolge der Listenelemente ist identisch. Der Test wird daher fehlerfrei ausgeführt. Wechseln Sie jedoch in einer der beiden Listen die Listenelemente, z. B.:

```
List<int> list1 = new List<int> { 2, 1, 3 };
```

wird das Ergebnis des Testlaufs *failed* lauten. Spielt die Reihenfolge der Listenelemente keine Rolle, wäre jetzt der Einsatz der Methode `AreEquivalent` angesagt.

```
[TestMethod]
public void Test_DoSomething()
{
  List<int> list1 = new List<int> { 2, 1, 3 };
  List<int> list2 = new List<int> { 1, 2, 3 };
  CollectionAssert.AreEquivalent(list1, list2);
}
```

Listing 21.45 Listenvergleich mit »CollectionAssert.AreEquivalent«

In Listing 21.44 beziehungsweise Listing 21.45 waren alle Listenelemente vom Typ `int`. Das hat uns den Vergleich der Listenelemente vereinfacht. Basieren die Listenelemente jedoch auf einem komplexen Datentyp, beispielsweise `Circle` (siehe Listing 21.46), wird der Test scheitern, weil die Methode `AreEqual` nur die beiden Referenzen `list1` und `list2` auswertet und nicht in der Lage ist, die Eigenschaft `Radius` zu bewerten.

```
[TestMethod]
public void Test_DoSomething()
{
```

21

```
  List<Circle> list1 = new List<Circle>();
  list1.Add(new Circle { Radius = 45 });
  list1.Add( new Circle { Radius = 17 } );
  List<Circle> list2 = new List<Circle>();
  list2.Add(new Circle { Radius = 45 });
  list2.Add(new Circle { Radius = 17 });
  CollectionAssert.AreEqual(list1, list2);
}
```

Listing 21.46 Test mit Verweistypen

Die Lösung dieser Problematik finden wir in einer der Überladungen der Methode `AreEqual`. Wir müssen die Überladung wählen, die in einem dritten Parameter ein Objekt vom Typ `IComparer` erwartet. Mit anderen Worten wird an diesen Parameter ein Objekt übergeben, das die Schnittstelle `IComparer` implementiert. Diese Klasse soll `CircleComparer` heißen und ist wie in Listing 21.47 gezeigt codiert:

```
public class CircleComparer : IComparer
{
  public int Compare(object x, object y)
  {
    if (x is Circle c1 && y is Circle c2)
      return c1.Radius.CompareTo(c2.Radius);
    return -1;
  }
}
```

Listing 21.47 Vergleichsklasse für den Test mit Verweistypen

Übergeben wir jetzt ein Objekt vom Typ `CircleComparer` an den Aufruf der `AreEqual`-Methode, also:

```
[TestMethod]
public void Test_DoSomething()
{
  List<Circle> list1 = new List<Circle>();
  list1.Add(new Circle { Radius = 45 });
  list1.Add( new Circle { Radius = 17 } );
  List<Circle> list2 = new List<Circle>();
  list2.Add(new Circle { Radius = 45 });
```

```
  list2.Add(new Circle { Radius = 17 });
  CollectionAssert.AreEqual(list1, list2, new CircleComparer());
}
```

Listing 21.48 Vergleich von Listenelementen mit der Schnittstelle »IComparer«

Jetzt wird der Test erfolgreich verlaufen, denn nun werden die Radien der Listenelemente miteinander verglichen, und die sind in beiden Fällen auch hinsichtlich der Reihenfolge identisch.

Sie können auch zum gleichen Ergebnis gelangen, ohne dass Sie die `AreEqual`-Methodenüberladung einsetzen, die ein `IComparer`-Objekt erwartet. Fassen Sie stattdessen die Radien aller Listenelemente in separaten Listen zusammen. Das gelingt unter Zuhilfenahme der Erweiterungsmethode `Select`, wie Listing 21.49 zeigt. Sie müssen dabei nur berücksichtigen, die Zusammenstellung mit `ToList` auch tatsächlich auszuführen.

```
[TestMethod]
public void Test_DoSomething()
{
  List<Circle> list1 = new List<Circle>();
  list1.Add(new Circle { Radius = 45 });
  list1.Add( new Circle { Radius = 17 } );
  List<Circle> list2 = new List<Circle>();
  list2.Add(new Circle { Radius = 45 });
  list2.Add(new Circle { Radius = 17 });
  CollectionAssert.AreEqual(list1.Select(c => c.Radius).ToList(),
                            list2.Select(c => c.Radius).ToList());
}
```

Listing 21.49 Vergleich von Listenelementen mit der Schnittstelle »Select«

21.8 Test-Driven Development – TDD

Viele Unternehmen schreiben zuerst den produktiven Programmcode und erst bei Projektende ausgiebige Tests. Diesen Ablauf haben wir in diesem Kapitel ebenfalls beschrieben.

Das *Test-Driven Development* ist ein Entwicklungsprinzip zum Schreiben von Programmcode, das genau den umgekehrten Weg beschreibt: Wir schreiben zuerst den Testcode und anschließend den produktiven Code.

Definieren Sie zuerst die Testmethode, wird ihre Ausführung dazu führen, dass der Test fehlschlagen wird. Aber immerhin wissen wir, welche Leistung und welches Ergebnis eine Produktivmethode erbringen muss.

Im zweiten Schritt wird der produktive Code geschrieben und – wenn notwendig – solange Tests unterworfen, bis der Testmethodenaufruf ein positives Resultat liefert. Sobald dieser Zustand erreicht ist, kann der Programmcode des produktiven Teils verbessert und erneut getestet werden. Auf diese Weise erreichen wir einen Kreislauf zwischen den Tests und dem Produktivcode, der uns garantiert, dass der Produktivcode einerseits richtige Ergebnisse liefert und andererseits bestmöglich implementiert ist.

Kapitel 22
Einführung in ASP.NET Core

Die Entwicklung moderner Webanwendungen stellt vielfältige Anforderungen: Sie sollen schnell, sicher, wartbar und skalierbar sein und dabei auf möglichst vielen Plattformen zuverlässig funktionieren. Mit ASP.NET Core bietet Microsoft ein Framework, das verspricht, diese Ansprüche zu erfüllen und zugleich den Einstieg in die Webentwicklung zu erleichtern.

ASP.NET Core ist der offizielle Weg, Webanwendungen, Web-APIs und interaktive Benutzeroberflächen mit .NET und C# zu entwickeln. Es basiert auf einer modernen Architektur, unterstützt Plattformunabhängigkeit, ist vollständig Open Source und lässt sich flexibel an unterschiedlichste Anwendungsszenarien anpassen, vom kleinen Mikroservice bis zur komplexen Unternehmensanwendung.

In diesem Kapitel führen wir Sie in die grundlegenden Konzepte von ASP.NET Core ein, erklären typische Einsatzgebiete und zeigen, wie Sie mit wenig Aufwand eine erste Webanwendung erstellen können. Ziel ist es, ein Verständnis dafür zu schaffen, wie ASP.NET Core funktioniert, welche Komponenten zusammenwirken und welche Möglichkeiten das Framework bietet.

22.1 Was ist ASP.NET Core?

ASP.NET Core ist ein plattformübergreifendes Webframework von Microsoft, das auf .NET basiert. Es wurde erstmals 2016 veröffentlicht und ist die Weiterentwicklung des ursprünglichen ASP.NET, das wiederum Teil des .NET Frameworks war und seit Anfang der 2000er Jahre existiert.

Die Motivation hinter ASP.NET Core ist es, ein leichtgewichtiges, performantes und flexibles Framework zu schaffen, das den Anforderungen moderner Webentwicklung besser gerecht wird. Das klassische ASP.NET galt als stark an Windows gebunden und gleichzeitig schwergewichtig. Mit ASP.NET Core verfolgt Microsoft einen anderen Ansatz: Modularität, Plattformunabhängigkeit und Offenheit für neue Programmiermodelle.

Dazu hat Microsoft ASP.NET Core von Grund auf neu entwickelt; ASP.NET Core bildet die Basis für alle modernen Webtechnologien innerhalb des .NET-Ökosystems. Ab Version 5 hat Microsoft das Core-Suffix zwar bei der .NET-Plattform selbst fallengelassen, zu sehen am Beispiel von .NET 5, .NET 6 und so weiter, aber ASP.NET Core heißt weiterhin so, um es klar vom klassischen ASP.NET zu unterscheiden.

ASP.NET Core unterscheidet sich in mehreren Punkten wesentlich von seinem Vorgänger, ASP.NET, auch bekannt als ASP.NET Web Forms, MVC oder Web API unter dem .NET Framework. Tabelle 22.1 listet einige dieser Merkmale auf und stellt sie gegenüber.

Merkmal	ASP.NET (klassisch)	ASP.NET Core
Plattformabhängigkeit	nur unter Windows lauffähig	plattformübergreifend (Windows, Linux, macOS)
Hosting-Modell	IIS-gebunden	beliebige Hosts (Kestrel, IIS, Nginx etc.)
Projektstruktur	starr, auf Visual Studio optimiert	glexibel, CLI-gestützt, leichtgewichtig
Abhängigkeiten und Konfiguration	Web.config, GAC	appsettings.json, NuGet, DI out of the box
Performance und Modularität	schwergewichtig, alles in einem Block	modular über Middleware konfigurierbar
Open Source	teilweise, aber begrenzt	komplett Open Source auf GitHub

Tabelle 22.1 Unterschiedliche Merkmale von ASP.NET und ASP.NET Core

Zudem verwendet ASP.NET Core moderne Programmierparadigmen wie Dependency Injection, middlewarebasierte Pipelines und asynchrone Programmierung als Standard. Das erleichtert nicht nur die Testbarkeit, sondern verbessert auch die Wartbarkeit und Skalierbarkeit von Webanwendungen.

ASP.NET Core eignet sich für verschiedenste Arten von Webanwendungen. Das Framework ist so konzipiert, dass es sich für einfache REST-APIs genauso gut eignet wie für umfangreiche Webanwendungen mit Benutzeroberfläche. Die wichtigsten Einsatzgebiete im Überblick sind die folgenden, die zudem in den meisten Fällen als konkrete Projektvorlage zur Verfügung stehen. Eine Suche nach ASP.NET Core in Visual Studio zeigt das, wie Abbildung 22.1 zeigt.

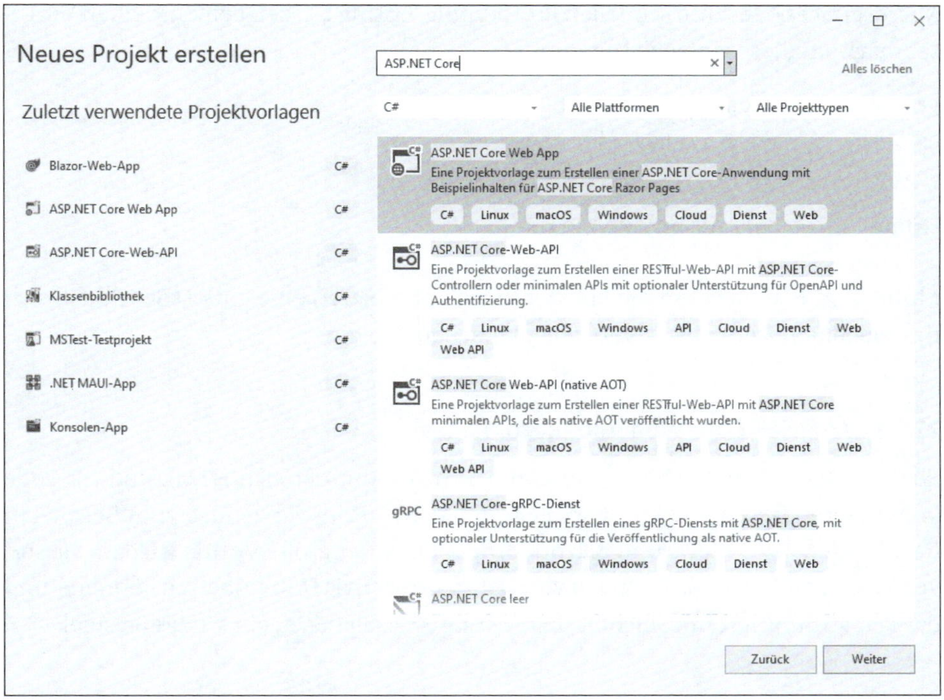

Abbildung 22.1 Einige ASP.NET-Core-Projektvorlagen in Visual Studio

22.1.1 REST-APIs

ASP.NET Core bietet erstklassige Unterstützung für den Bau von Web-APIs. JSON-Serialisierung, automatische OpenAPI-Generierung und Routing sind eingebaut. Der API-Stil eignet sich besonders für Backend-Services in modernen Anwendungen und Microservice-Architekturen.

22.1.2 ASP.NET Core Web App (MVC) als klassische Webanwendung

Mit dem bekannten MVC-Muster (Model View Controller) lassen sich serverseitig gerenderte HTML-Webseiten entwickeln. Dieses Modell eignet sich gut für klassische Webportale, Admin-Interfaces und interne Anwendungen.

22.1.3 Minimal APIs

Seit .NET 6 unterstützt ASP.NET Core sogenannte *Minimal APIs*. Sie ermöglichen es, einfache Endpunkte mit minimalem Code aufzubauen – ideal für kleine Services,

Microservices oder zum schnellen Prototyping. Listing 22.1 zeigt einen kleinen Vorgeschmack auf diese einfache Nutzung:

```
var app = WebApplication.Create();
app.MapGet("/hello", () => "Hallo Welt!");
app.Run();
```

Listing 22.1 Minimal API in ASP.NET Core

Minimal APIs reduzieren die Einstiegshürde und bieten eine gute Möglichkeit, sich mit Webentwicklung in C# vertraut zu machen.

22.1.4 ASP.NET Core Web App (Razor Pages)

Razor ist eine Templating-Syntax von Microsoft, mit der sich HTML und C#-Code kombinieren lassen. Sie wird vor allem in ASP.NET Core verwendet, zum Beispiel in Razor Pages, MVC-Views und Blazor Components. Der große Vorteil ist, dass Sie serverseitige Logik, wie das Einfügen von Daten, direkt in HTML einbetten können – und das klar strukturiert und leicht lesbar. Listing 22.2 zeigt dazu ein kurzes Beispiel:

```
@{
    var name = "Anna";
}

<h1>Hallo, @name!</h1>
```

Listing 22.2 Beispiel für die Razor-Syntax

In diesem Beispiel ist `@{ ... }` ein C#-Codeblock, `@name` fügt den C#-Wert direkt in das HTML ein, so dass die Ausgabe im Browser am Ende ist: »Hallo, Anna!«

Razor ist der Kleber zwischen HTML und C# und macht es einfach, dynamische Webseiten zu erstellen, ganz ohne JavaScript.

22.1.5 Blazor

Blazor ist ein Webframework innerhalb von ASP.NET Core, das es ermöglicht, interaktive Web-UIs mit C# statt mit JavaScript zu schreiben. Es gibt die zwei Varianten *Blazor Server*, mit serverseitigem Rendering mit SignalR, und *Blazor WebAssembly*, das komplett im Browser über WebAssembly läuft.

Blazor bietet sich an, wenn Sie möglichst viel Logik client- wie serverseitig in einer einheitlichen Sprache (C#) schreiben möchten.

22.1.6 Hintergrunddienste, WebSockets, SignalR

ASP.NET Core unterstützt auch andere Webtechnologien wie WebSockets und Echtzeitkommunikation über SignalR. Darüber hinaus können Hintergrunddienste direkt im Webprojekt laufen, z. B. für wiederkehrende Aufgaben. Ein Projekttyp dafür ist der ASP.NET-Core-gRPC-Dienst. Hiermit können Sie einen gRPC-Dienst für leistungsstarke, plattformübergreifende Kommunikation erstellen.

ASP.NET Core ist allerdings nicht nur ein Framework für Webentwicklung, sondern bildet auch die Grundlage für viele cloud-native Anwendungen. Es lässt sich hervorragend mit Containern (Docker), Orchestrierungssystemen (Kubernetes) und Cloud-Plattformen (Azure, AWS, GCP) integrieren. Dank klarer Trennung von Konfiguration, Middleware und Geschäftslogik ist es auch bei großen Softwareprojekten eine beliebte Wahl.

22.1.7 Gemeinsamkeiten und Unterschiede

ASP.NET Core, Razor und Blazor sind schnell verwechselt. Gemeinsam haben alle, dass sie Teil des ASP.NET-Core-Ökosystems von Microsoft sind. Alle verwenden C# und .NET. Razor ist die gemeinsame Syntax, die in ASP.NET Core MVC, Razor Pages und in Blazor zum Einsatz kommt. Tabelle 22.2 fasst die Unterschiede und Abgrenzungen der drei Begriffe zusammen.

Begriff	Kategorie	Funktion	Beziehung zu den anderen
ASP.NET Core	Framework	Basis für Webentwicklung in .NET	Oberbegriff; Grundlage für Razor und Blazor
Razor	Templating-Syntax	HTML + C# kombiniert für UI	Wird in ASP.NET Core und Blazor verwendet.
Blazor	Web-UI-Framework	interaktive UIs mit C# im Browser	Nutzt Razor; läuft unter ASP.NET Core.

Tabelle 22.2 Unterschiede und Abgrenzungen zwischen ASP.NET Core, Razor und Blazor

Sie können sich die Zusammenhänge über den folgenden Merksatz merken:

ASP.NET Core ist die Plattform, Razor die Sprache, Blazor das moderne UI-Framework.

22.2 Web-API-Projektstruktur und erste Schritte

ASP.NET-Core-Projekte lassen sich auf zwei Wegen anlegen: Über die Kommandozeile (Command Line Interface, CLI) oder über eine integrierte Entwicklungsumgebung wie Visual Studio. Gerade für Einsteiger empfiehlt sich Visual Studio, da es viele Schritte automatisiert und eine grafische Oberfläche bietet. Wer lieber mit der Kommandozeile arbeitet oder auf macOS/Linux entwickelt, kann die .NET CLI verwenden. Wir zeigen an dieser Stelle beide Varianten und starten mit der Projekterstellung über die Kommandozeile:

```
dotnet new webapi -n MeineErsteApi
cd MeineErsteApi
dotnet run
```

Listing 22.3 »dotnet«-CLI-Befehl zum Anlegen eines ASP.NET-Core-Web-API-Projekts

Dieser Befehl erstellt ein vollständiges Web-API-Projekt mit allen wichtigen Dateien. Abbildung 22.2 zeigt das Verzeichnis in der Kommandozeile.

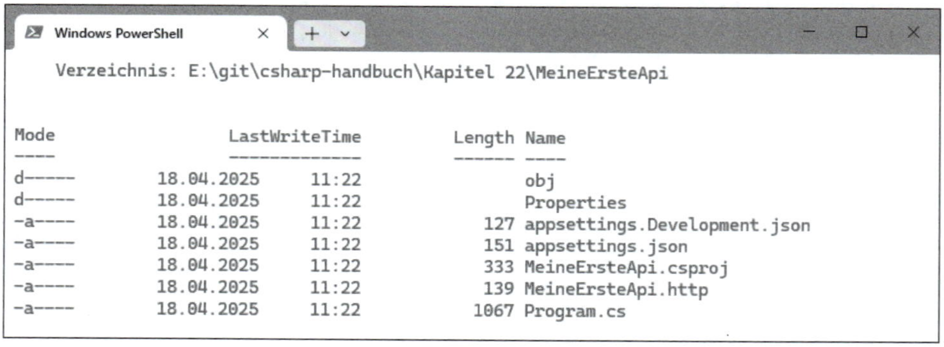

Abbildung 22.2 Verzeichnisstruktur eines Web-API-Projekts, erstellt über das CLI

Sie können das Projekt sofort starten und im Browser unter der folgenden URL aufrufen:

http://localhost:5294

Das erledigt der oben gezeigte Befehl `dotnet run`. Er führt den Build-Vorgang aus und stellt die Anwendung zur Verfügung.

In Visual Studio wählen Sie den Projekttyp ASP.NET Core-Web-API aus, um ein Web-API-Projekt zu erstellen. Abbildung 22.3 zeigt diese Auswahl der Vorlage.

In Abbildung 22.4 sehen Sie den Dialog von Visual Studio, in dem Sie einige Parameter des Projekts einstellen können.

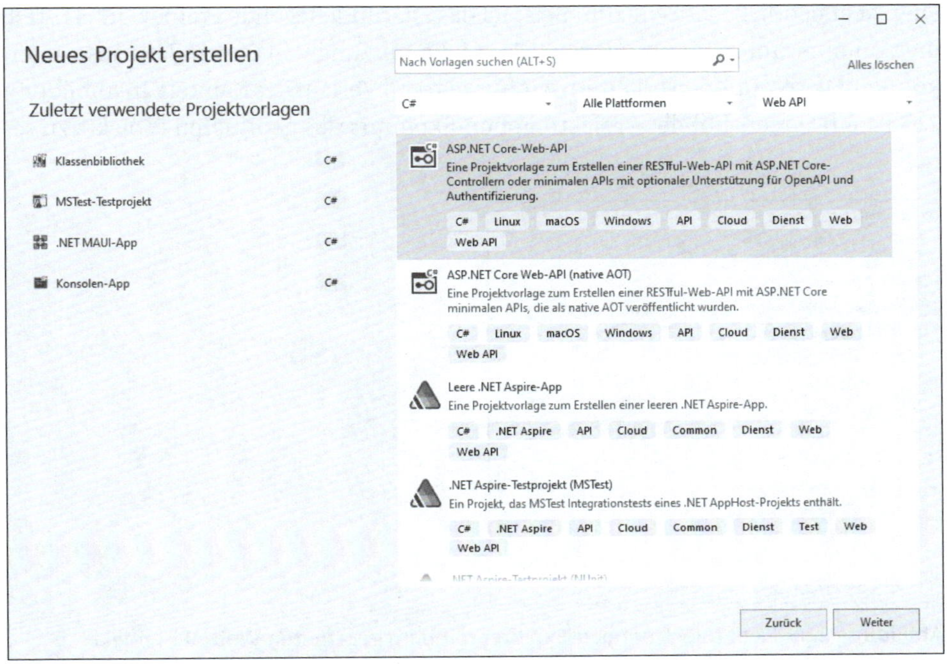

Abbildung 22.3 Ein ASP.NET-Core-Web-API-Projekt über Visual Studio

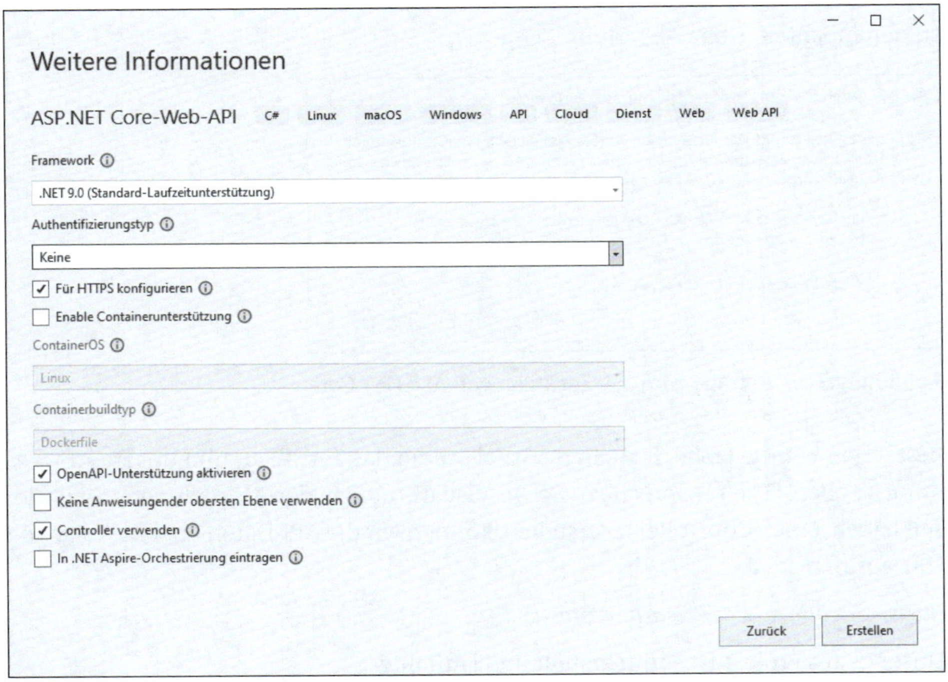

Abbildung 22.4 Einstellungen für das neue Web-API-Projekt

Hier ist ersichtlich, dass wir zum Beispiel das zugrundeliegende Framework, HTTPS, die Containerunterstützung, OpenAPI und die Nutzung von Controllern auswählen können. Diese Optionen erläutern wir im weiteren Verlauf des Kapitels. In Abbildung 22.5 ist ein Screenshot des Projektmappen-Explorers des geöffneten Projekts zu sehen.

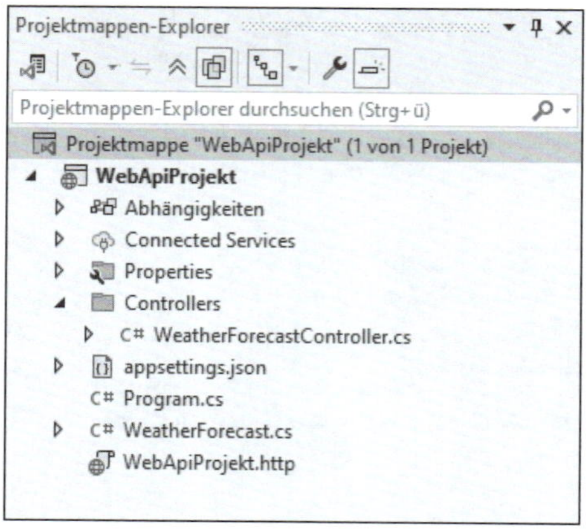

Abbildung 22.5 Der Projektmappen-Explorer mit dem geöffneten Web-API-Projekt

Auch dieses Projekt können wir direkt starten, wie üblich in Visual Studio mit [F5]. Beim ersten Start erfolgt die Frage, ob wir dem SSL-Zertifikat von ASP.NET Core vertrauen möchten (siehe Abbildung 22.6).

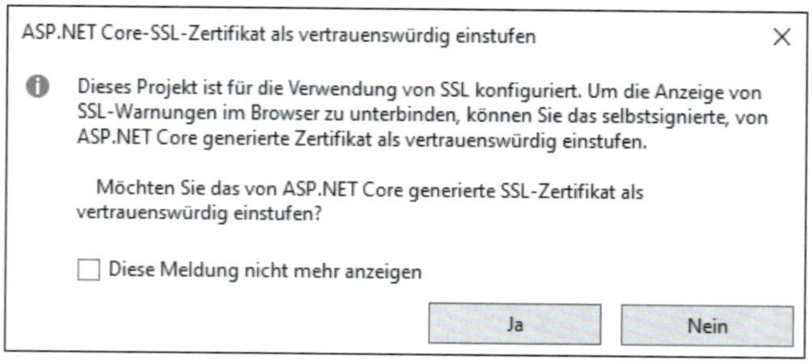

Abbildung 22.6 Abfrage zum SSL-Zertifikat von ASP.NET Core

Bestätigen wir die Frage, installiert Visual Studio das Zertifikat, und unsere Anwendung ist über HTTPS ansprechbar. Da wir Visual Studio in den Einstellungen angewiesen haben, einen Controller zu erstellen, können wir die API-Daten über die folgende URL abrufen:

https://localhost:7147/WeatherForecast

Unser erstes Projekt ist somit erstellt und lauffähig.

ASP.NET Core bietet viele weitere verschiedene Vorlagen, die je nach Anwendungsfall zum Einsatz kommen. In Tabelle 22.3 sind diese Projektvorlagen beschrieben.

Vorlage	Beschreibung
Leere ASP.NET Core-Anwendung	eine minimale Vorlage ohne vordefinierte Struktur, ideal für maßgeschneiderte Anwendungen.
ASP.NET Core Web API	für REST-APIs ohne UI – schlank, mit JSON-Unterstützung, ohne Razor oder MVC-Ansichten.
ASP.NET Core Web API mit Native AOT	optimiert für Ahead-of-Time-Kompilierung und Trimming, ideal für performante Microservices
ASP.NET Core Web App (MVC)	klassische Webanwendung mit Razor Pages – HTML-generiert vom Server
ASP.NET Core Web App (MVC)	Verwendet das Model-View-Controller-Muster. Flexibler als Razor Pages, eher für komplexere Anwendungen
Blazor Web App	interaktive Web-UI mit Blazor (Server- oder WebAssembly-Modell)
ASP.NET Core gRPC-Dienst	Erstellt einen gRPC-Dienst für leistungsstarke, plattformübergreifende Kommunikation.
Einzelne Komponenten	Verschiedene Komponenten wie Razor-Komponente, Razor-Klassenbibliothek, API-Controller, Razor Page und dergleichen. Damit können Sie konkrete Elemente zu Projekten hinzufügen.

Tabelle 22.3 Verschiedene Vorlagen für ASP.NET Core

Für den Einstieg empfiehlt sich entweder ein Web-API-Projekt für reine APIs oder eine Web-App, wenn Sie mit Webseiten arbeiten möchten. Aufgrund der Fülle verschiedener Projektvorlagen und Möglichkeiten von ASP.NET Core fokussiert sich dieses Kapitel auf Web-APIs, mit einem Ausblick auf ein Webprojekt mit Razor Pages.

22.2.1 Projektstruktur am Web-API-Beispiel

Ein mit Visual Studio frisch erstelltes Web-API-Projekt enthält die in Listing 22.4 zu sehenden Dateien und Ordner:

```
WebApiProjekt/
│
├── Program.cs
├── Properties/
│   └── launchSettings.json
├── Controllers/
│   └── WeatherForecastController.cs
├── appsettings.json
│   └── appsettings.Development.json
├── WebApiProjekt.csproj
├── WeatherForecast.cs
└── WebApiProjekt.http
```

Listing 22.4 Projektstruktur eines Web-API-Projekts

»Program.cs«

Hier beginnt die Anwendung. Seit .NET 6 verwendet ASP.NET Core ein vereinfachtes Top-Level-Statements-Modell, bei dem kein explizierter Main-Methode-Block nötig ist. Das haben Sie bereits in den ersten Kapiteln kennengelernt, beispielsweise bei Konsolenanwendungen. Ein typisches Beispiel zeigt das

```
var builder = WebApplication.CreateBuilder(args);
var app = builder.Build();

app.MapGet("/", () => "Hallo ASP.NET Core!");
app.Run();
```

Listing 22.5 Code in der Datei »Program.cs« mit Top-Level-Statements

In einem Projekt, dass wir zum Beispiel über die Kommandozeile erzeugt haben, ist bereits etwas mehr Code enthalten. Zum Beispiel, um einige Einstellungen vorzunehmen und um Daten bei einem Endpunkt zurückzuliefern. Der Code ist in Listing 22.6 zu sehen.

```
var builder = WebApplication.CreateBuilder(args);

// Add services to the container.
// Learn more about configuring OpenAPI at https://aka.ms/aspnet/openapi
builder.Services.AddOpenApi();

var app = builder.Build();

// Configure the HTTP request pipeline.
if (app.Environment.IsDevelopment())
```

```
{
    app.MapOpenApi();
}

app.UseHttpsRedirection();

var summaries = new[]
{
    "Freezing", "Bracing", "Chilly", "Cool", "Mild", "Warm", "Balmy", "Hot",
    "Sweltering", "Scorching"
};

app.MapGet("/weatherforecast", () =>
{
    var forecast =  Enumerable.Range(1, 5).Select(index =>
        new WeatherForecast
        (
            DateOnly.FromDateTime(DateTime.Now.AddDays(index)),
            Random.Shared.Next(-20, 55),
            summaries[Random.Shared.Next(summaries.Length)]
        ))
        .ToArray();
    return forecast;
})
.WithName("GetWeatherForecast");

app.Run();

record WeatherForecast(DateOnly Date, int TemperatureC, string? Summary)
{
    public int TemperatureF => 32 + (int)(TemperatureC / 0.5556);
}
```

Listing 22.6 Inhalt der Datei »Program.cs« der Web-API-Projektvorlage

Kommen Controller im Projekt zum Einsatz, verändert sich der Inhalt der Datei *Program.cs* wie in Listing 22.7:

```
var builder = WebApplication.CreateBuilder(args);

// Add services to the container.

builder.Services.AddControllers();
```

```
// Learn more about configuring OpenAPI at https://aka.ms/aspnet/openapi
builder.Services.AddOpenApi();

var app = builder.Build();

// Configure the HTTP request pipeline.
if (app.Environment.IsDevelopment())
{
    app.MapOpenApi();
}

app.UseHttpsRedirection();

app.UseAuthorization();

app.MapControllers();

app.Run();
```

Listing 22.7 Inhalt der Datei »Program.cs« mit Controllern

In dieser Datei ist auch die Konfiguration der Abhängigkeiten (Services) und der HTTP-Pipeline (Middleware) enthalten. Früher befand sich diese Logik in einer separaten *Startup.cs*. Diese ist inzwischen optional, um die Projektstruktur zu vereinfachen. Dieses reduzierte Projektmodell, eingeführt mit .NET 6, ist mittlerweile zum Quasistandard aufgestiegen. Die standardmäßigen ASP.NET-Core-Webvorlagen verwenden jetzt die Datei *Program.cs* als Einstiegspunkt für die Anwendung. Diese Datei verwaltet die Konfiguration der Anwendung und die Anforderungspipeline. Sie können die Datei *Startup.cs* weiterhin verwenden, wenn Sie dies bevorzugen, aber sie ist nicht mehr erforderlich. Ein wichtiger weiterer Trend ist die Vereinfachung der Einstiegshürde durch die optionale Datei *Startup.cs*. Dies bietet die folgenden Vorteile:

- noch kompaktere Syntax für Minimal APIs und Inline-Routing
- verbesserte Integration von Quellgeneratoren (z. B. für Routing, OpenAPI)
- verbesserte Templates mit stärkerer Orientierung an Best Practices

Diese Reduktion auf das Wesentliche macht es unserer Meinung nach besonders für Einsteiger einfach, sich auf die Logik der Anwendung zu konzentrieren, ohne direkt zu Beginn zu viel Frameworkmagie verstehen zu müssen.

»Controllers/«

Der Ordner enthält Controller-Klassen, die HTTP-Anfragen entgegennehmen und darauf reagieren. In der Web-API-Vorlage ist z. B. standardmäßig ein Beispiel-Controller namens `WeatherForecastController` enthalten, der mit dem Attribut `[ApiController]` und weiteren Routing-Attributen ausgestattet ist.

»appsettings.json« und »appsettings.Development.json«

Dies sind Konfigurationsdateien im JSON-Format. Sie enthalten Einstellungen wie Verbindungszeichenfolgen, Logging-Level oder benutzerdefinierte Konfiguration. Die Datei *appsettings.Development.json* kommt nur zum Einsatz, wenn die Anwendung in der Entwicklungsumgebung läuft.

»launchSettings.json«

Diese Datei legt fest, wie die Anwendung lokal zu starten ist, zum Beispiel mit welchem Port, ob HTTPS verwendet wird und welche Umgebungsvariable (`ASPNETCORE_ENVIRONMENT`) aktiv ist.

»*.csproj« (Projektdatei)

Die Datei enthält Informationen zum Projekt selbst: Zielplattform (net9.0), verwendete Pakete (NuGet), Compileroptionen und weitere Einstellungen. Diese Datei ist im modernen .NET-Format sehr übersichtlich und lässt sich direkt bearbeiten.

22.2.2 Der Lebenszyklus einer ASP.NET-Core-Anwendung

Ein ASP.NET-Core-Projekt folgt einem klaren Startprozess:

- Konfiguration und Services werden in der »Program.cs«-Datei eingerichtet.
- Die Anwendung startet und baut eine Middlewarepipeline auf.
- Eine eingehende HTTP-Anfrage wird durch die Middleware geschleust.
- Ein passender Endpunkt (z. B. ein Controller oder Minimal API) verarbeitet die Anfrage.
- Die Antwort wird an den Client zurückgegeben.

Dieser Ablauf lässt sich je nach Bedarf mit eigenen Middlewarekomponenten, Authentifizierung oder Routing-Regeln erweitern.

22.2.3 Ordnerstruktur und Clean Architecture

Während kleine Projekte mit einer flachen Struktur auskommen, empfiehlt sich bei wachsender Komplexität eine strukturierte Trennung von Verantwortlichkeiten. Dazu bieten sich die folgenden Verzeichnisnamen an:

- */Controllers*
- */Services*

- */Models*
- */Data*
- */Middleware*
- */Configuration*

Für größere Anwendungen empfiehlt sich ein Architekturansatz wie Clean Architecture oder Vertical Slices. Dabei werden UI, Logik und Infrastruktur getrennt, um die Testbarkeit und Wartbarkeit zu verbessern. Diese Trennung ist häufig nicht nur durch Verzeichnisse in einem Projekt gegeben, sondern durch unterschiedliche Projekte in einer Projektmappe. Diese Projekte erfüllen dann die Aufgaben für die UI, Logik und Infrastruktur.

22.3 Minimal APIs vs. klassische Controller-Architektur

Seit .NET 6 bietet ASP.NET Core eine neue, besonders schlanke Möglichkeit, Webanwendungen zu erstellen, die wir im Abschnitt zur Projektstruktur bereits angeteasert haben: die sogenannten *Minimal APIs*. Diese vereinfachen den Einstieg in die Webentwicklung mit C# erheblich, indem sie auf die klassische Struktur mit Controllern, Attributen und umfangreicher Konfiguration verzichten. Stattdessen definieren Sie HTTP-Endpunkte direkt in der Datei *Program.cs* mit minimalem Code. Für einfache Anwendungen oder Microservices kann das nicht nur schneller sein, sondern auch leichter verständlich. Ein typischer Minimal-API-Endpunkt besteht aus einem einzigen Methodenaufruf:

```
app.MapGet("/hello", () => "Hallo Endpunkt!");
```

Diese Form ist ideal, wenn Sie ohne große Vorbereitung eine einfache API bereitstellen möchten. Die Einstiegshürde ist niedrig, die Lesbarkeit hoch, und Sie benötigen kaum zusätzliche Infrastruktur. Die Parameter einer Methode sind automatisch aus der Anfrage abgeleitet, etwa aus der URL, dem Request-Body oder der Abfragezeichenfolge. ASP.NET Core übernimmt das Binding im Hintergrund und nutzt moderne Sprachfeatures wie Pattern Matching und Lambdas.

Im Gegensatz dazu steht die klassische Controller-Architektur, die viele aus früheren Versionen von ASP.NET kennen. In dieser Struktur sind Endpunkte als Methoden innerhalb spezialisierter `Controller`-Klassen angelegt. Die Methoden sind über Attribute mit HTTP-Verben und Routen versehen, etwa `[HttpGet]` oder `[Route("api/[controller]")]`. Diese Herangehensweise ist ausführlicher, aber dafür auch strukturierter und in größeren Anwendungen oft besser wartbar. Ein Beispiel für einen klassischen Controller sehen Sie in Listing 22.8:

```
[ApiController]
[Route("api/[controller]")]
public class GreetingController : ControllerBase
{
    [HttpGet("{name}")]
    public IActionResult Greet(string name)
    {
        return Ok($"Hallo, {name}!");
    }
}
```

Listing 22.8 Aufbau eines klassischen Controllers

Diese Herangehensweise bietet viele Möglichkeiten zur Feinsteuerung. So lassen sich etwa Model-Validierung, Filtersysteme wie Autorisierungsfilter oder `ActionFilter`, Dependency Injection und Formatierung gezielt konfigurieren. Sie ist deshalb nach wie vor die bevorzugte Wahl für Anwendungen mit komplexen Anforderungen, vielen Endpunkten und differenzierten Schnittstellen.

22.3.1 Controller mit POST und Antwort

Für ein weiteres Beispiel nutzen wir einen Controller mit einem POST-Request, um Daten von außen entgegenzunehmen und mit einer Nachricht zu beantworten. Sie können einen Controller manuell über eine neue Klasse hinzufügen oder die Funktion von Visual Studio dafür nutzen. Letzteres sehen Sie in Abbildung 22.7. Der Dialog ist über einen Rechtsklick auf das Verzeichnis *Controllers* erreichbar.

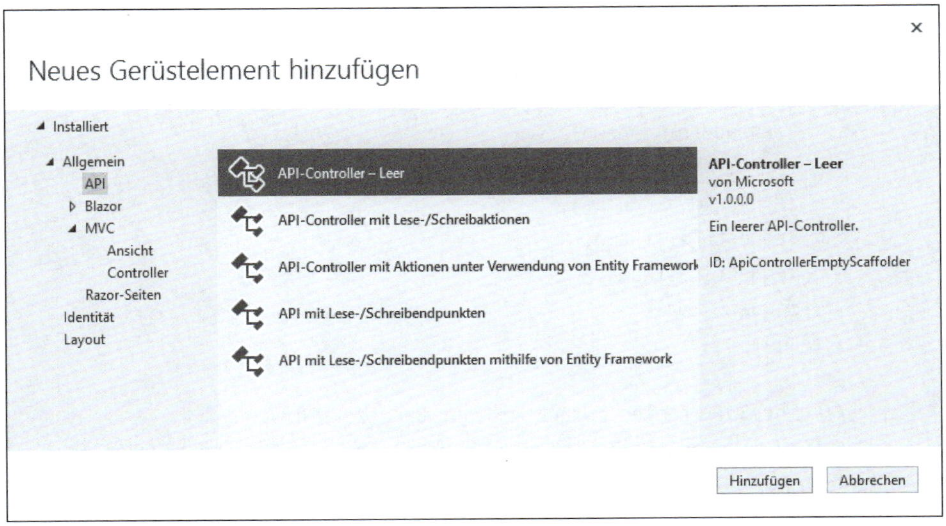

Abbildung 22.7 Neuen Controller hinzufügen

Nach der Bestätigung fragt uns Visual Studio nach einem Namen; wir wählen `UserController`. Visual Studio erzeugt einen leeren Standard-Controller mit dem Code aus Listing 22.9.

```
public class UserController : Controller
{
    public IActionResult Index()
    {
        return View();
    }
}
```

Listing 22.9 Erzeugter Standard-Controller als Vorlage

Diesen Code können wir nun mit der konkreten Implementierung überschreiben. Der neue Controller ist in Listing 22.10 zu sehen.

```
[ApiController]
[Route("api/[controller]")]
public class UsersController : ControllerBase
{
    // POST: api/users
    [HttpPost]
    public IActionResult CreateUser([FromBody] CreateUserRequest request)
    {
        if (!ModelState.IsValid)
        {
            return BadRequest(ModelState);
        }

        // Beispiel: Benutzer anlegen (hier nur simuliert)
        var createdUser = new
        {
            Id = Guid.NewGuid(),
            request.FirstName,
            request.LastName,
            request.Email
        };

        // gibt 201 Created zurück mit der Benutzer-Info
        return CreatedAtAction(nameof(GetUser), new { id = createdUser.Id },
                                                 createdUser);
    }
```

```
    // GET: api/users/{id}
    [HttpGet("{id}")]
    public IActionResult GetUser(Guid id)
    {
        // hier nur ein Dummy-Rückgabewert
        return Ok(new { Id = id, FirstName = "Max", LastName = "Mustermann",
                        Email = "max@example.com" });
    }
}
```

Listing 22.10 Controller-Implementierung für einen POST-Request

Der Code nutzt ein Request-Modell, um die Daten, die dem Request hereingereicht werden, zu modellieren. Diese Klasse zeigt Listing 22.11.

```
// das Request-Model
public class CreateUserRequest
{
    [Required]
    public string FirstName { get; set; }

    [Required]
    public string LastName { get; set; }

    [Required]
    [EmailAddress]
    public string Email { get; set; }
}
```

Listing 22.11 Die Klasse »CreateUserRequest« für das Request-Modell

Das `CreateUserRequest`-Modell definiert die Datenstruktur, die der Client beim Senden einer Anfrage übermitteln muss. Mit der `[FromBody]`-Deklaration wird ASP.NET Core angewiesen, die übermittelten Daten aus dem Request-Body, in der Regel im JSON-Format, zu lesen und in das Modell zu binden. Anschließend überprüft `ModelState.IsValid` automatisch, ob alle im Modell definierten Validierungsregeln, wie beispielsweise `[Required]` oder `[EmailAddress]`, eingehalten wurden. Wenn die Validierung erfolgreich ist, wird mit `CreatedAtAction` eine HTTP-201-Created-Antwort zurückgegeben, die zusätzlich einen Link enthält, über den das neu erstellte Objekt abgerufen werden kann. Für das Beispiel besteht die Antwort aus Dummy-Daten, aber Sie können hier zum Beispiel auf einen Entity-Frameworkkontext zugreifen, um Daten in einer Datenbank zu speichern.

Rufen wir jetzt die folgende URL auf:

https://localhost:7147/api/users

Wir erhalten einen HTTP-Fehler 405. Das bedeutet, dass die Methode nicht erlaubt ist. Diese Fehlermeldung stimmt und sagt uns, dass wir einen GET-Request nicht aufrufen dürfen. Wir erwarten einen POST, wie durch das Attribut `[HttpPost]` definiert. Für den Test einer POST-Anfrage bieten sich Tools wie *Postman* an. Damit lassen sich viele verschiedene Anfragen ausführen, um die Funktionsfähigkeit von Endpunkten zu testen. Wir müssen für so einen Test die URL

POST *https://localhost:5001/api/users*

aufrufen und dabei JSON-Daten wie in Listing 22.12 zu sehen übermitteln.

```
{
  "firstName": "Max",
  "lastName": "Mustermann",
  "email": "max@example.com"
}
```

Listing 22.12 JSON-Daten für den POST-Request

Zusätzlich müssen wir darauf achten, dass der HTTP-Header

`Content-Type: application/json`

übermittelt wird, da wir JSON-Daten verschicken. Tools wie Postman stellen diese Dinge aber automatisch ein, wenn wir JSON-Daten angeben. In Abbildung 22.8 sehen Sie den Request in Postman.

Abbildung 22.8 POST-Request für unseren API-Endpunkt

Die oberen Daten sind die JSON-Daten, die wir zum Endpunkt schicken. Die unteren Daten ist die Rückgabe. Wir sehen, dass der HTTP-Status-Code 201 zurückgegeben wird, was *Created* bedeutet. Zudem unterscheidet sich die ID, die wir bei der Antwort neu vergeben. Das zeigt uns, dass der Aufruf erfolgreich war.

22.3.2 Nachteile von Minimal APIs

Die Minimal APIs in ASP.NET Core sind besonders geeignet für kleine bis mittlere Projekte oder Microservices, bei denen schnelle Entwicklung und geringe Komplexität im Vordergrund stehen. Dennoch bringen Minimal APIs im Vergleich zur klassischen controller-basierten Architektur einige Nachteile mit sich.

Ein zentraler Nachteil ist die Skalierbarkeit bei größeren Projekten. Während Minimal APIs bei kleinen Anwendungen übersichtlich bleiben, kann der Code in größeren Systemen schnell unstrukturiert und schwer wartbar werden. Klassische Controller bieten hier durch Attribute wie `[Route]`, `[HttpGet]` oder `[Authorize]` sowie eine klar definierte Projektstruktur wesentlich mehr Ordnung.

Zudem bieten Minimal APIs weniger Features *out of the box*. Funktionen wie Model Binding, Validierung, Action-Filter oder eine automatische Integration in OpenAPI/Swagger sind in der traditionellen Controller-Architektur deutlich besser eingebunden. Bei Minimal APIs müssen solche Mechanismen oft manuell hinzugefügt oder über zusätzliche Konfigurationen realisiert werden.

Auch das Testen und Mocking gestaltet sich bei Minimal APIs schwieriger. Da häufig anonyme Methoden oder Closures zum Einsatz kommen, ist das Isolieren und Testen einzelner Komponenten weniger einfach als bei klar strukturierten Controllern mit explizit injizierten Services.

Ein weiterer Nachteil ist die eingeschränkte Nutzung von Attributen. Während Controller-Methoden bequem mit Attributen für Sicherheit, Validierung oder Routing ausgestattet werden können, müssen entsprechende Funktionalitäten bei Minimal APIs oft über Middleware oder zusätzliche Logik nachgebildet werden.

Darüber hinaus fehlt bei Minimal APIs häufig eine klare Trennung von Verantwortlichkeiten. Da die Endpunkt-Definitionen oft direkt die Businesslogik enthalten, besteht die Gefahr, Präsentations- und Geschäftslogik zu vermischen, was langfristig die Wartbarkeit und Erweiterbarkeit der Anwendung beeinträchtigen kann.

Schließlich ist auch die Unterstützung für API-Versionierung und -Konventionen bei Minimal APIs weniger ausgereift als bei klassischen Web-API-Projekten. In größeren, versionierten Systemen kann dies zusätzlichen Aufwand bedeuten.

22.3.3 Nachteile von Controllern

Auch die klassische Controller-Architektur in ASP.NET Core bringt einige Nachteile mit sich. Ein häufig genannter Kritikpunkt ist der hohe Anteil an Boilerplate-Code. Bereits für einfache Aufgaben müssen Controller-Klassen, DTOs und zahlreiche Attribute erstellt werden, was die Entwicklungszeit verlängern und die Einstiegshürde erhöhen kann.

Ein weiterer Nachteil ist eine etwas geringere Performance. Durch zusätzliche Verarbeitungsschritte, wie das Dispatchen der Requests über die Controller und die Ausführung von Filtern, entsteht ein minimaler Overhead. Zwar ist dieser in den meisten Szenarien vernachlässigbar, bei sehr hohen Lasten kann er jedoch messbar sein.

Die Komplexität der Konfiguration stellt ebenfalls eine Herausforderung dar. Funktionen wie API-Versionierung, globale Filter oder Policies führen schnell zu umfangreichen und schwer durchschaubaren Konfigurationsdateien. Zudem ist der Codefluss bei klassischen Controllern oft weniger direkt ersichtlich. Da viele Abläufe über Attribute, Middleware und Konventionen gesteuert werden, ist es nicht immer sofort klar, wie ein Request verarbeitet wird. Im Vergleich dazu wirken Minimal APIs oft transparenter, weil der komplette Ablauf kompakt an einer Stelle sichtbar ist.

Gerade bei kleinen Projekten führt die klassische Architektur schnell zu Over-Engineering. Der Aufbau eines vollständigen Gerüsts aus Controller, Routing und Serviceregistrierung erscheint bei einfachen Anforderungen oft übertrieben. Ebenso sind Controller für spezialisierte, kleine Microservices häufig zu schwergewichtig. Hier bieten Minimal APIs oder alternative Frameworks wie gRPC eine leichtere und direktere Lösung.

22.3.4 Auswahl eines Architekturstils

Die Wahl zwischen Minimal APIs und der klassischen Controller-Struktur ist also nicht nur eine Stilfrage, sondern hängt stark vom geplanten Anwendungsfall ab. Für ein einfaches, gut abgrenzbares API-Modul kann die reduzierte Syntax der Minimal APIs eine gute Wahl sein. Sobald jedoch fachliche Komplexität, Wiederverwendung von Komponenten oder erweiterte Anforderungen wie Versionierung, Filtersysteme oder tiefere Integrationen ins Spiel kommen, bietet der klassische Ansatz mehr Struktur und Kontrolle.

Ein weiterer Unterschied zeigt sich in der Erweiterbarkeit. Bei Minimal APIs lassen sich Funktionen wie Authentifizierung , Validierung oder Filter zwar auch einbauen, aber meist über benutzerdefinierte Erweiterungsmethoden oder Middleware. In der Controller-Welt hingegen sind solche Mechanismen bereits vorgesehen und über Attribute und Konventionen leicht zugänglich.

Für Einsteiger lohnt es sich, zunächst mit Minimal APIs zu experimentieren. Die reduzierte Syntax vermittelt ein gutes Gefühl für den Fluss einer HTTP-Anfrage und erlaubt schnelle Erfolgserlebnisse. Wer später auf komplexere Strukturen umsteigt, wird feststellen, dass viele der Konzepte – etwa Routing, Binding und Statuscode – dieselben geblieben sind, nur in anderem Gewand.

Im professionellen Umfeld sind beide Modelle gleichwertig einsetzbar. Microsoft verfolgt keinen Entweder-oder-Ansatz, sondern bietet bewusst beide Wege an. In der Praxis lassen sich sogar beide Ansätze in einem Projekt kombinieren. So lassen sich beispielsweise interne Tools oder einfache Health Checks als Minimal API realisieren, während der Kern der Anwendung im Controller-Modell verbleibt.

22.4 Routing und Middleware

ASP.NET Core basiert auf einem modularen, flexiblen Konzept, das den Fluss einer HTTP-Anfrage von der Ankunft bis zur Antwort klar strukturiert: Die sogenannte *Middlewarepipeline*. Diese Pipeline bestimmt, wie Anfragen verarbeitet, verändert, weitergereicht oder beantwortet werden. Ein zentraler Bestandteil dabei ist das Routing, also die Entscheidung, welcher Teil der Anwendung auf eine bestimmte HTTP-Anfrage reagieren soll.

Routing und Middleware bilden das Fundament jeder ASP.NET-Core-Anwendung. Middleware steuert den Ablauf jeder Anfrage, kümmert sich um Querschnittsfunktionen und stellt sicher, dass nur gültige, autorisierte Anfragen überhaupt an ihre Zielpunkte gelangen. Routing sorgt dafür, dass jede Anfrage auch wirklich dort ankommt, wo sie verarbeitet werden soll. Wer die Funktionsweise dieser beiden Konzepte versteht, hat den wichtigsten inneren Mechanismus von ASP.NET Core bereits gut im Griff. Egal, ob Sie Minimal APIs oder das klassische Controller-Modell verwenden.

22.4.1 Was ist die Middleware?

Middleware sind Softwarekomponenten, die in einer Kette nacheinander ausgeführt werden. Jede Middleware erhält die aktuelle HTTP-Anfrage, kann darauf reagieren – zum Beispiel, indem sie Header prüft, Anfragen umleitet, Logs schreibt oder Benutzer authentifiziert – und entscheidet, ob sie die Anfrage an die nächste Komponente weitergibt. Dieser Aufbau folgt dem sogenannten *Chain-of-Responsibility-Muster.*

In ASP.NET Core wird die Middleware in der Methode `app.UseXYZ()` konfiguriert. Die Reihenfolge dieser Aufrufe ist entscheidend: ASP.NET Core führt jede Middleware in genau der Reihenfolge aus, in der sie registriert ist. Ein Beispiel for so eine Konfiguration zeigt Listing 22.13.

```
var builder = WebApplication.CreateBuilder(args);
var app = builder.Build();

app.Use(async (context, next) =>
{
    Console.WriteLine("Anfrage erhalten");
    await next(); // weiter zur nächsten Middleware
    Console.WriteLine("Antwort wird gesendet");
});

app.MapGet("/", () => "Hallo Welt!");

app.Run();
```

Listing 22.13 Definition einer Middlewaremethode

In diesem Fall gibt die Middleware eine Meldung in der Konsole aus, bevor und nachdem sie die Anfrage weiterleitet. Solche Komponenten sind nützlich für Logging, Fehlerbehandlung, CORS, Header-Management oder auch eigene Mechanismen wie Feature-Toggles. Das Resultat auf der Konsole sehen Sie in Abbildung 22.9. Rufen wir die URL des einzigen Controllers auf, erscheinen die Meldungen auf der Konsole.

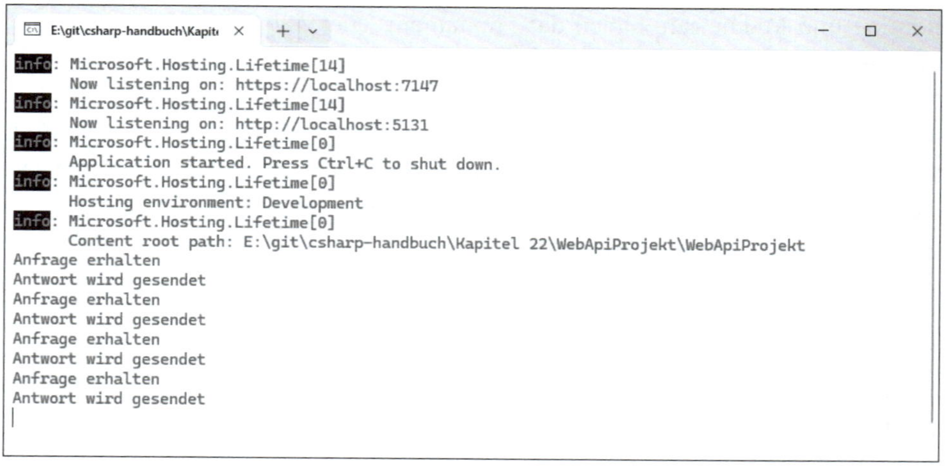

Abbildung 22.9 Ausgabe der eingefügten Middleware

Während der *Request-Phase* durchläuft die Anfrage die Middlewares von oben nach unten. Sobald die Antwort erstellt wird, folgt die *Response-Phase*, bei der die Middlewares in umgekehrter Reihenfolge, also von unten nach oben, durchlaufen werden.

Diese Mechanik erlaubt es Middlewares, sowohl vor der Weiterleitung als auch nach der Bearbeitung Einfluss auf die HTTP-Response zu nehmen.

Ein einfaches Beispiel könnte so aussehen: Wenn drei Middlewares A, B und C registriert sind und anschließend ein Run-Befehl folgt, läuft der Request zunächst durch A, dann durch B und schließlich durch C. Die Response durchläuft danach C, B und A rückwärts zurück.

In einer typischen ASP.NET-Core-Anwendung ergibt sich eine bewährte Reihenfolge, um eine korrekte und sichere Bearbeitung zu gewährleisten: Zunächst wird die Fehlerbehandlung (`UseExceptionHandler` oder `UseDeveloperExceptionPage`) eingerichtet. Anschließend folgt meist die Weiterleitung auf HTTPS (`UseHttpsRedirection`), bevor das Routing mit `UseRouting` aktiviert wird. CORS-Richtlinien (`UseCors`) sind ebenfalls frühzeitig zu setzen, um Cross-Origin-Anfragen zu steuern. Danach folgen Authentifizierung (`UseAuthentication`) und Autorisierung (`UseAuthorization`), die sicherstellen, dass Benutzer geprüft und berechtigt sind. Schließlich sind die Endpunkte mit `UseEndpoints` definiert. Statische Dateien (`UseStaticFiles`) werden häufig ebenfalls früh eingebunden, oft direkt nach der Fehlerbehandlung.

Es gibt unterschiedliche Methoden, Middlewares einzubinden. Mit `Use(...)` wird eine Middleware verkettet und die Ausführung an die nächste Komponente weitergegeben. Ein `Run(...)` definiert einen Endpunkt und beendet die Middlewarepipeline an dieser Stelle. Mit `Map(...)` lassen sich Zweige der Pipeline erstellen, die je nach Anfragestelle unterschiedliche Middlewares aktivieren. Die richtige Anordnung der Middlewares ist entscheidend, um sowohl Sicherheit und Performance als auch eine korrekte Funktionalität der Anwendung zu gewährleisten.

22.4.2 Das Routing-System

Routing ist der Mechanismus, durch den ASP.NET Core entscheidet, welcher Code auf eine bestimmte URL und HTTP-Methode reagieren soll. Die Routing-Middleware untersucht die Anfrage und leitet sie an die passende Zielmethode weiter, sei es ein Minimal API-Endpunkt, ein Controller oder eine Razor Page.

Das Routing wird typischerweise mit `MapGet`, `MapPost` und verwandten Methoden konfiguriert oder über Attribute bei Controllern gesteuert. Es basiert auf der URL-Struktur und unterstützt auch Platzhalter für Parameter, wie der folgende Code zeigt:

```
app.MapGet("/greet/{name}", (string name) => $"Hallo, {name}!");
```

Im klassischen Controller-Modell wird Routing durch Attribute wie `[Route]`, `[HttpGet]` und `[HttpPost]` gesteuert. Auch lassen sich Parameter in die URL einbetten, wie in Listing 22.14:

```
[HttpGet("greet/{name}")]
public IActionResult Greet(string name)
{
    return Ok($"Hallo, {name}!");
}
```

Listing 22.14 Controller mit »HttpGet«-Konfiguration

22.4.3 Zusammenspiel von Routing und Middleware

Die Routing-Middleware ist eine spezielle Komponente in der Middlewarepipeline. Sie wird meist mit `app.UseRouting()` eingebunden. Danach folgt optional weitere Middleware wie `app.UseAuthentication()` oder `app.UseAuthorization()`. Erst am Ende steht `app.UseEndpoints()` bzw. `app.MapXYZ()` im Minimal-API-Stil, das die tatsächlich definierten Endpunkte registriert. Im klassischen Modell sieht die Reihenfolge oft so aus wie in Listing 22.15 :

```
app.UseRouting();
app.UseAuthentication();
app.UseAuthorization();
app.UseEndpoints(endpoints =>
{
    endpoints.MapControllers();
});
```

Listing 22.15 Reihenfolge der Konfigurationen

Im Minimal-API-Modell ist vieles davon automatisch integriert. Dennoch gilt auch hier: Wenn zusätzliche Middleware eingebunden wird, etwa für Logging, Fehlerbehandlung oder benutzerdefinierte Sicherheitsprüfungen, ist auf die Reihenfolge zu achten. Falsch positionierte Middleware kann dazu führen, dass Anfragen nicht wie erwartet behandelt werden oder Sicherheitsprüfungen umgangen werden.

22.4.4 Filter

In ASP.NET Core sind Filter eine zentrale Technik, um wiederkehrende Aufgaben wie Logging, Validierung, Authentifizierung oder Fehlerbehandlung zentral und wiederverwendbar zu implementieren. Filter greifen gezielt in den Ablauf einer HTTP-Anfrage ein, entweder vor oder nach der Ausführung einer Action-Methode. Sie tragen dazu bei, die Controller-Logik schlank und fokussiert zu halten. Filter können auf einzelne Actions, ganze Controller oder global auf alle Endpunkte angewendet werden. Listing 22.16 zeigt ein Beispiel für einen Action-Filter zum Protokollieren von Meldungen.

```
public class LogActionFilter : IActionFilter
{
    private readonly ILogger<LogActionFilter> _logger;

    public LogActionFilter(ILogger<LogActionFilter> logger)
    {
        _logger = logger;
    }

    public void OnActionExecuting(ActionExecutingContext context)
    {
        _logger.LogError("Starte Action: {ActionName}",
                         context.ActionDescriptor.DisplayName);
    }

    public void OnActionExecuted(ActionExecutedContext context)
    {
        _logger.LogError("Beende Action: {ActionName}",
                         context.ActionDescriptor.DisplayName);
    }
}
```

Listing 22.16 Beispiel für einen Action-Filter

Damit dieser Filter aktiv sein kann, fügen Sie noch folgenden Code in der Datei *Program.cs* hinzu (siehe Listing 22.17):

```
// Filter für DI registrieren
builder.Services.AddScoped<LogActionFilter>();

// explizit Console-Logging aktivieren
builder.Logging.ClearProviders();
builder.Logging.AddConsole();
```

Listing 22.17 Registrieren des Action-Filters und Setzen der Logging-Ausgabe auf die Konsole

Jetzt müssen wir den Filter noch auf einen Controller anwenden, was Listing 22.18 zeigt:

```
[ApiController]
[Route("[controller]")]
```

```
[ServiceFilter(typeof(LogActionFilter))]
public class WeatherForecastController : ControllerBase
```

Listing 22.18 Den »LogActionFilter« auf den »WeatherForecastController« anwenden

Jetzt ist der Filter aktiv. Beim Aufrufen des Controllers können wir die Nachrichten des Loggers auf der Konsole sehen, wie Abbildung 22.10 verdeutlicht.

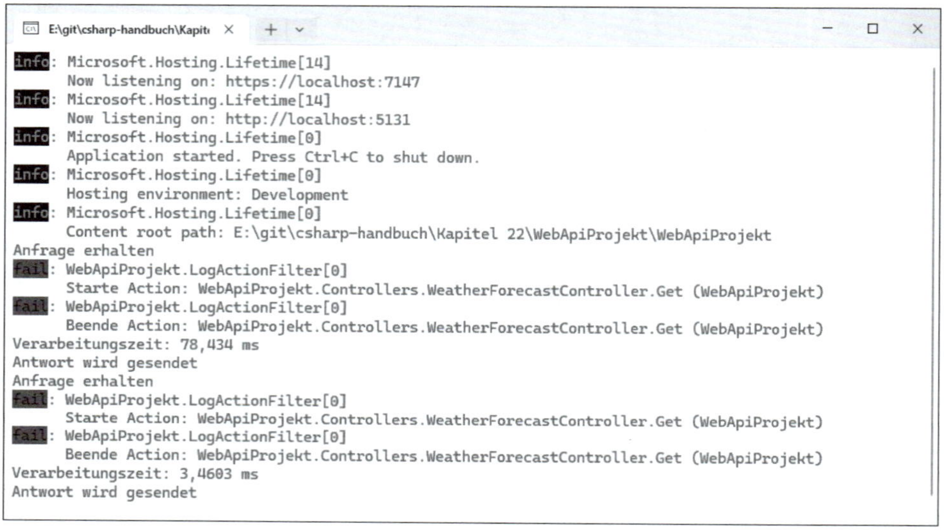

Abbildung 22.10 Ausgabe des Action-Filters auf der Konsole

Die Ausgabe ist bewusst auf `Error` gesetzt, damit die Protokollnachrichten mit `Fail` gekennzeichnet sind und dadurch auffallen.

22.4.5 Route Groups

Route Groups sind eine neue Möglichkeit, Endpunkte unter einer gemeinsamen Basisroute zusammenzufassen. Route Groups erleichtern es, mehrere Endpunkte gemeinsam zu konfigurieren, zum Beispiel mit identischen Filtern, Policies oder Präfixen. Das führt zu einer klareren Struktur und weniger Wiederholungen im Code, was besonders bei umfangreichen Minimal APIs die Lesbarkeit und Wartbarkeit verbessert. Listing 22.19 zeigt so eine Gruppe für zwei Endpunkte.

```
// erstelle eine Route Group für /api/users
var usersGroup = app.MapGroup("/api/users");

// definiere Endpunkte innerhalb der Gruppe
usersGroup.MapGet("/", () => new[] { "Alice", "Bob", "Charlie" });
```

```
usersGroup.MapPost("/", (CreateUserRequest user) => Results.Created("/",
user));
```

Listing 22.19 Beispiel für eine Route Group

In diesem Beispiel ist eine Route Group für die URL-Basis */api/users* definiert. Alle Endpunkte, die in dieser Gruppe definiert sind, teilen sich diese Basisroute. Anschließend sind zwei Endpunkte innerhalb der Gruppe definiert: Ein GET-Endpunkt, der eine Liste von Nutzern zurückgibt, und ein POST-Endpunkt, der neue Nutzer entgegennimmt. Mit Route Groups lassen sich somit ähnliche Endpunkte logisch bündeln und mit gemeinsamen Regeln versehen, ohne sie einzeln konfigurieren zu müssen. Route Groups sind primär für Minimal APIs gedacht, da klassische Controller durch Route-Attribute bereits ein gut etabliertes Routing-System haben.

22.4.6 Eigene Middleware erstellen

Neben den vordefinierten Middlewarekomponenten können Sie auch eigene schreiben, um Anfragen individuell zu beeinflussen. Eine eigene Middleware ist nichts weiter als eine Klasse mit einer `Invoke`- oder `InvokeAsync`-Methode, die den `HttpContext` entgegennimmt. Ein Beispiel sehen Sie in Listing 22.20:

```
public class ZeitmessMiddleware
{
    private readonly RequestDelegate _next;

    public ZeitmessMiddleware(RequestDelegate next)
    {
        _next = next;
    }

    public async Task InvokeAsync(HttpContext context)
    {
        var start = DateTime.UtcNow;
        await _next(context);
        var dauer = DateTime.UtcNow - start;
        Console.WriteLine($"Verarbeitungszeit: {dauer.TotalMilliseconds} ms");
    }
}
```

Listing 22.20 Definition einer eigenen Middleware zur Zeitmessung

Diese Middleware misst die Zeit, die eine Anfrage benötigt, und gibt sie in der Konsole aus. Eingebunden wird sie mit `app.UseMiddleware<ZeitmessMiddleware>()`. Die Ausgabe auf der Konsole finden Sie in Abbildung 22.11. Wir sehen zuerst die Ausgabe der ersten Middleware, dann die Zeitmessung und dann die letzte Ausgabe der ersten Middleware.

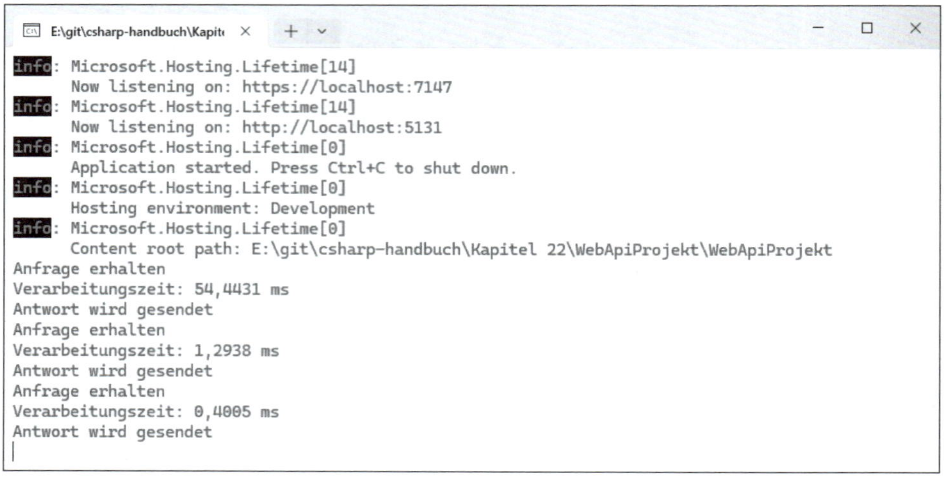

Abbildung 22.11 Ausgabe auf der Konsole, erzeugt durch die eigene Middleware für die Zeitmessung

Solche eigenen Komponenten helfen dabei, wiederverwendbare Logik vom eigentlichen Anwendungs- oder Routing-Code zu trennen, besonders dann, wenn die Komponenten in mehreren Projekten oder Teams genutzt werden sollen.

22.5 Dependency Injection

Ein zentrales Konzept in ASP.NET Core und allgemein in modernen .NET-Anwendungen ist *Dependency Injection* (DI). Damit ist eine bewährte Technik bezeichnet, bei der Abhängigkeiten – zum Beispiel Dienste, Konfigurationsobjekte und Datenzugriffsklassen – nicht manuell innerhalb einer Klasse erzeugt, sondern von außen übergeben werden. ASP.NET Core bringt ein DI-System bereits mit. Es ist standardmäßig aktiviert und tief ins Framework integriert.

Dependency Injection ist in ASP.NET Core somit keine zusätzliche Technik, sondern ein zentrales Element der Anwendungsstruktur. Sie ermöglicht saubere, modulare, testbare und wartbare Software, egal, ob Sie eine kleine API oder eine große, mehrschichtige Anwendung entwickeln. Die automatische Auflösung von Abhängigkeiten reduziert Boilerplate-Code und führt zu klaren, übersichtlichen Konstruktionen. Einmal verstanden, erleichtert sie viele Aspekte der Webentwicklung erheblich und ist auch in anderen Teilen von .NET ein fester Bestandteil guter Architektur.

22.5.1 Was ist Dependency Injection?

In klassischen Programmen ohne Dependency Injection wird eine benötigte Komponente oft direkt in einer Klasse erzeugt, zum Beispiel mit `new`:

```
var service = new MyService();
```

Dadurch entsteht eine starke Kopplung zwischen der Klasse und dem konkreten Dienst. Das macht Tests schwerer und die Wartung aufwendiger. Bei der Dependency Injection wird diese Verantwortung verschoben: Die Klasse bekommt ihre Abhängigkeit bereitgestellt, meist über den Konstruktor, wie Listing 22.21 zeigt:

```
public class MyController
{
    private readonly IMyService _service;

    public MyController(IMyService service)
    {
        _service = service;
    }
}
```

Listing 22.21 Beispiel für das Hereinreichen einer Abhängigkeit über den Konstruktor

Die konkrete Implementierung von `IMyService` ist an zentraler Stelle konfiguriert und beim Erstellen des Controllers automatisch eingefügt. Dadurch bleibt der Code flexibel, testbar und leicht erweiterbar.

22.5.2 Registrierung von Diensten

In ASP.NET Core erfolgt die Registrierung aller Abhängigkeiten in der Methode `builder.Services.Add...()` innerhalb der Datei *Program.cs*. Es gibt drei Lebensdauern, also Lifetimes, mit denen ein Dienst erstellt und wiederverwendet wird:

- **Transient:** Erstellung einer neuen Instanz bei jedem Zugriff
- **Scoped:** eine Instanz pro HTTP-Anfrage
- **Singleton:** eine Instanz für die gesamte Laufzeit der Anwendung

Der Code in Listing 22.22 zeigt diese Konfiguration:

```
builder.Services.AddTransient<IMyService, MyService>();
builder.Services.AddScoped<IUserRepository, UserRepository>();
builder.Services.AddSingleton<ILoggingService, LoggingService>();
```

Listing 22.22 Konfiguration der unterschiedlichen Lebensdauern

Die Wahl der Lebensdauer hängt davon ab, wie sich der Dienst verhält. Ein Datenbankkontext, zum Beispiel in Form eines DbContexts, sollte in der Regel *scoped* sein, da er pro Anfrage sauber getrennt sein muss. Dienste, die keine Daten speichern und keinen Zustand halten, können oft *Singleton* sein.

22.5.3 Nutzung im Code

Wird ein registrierter Dienst benötigt, reicht ASP.NET Core ihn automatisch an den Konstruktor weiter, sei es in einem Controller, einem Minimal-API-Handler oder sogar in einer Middleware. Ein Beispiel für einen Controller finden Sie in Listing 22.23:

```
public class UsersController : ControllerBase
{
    private readonly IUserService _userService;

    public UsersController(IUserService userService)
    {
        _userService = userService;
    }

    [HttpGet("{id}")]
    public IActionResult GetUser(int id)
    {
        var user = _userService.FindById(id);
        return user != null ? Ok(user) : NotFound();
    }
}
```

Listing 22.23 Ein Service über Dependency Injection in einem Controller

Ein Beispiel im Minimal API-Stil ist in Listing 22.24 zu sehen.

```
app.MapGet("/user/{id}", (int id, IUserService userService) =>
{
    var user = userService.FindById(id);
    return user != null ? Results.Ok(user) : Results.NotFound();
});
```

Listing 22.24 Ein Service über Dependency Injection bei einer Minimal API

Beide Varianten nutzen denselben DI-Mechanismus im Hintergrund. Selbst komplexe Abhängigkeitsketten löst ASP.NET Core korrekt auf, solange alle benötigten Komponenten registriert sind.

22.5.4 Erweiterte Nutzung und Testbarkeit

Neben Klassen und Diensten lassen sich auch Konfigurationsobjekte, HTTP-Clients, Datenbankverbindungen oder externe Bibliotheken über DI einbinden. ASP.NET Core unterstützt dafür viele vordefinierte Hilfsmethoden, zu sehen in Listing 22.25.

```
builder.Services.Configure<MySettings>(builder.Configuration.GetSection(
"MySettings"));
builder.Services.AddHttpClient<IMyApiClient, MyApiClient>();
builder.Services.AddDbContext<MyDbContext>(options =>
    options.UseSqlServer(connectionString));
```

Listing 22.25 Beispiele für Hilfsmethoden für Dependency Injection

So lässt sich zum Beispiel ein Datenbankkontext mit Konfiguration versehen und für den späteren Zugriff bereitstellen, inklusive Verbindungsverwaltung und Transaktionshandling. Der Vorteil ist, dass der eigentliche Anwendungscode frei von Setup-Logik bleibt und sich ganz auf die eigentliche Aufgabe konzentrieren kann.

Ein weiterer großer Vorteil von DI ist die Erleichterung beim Testen. Statt echter Implementierungen können Sie im Test leicht Mock-Objekte übergeben, also kontrollierte Attrappen, die einen Zustand nachstellen können (siehe Listing 22.26).

```
var mockService = new Mock<IUserService>();
mockService.Setup(s => s.FindById(1)).Returns(new User { Id = 1,
                  Name = "Test" });
```

Listing 22.26 Mock-Service für die Testbarkeit

Controller oder Endpunkte lassen sich dann mit dem Mock testen, ohne dass zum Beispiel eine echte Datenbank angesprochen werden muss. Das macht Unit-Tests schneller und weniger fehleranfällig. Wichtig bleibt aber, auch Tests zu implementieren, die reale Datenbanken, Daten, Dienste und Weiteres testen. Nur mit Mocks zu testen, kann Fehler verschleiern.

22.6 Konfiguration und Umgebungen

Eine Webanwendung benötigt in der Praxis eine Vielzahl an Einstellungen, die nicht hart im Code stehen sollten, etwa Verbindungszeichenfolgen zur Datenbank, API-Schlüssel, Logging-Level oder Feature-Toggles. ASP.NET Core stellt dafür ein leistungsfähiges, flexibles Konfigurationssystem bereit, das sich hervorragend mit dem Konzept der Umgebungen kombinieren lässt. Auf diese Weise kann eine Anwendung sich unterschiedlich verhalten, je nachdem, ob sie lokal entwickelt, getestet oder produktiv betrieben wird.

Das Konfigurationssystem von ASP.NET Core ist durchdacht, flexibel und für jede Projektgröße geeignet. Es erlaubt eine klare Trennung von Code und Einstellungen, was besonders in Cloud-Umgebungen oder beim CI/CD-Deployment essenziell ist. Durch das Zusammenspiel mit Umgebungen kann die Anwendung sich automatisch anpassen, ohne dass wir Code verändern müssen. Einsteiger profitieren von der Einfachheit, Fortgeschrittene von der Erweiterbarkeit. Wer sich früh mit diesen Konzepten vertraut macht, legt den Grundstein für wartbare und sichere Anwendungen.

22.6.1 Das Konfigurationssystem von ASP.NET Core

Konfigurationswerte können aus vielen verschiedenen Quellen stammen. Die gebräuchlichsten sind in der Liste zusammengefasst:

- JSON-Dateien (*appsettings.json, appsettings.Development.json* ...)
- Umgebungsvariablen
- Kommandozeilenargumente
- benutzerdefinierte Quellen wie Datenbanken, Azure Key Vault

Beim Starten der Anwendung liest ASP.NET Core diese Quellen in einer definierten Reihenfolge ein und kombiniert sie zu einem zentralen Konfigurationsobjekt des Typs `IConfiguration`. Spätere Quellen in der Kette überschreiben dabei frühere. Das ermöglicht zum Beispiel, dass wir in die Datei *appsettings.Development.json* andere Werte eintragen, als später auf dem Produktionsserver über Umgebungsvariablen gesetzt sind. Listing 22.27 zeigt ein Beispiel für die Datei *appsettings.json*.

```
{
  "ConnectionStrings": {
    "Default": "Server=localhost;Database=MeineApp;Trusted_Connection=True;"
  },
  "Logging": {
    "LogLevel": {
      "Default": "Information",
      "Microsoft": "Warning"
    }
  }
}
```

Listing 22.27 Beispielinhalt der Datei »appsettings.json«

Der Zugriff im Code erfolgt wie im Beispiel zu sehen:

```
var connString = builder.Configuration.GetConnectionString("Default");
```

Alternativ lassen sich Werte auch direkt über Bindung an Klassenmodelle nutzen – eine saubere Lösung, besonders für komplexere Konfigurationsbereiche.

22.6.2 Das Options Pattern

Das sogenannte *Options Pattern* erlaubt es, einen Abschnitt aus der Konfiguration an eine stark typisierte Klasse zu binden. Diese Klasse lässt sich dann über DI in Services oder Controller einbinden. Listing 22.28 zeigt einen Ausschnitt aus der Datei *appsettings.json*:

```
// appsettings.json
"MySettings": {
  "FeatureEnabled": true,
  "MaxItems": 10
}
```

Listing 22.28 Ausschnitt aus der Datei »appsettings.json«

Die zugehörige Klasse sehen Sie in Listing 22.29:

```
public class MySettings
{
    public bool FeatureEnabled { get; set; }
    public int MaxItems { get; set; }
}
```

Listing 22.29 Die Klasse »MySettings«

Die Nutzung im Controller ist in Listing 22.30 zu sehen.

```
[ApiController]
[Route("api/[controller]")]
public class MySettingsController : ControllerBase
{
    private readonly MySettings _settings;

    public MySettingsController(IOptions<MySettings> options)
    {
        _settings = options.Value;
    }

    public IActionResult GetConfig()
    {
```

22

```
        return Ok(_settings);
    }
}
```

Listing 22.30 Die Nutzung der Settings-Klasse in einem Controller

Wir müssen jetzt noch den Abschnitt in der Konfigurationsdatei mit der Settings-Klasse verbinden:

```
builder.Services.Configure<MySettings>(builder.Configuration.GetSection(
"My-Settings"));
```

Anschließend können wir direkt auf die Einstellungen per Eigenschaft der Settings-Klasse zugreifen. Das macht die Konfiguration strukturiert, testbar und übersichtlich. Beim Aufruf des Endpunkts

https://localhost:7147/api/MySettings

gibt unsere Anwendung nun die aus der Settings-Datei geladenen Einstellungen als JSON zurück:

```
{"featureEnabled":true,"maxItems":10}
```

22.6.3 Umgebungen (Environments)

ASP.NET Core unterscheidet automatisch zwischen verschiedenen Laufzeitumgebungen, um unterschiedliche Konfigurationen oder Verhaltensweisen zu ermöglichen. Die Umgebungen werden über die Umgebungsvariable `ASPNETCORE_ENVIRONMENT` gesteuert. Typische Werte sind:

- **Development** – lokale Entwicklung
- **Staging** – Testsystem
- **Production** – produktiver Betrieb

Im Code lassen sich Umgebungsabhängigkeiten mit der Methode `app.Environment.IsDevelopment()` abfragen. So können Sie zum Beispiel das Swagger-UI nur in der Entwicklung aktivieren, wie Listing 22.31 zeigt.

```
if (app.Environment.IsDevelopment())
{
    app.UseSwagger();
    app.UseSwaggerUI();
}
```

Listing 22.31 Aktivieren des Swagger-UI in der Entwicklung

22.6.4 Umgebungsabhängige Konfiguration

Ein häufiges Szenario ist die Verwendung verschiedener Konfigurationsdateien je nach Umgebung:

- Die Datei *appsettings.json* enthält allgemeine, umgebungsunabhängige Einstellungen.
- In der Datei *appsettings.Development.json* sind Werte enthalten, die nur lokal gelten sollen.
- Die Datei *appsettings.Production.json* (optional) enthält Produktionswerte.

Diese Dateien werden automatisch eingelesen, abhängig von der aktiven Umgebung. Es ist kein zusätzlicher Code notwendig, denn ASP.NET Core erkennt und integriert die richtige Datei zur Laufzeit.

Ein weiterer wichtiger Aspekt ist die sichere Handhabung sensibler Daten, wie zum Beispiel API-Schlüssel oder Passwörter. Diese sollten Sie nicht in der Datei *appsettings.json* ablegen, wenn diese Datei ins Quellcode-Repository eingecheckt wird.

Alternativen dazu sind Umgebungsvariablen, zum Beispiel via `Environment.SetEnvironmentVariable` oder Einstellungen über den *Secret Manager* während der Entwicklung:

```
dotnet user-secrets init
dotnet user-secrets set "MySecretKey" "geheimerWert"
```

Diese geheimen Werte sind nur lokal gespeichert und landen nicht in der Versionsverwaltung.

22.7 Entity Framework Core Integration

Dynamische Webanwendungen arbeiten selten im luftleeren Raum. Sie verwalten in der Regel Daten wie zum Beispiel Benutzer, Artikel, Bestellungen, Nachrichten, Konfigurationen oder Logs. In ASP.NET Core ist Entity Framework Core (EF Core) das empfohlene Standardwerkzeug für den Datenzugriff, dass Sie bereits kennengelernt haben. Es handelt sich um ein objektrelationales Mapper-Framework (ORM), das zwischen relationalen Datenbanken und dem objektorientierten C#-Code vermittelt.

Entity Framework Core ist ein wichtiges Werkzeug, das sich nahtlos in ASP.NET Core einfügt. Es vereinfacht den Datenbankzugriff erheblich, vermeidet wiederholte SQL-Bausteine und erleichtert die Entwicklung durch typisierte Datenmodelle und automatische Migrationen. Für Einsteiger ist der Einstieg dank klarer Strukturen und guter Integration schnell möglich. Fortgeschrittene können sich auf ein durchdachtes System stützen, das auch bei steigender Komplexität nicht im Weg steht. Wer

Webanwendungen mit Datenbezug entwickeln möchte, profitiert von einem durchgängigen .NET-Ansatz von der Datenbank bis zur Benutzeroberfläche.

22.7.1 Nutzung in Controllern

Die Integration beginnt mit der Installation des EF-Core-Pakets für die gewünschte Datenbank. Für SQL Server lautet der Befehl:

```
dotnet add package Microsoft.EntityFrameworkCore.SqlServer
```

Anschließend ist ein eigener `DbContext` notwendig. Er bildet die zentrale Anlaufstelle für alle Datenbankoperationen. Listing 22.32 zeigt dazu ein Beispiel:

```
public class AppDbContext : DbContext
{
    public AppDbContext(DbContextOptions<AppDbContext> options)
        : base(options)
    {
    }

    public DbSet<User> Users { get; set; }
}
```

Listing 22.32 Beispiel für einen eigenen »DbContext«

Wie Sie sich vielleicht erinnern können, ist zudem eine Klasse für die Entität notwendig. In diesem Fall `User`, zu sehen in Listing 22.33.

```
public class User
{
    public int Id { get; set; }
    public string Name { get; set; }
}
```

Listing 22.33 Klasse »User« als Entität für EF Core

In der Datei *Program.cs* binden wir den Kontext über Dependency Injection ein:

```
builder.Services.AddDbContext<AppDbContext>(options =>
    options.UseSqlServer(builder.Configuration.GetConnectionString("Default"))
);
```

Jetzt ist der Datenbankzugriff vollständig integriert. In einem Controller können Sie den Kontext einfach über den Konstruktor beziehen und direkt damit arbeiten, wie Listing 22.34 verdeutlicht.

```
[ApiController]
[Route("api/[controller]")]
public class UsersController : ControllerBase
{
    private readonly AppDbContext _db;

    public UsersController(AppDbContext db)
    {
        _db = db;
    }

    [HttpGet]
    public IEnumerable<User> GetAll()
    {
        return _db.Users.ToList();
    }
}
```

Listing 22.34 Nutzung eines DB-Kontexts in einem Controller

Um diese Implementierung zu vereinfachen, können Sie in Visual Studio einen Controller über die Funktion in der Entwicklungsumgebung erstellen. Abbildung 22.12 zeigt die Auswahl (markiert) für die Erzeugung eines Controllers mit Create, Read, Update und Delete (CRUD). Unten in der Auswahlliste besteht zudem die Möglichkeit, Code für die Nutzung der Minimal API und des Entity Framework zu erstellen.

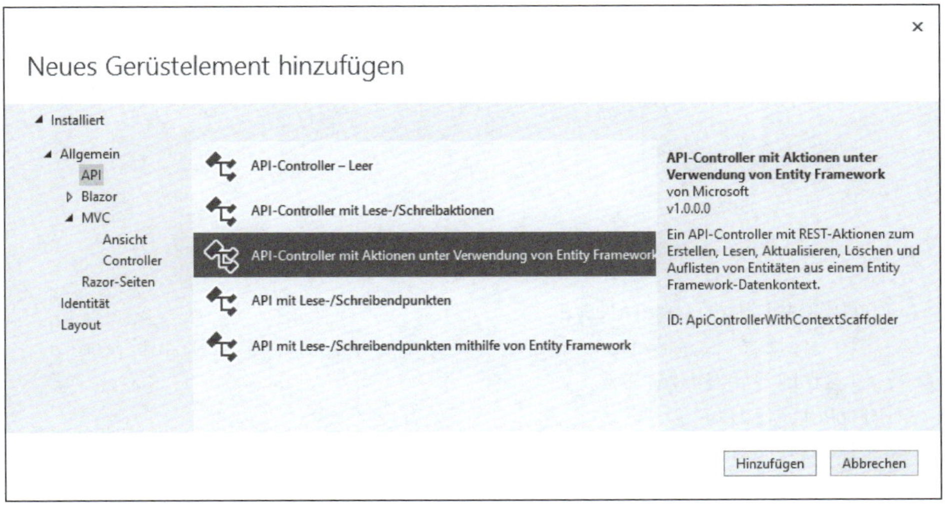

Abbildung 22.12 Vorlage zum Erzeugen von Code (Controller und Minimal API) in Kombination mit dem Entity Framework

Den Code für den erzeugten Controller zeigt Listing 22.35.

```
[Route("api/[controller]")]
[ApiController]
public class UsersGeneratedController : ControllerBase
{
    private readonly AppDbContext _context;

    public UsersGeneratedController(AppDbContext context)
    {
        _context = context;
    }

    // GET: api/UsersGenerated
    [HttpGet]
    public async Task<ActionResult<IEnumerable<User>>> GetUsers()
    {
        return await _context.Users.ToListAsync();
    }

    // GET: api/UsersGenerated/5
    [HttpGet("{id}")]
    public async Task<ActionResult<User>> GetUser(int id)
    {
        var user = await _context.Users.FindAsync(id);

        if (user == null)
        {
            return NotFound();
        }

        return user;
    }

    // PUT: api/UsersGenerated/5
    // To protect from overposting attacks, see https://go.microsoft.com/
    // fwlink/?linkid=2123754
    [HttpPut("{id}")]
    public async Task<IActionResult> PutUser(int id, User user)
    {
        if (id != user.Id)
        {
            return BadRequest();
```

```
        }

        _context.Entry(user).State = EntityState.Modified;

        try
        {
            await _context.SaveChangesAsync();
        }
        catch (DbUpdateConcurrencyException)
        {
            if (!UserExists(id))
            {
                return NotFound();
            }
            else
            {
                throw;
            }
        }

        return NoContent();
    }

    // POST: api/UsersGenerated
    // To protect from overposting attacks, see https://go.microsoft.com/
    // fwlink/?linkid=2123754
    [HttpPost]
    public async Task<ActionResult<User>> PostUser(User user)
    {
        _context.Users.Add(user);
        await _context.SaveChangesAsync();

        return CreatedAtAction("GetUser", new { id = user.Id }, user);
    }

    // DELETE: api/UsersGenerated/5
    [HttpDelete("{id}")]
    public async Task<IActionResult> DeleteUser(int id)
    {
        var user = await _context.Users.FindAsync(id);
        if (user == null)
        {
            return NotFound();
```

```
        }

        _context.Users.Remove(user);
        await _context.SaveChangesAsync();

        return NoContent();
    }

    private bool UserExists(int id)
    {
        return _context.Users.Any(e => e.Id == id);
    }
}
```

Listing 22.35 Erzeugter Code des Controllers mit CRUD-Funktionalität

Dieser umfangreiche Code enthält Standard-Endpunkte zur Manipulation von Daten der Modellklasse im `DbContext`. Dass Visual Studio weiß, welche Daten es für die Erzeugung heranziehen soll, verdeutlicht Abbildung 22.13. Hier wählen Sie aus, welche Modellklasse und welche `DbContext`-Klasse herangezogen werden sollen und wie der neue Controller heißen soll.

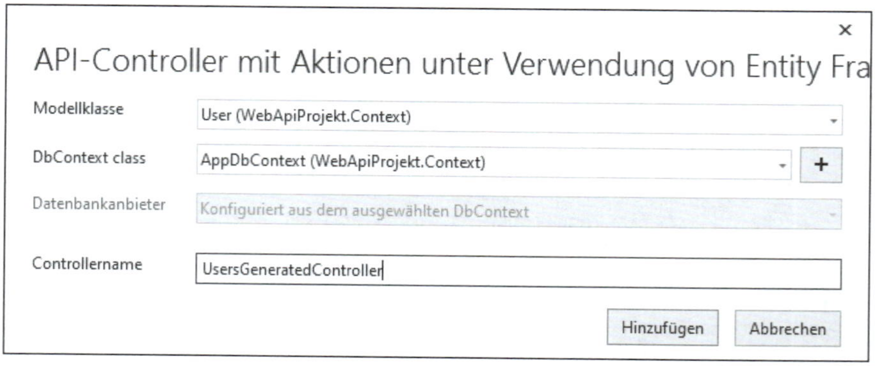

Abbildung 22.13 Auswahl notwendiger Informationen zur Generierung eines Controllers mit CRUD-Funktionalität

22.7.2 Nutzung in Minimal APIs

Schauen wir uns die Nutzung des Entity Frameworks in Minimal APIs an. Listing 22.36 zeigt die Definition zweier Endpunkte für Benutzer, einmal ein GET- und einmal ein POST-Endpunkt.

```
// GET: alle Benutzer abrufen
app.MapGet("/api/users", async (AppDbContext db) =>
```

```
{
    var users = await db.Users.ToListAsync();
    return Results.Ok(users);
});

// POST: neuen Benutzer hinzufügen
app.MapPost("/api/users", async (AppDbContext db, User user) =>
{
    db.Users.Add(user);
    await db.SaveChangesAsync();
    return Results.Created($"/api/users/{user.Id}", user);
});
```

Listing 22.36 Entity Framework Core in Minimal APIs

Jetzt legen wir noch einen einfachen `DbContext` inklusive einer sehr simplen Modellklasse an. Beides sehen Sie in Listing 22.37:

```
public class AppDbContext : DbContext
{
    public AppDbContext(DbContextOptions<AppDbContext> options)
        : base(options)
    {
    }

    public DbSet<User> Users { get; set; }
}
public class User
{
    public int Id { get; set; }
    public string Name { get; set; }
}
```

Listing 22.37 »DbContext« und Modellklasse für »User«

Fehlt noch die Konfiguration in ASP.NET Core. Der Einfachheit halber kommt eine In-Memory-Datenbank zum Einsatz:

```
builder.Services.AddDbContext<AppDbContext>(options =>
    options.UseInMemoryDatabase("UserDb"));
```

Starten wir unsere Anwendung, können wir über einen POST-Request auf die URL

https://localhost:7147/api/users

einen User erzeugen, beispielsweise über Postman, wie schon einmal genutzt. Die Daten sind jetzt noch etwas einfacher und entsprechen der Modellklasse, die in den Minimal APIs als Request-Objekt definiert ist:

```
{
  "id": 6,
  "name": "Maxi Musterfrau"
}
```

Rufen wir diesen POST-Request beispielsweise zweimal auf und fragen dann die Daten über die URL

https://localhost:7147/api/users

ab, werden uns die Daten direkt aus der In-Memory-Datenbank als JSON-Objekt zurückgeliefert:

```
[{"id":5,"name":"Max Mustermann"},{"id":6,"name":"Maxi Musterfrau"}]
```

Das ist denkbar einfach und trotz Einsatz der In-Memory-Datenbank nicht weit entfernt vom Speichern und Auslesen aus einer realen Datenbank.

22.8 Authentifizierung und Autorisierung

In der Praxis ist es selten gewünscht, dass jede Person auf alle Funktionen einer Webanwendung frei zugreifen kann. Stattdessen müssen Benutzer identifiziert (*authentifiziert*) und ihre Berechtigungen geprüft (*autorisiert*) werden. ASP.NET Core bringt hierfür ein leistungsfähiges, flexibles Sicherheitssystem mit, das moderne Standards unterstützt und sich gut in verschiedene Anwendungsszenarien integrieren lässt.

Denn Sicherheit ist kein nachträglicher Zusatz, sondern ein zentrales Element jeder Webanwendung. ASP.NET Core bietet robuste, moderne Mechanismen zur Authentifizierung und Autorisierung, die sowohl einfach als auch erweiterbar sind. Ob einfache APIs mit JWT, klassische Webanwendungen mit Identity oder Integrationen mit externen Diensten: Das Framework gibt Entwickelnden die nötigen Werkzeuge an die Hand, um Zugriffsrechte sicher, sauber und flexibel zu gestalten. Wer frühzeitig ein gutes Sicherheitskonzept etabliert, erspart sich später viele Probleme und schützt nicht nur Daten, sondern auch das Vertrauen der Nutzer.

22.8.1 Authentifizierung vs. Autorisierung – ein grundlegender Unterschied

Auch wenn die Begriffe oft gemeinsam genannt werden, bezeichnen sie zwei klar voneinander getrennte Aufgaben.

Authentifizierung (*Authentication*) klärt die Frage: Wer ist der Benutzer? Sie ist der Vorgang, bei dem ein Nutzer seine Identität nachweist, etwa durch Eingabe von Benutzername und Passwort, über ein Token oder ein Zertifikat.

Autorisierung (*Authorization*) klärt danach: Was darf der Benutzer tun? Sie entscheidet, ob der authentifizierte Benutzer Zugriff auf eine bestimmte Ressource oder Funktion hat.

Ohne Authentifizierung ist keine Autorisierung möglich, denn solange nicht klar ist, wer eine Anfrage stellt, lässt sich auch nicht prüfen, ob der Benutzer das darf.

22.8.2 Authentifizierungsmechanismen in ASP.NET Core

ASP.NET Core unterstützt verschiedene Authentifizierungsmechanismen, je nach Anwendungstyp und Sicherheitsanforderung:

- **Cookie-Authentifizierung:** klassisch bei Webanwendungen mit Benutzeroberfläche. Der Server erstellt nach dem Login ein verschlüsseltes Cookie, das bei jedem weiteren Aufruf mitgesendet wird.
- **JWT (JSON Web Token):** Standard bei Web-APIs. Der Client erhält ein signiertes Token, das Informationen zur Identität enthält und mit jeder Anfrage mitgeschickt wird.
- **Externe Provider:** Authentifizierung über Google, Facebook, Microsoft, GitHub etc., meist via OAuth2/OpenID Connect
- **ASP.NET Core Identity:** ein vollständiges Benutzer- und Rollensystem, das Benutzerkonten, Passwörter, Bestätigungs-E-Mails, Passwort-Resets und vieles mehr abdeckt

Einsteiger, die eine einfache API mit Login-Mechanismus aufbauen möchten, starten häufig mit JWT-Authentifizierung, da sie unabhängig vom Browser funktioniert und keine Sitzungsverwaltung erfordert.

22

22.8.3 JWT-basierte Authentifizierung – der moderne Standard für APIs

Ein typischer JWT-Workflow sieht wie folgt aus: Der Benutzer sendet seine Zugangsdaten an eine spezielle Login-Route, zum Beispiel */api/login*. Der Server prüft die Daten und erzeugt ein signiertes Token, das an den Benutzer zurückgegeben wird. Der Client speichert das Token, zum Beispiel im Speicher des Browsers oder einer mobilen App, und sendet es bei jeder Anfrage im Authorization-Header mit:

```
Authorization: Bearer <token>
```

Der Server prüft das Token bei jeder Anfrage und gewährt oder verweigert Zugriff. In ASP.NET Core lässt sich das mit wenigen Schritten umsetzen. Ein einfaches Setup mit JWT zeigt Listing 22.38.

```
builder.Services.AddAuthentication("Bearer")
    .AddJwtBearer("Bearer", options =>
    {
        options.TokenValidationParameters = new TokenValidationParameters
        {
            ValidateIssuer = true,
            ValidIssuer = "MeineApp",
            ValidateAudience = true,
            ValidAudience = "MeineAppClient",
            ValidateLifetime = true,
            IssuerSigningKey = new SymmetricSecurityKey(
                Encoding.UTF8.GetBytes("supergeheimer-schlüssel")),
            ValidateIssuerSigningKey = true
        };
    });
```

Listing 22.38 Beispielumsetzung für JWT in ASP.NET Core

Danach müssen Sie das Authentifizierungssystem in der Middleware aktivieren, was die folgenden zwei Zeilen Code verdeutlichen:

```
app.UseAuthentication();
app.UseAuthorization();
```

Einzelne Endpunkte lassen sich nun durch ein Attribut schützen (siehe Listing 22.39):

```
[Authorize]
[HttpGet("protected")]
public IActionResult NurMitToken()
{
    return Ok("Diese Nachricht ist nur für eingeloggte Nutzer sichtbar.");
}
```

Listing 22.39 Attribut zum Schützen eines Endpunkts

Optional können Sie gezielt Rollen oder Policies angeben, um differenzierter zu arbeiten.

22.8.4 Autorisierung – feiner differenzieren, was erlaubt ist

Ist ein Benutzer erst einmal authentifiziert, stellt sich die Frage, was er tun darf. ASP.NET Core erlaubt hier verschiedene Modelle:

Bei der rollenbasierten Autorisierung weisen Sie Benutzern Rollen wie zum Beispiel Admin, Editor oder Leser zu. Diese Rollen lassen sich direkt bei Endpunkten abfragen:

```
[Authorize(Roles = "Admin")]
```

Die policy-basierte Autorisierung erlaubt komplexere Regeln, die über einfache Rollenzuweisung hinausgehen. So lassen sich etwa Zugriffsbeschränkungen auf bestimmte Uhrzeiten, Benutzerattribute oder andere Bedingungen definieren. Die Definition einer Policy zeigt Listing 22.40:

```
builder.Services.AddAuthorization(options =>
{
    options.AddPolicy("NurFürSupport", policy =>
        policy.RequireClaim("Abteilung", "Support"));
});
```

Listing 22.40 Definition einer Policy

Die Abfrage dieser Policy geschieht dann so wie in Listing 22.41:

```
[Authorize(Policy = "NurFürSupport")]
public IActionResult NurFürSupportTeam()
{
    return Ok("Zugriff nur für Support-Abteilung.");
}
```

Listing 22.41 Abfrage der definierten Policy

Policies machen die Zugriffskontrolle flexibel und testbar, was besonders in komplexeren Anwendungen ein großer Vorteil ist.

22.8.5 ASP.NET Core Identity – Benutzerverwaltung »aus der Box«

Für Anwendungen mit Benutzeroberfläche, zum Beispiel Web-Apps mit Login-Formular, Benutzerprofil, Rollenverwaltung usw., stellt ASP.NET Core das umfassende System *Identity* bereit. Es verwaltet Benutzerkonten, Anmeldungen, Passwort-Resets, Zwei-Faktor-Authentifizierung und vieles mehr.

Ein einfacher Start gelingt über die Visual-Studio-Vorlage ASP.NET CORE WEB APP (MODEL-VIEW-CONTROLLER) mit Identity. Alternativ lässt es sich auch manuell einbinden:

```
dotnet add package Microsoft.AspNetCore.Identity.EntityFrameworkCore
```

Dann müssen Sie die Identity in die Services registrieren und mit EF Core verbinden, so wie in Listing 22.42:

```
builder.Services.AddDbContext<AppDbContext>(...);
builder.Services.AddIdentity<IdentityUser, IdentityRole>()
    .AddEntityFrameworkStores<AppDbContext>();
```

Listing 22.42 Aktivieren der Identity und Konfiguration

Die nötigen Tabellen und Strukturen werden automatisch über Migrationen erstellt. ASP.NET Core Identity ist ein mächtiges System, für viele Projekte jedoch zu umfangreich, wenn lediglich ein token-basiertes Login benötigt wird.

22.9 Fehlerbehandlung und Logging

Fehler treten in jeder Anwendung auf. Sei es durch falsche Benutzereingaben, Netzwerkprobleme oder interne Programmierfehler. Entscheidend ist nicht, ob Fehler passieren, sondern wie wir sie behandeln. ASP.NET Core bietet eine strukturierte und erweiterbare Infrastruktur zur Fehlerbehandlung und Protokollierung (Logging), die sowohl für kleine Anwendungen als auch für große Systeme geeignet ist.

Fehlerbehandlung und Logging gehören zu den Grundpfeilern stabiler Webanwendungen. ASP.NET Core bietet dafür robuste Mechanismen, die von einfachen Szenarien bis hin zu komplexem Logging- und Monitoring-Setup skalieren. Für Einsteiger sind die Grundlagen leicht verständlich, während Fortgeschrittene von der Offenheit und Erweiterbarkeit profitieren. Wer das Logging von Anfang an sinnvoll einsetzt, spart sich im späteren Betrieb viel Zeit bei der Analyse – und liefert zuverlässige, nachvollziehbare Software aus.

22.9.1 Fehlerbehandlung: Kontrolliert statt chaotisch

Standardmäßig zeigt ASP.NET Core in der Entwicklungsumgebung detaillierte Fehlermeldungen im Browser an, einschließlich Stacktrace und betroffener Codezeile. Das ist beim Debugging hilfreich, in der Produktion aber gefährlich, da sensible Informationen preisgegeben werden könnten. Deshalb geben Sie in produktiven Anwendungen besser eine neutrale Fehlermeldung aus und idealerweise auch einen benutzerdefinierten Fehlerdialog oder einen maschinenlesbaren JSON-Fehler. Während der Entwicklung sind vollständige und so detaillierte Fehlermeldungen wie möglich besser. Sie helfen bei der Fehlersuche und erleichtern somit die Entwicklung.

Die Fehlerbehandlung erfolgt typischerweise über die Middleware `UseExceptionHandler`. Diese ist früh in der Pipeline registriert und fängt nicht behandelte Ausnahmen ab – zum Beispiel zur Entwicklungszeit, wie in Listing 22.43 gezeigt:

```
if (!app.Environment.IsDevelopment())
{
    app.UseExceptionHandler("/error");
}
```

Listing 22.43 Definition der Exception Middleware

Dieser Aufruf leitet im Fehlerfall an eine definierte Route weiter, etwa eine eigene Fehlerseite oder einen JSON-Endpunkt. Im Minimal-API-Stil können Sie etwa so eine Fehlerroute definieren:

```
app.Map("/error", () => Results.Problem("Ein unerwarteter Fehler ist
                                         aufgetreten."));
```

Alternativ lässt sich die Fehlermeldung auch in der Middleware direkt verarbeiten, zum Beispiel durch eine benutzerdefinierte Logging-Funktion.

22.9.2 Exception Handling Middleware selbst gestalten

Wer mehr Kontrolle über die Fehlerbehandlung benötigt, kann eine eigene Middleware schreiben, die Ausnahmen abfängt und individuell verarbeitet, wie Listing 22.44 zeigt:

```
app.Use(async (context, next) =>
{
    try
    {
        await next();
    }
    catch (Exception ex)
    {
        // Fehlerprotokollierung
        var logger =
        context.RequestServices.GetRequiredService<ILogger<Program>>();
        logger.LogError(ex, "Unerwarteter Fehler");

        // Antwort zurückgeben
        context.Response.StatusCode = 500;
        await context.Response.WriteAsync("Ein interner Fehler ist
                                           aufgetreten.");
    }
});
```

Listing 22.44 Beispiel einer eigenen Middleware zum Exception-Handling

Diese Art der Fehlerbehandlung eignet sich besonders gut, wenn Sie nicht nur eine Fehlerseite anzeigen, sondern zum Beispiel strukturierte Log-Einträge schreiben oder Fehler an externe Monitoring-Systeme weiterleiten möchten.

22.9.3 Logging – strukturierte Informationen statt Konsolenausgabe

Protokolle helfen dabei, das Verhalten einer Anwendung nachvollziehbar zu machen. Und das nicht nur im Fehlerfall, sondern auch im normalen Betrieb. ASP.NET Core bietet dafür ein integriertes Logging-System, das verschiedene Ausgabeziele, sogenannte *Provider*, unterstützt. Beispiele für diese Provider sind:

- Konsole
- Debug-Fenster
- Dateien
- Event Log (unter Windows)
- Serilog, NLog, Application Insights (externe Tools)

Bereits bei der Erstellung eines Projekts ist ein standardisiertes Logging-System aktiv, das sich über Konfigurationsdateien und Code erweitern lässt. Ein Logger steht typischerweise über Dependency Injection zur Verfügung, wie in Listing 22.45 zu sehen ist:

```
public class MyService
{
    private readonly ILogger<MyService> _logger;

    public MyService(ILogger<MyService> logger)
    {
        _logger = logger;
    }

    public void DoSomething()
    {
        _logger.LogInformation("Aktion gestartet");
    }
}
```

Listing 22.45 Logger über Dependency Injection

Die Methode `LogInformation` schreibt eine Nachricht mit dem Schweregrad `Information` ins Log. Es gibt weitere Level:

- `LogTrace` – sehr detailliert, meist für Debug-Zwecke
- `LogDebug` – technische Details während der Entwicklung

- `LogInformation` – normale Abläufe
- `LogWarning` – potenzielle Probleme
- `LogError` – behandelte Fehler
- `LogCritical` – schwerwiegende Fehler, zum Beispiel beim Start

Die Ausgabe dieser Logs können wir über *appsettings.json* steuern, wie Listing 22.46 zeigt:

```
"Logging": {
  "LogLevel": {
    "Default": "Information",
    "Microsoft": "Warning",
    "Microsoft.Hosting.Lifetime": "Information"
  }
}
```

Listing 22.46 Beispiel aus der Datei »appsettings.json« für das Logging

Hier lässt sich zum Beispiel steuern, dass eigene Logs mit der Stufe *Information* erscheinen, aber framework-interne Details, zu erkennen am Namespace `Microsoft`, nur bei Warnungen oder Fehlern ausgegeben werden.

22.9.4 Externe Logging-Tools

Gerade bei größeren oder produktiven Systemen stößt das Standard-Logging an seine Grenzen. Hier kommen spezialisierte Frameworks wie *Serilog*, *NLog* oder *Seq* ins Spiel. Diese bieten unter anderem strukturierte Logs im JSON-Format, Ausgabe in Datenbanken, Elasticsearch, Dateien oder Dashboards, eine asynchrone Verarbeitung sowie Features wie Filter und Suchen. Für ein Beispiel mit Serilog müssen wir ein spezifisches Paket installieren:

22

```
dotnet add package Serilog.AspNetCore
```

In der Datei *Program.cs* ist der Code aus Listing 22.47 zu sehen:

```
Log.Logger = new LoggerConfiguration()
    .WriteTo.Console()
    .WriteTo.File("logs/log.txt")
    .CreateLogger();

builder.Host.UseSerilog();
```

Listing 22.47 Konfiguration für den Logger Serilog

Damit konfigurieren wir Serilog zum primären Logging-System. Die Integration ist nahtlos, der Umstieg unkompliziert, aber die Möglichkeiten sind deutlich umfangreicher.

22.9.5 Logging in der Produktion

In der Produktion sollte Logging nicht nur der Fehlersuche dienen, sondern auch zur Überwachung und Analyse genutzt werden. Besonders hilfreich sind dazu strukturierte Logs wie zum Beispiel im JSON-Format, die sich leicht durchsuchen und analysieren lassen. Auch eine Korrelation von Anfragen, um komplexe Abläufe zu verfolgen, ist wichtig. Alerts bei Fehlern – zum Beispiel über Tools wie Sentry, Azure Monitor oder ELK-Stacks – helfen dabei, Fehlerzustände schnell mitzubekommen und strukturiert zu verfolgen. Wichtig ist dabei, keine sensiblen Daten wie Passwörter oder Tokens ins Log zu schreiben. Das Logging sollte stets datenschutzkonform und sicherheitsbewusst erfolgen.

22.10 OpenAPI/Swagger

Sobald eine Web-API nicht nur intern zum Einsatz kommt, sondern auch von anderen Systemen oder Entwickelnden angesprochen werden soll, ist eine klare, aktuelle und maschinenlesbare Dokumentation unerlässlich. Genau hier kommt OpenAPI ins Spiel. ASP.NET Core bietet dafür eine vollständige Integration und macht es einfach, APIs transparent und testbar zu machen.

Mit OpenAPI/Swagger stellt ASP.NET Core ein praktisches Werkzeug zur Verfügung, das Dokumentation und Testbarkeit von APIs erheblich verbessert, und das ohne zusätzlichen Aufwand. Gerade in vernetzten Systemen, bei Teamarbeit oder im öffentlichen API-Bereich ist Swagger ein unverzichtbares Hilfsmittel. Für Einsteiger bietet es schnelle Erfolgserlebnisse beim Testen, für Profis ein solides Fundament für saubere Schnittstellen. Es lohnt sich, Swagger von Beginn an zu aktivieren, nicht nur für andere, sondern auch für die eigene Entwicklung. OpenAPI bezeichnet die Spezifikation und Swagger bietet Tools zur Implementierung dieser Spezifikation an.

22.10.1 Was ist OpenAPI?

OpenAPI ist ein offener Standard zur Beschreibung von RESTful-Web-APIs. Mit ihm lassen sich Struktur, Endpunkte, erwartete Eingaben und mögliche Antworten einer API formal beschreiben, ähnlich wie eine Schnittstellenbeschreibung in anderen Systemen. Diese Beschreibung kann sowohl von Menschen gelesen als auch von Maschinen verarbeitet werden, etwa von Testwerkzeugen, Codegeneratoren oder Monitoring-Tools.

Das Format einer OpenAPI-Spezifikation ist in der Regel JSON oder YAML. Sie enthält unter anderem:

- Liste aller verfügbaren Endpunkte
- HTTP-Methoden (GET, POST, PUT, DELETE ...)
- Pfad- und Query-Parameter
- Request- und Response-Typen (inklusive Statuscodes)
- Authentifizierungsschema
- Beschreibungstexte

22.10.2 Was ist Swagger?

Swagger war ursprünglich der Name für das Gesamtpaket aus Spezifikation, Dokumentationswerkzeugen und UI-Komponenten. Mittlerweile ist Swagger der Name der Werkzeugsammlung, während OpenAPI den eigentlichen Standard beschreibt. Wenn also von »Swagger UI« oder »Swagger-Dokumentation« die Rede ist, ist in der Regel die visuelle Oberfläche gemeint, mit der sich API-Endpunkte direkt im Browser testen lassen.

Die Vorteile sind vielschichtig, wie zum Beispiel eine Dokumentation, die automatisch anhand des vorhandenen Codes und der verwendeten Typen entsteht. Wir können Endpunkte direkt testen, ohne ein eigenes Frontend oder ein separates Tool. Dadurch lassen sich Fehlerquellen reduzieren, weil der Aufbau von Requests und die erwarteten Antworten klar ersichtlich sind. Des Weiteren können Codegeneratoren aus der OpenAPI-Beschreibung automatisch Clientbibliotheken erstellen, für beispielsweise C#, TypeScript, Java, Python und viele weitere Programmiersprachen.

Vor allem im Team oder bei öffentlich zugänglichen APIs erleichtert Swagger die Zusammenarbeit enorm. Neue Entwickler und Entwicklerinnen müssen sich nicht durch Code wühlen, sondern sehen auf einen Blick, wie die API funktioniert.

ASP.NET Core stellt über das NuGet-Paket `Swashbuckle.AspNetCore` eine einfache Möglichkeit bereit, OpenAPI-Dokumentation zu generieren und eine interaktive UI bereitzustellen. Die Installation erfolgt über die Kommandozeile:

```
dotnet add package Swashbuckle.AspNetCore
```

In der Datei *Program.cs* aktivieren Sie Swagger anschließend wie folgt:

```
builder.Services.AddEndpointsApiExplorer();
builder.Services.AddSwaggerGen();
```

Und in der Konfigurationsphase der Anwendung ist folgender Code aus Listing 22.48 notwendig:

```
if (app.Environment.IsDevelopment())
{
    app.UseSwagger();
    app.UseSwaggerUI();
}
```

Listing 22.48 Konfiguration von Swagger für die Entwicklung

Nach dem Start der Anwendung ist die interaktive Swagger-Oberfläche unter */swagger* erreichbar, zum Beispiel unter *https://localhost:7147/swagger/*.

Die Seite zeigt alle Endpunkte der API übersichtlich an, samt Beschreibung, Parametern, Beispielanfragen und einer Testfunktion direkt im Browser. In Abbildung 22.14 sehen Sie einen Screenshot mit einem Ausschnitt aus der erzeugten API-Dokumentation.

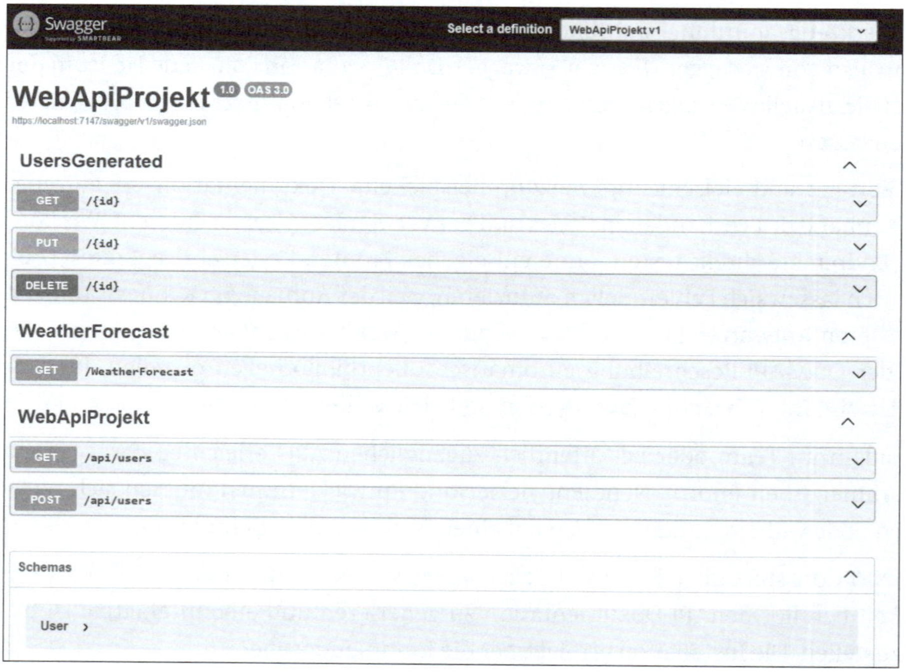

Abbildung 22.14 Screenshot (Ausschnitt) aus der generierten Swagger-Dokumentation für die API-Endpunkte im Projekt

In ASP.NET Core können APIs neben der klassischen Swashbuckle-Integration auch direkt OpenAPI-Dokumentation über das Paket `Microsoft.AspNetCore.OpenApi` bereitstellen. Dabei wird die Methode `builder.Services.AddOpenApi()` genutzt, um den OpenAPI-Support während der Servicekonfiguration zu aktivieren. Sie sorgt dafür, dass die definierten Minimal APIs automatisch erfasst und als OpenAPI-Spezifikation beschrieben werden. Anschließend wird im Request-Pipeline-Setup die Methode `app.MapOpenApi()` verwendet. Diese stellt die erzeugte OpenAPI-Dokumentation als JSON-Datei über eine URL-Endpunkt, in der Regel */openapi/v1.json*, bereit. Im Gegensatz zu Swashbuckle wird hier jedoch keine integrierte Swagger-UI bereitgestellt. Stattdessen konzentriert sich diese Methode auf eine schlanke, native Bereitstellung der Spezifikation, die bei Bedarf mit externen Tools weiterverwendet werden kann. Dieses Verfahren ist besonders geeignet für Minimal-API-Projekte, wenn eine einfache OpenAPI-Integration ohne zusätzliche Abhängigkeiten gewünscht ist. Eine beispielhafte Ausgabe der URL *https://localhost:7147/openapi/v1.json* ist in Abbildung 22.15 zu sehen.

```
{
  "openapi": "3.0.1",
  "info": {
    "title": "WebApiProjekt | v1",
    "version": "1.0.0"
  },
  "servers": [
    {
      "url": "https://localhost:7147/"
    }
  ],
  "paths": {
    "/api/users": {
      "get": {
        "tags": [
          "WebApiProjekt"
        ],
        "responses": {
          "200": {
            "description": "OK"
          }
        }
      },
      "post": {
        "tags": [
          "WebApiProjekt"
        ],
        "requestBody": {
          "content": {
            "application/json": {
              "schema": {
                "$ref": "#/components/schemas/User"
              }
            }
          },
          "required": true
        },
        "responses": {
          "200": {
            "description": "OK"
          }
        }
      }
    },
    "/{id}": {
      "get": {
        "tags": [
          "UsersGenerated"
        ],
        "parameters": [
```

Abbildung 22.15 Ausschnitt der Ausgabe der OpenAPI-Dokumentation

22.10.3 Konfigurationen – Beschreibungstexte und Anmerkungen hinzufügen

Standardmäßig generiert Swagger seine Informationen aus den vorhandenen Controllern, Routen und Datentypen. Um die Dokumentation zu verbessern, lassen sich zusätzliche Beschreibungen einbinden. Entweder über XML-Kommentare oder Swagger-spezifische Anmerkungen. Dazu müssen Sie zunächst die Generierung in der Datei *.csproj* aktivieren:

```
<PropertyGroup>
  <GenerateDocumentationFile>true</GenerateDocumentationFile>
</PropertyGroup>
```

Listing 22.49 Die Generierung aktivieren

Anschließend müssen wir die Einbindung konfigurieren, was in der Datei *Program.cs* passiert:

```
builder.Services.AddSwaggerGen(options =>
{
    var xmlFilename = $"{Assembly.GetExecutingAssembly().GetName().Name}.xml";
    options.IncludeXmlComments(Path.Combine(AppContext.BaseDirectory,
                                            xmlFilename));
});
```

Listing 22.50 Konfigurieren der Einbindung

Anschließend können Sie Methoden mit XML-Kommentaren versehen, wie Listing 22.51 zeigt:

```
/// <summary>
/// gibt eine Liste aller Benutzer zurück
/// </summary>
[HttpGet]
public IEnumerable<User> GetAllUsers() => ...
```

Listing 22.51 XML-Kommentare an einer Methode

Diese Beschreibungen erscheinen direkt in der Swagger UI und helfen Entwickelnden, die API besser zu verstehen.

Swagger lässt sich zudem an viele Anforderungen anpassen. Dazu gehören eine Gruppierung nach Versionsständen wie */v1* oder */v2*, der Schutz von Endpunkten mit Token-Authentifizierung, die Definition von Beispielwerten und Schemas und die Anpassung der UI, zum Beispiel durch Logo, Farben, Hinweise und weiteres. Ein Beispiel für die Integration eines Bearer-Tokens für JWT-geschützte APIs zeigt Listing 22.52:

```
builder.Services.AddSwaggerGen(options =>
{
    options.AddSecurityDefinition("Bearer", new OpenApiSecurityScheme
    {
        In = ParameterLocation.Header,
        Description = "JWT mit Bearer im Header eingeben",
        Name = "Authorization",
        Type = SecuritySchemeType.ApiKey
    });

    options.AddSecurityRequirement(new OpenApiSecurityRequirement {
    {
        new OpenApiSecurityScheme
        {
            Reference = new OpenApiReference { Type =
            ReferenceType.SecurityScheme, Id = "Bearer" }
        },
        new string[] {}
    }});
});
```

Listing 22.52 Integration eines Bearer-Tokens in die Swagger-Konfiguration

So lassen sich auch geschützte Endpunkte direkt über die Swagger-Oberfläche testen, indem ein gültiges Token angegeben werden kann. Abbildung 22.16 zeigt, wie die Oberfläche zur Eingabe des Tokens aussieht.

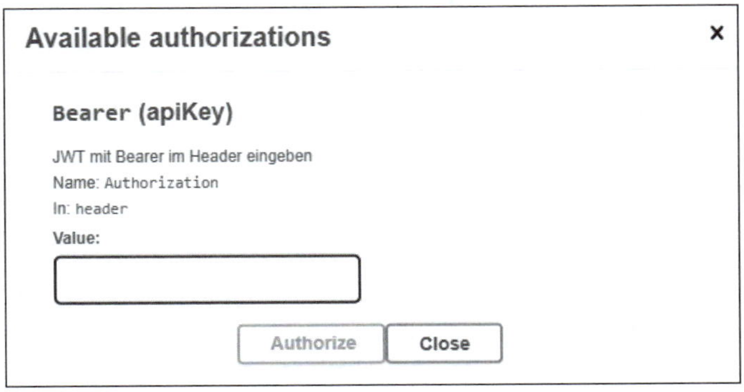

Abbildung 22.16 Eingabe des Tokens in der Swagger-Oberfläche

22.11 Deployment und Hosting

Eine Webanwendung ist erst dann fertig, wenn sie auch außerhalb der Entwicklungsumgebung läuft, also auf einem Webserver, in der Cloud oder in einem Container.

Dieser Vorgang wird als *Deployment* bezeichnet, also das Bereitstellen einer Anwendung für den realen Betrieb. Microsoft hat ASP.NET Core von Beginn an so konzipiert, dass es flexibel und plattformunabhängig gehostet werden kann, unter Windows, Linux, in der Cloud, auf eigenen Servern oder in Docker-Containern.

ASP.NET Core ist flexibel, wenn es um Deployment und Hosting geht. Egal, ob auf einem klassischen Windows-Server mit IIS, auf einem Linux-System mit Nginx oder als Container in der Cloud, die Anwendung bleibt dieselbe. Einsteiger können mit den einfachsten Mitteln starten, etwa mit `dotnet publish` und manuellem Kopieren. Fortgeschrittene nutzen automatisierte Prozesse, Containerisierung und Cloud-Dienste. Entscheidend ist: ASP.NET Core passt sich an die Anforderungen des Projekts an, nicht umgekehrt. Das macht das Hosting einer ASP.NET-Core-Anwendung heute so vielseitig und zukunftsfähig wie nie zuvor.

22.11.1 Selbstgehostet: Kestrel und das neue Hosting-Modell

ASP.NET Core bringt seinen eigenen Webserver mit: *Kestrel*. Damit ist es nicht mehr zwingend notwendig, einen klassischen IIS-Webserver unter Windows zu verwenden. Anwendungen lassen sich direkt von der Kommandozeile aus starten und über einen offenen Port so konfigurieren, dass sie erreichbar sind. In vielen modernen Szenarien ist Kestrel sogar die bevorzugte Lösung, vor allem unter Linux oder in Containerumgebungen. Beim Start einer ASP.NET-Core-Anwendung geschieht Folgendes: Die Anwendung wird über `dotnet run` oder eine ausführbare Datei gestartet. Kestrel wird dann als Webserver initialisiert. Die Anwendung lauscht auf einem oder mehreren Ports und ist damit erreichbar.

Die Konfiguration von Hostnamen, Ports, HTTPS-Zertifikaten oder Proxyeinstellungen erfolgt über die Datei *appsettings.json*, Umgebungsvariablen oder Kommandozeilenargumente.

22.11.2 Deployment unter Windows mit IIS

Unter Windows ist nach wie vor ein Hosting über den Server Internet Information Services (IIS) möglich. Dabei läuft ASP.NET Core nicht direkt auf dem IIS, sondern hinter einem sogenannten *Reverse Proxy*. Der IIS nimmt die Anfrage entgegen und leitet sie an die laufende ASP.NET-Core-Anwendung (Kestrel) weiter.

Dazu muss das Hosting-Bundle für .NET installiert werden, und in der Datei *Web.config* wird festgelegt, wie der Prozess gestartet werden soll. Visual Studio bietet dafür Unterstützung mit der Option In IIS veröffentlichen oder über Web Deploy.

Für einfache oder interne Webanwendungen ist das ein bewährter Weg, insbesondere wenn bereits eine IIS-Infrastruktur vorhanden ist.

22.11.3 Deployment unter Linux mit Nginx

ASP.NET Core läuft auf Linux genauso gut wie unter Windows. Voraussetzung ist, dass das .NET SDK oder die Runtime installiert ist. Hier übernimmt oft Nginx die Rolle des Reverse Proxys, ähnlich wie IIS unter Windows. Die Anwendung selbst lässt sich mit den `dotnet`-Kommando starten und lauscht auf einem lokalen Port. Nginx nimmt die Anfragen über Port 80 oder 443 entgegen und leitet sie intern weiter.

Ein einfacher Ablauf sieht so aus, dass die Anwendung auf den Server kopiert werden muss, zum Beispiel via scp, rsync, FTP oder CI/CD. Mit `dotnet publish` erzeugen wir zuvor ein lauffähiges Verzeichnis:

```
dotnet publish -c Release -o ./veröffentlichung
```

Ein Systemdienst sorgt dafür, dass die Anwendung automatisch startet und überwacht wird. Nginx ist so konfiguriert, dass Anfragen an Kestrel durchgereicht werden. Dieser Weg eignet sich gut für performante, wartbare Deployments auf dedizierten oder virtuellen Linux-Servern.

22.11.4 Self-contained Deployment

Standardmäßig ist ein ASP.NET-Core-Projekt ein sogenanntes *Framework-dependent Deployment*. Es setzt voraus, dass die passende .NET Runtime auf dem Zielsystem installiert ist. Alternativ können wir ein Self-contained Deployment erstellen. Das liefert die komplette .NET Runtime mit aus, so dass die Anwendung auch auf einem System ohne .NET läuft. Der folgende Befehl erzeugt so ein Deployment:

```
dotnet publish -c Release -r win-x64 --self-contained true
```

Das Ergebnis ist eine eigenständig ausführbare Datei, unter Windows beispielsweise eine EXE-Datei, die ohne weitere Voraussetzungen gestartet werden kann. Der Nachteil ist, dass die Dateigröße ansteigt, die Anwendung dafür aber einfacher zu deployen ist, insbesondere in Szenarien ohne Kontrolle über die Zielumgebung.

22.11.5 Deployment mit Docker (Containerisierung)

Immer beliebter ist der Einsatz von Docker, einer Technologie, mit der Anwendungen samt Abhängigkeiten, Konfiguration und Betriebssystembibliotheken in sogenannten *Containern* verpackt werden. Ein Container ist leichtgewichtig, portabel und auf allen Plattformen lauffähig, die Docker unterstützen. Ein typisches Dockerfile für ASP.NET Core sieht wie in Listing 22.53 aus:

```
FROM mcr.microsoft.com/dotnet/aspnet:9.0 AS base
WORKDIR /app
EXPOSE 80
```

```
FROM mcr.microsoft.com/dotnet/sdk:9.0 AS build
WORKDIR /src
COPY . .
RUN dotnet publish -c Release -o /app/publish

FROM base AS final
WORKDIR /app
COPY --from=build /app/publish .
ENTRYPOINT ["dotnet", "MeineApp.dll"]
```

Listing 22.53 Dockerfile für ASP.NET Core

Mit einem einfachen Befehl lässt sich daraus ein lauffähiges Image erzeugen und starten:

```
docker build -t meineapp .
docker run -p 8080:80 meineapp
```

So können Sie die Anwendung unabhängig vom Hostsystem zuverlässig betreiben, ideal für Cloud-Plattformen, Microservices und skalierbare Infrastrukturen.

22.11.6 Continuous Deployment (CD) mit GitHub Actions

Moderne Teams setzen auf automatisierte Abläufe beim Deployment, zum Beispiel mit Pipelines wie *GitHub Actions*. Dabei erzeugt ein Automatismus nach jedem Push ins Repository automatisch einen neuen Build, der durch automatisierte Tests getestet und bereitgestellt wird. Eine einfache Konfiguration (*.yml*) kann aussehen wie in Listing 22.54:

```
name: Build and Deploy

on:
  push:
    branches: [ main ]

jobs:
  build:
    runs-on: ubuntu-latest

    steps:
    - uses: actions/checkout@v2
    - name: Install .NET
      uses: actions/setup-dotnet@v3
```

```
      with:
        dotnet-version: '9.0.x'

    - name: Build
      run: dotnet build --configuration Release

    - name: Publish
      run: dotnet publish -c Release -o ./publish

    # Optional: Deployment per FTP, SCP, Azure, etc.
```

Listing 22.54 Konfiguration für eine GitHub Action für ASP.NET Core

Diese Automatisierung spart Zeit, vermeidet menschliche Fehler und sorgt dafür, dass Deployments reproduzierbar sind, ein zentraler Vorteil in modernen Entwicklungsprozessen.

22.12 Unit-Testing von ASP.NET-Core-Anwendungen

Tests sind ein zentraler Bestandteil professioneller Softwareentwicklung. Sie helfen dabei, Fehler früh zu erkennen, Code wartbar zu halten und Änderungen mit Vertrauen durchzuführen. ASP.NET Core ist von Haus aus gut auf Testbarkeit ausgelegt, durch die klare Trennung von Komponenten, Dependency Injection und standardisierte Konventionen. Besonders bei Webanwendungen mit APIs stellt sich jedoch schnell die Frage: Was genau teste ich, und wie?

ASP.NET Core macht es einfach, Anwendungen testbar zu gestalten, sowohl auf Ebene einzelner Methoden als auch beim End-to-End-Test kompletter HTTP-Endpunkte. Unit-Tests helfen, kleine Bausteine zuverlässig zu machen. Integrationstests stellen sicher, dass alles zusammenspielt. Durch Werkzeuge wie Moq, xUnit und WebApplicationFactory steht ein modernes, gut integriertes Test-Ökosystem zur Verfügung. Wer frühzeitig mit Tests arbeitet, profitiert von robusterem Code und weniger Fehlern, und das gerade bei Webanwendungen, bei denen viele Komponenten zusammenwirken, ganz besonders.

In diesem Abschnitt werfen wir einen Blick auf das Testen von ASP.NET-Core-Anwendungen, angefangen bei klassischen Unit-Tests bis hin zu Integrationstests mit echten HTTP-Anfragen.

22.12.1 Projektstruktur für Tests

In ASP.NET Core empfiehlt es sich, ein separates Testprojekt anzulegen, idealerweise im selben Solution-Ordner. Das geht mit dem .NET CLI recht einfach:

```
dotnet new xunit -n MeineApp.Tests
dotnet add MeineApp.Tests reference MeineApp
```

Das erstellt ein Testprojekt mit dem beliebten xUnit-Framework, das in der .NET-Welt weit verbreitet ist. Alternativ sind auch NUnit oder MSTest möglich. xUnit integriert sich gut mit Visual Studio und der .NET CLI:

```
dotnet test
```

22.12.2 Einen Dienst testen: Beispiel mit Mocking

Angenommen, wir haben einen Service, der Benutzerdaten verarbeitet. Listing 22.55 zeigt Beispielcode für diesen Service.

```
public class UserService
{
    private readonly IUserRepository _repository;

    public UserService(IUserRepository repository)
    {
        _repository = repository;
    }

    public User GetUserById(int id)
    {
        return _repository.FindById(id);
    }
}
```

Listing 22.55 Beispielcode für einen »UserService«

Im Test möchten wir nicht die echte Datenbank verwenden, sondern das Repository simulieren. Hier kommt ein Mocking-Framework wie *Moq* zum Einsatz. Das notwendige Paket lässt sich über den nachfolgenden Befehl hinzufügen:

```
dotnet add package Moq
```

Einen typischen Test zeigt Listing 22.56.

```
public class UserServiceTests
{
    [Fact]
    public void GetUserById_ReturnsUser()
    {
        // Arrange
```

```
        var mockRepo = new Mock<IUserRepository>();
        mockRepo.Setup(r => r.FindById(1))
                .Returns(new User { Id = 1, Name = "Testuser" });

        var service = new UserService(mockRepo.Object);

        // Act
        var result = service.GetUserById(1);

        // Assert
        Assert.NotNull(result);
        Assert.Equal("Testuser", result.Name);
    }
}
```

Listing 22.56 Beispieltest mit dem Framework Moq

Solche Tests sind schnell, zuverlässig und ohne Datenbankverbindung lauffähig, ideal für kontinuierliches Testen während der Entwicklung.

22.12.3 Integrationstests mit »WebApplicationFactory«

Während Unit-Tests einzelne Klassen isoliert prüfen, erlauben Integrationstests, größere Teile der Anwendung in Kombination zu testen, etwa eine vollständige HTTP-Anfrage an die API mit allen Abhängigkeiten, jedoch in einer kontrollierten Testumgebung.

ASP.NET Core stellt dafür die Klasse `WebApplicationFactory<TEntryPoint>` bereit, die im Paket `Microsoft.AspNetCore.Mvc.Testing` enthalten ist. Folgender Befehl installiert dieses Paket:

22

```
dotnet add package Microsoft.AspNetCore.Mvc.Testing
```

Ein Integrationstest für einen API-Endpunkt könnte wie in Listing 22.57 abgebildet aussehen.

```
public class UsersApiTests : IClassFixture<WebApplicationFactory<Program>>
{
    private readonly HttpClient _client;

    public UsersApiTests(WebApplicationFactory<Program> factory)
    {
        _client = factory.CreateClient();
    }
```

```
    [Fact]
    public async Task GetUsers_ReturnsOk()
    {
        var response = await _client.GetAsync("/api/users");
        response.EnsureSuccessStatusCode();

        var content = await response.Content.ReadAsStringAsync();
        Assert.False(string.IsNullOrEmpty(content));
    }
}
```

Listing 22.57 Beispiel eines Integrationstests für einen API-Endpunkt

Die Anwendung startet dabei in einem isolierten Kontext, typischerweise mit einer In-Memory-Datenbank oder speziellen Konfiguration. So können Sie API-Endpunkte wie in der Realität aufrufen, ohne eine externe Infrastruktur zu benötigen.

22.12.4 Datenbankabhängige Tests mit In-Memory-Datenbank

Für Services, die mit Entity Framework Core arbeiten, bietet sich die Verwendung des In-Memory-Providers an. Damit können `DbContext`-Instanzen erstellt werden, die zur Laufzeit Daten speichern, aber keine echte Datenbank benötigen:

```
dotnet add package Microsoft.EntityFrameworkCore.InMemory
```

Im Test lässt sich diese In-Memory-Datenbank wie in Listing 22.58 nutzen:

```
var options = new DbContextOptionsBuilder<AppDbContext>()
    .UseInMemoryDatabase("TestDb")
    .Options;

using var context = new AppDbContext(options);
context.Users.Add(new User { Id = 1, Name = "Test" });
context.SaveChanges();

var service = new UserService(context);
var user = service.GetUserById(1);

Assert.NotNull(user);
```

Listing 22.58 Nutzung der In-Memory-Datenbank in einem Test

So lassen sich EF-Core-basierte Komponenten effizient testen, ohne echte Migrations oder Datenbankverbindungen.

Kapitel 23
Einführung in Blazor

Blazor ist ein Teil des modernen .NET-Ökosystems und bietet einen anderen Ansatz für die Entwicklung von Webanwendungen. Im Gegensatz zu klassischen Web-Frameworks, bei denen die Benutzeroberfläche mit JavaScript erstellt ist, erlaubt Blazor die Entwicklung vollständig in C#. Damit ist es möglich, sowohl die Anwendungslogik als auch die Benutzeroberfläche in einer gemeinsamen Sprache und Projektstruktur zu realisieren.

Dieses Kapitel bietet Ihnen einen Einstieg in die Grundideen und Funktionsweisen von Blazor. Es zeigt, wie das Framework sich in die bestehende .NET-Plattform einfügt, welche Möglichkeiten es bietet und in welchen Ausprägungen es eingesetzt werden kann. Die vorgestellten Konzepte bilden das Fundament für die Entwicklung moderner Webanwendungen mit .NET, unabhängig davon, ob diese im Browser, auf dem Server oder in hybriden Desktop- und Mobilanwendungen laufen.

23.1 Was ist Blazor?

Blazor ist ein Web-Framework von Microsoft, das auf .NET basiert und es ermöglicht, interaktive Webanwendungen mit C# statt mit JavaScript zu schreiben. Der Name *Blazor* setzt sich aus den beiden Begriffen »Browser« und »Razor« zusammen. Razor ist die serverseitige Markup-Syntax in ASP.NET, die HTML und C# kombiniert.

Blazor richtet sich an Entwicklerinnen und Entwickler, die bereits mit .NET oder C# vertraut sind und Webanwendungen erstellen möchten, ohne vollständig in das JavaScript-Ökosystem einzutauchen. Es vereint moderne Webtechnologien mit der vertrauten .NET-Plattform und bringt die Möglichkeit mit, sowohl Frontend- als auch Backend-Logik in einer gemeinsamen Sprache und einem gemeinsamen Projekt abzubilden.

Traditionell bestehen viele Weboberflächen aus HTML, CSS und JavaScript, während die Backend-Logik in C#, Java, Python oder einer anderen Sprache umgesetzt ist. Diese Trennung führt häufig zu Medienbrüchen im Entwicklungsprozess. Blazor versucht, diese Lücke zu schließen. Blazor unterscheidet sich von Web-Frameworks wie

Vue, Angular oder React vor allem durch seine technologische Basis: Während diese Frameworks JavaScript – oder davon abgeleitete Sprachen wie TypeScript – als zentrales Werkzeug verwenden, setzt Blazor vollständig auf C# und die .NET-Laufzeit. Dadurch können wir die gleiche Sprache und Plattform für Frontend- und Backend-Logik nutzen, ohne JavaScript schreiben zu müssen. Anders als bei klassischen JavaScript-Frameworks wird der Anwendungszustand in Blazor direkt in .NET verwaltet, die Benutzeroberfläche wird durch Razor-Komponenten beschrieben. Dennoch verwendet Blazor viele Konzepte, die aus diesen Frameworks bekannt sind, etwa komponentenbasierten Aufbau, Datenbindung und ein deklaratives UI-Modell, bindet sie aber nahtlos in das .NET-Ökosystem ein. Das bedeutet, dass Sie mit Blazor vollständig in C# arbeiten können, vom Datenmodell über die Geschäftslogik bis zur Benutzeroberfläche. Die Komponentenlogik, die Zustandsverwaltung und selbst Ereignisbehandlungen im Browser erfolgen in C#. Blazor ist dabei kein monolithisches Modell, sondern bietet verschiedene Ausführungsvarianten, je nach Einsatzzweck.

Blazor lässt sich am ehesten mit Frameworks vergleichen, die ebenfalls eine andere Sprache als JavaScript für die Frontend-Entwicklung einsetzen und ein komponentenbasiertes Modell verwenden. Dazu gehören zum Beispiel Vaadin und Hilla aus dem Java-Ökosystem, die es ermöglichen, Benutzeroberflächen vollständig in Java zu programmieren, sowie Elm, das eine funktionale, stark typisierte Sprache für Webanwendungen bietet. Auch ältere Ansätze wie Google Web Toolkit (GWT), das Java in JavaScript übersetzt, oder moderne Ansätze wie Svelte und Qwik, die auf kompilierte und hochoptimierte Komponenten setzen, weisen Ähnlichkeiten auf. Gemeinsam ist diesen Ansätzen die Idee, mit einer Hochsprache und einem deklarativen UI-Modell eine moderne Webanwendung zu entwickeln, ohne direkt in JavaScript arbeiten zu müssen.

23.1.1 Blazor Server

Die Anwendung läuft auf dem Server, und nur die Benutzeroberfläche ist über eine SignalR-Verbindung – dahinter steckt eine WebSocket-ähnliche Technik – im Browser dargestellt. Der Browser empfängt lediglich UI-Differenzen. In Abbildung 23.1 ist der schematische Aufbau des Hosting-Modells zu sehen.

Einige der Vorteile sind ein schneller Start, kleiner Download und der vollständige Zugriff auf Serverressourcen. Zu den Nachteilen zählen eine permanente Serververbindung und eine potenziell höhere Latenz.

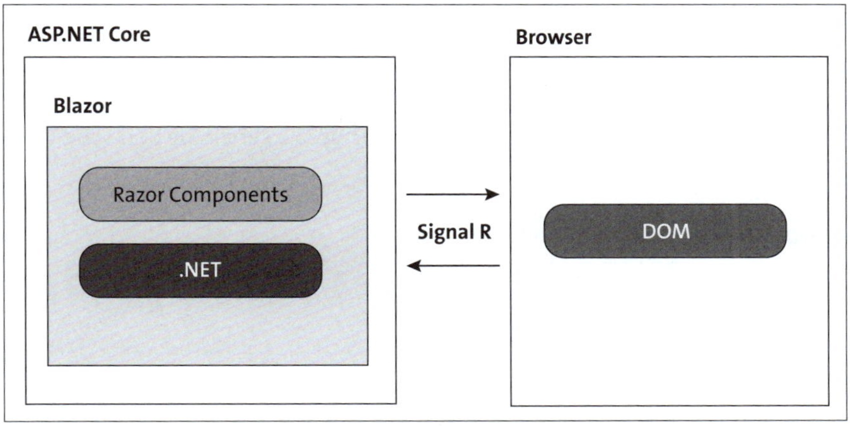

Abbildung 23.1 Schematischer Aufbau des Blazor-Server-Hosting-Modells

23.1.2 Blazor WebAssembly (Blazor WASM)

Die Anwendung ist vollständig in den Browser geladen und dort mit WebAssembly ausgeführt. Dadurch kann C# direkt im Browser laufen, ganz ohne Serververbindung. Abbildung 23.2 zeigt den schematischen Aufbau dieses Hosting-Modells.

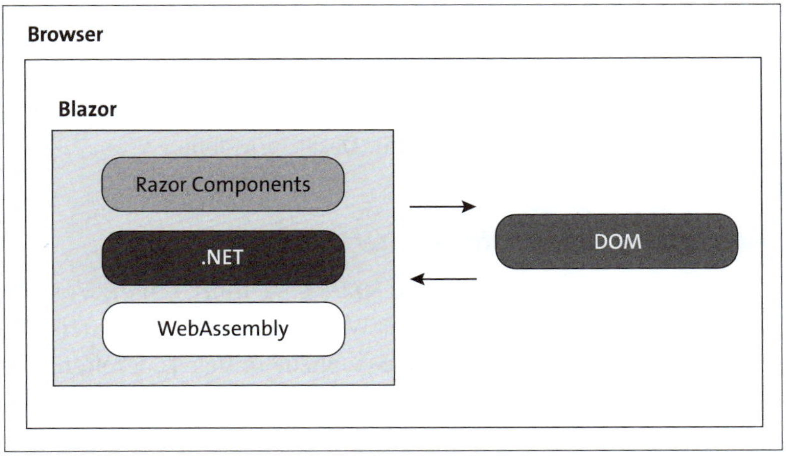

Abbildung 23.2 Schematischer Aufbau des Blazor-WebAssembly-Hosting-Modells

Zu den Vorteilen zählen Offlinefähigkeit und eine geringe Serverlast. Bei den Nachteilen müssen wir einen größeren, initialen Download aufzählen sowie einen eingeschränkten Zugriff auf Ressourcen wie Datenbanken.

23.1.3 Blazor Hybrid

Blazor-Komponenten kommen in Desktop- oder mobilen Anwendungen zum Einsatz, zum Beispiel in Kombination mit .NET MAUI. Die Anwendung ist lokal installiert, nutzt aber HTML und WebView für die UI. In Abbildung 23.3 sehen Sie den schematischen Aufbau.

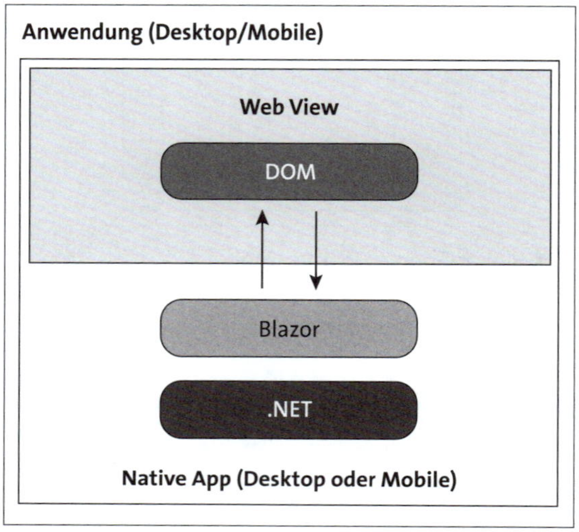

Abbildung 23.3 Schematischer Aufbau des Blazor-Hybrid-Hosting-Modells

Vorteile sind der Zugriff auf native APIs und Unabhängigkeit vom Browser. Zu den Nachteilen zählen ein größeres Setup, spezifisch für Desktop/Mobile.

23.1.4 Blazor Auto Render Mode (ehemals Blazor United)

Microsoft hat den Blazor Auto Render Mode mit .NET 8 eingeführt, um die Vorteile von Blazor Server und Blazor WebAssembly in einer Webanwendung zu vereinen. Ziel ist es, die Stärken beider Ansätze zu kombinieren: schnelle initiale Ladezeiten und eine reaktive, clientseitige Benutzererfahrung.

Beim Auto Render Mode läuft der Rendering-Prozess in mehreren Stufen ab: Zunächst wird die Seite auf dem Server mittels Blazor Server Side Rendering (SSR) vorgerendert. Dadurch ist die Anwendung sehr schnell für den Benutzer sichtbar, allerdings noch nicht interaktiv. Im Hintergrund wird dann eine WebSocket-Verbindung aufgebaut, um die Seite per Blazor Server interaktiv zu gestalten, so dass Benutzerinteraktionen wie Klicks oder Formulareingaben verarbeitet werden können. Währenddessen werden im Hintergrund die für Blazor WebAssembly benötigten Dateien, wie die .NET-Runtime und das App-Bundle, auf den Client heruntergeladen und zwischengespeichert.

Sobald diese Ressourcen verfügbar sind, in der Regel beim nächsten Seitenaufruf oder Navigationswechsel, erfolgt ein Wechsel zum clientseitigen Rendering mit Blazor WebAssembly. Die Anwendung läuft dann vollständig im Browser, was die Interaktivität beschleunigt und die Serverlast reduziert. Die WebSocket-Verbindung zum Server ist in diesem Zustand nicht mehr notwendig.

Der Wechsel zwischen den Modi erfolgt jedoch nicht dynamisch während einer laufenden Sitzung, sondern immer erst bei einer Neuinitialisierung der Komponente, etwa nach einer Navigation. Der Auto Render Mode prüft zudem, ob bereits andere Komponenten auf der Seite mit einem bestimmten Interaktivitätsmodus laufen, und passt sich daran an, um unnötige Laufzeiten zu vermeiden.

23.2 Wie funktioniert Blazor?

Um zu verstehen, wie Blazor arbeitet, hilft ein Blick auf das grundlegende Architekturprinzip: Blazor ist ein komponentenbasiertes UI-Framework. Jede Benutzeroberfläche besteht aus wiederverwendbaren Komponenten, die HTML-Markup mit C#-Logik verbinden. Diese Komponenten können in unterschiedlichen Ausführungsumgebungen laufen, entweder auf dem Server oder direkt im Browser.

Die zentrale Idee dahinter ist, das UI mit C# zu beschreiben und dynamisch zu aktualisieren, unabhängig davon, wo der Code ausgeführt wird.

23.2.1 Komponentenbasiertes Modell

Eine Blazor-Anwendung besteht aus Komponenten, die eigenständige Einheiten sind und aus dem HTML-Markup für das Layout bestehen, aus C#-Code für die Logik sowie optional aus CSS für das Styling. Ein einfaches Beispiel für eine Komponente ist ein Zähler (Counter), den wir auf Knopfdruck erhöhen können. Listing 23.1 zeigt dazu das Markup:

23

```
@page "/counter"
@rendermode InteractiveServer

<PageTitle>Counter</PageTitle>

<h1>Counter</h1>

<p role="status">Current count: @currentCount</p>

<button class="btn btn-primary" @onclick="IncrementCount">Click me</button>
```

```
@code {
    private int currentCount = 0;

    private void IncrementCount()
    {
        currentCount++;
    }
}
```

Listing 23.1 Markup für einen Counter als Seite (»Page«)

Diese Komponente ist im Codebereich vollständig in C# geschrieben, ohne JavaScript. Änderungen am Zustand in der Variablen `currentCount` lösen automatisch eine Neuberechnung der Benutzeroberfläche aus. In Abbildung 23.4 ist die Seite mit dem Counter zu sehen.

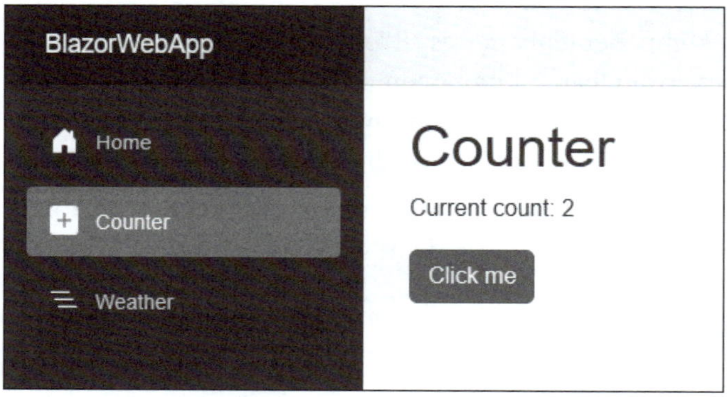

Abbildung 23.4 Ausschnitt einer Blazor-Web-App mit dem Counter auf einer Seite

23.2.2 Blazor Server vs. WebAssembly – Laufzeitmodelle

Blazor kann die oben gezeigte Komponente auf unterschiedliche Weise ausführen, je nachdem, welches Hosting-Modell zum Einsatz kommt. Bei Blazor Server läuft die Komponente auf dem Server. Im Browser befindet sich lediglich ein kleiner JavaScript-Client. Änderungen am UI oder Benutzeraktionen verschickt das Laufzeitsystem per SignalR an den Server, wo dieser die Informationen verarbeitet.

Im Zusammenhang mit Blazor bezeichnet *UI Diffing* den Prozess, bei dem Änderungen in der Benutzeroberfläche (UI) effizient erkannt und umgesetzt werden. Blazor verwendet dazu ein sogenanntes *Render Tree*, das eine interne, speicherinterne Repräsentation der aktuellen UI-Struktur darstellt. Wenn sich der Zustand einer Komponente ändert, etwa durch Benutzerinteraktionen oder Datenaktualisierungen, wird die Komponente neu gerendert und ein neues Render Tree erzeugt.

Im nächsten Schritt vergleicht Blazor das neue Render Tree mit dem vorherigen. Dabei berechnet ein spezieller Algorithmus die Differenz (englisch: *diff*) zwischen dem alten und dem neuen Zustand der UI. Dieses UI Diffing sorgt dafür, dass nur die tatsächlich notwendigen Änderungen am Document Object Model (DOM) des Browsers vorgenommen werden, anstatt das gesamte UI neu zu rendern. Das minimiert die Anzahl und den Umfang der DOM-Updates, was die Performance und Reaktionsgeschwindigkeit der Anwendung deutlich verbessert.

Im Fall von Blazor Server wird diese Differenz sogar als kompaktes Binärformat über die SignalR-Verbindung an den Browser übertragen, wo die Änderungen dann direkt im DOM angewendet werden. Dadurch bleibt die Anwendung auch bei komplexen UI-Strukturen effizient und schnell.

Der Benutzer lädt die Anwendung einmal herunter, danach ist keine Serververbindung mehr notwendig. Das hat die Offlinefähigkeit und eine hohe Interaktivität als Vorteil zur Folge. Nachteilig ist aber das größere initiale Downloadpaket, das auch mehrere Megabyte groß sein kann. Tabelle 23.1 vergleicht einige Merkmale.

Merkmal	Blazor Server	Blazor WebAssembly
Ausführung	Server	Client (Browser)
Startzeit	schnell	langsamer (wegen Download)
Offlinefähigkeit	nein	ja
Zugriff auf Ressourcen	voll (Server)	eingeschränkt (Client)
Hosting-Aufwand	gering	höheres Setup (CDN etc.)

Tabelle 23.1 Vergleich der beiden Modelle Blazor Server und WebAssembly

23.2.3 Der Lebenszyklus einer Komponente

Jede Komponente in Blazor durchläuft einen klar definierten Lebenszyklus, der aus mehreren Schritten besteht. Zunächst erfolgt die Initialisierung mit den Methodenaufrufen `OnInitialized` und `OnInitializedAsync`. Anschließend sind das Setzen der Parameter und der Methodenaufruf `SetParametersAsync` an der Reihe. Nun folgen das Rendern mit dem Methodenaufruf `BuildRenderTree` und die Nachbearbeitung mit den Methoden `OnAfterRender` sowie `OnAfterRenderAsync`. Zum Schluss räumt das Laufzeitsystem die Komponente ab, es wird also ein sogenanntes Dispose durchgeführt und die Methode `IDisposable.Dispose` aufgerufen. Diese Methoden lassen sich in einer Komponente überschreiben, um die Methodenaufrufe für Initialisierungen und Co. zu nutzen. Listing 23.2 zeigt dazu ein kurzes Beispiel:

```
@code {
    protected override void OnInitialized()
    {
        // Initialisierungslogik
    }

    protected override async Task OnAfterRenderAsync(bool firstRender)
    {
        if (firstRender)
        {
            // wird nur beim ersten Rendern aufgerufen
        }
    }
}
```

Listing 23.2 Überschriebene Methoden des Lebenszyklus einer Komponente

23.3 Projektstruktur und Build-System

Bevor wir mit der Entwicklung in Blazor beginnen, lohnt sich ein Blick auf die typische Struktur eines Blazor-Projekts. Obwohl es sich um Webanwendungen handelt, unterscheidet sich der Aufbau in einigen Punkten von klassischen JavaScript- oder ASP.NET-Anwendungen.

Eine neue Blazor-Anwendung lässt sich mit dem .NET CLI oder über Visual Studio erstellen. Die gängigen Vorlagen sind:

- `blazorserver`: Für Blazor Server
- `blazorwasm`: für Blazor WebAssembly (standalone oder mit Backend)
- `blazor`: einheitliche Vorlage für Blazor United

Über das CLI können Sie ein neues Blazor-Projekt über das folgende Kommando erstellen:

```
dotnet new blazor -n MeineBlazorApp
```

Die Projektstruktur unterscheidet sich je nach Variante leicht, folgt aber einem gemeinsamen Grundmuster. Ein Blazor-Projekt enthält typischerweise die folgenden Elemente aus Listing 23.3:

```
MeineBlazorApp/
├── wwwroot/          # statische Dateien (CSS, JS, Bilder)
├── Properties        # Einstellungen zum Start
├── Pages/            # .razor-Komponenten mit Routing
```

```
├── Shared/             # wiederverwendbare Komponenten
├── App.razor           # Einstiegspunkt für die App-Routing-Logik
├── MainLayout.razor    # Standardlayout der Anwendung
├── Program.cs          # Startkonfiguration und DI
├── _Imports.razor      # gemeinsame Usings für Razor-Komponenten
├── appsettings.json    # Konfiguration (bei Serverprojekten)
```

Listing 23.3 Typische Elemente eines Blazor-Projekts

Wie bei anderen ASP.NET-Core-Anwendungen beginnt auch Blazor mit der Datei *Program.cs*. Dort finden die Konfiguration und die Registrierung benötigter Dienste einer Anwendung statt. Ein typisches Beispiel in Blazor Server zeigt Listing 23.4:

```
using BlazorWebApp.Components;

var builder = WebApplication.CreateBuilder(args);

// Add services to the container.
builder.Services.AddRazorComponents()
    .AddInteractiveServerComponents();

var app = builder.Build();

// Configure the HTTP request pipeline.
if (!app.Environment.IsDevelopment())
{
    app.UseExceptionHandler("/Error", createScopeForErrors: true);
    // The default HSTS value is 30 days. You may want to change this for
    // production scenarios, see https://aka.ms/aspnetcore-hsts.
    app.UseHsts();
}

app.UseHttpsRedirection();


app.UseAntiforgery();

app.MapStaticAssets();
app.MapRazorComponents<App>()
    .AddInteractiveServerRenderMode();

app.Run();
```

Listing 23.4 Inhalt der Datei »Program.cs«

Die Methoden `AddInteractiveServerComponents` und `AddInteractiveWebAssemblyComponents` sind Teil der Umstellung auf Blazor United und trennen klar zwischen reinem SSR und interaktiven Komponenten.

Die Datei *App.razor* ist der zentrale Einstiegspunkt für die Darstellung der Benutzeroberfläche. Listing 23.5 zeigt dazu ein Beispiel:

```
<!DOCTYPE html>
<html lang="en">

<head>
    <meta charset="utf-8" />
    <meta name="viewport" content="width=device-width, initial-scale=1.0" />
    <base href="/" />
    <link rel="stylesheet" href="@Assets["lib/bootstrap/dist/css/
                                          bootstrap.min.css"]" />
    <link rel="stylesheet" href="@Assets["app.css"]" />
    <link rel="stylesheet" href="@Assets["BlazorWebApp.styles.css"]" />
    <ImportMap />
    <link rel="icon" type="image/png" href="favicon.png" />
    <HeadOutlet />
</head>

<body>
    <Routes />
    <script src="_framework/blazor.web.js"></script>
</body>

</html>
```

Listing 23.5 Beispiel für das Routing einer Anwendung

Das Routing der Anwendung ist über eine weitere Komponente eingebunden. Den Inhalt dieser Komponente zeigt Listing 23.6:

```
<Router AppAssembly="typeof(Program).Assembly">
    <Found Context="routeData">
        <RouteView RouteData="routeData"
                   DefaultLayout="typeof(Layout.MainLayout)" />
        <FocusOnNavigate RouteData="routeData" Selector="h1" />
    </Found>
</Router>
```

Listing 23.6 Das Routing in der Datei »Routes.razor«

Diese Komponente sorgt dafür, dass URLs korrekt auf Razor-Dateien im Verzeichnis *Pages* abgebildet werden. Diese Router-Datei verdeutlicht zudem, dass Sie mit Layouts arbeiten können. Referenziert ist in diesem Beispiel das `MainLayout`, zu finden in Listing 23.7:

```
@inherits LayoutComponentBase

<div class="page">
    <div class="sidebar">
        <NavMenu />
    </div>

    <main>
        <div class="top-row px-4">
            <a href="https://learn.microsoft.com/aspnet/core/"
               target="_blank">About</a>
        </div>

        <article class="content px-4">
            @Body
        </article>
    </main>
</div>

<div id="blazor-error-ui" data-nosnippet>
    An unhandled error has occurred.
    <a href="." class="reload">Reload</a>
    <span class="dismiss">x</span>
</div>
```

Listing 23.7 »MainLayout« für die Anwendung – Definition

Dieses Layout nutzt eine weitere Komponente, um die Navigation darzustellen. Der Aufbau ist in Listing 23.8 zu sehen:

```
<div class="top-row ps-3 navbar navbar-dark">
    <div class="container-fluid">
        <a class="navbar-brand" href="">BlazorWebApp</a>
    </div>
</div>

<input type="checkbox" title="Navigation menu" class="navbar-toggler" />

<div class="nav-scrollable"
     onclick="document.querySelector('.navbar-toggler').click()">
```

```
    <nav class="nav flex-column">
        <div class="nav-item px-3">
            <NavLink class="nav-link" href="" Match="NavLinkMatch.All">
                <span class="bi bi-house-door-fill-nav-menu"
                      aria-hidden="true"></span> Home
            </NavLink>
        </div>

        <div class="nav-item px-3">
            <NavLink class="nav-link" href="counter">
                <span class="bi bi-plus-square-fill-nav-menu"
                      aria-hidden="true"></span> Counter
            </NavLink>
        </div>

        <div class="nav-item px-3">
            <NavLink class="nav-link" href="weather">
                <span class="bi bi-list-nested-nav-menu" aria-hidden="true">
                </span> Weather
            </NavLink>
        </div>
    </nav>
</div>
```

Listing 23.8 Die Navigation der Anwendung mit konkreten »NavLink«-Komponenten für das Routing

Mit diesen Dateien wird ein Schuh aus dem Projektaufbau. In der Datei *App.razor* ist die primäre HTML-Struktur definiert. Eingebunden werden nicht nur statische Assets, sondern auch die Routen (*Routes.razor*). Diese Routen definieren das primäre Layout und die Assembly, die für Komponenten durchsucht werden soll, um URIs auf Komponenten zu matchen. Das `MainLayout` definiert dann den Aufbau der Anwendung mit Navigation, Body und weiteren Strukturelementen. Zudem ist die Navigation über die Datei *NavMenu.razor* eingebunden. Hier sind die Links zu den einzelnen Seiten enthalten.

In jeder Razor-Datei müssen Sie eventuell benötigte Namespaces einbinden. Damit wir das nicht überall wiederholen, gibt es die Datei *_Imports.razor*. Hier können Sie `@using`-Anweisungen zentral definieren, wie Listing 23.9 aus einem Blazor-Server-Projekt zeigt:

```
@using System.Net.Http
@using System.Net.Http.Json
@using Microsoft.AspNetCore.Components.Forms
```

```
@using Microsoft.AspNetCore.Components.Routing
@using Microsoft.AspNetCore.Components.Web
@using static Microsoft.AspNetCore.Components.Web.RenderMode
@using Microsoft.AspNetCore.Components.Web.Virtualization
@using Microsoft.JSInterop
@using BlazorAppBeispiel
@using BlazorAppBeispiel.Components
```

Listing 23.9 Importe in der Datei »_Imports.razor«

Diese Datei ist automatisch in alle Komponenten einbezogen, so dass die Importe überall zur Verfügung stehen.

Blazor-Projekte nutzen das reguläre .NET-Build-System. Mit `dotnet build` oder `dotnet run` lässt sich die Anwendung kompilieren und starten. Für WebAssembly-Projekte ist der Build-Prozess umfangreicher, da zusätzlich C# in IL (Intermediate Language) übersetzt werden muss, eine .NET-Runtime (WebAssembly) verpackt wird und statische Dateien in den Ausgabepfad *wwwroot* kopiert werden müssen. Visual Studio und das .NET CLI kümmern sich um diesen Ablauf. Bei Veröffentlichung (`dotnet publish`) wird die Anwendung vollständig vorbereitet, zum Beispiel für den Upload auf einen Webserver.

In Visual Studio ist es ebenso einfach möglich, ein Blazor-Projekt zu starten. Abbildung 23.5 zeigt den Dialog in Visual Studio für die Erzeugung eines neuen Projekts des Typs Blazor-Web-App.

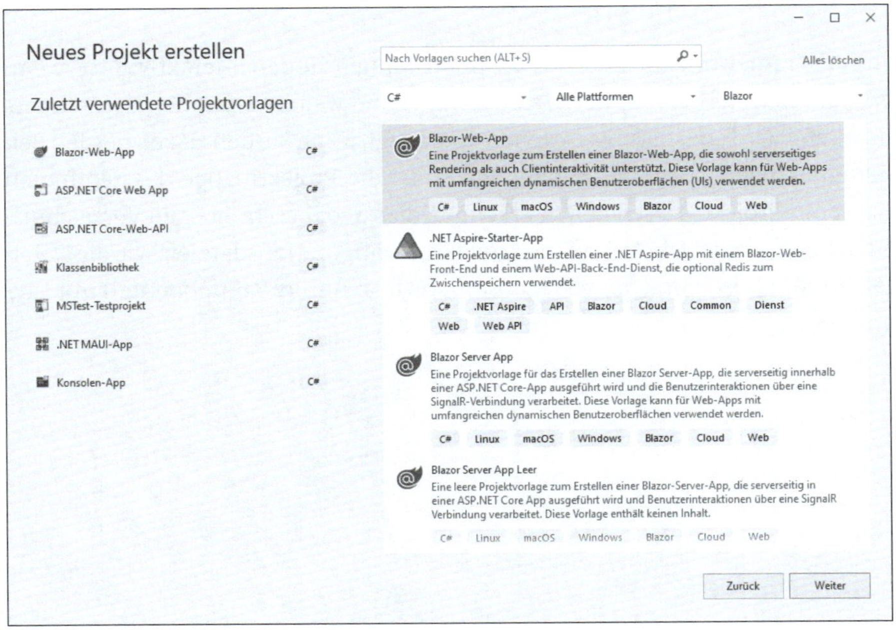

Abbildung 23.5 Neues Projekt vom Typ Blazor-Web-App

23

Nach Auswahl des Speicherorts und Projektnamens können Sie wie üblich weitere Einstellungen am Projekt vornehmen. Das zeigt Abbildung 23.6.

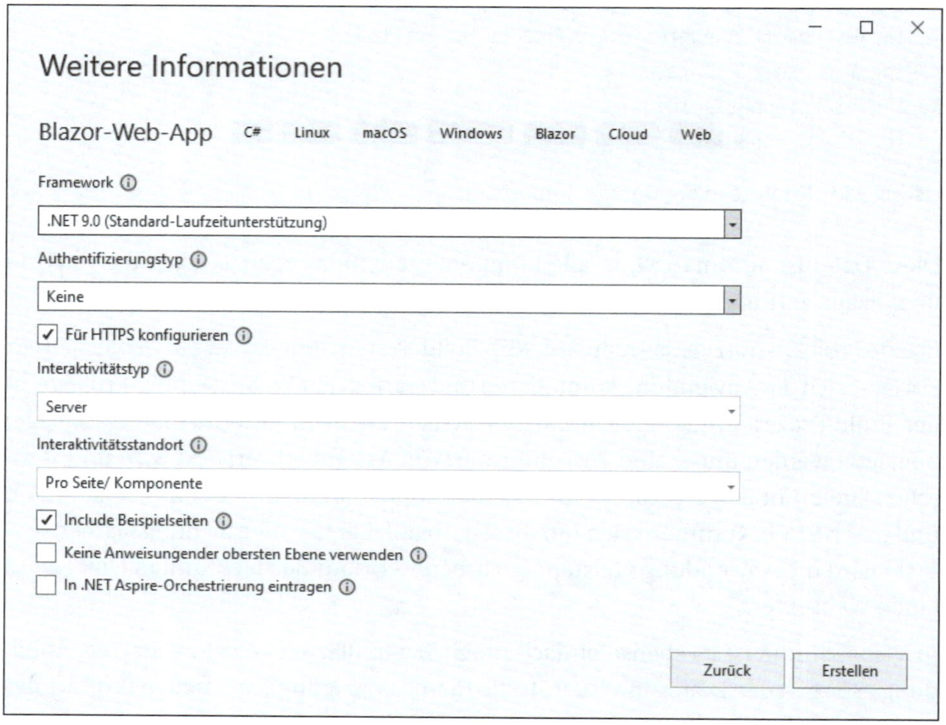

Abbildung 23.6 Einstellungen für unser neues Blazor-Web-App-Projekt

Neben dem Framework und der HTTPS-Option können Sie den Interaktivitätstyp einstellen, zum Beispiel Server oder WebAssembly, und weitere Optionen vornehmen. Anschließend wird eine Beispielanwendung erzeugt, wenn Sie den Haken bei den Beispielseiten aktiviert lassen. In Abbildung 23.7 ist die Projektmappe des geöffneten Visual-Studio-Projekts zu sehen. Wir erkennen die zuvor beschriebenen Verzeichnisse und Dateien wieder. Die Aufteilung erfolgt in Konfigurationsdateien, wie die Dateien *launchSettings.json* und *appsettings.json*, sowie in unsere Komponenten mit Layout und Seiten.

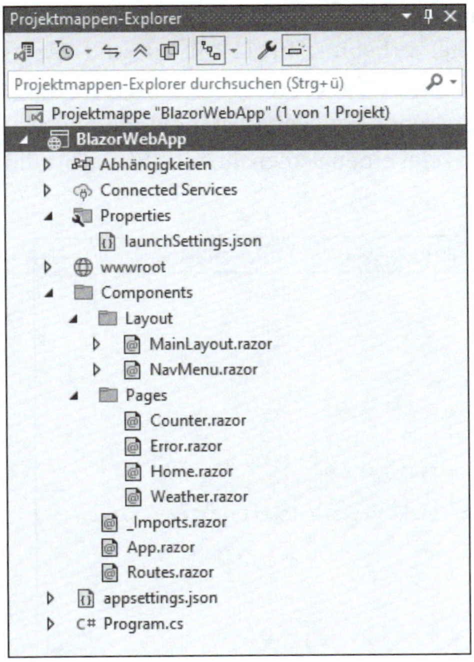

Abbildung 23.7 Die Projektstruktur der Blazor-Web-App in Visual Studio

23.3.1 Tooling und Entwicklungserfahrung

Ein Framework ist nur so produktiv, wie es seine Werkzeuge zulassen. Blazor bietet, eingebettet in das .NET-Ökosystem, eine moderne Entwicklungsumgebung mit vielen Komfortfunktionen. Vom Editor über Hot Reload bis hin zum Debugging: Die Toolchain unterstützt sowohl Einsteiger als auch erfahrene Entwicklerinnen und Entwickler.

Hot Reload ist ein Werkzeug, das die Entwicklungszeit deutlich verkürzt. Es ermöglicht, Änderungen am Code vorzunehmen, während die Anwendung läuft, und das Ergebnis sofort im Browser zu sehen, ohne einen vollständigen Neustart. Hot Reload unterstützt Änderungen in *.razor*-Dateien, Markup und Code, Änderungen an Styles wie zum Beispiel CSS-Dateien und viele verschiedene Änderungen an C#-Dateien. Wollen Sie Hot Reload über die Kommandozeile nutzen, startet der Befehl

```
dotnet watch run
```

die Anwendung im Watch-Modus. Änderungen am Code werden automatisch erkannt, kompiliert und in den Browser übernommen. Das gilt sowohl für Blazor WebAssembly als auch für Blazor Server. Bei strukturellen Änderungen, zum Beispiel an der Datei *Program.cs* oder an Serviceregistrierungen, ist nach wie vor ein Neustart erforderlich.

Visual Studio unterstützt die Entwicklung mit Razor-Dateien durch einen spezialisierten Editor. Dieser bietet eine Syntaxhervorhebung für HTML, C# und Razor-Direktiven, IntelliSense für Komponenten, Parameter, HTML-Attribute, eine Fehlererkennung bereits beim Schreiben und umfassende Codevervollständigung, auch bei generischen Komponenten. Abbildung 23.8 zeigt einen Screenshot aus Visual Studio für eine geöffnete Komponente.

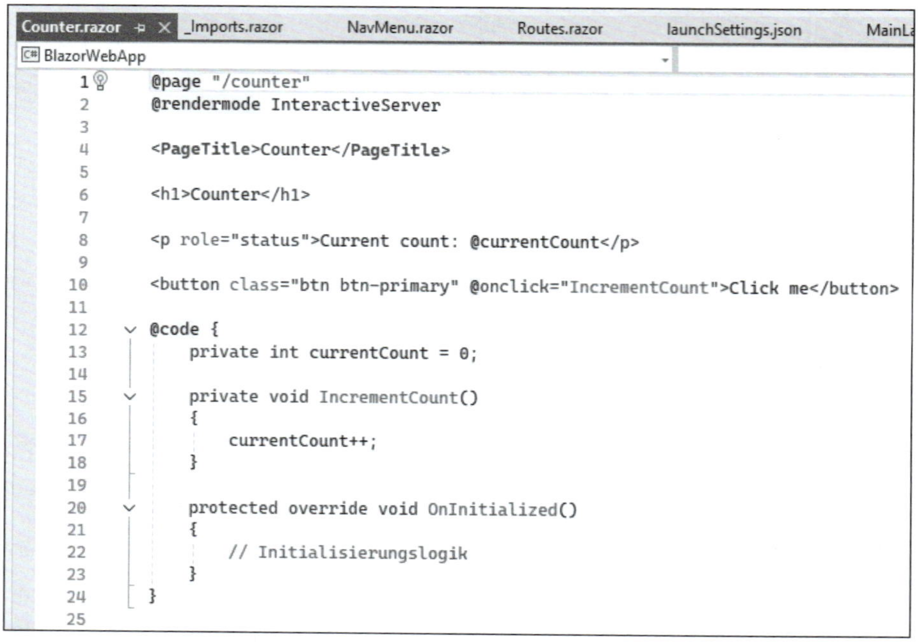

Abbildung 23.8 Screenshot des Visual-Studio-Editors für eine geöffnete Komponente

Visual Studio bietet hier eine tiefe Integration. In Visual Studio Code ist die Razor-Unterstützung durch die Razor-Erweiterung mit *OmniSharp* inzwischen ebenfalls stabil nutzbar.

23.3.2 Debugging von Blazor-Anwendungen

Das Debugging in Blazor unterscheidet sich je nach Hosting-Modell. Bei Blazor Server erfolgt das Debugging wie in jeder ASP.NET-Core-Anwendung. Breakpoints in *.razor*-Dateien oder C#-Code funktionieren direkt in Visual Studio. Der Serverprozess läuft lokal, alle Komponenten sind im Debugger verfügbar.

Bei Blazor WebAssembly ist das Debugging im Browser technisch komplexer, da der C#-Code im WebAssembly-Modul läuft. Seit .NET 6 ist Remote Debugging im Browser aber voll unterstützt. Visual Studio kann Breakpoints in *.razor*-Dateien setzen. Das Debugging erfolgt direkt im Chrome- oder Edge-Browser, und alternativ lässt sich über das DevTools-Protokoll arbeiten.

Für korrektes Debugging muss die Anwendung im Entwicklungsmodus über `dotnet run` oder [F5] laufen und nicht minimiert sein. Der Debugger lädt dann die PDB-Dateien (Programmdatenbank) für Symbolinformationen nach, so dass beim Debugging weiter gehende Informationen zur Verfügung stehen. Abbildung 23.9 zeigt das Debugging in einer Komponente. Wir können problemlos Breakpoints setzen, die beim Drücken einer Schaltfläche in der Webanwendung ausgelöst werden.

```
<button class="btn btn-primary" @onclick="IncrementCount">Click me</button>

@code {
    private int currentCount = 0;

    private void IncrementCount()
    {
        currentCount++;
    }

    protected override void OnInitialized()
    {
        // Initialisierungslogik
    }
}
```

Abbildung 23.9 Aktiver Breakpoint einer Komponente

Das Debugging in Blazor WebAssembly basiert auf einer Integration zwischen der Mono-WASM-Runtime und dem DevTools-Protokoll. Unterstützt werden das Step-by-Step-Debugging, die Variableninspektion, Call-Stacks, sowie Breakpoints in *.razor*- und *.cs*-Dateien. Nicht unterstützt werden Edit and Continue (bei WebAssembly) und alle Funktionen bei minimierten oder obfuskierten Builds. .NET bringt weitere Stabilität im WebAssembly-Debugging. Die symbolische Zuordnung zwischen generiertem JavaScript und C#-Code ist verbessert, und die PDB-Dateien lassen sich nun gezielter laden, was Ladezeiten reduziert.

23.3.3 Build und Deployment

Der Build-Prozess läuft vollständig über das .NET-SDK. Abhängig vom Hosting-Modell ergibt sich dabei ein unterschiedlicher Veröffentlichungsumfang. Bei Blazor WebAssembly erstellt der Build alle Dateien, die vom Browser benötigt werden. Dazu gehören HTML, JavaScript, DLLs und WASM-Code. Diese lassen sich zum Beispiel über ein Content Delivery Network (CDN), Azure Static Web Apps oder GitHub Pages bereitstellen. Eine für die Veröffentlichung erstellte Version der Anwendung lässt sich beispielsweiseüber den folgenden Befehl erzeugen:

```
dotnet publish -c Release
```

Bei Blazor Server ist das Resultat eine klassische ASP.NET-Core-App mit SignalR-Kommunikation. Das Hosting ist auf jedem Webserver möglich, der .NET Core unterstützt. Dazu gehören zum Beispiel Azure App Services, Linux-Container oder IIS.

Die `publish`-Ausgabe lässt sich zudem in CI/CD-Prozesse integrieren. Mit Blazor United ist zusätzlich auf SSR optimiertes Deployment möglich.

23.4 Blazor-Komponenten im Detail

Blazor-Komponenten sind das Herzstück jeder Anwendung. Sie definieren die Benutzeroberfläche und enthalten die dazugehörige Logik. Technisch gesehen sind Blazor-Komponenten Razor-Dateien mit der Endung *.razor*. In diesen Dateien wird HTML-Markup mit eingebettetem C# kombiniert.

Komponenten lassen sich modular verwenden, verschachteln und wiederverwenden, ähnlich wie Komponenten in Frameworks wie React oder Angular.

23.4.1 Aufbau einer Komponente

Komponenten lassen sich eher manuell als neue Datei anlegen oder über den Dialog in Visual Studio. Diesen Dialog zeigt Abbildung 23.10.

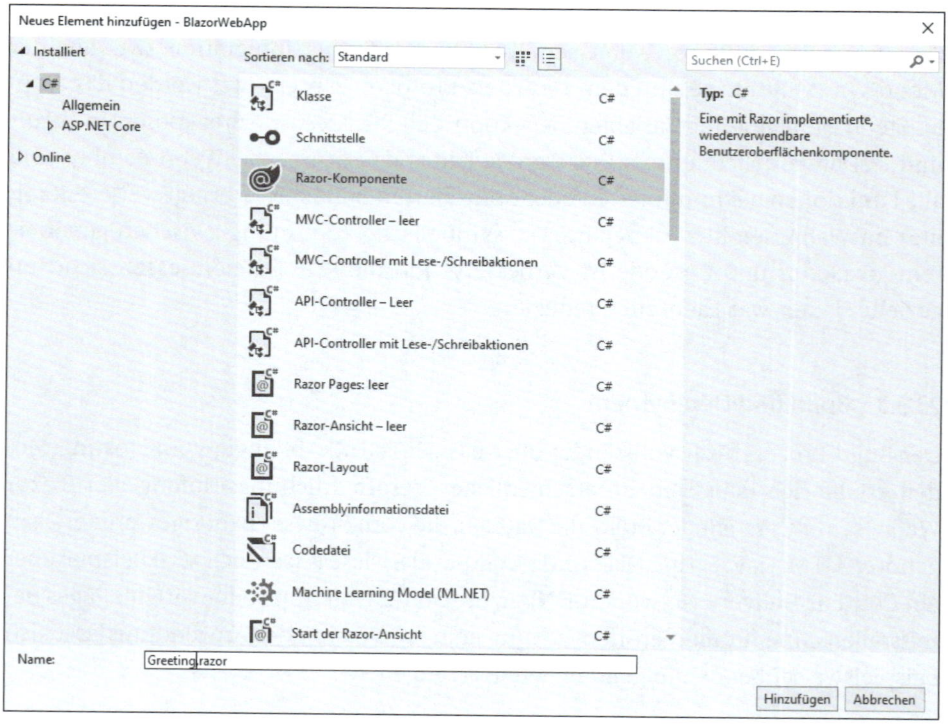

Abbildung 23.10 Dialog zum Hinzufügen einer Komponente

Eine Komponente besteht typischerweise aus den drei Teilen HTML-Markup zur Darstellung der UI, eingebettetem C#-Code zur Steuerung der Logik und optionalem CSS, entweder lokal oder global. Listing 23.10 zeigt ein Beispiel einer einfachen Razor-Komponente:

```
@page "/Greeting"
<h3>Hallo, @Name!</h3>

<input @bind="Name" />

@code {
    private string Name = "Welt";
}
```

Listing 23.10 Beispiel einer einfachen Blazor-Komponente

Die `@code`-Sektion enthält den zugehörigen C#-Code. In Blazor werden Änderungen an Variablen automatisch erkannt und die UI bei Bedarf aktualisiert. Die `@page`-Direktive weist eine Komponente als routingfähige Seite aus, das heißt, sie lässt sich direkt über die URL des Browsers aufgerufen. Sie sorgt im Wesentlichen dafür, dass die Komponente Anfragen direkt bearbeitet, ohne dass ein Controller erforderlich ist.

23.4.2 Parameter und Bindings

Komponenten können Parameter entgegennehmen. Damit lassen sich Daten von außen an eine Komponente übergeben, wie Listing 23.11 zeigt:

```
@page "/Greeting"
<h3>Hallo, @Name!</h3>

<input @bind="Name" />

@code {
    [Parameter]
    public string Name { get; set; } = string.Empty;
}
```

Listing 23.11 Parameter für eine Komponente

Den Einsatz dieser Komponente, inklusive Übergabe der Daten, zeigt der folgende Code:

```
<Greeting Name="Clara" />
```

Blazor kennt außerdem das Konzept des *Two-Way-Bindings* mit `@bind`. Es funktioniert für Eingabefelder, Checkboxen, Radiobuttons und mehr (siehe Listing 23.12):

```
<input @bind="BenutzerEingabe" />

@code {
    private string BenutzerEingabe = "";
}
```

Listing 23.12 Two-Way-Binding in einer Komponente mit »@bind«

Das Attribut @bind sorgt dafür, dass der Wert der Variablen aktualisiert wird, sobald sich der Inhalt des Eingabefelds ändert, und umgekehrt. Hinter @bind stecken syntaktisch ein *Property-Binding* (value) und ein Eventhandler (onchange). Blazor generiert daraus zum Beispiel den folgenden Code:

```
<input value="@BenutzerEingabe" @onchange="...">
```

23.4.3 Event-Handling

Benutzerinteraktionen wie Klicks oder Tastendrücke lassen sich direkt in der Komponente behandeln. Dafür bietet Blazor Events wie @onclick, @oninput, @onmouseover und weitere an. Listing 23.13 zeigt ein Beispiel für ein @onclick-Event:

```
<button @onclick="SagHallo">Klick mich</button>

<p>@Nachricht</p>

@code {
    private string Nachricht = "";

    private void SagHallo()
    {
        Nachricht = "Hallo aus Blazor!";
    }
}
```

Listing 23.13 Implementierung eines »onclick«-Events

Die Eventhandler sind reguläre C#-Methoden, was auch async-Methoden problemlos ermöglicht, wie Listing 23.14 verdeutlicht:

```
private async Task LadeDatenAsync()
{
    await Task.Delay(500); // simuliert asynchrone Operation
    // Weiterverarbeitung
}
```

Listing 23.14 Asynchrone Methode als Eventhandler

Beim Ausprobieren fällt auf, dass im Standard Blazor-Komponenten statisch sind und keinen Event-Support bieten. Sie müssen `AddInteractiveServerComponents()` und `AddInteractiveServerRenderMode()` in Ihre *Program.cs*-Datei einfügen, falls das durch die Projekteinstellungen noch nicht automatisch passiert ist. Die `AddInteractiveServerComponents()`-Methode ermöglicht serverseitige Interaktionen für Komponenten und die `AddInteractiveServerRenderMode()`-Methode erlaubt es den Komponenten, serverseitige Ereignisse zu behandeln. Fügen Sie dann `@rendermode InteractiveServer` am Anfang Ihrer Komponente hinzu, wie Listing 23.15 an einem Ausschnitt der Komponente zeigt:

```
@page "/Greeting"
@rendermode InteractiveServer

<h3>Hallo, @Name!</h3>

<input @bind="Name" />
```

Listing 23.15 Render-Mode einer Komponente (Ausschnitt)

23.4.4 Komponenten verschachteln und wiederverwenden

Komponenten lassen sich wie reguläre HTML-Elemente in andere Komponenten einbetten. Dabei können Sie Parameter übergeben und Daten verarbeiten. Listing 23.16 zeigt den Markup-Code für eine Elternkomponente:

```
<!-- ElternKomponente.razor -->
<Greeting Name="Jonas" />
<Greeting Name="Lea" />
```

Listing 23.16 Beispiel-Markup für eine Elternkomponente

Die eingebettete Begrüßungskomponente ist die Kindkomponente, die eingebunden ist und jeweils unterschiedliche Daten übergeben bekommt. Komponenten lassen sich zudem dynamisch über `@foreach` oder `@if`-Blöcke einfügen, etwa für Listen oder bedingte Anzeigen.

23.4.5 Code-Behind: Logik auslagern

Bei wachsender Komplexität kann es hilfreich sein, die C#-Logik aus der Razor-Datei auszulagern. Hier kommt das sogenannte *Code-Behind-Modell* zum Einsatz. Dabei lagern wir die Logik in eine separate *.cs*-Datei aus, wie Listing 23.17 zeigt:

```
// Greeting.razor.cs
public partial class Begrüßung : ComponentBase
```

```
{
    [Parameter]
    public string Name { get; set; } = "";
}
```

Listing 23.17 Logik einer Komponente in der Code-Behind-Datei

Ist der Code wie beschrieben ausgelagert, verbleibt in der Razor-Datei nur das Markup:

```
<!-- Greeting.razor -->
<h3>Hallo, @Name!</h3>
```

23.5 Routing und Navigation

Eine moderne Webanwendung besteht meist aus mehreren Seiten oder Ansichten. Damit Benutzer sich innerhalb der Anwendung bewegen können, benötigt Blazor ein eigenes Routing-System. Es sorgt dafür, dass URLs bestimmten Komponenten zugeordnet werden, ähnlich wie in klassischen Web-Frameworks.

In Blazor bedeutet Routing nicht, dass der Browser eine neue Seite vom Server lädt. Stattdessen bleibt die Anwendung im Speicher, und die Benutzeroberfläche aktualisiert sich dynamisch, ohne dass der Browser neu lädt. Das Routing ist clientseitig, bei Blazor Server geschieht es zusätzlich im Zusammenspiel mit dem Server.

23.5.1 Routing über die »@page«-Direktive

Jede Komponente, die eine eigenständige Seite darstellen soll, benötigt eine `@page`-Direktive. Diese steht ganz oben in der Razor-Datei und gibt den Pfad an, unter dem die Komponente erreichbar ist, wie Listing 23.18 zeigt:

```
@page "/kontakt"
@rendermode InteractiveServer

<h3>Kontaktformular</h3>
```

Listing 23.18 Ausschnitt aus Markup mit der »@page«-Direktive

Wenn ein Benutzer die URL *https://example.com/kontakt* aufruft, lädt das genau diese Komponente und zeigt sie an. Die `@page`-Direktive ist zugleich das Bindeglied zwischen URL und Komponentenstruktur. Eine Komponente kann auch mehrere `@page`-Direktiven enthalten, um unter verschiedenen Routen erreichbar zu sein:

```
@page "/kontakt"
@page "/kontaktformular"
@rendermode InteractiveServer
```

23.5.2 Navigation mit »NavLink« und »NavigationManager«

Die Navigation innerhalb einer Blazor-Anwendung erfolgt nicht über klassische `<a href="...">`-Links, sondern vorzugsweise über das spezielle `NavLink`-Element. Dieses verhält sich ähnlich wie ein Link, bietet aber zusätzlich aktives Styling und eine bessere Integration ins Routing-System. Ein Beispiel zeigt Listing 23.19:

```
<NavLink href="/kontakt" class="nav-link" activeClass="active">
    Kontakt
</NavLink>
```

Listing 23.19 Beispiel für ein »NavLink«-Element

Das Attribut `activeClass` bestimmt die CSS-Klasse, die automatisch gesetzt wird, wenn der Link zur aktuellen URL passt.

Für Navigation per Code steht zudem der Dienst `NavigationManager` zur Verfügung. Mit ihm lässt sich die URL gezielt ändern, zum Beispiel nach einer Aktion wie einem Login-Vorgang (siehe Listing 23.20):

```
@inject NavigationManager Navigation

<button @onclick="ZurStartseite">Zurück zur Startseite</button>

@code {
    private void ZurStartseite()
    {
        Navigation.NavigateTo("/");
    }
}
```

Listing 23.20 Beispiel für einen »NavigationManager«-Einsatz

Optional können Sie die Methode `NavigateTo` mit dem zweiten Parameter `forceLoad` aufrufen, um ein vollständiges Neuladen der Seite zu erzwingen.

23.5.3 Parameter in Routen

Komponentenrouten können auch Platzhalter für Parameter enthalten. Diese werden als URL-Segmente definiert, um Daten zu übergeben und Verhalten zu steuern, wie Listing 23.21 zeigt:

```
@page "/benutzer/{id:int}"
@rendermode InteractiveServer

<h3>Benutzerprofil: @BenutzerId</h3>

@code {
    [Parameter]
    public int BenutzerId { get; set; }
}
```

Listing 23.21 Beispiel für eine Route mit Parameter

Rufen Sie zum Beispiel die URL */benutzer/42* auf, ist die Eigenschaft `BenutzerId` aus dem vorherigen Listing automatisch auf den Wert `42` gesetzt. Der Typ `int` in der Route sorgt dafür, dass die Route beziehungsweise die Eigenschaft nur gültige Ganzzahlen akzeptiert. Optional können Sie auch Strings oder GUIDs verwenden, je nachdem, was inhaltlich besser passt.

Routenparameter unterstützen darüber hinaus auch optionale Segmente und Catch-all-Parameter für tiefer verschachtelte Pfade, etwa für Blogartikel mit Slugs oder Pfadstrukturen. Listing 23.22 zeigt die Definition eines optionalen Parameters in einer Komponente (Ausschnitt):

```
@page "/benutzer/{id:int?}"
@rendermode InteractiveServer
```

Listing 23.22 Optionaler Parameter einer Komponente

23.5.4 Navigation in Blazor Server vs. WebAssembly

In Blazor-Anwendungen gibt es grundlegende Unterschiede bei der Navigation und dem Routing zwischen Blazor Server und Blazor WebAssembly, die sich direkt aus der jeweiligen Architektur ergeben. Bei Blazor Server läuft die gesamte Anwendung auf dem Server. Der Browser fungiert lediglich als Anzeige- und Eingabegerät, während sämtliche Logik und Zustandsverwaltung auf dem Server ablaufen. Wenn ein Benutzer innerhalb der Anwendung navigiert, beispielsweise indem er auf einen Link klickt, wird dieses Ereignis über eine SignalR-Verbindung an den Server übermittelt. Der Server entscheidet daraufhin, welche Komponente angezeigt werden soll, berechnet die Änderungen am Benutzer-Interface und sendet lediglich die Differenzdaten zurück an den Browser. Die Navigation ist dadurch zwar sehr schnell und ohne vollständigen Seitenreload möglich, jedoch ist sie stets auf eine stabile Verbindung zum Server angewiesen. Fällt die Verbindung weg, funktioniert auch die Navigation nicht mehr, da der Client keine eigene Routing-Logik besitzt.

Im Gegensatz dazu läuft bei Blazor WebAssembly die komplette Anwendung im Browser des Benutzers. Nach dem initialen Laden werden alle benötigten Dateien und die .NET-Runtime als WebAssembly heruntergeladen, so dass die Anwendung anschließend unabhängig vom Server ausgeführt werden kann. Die Navigation erfolgt hier rein clientseitig, ähnlich wie bei anderen Single-Page-Applications: Ein Seitenwechsel oder das Aufrufen einer neuen Komponente geschieht direkt im Browser, ohne dass eine Anfrage an den Server gestellt werden muss, es sei denn, neue Daten sind notwendig. Die Routing-Logik liegt vollständig auf dem Client, was bedeutet, dass die Anwendung sogar offline navigierbar bleibt, solange keine serverseitigen Ressourcen benötigt werden.

Das bedeutet, dass während bei Blazor Server die Navigation und das Routing zentral auf dem Server gesteuert werden und von einer ständigen Verbindung abhängig sind, erfolgt bei Blazor WebAssembly die Navigation direkt im Browser und ist dadurch unabhängig vom Server. Das führt zu Unterschieden in Bezug auf Geschwindigkeit, Offlinefähigkeit und Flexibilität der Navigation innerhalb der Anwendung.

23.5.5 Fehlerseiten und Fallbacks

Wenn ein Benutzer eine nicht definierte Route aufruft, greift die `NotFound`-Sektion in der Datei *Routes.razor* (siehe Listing 23.23):

```
<NotFound>
    <LayoutView Layout="@typeof(Layout.MainLayout)">
        <h3>Seite nicht gefunden</h3>
        <p>Die angeforderte Adresse konnte nicht zugeordnet werden.</p>
    </LayoutView>
</NotFound>
```

Listing 23.23 »NotFound«-Sektion für Fehlerseiten

23

Blazor Web Apps verwenden den `NotFound`-Parameter nicht, aber Microsoft hat die Unterstützung des Parameters aus Gründen der Abwärtskompatibilität im Framework belassen, um eine inkompatible Änderung des Frameworks zu vermeiden. Die serverseitige ASP.NET-Core-Middlewarepipeline verarbeitet Anforderungen auf dem Server. Verwenden Sie serverseitige Techniken, um fehlerhafte Anforderungen zu behandeln. »Unterstützt« bedeutet in diesem Zusammenhang, dass das Platzieren von `<NotFound>...</NotFound>`-Markup nicht zu einer Ausnahme führt, aber die Verwendung des Markups ist auch nicht effektiv. Eine eigene Seite für nicht gefundene Routen können Sie in der *Program.cs* einfügen:

```
app.UseStatusCodePagesWithReExecute("/not-found");
```

23.6 Datenbindung und Formulare

Datenbindung ist eines der wichtigsten Konzepte in Blazor. Sie ermöglicht, dass sich Benutzereingaben und Anwendungszustand gegenseitig beeinflussen, etwa wenn Texteingaben, Auswahlfelder oder Checkboxen direkt mit C#-Variablen verbunden sind. In Kombination mit Formularen und Validierung entsteht ein vollständiger, reaktiver Eingabe-Workflow, der sich komplett in C# abbilden lässt.

23.6.1 One-Way- und Two-Way-Binding

Blazor unterstützt sowohl einfache einseitige Bindungen (*One-Way*) als auch zweiseitige Bindungen (*Two-Way*). Beim *One-Way-Binding* wird eine Variable im Markup verwendet, Änderungen im Code wirken sich auf das UI aus, aber nicht umgekehrt, wie Listing 23.24 zeigt:

```
<p>Benutzername: @Benutzername</p>

@code {
    private string Benutzername = "Anna";
}
```

Listing 23.24 Beispiel für das One-Way-Binding von Daten

Beim *Two-Way-Binding* hingegen ist ein Eingabefeld mit einer C#-Variablen gekoppelt. Änderungen im Feld aktualisieren die Variable und umgekehrt. Dafür kommt das `@bind`-Attribut zum Einsatz, wie das Beispiel in Listing 23.25 zeigt.

```
<input @bind="Benutzername" />

<p>Du hast eingegeben: @Benutzername</p>

@code {
    private string Benutzername = "";
}
```

Listing 23.25 Beispiel für das Two-Way-Binding von Daten

Diese Bindung funktioniert mit den meisten HTML-Eingabeelementen wie `input`, `textarea`, `select` oder `checkbox`.

23.6.2 Formulare mit »EditForm«

Für strukturierte Eingaben bietet Blazor das Element `EditForm`. Es kapselt ein Formular mit Validierung und Ereignisbehandlung. Eine typische Struktur sieht so aus (siehe Listing 23.26):

```
@page "/form"
@rendermode InteractiveServer

<h3>Formular</h3>

<EditForm Model="@person" OnValidSubmit="HandleSubmit">
    <InputText @bind-Value="person.Name" />
    <InputNumber @bind-Value="person.Alter" />
    <button type="submit">Absenden</button>
</EditForm>

@code {
    private Person person = new();

    private void HandleSubmit()
    {
        // Verarbeitung nach erfolgreicher Validierung
    }

    private class Person
    {
        public string Name { get; set; } = "";
        public int Alter { get; set; }
    }
}
```

Listing 23.26 Beispiel für ein »EditForm«

Das Attribut `Model` referenziert ein Objekt, dessen Eigenschaften gebunden sind. Die `InputText`- und `InputNumber`-Komponenten sind spezialisierte Wrapper um native HTML-Eingabefelder, die zusätzlich mit Blazors Validierungssystem verbunden sind. Sie sorgen dafür, dass die Werte korrekt zwischen dem Eingabefeld und der zugrundeliegenden C#-Eigenschaft synchronisiert werden und gleichzeitig automatisch in die Validierungslogik eingebunden sind. Das bedeutet: Machen Sie eine Eingabe, überprüft Blazor direkt anhand der am Modell definierten Validierungsattribute, ob der Wert gültig ist, und zeigt entsprechende Fehlermeldungen an. Das Beispiel aus Listing 23.27 zeigt, wie diese Verbindung zwischen Modell, Eingabefeld und Validierung funktioniert:

```
@page "/form"
@using System.ComponentModel.DataAnnotations
@rendermode InteractiveServer
```

```
<h3>Formular</h3>

<EditForm Model="@person" OnValidSubmit="Speichern">
    <DataAnnotationsValidator />

    <label for="name">Name:</label>
    <InputText id="name" @bind-Value="person.Name" />
    <ValidationMessage For="@(() => person.Name)" />

    <label for="alter">Alter:</label>
    <InputNumber id="alter" @bind-Value="person.Alter" />
    <ValidationMessage For="@(() => person.Alter)" />

    <button type="submit">Absenden</button>
</EditForm>

@code {
    private Person person = new();

    private void Speichern()
    {
        // hier könnte der Eintrag gespeichert oder weiterverarbeitet werden
    }

    public class Person
    {
        [Required(ErrorMessage = "Der Name ist erforderlich.")]
        public string Name { get; set; } = "";

        [Range(20, 130, ErrorMessage = "Bitte gib ein Alter zwischen 20 und
                                        130 an.")]
        public int Alter { get; set; }
    }
}
```

Listing 23.27 Seite mit Formular und Validierungen basierend auf dem Modell

In diesem Beispiel prüft der Code beim Absenden automatisch, ob beide Felder gültige Werte enthalten. Die `ValidationMessage`-Komponenten zeigen eventuelle Fehlermeldungen direkt an den entsprechenden Feldern an. Blazor übernimmt dabei die Bindung der Werte, die Validierung und die Aktualisierung der Benutzeroberfläche, so dass keine zusätzliche Logik zur manuellen Überprüfung erforderlich ist. In Abbildung 23.11 sehen Sie das Formular mit den Fehlermeldungen.

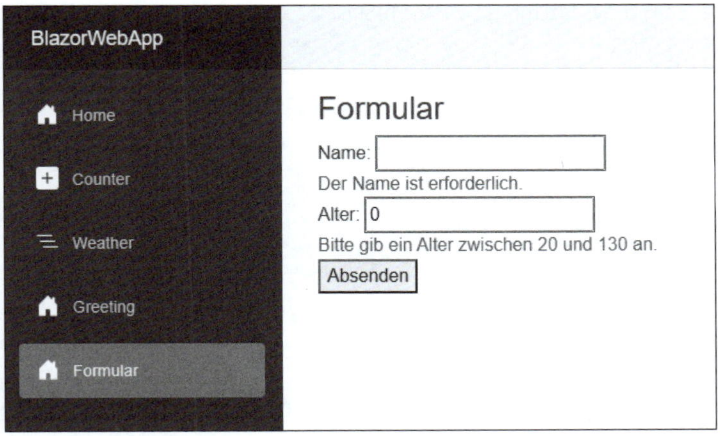

Abbildung 23.11 Formular mit Fehlermeldungen

In Abbildung 23.12 ist das gleiche Formular zu sehen, aber dieses Mal mit positiven Validierungen, da die eingegebenen Daten den Vorgaben entsprechen.

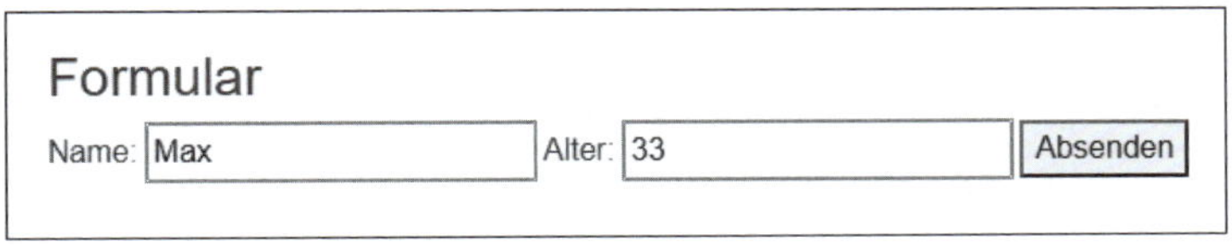

Abbildung 23.12 Formular mit korrekten Werten und ohne Fehler

23.6.3 Validierung mit »DataAnnotations«

Blazor integriert sich nahtlos in das .NET-eigene Attributmodell zur Validierung. Dazu sind die Datenklassen mit sogenannten `DataAnnotations` versehen. Die Datenklasse `Person` in Listing 23.28 verdeutlicht das:


```
private class Person
{
    [Required]
    [StringLength(50)]
    public string Name { get; set; } = "";

    [Range(20, 130)]
    public int Alter { get; set; }
}
```

Listing 23.28 Beispiel für eine Datenklasse mit »DataAnnotations«

Damit die Validierung greift, muss eine `DataAnnotationsValidator`-Komponente im Formular enthalten sein. Schauen Sie sich Listing 23.29 für ein Beispiel an:

```
<EditForm Model="@person" OnValidSubmit="HandleSubmit">
    <DataAnnotationsValidator />

    <InputText @bind-Value="person.Name" />
    <ValidationMessage For="@(() => person.Name)" />

    <InputNumber @bind-Value="person.Alter" />
    <ValidationMessage For="@(() => person.Alter)" />

    <button type="submit">Absenden</button>
</EditForm>
```

Listing 23.29 »EditForm« mit »DataAnnotationsValidator« zur Validierung der Daten

Fehlermeldungen erscheinen automatisch unter den Feldern, wenn die Eingabe ungültig ist.

23.6.4 Validierungsereignisse

Blazor unterscheidet zwischen drei Formularereignissen:

- `OnValidSubmit` löst aus, wenn alle Eingaben gültig sind.
- `OnInvalidSubmit` tritt ein, wenn Fehler auftreten.
- `OnSubmit` tritt immer ein, unabhängig von der Gültigkeit.

Damit lassen sich gezielte Reaktionen umsetzen, zum Beispiel, um Benutzerfeedback anzuzeigen oder Daten an ein Backend zu senden.

23.6.5 Eigene Validierungslogik

Neben den eingebauten Attributen lassen sich eigene Validierungen ergänzen, etwa über ein benutzerdefiniertes Feld oder komplexe Prüfungen im Code. Dafür kann die Methode `TryValidateObject` aus dem Namespace `System.ComponentModel.DataAnnotations` zum Einsatz kommen, oder Sie implementieren einen eigenen Validator.

Blazor erlaubt auch das Schreiben eigener Validierungskomponenten durch Ableitung von `ValidationComponent`, beispielsweise zur Implementierung von Sonderfällen oder domänenspezifischen Prüfungen.

23.7 State Management

Ein zentrales Thema in jeder interaktiven Anwendung ist der Umgang mit dem Anwendungszustand, also Daten, die über mehrere Komponenten hinweg erhalten bleiben, sich verändern oder von Benutzeraktionen abhängen. Blazor bietet mehrere Möglichkeiten, diesen Zustand zu verwalten, sowohl lokal innerhalb einzelner Komponenten als auch global über den gesamten Lebenszyklus der Anwendung.

23.7.1 Lokaler Zustand in Komponenten

Innerhalb einer Komponente ist der Zustand einfach zu verwalten: Jede private Variable in der @code-Sektion ist lokal zur Komponente und bleibt erhalten, solange diese im Speicher bleibt (siehe Listing 23.30).

```
<h3>Zähler</h3>
<p>Wert: @count</p>
<button @onclick="Erhöhe">+</button>

@code {
    private int count = 0;

    private void Erhöhe()
    {
        count++;
    }
}
```

Listing 23.30 Beispiel für einen lokalen Zustand in einer Komponente

Lädt das Laufzeitsystem die Komponente jedoch neu, zum Beispiel durch Navigation oder bei Blazor Server durch eine Verbindungsunterbrechung, geht dieser Zustand verloren. Für dauerhaft benötigte Daten reicht der lokale Zustand also nicht aus.

23.7.2 Gemeinsamer Zustand mit Services

Für gemeinsam genutzte Daten bietet Blazor einen strukturierten Weg über Dependency Injection (DI). Dabei wird eine eigene Serviceklasse erstellt, die den Zustand kapselt und an beliebige Komponenten verteilen kann, wie Listing 23.31 zeigt:

```
public class CounterService
{
    public int Wert { get; set; }

    public void Increment() => Wert++;
}
```

Listing 23.31 Serviceklasse zum Kapseln des Zustands

Diesen Dienst müssen wir in der Datei *Program.cs* als `Scoped` registrieren:

```
builder.Services.AddScoped<CounterService>();
```

Um den Service in einer Komponente zu nutzen, binden wir ihn per `@inject` ein, wie Sie in Listing 23.32 sehen:

```
@inject CounterService CounterService

<h3>Globaler Zähler: @CounterService.Wert</h3>

<button @onclick="CounterService.Increment">Erhöhen</button>
```

Listing 23.32 Einbinden des Service mittels »@inject«

Der Vorteil bei dieser Herangehensweise ist, dass der Dienst für die gesamte Lebensdauer der Benutzerverbindung (bei Blazor Server) oder der Browsersitzung (bei WASM) lebt und wir die Instanz zwischen Komponenten teilen können.

23.7.3 Zustand über Seiten hinweg erhalten

Bei Blazor WebAssembly bleiben Dienste standardmäßig nur erhalten, solange die Anwendung im Browser aktiv ist. Beim Neuladen der Seite geht der Zustand verloren, da der Speicher neu initialisiert wird.

Zur Lösung dieses Problems kommen *Persistenzmechanismen* wie `localStorage` oder `sessionStorage` zum Einsatz. Diese lassen sich über JavaScript-Interop oder Bibliotheken wie `Blazored.LocalStorage` einfach nutzen:

```
@using Blazored.LocalStorage
@inject Blazored.LocalStorage.ILocalStorageService localStorage
...
await localStorage.SetItemAsync("CurrentCounter",
    CounterService.Wert);
```

Beim Start der Anwendung lässt sich so der Wert wiederherstellen, den wir zuvor abgespeichert haben.

23.7.4 »StateHasChanged« und UI-Aktualisierung

Wenn sich der Zustand in einer Komponente ändert, aktualisiert Blazor automatisch die Benutzeroberfläche, vorausgesetzt, die Änderung erfolgt in einem gültigen Kontext, zum Beispiel durch einen Event. Falls der Zustand jedoch asynchron oder über einen externen Dienst geändert wird, kann es nötig sein, die Komponente manuell zur Neuberechnung aufzufordern. Das ist über die Methode `StateHasChanged` möglich. Diese Methode löst eine erneute Renderphase der Komponente aus. Sie sollte gezielt und nicht unnötig oft aufgerufen werden.

23.7.5 Fortgeschritten: Zentraler Zustand mit Events

Für größere Anwendungen kann es hilfreich sein, zentrale Zustandsobjekte mit einem Benachrichtigungssystem zu koppeln. Eine einfache Variante ist das Verwenden eines Events, wie beispielsweise in Listing 23.33:

```
public class AppStateService
{
    public string Benutzername { get; private set; } = "";

    public event Action? OnChange;

    public void SetzeBenutzer(string name)
    {
        Benutzername = name;
        OnChange?.Invoke();
    }
}
```

Listing 23.33 Ein Event für ein Benachrichtigungssystem

Komponenten können dann das Ereignis abonnieren und `StateHasChanged` auslösen, wenn nötig. Listing 23.34 zeigt das Registrieren und Deregistrieren des Events in den Zustandsmethoden einer Komponente:

```
@inject AppStateService appStateService
...

protected override void OnInitialized()
{
    appStateService.OnChange += StateHasChanged;
}

public void Dispose()
{
    appStateService.OnChange -= StateHasChanged;
}
```

Listing 23.34 Registrieren und Deregistrieren des »StateHasChanged«-Events

Dieses Muster ist eine einfache Form von reaktivem State-Management und lässt sich bei Bedarf mit stärker strukturierten Konzepten wie *Flux*, *Redux* oder externen Bibliotheken kombinieren.

23.8 Interop mit JavaScript

Obwohl Blazor es ermöglicht, fast alle Funktionen einer Webanwendung in C# umzusetzen, gibt es Situationen, in denen wir auf JavaScript zurückgreifen müssen. Sei es, um mit vorhandenen JS-Bibliotheken zu arbeiten, bestimmte Browser-APIs zu nutzen oder bestehende Anwendungen zu integrieren. Dafür stellt Blazor eine strukturierte Schnittstelle für die Interop zwischen C# und JavaScript bereit.

Mit JavaScript Interop lassen sich in C# JavaScript-Funktionen aufrufen, und umgekehrt kann JavaScript C#-Methoden aufrufen. Dabei erfolgt die Kommunikation asynchron über eine Brücke, die je nach Ausführungsmodell, Server oder WebAssembly, unterschiedlich implementiert ist.

23.8.1 JavaScript-Dateien einbinden

Damit eigene JS-Funktionen aufrufbar sind, müssen Sie die zugehörigen Skripte in die Anwendung einbinden. Das geschieht bei Blazor WebAssembly meist in der Datei *index.html* oder bei Blazor Server in der Datei *_Layout.cshtml*.

```
<script src="js/meinscript.js"></script>
```

Diese Datei liegt typischerweise im Verzeichnis *wwwroot/*, meist noch in einem Unterverzeichnis, um Skriptdateien logisch zu gruppieren.

23.8.2 JavaScript aus C# aufrufen

Um JavaScript-Funktionen aus einer Blazor-Komponente heraus aufzurufen, nutzen wir den Dienst `IJSRuntime`. Dieser wird typischerweise per `@inject` oder über Konstruktorinjektion bereitgestellt. Das folgende Beispiel aus Listing 23.35 ist eine JavaScript-Funktion, die eine einfache Nachricht anzeigt:

```
// wwwroot/js/meinscript.js
window.zeigeNachricht = (text) => {
    alert("JS sagt: " + text);
};
```

Listing 23.35 JavaScript-Funktion zum Anzeigen einer Nachricht

Diese Funktion lässt sich in der Blazor-Komponente wie Listing 23.36 gezeigt aufrufen:

```
@inject IJSRuntime JS

<button @onclick="ZeigePopup">Nachricht anzeigen</button>

@code {
    private async Task ZeigePopup()
    {
        await JS.InvokeVoidAsync("zeigeNachricht", "Hallo von C#");
    }
}
```

Listing 23.36 Aufruf der JavaScript-Funktion in einer Blazor-Komponente

Die Methode `InvokeVoidAsync` ruft eine JavaScript-Funktion auf, die keinen Rückgabewert hat. In Abbildung 23.13 sehen Sie die Nachricht, die wir über C# in JavaScript triggern.

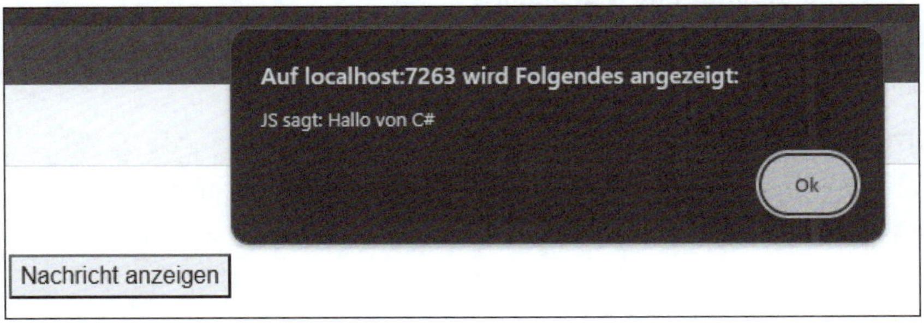

Abbildung 23.13 Die Nachricht in JavaScript, getriggert durch C#

Für Funktionen mit Rückgabe kommt `InvokeAsync<T>` zum Einsatz:

```
var ergebnis = await JS.InvokeAsync<string>("holeAktuellesDatum");
```

23.8.3 C# aus JavaScript aufrufen

Auch der umgekehrte Weg ist möglich: JavaScript kann Methoden in einer Blazor-Komponente aufrufen. Dazu muss die Komponente eine Methode mit dem Attribut `[JSInvokable]` versehen (siehe Listing 23.37):

```
[JSInvokable]
public static Task SagHallo()
{
```

```
    Console.WriteLine("C# wurde von JavaScript aufgerufen.");
    return Task.CompletedTask;
}
```

Listing 23.37 Aus JavaScript aufrufbare C#-Methode

In JavaScript lässt sich diese Methode anschließend wie folgt aufrufen:

```
DotNet.invokeMethodAsync('MeineBlazorApp', 'SagHallo');
```

Dabei ist `MeineBlazorApp` der Name der .NET-Assembly, in der die Methode definiert ist. Alternativ können wir auch Instanzmethoden aufrufen, indem wir ein `DotNetObjectReference` von C# nach JavaScript übergeben:

```
DotNetObjectReference.Create(this)
```

Das ist vor allem dann relevant, wenn wir von JavaScript auf nichtstatische Methoden zugreifen möchten, etwa bei Komponenteninstanzen.

23.8.4 Typkompatibilität und Marshalling

Die Kommunikation zwischen C# und JavaScript erfolgt über JSON. Dabei werden Datentypen automatisch konvertiert:

- Primitive Typen wie `string`, `int`, `bool` sind problemlos möglich.
- Komplexe Objekte werden als JSON serialisiert und müssen auf beiden Seiten kompatibel sein.
- Funktionen und DOM-Elemente lassen sich nicht direkt übergeben.

Es empfiehlt sich, einfache DTOs zu verwenden und gegebenenfalls die JSON-Serialisierung mit eigenen `JsonSerializerOptions` abzustimmen, wenn notwendig.

23.8.5 Besonderheiten bei WebAssembly und Blazor Server

Je nach Hosting-Modell gibt es Unterschiede im Verhalten. Bei Blazor Server erfolgt die Interop-Kommunikation über SignalR. Alle Interop-Aufrufe laufen über das Netzwerk, was Latenz verursachen kann. Interop sollte daher sparsam und gezielt zum Einsatz kommen. Bei Blazor WebAssembly laufen die Interop-Funktionen direkt im Browser, da JavaScript und .NET im gleichen Kontext agieren. Hier ist die Performance höher, aber die Sicherheit eingeschränkter, zum Beispiel sind keine direkten Dateizugriffe erlaubt.

23.8.6 Eine JS-Bibliothek einbinden

Ein häufiges Anwendungsszenario ist das Einbinden externer JavaScript-Bibliotheken, zum Beispiel eine Charting-Bibliothek oder einen Editor. In einem Beispiel schauen wir uns das Einbinden einer kleinen Bibliothek zur Anzeige eines modalen Dialogs an. Diese Funktionalität bieten Bibliotheken wie zum SweetAlert. Zunächst binden wir das Skript recht einfach über ein CDN ein:

```
<script src="https://cdn.jsdelivr.net/npm/sweetalert2@11"></script>
```

Dann müssen wir die C#-Interop-Funktion schreiben, was Listing 23.38 zeigt:

```
@inject IJSRuntime JS

<button @onclick="ZeigeDialog">Dialog anzeigen</button>

@code {
    private async Task ZeigeDialog()
    {
        await JS.InvokeVoidAsync("Swal.fire", "Hallo Welt", "Dies ist ein
                                   modaler Dialog", "info");
    }
}
```

Listing 23.38 C#-Interop-Funktion für den Dialog

Das funktioniert vollständig ohne eigenen JavaScript-Code, vorausgesetzt, die Bibliothek ist im HTML eingebunden.

23.9 Zugriff auf APIs und Backend

23

Kaum eine Webanwendung kommt ohne den Zugriff auf externe oder eigene Datenquellen aus. In Blazor erfolgt die Kommunikation mit einem Backend in der Regel über HTTP, insbesondere mit RESTful APIs, die JSON-Daten senden und empfangen. Das betrifft sowohl öffentliche APIs als auch eigene Serverendpunkte, zum Beispiel in Form von ASP.NET Core Minimal APIs oder klassischen Web-APIs.

23.9.1 Der HttpClient in Blazor

Der Typ `HttpClient` aus dem Namespace `System.Net.Http` ist das zentrale Werkzeug für alle HTTP-Anfragen in Blazor. Er ist vollständig asynchron und bietet Methoden wie `GetAsync`, `PostAsync`, `PutAsync`, `DeleteAsync` sowie generische Varianten wie `Get`-

`FromJsonAsync<T>()`. Listing 23.39 zeigt als Beispiel den Abruf von Daten von einem API-Endpunkt:

```
@inject HttpClient Http

<h3>Wetterdaten</h3>

@if (daten == null)
{
    <p>Lade Daten...</p>
}
else
{
    <ul>
        @foreach (var eintrag in daten)
        {
            <li>@eintrag.Summary - @eintrag.TemperatureC°C</li>
        }
    </ul>
}

@code {
    private WetterEintrag[]? daten;

    protected override async Task OnInitializedAsync()
    {
        daten = await Http.GetFromJsonAsync<WetterEintrag[]>("https://
        example.com/api/wetter");
    }

    private class WetterEintrag
    {
        public string Summary { get; set; } = "";
        public int TemperatureC { get; set; }
    }
}
```

Listing 23.39 Daten von einem API-Endpunkt abrufen

In Blazor WebAssembly ist der `HttpClient` automatisch so vorkonfiguriert, dass relative URLs auf den Ursprungsserver der Anwendung verweisen. In Blazor Server müssen Sie ihn manuell konfigurieren, was dieser Abschnitt im weiteren Verlauf noch zeigt.

23.9.2 »HttpClient« bereitstellen und konfigurieren

In Blazor WebAssembly ist der `HttpClient` standardmäßig in der Datei *Program.cs* registriert (siehe Listing 23.40):

```
builder.Services.AddScoped(sp => new HttpClient
{
    BaseAddress = new Uri("https://www.meine-seite.de/api/v2/")
});
```

Listing 23.40 Den »HttpClient« als Service registrieren

Das bedeutet zum Beispiel, dass Anfragen an *api/wetter* automatisch an der URL *https://meineapp.com/api/wetter* landen. Bei Blazor Server ist `HttpClient` nicht automatisch verfügbar. Dort müssen wir ihn explizit registrieren, zum Beispiel mit einer benutzerdefinierten Basisadresse. Das zeigt Listing 23.41:

```
builder.Services.AddHttpClient("BackendApi", client =>
{
    client.BaseAddress = new Uri("https://api.meineseite.de/");
});
```

Listing 23.41 Den »HttpClient« mit Basisadresse registrieren

Diesen konfigurierten Client können Sie anschließend wie in Listing 23.42 gezeigt nutzen:

```
@inject IHttpClientFactory ClientFactory

@code {
    private async Task LadeDaten()
    {
        var client = ClientFactory.CreateClient("BackendApi");
        var daten = await client.GetFromJsonAsync<DatenDto>("daten");
    }
}
```

Listing 23.42 Der konfigurierte »HttpClient« im Einsatz

23

23.9.3 Fehlerbehandlung und Statusausgabe

Da HTTP-Aufrufe fehlschlagen können, ist eine robuste Fehlerbehandlung wichtig. Ein typisches Muster ist die Prüfung von `HttpResponseMessage.IsSuccessStatusCode`, wie Listing 23.43 zeigt:

```
var response = await Http.GetAsync("api/etwas");

if (response.IsSuccessStatusCode)
{
    var daten = await response.Content.ReadFromJsonAsync<EtwasDto>();
}
else
{
    // Fehler anzeigen oder behandeln
}
```

Listing 23.43 Prüfung auf einen positiven Statuscode

In der UI lassen sich Ladezustände, Fehler und erfolgreiche Ergebnisse über einfache Bedingungen mit `if`, `else if`, `else` steuern.

23.9.4 Daten an das Backend senden

Daten lassen sich per `POST` oder `PUT` an das Backend übergeben. Die einfachste Variante nutzt die Methode `PostAsJsonAsync`, wie der Code zeigt:

```
var result = await Http.PostAsJsonAsync("api/kontakt", kontaktformularDaten);
```

Die Methode serialisiert das Objekt automatisch zu JSON. Das Backend sollte den passenden Content-Type (`application/json`) erwarten. Die Antwort lässt sich mit der Methode `ReadFromJsonAsync<T>()` auswerten:

```
var bestätigung = await result.Content.ReadFromJsonAsync<BestätigungDto>();
```

23.9.5 Grundlagen der Authentifizierung und Autorisierung

Viele APIs setzen eine Authentifizierung voraus, etwa per JWT-Token oder Cookie-Authentifizierung. In Blazor WebAssembly lassen sich Tokens in den `HttpClient` einfügen:

```
http.DefaultTRequestHeaders.Authorization =
    new AuthenticationHeaderValue("Bearer", zugangstoken);
```

In Blazor Server übernimmt meist die Middleware die Authentifizierung. Der `HttpContext.User` steht dabei im Servercode zur Verfügung, nicht jedoch direkt in der Komponente. Die Integration mit ASP.NET Core Identity oder externen Anbietern, zum Beispiel *OpenID Connect*, kann sowohl client- als auch serverseitig erfolgen.

23.9.6 Eigenes Backend mit Minimal APIs

Eine typische Kombination ist der Einsatz von Minimal APIs als Backend zu einer Blazor-App. Diese APIs lassen sich mit wenig Aufwand definieren, wie das vorherige Kapitel zu ASP.NET Core gezeigt hat. So eine API kann wie in Listing 23.44 aussehen:

```
app.MapPost("/api/kontakt", (KontaktDto kontakt) =>
{
    // Verarbeitung
    return Results.Ok(new { Nachricht = "Danke für Ihre Anfrage." });
});
```

Listing 23.44 Minimales Beispiel für eine API in der ASP.NET Core Web API

Das Frontend sendet die Daten per `HttpClient`, das Backend verarbeitet sie und sendet eine Antwort. Dank gemeinsamer C#-Modelle kann man Typsicherheit und Codewiederverwendung leicht umsetzen.

In .NET lassen sich zudem *OpenAPI*-Dokumente direkt aus Minimal APIs generieren. In Kombination mit Tools wie *NSwag* oder *Kiota* lässt sich daraus sogar automatisch ein C#-Client für die Blazor-Anwendung erzeugen, inklusive Typüberprüfung und IntelliSense.

23.10 Blazor Hybrid für den Desktop

Microsoft hat Blazor ursprünglich als Web-Framework entwickelt, mit den Zielplattformen Server und Browser. Mit Blazor Hybrid erweitert sich dieser Anwendungsbereich deutlich. Die gleiche UI-Technologie (Razor-Komponenten) stehen jetzt auch in Desktop- und mobilen Anwendungen zur Verfügung und bieten direkten Zugriff auf native Systemressourcen.

Das bedeutet konkret, dass eine Blazor-Komponente, die sonst in einem Browser laufen würde, als Benutzeroberfläche einer .NET MAUI-App, für Desktop und Mobile, oder innerhalb einer WPF-Anwendung lauffähig ist. Dabei bleibt die zugrundeliegende Logik in C# identisch, was die Wiederverwendung von Code über Plattformgrenzen hinweg ermöglicht.

Blazor Hybrid verbindet damit zwei Welten: die moderne Webkomponentenentwicklung mit der Leistungsfähigkeit nativer .NET-Anwendungen. Sie können so Ihre bestehenden Kenntnisse nutzen, um Desktop- und mobile Anwendungen zu erstellen, ohne auf JavaScript oder separate UI-Technologien wie XAML angewiesen zu sein. Damit wird Blazor zu einem echten Full-Stack-Werkzeug, von Web über Mobilgeräte bis zum Desktop.

23.10.1 Was ist Blazor Hybrid?

Im Unterschied zu Blazor WebAssembly oder Blazor Server wird bei Blazor Hybrid keine WebAssembly-Laufzeit im Browser benötigt. Stattdessen wird die Benutzeroberfläche über eine native WebView-Komponente angezeigt, während die .NET-Laufzeit direkt auf dem Gerät läuft. Dadurch ergeben sich mehrere Vorteile. Der gesamte .NET-Code, inklusive Razor-Komponenten, läuft nativ. Es gibt keine Netzwerklatenz oder JavaScript-Brücke, und der direkte Zugriff auf Betriebssystemfunktionen ist möglich. Zudem bietet diese Art der Nutzung wiederverwendbare UI-Komponenten für Web, Mobile und Desktop. Blazor Hybrid ist damit kein klassisches Webdeployment, sondern eine UI-Technologie innerhalb nativer Anwendungen.

23.10.2 Blazor Hybrid mit .NET MAUI

Blazor Hybrid ist ein integraler Bestandteil von MAUI. Jede MAUI-App kann Blazor-Komponenten über das Steuerelement `BlazorWebView` einbetten. Eine hybride App können Sie beispielsweise über folgenden Befehl anlegen:

```
dotnet new maui-blazor -n MeineHybridApp
```

Die Dateistruktur dieses Projekts sieht wie in Listing 23.45 abgebildet aus:

```
MeineHybridApp/
├── MainPage.xaml          // enthält BlazorWebView
├── wwwroot/               // statische Dateien
├── Pages/                 // Razor-Komponenten (z. B. Index.razor)
├── App.razor              // Einstiegspunkt für die Blazor-Komponenten
├── Program.cs             // App-Konfiguration
```

Listing 23.45 Dateistruktur eines hybriden App-Projekts

In Listing 23.46 ist der Inhalt der *MainPage.xaml* zu sehen. Darin ist die `BlazorWebView`-Komponente eingebunden:

```
<ContentPage xmlns="http://schemas.microsoft.com/dotnet/2021/maui"
             xmlns:blazor="clr-namespace:Microsoft.AspNetCore.
                          Components.WebView.Maui;assembly=...">
    <blazor:BlazorWebView HostPage="wwwroot/index.html">
        <blazor:BlazorWebView.RootComponents>
            <blazor:RootComponent Selector="#app"
                                  ComponentType="{x:Type local:Main}" />
        </blazor:BlazorWebView.RootComponents>
    </blazor:BlazorWebView>
</ContentPage>
```

Listing 23.46 »ContentPage« mit eingebundener »BlazorWebView«

Die zugehörige Datei *Index.html* sehen Sie in Listing 23.47:

```
<!DOCTYPE html>
<html>
  <body>
    <div id="app">Lädt...</div>
    <script src="_framework/blazor.webview.js"></script>
  </body>
</html>
```

Listing 23.47 Inhalt der Datei »Index.html«

Die Komponente `Main.razor` schreiben Sie dagegen ganz normal wie in einer Webanwendung, inklusive Routing, Bindings und Event-Handling.

Da der Code nicht im Browser läuft, können wir direkt auf MAUI-Funktionalität zugreifen, zum Beispiel auf das Dateisystem, GPS, Kamera oder Sensoren:

```
var dateipfad = FileSystem.AppDataDirectory;
await File.WriteAllTextAsync(Path.Combine(dateipfad, "notizen.txt"),
                                                     "Hallo Welt");
```

Sie können solche Methoden ebenfalls aus einer Komponente heraus aufrufen, zum Beispiel über Dependency Injection oder via `[Inject]`.

23.10.3 Blazor Hybrid mit der WPF

Neben MAUI unterstützt auch die Windows Presentation Foundation (WPF) Blazor Hybrid. Hier ist ein zusätzliches Paket notwendig: `Microsoft.AspNetCore.Components.WebView.Wpf`. Damit lässt sich eine bestehende WPF-Anwendung um moderne, interaktive Blazor-Komponenten erweitern, zum Beispiel für Eingabeformulare, dynamische Inhalte, grafische Dashboards und moderne UI-Elemente ohne XAML. Das genannte Paket fügen Sie über den folgenden Befehl zum Projekt hinzu:

```
dotnet add package Microsoft.AspNetCore.Components.WebView.Wpf
```

Anschließend ist Code wie der aus Listing 23.48 möglich, in dem eine `BlazorWebView` eingebunden ist:

```
<Window x:Class="MeineApp.MainWindow"
        xmlns="http://schemas.microsoft.com/winfx/2006/xaml/presentation"
        xmlns:blazor="clr-namespace:Microsoft.AspNetCore.Components.
                     WebView.Wpf;assembly=...">
    <Grid>
        <blazor:BlazorWebView HostPage="wwwroot/index.html">
            <blazor:BlazorWebView.RootComponents>
```

23

```
                <blazor:RootComponent Selector="#app"
                ComponentType="{x:Type local:Dashboard}" />
            </blazor:BlazorWebView.RootComponents>
        </blazor:BlazorWebView>
    </Grid>
</Window>
```

Listing 23.48 »BlazorWebView« in einem WPF-Window

Die Razor-Komponenten, zum Beispiel *Dashboard.razor*, lassen sich dann wie bei einer normalen Blazor-App in das Projekt integrieren. Die Kommunikation zwischen klassischer WPF-Logik und Blazor-Komponenten erfolgt zum Beispiel über gemeinsame Services oder Eventhandler. Blazor-Komponenten können Änderungen an eine ViewModel-Klasse melden, die wiederum in der WPF-Welt sichtbar wird.

23.10.4 Einschränkungen und Anwendungsfälle

Blazor Hybrid ist sehr leistungsfähig, bringt aber auch einige Besonderheiten mit sich. Es ist kein echtes HTML-Routing vorhanden. Die Navigation findet innerhalb der Komponente statt, nicht über die Adresszeile. Es besteht zudem kein Zugriff auf Browser-APIs. JavaScript-Interop funktioniert nur mit JavaScript, das innerhalb der App eingebettet ist. Die Anwendung muss zudem installiert sein. Blazor Hybrid ist damit keine Web-App im klassischen Sinne. Razor-Komponenten müssen darüber hinaus auf dem UI-Thread arbeiten, denn in Hybrid-Apps gelten wie bei WPF/MAUI die üblichen UI-Thread-Beschränkungen.

Blazor Hybrid eignet sich besonders in Szenarien, in denen wiederverwendbare Benutzeroberflächen für Web, Desktop und Mobile notwendig sind. Auch das Einbinden moderner UIs in bestehende WPF-Anwendungen ist damit gut möglich, ebenso die Neuentwicklung von Businessanwendungen mit vollem .NET-Zugriff oder Apps mit Offlineanforderungen, bei denen WebAssembly ungeeignet ist.

23.11 Fortgeschrittene Themen

In den bisherigen Abschnitten haben Sie die Grundlagen von Blazor kennengelernt, von der Komponentenerstellung über Datenbindung und Routing bis hin zum API-Zugriff. In der Praxis reicht dieses Wissen für viele Anwendungen bereits aus. Doch Blazor bietet darüber hinaus eine Vielzahl an fortgeschrittenen Möglichkeiten, die je nach Projekttyp, Skalierung oder Performanceanforderung relevant sind. Die folgenden Themen geben einen Ausblick auf das, was mit zunehmender Erfahrung und Komplexität interessant ist.

23.11.1 SEO mit Blazor

Ein häufig genannter Kritikpunkt bei clientseitigen Web-Frameworks ist die eingeschränkte Sichtbarkeit für Suchmaschinen. Klassisches Blazor WebAssembly liefert lediglich eine leere HTML-Hülle, der Inhalt wird per JavaScript nachgeladen.

Mit den neuen SSR-Mechanismen in Blazor United und bereits vorher mit Blazor Server lässt sich dieses Problem gezielt lösen. Inhalte lassen sich bereits auf dem Server vollständig generieren und als vollständige Datei an den Webbrowser ausliefern. Zu den Features gehört es, Metadaten wie zum Beispiel `<title>` und `<meta>` dynamisch setzen zu können. Auch Open Graph/Twitter Cards lassen sich korrekt darstellen. In Verbindung mit Tools wie ASP.NET Core *Tag Helpers* lassen sich moderne, suchmaschinenfreundliche Seiten realisieren.

23.11.2 Komponentenbibliotheken verwenden

Blazor bringt zwar eine kleine Auswahl an UI-Bausteinen mit, aber für komplexere Oberflächen empfiehlt sich oft der Einsatz von Komponentenbibliotheken. Diese bieten vorgefertigte Steuerelemente wie Tabellen, Dialoge, Kalender, Dropdowns und mehr. Eine Auswahl beliebter Open-Source-Bibliotheken bietet die folgende Auflistung:

- **MudBlazor:** Material-Design, umfangreich, gut dokumentiert
- **Radzen Blazor:** businessorientierte Komponenten
- **Blazorise:** Bootstrap-kompatibel, flexibel
- **Syncfusion, Telerik, DevExpress**: kommerzielle Bibliotheken mit Support

Der Einsatz solcher Bibliotheken spart Entwicklungszeit und sorgt für konsistente UI-Ergebnisse, allerdings auf Kosten von Abhängigkeiten auf ebendiese Bibliotheken und der Weiterentwicklung der Bibliotheken durch die Community oder Anbieter.

23.11.3 Testing von Blazor-Komponenten

Das Testen von UI-Komponenten ist grundsätzlich anspruchsvoller als das Testen von Geschäftslogik. Benutzeroberflächen sind häufig komplexer, umfassenden Änderungen unterworfen und müssen wie ein User angesteuert werden, da ansonsten der Test verfälscht sein kann. Für Blazor gibt es spezifische Tools und Strategien, die den Aufwand zu reduzieren.

Ein spezialisierter Test-Runner, mit dem sich Razor-Komponenten in Unit-Tests rendern und prüfen lassen, ist *bUnit*. Ein Beispiel für einen Test zeigt Listing 23.49; hier sind xUnit und bUnit gemeinsam im Einsatz:

```
[Fact]
public void Zähler_StartetMitNull()
{
    using var ctx = new TestContext();
    var cut = ctx.RenderComponent<Counter>();

    cut.Markup.Contains("Aktueller Wert: 0");
}
```

Listing 23.49 Beispiel-Testfall mit xUnit und bUnit

Gerade bei Anwendungen mit vielen UI-Zuständen oder komplexem Zustand ist ein Testkonzept von Anfang an sinnvoll. Weitere Unterstützung bieten *Playwright* und *Selenium*, die Benutzerinteraktionen in echten Browsern simulieren. Damit lassen sich gut Integrationstests umsetzen. Zudem bieten sie Snapshot-Tests für die Layoutstabilität, um über diese Tests zu prüfen, ob sich etwas am Layout verändert hat. Das ist auch pixelgenau möglich.

Kapitel 24
Cloud-Entwicklung mit Azure

Cloud-Computing ermöglicht es, IT-Ressourcen flexibel und skalierbar über das Internet zu nutzen. Statt eigene Hardware und Software zu betreiben, lassen sich Dienste wie Speicher, Rechenleistung, Anwendungen und viele weitere Services bedarfsgerecht und kosteneffizient bereitstellen. Diese Technologie unterstützt Sie dabei, agil auf Veränderungen zu reagieren und innovative Lösungen schneller umzusetzen, ohne in teure Infrastruktur investieren zu müssen.

Die Cloud-Entwicklung mit Azure bietet die Möglichkeit, Anwendungen flexibel und skalierbar in der Cloud zu erstellen und zu betreiben. Mit einer Vielzahl an Diensten und Tools hilft Ihnen Azure, leistungsstarke, sichere und effiziente Lösungen zu realisieren. Von der Infrastruktur über Datenbanken bis hin zur App-Entwicklung – Azure deckt alle Aspekte moderner Softwareentwicklung ab und erleichtert den Einstieg in Cloud-Technologien.

24.1 Was ist Microsoft Azure?

Microsoft Azure ist eine Cloud-Computing-Plattform von Microsoft, die eine Vielzahl von Diensten anbietet. Darunter beispielsweise Rechenleistung (Compute), Speicher (Storage), Netzwerke (Networking), Datenbanken (Databases) und zahlreiche KI-Dienste. Azure kommt zum Einsatz, um Anwendungen zu erstellen, zu verwalten und zu betreiben, ohne dass eigene Server oder Infrastrukturen zur Verfügung stehen müssen. Die Plattform unterstützt eine Vielzahl von Programmiersprachen, Betriebssystemen und Frameworks, was sie flexibel für unterschiedliche Anwendungsfälle macht.

Azure bietet eine breite Palette von Diensten, die in Kategorien wie virtuelle Maschinen, künstliche Intelligenz, Datenanalysen, Internet of Things (IoT) und viele mehr unterteilt sind. Durch die Nutzung von globalen Rechenzentren bietet Azure eine hohe Verfügbarkeit, Skalierbarkeit und Sicherheit.

Ein weiteres zentrales Merkmal ist die Möglichkeit, hybride Cloud-Umgebungen zu unterstützen, bei denen Unternehmen sowohl lokale als auch cloud-basierte Ressourcen verwenden können. Dies ermöglicht eine nahtlose Integration bestehender IT-Infrastrukturen in die Cloud.

Microsoft Azure wurde erstmals im Oktober 2008 unter dem Namen »Windows Azure« angekündigt und offiziell im Februar 2010 eingeführt. Anfangs konzentrierte sich die Plattform hauptsächlich auf Windows-basierte Anwendungen und bot grundlegende Dienste wie virtuelle Maschinen, Speicher und Datenbanken an. Das Ziel von Microsoft war es, Unternehmen eine Möglichkeit zu geben, Anwendungen so unkompliziert wie möglich in der Cloud zu betreiben oder in die Cloud zu verlagern.

Mit der Zeit hat sich Azure stark weiterentwickelt und ausgeweitet. Im Jahr 2014 wurde der Name in *Microsoft Azure* geändert, um die zunehmende Unterstützung für Linux, Open-Source-Technologien und andere Betriebssysteme widerzuspiegeln. Dies markierte einen wichtigen Wandel für Microsoft hin zu einer plattformunabhängigen Cloud-Lösung und eine sehr klare Positionierung am Markt.

Seither hat Azure kontinuierlich neue Dienste und Funktionen eingeführt, darunter künstliche Intelligenz, maschinelles Lernen, Internet of Things (IoT) und hybride Cloud-Lösungen, was es, neben der Google Cloud und Amazon Web Services (AWS), zu einem zentralen Bestandteil der globalen Cloud-Computing-Landschaft gemacht hat.

24.2 Überblick über Cloud-Computing

Cloud-Computing hat die Art und Weise, wie Unternehmen und Einzelpersonen Technologie nutzen, stark verändert. Es handelt sich um ein Modell, das den On-Demand-Zugriff auf Computerressourcen über das Internet ermöglicht, ohne dass eine direkte aktive Verwaltung durch den Benutzer erforderlich ist. Eine allgemeine Definition für den Begriff Cloud-Computing konnte sich bisher nicht durchsetzen.

Im Allgemeinen bezieht sich der Begriff Cloud-Computing auf die Bereitstellung von Computerressourcen. Dazu gehören Speicher, Rechenleistung, Datenbanken sowie Netzwerke und seit einigen Jahren auch Analytik und künstliche Intelligenz. Anstatt lokale Server oder persönliche Geräte zu verwenden, können Benutzer auf diese Ressourcen nach Bedarf über das Internet zugreifen und sie nutzen.

Die Idee des Cloud-Computings reicht bis in die 1950er Jahre zurück, als Dr. Herbert R. J. Grosch bei IBM die Vorstellung entwickelte, viele kleine Recheneinheiten zu nutzen, um Daten und Aufgaben zu verteilen. Grosch, nach dem auch »Groschs Law« benannt wurde, entdeckte, dass die Wirtschaftlichkeit eines Computers im Verhältnis zum Quadrat seiner Geschwindigkeit steht. Die Entwicklung von Mikrochips, Glasfaserkabeln und schließlich des Internets legte den Grundstein für das moderne Cloud-Computing. Cloud-Computing zeichnet sich durch mehrere Kernmerkmale aus, wie die Norm ISO/IEC 22123-2 definiert:

1. **Self-Service auf Abruf**: Benutzer können Ressourcen nach Bedarf anfordern und skalieren, oft durch einfache Schnittstellen (APIs). Diese Ressourcenanforderung läuft automatisch ab.
2. **Breiter Netzwerkzugang**: Cloud-Dienste sind über das Internet von verschiedenen Geräten und Standorten aus zugänglich. Das geschieht über einen allgemeinen Zugang, der nicht auf spezifische Clients beschränkt ist.
3. **Ressourcen-Pooling**: Die physische Hardware wird dynamisch zugewiesen und von mehreren Nutzern geteilt, was eine optimale Auslastung ermöglicht. Dieses Merkmal wird auch *Ressourcenreservoirs* (*Resource Pooling*) genannt, da die Ressourcen des Cloud-Anbieters in einem Pool liegen, aus dem Cloud-Anwender bedient werden.
4. **Zeitgerechte/schnelle Elastizität**: Ressourcen lassen sich schnell hoch- oder herunterskalieren, um dem aktuellen Bedarf gerecht zu werden.
5. **Nutzungsbasierte Abrechnung**: Kunden zahlen bei vielen Abrechnungsmodellen nur für die tatsächlich genutzten Ressourcen, was oft zu Kosteneinsparungen führt, aber auch Risiken bietet, wenn Ressourcen durch Fehler überbeansprucht werden, automatisch hochskalieren und dann höhere Kosten verursachen. Dieses Merkmal ist auch als *messbare Dienste* (*Measured Services*) bekannt.
6. **Mandantenfähigkeit**: Der Aspekt, dass die Zuteilung von Ressourcen so erfolgt, dass Prozesse und Daten verschiedener Mandanten voneinander getrennt und unzugänglich sind, ist als *Mandantenfähigkeit* (*Multi-Tenancy*) bekannt.

Cloud-Computing bietet zahlreiche Vorteile für Unternehmen und Einzelpersonen. Nutzer können Ressourcen je nach Bedarf flexibel anpassen. Diese Erweiterbarkeit bietet eine breite Skalierbarkeit, um sich wandelnden Geschäftsanforderungen anpassen zu können. Die Kosteneffizienz ist ein anderer Vorteil. Durch die Eliminierung der Notwendigkeit, teure Hardware und Software zu kaufen und zu warten, können Unternehmen erhebliche Kosten einsparen. Daten und Anwendungen sind zudem von überall aus zugänglich, was Remote-Arbeit und globale Zusammenarbeit erleichtert. Cloud-Anbieter kümmern sich um Systemwartung und -updates, so dass Benutzer immer Zugriff auf die neuesten Technologien haben und sich nicht selbst um benötigte Wartungen oder Updates kümmern müssen.

Es gibt verschiedene Möglichkeiten, Cloud-Dienste bereitzustellen. In der Public Cloud stellt ein Drittanbieter Ressourcen über das öffentliche Internet bereit, die sich von mehreren Kunden gemeinsam nutzen lassen. In der Private Cloud steht die Cloud-Infrastruktur ausschließlich für eine einzelne Organisation zur Verfügung, entweder intern oder von einem Drittanbieter. Bei der hybriden Cloud besteht eine Kombination aus Public und Private Cloud, die es ermöglicht, Workloads zwischen den beiden Umgebungen zu verschieben.

Cloud-Computing wird darüber hinaus typischerweise in drei Hauptkategorien unterteilt: Infrastructure as a Service (IaaS), Platform as a Service (PaaS) und Software as a Service (SaaS). Diese Modelle bieten unterschiedliche Ebenen der Kontrolle und Verwaltung der Cloud-Ressourcen für den Nutzer. In Abschnitt 24.3 beschreiben wir diese Servicemodelle im Detail.

Trends wie Edge Computing, Multi-Cloud-Strategien und die Integration von künstlicher Intelligenz und maschinellem Lernen in Cloud-Dienste prägen die Zukunft dieser Technologie und die konstante Weiterentwicklung.

Cloud-Computing bringt auf der anderen Seite zahlreiche Nachteile und Herausforderungen mit sich. Da Daten auf externen Servern gespeichert sind, erhöht sich das Risiko von Cyberangriffen und Datenlecks, was zu einem Kontrollverlust führt, da Unternehmen auf die Sicherheitsmaßnahmen der Anbieter angewiesen sind. Auch die Abhängigkeit von einer stabilen Internetverbindung ist problematisch; bei Netzwerk- oder Serverausfällen ist der Zugang zu wichtigen Daten verhindert, was Produktivitätsverluste zur Folge hat. Der Wechsel in die Cloud ist zudem oft zeitaufwendig und teuer, da Anwendungen anzupassen sind, was Fachkenntnisse erfordert und den Geschäftsbetrieb stören kann. Auch die Kostenkontrolle ist herausfordernd, da unerwartete Gebühren und unkontrollierter Ressourcenverbrauch die Nutzung verteuern können, obwohl Kostenvorteile versprochen werden. Internationale Datenschutzgesetze und Vorschriften erschweren zusätzlich die Cloud-Nutzung, besonders bei der Speicherung in anderen Ländern, was zu erhöhtem Verwaltungsaufwand führt. Standardisierte Cloud-Lösungen bieten nicht immer die gewünschte Funktionalität, was zusätzliche Kosten für Anpassungen verursachen kann. Schließlich erfordert die Einführung von Cloud-Technologien oft Schulungen für Mitarbeitende, was kurzfristig zu Produktivitätseinbußen und einem erhöhten Aufwand im Change-Management führt. Diese Aspekte verdeutlichen, dass der Einsatz von Cloud-Computing sorgfältig abzuwägen ist, um Risiken zu minimieren.

24.3 Cloud-Service-Modelle: PaaS, IaaS, und SaaS

Die drei Hauptmodelle des Cloud-Computings – Infrastructure as a Service (IaaS), Platform as a Service (PaaS) und Software as a Service (SaaS) – bieten unterschiedliche Ebenen der Kontrolle, Flexibilität und Verwaltung. Jedes Modell hat seine eigenen Vor- und Nachteile und eignet sich für verschiedene Anwendungsfälle.

IaaS bildet die Grundlage der Cloud-Computing-Hierarchie. Es bietet Unternehmen die Möglichkeit, grundlegende IT-Infrastrukturkomponenten wie Server, Speicher und Netzwerke über das Internet zu nutzen. Bei diesem Modell verwaltet der Cloud-Anbieter die physische Infrastruktur, während der Kunde die volle Kontrolle über Betriebssysteme, Speicher und bereitgestellte Anwendungen behält.

Vorteile von IaaS sind die hohe Flexibilität und Kontrolle über die IT-Ressourcen, die Skalierbarkeit, da sich Ressourcen je nach Bedarf erhöhen oder reduzieren lassen. Pay-as-you-go-Modelle ohne hohe Vorabinvestitionen in Hardware sichern eine Kostenkontrolle, und die Ressourcen stehen in der Regel schnell zur Verfügung. Herausforderungen bei IaaS sind das notwendige technische Know-how für die Verwaltung von Betriebssystemen und Anwendungen, die Sicherheitsverantwortung liegt teilweise beim Kunden, ebenso wie die potenzielle Komplexität bei der Integration mit bestehenden Systemen. IaaS eignet sich für alle, die maximale Kontrolle über ihre IT-Umgebung wünschen, ohne die physische Infrastruktur verwalten zu müssen. Es ist ideal für Workloads mit schwankenden Anforderungen und für Unternehmen, die schnell skalieren möchten.

PaaS baut auf IaaS auf und bietet zusätzlich eine Entwicklungs- und Bereitstellungsumgebung für Anwendungen. Bei diesem Modell stellt der Cloud-Anbieter nicht nur die Infrastruktur, sondern auch Entwicklungstools, Datenbankverwaltungssysteme und mehr zur Verfügung.

Die Vorteile von PaaS sind die beschleunigte Entwicklung und Bereitstellung von Anwendungen, der reduzierte Verwaltungsaufwand für die zugrundeliegende Infrastruktur, die direkt integrierten Entwicklungsumgebungen und Tools sowie die einfache Skalierbarkeit für Anwendungen.

Zu den Herausforderungen bei PaaS zählen die eingeschränkte Kontrolle über die zugrundeliegende Infrastruktur, die potenzielle Abhängigkeit von spezifischen Plattform-Technologien und Bedenken bei der Datensicherheit, da Daten auf der Plattform des Anbieters gespeichert sind. PaaS ist besonders attraktiv für Entwicklungsteams, die sich auf die Erstellung und Bereitstellung von Anwendungen konzentrieren möchten, ohne sich um die Verwaltung der zugrundeliegenden Infrastruktur kümmern zu müssen.

SaaS stellt die höchste Ebene der Cloud-Computing-Dienste dar. Bei diesem Modell wird die gesamte Anwendung vom Cloud-Anbieter gehostet und verwaltet. Benutzer greifen über das Internet auf die Software zu, typischerweise über einen Webbrowser.

Vorteile von SaaS sind die sofortige Verfügbarkeit und einfache Nutzung, die automatischen Updates und die Wartung durch den Anbieter, die konsistente Funktionalität über verschiedene Geräte hinweg und Kosteneinsparungen durch Wegfall von Hard- ware- und Softwarewartung. Zu den Herausforderungen bei SaaS zählen die begrenzten Anpassungsmöglichkeiten, die Abhängigkeit von der Internetverbindung, potenzielle Datenschutz- und Sicherheitsbedenken und die eingeschränkte Kontrolle über Funktionen und Updates. SaaS-Lösungen eignen sich besonders für Standardanwendungen wie E-Mail, CRM-Systeme oder Kollaborationstools, bei denen keine spezifischen Anpassungen erforderlich sind.

Abbildung 24.1 verdeutlicht, welche Komponenten in welchem Modell vom Kunden eines Angebots und welche vom Provider des Angebots verwaltet werden. Die Visualisierung zeigt die Bandbreite der Verwaltung unterschiedlicher On-Premises-Komponenten, wo alles in Kundenhand liegt, bis hin zu SaaS, wo alles beim Provider liegt.

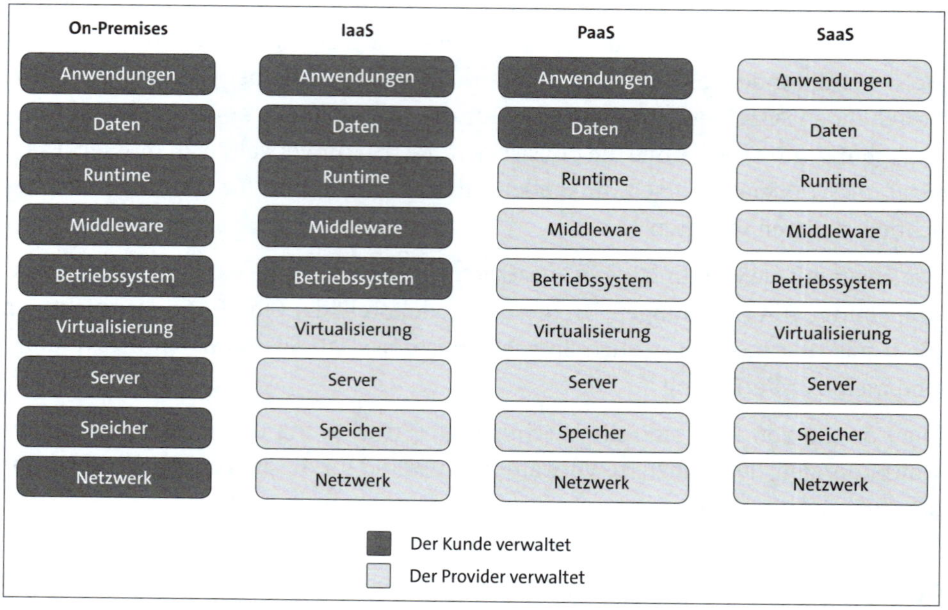

Abbildung 24.1 Visualisierung der verwalteten Komponenten bei den unterschiedlichen Cloud-Modellen

Die Wahl zwischen IaaS, PaaS und SaaS hängt von den spezifischen Anforderungen und Ressourcen eines Projekts ab. IaaS bietet die größte Kontrolle und Flexibilität, erfordert aber auch mehr technisches Know-how. PaaS vereinfacht die Anwendungsentwicklung und -bereitstellung, kann jedoch die Flexibilität in Bezug auf die verwendeten Technologien einschränken. SaaS bietet die einfachste Nutzung und den geringsten Verwaltungsaufwand, schränkt aber die Kontrolle und Anpassungsmöglichkeiten ein.

Bei der Entscheidung für ein Cloud-Modell sind Faktoren wie vorhandene IT-Ressourcen, Skalierbarkeitsanforderungen, Sicherheitsbedenken und langfristige Strategien zu berücksichtigen. Oft kommt eine Kombination dieser Modelle zum Einsatz, um verschiedene Anforderungen optimal zu erfüllen.

Die Cloud-Computing-Landschaft entwickelt sich zudem beständig weiter, mit neuen Diensten und Hybridmodellen, die die Grenzen zwischen IaaS, PaaS und SaaS verwischen. Eine Cloud-Strategie ist daher regelmäßig zu überprüfen und anzupassen, um sicherzustellen, dass Sie die optimale Mischung aus Kontrolle, Flexibilität und Effizienz für sich ändernde Geschäftsanforderungen erreichen.

24.4 Vorteile der Cloud-Entwicklung mit Azure

Die Cloud-Entwicklung mit Azure bietet eine leistungsstarke, flexible und sichere Plattform für die Erstellung moderner Anwendungen. Durch die Kombination aus umfassenden Diensten, globaler Infrastruktur und kontinuierlicher Innovation ermöglicht es Azure, innovative Lösungen zu schaffen und gleichzeitig von den Vorteilen des Cloud-Computings zu profitieren.

Azure stellt dazu eine integrierte Entwicklungsumgebung bereit, die den gesamten Lebenszyklus einer Anwendung abdeckt. Von der Konzeption über die Entwicklung bis hin zur Bereitstellung und Wartung bietet Microsoft mit Azure zahlreiche Tools und Dienste, die gut verzahnt sind. Dies ermöglicht es, effizienter zu arbeiten und sich auf die Kernfunktionalität einer Anwendung zu konzentrieren, anstatt sich mit der Infrastruktur auseinandersetzen zu müssen.

Die üblichen Vorteile des Cloud-Computings sind auch bei Azure mit an Bord, wie die hohe Flexibilität, Anpassbarkeit, Skalierbarkeit und eine breite Palette von Diensten. Anwendungen lassen sich so gestalten, dass sie automatisch auf Nachfragespitzen reagieren und Ressourcen bei geringerer Auslastung reduzieren. Diese Elastizität gewährleistet nicht nur eine optimale Leistung, sondern hilft auch bei der Kostenkontrolle. Das ist mittlerweile aber kein Alleinstellungsmerkmal von Azure mehr, sondern wird auch von anderen Plattformen im Standard geboten.

Mit Rechenzentren in zahlreichen Regionen weltweit ermöglicht es Azure, Anwendungen global bereitzustellen. Dies verbessert nicht nur die Leistung für Endbenutzer, sondern hilft auch bei der Einhaltung lokaler Datenschutzbestimmungen.

Azure legt großen Wert auf Sicherheit und bietet fortschrittliche Sicherheitsfunktionen wie Entry ID, ehemals Azure Active Directory, für Identitätsmanagement und Azure Security Center für umfassende Sicherheitsüberwachung. Zudem erfüllt Azure zahlreiche Compliance-Standards, was besonders für Unternehmen in regulierten Branchen von Bedeutung ist.

Die Pay-as-you-go-Struktur von Azure ermöglicht es, nur für die tatsächlich genutzten Ressourcen zu zahlen. Dies reduziert die Vorabinvestitionen und ermöglicht eine bessere Kontrolle über die IT-Ausgaben. Entwickelnde können zudem Kostenoptimierungstools nutzen, um ihre Ressourcennutzung zu überwachen und anzupassen.

Darüber hinaus bietet Azure umfangreiche Möglichkeiten zur Integration mit bestehenden On-Premises-Systemen. Dies erleichtert die schrittweise Migration in die Cloud und ermöglicht hybride Lösungen, die das Beste aus beiden Welten kombinieren.

Microsoft bietet robuste DevOps-Tools und -Dienste wie Azure DevOps und GitHub Actions. Diese ermöglichen eine nahtlose Integration von Entwicklung und Betrieb, beschleunigen den Entwicklungsprozess und verbessern die Zusammenarbeit im Team.

Azure verfügt über eine umfassende Dokumentation und eine aktive Community. Dies erleichtert Entwickelnden den Einstieg und bietet Unterstützung bei der Lösung von Problemen. Zudem stehen zahlreiche Tutorials, Beispiele und Best Practices zur Verfügung.

24.5 Azure-Ressourcenmanagement und -Architektur

Das Azure-Ressourcenmanagement und die zugrundeliegende Architektur bieten die notwendige Grundlage für die Entwicklung, Bereitstellung und Verwaltung von Cloud-Anwendungen. Durch die Kombination von Verwaltungstools, einer skalierbaren Infrastruktur und umfassenden Sicherheitsfunktionen ermöglicht es Azure, eine IT-Infrastruktur effizient zu verwalten und zu optimieren.

Die Verwaltung von Ressourcen in der Cloud, insbesondere in Microsoft Azure, ist ein entscheidender Aspekt jeder IT-Infrastruktur. In diesem Zusammenhang ist das Azure-Ressourcenmanagement ein zentraler Bestandteil. Es stellt sicher, dass Kunden ihre Cloud-Umgebung effizient nutzen, Kosten kontrollieren und ihre Architektur gemäß Best Practices gestalten können. Das Azure-Ressourcenmanagement und die zugrundeliegende Architektur bilden somit das Rückgrat der Microsoft-Azure-Plattform.

Die Architektur von Azure basiert auf einer Reihe von Bausteinen, die flexibel kombinierbar sind, um Cloud-Lösungen zu entwickeln. Die Azure-Ressourcenhierarchie ist ein Schlüsselelement des Ressourcenmanagements und besteht aus mehreren Ebenen. Zu den wichtigsten Bestandteilen der Azure-Ressourcenarchitektur gehören:

1. *Verwaltungsgruppen*: Diese Gruppen ermöglichen die Organisation von Abonnements in Hierarchien für einheitliche Richtlinien und Zugriffsverwaltung. Eine andere oft genutzte Bezeichnung für diese Gruppen ist *Management Groups*.
2. *Azure-Abonnements* (*Subscriptions*): Ein Azure-Abonnement ist die grundlegende Verwaltungseinheit in Azure. Es fungiert als Container für alle Ressourcen und stellt sicher, dass sie einem bestimmten Abrechnungsmodell zugeordnet werden. Unternehmen können mehrere Abonnements haben, um ihre Ressourcen zu segmentieren, beispielsweise nach Abteilungen oder Projekten.
3. *Ressourcengruppen*: In Azure werden Ressourcen in Ressourcengruppen organisiert. Eine Ressourcengruppe ist eine logische Einheit, die Ressourcen, die zu einer Anwendung oder einem Projekt gehören, zusammenfasst. Das erleichtert die Verwaltung und Überwachung von Ressourcen, da alle zugehörigen Ressourcen gemeinsam verwaltet werden können. Diese Gruppen definieren zudem häufig Ressourcen, die den gleichen Lebenszyklus besitzen.

4. *Azure-Dienste* (*Ressourcen*): Azure stellt eine Vielzahl von Diensten bereit, die Unternehmen nutzen können, um ihre Infrastruktur und Anwendungen zu entwickeln. Dazu gehören unter anderem virtuelle Maschinen (VMs), Speicherlösungen, Datenbanken, künstliche Intelligenz (KI) und maschinelles Lernen (ML), IoT-Dienste, Containerlösungen und Serverless Computing.
5. *Azure-Regionen* und *Availability Zones*: Azure bietet eine Vielzahl von Rechenzentren, die auf der ganzen Welt verteilt sind. Diese Rechenzentren sind in Regionen organisiert, die geografisch getrennte Standorte repräsentieren. Innerhalb jeder Region gibt es sogenannte *Availability Zones*, die für zusätzliche Ausfallsicherheit sorgen, da sie getrennte physische Standorte mit unabhängiger Stromversorgung und Netzwerkverbindungen darstellen.
6. *Tags*: Tags sind Metadaten, die Ressourcen oder Ressourcengruppen zugewiesen werden, um diese effizienter zu organisieren und zu verwalten. Sie bestehen aus Schlüssel-Wert-Paaren und dienen der Klassifizierung, beispielsweise nach Abteilungen, Kostenstellen, Projekten oder Umgebungen. Durch den Einsatz von Tags lässt sich das Kostenmanagement erleichtern, da Ausgaben bestimmten Bereichen zugeordnet werden können. Zudem unterstützen Tags bei der schnellen Ressourcensuche und tragen dazu bei, Unternehmensrichtlinien konsequent einzuhalten.

Die Azure-Ressourcenarchitektur bietet eine flexible, hierarchische Struktur, die es ermöglicht, Cloud-Ressourcen effizient zu organisieren und zu verwalten. Sie besteht aus Abonnements, Ressourcengruppen, Ressourcen und verschiedenen Verwaltungswerkzeugen wie ARM, Management Groups und Azure Policies, die eine umfassende Steuerung und Automatisierung ermöglichen. Abbildung 24.2 zeigt den Zusammenhang der verschiedenen Komponenten aus Sicht einer Ressourcengruppe. Viele dieser Begriffe und Möglichkeiten beschreibt dieser Abschnitt im weiteren Verlauf.

Effizientes Ressourcenmanagement in Azure ist entscheidend, um Kosten zu optimieren, die Performance sicherzustellen und die Sicherheit der Cloud-Umgebung zu gewährleisten. Der Azure Resource Manager (ARM) ist die Verwaltungsplattform, die es ermöglicht, Azure-Ressourcen zu erstellen, zu verwalten und zu überwachen. ARM bietet eine konsistente Verwaltungsschicht für alle Ressourcen und ermöglicht es, diese über das Azure-Portal, die Azure-CLI, PowerShell oder REST-APIs zu verwalten. ARM ermöglicht zudem das Management von Ressourcen als logische Gruppen, so dass Ressourcen, die zusammenarbeiten, gemeinsam bereitgestellt und verwaltet werden können. Des Weiteren sorgt die rollenbasierte Zugriffssteuerung (RBAC) für eine feinkörnige Kontrolle über den Zugriff auf Ressourcen.

ARM-Vorlagen sind deklarative JSON-Dateien, die die gesamte Konfiguration und den Zustand einer Azure-Bereitstellung beschreiben. Sie ermöglichen die Automatisierung der Bereitstellung von Ressourcen und fördern konsistente, wiederholbare Implementierungen.

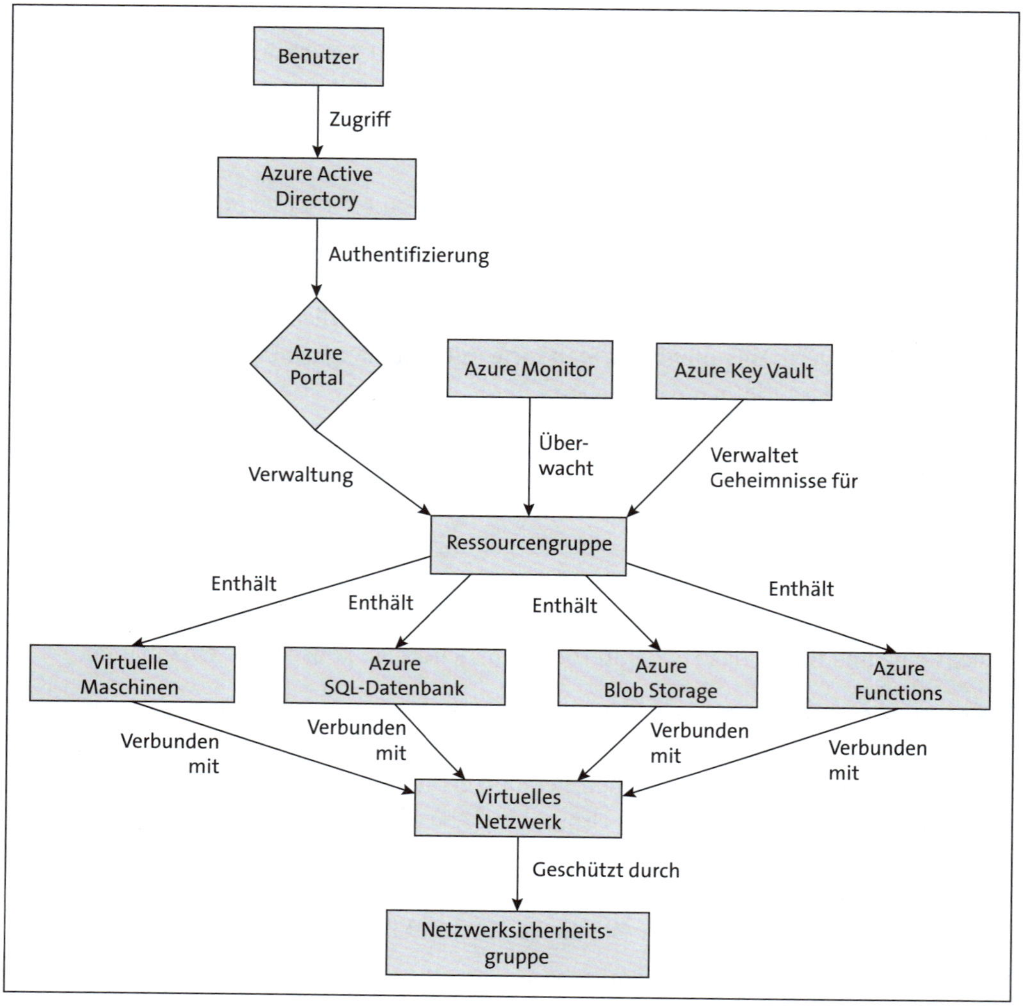

Abbildung 24.2 Visualisierung der Azure-Ressourcenarchitektur aus Sicht einer Ressourcengruppe

ARM-Vorlagen sind ein Beispiel für Infrastructure as Code (IaC). Das bedeutet, dass wir mit diesen Vorlagen unsere Infrastruktur nicht mehr manuell über das Azure-Portal anlegen, sondern deklarativ in Code beschreiben. Dadurch können wir unsere Infrastruktur definieren, versionieren und reproduzierbar in unterschiedlichen Umgebungen – zum Beispiel Entwicklung, Test und Produktion – ausrollen. Das erleichtert insbesondere die Automatisierung, Wiederverwendbarkeit und Nachvollziehbarkeit von Deployments.

Neben ARM-Vorlagen existieren weitere Tools und Sprachen für Infrastructure as Code in Azure, wie zum Beispiel Bicep, eine domänenspezifische Sprache, die die Erstellung von ARM-Vorlagen vereinfacht, und Terraform, ein von HashiCorp entwickeltes, cloud-übergreifendes IaC-Tool. Beide Alternativen werden zunehmend eingesetzt, um die Vorteile von IaC bestmöglich zu nutzen.

Mit ARM-Vorlagen lassen sich auch komplexe Infrastrukturen versionieren und als Code verwalten. Listing 24.1 zeigt ein Beispiel für so eine ARM-Vorlage:

```
{
  "$schema": "https://schema.management.azure.com/schemas/2019-04-01/
deploymentTemplate.json#",
  "contentVersion": "1.0.0.0",
  "resources": [
    {
      "type": "Microsoft.Resources/resourceGroups",
      "apiVersion": "2021-04-01",
      "location": "[parameters('location')]",
      "name": "[parameters('resourceGroupName')]",
      "properties": {}
    }
  ],
  "parameters": {
    "location": {
      "type": "string",
      "defaultValue": "West Europe",
      "allowedValues": [
        "East US",
        "West Europe",
        "East Asia"
      ],
      "metadata": {
        "description": "Der Standort für die Resource Group"
      }
    },
    "resourceGroupName": {
      "type": "string",
      "metadata": {
        "description": "Der Name der Resource Group, die erstellt werden soll"
      }
    }
  }
}
```

Listing 24.1 Beispiel einer ARM-Vorlage zum Erzeugen einer Ressourcengruppe in Azure

Diese ARM-Vorlage ist ein einfaches Beispiel zur Erstellung einer Resource Group in Azure. Die Vorlage enthält das Schema, das zur Validierung der Struktur verwendet wird, sowie eine Versionsangabe (`contentVersion`), die angepasst werden kann. Unter dem Abschnitt `resources` ist die zu erstellende Ressource definiert, in diesem Fall eine Resource Group. Der Abschnitt `parameters` enthält Eingabeparameter für die Vorlage, wie den Standort (`location`) und den Namen der Resource Group (`resourceGroupName`). Die Parameter ermöglichen es, die Vorlage flexibel anzupassen, indem sie verschiedene Standorte oder Namen verwenden, die vom Benutzer angegeben werden können. ARM-Vorlagen lassen sich auf diese Weise erweitern, um komplexere Ressourcen wie virtuelle Maschinen, Speicher-Accounts oder Netzwerke zu konfigurieren.

Die Azure-Netzwerkarchitektur ermöglicht die sichere Verbindung von Ressourcen untereinander und mit externen Netzwerken. Sie bildet das Rückgrat für die Kommunikation und den Datentransfer zwischen Ressourcen und Diensten in der Cloud. Sie ist hoch skalierbar und sicher gestaltet, um die Anforderungen moderner Anwendungen zu unterstützen. Die Hauptkomponenten dieser Netzwerkarchitektur sind:

1. Virtuelle *Netzwerke* (VNETs): In Azure lassen sich virtuelle Netzwerke (VNETs) erstellen, um Ressourcen miteinander zu verbinden und eine sichere Kommunikation zu ermöglichen. VNETs ermöglichen es Unternehmen, deren Cloud-Ressourcen zu segmentieren und Zugriffskontrollen auf Netzwerkebene zu implementieren.
2. *Subnetze*: Innerhalb von VNETs lassen sich Subnetze einrichten, um Ressourcen zu segmentieren und den Datenverkehr gezielt zu steuern. Azure unterstützt private und öffentliche IP-Adressen für interne Kommunikation und Internetverbindungen.
3. *Netzwerksicherheitsgruppen* (NSGs): NSGs steuern den Netzwerkzugriff durch Regeln für ein- und ausgehenden Datenverkehr basierend auf IP-Adressen, Ports und Protokollen. Sie sind flexibel und erhöhen die Netzwerksicherheit.
4. *Azure Firewall*: Die Firewall schützt Netzwerke und filtert Datenverkehr, während der DDoS-Protection-Dienst Angriffe erkennt und abwehrt, um die Verfügbarkeit von Anwendungen zu gewährleisten.
5. *VPN-Gateway* und *ExpressRoute*: Das VPN-Gateway ermöglicht sichere Verbindungen zwischen On-Premises-Netzwerken und Azure-Ressourcen über das Internet. ExpressRoute bietet dedizierte, private Verbindungen für hohe Bandbreite und geringe Latenz.

Daneben bieten Azure-Richtlinien (Policies) die Möglichkeit, Governance-Regeln in Ihrer Cloud-Umgebung durchzusetzen. Mit Richtlinien können Administratoren Regeln und Standards festlegen, um sicherzustellen, dass Ressourcen den Sicherheitsanforderungen, Compliance-Vorgaben und Best Practices entsprechen. Beispielsweise können Richtlinien definieren, dass nur bestimmte VM-Typen oder bestimmte Regionen für Ressourcen verwendet werden dürfen.

Azure bietet integrierte Tools für das Kostenmanagement und die Abrechnung. Diese ermöglichen es, Ausgaben in Echtzeit zu überwachen, Budgets festzulegen und Berichte zu generieren. Durch das Verwalten von Kosten und die Implementierung von Kostenrichtlinien können Unternehmen sicherstellen, dass ihre Ausgaben im Rahmen des Budgets bleiben.

24.6 Schlüsseldienste: Azure Compute, Storage, Databases und KI

Microsoft Azure bietet eine umfangreiche Palette von Cloud-Diensten. Die besonders wichtigen und oft genutzten Dienste von Azure lassen sich in vier Hauptkategorien einteilen: Compute, Storage, Databases und KI. Diese Dienste bilden das Fundament für die meisten Azure-basierten Anwendungen und Lösungen.

Azure-Compute-Dienste stellen die Rechenleistung für Cloud-Anwendungen bereit. In diese Kategorie fallen beispielsweise die folgenden Dienste:

1. Azure Virtual Machines (VMs)
2. Azure Virtual Machine Scale Sets (VMSS)
3. Azure App Services
4. Azure Container Instances (ACI)
5. Azure Kubernetes Service (AKS)
6. Azure Virtual Desktop
7. Azure Functions (Serverless)
8. Azure Container Apps

Der bekannteste Dienst in dieser Kategorie heißt *Azure Virtual Machines* (*VMs*). VMs ermöglichen es Nutzern, Windows- oder Linux-basierte virtuelle Maschinen in der Cloud zu erstellen und zu verwalten. VMs bieten maximale Kontrolle über die Computerressourcen und sind ideal für Anwendungen, die eine spezifische Konfiguration erfordern.

Azure App Service ist eine weitere wichtige Compute-Lösung, die es Entwicklern und Entwicklerinnen ermöglicht, Web-Apps, mobile App-Backends und RESTful APIs zu hosten, ohne sich um die zugrundeliegende Infrastruktur kümmern zu müssen. Es unterstützt mehrere Programmiersprachen und Frameworks, was es zu einer vielseitigen Plattform für die Anwendungsentwicklung macht.

Für containerisierte Anwendungen bietet *Azure Container Apps* eine moderne und flexible Plattform für den Betrieb containerisierter Anwendungen und Microservices ohne die Komplexität einer eigenen Kubernetes-Clusterverwaltung. Container Apps basiert auf Kubernetes und KEDA, abstrahiert aber viele Details der Cluster-Infrastruktur und ermöglicht Funktionen wie automatische Skalierung, beispielsweise auch auf null, Ingress-Steuerung und einfache Integration mit anderen Azure-Diensten. Damit eignet sich Azure Container Apps besonders für Entwickelnde, die cloudnative Anwendungen mit minimalem Betriebsaufwand bereitstellen möchten.

Azure Container Instances (*ACI*) ist eine sehr einfache und schnelle Möglichkeit, einzelne Container in der Cloud auszuführen, ohne virtuelle Maschinen oder Cluster verwalten zu müssen. Es eignet sich vor allem für temporäre oder weniger komplexe Anwendungsfälle, bei denen keine umfassende Orchestrierung notwendig ist.

Azure Kubernetes Service (*AKS*) schließlich geht einen Schritt weiter und bietet eine vollständig verwaltete Kubernetes-Plattform für die Orchestrierung und den Betrieb komplexer, skalierbarer Containeranwendungen. AKS ist die passende Lösung, wenn maximale Flexibilität, Kontrolle und Integration in den Kubernetes-Ökosystem gefragt sind.

Serverless Computing wird durch Azure Functions abgedeckt, die es ermöglichen, ereignisgesteuerten Code auszuführen, ohne sich um die Infrastruktur kümmern zu müssen. Dies ist besonders nützlich für Mikroservices und ereignisbasierte Architekturen.

Azure Storage bietet skalierbare Cloud-Speicherlösungen für verschiedene Datentypen. Zu dieser Kategorie gehören die folgenden Azure-Dienste:

1. Azure Blob Storage
2. Azure File Storage
3. Azure Queue Storage
4. Azure Table Storage
5. Azure Disk Storage
6. Azure NetApp Files
7. Azure Container Storage

Azure Blob Storage ist ein Objektspeicher für große Mengen unstrukturierter Daten wie Text oder Binärdateien. Er eignet sich hervorragend für die Speicherung von Medieninhalten, Backups und Big-Data-Analysen.

Azure Files bietet vollständig verwaltete Dateifreigaben in der Cloud, die über das standardmäßige Protokoll Server Message Block (SMB) zugänglich sind. Dies ermöglicht eine nahtlose Integration mit bestehenden Anwendungen und Workflows.

Für blockbasierte Speicherung, die von Azure VMs verwendet wird, steht *Azure Managed Disks* zur Verfügung. Dieser Dienst bietet hochleistungsfähige und sichere Speicheroptionen für virtuelle Maschinen.

Azure Queue Storage ist ein Dienst zur Speicherung großer Mengen von Nachrichten, die zwischen Anwendungskomponenten ausgetauscht werden können. Dies ist besonders nützlich für die Entkopplung verschiedener Teile einer verteilten Anwendung.

Azure bietet eine Vielzahl von Datenbanklösungen, um unterschiedliche Anforderungen zu erfüllen, wie die folgende Auflistung zeigt:

1. Azure SQL Database
2. Azure Cosmos DB
3. Azure Database for MySQL
4. Azure Database for PostgreSQL

Azure SQL Database ist eine vollständig verwaltete relationale Datenbank als Service, die auf der neuesten stabilen Version von Microsoft SQL Server basiert. Sie bietet hohe Leistung, Skalierbarkeit und Sicherheit für Anwendungen, die relationale Daten verarbeiten.

Für NoSQL-Workloads steht *Azure Cosmos DB* zur Verfügung, eine global verteilte Multi-Model-Datenbank, die für hohe Skalierbarkeit und niedrige Latenz optimiert ist. Sie unterstützt verschiedene APIs wie SQL, MongoDB, Cassandra und Gremlin.

Azure Database for MySQL und *Azure Database for PostgreSQL* sind vollständig verwaltete Versionen der beliebten Open-Source-Datenbanken, die Entwicklern und Entwicklerinnen vertraute Tools und Funktionen bieten, während Azure die Verwaltung und Skalierung übernimmt.

Azure bietet eine umfangreiche Suite von KI- und Machine-Learning-Diensten. Azure Machine Learning ist eine End-to-End-Plattform für die Entwicklung, das Training und die Bereitstellung von Machine-Learning-Modellen. Sie bietet Tools für Datenwissenschaftler und Entwickelnde, um den gesamten ML-Lebenszyklus zu verwalten. Zu diesem wachsenden Angebot innerhalb der Azure-KI-Kategorie gehören die folgenden Dienste:

1. Azure OpenAI
2. Azure AI Speech
3. Azure AI Language
4. Azure AI Translator
5. Azure AI Vision
6. Azure AI Search
7. Azure Machine Learning
8. Azure Cognitive Services

Azure Cognitive Services stellen vorgefertigte KI-Modelle für verschiedene Aufgaben wie Bildverarbeitung, Spracherkennung und natürliche Sprachverarbeitung bereit.

Diese Dienste ermöglichen es Entwickelnden, KI-Funktionen in ihre Anwendungen zu integrieren, ohne tiefgreifende KI-Expertise zu benötigen.

Der *Azure OpenAI Service* bietet Zugang zu leistungsstarken Sprachmodellen wie GPT-3 und GPT-4, die für eine Vielzahl von Anwendungen genutzt werden können, von der Texterstellung bis hin zur Codegeneration.

Neben diesen Kernbereichen bietet Azure eine Vielzahl weiterer Dienste, die das Ökosystem vervollständigen. Einen Überblick bieten die folgenden Auflistungen.

Azure-Networking-Dienste ermöglichen die sichere Verbindung von Ressourcen innerhalb von Azure sowie zwischen Azure und On-Premises-Infrastrukturen. Dazu gehören Virtual Networks, Load Balancer und VPN-Gateway.

Azure-Networking-Dienste

1. Azure Virtual Network
2. Azure Load Balancer
3. Azure VPN Gateway
4. Azure Firewall

Azure Identity and *Access Management*, einschließlich *Entry ID*, bieten robuste Lösungen für die Verwaltung von Benutzeridentitäten und den Zugriff auf Ressourcen. Dies ist entscheidend für die Sicherheit und Compliance in Cloud-Umgebungen.

Identity and Security

1. Entry ID
2. Azure Key Vault
3. Azure Security Center

Azure DevOps und GitHub bieten umfassende Tools für die Softwareentwicklung, einschließlich Versionskontrolle, CI/CD-Pipelines und Projektmanagement. Diese Dienste unterstützen Entwicklungsteams bei der effizienten Zusammenarbeit und der schnellen Bereitstellung von Anwendungen.

DevOps and Development Tools

1. Azure DevOps
2. Azure Pipelines
3. Azure Boards
4. Visual Studio App Center

Für Analysen und Big Data stehen Dienste *wie Azure Synapse Analytics* und *Azure Databricks* zur Verfügung. Diese ermöglichen es Unternehmen, große Datenmengen zu verarbeiten und wertvolle Erkenntnisse zu gewinnen.

Analytics and Big Data

1. Azure Synapse Analytics
2. Azure HDInsight
3. Azure Stream Analytics
4. Azure Data Lake Analytics
5. Power BI

Für das Internet der Dinge (IoT) bietet *Azure IoT Hub* eine zentrale Nachrichtendrehscheibe für die bidirektionale Kommunikation zwischen IoT-Anwendungen und den verwalteten Geräten. *Azure IoT Edge* ermöglicht es, Cloud-Intelligence und -Analysen direkt auf IoT-Geräten auszuführen.

Internet of Things (IoT)

1. Azure IoT Hub
2. Azure IoT Central
3. Azure Sphere
4. Azure Digital Twins

Um den zuverlässigen und sicheren Betrieb von Azure-Ressourcen sicherzustellen, stellt Microsoft zudem umfassende Tools für Überwachung, Automatisierung und Sicherung bereit. Diese ermöglichen eine proaktive Verwaltung von Infrastruktur und Workloads.

Management and Monitoring

1. Azure Monitor
2. Azure Automation
3. Azure Backup

Die Integration all dieser Dienste ermöglicht es, komplexe und skalierbare Lösungen in der Cloud zu erstellen. Durch die Kombination von Compute-Ressourcen mit leistungsfähigen Speicher- und Datenbanklösungen lassen sich Anwendungen entwickeln, die hohe Lasten bewältigen und global verfügbar sind. Die KI- und Machine-Learning-Dienste fügen eine zusätzliche Ebene der Intelligenz hinzu, die es ermöglicht, aus Daten wertvolle Erkenntnisse zu gewinnen und Geschäftsprozesse zu optimieren.

24.7 Azure CLI und Azure PowerShell

Das *Azure CLI* und die *Azure PowerShell* sind zwei umfangreiche Befehlszeilentools, die von Microsoft bereitgestellt werden und dazu dienen, Azure-Ressourcen zu verwalten und zu automatisieren. Beide Tools ermöglichen es Administratorinnen und Entwicklern, Azure-Dienste effizient zu steuern und komplexe Aufgaben zu automatisieren. Obwohl sie ähnliche Funktionen bieten, unterscheiden sie sich in ihrer Syntax und Anwendung.

Das Azure Command-Line Interface (CLI) ist ein plattformübergreifendes Befehlszeilentool, das für die Verwaltung von Azure-Ressourcen entwickelt wurde. Es bietet eine intuitive und konsistente Befehlsstruktur, mit der Benutzer Azure-Ressourcen schnell und effizient erstellen, aktualisieren und verwalten können. Azure CLI läuft auf Windows, macOS und Linux. Das Tool verwendete eine einfache und klare Syntax, und die Befehle basieren auf Verben. Das CLI lässt sich problemlos über Paketmanager oder direkte Downloads installieren. Es ist durch die Unterstützung für Skripterstellung ideal für die Automatisierung von Azure-Aufgaben in der Bash oder anderen Skriptsprachen. Für die einfache Weiterverarbeitung ist eine JSON-Ausgabe standardmäßig implementiert und aktiviert.

Das folgende Beispiel zeigt, wie Sie über Azure CLI eine virtuelle Maschine erzeugen. Der erste Befehl erzeugt eine Ressourcengruppe, während der zweite Befehl die VM innerhalb dieser neuen Ressourcengruppe erstellt. Basis für die VM ist ein Ubuntu-Image.

```
az group create --name myResourceGroup --location eastus

az vm create \
    --resource-group myResourceGroup \
    --name myVM \
    --image UbuntuLTS \
    --admin-username azureuser \
    --generate-ssh-keys
```

Listing 24.2 Mit Azure CLI eine virtuelle Maschine erzeugen

Dieses Beispiel zeigt, wie einfach es ist, eine Ressourcengruppe und eine virtuelle Maschine mit wenigen Befehlen zu erstellen. Das Azure CLI verwendet eine intuitive Struktur, bei der Befehle logisch gruppiert sind, wie zum Beispiel `az vm` für Befehle, die sich auf virtuelle Maschinen beziehen.

Die Azure PowerShell ist ein Modul, das PowerShell-Cmdlets zum Verwalten von Azure-Ressourcen bereitstellt. Es ist besonders nützlich für Windows-Administratoren und diejenigen, die bereits mit der PowerShell vertraut sind. Azure PowerShell bietet eine objektorientierte Schnittstelle und integriert sich nahtlos in die PowerShell-Umgebung.

Mit der PowerShell-Integration können Sie die volle Leistungsfähigkeit der PowerShell, einschließlich Piping und der Manipulation komplexer Objekte, nutzen. Dies ermöglicht eine flexible und leistungsstarke Verarbeitung von Daten. Zudem ist das System objektorientiert aufgebaut, was bedeutet, dass PowerShell-Objekte zurückgegeben werden, die in nachfolgenden Operationen weiterverarbeitet werden können. Obwohl die Plattform auf verschiedenen Betriebssystemen funktioniert, ist sie besonders für Windows-Umgebungen optimiert und bietet hier native Unterstützung. Eine umfangreiche Cmdlet-Bibliothek stellt zahlreiche Befehle zur Verfügung, die speziell für verschiedene Azure-Dienste ausgelegt sind, was die Arbeit mit diesen Diensten stark vereinfacht. Darüber hinaus bietet die Skripterstellung die Möglichkeit, komplexe Automatisierungsszenarien mittels PowerShell-Skripten umzusetzen, wodurch sich wiederkehrende Aufgaben effizient automatisieren lassen.

Das folgende Beispiel zeigt, wie sich ein Azure-Storage-Konto mit der Azure PowerShell anlegen lässt. Zunächst ist die Anmeldung bei Azure notwendig:

```
Connect-AzAccount
```

Anschließend lässt sich eine Ressourcengruppe erzeugen:

```
New-AzResourceGroup -Name myResourceGroup -Location eastus
```

Danach legen Sie mit dem folgenden Befehl einen neuen Azure-Storage-Account an:

```
New-AzStorageAccount `
    -ResourceGroupName myResourceGroup `
    -Name mystorageaccount `
    -Location eastus `
    -SkuName Standard_LRS `
    -Kind StorageV2
```

Listing 24.3 Einen neuen Azure-Storage-Account anlegen per Azure PowerShell

Die Syntax folgt dem typischen PowerShell-Muster mit Verb-Nomen-Struktur, wie zum Beispiel `New-AzStorageAccount`.

Beide Tools – Azure CLI und Azure PowerShell – bieten umfassende Möglichkeiten zur Verwaltung von Azure-Ressourcen. Welches Sie wählen, wird von Ihren persönlichen Präferenzen, dem Betriebssystem und dem spezifischen Anwendungsfall abhängen.

Das Azure CLI erweist sich als besonders nützlich in plattformübergreifenden Szenarien und ist ideal für alle, die mit Bash oder anderen Unix-ähnlichen Shells vertraut sind. Es zeichnet sich durch die Möglichkeit aus, schnelle, einzeilige Befehle auszuführen, und bietet eine nahtlose Integration in CI/CD-Pipelines, insbesondere in Linux-basierten Umgebungen.

Im Gegensatz dazu eignet sich die Azure PowerShell vor allem für die Administration von Windows-Systemen und für User, die die PowerShell beherrschen. Sie ist besonders vorteilhaft für komplexe Skriptszenarien, die die umfangreichen Funktionen von PowerShell nutzen, und bietet eine tiefe Integration mit anderen Windows-basierten Tools und Skripten. Darüber hinaus ist Azure PowerShell ideal für Szenarien, in denen eine umfangreiche Objektmanipulation erforderlich ist.

Das folgende Beispiel zeigt als Vergleich ein komplexeres Szenario. Die Annahme ist, dass alle virtuellen Maschinen in einer bestimmten Ressourcengruppe aufzulisten sind, die derzeit ausgeführt werden, und die Namen und IP-Adressen dieser VMs auszugeben. Das erste Listing zeigt den Ansatz mit der Azure CLI:

```
az vm list \
    --resource-group myResourceGroup \
    --show-details \
    --query "[?powerState=='VM running'].{Name:name, IP:publicIps}" \
    --output table
```

Über die Azure PowerShell sieht es wie im nachfolgenden Beispiel aus:

```
Get-AzVM -ResourceGroupName myResourceGroup |
    Where-Object {$_.PowerState -eq "VM running"} |
    Select-Object Name, @{Name="IP"; Expression=
        {$_.NetworkProfile.NetworkInterfaces[0].
        IpConfigurations[0].PublicIpAddress.IpAddress}} |
    Format-Table
```

Dieses Beispiel zeigt die unterschiedlichen Ansätze der beiden Tools. Das Azure CLI verwendet eine einzeilige Abfrage mit JMESPath-Syntax, während die Azure PowerShell die PowerShell-Pipeline und Objektmanipulation nutzt.

Obwohl das Azure CLI und die Azure PowerShell separate Tools sind, arbeiten sie in vielen Szenarien zusammen. Zum Beispiel können Azure-CLI-Befehle in PowerShell-Skripte eingebettet werden, oder PowerShell-Cmdlets können in Bash-Skripten über `pwsh` (PowerShell Core) aufgerufen werden.

Um die Wartbarkeit eines Projekts zu verbessern, ist es ratsam, sich für ein Tool zu entscheiden und konsequent dabei zu bleiben. Unabhängig vom gewählten Tool ist zudem eine Versionskontrolle für die Skripte empfehlenswert, um Änderungen nachvollziehbar zu machen. Eine robuste Fehlerbehandlung in den Skripten ist ebenfalls von großer Bedeutung, um unerwartete Probleme zu vermeiden und die Stabilität zu erhöhen. Um die Flexibilität und Wiederverwendbarkeit der Skripte zu gewährleisten, sollten Sie Parameter verwenden, so dass die Skripte an unterschiedliche Szenarien angepasst werden können. Schließlich ist eine ausführliche Dokumentation in Form von Kommentaren, insbesondere bei komplexen Operationen, unerlässlich, um die Verständlichkeit und Nachvollziehbarkeit des Codes zu fördern.

24.8 Azure SDKs für .NET

Das *Azure SDK für .NET* ist eine umfassende Sammlung von Bibliotheken, die es auf der .NET-Plattform ermöglicht, nahtlos mit Azure-Diensten zu interagieren und diese in .NET-Anwendungen zu integrieren. Es bietet eine konsistente und intuitive Programmierschnittstelle, die speziell für die .NET-Plattform optimiert ist und die Leistungsfähigkeit von Azure ausschöpft.

Das Azure SDK für .NET besteht aus einer Vielzahl von Paketen, die jeweils spezifische Azure-Dienste abdecken. Diese Pakete sind modular aufgebaut, so dass Entwickler und Entwicklerinnen nur die für eine Anwendung benötigten Komponenten installieren müssen. Die Struktur des SDK folgt einem einheitlichen Designmuster, das die Konsistenz über verschiedene Azure-Dienste hinweg gewährleistet und die Lernkurve minimiert.

Das SDK bietet eine natürliche und vertraute Programmiererfahrung, indem es .NET-Konventionen und Best Practices befolgt, was als *idiomatische .NET-API* bekannt ist. Zudem bietet das SDK eine umfassende Unterstützung für asynchrone Operationen mit *Task-based Asynchronous Patterns* (TAP), was die Entwicklung performanter und skalierbarer Anwendungen erleichtert.

Auch an die Authentifizierung und Autorisierung ist gedacht. Integrierte Mechanismen für die sichere Authentifizierung gegenüber Azure-Diensten, einschließlich Unterstützung für Entry ID, sind mit an Bord. Eine robuste Fehlerbehandlung und integrierte Wiederholungsmechanismen sorgen für eine zuverlässige Kommunikation mit Azure-Diensten.

Die folgenden Beispiele zeigen C#-Code zur Nutzung des .NET-SDK. Damit die Beispiele funktionieren, müssen die beiden folgenden NuGet-Pakete installiert sein:


```
dotnet add package Azure.Identity
dotnet add package Azure.ResourceManager
```

Das erste Beispiel zeigt die Authentifizierung mit der Klasse `DefaultAzureCredential`, die verschiedene Authentifizierungsmethoden automatisch versucht.

```
using Azure.Identity;
using Azure.ResourceManager;
using Azure.Core;
```

```
class Program
{
    static async Task Main(string[] args)
    {
        try
        {
            // Erstellen eines DefaultAzureCredential-Objekts
            var credential = new DefaultAzureCredential();

            // Erstellen eines ArmClient mit den Anmeldeinformationen
            ArmClient client = new ArmClient(credential);

            // Abrufen der Subscription
            SubscriptionResource subscription =
                await client.GetDefaultSubscriptionAsync();

            Console.WriteLine($"Erfolgreich angemeldet. Subscription ID:
                                {subscription.Data.SubscriptionId}");
        }
        catch (Exception ex)
        {
            Console.WriteLine($"Fehler bei der Anmeldung: {ex.Message}");
        }
    }
}
```

Listing 24.4 Die Authentifizierung mit der Klasse »DefaultAzureCredential«

Dieses Beispiel verwendet die Klasse `DefaultAzureCredential`, die verschiedene Authentifizierungsmethoden in einer bestimmten Reihenfolge versucht, einschließlich Umgebungsvariablen, verwaltete Identitäten und lokale Entwicklertools.

Das zweite Beispiel zeigt eine Abfrage vorhandener Ressourcengruppen der als Standard definierten Azure-Subscription. Der Code sieht folgendermaßen aus:

```
using Azure.Identity;
using Azure.ResourceManager;
using Azure.ResourceManager.Resources;
using Azure.Core;

class Program
{
    static async Task Main(string[] args)
```

```
    {
        try
        {
            // Erstellen eines DefaultAzureCredential-Objekts
            var credential = new DefaultAzureCredential();

            // Erstellen eines ArmClient mit den Anmeldeinformationen
            ArmClient client = new ArmClient(credential);

            // Abrufen der Subscription
            SubscriptionResource subscription =
                await client.GetDefaultSubscriptionAsync();

            Console.WriteLine($"Auflisten der Ressourcengruppen für
            Subscription: {subscription.Data.SubscriptionId}");

            // Abrufen aller Ressourcengruppen
            AsyncPageable<ResourceGroupResource> resourceGroups =
                subscription.GetResourceGroupsAsync();

            // Durchlaufen und Ausgeben der Ressourcengruppen
            await foreach (ResourceGroupResource resourceGroup in
                           resourceGroups)
            {
                Console.WriteLine($"Name: {resourceGroup.Data.Name}, Location:
                                  {resourceGroup.Data.Location}");
            }
        }
        catch (Exception ex)
        {
            Console.WriteLine($"Fehler beim Abrufen der Ressourcengruppen:
                              {ex.Message}");
        }
    }
}
```

Listing 24.5 Abfrage vorhandenen Ressourcengruppen der als Standard definierten Azure-Subscription

Dieses Beispiel authentifiziert sich zuerst mit `DefaultAzureCredential`, ruft dann die Standard-Subscription ab und listet alle Ressourcengruppen in dieser Subscription auf.

Um die bestmögliche Leistung und Sicherheit einer Anwendung zu gewährleisten, ist es wichtig, immer die neueste Version des SDK zu verwenden, um von den neuesten Verbesserungen und Fehlerbehebungen zu profitieren. Darüber hinaus sollten die asynchronen Methoden des SDK bevorzugt zum Einsatz kommen, wo immer dies möglich ist, um die Skalierbarkeit und Reaktionsfähigkeit einer Anwendung zu optimieren.

Ein weiterer wichtiger Punkt ist die Externalisierung der Konfiguration: Verbindungszeichenfolgen und andere sensible Informationen sollten niemals im Code oder in Konfigurationsdateien gespeichert werden, insbesondere dann nicht, wenn diese versioniert oder geteilt werden. Stattdessen sollten vertrauliche Daten immer in einem speziell dafür vorgesehenen Dienst wie dem Azure Key Vault abgelegt sein. Allgemeine, nicht sensible Konfigurationswerte, zum Beispiel Einstellungen für Testumgebungen, lassen sich hingegen in Konfigurationsdateien verwalten.

Wenn Azure Key Vault nicht genutzt werden kann oder soll, gibt es verschiedene Alternativen, sensible Informationen sicher zu speichern. Eine Möglichkeit ist *Azure App Configuration*, das Konfigurationswerte zentral verwaltet und sensible Daten verschlüsselt speichern kann. Besonders sicher ist es, geheime Werte dort mit *Azure Managed Identities* abzusichern und diese nicht im Klartext zu hinterlegen.

Ein weiterer Ansatz sind *Umgebungsvariablen*, die häufig in Deployments wie Azure App Service, Azure Container Apps, Kubernetes oder CI/CD-Pipelines verwendet werden, um geheime Informationen zu hinterlegen. Hierbei ist jedoch unbedingt darauf zu achten, dass diese Variablen nicht in öffentlich zugänglichen oder versionierten Dateien gespeichert werden.

Für Kubernetes-Umgebungen stehen sogenannte *Kubernetes Secrets* zur Verfügung, die speziell für die Speicherung sensibler Daten gedacht sind. Allerdings sind diese standardmäßig nur Base64-codiert. Für zusätzliche Sicherheit empfiehlt es sich, einen weiteren Verschlüsselungsmechanismus zu nutzen.

Darüber hinaus existieren cloud-übergreifende Tools wie HashiCorp Vault oder Open-Source-Lösungen wie SOPS von Mozilla, mit denen Geheimnisse ebenfalls sicher verwaltet werden können. Auch andere Cloud-Anbieter bieten eigene Secret Stores wie den AWS Secrets Manager oder den Google Secret Manager, die vor allem in Multi-Cloud-Umgebungen relevant sein können.

Unabhängig von der gewählten Lösung gilt grundsätzlich: Geheime Informationen sollten niemals in Code-Repositories, Konfigurationsdateien im Klartext oder öffentlich zugänglichen Speicherorten abgelegt werden. Stattdessen sollte immer ein speziell für das Management und die Zugriffskontrolle von Geheimnissen entwickelter Dienst verwendet werden, der idealerweise auch Audit- und Zugriffsbeschränkungen bietet.

Für eine stabile Anwendung ist es unerlässlich, eine robuste Fehlerbehandlung zu implementieren, indem Sie die vom SDK bereitgestellten Ausnahmen und Fehlercodes nutzen. Schließlich ist es ratsam, das SDK-Logging zu aktivieren, um im Falle von Problemen detaillierte Informationen zur Fehlerbehebung zu erhalten.

24.9 Nutzung des Azure-Portals

Das Azure-Portal ist die zentrale webbasierte Benutzeroberfläche für die Verwaltung und Überwachung von Diensten in Microsoft Azure. Es ermöglicht Anwendern, Cloud-Ressourcen wie virtuelle Maschinen, Datenbanken, Netzwerke und Speicherlösungen einfach bereitzustellen, zu konfigurieren und zu steuern – ganz ohne die Notwendigkeit, komplexe Skripte oder Befehlszeilen-Tools zu verwenden. Durch die intuitive grafische Oberfläche können sowohl Einsteiger als auch erfahrene Administratoren schnell auf alle verfügbaren Azure-Dienste zugreifen und diese an ihre Anforderungen anpassen.

Das Portal bietet eine Vielzahl von Funktionen, darunter Dashboards zur individuellen Gestaltung, interaktive Diagramme zur Visualisierung von Ressourcennutzung sowie integrierte Tools für Sicherheit, Kostenkontrolle und Diagnose. Über Rollen- und Zugriffssteuerungen lässt sich genau festlegen, welche Benutzer auf welche Ressourcen zugreifen dürfen. Darüber hinaus unterstützt das Azure-Portal die direkte Integration mit anderen Verwaltungs- und Entwicklungswerkzeugen, wodurch eine nahtlose Verbindung zwischen der grafischen Oberfläche und automatisierten Prozessen möglich wird.

24.10 Azure SQL Database und Cosmos DB

Azure SQL Database und Azure Cosmos DB sind zwei leistungsstarke Datenbankdienste, die bei Microsoft Azure im Angebot sind. Beide Dienste haben ihre eigenen Stärken und Einsatzszenarien, so dass sie sich für unterschiedliche Anwendungsfälle eignen.

Azure SQL Database ist ein vollständig verwalteter relationaler Datenbankdienst, der auf der neuesten stabilen Version von Microsoft SQL Server basiert. Er bietet eine hochverfügbare, skalierbare und sichere Plattform für die Entwicklung und Bereitstellung von Datenbankanwendungen in der Cloud. Ein Hauptmerkmal der Azure-SQL-Datenbank ist, dass es sich um einen vollständig verwalteten Dienst handelt. Microsoft kümmert sich um Wartung, Upgrades und Backups, so dass sich Entwickelnde auf ihre Anwendungen konzentrieren können. Der Dienst hat zudem eine hohe Verfügbarkeit von 99,99 % durch die integrierte Replikation und das automatische Failover. Darüber hinaus lässt sich die Datenbank recht simpel hoch- und herunterskalieren, um sich ändernden Workload-Anforderungen gerecht zu werden. Des Weiteren sind umfassende Sicherheitsfunktionen wie Transparent Data Encryption (TDE), Always Encrypted und dynamische Datenmaskierung integriert. Ist eine Migration bestehender SQL-Server-Anwendungen angedacht, dann ist das durch die hohe Kompatibilität mit dieser Datenbank gut möglich.

Das folgende Beispiel nutzt die Klasse `System.Data.SqlClient`, um eine Verbindung zur Datenbank herzustellen und SQL-Abfragen durchzuführen.

```
using System;
using System.Data.SqlClient;
using System.Threading.Tasks;

namespace AzureSqlQueryExample
{
    class Program
    {
        // Verbindung zur Datenbank
        private static string connectionString = "Server=
tcp:beispielsqlserver123.database.windows.net,1433;Initial Catalog=
BeispielDatenbank;Persist Security Info=False;User ID=sqladmin;Password=
SicheresPasswort123!;MultipleActiveResultSets=False;Encrypt=
True;TrustServerCertificate=False;Connection Timeout=30;";

        static async Task Main(string[] args)
        {
            try
            {
                // Abfrage durchführen und Ergebnisse anzeigen
                await QueryDatabaseAsync();
            }
            catch (Exception ex)
            {
                Console.WriteLine($"Fehler: {ex.Message}");
            }
        }

        private static async Task QueryDatabaseAsync()
        {
            // SQL-Abfrage, die alle Einträge aus einer Beispiel-Tabelle liest
            string query = "SELECT * FROM BeispielTabelle";

            using (SqlConnection connection =
                new SqlConnection(connectionString))
```

```
                {
                    // Verbindung öffnen
                    await connection.OpenAsync();

                    // Befehl erstellen
                    using (SqlCommand command = new SqlCommand(query, connection))
                    {
                        // Abfrage ausführen
                        using (SqlDataReader reader =
                            await command.ExecuteReaderAsync())
                        {
                            // Ergebnisse verarbeiten
                            while (await reader.ReadAsync())
                            {
                                // Beispiel: Annahme, die Tabelle hat die Spalten
                                // "Id" (int) und "Name" (string)
                                int id = reader.GetInt32(0); // Spalte 0 ist "Id"
                                string name = reader.GetString(1); // Spalte 1
                                                                   // ist "Name"

                                Console.WriteLine($"ID: {id}, Name: {name}");
                            }
                        }
                    }
                }
            }
        }
}
```

Listing 24.6 Verbindungsaufbau zu einer Datenbank, um SQL-Anfragen abzusetzen

Der `connectionString` enthält alle notwendigen Informationen, um eine Verbindung zur Azure SQL-Datenbank herzustellen, einschließlich Serveradresse, Datenbankname, Anmeldedaten und Verschlüsselungseinstellungen. Dabei sind die Platzhalter im `connectionString` durch die eigenen Verbindungsdetails zu ersetzen. Die Methode `QueryDatabaseAsync` stellt die Verbindung zur Datenbank her und führt eine SQL-Abfrage aus. Hierbei wird ein `SqlCommand` verwendet, um die Abfrage zu definieren, und mit `ExecuteReaderAsync` ausgeführt. Der `SqlDataReader` liest die Ergebnisse zeilenweise aus und gibt sie in der Konsole aus, wobei in diesem Beispiel davon ausgegangen wird, dass die Tabelle eine Spalte *Id* und eine Spalte *Name* enthält. Eine grundlegende Fehlerbehandlung ist ebenfalls implementiert, um sicherzustellen, dass eventuelle Fehler, wie Verbindungsprobleme oder Abfragefehler, in der Konsole angezeigt werden.

Typische Anwendungsfälle für Azure SQL Database sind Unternehmensanwendungen mit komplexen Transaktionen und Beziehungen zwischen Daten, Webanwendungen und E-Commerce-Plattformen, Datenanalyse und Berichterstattung, sowie Anwendungen, die eine hohe Datenkonsistenz erfordern.

Azure Cosmos DB ist ein vollständig verwalteter, global verteilter NoSQL-Datenbankdienst, der für hohe Skalierbarkeit und niedrige Latenz optimiert ist. Er unterstützt mehrere Datenmodelle und APIs, was ihn zu einer vielseitigen Lösung für verschiedene Anwendungsszenarien macht.

Ein Hauptmerkmal von Azure Cosmos DB ist die globale Verteilung durch die automatische und transparente Replikation der Daten in mehrere Azure-Regionen weltweit. Zudem bietet der Dienst Unterstützung für verschiedene Datenmodelle (Dokument, Schlüssel-Werte-Paare, Spalte, Graph) und APIs (SQL, MongoDB, Cassandra, Gremlin, Table). Darüber hinaus ist die Datenbank skalierbar, unterstützt fünf klar definierte Konsistenzmodelle zur Optimierung von Leistung und Verfügbarkeit, bietet verschiedene Service Level Agreements (SLAs) für Latenz, Durchsatz, Konsistenz sowie Verfügbarkeit und bietet Optionen für eine serverlose Nutzung und automatische Skalierung basierend auf dem Workload.

Typische Anwendungsfälle für Azure Cosmos DB sind IoT-Anwendungen und Telemetrie, Einzelhandel, Marketing, Spiele, Web- und Mobile-Anwendungen sowie Echtzeit-Analysen und die Ereignisverarbeitung.

Bei der Wahl zwischen Azure SQL Database und Cosmos DB sind folgende Faktoren zu berücksichtigen. Das folgende Beispiel zeigt die Verwendung von Azure Cosmos DB mit dem Azure SDK in C#. Hierfür muss das Paket `Microsoft.Azure.Cosmos` im Projekt installiert sein:

```
Install-Package Microsoft.Azure.Cosmos
```

Anschließend können wir dieses Paket in C# nutzen:

```
using Microsoft.Azure.Cosmos;

string endpointUri = "Ihre_Endpunkt_URI";
string primaryKey = "Ihr_Primärschlüssel";
string databaseId = "MeineDatabase";
string containerId = "MeinContainer";

CosmosClient cosmosClient = new CosmosClient(endpointUri, primaryKey);

// Erstellen einer Datenbank
Database database =
 await cosmosClient.CreateDatabaseIfNotExistsAsync(databaseId);
```

```
// Erstellen eines Containers
Container container =
 await database.CreateContainerIfNotExistsAsync(containerId, "/partitionKey");

// Definieren eines Beispieldokuments
dynamic item = new
{
    id = Guid.NewGuid().ToString(),
    partitionKey = "Beispiel",
    name = "John Doe",
    age = 30
};

// Einfügen des Dokuments
ItemResponse<dynamic> response =
 await container.CreateItemAsync(item, new PartitionKey(item.partitionKey));

Console.WriteLine($"Dokument erstellt mit ID: {response.Resource.id}");
```

Listing 24.7 Zugriff auf Azure Cosmos DB

Dieses Beispiel verdeutlicht, wie einfach es ist, mit dem Azure SDK für .NET eine Verbindung zu Cosmos DB herzustellen, eine Datenbank und einen Container zu erstellen und ein Dokument einzufügen.

Wenn eine Anwendung ein relationales Datenmodell mit festen Schemas und komplexen Beziehungen erfordert, ist Azure SQL Database die bessere Wahl. Für flexiblere, schemalose Datenmodelle oder wenn Sie verschiedene Datenmodelle unterstützen müssen, ist Cosmos DB geeigneter. Beide Dienste bieten Skalierbarkeit, aber Cosmos DB ist besser für globale Skalierung und sehr hohe Durchsatzanforderungen geeignet.

Azure SQL Database bietet starke Konsistenz. Cosmos DB bietet flexible Konsistenzmodelle, die je nach Anwendungsanforderungen anpassbar sind. Wenn Entwickelnde mit SQL vertraut sind und komplexe SQL-Abfragen benötigen, ist Azure SQL Database die natürliche Wahl. Cosmos DB unterstützt mehrere APIs, einschließlich einer SQL-ähnlichen Syntax, ist aber besser für einfachere Abfragen geeignet. Wenn eine Anwendung eine globale Benutzerbasis hat und niedrige Latenzzeiten weltweit erfordert, ist Cosmos DB die bessere Option. Die Kostenstruktur unterscheidet sich zwischen beiden Diensten. Azure SQL Database kann kostengünstiger für traditionelle relationale Workloads sein, während Cosmos DB flexiblere Preisoptionen für globale, hochskalierbare Anwendungen bietet.

Azure SQL Database und Azure Cosmos DB sind leistungsstarke Datenbankdienste, die unterschiedliche Anforderungen erfüllen. Azure SQL Database ist die ideale Wahl für Anwendungen, die ein relationales Datenmodell, starke Konsistenz und komplexe SQL-Abfragen erfordern. Es eignet sich hervorragend für traditionelle Unternehmensanwendungen und Systeme, die von SQL Server migriert werden.

Azure Cosmos DB hingegen glänzt in Szenarien, die globale Skalierung, niedrige Latenz und Flexibilität in Bezug auf Datenmodelle und Konsistenz erfordern. Der Dienst ist besonders nützlich für IoT-Anwendungen, Echtzeit-Analysen und global verteilte Anwendungen mit hohem Durchsatz.

Die Wahl zwischen diesen beiden Diensten hängt von den spezifischen Anforderungen einer Anwendung ab. In einigen Fällen kann sogar eine Kombination beider Dienste die optimale Lösung sein, wobei Azure SQL Database für strukturierte, transaktionale Daten und Cosmos DB für schnell wachsende, unstrukturierte oder semistrukturierte Daten zum Einsatz kommt.

24.11 Azure Blob Storage

Azure Blob Storage ist ein Cloud-Speicherdienst von Microsoft auf der Azure-Plattform. Dieser Dienst wurde speziell für die effiziente Speicherung und Verwaltung großer Mengen unstrukturierter Daten konzipiert.

Die Architektur von Azure Blob Storage basiert auf einer hierarchischen Struktur, die aus Speicherkonten, Containern und Blobs besteht. Ein Speicherkonto dient als übergeordneter Container für alle Azure-Storage-Ressourcen eines Benutzers. Innerhalb eines Speicherkontos lassen sich mehrere Container erstellen, die ähnlich wie Ordner in einem Dateisystem funktionieren und Gruppen von Blobs organisieren. Die Blobs selbst sind die eigentlichen Datenobjekte, die in drei verschiedenen Typen vorkommen können: Block Blobs, Append Blobs und Page Blobs. Jeder dieser Typen ist für spezifische Anwendungsfälle optimiert, was die Flexibilität gibt, die beste Option für ihre spezifischen Anforderungen zu wählen.

Die Vielseitigkeit von Azure Blob Storage zeigt sich in den zahlreichen Anwendungsfällen, für die es geeignet ist. Viele nutzen den Dienst für das direkte Streaming von Video- und Audioinhalten, was eine effiziente Bereitstellung von Multimedia-Inhalten ermöglicht. Darüber hinaus ist Azure Blob Storage eine gute Wahl für die Speicherung von Backup- und Wiederherstellungsdaten, da es eine zuverlässige Lösung für die langfristige Datenspeicherung bietet. Im Bereich der Datenanalyse spielt Azure Blob Storage ebenfalls eine wichtige Rolle, da es als Datenspeicher für große Datenmengen dienen kann, die für Analysen und Business Intelligence genutzt werden. Nicht zuletzt ermöglicht der Dienst auch das Hosting von statischen Websites, was eine einfache und kostengünstige Möglichkeit bietet, Webinhalte zu veröffentlichen.

Ein wesentlicher Vorteil von Azure Blob Storage sind die Flexibilität und Sicherheit beim Zugriff auf die gespeicherten Daten. Der Zugriff erfolgt über HTTPS/REST-APIs, was eine sichere und plattformunabhängige Nutzung gewährleistet. Microsoft bietet verschiedene Authentifizierungs- und Autorisierungsmechanismen, um die Sicherheit der gespeicherten Daten zu gewährleisten. Dazu gehören Shared Access Signatures (SAS), die einen feingranularen und zeitlich begrenzten Zugriff auf Ressourcen ermöglichen, sowie die Integration mit Entry ID für eine nahtlose Einbindung in bestehende Unternehmensinfrastrukturen.

In Bezug auf Leistung und Skalierbarkeit bietet Azure Blob Storage verschiedene Optionen, um den unterschiedlichen Anforderungen gerecht zu werden. Die Standard-Leistungsstufe ist für die meisten Anwendungsfälle ausreichend und bietet ein gutes Preis-Leistungs-Verhältnis. Für Workloads mit hohen Transaktionsraten oder geringer Latenz steht die Premium-Leistungsstufe zur Verfügung, die auf SSDs basiert und besonders schnelle Zugriffszeiten ermöglicht. Die Skalierbarkeit von Azure Blob Storage ist beeindruckend, da einzelne Blob-Container bis zu 500 TB Daten speichern können, was selbst für die anspruchsvollsten Anwendungen mehr als ausreichend ist.

Für Entwickelnde, die mit .NET arbeiten, bietet Microsoft eine umfangreiche Azure-Storage-Clientbibliothek, die eine nahtlose Integration von Azure Blob Storage in C#-Anwendungen ermöglicht. Diese Bibliothek abstrahiert viele der komplexen Details der Azure-Storage-APIs und bietet eine intuitive und leistungsfähige Schnittstelle für die Arbeit mit Blob-Daten. Entwickelnde können damit einfach Operationen wie das Erstellen von Containern, das Hochladen und Herunterladen von Blobs sowie das Verwalten von Metadaten und Eigenschaften durchführen. Ein Beispiel für die Verwendung der Azure-Storage-Clientbibliothek in C# zeigt Listing 24.8:

```
using Azure.Storage.Blobs;
using Azure.Storage.Blobs.Models;
using System;
using System.IO;
using System.Threading.Tasks;

public class AzureBlobStorageExample
{
    private const string connectionString = "Ihre_Verbindungszeichenfolge";
    private const string containerName = "mein-container";
    private const string blobName = "beispiel-datei.txt";
    private const string filePath = "C:\\pfad\\zu\\ihrer\\datei.txt";

    public async Task RunExampleAsync()
    {
        // einen BlobServiceClient erstellen
```

```
            BlobServiceClient blobServiceClient =
                new BlobServiceClient(connectionString);

            // einen Container erstellen
            BlobContainerClient containerClient =
                await blobServiceClient.CreateBlobContainerAsync(containerName);
            Console.WriteLine($"Container '{containerName}' wurde erstellt.");

            // Referenz auf einen Blob erstellen und Datei hochladen
            BlobClient blobClient = containerClient.GetBlobClient(blobName);
            using FileStream uploadFileStream = File.OpenRead(filePath);
            await blobClient.UploadAsync(uploadFileStream, true);
            Console.WriteLine($"Blob '{blobName}' wurde hochgeladen.");

            // Blob-Eigenschaften abrufen und anzeigen
            BlobProperties properties = await blobClient.GetPropertiesAsync();
            Console.WriteLine($"Blob-Größe: {properties.ContentLength} Bytes");

            // Blob herunterladen und Inhalt anzeigen
            BlobDownloadInfo download = await blobClient.DownloadAsync();
            using (MemoryStream ms = new MemoryStream())
            {
                await download.Content.CopyToAsync(ms);
                string content =
                    System.Text.Encoding.UTF8.GetString(ms.ToArray());
                Console.WriteLine($"Blob-Inhalt: {content}");
            }

            // Aufräumen: Blob und Container löschen
            await blobClient.DeleteAsync();
            await containerClient.DeleteAsync();
            Console.WriteLine("Aufräumarbeiten abgeschlossen.");
        }
    }
```

Listing 24.8 Der Zugriff auf einen Azure Blog-Storage

Dieses Beispiel demonstriert die grundlegenden Operationen mit Azure Blob Storage, einschließlich der Erstellung eines Containers, des Hochladens und Herunterladens von Blobs sowie des Abrufens von Blob-Eigenschaften. Es zeigt auch, wie einfach es ist, diese Operationen in einer asynchronen Umgebung durchzuführen, was für die Entwicklung skalierbarer und reaktionsfähiger Anwendungen von entscheidender Bedeutung ist.

Das Lebenszyklusmanagement von Azure Blob Storage ermöglicht es, Daten automatisch in kostengünstigere Speicherstufen zu verschieben, basierend auf Zugriffsmustern und Alter der Daten. Dies kann zu erheblichen Kosteneinsparungen führen, insbesondere bei der Verwaltung großer Datenmengen über längere Zeiträume.

Die Sicherheit der in Azure Blob Storage gespeicherten Daten ist von größter Bedeutung. Neben den bereits erwähnten Authentifizierungs- und Autorisierungsmechanismen bietet Azure auch Optionen für die Verschlüsselung von Daten im Ruhezustand und während der Übertragung. Entwickler und Entwicklerinnen sollten sicherstellen, dass sie diese Sicherheitsfunktionen nutzen, und bewährte Praktiken für die sichere Handhabung von Zugriffsschlüsseln und anderen sensiblen Informationen befolgen.

Für die effektive Verwaltung und Überwachung von Azure Blob Storage stehen verschiedene Tools zur Verfügung. Das Azure-Portal bietet eine benutzerfreundliche Oberfläche für die visuelle Verwaltung von Speicherressourcen, während der Azure Storage Explorer eine leistungsfähige Desktop-Anwendung für die Verwaltung von Blob-Daten ist. Für umfassendere Überwachung und Protokollierung können Unternehmen Azure Monitor nutzen, das detaillierte Einblicke in die Leistung, Verfügbarkeit und Nutzung Ihrer Blob-Storage-Ressourcen bietet.

Mit seiner Skalierbarkeit, Leistungsfähigkeit und nahtlosen Integration in die Azure-Plattform eignet es sich für eine Vielzahl von Anwendungsfällen, von einfachen Backup-Lösungen bis hin zu komplexen Big-Data-Analysen. Die kontinuierliche Weiterentwicklung und Integration mit anderen Azure-Diensten macht Blob Storage zu einer zukunftssicheren Wahl für Unternehmen, die eine zuverlässige und skalierbare Cloud-Speicherlösung suchen. Mit dem richtigen Verständnis der Konzepte und der Nutzung der verfügbaren Tools und Bibliotheken können Entwickelnde das volle Potenzial von Azure Blob Storage ausschöpfen und leistungsstarke, cloud-basierte Anwendungen erstellen, die den Anforderungen moderner Datenmanagement-Szenarien gerecht werden.

24.12 Azure Functions und Logic Apps

Azure Functions und *Logic Apps* sind zwei Dienste innerhalb der Microsoft-Azure-Plattform, die es ermöglichen, serverlose und ereignisgesteuerte Anwendungen zu erstellen. Beide Dienste bieten Möglichkeiten zur Automatisierung von Geschäftsprozessen, Integration von Systemen und Erstellung skalierbarer Lösungen, ohne dass Sie sich um die zugrundeliegende Infrastruktur kümmern müssen.

Azure Functions ist ein serverloser Compute-Dienst, der es ermöglicht, kleine Codeeinheiten oder »Funktionen« zu schreiben, die durch verschiedene Ereignisse ausgelöst werden können. Diese Funktionen lassen sich in verschiedenen Programmiersprachen implementieren, darunter C#, JavaScript, Python und Java. Der serverlose Ansatz bedeutet, dass Entwickelnde sich auf die Logik einer Anwendung konzentrieren können, ohne sich mit der Verwaltung von Servern oder der Skalierung einer Anwendung beschäftigen zu müssen. Azure kümmert sich automatisch um die Bereitstellung der erforderlichen Ressourcen und skaliert diese je nach Bedarf.

Ein großer Vorteil von Azure Functions ist die Flexibilität bei der Auslösung von Funktionen. Sie lassen sich durch HTTP-Anfragen, Zeitpläne, Änderungen in Azure-Diensten wie Blob Storage oder Cosmos DB oder durch Ereignisse in externen Systemen auslösen. Dies macht Azure Functions ideal für Microservices-Architekturen, Datenverarbeitungspipelines und Backend-Prozesse für Web- und Mobile-Anwendungen. Das Listing 24.9 zeigt ein einfaches Beispiel für eine Azure Function in C#, die auf HTTP-Anfragen reagiert:

```
using System.Net;
using Microsoft.AspNetCore.Mvc;
using Microsoft.Azure.WebJobs;
using Microsoft.Azure.WebJobs.Extensions.Http;
using Microsoft.AspNetCore.Http;
using Microsoft.Extensions.Logging;
using Newtonsoft.Json;

public static class SimpleHttpTrigger
{
    [FunctionName("SimpleHttpTrigger")]
    public static async Task<IActionResult> Run(
        [HttpTrigger(AuthorizationLevel.Function, "get", "post",
                    Route = null)] HttpRequest req,
                    ILogger log)
    {
        log.LogInformation("C# HTTP trigger function processed a request.");

        string name = req.Query["name"];

        string requestBody =
            await new StreamReader(req.Body).ReadToEndAsync();
        dynamic data = JsonConvert.DeserializeObject(requestBody);
        name = name ?? data?.name;

        string responseMessage = string.IsNullOrEmpty(name)
            ? "This HTTP triggered function executed successfully.
```

```
                Pass a name in the query string or in the request body for
                a personalized response."
              : $"Hello, {name}. This HTTP triggered function executed
                successfully.";

        return new OkObjectResult(responseMessage);
    }
}
```

Listing 24.9 Ein einfacher http-Trigger

Diese Funktion wird durch HTTP-Anfragen ausgelöst und gibt eine personalisierte Begrüßung zurück, wenn ein Name in der Abfrage oder im Anfragekörper übergeben wird.

Logic Apps hingegen ist ein cloud-basierter Dienst, der es ermöglicht, Workflows und Geschäftsprozesse zu automatisieren. Im Gegensatz zu Azure Functions, die sich auf einzelne Funktionen konzentrieren, ermöglicht Logic Apps die Erstellung komplexer Workflows durch die visuelle Verbindung verschiedener Aktionen und Trigger. Diese Workflows können eine Vielzahl von Azure-Diensten und externen APIs integrieren, was Logic Apps zu einem flexiblen Tool für die Prozessautomatisierung und Systemintegration macht.

Logic Apps bietet eine umfangreiche Bibliothek vordefinierter Konnektoren für gängige Dienste und Anwendungen, was die Integration verschiedener Systeme erheblich vereinfacht. Workflows lassen sich mit einer benutzerfreundlichen, grafischen Oberfläche erstellen, was die Entwicklung beschleunigt und die Zusammenarbeit erleichtert.

Neben Logic Apps existieren auch Azure Durable Functions, die es ermöglichen, komplexe Workflows und Orchestrierungen innerhalb von Azure Functions abzubilden. Im Unterschied zu Logic Apps, bei denen die Workflows überwiegend visuell und deklarativ gestaltet sind, erfolgt die Definition von Abläufen bei Durable Functions programmatisch im Code. Dadurch bieten Durable Functions eine hohe Flexibilität und eignen sich besonders für Entwickelnde, die komplexe Zustandsmodelle, Schleifen oder bedingte Verzweigungen direkt in C# oder einer anderen unterstützten Programmiersprache implementieren möchten. Logic Apps hingegen richten sich stärker an Nutzer, die Workflows möglichst ohne eigenen Code und mit einer Vielzahl von Konnektoren zu verschiedenen Systemen aufbauen wollen.

Ein typischer Anwendungsfall für Logic Apps ist die Automatisierung eines Kundenbetreuungsprozesses. Zum Beispiel ist ein Workflow denkbar, der neue E-Mails in einem Support-Postfach überwacht, wichtige Informationen extrahiert, ein Ticket in einem Ticketing-System erstellt und eine Benachrichtigung an das zuständige Team sendet.

Während Logic Apps primär für die visuelle Workflow-Erstellung konzipiert ist, ist auch die Integration von benutzerdefinierten Codeblöcken in diese Workflows möglich. Dies geschieht oft durch die Verwendung von Azure Functions innerhalb eines Logic-Apps-Workflows, was eine nahtlose Integration zwischen den beiden Diensten ermöglicht. Das folgende Beispiel zeigt eine Azure Function, die in einem Logic-Apps-Workflow verwendet wird, um komplexere Datenverarbeitungen durchzuführen:

```
using System;
using System.IO;
using System.Threading.Tasks;
using Microsoft.AspNetCore.Mvc;
using Microsoft.Azure.WebJobs;
using Microsoft.Azure.WebJobs.Extensions.Http;
using Microsoft.AspNetCore.Http;
using Microsoft.Extensions.Logging;
using Newtonsoft.Json;

public static class DataProcessingFunction
{
    [FunctionName("DataProcessingFunction")]
    public static async Task<IActionResult> Run(
        [HttpTrigger(AuthorizationLevel.Function, "post", Route = null)]
        HttpRequest req,
        ILogger log)
    {
        log.LogInformation("C# HTTP trigger function processed a request.");

        string requestBody =
            await new StreamReader(req.Body).ReadToEndAsync();
        dynamic data = JsonConvert.DeserializeObject(requestBody);

        // angenommen, wir erhalten ein JSON-Objekt mit einem "amount"-Feld
        if (data?.amount != null)
        {
            double amount = data.amount;
            double processedAmount = CalculateTax(amount);

            var result = new
            {
                originalAmount = amount,
                processedAmount = processedAmount,
                message = $"Processed amount with tax: {processedAmount}"
            };
```

```
            return new OkObjectResult(JsonConvert.SerializeObject(result));
        }
        else
        {
            return new BadRequestObjectResult("Please pass an amount in the
                                              request body");
        }
    }

    private static double CalculateTax(double amount)
    {
        // einfache Steuerberechnung (z. B. 19% MwSt)
        return amount * 1.19;
    }
}
```

Listing 24.10 Azure Function mit einem Logic-Apps-Workflow

Diese Funktion lässt sich in einem Logic-Apps-Workflow verwenden, um eingehende Bestelldaten zu verarbeiten und Steuern zu berechnen, bevor die Daten in ein Buchhaltungssystem übertragen werden.

Die Kombination von Azure Functions und Logic Apps bietet eine leistungsfähige Plattform für die Erstellung flexibler, skalierbarer und ereignisgesteuerter Anwendungen. Azure Functions eignet sich hervorragend für die Implementierung spezifischer Geschäftslogik und die Verarbeitung von Daten, während Logic Apps die Orchestrierung komplexer Workflows und die Integration verschiedener Systeme ermöglicht.

Ein weiterer wichtiger Aspekt beider Dienste ist ihre Kosteneffizienz. Benutzer zahlen nur für die tatsächlich verbrauchten Ressourcen. Dies macht die beiden Dienste besonders attraktiv für Szenarien mit schwankender Auslastung oder für Start-ups und kleine Unternehmen, die ihre IT-Kosten optimieren möchten.

Die Entwicklung mit Azure Functions und Logic Apps wird durch umfangreiche Unterstützung in Entwicklungsumgebungen wie Visual Studio und Visual Studio Code erleichtert. Entwickelnde können lokale Entwicklungs- und Debugging-Tools nutzen, bevor sie ihre Lösungen in die Cloud deployen. Darüber hinaus bietet Azure robuste Monitoring- und Logging-Funktionen, die es Entwicklerinnen und Administratoren ermöglichen, die Leistung ihrer Anwendungen zu überwachen und Probleme schnell zu diagnostizieren.

In Bezug auf die Sicherheit bieten sowohl Azure Functions als auch Logic Apps verschiedene Optionen zur Absicherung von Anwendungen und Daten. Dies umfasst die Integration mit Entry ID für die Authentifizierung, die Verwendung von Managed

Identities für den sicheren Zugriff auf andere Azure-Ressourcen und die Möglichkeit, Netzwerkbeschränkungen zu implementieren.

Durch die Kombination der Code-First-Flexibilität von Azure Functions mit der visuellen Workflow-Erstellung von Logic Apps lassen sich komplexe Geschäftsprozesse automatisieren, Systeme integrieren und innovative Lösungen entwickeln.

24.13 Azure Monitor und Application Insights

Azure Monitor und *Application Insights* sind zwei eng miteinander verbundene Dienste innerhalb der Microsoft-Azure-Plattform, die zusammen eine umfassende Lösung für das Monitoring, die Diagnose und die Analyse von Anwendungen und Infrastruktur in der Cloud bieten. Diese Dienste ermöglichen es, tiefe Einblicke in die Leistung, Verfügbarkeit und Nutzung Ihrer Azure-Ressourcen und Anwendungen zu gewinnen.

Azure Monitor dient als grundlegende Plattform für die Überwachung und Diagnose aller Azure-Ressourcen. Es sammelt Metriken, Aktivitätsprotokolle und Diagnosedaten von verschiedenen Azure-Diensten und stellt diese in einer einheitlichen Oberfläche dar. Mit Azure Monitor lassen sich Warnungen einrichten, Dashboards erstellen und automatisierte Aktionen basierend auf bestimmten Bedingungen auslösen. Dies ermöglicht eine proaktive Überwachung der Infrastruktur und hilft dabei, potenzielle Probleme frühzeitig zu erkennen und zu beheben.

Application Insights hingegen ist ein spezialisierter Dienst innerhalb von Azure Monitor, der sich auf die Überwachung und Analyse von Anwendungen konzentriert. Es bietet tiefgreifende Einblicke in die Leistung und Nutzung von Webanwendungen, unabhängig davon, ob diese in Azure, on premises oder in anderen Cloud-Umgebungen gehostet werden. Application Insights sammelt Telemetriedaten wie Anforderungsraten, Antwortzeiten, Fehlerraten, Abhängigkeitsaufrufe und Seitenansichten. Darüber hinaus ermöglicht es die Verfolgung von Benutzeraktionen und die Analyse von Nutzungsmustern.

Die Integration von Application Insights in eine .NET-Anwendung ist relativ einfach. Das folgende Beispiel zeigt, wie sich Application Insights in einer ASP.NET Core-Anwendung einrichten lässt:

```
using Microsoft.AspNetCore.Builder;
using Microsoft.AspNetCore.Hosting;
using Microsoft.Extensions.Configuration;
using Microsoft.Extensions.DependencyInjection;
using Microsoft.Extensions.Hosting;
```

```
namespace MyWebApp
{
    public class Startup
    {
        public Startup(IConfiguration configuration)
        {
            Configuration = configuration;
        }

        public IConfiguration Configuration { get; }

        public void ConfigureServices(IServiceCollection services)
        {
            services.AddControllersWithViews();

            // Application Insights hinzufügen
            services.AddApplicationInsightsTelemetry();
        }

        public void Configure(IApplicationBuilder app, IWebHostEnvironment env)
        {
            if (env.IsDevelopment())
            {
                app.UseDeveloperExceptionPage();
            }
            else
            {
                app.UseExceptionHandler("/Home/Error");
                app.UseHsts();
            }
            app.UseHttpsRedirection();
            app.UseStaticFiles();
            app.UseRouting();
            app.UseAuthorization();

            app.UseEndpoints(endpoints =>
            {
                endpoints.MapControllerRoute(
                    name: "default",
                    pattern: "{controller=Home}/{action=Index}/{id?}");
            });
```

```
        }
    }
}
```

Listing 24.11 Konfiguration von Application Insights in einer ASP.NET Core-Anwendung

In diesem Beispiel wird Application Insights durch den Aufruf von `services.AddApplicationInsightsTelemetry()` in der `ConfigureServices`-Methode hinzugefügt. Dies ermöglicht die automatische Sammlung von Telemetriedaten für die Anwendung.

Neben der automatischen Datenerfassung ist es auch möglich, eine benutzerdefinierte Telemetrie zu implementieren, um spezifische Geschäftsereignisse oder Metriken zu verfolgen. Das zeigt der folgende Code:

```
using Microsoft.ApplicationInsights;
using Microsoft.AspNetCore.Mvc;

namespace MyWebApp.Controllers
{
    public class HomeController : Controller
    {
        private readonly TelemetryClient _telemetryClient;

        public HomeController(TelemetryClient telemetryClient)
        {
            _telemetryClient = telemetryClient;
        }

        public IActionResult Index()
        {
            // ein benutzerdefiniertes Ereignis verfolgen
            _telemetryClient.TrackEvent("HomePageViewed");

            // eine benutzerdefinierte Metrik verfolgen
            _telemetryClient.TrackMetric("PageLoadTime", 1.23);

            return View();
        }

        public IActionResult Privacy()
        {
            // eine Ausnahme verfolgen
            try
            {
```

```
                throw new System.Exception("Ein Beispielfehler");
            }
            catch (System.Exception ex)
            {
                _telemetryClient.TrackException(ex);
            }

            return View();
        }
    }
}
```

Listing 24.12 Verfolgen spezifischer Geschäftsereignisse oder Metriken

In diesem Beispiel kommt der `TelemetryClient` zum Einsatz, um benutzerdefinierte Ereignisse, Metriken und Ausnahmen zu verfolgen. Dies ermöglicht es, Anwendungen mit geschäftsspezifischen Telemetriedaten anzureichern und so ein umfassenderes Bild der Anwendungsleistung und -nutzung zu erhalten.

Azure Monitor und Application Insights bieten eine Vielzahl von Funktionen, die über die grundlegende Datenerfassung hinausgehen. Dazu gehören:

1. **Warnungen und Benachrichtigungen**: Benutzer können Regeln definieren, um Warnungen basierend auf bestimmten Metriken oder Protokolleinträgen zu generieren. Diese Warnungen können per E-Mail, SMS oder über andere Kanäle zugestellt werden.
2. **Dashboards und Visualisierungen**: Azure Monitor bietet anpassbare Dashboards, auf denen Benutzer wichtige Metriken und Protokolle visualisieren können. Application Insights verfügt über vorgefertigte Dashboards für gängige Anwendungsmetriken.
3. **Protokollabfragen**: Mit der Kusto Query Language (KQL) können Benutzer komplexe Abfragen über ihre Protokolldaten ausführen, um tiefere Einblicke zu gewinnen.
4. **Automatisierte Aktionen**: Durch die Integration mit Azure Automation und Logic Apps können automatisierte Aktionen basierend auf bestimmten Bedingungen oder Warnungen ausgelöst werden.
5. **Anwendungsleistungsüberwachung (APM)**: Application Insights bietet detaillierte Einblicke in die Leistung von Anwendungskomponenten, einschließlich Abhängigkeitsaufrufen und Datenbankabfragen.
6. **Benutzererfahrungsanalyse**: Mit Funktionen wie Funnel-Analyse und Benutzerflussverfolgung können Entwickelnde verstehen, wie Benutzer mit ihrer Anwendung interagieren.

Die Implementierung von Azure Monitor und Application Insights in einer Anwendung bringt mehrere Vorteile:

1. **Proaktive Problemerkennung**: Durch die Überwachung von Leistungsmetriken und das Einrichten von Warnungen können Probleme oft erkannt und behoben werden, bevor sie sich auf Endbenutzer auswirken.
2. **Verbesserte Anwendungsleistung**: Mit detaillierten Einblicken in die Leistung verschiedener Anwendungskomponenten können Entwickelnde Engpässe identifizieren und beheben.
3. **Besseres Verständnis der Benutzerinteraktion**: Durch die Analyse von Benutzerdaten können Entwicklerinnen und Produktmanager fundierte Entscheidungen über Produktverbesserungen treffen.
4. **Effizientere Fehlerbehebung**: Mit detaillierten Protokollen und Ausnahmeverfolgung können Entwickler Probleme schneller identifizieren und beheben.
5. **Kapazitätsplanung**: Durch die Überwachung von Ressourcennutzung und Leistungsmetriken können IT-Teams besser planen und skalieren.

Datenschutz beachten

Es ist wichtig zu beachten, dass die Verwendung von Azure Monitor und Application Insights datenschutzrechtliche Überlegungen erfordert. Es muss sichergestellt sein, dass keine sensiblen personenbezogenen Daten in Protokollen oder Telemetriedaten erfasst sind, es sei denn, dies ist absolut notwendig und entspricht den geltenden Datenschutzbestimmungen.

Durch die Integration dieser Dienste können Sie die Leistung und Zuverlässigkeit einer Anwendung verbessern, proaktiv auf Probleme reagieren und datengesteuerte Entscheidungen treffen. Mit der zunehmenden Komplexität moderner Cloud-Anwendungen werden solche Monitoring- und Analysewerkzeuge zu einem unverzichtbaren Bestandteil des Anwendungslebenszyklus und der IT-Betriebsprozesse.

24.14 Einrichten von Azure DevOps

Azure DevOps ist eine umfassende Plattform von Microsoft, die eine Reihe von Werkzeugen und Diensten zur Verfügung stellt, um den gesamten Lebenszyklus der Softwareentwicklung zu unterstützen. Von der Planung über die Entwicklung bis hin zur Bereitstellung und zum Betrieb bietet Azure DevOps eine integrierte Lösung, die die Zusammenarbeit fördert und die Effizienz steigert.

Der erste Schritt beim Einrichten von Azure DevOps besteht darin, ein Azure-DevOps-Konto zu erstellen. Dies kann über das Azure-Portal oder direkt über die Azure-Dev-

Ops-Website erfolgen. Beim Erstellen des Kontos haben Benutzer die Wahl zwischen einer cloud-basierten Lösung (Azure DevOps Services) oder einer lokalen Installation (Azure DevOps Server). Für die meisten Organisationen ist die cloud-basierte Option aufgrund ihrer Flexibilität, automatischen Updates und einfachen Skalierbarkeit die bevorzugte Wahl.

Nach der Erstellung des Kontos ist der nächste Schritt die Einrichtung einer Organisation in Azure DevOps. Eine Organisation dient als Container für Projekte und Teams. Innerhalb einer Organisation lassen sich mehrere Projekte erstellen, die jeweils ihre eigenen Einstellungen, Berechtigungen und Ressourcen haben. Bei der Einrichtung der Organisation ist es wichtig, über die Namensgebung und Struktur nachzudenken, da diese die Grundlage für die zukünftige Verwaltung und Organisation von Projekten und Teams bilden.

Sobald die Organisation eingerichtet ist, lassen sich Projekte erstellen. Ein Projekt in Azure DevOps ist ein Container für alle Artefakte und Ressourcen, die mit einem bestimmten Softwareentwicklungsvorhaben verbunden sind. Bei der Erstellung eines Projekts können Benutzer zwischen verschiedenen Prozessvorlagen wählen, wie Agile, Scrum oder CMMI (Capability Maturity Model Integration). Diese Vorlagen bieten vordefinierte Arbeitsabläufe und Artefakte, die den gewählten Entwicklungsmethoden entsprechen.

Ein wichtiger Aspekt bei der Einrichtung von Azure DevOps ist die Konfiguration der Versionskontrolle. Azure DevOps unterstützt sowohl Git als auch Team Foundation Version Control (TFVC). Git ist aufgrund seiner Flexibilität und Unterstützung für verteilte Entwicklung die bevorzugte Wahl für die meisten modernen Entwicklungsteams. Bei der Einrichtung des Repositories sollten Überlegungen zur Branching-Strategie, zu Zugriffsberechtigungen und zu Richtlinien für Pull Requests angestellt werden.

Die Einrichtung von Pipelines ist ein weiterer kritischer Schritt im Azure-DevOps-Setup. Azure Pipelines ermöglichen die Automatisierung von Build-, Test- und Bereitstellungsprozessen. Bei der Konfiguration von Pipelines können Benutzer zwischen YAML-basierten Pipelines und dem klassischen Editor wählen. YAML-Pipelines bieten den Vorteil, dass die Pipelinekonfiguration als Code verwaltet und versioniert werden kann. Bei der Einrichtung von Pipelines ist es wichtig, die Integrationen mit den verwendeten Entwicklungstools und Zielumgebungen zu berücksichtigen.

Azure Boards, das Planungs- und Tracking-Tool innerhalb von Azure DevOps, erfordert ebenfalls eine sorgfältige Konfiguration. Hier können Benutzer Arbeitselemente wie User Stories, Tasks und Bugs erstellen und verwalten. Die Einrichtung von Boards umfasst die Anpassung von Arbeitsabläufen, die Definition von Iterationen und Bereichen sowie die Konfiguration von Dashboards zur Visualisierung des Projektfortschritts.

Ein oft übersehener, aber wichtiger Aspekt bei der Einrichtung von Azure DevOps ist die Konfiguration von Azure Artifacts. Dieser Dienst ermöglicht es Teams, ihre eigenen Paketfeeds für NuGet, npm und andere Paketmanager zu erstellen und zu verwalten. Die Einrichtung von Artifacts kann die Paketverwaltung vereinfachen und die Kontrolle über die verwendeten Abhängigkeiten verbessern.

Die Integration von Azure Test Plans in den Entwicklungsprozess ist ein weiterer wichtiger Schritt. Testpläne ermöglichen die Erstellung und Verwaltung von manuellen und automatisierten Tests. Bei der Einrichtung sollten Teams überlegen, wie sie Testpläne in ihre Entwicklungs- und Freigabeprozesse integrieren möchten.

Ein entscheidender Aspekt bei der Einrichtung von Azure DevOps ist das Benutzer- und Zugriffsmanagement. Azure DevOps bietet granulare Kontrolle über Berechtigungen auf Organisations-, Projekt- und Teamebene. Es ist wichtig, eine klare Strategie für die Zuweisung von Rollen und Berechtigungen zu entwickeln, um die Sicherheit zu gewährleisten und gleichzeitig eine effektive Zusammenarbeit zu ermöglichen.

Die Integration von Azure DevOps mit anderen Azure-Diensten und Drittanbieter-Tools ist ein weiterer wichtiger Konfigurationsschritt. Azure DevOps bietet eine Vielzahl von Integrationen, von Cloud-Diensten wie Azure Functions und Azure Kubernetes Service bis hin zu Entwicklungstools wie Visual Studio und VS Code. Die Auswahl und Konfiguration der richtigen Integrationen können die Effizienz und Produktivität des Entwicklungsteams erheblich steigern.

Schließlich ist die Einrichtung von Überwachungs- und Berichtsfunktionen ein wichtiger Schritt, um die Leistung und Effizienz des Entwicklungsprozesses zu verfolgen. Azure DevOps bietet eine Reihe von integrierten Berichten und Dashboards, die angepasst werden können, um wichtige Metriken und KPIs zu verfolgen.

Eine gut durchdachte Einrichtung ist die Grundlage für eine effiziente, kollaborative und produktive Entwicklungsumgebung. Mit der Zeit und bei wachsender Erfahrung können Teams ihre Azure-DevOps-Konfiguration weiter optimieren und anpassen, um maximalen Nutzen aus der Plattform zu ziehen.

Kapitel 25
Softwareentwicklung in Zeiten von KI

Die Softwareentwicklung steht an der Schwelle zu einer neuen Ära. *Künstliche Intelligenz* ist längst kein Zukunftsthema mehr, sie ist Realität, Werkzeug und Mitspieler zugleich. Was früher als Forschungsexperiment begann, ist heute fester Bestandteil vieler Anwendungen, Entwicklungsumgebungen und sogar der Art, wie wir Code schreiben, testen und warten. Doch was bedeutet das konkret für Entwicklerinnen und Entwickler? Welche Chancen, Herausforderungen und neuen Denkweisen bringt KI mit sich? Dieses Kapitel lädt Sie ein, die spannende Schnittstelle zwischen klassischer Programmierung und intelligenter Technologie zu erkunden, praxisnah, fundiert und mit einem klaren Blick auf die Möglichkeiten und Grenzen.

25.1 Warum KI in der Softwareentwicklung?

In den letzten Jahren hat sich die künstliche Intelligenz (KI) von einem Forschungsthema zu einer prägenden Technologie in der Praxis entwickelt. Ob automatische Übersetzungen, personalisierte Produktempfehlungen, Bilderkennung oder Textproduktionen, viele digitale Dienste, die wir heute als selbstverständlich betrachten, basieren auf KI-gestützten Verfahren. Aus Sicht der Softwareentwicklung stellt sich daher nicht mehr die Frage, ob KI in die Arbeit einfließt, sondern wie sie sinnvoll und verantwortungsbewusst integriert werden kann.

Auch im .NET-Universum eröffnen sich mit modernen Frameworks, Bibliotheken und Cloud-Diensten neue Möglichkeiten, eigene Anwendungen intelligenter, adaptiver und benutzerfreundlicher zu gestalten. Gleichzeitig verändert KI auch den Softwareentwicklungsprozess selbst, durch Werkzeuge, die etwa bei der Codeerstellung, der Testsicherung oder der Dokumentation unterstützen.

Ein zentraler Punkt, warum KI in der Softwareentwicklung an Bedeutung gewinnt, liegt in ihrer Fähigkeit, Muster in Daten zu erkennen und darauf basierend Entscheidungen zu treffen. Klassische Programmierlogik stößt dort an Grenzen, wo es keine eindeutigen oder schlicht zu viele Regeln gibt, etwa bei der Analyse natürlicher Sprache, der Erkennung von Anomalien oder der automatischen Bildbeschreibung. Hier bietet KI einen neuen Ansatz: Statt jeden Einzelfall von Hand zu codieren, trainieren wir ein Modell auf Basis realer Daten, das dann eigenständig zu Ergebnissen gelangt.

Auch die Produktion von Text oder Code, zusammengefasst unter generativer KI, ist zu einem sehr zentralen Thema geworden.

Ein einfaches Beispiel verdeutlicht den Unterschied: Stellen Sie sich vor, Sie möchten eine Anwendung entwickeln, die erkennt, ob ein Kunde wahrscheinlich sein Abonnement kündigen wird. Eine klassische Lösung würde eine feste Wenn-dann-Logik verwenden, basierend auf zum Beispiel Nutzungsfrequenz, Vertragslaufzeit oder Support-Anfragen. Doch das Kundenverhalten ist selten so einfach strukturiert. Mit Hilfe von *Machine Learning* hingegen lässt sich ein Modell auf historischen Kundendaten trainieren, das so lernt, aus vielen Faktoren und deren Kombinationen die Kündigungswahrscheinlichkeit besser vorherzusagen.

Doch KI ist nicht nur in der Endanwendung präsent. Sie verändert auch den Entwicklungsalltag an sich. Moderne Werkzeuge wie GitHub Copilot unterstützen beim Schreiben von Code, schlagen ganze Methoden vor oder helfen beim Refactoring. KI kann automatisierte Tests generieren, komplexe Legacy-Systeme analysieren oder Anforderungen in Entwurfsvorschläge übersetzen. Diese Assistenzsysteme sind längst mehr als Spielereien: Richtig eingesetzt, verbessern sie nicht nur die Produktivität, sondern auch die Qualität und Wartbarkeit von Software.

In diesem Kapitel erhalten Sie einen Einstieg in die wichtigsten Technologien, Konzepte und Werkzeuge rund um KI in der .NET-Welt. Sie lernen, wie Sie mit C# und Microsoft-Technologien eigene KI-gestützte Anwendungen entwickeln und welche Möglichkeiten Ihnen im Entwicklungsprozess zur Verfügung stehen. Dabei liegt der Fokus nicht nur auf den technischen Details, sondern auch auf den Rahmenbedingungen, die eine verantwortungsvolle und nachhaltige Nutzung von KI ermöglichen.

25.2 Grundlagen der künstlichen Intelligenz

Bevor wir in die konkrete Entwicklung mit künstlicher Intelligenz einsteigen, lohnt sich ein Blick auf die grundlegenden Begriffe und Konzepte. Der Begriff *künstliche Intelligenz* wird häufig als Sammelbegriff verwendet, dabei umfasst er eine Vielzahl von Verfahren, Techniken und Einsatzszenarien, die sich zum Teil deutlich voneinander unterscheiden.

Im Kern beschreibt KI unterschiedliche Systeme, die in der Lage sind, intelligentes Verhalten nachzuahmen, also Entscheidungen zu treffen, Probleme zu lösen oder Aufgaben zu erfüllen, die normalerweise menschliches Denken erfordern würden. Dabei kann es sich um unterschiedliche Dinge handeln: Ein Sprachassistent, der eine Frage beantwortet, eine Software, die Gesichter auf einem Foto erkennt, oder ein Algorithmus, der Kreditrisiken analysiert.

Künstliche Intelligenz kommt heute in zahlreichen Domänen zum Einsatz. Ein besonders praxisrelevantes Beispiel ist die Bild- und Objekterkennung. KI kann Inhalte von Bildern analysieren, etwa zur Qualitätskontrolle in der Fertigung oder bei der Analyse medizinischer Aufnahmen. Auch in der Sprachverarbeitung (NLP) kommen KI-Algorithmen zum Einsatz, um Anwendungen wie automatische Übersetzungen, Chatbots oder die Extraktion von Informationen aus Textdokumenten basierend auf Natural Language Processing zu realisieren. Vorhersagemodelle sind ein weiterer wichtiger Einsatzzweck. Ob Absatzprognosen, Wartungsbedarf oder Kundenabwanderung, überall dort, wo aus vergangenen Daten zukünftige Ereignisse abgeschätzt werden sollen, spielt Machine Learning eine zentrale Rolle.

Und wir dürfen Empfehlungssysteme nicht vergessen. Im E-Commerce oder bei Streamingdiensten schlagen intelligente Systeme Produkte oder Inhalte vor, die auf bisherigen Nutzerinteraktionen basieren.

Viele dieser Anwendungen lassen sich heute mit recht geringem Aufwand in eigene Softwareprojekte integrieren, insbesondere durch fertige KI-Dienste und Bibliotheken, die wir im weiteren Verlauf dieses Kapitels noch genauer betrachten.

25.2.1 Von KI zu Machine Learning und Deep Learning

Ein großer Teil moderner KI-Anwendungen basiert auf Machine Learning (ML), also dem maschinellen Lernen, sehr vereinfacht als lernende Systeme zusammengefasst. Im Gegensatz zur klassischen, regelbasierten Programmierung wird hier kein explizites Verhalten festgelegt. Stattdessen wird ein System mit Daten versorgt, aus denen es statistische Zusammenhänge und Muster lernt. Auf dieser Basis kann es später auch auf neue, unbekannte Daten reagieren.

Ein einfaches Beispiel: Möchten Sie eine Anwendung entwickeln, die E-Mails in *Spam* und *Nicht-Spam* einordnet, wäre es kaum praktikabel, alle denkbaren Spam-Merkmale manuell zu implementieren. Mit Machine Learning hingegen lässt sich ein Modell auf Tausenden von klassifizierten E-Mails trainieren, und es lernt so, woran sich Spam typischerweise erkennen lässt.

Eine besondere Unterkategorie des Machine Learning ist das sogenannte *Deep Learning*, das auf künstlichen neuronalen Netzen basiert. Diese Verfahren sind besonders leistungsfähig bei großen Datenmengen und komplexen Aufgaben, etwa bei der Spracherkennung, der automatischen Bilderkennung oder beim Generieren von Text. Systeme wie ChatGPT oder DALL·E gehören zu dieser Klasse.

25.2.2 Lernarten: Überwacht, unüberwacht, verstärkend

Beim maschinellen Lernen (Machine Learning) lassen sich die verwendeten Algorithmen grundsätzlich in verschiedene Kategorien einteilen (siehe Abbildung 25.1). Diese Einteilung orientiert sich daran, wie die Algorithmen mit Daten umgehen und welche Art von Rückmeldung sie während des Lernprozesses erhalten. Die wichtigsten Arten sind überwachtes Lernen, unüberwachtes Lernen, teilüberwachtes Lernen und verstärkendes Lernen. Diese vier grundlegenden Arten bilden die Basis für viele moderne Anwendungen des maschinellen Lernens und verdeutlichen die Vielseitigkeit der Ansätze in diesem Bereich.

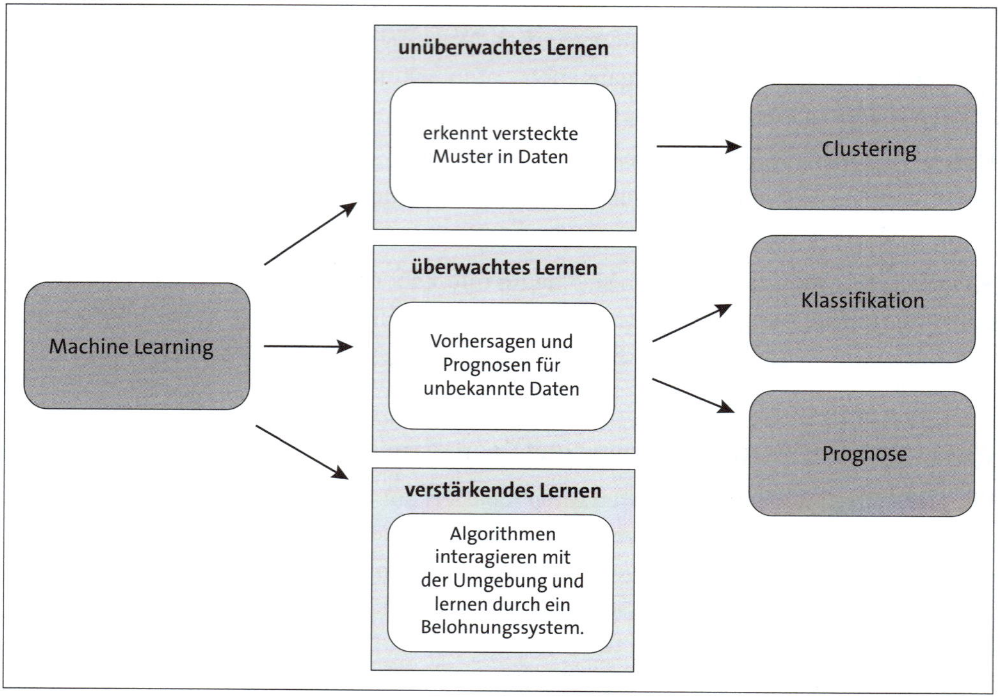

Abbildung 25.1 Kategorien von Algorithmen im Machine Learning

Beim überwachten Lernen (*Supervised Learning*) arbeitet der Algorithmus mit einem Datensatz, der sowohl Eingabedaten als auch die dazugehörigen Zielwerte (*Labels*) enthält. Das Ziel ist es, aus diesen Beispielen eine Funktion zu lernen, die auch auf unbekannte Daten korrekte Vorhersagen treffen kann. Typische Anwendungsfälle sind Klassifikations- oder Regressionsaufgaben, etwa die Erkennung von Spam-E-Mails oder die Vorhersage von Immobilienpreisen.

Im Gegensatz dazu steht das unüberwachte Lernen (*Unsupervised Learning*). Hier liegen keine Zielwerte vor; der Algorithmus soll selbständig Strukturen, Muster oder Zusammenhänge in den Daten entdecken. Dies wird beispielsweise in der Clusteranalyse oder der Dimensionsreduktion genutzt. Ein Beispiel ist die Gruppierung von Kunden in verschiedene Segmente basierend auf ihrem Kaufverhalten, ohne dass vorher festgelegte Kategorien existieren.

Das teilüberwachte Lernen (*Semi-Supervised Learning*) stellt einen Mittelweg zwischen überwachten und unüberwachten Methoden dar. Hier steht nur ein Teil der Daten mit Labels zur Verfügung, während der Rest unbeschriftet ist. Der Algorithmus nutzt beide Arten von Daten, um seine Vorhersagefähigkeit zu verbessern. Diese Methode kommt vor allem dann zum Einsatz, wenn die Beschriftung von Daten teuer oder zeitaufwendig ist, etwa in der medizinischen Bilddiagnostik.

Schließlich gibt es das verstärkende Lernen (*Reinforcement Learning*). Dabei lernt ein Agent durch Interaktion mit einer Umgebung, indem er für seine Handlungen Rückmeldungen in Form von Belohnungen oder Bestrafungen erhält. Ziel ist es, eine Strategie zu entwickeln, die langfristig die maximale Belohnung erzielt. Verstärkendes Lernen findet beispielsweise in der Robotik, in der Spielentwicklung oder bei autonomen Fahrsystemen Anwendung.

25.2.3 Arten generativer KI-Modelle und ihre Verfahren

Generative künstliche Intelligenz (*generative KI*) umfasst eine Reihe von Modellarten, die darauf abzielen, neue Daten zu erzeugen, die der Verteilung der Trainingsdaten ähneln. Diese Modelle lassen sich in verschiedene Kategorien einteilen, die sich jeweils durch ihre Architektur, Funktionsweise und Anwendungsbereiche unterscheiden.

Eine zentrale Gruppe stellen die *autoregressiven Modelle* dar. Diese Modelle, zu denen beispielsweise die *GPT*-Reihe (*Generative Pre-trained Transformer*) gehört, erzeugen neue Daten sequenziell, also Schritt für Schritt. Jedes neu generierte Element basiert dabei auf den bereits erzeugten Vorgängern. Besonders im Bereich der Textgenerierung haben sich autoregressive Modelle als äußerst leistungsfähig erwiesen, da sie in der Lage sind, kohärente und kontextbezogene Inhalte zu produzieren.

Eine weitere wichtige Kategorie sind die *Diffusionsmodelle*, die in den letzten Jahren stark an Bedeutung gewonnen haben. Sie arbeiten, indem sie schrittweise Rauschen aus zufälligen Daten entfernen und dadurch schrittweise realistische Strukturen rekonstruieren. Diese Methode hat sich vor allem in der Bildgenerierung durch Modelle wie DALL·E 2 oder Stable Diffusion etabliert, die beeindruckende, detailreiche Bilder aus Textbeschreibungen erzeugen können.

Die *Generative Adversarial Networks* (GANs) bilden eine weitere bedeutende Klasse generativer Modelle. Hier stehen sich zwei neuronale Netze gegenüber: ein Generator, der versucht, möglichst realistische Daten zu erzeugen, und ein Diskriminator, der versucht, echte von künstlichen Daten zu unterscheiden. Durch diesen Wettbewerb verbessert sich der Generator kontinuierlich, bis er Daten erzeugt, die vom Diskriminator kaum noch als künstlich erkannt werden. GANs kommen häufig in der Bild- und Videogenerierung sowie in der Kunst- und Modedesignbranche zum Einsatz.

Ebenfalls zu den generativen Ansätzen gehören die *Variational Autoencoders* (VAEs). Diese Modelle lernen eine sogenannte *latente Repräsentation* der Daten, aus der neue

Beispiele erzeugt werden können. VAEs zeichnen sich dadurch aus, dass sie explizit Wahrscheinlichkeitsverteilungen modellieren und dadurch auch Variationen und kontrollierte Veränderungen an den generierten Daten ermöglichen. Sie werden oft in der Forschung oder bei der Synthese von Bildern und Audiodaten verwendet.

Schließlich gibt es die *Energy-Based Models* (EBMs), die einen weniger verbreiteten, aber theoretisch interessanten Ansatz darstellen. Diese Modelle definieren eine Energie- oder Wahrscheinlichkeitslandschaft über den Datenraum. Neue Daten werden erzeugt, indem aus dieser Landschaft Stichproben gezogen werden. EBMs finden Anwendung in spezialisierten Forschungsbereichen und sind bekannt für ihre Flexibilität, wenn auch mit höherem Rechenaufwand verbunden.

Diese fünf Hauptkategorien verdeutlichen die Vielfalt der Ansätze innerhalb der generativen KI. Jede Modellart bringt spezifische Stärken und Herausforderungen mit sich und eignet sich für unterschiedliche Anwendungsbereiche, von der Text- über die Bild- bis hin zur Audio- und Videogenerierung.

25.2.4 Generative Modelle im Bereich Text- und Codegenerierung

Im Bereich der Text- und Codegenerierung spielen verschiedene Arten generativer Modelle eine Rolle. Besonders bedeutsam sind hier jedoch die *autoregressiven Modelle*, die sich als führender Ansatz etabliert haben. Diese Modelle, etwa in Form der bekannten *Transformer-basierten Sprachmodelle* wie GPT (Generative Pre-trained Transformer), sind darauf spezialisiert, Text oder Code Schritt für Schritt zu erzeugen, indem sie jeweils das nächste Wort oder Token auf Basis der bisher generierten Sequenz vorhersagen.

Die Dominanz dieser Modellart in der Text- und Codegenerierung lässt sich durch mehrere Faktoren erklären. Zum einen ist die sequenzielle Natur von Sprache und Code entscheidend: Der Sinn eines Satzes oder die Korrektheit eines Programmcodes hängt stark von der richtigen Abfolge der einzelnen Elemente ab. Autoregressive Modelle sind darauf ausgelegt, diese Abhängigkeiten zwischen aufeinanderfolgenden Tokens zu erfassen und zu nutzen.

Zum anderen ermöglicht die Transformer-Architektur dieser Modelle, auch weite Kontexte zu berücksichtigen. Durch den Einsatz von Self-Attention können sie Informationen aus weit zurückliegenden Teilen eines Textes oder Codes einbeziehen, eine Fähigkeit, die insbesondere bei längeren Programmen oder komplexen Texten von großer Bedeutung ist.

Ein weiterer Vorteil autoregressiver Modelle liegt in ihrer Flexibilität und Steuerbarkeit. Über die Eingabe spezieller Anweisungen oder durch Anpassung der Generierungsparameter lässt sich der Ausgabestil beeinflussen, so dass dieselbe Modellarchitektur sowohl für präzise technische Dokumentationen als auch für kreative Textaufgaben genutzt werden kann.

Im Vergleich dazu spielen andere Modellarten wie Generative Adversarial Networks (GANs), Variational Autoencoders (VAEs) oder Diffusionsmodelle in der Text- und Codegenerierung eine untergeordnete Rolle. Diese Verfahren eignen sich besser für die Erzeugung kontinuierlicher Daten wie Bilder oder Audiodaten, da sie die globale Struktur eines Outputs modellieren, jedoch weniger gut mit der symbolischen und sequenziellen Struktur von Sprache oder Code umgehen können.

Insgesamt zeigt sich, dass autoregressive Transformer-Modelle die wichtigste Modellart für die Generierung von Text und Code darstellen. Sie vereinen die Fähigkeit, sequenzielle Abhängigkeiten präzise zu modellieren, mit der Möglichkeit, auf große Datenmengen vortrainiert vielseitige Aufgaben zu übernehmen, von der automatischen Texterstellung bis hin zur Unterstützung bei der Programmierung.

25.3 KI-Plattformen und Tools von Microsoft

Microsoft bietet für die Entwicklung mit künstlicher Intelligenz ein umfangreiches und gut integriertes Ökosystem, das sowohl Einsteigern als auch erfahrenen Entwicklern und Entwicklerinnen den Zugang erleichtert. Im Zentrum stehen dabei verschiedene Plattformen und Tools, die es ermöglichen, KI-Modelle zu trainieren, bereitzustellen und in eigene Anwendungen zu integrieren, und das weitgehend innerhalb der gewohnten .NET-Umgebung.

Natürlich ist Microsoft nicht der einzige Anbieter von KI-Plattformen. Alternativen wie Google Vertex AI, Amazon SageMaker oder Open-Source-Frameworks wie TensorFlow und PyTorch bieten teils sehr ähnliche Funktionen, allerdings häufig mit einem stärkeren Fokus auf Python und Datenwissenschaft. Wer primär in C# und .NET entwickelt, findet bei Microsoft hingegen ein konsistentes Angebot, das sich ohne Medienbruch in vorhandene Projekte und Tools integrieren lässt.

Dass Hersteller wie Microsoft auf den KI-Zug aufspringen, ist an immer mehr und schnelleren Entwicklungen in diesem Bereich zu sehen. Eine neuere Entwicklung ist die *AI Dev Gallery*, die beim Schreiben dieser Zeilen als Vorschauversion vorliegt. Laut Microsoft ist sie das Tor zur lokalen KI-Entwicklung mit .NET. Das ist eine spannende Entwicklung, da nicht mehr ausschließlich Cloud-Angebote gepusht werden, sondern auch die lokale Nutzung von Modellen und Tools. Die AI Dev Gallery bietet interaktive KI-Beispiele und die einfache Verwaltung von KI-Modellen, die sich über die AI Dev Gallery herunterladen lassen. Abbildung 25.2 zeigt einen Screenshot der Anwendung.

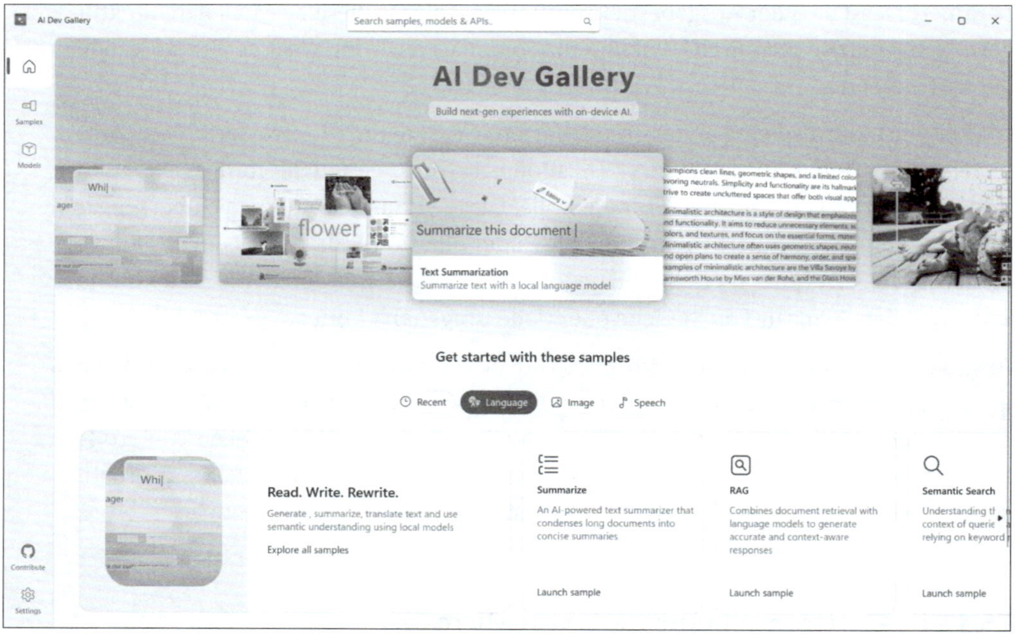

Abbildung 25.2 Die Beispiele der AI Dev Gallery im Überblick

25.3.1 Azure AI Services: KI aus der Cloud

Die zentrale Plattform für KI-Dienste bei Microsoft ist Azure AI. Dabei handelt es sich nicht um ein einzelnes Produkt, sondern um eine Sammlung spezialisierter Dienste, die auf der Azure-Cloud-Infrastruktur bereitgestellt werden. Diese Dienste lassen sich einfach per REST-API oder mit SDKs aus der eigenen Anwendung heraus ansprechen, auch in C#. Sie bieten fertige KI-Funktionalitäten, ohne dass eigene Modelle trainiert werden müssen. Zu den bekanntesten Diensten zählen:

- **Azure KI-Suche:** Eine Sammlung von Diensten zur Suche in Daten mit Hilfe von Algorithmen zur Schlüsselwort-, Vektor- und Hybridsuche.
- **Azure KI Speech:** Eine Plattform für die Nutzung von Sprache-zu-Text, Text-zu-Sprache, Sprachübersetzung und Spracherkennung.
- **Azure KI Vision:** Dienste zum Lesen von Text, Analysieren von Bildern und Erkennen von Gesichtern mit OCR (optische Zeichenerkennung) und maschinellem Lernen.
- **Azure OpenAI Service:** Zugang zu leistungsfähigen Sprachmodellen wie GPT-4, die sich zum Beispiel für Chatbots, Texterstellung oder Codeanalyse nutzen lassen.

Azure KI-Suche, Azure KI Speech und Azure KI Vision sind mächtige Werkzeuge, die helfen, Text, Sprache und visuelle Daten mit künstlicher Intelligenz zu verarbeiten und nutzbar zu machen. Sie bieten skalierbare, cloudbasierte Lösungen für Unternehmen, die keine eigene KI-Infrastruktur aufbauen können oder möchten.

Ein großer Vorteil dieser Dienste ist die Skalierbarkeit. Sie können klein anfangen und bei Bedarf auf professionelle Infrastruktur zurückgreifen, ohne tief in die technischen Details des Modelltrainings einsteigen zu müssen. Gerade für Geschäftsanwendungen, in denen Zeit und Zuverlässigkeit entscheidend sind, ist das ein wichtiger Punkt.

25.3.2 ML.NET: Machine Learning direkt in .NET

Für Anwendungen, die lokal und ohne Cloud-Anbindung laufen sollen, bietet Microsoft mit *ML.NET* ein eigenes Machine-Learning-Framework für .NET-Entwickler. ML.NET ermöglicht es, eigene ML-Modelle direkt in C# zu erstellen, zu trainieren und zu verwenden, ganz ohne Python oder externe Bibliotheken.

Ein typischer Anwendungsfall wäre etwa eine Konsolen- oder Desktopanwendung, die Kundendaten analysiert und daraus Vorhersagen trifft. Mit ML.NET lässt sich ein solches Modell zum Beispiel für die Klassifikation, Regression oder Zeitreihenanalyse aufbauen, trainieren und dauerhaft in die Anwendung integrieren. Die gesamte Modelllogik bleibt dabei in der gewohnten .NET-Umgebung – ein großer Vorteil für Entwickelnde, die sich nicht in neue Ökosysteme einarbeiten möchten.

ML.NET bietet auch ein Tool namens *Model Builder*, das direkt in Visual Studio integriert ist. Damit lassen sich einfache Modelle mit wenigen Klicks erstellen, trainieren und als lauffähiger C#-Code exportieren. Für viele Standardanwendungen reicht dieser Ansatz bereits aus.

25.3.3 Azure KI-Suche

Azure KI-Suche (Azure AI Search, ehemals Azure Cognitive Search) ist ein Cloud-basierter Suchdienst, der es ermöglicht, Inhalte aus strukturierten und unstrukturierten Datenquellen durchsuchbar zu machen. Anders als klassische Suchmaschinen bietet Azure KI-Suche integrierte kognitive Fähigkeiten, die es erlauben, Informationen aus Texten, Bildern und anderen Formaten zu extrahieren und aufzubereiten. Wichtige Merkmale sind die Indexierung von Daten aus verschiedenen Quellen, wie zum Beispiel Datenbanken und Dokumentenablagen, die sich automatisch indexieren lassen. Durch Integration von kognitiven Diensten, wie der Texterkennung und Entitätsextraktion, lassen sich zusätzliche Metadaten generieren. Auch eine Volltextsuche ist mit an Bord. Benutzer können präzise Suchabfragen durchführen, unterstützt durch Filter, Ranking und Autovervollständigung. Einsatzbeispiele sind intelligente Wissensdatenbanken, Dokumentensuche in Unternehmen oder Suchfunktionen auf Websites.

25.3.4 Azure KI Speech

Azure KI Speech (Azure AI Speech) ist eine Sammlung von Sprachdiensten, die Sprache in Text umwandeln, Text in Sprache synthetisieren und gesprochene Sprache in Echtzeit übersetzen. Damit lassen sich sprachbasierte Interaktionen in Apps, Chatbots oder anderen digitalen Lösungen umsetzen. Wichtige Funktionen sind:

- Die *Spracherkennung* (Speech-to-Text) wandelt gesprochene Sprache in Text um, unterstützt durch Modelle für verschiedene Sprachen und Dialekte.
- Die *Sprachsynthese* (Text-to-Speech) generiert natürlich klingende Sprachausgabe aus Text, mit einer Vielzahl an Stimmen und Anpassungsmöglichkeiten.
- Die *Echtzeitübersetzung* übersetzt gesprochene Sprache direkt in eine Zielsprache.

Zudem erkennt die Sprachverarbeitung Sprecher, Schlüsselwörter oder Emotionen. Typische Anwendungsfälle sind Voicebots, Untertitelung, Diktierfunktionen oder barrierefreie Softwarelösungen.

25.3.5 Azure KI Vision

Azure KI Vision (Azure AI Vision) bietet eine Reihe von Bild- und Videoanalysefunktionen, die visuelle Inhalte automatisch erkennen, interpretieren und klassifizieren. Die Dienste nutzen fortgeschrittene Algorithmen der Computer Vision. Zentrale Funktion in diesem Kontext ist die *Bilderkennung*, die Objekte, Szenen, Marken, Text oder Gesichter in Bildern identifiziert. Die *Texterkennung* (OCR) extrahiert Text aus Bildern und gescannten Dokumenten und die *Gesichtsanalyse* erkennt Gesichter, Alter, Emotionen und andere Merkmale, ohne die Personen zu identifizieren. Bei der *Videoindexierung* lassen sich Videos analysieren und ein durchsuchbares Inhaltsverzeichnis erstellen. Die Anwendungsbeispiele reichen von Qualitätskontrollen in der Industrie über die Analyse von Sicherheitsaufnahmen bis hin zu barrierefreien Anwendungen für Sehbehinderte.

25.3.6 Azure OpenAI: Zugang zu leistungsfähigen Sprachmodellen

Ein besonderer Bestandteil der Azure-AI-Welt ist der *Azure OpenAI Service*. Hierüber erhalten Entwickler und Entwicklerinnen Zugriff auf Modelle wie GPT-4, Codex oder DALL·E, allerdings in einer kontrollierten, unternehmensgerechten Umgebung. Diese Dienste eignen sich für Aufgaben wie automatische Textgenerierung, zum Beispiel Zusammenfassungen, Antworten und Dokumentation, für Klassifikation und semantische Analyse von Texten, als Konversationsschnittstellen (Chatbots) und für Codevervollständigung oder -übersetzung

Da sich diese Modelle über REST-APIs ansprechen lassen, sind sie problemlos in C#-Anwendungen einzubinden. Für viele Entwickelnde ist dies der einfachste Einstieg in leistungsfähige generative KI.

25.4 Machine Learning mit ML.NET

Viele KI-Anwendungen lassen sich mit vorgefertigten Diensten umsetzen, doch in manchen Fällen ist mehr Kontrolle gefragt: Wenn etwa spezielle Anforderungen bestehen, Daten nicht in die Cloud geladen werden dürfen oder ein maßgeschneidertes Modell erforderlich ist. Genau hier setzt ML.NET an, ein Framework von Microsoft, das es erlaubt, Machine-Learning-Modelle vollständig in der .NET-Umgebung zu entwickeln und lokal auszuführen.

ML.NET ist Open Source, plattformunabhängig und vollständig in C# nutzbar. Es richtet sich insbesondere an Entwickelnde, die keine Data Scientists sind, aber dennoch eigene Modelle trainieren und einsetzen möchten, ohne die Sprache wechseln zu müssen oder komplexe Toolchains zu verwenden.

25.4.1 Der typische Ablauf in ML.NET

Die Entwicklung eines Machine-Learning-Modells mit ML.NET folgt in der Regel einem wiederkehrenden Ablauf, der sich in fünf Schritte gliedern lässt:

1. **Daten laden**

   Die Grundlage jedes Modells sind strukturierte Daten, meist in Form von CSV-, JSON- oder SQL-Tabellen. Diese enthalten Merkmale (Features), auf deren Basis eine Vorhersage getroffen werden soll, und einen Zielwert (Label), den das Modell lernen soll.

2. **Daten vorbereiten**

   Bevor ein Modell trainiert werden kann, müssen die Daten oft bereinigt, skaliert oder in numerische Form gebracht werden. ML.NET bietet hierfür zahlreiche Transformationen, zum Beispiel zur Umwandlung von Text in Zahlen oder zur Normalisierung von Werten.

3. **Modell definieren und trainieren**

   Anschließend wird eine sogenannte *Trainingspipeline* aufgebaut: Sie legt fest, wie die Daten verarbeitet werden und welches Lernverfahren zum Einsatz kommt, etwa eine Entscheidungsbaum-, Regressions- oder Klassifikationsmethode. Danach bekommt das Modell die Trainingsdaten zu sehen.

4. **Modell evaluieren**

   Um sicherzustellen, dass das Modell sinnvolle Vorhersagen trifft, überprüfen wir es mit einem getrennten Testdatensatz. Metriken wie Genauigkeit, Fehlerquote oder F1-Score helfen dabei, die Qualität objektiv zu bewerten.

5. **Modell speichern und einsetzen**

   Ein fertiges Modell kann als Datei gespeichert und später in beliebige .NET-Anwendungen eingebunden werden, zum Beispiel in eine ASP.NET-Webanwendung oder ein Desktopprogramm.

Vorteile von ML.NET sind, dass es vollständig lokal läuft, ohne Cloud- oder Python-Abhängigkeiten. Es ist ideal für Desktop-, Mobile- und Embedded-Anwendungen und unterstützt .NET Core sowie die .NET-Versionen 5 bis 9. Es ist zudem gut in vorhandene Anwendungen integrierbar und unterstützt ONNX-Modelle für höhere Kompatibilität. Es eignet sich für typische Businessfälle wie Vorhersagen, Klassifikationen oder Textanalysen und bietet gleichzeitig ausreichend Tiefe für anspruchsvollere Szenarien.

ONNX-Modelle bezieht sich auf Modelle, die im Open-Neural-Network-Exchange-(ONNX-)Format vorliegen. ONNX ist ein offenes Standardformat für den Austausch von KI- und Machine-Learning-Modellen zwischen verschiedenen Frameworks. ONNX ermöglicht es, ein KI-Modell, das zum Beispiel in PyTorch oder TensorFlow trainiert wurde, in andere Umgebungen zu übertragen und dort auszuführen, ohne es neu schreiben oder konvertieren zu müssen. Das ist besonders nützlich, weil es viele verschiedene KI-Frameworks gibt, die nicht immer direkt miteinander kompatibel sind. ONNX fungiert hier als eine Art gemeinsame Sprache, so dass wir flexibel entscheiden können, wo und wie ein Modell zum Einsatz kommt, etwa in Azure, auf lokalen Servern oder in anderen Cloud-Plattformen.

25.4.2 Ein Beispiel: Kundenaussagen bewerten (Sentiment Analysis)

Um ML.NET in Visual Studio nutzen zu können, empfiehlt sich die Installation des ML.NET Model Builders. In Visual Studio ist er in das Arbeitspaket ».NET Desktopentwicklung« integriert, wie Abbildung 25.3 verdeutlicht. Häufig ist die Abhängigkeit bereits installiert, aber über das Installationsprogramm von Visual Studio können Sie problemlos prüfen, ob eine Installation notwendig ist oder nicht.

Darüber hinaus ist die Erweiterung »ML.NET Model Builder 2022« notwendig. Diese Erweiterung lässt sich über den Marketplace von Visual Studio herunterladen und installieren. Abbildung 25.4 zeigt die Installation der Erweiterung für die Community-Edition von Visual Studio.

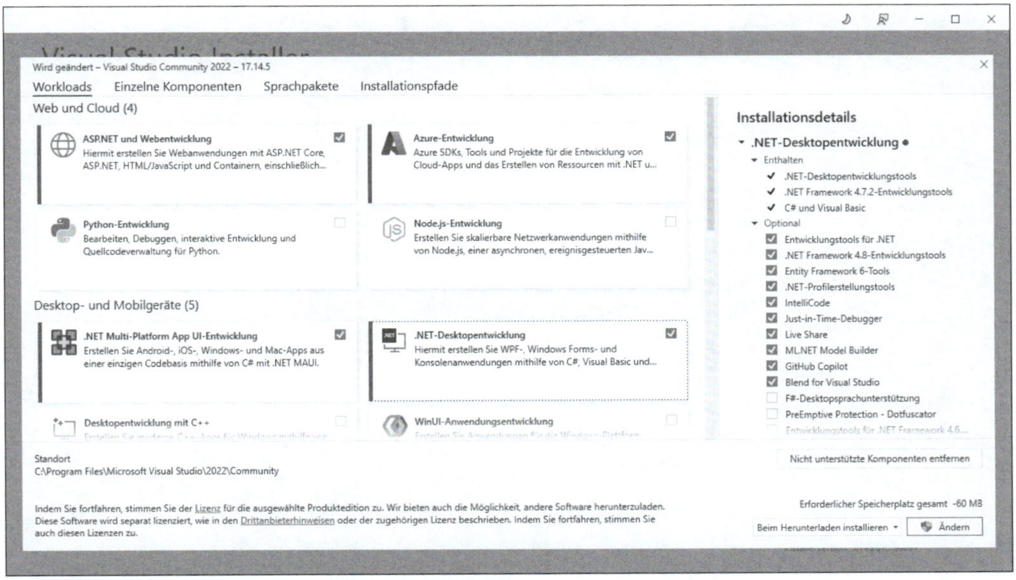

Abbildung 25.3 Arbeitspaket ».NET Desktopentwicklung« in Visual Studio

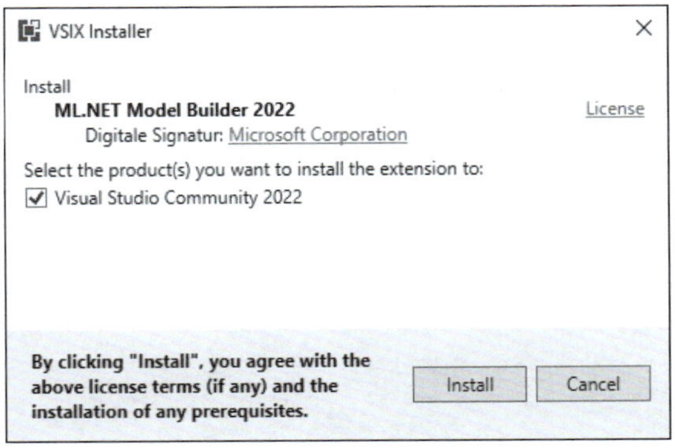

Abbildung 25.4 Installation der ML.NET-Erweiterung zu Visual Studio

Nach der Installation dieser Erweiterung können Sie für einen Test eine Konsolenanwendung erstellen. Mit der rechten Maustaste im Projektmappen-Explorer erzeugen Sie nun über HINZUFÜGEN • MACHINE LEARNING MODEL ein neues Modell, was Abbildung 25.5 zeigt.

Anschließend bietet sich die Möglichkeit, ein sogenanntes *Szenario* auszuwählen (siehe Abbildung 25.6). ML.NET und der Model Builder unterstützen zahlreiche verschiedene Szenarien, die auf verschiedenen Daten, Datenstrukturen und Modellen basieren.

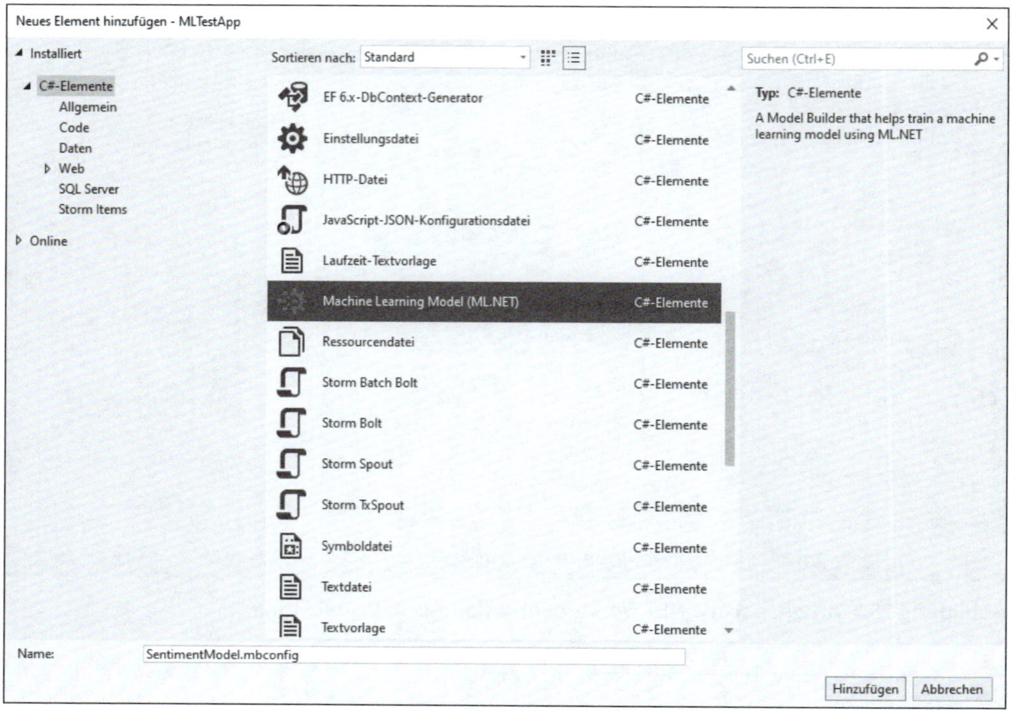

Abbildung 25.5 Erstellen eines neuen Machine-Learning-Modells

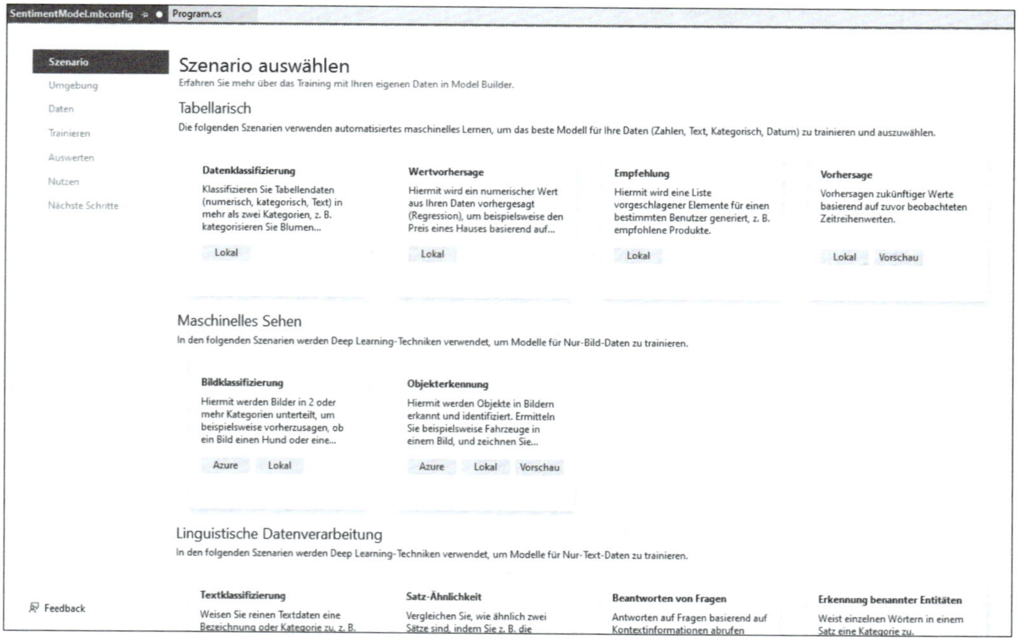

Abbildung 25.6 Auswahl des Szenarios für das neue ML.NET-Modell

Für ein erstes Beispiel wählen Sie die DATENKLASSIFIZIERUNG (LOKAL) aus. Jetzt müssen Sie die Trainingsumgebung (Abbildung 25.7) und die Datenquelle auswählen (Abbildung 25.8).

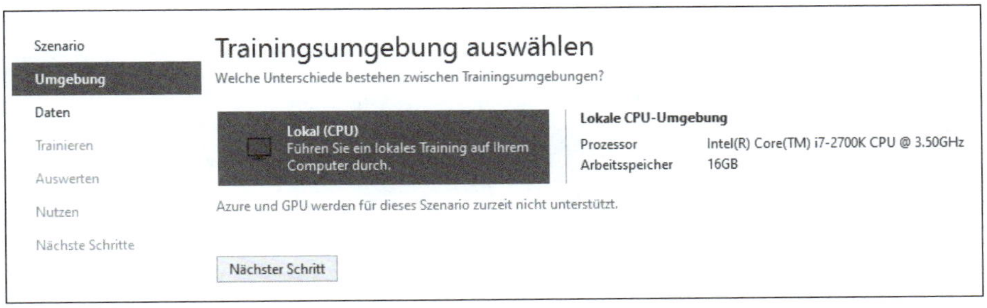

Abbildung 25.7 Auswahl der lokalen Trainingsumgebung für das Modell

Wir nutzen an dieser Stelle ein Beispieldaten-Set für die Analyse von Stimmungslagen in Text (Sentiment). Diese Daten sind bereits vorgelabelt und dienen unserem Modelltraining.

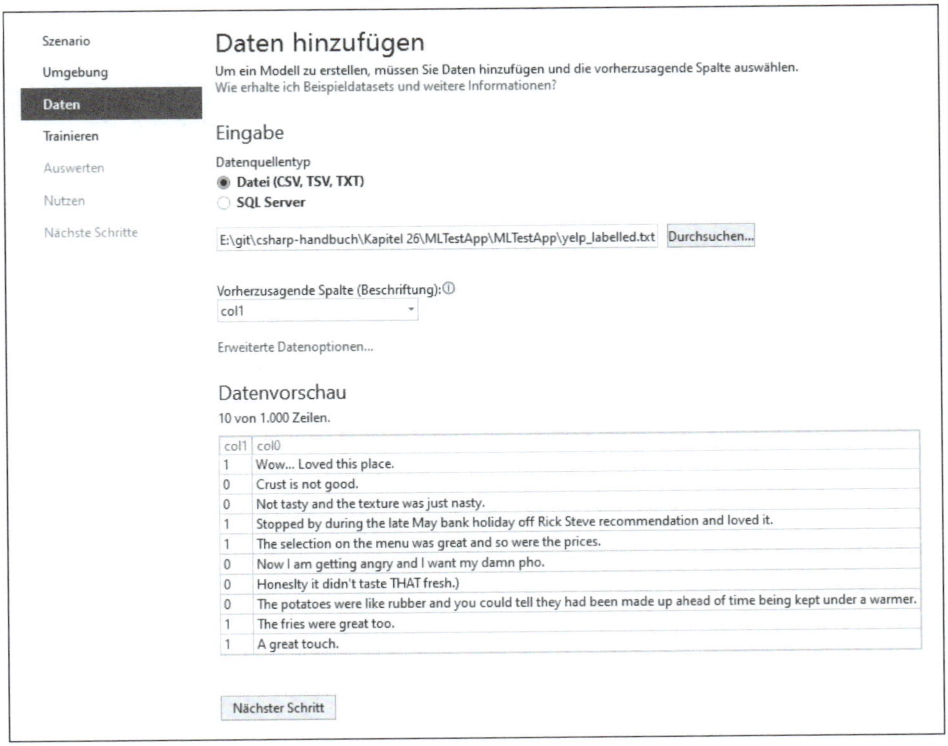

Abbildung 25.8 Auswahl der Trainingsdaten und korrekten Spalte

Jede Zeile in der Datei *yelp_labelled.txt* steht für eine andere Bewertung eines Restaurants, die ein Nutzer auf Yelp hinterlassen hat. Die erste Spalte enthält den vom Nutzer hinterlassenen Kommentar, die zweite Spalte die Stimmung des Textes (0 ist negativ, 1 ist positiv). Die Spalten sind durch Tabulatoren getrennt, und der Datensatz hat keine Überschrift. Die Daten sehen Sie in Abbildung 25.9.

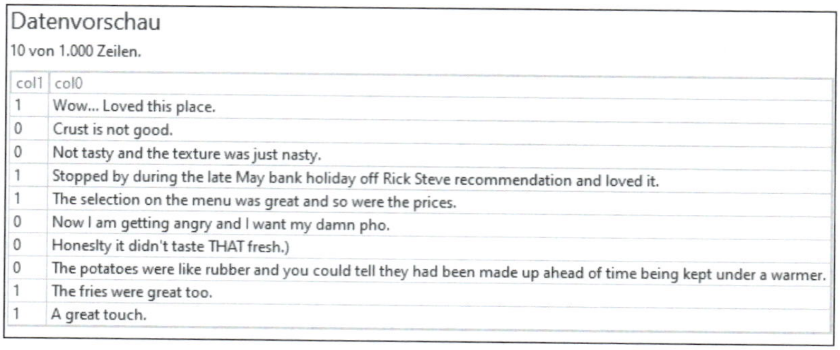

Datenvorschau
10 von 1.000 Zeilen.

col1	col0
1	Wow... Loved this place.
0	Crust is not good.
0	Not tasty and the texture was just nasty.
1	Stopped by during the late May bank holiday off Rick Steve recommendation and loved it.
1	The selection on the menu was great and so were the prices.
0	Now I am getting angry and I want my damn pho.
0	Honeslty it didn't taste THAT fresh.)
0	The potatoes were like rubber and you could tell they had been made up ahead of time being kept under a warmer.
1	The fries were great too.
1	A great touch.

Abbildung 25.9 Ausschnitt aus den Sentiment-Daten

Wählen Sie unter Vorherzusagende Spalte (Bezeichnung) die Spalte col1. Das Label ist das, was Sie vorhersagen wollen, in diesem Fall die Stimmung in der zweiten Spalte (col1) des Datensatzes. Die Spalten, die für die Vorhersage des Labels verwendet werden, werden als *Features* bezeichnet. Alle Spalten im Datensatz außer dem Label werden automatisch als Features ausgewählt. In diesem Fall ist die Spalte für den Überprüfungskommentar (col0) die Feature-Spalte. Sie können die Merkmalsspalten aktualisieren und andere Datenladeoptionen in den erweiterten Datenoptionen ändern, aber das ist für dieses Beispiel nicht notwendig.

Nun können wir uns ans Training des Modells machen, was Abbildung 25.10 zeigt.

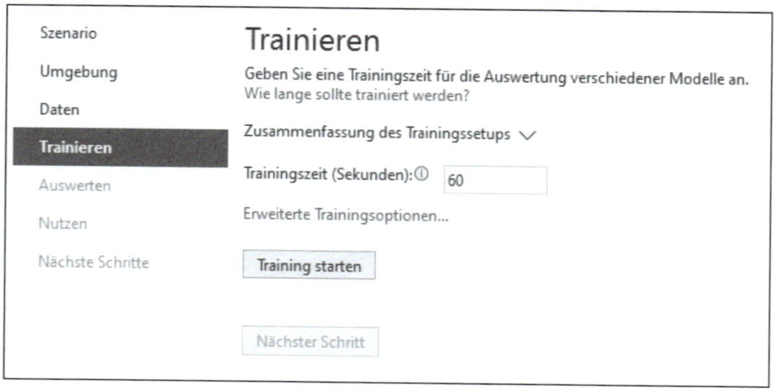

Abbildung 25.10 Das Training des Modells

Ändern Sie die Trainingszeit, also die Zeit, die Model Builder benötigt, um verschiedene Modelle zu untersuchen, in 60 Sekunden. Sie können versuchen, diese Zahl zu erhöhen, wenn nach dem Training keine Modelle gefunden werden. Beachten Sie, dass die Trainingszeit bei größeren Datensätzen länger sein wird. Model Builder passt die Trainingszeit automatisch an die Größe des Datensatzes an. Sie können zudem die

Optimierungsmetrik und die verwendeten Algorithmen in den erweiterten Trainingsoptionen aktualisieren, aber für dieses Beispiel ist dies nicht erforderlich. Wählen Sie TRAINING STARTEN, um den Trainingsprozess zu beginnen. Sobald das Training beginnt, sehen Sie die verbleibende Zeit (Abbildung 25.11).

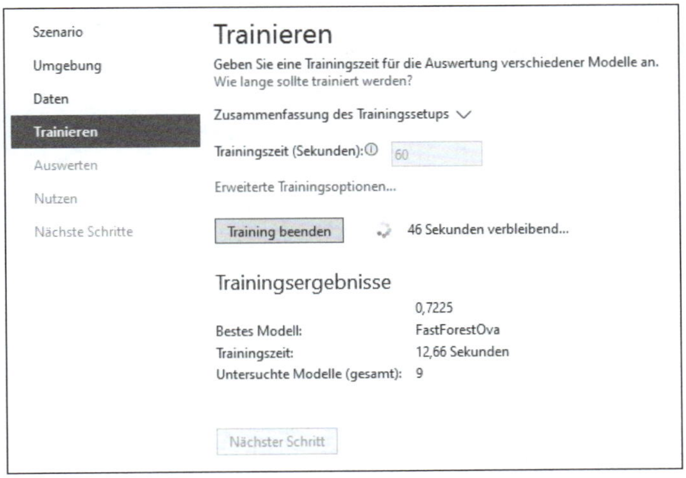

Abbildung 25.11 Laufendes Training mit den aktuellen Trainingsergebnissen

Ist das Training abgeschlossen und hat ML.NET ein Modell gefunden, können wir mit dem nächsten Schritt weitermachen. Das ist die Auswertung des gerade trainierten Modells, wie Abbildung 25.12 zeigt.

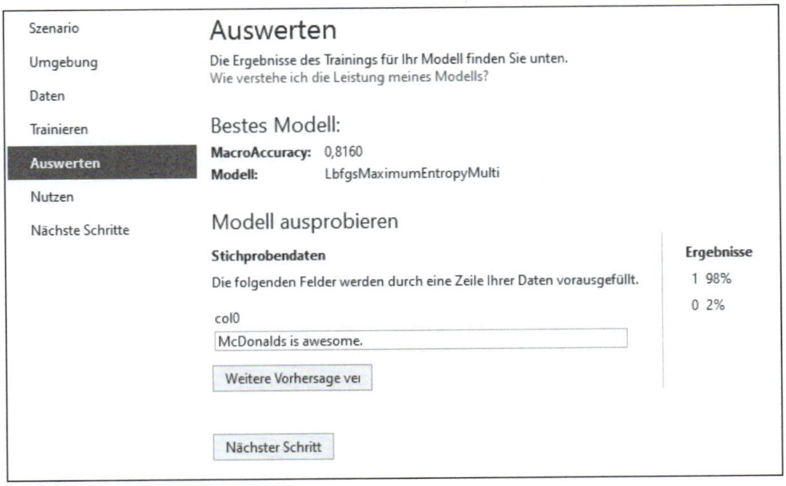

Abbildung 25.12 Auswerten des gerade trainierten Modells

Im Abschnitt MODELL AUSPROBIEREN können Sie Vorhersagen für Beispieleingaben treffen. Das Textfeld ist mit der ersten Datenzeile aus Ihrem Datensatz vorausgefüllt, aber Sie können die Eingabe ändern und die Schaltfläche WEITERE VORHERSAGE wählen, um verschiedene Stimmungsvorhersagen auszuprobieren. In diesem Fall bedeutet 0 eine negative Stimmung und 1 eine positive Stimmung. Beispielsweise führt die Eingabe von »McDonalds is awesome.« zu dem Ergebnis 1 = 98 % und 0 = 2 %. Das ausgewählte Modell ist sich daher recht sicher, dass dies eine positive Aussage ist.

Der nächste Schritt ist der Einsatz des Modells. Abbildung 25.13 zeigt die Nutzung des Modells über Codeschnipsel. Auch Projektvorlagen werden vorgeschlagen.

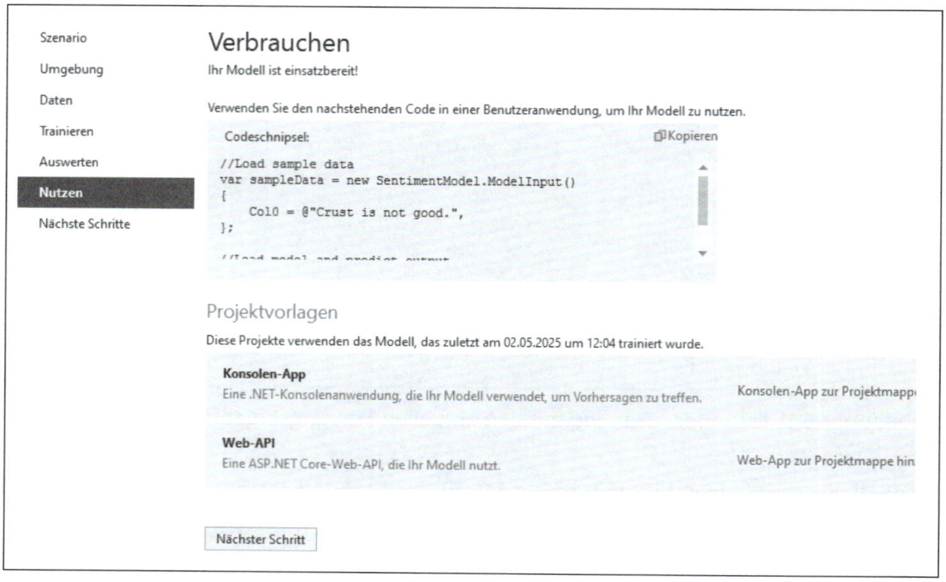

Abbildung 25.13 Einstellungen für die Nutzung des Modells

Wie der Projektmappen-Explorer zeigt (siehe Abbildung 25.14), hat ML.NET nach dem Training direkt C#-Dateien erzeugt.

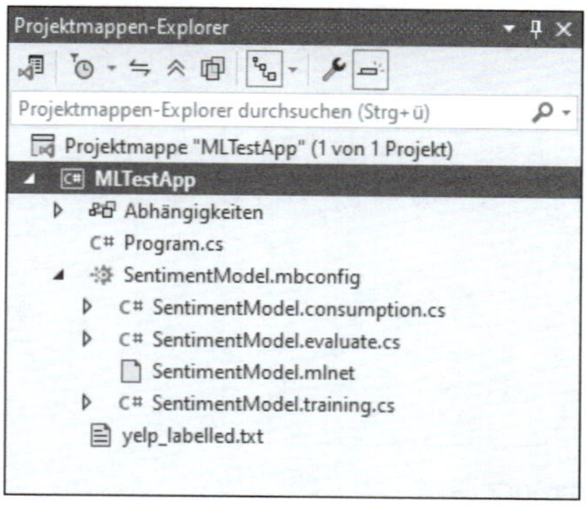

Abbildung 25.14 Projektmappen-Explorer mit den erzeugen C#-Dateien

Diese vier Dateien befinden sich als Code-Behind bei der Datei *SentimentModel.mbconfig*. In der Datei *SentimentModel.consumption.cs* sind die Eingangs- und Ausgangsklassen des Modells und eine `Predict`-Methode enthalten, die für die Verwendung des Modells verwendet werden kann. Die Datei *SentimentModel.evaluate.cs* beinhaltet eine `CalculatePFI`-Methode, die die *Permutation-Feature-Importance*-(PFI-) Technik verwendet, um zu bewerten, welche Merkmale am meisten zu den Modellvorhersagen beitragen. Die Datei *SentimentModel.mlnet* ist das trainierte ML.NET-Modell, das eine serialisierte Zip-Datei ist. Zu guter Letzt enthält die Datei *SentimentModel.training.cs* den Code, der nötig ist, um die Bedeutung der Eingabespalten für die Vorhersagen Ihres Modells zu verstehen.

Jetzt können Sie das trainierte Modell direkt in der zuvor erstellten Konsolenanwendung nutzen. Den Code dazu zeigt Listing 25.1.

```
using MLTestApp;

var sampleData = new SentimentModel.ModelInput()
{
    Col0 = "McDonalds was horrible."
};

// das Modell laden und die Ausgabe vorhersagen
var result = SentimentModel.Predict(sampleData);

// wenn die Vorhersage 1 ist, ist die Stimmung "positiv"; andernfalls ist die
// Stimmung "negativ"
var sentiment = result.PredictedLabel == 1 ? "Positiv" : "Negativ";
Console.WriteLine($"Text: {sampleData.Col0}\nVorhersage: {sentiment}\nScore:
{result.Score.Max()}");

Console.ReadLine();
```

Listing 25.1 Einsatz des Modells mit weiteren Daten

Die Ausgabe dazu zeigt Abbildung 25.15. Das Code-Snippet bietet einen Beispielsatz als Eingabe an, und das von uns trainierte Modell erstellt die Vorhersagen, die sich anschließend nutzen und auswerten lassen. In diesem Fall lediglich für die Ausgabe auf der Konsole, aber auf Basis dieser Vorhersage können weitere Workflows erstellt und Schritte unternommen werden.

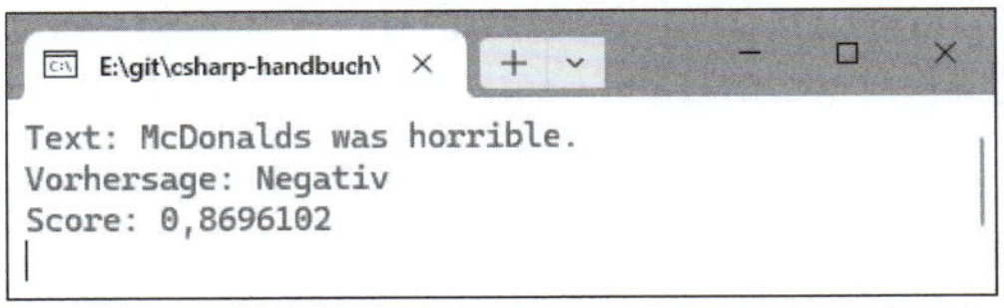

Abbildung 25.15 Ausgabe des ML.NET-Tests in unserer Anwendung

25.5 Azure AI Services und Azure OpenAI in C# nutzen

Wie bereits erwähnt, erfordert nicht jede KI-Anwendung das Training eines eigenen Modells. Oft genügt es, auf bereits vortrainierte, leistungsfähige Dienste zurückzugreifen, die über einfache Schnittstellen zur Verfügung stehen. Genau das bieten die Azure Cognitive Services sowie der Azure OpenAI Service: Sie stellen fertige KI-Funktionalitäten bereit, die sich per REST-API oder SDK in eigene Anwendungen integrieren lassen, auch direkt aus C# heraus.

Dieser Ansatz eignet sich besonders dann, wenn die zu lösende Aufgabe einem bekannten Muster folgt, etwa bei der Bildanalyse, der Sprachverarbeitung oder der Textgenerierung. Der Vorteil liegt auf der Hand: Die Dienste sind sofort nutzbar, skalierbar und werden kontinuierlich von Anbietern wie Microsoft gewartet und verbessert.

Durch die einfache Integration, die hohe Verfügbarkeit und die Qualität der vortrainierten Modelle eignen sich sowohl die Cognitive Services als auch der Azure OpenAI Service für den produktiven Einsatz in verschiedensten Anwendungsfeldern, darunter die automatisierte Dokumentanalyse, Kundenservice-Chatbots, Content-Moderation, Sprachanalyse im Callcenter, personalisierte Benutzererlebnisse und dynamische Textgenerierung. Dabei behalten Sie stets die Kontrolle. Alle Dienste sind skalierbar, lassen sich über Rollen und Zugriffsschlüssel absichern und in bestehende Architekturen einbetten. Und das lokal, in der Cloud oder hybrid.

25.5.1 Bilderkennung mit Azure KI Vision

Azure KI Vision bietet erweiterte Algorithmen zur Bildverarbeitung für die Analyse visueller Inhalte an. Der Dienst bietet Funktionen wie optische Zeichenerkennung (OCR), Objekt- und Gesichtserkennung, Bildbeschriftung sowie Inhaltsmoderation. Sie können diese Technologie nutzen, um Anwendungen zur automatischen Dokumentenverarbeitung, digitalen Asset-Verwaltung oder intelligenten Bilderkennung zu erstellen.

Für ein Beispiel nutzen wir die Image Analysis 4.0 API. Als Vorbereitung benötigen wir eine Computer Vision Ressource auf Azure, um einen Key und eine URL für den Endpunkt zu erhalten. Das ist an dieser Stelle vorausgesetzt. Darüber hinaus ist im Projekt das Paket `Azure.AI.Vision.ImageAnalysis` zu installieren. Die Azure-Image-Analysis-Clientbibliothek für .NET stellt eine Sammlung von KI-Algorithmen bereit, mit denen Bilder verarbeitet und Informationen über deren Inhalt zurückgegeben werden können. Diese Bibliothek ermöglicht es, mehrere visuelle Merkmale eines Bildes gleichzeitig zu extrahieren. Dazu gehören unter anderem das automatische Generieren einer Bildbeschreibung (Caption), die Texterkennung innerhalb des Bildes (OCR) sowie die Objekterkennung. Weitere Informationen über den Dienst und die unterstützten visuellen Funktionen finden sich in der allgemeinen Übersicht zur

Bildanalyse und auf der Seite mit den Konzepten. Die Image-Analysis-Clientbibliothek unterstützt Sie dabei, verschiedene Aufgaben effizient umzusetzen: Sie ermöglicht die Authentifizierung beim Dienst, die Auswahl der gewünschten Analysefunktionen, das Hochladen eines Bildes zur Analyse oder die Angabe einer Bild-URL sowie den Abruf der Analyseergebnisse. Auf diese Weise können Entwickelnde auf einfache Weise KI-gestützte Bildanalysen in ihre .NET-Anwendungen integrieren.

Haben Sie diese Anforderungen erfüllt, können wir mit der Definition des Endpunkts und Keys sowie mit der Client-Initialisierung beginnen, was Sie in Listing 25.2 sehen.

```
var endpoint = Environment.GetEnvironmentVariable("VISION_ENDPOINT") ?? "";
var key = Environment.GetEnvironmentVariable("VISION_KEY") ?? "";

// den Image Analysis Client erzeugen
ImageAnalysisClient client = new ImageAnalysisClient(
    new Uri(endpoint),
    new AzureKeyCredential(key));
```

Listing 25.2 Definition von Endpunkt, Key und Client

Anschließend können wir unser Bild auswählen, das wir analysieren möchten. Das geht über eine URI oder über einen Buffer. Beides zeigt Listing 25.3.

```
// URL oder Buffer
var imageURL = new Uri("...sample.jpg");
using FileStream stream = new FileStream("sample.jpg", FileMode.Open);
var imageData = BinaryData.FromStream(stream);
```

Listing 25.3 Das Bild per URI oder Buffer zur Verfügung stellen

Mit der Analyse-4.0-API haben Sie Zugriff auf alle Bildanalysefunktionen des Dienstes. Je nach Anwendungsfall müssen wir auswählen, welche Operationen Sie durchführen möchten. In Listing 25.4 ist die Enumeration mit den Optionen zu sehen:

```
var visualFeatures =
    VisualFeatures.Caption |
    VisualFeatures.DenseCaptions |
    VisualFeatures.Objects |
    VisualFeatures.Read |
    VisualFeatures.Tags |
    VisualFeatures.People |
    VisualFeatures.SmartCrops;
```

Listing 25.4 Die Optionen für die visuellen Features als Enum

Zunächst besteht die Möglichkeit, keine visuellen Merkmale auszuwählen, so dass keine Analyse durchgeführt wird. Mit der Funktion `Tags` können inhaltliche Schlagwörter für Tausende von erkennbaren Objekten, Lebewesen, Szenen und Handlungen im Bild extrahiert werden. Die Funktion `Caption` erzeugt einen menschenlesbaren Beschreibungssatz, der den Inhalt des gesamten Bildes zusammenfasst. Mit `DenseCaptions` lassen sich bis zu zehn verschiedene Bildbereiche jeweils mit einer eigenen Bildbeschreibung versehen, einschließlich einer Beschreibung für das gesamte Bild. Darüber hinaus ermöglicht die Option `Objects` die Erkennung physischer Objekte im Bild und liefert zusätzlich deren genaue Position. Die Funktion `Read` dient der Texterkennung (OCR) und kann sowohl gedruckten als auch handgeschriebenen Text aus dem Bild extrahieren. Mit `SmartCrops` lassen sich repräsentative Bildausschnitte ermitteln, die sich besonders für die Erstellung von Vorschaubildern in gewünschten Seitenverhältnissen eignen; dabei räumt die Erkennung erkannten Gesichtern Priorität ein. Schließlich ermöglicht die Funktion `People` die Erkennung von Personen im Bild, einschließlich der Angabe ihrer Position.

Anschließend sind einige Optionen für die Analyse an der Reihe, zu sehen in Listing 25.5:

```
ImageAnalysisOptions options = new ImageAnalysisOptions
{
    GenderNeutralCaption = true,
    Language = "en",
    SmartCropsAspectRatios = new float[] { 0.9F, 1.33F }
};
```

Listing 25.5 Optionen für die Bildanalyse

Über diese Einstellungen können Sie die Sprache der Rückgabedaten angeben, mit einem Standard bei der Ausgabe in Englisch. Eine Übersicht der unterstützten Sprachcodes und der je Sprache verfügbaren visuellen Funktionen findet sich in der entsprechenden Dokumentation. Bei der Erzeugung von Bildbeschreibungen (*Captions*) oder detaillierten Bildbeschreibungen (*Dense Captions*) lässt sich zudem festgelegen, ob geschlechtsneutrale Formulierungen verwendet werden sollen. In diesem Fall ersetzt der Dienst beispielsweise Begriffe wie »Frau« oder »Mann« durch »Person« bzw. »Junge« oder »Mädchen« durch »Kind«. Für die Funktion `SmartCrops` lässt sich außerdem ein gewünschtes Seitenverhältnis angeben, indem die Zielbreite durch die Höhe geteilt wird. Unterstützt werden Werte zwischen 0,75 und 1,8. Wird kein Seitenverhältnis angegeben, liefert der Dienst automatisch einen passenden Vorschlag mit einem Verhältnis zwischen 0,5 und 2,0.

Nach diesen ganzen Vorbereitungen können wir die Analyse-API aufrufen (siehe Listing 25.6):

```
ImageAnalysisResult result = client.Analyze(
    imageURL,
    visualFeatures,
    options);
```

Listing 25.6 Aufruf der Analyse-API

Dieser Aufruf erfolgt synchron, das heißt, die Programmausführung wird so lange angehalten, bis der Dienst die Ergebnisse zurückgegeben hat oder ein Fehler aufgetreten ist. Alternativ können Sie die asynchrone Methode `AnalyzeAsync` nutzen, die nichtblockierend arbeitet und die Ausführung des Programms während der Analyse fortsetzt. Der Aufruf nutzt die zuvor erstellten Eingabeobjekte. Möchten Sie anstelle einer Bild-URL einen Bildpuffer analysieren, ersetzen Sie den Parameter `imageURL` im Methodenaufruf durch die Variable `imageData`.

Die Ausgabe der Analyseergebnisse ist stark abhängig von den Ergebnissen, die wir angefragt haben. Listing 25.7 zeigt, wie die Daten ausgelesen und auf der Konsole ausgegeben werden können. Manche Daten stehen direkt zur Verfügung, andere wiederum befinden sich in Ergebnisobjekten, auf die wir zugreifen müssen.

```
// die Caption ausgeben
Console.WriteLine(" Caption:");
Console.WriteLine($"   '{result.Caption.Text}', Confidence
{result.Caption.Confidence:F4}");

// die Dense Caption ausgeben
Console.WriteLine(" Dense Captions:");
foreach (DenseCaption denseCaption in result.DenseCaptions.Values)
{
    Console.WriteLine($"   '{denseCaption.Text}', Confidence
    {denseCaption.Confidence:F4}, Bounding box {denseCaption.BoundingBox}");
}

// die erkannten Objekte ausgeben
Console.WriteLine(" Objects:");
foreach (DetectedObject detectedObject in result.Objects.Values)
{
    Console.WriteLine($"   '{detectedObject.Tags.First().Name}', Bounding box
    {detectedObject.BoundingBox.ToString()}");
}

// den Text mittels Texterkennung (OCR) auf der Konsole ausgeben
Console.WriteLine(" Read:");
foreach (DetectedTextBlock block in result.Read.Blocks)
```

```
    foreach (DetectedTextLine line in block.Lines)
    {
        Console.WriteLine($"   Line: '{line.Text}', Bounding Polygon:
                            [{string.Join(" ", line.BoundingPolygon)}]");
        foreach (DetectedTextWord word in line.Words)
        {
            Console.WriteLine($"     Word: '{word.Text}',
            Confidence {word.Confidence.ToString('#.####')},
            Bounding Polygon: [{string.Join(" ", word.BoundingPolygon)}]");
        }
    }

// die Tags ausgeben
Console.WriteLine(" Tags:");
foreach (DetectedTag tag in result.Tags.Values)
{
    Console.WriteLine($"   '{tag.Name}', Confidence {tag.Confidence:F4}");
}

// die erkannten Personen auf der Konsole ausgeben
Console.WriteLine(" People:");
foreach (DetectedPerson person in result.People.Values)
{
    Console.WriteLine($"   Person: Bounding box
    {person.BoundingBox.ToString()}, Confidence {person.Confidence:F4}");
}

// die Ergebnisse der SmartCrops-Analyse ausgeben
Console.WriteLine(" SmartCrops:");
foreach (CropRegion cropRegion in result.SmartCrops.Values)
{
    Console.WriteLine($"   Aspect ratio: {cropRegion.AspectRatio},
                         Bounding box: {cropRegion.BoundingBox}");
}

// die Metadata ausgeben
Console.WriteLine(" Metadata:");
Console.WriteLine($"   Model: {result.ModelVersion}");
Console.WriteLine($"   Image width: {result.Metadata.Width}");
Console.WriteLine($"   Image hight: {result.Metadata.Height}");
```

Listing 25.7 Ausgabe der verschiedenen Analyseergebnisse

25.5.2 Azure OpenAI: Zugriff auf generative KI

Ein besonderes Highlight innerhalb der Azure-KI-Dienste ist der Azure OpenAI Service. Über ihn erhalten Sie Zugriff auf einige der fortschrittlichsten Sprachmodelle der Welt, darunter GPT-4, das auch diesem Text zugrunde liegt. Die Einsatzmöglichkeiten reichen von Texterstellung über Klassifikation bis hin zur automatisierten Codeanalyse. Die Integration in eine C#-Anwendung erfolgt ebenfalls per REST-API. Die konkreten Aufrufe lassen sich gut durch das Paket `Azure.AI.OpenAI` kapseln. Möchten wir zusätzlich die Authentifizierung mittels *Microsoft Entra ID* nutzen, zuvor bekannt als Azure Active Directory, dann unterstützt uns dabei das Paket `Azure.Identity`. Listing 25.8 zeigt den Zugriff über die Azure-Zugangsdaten:

```
AzureOpenAIClient azureClient = new(
    new Uri("https://your-azure-openai-resource.com"),
    new DefaultAzureCredential());
ChatClient chatClient = azureClient.GetChatClient("my-gpt-4o-mini-
deployment");
```

Listing 25.8 Vorbereiten des Azure OpenAI Clients

Der Zugriff per API-Key ist aber weiterhin möglich, wie Listing 25.9 zeigt:

```
string keyFromEnvironment = Environment.GetEnvironmentVariable("AZURE_OPENAI_
API_KEY");

AzureOpenAIClient azureClient = new(
    new Uri("https://your-azure-openai-resource.com"),
    new ApiKeyCredential(keyFromEnvironment));
ChatClient chatClient = azureClient.GetChatClient("my-gpt-35-turbo-
deployment");
```

Listing 25.9 Konfiguration des Azure OpenAI Clients per API-Key

Jetzt ist der Zugriff auf die OpenAI-Features möglich. Dazu zeigen wir die Nutzung eines Chats mit Streamingdaten, also wenn die Antworten asynchron als Datenstrom zurückkommen. In Listing 25.10 finden Sie eine Implementierung als Beispiel:


```
AzureOpenAIClient azureClient = new(
    new Uri("https://your-azure-openai-resource.com"),
    new DefaultAzureCredential());
ChatClient chatClient = azureClient.GetChatClient("my-gpt-35-turbo-
deployment");

CollectionResult<StreamingChatCompletionUpdate> completionUpdates =
    chatClient.CompleteChatStreaming(
```

```
    [
        new SystemChatMessage("You are a helpful assistant that talks
                              like a pirate."),
        new UserChatMessage("Hi, can you help me?"),
        new AssistantChatMessage("Arrr! Of course, me hearty! What can
                                 I do for ye?"),
        new UserChatMessage("What's the best way to train a parrot?"),
    ]);

foreach (StreamingChatCompletionUpdate completionUpdate in completionUpdates)
{
    foreach (ChatMessageContentPart contentPart in
            completionUpdate.ContentUpdate)
    {
        Console.Write(contentPart.Text);
    }
}
```

Listing 25.10 Chat-Nachrichten als Datenstrom von Azure OpenAI

Die Systemmeldungen über `SystemChatMessage` sind Anweisungen oder andere Hinweise, wie sich der Assistent verhalten soll. Nutzermeldungen über `UserChatMessage` stellen Nutzereingaben dar, ob historische oder aktuelle Eingaben. Assistenznachrichten in einer Anfrage stellen den Gesprächsverlauf für Antworten dar und sind über die Klasse `AssistantChatMessage` abgebildet.

25.6 Generative KI nutzen

Generative künstliche Intelligenz (generative KI) bezeichnet eine Klasse von Modellen, die in der Lage sind, neue Inhalte zu erzeugen, anstatt lediglich bestehende Informationen zu analysieren oder zu klassifizieren. Diese Inhalte können unterschiedlicher Natur sein, etwa natürlichsprachlicher Text, Programmcode, Bilder, Musik oder sogar strukturierte Daten. Das Besondere an generativer KI ist ihre Fähigkeit, auf Basis vorhandener Daten Muster zu erkennen und daraus eigenständige Ausgaben zu erzeugen, die für Menschen oft überraschend kohärent, kreativ oder funktional wirken.

Ein einfaches Beispiel aus der Softwareentwicklung: Ein generatives Modell kann auf eine Eingabe wie »Schreibe eine Methode in C#, die prüft, ob eine Zahl eine Primzahl ist« reagieren, indem es tatsächlich eine passende und funktionierende Methode in C# generiert. Das bedeutet nicht, dass das Modell den konkreten Code schon einmal gesehen hat. Vielmehr hat es gelernt, wie typischer Code aussieht und welche Strukturen in bestimmten Kontexten wahrscheinlich sind.

Generative KI unterscheidet sich damit deutlich von traditioneller KI, wie sie in regelbasierten Systemen oder in der Mustererkennung zum Einsatz kommt. Klassische KI-Ansätze konzentrieren sich auf Aufgaben wie Klassifikation, zum Beispiel »Ist das eine Katze oder ein Hund?«, Clustering oder Vorhersagen auf Basis numerischer Daten. Generative Modelle hingegen arbeiten oft mit unstrukturierten Daten, insbesondere Text, und sind in der Lage, völlig neue Datenpunkte zu erzeugen.

25.6.1 Typische Modelle: GPT, DALL·E, Codex

Ein zentrales Modell im Bereich generativer KI ist *GPT* (*Generative Pre-trained Transformer*), entwickelt von OpenAI. GPT-Modelle sind darauf trainiert, Text vorherzusagen. Das bedeutet konkret, das nächste Wort oder Token in einer Sequenz. Auf diese Weise können sie ganze Absätze, Geschichten, E-Mails oder Programmcode erzeugen. Die Modelle basieren auf der sogenannten *Transformer-Architektur*, die eine effiziente Verarbeitung großer Textmengen ermöglicht und dabei auch längerfristige Abhängigkeiten in Texten berücksichtigt.

Ein weiterer Vertreter ist *DALL·E*, ebenfalls von OpenAI, das auf die Generierung von Bildern spezialisiert ist, aus rein textuellen Beschreibungen. Das Modell *Codex* wiederum stellt eine spezialisierte Variante von GPT dar, die besonders auf Programmcode trainiert wurde. Es ist in der Lage, aus natürlicher Sprache vollständige Code-Snippets oder gar ganze Klassen in verschiedenen Programmiersprachen zu erzeugen, unter anderem auch in C#.

Ein einfaches Beispiel, wie Codex (oder ein vergleichbares Modell) eine Anforderung in Code übersetzt, zeigt Listing 25.11:

```
// Eingabe: "Write a method that checks if a number is prime"
public static bool IsPrime(int number)
{
    if (number <= 1) return false;
    if (number == 2) return true;
    if (number % 2 == 0) return false;

    for (int i = 3; i <= Math.Sqrt(number); i += 2)
    {
        if (number % i == 0)
            return false;
    }

    return true;
}
```

Listing 25.11 Übersetzung einer Anforderung in Code durch Codex

25

Die Fähigkeit solcher Modelle, natürlichsprachliche Anforderungen zu verstehen und diese in konkreten Code zu übersetzen, ist einer der Gründe, warum generative KI in der Softwareentwicklung zunehmend an Bedeutung gewinnt. Dabei ersetzt sie nicht die menschliche Kreativität oder das technische Verständnis, sie erweitert vielmehr die Werkzeuge, mit denen Entwicklerinnen und Entwickler arbeiten können.

25.6.2 Modelle von Microsoft

Die *Phi-Modelle* von Microsoft repräsentieren eine neue Generation großer Sprachmodelle, die sich insbesondere durch ihre Effizienz und ihren kompakten Aufbau auszeichnen. Im Gegensatz zu den sehr großen, cloudbasierten Modellen wie GPT-4 oder Claude zielen die Phi-Modelle darauf ab, auch auf ressourcenschwächeren Geräten lokal lauffähig zu sein. Der Name »Phi« steht dabei für eine Reihe von Modellen mit unterschiedlichen Größen, die alle auf Transformer-Architekturen basieren, jedoch stark optimiert wurden, um mit weniger Parametern dennoch eine beeindruckende Leistungsfähigkeit zu erreichen.

Die Idee hinter Phi ist es, ein »small but mighty«-Modell zu schaffen: also ein kleines Modell, das dennoch eine hohe sprachliche Kompetenz besitzt. Microsoft hat hierfür innovative Trainingsansätze eingesetzt, unter anderem die gezielte Auswahl von hochwertigen, kuratierten Datensätzen. Im Gegensatz zu gigantischen Modellen, die Billionen Token aus dem gesamten Internet verarbeiten, setzt Phi auf ein kompaktes, didaktisch ausgerichtetes Trainingsset, das den Schwerpunkt auf qualitativ hochwertige Texte legt. Diese Herangehensweise führt dazu, dass die Phi-Modelle in vielen Benchmarks überraschend nah an die Leistung viel größerer Modelle herankommen, vor allem in Bildungskontexten, bei logischem Denken und einfachem Wissen.

In diesem Zusammenhang spielen lokale Modelle eine immer größere Rolle. Unter lokalen Modellen versteht man KI-Modelle, die auf dem eigenen Gerät oder innerhalb der eigenen Infrastruktur laufen, anstatt über eine Cloud-API bereitgestellt zu werden. Das hat mehrere Vorteile: Erstens bleibt die Datensouveränität beim Nutzer, da keine sensiblen Informationen an externe Server gesendet werden müssen. Zweitens ermöglicht der lokale Einsatz eine niedrigere Latenz und eine unabhängige Verfügbarkeit, selbst ohne Internetzugang. Drittens kann der Nutzer durch die Kontrolle über das Modell auch eigene Anpassungen und Feintunings vornehmen.

Die Phi-Modelle sind ein Beispiel dafür, wie durch Fortschritte in der Modellarchitektur und im Training immer leistungsfähigere Modelle lokal einsetzbar werden. Sie ermöglichen es, KI-gestützte Anwendungen in Bereichen wie Bildung, Forschung, Office-Software oder Wissensmanagement direkt auf Endgeräten zu integrieren. Besonders in Szenarien, in denen Datenschutz, Reaktionsgeschwindigkeit und Kosteneffizienz entscheidend sind, stellen solche Modelle eine attraktive Alternative zu rein cloudbasierten Lösungen dar.

Insgesamt zeigen die Phi-Modelle, dass der Trend in der KI nicht nur zu immer größeren Modellen führt, sondern auch zu intelligenten, effizienten und kontextsensitiven kleineren Modellen, die näher am Nutzer agieren können und damit neue Anwendungsmöglichkeiten eröffnen.

25.6.3 Anwendungsfelder generativer KI in der Softwareentwicklung

Die Einsatzmöglichkeiten generativer KI in der Softwareentwicklung sind vielfältig und reichen weit über das reine Schreiben von Quellcode hinaus. Diese Technologien eröffnen neue Wege, mit Code, Dokumentation, Tests und Benutzeroberflächen zu arbeiten. Dabei steht nicht die vollständige Automatisierung im Vordergrund, sondern die gezielte Unterstützung bei einzelnen Arbeitsschritten, vergleichbar mit einem gut informierten Assistenten, der jederzeit verfügbar ist.

Text- und Codegenerierung

Ein zentrales Anwendungsfeld ist die Generierung von Text und Programmcode. Sie können eine Anforderung in natürlicher Sprache formulieren, etwa: »Schreibe eine Methode, die eine Liste von Benutzern alphabetisch sortiert«, und erhalten in Sekunden eine passende Implementierung in der gewünschten Sprache. Auch komplexere Aufgaben wie das Erstellen von Klassenstrukturen, das Generieren von regulären Ausdrücken oder das Refaktorisieren von bestehendem Code lassen sich mit Hilfe generativer KI unterstützen. In C# könnte eine solche Unterstützung wie in Listing 25.12 aussehen:

```
public class User
{
    public string Name { get; set; }
}

public static List<User> SortUsersByName(List<User> users)
{
    return users.OrderBy(u => u.Name).ToList();
}
```

Listing 25.12 Durch GPT-4 erzeugter C#-Code

Diese generative Fähigkeit beschleunigt besonders häufig wiederkehrende Aufgaben, reduziert Tippfehler und ermöglicht es, sich stärker auf das Architektur- und Problemverständnis zu konzentrieren.

25

Testfalldesign und Testdaten

Generative Modelle können auch beim Entwurf von Testszenarien helfen. Auf Basis einer Methode oder Beschreibung lassen sich mögliche Eingabewerte und erwartete Ausgaben ableiten, die dann in Unit-Tests überführt werden. Die KI kann zudem Vorschläge für Grenzfälle oder ungewöhnliche, aber plausible Inputs machen, ein Bereich, der in der Praxis oft zu kurz kommt.

Beispielsweise kann ein Modell für eine `IsPrime`-Methode automatisch einen Satz sinnvoller Tests generieren, inklusive negativer Zahlen oder großer Werte. Listing 25.13 zeigt dazu zwei Beispiele:

```
[Test]
public void IsPrime_ReturnsTrue_ForPrimeNumbers()
{
    Assert.IsTrue(IsPrime(2));
    Assert.IsTrue(IsPrime(17));
}

[Test]
public void IsPrime_ReturnsFalse_ForNonPrimeNumbers()
{
    Assert.IsFalse(IsPrime(1));
    Assert.IsFalse(IsPrime(20));
}
```

Listing 25.13 Automatisch generierter Code für Testfälle

Vorschläge für Benutzeroberflächen

Generative KI kann auch im Bereich der Entwicklung von Benutzeroberflächen nützlich sein, etwa durch die Generierung von Layoutvorschlägen oder Beispiel-XAML-Code für bestimmte Komponenten in .NET-WPF- oder MAUI-Anwendungen. Dabei lässt sich etwa aus einer textuellen Beschreibung wie »Erstelle ein einfaches Formular mit zwei Textfeldern und einem Button« ein erster Entwurf erzeugen, der die weitere Entwicklung beschleunigt.

Nicht zuletzt eignet sich generative KI auch als Sparringspartner für Ideen. Entwickelnde können Alternativen vorschlagen lassen, unterschiedliche Lösungsansätze mit der KI »diskutieren« oder Codebeispiele in andere Paradigmen übersetzen lassen, zum Beispiel von imperativer in funktionale Programmierung. Gerade in der frühen Phase eines Projekts kann das helfen, verschiedene Optionen schneller zu bewerten.

25.6.4 Integration von generativer KI in .NET-Anwendungen

Die Integration generativer KI in .NET-Anwendungen ist heute technisch gut erschlossen, sowohl über die Azure-Plattform von Microsoft als auch über direkt angebundene REST-APIs zu generativen Modellen. Im Zentrum steht dabei die Kommunikation mit einem Sprachmodell, das über HTTP-Anfragen angesteuert wird. Eine wesentliche Rolle spielt dabei die Gestaltung der Eingabeaufforderung, also des sogenannten *Prompts*. Um generative KI produktiv in .NET-Projekten nutzen zu können, sind sowohl Kenntnisse über die zugrundeliegenden Schnittstellen als auch über die Verarbeitung der KI-Antworten erforderlich.

Nutzung über Azure OpenAI und REST-APIs

Microsoft bietet mit dem Azure OpenAI Service einen strukturierten Zugang zu generativen Modellen wie GPT-4 und Codex. Über diesen Dienst lassen sich Modelle sicher, skalierbar und mit Zugangskontrolle über Azure-Identitäten in bestehende .NET-Anwendungen integrieren. Die Kommunikation erfolgt in der Regel per REST-API, wobei Anfragen in JSON formuliert und Ergebnisse ebenfalls im JSON-Format zurückgeliefert werden. Ein einfaches Beispiel für eine Interaktion mit dem Modell aus einer .NET-Anwendung zeigt Listing 25.14:

```
using System.Net.Http;
using System.Net.Http.Headers;
using System.Text;
using System.Text.Json;

public async Task<string> QueryOpenAIAsync(string prompt)
{
    using var client = new HttpClient();
    client.DefaultRequestHeaders.Authorization =
        new AuthenticationHeaderValue("Bearer", "your-api-key");

    var requestBody = new
    {
        model = "gpt-4",
        messages = new[]
        {
            new { role = "user", content = prompt }
        }
    };

    var content = new StringContent(JsonSerializer.Serialize(requestBody),
                                    Encoding.UTF8, "application/json");
```

```
    var response =
        await client.PostAsync("https://your-endpoint.openai.azure.com/openai/
                                deployments/your-deployment/chat/completions?
                                api-version=2024-03-01-preview", content);

    var responseContent = await response.Content.ReadAsStringAsync();
    return responseContent;
}
```

Listing 25.14 Interaktion mit einem generativen Modell aus C# heraus

In der Praxis wird die Rückgabe typischerweise weiterverarbeitet, etwa um daraus Code-Snippets zu extrahieren, UI-Komponenten zu aktualisieren oder um die Antwort gezielt im Dialog mit dem Benutzer einzusetzen.

Prompt-Design als neues Interface

Ein entscheidender Aspekt bei der Integration ist das sogenannte *Prompt-Design*. Dabei geht es um die Art und Weise, wie Anfragen an das Modell gestellt werden. Die Erfahrung zeigt, dass die Qualität der Antwort stark davon abhängt, wie präzise, strukturiert und kontextreich die Eingabe formuliert ist. Bei einfachen Aufgaben reicht ein kurzer Befehl aus, für komplexere Anforderungen lohnt sich jedoch ein ausführlicher Prompt mit Beispielen oder einer Rollenbeschreibung (»Du bist ein C#-Experte und sollst ...«). Ein Beispiel für einen effektiveren Prompt sehen Sie in Listing 25.15:

```
{
  "role": "user",
  "content": "Du bist ein erfahrener C#-Entwickler. Schreibe eine Methode,
              die prüft, ob eine Zeichenkette ein Palindrom ist. Gib nur den
              Code ohne weitere Erklärung zurück."
}
```

Listing 25.15 Beispiel für einen Prompt als JSON-Konfiguration

Dieser Prompt ist konkret und gibt klare Anweisungen, wie das Modell antworten soll. Das erhöht die Chance, eine verwertbare Antwort ohne überflüssigen Text zu erhalten.

Streamingantworten in Echtzeit verarbeiten

Für interaktive Anwendungen, etwa Chatbots oder Editor-Integrationen, bietet sich die Nutzung von Streamingantworten an. Dabei wird die Ausgabe nicht als vollständiger Text zurückgeliefert, sondern Token für Token gestreamt. Das ermöglicht flüssigere UI-Erlebnisse, z. B. beim »Mitschreiben« der KI in einem Textfeld.

In .NET lässt sich dies mit einem `HttpClient` und einem lesenden `StreamReader` umsetzen, indem Sie auf den Stream der Serverantwort direkt zugreifen und ihn abschnittsweise auswerten. Die genaue Implementierung hängt von der jeweiligen API-Version und den eingesetzten Bibliotheken ab, doch das Grundprinzip bleibt identisch: frühes Auslesen, um dem Benutzer ein schnelles Feedback zu ermöglichen. Alternativ stellen immer mehr Anbieter eigene Bibliotheken und SDKs bereit, wie zum Beispiel OpenAI. Hiermit ist ein Zugriff, auch mit Streamingdaten, auf Chat-Funktionalitäten oder weitere Features möglich.

25.6.5 Prompt Engineering: Der neue Skill für Entwickelnde

Mit der zunehmenden Integration generativer KI in Softwareprojekte gewinnt ein neuer Kompetenzbereich an Bedeutung: das sogenannte *Prompt Engineering*. Während klassische Softwareentwicklung stark auf Syntax, Architektur und Algorithmen fokussiert ist, geht es beim Prompt Engineering darum, die »Sprache« eines Modells zu beherrschen. Ein Prompt – also die Eingabe, die einem Modell übergeben wird –, entscheidet maßgeblich darüber, wie nützlich, korrekt und konkret die generierte Antwort ausfällt. Für Entwicklerinnen und Entwickler bedeutet das: Je besser sie in der Lage sind, mit generativen Modellen zu kommunizieren, desto effektiver können sie deren Potenzial ausschöpfen.

Wie Prompts wirken

Generative Modelle wie GPT-4 sind darauf trainiert, die wahrscheinlichste Fortsetzung eines gegebenen Textes zu erzeugen. Das bedeutet, sie reagieren nicht auf »Befehle« im eigentlichen Sinne, sondern auf sprachliche Kontexte. Ein Prompt wirkt daher eher wie eine Eingabeaufforderung in einem Dialog, und je klarer und vollständiger dieser Kontext ist, desto besser ist das Ergebnis. Ein unspezifischer Prompt wie:

```
"Erkläre async in C#."
```

liefert meist eine allgemeine Erklärung, eventuell sogar mit unnötigem Fließtext oder Wiederholungen. Ist der Prompt dagegen spezifisch formuliert, zum Beispiel mit einem Ziel, einer Zielgruppe und einer gewünschten Ausgabeform, verbessert sich die Qualität deutlich:

```
"Du bist C#-Trainer. Erkläre einem Anfänger in drei Sätzen den Zweck und die
Verwendung von async/await in C#. Vermeide Fachjargon."
```

Das Modell erhält dadurch einen klaren Rahmen, eine Zielgruppe und eine Erwartungshaltung, vergleichbar mit einem Briefing für einen menschlichen Kollegen. Ein effektiver Prompt zeichnet sich durch Klarheit aus. Wir müssen beschreiben, was genau das Modell machen soll. Auch der Kontext ist wichtig. In welcher Situation nutzen wir die Antwort? Ist das klar, müssen wir ergänzen, in welcher Form die Ausgabe erfolgen soll. Zum Beispiel in Form von Code, als Liste oder Fließtext? Und zu guter Letzt die Rolle. Aus welcher Perspektive soll das Modell antworten – zum Beispiel als Entwicklerin, Lehrer oder Assistent?

Strukturierte Prompts

Gerade bei komplexeren Aufgaben kann es sinnvoll sein, Prompts strukturiert aufzubauen, etwa in Form von Stichpunkten oder Anweisungsblöcken. Dies hilft nicht nur dem Modell, sondern auch Entwickelnden, die Anfrage klar zu formulieren. Ein Beispiel für einen strukturierten Prompt zur Codegenerierung zeigt Listing 25.16:

```
Aufgabe: Erzeuge eine Methode in C#, die eine CSV-Datei einliest und alle
Zeilen mit einem bestimmten Wert in Spalte 2 filtert.

Anforderungen:
- Verwende `System.IO` und `System.Linq`
- Akzeptiere den Pfad zur Datei und den Filterwert als Parameter
- Rückgabe: Liste der gefilterten Zeilen als Zeichenketten
- Ausgabe nur der C#-Methode, ohne Erklärung
```

Listing 25.16 Beispiel für einen strukturierten Prompt

Solche Prompts führen in der Regel zu deutlich präziseren Ergebnissen als spontane, unstrukturierte Eingaben.

Diese Beispiele zeigen, dass sich das Prompt Engineering zunehmend zu einem wichtigen Bestandteil der modernen Softwareentwicklung entwickelt. Wer lernt, mit generativer KI effektiv zu kommunizieren, spart nicht nur Zeit, sondern kann diese Werkzeuge gezielt und verlässlich einsetzen. Dabei geht es nicht um Trial and Error, sondern um ein systematisches Vorgehen, vergleichbar mit gutem API-Design oder sauberer Schnittstellendefinition.

25.6.6 Generative KI lokal nutzen: ONNX, kleine Modelle und Hybridansätze

Auch wenn viele Anwendungen generativer KI aktuell über Cloud-Dienste wie Azure OpenAI realisiert werden, gibt es zunehmend Möglichkeiten, solche Modelle lokal oder in hybriden Architekturen zu betreiben. Gerade bei Anforderungen wie Datenschutz, Offlinenutzung, niedriger Latenz oder Kostenkontrolle kann der lokale Einsatz eine attraktive Alternative sein. Dabei kommen optimierte, kleinere Sprachmodelle, das ONNX-Format sowie Vektordatenbanken zum Einsatz. In .NET-Projekten lassen sich diese Ansätze zunehmend praktikabel und effizient integrieren.

Die lokale Nutzung generativer KI ist keine ferne Zukunftsvision, sondern bereits heute mit den richtigen Werkzeugen umsetzbar. In Kombination mit .NET, ONNX Runtime und Vektortechnologie eröffnen sich neue Freiheiten in der Modellwahl und Systemarchitektur. Entwickelnde können so nicht nur ihre Unabhängigkeit von großen Anbietern stärken, sondern auch maßgeschneiderte, effiziente KI-Lösungen schaffen, direkt auf dem Desktop, im Edge-Device oder als Hybridlösung zwischen Cloud und Client.

Laufzeitmodelle auf dem Client: Klein, aber leistungsfähig

Große Sprachmodelle wie GPT-4 sind in der Regel zu ressourcenintensiv für einen lokalen Betrieb. Doch es existiert eine wachsende Auswahl kompakterer Modelle, die auf bestimmte Aufgaben spezialisiert sind und sich auf modernen Rechnern oder sogar mobilen Geräten ausführen lassen. Beispiele hierfür sind Modelle wie Phi-2, Mistral-7B, TinyLlama oder Gemma , die entweder in quantisierter Form oder über Optimierungslayer wie GGUF oder ONNX bereitgestellt werden.

Die Microsoft-eigene Phi-Modellreihe ist speziell für kompakten, lokalen Einsatz konzipiert und bietet solide Leistung bei geringer Rechenlast. In Kombination mit .NET-Anwendungen können Sie solche Modelle z. B. über Python-Bindings, den Prozessaufruf von Kommandozeilen-Tools oder über Embedded Runtimes wie ONNX Runtime anbinden. Ein ONNX-Modell lässt sich in einer .NET-Anwendung wie in Listing 25.17 abgebildet einbinden:

```
using Microsoft.ML.OnnxRuntime;
using Microsoft.ML.OnnxRuntime.Tensors;

// Initialisierung des ONNX-Interpreters
using var session = new InferenceSession("model.onnx");

// beispielhafte Eingabedaten vorbereiten (z. B. Token-Vektoren)
var inputTensor = new DenseTensor<float>(new[] { 1f, 2f, 3f },
                  new[] { 1, 3 });
var inputs = new List<NamedOnnxValue>
{
    NamedOnnxValue.CreateFromTensor("input", inputTensor)
};

// Ausführen der Inferenz
using IDisposableReadOnlyCollection<DisposableNamedOnnxValue> results =
session.Run(inputs);
```

Listing 25.17 Einbinden eines ONNX-Modells

25

Diese Technik eignet sich für strukturierte Aufgaben wie Klassifikation, einfache Sprachverarbeitung oder Codeteile, die im Hintergrund ausgeführt werden können, etwa bei automatisierten Codechecks oder in Tools zur Codegenerierung.

Einsatz von LLM-Embeddings und Vektordatenbanken

Eine leistungsfähige Möglichkeit, generative Modelle lokal oder hybrid zu erweitern, besteht in der Kombination mit sogenannten *Embeddings*, Vektor-Darstellungen von Textinhalten. Embeddings ermöglichen es, Inhalte semantisch zu vergleichen, also nicht nur nach Zeichenketten, sondern nach Bedeutung zu suchen. Das Modell erzeugt dazu aus einem Text einen Zahlenvektor, der in eine Vektordatenbank geschrieben und später für Ähnlichkeitssuchen verwendet werden kann.

In der Praxis lassen sich zum Beispiel Projektdokumentationen, API-Beschreibungen oder Codebeispiele semantisch durchsuchbar gemacht und in einen Prompt einspeisen; ein Prinzip, das unter dem Begriff *Retrieval-Augmented Generation* (RAG) bekannt ist. Ein typischer Workflow lässt sich wie folgt abbilden:

- Textdaten vorbereiten und in Embeddings umwandeln, zum Beispiel via OpenAI-API oder mit einem lokalen Modell wie all-MiniLM (SentenceTransformers)
- Speichern der Vektoren in einer Datenbank mit einem leichtgewichtigen Tool wie beispielsweise Chroma, Qdrant oder Weaviate
- Nutzung in der Anwendung zur Laufzeit. Benutzerprompt-Analyse durch die Anwendung, Laden relevanter Inhalte aus der Vektordatenbank und Übergabe dieser an das generative Modell – gemeinsam mit dem Prompt.

In der Praxis bietet sich oft ein hybrider Ansatz an: Kompakte Modelle oder semantische Suchfunktionen laufen lokal, während komplexere Texteingaben und -ausgaben über ein Cloud-Modell abgewickelt werden. Dadurch lassen sich Performance und Kosten optimieren, ohne auf die Qualität großer Modelle verzichten zu müssen. Besonders in sicherheitskritischen Umgebungen, etwa in Unternehmen mit sensiblen Daten, kann so ein klarer Trennpfad zwischen lokaler Verarbeitung und cloudbasierter KI geschaffen werden.

25.7 Microsoft.Extensions.AI und Microsoft.Extensions.VectorData

Mit der zunehmenden Bedeutung von künstlicher Intelligenz (KI) und semantischen Suchsystemen in modernen Anwendungen wächst auch der Bedarf an standardisierten Schnittstellen zur Integration dieser Technologien. Microsoft hat mit *Microsoft.Extensions.AI* und *Microsoft.Extensions.VectorData* zwei wichtige Erweiterungen für das .NET-Ökosystem vorgestellt, die genau diese Integration erleichtern.

Beide Erweiterungen sind eng mit dem Semantic Kernel verwoben, einem Open-Source-Framework von Microsoft, das die Entwicklung von KI-Agenten und KI-gesteuerten Anwendungen in .NET, Python oder Java unterstützt. Sie fügen sich nahtlos in das bekannte Microsoft.Extensions-Ökosystem ein, das für Konfiguration, Dependency Injection und Middleware bekannt ist, und ermöglichen es so, KI-Features genauso konsistent zu integrieren wie Logging, Caching oder Konfigurationen. In Kombination bilden diese Erweiterungen ein mächtiges Fundament für die Entwicklung moderner, KI-gestützter .NET-Anwendungen – und das mit einem hohen Maß an Flexibilität, Austauschbarkeit und Zukunftssicherheit.

25.7.1 Was ist Microsoft.Extensions.AI?

Die Bibliothek Microsoft.Extensions.AI abstrahiert die Anbindung unterschiedlicher KI-Dienste, wie OpenAI, Azure OpenAI oder lokale Modelle über zum Beispiel Ollama, über eine einheitliche Schnittstelle. Statt direkt mit anbieterspezifischen APIs zu arbeiten, interagieren Entwickelnde mit allgemeinen Interfaces wie IChatClient. Dies vereinfacht die Integration und den Austausch von KI-Backends. Das Beispiel in Listing 25.18 zeigt, wie sich ein lokales Sprachmodell (Phi 3.5 via Ollama) in eine Konsolenanwendung einbinden lässt:

```
using Microsoft.Extensions.AI;
using Microsoft.Extensions.DependencyInjection;
using Microsoft.Extensions.Hosting;
using Microsoft.Extensions.Logging;

var builder = Host.CreateApplicationBuilder();

// Registrierung des Chat-Clients mit Ollama
builder.Services.AddChatClient(new OllamaChatClient(
    new Uri("http://localhost:11434"), "phi3.5")
);

// Konfiguration des Loggings
builder.Services.AddLogging(config => {
    config.ClearProviders();
    config.AddConsole();
});

var app = builder.Build();
var chatClient = app.Services.GetRequiredService<IChatClient>();

Console.WriteLine("KI-Chat gestartet. Tippe 'exit' zum Beenden.");
```

```
var chatHistory = new List<ChatMessage>();

while (true)
{
    Console.Write("Eingabe: ");
    var input = Console.ReadLine();
    if (input?.ToLower() == "exit") break;

    chatHistory.Add(new ChatMessage(ChatRole.User, input));
    Console.Write("Antwort: ");

    var responseStream = chatClient.GetStreamingResponseAsync(chatHistory);
    var responseText = "";

    await foreach (var part in responseStream)
    {
        Console.Write(part);
        responseText += part;
    }
    Console.WriteLine();

    chatHistory.Add(new ChatMessage(ChatRole.Assistant, responseText));
}
```

Listing 25.18 Ein KI-gestützter Chat in C#

Dieses Beispiel zeigt die volle Abstraktion durch Microsoft.Extensions.AI. Der Code bleibt unabhängig vom tatsächlichen Modellanbieter, solange dieser die definierten Interfaces implementiert.

25.7.2 Was ist Microsoft.Extensions.VectorData?

Die Erweiterung Microsoft.Extensions.VectorData stellt eine standardisierte API für die Arbeit mit Vektordaten bereit. Vektordatenbanken sind essenziell für semantische Suchen, Grounding von Sprachmodellen und viele andere KI-gestützte Funktionen. Die Bibliothek erlaubt CRUD-Operationen auf Vektordaten sowie die Integration verschiedener Datenbanken, zum Beispiel FAISS, Pinecone und Azure AI Search. Das Beispiel aus Listing 25.19 zeigt, wie sich Bücher mit Vektoren anreichern und über eine semantische Suchabfrage durchsuchen lassen.

```
using Microsoft.SemanticKernel.Connectors.Memory.InMemory;
using Microsoft.Extensions.VectorData;
using Microsoft.Extensions.VectorData.Abstractions;
```

```
// Datenmodell
public class Book
{
    [VectorStoreRecordKey]
    public int Key { get; set; }

    [VectorStoreRecordData]
    public string Title { get; set; }

    [VectorStoreRecordData]
    public string Author { get; set; }

    [VectorStoreRecordData]
    public string Description { get; set; }

    [VectorStoreRecordVector(384, DistanceFunction.CosineSimilarity)]
    public ReadOnlyMemory<float> Vector { get; set; }
}

var booksData = new List<Book>
{
    new() { Key = 1, Title = "Clean Code", Author = "Robert C. Martin",
    Description = "Leitfaden für sauberen, wartbaren Code." },
    new() { Key = 2, Title = "Design Patterns", Author = "Erich Gamma",
    Description = "Entwurfsmuster in der objektorientierten Entwicklung." },
    // weitere Bücher ...
};

// In-Memory-VectorStore
var vectorStore = new InMemoryVectorStore();
var bookCollection = vectorStore.GetCollection<int, Book>("books");
await bookCollection.CreateCollectionIfNotExistsAsync();

// Embedding-Generator mit Ollama
IEmbeddingGenerator<string, Embedding<float>> generator =
    new OllamaEmbeddingGenerator(new Uri("http://localhost:11434/"),
                                 "phi3.5");

// Vektoren erzeugen und speichern
foreach (var book in booksData)
{
    book.Vector =
        await generator.GenerateEmbeddingVectorAsync(book.Description);
```

```
    await bookCollection.UpsertAsync(book);
}

// Suchanfrage
var query = "Buch über sauberen Code";
var queryVector = await generator.GenerateEmbeddingVectorAsync(query);

var searchOptions = new VectorSearchOptions<Book>
{
    Top = 1,
    VectorProperty = b => b.Vector
};

var results = await bookCollection.VectorizedSearchAsync(queryVector,
                                                         searchOptions);

await foreach (var result in results.Results)
{
    Console.WriteLine($"Titel: {result.Record.Title}");
    Console.WriteLine($"Autor: {result.Record.Author}");
    Console.WriteLine($"Beschreibung: {result.Record.Description}");
    Console.WriteLine($"Score: {result.Score:F4}");
}
```

Listing 25.19 Semantische Suche über Bücher

Dieses Beispiel illustriert die Nutzung von Microsoft.Extensions.VectorData mit einer In-Memory-Datenbank und lokalen Embeddings. Die Abstraktion erlaubt jedoch auch die Anbindung externer Vektordatenbanken durch Austausch der `vectorStore`-Implementierung.

25.8 Einsatz von KI in der Softwareentwicklung selbst

Künstliche Intelligenz ist nicht nur ein Werkzeug, das Sie in Anwendungen integrieren, sie verändert auch grundlegend, wie wir Software entwickeln. Die Entwicklung von Programmen war über Jahrzehnte eine rein manuelle Tätigkeit: Der Mensch analysierte Anforderungen, schrieb Code, testete und dokumentierte. Mit dem Einzug von KI-gestützten Werkzeugen wandelt sich dieses Bild zunehmend. Heute kann künstliche Intelligenz den Entwickler und die Entwicklerin in vielen Phasen des Software-Lebenszyklus unterstützen, teilweise mit spürbarer Effizienzsteigerung, aber nicht ohne Gefahren.

Trotz aller Fortschritte sollten Sie sich bewusst machen, dass KI-Werkzeuge die Verantwortung des Entwickelnden nicht ersetzen. Wir müssen Vorschläge prüfen, testen und bewerten. Ein KI-Modell hat kein Verständnis im menschlichen Sinne, es erkennt Muster, aber keine Absicht. Auch bei der Einhaltung von Sicherheitsstandards, rechtlichen Anforderungen oder Architekturprinzipien ist weiterhin menschliches Urteilsvermögen gefragt.

Dennoch steht außer Frage, dass KI das Potenzial hat, die tägliche Arbeit von Softwareentwicklern deutlich zu verändern. Sie wird nicht ersetzen, sondern ergänzen, als Werkzeug, das Routineaufgaben automatisiert, neue Perspektiven aufzeigt und komplexe Probleme durch neue Herangehensweisen lösbar macht.

25.8.1 GitHub Copilot: KI als Programmierassistent

GitHub Copilot ist ein KI-gestütztes Tool, das beim Programmieren unterstützt, indem es Codevorschläge direkt in die Entwicklungsumgebung integriert. Es basiert auf großen Sprachmodellen wie GPT-4o, Claude 3.5 oder 3.7 Sonnet und OpenAI o1 sowie o3-mini und kann Codezeilen, ganze Funktionen oder sogar komplexe Algorithmen in verschiedenen Programmiersprachen vorschlagen. Dabei lernt Copilot aus dem Kontext des bisher geschriebenen Codes und aus Millionen öffentlich zugänglicher Codebeispiele, um relevante und oft direkt einsetzbare Vorschläge zu liefern. Besonders nützlich ist es für repetitive Aufgaben, Boilerplate-Code oder als kreative Inspirationsquelle bei der Lösungsfindung.

Seit Ende 2024 existiert der Plan »Copilot Free«, der allen Nutzern mit GitHub-Konto zur Verfügung steht. Damit sind bis zu 2.000 Codevervollständigungen pro Monat, bis zu 50 Chatnachrichten pro Monat im Copilot Chat, Zugriff auf die Modelle GPT-4o (OpenAI) und Claude 3.5 Sonnet (Anthropic) sowie die Nutzung direkt in Visual Studio Code, Visual Studio und über das GitHub-Dashboard möglich. Auch Drittanbieter-Agents und eigene Erweiterungen lassen sich nutzen. Dieses Angebot richtet sich ausschließlich an Einzelpersonen zur privaten Nutzung und nicht an Mitglieder von Organisationen oder Unternehmen. Wer mehr als die Freikontingente benötigt oder zusätzliche Funktionen will, kann auf kostenpflichtige Pläne upgraden. Sonderregelungen existieren für Studierende, Lehrkräfte und Maintainer populärer Open-Source-Projekte.

Der Nutzen von GitHub Copilot ist spürbar: Während Sie Code schreiben, schlägt Copilot passende Zeilen, ganze Methoden oder sogar komplette Funktionsblöcke vor. Diese Vorschläge basieren auf dem Kontext, also dem bereits geschriebenen Code, den Kommentaren oder dem Dateinamen. Es fühlt sich an wie ein besonders intelligentes System zur Autovervollständigung, doch in Wirklichkeit steckt ein leistungsfähiges KI-Modell dahinter. Listing 25.20 zeigt ein einfaches Beispiel in C#, das über GitHub Copilot generiert ist:

```
// berechnet die Fakultät einer Zahl rekursiv
int BerechneFakultaet(int n)
{
    // Vorschlag durch Copilot:
    if (n <= 1) return 1;
    return n * BerechneFakultaet(n - 1);
}
```

Listing 25.20 Code durch GitHub Copilot erzeugt

In diesem Fall reicht schon der Kommentar aus, um die gewünschte Funktion vorschlagen zu lassen. Das spart nicht nur Zeit, sondern kann auch als Inspirationsquelle dienen, besonders bei Routineaufgaben oder Boilerplate-Code.

25.8.2 GitHub Copilot in Visual Studio

Um GitHub Copilot in Visual Studio 2022 zu integrieren, sind nur wenige Schritte erforderlich, die sich mittlerweile besonders einfach gestalten. Zunächst ist es wichtig, dass Sie Visual Studio 2022 in der Version 17.10 oder höher installiert haben, da GitHub Copilot und Copilot Chat ab dieser Version als einheitliche Erweiterung direkt im Visual Studio Installer verfügbar sind.

Beim Installieren oder Anpassen Ihrer Visual-Studio-Installation wählen Sie mindestens einen gewünschten Workload aus, zum Beispiel .NET-DESKTOPENTWICKLUNG. In der Liste der optionalen Komponenten finden Sie die Option GITHUB COPILOT, die standardmäßig bei allen Workloads ausgewählt ist (siehe Abbildung 25.16).

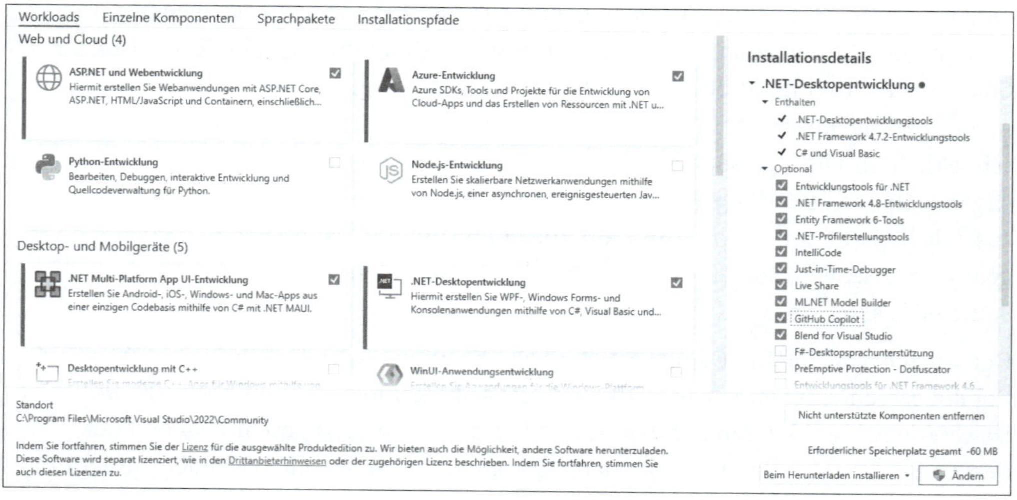

Abbildung 25.16 GitHub Copilot als Erweiterung des Arbeitspakets ».NET-Desktopentwicklung«

Nach der Installation starten Sie Visual Studio und melden sich mit Ihrem GitHub-Konto an, das über einen Copilot-Zugang verfügt. Dies kann entweder ein kostenloser Copilot Free-Account oder ein kostenpflichtiges Copilot-Abonnement sein. Die Anmeldung erfolgt direkt in Visual Studio, indem Sie Ihr GitHub-Konto verknüpfen (siehe Abbildung 25.17).

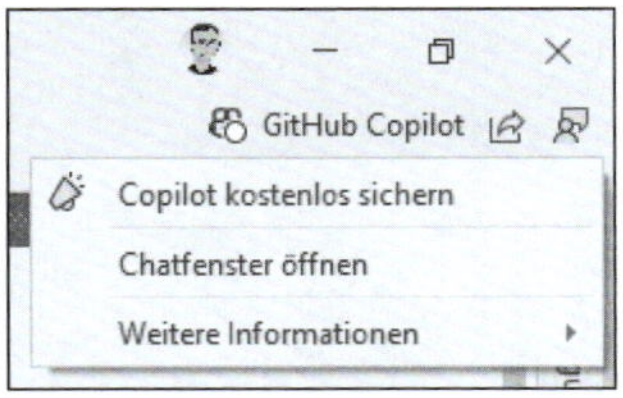

Abbildung 25.17 Anmeldung bei GitHub Copilot

Nach dem Anmelden mit dem GitHub-Konto kann es sein, dass eine Registrierung beim kostenfreien Angebot von Copilot notwendig ist (siehe Abbildung 25.18). Das lässt sich in dieser Ansicht direkt über die entsprechende Schaltfläche erledigen und dauert in der Regel wenige Sekunden. GitHub bestätigt die Registrierung mit einer E-Mail, die Inhalte des kostenfreien Copilot-Plans zusammenfasst.

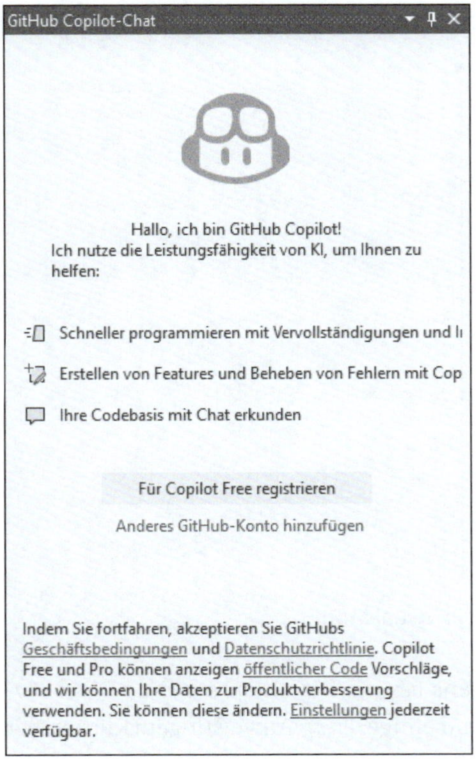

Abbildung 25.18 Registrierung für den Einsatz des kostenfreien Plans oder Nutzung eines anderen GitHub-Kontos

Nach dieser Registrierung steht Ihnen Copilot zur Verfügung, wie Abbildung 25.19 verdeutlicht. Über die Oberflächen können Sie den Code zusammenfassen lassen, Komponententests schreiben und Codekorrekturen anfordern. Zudem ist am unteren Rand ein Chat-Fenster zu sehen, in dem Sie eigene Fragen an Copilot stellen können.

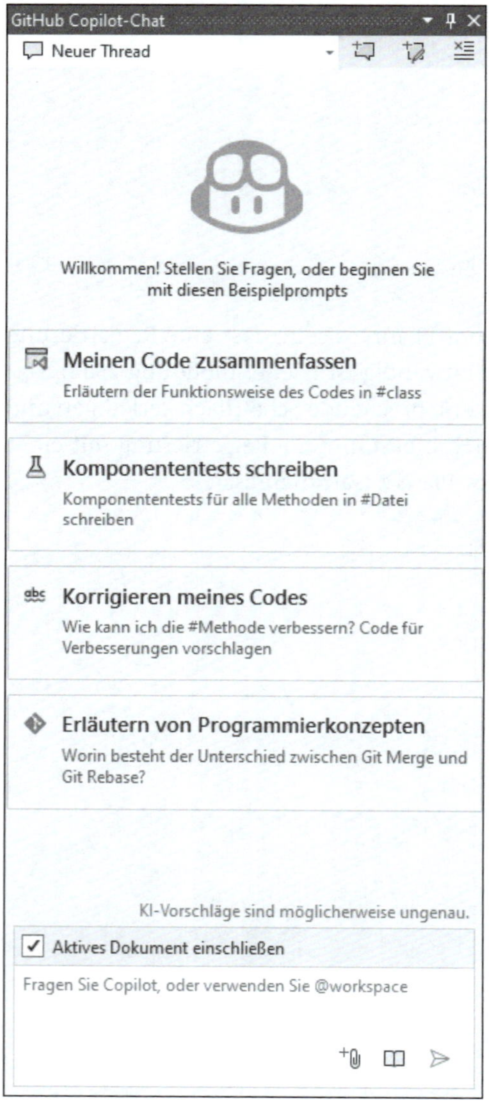

Abbildung 25.19 Optionen für GitHub Copilot in Visual Studio

Erstellen wir als Beispiel eine Klasse namens `Person`. Die entsprechende Datei *Person.cs* bietet eine leere Klassendefinition und einige `using`-Anweisungen. Klicken wir nun in die Klasse, zeigt uns Copilot direkt Codevorschläge an, wie Abbildung 25.20 verdeutlicht.

Auf Basis des bisherigen Trainings des dahinterliegenden Modells nimmt Copilot an, dass zu einer Klasse mit dem Namen `Person` sicherlich Eigenschaften wie `Name`, `Age` und `Address` sinnvoll sind und dass wir einen Konstruktor und eine überschriebene `ToString`-Methode benötigen. Diese Vorschläge müssen selbstverständlich nicht korrekt sein, aber sind häufig auch nicht ganz abseits der aktuellen Intention und des aktuellen Kontexts.

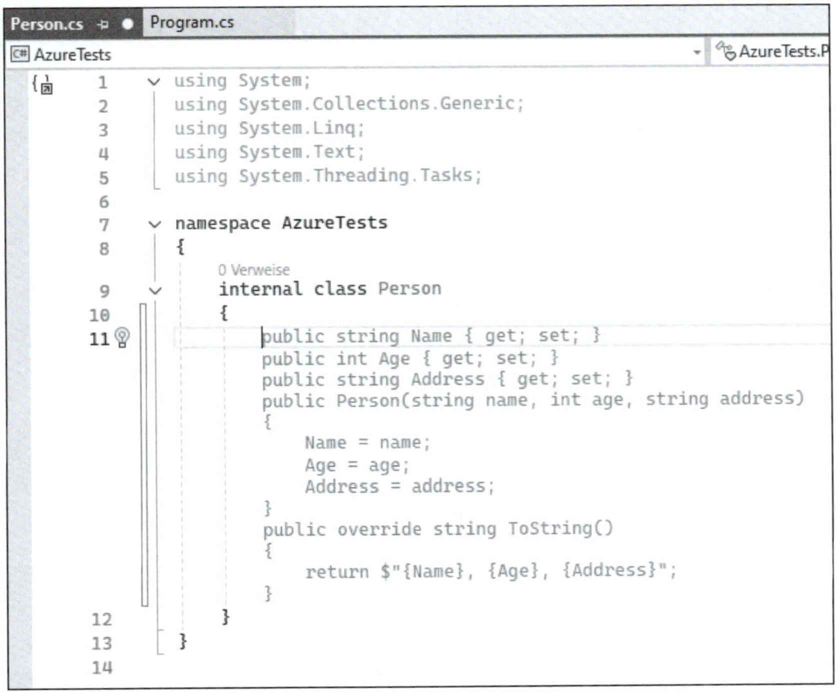

Abbildung 25.20 Umfangreiche Vorschläge von GitHub Copilot

Das bedeutet, dass, sobald der GitHub Copilot aktiviert ist, Ihnen die KI-gestützte Codevervollständigung sowie der Copilot Chat zur Verfügung stehen. Sie können direkt im Editor mit dem Schreiben beginnen, und Copilot schlägt Ihnen während der Eingabe passenden Code vor. Vorschläge können Sie einfach mit der Tabulatortaste übernehmen. Für komplexere Aufgaben oder Fragen nutzen Sie den Copilot Chat, den Sie über das Menü oder per Tastenkombination (z. B. [Strg] + [⇧], [C]) öffnen. Hier können Sie Anfragen stellen, Code erklären lassen, Tests generieren oder Refaktorierungen vorschlagen lassen. Und das Chat-Fenster erlaubt es, Fragen zum Code zu stellen (siehe Abbildung 25.21).

25

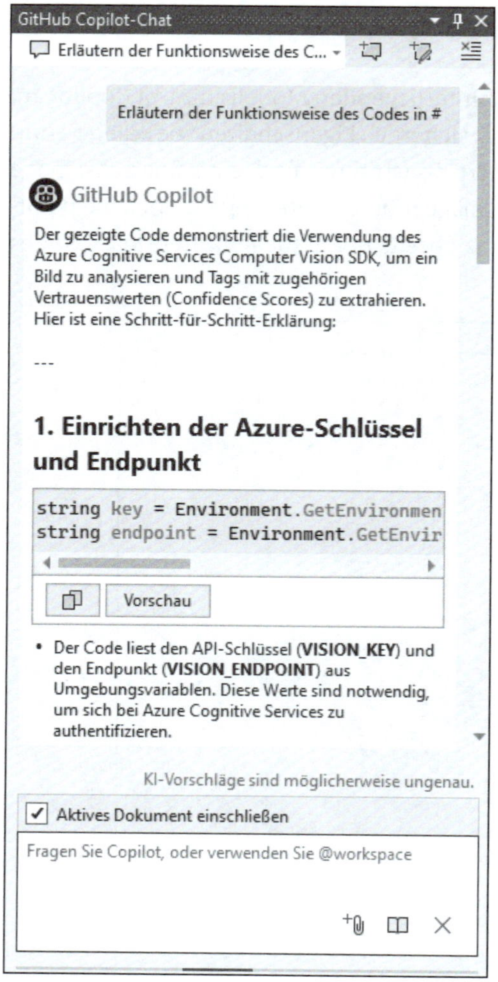

Abbildung 25.21 Fragen zum Code für den Azure-AI-Test

Die Frage im Beispiel bezieht sich auf den Code des Azure-AI-Tests. Copilot fasst den Inhalt korrekt zusammen, bezieht sich dabei auf einzelne Codefragmente, hebt diese hervor und erläutert den Code.

Die Einstellungen von Copilot befinden sich in den Optionen von Visual Studio, wie Sie in Abbildung 25.22 sehen. Dort lassen sich etliche Einstellungen anpassen, die das Verhalten betreffen.

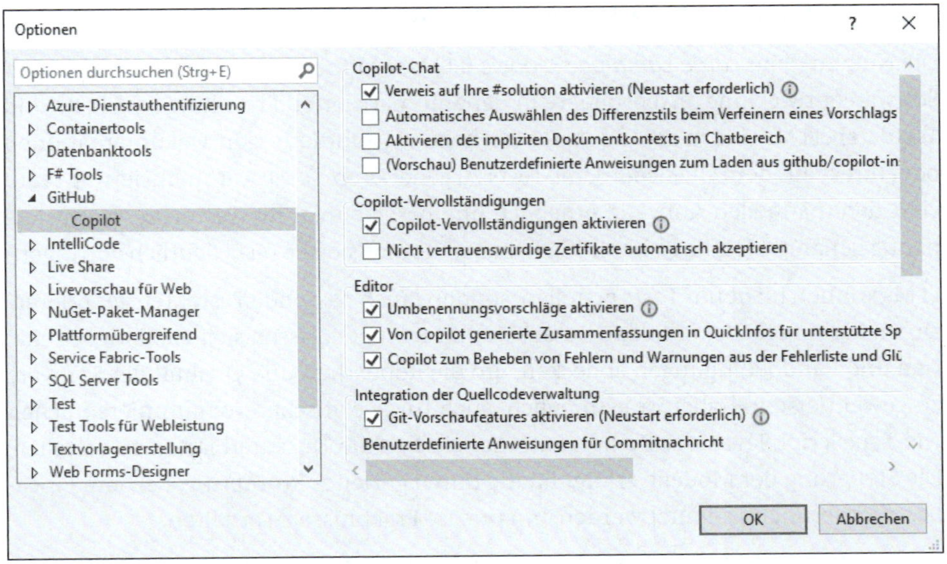

Abbildung 25.22 Einstellungen für den GitHub Copilot in Visual Studio

25.8.3 KI-gestützte Codeanalyse und Refactoring

Neben der Codegenerierung unterstützen KI-Systeme auch bei der Analyse und Verbesserung bestehenden Codes. Einige Erweiterungen erkennen potenzielle Fehlerquellen, schlagen Refactorings vor oder liefern alternative Implementierungen, die effizienter oder besser wartbar sind. Manche Tools analysieren sogar den Stil und die Verständlichkeit des Codes und geben entsprechende Empfehlungen.

In Visual Studio steht dafür der Copilot Chat zur Verfügung, ein Chatfenster, in dem Sie Fragen zu Ihrem Code stellen können, etwa:

- »Was macht diese Methode genau?«
- »Wie kann ich diesen Code effizienter gestalten?«
- »Schreib mir einen Unit-Test für diese Methode.«

Die Antworten erfolgen kontextbezogen und beziehen sich direkt auf die geöffneten Dateien oder die Projektstruktur. Zwei Beispiele für konkrete Prompts zu Code wären:

Verständnisfrage: »Kannst du mir erklären, warum in der Methode `CalculateInvoice` eine Schleife verwendet wird und ob man das auch ohne Schleife lösen könnte?«

Verbesserungsvorschlag: »Finde in meiner Datei *OrderProcessor.cs* redundanten Code, und schlage mir eine Möglichkeit vor, ihn zu reduzieren.«

25.8.4 Automatisierte Tests und Testdatengenerierung

Die Nutzung von *Large Language Models* (LLMs) eröffnet neue Möglichkeiten in der Softwareentwicklung, insbesondere in der automatisierten Erstellung von Tests und Testdaten. LLMs sind in der Lage, aus bestehenden Anforderungen, Dokumentationen oder direkt aus dem Quellcode Unit-Tests zu generieren. Diese Automatisierung reduziert den manuellen Aufwand erheblich und beschleunigt die Testprozesse, was die häufig genannte Hürde hoher Initialkosten automatisierter Tests deutlich verringert.

LLMs können nicht nur Tests erstellen, sondern auch passende Testdaten generieren. Durch die Fähigkeit, komplexe Datensätze zu erzeugen, lassen sich vielfältige Szenarien und Randbedingungen abdecken, um die Robustheit und Qualität der Software zu gewährleisten. Dabei ist es möglich, auch für spezifische Programmiersprachen wie TypeScript, Java oder Python automatisiert valide Tests und Daten zu erstellen. Die Steuerung der Modelle erfolgt häufig durch gezieltes Prompting, bei dem Eingabeaufforderungen genutzt werden, um präzise Ergebnisse zu erhalten.

Ein weiterer Anwendungsbereich ist die adaptive Testgenerierung. Hierbei können LLMs auf fehlgeschlagene Tests reagieren und automatisch neue Tests erzeugen, um erkannte Probleme zu adressieren. Auch für die Idee selbstheilender Tests, die sich automatisch an Änderungen im Code anpassen, bieten LLMs Unterstützung und eröffnen das Potenzial zur weiteren Automatisierung im Testprozess.

Die Testgenerierung mit LLMs ist jedoch nicht frei von Herausforderungen. So ist die Qualität der generierten Tests und Testdaten stark von der Qualität der Eingaben und dem zugrundeliegenden Modell abhängig. Zudem entstehen neue Fragestellungen hinsichtlich der Validierung der von LLMs produzierten Ergebnisse. Auch Datenschutz- und Sicherheitsaspekte sind zu berücksichtigen, insbesondere bei sensiblen Anwendungsfällen.

Neben der Nutzung von LLMs zur Testgenerierung stellt auch das Testen der Sprachmodelle selbst eine relevante Aufgabe dar. Die Bewertung der Leistungsfähigkeit, Korrektheit und Fairness der Modelle erfordert eigene Testverfahren, die über klassische Benchmarks hinausgehen. Methoden wie der Reverse Turing Test oder die Bewertung durch verschiedene Modellvergleiche bieten Ansätze, um die Qualität von LLMs zu überprüfen.

25.8.5 Unterstützung bei Dokumentation und Codeverständnis

Gerade in größeren oder älteren Projekten ist das Verständnis des vorhandenen Codes oft eine Herausforderung. KI kann hier helfen, indem sie Methoden oder Klassen automatisch kommentiert, Zusammenfassungen erstellt oder Abhängigkeiten aufzeigt. Auch das Umformulieren technischer Inhalte in verständliche Sprache ist möglich, zum Beispiel für die Übergabe an nichttechnische Stakeholder. Beispielsweise kann Copilot auf eine unkommentierte Methode den Vorschlag aus Listing 25.21 liefern:

```
// gibt das n-te Fibonacci-Element zurück
int Fibonacci(int n)
{
    if (n <= 1) return n;
    return Fibonacci(n - 1) + Fibonacci(n - 2);
}
```

Listing 25.21 Kommentarvorschlag von GitHub Copilot

Derartige automatische Dokumentation ist nicht immer perfekt, bietet aber eine gute Grundlage, insbesondere in großen Teams oder bei der Einarbeitung in fremden Code.

25.9 Ethik, Datenschutz und Verantwortung in der KI-Entwicklung

Die Faszination für künstliche Intelligenz ist berechtigt. Sie eröffnet neue Möglichkeiten, löst Probleme auf innovative Weise und verändert viele Lebensbereiche tiefgreifend. Doch mit diesen Chancen geht auch Verantwortung einher. Denn KI-Systeme treffen Entscheidungen, analysieren sensible Daten und beeinflussen, direkt oder indirekt, das Leben von Menschen. Daher ist es wichtig, sich frühzeitig mit ethischen, rechtlichen und gesellschaftlichen Aspekten auseinanderzusetzen.

Gerade in der Softwareentwicklung gilt: Nur weil etwas technisch möglich ist, heißt das nicht, dass es auch verantwortungsvoll oder erlaubt ist. Wer KI einsetzt, trägt Verantwortung gegenüber Nutzern, Unternehmen und der Gesellschaft.

Die Verantwortung für ein KI-System lässt sich allerdings nicht vollständig an einen Dienstleister oder eine Plattform delegieren. Auch wenn etwa Azure oder ein Drittanbieter die technische Grundlage liefert, liegt die ethische und rechtliche Verantwortung für den konkreten Einsatz beim jeweiligen Entwickelnden bzw. beim Unternehmen. Das betrifft sowohl die Auswahl der Daten als auch die Art der Nutzung, die Integration in bestehende Prozesse und die Kommunikation mit den Nutzern.

Es reicht also nicht aus, eine leistungsfähige KI einfach mal auszuprobieren. Wer ernsthaft mit KI arbeitet, muss sich auch mit ihren Konsequenzen auseinandersetzen, fachlich, rechtlich und gesellschaftlich.

25.9.1 Fairness und Bias: Wenn Modelle Vorurteile lernen

Ein zentrales Problemfeld ist der *Bias*, also die systematische Verzerrung von Entscheidungen oder Ergebnissen. Ein KI-Modell lernt aus vorhandenen Daten, und wenn diese Daten Vorurteile oder gesellschaftliche Ungleichheiten enthalten, übernimmt das Modell diese unreflektiert. Ein Beispiel: Wenn ein Modell zur Bewerberauswahl trainiert wird und in den historischen Daten bestimmte Gruppen unterrepräsentiert sind, kann dies zu diskriminierenden Empfehlungen führen.

Solche Verzerrungen entstehen nicht durch böse Absicht, sondern durch unbewusste Muster in den Daten. Umso wichtiger ist es, sich dieser Risiken bewusst zu sein und geeignete Gegenmaßnahmen zu treffen. Dazu gehören:

- die sorgfältige Auswahl und Prüfung von Trainingsdaten
- das Monitoring von Modellen im laufenden Betrieb
- die bewusste Analyse von Entscheidungen auf Fairness
- transparente Kriterien für den Einsatz von KI

Microsoft hat hierzu eigene Leitlinien entwickelt, die unter anderem Fairness, Inklusion und Nachvollziehbarkeit in den Mittelpunkt stellen. Diese Prinzipien können auch für eigene Projekte als Orientierung dienen.

25.9.2 Datenschutz: Sensible Daten verantwortungsvoll nutzen

KI-Modelle sind datenhungrig, und viele dieser Daten sind personenbezogen. Ob es sich um Texte handelt, die Kundennamen enthalten, um Bilder mit Gesichtern oder um Protokolle mit IP-Adressen: Sobald persönliche Daten im Spiel sind, greifen Datenschutzregelungen. In Europa ist die Datenschutz-Grundverordnung (DSGVO) maßgeblich. Sie regelt unter anderem, welche Daten gespeichert und verarbeitet werden dürfen, wie lange Daten aufbewahrt werden dürfen, welche Rechte betroffene Personen haben, zum Beispiel Auskunft sowie Löschung, und welche technischen und organisatorischen Maßnahmen erforderlich sind.

Für Entwickelnde bedeutet das: Beim Einsatz von KI ist zu prüfen, ob personenbezogene Daten verarbeitet werden, und falls ja, müssen geeignete Schutzmaßnahmen greifen. Dazu gehören unter anderem die Anonymisierung oder Pseudonymisierung von Daten, transparente Einwilligungsprozesse, Zugriffskontrollen und Verschlüsselung sowie klare Zweckbindung der Datenverarbeitung.

Gerade bei cloudbasierten Diensten wie Azure Cognitive Services oder Azure OpenAI ist es wichtig zu wissen, wo die Daten verarbeitet werden, wie sie gesichert sind und ob sie gespeichert werden. Microsoft stellt hierzu umfangreiche Informationen zur Verfügung, etwa zur Datenhaltung, Verschlüsselung und vertraglichen Absicherung.

25.9.3 Nachvollziehbarkeit und Transparenz

Ein weiteres zentrales Thema ist die Erklärbarkeit von KI-Systemen. Während klassische Programme meist deterministisch arbeiten, also bei gleichen Eingaben stets dieselben Ausgaben liefern, sind viele KI-Systeme probabilistisch. Das bedeutet: Zwei identische Anfragen können zu leicht unterschiedlichen Ergebnissen führen. Besonders bei komplexen Modellen wie neuronalen Netzen ist oft nicht ohne weiteres nachvollziehbar, wie genau ein Ergebnis zustande gekommen ist.

Für viele Anwendungen, etwa in der Medizin, der Justiz oder der Finanzbranche, ist das ein Problem. Nutzer und Verantwortliche müssen in der Lage sein, Entscheidungen zu verstehen und zu begründen. Auch im Alltag wächst die Erwartung, dass KI-Systeme transparent agieren und bei Bedarf zu erklären sind.

Microsoft und andere Anbieter arbeiten daher an Verfahren wie Explainable AI, also erklärbarer KI. Diese Ansätze sollen helfen, Modelle besser zu interpretieren, etwa durch Einflussanalysen, Visualisierungen oder Modellvereinfachungen. Für Entwickelnde bedeutet das: Je nach Einsatzgebiet sollten Sie prüfen, wie transparent Ihre Lösung ist und ob zusätzliche Erklärmechanismen sinnvoll oder sogar erforderlich sind.

25.10 Best Practices und typische Fallstricke

Die Entwicklung mit künstlicher Intelligenz eröffnet viele neue Möglichkeiten, bringt aber auch Herausforderungen mit sich, die in klassischen Softwareprojekten so nicht oder nur am Rande eine Rolle spielen. Wer KI in der Praxis erfolgreich einsetzen möchte, sollte sich nicht nur mit den Technologien auskennen, sondern auch mit typischen Stolpersteinen vertraut sein. Gleichzeitig gibt es erprobte Vorgehensweisen und Best Practices, die helfen, häufige Fehler zu vermeiden und das volle Potenzial von KI-Projekten auszuschöpfen.

Ein gut konzipiertes KI-Projekt lebt also nicht nur von technischen Fähigkeiten, sondern auch von methodischer Sorgfalt und realistischem Denken. Wer von Anfang an strukturiert vorgeht, Stolperfallen kennt und Qualität in den Mittelpunkt stellt, wird mit robusten, hilfreichen und verantwortungsvollen KI-Lösungen belohnt.

25.10.1 Verstehen, was KI leisten kann – und was nicht

Ein häufiger Irrtum besteht darin, KI als eine Art magische Lösung zu betrachten, die alles besser macht. Doch KI ist kein Allzweckwerkzeug, das automatisch zu besseren Ergebnissen führt. Sie funktioniert gut in klar abgegrenzten, datenbasierten Szenarien, in denen sich Muster aus der Vergangenheit nutzen lassen, um neue Daten zu bewerten oder vorherzusagen. In offenen, nicht strukturierten oder datenarmen Umgebungen stößt sie schnell an Grenzen.

Ein realistisches Erwartungsmanagement ist daher entscheidend: Ein KI-System kann unterstützen, automatisieren oder Vorschläge liefern, aber es ersetzt keine umfassende fachliche Analyse und keine fundierte Architektur. Wer KI unkritisch einsetzt, riskiert unzuverlässige Ergebnisse, intransparente Entscheidungen oder sogar Schäden durch Fehlinterpretationen.

25.10.2 Datenqualität: Fundament jedes KI-Projekts

Der Erfolg eines KI-Modells hängt unmittelbar von der Qualität der verwendeten Daten ab. Schlechte, unvollständige oder verzerrte Daten führen zwangsläufig zu unbrauchbaren oder irreführenden Ergebnissen, ganz gleich, wie ausgefeilt das Modell ist. Das Prinzip »Garbage in, Garbage out« gilt hier in besonderem Maße. Deshalb sollten Sie, bevor überhaupt ein Modell entsteht, sorgfältig analysieren, ob die Daten geeignet sind. Sind die Daten vollständig und aktuell? Sind sie repräsentativ für das Problem? Gibt es genügend Beispiele für alle relevanten Klassen? Liegen alle nötigen Merkmale vor? Es ist oft sinnvoll, mit einer kleinen, gut kuratierten Datengrundlage zu starten und diese schrittweise zu erweitern, anstatt gleich mit großen Datenmengen zu experimentieren, die nicht richtig verstanden wurden.

25.10.3 Modellwahl und Parametrierung mit Bedacht

Viele Frameworks, darunter ML.NET, bieten einfache Wege, ein Modell zu trainieren, oft sogar mit automatischer Auswahl des besten Algorithmus (*AutoML*). Dennoch lohnt es sich, zu verstehen, welche Art von Modell zu welcher Aufgabenstellung passt. Klassifikationen, Regressionen, Clustering oder Anomalieerkennung erfordern unterschiedliche Verfahren, und jedes Modell hat seine Stärken und Schwächen.

Ein weiteres Thema ist die richtige Parametrierung: Lernrate, Epochenzahl, Regularisierung, all das beeinflusst das Verhalten des Modells. Wer hier blind Standardwerte übernimmt, verschenkt möglicherweise Genauigkeit oder riskiert Überanpassung (*Overfitting*). Es empfiehlt sich, in kontrollierten Testläufen mit verschiedenen Parametern zu experimentieren und die Ergebnisse systematisch zu vergleichen.

25.10.4 Evaluation ist keine Nebensache

Ein KI-Modell sollten Sie nie ohne gründliche Evaluation in den Produktivbetrieb übernehmen. Zu groß ist die Gefahr, dass es auf dem Trainingsdatensatz gut funktioniert, in der Praxis aber versagt. Typische Gründe dafür sind Überanpassung, unerkannte Datenabweichungen oder unvollständige Trainingsbeispiele.

Nutzen Sie deshalb, wo möglich, separate Test- und Validierungsdatensätze. Überwachen Sie Metriken wie Genauigkeit, Precision, Recall oder F1-Score, je nach Anwendungstyp. Noch besser: Erproben Sie das Modell mit echten Daten im Pilotbetrieb, bevor es produktiv geht.

25.10.5 Skalierung, Performance und Betrieb

Ein Aspekt, der oft unterschätzt wird, ist der Betrieb von KI-Systemen. Insbesondere bei cloudbasierten Diensten wie Azure Cognitive Services oder Azure OpenAI entstehen Kosten, die sich dynamisch nach Nutzung entwickeln. Wer z. B. bei jedem Seitenaufruf eine API zur Bilderkennung aufruft, riskiert unnötige Belastung, finanziell wie technisch.

Daher sollten KI-Aufrufe wo möglich gepuffert, aggregiert oder intelligent gesteuert werden. Manche Ergebnisse lassen sich zwischenspeichern (*Caching*), andere lassen sich im Hintergrund verarbeiten (*Asynchronität*). Auch Monitoring spielt eine Rolle: Wie lange dauert ein Aufruf? Wie häufig treten Fehler auf? Wie verändert sich das Nutzerverhalten?

Bei lokalen Modellen (z. B. ML.NET oder ONNX) stellen sich andere Fragen: Reicht die Rechenleistung aus? Ist die Speichernutzung vertretbar? Wie lassen sich Updates des Modells kontrolliert einspielen?

25.10.6 Dokumentation und Wartbarkeit nicht vergessen

Ein KI-Modell ist kein statisches Stück Code, sondern ein lernendes System, das bedeutet: Es verändert sich mit neuen Daten, kann veralten oder unerwartete Verhaltensweisen zeigen. Deshalb ist es besonders wichtig, auch KI-Projekte gut zu dokumentieren. Welche Daten wurden verwendet? Welche Metriken wurden erreicht? Wie ist das Modell trainiert? Welche Annahmen sind getroffen?

Nur so lässt sich ein Modell später nachvollziehen, überprüfen oder bei Bedarf neu trainieren. Gerade in Teams ist das entscheidend, um Wissen zu sichern und die Wartbarkeit zu gewährleisten.

Index

B

C

D

F

G

H

I

N

Q

R

S

U

V

W

X

Y

Z